상담 및 심리치료 사례개념화

이론 기반의
사례개념화 훈련

Cengage

Case Documentation in Counseling and Psychotherapy: *A Theory-Informed, Competency-Based Approach,* **First Edition**

Diane R. Gehart

Original edition © 2016 Wadsworth, a part of Cengage Learning.
Case Documentation in Counseling and Psychotherapy: A Theory-Informed, Competency-Based Approach, First Edition by Diane R. Gehart
ISBN: 9781305405219

This edition is translated by license from Wadsworth, a part of Cengage Learning, for sale in Korea only.

ISBN-13: 979-89-6218-459-4

Cengage Learning Korea Ltd.
14F YTN Newsquare 76 Sangamsan-ro
Mapo-gu Seoul 03926 Korea
Tel: (82) 2 330 7000
Fax: (82) 2 330 7001

Printed in Korea
Print Number: 03 Print Year: 2022

Case Documentation
in Counseling and Psychotherapy
A Theory-Informed,
Competency-Based Approach

Diane R. Gehart

상담 및 심리치료 사례개념화

이론 기반의
사례개념화 훈련

이동훈 성균관대학교 외상심리건강연구소 옮김

Cengage

Australia • Brazil • Canada • Mexico • Singapore • United Kingdom • United States

옮긴이 소개

이동훈

성균관대학교 교육학과 교수, 상담심리교육 전공

플로리다대학교 박사(Ph.D.)

한국 상담심리학회 1급, 한국상담학회 수련감독급

(현) 성균관대학교 카운슬링센터장 및

성균관대학교 외상심리건강연구소 소장

(전) 전국학생생활상담센터협의회 회장 역임

(전) 한국상담학회 대학상담학회 회장 역임

(전) 한국청소년상담원 상담조교수

상담 및 심리치료 사례개념화 : 이론 기반의 사례개념화 훈련

Case Documentation in Counseling and Psychotherapy: A Theory-Informed, Competency-Based Approach, 1st Editon

제1판 1쇄 발행 | 2019년 2월 22일
제1판 3쇄 발행 | 2022년 9월 30일

지은이 | Diane R. Gehart
옮긴이 | 이동훈
발행인 | 송성헌
발행처 | 센게이지러닝코리아㈜
등록번호 | 제313-2007-000074호(2007.3.19.)
이메일 | asia.infokorea@cengage.com
홈페이지 | www.cengage.co.kr

ISBN-13: 978-89-6218-459-4

공급처 | (주) 학지사
주 소 | 서울시 마포구 양화로15길 20 마인드월드빌딩 5층
도서안내 및 주문 | Tel 02) 330-5114 Fax 02) 324-2345
홈페이지 | www.hakjisa.co.kr

정가 32,000원

옮긴이 머리말

상담에서 사례 개념화가 얼마나 중요한지 알고서 관심 갖고 공부한 시간이 올해로 12년째가 되었다. 사례 개념화가 상당 부분 상담의 효과성을 결정한다고 믿을 만큼 나는 상담에서 사례 개념화를 중요하게 생각한다. 이 상담이 효과적이었는지, 이 상담이 내담자에게 도움이 되었는지의 여부는 상담자의 사례 개념화 역량에 따라 결정될 수 있다.

그러던 차에 심리 상담의 영역에서 이 주제를 Gehart가 다룬다는 것을 알고서 처음 이 책을 보았다. 혼자 이 책으로 공부하다가 대학원생들과도 함께하게 되었고 이어 출판까지 마음먹게 되었다. 그동안 심리상담의 영역에서 사례 개념화를 공부할 만한 책이 거의 없었고, 그나마 참고할 만한 책들은 사회복지 분야에서 우리와는 좀 다른 개념의 '사례 관리'에 관련된 책들만이 주로 접할 수 있었기 때문이다.

사례 개념화가 잘 손에 잡히지 않는 개념이고 사례 개념화 역량을 키우는 데 많은 시간과 노력이 소요되지만, 이 책이 이정표 역할을 하리라고 믿는다. 이 책은 사례를 통해 다양한 상담 이론에 따라 사례 개념화의 개념과 절차를 제시해주고 있다. 총 15개의 장으로 구성되어 있는 이 책은 많은 이론을 포괄하고 있기 때문에 분량이 좀 있지만 다양한 이론의 관점에서 실제 사례를 통해 사례 개념화 훈련을 할 수 있을 것이라고 생각한다.

이 책으로 성균관대학교 상담교육 전공의 많은 석박사 과정 학생들이 공부를 했다. 이신혜, 서현정, 최준섭, 김시형, 강은진, 신지영, 김예진, 이화정, 정보영, 최수정, 양하나, 양순정, 조은정, 김진주, 김미현, 김유진, 오현승, 강민수, 강현숙, 김주연, 이수연, 양모현, 명소연 등 함께 공부한 많은 석박사과정 학생들에게 감사를 전하며, 오랜 시간 힘들게 교정 작업을 해준 김주연, 김예진, 강민수 학생에게도 감사함을 전한다. 그 결실 끝에 2018년부터 개설된 사례 개념화라는 강좌명의 대학원 수업에서 이 교재로 수업하게 되어 더욱 뜻깊은 책이 되었다. 이 책이 출간될 수 있도록 전폭적인 도움과 지지를 주신 센게이지러닝코리아(주)의 송성헌 사장님과 권오영 과장님, 교정을 보며 피드백을 주신 이정란 선생님께 마음 깊이 감사함을 전한다.

2019년 봄 **이동훈**

지은이 머리말

본문 개요

'역량 습득(mastering competencies)' 시리즈의 한 부분인 『상담 및 심리치료 사례개념화(Case Documentation in Counseling and Psychotherapy)』는 상담자와 심리치료사에게 상담 이론을 실제 환경에서 어떻게 적용해볼 수 있는지 가르친다. 이 책은 흔히 사용하는 네 가지 임상 유형인 사례 개념화, 임상적 평가, 치료 계획, 회기 보고서를 통해 사례 개념화에 대한 종합적인 소개를 제공한다. 이 자료들은 상담 이론을 통합하고 처음 입문하는 상담자들이 어떻게 이론을 실제 장면에서 사용할 수 있는지 도움을 주기 위하여 특별히 만들어졌다. 다양한 내담자와 함께하는 7개(정신역동, 아들러, 인본주의, 인지행동주의, 가족 체계론, 해결중심, 포스트모더니즘/여성주의)의 종합적인 사례 연구는 하나의 상담 모델을 사용하여 어떻게 문서화를 할 수 있는지 보여준다. 또한, 독자들은 각 이론의 근거 기반에 더하여 특정 다양한 인구에 적용하는 방법에 대해 배운다. 일반적인 교과서와는 달리, 이 책은 치료 참고 매뉴얼로도 쓰일 수 있으며 이론, 개념화, 치료 계획, 문서화에 대한 현실적인 개관을 제공하여 실무 환경에서 정신건강 전문가들에게 도움을 준다.

『상담 및 심리치료 사례개념화』는 현대적인 교육학 방법을 사용하여 교과서의 새로운 세대의 한 부분으로 교실을 넘어선 수준에서 가치가 있는, 측정 가능한 결과를 만들어내기 위한 책이다. 이 책은 학생들이 사례 개념화를 사용하여 이론을 적용해볼 수 있는 활동적인 학습 과정에 참여하게 하기 위해 학습 중심, 결과 중심 교육 방법을 사용하였다. 이러한 사례 문서들은 상담, 가족 치료, 심리학, 사회복지에 대한 국가 기준을 사용하여 생성되었다. 학생들은 그들이 학습한 것을 이러한 형식의 문서를 사용하여 설명하며 강사들은 이것으로 교육의 결과를 쉽게 측정할 수 있다. 이 과제들은 학생들이 이론적 개념을 적용하고 실습 동안 최대한 빠르게 전문적인 기술을 개발할 수 있는 자율권을 주어 더 빨리 자료를 통달할 수 있게 한다.

저자는 현대 학생들이 인정하는 현실적인 스타일로 개념들을 명확하고 실용적인 말로 설명한다. 강사들은 글과 과제가 완벽하게 일치하는 간단함을 즐김으로써 수업 준비와 채점하는 데에 적은 시간을 필요로 한다. 승인 평가를 위한 강의 계획서, 자세한 파워포인트, 문제 은행, 온라인 강의, 그리고 채점 기준을 포함하는 광범위한 강사 자료는 교육자의 일을 더욱이 줄여준다. 요약하면, 이 책은 가장 효율적이고 효과적인 교육학적 방법을 사용하여 사례 개념화와 상담 이론을 가르칠 수 있으며 학생과 강사 모두에게 도움이 될 수 있다.

본문 특징

- **임상 유형**: 이 책은 종합적인 세트인 네 가지 임상 유형을 제공하며 실습 환경인 대학 실습 클리닉 또는 지역사회 기관에서 사용해볼 수 있다.
  - 이론 근거 사례 개념화
  - 임상 정신건강 평가와 DSM-5 진단
  - 이론, 다양성, 그리고 증거 기반 실무를 포함하는 치료 계획
  - HIPAA-준수 회기 보고서
- **결과 중심 교육학**: 이 책은 상담자들, 심리학자들, 사회복지사들, 가족 치료자들을 위한 승인 기준에 명시된 기술과 지식을 가르친다.
- **학생 학습 평가**: 네 가지 임상 문서화 방식을 사용하여, 이 책은 교수들이 쉽게 학생들의 숙달된 역량과 학습 성과를 측정할 수 있게 해준다. 이것은 지금 지역적으로 승인받은 대학 게시판(WASC, SACS 등)과 전문적인 승인기관(APA, CACREP, COAMFTE, CSWE). 각 수련법의 역량과 관련된 채점 기준의 평가는 부수적인 자료의 한 부분이다.
- **종합적 치료 모델**: 적절한 치료법의 종합적 다섯 단계 모델은 학생들에게 자신의 과제에 대한 명확한 계획을 제공한다. 모델은 다음을 포함한다. 1. 이론 기반의 사례 개념화, 2. 임상 평가(진단) 및 사례 관리, 3. 치료 계획, 4. 과정에 대한 평가, 5. 회기 보고서 문서화
- **이론 기반 사례 개념화**: 교차 이론적 사례 개념화 형식은 상담자들이 내담자에 대한 종합적인 사례 개념화를 할 수 있게 한다. 이 형식은 특정 이론 개념화를 생성하는 한 부분으로 사용될 수 있다.
- **DSM–5 임상 평가**: 임상 평가 형식은 DSM-5 진단 방식을 사용하며 정신 상태, 위기 평가, 안전 계획, 사례 관리를 포함한다.
- **특정 이론 치료 계획 견본**: 각 이론 장은 우울과 불안을 겪고 있는 개인들을 위한 유용한 치료 계획 견본을 제공한다. 이 견본들은 치료자들에게 내담자들을 위한 사

려 깊고 이론을 기반으로 한 치료 계획을 개발할 수 있게 한다.

- **특정 이론 회기 보고서**: CPT 코드를 포함한 HIPAA를 준수하는 회기 보고서 형식에 대한 자세한 소개
- **이론 고려와 다양한 내담자들에 대한 적용**: 각 이론 장의 다양한 부분들은 특정 인구에 대한 이론을 자세하고 유용하게 적용하는 것을 포함한다. 각 장은 인종 다양성과 성 정체성의 다양성에 대한 논의를 포함한다. 특정 인구에 대한 확장된 부분은 학생들에게 주어진 이론을 특정 인구에 사용하는 것에 대한 자세한 제안, 적용, 주의사항을 제공한다. 이 특정 인구는 아프리카계 미국인, 히스패닉/라티노, 아시아계 미국인, 북미 원주민/캐나다 원주민/오스트레일리아 원주민, LGBTQ 개인을 말한다.
- **다양성에 대한 유용한 적용**: 각 임상 형식은 치료가 상담 관계, 치료, 개입의 구성을 포함한 다양성 주제를 다루며 학생들이 특정 방식을 확인하도록 요구한다.
- **연구와 증거 기반**: 각 이론의 증거 기반 연구가 검토된다. 그리고 다수의 증거 기반 치료는 책에서 중요하게 다루어진다.
- **실무와 반영**: 전반적인 책의 내용은 독자들에게 파트너와 함께 또는 파트너가 없는 치료적 기술의 연습에 대한 정확한 설명을 제공한다. 또한, 반영과 논의 질문들은 독자들이 자료에 대해 깊게 참여하도록 초대한다.
- **가독성**: 저자는 요즘 학생들에게 적합하고 가끔은 흥미롭기도 한 매력적인 문체를 사용했다.

구성

이 책은 세 부분으로 구성되어 있다.

1부: 사례 개념화의 개관은 이 장 초반에 만족스러운 치료를 위한 다섯 가지 단계를 상세히 열거한다.

- 사례 개념화
- 임상적 평가
- 치료 계획
- 과정 평가
- 회기 보고서

2부: 이론 근거 사례 개념화: 다음 부분에서는 각 주요 상담 이론들의 핵심 개념들을 다시

살펴보고 책에서 보여주는 모든 네 가지 요소(상담 사례 개념화, DSM-5 진단을 통한 임상적 평가, 치료 계획, 회기 보고서)의 사례 개념화와 함께 더 자세한 사례 연구를 제공한다. 사례 개념화에서 아래 이론들을 보여준다.

- 정신역동
- 아들러
- 인본주의
- 인지행동주의
- 가족체계
- 해결 중심 치료
- 포스트모더니즘/여성주의

3부: 유능한 슈퍼바이지: 마지막 장은 전형적인 유능한 슈퍼바이지에 대해 소개하며 어떻게 슈퍼바이저와의 관계에 대한 접근 방법에 대한 지침을 제공한다. 벌써 내담자를 만나기 시작했다면 당신은 여기에서부터 시작하고 싶을 것이다. 그렇지 않다면, 이 장은 그렇게 하기 위한 준비를 하게 해줄 것이다. 이 장은 다음 요소들을 포함한다.

- 초기 불안을 관리하기
- 슈퍼바이지로서 당신의 역할
- 슈퍼바이저의 역할
- 슈퍼비전 최대한 활용하기
- 슈퍼비전에서의 문제 대처하기

적합한 과정

전체 커리큘럼에 걸쳐 참고할 수 있는 다용도 서적인 이 책은 특별히 아래 강의들의 주교재 또는 부교재의 목적으로 만들어졌다.

- 입문자 또는 심화 과정 상담 이론 과목
- 실습 전 기술 수업
- 실습 또는 현장 수업

학생의 학습 평가

본문에서의 학습 과제는 지역과 국가 승인을 위해 학생들의 학습을 측정하는 과정을 단순화하기 위한 것이다.

- 상담: 상담과 관련 교육 프로그램(CACREP) 승인기준협회
- 부부 및 가족 치료: 부부 및 가족 치료(MFT) 핵심 능력
- 심리학: 심리학 역량 기준
- 사회복지 업무: 사회복지 업무 교육 승인기준협회

제공된 기준은 각 전문직의 기술에 대한 역량과 연관 있는 4개의 학습 과제인 사례 개념화, 임상적 평가, 치료 계획, 회기 보고서에서 보여준다.

강사용 부록

강사들은 책에 대한 유용한 자료들을 저자의 웹사이트(www.masteringcompetencies.com)에서 찾아볼 수 있다.

- 저자의 온라인 강의
- 이 책을 활용하여 진행하는 실습 전 기술 수업, 실습 수업, 현장 수업의 강의 계획서 샘플
- 모든 장의 파워포인트 자료
- 디지털 방식의 사례 개념화, 임상적 평가, 치료 계획, 회기 보고서
- 웹 퀴즈
- 국가인증기관의 사전 연관된 채점 기준
  - 상담: 상담과 관련 교육 프로그램(CACREP) 승인기준협회
  - 부부 및 가족 치료: 부부 및 가족 치료(MFT) 핵심 능력
  - 심리학: 심리학 역량 기준
  - 사회복지 업무: 사회복지 업무 교육 승인기준협회

학생용 부록

학생들은 책에 대한 유용한 자료들을 저자의 웹사이트(www.masteringcompetencies.com)에서 찾아볼 수 있다. 아래의 내용을 포함한다.

- 온라인 강의: 선택한 장의 내용을 정확하게 논의하는 녹음 mp4
- 디지털 방식의 사례 개념화, 임상적 평가, 치료 계획, 회기 보고서
- 각 과제의 채점 기준
- 관련 웹사이트와 읽기 자료 링크
- 주요 용어 사전

감사의 말

이 책의 내용에 대한 정확성과 통용성을 보장하기 위해 시간과 에너지를 써준 아래의 콘텐츠 전문가분들에게 감사의 말을 전한다.

Rie Rogers Mitchell: 융학파 모래 놀이, 정신역동 이론
Luis Rubalcava: 정신역동 이론
Stan Charnofsky: 인본주의, 인간중심, 게슈탈트, 실존주의
Wendel Ray와 그의 박사과정 학생들, Todd Gunter, Allison Lux: 체계론적 이론
Marion Lindblad-Goldberg: 체계론적 이론
Scott Woolley: 정서중심 치료
Bill O'Hanlon: 해결기반 치료
Harlene Anderson: 협력적 치료
Gerald Monk: 이야기 치료
Ron Chenail: 역량 평가 시스템
Thorana Nelson: 역량 평가 시스템
William Northey: 역량 평가 시스템

강사와 학생 자료는 아래 분들에게 감사드린다.

Diana Pantaleo
Rena Jacobs
Kayla Caceres

또한 아래 분들의 도움에 감사드린다.

연구 조교인 Kayla Caceres, 탁월한 사서 Eric Garcia, 나의 놀랍고 감격스러운 편집자 Julie Martinez, 편집 지도자와 강사 자료 개발을 해준 Lori Bradshaw, 더 많은 시간을 투자하여 Michael과 Alex를 돌봐주신 Anna, Guenther Gehart, 자판을 두드리는 동안 아이들을 봐준, 나의 가장 친한 친구 Joseph McNicholas, 하루하루를 새롭게 모험하게 해주고 생애 최고의 포옹을 해준, 나의 사무실을 장식해준 Michael McNicholas, 그리고 아기처럼 미친 듯이 귀여운 방식으로 내 심장을 녹여준 Alexander McNicholas.

마지막으로, 나는 이 책을 교원들이 적용할 수 있도록 귀중한 의견을 준 다음 논평가들과 설문 응답자들에게 감사드린다.

Stephan Demanchick, Nazareth College
Lori Longs Painter, Jack, Joseph and Morton Mandel School of Applied Social Sciences and Case Western Reserve University
Elizabeth Richardson, University of Massachusetts, Dartmouth
Mary Ballou, Northeastern University
Elizabeth Richardson, University of Massachusetts, Dartmouth
Mary Ballou, Northeastern University
Lisa Wilson, Hope International University
Claudia Sadler-Gerhardt, Ashland University/Ashland Seminary
Donna Dockery, Virginia Commonwealth University
Eric Nath, California State University, Stanislaus
Ginger Welch, University of Oklahoma, Norman
Neil Castronovo, Assumption College, Worcester
Patricia Cardner, Park University, Austin
Patricia Robey, Governors State University
Yvonne Barry, John Tyler Community College

Diane R. Gehart

지은이에 대하여

Diane R. Gehart **박사**는 노스리지시의 캘리포니아 주립대학교에서 부부, 가족, 상담 프로그램의 교수이다. 그녀는 실무, 교육, 슈퍼비전을 20년 이상 해왔으며, 다음 저서들의 저자 및 편집자이기도 하다.

- **가족 치료의 능력 숙달하기**
- **가족 치료의 이론과 치료 계획 세우기**
- **상담과 심리치료 이론 및 치료 계획**
- **커플과 가족 치료에서 마음챙김과 수용**
- **협력적 치료: 차이를 만드는 관계와 대화(Harlene Anderson과 공동 저자)**
- **완벽한 MFT 핵심 역량 평가 시스템**
- **완벽한 상담 평가 시스템**
- **부부 및 가족 치료자를 위한 이론 기반의 치료 계획(공동 저자)**

Gehart 박사는 또한 포스트모더니즘 치료, 마음챙김, 정신건강 회복, 성적 학대 치료, 성 쟁점, 아동과 청소년, 내담자 지지, 상담, 부부 및 가족 치료 교육 분야에 저서가 있다. 그녀는 미국, 캐나다, 유럽, 멕시코에서 세계적인 전문가들과 일반적인 참여자들을 대상으로 워크숍을 실시하고 있다. 그녀의 업적은 BBC, 국가 공영 라디오, 오프라 윈프리의 O 잡지, 『숙녀들의 집 잡지(Ladies' Home Journal)』를 포함한 신문, 라디오 뉴스, 세계적인 텔레비전에서 볼 수 있다. 그녀는 세 개의 대학 졸업 후의 훈련 기관(Houston Galveston 기관, Taos 기관, 그리고 독일의 협력 학문을 위한 Marburg 기관)의 협력 직원이다. 게다가, 그녀는 미국과 국가적인 전문적 기관에서 활발한 지도자이다. 그녀는 커플, 가족, 여성 쟁점, 외상, 인생 전환, 그리고 다루기 어려운 사례들을 전문으로 하며, 캘리포니아의 Agora Hill에서 개인 작업을 유지하고 있다. 여가를 위해서, 그녀는 가족과 시간을 보내고, 등산, 수영, 요가, 명상, 그리고 모든 형태의 다크초콜릿을 맛보며 지내고 있다. 당신은 www.dianegehart.com에서 그녀에 대해서 더 자세히 알 수 있을 것이다.

차례

옮긴이 머리말 v
지은이 머리말 vi
지은이에 대하여 xiii

PART I 사례 개념화의 개관 — 1

CHAPTER 1 사례 개념화의 개관 3

역량 있게 변화 가져오기 3
역량의 다른 부분 4
유능한 상담의 길 5
유능한 상담의 다섯 단계 5
주의 깊게 사례 개념화 작업하기 7
분명한 글쓰기=분명한 생각 8
문서화(작업)의 실용성 8
사례 개념화를 이용한 회기 내 역량 개발 9
이 책의 차별점, 그리고 이것이 당신에게 갖는 의미 10
구성 10
어디서부터 읽을 것인가? 11
이론 개관 12
목소리와 어조 15
이 책 사용법 15
이론에 관한 생각에 대한 제안 15
이론 학습을 위한 이 책의 사용법에 대한 제안 16
임상적 평가, 치료 계획, 회기 보고서에 대한 제안 17
인턴십과 임상적 실제에서의 사용에 대한 제안 18
학생 학습 및 역량을 측정하는 교수진을 위한 제안 18
개인적 숙고 및 수업 중 토론을 위한 질문 19

학생을 위한 온라인 자료 19
강사를 위한 온라인 자료 20
참고문헌 20

CHAPTER 2 사례 개념화 22
지도 그리기: 사례 개념화 22
현실적 기대 23
사례 개념화의 요소 23
내담자 소개 25
호소 문제 25
배경 정보 27
강점과 다양성에 대한 평가 28
내담자의 강점과 다양성 28
다양성 33
이론적 개념화 34
정신역동·아들러학파 이론 개념화 34
정신역동 개념화 34
대상관계 패턴 39
Erickson의 심리사회적 발달 단계 40
아들러학파의 생활양식 43
인본주의·실존주의 개념화 46
진정한 자아 표현 46
실존 분석 51
게슈탈트 접촉 경계 혼란 52
인지행동 개념화 54
증상 행동의 기준 54
비합리적 신념의 A-B-C 분석 56
Beck의 도식 분석 57
가족체계 개념화 59
가족생활 주기 발달의 단계 60
대인관계 경계 60
삼각관계/연합: 문제 하위 체계와 삼각관계 62
자녀와 부모 사이의 위계 62
상호보완적 패턴 63

세대 간 패턴 63
포스트모더니즘·여성주의 개념화 64
해결책과 독특한 결과 64
내러티브, 지배 담론과 다양성 66
사례 개념화, 다양성, 동일성 68
개인적 숙고 및 수업 중 토론을 위한 질문 69
온라인 자료 70
참고문헌 70
사례 개념화 양식 72

CHAPTER 3 임상적 평가와 진단에 대한 소개 ······ 81
2단계: 위안을 주는 것과 장애물 확인하기 81
개요 81
임상적 평가와 진단 82
임상적 평가 및 진단의 목적 82
임상적 평가와 진단: 다양성에 관한 제한점과 주의점 83
진단과 우리의 필연적인 문화적 안목 84
상담 모델과 진단: 철학적·실제적 고려사항 86
진단에 대한 인본주의적 고려사항 87
진단에 대한 가족체계 고려사항 88
진단에 대한 포스트모더니즘적 고려사항 89
그렇다면 유능한 상담자가 해야 할 것은 무엇인가? 89
진단에 대한 현시대적 고려사항 90
DSM-5와 차원적 평가 90
정신건강 회복과 진단 91
동등한 진단과 동등하지 못한 진단 93
DSM-5에서의 변화에 대한 소개 94
제목 94
매뉴얼 구조 94
진단 장의 재구성 95
진단적 코드의 변화와 ICD 96
새로운 진단 형식 97
간단한 리뷰: DSM-IV 다축 진단 형식 97
하위 유형과 진단 상세 기준 99

차원적인 평가 100
NOS(달리 명시되지 않는) 진단과 NEC(달리 분류되지 않는) 진단 101
임상적인 평가의 상담적인 접근 101
정신 상태 검사 101
상담적인 관계 및 MSE 102
교차편집 평가 103
세계보건기구 장애 평가 목록 2.0 105
문화적 개념화 및 평가 105
진단적 고찰 106
개인적 숙고 및 수업 중 토론을 위한 질문 106
온라인 자료 107
참고문헌 107

CHAPTER 4 임상적 평가 작성하기 109
임상적 평가 양식 109
임상적 평가 작성 114
내담자 정보 파악하기 114
주 호소 문제 114
정신 상태 검사 및 진단 115
정신 상태 검사 115
DSM-5 진단 115
위험성 관리 116
자살 경향성과 타살 경향성 평가하기 117
약물 남용 평가하기 117
성적 학대, 신체적 학대, 그 밖의 위험 요인 117
아동 학대 118
노인 학대 또는 부양하고 있는 성인 학대 118
기타 위험 요인 118
안전 지표 119
안전 계획 119
안전성 측정 120
치료에 대한 전념 121
사례 관리 121
예후 122

측정의 평가 122
다른 전문가들과 의사소통하기 123
정신 상태 용어 124
대인관계와 관련된 문제 124
일반적인 기분 기술 용어 124
일반적인 정서 기술 용어 125
일반적인 수면 기술 용어 125
일반적인 섭식 기술 용어 125
일반적인 불안 기술 용어 125
일반적인 트라우마 증상 126
일반적인 정신증적 기술 용어 126
일반적인 운동 활동성 기술 용어 126
일반적인 사고 기술 용어 127
개인적 숙고 및 수업 중 토론을 위한 질문 127
온라인 자료 128
참고문헌 128

CHAPTER 5 치료 계획 129

사람은 숫자가 아니다 129
3단계: 엄선된 계획 130
정신건강 치료 계획의 간략한 역사 131
증상에 기초한 치료 계획 131
이론에 기초한 치료 계획 132
임상 치료 계획 132
치료 계획 양식 133
유용한 상담 업무 작성하기 136
초기 단계의 상담 업무 137
작업 단계의 상담 업무 137
종결 단계의 상담 업무 138
다양성과 상담 업무 138
도움이 되는 내담자 목표 작성하기 139
목표를 작성하는 과정 140
기본적 단계 143
유용한 개입 작성하기 146

내담자 관점 147
계획은 도움이 되는가? 148
개인적 숙고 및 수업 중 토론을 위한 질문 148
온라인 자료 149
참고문헌 149

CHAPTER 6 회기 보고서 150
4단계: 기록하기 150
회기 보고서 대 심리치료 기록 151
회기 보고서 152
회기 보고서 요소 153
다양한 주제: 회기 보고서의 유형 154
다목적의 HIPAA 회기 보고서 155
회기 보고서 작성 방법 157
회기 보고서를 위한 시간과 공간 162
보고서에서의 마지막 기록 163
개인적 숙고 및 수업 중 토론을 위한 질문 163
온라인 자료 163
참고문헌 164

CHAPTER 7 상담 성과 평가하기 165
5단계: 성과 평가하기 165
성과에 관한 비구조화된 평가 166
성과에 대한 구조화된 평가 168
다양한 사회 안에서의 평가 169
표준과 규준 169
문화적 적응과 검사 수행 170
대인 상호작용에 대한 기대 170
언어와 이중 언어 상용 170
성과의 구조화된 평가를 위한 현실적 선택 사항 171
일반적인 지침 172
매우 간략한 측정 172
효과 평가 척도(ORS) 172
회기 평가 척도(SRS) 174

간략한 측정 175

효과 질문지(OQ-45.2) 175

증상 체크리스트(SCL-90-R)와 간단한 증상 척도(BSI) 176

행동 및 증상 평가 척도(BASIS) 177

성과의 구체적인 측정 178

내담자 성과를 평가하기 위한 최종 사고 178

개인적 숙고 및 수업 중 토론을 위한 질문 179

온라인 자료 179

기타 자료 179

참고문헌 180

PART II 이론 근거 사례 개념화 —— 181

CHAPTER 8 정신역동 이론 기반의 상담 사례 개념화 ······ 183

개관 183

정신역동의 기본 가정 184

정신역동 이론 185

개요: 당신이 최소한 알아야 할 것 185

핵심: 이 분야에서의 중요한 공헌 186

큰 그림: 상담 과정의 개관 189

관계 형성하기: 상담 관계 191

관점: 사례 개념화 194

목표 변경: 목표 설정 208

실천: 개입 211

종합: 정신역동 사례 개념화와 치료 계획 양식 215

이론 기반의 사례 개념화: 정신역동 215

치료 계획 양식: 정신역동 216

조직화: 다양한 사람과 작업하기 219

문화와 민족의 다양성 219

성 정체성의 다양성 221

연구와 증거 기반 223

증거 기반 치료: 단기 정신역동 상담 224

개요: 당신이 최소한 알아야 할 것 224

큰 그림: 상담 과정의 개관 224
관계 맺기: 상담 관계 225
특별한 단기 정신역동 접근 225
개인적 숙고 및 수업 중 토론을 위한 질문 227
온라인 자료 227
참고문헌 228
정신역동 사례 연구: 중년기의 자살 충동 230
사례 개념화 231
임상적 평가 241
치료 계획 246
회기 보고서 249

CHAPTER 9 개인 심리학과 아들러학파 이론 기반의 상담 사례 개념화 251
개관 251
개요: 당신이 최소한 알아야 할 것 251
핵심: 이 분야에서 중요한 공헌 252
큰 그림: 상담 과정의 개관 253
관계 형성하기: 상담 관계 254
관점: 사례 개념화 256
변화를 목표하기: 목표 설정 263
실천: 개입 265
종합: 아들러학파 사례 개념화와 치료 계획 양식 270
이론 기반의 사례 개념화: 아들러학파 270
치료 계획 양식: 아들러학파 271
조직화: 다양한 사람과 작업하기 274
민족과 인종의 다양성 274
성 정체성의 다양성 279
연구와 증거 기반 280
증거 기반 치료: 효과적인 양육 방식에 대한 체계적 훈련(STEP) 280
개인적 숙고 및 수업 중 토론을 위한 질문 281
온라인 자료 282
참고문헌 282
아들러학파 사례 연구: 트라우마와 이민 문제 284
사례 개념화 284

임상적 평가 295
치료 계획 300
회기 보고서 303

CHAPTER 10 인본주의·실존주의 이론 기반의 상담 사례 개념화 ... 305
개관 305
인간 중심 상담 306
개요: 당신이 최소한 알아야 할 것 306
핵심: 이 분야에서의 중요한 공헌 306
큰 그림: 상담 과정의 개관 311
관계 형성하기: 상담 관계 313
관점: 사례 개념화 314
변화를 목표하기: 목표 설정 319
실천: 개입 320
게슈탈트 상담 327
개요: 당신이 최소한 알아야 할 것 327
핵심: 이 분야에서의 중요한 공헌 327
큰 그림: 상담 과정의 개관 329
관계 형성하기: 상담 관계 330
관점: 사례 개념화 332
변화를 목표하기: 목표 설정 335
실천: 개입 337
종합: 인본주의적 사례 개념화와 치료 계획 양식 340
이론 기반의 사례 개념화: 인본주의 340
이론 기반의 치료 계획 양식: 인본주의 342
조직화: 다양한 사람과 작업하기 345
문화·윤리·성의 다양성 345
성 정체성의 다양성 348
연구와 증거 기반 349
개인적 숙고 및 수업 중 토론을 위한 질문 350
온라인 자료 351
참고문헌 352
인본주의적 사례 연구: 완벽주의와 불안 354
사례 개념화 355

임상적 평가 365
치료 계획 370
회기 보고서 373

CHAPTER 11 인지행동 이론 기반의 상담 사례 개념화 375

개관 375

인지행동 접근 376

개요: 당신이 최소한 알아야 할 것 376
핵심: 이 분야에서의 중요한 공헌 377
큰 그림: 상담 과정의 개관 380
관계 형성하기: 상담 관계 380
관점: 사례 개념화 382
변화를 목표하기: 목표 설정 389
실천: 개입 390

종합: 인지행동 사례 개념화와 치료 계획 양식 405

이론 기반의 사례 개념화: 인지행동 405
치료 계획 양식: CBT 407

마음챙김 기반 접근 409

개요: 당신이 최소한 알아야 할 것 409
정신건강에서 마음챙김의 간략한 역사 409
마음챙김의 기초 410
특정한 마음챙김 접근 410

조직화: 다양한 사람과 작업하기 413

민족·인종·문화의 다양성 413
성 정체성의 다양성 417

연구와 증거 기반 419

개인적 숙고 및 수업 중 토론을 위한 질문 421

온라인 자료 421

참고문헌 422

인지행동 사례 연구: 아동 학대 이력과 양극성 장애 425

사례 개념화 426
임상적 평가 436
치료 계획 441
회기 보고서 444

CHAPTER 12 가족체계 이론 기반의 상담 사례 개념화 446

개관 446

개요: 당신이 최소한 알아야 할 것 447

핵심: 이 분야에서의 중요한 공헌 448

큰 그림: 상담 과정의 개관 450

관계 형성하기: 상담 관계 452

관점: 사례 개념화와 평가 455

변화를 목표하기: 목표 설정 463

실천: 개입 466

특정한 문제를 위한 개입 473

종합: 체계론적 치료 계획 사례 개념화와 치료 계획 양식 474

이론 기반의 사례 개념화: 체계론 474

치료 계획 양식: 체계론 475

Bowen의 세대 간 가족 접근 478

개요: 당신이 최소한 알아야 할 것 478

Satir의 인간 성장 모델 479

개요: 당신이 최소한 알아야 할 것 479

조직화: 다양한 사람과 작업하기 480

민족·인종·문화의 다양성 480

성 정체성의 다양성 482

연구와 증거 기반 485

개인적 숙고 및 수업 중 토론을 위한 질문 486

온라인 자료 487

참고문헌 488

체계론적 사례 연구: 약물 사용과 실직 문제 490

사례 개념화 491

임상적 평가 501

치료 계획 506

회기 보고서 509

CHAPTER 13 해결 중심 이론 기반의 상담 사례 개념화 511

개관 511

해결 기반 상담 512

개요: 당신이 최소한 알아야 할 것 512

핵심: 이 분야에서의 중요한 공헌 512
큰 그림: 상담 과정의 개관 516
관계 형성하기: 상담 관계 517
관점: 사례 개념화 519
변화를 목표하기: 목표 설정 526
실천: 개입 528
특정 문제를 위한 개입 533
종합: 해결 기반 치료 사례 개념화와 치료 계획 양식 535
이론 기반의 사례 개념화: 해결 기반 535
치료 계획 양식: 해결 기반 536
조직화: 다양한 사람과 작업하기 538
민족·인종·문화의 다양성 538
성 정체성의 다양성 541
연구와 증거 기반 541
개인적 숙고 및 수업 중 토론을 위한 질문 542
온라인 자료 543
참고문헌 544
해결 기반 상담 사례 연구: 두 인종 관계로 인한 가족 갈등 545
사례 개념화 547
임상적 평가 558
치료 계획 563
회기 보고서 566

CHAPTER 14 포스트모더니즘·여성주의 이론 기반의 상담 사례 개념화 568
개관 568
이야기 접근 569
개요: 당신이 최소한 알아야 할 것 569
핵심: 이 분야에서의 중요한 공헌 570
큰 그림: 상담 과정의 개관 570
관계 형성하기: 상담 관계 571
관점: 사례 개념화 573
변화를 목표하기: 목표 설정 575
실천: 개입 576
종합: 이야기 치료 사례 개념화와 치료 계획 양식 586

이론 기반의 사례 개념화: 이야기 치료 586
치료 계획 양식: 이야기 치료 587
여성주의와 문화 이론 590
개요: 당신이 최소한 알아야 할 것 590
핵심: 이 분야에서의 중요한 공헌 590
큰 그림: 상담 과정의 개관 591
관계 형성하기: 상담 관계 592
관점: 사례 개념화 595
변화를 목표하기: 목표 설정 599
실천: 개입 600
종합: 여성주의 치료 사례 개념화와 치료 계획 양식 603
이론 기반의 사례 개념화: 여성주의 603
치료 계획 양식: 여성주의 604
조직화: 다양한 사람과 작업하기 607
문화·인종의 다양성 607
성 정체성의 다양성 609
연구와 증거 기반 611
개인적 숙고 및 수업 중 토론을 위한 질문 614
온라인 자료 614
참고문헌 615
포스트모더니즘 사례 연구: ADHD, 약물 사용, 커밍아웃 617
사례 개념화 618
임상적 평가 628
치료 계획 633
회기 보고서 636

PART III 유능한 슈퍼바이지 639

CHAPTER 15 유능한 슈퍼바이지 641
첫 내담자를 만나기 전에 알면 좋았을 것 641
초기 불안 관리하기 643
슈퍼바이지로서 당신의 역할: 주도적 학습자 646
전문가의 특징 646
주도적 학습자 648

피드백 받기 649
발전하는 슈퍼바이지 651
슈퍼바이저의 역할: 현실적인 기대 651
절대적이지도 또는 전지전능하지도 않다 651
슈퍼바이저의 관점에서 바라본 세계 653
슈퍼비전 스타일 654
슈퍼비전 계약서 657
당신이 내담자를 만나기 전에 알아야 할 것과 해야 할 것 659
수련 동의 659
자격 요건 661
전문 기관에 가입하기 662
책임보험 663
슈퍼비전 최대한 활용하기 664
숙련된 질문 664
슈퍼비전 준비하기 665
슈퍼비전을 위한 숙련된 질문 666
슈퍼비전 시간을 현명하게 활용하기 669
슈퍼비전에서의 문제 대처하기 669
문제라는 신호 669
슈퍼바이저에게 직접적으로 말하기 670
학교 슈퍼바이저에게 알리기 672
법률상의 어려움 673
수련 장소 이탈 시 674
실습 지원 요건 674
기대하는 것 674
슈퍼비전의 질 675
시간에 관한 요구 사항 675
물어보아야 할 질문 676
유능한 슈퍼바이지 677
개인적 숙고 및 수업 중 토론을 위한 질문 678
온라인 자료 679
참고문헌 679

찾아보기 681

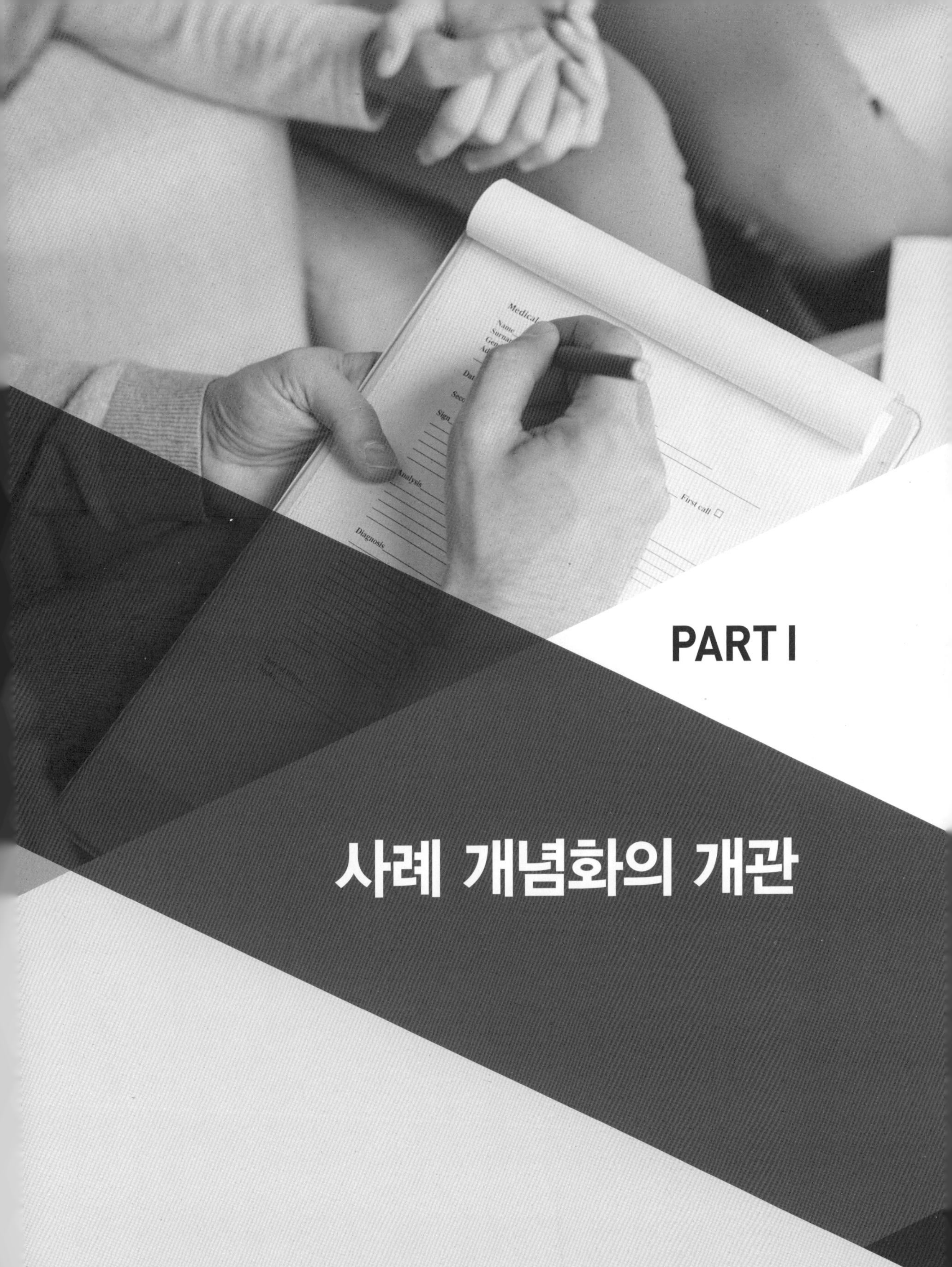

PART I

사례 개념화의 개관

CHAPTER 1

사례 개념화의 개관

역량 있게 변화 가져오기

"다른 사람을 도와주고 싶어요."
"나의 지역사회에 베풀고 싶어요."
"변화를 가져오고 싶어요."

상담자와 심리치료사가 되고자 하는 사람들은 일반적으로 다른 사람을 돕기 위해 투쟁하고, 세상을 더 나은 곳으로 만드는 일을 하고 싶어서 이 직업에 마음이 끌렸다고 말한다(Bager-Charleson, Chatterjee, Critchley, Lauchlan, McGrath, & Thorpe, 2010; Barnett, 2007; Hill et al., 2013). 사람들은 삶이 변화되는 것을 경험한다. 그리고 많은 사람들은 그 속에서 자신이 발견한 것을 다른 사람들에게 되돌려주고 싶어 한다. 그들이 바라기를 대부분의 시간을 사색적이고 사적이며 의미 있는 대화로 보낼 것이라 예상한다.

주로 현장을 선호하는 상담자나 심리치료사는 Carl Rogers(1961)의 돌봄과 깊은 이타심에서 영감을 찾는다. Rogers는 상담자의 공감, 무조건적인 긍정적 존중, 진실성이 내담자의 변화를 이끄는 필요충분조건이라고 주장하였다. 비록 그동안의 연구는 모든 내담자들의 변화를 이끌어내는 데 이런 조건만으로도 충분하다는 그의 주장을 입증하지 못했지만, 점차 많은 연구에서 사실상 어떤 형태의 상담 혹은 심리치료든 성공적인 치료를 위해서는 일반적으로 이런 조건들이 필요하다고 제안한다(Kirschenbaum & Jourdan, 2005). 사실, 상담 관계의 정도와 질(quality)은 상담 과정에서 최고의 변화 예측 요인 중 하나다(Miller, Duncan, & Hubble, 1997). 그러나 공감과 돌봄의 관계는 퍼즐의 한 조각일 뿐이다. 특히 현대의 정신건강 실제에서는 **역량**이 더 고려될 필요가 있다.

지난 10년 동안 정신건강 전문가들은 훈련과 개념화에 대한 접근이 변화하는 과정을 지켜보아왔다. 보험회사, 규제위원회, 내담자 가족과 같은 외부의 제3자는 모든 상담자와 심리치료사가 알고 있고 실시하는 것에 대해 자세히 이해하고 싶어 한다. 이러한 요구를 해결하기 위해, 정신건강 전문가들은 역량의 세부목록을 만들었다. 역량이란 독자적인 훈련을 실시하기 위해 반드시 가지고 있어야 하는 특정 분야에서의 지식과 기술의 집합을 말한다(Gehart, 2011; Hoge et al., 2005; Nelson, Chenail, Alexander, Crane, Johnson, & Schwallie, 2007; Urofsky, 2013). 상담자, 가족 치료사, 임상 그리고 상담 심리학자, 임상사회복지사, 정신의학 간호사, 정신과 의사와 같은 각 분야의 정신건강 전문가들은 각기 다른 자신들만의 역량을 가지고 있지만, 다행히 핵심 기능에서만큼은 차이점보다 유사점이 더 많다. 이 책은 궁극적으로 독자가 특별히 상담 그리고 심리치료 과정(유능한 상담자들은 상담 회기에서 내담자와 무엇을 하고, 생각하고, 말하는가?)과 관련된 정신건강 분야에서의 역량을 숙달하고 이해하도록 돕는다. 이러한 역량은 전문적인 상담과 심리치료를 위한 지침을 제공하는 기본적인 상담 이론에 기반을 두고 있다.

■ 역량의 다른 부분

상담을 잘 알지 못하는 사람들은 유능한 상담이 주로 관계 맺기, 경청하기, 유용하고 시기적절한 개입하기와 같은 회기 내 기술과 관련 있다고 생각한다. 그러나 실습 경험이 많은 사람들은 회기 내 기술 외에도 회기 안에서 진행되는 모든 미묘한 평가와 개입이 신중하게 서면으로 문서화될 필요가 있다는 것을 알고 있다. 사실, 보험회사, 병원장, 슈퍼바이저와 같은 제3의 이해 당사자의 관점에서는 서면화된 문서가 종종 언어적인 요소보다 더 중요하게 여겨진다. 명확하게 서면화된 문서 없이, 적절한 치료가 제공되었는지 혹은 치료비가 지불되었는지를 증명할 길이 없다. 사실, 현대 실습 환경에서 문서화는 유능한 상담을 증명하는 주요 수단이다. 즉, 유능하다고 여겨지기 위해서는 내담자와 함께 무엇을 생각하고, 말하고, 행할지 알아야 될 뿐만 아니라, 알게 된 것을 문서화할 줄도 알아야 한다.

역사적으로, 이 두 가지 역량은 별개의 것으로 구분해서 가르쳐왔다(Wiger, 2005). 그러나 이 책에서는 이러한 기술을 동일한 과정이 둘로 나뉜 것으로 보고, 이에 대해 살펴볼 것이다. 나의 학생들의 경험에 의하면, 회기 내 기술과 문서화, 이 두 가지는 서로 관련되어 있으며, 함께 시너지 효과를 낸다. 회기 내에서 당신이 유능할수록, 당신은 문서화를 더 잘 할 수 있을 것이다. 당신이 하는 일을 더 분명하게 문서화하면 할수록, 회기 내에서 당신의 언어와 행동은 더 명확해질 것이다. 이러한 과정은 당신을 더욱 더 유능하게 이끌어주는 선순환(virtuous cycle)이 될 것이다. 이 책에 제시된 사례 개념화는 지난 20년 동안 점진적으로 발달해왔으며, 회기 내 상담과 문서화 기술 둘 다 지속적이며 효과적으로 수정되어왔다. 그래서 당신은 기존의 분리된 두 개의 세계를 잇는 비교적 새롭고, 사람들이 많이 다닌 다리를 건너게 될 것이다.

유능한 상담의 길

다양하지만 가끔 겉보기에 모순되는 유능한 상담의 요소를 개념화하기 위해서, 우리는 유능한 상담을 위한 다섯 단계로 이루어진 지도를 사용할 것이다. 이 지도는 종종 쉽지 않은 50분 심리치료 시간을 다루기 위해서 총체적이면서도 간결한 안내를 제공한다. 각 단계는 필수적인 임상적 사례 문서를 기반으로 한다. 당신은 이 지도를 사용하여 각 회기에서 생각하고, 행동하고, 말하는 것을 당신의 공식적인 사례 파일에 쓰는 것으로 직결시키는 법을 배우게 될 것이다. 초반에는 단계가 조금 복잡하다고 생각될 수 있으나, 조금만 연습하면 첫 단계부터 마지막까지 금세 알 수 있을 것이다.

■ 유능한 상담의 다섯 단계

유능한 상담의 다섯 단계: 성공적인 상담을 위한 로드맵

1단계: 영역을 그리라: 상담과 심리치료 이론을 사용하여 상황을 개념화하라.

2단계: 오아시스와 장애물을 파악하라: 내담자의 정신 상태와 강점을 파악하고 사례 관리를 제공하라.

3단계: 과정을 계획하라: 상담 작업 동맹 관계를 형성하는 법을 포함한 치료 과제 및 달성 가능한 내담자 목표를 가지고 치료 계획을 세우라.

4단계: 흔적을 남기라: 회기 보고서와 더불어 당신의 작업을 기록하라.

5단계: 진행 상황을 추적하라: 상담 과정에 대한 내담자의 반응을 평가하라.

앞서 제시한 다섯 단계는 미지의 세계에 있는 모든 탐험가들이 사용한 대표적인 방법을 따랐다. 이러한 미지의 세계이자 알려지지 않은 지역, 미개척지(terra incognita)가 바로 각각의 새로운 상담 과정이다. 처음에는, 불안한 내담자, 이혼한 부부, 품행장애 아동과 같은 집단으로 내담자를 쉽게 유형화할 수 있을 것처럼 보이지만, 경험 있는 상담자라면 누구나 각각의 내담자마다 고유한 경험을 가지고 있다고 당신에게 말할 것이다. 유능한 상담의 즐거움과 노하우는 각 내담자의 유일무이한 삶의 영역을 그려 나아가는 것(mapping)이며, 이를 통해서 고유한 과정을 계획해나가는 것이다.

1단계는 큰 그림을 그리기 위해 가능한 한 넓은 영역을 기술하는 것이다. 초기 발달에서의 윤곽은 무엇인가? 적당한 수준은 어느 정도인가? 경험이 풍부한 영역은 어디인가? '용이 여기에 있다.'라고 표시된 페이지는 있는가? 이러한 모든 종류의 지도를 가지고, 더 자세하고 정하게 기록할수록 실제 지역을 다닐 때 훨씬 수월할 것이다. 상담과 심리치료에서, 우리의 지도는 정신건강 이론을 바탕으로 내담자를 평가하는 **이론적 사례 개념화**는 대부분의 접근에서 가장 중요한 부분으로 여겨지지만, 한 연구에서 94% 이상의 상담자들이 잘 다듬어진 개념화를 사례 보고서에 포함하는 것을 실패했다(Abbas, Premkumar, Goodarzi, & Walton, 2013). 지금 이 책을 가지고 있는 당신은 상위 6%에 들 수 있는 좋은 기회를 가졌다.

일단 이 지도를 당신이 가지고 있다면, 당신은 중요한 랜드마크인 오아시스와 장애물을 발견할 수 있다. 나머지 정거장은 어디에 있는지 표시하고, 어떠한 어려움이 앞에 놓여있는지 파악해야 한다. 상담에서 당신은 내담자를 지지하고 강하게 하는 데 사용될 수 있는 모든 **내담자의 자원**으로 **오아시스**의 위치를 알아낼 수 있다. **장애물**은 내담자의 삶에 변화를 주는 것을 막을 가능성이 있거나 막는 것으로서 나타난다. 그 영역에 정말 용이 있을까? 혹은 그 영역이 그냥 익숙하지 않은 것일까? 지도 제작자가 조경을 조사하는 것처럼 상담자는 조심스럽게 장애물이 발견될 가능성을 파악하고, **사례 관리**를 통해 사회 혹은 경제 자원의 부족과 같은 삶을 유지하기 위해 기초적으로 필요한 것을 고려하고, **정신 상태 검사**를 실시함으로써 정신적 문제를 파악하며, 진찰을 통해 의사와 함께 발생 가능한 의료 문제를 관리한다. **임상적 평가**라 불리는 과정을 통해 상담 초기에 실제로 발견되거나 발견될 가능성이 있는 장애물을 파악함으로써, 치료적 여행은 더 쉽고 순조롭게 진행될 것이다.

오아시스와 장애물이 명확하게 식별된 개념화된 지도를 가지고 있다면, 당신은 내담자가 정한 도착지 혹은 **목표**를 향한 과정을 자신 있게 그려나갈 수 있다. 만약 당신이 지도 제작을 잘했다면, 어떤 것이 그 여행에서 당신과 내담자에게 가장 잘 맞을지에 따라 여러 가지 다양한 코스 중에서 고를 수 있을 것이다. 즉, 모든 관련된 것과 잘 맞고, 주어진 내담자의 상황에 도움이 될 것으로 연구 결과에서 밝혀진 상담 이론과 스타일을 선택할 수 있다는 것을 말한다. 경험이 많은 노련한 임상가는 숲, 바다, 사막, 평원, 파라다이스, 황무지와 같은 다양한 영역을 성공적으로 탐색하고 알아봄으로써 초보 상담자와 자신의 실력이 구별된다. 상담자의 기술 레퍼토리가 많을수록, 상담자는 각각의 영역을 이동하는 데 훨씬 더 수월할 것이다. 선호하는 길이 결정되면 상담자는 내담자의 고민을 다루는 방법에 대한 일반적인 지침인 **치료 계획**을 세운다. 여느 여행 계획처럼, 치료 계획은 날씨, 자연 재난, 인간의 실수, 그리고 현실 생활처럼 예상하지 못한 상황에 따라 바뀔 수 있다. 상담자는 예상하지 못한 우회로, 연착과 지름길(그렇다, 예상치 못하게 좋은 일이 일어나기도 한다!)이 상담이라는 여행의 한 부분이라는 것을 알고 있어야 한다.

당신이 행동 방침을 정했다면, 당신은 당신이 왔던 길을 표시해둘 필요가 있다. 표시를 해두면 길을 잃었을 때 언제든지 돌아갈 길을 찾는 데 도움이 된다. 왜 그리고 어떻게 당신이 상담을 진행해왔는지, 당신뿐만 아니라 다른 사람들이 알 수 있도록 해준다.

상담자는 주어진 회기에서 일어난 것을 공식적인 문서인 **회기 보고서**를 통해 그들이 걸어온 과정의 흔적을 남긴다. 필요한 여행 일지 역할에 더하여, **회기 보고서**는 전문적 상담과 심리치료의 관점에서 세 가지 도움이 된다. 즉, 제3자로부터 지불받고(예: 보험), 법적 고소를 피하게 해주며(예: 당신이 상담하는 지역에서), 자격을 유지하게 해준다. 당신이 어떤 길을 걸어왔는지를 명확하게 함으로써, 당신과 내담자뿐만 아니라 다른 사람이 당신의 구체적인 치료 방법을 더 잘 이해할 수 있도록 도울 수 있다.

마지막으로 당신이 올바른 길에 서 있는지 자주 체크해야 한다. 상담에서는 이것을 **내담자의 진전 과정을 평가**한다고 설명한다. 만약 내담자가 진전을 보이지 않는다면, 상담자는 다시 돌아가 (1) 지도의 정확성(개념화와 임상적 평가), (2) 계획의 타당성에 대해 재평가할 필요가 있다. 대부분, 경과를 다시 나아지게 할 수 있는 하나 혹은 두 영역에서 성과를 만드는 것이 쉽다. 핵심은 당신이 진로에서 벗어나 있는지 가능한 빨리 알아차리기 충분할 정도로 자주 내담자의 경과를 평가하는 것이다.

유능한 상담의 다섯 단계는 꽤 많은 영역을 포괄한다. 그래서 모든 단계가 익숙해지기까지는 시간이 걸리고, 단계를 함께 연결시킬 만큼 숙달되려면 더 오랜 시간이 걸릴 것이다. 그러나 당신이 단계를 서로 연결하는 것을 연습한다면, 당신은 내담자와 일하는 것이 훨씬 더 수월해지는 것을 발견하게 될 것이다. 어떤 것에 초점을 맞추고, 어떤 것을 말하고, 해야 할지가 더 명확해질 것이다. 이 책은 당신이 이제 막 상담을 시작했든지 아니면 상담을 오래했든지 간에, 다섯 단계를 더 효과적으로 사용할 수 있도록 돕기 위해 만들어졌다.

주의 깊게 사례 개념화 작업하기

유능한 상담의 다섯 단계는 상담과 심리치료 여정의 유일한 구체적인 증거라는 단순한 이유로 유용한 사례 개념화의 형태로 정리되었다. 그러나 다양한 이유로 많은 임상가와 교육자는 이를 피하고 싶어 한다. 사실, 임상적 사례 개념화는 현장에서 가장 등한시되는 교육 과제 중 하나로 밝혀졌고, 졸업 후 전문 상담자의 소진과도 관련 있는 것으로 밝혀졌다(Cianfrini, 1997; Elliott & Schrink, 2009; Prieto & Scheel, 2002). 숫자 코드, 간략한 언어, 그리고 괴로운 세부 사항이 요구되는 긴 서식을 완성하는 것은 마음이 따뜻한 상담자를 두려움으로 얼어붙게 만든다. '서식을 채우는 것이 어떻게 내담자를 돕는다는 거지? 내 **진짜** 일을 하도록 돕는 것과는 거리가 멀어.' 임상적으로 적절히 문서화하는 법을 배우지 못한 사람들은 서류 업무 부담이 현실적인 삶의 문제를 가진 실제 사람들에게 도움을 주는 진짜 임무로부터 멀어지게 한다고 불평한다. 이 책은 당신이 더욱 생산적이고 즐겁게 사례 개념화를 할 수 있도록 가르쳐줄 것이며, 당신의 진짜 임무와 지지를 위한 도구로 사례 개념화를 사용하는 법을 배우게 될 것이다.

끝없이 속을 뒤틀리게 하는 체제의 부분으로 아무 생각 없이 서류작업 마치는 것은 좋은 상담자가 되는 것으로부터 쉽게 멀어지게 할 수 있다. 그러나 주의 깊게 생각하면서 접근하면, 사례 개념화 서류 작업은 상담자에게 상당히 효과적일 뿐만 아니라, 빠르게 사례 개념화할 수 있을 만큼 충분한 실습을 하고 나면 일이 쉬워질 것이다. 어떻게? 근본적으로 잘된 사례 개념화는 임상가가 더 분명하고 자세하게 그들이 무엇을 하는지, 즉 상담실 안에서 목표를 향해 집중해서 생각할 수 있도록 도와준다(Abbaset al., 2013; Prieto & Scheel, 2002). 아주 유능한 상담자가 된다는 이상적인 목표나 문제를 피하고 돈을 받기 위한 최소한의 현실적인 목표가 아니라면, 이 책에 대한 나의 작은 목표는 사례 개념화에 당신이 좀 더 익숙해지도록 돕는 것이다.

■ 분명한 글쓰기=분명한 생각

글쓰기 기술은 더 나은 분석력과 추리력과 관련 있다(Flateby, 2011; Hunter & Tse, 2013; Preiss, Castillo, Flotts, & Martin, 2013). 글쓰기를 통해서 그 사람의 생각을 더 분명하고 자세하게 볼 수 있는 기회가 생긴다. 주로 패턴과 통찰력은 똑같은 정보가 머릿속에 있을 때 상상할 수 없는 곳에서부터 나타난다. 이것이 특히 글쓰기가 감정에 더하여 인지와 사실에 집중되어 있을 때, 수많은 내담자들이 일기 쓰기를 통해서 유익함을 얻는 이유이다(Borkin, 2014; Ullrich & Lutgendorf, 2002).

상담자와 심리치료사를 위한 글쓰기의 특별한 선물은 훈련할 때 회기 내 경험을 이론, 연구, 상담에 대한 지식과 연결시키는 것이다. 사례 개념화는 이런 모든 세계가 함께 모이는 곳이다. 함께 잘 모이게 되면, 사례 개념화는 곧장 자가 슈퍼비전의 형태가 되고, 임상 슈퍼바이저에게 기대하는 통찰력과 지도받을 수 있는 숙고의 과정이 될 것이다(Morrissette, 2001).

나는 모든 사례 개념화 과정이 이러한 목표를 달성하는 것이 아니라는 것에 가장 먼저 동의할 것이다. 어떤 문서화 형식은 실제 회기 중 일어나는 일과 너무 동떨어져 있고, 다른 문서화 형식은 임상적인 많은 부분을 잃어버린(예: 성과 기록) 행정적인 세부사항에 지나치게 무게를 둔다. 이 글에서 나는 독자에게 임상적으로 매우 유용하고 현시대의 문서 기준에도 충족하는 네 가지 임상적 문서를 소개하고자 한다. 이 문서는 상담자가 자신의 작업에 집중하고 의미 있게 숙고할 수 있는 문서화 체계를 만들기 위해, 실습의 실제와 함께 상담 분야의 이론과 연구 결과를 긴밀하게 통합하는 데 목적이 있다.

■ 문서화(작업)의 실용성

만약 분명하게 생각하는 것이 당신의 사례 개념화 능력을 기르는 데 큰 열정을 불어넣지 못한다면, 당신은 아마도 전통적인 방식을 더 좋아할 수 있다. 많은 임상가들이 종이로 된 문서 작업을 하는 주된 이유는 법적·윤리적 필요 때문이다(Wiger, 2005). 점차 '치료 기준'은 내담자의 문제와 이를 다루기 위해 상담자가 취한 행동의 과정을 기록한 구체적인 서면 기록물의 관리를 의미하게 되었다. 상담자가 그러한 기록물을 관리하지 않았고, 윤리 검토 위원회 또는 법률 기관이 개입되어 있을 때, 상담자는 점점 더 '태만한' 것으로 발견된다. 과거에는 사례 개념화에 요구되는 법적·윤리적인 것이 불분명했다. 그러나 2004년 미 건강보험(Health Insurance Portability and Accountability Act: HIPAA)이 실시된 이후부터, 더 많은 체계적인 요건이 생겨났다(6장의 회기 보고서 참고). 비록 아직까지 사례 개념화의 형식, 세부사항, 구체적 내용이 폭넓은 가변성을 가지고 있지만, 일반 정신건강법에서의 높은 일관성과 함께, 임상가들과 현장에서 기본적인 내용이 점점 더 비슷해지고 있으며, 이 모든 것은 사례 개념화를 배우는 사람들에게는 좋은 일이다.

회기 보고서를 작성하는 또 다른 이유는 경제적인 문제 때문이다. 만약 당신이 일한 대가를 받기 원한다면, 대부분의 고용주와 제3자 지불인(third-party payers)은 당신에게 대가를 지급하기 위해 상당한 분량의 사례 개념화를 요구한다는 것을 발견하게 될 것이다(Wiger, 2005). 비록 상담 분야에 종사하는 대부분의 사람들이 주로 연민과 이타심에서 동기를 얻지만, 결국엔 상담자들도 다른 일반적인 사람들처럼 생활을 유지하기 위해 돈이 필요하다. 고용주들은 효과적이고 적절한 서비스가 제공되었다는 사실을 제3자 지불인에게 문서화하여 알려줄 필요가 있다.

마지막으로, 회기들을 관찰하지 않는 한, 사례 개념화는 유능한 치료가 제공되고 있다는 것을 확인할 수 있는 가장 쉬운 방법이다. 우리의 역량을 증명하기 위해 회기를 녹화한 것을 요청하기보다는, 보험회사와 같은 제3자 지불인은 우리의 역량을 서면화된 사례 개념화로 확인한다. 치료 계획, 회기 보고서, 임상적 평가 등의 임상 사례 문서는 상담자가 대가를 받을 만한 가치 있는 일을 한다는 효과적인 증거를 제공하는 데 사용된다.

■ 사례 개념화를 이용한 회기 내 역량 개발

대다수 나의 학생들에게 가장 창피하고 겸손해지게 만드는 훈련은 자신의 상담 영상을 보는 것이라는 데 동의한다. 학생들은 자신의 이상한 표현을 관찰하고, 불편한 침묵을 재경험하고, 일관성이 없거나 중심을 벗어난 자신의 응답을 볼 수 있다. 두 번째 방법은, 동일한 그 영상을 기록하고 분석하는 것이다. 위 두 가지 모두 상담자를 겸손하게 하고 상담 과정에 대한 더 깊이 있는 이해를 가능하게 한다. 나는 이 책에 나와 있는 이론 기반의 사례 개념화가 위와 같은 민망한 상황을 겪지 않고도 비슷한 학습의 결과를 제공하기를 바란다. 이론 기반의 사례 개념화에 대한 시간을 가지면서, 상담자는 섬세한 임상적 그림과 언제, 어떻게 내담자에게 개입할지에 대한 명확한 감각을 더욱 빨리 가지게 된다. 이와 비슷하게, 각 회기마다 특정 이론을 기반으로 한 개입의 사용과 이러한 개입에 대한 내담자의 반응을 파악해보면서, 상담자는 내담자를 돕기 위해서 회기 내에서 어떻게 말하고 행동할지 빨리 조절할 수 있다.

이 책의 차별점, 그리고 이것이 당신에게 갖는 의미

상담 및 심리치료 사례개념화는 이 책의 다른 점이다. 학습 중심의 교육이라는 새로운 교육학적 모델을 기반으로(Killen, 2004; Weimer, 2002), 이 책은 단순히 암기해야 할 정보를 제공하기보다는 능동적으로 내용을 익히고 실제적인 능력을 기를 수 있게 설계되었다. 이 책은 당신이 내담자들에게 더 나은 상담을 제공할 수 있는 실제적인 기술을 가르친다. 따라서 학습 활동은 이 책의 주요 부분이며, 당신이 배운 것을 활용하면서 그 정보를 적용하고 사용하는 기회를 가지게 된다. 이 책의 특정 학습 활동은 (1) 사례 개념화, (2) 임상적 평가, (3) 치료 계획, (4) 회기 보고서이다. 이러한 활동은 각 장에서 배운 이론을 실제 내담자와의 상황에 적용해볼 수 있다.

이 책의 또 다른 점은, 긴 이야기 항목을 가지고 있는 일반적인 서두보다는, 핵심 개념들로 구성되어 있다는 점이다. 학부 수업과 자격증 준비를 위한 나의 개인적인 공부 노트에서 발전된 형태인 이러한 구성은 시각적인 구성 때문에 단어와 용어를 더 많이 기억하게 한다. 매년, 나는 열정 있는 초심 상담자와 심리치료사에게서 자격증 시험에 통과하는 데 많은 도움을 받았다는 많은 감사 메일을 받는다. 그들 모두는 이 책의 구성이 색다르다고 하였다. 따라서 이 책을 보는 것은 당신의 미래에 있을 큰 시험을 대비하는 데 도움이 될 것이다. (만약 당신이 그 시험을 통과했다면, 당신은 이전에 당신이 어려운 방법으로 공부했다는 사실에 놀랄 것이다.)

■ 구성

이 책은 3부로 구성되어 있다.

I부 사례 개념화의 개관: 첫 번째 항목은 이 장의 앞에서 설명된 유능한 상담을 위한 다섯 단계에 대한 상세한 설명이 있다.

- 사례 개념화
- 임상적 평가
- 치료 계획
- 회기 보고서

- 성과 평가하기

II부 이론 근거 사례 개념화: 다음 항목은 주요 상담 이론의 핵심 개념과 이 책에서 나와 있는 사례 개념화의 4요소(상담 사례 개념화, DSM-5 진단을 이용한 임상적 평가, 치료 계획, 회기 보고서) 모두를 적용한 상세한 사례 연구이다. 사례 개념화는 다음과 같은 이론들이 포함된다.

- 정신역동
- 개인 심리학과 아들러학파
- 인본주의·실존주의: 인간 중심, 게슈탈트, 실존주의
- 인지행동
- 가족체계
- 해결 중심
- 포스트모더니즘: 융합, 이야기, 여성주의

III부: 유능한 슈퍼바이지: 마지막 장은 당신에게 유능한 슈퍼바이지(supervisee. 슈퍼비전을 받는 사람)의 패러다임에 대해서 소개하고, 어떻게 슈퍼비전 관계를 맺는지 안내한다. 만약 당신이 이미 내담자를 만나기 시작했다면, 당신은 여기서 시작하고 싶을 것이다. 그렇지 않다면, 이 장은 당신이 그렇게 할 수 있도록 만들어줄 것이다. 이 장은 다음과 같은 요소를 포함하고 있다.

- 초기 불안 관리하기
- 슈퍼바이지로서 당신의 역할
- 슈퍼바이저의 역할
- 슈퍼비전 최대한 활용하기
- 슈퍼비전에서의 문제 대처하기

어디서부터 읽을 것인가?

이 책은 다양한 여러 강좌 또는 임상 현장에서의 사용을 위해 다용도로 설계되었다. 따라서 개인의 욕구와 학습의 목적에 따라 다른 순서로 책을 보아도 좋다. 몇몇의 선택 가능한 사항들은 다음과 같다.

사례 개념화를 주목적으로 하는 실습 이전의 과정

- I부: 학생들에게 사례 개념화에 대한 소개
- II부: 각 이론별 문서화의 리뷰 제공
- III부: 내담자를 만나기 위한 준비시키기

기술 습득을 주목적으로 하는 실습 이전의 과정

- Ⅱ부: 각 이론의 평가와 개입에 대한 리뷰 제공
- Ⅰ부: 학생들에게 사례 개념화에 대한 소개
- Ⅲ부: 내담자를 만나기 위한 준비시키기

현장 연구 과정

- Ⅲ부: 슈퍼바이지의 역할 개념화를 위한 실제적인 양식과 일반적인 문제 관리 방법 제공
- Ⅰ부: 사례 개념화 기술에 대한 기본 교육
- Ⅱ부: 학생들이 선택한 이론의 사례 개념화를 어떻게 하는지 예시 제공

상담 이론 과정

- Ⅱ부: 상담 이론과 방법에 대한 기초 설명 제공
- Ⅰ부: 사례 개념화 개관 제공
- Ⅲ부: 내담자를 만나기 위한 준비시키기

■ 이론 개관

Ⅱ부의 이 장은 사례 개념화에 가장 잘 적용될 만한 각 이론의 주요 개념에 대한 간단한 개관을 볼 수 있도록 설계되었다. 이론에 대한 더 논의할 점은『상담 및 심리치료의 이론과 치료 계획(Theory and Treatment Planning in Counseling and Psychotherapy)』(Gehart, 2013)에 나와 있다. 이러한 이론 개관 장들은 당신이 내담자의 사례 개념화 실시, 치료 계획과 회기 보고서 쓰기, 개입 설계를 할 때 이 책을 사용함으로써 당신의 역량을 최대화할 수 있도록 돕기 위하여 사용자 편리성을 고려하여 구성되었다. 이론 장들은 다음과 같은 개요를 따른다.

이론의 구조

개요: 당신이 최소한 알아야 할 것

핵심: 이 분야에서의 중요한 공헌: 만약 이 장에서 꼭 기억해야 할 한 가지

큰 그림: 상담 과정의 개관

관계 형성하기: 상담 관계

관점: 사례 개념화

변화를 목표하기: 목표 설정

실천: 개입

스스로 해보기: 임상적 기술을 익히기 위한 연습

종합: 치료 계획 양식
- 우울·불안 증상을 가지고 있는 개인의 치료 계획(예시)

조직화: 다양한 사람과 작업하기
- 민족·인종·성·문화의 다양성
- 성 정체성의 다양성

연구와 증거 기반

온라인 자료

참고문헌

사례 예시: I부에서 설명되었던 사례 개념화, 임상적 평가, 치료 계획, 회기 보고서가 포함된 임상적 문서 작업의 완성본

개요: 당신이 최소한 알아야 할 것: 이 장은 이론의 주요 특징에 대한 간단한 요약으로 시작된다. 비록 당신이 이론 수업에서 A학점을 받거나, 내담자를 돕는 데 알아야 하는 최소한의 것이 완전하게 다 있는 것은 아니지만, 이것은 당신이 암기해야 하고 당신의 슈퍼바이저 또는 동료들에게 빠르고 분명하게 표현할 수 있어야 하는 것이다.

핵심: 이 분야에서의 중요한 공헌: 다음 항목에서는, 상담 현장에 가장 많이 기여한 이론을 당신이 기억하는 데 도움을 주기 위하여 주요한 원칙(처음으로 소개되었던 정보)을 사용하였다. 많은 사례에서, 상담에 일반적으로 사용되는 다른 접근을 사용하는 잘 훈련된 임상가들은 이 특정한 개념을 사용하기 쉬운데, 이것이 상담 현장에서 표준화되어 왔기 때문이다. 이 항목은 당신이 세미나의 개념을 기억하게 하고 이론의 연습에 대해 환기시켜 준다. 학생들의 피드백에 따르면, 이 항목은 그들이 가장 좋아하는 항목이라고 한다(그들이 나머지 장들을 훑어보기만 해서 이 항목을 제일 좋아한다고 말한 것이 아니기를 바란다).

큰 그림: 상담 과정의 개관: 큰 그림은 치료의 과정 흐름에 대한 개관을 제공한다. 즉, 초기, 중기, 후기에 어떤 일이 발생하는지, 그리고 이 과정에 걸쳐 변화가 어떻게 영향을 미치는지에 대한 개관이다.

관계 형성하기: 상담 관계: 내담자와의 관계 형성을 시작하는 시점의 모든 접근은 각각 크게 다르지 않다. 이 항목에서, 당신은 변화의 기초를 제공하는 다양한 학교의 상담자들이 사용하는 특이한 방법에 대해서 알게 될 것이다.

관점: 사례 개념화: 사례 개념화 항목은 상담자가 내담자와 그들의 문제를 확인하고 평가하는 것에 대한 이론적 개념의 징후를 알 수 있게 한다. 이것은 이론의 핵심이고 이론들 사이의 실제적 차이가 있는 지점이다. 나는 당신이 이러한 개념에 좀 더 시간을 쏟길 권장한다.

참고: 이론 기반의 사례 개념화: 동반되는 교재인 『상담 및 심리치료의 이론과 치료 계획』 (Gehart, 2013)에서 나는 이론 기반의 사례 개념화의 양식과 예시를 제공했다. 한 이론을 사용하여 이론 기반의 사례 개념화를 위한 내러티브 접근. 이 책의 교차적·이론적 사례 개념화로 인한 혼란을 피하기 위하여, 나는 이 책에 그러한 양식을 싣지는 않았다. 그러나 이론 기반의 사례 개념화를 위해 각 장에 있는 사례 개념화 항목에 있는 개념을 사용할 수 있다.

변화를 목표하기: 목표 설정: 사례 개념화와 전반적인 상담 과정에서 평가된 분야를 기반으로, 각 접근들은 치료 계획의 기초가 되는 내담자의 목표를 알아차리기 위한 특별한 전략을 가지고 있다.

실천: 개입: 아마 초심 상담자에게 가장 흥미 있는 부분일 텐데, 실천 항목은 각 이론의 일반적인 기술과 개입에 대한 개요를 서술하였다. 동일한 사례에서, 만약 특정한 집단에게 사용된 기술이 일반적인 실습 현장과 현저히 다르다면, 특정한 집단에게 사용된 기술을 위한 항목은 포함되어 있다.

종합: 치료 계획 양식: 졸업 후에, 당신은 개별 내담자의 우울, 불안, 트라우마를 다루는 데 사용될 수 있는 치료 계획을 위한 예시가 제공된 이 항목의 대부분의 것에 대해 나에게 감사해할 것이다. 이러한 계획은 여러 장을 모두 아우르고 있다.

조직화: 다양한 사람들과 작업하기: 이 항목은 이 장을 아우르고 있는 이론을 사용하여 다양한 집단과 일하기 위한 특정한 접근을 검토한다. 각 장은 (1) 민족, (2) 성 정체감 다양성 주제에 대한 것을 포함하고 있다.

연구와 증거 기반: 마침내, 이 장은 이론의 경험적인 기반에 대한 일반적인 의미를 제공하기 위한 각 이론의 연구와 증거 기반의 간단한 개관으로 마무리된다. 몇몇 사례에서, 증거 기반의 치료는 강조된다.

온라인 자료: 웹페이지와 웹 문서는 누가 특수한 훈련을 추구하는지 또는 이론에 대한 향후 연구를 하는지에 대한 목록을 포함하고 있다.

참고문헌: 많은 학생들이 참고문헌 목록을 건너뛰거나 이에 대해서 완전히 잊어버린다. 하지만 당신이 논문을 써야만 하거나, 어떤 이론이든 간에 선행 연구를 해야 한다면, 이것은 당신의 첫 번째 걸림돌이 될 것이다. 나는 이 책을 쓰기 위해 몇백 권의 책과 연구 논문을 사용하였다. 따라서 당신은 도서관에 스스로 찾아가기 전에 이것을 사용함으로써 핵심 자료를 찾는 데 소비할 시간을 줄일 수 있다(아, 요즘 누가 도서관에 가는가. 내 말은, 당신이 가장 좋아하는 소파나 카페에서 도서관의 웹페이지를 서핑하기 전에 말이다).

사례 예시: 마침내, 각 장은 당신에게 어떻게 이론이 실천되는지, 어떻게 종이에 적어지는지에 대한 감각을 주기 위하여 사례 삽화, 사례 개념화, 임상적 평가, 치료 계획, 회기

보고서로 마무리 된다

■ 목소리와 어조

당신은 이 책의 목소리와 어조가 일반적으로 대학 교재에서 소개되는 어조와 조금 다르다는 것을 아마 알아차렸을 것이다. 나는 약간의 유머나 재미를 가하는 것도 좋아한다. 왜? 나는 당신이 마치 처음 이러한 아이디어를 적용하는 방법에 대해 배우는 나의 학생이나 슈퍼바이지 중 한 명인 것처럼 관계를 맺길 원하기 때문이다. 상담은 관계 기반의 실무로, 지식을 함께 구성하는 것이다. 게다가 이러한 아이디어에 거리를 두면서 개성 없는 작가로서 서술하고, 그렇게 함으로써 지식 구성은 객관적이어야 한다는 사회적 통념을 영구화하기는 어렵다고 생각한다. 따라서 내가 서술했듯이, 나는 당신을 타인을 돕기 위해 이러한 아이디어를 사용하는 방법을 배울 열망이 있는, 완전하고, 실제적인 사람으로 상상하고 있다. 나는 내가 생각하기에 당신이 가질 만한 의문점에 답해주며, 당신이 여전히 졸지 않고 깨어있는지 확인하기 위해 주기적으로 당신의 어깨를 치며 당신에게 접근하려 시도할 것이다.

이 책 사용법

■ 이론에 관한 생각에 대한 제안

당신이 이 책의 목차를 읽었을 때, 당신은 어떤 것이 당신이 가장 좋아하는 것인지 찾아내고 싶고, 당신이 매력을 덜 느끼는 부분에 대해서는 경시하고 싶은 유혹에 빠졌을 것이다. 이것은 처음에는 좋은 생각처럼 보일 수 있겠지만, 고려해야 할 몇 가지 점이 있다.

좋아함 대 유용함: 일반적인 상담자가 개인적으로 유용하다고 생각하는 이론은 초심 상담자의 일반적인 내담자가 유용하다고 생각할 가능성이 있는 이론과 같지 않다. 많은 상담자는 심리를 잘 이해하는데, 이것은 내면세계와 그것의 작용에 대한 생각을 하는 것을 즐긴다는 뜻이다. 그러나 대부분의 초심 상담자들은 비용을 적게 내는 내담자와 작업을 시작하며, 다양하고, 복합적인 문제를 가진 내담자와 가족을 위해 일한다. 그 중 상당수(그러나 전부는 아니다.)는 생존의 문제로부터 벗어나기 위해 애쓰고 있고, 인지적 분석과 내면세계에 대한 통찰에 가치를 두고 있지 않는 문화권에서 왔기 때문에 심리를 잘 이해하지 못한다(Greenfield, 2013; Saravanan, Jacob, Prince, Bhugra, & David, 2004). 따라서 당신이 개인적으로 가장 유용할 것으로 생각되는 이론은 아마 당신의 첫 내담자에게 잘 맞지 않을 수 있다.

가치 발견적: 상담 이론에 대하여 나는 또한 광범위하고 관대한 가치 발견적 탐구(appreciative inquiry: AI)의 태도를 장려하는데, 이것은 무엇이 작용하는지 밝히고, 그것을 바탕으로 구축하기 위해 애쓰는 해결 중심적 접근이다(Cooperrider, Whitney, & Stavros, 2008). 이 책의 이론은 단순히 선택된 것이 아니며, 각각은 연구할 만한 타당한 가치를 가지고 있다. 그것은 이론의 기본적인 주요 문헌 목록의 부분일 수 있는데, 동시대의 상담자들이 각각 특유한 형태로 도움이 되는 것을 발견했기 때문이다. 내가 수년 동안 배운 교훈은 상담자가 더 많은 이론을 이해할수록, 내담자를 더 나은 방식으로 도울 수 있고, 이것은 인간의 조건과 그에 수반되는 문제에 대한 이해가 더 넓어지기 때문이다. 게다가 나는 이론의 가장 넓고 유용한 부분을 탐색하려는 태도를 갖고 이론에 접근하기를 추천한다. 나는 이것을 각 장에서 내가 특정한 이론으로부터 공통적인 유용성을 가졌다고 생각하는 하나의 개념을 찾는 '핵심' 절을 통해 당신이 가능케 할 것이다.

공통적 맥락: 상담 이론들은 다소 역설적이다. 어떤 의미에서 상담 이론들은 매우 다르며 뚜렷이 구분되고 상호배타적인 행동과 태도에 대한 지식을 제공한다. 그럼에도 불구하고 하나를 이해하는 것이 더 낫고, 모두 이해하는 것이 더 낫다. 사실, 몇몇 상담자들은 공통요인의 지지자이고, 이론이 단순히 같은 요인을 전달하는 다른 방식이기 때문에 일반적으로 균등하게 효과적이라고 주장한다(Miller et al., 1997). 따라서 이론 간의 차이점보다는 공통성이 더 중요할 가능성이 크다. 당신이 읽었듯이 당신은 이러한 공통 맥락에 대해 살펴보길 원할 것이다.

■ 이론 학습을 위한 이 책의 사용법에 대한 제안

먼저, 나는 이론의 전체적 감을 얻는 데 도움이 되기 위해 한 이론의 시작과 끝(간단한 것부터 모두 종합하여)을 읽기 위한 한두 시간을 떼어두길 추천한다. 어떤 장은 두 이론을 포함시키고 있고, 그렇기 때문에 한 장을 통째로 읽어도 좋다. 이에 더해, 어떤 학습자들은 치료 계획(장 뒷부분에 있는 양식이나 예시)이나 실제적 개관을 제공하는 어딘가 다른 부분을 훑어보는 것이 도움이 된다고 여길지 모른다. 그렇긴 하지만, 나는 아이디어를 대부분의 사람들이 선호할 것으로 보이는 방식으로 조직화하려고 노력했다. 각각의 학습자는 각자 다른 최적의 작업 전략을 갖고 있기 때문에, 나는 당신이 당신에게 최적인 방식을 발견하는 것을 권장한다. 당신이 장을 다 읽었을 때, 당신은 당신의 사례 개념화와 치료 계획을 완성하는 것을 원할 수도 있으며(만약 당신이 거의 완벽에 가깝다면 문제를 보완해야 할 것이다), 어떤 이들은 어떻게 이것이 작용할지 감을 얻는 것을 원할 것이다.

최종적으로, 나는 당신이 장을 읽고 난 후나, 강의를 들은 뒤에 전통적 방식으로 기록할 것을 강력히 추천한다. 진심이다. 나는 당신이 당신의 언어로 핵심 개념의 요강을 정리하여 완성하는 것을 추천한다(또는 당신이 선호한다면 필기로). 내가 왜 이런 힘든 일을 지지할까? 나를 포함한 우리 모두는, 이 책과 같이 길고 복잡한 책을 읽을 때, 주의력이 흐려졌다 선명해졌다 하며(흥미로운 공상이나, 그보다는 덜 흥미로운 할 일 목록을 생각하느라?) 그리고(설마!) 때로는 몇 단락씩이나 훑어보기도 한다(이것에 대해 나는 전혀 놀라거나 기분 상하지 않았다). 당신이 읽고 있는 개념을 당신이 정말로 이해했는지 확신할 수 있는 유일한 방법은 거기에 당신 스스로의 단어를 넣어보고, 당신 스스로를 이해시킬 수 있는 방식으로 조직화하는 것이다. 당신이 시험을 치르거나 자격증을 딸 필요가 있을 때, 당신은 이 책의 개념을 장기기억으로 전환하기 위해 기록해야 할 것이며, 이것은 기말 시험을 위한 벼락치기보다 더 요구되는 것이다. 정신건강 전문가가 된다는 것은 당신이 배운 것을 당신이 통달할 것을 요구한다. 당신이 전문가로 활동하는 모든 기간 동안 이 책에 있는 것을 알기를 기대할 것이다(그리고 당신이 그것이 나쁘다고 생각한다면, 진단 수업 때 할당된 글을 읽을 때까지 잠시 기다리라). 게다가, 당신의 이전 공부 습관이 시험 이후에 적은 회상, 밤샘 벼락치기와 다량의 에스프레소(또는 다른 좋아하는 카페인 공급 시스템?)를 포함하고 있다면, 당신은 앞으로 가면서, 나의 기록 팁 또는 다른 어떤 전략을 시도해보길 원할지도 모른다.

■ 임상적 평가, 치료 계획, 회기 보고서에 대한 제안

나는 당신에게 제일 먼저 각 기관과 상담센터가 임상적 평가, 치료 계획, 회기 보고서에 있어 저마다의 독특한 양식이 있다는 것을 알려주고 싶다. 어떤 것들은 이 책에 나온 것과 전혀 다를 것이다. 많은 독자들은 처음에 이것에서 괴로움을 느낄 것이다. 그러나 면밀히 살펴본다면, 당신은 상당히 다른 양식임에도 불구하고, 기본 요소가 매우 유사하다는 것을 알 수 있을 것이다(동일한 것이 아니라면). 이 교재에 있는 문서들은 당신이 현장에서 본 것보다 더 자세하고 지시적일 것이다. 이것은 배움의 초기 단계에 있어 아주 작은 단계를 명확히 하기 위함이다. 당신은 당신이 연관성을 볼 수 있도록 돕는 교재 속 양식의 다양한 기본 요소와 함께, 당신의 실제 장면에서 양식에 있는 항목을 명명하는 시간을 갖는 것에서 유용함을 찾을 수도 있다. 만약 그것이 아직도 힘들다면, 당신은 masteringcompetencies.com 또는 Youtube.com을 통해 나에게 연락할 수 있다. 그러면 나는 개인적으로 당신이 이해하는 것을 도와줄 것이다. 이에 더해, 이 책의 1부에는 3장과 4장에 있는 정신 상태 검사(mental status exam) 용어의 목록과 같은, 어떤 양식이든지 완성할 수 있도록 돕는 자원을 포함하고 있다.

유사하게, 나는 이 책에 있는 치료 계획 양식(templates)과 예시는 단지 양식과 예시임을 강조하고 싶다. 그것들은 유일하거나 유일하게 옳은 접근이 아니며, 단순히 일반적인 기준이나 기대에 기반을 둔 기초가 확고한 접근이다. 자유롭게 목표 진술이나 기술을 당신의 내담자의 독특한 욕구에 맞추어 수정하라. 나는 작업의 예에 있어 몇몇 비교적 구체적인 목표를 제시했으며, 각 내담자의 독특한 요구에 맞추어 과감하게 조정할 것을 장려한다. 당신은 사례 연구에 있는 치료 계획이 양식을 융통성 없이 따르지 않았다는 것을 알아차릴 것이다. 당신도 이와 같이 하기를 권장한다.

■ 인턴십과 임상적 실제에서의 사용에 대한 제안

인턴 또는 인증받은 정신건강 전문가로서 일할 때, 이 책은 임상 문서를 완성하는 법을 배우는 것에 더해, 당신 스스로 이론과 기술에 대해 배우는 데 유용할 수 있다. 당신은 새로운 집단이나 문제와 작업할 때, 다른 치료 방식이 이러한 상황에 어떻게 접근할 수 있는지 고려하는 것에 흥미를 느낄 것이다. 이 책은 다른 가능성을 발견하기 위해 빠르게 스캐닝하기 위한 적합한 자원이 될 수 있도록 고안되었다. 아니면 당신은 당신이 익숙지 않은 이론을 사용하는 동료나 슈퍼바이저를 만날 수도 있다. 당신은 이 책을 이론에 대해 빠르게 리뷰하거나, 무지해 보이는 것을 피하기 위해 사용할 수 있다. 이에 더해, 이 책은 당신이 이론 간의 기본 바탕을 인식하고 발견하는 것을 도울 수 있도록 서술되었으며, 이것은 '혼합된 이론(mixed theory)' 맥락에서 작업할 때 특히 도움이 될 수 있다. 그러나 이러한 이론 중 어떤 것이라도 실제를 위해 제대로 배우기 위해서는, 당신이 배우고자 하는 접근을 쓰는 전문가에게 전문적인 훈련을 받을 것을 강력히 권고한다.

■ 학생 학습 및 역량을 측정하는 교수진을 위한 제안

이 책은 교수진과 슈퍼바이저들이 다양한 인증 기관에 의해 요구되는 학생 역량 측정이라는 부담되는 과업을 간소화하는 것을 돕기 위해 특별히 설계되었다. 상담, 심리학, 사회복지, 가족 치료 역량을 활용하는 학생 학습을 평가하기 위한 양식과 채점 항목은 강사를 위한 책의 웹페이지에서 이용할 수 있다(http://www.masteringcompetencies.com/ 참고). 또한 이 웹사이트에서 강사들은 무료 온라인 강의, 파워포인트, 강의계획서 예시 등을 볼 수 있다. 이 교재는 상담 치료 이론 수업의 주 교재 또는 부교재로 사용될 수 있으며, 실습 사전 과목 또는 실습·현장실습 수업의 주 교재로서 사용될 수 있다. 교재는 기반이 든든한 이론과 실제 기술을 조합하고 있기 때문에, 이론을 개념화하고 임상적 문서를 작성하는 학생의 능력을 계발하기 위한 한 수업 이상에서 사용될 수 있으며, 기술들은 한 수업에서 숙련된 것과 같지 않을 것이다.

이러한 사례 문서를 사용하여 학생의 학습과 역량을 측정하기 위한 수업을 설계할 때, 학생들이 어느 것을 해야 하고, 어느 것이 최종 결과물로 기대되는지 분명히 이해할 수 있도록, 처음에 학생들과 함께 채점 항목을 검토하기를 추천한다. 나는 체계적인 방식 안에서 피드백을 제공하고, 학생들이 기술을 증진하고 구축하기 위해서 한 학기에 거쳐 두세 번의 연습 사례 개념화와 치료 계획의 기회를 주는 것이 가장 도움이 된다는 것을 발견하였다. 구체적으로, 나는 강의 시간에 이 이론에 대한 영상을 바탕으로 각 이론에서 학습한 사례 개념화와 치료 계획을 소규모의 집단 발표 시간을 가짐으로써, 학생들은 내담자 역동과 치료를 실제로 개념화하는 충분한 정보를 습득하도록 한다. 그 다음에, 전체 학급은 예시를 볼 수 있고, 계획 전개의 과정을 토론하고 생각한다. 이후 혹은 최종 과제는 개인적으로 사례에 대한 치료 계획을 발전시키는 것이 될 수 있다(강사에 의해 부과된 것이나, 유명한 영화, 개인적인 삶, 또는 실제 내담자 사례 중 하나). 이러한 활동 이후 학기 말 무렵에는 학생들은 역량뿐만 아니라 치료 계획과 사례 개념화 능력에 대한 자신감 또한 계발시킬 수 있을 것이다.

개인적 숙고 및 수업 중 토론을 위한 질문

1. 당신은 전문적 '역량'을 어떻게 정의할 것인가?
2. 상담자 또는 심리치료사의 전문적 역량을 정의하는 데 있어서 회기 내 기술과 문서 작성 기술 중 어떤 것이 비교적 중요한가?
3. 쓰기와 생각 간에는 어떤 관계가 있다고 생각하는가?
4. 유능한 상담의 다섯 단계(사례 개념화, 임상적 평가, 치료 계획, 회기 보고서, 평가) 가운데, 당신은 어떤 것에 제일 흥미를 느끼는가? 어떤 것이 가장 흥미롭지 않은가? 그 이유는 무엇인가?
5. 당신의 어떠한 개인적 강점이 유능한 상담의 다섯 단계에 이르게 하는가? 당신이 가진 한계점은 무엇인가?

학생을 위한 온라인 자료

학생들은 다음과 같은 교재에 대한 많은 유용한 자료를 저자 웹사이트(www.dianegehart.com; www.masteringcompetencies.com) 및 YouTube.com에서 볼 수 있다.

- 온라인 강의: 선택한 장 내용에 대한 'yours truly' 토론의 mp4 음원
- 모든 과제에 대한 디지털 양식: 사례 개념화, 임상적 평가, 치료 계획, 회기 보고서
- 각 과제의 채점 항목

- 관련 웹사이트와 읽기 자료 링크
- 주요 용어의 어휘 사전

강사를 위한 온라인 자료

강사들은 책에 대한 다양한 자료를 저자 웹사이트(www.dianegehart.com; www.masteringcompetencies.com)에서 볼 수 있다.

- 저자의 온라인 강의
- 이론 수업, 사전 실습기술 수업, 또는 실습 수업에서 이 교재를 활용하는 법에 대한 강의 계획서 예시
- 모든 장에 대한 파워포인트
- 모든 과제에 대한 디지털 양식: 사례 개념화, 임상적 평가, 치료 계획, 회기 보고서
- 상담, 가족 치료, 심리학, 사회복지 등의 전문가 역량과 관련된 각 과제에 대한 채점 항목
- 문제 은행
- 웹 퀴즈(webquizzes)

참고문헌

Abbas, M., Premkumar, L., Goodarzi, A., & Walton, R. (2013). Lost in documentation: A study of caseformulation in letters after outpatient assessment. *Academic Psychiatry, 37(5)*, 336-338. doi:10.1176/appi. ap.12060114

Bager-Charleson, S., Chatterjee, S., Critchley, P., Lauchlan, S., McGrath, S., & Thorpe, F. (2010). *Why therapists choose to become therapists: A practice-based inquiry*. London: Karnac Books.

Barnett, M. (2007). What brings you here? An exploration of the unconscious motivations of those who choose to train and work as psychotherapists and counsellors. *Psychodynamic Practice: Individuals, Groups and Organisations,13(3)*, 257-274. doi:10.1080/14753630701455796

Borkin, S. (2014). *The healing power of writing: A therapist's guide to using journaling with clients*. New York: W. W. Norton.

Cianfrini, C. (1997, March). A comparison of university academic and psychological counselors: Burnout and its relationship with social support, coping, and job satisfaction. *Dissertation Abstracts International Section A, 57*, p. 3824.

Cooperrider, D. L., Whitney, D., & Stavros, J. M. (2008). *Appreciative inquiry handbook: For leaders of change* (2nd ed.). San Francisco, CA: Berrett-Koehler Publishers.

Elliott, W. N., & Schrink, J. L. (2009). Understanding the special challenges faced by the correctional counselor in the prison setting. In P. Van Voorhis, M. Braswell,&D. Lester (Eds.), *Correctional counseling and rehabilitation* (7th ed.)(pp. 23-40). Cincinnati, OH: Anderson Publishing.

Gehart, D. (2011). The core competencies in marriage and family therapy education: Practical aspects of transitioning to a learning-centered, outcome-based pedagogy. *Journal of Marital and Family Therapy, 37*, 344-354. doi: 10.1111/j.1752-0606.2010.00205.x

Gehart, D. (2013). *Theory and treatment planning in counseling and psychotherapy: A competency-based approach for applying theory in clinical practice*. Pacific Grove, CA: Brooks/Cole.

Greenfield, P. M. (2013). The changing psychology of culture from 1800 through 2000. *Psychological Science, 24(9)*, 1722-1731.

Hill, C. E., Lystrup, A., Kline, K., Gebru, N. M., Birchler, J., Palmer, G., et al. (2013). Aspiring to become a therapist: Personal strengths and challenges, influences, motivations, and expectations of future psychotherapists. *Counselling Psychology Quarterly*, 26(3-4), 267-293. doi:10.1080/09515070.2013.825763

Flateby, T. L. (2011). *Improving writing and thinking through assessment*. Charlotte, NC: IAP Information Age Publishing.

Hoge, M. A., Paris, M., Jr., Adger, H., Jr., Collins, F. L., Jr., Finn, C. V., Fricks, L., et al. (2005). Workforce competencies in behavioral health: An overview. *Administration and Policy in Mental Health and Mental Health Services Research*, 32, 593-631.

Hunter, K., & Tse, H. (2013). Making disciplinary writing and thinking practices an integral part of academic content teaching. *Active Learning in Higher Education*, 14(3), 227-239. doi:10.1177/1469787413498037

Killen, R. (2004). *Teaching strategies for outcome-based education*. Cape Town, South Africa: Juta Academic.

Kirschenbaum, H., & Jourdan, A. (2005). The current status of Carl Rogers and the Person-Centered Approach. *Psychotherapy: Theory, Research, Practice, Training*, 42, 37-51.

Miller, S. D., Duncan, B. L., & Hubble, M. (1997). *Escape from Babel: Toward a unifying language for psychotherapy practice*. New York: Norton.

Morrissette, P. J. (2001). *Self-supervision: A primer for counselors and helping professionals*. New York: Brunner-Routledge.

Nelson, T. S., Chenail, R. J., Alexander, J. F., Crane, R. Johnson, S. M., & Schwallie, L. (2007). The development of the core competencies for the practice of marriage and family therapy. *Journal of Marital and Family Therapy, 33*, 417-438.

Preiss, D. D., Castillo, J., Flotts, P., & Martin, E. (2013). Assessment of argumentative writing and critical thinking in higher education: Educational correlates and gender differences. *Learning and Individual Differences*, *28*, 193-203. doi:10.1016/j.lindif.2013.06.004

Prieto, L. R., & Scheel, K. R. (2002). Using case documentation to strengthen counselor trainees' case conceptualization skills. *Journal of Counseling & Development*, *80*(1), 11-21. doi:10.1002/j.1556-6678.2002.tb00161.x

Rogers, C. (1961). *On becoming a person: A counselor's view of psychocounseling*. London: Constable.

Saravanan, B. B., Jacob, K. S., Prince, M. M., Bhugra, D. D., & David, A. S. (2004). Culture and insight revisited. *British Journal of Psychiatry*, *184*(2), 107-109. doi:10.1192/bjp.184.2.107

Ullrich, P. M., & Lutgendorf, S. K. (2002). Journaling about stressful events: Effects of cognitive processing and emotional expression. *Annals of Behavioral Medicine*, *24*(3), 244-250. doi:10.1207/S15324796ABM2403_10

Urofsky, R. I. (2013). The council for accreditation of counseling and related educational programs: Promoting quality in counselor education. *Journal of Counseling & Development*, *91*(1), 6-14. doi:10.1002/j.1556-6676.2013.00065.x

Weimer, M. (2002). *Learner-centered teaching: Five key changes to practice*. New York: Jossey-Bass.

Wiger, D. E. (2005). *The psychotherapy documentation primer* (2nd ed.). New York: Wiley.

CHAPTER 2

사례 개념화

지도 그리기: 사례 개념화

이야기를 잘 들어주는 미용사, 술집 바텐더, 혹은 당신을 많이 아껴주는 친구와 좋은 상담자의 차이는 그들이 들은 이야기로 무엇을 하는가이다. 가슴을 울리는 이야기를 듣고 난 후에 미용사나 바텐더 혹은 당신의 친구는 보통 조언을 하거나 애도를 표한다. 상담자가 하는 일은 이와 다소 차이가 있다. 그들은 내담자로부터 들은 이야기를 통해 더 깊이 그들을 이해하고자 하는데, 이러한 이해는 대개 내담자가 그들 자신에게 하는 이야기보다 더 분별 있고 연민이 어려 있다. 상담자들은 내담자의 이야기를 들을 때, 그들이 듣고 있는 이야기를 통해 내담자의 경험과 내면세계에 대한 지도를 그려 나간다. 이 지도가 바로 '사례 개념화'이며, 사례 개념화는 매우 능숙하고 기술적인 상담의 핵심 요소이다. 만약 당신이 분명하고 정확하게 사례 개념화를 할 수 있다면, 상담은 매우 부드럽고 빠르게 진행될 것이다. 반대로 당신이 이 첫 단추를 잘 꿰지 못한다면, 당신의 상담은 그리 발전하지 못할 것이다.

사례 개념화는 상담에서의 보이는 것의 미학(counseling art of viewing)을 칭하는 전문용어로, **평가**(assessment)라고 불리기도 한다. 평가는 개인과 가족 역동을 평가하는 사례 개념화적 접근(이번 장에서 다루고 있다.) 혹은 내담자의 증상을 평가하기 위한 진단적 접근(3장 참고) 등 두 가지 다른 상담 과제로 언급되기 때문에 다소 까다로운 용어이다. 이러한 혼란을 줄이기 위해서, 나는 이 이론을 기반으로 한 평가를 **사례 개념화**로, 진단적 접근을 **임상적 접근**이라고 지칭하기로 한다.

상담 이론은 상담자가 내담자의 문제를 바라볼 수 있는 특별한 관점을 제공한다. 매우 세밀한 지도처럼, 이 상담 이론은 상담자가 내담자와 그들의 문제를 더 넓고 포괄적인 맥락에서 바라볼 수 있게 한다. 이러한 폭넓은 이해를 통해, 상담자는 어떻게 내담자가 가진 각각의 삶의 조각들이 서로 맞춰지는지 알 수 있게 되고, 까다로운 상황에서도 최선의 길을 찾을 수 있는 실마리를 얻게 된다.

■ 현실적 기대

내담자와 긴밀한 작업 관계를 형성했다면, 사례 개념화는 상담에 있어 그 다음으로 중요한 기술이다. 그러나 솔직히 말하자면, 사례 개념화는 배우기 가장 힘든 기술 중 하나이기도 하다. 다시 말해, 당신이 사례 개념화를 구사하기 위해서는 이 책의 절반에 해당하는 내용을 이해하고 적용할 수 있어야 한다. 그렇긴 하지만, 당신이 사례 개념화를 할 수 있게 되면, 거의 모든 상황을 다루는 법을 알게 되기 때문에 사례 개념화는 가장 힘이 되어주고 가장 속 시원한 상담 역량이기도 하다. 그러므로 소매를 걷고 혹독한 훈련을 시작할 준비를 하라.

대부분의 경우, 당신이 이 책에 나와 있는 사례 개념화를 처음으로 완수하기까지는 몇 시간씩 한 주 혹은 그 이상의 시간이 걸릴 것이다. 이 과제는 당신이 과제 제출 전날에 벼락치기로 할 수 없는 과제이다. 그러나 사례 개념화를 하나씩 해나갈 때마다, 이론적 개념들을 통합하고 사용하는 법을 배우기 때문에, 더 빠르고 쉽게 사례 개념화를 완수할 수 있게 될 것이다. 이를 한 번 경험해봄으로써, 당신은 내담자와 보내는 상담 시간 동안 무엇을 듣고 무엇을 질문해야 하는지 배우게 된다. 그 후에 당신은, 한 회기에서의 역동이 어떻게 다른 회기에서의 역동과 관련이 되는지도 더 잘 이해할 수 있게 될 것이다. 이러한 경험을 열 차례 혹은 스무 차례 하고 나면, 당신의 개념화 능력은 회기 내 개입 능력뿐만 아니라 슈퍼바이저와 다른 전문가들과의 회기 밖 상호작용 능력 또한 크게 향상될 것이다.

사례 개념화의 요소

상담자가 점차 경험이 많아짐에 따라, 사례 개념화는 주로 내담자가 얘기하는 동안 상담자의 머릿속에서 진행된다. 사례 개념화는 종종 너무 빠르게 진행되어서, 상담자가 그 과정을 따라가기 힘든 경우도 있다. 그러나 초심 상담자는 조금 천천히 이 과정을 다룰 필요가 있다. 새로운 춤의 스텝을 배운다고 생각해보자. 새로운 춤 동작은 손과 발이 어디로 가야 하는지 등의 구체적인 지시 사항들로 세세하게 나눌 필요가 있다. 연습을 할수록, 춤추는 사람은 그 조각들을 더 빠르고 부드럽게 조합시키게 되고, 마침내 그 동작은 매우 '자연스러운' 과정이 될 것이다. 이러한 과정이 바로 우리가 앞으로 이 사례 개념화 장에서 다루게 될 것들이다.

그러니까, 개인을 대상으로 하는 사례 개념화의 구성 요소들을 살펴보는 것부터 시작해보자[관심이 있는 사람들은, 연인이나 가족을 대상으로 하는 별도의 사례 개념화가 제시된 『가족 치료 역량 숙달하기(Mastering Competencies in Family Therapy)』를 참고하라].

1. 내담자 소개: 내담자와 중요한 타인의 두드러지는 인구학적 특징을 조사하라. 예: 연령, 인종, 언어, 직업, 직위 등
2. 호소 문제: 관련된 모든 집단이 어떻게 그 문제를 정의하고 있는지 구체화하라. 예: 내담자, 가족, 친구, 학교, 직장, 법적 체계, 사회 등
3. 배경 정보: 촉발 사건뿐 아니라 다양한 문제와 관련된 역사적 배경을 모두 포함한 최근의 변화에 대해 요약하라.
4. 강점과 다양성: 다양한 주제와 관련된 자원 및 한계와 더불어, 개인적, 관계적, 영적 강점에 대해 확인하라.
5. 이론적 사례 개념화: 내담자의 개인적이고 관계적인 역동에 대한 초기의 이론적 이해를 발전시키기 위해, 아래의 항목을 사용하라.

- 정신역동·아들러학파 개념화: 방어기제, 대상관계 패턴, Erickson의 심리사회적 발달 단계, 아들러학파의 생활양식, 기본적 오류 등을 포함
- 인본주의·실존주의 개념화: 진정한 자아의 표현, 실존주의적 분석과 게슈탈트 접촉 경계 장애
- 인지행동 개념화: 행동적 기저선(behavioral baseline), A–B–C 분석, 인지 도식 분석
- 가족체계 개념화: 가족생활 주기 단계, 경계, 삼각관계, 위계, 상호보완적 패턴, 세대 간 패턴
- 해결 중심·문화적 담론 개념화: 이전의 해결책, 독특한 결과, 기적 질문, 지배 담론, 정체성 담론, 선호하는 담론

이 대신에, 당신은 내담자를 위해 더 간단한 이론 기반의(theory–specific) 사례 개념화를 발전시키기 위해서, 당신이 선호하는 이론의 '사례 개념화'를 사용해도 된다. 사례 개념화의 완전한 형식은 이 장의 마지막 부분에 있으며 이 책의 홈페이지에서도 이용할 수 있다(www.masteringcompetencies.com). 각 부분을 완성시키기 위한 기본적인 설명이 아래 제시되어 있다. '이론적 개념화' 부분의 개념은 추후 각 이론에 해당하는 장에서 더 심도 있게 다룰 것이다. 사례 개념화를 완성하는 방법에 대한 사례는 이 책에서 각 이론의 마지막 부분에 제시되어 있다.

내담자 소개

내담자

내담자 연령 선택: ______ 인종 선택 관계 상태 선택 직업/직위: ______ 기타: ____________________

중요한 타인

연령 선택: ______ 인종 선택 관계 상태 선택 직업/직위: ______ 기타: ____________________

연령 선택: ______ 인종 선택 관계 상태 선택 직업/직위: ______ 기타: ____________________

연령 선택: ______ 인종 선택 관계 상태 선택 직업/직위: ______ 기타: ____________________

연령 선택: ______ 인종 선택 관계 상태 선택 직업/직위: ______ 기타: ____________________

사례 개념화는 치료와 관련된 가장 중요한 인구학적 특징을 확인하는 것부터 시작한다. 일반적인 인구학적 정보는 다음과 같은 사항을 포함한다.

- 성별
- 연령
- 인종
- 현재 직업/직위 상태나 학교 성적
- 가족 상태, 성적 지향 등

이러한 초기 단계에서의 내담자 소개는 독자들에게 내담자에 대한 기본적인 밑그림을 제공하게 되며, 이는 사례 개념화가 진행됨에 따라 점차 정교해질 것이다.

기호:
AF(Adult Female)=성인 여성 CF(Child Female)=여자아이
AM(Adult Male)=성인 남성 CM(Child Male)=남자아이

호소 문제

Ⅱ. 호소 문제

문제에 대한 내담자의 보고: ____

____

____

(계속)

문제에 대한 중요한 타인 및 가족의 보고: ______________________________

____

____

문제에 대한 다양한 체계(참고인, 교사, 친척, 법적 체계 등)로부터의 보고:

성명: ______________________________

성명: ______________________________

종종, 초심의, 그리고 심지어는 숙련된 상담자도 '호소 문제'가 간단하고 명백한 해결책이라고 생각한다. 가끔 그러한 경우도 있지만, 대부분의 경우 매우 복잡하다. Anderson & Goolishian(Anderson, 1997; Anderson & Gehart, 2007)은 합동 치료(Collaborative Therapy)라고도 불리는 그들의 합동 언어 체계 접근(Collaborative Language Systems Approach)에서 호소 문제 개념화에 대한 고유한 방법론을 발전시켰다(14장). 이 포스트모더니즘 접근은 문제에 대해 말하고 있는 각각의 개인은 **문제 형성 체계**(problem-generating system), 즉 문제가 있다는 관점 혹은 생각을 만들어내는 일종의 관계의 일부임을 주장한다. 문제에 대해 이야기하고 있는 각각의 개인은 문제에 대해서 작게든 극명하게든 다르게 정의를 내린다. 예를 들어, 한 부모가 아이를 상담에 데려왔을 때, 어머니, 아버지, 친척, 조부모, 교사, 학교 상담자, 의사, 친구는 각자 **진짜** 문제가 무엇인지에 대해 다른 생각을 가지고 있다. 어머니는 아마 그것을 ADHD와 같은 의학적인 문제라고 생각할 수도 있다. 아버지는 그 문제가 아내의 방임과 관련이 있다고 생각할 수도 있다. 교사는 형편없는 가정교육의 문제라고 생각할지도 모른다. 그리고 정작 아이는 아무 문제가 없다고 생각할 수도 있다.

역사적으로, 상담자들은 그들의 이론적인 세계관에 적합한 방법으로 문제를 정의하는 추세이다. 다시 말해, 관련된 다양한 사람들의 문제에 대한 상충되는 의견과 설명을 거의 고려하지 않은 채, 공식적인 진단(ADHD, 우울증 등) 또는 그 외의 정신건강 분류(예: 양육 방식, 방어기제, 가족 역학 등)로 정의한다. 문제에 대한 하나의 정의를 사용하는 것은 치료에 집중하는 데 도움을 준다. 그러나 하나의 정의에 너무 완고하게 집착한다면, 하나의 정의를 사용하는 것은 득보다는 실이 될 것이다. 상담자가 문제에 대한 다른 대안적인 설명에 열려있을수록 더 많은 조작성(maneuverability), 적응성, 창조성이 치료 과정에 도입될 수 있다. 게다가, 치료 전반에 걸쳐 이해의 가변성을 계속 인지함으로써 상담자는 관련된 각각의 사람과 더 강한 라포르를 유지할 수 있게 되는데, 이는 각각의 관점이 존중되고 치료 과정에서 언급되기 때문이다.

호소 문제를 기술할 때, 다음의 내용이 포함되어야 한다.

1. 각 내담자가 상담소에 방문하거나 위탁된 이유

2. 위탁 기관(교사, 의사, 정신과 전문의 등)으로부터 얻은 모든 정보와 문제에 대한 설명
3. 문제 및 가족에 대한 간결한 이력(적용 가능한 경우)
4. 시도한 해결책에 대한 설명과 이러한 시도의 결과
5. 내담자의 직장 동료, 종교 단체, 가까운 친구를 포함한 더 넓은 사회적 연결망 내 중요한 타인 및 기관의 관점

배경 정보

Ⅲ. 배경 정보

트라우마·학대 이력(현재 및 과거): ____________________

____

약물 사용·남용(현재와 과거, 자신, 원가족, 중요한 타인): ____________________

____

____

촉발 사건(최근 삶의 변화, 최초의 증상, 스트레스 요인 등): ____________________

____

____

관련된 역사적 배경(가족력, 관련 문제, 이전 상담 경험, 의료/정신건강 기록 등): __________

____

____

그 다음 단계는 문제에 대한 배경 정보를 획득하는 것이다. 전통적으로 상담자는 다음과 같은 정보를 포함시킨다.

- 아동기 학대, 강간, 가정 폭력, 자연재해, 전쟁, 폭력의 목격 등을 포함한 아동기와 성인기의 학대와 트라우마의 기록
- 내담자와 내담자의 가족 혹은 중요한 타인의 약물 남용의 기록
- 문제의 촉발과 관련된 사건: 최근 삶의 변화, 결별, 상실, 발달 단계, 이직 등
- 관련된 역사적 배경: 정신 질환, 최근의 상담 경험, 중요한 건강상의 문제 등

종종, 이러한 배경 지식은 사례의 '실제'로 여겨진다. 하지만, 상담자들은 어떻게 사실을 '명명'하는지가 차이를 만들어낼 수 있음을 경고해왔다(Anderson, 1997; O'Hanlon & Weiner–Davis, 1989; Watzlawick, Weakland, & Fisch, 1974). 예를 들어, 당신이 내담자가 '최근에 시에서 주최한 학업 경시 대회에서 수상했다.'라고 말하기 시작하는지 혹은 '그녀의 어머니가 최근에 알코올 의존자 아버지와 이혼했다.'라고 말하기 시작하는지에 따라서 당신은 당신과 이 평가를 읽는 누군가에게 동일한 내담자에 대한 두 가지 매우 다른 그림을 제시하게 된다. 그러므로 당신이 전문가로서 편견을 갖지 않으려는 '사실에 기반을 둔' 보고서의 일부처럼 보일지라도, 사실상 당신은 미묘한 단어의 선택과 정보의 배열, 그리고 특정 세부 사실에 대한 강조를 통해 편견을 부과하고 있는 것이다.

상담 관계와 희망의 중요성에 관한 연구 결과에 근거해서(Lambert & Ogles, 2004; Miller, Duncan, & Hubble, 1997), 나는 상담자와, 잠재적으로 내담자를 포함하여 보고서를 읽는 사람 모두가 내담자에 대한 긍정적인 인상과 희망을 가질 수 있는 방식으로 배경 부분을 작성하기를 권장한다. 왜냐하면 긍정적인 인상과 희망은 치료의 결과에 영향을 줄 수 있기 때문이다.

강점과 다양성에 대한 평가

지금까지 다룬 모든 것은 사례 개념화의 실제적 평가 요소의 이해를 위한 맥락과 양식을 제공하는 도입부였다. 이후 평가 영역에서, 상담자는 내담자와 그들의 인생에 대한 다차원적인 그림을 그리기 위해 상담 이론으로부터 이론적 구조를 사용하여 내담자를 평가한다.

■ 내담자의 강점과 다양성

내담자의 강점

개인적 측면: ______________________________

____

관계적·사회적 측면: ______________________________

____

영적 측면: ______________________________

내담자의 강점과 자원은 첫 번째로 평가되어야 한다. 이것은 내가 매우 어렵게 배운 것 중 하나이다. 내가 사례 개념화를 가르치기 시작했을 때, 내담자의 강점 부분을 마지막에 다루곤 했는데, 역사적으로 나중에 발전된 문제해결 중심 및 포스트모더니즘 접근(13장과 14장; Anderson, 1997; de Shazer, 1988; White & Epston, 1990)과 매우 관련되어 있기 때문이다. 나는 호소 문제, 과거, 그리고 문제적인 가족 역동에 대해 읽고 난 후에, 내가 종종 사례에 대해서 무기력하게 느낀다는 것을 발견했다. 그러나 종종 마지막에 있는 강점 부분을 읽자마자, 나는 즉시 기운을 차리고 스스로가 희망과 깊은 존경, 심지어는 내담자와 그들의 미래에 대해 흥분하고 있다는 것을 발견했다. 나는 그 이후로 강점에 대해 먼저 평가한 후에 사례 개념화를 시작해야겠다고 마음먹었고, 이것이 상담자를 더욱 다양하고도 풍부한 전략을 활용하도록 만든다고 믿는다.

최근 부상하는 연구결과들은 내담자의 강점과 자원을 밝히는 것의 중요성을 지지한다. **공통 요인 모델**(common factors model)을 발전시킨 연구자들은 결과의 변화량 중 40%가 증상의 정도, 자원으로의 접근성, 지지 체계 등과 같은 내담자의 요소로 결정된다고 예측했다. 나머지 요소 중 상담 관계의 질이 30%, 상담 개입과 치료 모델이 15%, 내담자의 희망감이 15%를 차지했다. 상담자는 자원을 평가함으로써 내담자 요소에 영향력을 가장 잘 행사할 수 있다. 더 나아가, 강점을 평가하는 것은 상담 관계를 강화시키며(30%), 희망을 주입시키는 방법으로 행해질 수 있기 때문에(15%), 결과적으로 서너 개의 공통적인 요소에 의지할 수 있게 한다. 강점을 평가하는 것의 잠재적인 효과는 매우 중요하다.

내담자의 강점과 자원의 모든 범위를 개념화하기 위해서, 상담자는 다음과 같이 몇 가지 수준의 강점을 포함할 수 있다.

- 개인적 강점
- 관계적·사회적 강점과 자원
- 영적 자원

개인적 강점

개인적 강점과 자원을 평가할 때, 당신은 강점의 두 가지 영역인 능력과 개인적 자질을 검토함으로써 시작할 수 있다.

- **능력**: 어디서, 그리고 어떻게 내담자가 일상생활에서 기능하는가? 그들이 어떻게 상담하러 오는가? 직업, 취미, 관계를 유지할 수 있는가? 현재나 과거에 특별한 재능이 있거나, 있었는가? 당신이 잘 살펴본다면, 특히 현재와 과거뿐만 아니라 미래까지도 고려한다면, 가장 '역기능적인' 내담자에게서조차 언제나 다양한 능력을 발견할 수

있을 것이다.

능력을 말해주는 것은 내담자의 희망이나 자신감에 영향을 주기 때문에, 문제를 손쉽게 다루도록 할 수 있다. 나는 이것이 특히 아이들을 상담할 때 도움이 된다고 생각한다. 만약 아이가 학교에서 학업적인 문제를 겪고 있다면, 가족, 교사, 그리고 아이 자신은 태권도나 축구, 피아노 등과 같은 비(非)교과 과정에서 강점을 보이고 있다는 사실을 자각하지 못할 것이다. 종종 이러한 성취감을 느끼는 것은 모든 관련된 이들이 상황을 개선시킬 수 있는 희망을 찾기 쉽도록 만든다.

능력을 찾아내는 것은 내담자나 상담자에게 현재의 문제를 해결하는 방법에 대한 창의적인 아이디어를 제공할 수 있다. 예를 들어, 나는 회복 중인 알코올 의존자와 작업을 했는데, 그녀는 작문은 매우 싫어했지만 종종 음악이 어떻게 그녀에게 영감을 주는지에 대해 이야기하곤 했다. 이러한 강점에 근거해서, 우리는 술을 멀리하고 재발을 방지하기 위해, 그녀가 가장 좋아하는 노래를 모아놓은 '맨 정신 믹스 테이프(sobriety mix)'를 만들어보기로 했다. 이 활동은 그녀에게 깊은 의미와 영감을 부여해주었다.

- **개인적 자질**: 상담자가 내담자의 강점을 발견해 낼 수 있는 또 다른 영역은 개인적 자질이다. 역설적이게도, 이러한 개인적 자질은 호소 문제나 불만에서 찾을 수 있다. 일반적으로, 내담자들이 상담자를 찾아오게 한 것은 강점의 이면인 경우가 많다. 예를 들어, 만약 어떤 사람이 너무 걱정하는 것에 대해서 불만을 표출한다면, 그 사람은 동시에 매우 부지런하고 생산적인 직원일 가능성이 높다. 배우자나 아이와 다투는 사람들은 그들 스스로를 위해 목소리를 내는 경우가 많고, 문제를 가지고 있는 그 관계에서 많은 노력을 기울이고 있을 가능성이 높다. 사실 거의 대부분은 양날의 검이다. 각각의 골칫거리는 다른 맥락에서는 강점이 될 만한 것을 포함하고 있다. 역으로, 한 맥락에서의 강점은 다른 맥락에서는 문제점이 될 수도 있다. 다음은 호소 문제를 가진 내담자에게서 흔히 발견될 수 있는 문제와 강점 목록이다.

문제	연관 지을 수 있는 '숨겨진 강점'
우울증	• 타인의 생각과 감정에 대한 알아차림 • 타인과 연결되어 있거나 연결되고자 하는 욕구 • 꿈과 희망을 가지고 있음 • 꿈을 찾기 위해 행동할 용기가 있음 • 자신이나 타인에 대한 현실적인 평가(최근 연구; Seligman, 2002)
불안	• 세심함 • 잘하고자 하는 욕구 • 행동에 대한 신중함과 세심함 • 미래를 계획하며 잠재적 장애물을 예상할 수 있음

다툼	• 자신 혹은 신념을 위해 맞서 싸움 • 불의에 맞서 싸움 • 관계가 이어져 나가기를 소망 • 타인이나 자신을 위해 더 나은 것을 소망
분노	• 감정과 생각을 잘 이해함 • 불의에 대항함 • 공정성에 대한 믿음 • 자신의 경계와 경계가 침범당하는 것을 느낄 수 있음
압도당함	• 타인의 욕구에 민감함 • 사려 깊음 • 큰 그림을 볼 수 있음 • 목표를 세우고 추구함

당신이 볼 수 있듯이, 강점을 찾아내는 것은 상담자의 조망 기술에 전적으로 달려있다. 숙련된 상담자는 강점의 반대 측면인 문제의 경향성을 지각하고 있음과 동시에 호소 문제의 이면인 강점을 '발견'해 낼 수 있다.

관계적·사회적 강점과 자원

- **사회적 지지 연결망**: 개인의 삶에 존재하는 가족, 친구, 전문가, 교사, 직장동료, 상사, 이웃, 교회 구성원, 판매원, 그리고 무수한 사람들이 내담자를 신체적, 정서적, 영적으로 도와줄 수 있는 사회적 지지의 연결망이 될 수 있다.
  - 물리적 형태의 지지는 심부름을 도와주거나, 아이를 태워다주거나, 집안일을 도와주는 사람들을 포함한다.
  - 정서적 지지는 들어주거나 대인관계에서의 문제해결을 돕는 형태를 취하기도 한다.
  - 공동체 지지는 모든 집단으로부터 제공된 우정이나 수용감을 포함하는데, 이것은 문화, 성적 지향, 언어, 종교, 혹은 유사한 요인으로 인해 소외감을 느낀 개인에게 언제나, 어떠한 형태로든 존재한다. 이러한 집단은 소외감의 내재적인 스트레스를 처리하는 데 매우 중요하다.

단순히 제공된 지지를 명명하고, 지각하고, 평가하는 것은, 즉각적으로 내담자의 희망을 높이고, 고립감을 줄이는 데 도움을 줄 수 있다.

영적 자원

- **영적**: 상담자는 내담자의 영적 자원이 호소 문제를 다루는 데 어떻게 사용될 수 있는지에 대한 인식을 점점 더 키우고 있다(Morgan, 2006; Sperry, 2001; Walsh, 2003). 상담자는 개신교나 천주교, 유대교, 이슬람교, 뉴에이지 종교, 북미 원주민 관습과

같은 그들 공동체의 주요한 종교적 관습들에 익숙해져야 한다.

Bateson(1972, 1979/2002)의 인식론적 기초와 더욱 최근의 탈근대적 철학(Gergen, 1999)을 토대로, 나는 상담자의 업무에 특히 도움이 된다고 생각하는 영성을 정의하였다.

영성: 한 개인이 우주 혹은 신(혹은 자신보다 더 큰 존재)과의 관계를 어떻게 개념화하는가? 말하자면, 개인이 생명과 어떻게 관련되는가(진정한 의미에서의)이다.

이러한 정의를 사용하면, 모든 사람은 일정 형태의 영성을 가지고 있으며, 이는 궁극적으로 사람이 우주의 작동 원리를 어떻게 이해하는지와 관련이 있다. '삶이 어떻게 진행되어야 하는지'에 관한 규칙은 필연적으로 (1) 개인이 무엇을 문제로 지각하는가, (2) 개인이 그것에 대해 어떻게 느끼는가, (3) 그 문제에 대해 '현실적으로' 어떤 조치를 취할 수 있다고 생각하는지를 알려주는데, 이들 모두는 효과적인 치료 계획을 수립하기 위해 상담자가 알고자 하는 것들이다.

영성을 평가하기 위한 질문

상담자는 전통적인 것이든 그렇지 않든, 내담자의 영성을 평가하기 위해 아래와 같은 질문을 활용할 수 있다.

- 당신은 우주를 구성한 신이나 다른 형태의 지적 존재가 있다고 믿습니까? 만약 그렇다면, 그 존재나 힘은 어떤 것들을 지배합니까?
- 신이 없다면, 어떤 규칙에 의해 우주가 돌아갑니까? 왜 모든 일이 발생할까요? 아니면, 삶은 전적으로 우연인 걸까요?
- 인간의 존재 의미나 목적은 무엇입니까? 이것은 어떻게 인간이 삶에 접근해야 하는지를 어떻게 알려줍니까?
- 다른 사람 혹은 자기 자신에게 친절해야 할 이유가 있습니까?
- 삶에 관한 이상적이고 실제적인 접근은 무엇입니까?
- 왜 '나쁜' 일들은 '착한' 사람들에게 일어날까요?
- 모든 일이 발생하는 이유가 있다고 믿습니까? 만약 그렇다면, 그 이유는 무엇입니까?
- 내담자가 정신적인 지지, 영감, 혹은 어떤 방향으로든지 가이드를 제공하는 친구들과의 영적인 모임이나 종교 단체에 속해 있습니까?

이러한 질문에 대한 답을 가지고 상담자는 내담자의 세계관에 대한 지도를 그릴 수 있는데, 이와 같은 지도는 내담자에게 매우 의미 있고 적합한 대화나 개입을 발전시키기 위해 사용될 수 있다. 내담자의 '삶의 지도'에 대한 정확한 이해는 어떤 논리나 행동이 내담자에게 변화를 일으키도록 동기를 부여하는지 밝히며, 상담자들에게 변화를 위한 매우 값진 자원을 제공한다. 예를 들어, 나는 종종 전통적인 종교적 배경을 가진 내담자뿐만 아니라 뉴에이지(New Age) 집단에 속한 많은 내담자들이 '모든 일에는 이유가 있다.'라고 믿는 것을 발견한 적이 있다. 나의 많은 내담자들은 이러한 믿음을 사용하여 어려운 상황에 대해 느끼고, 생각하고, 대처하는 방법을 근본적으로 빠르게 변화시켰다.

■ 다양성

다양성: 자원과 한계

내담자의 연령, 성별, 성적 성향, 문화적 배경, 사회경제적 지위, 종교, 지역사회 공동체, 언어, 가족 배경, 가족 구성, 역량 등에 기초하여 내담자의 잠재적인 자원과 한계가 무엇인지 확인하라.

독특한 자원: ______________________________

잠재적 한계: ______________________________

강점과 관련된 다양성에 관한 쟁점은 연령, 성별, 성적 지향, 문화적 배경, 이주 경력, 사회경제적 지위, 종교, 지역사회, 언어, 가족 배경, 가족 형태, 능력 등과 같은 특성을 일컫는다. 대부분의 경우, 강점이나 증상과 마찬가지로 각각의 다양성은 독특한 자원과 한계 모두를 수반한다. 많은 내담자에게 소수자(minority)에 속한 것 혹은 남들과 단순히 '다른' 것과 관련된 트라우마나 억압적인 경험은 문제를 악화시키는 요인은 아닐지라도, 그들의 문제 상황의 핵심적인 위치에 자리해 있다. 여성주의 이론, 이야기 치료, 혹은 협력적 치료와 같은 몇몇 상담 이론은, 이러한 것들이 사례 개념화 과정에서 가장 중요한 부분이라고 생각한다. 그러나 모든 사례에서, 상담자는 어떻게 내담자의 상황이 가난 속에서 사는 것이나 이주민이 되는 것 등 다양성 관련 주제에서 비롯된 한계에 영향을 받는지를 숙고해보아야 하며, 내담자의 상황을 개념화할 때 이들 요소를 고려해보아야 한다. 초심 상담자에게는 전혀 말이 안 되는 것처럼 들릴 수 있지만, 이론에 근거한 개념화 평가를 적용하지 않는 것은 매우 쉽다. 예를 들어, 일본 가정과 이탈리아 가정에서 나타나는 안정 애착의 형태를 비교한다면 서로 다른 모습일 것이다. 그렇다면 이주민 세대와 사회경제적 지위를 고려한다면 어떨까? 그렇다면 어떤 것이 정상적인가? 이렇게 모든 것이 애매해진다.

게다가, 대부분의 경우 다름에서 발생하는 각 한계는 그에 상응하는 자원을 가지고 있다. 예를 들면, 게이와 레즈비언은 우리 사회 속에서 여러 방식으로 소외되거나 학대의 대상이 되기 때문에 다양한 트라우마를 겪게 되는 경우가 많다. 그러나 이러한 소외감으로 인해 그들은 사회적 편견에 대응해 나갈 뿐 아니라 잘 살아나가기 위한 강한 사회 및 친구 관계망을 발달시키는 경향이 있다. 유사하게, 다수의 문화 및 인종 집단은 주류 사회로부터 소외당하지만, 그들은 그들에게 소속감과 안정감을 제공하는 평균 이상으로 강한 사회적·종교적 네트워크를 구축하기도 한다.

이론적 개념화

나머지 부분에서는 이 책에서 다루어진 몇 가지 주요 이론을 사용하여 개념화의 다섯 가지 잠재적 영역을 설명한다.

- 정신역동·아들러학파 이론
- 인본주의·실존주의
- 인지행동
- 가족체계
- 포스트모더니즘·여성주의

이 중 하나 이상의 이론을 사용하는 것은, 보다 더 통합적으로 접근할 수 있게 한다. 대안적으로, 당신은 이론 기반의 사례 개념화로 발전시키기 위해, 각 이론의 '사례 개념화' 부분을 활용할 수 있다.

정신역동·아들러학파 이론 개념화

■ 정신역동 개념화

정신역동 방어기제

가장 많이 사용하는 방어기제 2~4개를 체크하라.

☐ 행동화: 의식 수준: ______________________________

□ 부인: 기술하기: ____________________

□ 전치: 기술하기: ____________________

□ 도움을 거절하는 불평: 기술하기: ____________________

□ 유머: 기술하기: ____________________

□ 수동 공격성: 기술하기: ____________________

□ 투사: 기술하기: ____________________

□ 투사적 동일시: 기술하기: ____________________

□ 합리화: 기술하기: ____________________

□ 반동 형성: 기술하기: ____________________

□ 억압: 기술하기: ____________________

□ 분열: 기술하기: ____________________

□ 승화: 기술하기: ____________________

□ 억제: 기술하기: ____________________

□ 기타: ____________________

정신역동적 방어기제는 개인이 불안과 외부 스트레스 요소를 피하기 위해 사용하는 자동적인 심리적 과정을 일컬으며, 결과적으로 개인이 문제를 다루기 위해 주로 사용하는 전략을 말한다. 사람은 의식적 혹은 무의식적으로 방어기제를 사용할 수 있다. 일반적으로, 자신의 방어기제를 더욱 의식하고 있을수록 더 기능적인 사람이다. 게다가, 특정한 방어기제는 다른 것보다 더욱 기능적이다. 예를 들어, 유머, 승화, 억제는 이상화, 부인, 투사처럼 이미지 왜곡이나 부정을 요구하는 다른 방어기제보다 더욱 기능적이다.

초기 정신분석 문헌에서 묘사되어 있듯이, 이러한 방어기제는 다양한 이론적 관점으로 활동하고 있는 상담자에게 널리 알려져 있다. 방어기제를 확인하는 목적은 내담자의 내면적인 역동을 잘 이해하기 위한 것이다. 특히 주목적은 현존하는 문제에 공헌하는 요소를 이해하는 것이다. 그렇기는 하지만, 모든 자기 방어기제가 나쁜 것은 아니며, 사실상 때로는 도움이 되기도 한다. 예를 들어, 4장의 초반부에 나는 나의 저술 작업이 어떻게 승화의 형태로 시작되었는지 공유했다. 비슷하게, 나는 초심 상담자가 억제의 미학, 즉 힘든 일과 관련된 생각을 하지 않는 것에 숙달하기를 권장한다. 승화는 심지어 상담자가 사적인 생활에서 어려운 문제를 겪고 있을 때에도, 작업 시간 동안 내담자에게 계속해서 집중할 수 있도록 만드는 중요한 기술이다. 그러므로 당신은 내담자가 어떤 방어기제를 사용하는지 유심히 관찰하며, 동시에 특정 맥락에서 어떻게 도움이 될 수 있는지 고려해보아야 한다.

행동화

학명이 아닌 속칭으로 흔히 사용되는 일반적 용어로, 방어기제로서 행동화의 전문적 의미는 내면의 감정적 갈등을 감정으로 나타내는 것이 아니라 행동을 통해 다루는 것을 말한다. 이러한 행위는 '부적절한 행동'으로 해석되지 않고, 오히려 내면의 갈등을 다루는 행동(육체적 싸움 혹은 논쟁)의 패턴 중 하나로 여겨지기도 한다.

부인

가장 유명한 방어기제 중 하나이자 상담 초기에 평가하기 가장 어려운 것 중 하나가 부인[부인(denial)은 단순히 이집트에 있는 강('the Nile') 이름만 해당하는 것이 아니다] 다른 사람에게 분명히 고통스러운 현실을 내담자 본인이 부정하는 것을 말한다(왜냐하면 내담자가 이에 대해 직접 언급하지 않을 것이기 때문이다). 부인은 약물과 알코올 남용 문제가 있는 가족에게서뿐만 아니라 장래성 없는 직업과 인간관계를 가지고 있는 사람에게서 흔히 보인다.

전치

가족 역동에서 가장 빈번하게 관찰되는 것으로, '전치'라는 용어는 감정을 한 사람 혹은 하나의 상황에서 다른 사람이나 상황으로 옮기는 것을 말하며, 대신 본래 상대를 덜 위협적으로 만들게 된다. 예를 들어, 어떤 한 사람이 자신의 배우자에게 화가 나지만 이것이 문제되는 것을 두려워하는 경우, 자신의 화를 논쟁에서 이기기 쉬울 것 같은 상대, 예를 들어 대부분 당사자의 아이들에게 대체하여 화를 내는 경우를 말한다.

도움을 거절하는 불평

상담 회기에서 자주 관찰되는 경우로, 도움을 거절하는 불평은 말 그대로 한 사람이 불평함으로써 자신의 스트레스를 다루지만, 다른 사람이 제공하는 도움, 충고, 제안은 항상 거부하는 것을 말한다. 예시를 몇 가지 제시할 수 있지만, 나는 당신이 개인적인 친구, 가족, 지인으로부터 다섯 가지 이상의 예시를 생각해낼 수 있다고 확신한다.

유머

잠시 진지하게 말해보면, 흥미롭고 역설적인 상황을 찾아내어 자신의 감정적 갈등을 다룸으로써 유머가 방어기제로 사용될 수 있다. 유머는 매우 적응적인 방법으로 사용되기도 하지만, 지나치게 고착화되어 사용하면 부인의 한 형태가 될 수도 있다.

수동 공격성

자주 언급되는 또 다른 방어기제로 수동 공격성은 겉으로는 협력적인 것처럼 보이지만 속으로는 은밀히 저항, 분하게 여김, 혹은 자신의 자신감을 약화시키는 행위, 즉 간접적으로 공격성을 표현하는 경우로 설명될 수 있다. 때때로 수동 공격성은 '교묘히 험담하기' 등의 고전적인 방법으로 나타나곤 하며, 또 다른 경우에는 끊임없는 꾸물거림 혹은 잊어버림 등의 방법으로 미묘하게 나타날 수도 있다.

투사

투사는 일반적으로 한 사람이 무엇이 일어나고 있는지 인식하지 못한 채 자신이 받아들일 수 없는 감정, 충동 혹은 소망을 다른 사람의 탓으로 돌리는 것을 말한다. 임상 장면에서 이러한 투사 광경이 종종 보이는데, 한 배우자가 외도를 저지른 후 신뢰할 만한 파트너에게 유사한 행위를 투사하는 경우이다. 이러한 행위는 외도가 정말 사실이었는지 여부와는 관계없이 일어날 수 있다.

투사적 동일시

투사적 동일시는 완전히 새로운 수준에서의 단순한 투사이다. 단순 투사 기법과 유사하게, 투사적 동일시 기법은 한 사람이 받아들일 수 없는 감정을 거짓으로 다른 사람에게 전이시키는 것을 포함한다. 그러나 이 경우, 단순 투사의 경우와 달리 당사자는 자신이 용인되지 않는 감정을 가지고 있다는 사실을 알고는 있지만, 자신의 행동이 다른 이에게 그럴만했다고 주장하는 부적절한 방식으로 그 감정을 정당화한다. 이는 종종 상대방이 투사를 확증하는 방식으로 행동하게 만들며, 결국 누가 무엇을 먼저 시작했는지 알 수 없게 만든다. 이러한 경우의 고전적인 예시는 질투이다. 한 사람이 그의 파트너가 다른 남성과 맺는 관계에 대해 질투하는데, 그는 이것이 그녀의 행동 때문이라고 주장한다. 그 질투심은 그녀로 하여금 더 이상 남성 측과 싸움을 하지 않기 위해 점점 더 비밀스러워지도록 만들게 된다. 이것은 남성으로 하여금 그녀에 대한 자신의 가설을 더욱 더 굳건히 확인하게 되는 계기를 만든다. 결국 둘의 관계는 점점 더 부정적인 하향 곡선의 형태를 띠게 된다.

합리화

지식인들이 자주 사용하는 합리화는 자신의 생각, 감정, 느낌 등의 감정적 갈등을 거짓된 설명을 통해 타인을 안심시키듯이 말하면서 자신의 진정한 동기를 숨기는 것을 말한다. 예를 들어, 어떤 사람은 나쁜 관계를 유지하거나 필요한 조치를 취하지 않으면서 지나친 음주 행위에 대해 상당히 복잡하고 난해한 설명을 할 수도 있다.

반동 형성

종종 억압과 같이 발생한다. 반동 형성이란 용어는 어려운 내적 갈등에 처해 있을 때, 자신의 생각, 감정, 행동과 정반대의 행동을 취함으로써 내적 갈등을 다루는 것을 말한다. 자주 언급되는 예시로 성적 혹은 물질주의적 욕구와 맞서 싸우고 있는 독실한 종교적 신앙을 가진 사람을 들 수 있다. 하지만 종종 역효과가 발생하여 성적 혹은 금전적 스캔들에 사로잡혀 언론에 큰 화제가 될 수도 있다.

억압

억제보다 더욱 더 병리적인 증상으로, 억압이란 용어는 의식적으로 인지하고 있지만 자신이 받아들이지 못하는 소망, 생각, 경험 등을 자신의 내면의 갈등이 인지할 수 없을 정도로 제거하는 것을 말한다. 종종 억압은 정신적 트라우마를 가진 사람이 때때로 대처 수단으로, 관련된 기억을 억압하는 것으로 묘사된다. 그러나 이러한 기억은 뒤에 또 다른 상황, 대화, 혹은 기억을 상기시키게 하는 어떤 것에 의해 되살아날 수 있다.

분열

대상관계 이론에서 나온 용어로 분열은 긍정적인 생각과 부정적인 생각을 함께 가지고 있는 개별적 자아를 보지 못하는 것을 말한다. 대신에 그 사람은 타인을 이상화하거나 악하게만 봄으로써 모든 사람은 선하거나 악하다고 생각하게 된다. 동일한 사람에 대해 완전히 착하거나 완전히 나쁘다는 관점을 오가면서 관계 내에서 심각한 혼란을 형성하게 된다.

승화

가장 기본적인 방어 행동 중 하나로 승화라는 용어는 내면의 잠재적으로 부적절한 감정이나 충동을 사회적으로 바람직한 행위로 바꿈으로써 내면의 갈등을 다루는 것을 말한다. 예를 들어, 공격적인 감정을 스포츠를 통해 해소하거나, 슬픔을 미술 행위를 통해 해결하는 것을 말한다. 이러한 방어 행동은 슬픔, 화, 격분, 두려움 등의 다루기 어려운 감정을 창의적인 방법을 통해 해결할 수 있게 함으로써 발달될 수 있다.

억제

억압과 달리 억제는 내면의 해결하기 어려운 생각, 감정 혹은 소망을 **의도적으로** 회피하는 것이다. 심사숙고하여 결정할 때, 애도와 복합적 상실과 같이 오랜 기간 동안 다루기 어려운 감정에 마주할 때, 이러한 방어기제는 매우 유용할 수 있다.

■ 대상관계 패턴

대상관계 패턴

과거 어린 시절 초기 양육자와의 관계에 대해 기술하라.

____

주로 어머니(또는 그와 비슷한 사람)와의 애착은 어떠했는가?

☐ 대개 안정적 ☐ 불안과 집착 ☐ 회피와 정서적 거리감 ☐ 기타: ____________

주로 아버지(또는 그와 비슷한 사람)와의 애착은 어떠했는가?

☐ 대개 안정적 ☐ 불안과 집착 ☐ 회피와 정서적 거리감 ☐ 기타: ____________

초기 양육자와의 현재 관계에 대해 기술하라.

____

파트너와의 관계 및 현재 다른 사람과의 관계에 대해 기술하라.

____

대상관계 이론가들은 현재의 어려움을 만드는 역동이 어떻게 만들어지는지를 이해하기 위해 내담자와 초기 양육자와의 관계를 조사하였다(Bowlby, 1988; Johnson, 2004; St. Clair, 2000). 일반적으로 이러한 패턴을 다음의 세 가지 방식으로 설명할 수 있다.

- 안정: 내담자가 관계 속에서 안전함을 느끼며, 친밀함 속에서 편안함을 느낀다. 버림받거나 관계에서 자신을 잃을 수도 있다는 비합리적인 두려움을 갖지 않는다. 일반적으로 관계 속에서 안전하게 보호받고 있다고 느끼는 사람들은 특별한 트라우마나 사건 때문에 상담을 찾는다.
- 불안: 내담자가 버려짐이나 거부에 대해 지나치게 걱정하고 있으며, 종종 질투심이나 최소한의 비난으로(혹은 어떠한 칭찬도 없는 경우) 자신감을 잃기도 한다. 관계 속에서 빈번하게 불안을 경험하는 사람은 도움을 받기 위해 상담을 받으러 온다.
- 회피: 관계 패턴에서 회피를 하는 내담자는 종종 관계가 끊기거나 단절되는 것에 대한 두려움을 느낀다. 그렇기 때문에 타인과 정서적으로 가까이 가지 못하게 하고, 자아를 보호하기 위해 타인으로부터 멀어지려고 한다.

이러한 초기 아동기 패턴은 일반적으로 초기 양육자나 다른 타인과의 관계와 결합하여 성인기에서도 변주곡처럼 반복된다. 이러한 패턴을 추적함으로써, 상담자는 내담자가 최대한 빨리 자신의 전반적인 삶에 영향을 미치는 주요한 역동 패턴을 확인하도록 도울 수 있다.

■ Erickson의 심리사회적 발달 단계

각 단계에서 현재 단계까지의 발달을 기술하라.

신뢰 대 불신(영아기): ______________________

자율성 대 수치와 의심(유아기): ______________________

주도성 대 죄책감(학령전기): ______________________

근면성 대 열등감(학령기): ______________________

정체성 대 역할 혼란(청소년기): ______________________

친밀감 대 고립감(청년기): ______________________

생산성 대 (자기) 침체(장년기): ______________________

자아 통합감 대 절망감(노년기): ______________________

Erickson의 심리사회적 발단 단계는 임상 상담에서 사용되는 가장 유용한 발달 이론 중 하나다. 이들 단계는 내담자 호소 문제의 근본 바탕일 수 있는 커다란 발달사적 문제를 이해하기 위한 본보기를 제공한다. 발달사적 관점에서 내담자를 관찰할 때, 상담자는 내담자의 문제를 좀 더 잘 이해할 수 있게 되며, 일반적으로 이러한 통찰력은 상담의 상황에 맞는 해결책을 더욱 잘 찾을 수 있도록 해준다. 예를 들어, 우울증을 앓고 있는 중년 남성이 있을 때 '생산성 대 침체' 단계 사이에서의 갈등이라는 맥락을 상담자가 이해하고 접근하는 것은, 상담자가 내담자의 우울감이 더욱 심해지는 근본적인 문제에 초점을 맞추는 데 도움을 줄 수 있다. 이러한 사례에서 상담의 초점은 단순히 증상을 완화하는 것보다는, 목적의식을 갖고 기여할 수 있도록 돕는 것이라 할 수 있다.

Chapman(2006)은 각 발달 단계의 발달적 과제는 신뢰와 불신과 같이 상호 대립되는 위치 사이에서 한쪽 측면만 강화하는 것이 아닌, 효과적으로 이 둘 간의 균형을 잡는 것이라 설명하였다. 이상적인 상황은 한 사람이 어떤 상황에서 불신하는 것이 더 적절하다는 것을 알고 있으면서도 신뢰를 발달시키는 것이다. 즉 눈을 가린 채로 다른 모든 이와 모든 것을 믿는 것은 적합하지 않다. 그러므로 사람들은 각각의 단계에 존재하는 두 가지 측면을 균형 있게 발달시킬 수 있는 방법을 찾아야 한다. 과도하게 신뢰하거나 불신하는 것처럼, 발달적 문제는 어떠한 사람이 두 가지 측면 중 한 부분만 극단적으로 발달할 때 나타난다. 둘 중 하나의 측면이 주가 되는 경우, 이것은 **부적응**이라는 용어로 불리며, 다른 하나는 **결핍**이라는 용어로 불리게 된다.

신뢰 대 불신: 영아기

부적응(신뢰·믿음을 지나치게 강조): 비현실적, 응석받이, 속기 쉬움

결핍(불신을 지나치게 강조): 자기 안으로의 틀어박힘, 신경증, 우울, 두려움

생애 초기 1, 2년 사이의 단계를 말하며, 이 단계의 영아는 초기 양육자에 의한 경험을 바탕으로 신뢰와 불신 사이의 균형을 유지하면서 발달한다. 신뢰감의 건강한 균형은 세상에 대한 일반적인 희망, 안정감과 함께 주의가 필요할 때를 아는 것이라 말할 수 있다. 어린 시절에 트라우마를 가지고 있거나 부모로부터 과도하게 보호를 받고 자란 영아는 종종 언제, 어디서, 누구를 믿어야 할지를 혼동하는 경우가 있으며, 그 결과 비현실적인 감각이나 불필요하게 두려워하는 감정을 갖게 되는 경우도 있다.

자율성 대 수치와 의심: 유아기

부적응(자율성을 지나치게 강조): 충동성, 무모함, 사려 깊지 못함, 배려하지 못함

결핍(수치심을 지나치게 강조): 강박, 자기 제어를 잘함

유아기 동안 아이들은 능력의 한계가 어디까지인지를 배움으로써 자율성을 기르며 자신의 삶에 영향을 미친다. 만약 보호자가 너무 태만하거나 과도하게 보호한다면, 아이들은 일종의 수치심으로 인해 과도한 부담을 느끼게 되며 과도한 자기 의심이나 자신을 쇄약하게 만드는 수치심 또는 부끄러움으로 나타나는 지속적인 문제로 이어질 수 있다. 반대로, 만약 부모가 아이들이 부끄러움이나 자기 의심의 경험을 하지 못하게 한다면, 이러한 아이들은 충동적이거나 타인에게 사려 깊지 못한 경향을 보일 수 있다.

주도성 대 죄책감: 학령전기

부적응(주도성을 지나치게 강조): 무자비, 착취, 무정, 감정에 좌우되지 않음

결핍(죄책감을 지나치게 강조): 감정 억제, 위험 회피, 모험적이지 않음

학교 입학 전이나 유치원 기간 동안, 아이들은 타인에게 해를 가할 때 느끼는 죄책감에 의해 단련되는 성취 의식과 진취성이 발전하는 발달 단계로 이동한다. 부모로부터 지나치게 보호를 받거나 태만하게 양육된 아이들은 심한 죄책감과 자신의 선택에 대한 불안을 겪을 수 있으며, 이는 위험 회피나 감정 억제 등으로 이어질 수 있다. 반대로 죄책감의 인지가 덜 발달한 아이들이나 자신의 행동이 타인에게 어떠한 영향을 미치는지를 모르는 아이들은, 지나치게 공격적이거나 무자비한 모습을 보일 수 있다.

근면성 대 열등감: 학령기

부적응(근면성을 지나치게 강조): 편협한 도덕성, 워커홀릭, 강박적인 전문가

결핍(열등감을 지나치게 강조): 무력감, 게으름, 무관심, 목적 없음

초기 학령기 아이들은 자기 가치 형성으로부터 유능감이 발달하면서 새로운 기술

을 배우게 된다. 그러므로 이 단계에서의 과제는 자신의 능력에 대한 자신감을 발달시키기 위해 근면하게 활동하는 것이다. 자주 비판받거나 다른 사람에 비해 부족하다고 비교당한 아이들은 열등감이 발달한다. 최근 연구는 장애물이나 실패 경험으로부터 보호받아 지나치게 칭찬받은 아이들 역시 열등감이 발달할 수 있는데, 이는 완전한 숙달 경험을 배우지 못했기 때문이라고 밝혔다(Seligman, 2002). 그러므로 부모의 의도와 반대로, 게임에서 패배, 좋지 못한 성적 받기, 버려짐, 그리고 유사한 열등감 등으로부터 끊임없이 보호받은 아이들은 나이가 들어감에 따라 장래에 '부진아'로 드러남으로써, 지속적인 무능감을 실제로 발달시킬 수도 있다. 그 대신에, 지나치게 자신의 근면성을 확인하는 사람들은 활동에서 강박적인 행동을 보일 수 있다.

자아 정체감 대 역할 혼란: 청소년기

부적응(정체성을 지나치게 강조): 광신, 자만, 극단주의자

결핍(정체성 혼란을 지나치게 강조): 거절, 사회적 부적응, 단절

어떠한 발단 단계도 청소년기 발달 단계처럼 우화적이지 않다. Erickson은 이 단계를 '나는 누구인가?', '나는 어떻게 어울릴 것인가?' 등의 질문을 자기 자신에게 처음으로 하는 정체성 발달 단계로 보았다. 발달상 이 시기는 자극적인 복장, 형형색색의 머리 색깔, 반항적인 음악, 다양한 사회적 활동 및 부모를 매우 짜증나게 만드는 방법 등의 행동을 취하여, 잠재적인 정체성과 사회적 역할을 탐색하는 시기이다. 자신의 정체성을 충분히 탐색하도록 허용받지 못하거나, 특정한 인생의 길을 추구해보지 못해 죄책감을 느끼게 되는 청소년들은 분명하고 뚜렷한 정체성 확립에 실패하여 역할 혼란을 경험할 수 있다. 대체적으로, 역할 혼란은 분명한 사회적 역할을 습득하지 못하는 모습으로 나타나거나, 누군가가 원하는 것을 '하지 않는 것' 혹은 종종 약물 사용, 급진적인 사회 집단 참여, 마약 조직, 고등학교 중퇴 등 반항적인 욕구를 기반으로 하는 반항적인 정체성을 취하는 모습으로 나타날 수도 있다. 그러한 경우에, 십대들은 자기 자신이 가족이나 사회에서 생산적인 구성원이라는 것을 인식하지 못한다.

친밀감 대 고립감: 청년기

부적응(친밀감을 지나치게 강조): 문란, 애정에 굶주림, 취약함

결핍(고립감을 지나치게 강조): 배타적, 혼자 있기 좋아함, 차가움, 독립적

최근 들어, 높은 학구열과 결혼관, 정착 생활의 변화에 따라 이전 세대들과 비교해서 초기 성인기가 점점 더 길어지고 있다. 이 시기 동안 사람들은 자신의 가족과 사회적 네트워크를 발달시키면서 인간관계, 사회적 관계, 직장 생활에서의 관계 등 친밀한 관계를 만들어 나간다. 이 단계에 고군분투하는 사람들은 과도하게 관계에 집중하며, 성적으로 문란하다. 또한, 과도하게 관계를 확인하거나, 사회적으로 고립되는 경향을 보인다.

생산성 대 자기 침체: 장년기

부적응(생산성을 지나치게 강조): 지나친 확대, 공상적 박애주의자(do-gooder), 참견하기 좋아함

결핍(침체성을 지나치게 강조): 거부, 무관심함, 냉소적

장년기의 발달적 과업은 어느 한 사람이 자신이 의미 있게 사회에 기여하거나 세대를 계승하고 있다는 감정에 집중하는 것이며, 과업의 달성 정도는 종종 한 사람이 삶의 성취에 대해 만족하고 있는지 아닌지를 확인함으로써 측정할 수 있다. 장년기의 위기는 자신이 정체되어 있다고 느끼거나, 고칠 부분이 있다고 느끼는 때를 말하며, 어떤 사람들은 급진적으로 인생을 변화시킴으로써 이 시기를 헤쳐 나간다. 때로는 이러한 변화가 도움이 되지만, 때로는 더욱 엇나가게 만든다. 보통, 이전 단계의 발달 과업 결핍은 이 시기에 주요하게 나타나며, 이 시기 동안 더욱더 쉽게 다루어지고 해결될 수 있다. 게다가 이 시기의 발달적 문제는 사회적 혹은 직장 생활에 과도하게 관여하거나 참견하는 모습으로 나타날 수 있고, 냉소적이거나 무관심한 형태로 나타날 수도 있다.

자아 통합감 대 자아 절망감: 노년기

부적응(자아 통합의 지나친 강조): 건방짐, 자만, 거만, 오만

결핍(자아 절망의 지나친 강조): 업신여김, 비참하게 만듦, 충족되지 않음, 비난

마지막 발달 단계는 나이 든 사람들이 전문적인 서비스를 받게 하기 위해 상담자들이 이해해야 하는 중요한 단계이다. 이 단계 동안, 사람들은 죽음을 피할 수 없다는 사실을 직시하고, 그들이 살아온 삶을 되돌아보면서 자아 통합감과 자아 절망 사이의 균형을 맞추려고 한다. 통합감과 현명함으로 삶의 마지막을 직면할 수 있는 사람들은 그들이 살아온 삶의 경험을 의미 있게 통합시킬 수 있으며, 그들이 무엇을 해왔고 어떤 사람이었는지 받아들일 수 있다. 반대로, 다른 사람들은 삶을 평화롭게 하기 위해 노력하고 일반적으로 견딜 수 없는 슬픔이나 상실감을 경험하며, 또는 오만과 독선의 형태로 나타날 수 있는 거만함을 발전시킨다.

■ 아들러학파의 생활양식

아들러학파의 생활양식 주제

☐ 통제: ____________________

☐ 우월성: ____________________

☐ 기쁘게 하기: ____________________

☐ 편안함: ____________________

기본적 오류에 대한 잘못된 지각: ______________________________

____

____

내담자와 작업할 때, 아들러학파 상담 평가 분야에서 가장 중요한 것 중 하나는 내담자의 **생활양식**이며, 이는 그 사람의 생각, 행동, 감정, 삶의 방식과 노력 등(한 사람의 로드맵이라 부를 수 있다.) 한 사람의 개인적인 특징을 설명해준다. 우리가 삶에서 선택한 목표에 의해 형성된 스타일이나 지도라 부르는 이것은 우리 삶의 모든 측면을 관통하는 실타래와 같다. Eckstein(2009)은 사람들이 흔히 생활양식으로 받아들이는, 통제, 우월성, 기쁘게 하기, 편안함의 네 가지 패턴을 찾았다. 비록 위의 네 가지 패턴이 내담자의 삶을 평가하는 유일한 방법은 아니지만, 내담자를 평가할 때 사용하기 좋은 방법이다. 사람들은 대부분 생활양식으로 위의 네 가지 방법 중 한 가지 이상을 가지고 있다.

통제

생활양식이 통제로 특징지어진 사람들은 빈번하게 타인, 그들 자신, 그리고 상황을 안전함과 안도감으로 만들기 위해 통제하려고 한다. 그러나 당신은 자기 자신을 포함한 인간에 대한 완전한 통제는 인간적으로 불가능하다는 사실을 인지할 수 있을 만큼 오래 살았을 것이다. 그러므로 삶의 주제에 통제 요소가 포함된 사람들은 자주 좌절하며, 종종 타인이 저항적이며 통제하기 어렵다고 인식한다. 이러한 사람들은 종종 권력 투쟁에 휘말려들기도 하며, 자신이 통제할 수 없는 상황이나 사람을 멀리한다. 상담은 생활양식을 통제하려는 사람들에게 그들이 통제할 수 없는 것들을 받아들이고, 타인을 위한 관용을 더욱 키울 수 있도록 도와줄 수 있다.

우월성

통제 용어와 혼동하기 쉬운 우월성이 생활양식으로 나타나는 사람들은 흔히 '완벽주의자'로 언급된다. 그들은 다른 사람들보다 '올바르고', 유용하고, 유능할 뿐만 아니라, 더 나은 사람이 되고자 한다. 그러나 우월성의 이면에는, 마음속으로 자신이 '충분히 잘' 하고 있는지에 대한 끊임없는 의심을 품고 있는 경향이 있다. 내적으로 스스로를 힘들게 하고, 때로는 이성적으로 다룰 수 있는 그 이상을 떠맡으려 하는 경향이 있다. 때때로 이러한 우월성의 기준은 타인, 특히 아이들에게 투사되어 아이들을 불편하게 만든다. 상담자는 우월성을 삶의 주제로 가지고 있는 사람들이 타인이나 그들 자신에게 보다 현실적인 기대를 할 수 있도록 도와줄 수 있다.

기쁘게 하기

상담 장면에서 작업하기 가장 쉽고 흔하게 볼 수 있는 사람 중 하나는 삶의 주제가 기쁘게 하기(pleasing)와 관련된 내담자이다. 이들은 타인의 욕구를 이해하고 그것을 충족시키는 방법을 찾고자 자신의 에너지를 쏟는다. 그들은 종종 자신의 행복 이전에 타인의 행복을 위해서 노력하기 때문에, 타인이 자신을 어떻게 대하는지에 자신의 행복이 달려있다. 전형적으로, 타인을 만족시키는 생활양식을 가지고 있는 사람들은 주고, 또 주고, 또 주다가, 어느 순간 분개하는 시점에 이르게 된다. 어떤 사례에서는 타인들이 이들을 이용하거나 이들에게 도를 넘는 행동을 하며, 또 다른 사례에서는 주변 사람들이 이들이 희생당하고 있다는 사실을 모르기도 한다. 거절의 두려움을 느끼는 것과 자신의 온전함을 잃어가면서까지 다른 사람을 기쁘게 하려는 성향은 스스로를 힘들게 만드는 원인이 된다. 상담에서 그들은 건강한 경계선을 세우는 방법을 배울 수 있으며, 타인을 존중해주면서도 자신들의 요구를 주장하는 방법을 발견하게 된다.

편안함

편안함을 생활양식으로 가지고 있는 사람들은 삶의 목표와 성취를 추구하는 것을 잃어가면서까지 편안함을 좇으려 한다. 이들은 종종 스트레스가 발생하는 상황이나 책임감이 요구되는 상황을 회피하려는 경향을 보이며, 실패에 대한 두려움이나 부적응에 대한 생각 때문에 보상을 받는 것을 지체하는 경우가 있다. 보통 편안함의 추구는 능력 이하의 결과를 가져오며, 극단적인 경우에는 중독에 빠지는 모습을 보이기도 한다. 상담자는 이러한 유형의 사람들이 목표 달성을 위한 작은 성공에 집중하도록 하여, 조금씩 그들이 목표를 향해 한 발씩 내딛을 수 있도록 도와줄 수 있다.

기본적 오류에 대한 잘못된 인식

각 개인의 생활양식은 그들이 자신의 개인적인 논리를 세상과 삶에 어떻게 적용하는지에 따라 드러난다. 아이들은 생애 초기 경험을 바탕으로 개인적인 논리를 만들어, 세상에 대한 그들만의 지도를 발달시키기 시작한다. 그러므로 사실상 모든 사람들은 몇 가지 기본적 오류(basic mistakes), 즉 세상에 대해 부정확한 인식을 전제로 한 개인적 논리 체계를 가지게 된다. 기본적 오류는 인지 상담자들이 비합리적 신념(irrational belief)이라 말하는 것과 유사하지만, 여기서 말하는 신념은 근본적인 비합리적 신념, 다시 말해, 세상, 자신, 그리고 타인을 바라보는 관점을 나타내는 가장 일반적이고 핵심적인 신념을 말한다. 아들러학파 상담은 내담자가 삶의 목표를 추구함에 있어 뒷받침되는 개인적 논리 체계를 발전시키기 위해, 이와 같은 삶에 대한 무의식 혹은 반의식적이고 잘못된 가정을 확인하도록 도울 수 있다.

기본적 오류는 개별적이고 독특하다. 그러므로 내담자를 평가할 때 상담자는 '남편이 한 이야기 중에 어떠한 부분이 당신을 불쾌하게 만들었습니까?' 혹은 '어떠한 것이 당신이 절망적인 행동을 하도록 만들었습니까?' 등의 질문을 통해, 그들이 현재 가지고 있는 문제들과 관련된 상황을 어떻게 생각하고 있는지를 물어보고, 그들이 어떠한 이야기를 하는지를 귀 기울여 들어야만 한다. 경청, 꼼꼼한 관찰, 질문 등을 통해, 상담자는 내담자가 현재 문제를 유발하는 잘못된 개념을 인식할 수 있도록 도와줄 수 있다. 예시는 다음과 같다.

- 과잉일반화: '사람들을 믿을 수 없다', '어느 누구도 나에게 신경 쓰지 않는다.'
- 비현실적인 기대: '난 항상 행복해야 한다', '삶은 살아가기 쉬워야만 한다.'
- 지속 불가능한 목표: '모든 사람은 내가 행복하기 위해 행복해야만 한다', '나는 내가 하는 모든 일에 있어서 최고가 되어야 한다.'
- 삶이나 신에 대한 잘못된 인식: '삶은 공평해야만 한다', '신은 내가 원하는 것을 줄 것이다.'
- 개인의 가치 부정: '나는 결코 잘해낼 수 없을 것이다', '나는 사랑받을 가치가 없다.'
- 문제 있는 가치: '나는 무슨 일이 있더라도 최고가 되어야 한다', '나는 나의 행동을 결코 용서할 수 없다.'

인본주의·실존주의 개념화

■ 진정한 자아 표현

인본주의적 평가: 진정한 자아 표현

문제: 문제가 내재적 또는 외재적으로(타인, 환경 등에 의해) 유발되는가?

☐ 두드러지게 내재적이다. ☐ 혼합되어 있다. ☐ 두드러지게 외재적이다.

주체성과 책임감: 자신이나 타인이 이야기의 주체로서 논의되고 있는가? 내담자는 상황에 대한 분명한 책임감을 가지고 있는가?

☐ 강한 주체성과 책임감

☐ 부분적인 주체성

☐ 매우 낮은 주체성, 타인과 상황에 대한 잦은 책임전가

☐ 종종 희생양이 되었다고 느낀다.

(계속)

감정의 인식과 표현: 감정을 자신의 것으로 인식하고 경험하는 데 어려움이 없는가?

□ 쉽게 감정을 표현한다.

□ 동요된 감정을 인식한다.

□ 감정을 인식하는 것이 어렵다.

'지금 여기' 경험: 내담자가 현재의 순간에 일어나는 상황에 대한 감정을 폭넓게 경험할 수 있는가?

□ 현재의 순간에 감정을 쉽게 경험한다.

□ 도움을 받아 현재 감정을 어느 정도 경험한다.

□ 현재의 순간을 경험하는 것이 어렵다.

개인적 구성 개념과 허울(facades): 내담자는 자신의 역할을 인식하고 그것을 넘어설 수 있는가? 정체성은 경직되어 있는가, 아니면 자신을 시험적으로 내려놓을 수 있는가?

□ 시험적으로 자신을 내려놓을 수 있다. 비판하고 의문을 제기할 수 있다.

□ 정체성의 구성 개념과 허울에 대해 약간 인식하고 있다.

□ 정체성을 엄격하게 정의한다. '사실'로 인지한다.

복잡성과 모순: 내적인 모순을 가지고 있으며 그것을 탐색하는가? 내담자는 정체성과 삶의 복잡성을 충분히 이해하는가?

□ 모순을 자각하고 해결한다.

□ 모순을 일부 인식한다.

□ 내적인 모순을 자각하지 못한다.

당위: 내담자는 사회적으로 부과된 당위와 의무에 대해 의문을 품을 수 있는가? 내담자는 타인을 기쁘게 해주는 것과 자신의 소망을 충족하고자 하는 것 간의 균형을 맞출 수 있는가?

□ 사회적 의무와 자율성 간의 균형을 맞출 수 있다.

□ 사회적 기대와 개인적 소망 사이의 긴장을 인식한다.

□ 주로 사회에서 원하는 것에 초점을 맞춘다.

해야 하는 의무 목록: ______________________________

타인 수용: 내담자는 타인의 의견을 수용할 수 있고 타인에 대한 기대에 현실적으로 부응할 수 있는가?

□ 타인의 의견을 쉽게 수용한다.

□ 타인의 기대가 비현실적이지만, 여전히 충족하지 못한 기대에 강한 정서적 반응을 나타내는 것을 인식한다.

□ 타인을 받아들이는 것이 어렵다. 항상 자신의 기대에 부응하기 위해 타인이 변하기를 바란다.

(계속)

자기 신뢰: 내담자는 자신이 고정된 대상이 아니라 과정으로서의 자신을 신뢰할 수 있는가?
☐ 진정한 자아를 신뢰하고 표현할 수 있다.
☐ 특정한 상황에서 자신을 신뢰한다.
☐ 대부분의 상황에서 자신을 신뢰하는 것이 어렵다.

인간 중심 및 게슈탈트와 같은 인본주의적 접근을 활용한 상담에서의 평가는 진정한 자아를 표현하고 경험하는 개인의 능력에 초점을 맞춘다. 당신이 생각하는 것처럼, 이것은 평가하기 어려운 미묘한 과정이다. Carl Rogers(1961)는 진실성에 대한 몇 가지 신호를 확인하였으며, 그 신호는 다음과 같다.

문제

Rogers는 사람들이 진실성을 향해 다가가면 갈수록, 외부적인 문제보다 내부적인 문제와 그 문제에 대한 해답을 우선적으로 보기 시작할 것이라고 언급하였다. 초기 성장 과정에서는 누군가 자신이 원하는 것을 하지 않았다거나 운이 좋지 않은 일들과 같이, 타인이나 외부 상황에 의해 발생된 문제로 보는 경향이 있다. 반대로, 사람들이 진실성에 서서히 접근할수록, 어떤 행동을 하려는 그들의 욕구 혹은 상황마다 다르게 반응한 것으로 인해 문제가 발생했다고 설명하기 시작한다. 즉, 그들은 더 이상 타인이나 상황을 문제로 보는 것이 아니라, 상황마다 자신의 역할이 변화하길 원한다는 점이 문제라는 것을 알게 된다.

주체성과 책임감

내담자의 이야기에 주의 깊게 경청할 때, 그들 스스로를 삶의 주체로 인식하는지, 그래서 상황과 행동에 대한 책임을 지는지 알아차리는 것은 쉽다. 초기 성장 과정에서, 내담자는 자신이 피해자가 된 기분을 느꼈다거나, 타인이나 상황을 비난하는 경향이 있다. 그들은 그들에게 일어난 사건에서 타인이 이 이야기의 주인공인 것처럼 묘사한다. 반대로, 그들이 점차 자아를 실현함에 따라, 내담자는 동일한 상황에서 자신을 주체 혹은 주인공으로 설명하며, 반응과 상황에 대해 책임지려는 자세를 보인다.

감정의 인식과 표현

인본주의 상담자는 자신의 감정을 인식하고, 인정하고, 표현하고, 경험하는 개인의 능력을 주의 깊게 관찰한다. 사람들이 자아를 더 잘 실현할수록, 더욱더 쉽게 자신의 감정에 접근하고 다룰 수 있게 된다. 어떤 내담자들은 상담 초기에 그들의 감정을 알아차리는 것을 매우 어려워할 수 있다. 그들에게 무엇을 느끼는지를 질문하면 무엇을 생각하는지에 대해 이야기하곤 한다. 상담 과정을 통해, 그들은 자신의 감정을 확인하고 보다 충분히 경험하는 법을 배운다. 마지막으로, 상담자는 내담자가 책임을 다하는 '진정한 자신'이 되도록 도우며, 적절한 상황에서 적절한 사람들에게 조심스럽게 자신을 표현하도록 돕는다.

'지금 여기' 경험

일단 내담자가 조금 더 쉽게 자신의 감정을 확인하도록 도왔다면, 다음 단계는 내담자가 현재 그 순간에 떠오르는 감정이나 느낌을 경험하고 표현할 수 있도록 하는 것이다. 일반적으로, 처음에는 상담자와 함께 안전한 환경에서 이러한 행동을 시작하다가, 덜 통제된 환경, 실제 삶의 환경으로 점차 확장해나갈 수 있다. '지금 여기'에서 자신의 감정을 경험하는 방법을 배운 내담자는 그들의 감정이 떠오르자마자 느낄 수 있으며, 이러한 감정을 의식적으로 인식할 수 있고, 이러한 감정에 과민 반응을 보이지 않으며 느낄 수 있게 된다. 예를 들어, 내담자가 구직이나 승진에서 실망스러운 소식을 들었을 때, 분노, 우울, 혹은 자해(음주 등)의 과민 반응을 보이지 않으면서 실망감을 느낄 수 있으며, 현재 본인이 실망감을 느끼고 있다는 것을 인지할 수 있다.

개인적 구성 개념과 허울

Carl Rogers는 내담자의 사회적 역할과 표상에 관심을 기울였다. 그의 상담 접근은 내담자가 이러한 제한된 개인적 구성(자기 자신의 엄격한 잣대)을 뛰어넘어 지속적으로 발전하고 확장하는 유동적인 정체성으로 나아가는 데 목표를 두고 있다. 어떠한 사람이 자신을 '나는 열심히 일하는 일꾼이다.' 혹은 '나는 아름답다.'와 같이 자신의 개인적 구성을 더욱 엄격하게 하면 할수록 삶은 더욱 제한적일 수밖에 없다. 왜냐하면 많은 에너지가 자신의 특정한 정체성을 유지하는 데 사용될 것이기 때문이다. 그러므로 인본주의 상담자는 보다 조심스럽게 개방된 자신의 이상이나 개성일수록 보다 진정성 있는 삶에 대한 신호일 것이라고 기대한다.

복잡성과 모순

뉴스 속보: 당신은 위선자다. 나 또한 위선자다. 우리는 모순투성이고 복잡하며 혼란스럽다. 사람들이 더욱더 자기 자신을 잘 알아갈수록 이러한 모순을 더 잘 이해할 수 있고, 모순이 인간을 형성하는 하나의 요소라는 점을 받아들일 수 있게 된다.

당위

게슈탈트와 인지 상담자에 의해 재조명된 해야 하는 것, 즉 '당위'와 '의무'는 어떤 한 사람이 어떻게 생각하고 느끼고 행동해야 하는지에 대해 사회적으로 부과된 역할을 말한다. 모든 문화는 이러한 의무를 가지고 있다. 사실, 본질적으로 각 문화는 의무 목록을 가지고 있다. 그러므로 사회적으로 정의된 의무 목록 없이 타인과 함께 공존할 수는 없다. 중요한 것은 한 사람이 어떻게 의무 목록을 바라볼 것인가이다. 만약 어떤 사람이 의무를 모두 받아들이고 의무에 맞추기 위해 자기 자신을 일그러뜨린다면 진정한 자아를 표현할 수 없게 된다. 대신 이상적인 방법은 진정한 자아를 표현하기 위한 욕구와 사회적으로 부과된 의무 사이에 균형을 맞추는 것이며, 때때로 개인의 완전함을 유지하기 위해 사회적 수용을 포기해야 한다. 즉, 문화적 규준에 대항하는 것을 과시하는 사람은 진정한 자아를 표현하기보다는 반대자가 됨으로써 정체성을 찾으며, 이들은 단순한 부정적 안도감 속에서 여전히 사회적으로 부과된 의무에 의해 규정되어 있다.

타인 수용

다른 사람들과 관계를 맺는다는 것은 도전적인 것이다. 가장 가까운 관계에서조차도 특정 부분에서 근본적 차이나 실수가 발생하여, 한 사람 혹은 두 사람 모두에게 배신, 상처, 분노의 감정을 남길 수 있다. 타인이 불완전하다는 것을 받아들이는 것은 그 사람을 있는 그대로 받아들이기 시작할 때 시작된다. 그러므로 인본주의적 방법을 사용하는 상담자는 타인 수용과 타인에 대한 기대를 보다 현실적으로 조정할 수 있는 내담자의 능력을 주의 깊게 평가한다. 이론적으로는 모든 사람들이 친절한 언어를 사용하고 부드러운 어조로 말하는 것이 최선일 수 있다. 또한 모든 사람들이 자신이 한 약속을 성실히 이행하고 각자 다른 상황에서 진실성 있는 모습으로 행동하는 것이 최선일 수 있다. 당신이 타인과 관계를 맺으면 맺을수록, 당신은 앞에서 언급한 완벽함이 점점 더 불가능한 것임을 깨닫게 된다. 다시 말해, 이러한 이상을 위해 노력하는 것이 매우 중요하며, 사려 깊고 친절한 행동에 대한 현실적인 기대와 균형을 맞추는 것이 중요하다.

자기 신뢰

마지막으로 인본주의 상담자는 내담자가 고정된 대상이 아니라 하나의 과정으로서 자신의 정체성을 경험할 수 있는 정도를 평가한다. 그들의 정체성을 고정적인 '것'으로 생각하는 사람들은 꼬리표, 일상, 지위, 물체 혹은 자신의 정체성을 상징화할 수 있는 어떠한 것과 결부된다. 이러한 문제는 한 사람이 더욱 더 자기 존재를 실현할수록 줄어들 것이고, 보다 정체성이 유동적이고 발전적이라는 생각에 대해 편안함을 느끼게 된다. 오늘날 주요 정체성 요소인 성적, 등급, 직업, 관계, 자녀 등은 미래 어느 시점에서는 덜 중요해질 것이다. 자아실현은 꼬리표 달기, 그것을 정확하게 밝혀내고, 요구하는 행위를 보다 덜 필요로 한 채, 자기 자신의 잠재력을 믿는 것을 포함한다.

■ 실존 분석

실존 분석

삶을 의미 있게 하는 자원(내담자에 의해 기술되고 설명된 것): ________________

____

____

삶의 의미에 관한 일반적 주제:

□ 개인적인 성취·업적 □ 중요한 타인 □ 자녀

□ 원가족 □ 사회적 대의, 타인에 대한 공헌 □ 종교·영성

□ 기타: ________________________________

삶의 방향성에 대한 만족과 명확성:

□ 힘든 시기에 회복탄력성을 만들어내는 명확한 삶의 의미를 가지고 있다.

□ 현재의 문제는 삶의 방향과 관련된 선택을 요구한다.

□ 현재 삶의 방향성에 대해 최소한으로만 만족한다. 삶에 더 큰 욕구를 가지고 있다.

□ 현재까지 삶의 방향성에 관하여 거의 생각한 적이 없다. 대부분 타인 혹은 다른 어떤 것에 의해 정의된 삶의 계획에 따라 살아왔다.

□ 기타: ________________________________

실존 분석적 정신 요법에 근간하여(Frankl, 1963), 내담자의 실생활에 대한 실존 분석은 가능한 한 현재 시점에서 자신의 삶을 바라보는 것을 포함한다. 이것은 개인이 증상의 빈도, 어린 시절 정보, 현재 관계와 같이 많은 세부 사항에 집중할 때 잊기 쉬운 '큰 그림(big picture)'의 관점을 말한다. 이러한 넓은 시야의 관점은 때때로 상담 과정을 촉진할 수 있는 방법에 대한 귀중한 정보를 제공해주기도 한다. 최초 평가의 두 가지 영역은 다음과 같다.

- 삶을 의미 있게 하는 자원: 무엇이 내담자를 고무시키고 만족감을 느끼게 만드는가?
- 삶의 방향성에 대한 만족과 명확성: 내담자는 자신의 삶에 대한 명확한 목적과 방향성을 가지고 있는가? 자신의 삶의 궤도 안에 있는가? 밖에 있는가?

최근 몇 년간, 이러한 지속적인 실존적 질문의 중요성은 과학으로부터 증진되었다. 행복과 삶의 만족에 관한 연구에서 보면 긍정 심리학자는 삶의 의미와 목적과 행복 사이에 강력한 상관관계가 있다고 보고한다(Seligman, 2002). 그러므로 더 높은

수준의 행복을 내담자가 얻도록 돕기 위한 치료를 효과적으로 안내하고자, 상담 시작부터 상담자는 어디에서 내담자가 삶의 의미와 목적을 발견하는지 이해하는 것이 필요하다.

삶의 의미와 목적에 관한 실존 분석은 특히 특정 유형의 내담자와 함께 작업을 할 때 유용하다. 예를 들어, 자살 충동을 느끼는 내담자와 작업을 할 때, 그 위협의 심각성 정도와 내담자가 다시 삶을 가치 있게 여길 수 있는 최선의 동기부여 방법을 알아내기 위해서 상담자는 삶의 의미와 삶의 만족의 원천을 평가할 수 있다. 유사하게, 우울증에 시달리고 있는 내담자는 종종 삶의 방향성과 활기를 되찾아줄 삶의 꿈을 가질 필요성을 잃어버리곤 한다. 발달상 예상할 수 있듯이, 저자와 함께 작업을 한 대부분의 십대들은 삶의 방향성과 의미에 대한 문제로 고민하고 있었고, 이와 같은 개인적인 주제를 개방적이고 인내심 있는 어른과 대화할 수 있다는 것에 감사하였다. 모든 사례에서 처음 호소 문제와 상관없이, 내담자가 자신의 영감을 어디서 얻는지를 아는 것은 궁극적으로 무엇이 내담자를 변화로 이끌 수 있는지를 보여준다.

■ 게슈탈트 접촉 경계 혼란

게슈탈트 접촉 경계 혼란

☐ 둔감화: 문제를 인식하지 못한다.

☐ 내사: 타인의 관점을 검열하지 않고 그대로 받아들인다.

☐ 투사: 타인에게 자신의 원하지 않는 부분을 전가시킨다.

☐ 반전: 타인이 아닌 자기 자신에게 직접적인 행동을 취한다.

☐ 편향: 타인 혹은 자신과의 직접적인 접촉을 피한다.

☐ 자의식: 외부 환경이 자기 자신에게 영향을 미치지 못하도록 한다.

☐ 융합: 타인과의 경계가 모호해지는 범위까지 동조한다.

기술하기: ______________________________

____

10장에서 설명하겠지만, 게슈탈트 상담자들은 삶을 경험하는 매 순간을 일차적으로 자기 자신(유기체)과 외부 세계(타인과 환경) 간 **접촉**의 한 형태의 측면으로 바라본다(Perls, Hefferline, & Goodman, 1951; Yontef, 1993). 만약 한 사람이 외부 세계와 직접적으로 접촉할 수 있고 진정으로 마주할 수 있다면, 그 사람은 충분히 진정한 삶을 살고 있다. 하지만 초기 삶의 교훈, 두려움, 사회적 요구 등과 같은 여러 가지 이유로, 사람들은 스스로 자신을 보호하기 위해서 진정한 접촉을 회피한다. 이러한 **접촉 경계 혼란**은 자기 자신 혹은 타인에 대한 인식의 왜곡을 말한다.

접촉은 일차적인 인식으로 시작하여 직접적인 접촉으로 이어지며, 철수로 끝나는 하나의 연속된 7단계를 포함한다. 인간의 경험은 사람·사물·생각과 접촉하고 철수하는 끝없는 밀물과 썰물의 과정이다. 그러고 나서 또 다른 것과 접촉하고 철수한다. 한 사람은 각 단계에서 특정한 저항 과정을 사용하여, 7단계 중 어느 단계에서든 접촉을 피할 수 있다(Woldt & Toman, 2005).

연속 단계	저항 과정	저항의 예
1. **감각·지각**: 유기체는 환경으로부터 정보를 인지한다.	**둔감화**: 문제를 인지하지 못한다.	연인과 다툴 때 연인의 폭력이 심해져도 무시한다.
2. **알아차림**: 한 사람의 삶의 경험이 환경적 감각에 초점을 맞추게 된다.	**내사**: 타인의 관점을 무비판적으로 그대로 받아들인다.	부모가 원하는 대로 된다.
3. **흥분·에너지 동원**: 유기체는 만남을 위한 준비를 위해 움직인다.	**투사**: 타인에게 자신의 원하지 않는 모습을 전가시킨다.	자신의 성적 측면은 거부하고, 상대를 '성욕이 지나친' 사람으로 인지한다.
4. **참만남·행동**: 유기체는 다른 사람과 관계를 맺기 위해 행동을 취한다.	**반전**: 타인이 아닌 자기 자신에게 직접적인 행동을 취한다.	다른 사람과 갈등을 만들기보다는 자기 자신에 대한 비판에 집중한다.
5. **상호작용·완전한 접촉**: 일을 주고받으며 교환한다. 자기 자신이 '우리'의 부분이 된다.	**편향**: 타인이나 자기 자신과의 직접적인 접촉을 피한다.	배우자를 피하기 위해서 오랜 시간 동안 일하거나 자신의 감정을 회피한다.
6. **동화·통합**: 유기체는 새로운 정보, 행동 등을 받아들이고 통합한다.	**자의식**: 환경이 자기 자신에게 영향을 미치는 것을 허용하지 않는다.	'사랑에 빠져있다'라고 주장하지만, 관계의 필요를 충족시키기 위해 자신을 변화시키는 것에 마음을 열지 않는다.
7. **분화·철수**: 유기체는 접촉에서 물러서서 개인 상태로 돌아온다.	**융합**: 경계가 모호한 정도까지 다른 사람에게 동조한다.	자기 자신이 다른 의견을 갖지 못할 정도로 배우자에게 동조한다.

내담자를 평가할 때, 게슈탈트 상담자는 접촉하는 주기 중 어느 부분에 내담자가 '갇혀있는지'를 살펴보고, 내담자가 관계를 맺을 수 있고 접촉 주기를 완성할 수 있도록 직접 개입한다.

인지행동 개념화

■ 증상 행동의 기준

증상 행동의 기준

증상 #1(행동적 기술):

빈도: ______________________________

지속 기간: ______________________________

상황: ______________________________

사건 전: ______________________________

사건 후: ______________________________

증상 #2(행동적 기술):

빈도: ______________________________

지속 기간: ______________________________

상황: ______________________________

사건 전: ______________________________

사건 후: ______________________________

증상 행동의 기준 평가는 행동주의 상담에 기반을 두고 있지만(Spiegler & Guevremont, 2003), 일반적으로 현재는 관찰 가능한 증상에 초점을 둔 **의료적 모델**을 선호하는 보험회사와 그 외 제3의 지불인에 의해 요구된다. 따라서 만약 당신이 보상받기를 원한다면, 기준 평가를 충족하는 것이 좋다. 감사하게도 평가는 비교적 간단하다.

기준 평가의 단계

1단계: 쉽게 확인할 수 있는 구체적이고 관찰 가능한 것으로 문제 행동 정의하기

예: 우울증 측정을 위해 다음의 내용을 측정할 수 있다. (1) 하루에 우울한 기분이 드는 시간, (2) 일주일 중 약하거나 중간이거나 심각하게 우울한 기분이 드는 일수, (3) 일주일 중 사회적 접촉 혹은 일반적인 활동을 피하는 일수

2단계: 기준 정하기

다음 자료 수집을 위해 내담자를 위한 차트를 만든다.

- 문제 행동의 빈도: 분, 시간, 일수, 주수로 측정
- 지속 기간 혹은 각 삽화의 심각도: 분 혹은 시간으로 기간 측정, 대개 약간, 중간, 혹은 심각함으로 심각도 측정
- 행동이 발생한 상황: 장소, 관계, 시간, 혹은 행동을 촉발한 기타 잠재적인 요소
- 각 삽화 전의 사건: 잠재적 계기를 밝히는 데 사용(예: 비, 말싸움)
- 각 삽화 후의 사건: 행동의 잠재적 강화 혹은 행동의 계기를 분명히 밝히는 데 사용(예: 남편이 집에 왔을 때 그녀의 불안이 줄어들었다.)

기준 평가 차트의 예시

	빈도	기간·심각도	상황	사건 전	사건 후
월요일					
화요일					
수요일					
목요일					
금요일					
토요일					
일요일					

그러고 나서 내담자는 문제 행동의 기준 평가를 위해 1~4주 기간의 차트를 완성한다. 일단 치료가 시작되면, 이것은 치료 과정 동안 측정 점수가 되고, 과정은 이와 유사하게 측정된다. 정신건강 분야에서 가장 객관적인 자료에 근거하는 기준 평가는 최고의 과정 측정 중 하나로 여겨진다. 그러나 이와 같은 자료를 수집하는 데 시간을 보낸 사람들에게, 이러한 자료가 내담자의 회상과 설명에 크게 의존하고 있어 일관성과 신뢰도가 기대했던 것보다는 떨어질 수 있다는 사실이 빠른 속도로 명백해지고 있다. 사실, 자신의 내적 상태를 기억하려고 노력하는 내담자보다, 그들의 배우자 혹은 가족이 종종 더 신뢰할 만한 행동적 정보의 출처가 될 수 있다.

■ 비합리적 신념의 A-B-C 분석

비합리적 신념에 대한 A-B-C 분석

선행 사건(문제): ____________________

결과(기분, 행동 등): ____________________

매개 신념(결과 C를 야기한 사건에 관한 해로운 신념): ____________________

1. ____________________
2. ____________________
3. ____________________

Albert Ellis(1999)의 A-B-C 모형은 인지행동 접근에서 보다 일반적인 평가 방법 중 하나로, 원하지 않는 감정과 행동의 결과를 초래한 문제적 신념을 밝히는 데 사용되었다. 이 A-B-C 모형은 다음과 같이 작용 한다.

A=촉발 사건(Activating event) → B=신념(Belief) → C=결과(Consequence)

이러한 경우, A(촉발 사건)는 B(신념)를 촉발시키고, C(결과)를 야기한다. 이론에서, 이는 언제든, 어떤 사건에서든 발생한다. 그러나 어떤 사람이 Ellis가 비합리적이라고 일컫거나, 필자가 문제적, 신념이라고 부르기를 선호하는 경우, 그 결과는 필연적으로 내담자가 도움받고자 하는 호소 문제를 보여준다.

- A=남자 친구와 싸움 → B=우리 관계는 문제가 있음, 어느 누구도 나를 사랑해주지 않을 것임 → C=우울해짐, 절망적으로 행동함, 2분마다 문자함, 1파인트의 아이스크림을 먹음
- A=쇼핑몰에 감 → B=사람들이 외모로 나를 판단함, 나는 다른 사람들처럼 예쁘지 않음, 나에게 뭔가 문제가 있음 → C=부족함을 느낌, 불안하고 겁이 남, 눈 맞춤하기를 두려워함, 사람들을 피함, 쇼핑몰에서 일찍 나옴, 집에서 온라인으로 과소비

대부분의 내담자가 A → C로 이어지는 일련의 사건을 경험하기 때문에, 상담자의 역할은 도움이 되지 않는 신념인 B를 밝히는 것이다. 상담자는 '남자 친구와 싸웠기 때문에 우울해'가 아닌 '누구도 나를 사랑하지 않을 것이라 믿기 때문에 우울해'로 설명하도록 돕는다. 이러한 근본적인 신념을 밝히기 위해서 상담자는 아래와 같은 질문을 할 수 있다.

도움이 되지 않는 신념을 밝히기 위한 질문

- 촉발 사건(이것을 이름 지을 수 있도록 돕는다.)을 생각할 때, 왜 ______________ (C)를 느끼거나 ______________ (C)를 하는 것이 맞다고 여깁니까?

예: 당신이 쇼핑몰에 간다(A)고 생각할 때, 왜 불안함(C)을 느끼고 가능하면 빨리 떠나는 것(C)이 맞다고 여깁니까?

- 당신을 ______________ (C)라고 느끼거나 ______________ (C)를 하도록 이끄는 당신과 ______________ (A)에 대해 어떤 신념을 가지고 있습니까?

예: 당신을 우울하게 만들거나 싸운 후에 충동적으로 행동하게 만드는 당신 자신과 당신의 관계에 대해 어떤 신념을 가지고 있습니까?

■ Beck의 도식 분석

Beck의 인지 도식 분석

자주 사용하는 인지 도식을 확인하라.

☐ 임의적 추론: ______________________

☐ 선택적 추상: ______________________

☐ 과잉일반화: ______________________

☐ 의미 확대/의미 축소: ______________________

☐ 개인화: ______________________

☐ 절대론자/이분법적 사고: ______________________

☐ 잘못된 명명: ______________________

☐ 독심술: ______________________

또 다른 일반적인 인지 평가 기술은 Aaron Beck(1976)의 도식 분석이다. 도식은 누군가의 가치, 동기, 혹은 운과 같은 몇 가지 세상에 관한 신념의 구조적 모음을 일컫는 기술적인 심리학적 용어이다. Ellis의 A–B–C 체계에서, Beck의 도식 분석은 특정 비합리적인 신념의 범주로 여겨질 수 있다. Beck의 도식 범주화를 사용하여 비합리적인 신념을 평가하는 것은 습관적인 생각의 패턴을 밝히고, 더욱 구체적으로 신념을 이름 붙임으로써 상담 과정에 큰 도움이 될 수 있다. 도식 범주는 다음의 내용을 포함하지만, 이에 국한되지는 않는다.

- 임의적 추론: 비관주의와 파국화를 포함하여, 충분하거나 적절한 증거가 없음에도 결론을 이끌어냄
  예: 연락을 줄 것이라 기대했는데 연락을 주지 않자, 누군가 당신에게 화가 났다고 추측한다.
- 선택적 추상: 대개 더 도움이 되는 다른 사실은 무시한 채 특정 사실을 바탕으로 가정하는 것
  예: 사소한 의사소통 문제 하나 때문에 오래 사귄 친구를 잃을 것이라 여긴다.
- 과잉일반화: 비교적 적은 자료를 바탕으로 극단적인 신념을 갖는 것
  예: '초등학교 때 축구를 잘 못했기 때문에 나는 모든 스포츠에 형편없어.'
- 의미 확대/의미 축소: 특정 사실을 지나치게 강조시키거나 축소시키고 부적절한 결론을 이끌어냄. 통계적인 측면에서, 비전형적인 자료를 바탕으로 가정하는 것
  예: 한 사람이 당신이 아름답지 않다고 말한 것 때문에 아무도 당신이 아름답다고 생각하지 않는다고 믿는다.
- 개인화: 외부 사건 혹은 다른 누군가의 행동을 어떻게 해서든 자신과 관련지음
  예: '상대가 바람피웠기 때문에 나에게 뭔가 문제가 있을 거야.' (바람피우기로 결정한 상대방에게 문제가 있는 것인데도!)
- 절대론자/이분법적 사고: 모든 것을 좋은 것 혹은 나쁜 것으로 규정하거나 어느 한쪽 또는 극단적인 것으로 범주화하는 것
  예: '그녀는 나를 사랑하거나 싫어하거나 둘 중 하나야.'
- 잘못된 명명: 제한된 사건을 바탕으로 한 사람의 전체적인 정체성을 부당하게 특정지음
  예: '내담자가 두 번째 회기에 오지 않았기 때문에, 나는 형편없는 상담자야.'
- 독심술: 충분한 근거 없이 다른 사람이 생각하는 것을 알고 있다고 믿는 것
  예: '모임에서 그의 표정을 보고, 그가 나를 싫어한다는 것을 알았다.'

가족체계 개념화

Ⅷ. 가족체계 개념화

가족생활 주기 단계

☐ 미혼 성인 ☐ 기혼 ☐ 어린 자녀가 있는 가족

☐ 청소년기 자녀가 있는 가족 ☐ 자녀 독립 ☐ 노년기

이 단계에서 발달 과업을 완성하는 데 어려움이 무엇인지 기술하라. ______

타인과의 경계

부모: ☐ 밀착 ☐ 명확 ☐ 유리 ☐ 해당 사항 없음: 기술하기: ______

중요한 타인: ☐ 밀착 ☐ 명확 ☐ 유리 ☐ 해당 사항 없음: 기술하기: ______

자녀: ☐ 밀착 ☐ 명확 ☐ 유리 ☐ 해당 사항 없음: 기술하기: ______

확대가족: ☐ 밀착 ☐ 명확 ☐ 유리 ☐ 해당 사항 없음: 기술하기: ______

기타: <u>성명</u> ☐ 밀착 ☐ 명확 ☐ 유리 ☐ 해당 사항 없음: 기술하기: ______

타인과의 친밀성과 거리를 조절하는 일반적인 유형: ______

삼각관계/연합

☐ 원가족과의 연합: 기술하기: ______

☐ 중요한 타인과 관련된 연합: 기술하기: ______

☐ 그 외의 연합: ______

자신과 부모–자녀 사이의 위계 ☐ 해당 사항 없음

자녀와의 위계: ☐ 효과적 ☐ 경직 ☐ 허용적

부모와의 관계(어린아이/청소년에게 있어): ☐ 효과적 ☐ 경직 ☐ 허용적

<u>성명</u>과의 상호보완적 패턴

☐ 방임형/관계 중심 ☐ 높은 기능 수준/낮은 기능 수준 ☐ 감정적/이성적

☐ 좋은 부모/나쁜 부모 ☐ 기타: 기술하기: 성공적임 대 성공적이지 못함

상호보완적 패턴의 예시: ______

세대 간 패턴

약물·알코올 남용: ☐ 해당 없음 ☐ 있음: ______

성적·신체적·정서적 학대: ☐ 해당 없음 ☐ 있음: ______

부모–자녀 관계: ☐ 해당 없음 ☐ 있음: ______

신체적·정신적 장애: ☐ 해당 없음 ☐ 있음: ______

가족이 지닌 강점: 기술하기: ______

■ 가족생활 주기 발달의 단계

가족을 평가할 때, 그들의 생활 주기 단계를 밝히는 것은 도움이 된다(Carter & McGoldrick, 1999). 각 단계는 특정한 발달 과업과 관련이 있다. 증상은 가족이 이러한 과업을 수행하는 데 어려움이 있을 때 발생한다.

- 출가: 미혼 성인: 자신에 대한 감정적·재정적 책임을 받아들임
- 결혼: 새로운 체계로 들어섬, 가족과 친구 간의 경계를 조정함
- 어린 자녀를 둔 가족: 자녀를 위한 공간을 결혼 생활에 적용함, 자녀 양육 과업에 참여함, 부모·조부모와의 경계를 조정함
- 청소년 자녀를 둔 가족: 사춘기 자녀에 대한 책임과 자유를 높이기 위해 부모의 경계를 적용함, 결혼과 일에 다시 집중함
- 자녀 출가: 결혼의 하위조직을 재조정함, 성인 대 성인으로 자녀와의 관계를 발전시킴, 나이 든 부모 돌봄
- 가족 이후의 삶: 세대 역할의 교체를 받아들임, 능력의 상실에 대처함, 중간 세대가 더 중심 역할을 함, 노년의 지혜가 생김

■ 대인관계 경계

많은 교재에서 볼 수 있는 가족 상담 용어인 경계는 대인관계 친밀도와 거리감을 조정하기 위한 규칙이다(Minuchin, 1974). 일반적으로 두 사람이 오랜 시간 동안 상호작용할 때 언제, 어디서, 어떻게 다른 사람과 관계하기를 선호하는지에 대해서 서로가 말하거나 털어놓지 않는다. 구조적 상담자들은 분명함, 혼란, 경직의 세 가지 방법 중 하나의 경계로 특징지으며, 이 경계는 모두 문화의 영향을 많이 받는다.

분명한 경계와 문화적 요소: 분명한 경계는 부부가 친밀감('우리'라는 의식)과 분리(개인성) 간의 건강한 균형을 잘 조정할 수 있는 가능한 방법의 범위를 말한다. 문화적 요소는 친밀감과 분리에 있어 어느 정도가 적절한지를 형성한다. 집산주의적 문화(collectⅣist cultures)는 높은 수준의 친밀감을 추구하는 경향이 있는 반면에, 개인주의적 문화는 독립성을 높게 평가하는 경향이 있다. 한 부부의 경계가 분명한지 아닌지를 밝히는 가장 좋은 방법은 증상이 개인, 부부, 가족 안에서 발달되어왔는지 아닌지를 확인하는 것이다. 만약 증상이 있다면, 너무 혼란하거나 경직된 경계의 문제가 있을 것이다. 상담을 받으러 오는 대부분의 사람들은 한 맥락 속에서 효과가 있었던 이전 경계와 규칙이 더 이상 효과적이지 않을 때 찾아온다. 각 사람들의 변화하는 요구에 적응하기 위해서, 오랜 시간 동안 부부, 가족, 그리고 심지어는 친구는 지속적으로 경계(관련된 규칙)를 재조정해야 한다. 이러한 규칙 협상에 있어 더욱 융통적일수록 그들 삶의 변화 과정과 좌

절에 더욱 성공적으로 적응할 것이다.

밀착된/산만한 경계: 한 부부 혹은 가족이 각각의 개성에 대한 존중을 잃어가면서 함께함에 지나치게 가치를 두기 시작할 때, 그들의 경계들은 **산만하게** 되고 관계는 **밀착될** 것이다(참고: 기술적으로, 경계는 밀착되지 않고 산만하게 된다). 이러한 관계에서, 개인은 숨이 막히거나 자유롭지 않거나 충분한 관심을 받지 못한다고 느낄 수 있다. 종종, 이러한 관계에서는, 타인이 그들에게 동의하지 않거나 확언하지 않을 때마다 위협감을 느끼고, 이것은 타인이 그들에게 동의하도록 하는 데 극심한 줄다리기를 하도록 하는 결과를 초래한다. 또한, 자녀, 원가족, 친구와 산만한 경계를 가진 부부는 다른 외부 사람이 한 사람 혹은 두 사람 모두의 삶에 지나치게 관여하는 결과를 가져온다(예: 부모, 친구, 혹은 자녀가 부부의 논쟁에 관여).

유리된/경직된 경계: 관계가 함께함보다는 독립성을 강조할 때, 경계는 **경직되고** 관계는 **유리된다**. 이러한 관계는 자신에게 영향을 미치는 다른 사람을 허용하지 않고, 종종 관계보다는 직업을 우선적으로 선택하며, 보통 최소한의 정서적 연결(emotional connection)을 가질 것이다. 유리된 부부 관계에서 자녀, 친구, 가족, 혹은 외부의 좋아하는 관심사(예: 감정적 혹은 신체적 관심사)와 확장된 경계를 가짐으로써 부부 관계에서의 거리감을 보상할 수도 있다. 종종 정확한 평가는 어렵지만, 경직된 경계의 주요 지표는 그들이 독자적으로 문제를 만드는가 혹은 동반자와 함께 만드는가이다.

경계를 평가하기 위한 질문

다음은 경계를 평가하기 위해서 개인, 부부, 혹은 가족과 함께 일할 때 생각해볼 만한 몇 가지 예시 질문이다.

- 부부는 양육과 원가족 관계로부터 구분 짓는 분명한 부부 경계가 있습니까?
- 부부는 자녀에 대해서 이야기하지 않고 홀로 시간을 보냅니까?
- 가족 구성원은 의견이 다를 때 불안 혹은 좌절감을 경험합니까?
- 상대방이 문제에 대해서 다른 의견 혹은 관점을 가지고 있을 때, 화가 나거나 상처받습니까?
- 말할 때, '우리'와 '나' 중에 어느 쪽을 더 자주 사용합니까? 균형 있게 사용합니까?
- 각자가 가족과 상대방으로부터 떨어져서, 개인적인 친구와 활동을 가지고 있습니까?
- 가족 대 직업과 외부 관심사로 얼마나 많은 에너지를 씁니까?
- 그들의 일정에서 우선순위는 무엇입니까? 자녀? 일? 개인적 활동? 부부만의 시간?

■ 삼각관계/연합: 문제 하위 체계와 삼각관계

문제 체계는 대부분의 체계적 가족 상담 접근에서 확인되었다. 삼각관계(Kerr & Bowen, 1988), 은밀한 연합(Minuchin & Fishman, 1981), 세대 간 연합(Minuchin & Fishman, 1981)은 모두 유사한 체계 과정을 말한다. 원래의 두 사람 관계를 안정시키기 위해, 두 사람 사이의 긴장을 제3자 혹은 제4자, '4진수(tetrad)'를 끌어들여 해소한다(Whitaker & Keith, 1981). 많은 상담자는 삼각화 과정에서 잠재적인 '제3자'로 음주, 약물, 일, 취미 등 무생물이나 다른 과정들을 포함하는데, 이는 한 사람이나 두 사람 모두가 관계를 훼손시킴에도 불구하고 자신의 내적 스트레스를 완화하는 데 사용되곤 한다.

상담자는 다음의 몇 가지 방법을 사용해서 삼각관계와 문제적인 하위 체계를 평가한다.

- 내담자는 명백하게 또 다른 사람(제3자)이 그들의 갈등에서 한몫한다고 설명한다. 이러한 경우 내담자는 진행 상황을 어느 정도 알고 있다.
- 내담자가 문제 혹은 갈등 상황을 설명할 때, 또 다른 사람(제3자)은 친구 혹은 부부 중 한 사람을 두둔하는 역할을 한다.
  예: 자신의 편이 되어줄 친구 혹은 또 다른 가족 구성원이 있다.
- 일차적인 관계에서 충족되지 못한 요구를 다른 사람에게서 찾는다.
  예: 엄마가 남편이 아닌 자식에게서 정서적 친밀감을 찾는다.
- 설명하기 힘들지만 상담이 '진행되지 않을 때', 상담 장면에서 가끔 한 사람 혹은 두 사람의 주요한 주제 해결을 방해하는 삼각관계가 있다.
  예: 일, 물질 남용, 상담에서 동의한 것을 가볍게 여기는 친구 등

삼각관계를 평가 과정의 초기에 알아차리는 것은 상담자가 가족 역동의 복잡한 상황에서 더 성공적이고 빠르게 개입하는 것을 가능케 한다.

■ 자녀와 부모 사이의 위계

부모와 자녀 관계에서 주된 영역은 부모–자녀 위계이다. 부모의 위계를 평가할 때, 상담자들은 반드시 그들 스스로에게 다음과 같은 질문을 물어보아야 한다. '부모–자녀 위계가 발달적·문화적으로 적절한가?' 만약 위계가 적절하다면, 대개 자녀의 행동과 관련된 사소한 문제가 있다. 일반적으로, 만약 자녀가 증상을 보이거나 부모–자녀 관계에서 문제가 있다면, 위계적 구조에서 몇 가지 문제가 있다. 가족의 현재 사회문화적 맥락에서 주어진 과도하거나(권위주의적) 불충분한(자유방임적) 부모의 위계 문제가 그것이다. 대부분의 이민자 가족은 항상 부모 위계에 대한 두 가지 다른 문화적 규범(전통적이고 현대적인 문화적 맥락)을 가지고 있으며, 이는 두 가지 문화적 규범 사이에 균형을 찾는 매우 어려운 과제를 초래한다.

위계를 평가하는 것은 상담자에게 어디서 어떻게 개입해야 할지를 말해주기 때문에 중요하다. 종종, 부적절한 개입은 상담자가 오직 증상만을 평가했을 때 나타난다. 예를 들면, ADHD 아이들이 과잉행동, 반항, 부모의 요구를 따르는 것에 대한 실패 등 유사한 증상을 가지고 있지만, 이와 같은 증상은 너무 과도하거나 느슨한 부모 위계의 전혀 다른 가족 구조에서도 마찬가지로 발생할 수 있다. 부모 위계가 매우 엄격한 경우, 상담자는 부모와 함께 이를 부드럽게 다뤄야 하고, 자녀와의 개인적인 관계를 더욱 강하게 발달시키며, 발달적·문화적으로 적절한 기대를 구성해야 한다. 반면에, 만약 부모 위계가 불충분하다면, 상담자는 부모들과 작업하여 이들이 결과에 대한 일관성을 높이고, 한계와 규칙을 설정하는 데 관심을 높이도록 작업해야 한다. 그러므로 같은 증상에도 매우 다른 개입이 요구될 수 있다.

■ 상호보완적 패턴

상호보완적 패턴은 대부분의 부부 관계에서 어느 정도 나타나며, 형제 관계, 친구 관계, 그리고 그 외의 관계에서 또한 특징으로 나타난다. 이러한 경우 **상호보완**이란 각 사람이 반대 혹은 상호보완적 역할을 취하는 것을 말하는데, 이것은 기능적인 것부터 문제적인 것까지의 범주가 존재한다. 예를 들면, 내향적/외향적 상호보완적 관계는 불균형적이고 문제적 관계에서뿐만 아니라, 균형 잡히고 잘 기능하는 관계에서도 존재할 수 있다. 종종 문제가 되는 상호보완적 역할의 고전적인 예들로는 방임형/관계 중심, 감정적/이성적, 높은 기능 수준/낮은 기능 수준, 친근한 부모/엄격한 부모 등이 있다. 실제 Gottman(1999)은 여성–관계 중심과 남성–철수 패턴이 그가 연구했던 대부분의 결혼에서 어느 정도 나타났다고 말한다. 그러나 고통스러운 결혼생활에서는 이러한 패턴은 과장되기 시작했으며, 내적인 성격적 특성으로 간주되었다. 이러한 패턴을 평가하는 것은 상담자가 상호작용적 역동 개입에 도움을 줄 수 있다. 대부분의 사례에서, 사람들은 관계에 관한 불평에서 쉽게 상호보완적 역할에 대해 밝힌다. '그는 너무 아이들에게 엄격해요', '그녀는 항상 감정적으로 과잉반응해요', '나는 매일 이것을 해야 해요', '그녀는 성관계를 절대 원하지 않아요'. 이렇듯 타인에 대한 넓고 광범위한 설명은 문제적인 상호보완적 패턴으로 나타난다.

■ 세대 간 패턴

세대 간 패턴의 평가는 이를 시각적으로 보여주는 가계도(McGoldrick, Gerson, & Petry, 2008)를 사용할 때 가장 쉽다. 상담자들은 수많은 세대 간 패턴을 보여주는 종합적인 가계도나, 호소 문제와 관련된 패턴과 가족 구성원이 세대에 걸쳐 이와 유사한 문제를 어떻게 처리했는지에 초점을 맞추는 문제 위주 가계도(problem–specific genograms)를 만들 수 있다(예: 다른 부부들이 부부 갈등을 다루어온 방법). 가계도에 흔히 포함되는 패턴은 다음과 같다.

- 약물·알코올 남용과 의존
- 성적·신체적·정서적 학대
- 개인적 특성과(혹은) 가족 역할, 상호보완적 역할(예: 골칫덩어리, 반항아, 과잉성취자/과소성취자 등)
- 신체적·정신적 건강 문제(예: 당뇨병, 암, 우울증, 정신병 등)
- 호소 문제의 역사적 사건, 동일한 사람과 함께인지, 혹은 다른 세대와 가족 구성원은 어떻게 유사한 문제를 다루었는지의 여부

포스트모더니즘·여성주의 개념화

■ 해결책과 독특한 결과

해결책과 독특한 결과

효과적으로 작용하지 않은 기존의 해결책:

1. ______________________

2. ______________________

3. ______________________

예외적 상황과 독특한 결과: 시간, 장소, 관계, 상황 등 덜 문제시될 때, 사건의 경과가 좋아지도록 하는 행동:

1. ______________________

2. ______________________

3. ______________________

기적 질문에 대한 대답: 만약 문제가 하룻밤 사이에 해결된다면, 내담자는 다음 날 어떻게 행동할 것인가?(Y를 하지 않는 대신에 X를 한다는 식으로 기술하라.)

1. ______________________

2. ______________________

3. ______________________

효과적으로 '작용하지 않은' 기존의 해결책

해결책을 평가할 때, 상담자는 효과가 있었던 것과 효과가 없었던 것의 두 가지를 평가할 필요가 있다. 그들이 개입할 때 다른 방식으로 사용했지만 효과가 없었던 것을 평가하는 것으로, 정신건강연구소(Mental Research Institute: MRI) 집단(Watzlawick et al., 1974)과 인지행동 치료(CBT) 상담자들(Baucom & Epstein, 1990)이 가장 잘 알려져 있다. 대부분의 내담자과 일반적으로 실패한 선행 해결책을 평가하는 것은 쉽다.

효과가 없었던 해결책을 평가하는 질문

- 이 문제를 해결하기 위해서 어떤 노력을 했습니까?

대부분의 내담자는 효과가 없었던 것들을 나열한다. 만약 그들에게 더 도움이 필요하다면, 상담자는 다음과 같이 물어볼 수 있다.

> '저는 당신이 스스로 이 문제(이 문제를 다루는 것)를 해결하기 위해서 노력했고, 당신이 바랐던 것만큼 성공하지 못한 것이 있었던 것으로 생각됩니다. 당신이 노력했지만 효과가 없었던 것은 무엇입니까?'

효과가 '있었던' 기존의 해결책과 독특한 결과

대부분의 내담자가 언제 그 문제가 문제가 아니고, 어떻게 그 문제가 더 나빠지지 않도록 막았는지에 대해 덜 인지하기 때문에, 도움이 되었던 이전 해결책을 평가하는 것이 더 힘들다. 해결 중심 상담자(de Shazer, 1988; O'Hanlon & Weiner-Davis, 1989)와 이야기 상담자(Freedman & Combs, 1996; White & Epston, 1990)는 효과가 있었던 것을 평가하기 위한 평가 전략 대부분을 발달시켰다.

해결책과 독특한 결과를 평가하는 질문

- 현재보다 문제가 더 나빠지지 않게 한 것은 무엇입니까?
- 당신이 시도했던 해결책 중 한동안 효과가 있었던 것이 있었습니까? 혹은 조금이라도 더 나아지게 했던 해결책이 있었습니까?
- 덜 문제시되었거나 문제가 되지 않았던 시간 혹은 장소가 있었습니까?
- 문제를 완화하거나 덜 심각하도록 당신은 문제에 대응할 수 있었습니까?
- 이 문제가 어느 장소에서든 어느 누구와의 교류에서든 발생합니까, 아니면 특정 상황에서 더 나아집니까?

이러한 질문은 일반적으로 내담자가 그 부분에 대해 더 생각하고 숙고하도록 하고,

종종 상담자에게는 더 많은 후속 질문이 요구된다. 이러한 질문에 대한 답은 보통 최고의 상담 과정 및 개입 방법에 대한 매우 유용한 단서를 제공한다.

기적 질문

기존 해결을 유발하는 질문인 기적 질문은 (1) 개념화와 평가, (2) 해결 중심 상담에서의 목표 설정 모두에 도움이 된다. 그 질문은 다음과 같다.

> 기적 질문: 당신이 밤에 집에 가고 있고, 한밤중에 기적이 발생한다고 상상해보십시오. 당신이 여기에 해결하고자 온 모든 문제들이 기적적으로 해결되었습니다. 그러나 당신이 일어났을 때, 당신은 기적이 일어났는지 전혀 모릅니다. 당신이 달라졌다고 알아챌 첫 번째는 무엇입니까? 당신이 가져온 문제가 해결되었다고 어떻게 알 수 있습니까?

사례를 개념화하기 위해 이러한 질문을 성공적으로 사용할 수 있는 비결은 (1) 그 기적이 단순한 기적이 아니라, 오늘 당신을 여기로 오게 한 문제를 구체적으로 해결하는 것임을 강조하는 것과 (2) 무엇이 다른지(내담자가 하지 않을 것 혹은 느끼지 않을 것이 아닌)에 대한 보다 구체적이고 행동적인 설명을 포함한다. 전달이 잘 되었을 때, 이 단일 개입은 치료를 위한 내담자의 모든 목표를 만들어낼 수 있다. 예를 들면, 우울함을 보고하는 내담자와 작업할 때, 적절하게 제시된 기적 질문은 내담자가 (1) 그날 기대하며 일어났고 (2) 달렸고 (3) 그의 부인에게 포옹과 키스를 하고 (4) 그가 가장 좋아하는 루미(Rumi)의 책 구절을 읽고 (5) 정각에 일터에 도착하고 동료들에게 반갑게 인사했다는 것과 같은 목표를 제공하는 정보를 알아낼 것이다.

■ 내러티브, 지배 담론과 다양성

내러티브, 지배 담론과 다양성

- 인종, 계층, 종교 담론: 핵심적인 문화적 담론이 어떻게 문제와 가능한 해결책이 무엇인지 알려주는가? ____

____

- 성(gender)과 성적 담론: 성과 성적 담론이 어떻게 문제와 가능한 해결책이 무엇인지 알려주는가? ____

____

- 지역사회, 학교, 확대가족 담론: 다른 중요한 지역사회 담론이 어떻게 문제로 인지되었으며, 가능한 해결책이 무엇인지 알려주는가? ______________________________

____

정체성 내러티브: 문제는 어떻게 내담자의 정체성을 형성하는 데 영향을 미쳤는가? __________

____

내담자에게 국지적 담론 또는 선호하는 담론: 내담자가 선호하는 정체성 관련 내러티브 혹은 문제에 관한 내러티브는 무엇인가? 문제에 대하여 선호하는 국지적(대안적) 담론이 있는가? _____

____

내담자의 문제에 많은 영향을 미친 사회적 담론에 대한 규명은 내담자의 상황에 대한 확장되고 새로운 관점을 제공하기도 한다(Freedman & Combs, 1996; White & Epston, 1990). 이러한 확장된 관점은 내 자유와 가능성을 더 잘 느끼도록 도와주고, 내담자와 나의 정서적 조화를 증가시키며, 작업을 할 때 보다 창의적으로 할 수 있게 해준다. 예를 들면, 나는 내담자가 보고하는 '불안'을 거대 담론에서 성소수자인 내담자가 느끼는 무력함으로 볼 수 있듯, 내담자의 불안을 보다 큰 사회적 맥락의 일부로 볼 수 있게 되었다. 나는 또한 어떻게 이 사람이 지배적인 담론에 대한 믿음이나 중요성을 덜 신경 쓰고, '정상적인' 성 행동과 아닌 것에 대한 새로운 이야기를 써 내려갈 수 있는지 이해하게 되었다. 무엇이 정상적인 성 행동인지 아닌지 구체적으로 정의하는 어려움에 대해 논의함으로써, 내담자와 나는 내담자가 경험해온 진실에 대해 탐색하기 시작할 수 있다. 우리는 내담자가 자신의 정체성뿐만 아니라 불안을 이해하는 데 새로운 방법을 제공하는 탐색적인 과정을 함께한다.

보편적인 지배 담론이나 내담자의 삶에 영향을 미친 것을 포함한 확장된 내러티브는 다음을 포함한다.

- 문화, 인종, 민족, 이민
- 성별, 성적 지향, 성적 선호
- 원가족에서의 경험(알코올의존증, 성적 학대, 입양 등)
- 이혼, 죽음, 중요한 관계의 상실과 관련된 이야기
- 부, 가난, 권력, 명예
- 소도시, 대도시, 지역적 담론
- 건강, 질병, 신체상 등

정체성 내러티브

내담자가 상담 장면에 찾아올 때, 문제 담론은 항상 하나 이상의 개인의 **정체성 내러티브**의 중요한 부분이 되어왔다. 사람들은 자신이 누군지에 대해 스스로 이야기를 한다. 예를 들면, 학교생활에 문제가 있는 한 어린이는 '나는 바보야.'라고 생각하는 반면, 그의 어머니 또한 아이의 성적 때문에 '나는 엄마로서 실패했어.'라고 느낀다. 개인의 가치나 능력에 대한 부정적인 판단은 상담에서 반드시 다룰 필요가 있다. 이 과정의 초기에 평가를 하는 것은 각 개인을 어떻게 동기화하고 참여시킬지에 대한 방법을 이해하는 데 유용하다.

국지적 담론과 선호하는 담론

국지적 담론은 지배적인 사회와는 대조적인 '국지적(local)' 수준에서 발생하는 이야기다(Andersen, 1997). 이러한 내러티브는 보통 지배 담론을 상당 부분 수정하거나 반박하면서, 개인의 신념과 독특한 해석을 통해 구성된다. 이론적으로는 국지적 담론이 문제의 원인이 될 가능성이 있지만(예: 지배 담론에 대한 다른 견해를 더 많이 갖는 것과 같은 방식으로), 거의 대부분은 문제를 다루는 데 있어서 동기, 에너지 희망의 중요한 원천이 된다. 국지적 담론은 다른 사람으로부터 용납되지 않을 것이라는 생각 때문에 숨기거나 부끄러워하는 '개인적인 진실'이다. 국지적 담론은 특정 종교나 성적인 관행(행위)과 같은 일반 하위문화의 가치를 다룰 수 있다. 예를 들어, 모든 것을 판매하길 원하고, 세계 여행을 하고 싶은 것과 같은 개인적으로 굉장히 독특한 부분을 다룰 수 있다. 국지적 담론은 종종 내러티브 치료에서 **선호하는 담론**의 자원이 되고(Freedman & Combs, 1996), 이것은 내러티브 치료에서 목표가 되는 개인의 삶과 정체성에 대한 선호되는 생각이 된다.

사례 개념화, 다양성, 동일성

사례 개념화에 대해 마침내 어느 정도 이해가 되기 시작했다면, 다양성과 동일성이라는 모순되어 보이는 이 두 가지 개념에 대해 살펴보자. 일반적으로 사례 개념화와 평가와 관련된 문제는 한 개인의 '건강한 경계', '논리적인 사고', '투명한 의사소통'을 측정할 수 있는 객관적인 기준이 없다는 데 있다(이것은 다음 일부 장에서도 적용된다). 건강하고 정서적으로 관련된 경계에 있어 아시아계 미국인 가정과 멕시코계 미국인 가정은 많은 차이가 있다. 사실, 멕시코계 미국인 가정에서 문제가 되는 경계(예: 냉담, 분리)는 아시안계 미국인 가정에서의 문제가 있는 경계(예: 지나친 밀착)보다 훨씬 더 건강한 것

(예: 살짝 존중)처럼 보인다. 그러므로 상담자는 평가 단계에서 간단히 행동에 대한 객관적인 진술에만 의지해서는 안 된다. 대신에 상담자는 지역문화, 학교 장면, 성적 지향의 하위문화, 종교 단체 등과 같이 여러 민족의 규범을 포함한 보다 폭넓은 문화적 규범을 고려해야만 한다. 당신은 문화적 주제에 대해 보다 깊이 있는 교육을 받고 다양성 존중을 요구하는 전문가 윤리 강령을 분명 읽겠지만, 이는 다양한 범주의 개인 및 가족과 함께 작업하는 것이며, 내담자로부터 의미 있는 문화적 감수성을 기르고자 하는 의지이다. 내 생각엔 이것은 일생이 걸리는 여정이다.

역설적이게도, 최근에 나는 수련 중에 있는 상담자가 때로 자신의 문화 내에 있거나, 상담자와 유사한 면이 있는 내담자의 다양성을 수용하는 데 더욱 어려움을 갖는 것을 발견했다. 우리는 우리 자신과 유사한 내담자일수록 그들이 우리와 동일한 가치와 행동 규범을 공유하고 있을 것이라고 예상하고, 오히려 차이를 인정하지 않는 경향이 있다. 예를 들면, 중산층의 백인 상담자는 종종 중산층의 백인 내담자가 정서적인 표현, 결혼 준비, 확대가족, 부모와 자녀관계에 있어 특정한 가치를 가질 것이라고 예상하고, 그들만의 특정한 가치 체계로 성급하게 이끌려고 한다는 것이다. 그러므로 자신과 매우 유사한 사람 또는 매우 다른 사람과 일하든지 간에 상담자는 '천천히' 사정 및 평가를 하고, 항상 내담자의 사회문화적 맥락과 규범을 폭넓게 고려할 필요가 있다. 사례 개념화와 평가 접근에 있어 탁월한 상담자는 깊은 겸손과 계속 배우려는 자세를 가지고 임한다.

개인적 숙고 및 수업 중 토론을 위한 질문

1. 사례 개념화에서 당신이 발견한 가장 흥미로운 부분은 어떤 것인가? 적어도 유용한 부분이라고 생각된 것은 무엇인가?
2. 개념화의 어떤 부분이 당신이 평소 사람들의 문제와 어려움이라고 생각한 부분과 부합되는가? 어떤 부분이 당신이 평소에 생각하던 부분과 다른 것처럼 보이는가?
3. 개념화의 어떤 부분이 일을 할 때 유용할 것으로 생각되는가?

- 누군가 우울감을 느낀다면, 왜 그런가?
- 누군가 불안을 호소한다면, 왜 그런가?
- 누군가 관계에 어려움을 가지고 있다면, 왜 그런가?
- 누군가 슬퍼한다면, 왜 그런가?
- ADHD가 있는 어린이가 있다면, 왜 그런가?

- 누군가 물질 남용 장애가 있다면, 왜 그런가?

4. 어린 시절 성적 학대를 겪은 라틴계 여자 내담자와 작업을 할 때, 어떤 특정 부분이 유용할 것이라고 생각하는가? 왜 그렇게 생각하는가?
5. 개념화는 다음 어느 영역에서 가장 유용하다고 생각하는가?

- 왜 내담자가 문제를 가지게 되었는지에 대해 이해하는가?
- 치료 목표를 세우는 데 유용한가?
- 문제에 가장 최선의 개입은 무엇인가?
- 내담자가 성장하도록 돕고, 새로운 대처 방법을 개발하도록 돕는 것은 무엇인가?

온라인 자료

가족 역사 제작자: 미국 보건복지부 www.hhs.gov/familyhistory/

참고문헌

Anderson, H. (1997). *Conversations, language, and possibilities*. New York: Basic.

Anderson, H., & Gehart, D. R. (Eds.). (2007). *Collaborative therapy: Relationships and conversations that make a difference*. New York: Brunner-Routledge.

Bateson, G. (1972). *Steps to an ecology of mind*. New York: Ballentine.

Bateson, G. (1979/2002). *Mind and nature: A necessary unity*. Cresskill, NJ: Hampton.

Baucom, D. H., & Epstein, N. (1990). *Cognitive-behavioral marital therapy*. New York: Brunner/Mazel.

Beck, A. (176). *Cognitive therapy and emotional disorders*. New York: International University Press.

Bowlby, J. (1988). *A secure base: Parent-child attachment and healthy human development*. London: Routledge.

Carter, B., & McGoldrick, M. (1999). *The expanded family life cycle: Individuals, families, and social perspectives* (3rd ed.). New York: Allyn & Bacon.

Chapman, A. (2006). Erickson's psychosocial development theory. Retrieved from http://www.businessballs.com/erik_erikson_psychosocial_theory.htm.

de Shazer, S. (1988). *Clues: Investigating solutions in brief therapy*. New York: Norton.

Eckstein, D. (2009). An understanding of each person's personal prefernces. Retrieved from http://www.santafecoach.com/DRC/drcpp-test%20theory.htm#comfortpar.

Ellis, A. (1999). *Reason and emotion in psychotherapy* (revised). New York: Kensington.

Frankl, V. (1963). *Man's search for meaning*. Boston: Beacon.

Freedman, J., & Combs, G. (1996). *Narrative therapy: The social contruction of preferred realities*. New York: Norton.

Gergen, K. J. (1999). *An invitation to social construction*. Thousand Oaks, CA: Sage.

Gottman, J. M. (1999). *The marriage clinic: A scientifically based marital therapy*. New York: Norton.

Johnson, S. M. (2004). *The practice of emotionally focused marital therapy: Creating connection* (2nd ed.). New York:Brunner-Routledge.

Kerr, M., & Bowen, M. (1988). *Family evaluation*. New York: Norton.

Lambert, M. J., & Ogles, B. M. (2004). The efficacy and

effectiveness of psychotherapy. In M. J. Lambert (Ed.), *Bergin and Garfield's handbook of psychotherapy and behavior change* (5th ed., pp. 139–193). New York: Wiley.

McGoldrick, M., Gerson, R., & Petry, S. (2008). *Genograms: Assessment and intervention* (3rd ed.). New York: Norton. References 49

Miller, S. D., Duncan, B. L., & Hubble, M. (1997). *Escape from Babel: Toward a unifying language for psychotherapy practice*. New York: Norton.

Minuchin, S. (1974). *Families and family therapy*. Cambridge, MA: Harvard University Press.

Minuchin, S., & Fishman, H. C. (1981). *Family therapy techniques*. Cambridge, MA: Harvard University Press.

Morgan, O. (2006). *Counseling and spirituality: Views from the profession*. Pacific Grove, CA: Wadsworth.

O'Hanlon, W. H., & Weiner-Davis, M. (1989). *In search of solutions: A new direction in psychotherapy*. New York: Norton.

Perls, F., Hefferline, R. F., & Goodman, P. (1951). *Gestalt therapy: Excitement and growth in the human personality*. New York: Julian Press.

Rogers, C. (1961). *On becoming a person: A counselor's view of psychocounseling*. London: Constable.

Seligman, M. (2002). *Authentic happiness: Using the new positive psychology to realize your potential for lasting fulfillment*. New York: Free Press.

Sperry, L. (2001). *Spirituality in clinical practice: Incorporating the spiritual dimension in psychotherapy and counseling*. New York: Routledge.

Spiegler, M. D., & Guevremont, D. C. (2003). *Contemporary behavior therapy* (4th ed.). Pacific Grove, CA: Brooks/Cole.

St. Clair, M. (2000). *Object relations and self psychology: An introduction*. Belmont, CA: Brooks/Cole.

Walsh, F. (Ed.) (2003). *Spiritual resources in family therapy*. New York: Guilford.

Watzlawick, P., Weakland, J., & Fisch, R. (1974). *Change: Principles of problem formation and problem resolution*. New York: Norton.

Whitaker, C. A., & Keith, D. V. (1981). Symbolic-experiential family therapy. In A. S. Gurman & D. P. Kniskern (Eds.), *Handbook of family therapy* (pp. 187–224). New York: Brunner/Mazel.

White, M., & Epston, D. (1990). *Narrative means to therapeutic ends*. New York: Norton.

Woldt, A. L., & Toman, S. M. (Eds.) (2005). *Gestalt therapy: History, theory, and practice*. Thousand Oaks, CA: Sage.

Yontef, G. (1993). *Awareness dialogue and process: Essays on Gestalt therapy*. Highland, NY: Gestalt Journal Press.

사례 개념화 양식

이 양식의 사본은 이 책의 웹사이트인 WWW.MASTERINGCOMPETENCIES.COM에서 구할 수 있다.

사례 개념화

날짜: ____________ **상담자:** ____________ **내담자/사례 #:** ____________

Ⅰ. 내담자 소개

내담자의 기본 정보와 중요한 타인 파악하기

내담자

성인 남성 연령: ___ 아시아계 미국인 미혼 이성애자 직업/직위: ____________

기타: ____________

중요한 타인

내담자 어머니 연령: ___ 아시아계 미국인 기혼의 이성애자 직업/직위: ____________

기타 : ____________

내담자 아버지 연령: ___ 아시아계 미국인 기혼의 이성애자 직업/직위: ____________

기타: ____________

연령 선택: ______ 인종 선택 관계상태 선택 직업/직위: ______ 기타: ______

연령 선택: ______ 인종 선택 관계상태 선택 직업/직위: ______ 기타: ______

기타: ____________

Ⅱ. 호소 문제

문제에 대한 내담자의 보고: ____________

____

____

문제에 대한 중요한 타인/가족들의 보고: ____________

____

____

더 다양한 체계 문제 보고: 참고인, 교사, 친척, 법 체계로부터의 문제 보고:

성명: ____________

성명: ____________

(계속)

Ⅲ. 배경 정보

외상/학대 이력(현재 및 과거): ______________________________

____

약물 사용·남용(현재와 과거, 자신, 원가족, 중요한 타인): ______________________________

____

촉발 사건(최근 삶의 변화, 최초의 증상, 스트레스 요인 등): ______________________________

____

관련된 역사적 배경(가족력, 관련 문제, 이전 상담 경험 등): ______________________________

____

____

____

Ⅳ. 내담자의 강점과 다양성

내담자의 강점

개인적 측면: ______________________________

____

관계적·사회적 측면: ______________________________

____

영적 측면: ______________________________

____

다양성: 자원과 한계

내담자의 연령, 성별, 성적 지향, 문화적 배경, 사회경제적 지위, 종교, 지역 공동체, 언어, 가족 배경, 가족 구성, 역량 등에 근거하여 환자가 이용 가능한 잠재적 자원과 한계에 대해 확인한다.

독특한 자원: ______________________________

____

잠재적 한계: ______________________________

____

사례 개념화를 완성하기 위하여 다음의 모든 부분을 완료하거나 이론 기반의 사례 개념화를 위한 특정 부분을 모두 완료하라.

(계속)

V. 정신역동 사례 개념화

정신역동 방어기제

가장 많이 사용하는 방어기제 2~4개를 확인하라.

☐ 행동화: 기술하기: ____________________

☐ 부인: 기술하기: ____________________

☐ 전치: 기술하기: ____________________

☐ 도움을 거절하는 불평: 기술하기: ____________________

☐ 유머: 기술하기: ____________________

☐ 수동 공격성: 기술하기: ____________________

☐ 투사: 기술하기: ____________________

☐ 투사적 동일시: 기술하기: ____________________

☐ 합리화: 기술하기: ____________________

☐ 반동 형성: 기술하기: ____________________

☐ 억압: 기술하기: ____________________

☐ 분열: 기술하기: ____________________

☐ 승화: 기술하기: ____________________

☐ 억제: 기술하기: ____________________

☐ 기타: ____________________

대상관계 패턴

과거 초기 양육자와의 관계에 대해 기술하라. ____________________

____

____

주로 어머니와(또는 그와 비슷한)의 애착은 어떠한가?

☐ 대개 안정적 ☐ 불안과 집착 ☐ 회피와 정서적 거리감 ☐ 기타: ____________________

주로 아버지와(또는 그와 비슷한)의 애착은 어떠한가?

☐ 대개 안정적 ☐ 불안과 집착 ☐ 회피와 정서적 거리감 ☐ 기타: ____________________

초기 양육자와의 현재 관계에 대해 기술하라. ____________________

파트너 관계 및 현재 다른 사람과의 관계에 대해 기술하라. ____________________

____

____

Erickson의 심리사회적 발달 단계

각 단계에서 현재 단계까지의 발달을 기술하라.

(계속)

신뢰 대 불신(영아기): ______________________________

자율성 대 수치와 의심(유아기): ______________________________

주도성 대 죄책감(학령전기): ______________________________

근면성 대 열등감(학령기): ______________________________

정체성 대 역할 혼란(청소년기): ______________________________

친밀감 대 고립감(청년기): ______________________________

생산성 대 침체(장년기): ______________________________

자아 통합감 대 절망감(노년기): ______________________________

아들러학파의 생활양식 주제

☐ 통제: ______________________________

☐ 우월성: ______________________________

☐ 기쁘게 하기: ______________________________

☐ 편안함: ______________________________

기본적 오류에 대한 잘못된 지각: ______________________________

Ⅵ. 인본주의·실존주의 사례 개념화

진정한 자아 표현

문제: 문제가 내재적 또는 외재적으로(타인, 환경 등에 의해) 유발되는가?

☐ 두드러지게 내재적이다.

☐ 혼합되어 있다.

☐ 두드러지게 외재적이다.

주체성과 책임감: 자신이나 타인이 이야기의 주체로서 논의되고 있는가? 내담자는 상황에 대한 분명한 책임감을 가지고 있는가?

☐ 강한 주체성과 책임감

☐ 부분적인 주체성

☐ 매우 낮은 주체성, 타인과 상황에 대한 잦은 책임전가

☐ 종종 희생양이 되었다고 느낀다.

감정의 인식과 표현: 감정을 자신의 것으로 인식하고 경험하는 데 어려움이 없는가?

☐ 쉽게 감정을 표현한다.

☐ 동요된 감정을 인식한다.

☐ 감정을 인식하는 것이 어렵다.

'지금 여기' 경험: 내담자가 현재의 순간에 일어나는 상황에 대한 감정을 폭넓게 경험할 수 있는가?

☐ 현재의 순간에 감정을 쉽게 경험한다.

☐ 도움을 받아 현재 감정을 어느 정도 경험한다.

(계속)

☐ 현재의 순간을 경험하는 것이 어렵다.

개인 구성 개념과 가면(facades): 내담자는 자신의 역할을 인식하고 그것을 넘어설 수 있는가? 정체성은 경직되어 있는가, 아니면 자신을 시험적으로 내려놓을 수 있는가?

☐ 잠정적이다. 비평하고 의문을 제기할 수 있다.

☐ 정체성의 구성과 표출에 대해 약간 인식하고 있다.

☐ 정체성이 확고하게 정의되어 있다. '사실'처럼 보인다.

복잡성과 모순: 내적인 모순을 가지고 있으며 그것을 탐색하는가? 내담자는 정체성과 삶의 복잡성을 충분히 이해하는가?

☐ 모순을 자각하고 해결한다.

☐ 모순을 일부 인식한다.

☐ 내적인 모순을 자각하지 못한다.

당위: 내담자는 사회적으로 부과된 당위와 의무에 대해 질문할 수 있는가? 내담자는 타인을 기쁘게 해주고 싶은 욕구와 자신의 욕구를 충족하고자 하는 것 간의 균형을 맞출 수 있는가?

☐ 사회적 의무와 자율성 간의 균형을 맞출 수 있다.

☐ 사회적 기대와 개인적 욕구 사이의 긴장을 인식한다.

☐ 외적인 의무에 주로 초점을 맞춘다.

해야 하는 의무 목록: ____________________

타인에 대한 수용: 내담자는 타인을 수용할 수 있고 타인에 대한 기대를 현실적인 수준으로 조정할 수 있는가?

☐ 타인을 쉽게 수용한다.

☐ 타인에 대한 기대가 비현실적이라는 것을 인식하지만 충족되지 않으면 여전히 강렬한 정서적 반응을 나타낸다.

☐ 다른 사람을 받아들이는 것이 어렵다. 항상 자신의 기대에 부응하기 위해 타인이 변하기만을 바란다.

자기 신뢰: 내담자는 자신이 고정된 대상이 아니라 과정으로서의 자신을 신뢰할 수 있는가?

☐ 진정한 자신을 신뢰하고 표현할 수 있다.

☐ 특정한 상황에서 자신을 신뢰한다.

☐ 대부분의 상황에서 자신을 신뢰하는 것이 어렵다.

실존 분석

삶을 의미 있게 하는 자원(내담자에 의해 기술되고 설명된 것): ____________________

삶의 의미에 관한 일반적 주제:

☐ 개인적 성취·업적

☐ 중요한 타인

☐ 자녀

☐ 원가족

☐ 사회적 대의, 타인에 대한 공헌

☐ 종교·영성

☐ 기타: ____________________

(계속)

삶의 방향에 대한 만족과 명확성:

☐ 힘든 시기에 자아탄력성을 만들어내는 명확한 삶의 의미를 가지고 있다.

☐ 현재의 문제는 삶의 방향과 관련된 선택을 요구한다.

☐ 현재 삶의 방향성에 대해 최소한으로만 만족한다. 삶에 더 큰 욕구를 가지고 있다

☐ 현재까지 삶의 방향성에 관하여 거의 생각한 적이 없다. 대부분 타인 혹은 다른 어떤 것에 의해 정의된 삶의 계획에 따라 살아왔다.

☐ 기타: ________________

게슈탈트 접촉 경계 혼란

☐ **둔감화**: 문제를 인식하지 못한다.

☐ **내사**: 타인의 관점을 검열하지 않고 그대로 받아들인다.

☐ **투사**: 자신의 바람직하지 않은 부분을 타인에게 투사한다.

☐ **반전**: 타인이 아닌 자기 자신에게 직접적인 행동을 취한다.

☐ **편향**: 타인 혹은 자신과의 직접적인 접촉을 피한다.

☐ **자의식**: 외부 환경이 자기 자신에게 영향을 미치지 못하도록 한다.

☐ **융합**: 타인과의 경계가 모호해지는 범위까지 동조한다.

기술하기: ________________

____

Ⅶ. 인지행동 사례 개념화

증상 행동의 기준

증상 #1 (행동적 기술): ________________

지속 기간: ________________

상황: ________________

사건 전: ________________

사건 후: ________________

증상 #2 (행동적 기술): ________________

빈도: ________________

지속 기간: ________________

상황: ________________

사건 전: ________________

사건 후: ________________

비합리적 신념에 대한 A-B-C 분석

선행 사건(문제): ________________

(계속)

결과(기분, 행동 등): ____________________

신념의 중재(결과 C를 야기한 사건에 관한 해로운 신념):

1. ____________________
2. ____________________
3. ____________________

Beck의 인지 도식 분석

자주 사용하는 인지 도식을 확인하라.

☐ 임의적 추론: ____________________

☐ 선택적 추상: ____________________

☐ 과잉일반화: ____________________

☐ 의미 확대/의미 축소: ____________________

☐ 개인화: ____________________

☐ 절대론자/이분법적 사고: ____________________

☐ 잘못된 명명: ____________________

☐ 독심술: ____________________

Ⅷ. 가족체계 사례 개념화

가족생활 주기 단계

☐ 미혼 성인

☐ 기혼

☐ 어린 자녀가 있는 가족

☐ 청소년기 자녀가 있는 가족

☐ 자녀 독립

☐ 노년기

이 단계 중 발달 과업을 완성하는 데 어려움이 있었던 단계를 기술하라. ____________________

____

타인과의 경계

부모	☐ 밀착	☐ 명확	☐ 유리	☐ 해당 사항 없음: 기술하기: ____________
중요한 타인	☐ 밀착	☐ 명확	☐ 유리	☐ 해당 사항 없음: 기술하기: ____________
자녀	☐ 밀착	☐ 명확	☐ 유리	☐ 해당 사항 없음: 기술하기: ____________
확대가족	☐ 밀착	☐ 명확	☐ 유리	☐ 해당 사항 없음: 기술하기: ____________
기타: 성명	☐ 밀착	☐ 명확	☐ 유리	☐ 해당 사항 없음: 기술하기: ____________

타인과의 친밀도와 거리를 조절하는 일반적인 유형: ____________________

(계속)

삼각관계/연합

☐ 원가족과의 연합: 기술하기: ______________________

☐ 중요한 타인과 관련된 연합: 기술하기: ______________________

☐ 그 외의 연합: ______________________

자신과 부모/자녀 사이의 위계 ☐ 해당 사항 없음

자녀와의 위계 ☐ 효과적 ☐ 경직 ☐ 허용적

부모와의 관계(어린아이/청소년) ☐ 효과적 ☐ 경직 ☐ 허용적

내담자 누나와의 상호보완적 패턴

☐ 방임형/관계 중심

☐ 높은 기능 수준/낮은 기능 수준

☐ 감정적/이성적

☐ 좋은/나쁜 부모

☐ 기타: **성공적임 대 성공적이지 못함**

상호보완적인 패턴의 예시: ______________________

세대 간 패턴

약물·알코올 남용: ☐ 해당 없음 ☐ 있음: ______________________

성적·신체적·정서적 학대: ☐ 해당 없음 ☐ 있음: ______________________

부모/자녀 관계: ☐ 해당 없음 ☐ 있음: ______________________

신체적·정신적 장애: ☐ 해당 없음 ☐ 있음: ______________________

가족이 지닌 강점: 기술하기: ______________________

IX. 해결 기반, 문화적 담론 사례 개념화(포스트모던)

해결책과 독특한 결과

효과적으로 작용하지 않은 기존의 해결책:

1. ______________________
2. ______________________
3. ______________________

예외적 상황과 독특한 결과: 시간, 장소, 관계, 상황 등 덜 문제시될 때, 사건의 경과가 좋아지도록 하는 행동:

1. ______________________
2. ______________________
3. ______________________

(계속)

기적 질문에 대한 대답: 만약 문제가 하룻밤 사이에 해결이 된다면, 내담자는 다음 날 어떻게 행동할 것인가? (Y를 하지 않는 대신에 X를 한다는 식으로 기술하라.)

1. ________________
2. ________________
3. ________________

문제 정의에 영향을 주는 **지배 담론**:

- **인종, 계층, 종교 담론**: 핵심적인 문화적 담론이 어떻게 문제와 가능한 해결책이 무엇인지 알려주는가? ________________
- **성(gender)과 성적 담론**: 성과 성적 담론이 어떻게 문제와 가능한 해결책이 무엇인지 알려주는가? ________________
- **지역사회, 학교, 확대가족 담론**: 다른 중요한 지역사회 담론이 어떻게 문제로 인지되었으며, 가능한 해결책이 무엇인지 알려주는가? ________________

정체성 내러티브: 문제는 어떻게 내담자의 정체성을 형성해왔는가? ________________

내담자에게 국지적 담론 또는 선호하는 담론: 내담자가 선호하는 정체성 관련 내러티브 혹은 문제에 관한 내러티브는 무엇인가? 문제에 대하여 선호하는 국지적(대안적) 담론이 있는가? ________________

CHAPTER 3

임상적 평가와 진단에 대한 소개

2단계: 위안을 주는 것과 장애물 확인하기

사례 개념화를 마치고 나면 전체적인 연습을 한 것 같은 느낌이 드는 것 외에도, 제한된 핵심 신념, 비효과적인 대인관계 역동과 자아실현 수준 등, 내담자와 핵심 주제에 대해 종합적으로 이해하게 된다. 당신은 뚜렷한 방향성을 가지고, 상담 여행을 떠날 준비를 해야 한다. 하지만 서둘러 여행을 떠나기 전에 당신은 장애물을 피하고 잠재적인 휴식처를 확인하도록 도와줄 더욱 상세한 지도를 준비할 필요가 있다. 전문적인 용어로 임상적 평가라 하며, 사례 개념화를 보완해준다.

내담자의 정신질환과 의학적 증상에 초점을 두는 임상적 평가는, 상담이라는 여행을 시작할 때 어떻게 내담자와 더 효과적인 관계를 맺을 수 있는지에 대해 더 잘 이해하게 해준다. 대부분의 경우, 임상적 평가가 사례 개념화의 방향을 급격하게 전환하는 정보를 제공하지는 않겠지만, 때로는 이런 일이 발생하기도 한다. 이때 당신은 평가를 위해 시간을 할애했다는 사실에 매우 감사할 것이다.

개요

다음 두 장에서는 복잡한 임상적 평가에 대한 내용을 다루는데, 이번 장에서는 다음의 내용을 배우게 될 것이다.

- 임상적 평가 및 진단의 정의와 목적
- 임상적 평가 및 진단과 관련된 다양성과 문화적 쟁점
- 임상적 평가 및 진단과 상담 모델들 간의 관계

- 진단에 대한 현시대적 고려 사항: 회복 모델과 유사 진단
- 새롭게 개정된 DSM-5의 구성, 새로운 진단 양식 방식과 평가
- 상담과 정신 상태 검사

4장에서는 임상평가 양식 작성법을 배울 것이다.

임상적 평가와 진단

상담, 심리학, 가족 치료, 정신의학, 정신의학간호, 그리고 사회복지 분야의 모든 정신건강전문가는 임상적 평가와 관련된 공통된 일련의 역량들을 공유하며, 다음의 내용을 포함한다.

- 심리적 증상 확인을 위한 정신 상태 검사 실시
- DSM-5(『진단 및 통계편람(Diagnostic and Statistical Manual)』, 5판)를 통한 정신건강 진단
- 내담자의 안전성 관찰
- 상담자의 영역 밖에서 치료가 보장되는 의학적·심리적 상황에 대한 확인
- 필수적인 사회 역무 소개를 포함한 사례 관리

이러한 기초 기술은 모두에게 요구되지만, 실무자들은 이러한 업무를 수행하는 방법 측면에서 놀라울 정도로 자유롭다. 상담자들은 구조화된 또는 비구조화된 면접 방법, 서면 또는 구두 평가, 표준화된 독창적인 도구를 사용함에 있어 자유롭다. '최고의' 방법은 임상 장면과 내담자 특성에 달려있다. 표준 관행을 고려할지라도, 상담자는 임상적 평가와 진단이 장점과 잠재적인 부담을 함께 지니고 있음을 염두에 두어야 한다.

■ 임상적 평가 및 진단의 목적

임상적 평가와 정신건강 진단은 몇 가지 실제적인 목표를 제공한다. 이는 상담자가 (1) 다른 전문가와 협력하고, (2) 어떻게 내담자와 공공의 안전을 최대한 보장할지 결정하고, (3) 의뢰와 추가적인 서비스 필요 여부를 결정하며, (4) 치료의 잠재적인 과정을 확인하도록 돕는다. 진단적 언어는 동일한 내담자를 돕는 광범위한 의학 및 정신건강 전문가들에게 비교적 간편한 방식을 제공한다. 만약 문제를 진단하는 데 각기 다른 체계를 가지고 있다면, 진료 계획을 세우는 데 어려움이 많을 것이다. 게다가, 어떤 진단들은 특정한 위기 사건과 연관이 있다. 우울증과 자살, 자해와 같은 경우가 이에 해당된다.

따라서 진단은 임상가가 잠재 위기를 검토하도록 돕고 내담자의 추가적인 자원을 효과적으로 탐색하도록 돕는다. 또한 어떤 진단은, 공포증에 대한 행동 개입처럼 선호되는 치료 방법을 확인하도록 돕는 잘 설계된 연구에 기반을 둔다.

더 나아가서, 몇몇 내담자들은 진단을 받는 것이 유용하다는 사실과 심지어는 내담자를 자유롭게 해준다는 것을 알게 된다. 예를 들어, 많은 성적 학대 피해자는 그들이 겪고 있는 과도한 각성과 악몽, 플래시백(flashbacks. 재경험)과 같은 증상이 외상 후 스트레스 장애라는 광범위한 증후군의 일부이며 예후가 좋다는 것을 알게 됨으로써 위안을 얻는다. 또한, 정신건강 진단에 대한 그들의 시각에 따라, 내가 함께 작업했던 몇몇 내담자는 자신 혹은 자신의 파트너가 주요 우울 장애 진단 기준에 충족되고, 그 수준이 두려워했던 것('게으르고', '무신경하고', '정 떨어지고', '완전 미친' 것 같은)보다 덜 심각하거나 덜 수치스럽다는 것을 알게 되었을 때 안도했다고 보고했다.

잠재적인 임상적 이점에 더하여, 제3자 지불인과 연구자가 얻는 실제적인 이점도 있다. 다음과 같은 인상적인 사례가 있다. 전 세계의 연구자들은 '자폐'와 '아스퍼거 증후군(Asperger's syndrome)' 진단에 대한 공동연구를 해왔기 때문에, 이 장애에 대한 이해와 예후를 극적으로 변화시키는 연구 의제에 초점을 맞춰서 성장할 수 있었다(APA, 2013). 합의된 일련의 진단적 정의와 기준 없이, 연구자들은 이러한 문제로 고통받고 있는 아이들과 그 가족의 더 나은 삶을 위한 연구자의 노력을 조화시킬 수 있는 방법은 없을 것이다. 비슷한 예로, 정신건강 관심사에 대한 합의된 기술과 기준은 제3자 지불인이 특정 진단을 받은 사람에게 변상을 하도록 하며, 정신건강 서비스가 건강보험이나 유사한 기제로부터 지불될 수 있게 한다. 비록 모든 사람들이 정신건강 치료가 보험에 포함되는 것이 근본적으로 바람직하다는 데 동의하지 않더라도, 매우 필요한 서비스라는 것은 사실이다. 경제적으로 평균 이하의 위치에 있는 대부분의 내담자는 보험의 도움이 없다면 서비스를 이용하는 데 매우 큰 어려움에 직면하게 될 것이다.

임상적 평가와 진단: 다양성에 관한 제한점과 주의점

몇 가지 명백한 이점에도 불구하고, 정신건강 진단이 어떻게 문제나 위험한 상황을 초래할 수 있을까? 인생의 대부분이 그렇듯, 임상적 평가와 진단은 양날의 검이다. 많은 옹호자들은 다양한 대상에게 진단을 내리는 데에 주의를 기울인다. 특히 소외된 인종 집단, 게이·레즈비언·양성애자·트랜스젠더, 그리고 여성이 이에 해당된다. 게다가, 상담과 심리치료의 몇몇 이론적 학파들은 내담자에 대한 임상적 평가와 진단의 효과와 더불어 상담 관계에 대해 주의를 기울인다. 주요한 비평들은 인본주의, 가족체계, 포스트모더니즘 상담자와 심리치료사로부터 나온다.

■ 진단과 우리의 필연적인 문화적 안목

각각의 상담자는 독특한 안목을 통해 내담자를 바라본다. 상담자로서, 당신의 안목은 당신의 문화, 가치, 역사, 신념, 기준이다. 이러한 것은 우리가 누구인지, 그리고 우리 스스로를 '중립적'이라고 단순하게 말할 수 없도록 한다. 더 나아가, 체계주의적 상담자는 우리가 관찰하기 위해 노력하는 체계의 일부이며, 그에 따라 관찰된 행동에 상당히 영향을 미친다는 점을 상기시킨다(Keeney, 1983). 다음에 대해 생각해보자. 지난번에 당신이 병원에서 당신의 의학적 문제를 설명했을 때, 당신은 '평소 모습'이었는가? 대부분의 사람들은 전문가와 함께 있을 때, 말과 행동이 매우 달라지며, 이는 전문가가 어떤 일이 일어나고 있는지 정확히 알아채기 더욱 어렵게 한다. 또한, 상담자가 내담자를 묘사할 때 사용하는 단어는 내담자가 아니라 **상담자**의 세계관으로부터 나온다. 내담자에 대한 상담자의 기술은 내담자보다 **상담자**를 더욱 드러낸다. 임상적 평가는 상담자와 광범위한 정신건강 문화에서 무엇이 충분히 집중할 만큼 '좋고', '건강하며', '가치 있는지'를 나타낸다.

포스트모더니즘 철학자는 상담 관계에서 일어나는 상호주관성에 대해 예리하게 알아차린다. 상담자와 내담자가 대화를 나눌 때 두 개의 '의미에 대한 시야(horizons of meaning)'나 세계관이 만난다(Gadamer, 1975). 상담자는 문화, 신념, 성향, 역사, 혹은 편견 없이 중립을 지키기 위한 이론적 훈련에서 벗어날 수 없기 때문에, 내담자의 특별한 의미에 대한 시야를 통해 내담자를 이해해야 한다. 예를 들어, 교외에서 부유하게 자란 라틴계 여성 상담자는 부모가 이주 농장 노동자인 라틴계 여성과는 다른 방식으로 도시의 10대들의 이야기를 해석할 것이며, 둘 중 한쪽이 꼭 다른 쪽보다 더 '정확'한 것은 아닐 것이다. 부유한 상담자의 '친숙함'이 더 큰 정확성을 보장하는 것은 아닌데, 왜냐하면 그 상담자는 이런 유형의 내담자와 반복적으로 대면하면서 더 많은 편견을 지닐 수 있기 때문이다. 농촌의 상담자는 그 내담자를 바라볼 때 어떤 '의미에 대한 시야'로 보는지와 그 효과에 따라 더 '객관적'일 수도 있고 더 편견을 지녔을 수도 있다. 따라서 상담자 스스로 자신의 안목(의미를 부여하고 타인을 이해하는 시야)을 깨닫게 되는 능력은 편견을 줄이고 더 분명하게 타인을 바라볼 수 있는 능력을 키워준다. 상담자로서의 길에 들어설 때, 모든 사람들은 자신이 타인을 어떠한 안목을 통해 바라보는지에 대한 자각이 상당히 제한적이다. 훈련 목표의 일부는 상담자들이 어떠한 안목을 통해 내담자를 바라보는지 깨닫도록 돕는 것이다.

그러나 이와 동시에, 전문가 훈련은 건강과 정상성에 관한 이론을 갖춘 완전히 새로운 안목을 상담자에게 제공한다. 이는 문제가 될 수도 있는데, 특히 본질적으로 정상 기준에서 벗어난 문화적, 성적, 또는 또 다른 소수자 내담자와 작업할 때 그러하다. DSM은 『진단 및 통계편람』이다. **표준**에 기초한 통계이기에, 인구통계학적으로 표준과는 상당히 다른 사람들에게 DSM을 정확하게 적용하기는 어렵다. 따라서 임상적 평가는 방향을 벗어난 경우에 대한 피드백이 거의 없기 때문에 상담자가 개인적인 편견을 분명하게 알아차리지 못한 경우라면 굉장히 위험한 것이 된다.

예를 들어, 당신이 내담자에게 적합하지 않은 상담 기술을 사용했을 때, 이는 즉각적으로 명백하게 나타난다. 왜냐하면 상담자에게 호감을 사고 싶어 하는 내담자를 제외하고는, 내담자는 그 과정에 참여하기를 거부하거나 그 생각에 호의적이지 않다는 신호를 보낼 것이기 때문이다. 유사하게, 만약 사례 개념화가 틀린 경우라면, 내담자는 진전이 없을 것이고 혹은 가설 설정 과정 자체의 부분으로서, 상담자가 사례 개념화를 수정하도록 돕는 새로운 정보들이 드러날 것이다. 사례 개념화는 본래 가설 설정, 가족과의 상호작용을 통해 얻은 피드백, 그리고 이러한 정보를 토대로 가설을 수정하는 과정이다. 그러나 임상적 평가를 진행할 때에는 방향을 벗어나기 쉽다.

DSM 진단에 영향을 주는 의학 모델은 전문가가 더욱 정확한 사실에 접근한다는 개념을 기반으로 한다. 그에 따라 상담자가 연속적으로 질문하고 진단과 정신 상태 보고서를 수정하는 경향이 줄어들었다(Anderson, 1997). 의학 모델은 정상 행동과 비정상 행동을 구별하는 것이 쉽고 이것은 육체적인 영역보다 심리적인 영역에서 더 어렵다는 가정에 근거를 두고 있다. 예를 들어, 음주, 말하기, 감정 표현하기, 먹기, 걱정하기, 또는 유령 보기와 같은 행동은 개인의 가족, 문화, 사회계층, 그 외의 것들에 따라 다른 의미를 지닌다. 따라서 비록 우리가 정신건강에 대한 분명한 기준을 지니기 시작한 것 같아 보이더라도 상담자가 내담자의 넓은 사회적 맥락을 충분히 이해를 하기 시작하면, 어디서 정상이 끝나고 비정상이 시작되는지는 훨씬 불분명해진다. 실제로, '정신 질환'의 개념은 신뢰할 수 있는 정확한 측정이 부족하기 때문에 사실 기반의 과학이 아닌 사회적으로 구성된 신화라는 논쟁이 있다(Hansen, 2003). 게다가, 약물 치료는 단지 정신 질환의 증상만을 개선할 수 있기 때문에, 이는 특정 진단적 분류가 아니라 그저 약물의 효과성을 타당화해준다. 그러므로 상담자는 특히 다양한 내담자의 진단에 주의 깊고 사려 깊은 태도로 접근해야 한다.

진단과 성

가장 최신의 DSM 버전의 개발에 있어서 비록 개발자들은 성(gender) 편견을 줄이고자 노력했지만(APA, 2013), 역사적으로 정신의학적 진단 분야는 남성에게 더 많은 영향을 미칠 수 있는 문제에 관한 진단을 개발하는 데 실패한 반면, 여성스러운 특성과 행동을 병리화하는 것에 대해 빈번하게 비판받아왔다(Eriksen & Kress, 2008). 여성주의는 여성의 색정증, 히스테리, 신경쇠약증, 색광증, 도벽, 마조히즘과 같은 진단은 여성을 불필요하게 경시하고 병리화하는 결과를 낳는다고 주장한다(Eriksen & Kress, 2008). 특히, 경계선, 의존성, 히스테리성 인격과 같은 성격 진단은 사회적으로 촉진된 여성 특성의 과장으로서 이해될 수 있다. 더욱이 몇몇의 연구에서는 치료받는 여성은 '더 빈번한 정서 표현', '덜 독립적'이고, '덜 목표 지향적인 활동'과 같은 전형적인 여성의 특성을 보이고 다른 사람들에 의해서 더 쉽게 영향받기 때문에 쉽게 전문가에 의해 비정상으로 특징지어질 수 있음을 보여준다(Eriksen & Kress, 2008). 이와 같이 상담자는 진단을 내릴 때 성적 편견에 주의를 기울일 필요가 있고, 여성 내담자가 과잉병리화되고 있지는 않은지 유의할 필요가 있다. 반대로 몇몇은 만약 남성이 정서에 대해 이야기를 잘 하지 않는다면 남성은 진단받지 않을 수도 있으며, 그러므로 남성은 어쩌면 제대로 치료받지 못한다고 주장할 수도 있다.

DSM-5, 사회 정의, 문화적 사례 개념화

DSM의 문화적 편견을 다루는 시도의 한 부분으로서, DSM의 가장 최신판은 임상적 평가 및 진단을 내릴 때 문화적 다양성을 고려함에 있어 임상가를 돕기 위해 문화를 고려한 면접 계획서와 문화적 개념화를 포함한다(APA, 2013). 특히, 사회 정의에 열정적인 상담자들은 이런 면접이 작업에 유용함을 알게 된다. 2장의 사례 개념화와 비슷한 문화적 개념화는 내담자의 문화적 맥락 내에서 내담자의 문제 혹은 분명한 문제가 어떻게 이해되는지에 대하여 내담자로부터 한 발 물러서서 배우고, 관련 있는 사회정치적 및 사회적 정의의 문제를 고려하도록 임상가를 초대한다. 사람들이 외면당하고, 하찮은 존재로 여겨지거나 학대당하는 상황에서 살아갈 때, 대부분의 사람들은 내재된 트라우마와 치욕 그리고 사회적 압력 때문에 이상하거나 병리적으로 보이는 방식으로 행동하고 기능한다. 예를 들어, 몇 가지 경우에, 사람들은 피해망상적이지 않고 자신의 안전을 보장하는 도움을 실제적으로 필요로 하는 당신의 내담자를 일부러 해코지한다. 또 다른 경우에, 편집증, 우울, 불안처럼 보일 수 있는 것은 문화적·사회적 차이점과 관련된 학대로 인한 외상 후 스트레스 장애로 실제로 가장 잘 이해될 수도 있다. 그러므로 상담자는 정확하고 적절한 진단을 보장하기 위해 내담자에 대한 광범위하면서 사회적으로 잘 알려진 평가를 수행할 필요가 있다. DSM-Ⅳ의 문화적 개념화를 기반으로, DSM-5는 문화적 개념화를 위한 개정된 개요뿐만 아니라 문화적 정보를 모으기 위한 회기에 사용될 예시 설명과 질문이 완비된 인터뷰가이드를 포함하고 있다(문화적 개념화와 평가는 다음을 참고하라. APA, 2000, 2013, pp. 752~775).

상담 모델과 진단: 철학적·실제적 고려사항

상담자들은 대부분의 치료 환경에서 내담자를 진단하길 요구받을 것이지만, 이는 그 진단이 무조건 치료에 필수적임을 의미하는 것은 아니다. 실제로, 상담에 대한 몇몇 접근은 진단은 치료를 개념화하거나 상담자 및 심리치료사가 내담자의 변화를 도모하기 위해 어떻게 최선의 역할을 할 것인지에 대한 가장 유용한 방법이 아닐 수도 있다는 가정을 기반으로 한다. 가장 주목할 만한 것은, 인본주의, 가족체계, 포스트모더니즘 상담자는 진단에 맞춰 치료를 개념화하지 않으며, 실제로 그들의 많은 지지자들은 진단을 사용하는 것에 반대한다.

■ 진단에 대한 인본주의적 고려사항

대표적인 인본주의 상담자 중 한 명인 Carl Rogers는 그의 접근법에 진단적 꼬리표 붙이기를 사용하여 조직화하지 않았다. 그의 초창기 저술 중 일부에서 이러한 생각을 엿볼 수 있다. 진단은 "심리치료에 불필요하며, 이는 치료적 과정을 손상시킬 수 있다"(1951, p. 220). 그의 우려는 진단 과정이 상담자와 내담자의 진실한 관계를 제한한다는 것을 포함했다. 게다가, 이는 내담자를 '치료'할 책임을 지닌 전문가의 위치로 상담자를 들여놓게 되며, 따라서 Rogers가 치료의 최종 목표로 내세운 내담자의 자기실현에 대한 지지와 강화를 저지한다.

진단적 꼬리표 붙이기는 Rogers의 인간 중심 상담의 정신적 토대뿐만이 아니라 이론적 전제와 상반된다(Freeth, 2007; Schmid, 2004; Sugarman, 1978). 인간에 대한 현상학적 관점에서, 인간 중심 상담자들은 "개인의 주관적 경험에 주의를 기울이며, 이를 설명하거나 정의하지 않으며 그 사람 자체로 받아들인다"(Freeth, 2006, p. 55). 이러한 접근은 내담자의 내적인 부분, 주관적인 경험에 주의를 기울이기 때문에, 외부의 진단적 꼬리표는 상담자와 내담자 모두 집중해야 할 최우선의 영역을 방해한다. 더욱이, 상담자가 내담자의 진단을 알려주는 것보다 "내담자 스스로 경험과 그 의미를 정의하며 이를 상담자에게 알려주는 것을 강조한다"(p. 36).

인본주의 문헌의 고전적 검토에서, Sugarman(1978)은 인본주의자의 진단에 대한 다섯 가지 주요 비평을 하였다.

진단에 대한 인본주의적 비판

1. **환원주의:** 첫 번째 우려는 임상적 평가와 진단은 환원주의적이라는 것이다. 이는 전체적인 사람에 대한 시야를 잃게 하며, 대신 그 사람을 역기능적인 별개의 부분으로 분해한다. 다른 사람들과 유사한 범주에 포함됨으로써 내담자의 개성은 상실된다.
2. **인위적:** 평가와 진단 체계는 인위적이다. 이는 내담자의 자연적인 환경이나 내적인 과정에서 발현된 것이 아닌, 전문가의 세계관으로부터 이끌어진 것이다. 게다가 임상적 환경에서 실행될 때, 평가자는 내담자 그 개인의 맥락 속에서 정확하게 평가하지 못한다.

3. **관계 무시:** 진단적 과정은 빈번히 상담자-내담자 관계 및 그것이 회기 내에서 내담자에게 미치는 영향과 회기 밖 행동에 대한 보고를 고려하지 않는다.
4. **판단:** 진단 과정은 상담자를 내담자에 대해 판단하는 위치에 두며, 이는 무조건적 긍정적 존중이라는 인본주의적 원칙에 부합하기 어렵다.
5. **주지주의:** 인본주의는 평가와 진단 과정이 개인의 문제를 자발성과 진정성, 그리고 내담자 고통의 실존적 본질을 깨닫는 위치에서 바라보는 대신 지성적으로 처리한다고 본다.

진단이 인본주의적 **치료**에 영향을 미치지 못한다는 것을 고려한다면, 인간 중심 상담자들은 임상적 평가와 진단의 일반적인 실행으로부터 면제됨을 의미하는 것일까? 이 질문에 대해 자신 있게 '예'라고 답할 수 있었던 시기가 있었을 수도 있다. 그러나 점점, 상담자들이 소송이나 윤리 위반을 피하길 원한다면, 그들의 이론적 지향과 관련 없이 임상적 평가와 진단을 수행할 것으로 기대된다. 왜냐하면 대부분의 전문가, 보험회사와 윤리 강령은 진단을 통상적인 치료의 부분으로 간주하기 때문이다. 사실, 최근 문헌 검토에서는 꼬리표 붙이기에 반대하는 철학적인 입장을 분명히 주장하는 인본주의 상담심리학자와 현대 환경 내 다른 전문가들과 함께 협업할 더욱 실용적인 필요를 옹호하는 지지자들 간의 계속되는 논의를 추적하고 있다(Larsson, Brooks, & Loewenthal, 2012). 이런 취지에서, 적어도 인본주의 상담자 및 심리치료사에게는 임상적 평가와 진단은 **실제 치료를 개념화하는** 가장 유용한 도구가 아닐 수 있기 때문에, 진단의 과정과 평가를 분명하게 구별하는 것은 유용할 수 있다.

■ 진단에 대한 가족체계 고려사항

체계적 상담자는 내담자에게 진단 꼬리표를 붙이는 것에 대해 비슷한 우려를 가지고 있고, 이미 그들은 잠재적인 문제의 다른 면을 찾고 있다. 체계적 상담자들은 "모든 행동이 맥락에서 의미를 가진다."(Ray & Watzlawick, 2005/2009, p. 186)는 것을 기본 전제로 삼는다. 매우 영향력 있는 체계적 상담자인 Don Jackson(1967/2009)은 진단은 '정상' 행동은 쉽게 병리적 행동으로부터 분리되고 확인할 수 있다는 위험한 인식을 촉진한다고 그의 고전적 수필「정상의 통념」에서 설명하고 있다. 대신 체계적 임상의학자들은 모든 행동에는 그 주어진 맥락에서의 의미와 목적을 가지고 있다고 주장하고 있다.

오히려 사람들 사이의 전체적인 상호작용보다는 한 개인의 행동에 초점을 맞춤으로써, 체계적 상담자들은 각 개인의 복잡한 관계 안에서의 역할이 병적으로 불공평하게 특징지어진다고 주장한다(Selvini–Palazzoli, Boscolo, Cecchin, & Prata, 1978; Watzlawick, Weakland, & Fisch, 1974). 이러한 인위적인 구별은 본질적으로 관계적인 역동에 대해 한 개인을 병리화하거나 비난을 유발할 수 있다. 전형적인 예로, 부부 체계 내에서 우울증이 작용할 때, 한 파트너를 우울한 것으로 진단하는 것이다. 이와 유사하게, 종종 아이들에게 진단 가능한 반항과 비행과 같은 행동은 그 아이의 행동을 문제적이라고 꼬리표를 붙인다. 그러나 이러한 행동은 고통 받는 부부를 연합하게 만들기 위한 관심을 유도하는 행동과 같은 의미를 지닌 체계적 기능의 역할을 한다. 인본주의적 상담자와 비슷하게, 체계적·가족 상담자 및 심리치료사는 임상적 진단을 필요로 하는 맥락에서 일할 때조차도 치료와 개입을 개념화하기 위해 임상적 진단을 거의 사용하지 않는다.

■ 진단에 대한 포스트모더니즘적 고려사항

이야기 치료 상담자와 협력적 상담자와 같은 포스트모더니즘 실무가들은 진단에 회의적이다. 왜냐하면 진단은 종종 내담자가 각자의 강점과 탄력성, 수용 능력을 침묵시킨 채 자신의 정체성을 알리기 위해 사용하는 꼬리표가 되기 때문이다(Anderson, 1997; Gergen, Anderson, & Hoffman, 1996). 그 위험은 한 번 개인에게 진단 꼬리표가 붙으면 이 렌즈를 통해 미래 행동과 사건이 해석되기 쉽고, 자기 충족적 예언이 된다는 것이다. 예를 들어, 아이가 ADHD 진단을 받았을 때, 부모, 교사, 아이는 아이의 과잉행동 및 주의력에 초점을 맞춘 좁은 시야를 발전시키는 경향이 있는 반면, 꼬리표에 누락된 예외 사항과 어린 형제자매에게 조언해주기, 음악적 재능 혹은 친가족적 태도와 같은 그 아이의 정체성에 관한 다른 요소들을 놓칠 수 있다.

진단이 자주 사용되는 맥락에서 작업할 때, 포스트모더니즘 상담자는 진단을 상담 대화에서 여러 가지 목소리 중의 하나로서 개념화한다. 이야기 치료 상담자의 경우 진단을 우울증 혹은 식욕부진으로 외현화하여(14장 참고) 진단에 말 그대로 이름과 목소리를 부여하고, 그것이 마치 사람이나 외적 힘인 것처럼 그에 대해 이야기를 나눔으로써 내담자는 자신을 문제로부터 언어적으로 분리하게 된다(White & Epston, 1990). '당신이 뚱뚱하다고 설득하기 위해서 식욕부진이 당신에게 뭐라고 말하고 있습니까? 식욕부진은 당신이 먹는 것을 중지하도록 사용하는 특별한 전술을 가지고 있습니까? 당신이 식욕부진의 전술에 사로잡히지 않을 때가 있습니까?' 이러한 언어적 분리는 내담자가 그들의 증상에 새롭고 더욱 주도적 방식으로 관련 지을 수 있게 한다. 다시 말해, 인본주의와 체계적 상담자와 유사하게, 포스트모더니즘 상담자는 현재의 실행 표준에 대한 요구와 자신의 철학적 입장의 균형에 도전받고 있다.

■ 그렇다면 유능한 상담자가 해야 할 것은 무엇인가?

전문적인 기준에서 상담자는 임상적 평가와 진단에 능숙할 것으로 기대되며, 이에 대한 반론은 거의 없다. 이에 뒤따르는 그 질문으로 상담에서 진단이 어떠한 역할을 해야 하는가라는 질문이 올 수 있다. Hansen(2003)은 비록 진단이 필요한 기술이긴 하지만, 실제 상담에서 진단은 작은 역할을 한다고 주장한다. 그는 진단이 정신의학에 중점을 둔 정신질환 증상을 명시적으로 다룬다고 말한다. 그러나 상담은 전체로서의 내담자에, 그리고 내담자의 내적 심리에 집중한다. 이는 정신건강 진단과 관련된 명시된 증상과 직접적인 관련이 적다. 그는 상담자가 임상적 유용성(예: 유능한 상담 제공)이 아니라, 주로 경제적인 유용성(예: 비용 받기)을 위해 진단을 배운다고 말한다. 그는 특히나 여성, 빈곤 가정, 소수 민족 진단에 내재된 제한점을 배우는 것과(Eriksen & Kress, 2008; Zalaquett, Fuerth, Stein, Ivey, & Ivey, 2008), 신중한 사례 개념화와 진단 간의 균형을 잡는 것(2장 참고)이 중요하다고 권고한다.

진단에 대한 현시대적 고려사항

■ DSM-5와 차원적 평가

2013년, 미국정신의학회(APA)가 발표한 DSM-5는 지난 30년간의 정신건강 진단에서의 눈에 띄는 변화를 나타내고 있다. 이 매뉴얼의 눈에 띄는 몇 가지 변화는 다축진단 시스템의 삭제와, 장의 재구성, 새로운 평가 방법의 추가이다(APA, 2013). 하지만 가장 눈에 띄는 변화는 더 기초적이고 철학적인 수준에서 일어났다. DSM-5는 지지 근거가 부족한 정신 장애의 하위 유형을 확인하려는 노력에서 장애 내 및 장애 간 증상의 이질성을 확인하는 진단에 대한 차원적인 접근으로 옮겨갔다(APA, 2013). 예를 들어, 새로운 DSM은 물질 사용 문제를 남용인지 의존인지의 임의적인 구분인 두 가지 별개의 범주로 나눈 것이 아니라 경도에서부터 고도의 스펙트럼으로 개념화했다. 이 시점에 대부분의 장애의 대안적인 정의를 제시하는 것에 대한 과학적 근거가 불충분하더라도, 매뉴얼의 새로운 구조는 역사적·범주적 접근과 차원적 접근을 가진 미래 버전의 진단과의 연결고리로서 고안되었다. 이는 정신건강 장애가 가질 수 있는 더 넓은 변형과 형식을 고려할 수 있게 해줄 것이다.

국립 정신건강 연구원은 연구 영역 기준(RDoC)에 관한 미래 연구에 초점을 맞출 것인데, 이 프로젝트는 "새로운 분류 체계를 위한 토대를 마련하고자 유전학, 영상법, 인지과학, 그리고 기타 차원의 정보를 결합시킴으로써 정신건강 진단을 탈바꿈하기" (Insel, 2013, para. 3) 위해 고안되었다. 미래의 연방 자금 지원을 받는 연구는 예전과 다르게 특정한 진단보다는 일반적 영역의 증상과 기능에 좀 더 집중할 것이다. 그러므로 미래의 연구는 엄격한 진단 기준에 부합하지 않는 참여자를 제외하기보다는 기분 장애 병동에 있는 모든 내담자를 포함할 것이다. 매우 중요한 목표는 인간의 정신적 기능의 복잡함을 더욱 정확하게 잡아낼 수 있는 정신건강 진단 체계를 개발하는 것이 될 것이다. 이러한 잠재적인 변화는 개인의 정체성과 상담 과정에 꼬리표를 붙이는 효과에 대해 인본주의, 체계, 포스트모더니즘 비평가들이 제기한 우려를 설명할 수 있을 것이다.

■ 정신건강 회복과 진단

정신과 의사와 연구자가 정신건강 진단에 대한 미래의 방향을 재개념화하고 있을 때, 정신건강 치료와 관계된 수요자들의 움직임은 공식적으로 인정되고 주류에 편입되었다. 국제적으로 정신건강 회복은 어떻게 정부 지원 기관이 진단과 정신 질환을 보는지에 따라 빠르게 변화되었다(Davidson, Tondora, Lawless, O'Connell, & Rowe, 2008; Fisher & Chamberlin, 2004; Onken, Craig, Ridgway, Ralph, & Cook, 2007; Repper & Perkins, 2006). 1930년대의 수요자 자립에 기원을 둔 **회복 운동**은 1990년대의 사회 복귀와 물질남용 전문가들, 2000년부터의 정신건강 정책을 만드는 사람들의 주의를 끌었으며, 대부분의 선진국에 공식적으로 도입되었다. 미국에서, 2002년 정신보건위원회는 회복의 패러다임을 사용한 국가 정신건강 시스템의 변화를 제안했다. 또한 2004년에 보건사회복지부는 국가 차원의 회복 캠페인을 시행했다(Fisher & Chamberlin, 2004; U.S. Department of Health and Human Services, 2004).

새로운 연구들의 발견으로 재기 운동은 널리 받아들여지기 시작했다. 1990년도에 세계보건기구는 심각한 정신장애의 회복에 대한 놀라운 결과를 보인 국가 간 연구 결과를 발표했다. 심각한 정신장애(조현병, 양극성 장애 등)로 진단받은 28%의 환자들이 **완벽히 회복**했으며, 52%는 **사회적인 회복**(직장으로의 복귀, 가족 관계의 만족 등)을 이루었다(Ralph, 2000). 비슷하게, Jaakko Seikkula(2002)와 그의 동료들(Haarakangas, Seikkula, Alakare, & Aaltonen, 2007)의 정신증적 증상이 있는 내담자를 치료하기 위한 열린 대화 접근은 회복 모델과 비슷한 원리를 공유하는 협력적 상담 접근으로서 더욱 인상 깊은 결과를 나타냈다. 83%의 처음 발병한 정신병 환자들은 직장으로 복귀했으며 77%는 정신증적 증상이 치료 후 2년까지도 나타나지 않았다. 이러한 발견은 의료적 모델이 주장하는 심한 정신질환의 유전적 생물학적 소인은 의미 있는 회복을 불가능하게 한다는 추정에 부합되지 않는다(Ramon, Healy, & Renouf, 2007). 즉 회복 모델은 단순히 정신건강 진단과 관련된 증상의 감소보다는 내담자를 풍성하고 의미 있는 삶으로 이끌도록 돕는 것이며, 이 관점은 병리학을 강조하는 의학적 모델과는 역사적으로 껄끄러운 관계이고 상담 영역에서는 반향을 불러일으킨다.

미국 보건사회복지부(2004)는 정신건강 회복을 "정신건강 문제를 지닌 개인이 사회에서 의미 있는 삶을 그들의 선택으로 살아갈 수 있으며 동시에 그의 최대한의 잠재력을 성취할 수 있게 하는 변화와 치료로의 여행"(p. 2)으로 정의했다. 회복 모델은 장애를 의료적 모델로 보기보다는 사회적 모델로서 본다. 그러므로 이는 심리사회적인 기능을 강조하고 진단적 꼬리표 붙이기를 덜 강조한다. 이는 가족 상담 접근에서 전형적으로 강조하는 것이다. 정신건강 회복에 관한 국민 합의 성명은 10개의 기본적인 회복의 요소를 포함하고 있다(미국 보건사회복지부, 2004).

정신건강 회복 지향적 치료의 요소

- 자기 지시: 내담자는 회복·치료 방향을 스스로 선택한다.
- 개별화/인간 중심: 회복 방향은 인간의 독특한 강점, 탄력성, 선호, 경험, 문화적 배경에 기반하여 개별화되어 있다.
- 권한 부여: 내담자는 다양한 선택지로부터 선택하고 의사결정에 참여할 권한을 가졌다. 의사결정을 내리고 자기주장을 하도록 격려하는 전문적 관계.
- 전체론적: 회복은 삶의 모든 측면(마음, 신체, 정신, 사회)을 포함한다.
- 비선형적: 회복은 단계적으로 일어나는 과정이 아니라 성장과 지연을 포함하여 진행되는 과정이다.
- 강점 기반: 회복은 강점, 탄력성, 능력을 기반으로 구축되며 가치에 중점을 둔다.
- 동료 지지: 내담자는 회복을 추구하는 다른 내담자와 함께 참여하는 것을 격려 받는다.
- 존중: 회복이 일어나게 하기 위해서는, 내담자는 전문가, 지역사회, 그 밖의 다른 시스템으로부터 존중을 경험할 필요가 있다.
- 책임감: 내담자는 회복과 자기 돌봄에 스스로 책임이 있다.
- 희망: 회복은 스스로에 대한 믿음과 어려움에도 인내하는 의지가 필요하다.

이러한 요소는 많은 상담 이론, 특히 인본주의(예: 책임감과 자기주도; 10장), 해결중심 상담(예: 내담자의 강점, 권한부여, 희망 강조; 13장), 포스트모더니즘('내담자를 전문가로' 봄, 사람들을 문제로부터 분리, 사회적 낙인, 또래 지지 등을 다룸; 14장)과 같은 접근에서 주요한 역할을 한다. 상담자의 전문가적 역할을 줄이는 반면 내담자가 의미 있는 삶을 살도록 돕는 데 자기 자신의 강점을 연결 지으려는 회복 운동 접근은 심각한 정신질환으로 진단받은 내담자와 함께 작업하기 위한 많은 상담 접근에 부합한다. 진단이 여전히 제 역할을 한다 해도, 상담 모델과 회복 모델 모두 진단이 치료에 도움을 주는 최선의 방법이 아니라는 전제를 공유하고 있다(반면 의학적 모델에서는 진단이 최선의 방법이라고 전제한다). 대신, 내담자의 질 높은 삶에 대한 동기가 치료의 과정을 안내한다.

상담자는 정신건강 회복을 이루기 위해 다양한 접근을 내놓았다(Gehart, 2012a). 예를 들어, 이야기 치료(14장)의 원리를 사용하여 상담자는 그들의 진단과 관계된 서사적 정체성을 회복하도록 도울 수 있다.

- 정신질환이 진단되면서 당신이 당신 스스로를 보는 것, 관계에서의 당신의 역할, 사

회에서 당신의 역할을 어떻게 바꾸었는가? 이러한 생각은 어디에서 시작되었는가? 그것은 합리적이고 정확하다고 생각하는가?

- ○○로 진단받은 것은 사람으로서의 당신의 가치를 바꾸었는가? 왜 그러한가? 어떻게, 어디에서부터 이런 생각이 들게 되었는가?
- 진단 혹은 증상이 시작되기 전에 당신은 스스로를 어떻게 정의했는가? 당신이 누구였는지에 대한 생각은 어떻게 만들어졌는가? 다른 사람들이 당신을 이런 방식으로 보는가? 이러한 묘사가 오늘도 어떤 방식으로든 옳다고 생각하는가?
- 당신이 경험한 증상을 가지고도 의미 있는 삶을 이끌어갈 수 있다고 믿는가? 만약 그렇지 않다면 왜 그렇게 생각하는가? 만약 그렇다면 어떻게 이를 이루어갈 것인가? (Gehart, 2012b, p. 451)

■ 동등한 진단과 동등하지 못한 진단

미미해 보이지만 미래의 해당 분야에 상당히 영향을 미칠 정신건강에서의 발전으로, 특정한 정신건강 장애는 최근 보험비 환급을 관장하는 법률에서 신체적 건강 상태와 '동등하다'고 간주된다. 정신건강평등 및 중독 평등법(MHPAEA)은 2008년 경제 안정화법의 일부로 통과되었다. 이 법률은 보험회사들이 정신건강과 물질 중독 질병이 있는 사람에게도 다른 생리적인 질병이 있는 사람들처럼 보험금을 지불하도록 하였다. 그러므로 보험회사들이 정신적 문제를 건강계획의 일부로서 포함할 수 있도록 하였다. 법안이 통과되기 이전에, 오직 약 30개의 주만이 정신건강 평등법을 가지고 있었다.

2008년에 통과된 연방 법률보다 더욱 포괄적인 주 정신건강 평등 법률은 '동등한' 진단과 '동등하지 못한' 진단을 구분하곤 한다. 내담자가 **동등한** 정신건강 진단을 받으면 보험 제도는 생리적인 질병에게 상응하는 만큼 지불해야 하는데, 이는 예전의 미국 민영의료보험기구인 HMO(Health Maintenance Organization) 유형의 계획 실행처럼 회기 수가 인위적으로 제한될 수는 없으며, 추가 비용은 신체적 장애와 동등하게 지불해야 한다는 점을 비판적으로 시사한다. 동등한 진단은 전형적으로 심각한 정신건강 장애를 포함하고 보험 추가 비용과 상황 정책에 부합하기 위해서는 **주요 진단**(첫 번째로 나열된 것)이어야 한다. 보통 동등한 진단에는 다음을 포함한다.

- 거식증과 폭식증
- 양극성 장애
- 주요 우울 장애
- 강박 장애
- 공황 장애
- 전반적 발달 장애

- 조현정동 장애
- 조현병
- 아동의 정신건강 장애(적응 장애 포함)

DSM-5에서의 변화에 대한 소개

당신이 DSM-Ⅳ를 사용하는 데 숙달되지 않은 세대라 할지라도(APA, 2000), 이와 관련된 내담자 파일, 슈퍼바이저, 청구 시스템과 마주하게 될 것이다. 그래서 이 단락에서는 DSM-Ⅳ를 접한 상담자와 DSM-5를 접한 상담자 모두가 DSM-5의 주요 특징과 가장 주요한 진단 간 변화에 대해 적응할 수 있도록 도울 것이다.

■ 제목

숙련된 임상가가 눈치챌 만한 첫 번째 변화는 짧아진 제목이다. DSM-5(하이픈을 쓴 것이 올바른 형식임을 주의해야 한다). 미국심리학회는 로마 숫자 시스템을 사용하지 않기로 결정하고(DSM-Ⅴ는 올바르지 않다), 아랍 숫자로 바꾸었다. 이는 앞으로 많은 개정판들이 쉽게 나올 수 있도록 하기 위해서이다. 디지털 기술들은 DSM-5.1과 DSM-5.2 등의 업데이트된 출판을 가능하도록 할 것이다. 예상되는 변화를 고려하자면, 2015년에 나온 ICD-11(뒤에 나오는 ICD 참고)의 새로운 진단 코드처럼, 미래에는 더욱 빈번한 개정판이 특히 중요해질 수 있다.

■ 매뉴얼 구조

DSM-Ⅳ와 다르게, DSM-5에는 세 가지 주요한 절과 부록이 있다.

- Ⅰ절: DSM-5 기본 요소
    - 매뉴얼의 역사
    - 매뉴얼의 사용과 주의사항
    - 정신 장애의 정의
- Ⅱ절: 진단 기준과 코드
    - 인정된 장애에 관한 20개의 장
- Ⅲ절: 최근에 생겨난 측정과 모델
    - 최근에 생겨난 평가 측정
    - 문화적 개념화

- 성격 장애를 위한 대안적인 DSM-5 모델
- 후속 연구를 위한 조건
- 부록
  - DSM-Ⅳ에서 DSM-5로의 주요 변경 사항
  - 고통에 관한 전문 용어와 문화적 개념에 대한 용어 해설 사전
  - 다양한 장애와 코드의 목록

■ 진단 장의 재구성

DSM-5에서 가장 눈에 띄는 변화 중 하나는 새로운 Ⅱ절이 있는 장들이 재구성되었다는 것이다. 장들은 알려진 병의 원인, 근본적인 취약성, 증상의 특성, 공유된 환경적 요인에 따라 가까운 장애끼리 모아 재구성되었다. 이러한 재구성의 의도는 더욱 통합된 진단 및 치료적 접근을 용이하게 하고 관련 장애 간 연구를 용이하게 하기 위해서이다(APA, 2013).

특히 주목할 점은, DSM-Ⅳ 장 중 '아동기, 유아기, 청소년기에 흔히 진단되는 장애'는 삭제되었으며, 이러한 장애들은 공통 원인에 근거하여 다른 장으로 옮겨졌다는 것이다. 각각의 DSM-5 장은 아동기에 발생하는 장애는 앞쪽에, 삶의 후반과 관련된 장애는 뒤쪽에 배치되는 등 발달순으로 구성되어 있다.

정신건강 장애를 설명한 DSM-5 장(Ⅱ절)

1. 신경발달 장애
2. 정신분열 스펙트럼 및 기타 정신증적 장애
3. 양극성 및 관련 장애
4. 우울 장애
5. 불안 장애
6. 강박 및 관련 장애
7. 트라우마 및 스트레스 사건 관련 장애
8. 해리 장애
9. 신체 증상 및 관련 장애
10. 급식 및 섭식 장애
11. 배설 장애
12. 수면-각성 장애
13. 성기능 장애
14. 성 불편증
15. 파괴적, 충동 통제 및 품행 장애

16. 물질 관련 및 중독 장애
17. 신경인지 장애
18. 성격 장애
19. 성도착 장애
20. 기타 정신 장애

참고: DSM-IV와 비슷하게, DSM-5는 장에 숫자를 포함하지 않는다. 위의 숫자는 학습과 얼마나 많은 장이 있는지에 대한 질문에 답하기 위해서 추가된 것이다.

■ 진단적 코드의 변화와 ICD

대부분의 정신건강 전문가들에게 익숙한 DSM-IV의 다섯 자리 숫자 코딩 시스템은 ICD(International Statistical Classification of Diseases and Related Health Problems)에서 출간된 다른 진단적 코드 세트에서 유래했다. WHO로부터 발표된 ICD는 가장 널리 쓰이는 진단 코드이며, 이는 건강 질환을 DSM처럼 통계적으로 분류하려 한다. ICD는 국제적으로 거의 모든 정신건강 진단에서뿐만 아니라 신체건강 전문가들도 사용하고 있다. DSM-IV의 코드는 ICD-9(9번째 판)와 상관이 있다. DSM-5 또한 같은 코드가 포함되어 있다.

그러나 2014년 10월, 미국은 다른 나라에서 1994년부터 쓰이던 ICD-10 코드를 마침내 받아들였다(ICD-10은 WHO에서 1990년에 출간하였다). 미국은 ICD-10의 시행을 관료주의적인 복잡성과 건강보험 시스템에 대한 비용 문제로 인해 미루어왔다. ICD-10은 문자-숫자식의 코드이며 DSM-5에서 이는 괄호와 회색으로 오래된 ICD-9 코드 옆에 쓰여 있다. ICD-10 시스템에서 특별한 주의사항, 즉 지난 'V 코드'는 Z 코드와 T 코드가 되었다(하단의 예시 참고).

더욱 심각한 문제는 DSM-5 개정 당시 WHO에서는 APA와 함께 DSM-5와 ICD-11의 진단들을 일치화하는 작업을 하고 있었다는 것이다. ICD-11은 2015년에 출간될 예정이다. 그러나 미국에서 ICD-11 코드들이 적용되려면 시간이 걸릴 것이다. ICD-11은 ICD-10에 비해 영숫자 코드가 길어질 예정이고 이는 더 많은 진단 코드를 생성하기 위함이며 이는 정신 의료계에 중요한 쟁점이다.

	ICD-9	ICD-10
진단적 코드 형식	###.##	A##.#
진단 예시: 주요 우울, 재발, 심각도	296.33	F33.2
진단 예시: 별거 혹은 이혼으로 인한 가족의 붕괴	V61.03	Z63.5

■ 새로운 진단 형식

DSM-Ⅳ에서 쓰였던 5축 시스템은 DSM-5에서 제거되었으며, 대신 비축(하나의 라인) 체계가 쓰였다(APA, 2013). 비축 진단 접근은 DSM-Ⅳ-TR에서 옵션으로 인정되었다. 하지만 대부분의 임상가와 제3의 지불인들은 5축 접근을 사용했다. 비축 체계에서, 지난 Ⅰ축(정신건강 진단), Ⅱ축(성격 장애와 지적 장애), Ⅲ축(정신적 건강에 영향을 받는 신체적 건강 쟁점)에서의 진단은 대체로 단일 라인이나 일련의 라인으로 간단하게 작성된다. 게다가, 지난 Ⅳ축의 쟁점(진단, 치료, 예후에 영향을 줄 수 있는 심리사회적이고 환경적인 문제)은 ICD-9에서 사용되는 'V 코드' 혹은 ICD-10에서의 'Z 코드'를 사용하여 다른 진단들과 비슷하게 기록된다. 지난 Ⅴ축(전반적 기능 평가 혹은 GAF 점수)은 삭제되었다. GAF의 대체가 필요하다는 것이 확인되지 않았음에도 불구하고, WHODAS(WHO Disability Assessment Schedule)는 DSM-5의 Ⅲ절에 선택적인 전반적 장애의 측정으로서 포함되어 있다(APA, 2013). 이전의 진단 체계처럼, 주요 진단 혹은 방문의 이유는 제일 먼저 명시되어야 한다.

■ 간단한 리뷰: DSM-Ⅳ 다축 진단 형식

5축 진단에 익숙하지 않은 이들을 위해 간단한 리뷰를 포함시켰다. 왜냐하면 5축 진단은 전문적인 문헌이나 몇 년 전에 방문한 내담자의 파일 정보에서 접할 수도 있기 때문이다.

DSM-Ⅳ 5축 진단 형식

- **Ⅰ축**: 치료에 초점을 맞춘 임상적 장애. 이는 발달 장애, 학습 장애를 포함한다. 주된 방문 이유가 제일 먼저 명시되어야 한다.
- **Ⅱ축**: 근본적이거나 만연한 상태. 이는 성격 장애, 방어기제, 지적 장애를 포함한다.
- **Ⅲ축**: 의학적 상태와 장애
- **Ⅳ축**: 상태나 치료에 기여할 수 있는 심리사회적 스트레스 요인과 환경적인 조건
  - 주된 지지 체계의 문제(가족, 파트너 등)
  - 경제적 문제 혹은 주거 문제
  - 건강관리와 관련된 문제
  - 법적 상황
  - 사회, 학교, 직업적 쟁점
- **Ⅴ축**: 전반적인 기능 수준(GAF) 점수: 기능의 수준을 나타내는 0부터 100까지의 점수
  - 70 이상: 적응적인 대처를 나타냄. 높은 점수일수록 더 좋은 정신건강을 나타낸다.
  - 60-69: 약한 증상. 대부분 제3자 지불인은 의학적 비용을 상환할 때 내담자의 기능 수준이 69 이하이기를 요구한다.

- 50–59: 보통의 증상
- 40–49: 심각한 증상
- 39 이하: 입원이나 집중 치료를 필요로 하는 심각한 손상

DSM–Ⅳ 형식과 상응하는 DSM–5

DSM–Ⅳ 5축 진단 체계	상응하는 DSM–5
Ⅰ축: 임상적 장애	진단 라인에 기록(방문하는 주된 이유 먼저 명시)
Ⅱ축: 성격 장애와 지적 장애	진단 라인에 기록(방문하는 주된 이유 먼저 명시)
Ⅲ축: 일반적 의학적 상태	진단 라인에 기록(특히 정신질환의 이해에 중요한 것)
Ⅳ축: 심리사회적 및 환경적 문제	'임상적 초점이 될 수 있는 기타의 상태' 장에서의 V 코드, Z 코드, T 코드를 사용해서 진단 라인에 기록
Ⅴ축: 현재의 적응적 기능 수준	WHODAS 척도의 선택적 사용

DSM–5의 진단 형식은 이전의 5축 체계 진단보다 쉬워졌다. 대부분의 사례에서, 보험회사와 같은 제3자 지불인은, 몇몇의 번호가 붙은 라인을 제공할 것이다. 이는 축과 연관성이 있는 것이 아니라, 각 라인에 하나의 진단을 쓰는 것이다. 진단 코드를 보통 먼저 기재하고, 그 다음에 진단명, 진단 상세 기준(specifiers)을 쓴다(자세한 사항은 하단 참고).

보험회사/제3자의 즉시불 계약:

진단서

1. ______________________________
2. ______________________________
3. ______________________________
4. ______________________________

진단서는 다음과 같이 쓴다.

DSM-5 진단서 서식 예시(ICD-9 코드)

1. 296.32 주요 우울 장애, 재발성 삽화, 중등도, 경도의 불안증 동반되는 경우
2. 309.81 외상 후 스트레스 장애, 지연됨
3. V60.1 부적절한 주거
4. V60.2 극도의 가난

2015년 10월부터, 위의 진단은 다음과 같이 나타낸다.

DSM-5 진단서 서식 예시(ICD-10 코드)

1. F33.1 주요 우울 장애, 재발성 삽화, 중등도, 경도의 불안증 동반되는 경우
2. F43.10 외상 후 스트레스 장애, 지연됨
3. Z59.1 부적절한 주거
4. Z59.5 극도의 가난

■ 하위 유형과 진단 상세 기준

DSM-5는 몇 개의 새로운 하위 유형과 진단 상세 기준(specifiers)을 포함시켰다. 하위 유형은 진단 범주 내에서 상호 배타적인 소집단을 정의하는 반면 진단 상세 기준은 보다 더 일반적인 것이다. 모든 하위 유형은 진단 특정적이고 대부분의 하위 유형들은 개인적인 진단 밑에서 묘사된다. 비슷하게도 많은 진단 상세 기준은 특정한 진단에만 사용된다. 그렇지만 몇몇 새로 추가된 진단 상세 기준은 여러 진단 혹은 모든 진단에서 통용된 경우도 있다. 이러한 진단 상세 기준은 한 개인의 치료적인 결정에 도움이 될 수도 있는 개인의 상태(condition)에 관련된 정보를 제공해주며, 임상가를 치료 계획에서 특별히 주의해야 할 부가적인 증상이나 증상의 성질을 경계하게 해주는 역할을 한다. 진단 상세 기준이 추가될 때, 진단 코드는 변화하지 않는다. 진단 상세 기준은 진단 라인에서 진단명의 뒤에 기재된다(앞에서 나온 사각 박스의 진단서 서식 예시 참고).

여러 진단에서 통용되는 진단 상세 기준

- 긴장증 동반(신경발달 장애, 정신증적 장애, 기분 장애 등)
- 불안증 동반(우울과 양극성 장애, 아래 예시 참고)
- 공황 발작 동반(모든 장애)
- 약한 통찰력 동반(OCD와 특정 불안 장애)
- 혼재성 양상 동반(양극성 장애와 기분 장애)
- 증상 완화 또는 부분적 완화

또한 품행 장애에서의 '제한된 친사회적 정서'와 같이 많은 특정한 진단에서 새로운 진단 상세 기준이 추가되었다(APA, 2013). 새로운 매뉴얼은 상태 특정(condition-specific) 진단 상세 기준을 진단 기준 뒤에 굵은 서체로 명확하게 나열해줌으로써 더 쉽게 진단 상세 기준을 포함하고 확인하게 해준다.

■ 차원적인 평가

앞에서 언급한 것과 같이, 최근의 연구들은 기존의 범주적 접근과 대조하여 정신건강 진단에 대한 조금 더 차원적인 접근(증상 혹은 차원에 대한 정도 변화)을 지지한다(APA, 2013). 현재의 연구들은 차원적인 접근을 사용하는 매뉴얼의 급진적인 재구성을 정당화할 정도로 충분히 발전된 것이 아니다. 하지만 수년 전부터 DSM는 이러한 방향으로 움직이고 있었다. 현재 DSM는 원인론에 근거하여 장을 조직하고 내재화 장애를 외재화 장애에서 분리시키는 노력을 통해서 이러한 방향에 향해 한 발짝씩 걸어가고 있다(APA, 2013). 추가적으로, 이 변화를 지지하는 충분한 증거가 있는 특정 진단에서는, 심각도의 수준을 나타내기 위해 분리되고 개별적인 범주로 고정하기보다는 경도, 중등도, 고도와 같은 차원적 평가가 소개되었다. DSM-5에서 차원적 평가를 사용하는 진단은 다음과 같다.

- 조현병(무료로 다운로드 가능한 지필 평가)
- 우울(무료로 다운로드 가능한 지필 평가)
- 분리불안 장애(무료로 다운로드 가능한 지필 평가)
- 특정 공포증(무료로 다운로드 가능한 지필 평가)
- 사회불안 장애(무료로 다운로드 가능한 지필 평가)
- 공황 장애(무료로 다운로드 가능한 지필 평가)
- 광장공포증(무료로 다운로드 가능한 지필 평가)
- 범불안 장애(무료로 다운로드 가능한 지필 평가)
- 외상 후 스트레스 장애(무료로 다운로드 가능한 지필 평가)
- 급성 스트레스 장애(무료로 다운로드 가능한 지필 평가)
- 해리성 증후군(무료로 다운로드 가능한 지필 평가)
- 지적 장애
- 성적 장애
- 약물 남용
- 불안증 진단 상세 기준

이러한 차원적인 평가는 임상가에게 심각한 정도를 파악하는 데에 도움이 되어주는 것뿐만 아니라 치료 과정에서 진도를 추적하는 것을 간소화시키기도 한다.

■ NOS(달리 명시되지 않는) 진단과 NEC(달리 분류되지 않는) 진단

과잉 사용과 임상적인 유용성 결여의 이유로, DSM-5는 기존의 달리 명시되지 않는(NOS) 진단을 달리 분류되지 않는 진단(NEC)으로 대체하였다. 이는 '기타 명시된 장애'나 '명시되지 않는 장애'로 불리기도 한다.

기타 명시된 장애

기타 명시된 장애는 임상가에게 특정 내담자가 구체적인 진단 기준을 충족하지 않는 구체적인 이유에 대해 명시하도록 하고 있다(APA, 2013). 이는 기록할 때, 진단 범주 뒤에 진단 기준을 충족하지 않는 구체적인 이유를 쓰게 되어있다. 교재에서 주어진 진단의 '기타 명시된' 진단을 쓰는 일반적인 방법을 나열해주었다. 예를 들면, 우울 장에서 주어진 세 가지 '달리 명시된' 예는 다음과 같다.

- 반복성 단기 우울
- 단기 우울 삽화(4~13일)
- 불충분한 증상 동반 우울 삽화(APA, 2013, p. 183)

즉, 만약 내담자가 몇 주간 우울 증상이 있었지만 진단 기준을 충족시키지 않는다면, 아래와 같이 진단내릴 수 있다.

예: '311. 기타 명시된 우울 장애, 불충분한 증상을 갖는 우울 삽화'

명시되지 않는 장애

임상가가 장애의 특성을 더 구체적으로 명시하고 기술하는 것이 불가능할 때나 기준이 구체적인 장애를 충족하지 않는 이유에 대해 명시하지 않는 경우에 '명시되지 않는 장애'라고 진단 내릴 수 있다. 이는 임상적으로 유의미한 고통을 경험하고 있지만 장애 진단 기준을 충족시키지 않는 내담자에게 적용된다. 불충분한 정보를 가질 때, 예를 들면 응급실에서 진단을 내리기 위해 사용될 수도 있다.

예: '311. 명시되지 않는 우울 장애'

임상적인 평가의 상담적인 접근

■ 정신 상태 검사

대부분의 임상 장면에서, 내담자를 대상으로 반(semi)구조화된 면담을 수행하도록 상담자에게 요청을 하는데, 이러한 면담은 보통 정신 상태 검사(mental status exam:

MSE)라고 부른다. 정신 상태 검사를 수행하기 위한 다양한 접근 모델이 존재하며(Burgess, 2013; Morrison, 2006; Nussbaum, 2013), 많은 임상가들은 본인의 이론 및 실천적인 맥락에서 제일 적합한 접근을 발전시킨다. 정신 상태 검사는 진단 내리기 위해 필요한 정보를 수집해주는 데 활용된다. 대부분의 검사는 아래 영역의 기능이 포함되어 있다.

정신 상태 검사(MSE)의 일반적 요소

- **외모**: 내담자의 전반적인 모습 관찰하기(예: 연령, 체중, 키, 몸단장과 옷차림)
- **태도**: 면담하는 동안 내담자의 태도 관찰하기(예: 협조, 비협조, 적개심, 경계심, 의심이나 퇴행)
- **행동**: 내담자의 행동 관찰하기(예: 눈 접촉이나 걸음, 틱, 떨림, 반복적인 움직임, 과잉행동이나 다른 의미가 있는 움직임)
- **기분**: 내담자에 의해 보고된 정서 상태(예: 유쾌, 불쾌, 조증, 분노, 불안)
- **정동**: 내담자가 겉으로 드러낸 정서 표현 관찰하기(예: 일치함, 일치하지 않음, 맥이 빠져 생기 없음, 불안정함 등)
- **화법**: 내담자의 말투 관찰하기(예: 말 속도, 성량, 빈도, 자발성)
- **사고의 진행 및 내용**: 사고의 진행에 대한 내담자의 진술이나 내담자의 대답으로 추론하기(예: 망상, 집착, 공포증)
- **지각**: 비일상적인 감각적 경험에 대한 내담자의 보고(예: 환각, 환상, 비인격화)
- **인지**: 구조화된 질문으로 평가하기. 기본적인 실행 기능 의미(예: 시공간 개념, 각성도나 기억력 등)
- **통찰력**: 자신의 어떤 병리나 가능한 원인 및 결과를 인식하는 내담자의 전반적인 능력 평가하기
- **판단**: 타당하고 합리적인 결정을 내릴 수 있는 내담자의 전반적인 능력 평가하기. 만약에 손상된 경우, 추가적인 안전 예방조치가 필요 있음

■ 상담적인 관계 및 MSE

의학적인 모델을 기반으로 한 정신 상태 검사는 대부분의 상담자가 선호하는 상담 관계보다 더 위계적이고 분리된 관계를 요구한다. 이러한 관계의 이동은 내담자 및 전문가에게 혼란을 줄 수 있으며, 더 많은 공감 및 평등한 상담 관계를 요구하는 향후 개입의 효과를 방해할 수 있다. 가장 이상적으로는, 상담자가 치료 전반에 걸쳐 사용하고자 하는 상담 동맹의 형태를 보호하는 정신 상태 검사를 수행하기 위한 전략을 개발하는 것이다. 이런 작업을 수행하는 가장 쉬운 방법 중 하나는 정신 상태 검사를 평가 과정

의 일부로서 내담자에게 물어볼 일련의 정규적인 문제로 여기는 것이다. 그러면 '일반' 상담 회기에서 더 많은 대화를 할 수 있거나 덜 구조화될 것이다. 아니면, 내담자는 상담자가 더 정규적인 방법으로 회기를 구조화할 거라는 기대를 가지게 될 수 있다. 그렇게 되면 상담자가 내담자로 하여금 자유롭게 표현하는 것을 원하는 경우에 문제가 될 수 있다.

구조화된 정신 상태 검사를 위해 내담자 준비시키기: 소개의 예시

내담자와 더 협력적이며 덜 위계적인 관계를 원하는 상담자는 다음과 같이 정신 상태 검사를 소개할 수 있다.

'저는 당신을 효율적으로 돕기 위해서 당신의 문제에 대해 이해하고 싶습니다. 그렇게 하기 위해서 몇 개의 영역에서 당신이 어떻게 기능을 하고 있는지를 확인할 필요가 있습니다. 지금부터 제가 목록대로 몇 가지의 기본적인 질문을 할 것입니다. 보통은 제가 너무 구조화하거나 당신의 주요 관심 영역이 아닐 수도 있는 것에 대해 지나치게 많은 질문을 하지는 않을 것입니다.'

교차편집 평가

DSM-5에서 가장 중요한 실질적인 변화 중 하나는 교차편집 증상 평가의 도입이며, 이는 정신 상태 검사 과정의 일부로서 쓰일 수 있는 지필 측정 방법이다(APA, 2013). 교차편집 증상(cross-cutting symptom)은 여러 진단에서 보이는 증상으로서 기분, 불안, 불면증과 같은 광범위하고 일반적인 영역에서의 기능이다. 이러한 평가 접근은 증상에 대한 일반적인 의학적 검토를 기반으로 하며 임상가가 체계적으로 정신 기능의 주된 영역을 검토하는 데에 쓰임으로써 진단을 내리고 전반적인 기능을 결정하는 데에 도움이 될 수 있다. 이러한 조치는 체계적으로 진단을 결정하려는 의도가 아니라 더 포괄적이며 전반적으로 평가하기 위한 것이다. 또한 임상가에게 진단을 내릴 더 올바른 방향을 안내해주기 위한 것이다. 잘 만들어진 측정 방법을 바탕으로, 교차편집 증상 평가는 1수준과 2수준의 두 가지 수준으로 구성되어 있다.

1수준 교차편집 증상 평가

하나의 간략하고 짧은 평가도구로서, 1수준 교차편집 증상 평가는 치료의 시작 단계에서 내담자에게 제공함으로써 특정 영역에서 더 이상의 평가 필요여부를 결정하기 위한 것이다. 교차편집 증상 평가 성인용은 13가지 기능 영역을 평가하기 위한 23개의 질문으로 구성되어 있다. 아동용은 12개의 기능 영역을 평가하기 위한 25개의 질문으로 구성되어 있다. 각 문항은 개인이(아동용인 경우에 자녀가) 지난 2주 동안 특정 증상으로 인해 얼마나 많이 또는 얼마나 자주 괴로웠는지에 대해 질문한다(APA, 2013, p. 738). 23~25개의 각 질문은 '무언가를 하는 것에 대해 거의 흥미나 즐거움을 느끼지 못했다', '기분이 가라앉거나, 우울하거나, 절망스럽게 느꼈다', '실제로 자신을 해치려는 생각을 했다.'와 같은 기본 영역의 기능을 다루고 있다(APA, 2013, p. 738).

1수준 성인용

- 신체 증상
- 수면 문제
- 부주의(성인 해당 사항 없음)
- 우울
- 분노
- 과민성(성인 해당 사항 없음)
- 조증
- 불안
- 정신병
- 반복적인 생각 및 행동
- 물질 사용
- 자살 생각·시도

1수준 아동용

- 신체 증상
- 수면 문제
- 부주의(성인 해당 사항 없음)
- 우울
- 분노
- 과민성(성인 해당 사항 없음)
- 조증
- 불안
- 정신병
- 반복적인 생각 및 행동
- 물질 사용
- 자살 생각·시도

2수준 교차편집 증상 평가

만약에 내담자의 점수가 특정한 영역에서 커트라인 이상인 경우, 2수준 교차편집 증상 평가를 수행하게 될 것이다(2수준 척도가 없는 자살 사고, 정신병, 기억력, 해리와 성격 기능 영역을 제외한다). 아동용 교차편집 증상 평가는 6~17세인 아동에게 해당되며 부모나 보호자에 의해 완성된다. 이러한 도구들은 APA 공식 웹사이트에서 무료로 다운로드 받을 수 있다(www.psychiatry.org/dsm5 and www.dsm5.org).

■ 세계보건기구 장애 평가 목록 2.0

임상적 평가의 일부로 쓰일 수 있는 다른 평가 도구는 세계보건기구 장애 평가 목록 2.0(WHODAS 2.0)이다(APA, 2013). 36개 문항으로 구성된 자기 보고 질문지로서 이해력, 의사소통, 이동, 자조, 사교 활동, 일상적인 활동과 사회적인 참여를 포함하는 여섯 가지 영역에서의 성인의 장애를 평가한다. 이 평가 도구의 점수를 계산하는 방법은 두 가지가 있다.

- 단순 채점 방법은 개별 문항에 가중치를 적용하지 않고 단순히 각 문항에 할당된 점수를 합산하는 방법이며 손으로 채점할 수 있다.
- 종합 채점 방법은 각 문항의 장애에 대한 다양한 수준을 고려해 가중치를 부여한 채점 방법이다. 이 방법은 WHO 웹사이트에 있는 컴퓨터 프로그램이 필요한데 이 프로그램으로 합산된 점수를 0~100점(100점은 완전한 장애) 범위의 측정치로 전환할 수 있다.

이 도구는 DSM-5에 대한 APA 자료에서 확인할 수 있고, 성인용은 책으로 출간되기도 했다.

■ 문화적 개념화 및 평가

앞에서 언급한 것과 같이, 다양한 내담자를 만나게 될 때 문화 개념화 면접을 실행함으로써 증상의 발현과 심각도에 영향을 미칠 수 있는 문화적 특징을 파악하는 것은 가장 좋은 방법이다(APA, 2013). DSM-Ⅳ의 문화적 개념화를 기반으로 하여 DSM-5는 개정된 문화적 개념화의 개요를 제공하는 것뿐만 아니라 상담 회기에서 문화적인 정보를 얻는 데 활용될 수 있는 지시 사항과 질문 예시가 완비된 문화적 개념화 면담 가이드라인을 제공한다(APA, 2013, pp. 752~775).

문화적 개념화의 구성요소는 다음과 같다.

- 개인의 문화적 정체성: 중요한 인종적·민족적·문화적 참조 집단뿐만 아니라, 종교적 소속 집단, 사회경제적 지위, 성 정체성, 이민 상태 등과 같은 정체성에 관련된 기타

임상적인 측면을 확인하는 것을 포함한다.

- **고통에 대한 문화적 개념화:** 현재 증상의 문화적 구성 개념 및 의미를 기술하는 것을 요청한다.
- **정신사회적 스트레스 요인, 취약성 및 탄력성의 문화적 특성:** 종교, 가족, 기타 사회적인 관계망과 같은 문화적인 요인에 관련된 특정한 스트레스 사건과 지지 자원을 파악한다.
- **개인과 임상가 사이의 관계에 대한 문화적 특징:** 의사소통, 치료적 관계, 진단 및 치료를 방해할 수 있는 문화적·언어적·사회적 지위에서의 차이를 확인하는 것을 요구한다.
- **전반적인 문화적 평가:** 진단 및 치료와 관련한 핵심적 쟁점에서 파악된 결과의 함의점을 요약한다.

진단적 고찰

아마 당신이 이미 짐작했겠지만, 진단 및 임상 평가는 여러 면에서 강한 감정을 이끌어내는 주제이다. 어떤 사람들이 찬성하고, 어떤 사람들이 반대하고, 어떤 사람들은 그 사이에 끼어 있다. 사실 이 장을 읽고 난 당신의 반응은 그 자체로 진단적일 수 있다. 당신은 흥분되는가? 염려되는가? 무서워하는가? 혼란스러운가? 당신이 진단에 대한 태도 그리고 왜 이런 태도를 갖게 되는지 아는 것이 중요하다. 어떤 사람들은 개인적인 삶에서 경험한 것이 어느 한쪽이나 다른 쪽에 치워놓을 수 없을 정도로 끔찍한 인상으로 남아 있다. 당신의 입장이 어떻든, 앞으로 개방된 마음으로 내담자나 동료에게 배우는 것이 좋다. 왜냐하면 나는 문제는 처음에 드러난 모습보다 훨씬 복잡하고 미묘하다는 것을 알았으며, 사람 한 명 한 명에게 '진리'와 찬반에 대한 개념은 상당히 다를 수 있기 때문이다. 삶의 많은 일들이 그렇듯이, 진단에 관해서라면 어떤 단순한 해답도 전체를 이야기할 수 없다.

개인적 숙고 및 수업 중 토론을 위한 질문

1. 진단에 있어서 가장 중요하다고 믿는 이익과 위험성을 설명해보라.
2. 진단 과정에서 내담자로 하여금 최대의 이득을 얻게 하며 최소의 위험에 노출하도록 보장하기 위해 어떤 윤리적 지침을 제안할 수 있는가?

3. 당신이 보기에 차원적인 평가는 어떤 잠재적 개선점 및 제한점이 있는가?
4. 정신건강 운동의 회복의 장점과 위험성을 설명해보라.
5. 당신이 정신 상태 검사를 수행할 때 내담자와 강한 상담적인 관계를 유지하기 위해 무엇을 할 수 있는지 설명해보라.
6. 문화, 사회 계층, 이민자, 성 지향성·정체성이 어떻게 진단 과정에게 영향을 미치는지에 대해 당신의 생각을 설명해보라. 이러한 문제를 다루기 위해 어떤 제안이 있는가?

온라인 자료

공식 DSM-5 웹 사이트에서 교차편집 평가, WHODAS 2.0과 문화적인 평가뿐만 아니라 구체적인 장애에 대한 표와 변화에 관한 동영상도 참고할 수 있다.

www.psychiatry.org/dsm5

원래 대중에게 DSM-5에 관한 피드백을 요청하는 역할을 하는 이 사이트는 DSM-5의 발전과정을 기록해왔다. 이는 논문, 세미나 자료, 관련된 참고문헌 목록뿐만 아니라 자매 사이트인 psychiatry.org/dsm5에서의 많은 자료와 다운로드받을 수 있는 온라인 측정 방법까지 포함한다.

www.dsm5.org

참고문헌

American Psychiatric Association. (2000). *Diagnostic and statistical manual for mental disorders* (4th ed., Text Revision). Washington, DC: Author.

American Psychiatric Association (APA). (2013). *Diagnostic and statistical manual for mental disorders* (5th ed.). Washington, DC: Author.

Anderson, H. (1997). *Conversations, language, and possibilities.* New York: Basic.

Burgess, W. (2013). *Mental status examination* (2nd ed.). Seattle, WA: CreateSpace Independent Publishing Platform.

Davidson, L., Tondora, J., Lawless, M. S., O'Connell, M. J., & Rowe, M. (2008). *A practical guide to recovery-oriented practice: Tools for transforming mental health care.* New York: Oxford University Press.

Eriksen, K., & Kress, V. E. (2008). Gender and diagnosis: Struggles and suggestions for counselors. *Journal of Counseling and Development*, 86, 152-161.

Fisher, D. B., & Chamberlin, J. (2004, March). Consumerdirected transformation to a recovery-based mental health system. Retrieved from http://mentalhealth.samhsa.gov/publications/allpubs/NMH05-0193/default.asp. Accessed on August 16, 2008.

Freeth, R. (2006). Focusing on relationship.is there room for another paradigm in psychiatric intensive care? *Journal of References 77 Psychiatric Intensive Care*, 2(2), 55-58. doi:10.1017/S1742646407000295

Freeth, R. (2007). *Humanising psychiatry and mental health care: The challenge of the person-centered approach.* London: Blackwell.

Gadamer, H. (1975). *Truth and method.* New York: Seabury.

Gehart, D. R. (2012a). The mental health recovery movement

and family therapy, part I: Consumer-led reform of services to persons diagnosed with severe mental illness. *Journal of Marital and Family Therapy*, *38*(3), 429–442. doi:10.1111/j.1752-0606.2011.00230.x

Gehart, D. R. (2012b). The mental health recovery movement and family therapy, part II: A collaborative, appreciative approach for supporting mental health recovery. *Journal of Marital and Family Therapy*, *38*(3), 443–457. doi:10.1111/j.1752-0606.2011.00229.x

Gergen, K., Anderson, H., & Hoffman, L. (1996). Is diagnosis a disaster?: A constructionist trialogue. In F. Kaslow (Ed.), *Relational diagnosis*. New York: Wiley.

Haarakangas, K., Seikkula, J., Alakare, B.,&Aaltonen, J. (2007). Open dialogue: An approach to psychotherapeutic treatment of psychosis in Northern Finland. In H. Anderson & D. Gehart (Eds.), *Collaborative therapy: Relationships and conversations that make a difference* (pp. 221–233). New York: Brunner-Routledge.

Hansen, J. T. (2003). Including diagnostic training counseling curricula: Implications for professional identity development. *Counselor Education and Supervision*, *43*, 96–107.

Insel, T. (2013, April). *Director's blog: Transforming diagnosis*. Retrieved from http://www.nimh.nih.gov/about/director/2013/transforming-diagnosis.shtml

Jackson, D. D. (1967/2009). The myth of normality. In W. Ray(Ed.), *Don D. Jackson: Interactional theory in the practice of therapy: Selected papers*, *Vol. 2* (pp. 217–224). Phoenix, AZ: Zeig, Tucker & Tucker. (Originally published in *Medical Opinion & Review*, 3(5), 28–33).

Keeney, B. P. (1983). *Aesthetics of change*. New York: Guilford.

Larsson, P., Brooks, O., & Loewenthal, D. (2012). Counselling psychology and diagnostic categories: A critical literature review. *Counselling Psychology Review*, 27(3), 55–67.

Morrison, J. (2006). *Diagnosis made easier*. New York: Guilford.

Nussbaum, A. (2013). *The pocket guide to the DSM-5 diagnostic exam*. Washington, DC: American Psychiatric Association.

Onken, S. J., Craig, C., Ridgway, P., Ralph, R. O., & Cook, J.A. (2007). An analysis of the definitions and elements of recovery: A review of the literature. *Psychiatric Rehabilitation Journal*, *31*, 9–22.

Ralph, R. (2000). *Review of the recovery literature: Synthesis of a sample recovery literature 2000*. National Association for State Mental Health Program Directors. Retrieved from www.bbs.ca.gov/pdf/mhsa/resource/recovery/recovery_oriented_resources.pdf. Accessed on September 2, 2008.

Ramon, S., Healy, B., & Renouf, N. (2007). Recovery from mental illness as an emergent concept and practice. *Australia and the UK International Journal of Social Psychiatry*, *53*(2), 108–122.

Ray, W., & Watzlawick, P. (2005/2009). The interactional approach: Enduring conceptions from the Mental Research Institute. In W. Ray & G. Nardone (Eds.), *Paul Watzlawick: Insight may cause blindness and other essays* (pp.171–198). Phoenix, AZ: Zeig, Tucker, & Tucker. (Orignally published in the *Journal of Brief Therapy*, *6*(1), 1–20).

Repper, J., & Perkins, R. (2006). *Social inclusion and recovery: A model for mental health practice*. UK: Baillière Tindall.

Rogers, C. (1951). *Client-centered therapy*. Boston, MA: Houghton Mifflin Company.

Schmid, P. (2004). Back to the client: A phenomenological approach to the process of understanding and diagnosis. *Person-Centered and Experiential Psychotherapies*, *3*(1), 36–51.

Seikkula, J. (2002).Open dialogues with good and poor outcomes for psychotic crises: Examples from families with violence. *Journal of Marital and Family Therapy*, *28*(3), 263–274.

Selvini-Palazzoli, M., Boscolo, L., Cecchin, G., & Prata, G. (1978). *Paradox and counterparadox*. New York: Jason Aronson.

Sugarman, A. (1978). Is psychodiagnostic assessment humanistic? *Journal of Personality Assessment*, 42(1), 11–21.

U.S. Department of Health and Human Services. (2004). National consensus statement on mental health recovery. Retrieved from http://mentalhealth.samhsa.gov/publications/allpubs/sma05-4129. Accessed on August 26, 2008.

Watzlawick, P., Weakland, J., & Fisch, R. (1974). *Change: Principles of problem formation and problem resolution*. New York: Norton.

White, M., & Epston, D. (1990). *Narrative means to therapeutic ends*. New York: Norton.

Zalaquett, C. P., Fuerth, K. M., Stein, C., Ivey, A. E., & Ivey, M. B. (2008). Reframing the DSM-IV-TR from a multicultural/social justic perspectivve. *Journal of Counseling and Development*, 86, 364–371.

CHAPTER 4

임상적 평가 작성하기

임상적 평가 양식

앞으로 당신은 많은 임상적 평가 양식을 채워나가게 될 것이고, 그 양식들은 매우 다양한 형태가 될 것이다. 만약 당신이 그 양식들을 세심하게 살펴볼 시간을 갖게 된다면, 모두 동일한 정보를 담고 있다는 것을 알게 될 것이다. 이 장의 임상적 평가는 대부분의 내담자에게 공통적으로 나타나는, 내담자의 인구통계학적 정보, 주 호소 문제, 정신 상태 검사, 진단, 약물 처방 정보, 위험성 평가, 사례 관리, 예후, 계획과 같은 요소를 포함하고 있다. 그렇기 때문에 만약 당신이 이러한 양식과 전혀 다른 양식을 작성하더라도 내용은 아마 동일할 것이다.

임상적 평가			
임상가: ______	내담자 ID #: ______	기본 구성: ☐ 개인 ☐ 부부 ☐ 가족	모국어: ☐ 영어 ☐ 스페인어 ☐ 기타: ______

내담자와 중요한 타인에 대한 기록

성인

성별 연령 선택: ______ 인종 선택 관계 상태 선택: ______ 직업/직위: ______

기타: ______

성별 연령 선택: ______ 인종 선택 관계 상태 선택: ______ 직업/직위: ______

기타: ______

(계속)

아동

성별 연령 선택: ________ 인종 선택: ________ 학교/학년 선택: ________

기타: ________

성별 연령 선택: ________ 인종 선택: ________ 학교/학년 선택: ________

기타: ________

기타 확인 사항: ________

호소 문제

		아동을 위한 점검 문제:
□ 우울/무력감	□ 부부 문제	□ 학업 실패/수행 저하
□ 불안/걱정	□ 부모-자녀 갈등	□ 무단결석/가출
□ 분노 문제	□ 배우자 폭력/학대	□ 또래와의 다툼
□ 상실/슬픔	□ 이혼 후 적응	□ 과잉 행동
□ 자살 사고 및 시도	□ 재혼 후 적응	□ 의복 청결 상태 불량
□ 성적 학대/강간	□ 성/친밀감 문제	□ 아동 학대/방임
□ 알코올/약물 사용	□ 주요한 생활 변화	□ 고립/철수
□ 섭식 문제/섭식 장애	□ 법적 문제/보호 관찰	□ 기타: ________
□ 직업 문제/실직	□ 기타: ________	

내담자를 위한 정신 상태 검사

대인관계	□ 해당 없음	□ 갈등 □ 밀착 □ 고립·회피 □ 괴롭힘 □ 기타: ________
기분	□ 해당 없음	□ 우울·슬픔 □ 불안 □ 불쾌 □ 분노 □ 성마름 □ 조증 □ 기타: ________
정서	□ 해당 없음	□ 위축 □ 둔감 □ 생기 없음 □ 불안정 □ 일관성 없음/부적절 □ 기타: ________
수면	□ 해당 없음	□ 수면과다 □ 불면증 □ 수면 방해 □ 악몽 □ 기타: ________
섭식	□ 해당 없음	□ 증가 □ 감소 □ 식욕 부진 □ 폭식 □ 구토 □ 기타: ________
불안	□ 해당 없음	□ 만성적 근심 □ 공황 □ 공포증 □ 강박사고 □ 강박행동 □ 기타: ________
트라우마 증상	□ 해당 없음	□ 과각성 □ 플래시백/침습 기억 □ 해리 □ 감각 상실 □ 회피 노력 □ 기타: ________

(계속)

정신증적 증상	☐ 해당 없음	☐ 환각 ☐ 망상 ☐ 편집증 ☐ 연상 이완 ☐ 기타: ______
운동 활동성 및 언어 능력	☐ 해당 없음	☐ 낮은 에너지 ☐ 과잉 행동 ☐ 불안 ☐ 주의 산만 ☐ 충동적 ☐ 빠른 어조 ☐ 느린 어조 ☐ 기타: ______
사고	☐ 해당 없음	☐ 집중력 부족 ☐ 부인 ☐ 자기 비난 ☐ 타인 비난 ☐ 반추 ☐ 단절 ☐ 완고함 ☐ 통찰력 부족 ☐ 그릇된 의사결정 ☐ 혼란스러움 ☐ 기타: ______
사회적·법적 문제	☐ 해당 없음	☐ 규범 경시 ☐ 반항 ☐ 절도 ☐ 거짓말 ☐ 격분 ☐ 체포 및 투옥 ☐ 싸움 걸기 ☐ 기타: ______
기타 증상	☐ 해당 없음	______

내담자를 위한 진단

진단에서 고려되는 **상황적 요인**: ☐ 연령 ☐ 성별 ☐ 가족 역동 ☐ 문화 ☐ 언어
☐ 종교 ☐ 경제력 ☐ 이민 ☐ 성적/성별 지향 ☐ 트라우마 ☐ 이중진단/동반질환
☐ 중독 ☐ 인지적 능력 ☐ 기타: ______
진단과 평가 과정에서 확인된 요인의 영향을 기술하라. ______

DSM-5 코드	심리사회적 스트레스 요인 및 문제점에 관한 V/Z/T 코드를 포함한 **진단과 진단 상세 기준**
1. ______	1. ______
2. ______	2. ______
3. ______	3. ______
4. ______	4. ______
5. ______	5. ______

의료적 고려사항

내담자는 정신의학적 평가를 위해 의뢰된 적 있는가? ☐ 예 ☐ 아니요
내담자는 의뢰에 동의했는가? ☐ 예 ☐ 아니요 ☐ 해당 없음
평가에 사용되는 심리측정 도구: ☐ 없음 ☐ 교차편집 증상 척도
☐ 기타: ______
진단에 대한 내담자의 반응: ☐ 동의 ☐ 다소 동의 ☐ 동의하지 않음 ☐ 다음과 같은 이유로 알 수 없음: ______

현재 약물 치료(정신의학적·의학적) ☐ 해당 없음
1. ______; 복용량 ______ mg; 시작 날짜: ______
2. ______; 복용량 ______ mg; 시작 날짜: ______
3. ______; 복용량 ______ mg; 시작 날짜: ______
4. ______; 복용량 ______ mg; 시작 날짜: ______

(계속)

의료적 필요성: 해당되는 것에 모두 체크하라.

☐ 상당 부분 손상 ☐ 손상 가능성 큼 ☐ 예상되는 발달적 지체

손상 영역: ☐ 일상생활 ☐ 사회적 관계 ☐ 건강 ☐ 직장/학교생활 ☐ 거주 형태

☐ 기타: ______

내담자의 위험 요소와 안전성 평가

자살 경향성	타살 경향성	알코올 남용
☐ 징후 및 부인 없음	☐ 징후 및 부인 없음	☐ 징후 및 부인 없음
☐ 적극적 사고	☐ 능동적 사고	☐ 과거의 남용
☐ 소극적 사고	☐ 수동적 사고	☐ 현재 횟수/양: ______
☐ 계획 없는 의도	☐ 계획 없는 의도	**약물 사용 및 남용**
☐ 목적을 위한 의도	☐ 수단을 동반한 의도	☐ 징후 및 부인 없음
☐ 지난해 동안의 사고	☐ 지난해 동안의 사고	☐ 과거의 남용
☐ 지난해 동안의 시도	☐ 지난해 동안의 폭행	☐ 현재 복용 약물: ______
☐ 가족 혹은 동료의 자살 이력	☐ 타인을 폭행한 과거 이력	빈도/양: ______
	☐ 동물 학대	☐ 가족 또는 중요한 타인의 약물 복용

성적·신체적 학대 및 그 밖의 위험 요인

☐ 아동기 학대 이력: ☐ 성적 학대 ☐ 신체적 학대 ☐ 정서적 학대 ☐ 방임

☐ 성인기의 학대/폭행: ☐ 성적 학대 ☐ 신체적 학대 ☐ 현재 지속 여부

☐ 학대 가해 이력: ☐ 성적 학대 ☐ 신체적 학대 ☐ 정서적 학대

☐ 노인 또는 부양해야 할 성인 학대 및 방치

☐ 섭식 제한, 폭식 또는 구토의 현재 또는 과거 이력

☐ 자살 시도 및 다른 자해 행위: ☐ 현재 ☐ 과거: 수단: ______

☐ 범죄 및 법적 문제 이력: ______

☐ 기타 정신적 외상 이력: ______

☐ 보고된 바 없음

안전 지표

☐ 해당 없음

☐ 최소한 한 명의 외부 지지자

☐ 살고자 하는 혹은 해를 끼치지 않으려는 구체적인 이유를 언급할 수 있는 능력

☐ 희망

☐ 위협적인 물건을 제거하려는 의지

☐ 미래의 목표 세우기

☐ 상황을 악화시키는 사람과의 접촉을 줄이려는 의지

☐ 기꺼이 안전 계획, 안전 개입을 수행하고자 하는 의지

☐ 자신 및 타인을 해치는 행동에 대한 대안 발전시키기

☐ 안전이 지속되는 기간: ______

☐ 기타: ______

(계속)

안전 계획의 요소

☐ 해당 없음
☐ 위해를 가하지 않는다는 내용을 구두로 서약하기
☐ 위해를 가하지 않는다는 내용의 서약서 작성하기
☐ 긴급 연락망 카드
☐ 위급 상황을 위한 치료자 및 기관 연락처
☐ 약물 치료 관리
☐ 위기 상황에서 친구 및 지지자와 연락할 수 있는 계획 세우기
☐ 위기 상황에서 어떤 장소로 가야 할지 세부적인 계획 세우기
☐ 위기 수준에 도달하기 전에 위험을 감소시키기 위한 구체적인 자기 진정 작업(예: 일기 쓰기, 운동하기 등)
☐ 스트레스 요인을 감소시키기 위한 구체적인 매일/매주의 활동
☐ 기타: ______

법적·윤리적 조치 적용: ☐ 해당 없음 ☐ 조치:

사례 관리

기타 연락망

- **담당 의사 혹은 다른 전문가**와 연락한 적이 있는가? ☐ 해당 없음 ☐ 있음 ☐ 진행 중
  성명/기록 사항: ______
- 만약 내담자가 **다른 곳에서 정신 건강 치료**를 받고 있다면, 그곳과 연락했는가? ☐ 해당 없음 ☐ 있음 ☐ 진행 중
  성명/기록 사항: ______
- **사회복지사**와 연락한 적이 있는가? ☐ 해당 없음 ☐ 있음 ☐ 진행 중 성명/기록 사항: ______

의뢰

- 내담자는 **의학적 평가**에 의뢰된 적 있는가? ☐ 예 ☐ 필요성에 대한 근거 없음
- 내담자는 **복지 서비스**에 의뢰된 적이 있는가? ☐ 해당 없음 ☐ 직업/훈련 ☐ 복지/식품/주거 보조
  ☐ 피해자 서비스 ☐ 법적 서비스 ☐ 의료 서비스 ☐ 기타: ______
- 내담자는 **집단**이나 다른 지원 서비스로 의뢰된 적이 있는가? ☐ 예: ______ ☐ 진행 중 ☐ 권장되지 않음
- 치료와 관련된 **범죄 수사·법적 절차**가 예상되는가? ☐ 아니요 ☐ 예: 기술하기: ______

지원 네트워크

- 내담자 사회적 지지망은 다음을 포함한다. ☐ 지지적인 가족 ☐ 지지적인 배우자 ☐ 친구
  ☐ 종교적·영적 단체 ☐ 지지적인 직업적·사회적 집단 ☐ 기타: ______
- 지지적인 체계(자녀, 파트너 등)에서 다른 사람들에게 영향을 미칠 것으로 예상되는 치료의 영향을 기술하라. ______
- 내담자가 성취할 필요가 있는 것들이 존재하는가? ______

기대되는 치료 성과와 예후

☐ 정상적인 기능 수준으로의 복귀 ☐ 정상적인 기능 수준 미만 예상 ☐ 악화 예방

내담자의 소망: (선택 사항)

(계속)

성과 평가 및 내담자 관점

내담자의 연령, 문화, 그 밖의 다양한 문제를 포함한 평가 방법이 내담자의 필요에 충족하는가?

___

위와 같은 평가와 연관된 내담자–임상가 동의/비동의에 대한 실제적 혹은 잠재적 영역을 기술하라.

___

______________________,	______________	______________
임상가 서명	자격/인턴 직위	날짜
______________________,	______________	______________
슈퍼바이저 서명	자격	날짜

임상적 평가 작성

■ 내담자 정보 파악하기

임상적 평가는 성별, 연령, 민족, 성적 지향성, 관계 상태, 직업, 언어 등의 핵심적인 내담자의 주요 인구학적 정보 혹은 이주 여부나 중요한 신체적 장애나 조건과 같은 다른 중요한 정보를 확인하는 형식으로 시작하게 된다. 특히, 위기 상황이 확인되거나 관계적 문제가 우려될 경우 중요한 타인을 확인하는 것 또한 중요하다.

■ 주 호소 문제

주 호소 문제는 내담자가 치료를 찾게 된 주된 이유(예: 아이의 행동 문제)뿐 아니라 내담자가 무심코 언급할 수도 있을 이차적 문제(예: 부부간의 긴장감)를 포함하여 내담자가 상담에 참여할 때 초기 문제라고 인식하고 있는 것이 해당된다. 주 호소 문제의 목록은 내담자가 정의하는 가족의 현재 어려움에 대해 신속한 개요를 제공한다. 정신 상태 검사와 진단은 임상가가 그들의 관점을 상세하게 기록하는 것이다.

정신 상태 검사 및 진단

■ 정신 상태 검사

정신 상태 검사는 진단에 근거를 더하기 위하여 내담자의 정신건강 기능에 대한 종합적인 개관을 발전시키는 데 활용된다(Burgess, 2013). 위에서 언급했듯이, 상담자는 면접이나 DSM-5의 교차편집 평가(cross-cutting measures)와 같은 구조화된 평가 도구를 활용할 수 있다. 이것은 심리 상태 부분을 작성하기 위해 필요한 정보를 수집하는 데 도움을 준다(APA, 2013). 그러므로 이 부분을 작성하는 것은 정보를 수집하는 것에 비해 훨씬 시간이 절약된다. 이러한 새로운 진단을 위해, 이 장의 마지막 부분에서는 정신 상태 검사에서 활용되는 일반적인 용어의 정의를 포함한다.

- 대인관계: 갈등, 밀착, 고립, 괴롭힘 등
- 기분(주관적 경험): 우울, 불안, 불쾌, 분노, 성마름, 조증 등
- 정서(정서의 표현): 위축, 둔감, 생기 없음, 불안정, 일관성 없음
- 수면 패턴: 수면과다. 불면증, 수면 방해, 악몽 등
- 섭식 패턴: 증가, 감소, 식욕 부진, 폭식, 구토 등
- 트라우마 증상: 과각성, 플래시백, 해리, 감각 상실, 회피 등
- 정신증적 증상: 환각, 망상, 편집증, 연상의 이완
- 운동 활동성: 낮은 에너지, 과잉 행동, 불안, 주의 산만, 충동적, 빠른 어조, 느린 어조 등
- 사고: 집중력 부족, 부인, 자기 비난, 타인 비난, 반추, 단절, 완고함, 통찰력 부족, 그릇된 의사결정, 혼란스러움 등
- 사회적·법적 문제: 규범 경시, 반항, 절도, 거짓말, 격분, 체포 및 투옥, 싸움 걸기

■ DSM-5 진단

상황적 요인 상담자는 진단하기 이전에 연령, 인종, 가족 역동, 언어, 종교, 경제적 문제, 성적 지향성, 트라우마 경험, 중독, 인지적 능력과 같은 상황적 요인과 이러한 요소가 진단 과정에서 어떻게 영향을 미치는지 고려하는 시간을 가져야 한다. 예를 들어, 정서적 표현에 가치를 두는 문화에서 트라우마 경험을 한 여성은 종종 연극적인 특성을 나타낼 것이다. 이러한 연극적 특성은 실제 성격 장애보다는 문화적 의사소통의 기능을 나타낸다. 그러므로 이러한 증상은 일반적으로 트라우마 경험이 치료됨에 따라 소멸된다. 이와 같은 문제를 고려하는 것은 진단의 정확성을 향상시킨다. 문화적 개념화 관련의 면접은 임상가가 진단내릴 때 다양성 문제를 효과적으로 기술하도록 돕는다.

진단하기 진단할 때 임상가는 DSM(『진단 및 통계편람』)을 참고한다. 각 진단에서는 진단을 내리기 위한 일정 수의 기준이 충족되어야 한다. 이러한 기준은 정신 상태 검사에서 정확하게 반영되어야 한다. 예를 들어, 만약 당신이 우울증, 환각, 트라우마 증상을 정신 상태 부분에서 인식하게 된다면, 진단은 이 모든 증상을 명백하게 설명해야만 한다. 추가적으로, 진단을 내리기 이전에, 의료적 문제, 트라우마, 약물 남용이 고려되고 감별되어야 한다. 진단서를 작성할 때, 코드에는 진단 상세 기준이 포함되지 않기 때문에 모든 진단 상세 기준이 기재된 진단명을 적절한 코드와 함께 포함시키는 것이 중요하다.

의료적 고려사항 내담자의 증상과 기능 수준에 따라, 상담자는 약물 처방을 위한 평가로 넘어가기를 원할 수 있다. 의뢰를 타당하게 만드는 전형적인 증상에 대한 진단은 우울, 불안, 조증, 정신증, 트라우마, 섭식 장애, 알코올·약물 남용, 수면 장애 등을 포함한다. 만약 약물 치료가 처방되었다면, 상담자에게 약물 처방, 복용량, 복용 시작 날짜에 대한 서면 기록을 남기도록 권장한다. 점점 더 많은 상담자들은 내담자에게 진단에 대해 동의를 구했는지에 대한 여부를 문서화하도록 요청받는다. 이는 회복 지향적인 상황에서 흔히 나타난다.

의료적 필요성 배상을 보증하기 위해 제3자 지급인은 상담자에게 증상이 현재 기능에서 상당 부분 손상, 손상 가능성 큼, 아동의 경우에는 발생할 수 있는 발달적 지체가 존재한다는 것을 의미하는 **의료적 필요성**을 위한 진단 기준을 충족하는지를 기록해두도록 요구한다. 손상 영역은 다음과 같다.

- 일상생활(예: 기상, 식사하기, 잡다한 일 등)
- 사회적 관계(예: 만족감을 주는 결혼생활과 친구관계를 유지하기 등)
- 건강(예: 신체적 건강 유지하기)
- 직장/학교생활(예: 고용 상태를 유지하고, 학교 과제를 완수할 수 있는 능력 등)
- 거주 형태(예: 생활 공간 유무 등)

위험성 관리

임상가는 임상적 평가 동안에 위기와 위험성도 반드시 평가해야만 한다. 이러한 평가에는 자살, 타살, 약물 남용(과거 및 현재의 남용, 혹은 가족 또는 중요한 타인의 약물 남용), 성적·신체적 학대 이력에 대한 잠재성이 포함된다. 만약 내담자가 이러한 영역에서 잠재적인 문제에 대한 지표를 지니고 있다면, 상담자는 안전성 지표를 평가하고, 안전 계획을 작성하여 적용되는 법적 조치를 기록해야 한다.

■ 자살 경향성과 타살 경향성 평가하기

우울하거나 타인에 대한 적대감을 나타내는 내담자의 경우 자살이나 타살 의도를 평가해야 한다. 지역마다 상담자가 위험으로부터 내담자, 국민, 재산을 보호하고자 하는 조치를 취해야 할 때, 정확히 어떤 조치를 취해야 하는지에 대한 해당 지역의 법률을 가지고 있다. 대부분의 지역에서 상담자는 자살하거나 살해하려고 하는 명확한 계획이나 의도를 가지고 있는 내담자를 보호하기 위해 특정한 형식의 조치를 취해야만 한다. 명확한 계획이나 의도가 존재하지 않을 때에도 상담자는 계속해서 상황이 악화되는 경우에는 안전성 계획을 세워야 할 윤리적 의무가 있다. 임상가의 추후 조치에 근거를 더하기 위해 핵심적인 위험 요인을 기록해야 한다.

- 징후 없음: 위험에 대한 언어적, 비언어적, 상황적 지표가 없다.
- 부인: 내담자는 직접적으로 질문을 받고, 자살과 타살 의도를 부인한다.
- 소극적 사고: 내담자는 '죽고 싶다' 혹은 '다른 사람을 죽이고 싶다'고 말하지만 자신이나 다른 사람을 죽이려는 계획이나 의지를 부정한다.
- 적극적 사고: 내담자는 자기 자신이나 다른 사람을 죽이는 것에 대해 생각한다.
- 시도: 내담자는 어느 시점에서든 자신이나 다른 사람을 죽이려고 시도했다. 중대한 위험 요인이다.
- 가족 이력: 자살에 대한 가족 이력은 또 다른 중대한 위험 요인이다.

■ 약물 남용 평가하기

약물과 알코올 남용은 일반적으로 평가하기에 가장 어려운 영역 중 하나로 고려된다. 왜냐하면 내담자는 종종 약물 사용을 축소하여 보고하거나 부인하는데, 특히 문제가 있는 경우에 그러하기 때문이다(Saha, Harford, Goldstein, Kerridge, & Hasin, 2012). 대부분 이러한 문제는 치료 초기에 충분히 드러나지는 않는다. 그러므로 상담자는 치료 전반에서 일상적으로, 그리고 빈번하게 약물과 알코올 남용에 관하여 질문해야 하며, 특히 치료의 진전이 쉽게 이루어지지 않는 사례에서는 반드시 질문해야 한다.

■ 성적 학대, 신체적 학대, 그 밖의 위험 요인

지난 10년간의 연구에서는 치료 성과를 향상시키기 위해 과거와 현재의 트라우마를 확인하는 것에 대한 중요성을 강조해왔다(Grasso, Ford, & Briggs−Gowan, 2013). 상담자는 서면으로 작성된 자기 보고와 언어적 자기 보고 모두를 평가해야 하며, 일부 내담자는 자신의 트라우마 경험을 드러내려고 치료 후반까지 기다릴 것이라는 점을 염두에 두어야 한다. 흔한 트라우마의 유형은 아동기 학대, 성인기 학대, 노인 학대를 포함한다.

■ 아동 학대

아동 학대의 네 가지 유형을 일반적으로 각 지역의 법률에 따라 다음과 같이 설명할 수 있다.

- **성적 학대**: 성인 혹은 미성년자에 의한 미성년자와의 부적절한 성적 접촉. 합의되었거나 합의되지 않았을 수 있다(법률에 의해 정의된다).
- **신체적 학대**: 구타, 때림, 걷어차기, 그 외에 손이나 물건, 혹은 다른 수단을 사용하여 신체적으로 위해를 가하는 행위(예: 폐쇄된 공간에 아동을 감금하기). 대부분 엉덩이 때리기 유형을 포함한다.
- **정서적 학대**: 죽음에 대한 공포, 신체적 위협, 강한 거부와 반감 등과 같이 심각한 심리적 손상을 입히는 것이다.
- **방임**: 충분한 음식과 의복, 주거, 건강 요건 등과 같은 아동의 기본적인 신체적 욕구를 충족시키는 데 실패하는 것이다.

대부분의 지역에서, 정서적 학대를 제외한 아동 학대의 모든 유형은 법적으로 그 지역 담당자(예: 아동 보호 서비스, 보안관, 경찰 등)에게 보고할 것을 요구한다.

■ 노인 학대 또는 부양하고 있는 성인 학대

아동기 학대뿐만 아니라, 배우자 학대(신체적, 성적, 정서적)와 더불어 성인기의 여러 유형의 폭행을 평가하는 것은 중요하다. 대부분의 지역에서는 이와 같은 학대를 보고하는 것을 법으로 규정하고 있지 않기 때문에, 상담자는 내담자가 안전 계획을 세워서 그들 자신의 안전을 지키기 위한 조치를 취하도록 반드시 도와야 할 더 큰 윤리적 의무를 가지게 된다(참고: Davies, Lyon, & Monti-Cantania, 1998). 대부분의 지역들은 노인과 부양하고 있는 성인 학대와 방임을 매우 중요하게 여기고 이를 보고하도록 하는 것을 법으로 규정하고 있다. 노인 및 성인 학대에는 재정적 학대, 개인의 부동산, 돈, 연금에 대한 불법적 혹은 무허가 사용 등이 범주에 포함된다.

■ 기타 위험 요인

- **거식증, 폭식증 그 외의 섭식 장애**: 섭식 장애는 가장 위험한 정신건강 장애 중 하나로, 거식증은 빈번한 자살 시도로 인해 정신건강 진단에서 가장 높은 사망률을 기록하는 것으로 자주 논의된다(Arcelus, Mitchell, Wales, & Nielsen, 2011). 이러한 장애는 대부분 의료 전문가를 동반한 의료서비스가 항상 요구된다.
- **자살 시도와 자해 행위**: 자살 시도, 화상 입히기, 그 외의 여러 유형의 자해 행위는 정

서적 고통에 대처하는 방식으로 사용된다. 상담자는 자살 의도가 존재하는지, 혹은 정서적 고통을 완화시키는 것과 같이 자해를 하는 데 다른 의도가 있는지를 판단하기 위해 내담자와 면담할 필요가 있다. 내담자가 자살 의도가 없이 자해 행위를 한다고 하더라도, 내담자는 세심하게 관찰되고, 다루어져야 할 필요가 있고, 이는 안전성 문제로 고려해야만 한다(Selekma, 2006).

- 범죄 혹은 법적 문제 이력: 범죄 혹은 법적 문제 이력은 위해와 위험의 잠재성을 평가하는 데 도움이 된다.
- 기타 트라우마 이력: 학대와 더불어 그 외의 일반적인 트라우마에는 전쟁, 상실, 자연재해가 포함된다.

안전 지표

내담자 안전을 지키기 위해 어떤 요인이 마련되어 있는가? 상담자는 위험성을 평가하는 것뿐만 아니라, 안전성에 대한 가능성을 평가해야 한다. 이 두 가지 가능성의 균형은 상담자가 위기에 대한 전반적인 수준을 결정하도록 돕는다(Davies et al., 1998; Dolan, 1991; Selekman, 2006).

안전 지표

- 최소한 한 명의 외부 지지자
- 삶을 살아가는 이유와 다른 사람을 해치지 않는 이유를 들 수 있는 능력(예: '나는 자녀 때문에 그렇게 할 수 없다.')
- 희망: 미래를 위한 목표
- 위협적인 물건(예: 총기)을 제거하려는 의지
- 상황을 악화시키는 사람과의 접촉을 줄이려는 의지
- 안전 계획을 수용하고, 자신 및 타인을 해치는 행동에 대한 대안을 발전시키기

안전 계획

안전 계획은 잠재적인 위험성이 확인되는 모든 상황을 위해 마련되어야 한다. 이것은 소극적 자살 사고, 자해 이력, 학대 이력 등과 같은 것이다. 안전 계획은 각각 내담자의 독특한 구성요소와 더불어, 아래와 같은 구성요소를 종합적으로 활용하여 각 내담자의 개인적 욕구에 적합하게 구성되어야 한다.

안전 계획 구성요소

- 자기 자신이나 타인에게 해를 입히지 않겠다는 구두 또는 서면으로 작성된 동의 혹은 서약

- 지역 핫라인, 지지적인 친구, 상담자의 긴급연락망 등의 긴급연락망 카드
- 위기 가능성을 감소시키기 위해 약물을 처방하는 의료 전문가와의 협력
- 위기가 발생하기 시작했을 때 무엇을 할 것인지 또는 누구에게 연락을 할 것인지에 대한 세부적인 행동 계획
- 낮은 수준의 위기 이전 스트레스에서 일기 쓰기, 운동하기 등과 같이 스스로를 안정시키는 과제 확인하기
- 위기 촉발 요인과 스트레스의 전반적인 수준을 감소시키기 위한 세부적인 매일/매주의 활동 계획

■ 안전성 측정

나는 해결 중심 측정 질문의 변화 양상을 통해(O'Hanlon & Weiner-Davis, 1989), 심각한 우울증, 자살, 자해, 섭식 장애, 약물 남용 및 폭력을 가지고 있지만 기꺼이 변화하고자 하는 내담자와 함께 위기 상황을 안정시키는 유용한 기법 중 하나인 안전성 측정을 발견했다. 화이트보드를 활용해서 내담자가 정서적·행동적으로 좋은 상황일 때는 '1', 중립적이거나 괜찮은 정도일 때는 '5', 위험한 상황이 발생하는 위기 지점일 때는 '10'으로 작성한다. 그러고 난 후 6~9점을 정서와 행동의 측면에서 설명하도록 하고, 내담자가 상대적으로 쉽게 행동을 취할 수 있는 지점을 찾게 하는데, 보통은 7점이다. 그리고 이 지점(7수준)에서 '느끼고', '행동하기' 시작할 때 내담자가 무엇을 할지 누구에게 연락할지 등의 현실적인 안전 계획을 마련한다. 만약 내담자가 계획된 이후 행동에 관여하게 된다면, 이는 척도의 더 낮은 수준에서 행동을 취하도록 수정되어야만 한다. 대부분의 내담자에게 이것은 위기 상황에 가까워지는 것을 피할 수 있을 만큼 구체적이고 현실적이다.

	행동과 조치	사고/감정
10: 위기/위험 행동 발생		
9		
8		
7		
6		
5: 적당한 수준의 실행/기분		
4		
3		
2		

1: 기분이 좋음		
• 내가 안전 계획을 쉽게 실행하는 데 충분한 통제력을 가지고 있는 지점의 번호: ____________		
• 내가 맞닥뜨린 상위 5가지의 위험 징후 #____________.		
• 위험 징후에 도달했을 때 내가 할 수 있는 5가지 #____________.		

■ 치료에 대한 전념

자살과 관련된 사례에서, Rudd, Mandrusiak, & Joiner(2006)는 표준적인 관례이기는 하지만 경험적으로 지지된 바 없는 '해를 끼치지 않겠다는' 서약보다는 '치료에 대한 전념'에 동의를 얻는 것을 권장한다. 치료에 대한 전념은 내담자가 치료 과정에 전념하겠다는 것을 동의하는 내담자와 상담자 간의 합의이다. 여기에는 다음과 같은 3가지 구성요소를 포함한다.

1. 치료에서 상담자와 내담자의 역할, 의무, 기대 확인하기
2. 자살 사고와 계획을 포함하여, 치료의 모든 양상에 대해 개방적으로 의사소통하기
3. 치료에 대한 헌신을 다하기 위한 내담자의 능력을 위협할 수 있는 위기 상황(예: 내담자가 자살을 고려하는 동안의 위기)에서 합의된 응급 자원을 이용하기

Rudd와 동료들(2006)은 치료에 대한 전념은 내담자가 스스로에게 위해를 가하지 않고 긴급 서비스에 연락하겠다는 것을 서약한 '해를 끼치지 않겠다'는 계약보다, 더욱 유용한 임상적 개입을 제공한다고 믿는다. 반면, 치료에 대한 전념은 각 사람의 책임감을 분명히 보여주고 개방적 의사소통을 격려함으로써, 내담자와 상담자 모두에게 더 희망적이고 유용한 틀을 제공한다. 자살을 시도하지 않는 것을 강조하기보다는, 심리치료 처치에 의미 있게 참여하고, 이에 전념하는 것에 초점을 둔다.

사례 관리

사례 관리는 성공적인 치료 성과를 보장하고자 필요한 자원들과 서비스를 고려한 종합적인 관리 계획을 수립하기 위하여 내담자와 함께 작업하는 협력적 접근을 말한다. 정신건강 서비스를 제공하는 상담자는 치료 계획을 반드시 수립해야 한다(5장 참고). 치료 계획이란 표준 관례의 일부로서 상담자가 내담자의 주 호소 문제를 다루기 위해 어떤 계획을 세웠는지 상세히 열거하는 것이다. 게다가, 상담자는 다른 전문가를 동반한 서

비스를 조율하고, 내담자를 격려하며, 내담자가 효과적인 상담에 필요한 자원을 인식하고 접근하는 데 도움을 주기 위해 '상담실 외부'를 고려해야 할 필요가 있다.

기타 연락망 만들기

- 다음의 사람들과 연락하여 의료서비스 조율하기
  - 내담자의 의료진, 정신과 의사, 그 외 의료 종사자
  - 다른 정신건강 전문가(예: 집단 치료자, 가족 치료자 등)
  - 관련된 사회복지사 혹은 보호관찰관

임상적 목표 성취를 위해 필요한 사항을 충족시켜주는 자원 의뢰하기

- 의학적 원인이나 악화 요인을 감별해내기 위해 의학적·정신과적 평가 의뢰하기
- 직업 훈련, 복지, 거주 시설 제공, 피해자 서비스, 법률적 도움과 같은 사회복지 서비스 의뢰하기
- 집단 상담이나 심리교육 수업을 의뢰하기(예: 부모 교육)
- 법적 서비스나 법의학적 서비스를 의뢰하기(예: 양육권 평가)

지원 네트워크 형성하기

- 내담자가 종교 집단, 친구, 가족 등과 같은 새로운 혹은 기존의 사회적 지지와 연결되도록 돕기
- 지지적 체계 안에서 중요한 타인에게 영향을 미치는 치료의 효과 고려하기(예: 약물 의존 치료가 가족에게 미치는 영향)
- 치료의 성공을 위하여 내담자가 지닌 특별한 욕구를 확인하기(예: 운전, 운동하기 위한 안전한 장소, 컴퓨터 등)

■ 예후

마지막으로, 임상적 평가는 종종 일반적인 **예후**나 기대되는 성과를 포함하는데, 전형적으로 이것은 '정상적인 기능 복귀'의 맥락으로 형성된다. 어떤 사례에서는 진단, 증상, 이력, 증거 기반에 기초하여 상담자가 자신 있게 정상적인 기능으로 돌아가는 것이 예상되지 않는다고 진술할 수도 있다. 이 평가의 일부로서, 희망 또한 치료 결과에 영향을 미치는 중요한 요소이기 때문에 평가할 수 있다. 내담자가 희망을 더 많이 지니게 될수록 긍정적인 성과의 가능성은 더 높아진다(Miller, Duncan, & Hubble, 1997).

■ 측정의 평가

임상적 평가의 마지막 부분은 상담자가 내담자의 독특한 욕구에 맞추고자 어떻게 평가를 적용하는지를 되돌아보도록 장려하는 것이다. 이는 다양성 요인, 내담자에 대한 치

료의 효과, 내담자–상담자 동의/비동의의 영역을 포함한다. 이러한 요인을 고려하는 것은 상담자가 성공적이라고 여기는 계획을 수립하고 잠재적 위험을 인식하도록 돕는다.

다른 전문가들과 의사소통하기

환자의 관리와 관련된 의사 또는 정신과 의사와 이야기할 때, 상담자는 설령 이러한 언어가 그들이 사례를 개념화하는 데 활용하는 것이 아니라고 해도 의사가 사용하는 '의학적' 언어로 말해야 할 필요성이 있다. 외국어로 말하는 것을 배우는 것과 같이 상담자는 머릿속에서 하나의 언어에서 다른 것으로 옮기는 것을 배워야만 한다. 시간과 연습을 들여, 상담자는 실제로 외국어로 '생각하는 것'과 물 흐르듯이 유창하게 말하는 것을 배우며, 표현을 잘하게 되고, 더욱 복잡한 생각을 표현하게 된다. 여느 외국어와 마찬가지로, '해외에 나가는 것'과 그 언어가 모국어로 사용되는 환경에서 생활하는 시간을 보내는 것은 종종 도움이 된다. 정신건강 영역에서, 이와 같은 환경은 입원 환자, 많은 주의를 기울여야 하는 외래 환자, 지역 정신건강 센터, 비슷한 환경과 같은 형태를 갖는다.

의학 전문 용어는 DSM–5에서 선호되는 단어를 동반한 전문적인 언어이다. 언어의 본질은 다음의 네 가지 원리에 따라 요약된다.

- **DSM 증상 언어 사용하기**
  의학 전문 용어는 내담자의 증상에 대한 일반적인 설명을 사용하기보다는 진단을 내리기 위해 기초가 되는 증상을 사용하도록 요구한다.
  - 공황 발작('신경 쇠약' 대신)
  - 우울한 기분('기분이 가라앉음' 대신)
  - 과민성('기분 나쁨' 대신)

- **행동 설명**
  행동 설명을 통해서 증상을 보다 자세하게 기술할 수 있는 경우, 행동 기술은 추가되어야 한다.
  - 배우자에게 고함을 지른다('화를 낸다' 대신).
  - 취미에 대한 흥미를 상실한다('더 이상 신경 쓰지 않는다' 대신).
  - 15분 이후 과제에 대한 집중을 상실한다('집중하지 않는다' 대신).

- **증상의 지속 기간 포함하기**
  - 3개월 동안의 우울한 기분

  - 3일 동안의 경조증 삽화
  - 14세 이후로 보고된 환청

- **증상의 빈도 포함하기**
  - 지난 한 해 동안 한 주에 3~4회의 격분
  - 지난 3년 동안 매 1~2개월의 폭력적인 폭발
  - 지난 6개월 동안 한 주에 2회씩 폭식과 구토

단순히 증상과 행동을 설명하는 기술 용어를 빈도 및 기간과 함께 사용함으로써 의학 전문 용어를 유창하게 구사하고, 다른 전문가와의 의사소통을 향상시킬 수 있다. 그러므로 이 장의 마지막에서 나는 당신이 임상적 평가 언어를 학습하는 것에 대한 시작을 돕기 위해 증상과 정신 상태 용어의 종합적인 목록을 제시하고자 한다.

정신 상태 용어

■ 대인관계와 관련된 문제

- 갈등: 한 명 이상의 사람들과의 잦은 싸움과 갈등
- 밀착: 한 명 이상의 사람들과의 경계가 모호하고, 의미 있는 독립성을 용납하지 않음(예: 다른 사람에게 언제나 기분이 괜찮다고 느끼도록 요구하는 것, 중요한 타인과의 차이점을 수용하지 못하는 것, 쉽게 상처받았다고 느끼거나 쉽게 거부된 것처럼 느끼는 것)
- 고립·회피: 곤란한 감정을 관리하기 위해 사회적 접촉 회피, 자기 자신을 적극적으로 고립시키거나 고립된 것처럼 느낀다고 보고, 적은 사회적 접촉을 보고
- 정서적 이탈: 내담자는 관계를 맺고 있으나 한 사람 혹은 그들의 인생에서 중요한 사람과의 의미 있는 정서적 접촉 부족

■ 일반적인 기분 기술 용어

- 기분(mood) 대 정서(affect): 기분은 한 사람이 내면에서 느끼는 것을 보고하는 방식. 정서는 정서의 외적인 표현.
- 우울: 슬픔과 불행함에 대한 감정. '우울', '침잠'
- 불안: 불특정하거나 모호한 부정적인 사건이 발생하는 것에 대한 일반화된 염려
- 불쾌: 삶에서의 불안 혹은 불만족의 일반적 상태
- 분노: 특정한 일이 발생한 것에 대해 분개하거나 부당하다고 느끼는 것

- 성마름: 분노에 대한 특정한 대상 없이 분노나 기분이 상하는 것에 대한 일반화된 감정. 분노 반응이 쉽게 촉발함.
- 조증: 고양, 행복감, 과민성에 대한 몹시 정력적인 감정

■ 일반적인 정서 기술 용어

- 위축 혹은 제한: 정서적 표현은 제한되지만 정서는 분명하다.
- 무딤 혹은 둔감: 정서적 표현은 심하게 제한된다. 약간의 정서적 반응성.
- 생기 없음: 정신증과 심각한 정신 병리와 관련 있다. 정서적 표현은 거의 존재하지 않는다.
- 불안정: 기분이 빈번하고, 급격하며, 갑작스럽게 변화한다.
- 일관성 없음: 표현된 정서가 묘사되는 기분과 명백히 불일치한다. (예: 분노한 것처럼 보이지만 부정적인 기분을 보고하지 않는다.)

■ 일반적인 수면 기술 용어

- 수면과다: 평소보다 더 많이 잠을 자는 것
- 불면증: 잠이 들거나 수면 상태를 유지하기 어려워서 평소와 같은 양의 수면을 취하지 못한다.
- 수면 방해: 악몽, 야경증, 기타 여러 문제에 시달리는 수면
- 악몽: 꿈꾸는 사람을 두렵게 하는 꿈. 렘(REM) 수면 동안 발생한다.
- 야경증: 꿈의 내용 없이 수면을 취하는 동안, 공황이나 공포에 대한 일반적인 감각이 경험된다. 수면을 취하는 사람은 일반적으로 야경증을 경험하는 동안, 소리를 지르거나 공황 상태에 빠지게 될지도 모르나 깨어날 수 없다. 렘 수면이 아닌, 서파 수면에서 발생한다.

■ 일반적인 섭식 기술 용어

- 식욕 부진: 신경성 식욕 부진증으로 특징되는 제한적인 섭식
- 폭식: 통제되지 않는 과식 삽화
- 구토: 폭식 삽화 이후로, 구토, 과잉 운동, 단식 혹은 완화제 남용을 통해 몸에서 음식을 제거하려는 시도
- 신체상 왜곡: 특히 체중과 연관된 신체상은 다른 사람들의 지각이나 의학적 체중 기준과 별로 일치하지 않는다.

■ 일반적인 불안 기술 용어

- 불안: 불쾌감, 긴장, 신체적 증상을 만들어내는 위험, 문제, 불행에 대한 예상

- 만성적 근심: 예상되는 문제를 깊이 숙고하는 것을 포함하는 특정 형태의 불안
- 공황 발작: 숨 가쁨, 심장이 두근거림, 통제 상실감, 죽음에 대한 감각에 의해 특징지을 수 있는 강력한 불안이나 공포의 불연속적 기간. 예측 불가능하고 상황적으로 튀어나온다.
- 공포증: 특정한 대상이나 상황에 대한 지속적이고 비이성적인 공포감
- 강박사고: 침습적이고 반복되는 뚜렷한 정신적 고통을 야기하는 사고, 충동, 이미지
- 강박행동: 반복적인 행동이나 정신 활동(숫자 세기, 기도하기 등). 이러한 행위는 한 사람이 어떤 형태의 정신적 고통을 감소시키기 위해 수행하는 것에 이끌리는 것이다. 일반적으로 이러한 행위는 실제 정신적 고통과 관련되지는 않는다.

■ 일반적인 트라우마 증상

- 과각성: 잠재적 위험에 대한 지속적인 경계심. 실제 상황에 부합하지 않는다.
- 플래시백/침습 기억: 갑작스럽고 충격적인 기억이나 본능적인 감각. 단서가 주어질 때도 있지만 단서가 주어지지 않을 때도 있다.
- 해리: 의식, 기억, 정체성, 지각의 통합에서 분열된 상태. 갑작스럽게 혹은 점진적으로 발생할 수 있다.
- 감각 상실: 정서적 경험에 접근하는 것이 불가능함. 일반적일 수도 있고, 특정한 사건과 관련될 수 있다.
- 회피 노력: 과거의 트라우마에 대한 촉발 요인과 연합 회피하기

■ 일반적인 정신증적 기술 용어

- 환각: 외적인 자극이 없는 감각적 지각(시각, 청각, 촉각, 후각, 미각). 지각은 현실적으로 경험된다.
- 망상: 외적 현실에 대해 왜곡된 추론에 근거한 잘못된 신념. 이러한 추론은 정반대의 상당한 근거에도 불구하고, 굳건하게 지속된다. 이것은 기이하거나(문화적으로 타당하지 않은 것으로 고려된다), 기이하지 않을 수 있다.
- 편집증: 아주 작은 확증 단서로 괴롭힘을 당하거나 박해당하고 있다고 의심함. 망상보다는 덜 심각하다.
- 연상 이완: 대화의 주제로부터 빈번히 탈선하는 것으로 특징되는 사고 장애. 단어 혹은 문장의 연결성이 '느슨해지는 것'에서 촉발되며, 한 사고에서 다른 사고로 갑자기 옮겨간다.

■ 일반적인 운동 활동성 기술 용어

- 낮은 에너지: 움직임이나 움직임 배후의 에너지가 거의 없다.

- 과잉 행동: 잠시도 가만히 있지 못하거나 여기저기 돌아다니는 것과 같이 과도한 운동 활동성. 긴장 또는 불편함과 반드시 연관이 있지는 않다.
- 불안: 내적인 긴장이나 좌절감과 연관된 과도한 활동성
- 주의 산만: 집중을 할 수 없거나 하고자 하는 의지가 없다.
- 충동적: 잠재적 결과나 가능한 결과에 대한 성찰 없이 충동에 따라 행동한다.
- 빠른 어조: 말이 맥락이나 내용에 적정 수준 이상으로 빠르고, 부산하며, 다급해한다.
- 느린 어조: 말이 몹시 느리고, 맥락이나 내용을 신중히 숙고한다.

■ 일반적인 사고 기술 용어

- 집중력 부족 혹은 주의 산만: 발달 수준에 예상되는 정도로 주의를 지속하는 것이 불가능함
- 부인: 다른 사람들이 한 상황에서 문제라고 인식하고 명백히 드러나는 문제에 대해 인식하는 것을 거부하거나 그것이 불가능함
- 자기 비난: 다른 사람들이 더 큰 책임감을 지니고 있거나 개인적인 통제 밖의 일에 대해 자기 자신을 비난하는 경향성
- 타인 비난: 개인적인 책임감이 우선하는 일에 대해 다른 사람을 비난하는 경향성
- 반추: 특정한 주제나 문제에 강박적으로 주의를 쏟는 것
- 단절: 원래의 주제에서 별로 관계가 없거나 막연히 관계되는 주제로 대화를 이끌어 가는 말을 하는 경향성. 어려운 주제를 논의할 때 전형적으로 나타난다.
- 완고함: 개념이나 고차원적 사고의 활용이 거의 없이 실제 대상과 사건에 초점을 두고 생각하는 것
- 통찰력 부족: 자기 자신의 사고, 감정, 동기를 확인하는 것이 대단히 부족함
- 그릇된 의사결정: 자신과 타인에게 부정적인 결과를 초래하는 의사결정 양상
- 혼란스러움: 시간, 장소, 사람에 대한 혼란스러움

개인적 숙고 및 수업 중 토론을 위한 질문

1. 정신 상태 검사의 어떤 부분이 가장 쉬웠고, 어떤 부분이 가장 어려웠는가?
2. 자살 위험성을 평가하기 위해 어떤 종류의 질문을 해야 하는가? 어떤 내담자에게 이러한 질문을 할 것인가?
3. 아동 학대를 평가하기 위해 어떤 종류의 질문을 할 수 있는가? 어떤 내담자에게 이러한 질문을 할 것인가?

4. 내담자와 함께 안전 계획을 세우는 것에 관하여 어떻게 진행할 것인가?
5. 사례 관리의 어떤 요소가 당신에게 가장 어렵게 느껴지는가? 그 이유는 무엇인가?

온라인 자료

공식 DSM-5 웹 사이트에서 교차편집 평가, WHODAS 2.0과 문화적인 평가뿐만 아니라 구체적인 장애에 대한 표와 변화에 관한 동영상도 참고할 수 있다.

www.psychiatry.org/dsm5

원래 대중에게 DSM-5에 관한 피드백을 요청하는 역할을 하는 이 사이트는 DSM-5의 발전과정을 기록해왔다. 이는 논문, 세미나 자료, 관련된 참고문헌 목록뿐만 아니라 자매 사이트인 psychiatry.org/dsm5에서의 많은 자료와 다운로드 받을 수 있는 온라인 측정 방법까지 포함한다.

www.dsm5.org

참고문헌

American Psychiatric Association. (2013). *Diagnostic and statistical manual for mental disorders* (5th ed.). Washington, DC: Author.

Burgess, W. (2013). *Mental status examination* (2nd ed.). Seattle, WA: CreateSpace Independent Publishing Platform.

Davies, J. M., Lyon, E., & Monti-Catania, D. (1998). *Safety planning with battered women: Complex lives/difficult choices*. Thousand Oaks, CA: Sage.

Dolan, Y. (1991). *Resolving sexual abuse: Solution-focused therapy and Ericksonian hypnosis for survivors*. New York: Norton.

Grasso, D. J., Ford, J. D., & Briggs-Gowan, M. J. (2013). Early life trauma exposure and stress sensitivity in young children. *Journal of Pediatric Psychology*, *38*(1), 94–103. doi:10.1093/jpepsy/jss101

Miller, S. D., Duncan, B. L., & Hubble, M. A. (1997). *Escape from Babel: Towards a unifying language for psychotherapy practice*. New York: Norton.

O'Hanlon, W. H.,&Weiner-Davis, M. (1989). *In search of solutions: A new direction in psychotherapy*. New York: Norton.

Rudd, M. D., Mandrusiak, M., & Joiner, T. E. Jr. (2006). The case against no-suicide contracts: Commitment to treatment statement as a practice alternative. *Journal of Clinical Psychology in Session*, *62*, 243–251.

Saha, T. D., Harford, T., Goldstein, R. B., Kerridge, B. T., & Hasin, D. (2012). Relationship of substance abuse to dependence in the U.S. general population. *Journal of Studies on Alcohol and Drugs*, *73*(3), 368–378.

Selekman, M. (2006). *Working with self-harming adolescents: A collaborative, strength-oriented therapy approach*. New York: Norton.

CHAPTER 5

치료 계획

사람은 숫자가 아니다

내가 Shanna를 만났을 때, 아이의 나이는 12세였다. Shanna는 3년 전, 어머니가 뇌졸중으로 죽어가는 모습을 홀로 지켜보아야 했다. 첫 1년 동안은 아이의 고모가 Shanna를 보살피려 했지만, 골칫거리를 만들고 싶지 않았기에 사회 복지 서비스로 보내야 했다. 냉정하게 말하자면, Shanna는 문제아였다. Shanna는 자주 가출하였으며 말대답을 했고, 숙제를 하지 않았다. 지난 2년 동안 Shanna를 길러주었던 양부모도 몇 번이나 비슷한 경험을 했다. 그래서 지역 정신건강 센터에 나의 치료 계획에 대해 제출할 때, 치료 목표로 다음의 내용을 포함시켰다.

1. 누군가로부터 도망치는 상황을 감소시키기: 3개월 동안 지속시키기
2. 일주일에 한 번 정도의 가벼운 사건을 넘어서지 않도록 양부모와의 언쟁을 줄이기
3. 매주 숙제의 완성도를 90%로 증대시키기: 세 달 동안 지속시키기
4. 어머니의 상실과 관련한 슬픔을 작업하기

나의 치료 계획은 거절당했다. 그래서 계획을 변경할 수 있는 가장 좋은 방법에 대해 문의하기 위해 지역 정신건강 센터에 전화를 했다. 전화기 너머의 평가자는 "마지막 목표를 측정 가능한 것으로 수정해야 합니다."라고 말했다. 나는 그녀의 기분이 풀리도록, 농담 삼아 "아이가 매주 얼마만큼의 눈물을 흘리는지를 세는, 그런 걸 말하는 건가요?"라고 말했다. 놀랍게도 그녀는 "그 비슷한 것이라면 적합할 거예요. 아마도 아이가 매일 얼마나 오랫동안 우는지를 측정할 수 있겠죠." 나는 그때 치료적 과정이나 내담자의 욕구에 대해 논의하기보다는 내용을 채워 넣기 위한 행정 절차적 필요성을 다루었다는 사실을 깨달았다. 첫째, Shanna 또는 그Shanna의 어머니로부터 통계자료와 같은 정확한 보고를 얻을 수 있을지 잘 모르겠다. 둘째, 많은 눈물을 흘리는 것이 종종 건강한 애도 방법이라고 해서 어머니를 애도하는 아이의 과정을 일주일마다 평가하는 것이 얼

마나 중요한 의미가 있을까? 셋째, 우리는 인간적인 면과 동정심을 잃고 있는 것은 아닌가? 이 아이는 대단히 충격적으로 어머니를 잃었다. 사실 나는 나의 내담자뿐만 아니라, 알 법한 문제에 대해 핵심에 이르지 못하고 옥신각신하며 시간을 보내고 있는 수화기 너머의 그 여성에게도 안타까움을 느꼈다.

이 모든 생각이 나의 머릿속에 스쳐지나갔고 HMO 치료 계획에 대해 농담을 하지 않기로 했다. 나는 계획으로부터 네 번째 목표를 향해 노력하며 처음 세 가지 목표에 대해 증명하는 것으로 제안했고, 그녀는 동의했다. 그러고 나서 나는 나의 공책에 Shanna와 함께한 애도 작업에 대해 기록하였다. Shanna가 양부모와의 관계를 맺는 데에 걸림돌이 되고 학교에 전념하고 자기실현을 하는 데 방해가 되는 죄책감에서 벗어날 수 있도록 도왔다.

하지만 나는 눈물을 세는 것처럼 단순한 방식으로 아이의 슬픔을 감소시키는 비인간적인 모습에 분노하지 않을 수 없었다. 그래서 저항(rebellion)과 평범한 승화(개념 정의는 8장 참고)의 행동으로, 세상을 변화시킬 수 있는 학문적인 모든 것을 했다. 나는 책을 썼다(그래, 우리는 혁명에 관해서 겁을 많이 먹는다). 그 이후로 15년이 흘렀고, 나의 치료 계획은 제3자 지불인으로부터 새로운 요구에 따르기 위해 발전해왔다. 이 장에서, 당신은 더 포괄적인 치료 계획 모델에 대해 배울 것이며, 이것은 당신이 눈물을 셀 필요 없이, 제출하자마자 지불에 대한 승인을 받을 수 있도록 해줄 것이다.

3단계: 엄선된 계획

사례 개념화와 임상적 평가를 완성한 이후에는 확인을 위한 단계로, 당신이 성실하게 작업했던 문제를 다루기 위한 치료 계획을 발전시키는 것이다. 치료 계획은 즐거운 과정이며 아마도 상담자에게 가장 창조적인 활동 중 하나일 것이다. 하지만 상담자는 또한 전문가의 책임이라는 짐을 지게 된다. 어떠한 내담자든 그들을 위한 다양한 좋은 계획을 만들 수 있는데, 상담자는 이 내담자를 위한 가장 좋은 이론 및 기법, 특정한 문제, 그리고 특정한 상담자–내담자 관계를 자유롭게 선택할 수 있고, 그 선택에 책임 또한 있다. 치료 계획을 발전시키는 데 있어, 상담자는 내담자의 문제, 내담자의 인구통계학적 자료, 그리고 선택한 이론과 관련된 근거에 기반을 둔 요소를 고려할 필요가 있다. 궁극적으로, 상담자가 해야 할 일은 내담자의 염려를 다루며, 일관성 있고 신중한 치료 계획을 세우는 것이며, 이러한 능력을 증명하기 위한 주요한 수단으로 효과적인 개입 과정을 발전시키는 것이다.

정신건강 치료 계획의 간략한 역사

정신건강 치료 계획의 역사는 꽤 짧기 때문에 이 부분에 대해서는 간략하게 다룬다. 본래 이론가들은 치료 계획에 대해서 언급하거나 작성하지 않으며, 사실상 그 연구들을 찾아보면 의료보험 지불에 대해 승인해줄 것이라는 형태의 말을 찾지 못할 것이다. 만약에 치료 계획에 대한 승인된 접근이 정신건강 연구에서 발견되지 않는다면, 이는 어디에서 도출된 것인가? 이에 대한 간략한 대답은 의료 분야이다.

■ 증상에 기초한 치료 계획

제3자 지불을 받기 위해 상담자의 대부분은 다양한 치료 계획을 완성해야만 하고, 틀림없이 21세기의 의료표준 지침(standard practice of care)을 유지시키는 것은 의료 모델에서 비롯된 것이다. 이는 의사가 의료적 처치를 위해 사용한 것이다. 정신건강 분야 내에서, Jongsma와 그의 동료들(Dattilio & Jongsma, 2000; Jongsma, Peterson, & Bruce, 2006; Jongsma, Peterson, McInnis, & Bruce, 2006; O'Leary, Heyman, & Jongsma, 1998)은 내담자의 의료 증상에 온전히 초점을 맞추고 **증상에 기초한 치료 계획**이라 불리는 가장 광범위한 모델을 개발해왔다(Johnson, 2004; Wiger, 2005). 이러한 계획의 강점은 그들이 의료계와 관련이 있다는 사실이다. 단점은 이러한 계획이 상담자가 유용한 방식으로 치료에 대하여 개념화하도록 충분히 돕지 않는다는 점이다.

예를 들어, 만약에 부모가 투정이 심한 아이를 상담실에 데려왔을 때 상담자가 현재 지닌 문제를 중심으로 계획을 세우고(예: '아이가 투정부리는 횟수를 일주일에 한 번 미만으로 줄이기'), 이론적인 관점에서 사례를 충분히 개념화하지 않은 채 계획에 따르면, 치료는 비교적 덜 효과적일 것이다. 이렇듯 특정한 상황에서 체계적인 평가는 현재 표출된 문제에 기여하고 있는 양육 문제나 부부 문제를 일반적으로 드러낼 것이다. 놀라운 몇몇 사례 중에서, 나는 결혼생활에서의 긴장에 대해 다루는 부부 상담이 아이들의 투정을 줄이는 데에 효과적이라는 것을 발견했다. 증상에 기반한 치료 계획의 위험성은 치료자가 개념화하기 위하여 상담 이론을 **충분히 사용하지 않고 증상에 과도하게** 집중할 것이라는 점이다. 또는 상투적인 표현을 인용하자면, 나무에 초점을 맞추기 때문에 숲을 보지 못할 것이다. 확실하게, '훌륭한' 상담자는 그렇지 않을 것이다. 하지만 오늘날 업무 현장의 현실은 (1) 과도한 사례 업무, (2) 첫 번째 회기가 끝나기 전까지 완벽한 진단과 치료 계획을 완료해야 한다는 압박감, (3) 대단히 잘 체계화된 서류 작업과 지불 시스템을 포함하는데, 이 모든 것은 훌륭한 상담자가 업무를 잘 해낼 수 있도록 하는 것을 어렵게 만든다. 따라서 증상에 기초한 치료 계획은 편리하지만 오늘날의 업무 환경에서는 적합하지 않을 수 있다.

■ 이론에 기초한 치료 계획

Gehart & Tuttle(2003)의 연구에서 나는 이론에 기초한 치료 계획을 발달시켰는데, 증상 모델을 제시하기보다는 치료 계획과 임상적으로 더욱 관련 있는 이론을 활용하는 것을 포함한다. Berman(1997)은 전통적인 심리치료를 위한 유사한 접근을 만들었다. 이 모델이 가진 강점은 임상 이론을 토대로 한 목표를 포함시킨다는 점이다. 하지만 새로운 훈련자가 이론을 기반으로 한 치료 계획을 활용한 후에, 이론을 기반으로 한 목표와 개입은 동일한 이론을 기반으로 한 표현을 사용했기 때문에 쉽게 혼란스러울 수 있다는 것을 발견했다. 게다가, 이론을 기반으로 한 계획을 통해 진단적인 문제와 의료적인 증상을 해결하는 것은 대부분의 학생들에게 쉬운 일이 아니며, 이는 이러한 두 가지 체계의 언어가 근본적으로 다르기 때문이다. 그래서 이론과 증상에 기초한 치료 계획으로부터 나온 '둘 다를 포함한' 새로운 모델이 만들어졌고, 최근에는 측정 가능함에 대한 요소가 첨가되었다.

임상 치료 계획

임상 치료 계획은 치료에 관하여 간단하면서도 훨씬 포괄적인 개요를 제공했다. 치료 계획 세계의 '허머(hummers)'가 존재한다. 세련됨과 천하무적의 만남. 만약 당신이 이러한 것을 할 수 있다면, 어느 곳이나 갈 수 있고 어떠한 치료 계획도 세울 수 있을 것이다.

임상 치료 계획은 다음의 요소들을 포함한다.

- 도입: 치료 계획은 계획된 양식에 관한 간략한 소개(개인, 부부, 가족, 집단), 빈도, 예정된 치료 기간에 대한 것으로 시작한다.
- 상담 업무: 상담 업무는 상담의 각 단계, 즉 상담의 초기 단계, 작업 단계, 종결 단계에서 상담자가 수행해야 하는 '표준 지침(standard practice)'이다. 이러한 업무는 윤리적이고 법적인 요구뿐만 아니라 이론에 의해 제공된다. 이러한 것은 다른 계획들 속에 거의 포함되지는 않지만 고려하고 기록해야 할 때 중요한 활동 기준을 간결하게 설명한다.
- 다양성: 각각의 계획된 업무를 위해서, 상담자는 연령, 성, 민족, 능력, 성 정체성 등과 같은 다양한 사건을 해결하는 데 상담 과정이 구체적으로 어떻게 적응되는지 확인한다. 이 부분은 변상(reimbursement)에 대한 공식적인 계획에 거의 포함되지 않지만 문화를 고려하고 다양한 사건을 다루는 유능한 상담자가 되기 위한 심오한 과정이다. 왜냐하면 당신이 일반적으로 상담 관계를 발전시키기 위해 특정한 이론을 사

용할 때 모든 내담자에게 같은 개입을 사용했을지라도, 6살짜리 소녀, 14살 소년 또는 80세의 미군 대령과 작업할 때 변경할 수 있어야 한다.

- **내담자 목표:** 모든 치료 계획에서 핵심 요소인 내담자의 목표는 각각의 내담자에게 독특하고, 특정한 행동, 사고, 감정, 또는 관계가 증가되거나 감소되는지에 관해 치료의 결과로써 설명한다. 내담자의 목표는 현재 지닌 문제에 대한 평가로부터 나오고 이론에 입각한 구체적인 표현으로부터 나온다. 이러한 목표는 사실상 어떻게든 모든 형태의 치료 계획에 포함된다.
- **개입:** 각각의 목표는 상담자가 선택한 이론을 활용하여 목표를 성취하기 위해, 상담자가 계획을 세우는 방법에 대해 설명하는 두세 개의 개입을 포함하고 있다. 개입은 다른 종류의 치료 계획에 포함되거나 포함되지 않을 수 있다.
- **내담자 관점:** 마지막 부분은 윤곽을 그린 계획과 함께 내담자 동의와 관심사에 대해서 설명한다. 점점 더 많은 공공 정신건강 기관에서는 내담자가 계획에 동의하였다는 것을 사용자와 함께 공유된 계획의 서명 또는 진술을 통해 종종 확인할 수 있다.

치료 계획 양식

치료 계획

날짜: ______________________ 사례/내담자 #: ________________

임상가 성명: ________________ 이론: ______________________

계획된 치료 양상: ☐ 성인 ☐ 아동 ☐ 부부 ☐ 가족 ☐ 집단: ______________________

추천 회기 빈도: ☐ 매주 ☐ 격주 ☐ 기타: ______________________

예상 치료 기간: _____개월

초기 치료 단계

초기 단계 상담 업무

1. 상담 관계 발전시키기. **다양성에 관한 고려사항:** [문화, 성별 등을 고려한 관계 맺기와 감정 표현을 할 수 있도록 어떠한 구체적인 노력을 할 것인지를 기술하기]

   관계 형성 접근 방법/개입:

   a. ____

   ____

2. 개인적, 체계적, 그리고 다양한 문화적 역동 평가하기. **다양성에 관한 고려사항:** [문화적·사회경제적·성적 성향, 성별, 그리고 그 외에 관련된 개념 기술하기]

(계속)

평가 전략:

a. ____

____

b. ____

____

3. 치료 목표에 대한 내담자의 동의를 확인하고 얻기. **다양성에 관한 고려사항:** [내담자의 문화적, 종교적, 그리고 다양한 가치 체계로부터의 가치와 부합하는 목표를 조정하는 방법 기술하기]

   목표 설정 개입:

   a. ____

   ____

4. 필요한 의뢰, 위기 요소, 추가적인 접촉, 내담자의 다른 요구 확인하기. **다양성에 관한 고려사항:** [특정 위기 요소, 의뢰 선택과 관련된 다양성 문제 기술하기]

   a. **위기 평가 개입:** ____

   ____

   b. **의뢰 사항:** ____

   ____

초기 단계 내담자 목표: 위기 관리하기, 고통스러운 증상 줄이기

1. ____________________(증상)을 감소시키기 위해 ____________________(이론에서 나온 용어를 활용한 개인적인·관계적 역동성)을 □ 증가시키기 □ 감소시키기

   개입:

   a. ____

   ____

   b. ____

   ____

치료의 작업 단계

작업 단계 상담 업무

1. 작업 동맹의 질 점검하기. **다양성에 관한 고려사항:** [내담자의 문화적 배경과 부합하지 않는 정서적 또는 관계적 규범을 활용하는 심리치료사가 개입에 대한 내담자의 반응을 어떻게 다룰 것인지 기술하기]

   a. **평가 개입:** ____

   ____

2. 내담자의 치료 과정 점검하기. **다양성에 관한 고려사항:** [치료 과정을 평가할 때 문화적, 성적, 사회적 계층, 그리고 다른 다양한 요소를 어떻게 다룰 것인지 기술하기]

(계속)

a. **평가 개입:** ______________________________

____

작업 단계 내담자 목표(2~3개의 목표)

이론에 입각한 표현을 활용하여 개인적·관계적 역동성을 목표로 삼기(예: 친밀함의 회피를 감소시키기, 감정의 인지를 증가시키기, 주체성 늘리기 등)

1. ______________(증상)을 감소시키기 위해 ______________(이론에서 나온 용어를 활용한 개인적인·관계적 역동성)을 □ 증가시키기 □ 감소시키기

   개입:

   a. ______________________________

   ____

   b. ______________________________

   ____

2. ______________(증상)을 감소시키기 위해 ______________(이론에서 나온 용어를 활용한 개인적인·관계적 역동성)을 □ 증가시키기 □ 감소시키기

   개입:

   a. ______________________________

   ____

   b. ______________________________

   ____

3. ______________(증상)을 감소시키기 위해 ______________(이론에서 나온 용어를 활용한 개인적인·관계적 역동성)을 □ 증가시키기 □ 감소시키기

   개입:

   a. ______________________________

   ____

   b. ______________________________

   ____

치료의 종결 단계

종결 단계 상담 업무

1. 추후 관리를 위한 계획을 발전시키고 성과를 유지하기. **다양성에 관한 고려사항:** [치료가 종결된 후 그들을 지원하는 한 부분인 공동체 자원을 어떻게 이용할 것인지 기술하기]

   개입:

   a. ______________________________

(계속)

____

종결 단계 내담자 목표(1~2개의 목표): 건강 및 정상에 대한 이론적 정의에 의해 결정하기

1. ____________(증상)을 감소시키기 위해 ____________(이론에서 나온 용어를 활용한 개인적인·관계적 역동성)을 □ 증가시키기 □ 감소시키기

   개입:

   a. ____

   ____

   b. ____

   ____

2. ____________(증상)을 감소시키기 위해 ____________(이론에서 나온 용어를 활용한 개인적인·관계적 역동성)을 □ 증가시키기 □ 감소시키기

   개입:

   a. ____

   ____

   b. ____

   ____

내담자 관점

치료 계획이 내담자와 함께 검토되었는가? □ 네 □ 아니요 ____________

만약 아니라면 그 이유를 기술하기: ____________

내담자 동의와 염려에 대한 부분: ____________

____________, ________, ________ ____________, ________ ________

임상가 서명 인턴 직위 날짜 슈퍼바이저 사인, 자격증 날짜

당신은 이 책 2부 각 장 마지막에 있는 완전한 치료 계획의 예를 살펴볼 수 있다.

유용한 상담 업무 작성하기

상담 업무는 가장 정형화되어 있기 때문에, 일반적으로 치료 계획 중 가장 개발하기 쉬운 부분이다. 각각의 이론은 상담 관계를 어떻게 만들 수 있는지 묘사하기 위한 고유의

표현과 개입을 가지고 있다. 그리고 좋은 계획은 이러한 차이점을 반영해야 한다. 예를 들어, 인지적인 상담 기술을 사용하는 상담자는 실용적이고 문제 중심적인 접근을 하는 반면에, 인본주의 상담자는 효과적인 관계의 질에 초점을 맞춘다.

■ 초기 단계의 상담 업무

아마도 예상했듯이, 상담자는 치료의 초기 단계에서 가장 많은 업무를 가지게 된다. 상담자가 상담의 기초를 세우는 시기이다. 사실상 모든 이론은 상담 초기에 네 가지 초기 상담자의 업무를 포함한다.

- 상담 관계 형성하기
- 개인, 가족, 그리고 사회적 역동성 평가하기
- 치료 목표 발달시키기
- 사례 관리: 의료적·정신의학적 평가를 참조하기, 필요한 지역사회 자원과 연결시키기, 약물 남용, 폭력, 의료 문제 배제하기

비록 각각의 이론적인 접근은 이러한 네 가지 업무를 다른 방식으로 실행하지만, 교차 이론 유사성들은 상담자가 수월하게 치료의 초기 단계를 개념화할 수 있도록 해준다. 만약 치료에서 문제가 나타난다면, 상담자는 네 가지 초기 업무 중 하나가 다시 해결될 필요가 있다는 것을 확실히 알 수 있다.

■ 작업 단계의 상담 업무

작업 단계에서의 주요 업무는 상담을 계속 진행시키는 것이다. 상담 과정처럼 상담자는 치료가 효과적인지 아닌지 평가할 필요가 있다. 내담자는 정해진 목표를 향해 발전하고 있는가? 7장에서 살펴보겠지만, 표준화된 측정 방법은 신뢰를 주며 발전을 측정하기 위해 사용된다. 만약 치료가 효과적으로 보이지 않는다면 이유는 무엇이며, 어떻게 상담이 그러한 목표를 성취할 수 있도록 적용할 수 있을까?

마찬가지로 상담자는 내담자와 강력한 라포르를 유지하고 있는지 점검해야 한다. 상담이 진행될 때, 진전의 부족, 불가피한 직면, 상담자의 시기적절하지 않은 자기개방, 잘못 해석된 논평, 모르는 사람에 의한 무작위적 발언 또는 구글 검색의 결과 등을 포함한 많은 명백한 그리고 그다지 명백하지 않는 다양한 요소에 의해 상담 관계가 약해질 수 있다. 그러므로 상담자는 치료 계획을 위한 작업의 기반이 탄탄하다는 것을 확실히 하기 위해 관계를 지속적으로 점검해야 한다. 관계를 점검하는 것은 항상 관찰에 의해 수행되어야 하고 몇 주에 한 번씩 구두로 '확인'해야 한다. 덧붙여, 상담자는 회기 평가 척도(7장 참고)와 같은 도구를 사용할 수 있다.

■ 종결 단계의 상담 업무

간단하게 말하자면, 종결 단계의 주요 업무는 상담자가 그들 스스로 내담자의 삶에서 불필요하게 되는 것이다. 이 단계에서 상담자는 내담자와 함께 작업한다. 추후 치료 계획을 발전시키기 위해 (1) 그들이 만든 변화는 무엇인지, (2) 그들의 성공을 어떻게 유지할 것인지, (3) 그들 삶에서 다음의 도전을 어떻게 다룰 것인지를 확인하는 과정을 포함한다. 각각의 상담 모델은 이를 수행하는 다른 방법을 가지지만, 이 일에 대한 대부분의 상담 장면에서 일관적이고 유용한 논리뿐만 아니라 교차 이론적 일관성을 가진다. 잘 해결되면, 내담자는 그들의 삶에 나타나게 될 피할 수 없는 문제들을 잘 해결할 수 있다는 느낌을 가지며 상담을 끝낸다. 체계적 전문가 John Weakland는 "내담자는 늘 같은 문제를 반복해서 경험한다. 인생에서 어떤 문제 이후 다른 다음 문제가 생길 때 치료는 성공적이라고 할 수 있다."라고 하였다(Gehart & McCollum, 2007, p. 214).

■ 다양성과 상담 업무

각각의 상담 업무를 위해, 당신은 또한 문화, 민족, 인종, 성적 지향, 종교, 언어, 능력, 연령, 성과 같이 다양한 문제를 어떻게 해결하는지에 집중해야만 한다. 예를 들어, 대부분의 모든 내담자와 함께 당신은 연령, 민족, 성과 같은 다양성의 형태를 위해 관계 방식을 다소 조정해나갈 필요가 있다. 이와 유사하게 어떠한 기능에 대한 평가는 항상 다양한 변수를 고려해야만 한다.

사실상 모든 사례에서, 다양성에 관한 정보는 성별, 연령, 민족, 사회경제적 지위를 다룰 수 있다. 모든 순간에 이러한 것을 다룰 필요는 없지만, 특별히 각각의 상담 업무를 위해 적어도 특정한 하나는 확인해야 한다. 덧붙여서, 상담자는 이러한 다양한 요소라는 점에서 어떻게 상담자–내담자 차이점을 다룰 수 있는지 유념할 수 있다.

상담 업무에서 다양성을 다루는 방법에 대한 예시는 다음과 같다.

- 10대 청소년과 남성에게 유머 사용하기
- 전문가와의 관계에서 형식적이고 존중하는 관계적 방식을 선호하는 민족적 배경을 가진 이민자와 내담자를 더욱 형식적이고 존중하는 자세로 대하기(라틴계 내담자의 경우)
- 히스패닉·라틴계 내담자에게 개인 특유의 언동 활용하기
- 영적이고 종교적인 신념과 자원 사용하기
- 확대가족·부족 사회가 주된 시스템인 배경으로부터 나온 확대가족이나 부족 구성원의 내담자를 포함하기
- 과거를 탐색하는 것을 중요하게 여기지 않는 내담자에게는 현재 중심적이고, 문제 중심적인 접근 사용하기

- 아시아계 내담자가 부끄러워할 수 있는 논의를 피할 수 있도록 개입, 평가, 질문 사용하기
- 문화적으로 적절한 자원과 사람을 치료에 포함시키기
- 게이, 레즈비언, 양성애자나 트랜스젠더 내담자의 가족 평가하기
- 평가에서 느끼는 소외와 차별의 스트레스에 대해 설명하기

이러한 작업이 벅찬 업무같이 보인다면 실제로도 그럴 것이다. 상담자로서 다양성 문제를 '완성하기'는 불가능하다. 대신에, 이 분야는 새로운 능력의 개발을 펼치는 여행이다. 각각의 내담자, 친구, 가족 구성원, 그리고 삶에서의 이방인은 더 많이 배울 수 있는 기회를 당신에게 제공한다. 당신이 매번 그러한 제의를 받아들이기를 바란다. 하지만 시작하기에 앞서 도움이 될 수 있는 좀 더 구체적인 무언가를 원할 것이다. 이 책은 상담에서 다양성을 다루는 방법에 대한 학습을 위한 출발점이다. 앞으로 나올 8~14장의 각각의 장에서는 민족적, 인종적, 성적으로 다양한 집단을 고르는 데 사용될 수 있는 몇몇 방법을 다루는 부분을 포함한다. 또한 이 책의 사례 연구는 당신이 사용할 수 있는 예시를 가지고 있다. 덧붙여서, 민족과 종교에 대해, McGoldrick, Giordano, & Garcia-Preto(2005)는 53개의 다른 민족을 위해 정서적인 표현과 의사소통, 일반적인 가족 역동성과 임상의 문제를 문화적인 규범으로 설명한다. 게다가, 상담자는 아이들(Adler-Tapia, 2012), 성인(Good & Brooks, 2005), 노인(Knight, Nordhus, & Satre, 2003)과 작업하는 데 있어서 기본적인 원리를 익히 알아야 한다. 친숙하지 않은 종교를 가지고 있고, 장애가 있거나 만성질환과 같은 좀 더 구체적인 다양한 문제를 지닌 내담자를 만난다면, 어떻게 내담자와 가장 잘 지지하고 함께할지를 더 잘 이해할 수 있도록 그들의 환경에 대해 스스로를 교육시키는 것이 상담자의 윤리적인 책임이다.

도움이 되는 내담자 목표 작성하기

'우울한 감정 줄이기'와 같은 증상에 기반을 둔 목표를 작성하는 것은 터무니없이 간단한 반면에, 정확히 도움이 되는 임상 목표를 작성하는 것은 명백한 도전이다. 왜냐하면 내담자의 현재 문제, 개인적 역동, 관계적 역동, 명백한 정신의학적 증상 사이에서 복잡한 상호작용을 설명하는 상담 이론을 사용하기 때문이다. 대부분의 사례에서, 의미 있는 내담자의 목표는 전략적으로 두세 개의 관련이 없어 보이는 역동성과 문제를 연결시키는 핵심 부분을 목표로 삼는다. 짠 실로 봉인한 커다란 밀가루 박스(설탕, 고양이용 깔개, 새 모이, 등)를 열어보려고 노력했다면, 이것이 어떻게 작용하는지 알 것이다. 끌어

당겨야 하는 적절한 실을 발견한다면 당신은 노력 없이 그리고 빨리 목표를 성취할 수 있다. 하지만 만약 적절한 실을 찾지 못한다면, 아무것도 움직이지 않을 것이고 당신은 매우 좌절감을 느낄 것이다. 이와 유사하게 상담에서 어떤 실을 당겨야 할지 알고 있을 때 일은 놀랄 정도로 매끄럽게 진행된다. 만약 그렇지 않다면, 일은 매끄럽게 진행되지 않고 실망을 가져온다. 시작 단계에서의 적절한 실을 찾는 것을 돕기 위해 이 과정에서는 구체적인 것을 통해 당신이 천천히 걸어가도록 할 것이다.

■ 목표를 작성하는 과정

각각의 내담자는 독특하기 때문에 모든 상황에 관한 목표를 작성하는 명백한 규칙은 없다. 하지만 도움이 될 수 있는 일반적인 지침이 있다.

유용한 목표를 작성하기 위한 지침

- **선택 이론으로부터 나온 핵심 개념/평가 영역으로 시작하기**: '증가'나 '감소'(또는 변화를 나타내는 유사한 동사)로 시작하는 무엇이 변화할 것인지에 대해 당신이 선택한 이론의 표현을 활용하여 기술하기
- **증상과 연결하기**: 개인적·관계적 역동의 변화로 인해 어떤 증상이 다루어질 것인지 기술하기
- **내담자의 이름을 사용하기**: 내담자의 이름 또는 동등하고 확실한 표기법을 사용할 때, 정형화된 목표보다는 독특한 목표라는 것을 확실히하기

내담자 목표 구조

'증가시키기/감소시키기' + [이론적인 개념/평가 영역] + '감소시키기' + [증상]

A 부분: '증가시키기/감소시키기' + [이론적인 개념/평가 영역]
B 부분: '감소시키기' + [증상]

목표의 각 부분은 다른 기능을 가진다.

목표에 대한 A 부분과 B 부분의 기능

A 부분: 상담자에게 선택의 이론에 부합하는 치료의 분명한 초점을 제공하기

B 부분: 제3자 지불인에게 정신질환 증상이 어떠한 영향을 받은 것인지에 대한 분명한 설명을 제공하기

A 부분은 상담자가 치료를 개념화하는 데 있어 가장 유용하다. B 부분은 의료 모델

평가를 요구하는 제3자 지불인에게 가장 유용하다. 상담자가 A와 B 모두를 다루는 것으로 목표를 작성한다면, 그들은 자신이 선호하는 방식으로 작업할 수 있도록 최대한 자유롭고 유연하게 작업하면서 제3자 지불인의 요구에도 응하는 방법으로 그들의 작업을 변경한다.

목표 예시

- 폭식과 신체 이미지 왜곡을 감소시키기 위해 몸에 대해 긍정적인 자기 대화를 증가시키기(인지행동 접근)
- AF의 무기력과 우울감을 감소시키기 위해 타인이 행복하도록 만드는 것과 관련된 사회적으로 부과된 '해야만 하는 것'에 대한 순응을 감소시키기(인본주의 접근)
- 우울감의 심각성을 감소시키기 위해 음악, 스포츠, 취미에서 사회적인 상호작용과 참여를 증가시키기(해결 중심 접근)

초기 단계 내담자 목표

상담에서 초기 단계 동안, 세 회기 중 가장 처음 사례에서 내담자의 목표는 일반적으로 자살 사고, 살인 사고, 심각한 우울증이나 공황 장애와 같은 위기 증상을 안정화하고, 섭식과 수면 패턴을 안정화하고, 아동·부양받는 성인·노인의 학대 문제를 관리하고, 약물 남용, 알코올 남용 문제를 다루고, 자살 행동과 같은 자해 행동을 멈추도록 하는 것을 포함한다. 위기 사건을 안정화시키는 것에 덧붙여서 몇몇 이론은 초기 단계에서 다루어야만 하는 구체적인 임상 목표를 가진다. 예를 들어, 해결 중심 상담자는 맨 처음 회기에서 내담자의 희망 수준을 증가시키는 것뿐만 아니라 원하는 행동에 대한 작고 측정 가능한 목표를 세움으로써 임상 증상에 대해 작업한다(O'Hanlon & Weiner-Davis, 1989).

작업 단계 내담자 목표

작업 단계에서의 내담자 목표는 상담하러 온 내담자가 가지고 있는 증상과 문제를 계속해서 만들어내고 유지시키는 역동을 다루는 것이다. 이는 제3자 지불인이 대부분 흥미로워하는 목표이다. 중요한 작업 단계인 내담자 목표를 작성하는 비결은 사례 개념화에 사용하는 **이론적 표현**을 사용하여 목표를 구성하는 것이다. 그 다음에 이 표현을 정신질환 증상과 연결시키는 것이다. 상담자가 이론적인 표현을 사용해서 목표를 진술할 때, 약물을 처방하도록 설계된 표현보다는 개념화하는 데 선호하는 표현을 사용해서 응집력 있는 치료를 작성하도록 한다.

예를 들어, 내담자가 우울증을 진단받았을 때, 많은 상담자는 '우울감을 감소시키기'와 같은 목표를 포함한다. 착각하지 말자. 이러한 목표를 달성하기 위해 석사학위와

2,000~4,000시간의 훈련을 할 필요가 없다. 증상에 근거한 목표로 이 의료 모델은 상담자가 실제로 무엇을 해야 할지에 대한 단서를 제공하지 않는다. 게다가, 이 사례에 대한 모든 문서를 통해 매주 내담자의 우울감 수준을 관찰할 필요가 있을 것이다. 반면에, 임상적 내담자 목표는 우울감을 감소시키도록 하는 이론적인 개념화를 제공해야만 한다. 아래 몇 개의 예시가 있다.

- 정신역동: 직접적인 경험, 정서에 대한 능력을 증진시키기 위해 합리화와 우울감을 감소시키고 정서적으로 결혼생활과 관련된 능력 증진하기
- 인본주의: 우울감을 감소시키고 내담자의 감정을 증진시키기 위해 지금 여기에서의 진실한 정서를 경험할 수 있는 능력 증진하기
- 인지행동: 협력적 의사소통과 긍정적인 감정을 증진시키기 위해 결혼생활과 직장에서 행동을 억압하는 것 감소시키기
- 이야기 치료: 자율성을 증진시키고 우울감을 감소시키기 위해 개인의 가치에 대한 가족과 사회적 평가의 영향 감소시키기

이러한 목표는 내담자의 우울감을 해결하고 분명한 임상 개념화와 방향성을 제공하기 때문에 상담자에게 '감소된 우울증'의 의료적 목표보다 더 유용하다.

종결 단계 내담자 목표

종결 단계에서의 내담자 목표는 (1) 내담자가 상담에 가져오는 더 크고, 더 포괄적인 문제를 다루게 되며, (2) 내담자는 상담자의 이론적 관점에 의해 정의된 '건강'을 더욱 지향하게 되는 것이다. 이전의 목표는 아마도 종종 내담자에게 부부간의 불화와 같은 하나의 문제를 제공하는 형태를 지녔다. 그러고 나서 이후에 상담의 다음 단계에서 양육 문제를 다루기 원할 것이다. 이와 유사하게 내담자는 종종 우울감과 불안을 가질 것이고, 그 후의 단계에서 관계 문제나 가족 내에서 해결되지 않은 문제를 해결하길 원한다. 또한, 부부는 갈등과 성적 염려와 같이 작업 단계에서 치료되어야 하는 긴급한 문제를 가지고, 추수 단계에서 그들의 정체성과 관계적 동의를 재정의하는 것과 같은 더욱 포괄적인 문제를 다루고 싶어 할 것이다.

추수 단계에서 내담자의 목표 중 두 번째 유형은 상담자의 요구에 의해 움직인다. 정신역동이나 인본주의와 같은 몇몇의 이론은 상담자가 작업하는 데 있어 매우 분명하게 정의된 건강 이론을 가진다. 체계적 치료와 해결 중심적 치료와 같은 이론은 사람들에게 있어 건강 이론과 장기적인 목표가 명확하지 않게 설명된다. 그러므로 종결 단계 목표는 종종 내담자가 말로 표현하지 않은 사항을 포함한다. 예를 들어, 인본주의 상담에서 진정성을 높이는 것은 이론에 내재된 장기 목표이며, 내담자를 위한 장기 목표에 포함되어야 한다. 그러한 일반적인 목표를 통해 '결혼 생활이나 직장이나 사회적 관계에서 확

실성 증진시키기'와 같은 구체적인 것을 첨가하도록 돕는다. 목표가 더 구체적이면 구체적일수록 목표를 성취할 가능성이 더 높다.

측정 가능한 목표 작성하기

많은 제3자 지불인은 내담자와 심리치료사가 목표가 달성되는 시기에 대해 알게 될 것을 의미하는 '측정 가능한' 목표에 대해 요구한다. '증가시키기/감소시키기'와 함께 목표를 시작하는 것은 이러한 노력을 돕는다. 게다가, 몇몇의 제3자는 목표가 달성되었는지 여부를 결정하기 위해 심리치료사가 어떤 것이 기준이 될지를 정확하게 명시하기를 원한다. 이러한 요구 조건을 만족시키기 위해서 당신은 다음의 문항을 사용할 것이다.

측정 __________ ☐ 주 ☐ 개월 동안에 __________ 을 유지할 수 있다.

예:

- 2 ☐ 주 ☒ 개월 동안 긍정적인 정서를 유지할 수 있다.
- 2 ☐ 주 ☒ 개월 동안 긍정적인 관계적 상호작용을 유지할 수 있다.
- 6 ☐ 주 ☒ 개월 동안 술에 취하지 않은 상태를 유지할 수 있다.
- 4 ☐ 주 ☒ 개월 동안 평균적으로 C등급을 유지할 수 있다.

당신이 처음 세웠던 목표 작성하기

처음의 몇몇 치료 계획을 작성하는 것에 관해서, 다음의 다섯 가지 단계를 따르는 준비작업을 하는 데 시간을 갖는 것이 유용하다는 것을 알게 될 것이다.

도움이 되는 내담자 목표 작성하기를 위한 준비 단계

1단계: 철저한 사례 개념화(2장)와 임상적 평가(3~4장)를 완성하라.
2단계: 치료에서 먼저 다루어야 할 필요가 있는 위기나 긴급한 문제에 대해 확인하라(3~4장).
3단계: 사례 개념화와 임상적 평가로부터 두세 개의 주제를 확인하라.
4단계: 선택 이론으로부터 장기 이론적인 목표를 확인하라.
5단계: 목표 작성 계획표를 완성하라.

■ 기본적 단계

1단계: 사례 개념화와 임상적 평가

철저한 평가를 실행하기 위해서 2장과 3장의 양식을 사용할 수 있다. 사례 개념화는 가장 중요하고 어려운 단계이기에, 초보 상담자는 이 단계를 생략하고 싶을 것이다. 왜 그럴까? 그 이유는 의미 있는 반영적 사고와 비판적 사고를 요구하기 때문이다. 이것은 정형화되어 있지 않다. 내담자의 실제 상황에 이론적인 개념을 적용하는 데 시간이 걸릴 것이다. 이로 인해 당신은 고군분투할 것이다. 대부분 교과서에 명확하게 나타나 있지 않다. 삶의 대부분의 것들이 그렇다고 할 수 있다. 그러나 고군분투하는 중에 실제로 어떻게 이론을 사용하는지 배울 것이며, 당신은 유능한 상담자가 될 것이다. 임상적 평가는 일반적으로 더 간단하다. 이를 수행할 시간을 확보하고 공식적으로 자격증 시험 준비를 시작하는 노력이 가치 있음을 알게 된다. 당신이 지금 무엇을 배우든 일단 학교를 나오면 학습을 위해 대가를 지불할 필요가 없을 것이다.

2단계: 위기 또는 긴급 문제

임상적 평가에서 상담자는 다음과 같은 위기 사건을 확인한다.

- 자살 또는 살인 협박
- 잠재적, 최근 또는 과거에 아동, 부양받는 성인 또는 노인 학대
- 알코올이나 약물 남용 문제
- 치료에 영향을 줄 수 있는 약물 치료 또는 다른 약물 문제에 대한 평가에 대한 요구
- 즉각적인 주의가 필요한 섭식 장애, 자해, 또는 그 밖의 위험한 증상
- 외래환자 치료를 위해 안정화될 필요가 있는 심각한 우울, 정신병, 공황 장애나 그 밖의 심각한 증상

만약 이러한 문제가 확인되면, 초기 내담자 목표 회기에서 다루어져야 한다. 만약 그렇게 하지 못했다면 상담자는 현재 문제와 관련 있는 초기 단계의 목표를 포함시킬 수 있다.

3단계: 사례 개념화와 임상적 평가 주제

두 가지의 평가를 마친 후, 앉아서 다음의 질문을 해보라.

- 사례 개념화에 특정한 두세 개의 중요한 패턴이 나왔는가?
- 어떻게 이러한 것이 임상적 평가에 얼마나 적합한가?
- 나는 어떤 이론을 사용하고 싶으며, 그 이론은 이러한 주요 주제를 어떻게 설명할 것인가?

4단계: 장기 목표

정신역동(8장), 아들러학파(9장), 경험적 인본주의(10장), 인지행동(11장)을 포함해서 몇몇의 이론은 명백한 대인관계적 경계, 분화, 자기 실현화와 같이 이론적으로 장기적인 목표에 의해 설명된다. 이러한 치료적 모델을 사용할 때, 상담자는 더 큰 목표를 염두에

두고 내담자가 종결 단계의 목표를 준비하도록 하려고 중간 단계의 목표를 구상한다.

5단계: 목표 작성 계획표 완성하기

마침내 당신이 기본적인 요소를 갖추었다고 확신하기 위해 다음의 목표 작성 계획표는 정돈된 상자 안에 모든 것을 하나로 합칠 수 있도록 도와준다.

- 보고된 내담자의 문제
- 사례 개념화에서 확인된 문제가 많은 관계 역동
- 임상적·관계적 증상
- 증거 기반 치료(선택적)

목표 작성 계획표

현재 문제: 문제의 역동을 확인하는 데 사용된다.

내담자가 호소하는 문제는 무엇인가? 내담자의 단어와 문장을 최대한 많이 사용하라.

1. ______
2. ______
3. ______

사례 개념화: 문제 역동에 대한 이론 기반 기술: 이러한 것들은 당신이 목표를 작성할 때 사용된다.

각 장에 있는 '관점: 사례 개념화'에 기반을 둔 사례 개념화를 발전시킨다. 사례 개념화로부터 2~4개의 가장 핵심적인 문제가 있는 관계적 역동이나 담론을 확인한다. 내담자의 현재 문제에 영향을 줄 것 같은 역동이 있다. 몇몇의 경우에, 당신은 특정 역동이 겹치거나 관련 있다는 것을 확인할 것이다. 이러한 상황에서 겹치는 역동을 하나의 요점으로 요약하여 아래 적도록 하라.

1. ______
2. ______
3. ______

임상적 증상

임상적 평가로부터 2~4개의 가장 중요한 심리적 증상이나 문제를 확인하라(예: 우울, 불안, 약물 사용, 사랑하는 사람과의 갈등, 고립, 흥미의 상실, 환각). 목록은 아래에 나와 있다.

(계속)

1. ______________________________
2. ______________________________
3. ______________________________

통합하기

이것은 당신의 솔직함을 유지하도록 한다. 모든 요소가 서로 잘 맞물리는가?

현재 문제	역동	증상
1.		
2.		
3.		

주의: 어떠한 이유에서든 만약 당신이 선택한 역동과 관련이 없어 보이는 증상을 가지고 있다면, 당신의 사례 개념화를 다시 점검하라. 모든 요소는 서로 잘 맞물려야 한다.

증거 기반의 실제(선택적): 이는 당신이 이론과 기법을 결정하도록 돕는다.

(1) 내담자의 긴급한 문제, (2) 진단, (3) 개인적 인구 통계 자료/다양성 요소, (4) 당신이 의도한 치료적 접근과 관련된 연구 문헌을 검토하기 위해 'PsychoInfo'나 그 밖의 유사한 검색 엔진을 사용하라. 아래에 핵심 개입, 기법, 또는 지침을 기술하라.

1. ______________________________
2. ______________________________
3. ______________________________

내담자의 요구뿐만 아니라 가장 중요한 역동과 근거에 기반을 두고서 당신은 어떤 이론과 기법을 이 사례에 적용할 계획인가?

____

유용한 개입 작성하기

치료 계획의 마지막 요인은 각각의 치료 작업과 내담자의 목표를 보완하는 개입을 포함하는 것이다. 치료를 개념화하고 상담 업무와 내담자 목표를 확인한다면, 개입이 유용한지 확인하는 것은 일반적으로 간단하다. 개입은 상담자가 선택한 이론으로부터 나와야 하고 내담자에게 구체적이어야 한다.

개입을 작성하는 지침

- **선택된 이론으로부터의 구체적인 개입을 사용하라:** 개입은 상담 업무와 내담자의 목표를 개념화하기 위해 사용되는 이론으로부터 분명하게 도출되어야 한다. 만약 다른 이론에서의 개입이 통합되면, 수정에 대한 분명한 설명이 필요하다.
- **내담자에게 구체적으로 말하라:** 목표를 최대한 구체적이고 분명하게 만들기 위해 신뢰할 수 있는 기호(성인 여성을 말하는 AF와 성인 남성을 말하는 AM)를 사용하라. (예: '철수하기 위해서 AF의 추구 양상과 AM의 경향에 관한 통찰력을 증진시키기')
- **가능한 한 정확한 언어를 사용하라:** 가능하다면 상담자는 자신의 개입을 전달하기 위해 사용할 것 같은 정확한 질문이나 언어를 사용해야 한다. (예: 1에서 10까지의 숫자 중 결혼 생활에 대한 당신의 현재 만족도는 어느 수준으로 평가할 수 있는가?)

내담자 관점

마지막으로, 상담자는 스스로에게 질문할 필요가 있다. 내담자에게 물어보면 더 좋다. 내담자는 이 계획에 대해 어떻게 생각하는가?

- 이러한 것이 내담자가 변화하기 원하는 것인가?
- 내담자가 이러한 개입과 활동을 할 의향이 있는가?
- 목표와 개입은 내담자의 성격, 문화적 배경, 성적 특성, 가치, 교육 수준, 인지 수준, 생활양식 등에 '적합'한가?
- 문제의 원인이 무엇인지에 대해 내담자와 내가 다른 생각을 가지고 있는 부분이 있는가?
- 내담자가 변화하고 싶은 부분에서부터 시작할 것인가, 아니면 가장 즉각적인 고통이 있는 곳에서 시작할 것인가?
- 내담자가 계획에 대해 잘 이해하는가?

내담자의 관점을 고려하는 것은 효과적일 수 있는 계획을 세우는 데 중요하다. 상담자는 내담자와 함께 계획을 직접적으로 논의해야 하고, 목표, 변화를 위한 전략, 그리고 결과에 대해 공유된 이해가 있음을 확실히 해야 한다. 많은 기관들은 내담자가 동의한 것을 확실히 하기 위해 치료 계획에 서명하는 방식으로 바꾸었다. 이렇게 할 때, 너무 많은 용어로 내담자를 압박하는 것을 피하기 위해 이번 장의 치료 계획에 있는 내담자 목표만 포함하는 것을 권유한다.

계획은 도움이 되는가?

현재 구체적인 치료 계획을 세우기 위한 약간의 비밀을 알려주려 한다. 대부분의 삶처럼 상담은 거의 계획대로 되지 않는다. 인생은 무슨 일이든 생기고, 새로운 문제가 발생하고, 본래의 것은 중요성을 잃으며, 새로운 스트레스 요인은 삶의 장을 변화시킨다. 이는 계획을 쓸모없게 만드는가? 물론 아니다. 치료 계획은 상담자를 단지 처음에 나타나는 방법이 아닌 다양한 방식으로 돕는다.

- 치료 계획은 어떤 역동이 변화할 필요가 있고, 어떻게 변화하는지에 대해 충분히 생각할 수 있도록 돕는다.
- 치료 계획은 내담자가 새로운 위기 사건이나 스트레스 요인에 대해 더욱 빨리, 능숙하게 처리하기 위하여 내담자 상황에 대한 명확한 이해를 상담자에게 제공하는 것이다.
- 치료 계획은 상담자에게 확실함을 제공하고, 새로운 사건에 대한 장소에 반응하기 쉽도록 생각의 명확성을 증가시킨다.
- 치료 계획은 이론 내에서 상담자에게 근거를 두고 그들의 이론이 임상 증상과 어떻게 연관되어 있는지에 대한 이해를 증진시킨다.

이 모든 것이 말하고자 하는 것은 상담이 계획대로 잘 진행되지 않을 때 놀라지 말라는 것이다. 대신 이것을 떠올리라. 그리고 치료 계획을 세우는 데 소요할 시간은 당신이 계획되지 않은 사람보다 더 잘 대응하도록 만들어준다는 것을 인지하라.

개인적 숙고 및 수업 중 토론을 위한 질문

1. 치료 계획이 좋은 아이디어라고 생각하는가? 왜 그렇게 생각하는가? 그렇지 않다면 그 이유는 무엇인가?
2. 현재 문제에 관한 치료 계획에서 어떠한 부분이 가장 유용하거나 정확하다고 생각하는가? 어떠한 문제가 가장 덜 유용하거나 정확하다고 생각하는가? 왜 그러한가?
3. 이전에 정의된 건강 이론에 기초하여 장기 목표를 갖는 것이 유용하다고 생각하는

가? 왜 그렇다고 생각하는가, 아니면 왜 아니라고 생각하는가?

4. 다양한 내담자와 작업할 때 고려해야 할 가장 중요한 특정 문제는 무엇인가?
5. 치료 계획으로부터 가장 이득을 얻는 사람은 누구인가? 상담자인가, 내담자인가?

온라인 자료

증상에 기반을 둔 치료 계획가

www.jongsma.com

참고문헌

Adler-Tapia, R. (2012). *Child psychotherapy: Integrating developmental theory into clinical practice*. New York: Springer.

Berman, P. S. (1997). *Case conceptualization and treatment planning*. Thousand Oaks, CA: Sage.

Dattilio, F. M., & Jongsma, A. E. (2000). *The family therapy treatment planner*. New York: Wiley.

Gehart, D., & McCollum, E. (2007). Engaging suffering: Towards a mindful re-visioning of marriage and family therapy practice. *Journal of Marital and Family Therapy, 33*, 214–226.

Gehart, D. R., & Tuttle, A. R. (2003). *Theory-based treatment planning for marriage and family counselors: Integrating theory and practice*. Pacific Grove, CA: Brooks/Cole.

Good, G. E., & Brooks, G. R. (2005). *The new handbook of psychotherapy and counseling with men: A comprehensive guide to settings, problems, and treatment approaches* (Rev. & abridged ed.). San Francisco, CA: Jossey-Bass.

Johnson, S. L. (2004). *Counselor's guide to clinical intervention: The 1-2-3's of treatment planning* (2nd ed.). San Diego, CA: Academic Press.

Jongsma, A. E., Peterson, L. M., & Bruce, T. J. (2006). *The complete adult psychotherapy treatment planner* (4th ed.). New York: Wiley.

Jongsma, A. E., Peterson, L. M., McInnis, W. P., & Bruce, T. J. (2006). *The child psychotherapy treatment planner* (4th ed.). New York: Wiley.

Knight, B. G., Nordhus, I., & Satre, D. D. (2003). Psychotherapy with older adults. In G. Stricker, T. A. Widiger, & I. B. Weiner (Eds.), *Handbook of psychology: Clinical psychology, Vol. 8* (pp. 453–468). Hoboken, NJ: John Wiley& Sons Inc.

McGoldrick, M., Giordano, J., & Garcia-Preto, N. (2005). *Ethnicity in family therapy* (3rd ed.). New York: Guilford.

O'Leary, K. D., Heyman, R. E., & Jongsma, A. E. (1998). *The couples psychotherapy treatment planner*. New York: Wiley.

O'Hanlon, W. H., & Weiner-Davis, M. (1989). *In search of solutions: A new direction in psychotherapy*. New York: Norton.

Wiger, D. E. (2005). *The psychotherapy documentation primer* (2nd ed.). New York: Wiley.

CHAPTER 6

회기 보고서

4단계: 기록하기

유능한 상담 여정의 네 번째 단계는 어디에서 무엇을 했고 끝마쳤는지 문서화하는 브레드크럼 트레일(breadcrumb trail)[1]을 포함한다. 대부분의 인간 행동은 발자국부터 새로운 창조물 혹은 일부 잔재와 같은 흔적을 남긴다. 하지만 상담은 기록으로 남겨두지 않으면, 흔적을 거의 남기지 않는다. 이러한 상담의 찾아낼 수 없는 특성은 비밀유지와 내담자의 개인 정보를 보호하기 위한 법적·윤리적 지침에 의해 크게 좌우된다. 문제점은 대부분의 보험회사 및 제3자 지불인과 같이 상담 과정에 기득권이 있는 제3자가 (1) 실제로 상담이 이루어지고 있고, (2) 그들이 지불한 것에 대한 대가를 얻었다는 증거를 요구한다는 점이다. 회기를 녹음하거나 센터에 관찰자 팀을 보내는 것 대신에, 상담자는 내담자와 매 상담에서 있었던 일을 공식적으로 기록하는 **회기 보고서**를 통해 그들의 권한에 대한 증거를 남긴다.

회기 보고서는 법적·윤리적 기준에 따르는 전문적인 치료를 나타내는 주요한 수단이다. 인쇄된 것이 아니라면, 상담자의 전문적인 의견, 슈퍼바이저의 평가, '상담자는 훌륭해.'와 같은 내담자의 열렬한 감탄은 제3자 지불인에게는 큰 의미가 없다. 대신, 상담이 기준에 부합하는지 알 수 있는 방법은 회기 보고서를 검토하는 것이다. 따라서 이 문서는 상담자에 대한 소송 및 청구에 대한 주요 방어선을 제공한다. 추가적으로, 상담자는 회기 보고서를 통해 지난주, 지난달, 지난해에 무엇을 했고 어떤 말을 했는지 상기시킨다.

이상적으로, 회기 보고서는 상담자가 서비스를 반영하고 개선하도록 도와주는 데

1 브레드크럼 트레일(breadcrumb trail)이라는 이름은 동화 <헨젤과 그레텔>에서 숲에서 집으로 돌아가기 위해 빵 부스러기로 길을 표시했던 것에서 따온 것이다. _옮긴이 주.

사용해야 할 것이다.

몇 년 동안, 다양하고 극적인 다양한 모델과 조언은 새로운 상담자들에게 회기 보고서를 작성하는 법을 알려주었다. 나는 훈련 초기에 다음과 같은 말을 들었다. 회기 보고서는 알아볼 수 있게 만들고, 최대한 간결하게 기록하라. 다행히, 비교적 최근 연방 법률에서는 정신건강에서 가장 많이 사용되는 임상 서류를 추측하면서 회기 보고서에 무엇을 해야 하고 하지 말아야 하는지에 대해 상담자에게 명확성을 제공한다.

회기 보고서 대 심리치료 기록

2003년 미국 보건사회복지부는 HIPAA(Health Insurance Portability and Accountability Act)에 명시된 의료 문서 가이드라인의 새로운 양식을 시행하기 시작했다(USDHHS, 2003). 건강관리 보험의 이동성과 같은 다른 건강관리 관련 문제해결과 함께, HIPAA 규정은 의료 문서에 대한 새로운 개인 정보 보호 기준을 포함한다. 상담자에게 가장 중요하고 수년간 훈련을 받아온 사람들이 깜짝 놀랄 만한 사실은 두 가지 임상 서류인 회기 보고서와 심리치료 기록 간의 새로운 구분이었다(Halloway, 2003). 이전에는, 정보에 대한 요청을 어떻게 다루는지에 따라, 두 가지 양식을 모두 사용하는 것이 비윤리와 불법 사이 어딘가에 있었다. 그러나 이 새로운 법안은 단지 환자의 사생활을 더 보호하기 위해 발안되었다.

회기 보고서: '공식적인' 의료 파일

- 내담자(서면요청 시) 또는 소환장에 응답하는 다른 의료 전문가와 공유한 것을 기록한다.
- 제3자 지불인은 일반적으로 이러한 기록에 대해 구체적으로 요구한다. 제3자 지불인은 일반적으로 이러한 기록을 구체적으로 요구한다.
- 일반적으로 대부분의 주에서는 내담자가 이러한 기록에 접근할 수 있는 권한을 가진다.

심리치료 기록: 상담자의 사례 개념화 파일

- 심리치료 기록은 반드시 공식적인 의료 자료와는 구별해서 보관해야 한다(여타 인적 사항 자료와 구분하여). 만약 별도로 보관하지 않는 경우, 그것은 의료 파일의 일부로 간주되어 특별한 보호를 받을 수 없다.
- 별도로 보관하는 경우 심리치료 기록은 HIPAA 법안에 따라 훨씬 높은 수준의 보호를 받으며, 외부의 제3자에게 공개되는 경우가 거의 없다.

- 이러한 기록을 보관할 필요는 없다(당신은 기록을 보관하지 않아도 되지만, 아마 할 것이다).
- 이 기록은 내담자의 것이 아닌 명백한 상담자의 재산이다. 내담자는 이 기록에 대한 권한이 없다.
- 내용은 일반적으로 사례 개념화, 개인적인 인상, 내담자에 대한 분석, 가설 등을 포함한다.
- 어떻게 배치해야 하고 무엇을 기록해야 하는지에 대한 기준은 없다. 만약 있다면, 그들의 목적이 내담자 경과에 관해서 반영 또는 계획 수정, 사고에 대한 생각을 상담자에게 도움받기 위함이다.

심리치료 기록이 새로운 몇 가지 지침과 함께 구별되어 보관된 이후에는 당신의 개인적인 일에 대해 관여하지 않겠다. 당신(그리고 당신이 자격증을 취득할 때까지 당신의 슈퍼바이저)은 이 보고서에 무엇을 작성할지 결정한다. 회기 보고서는 다른 문제이다. 그들은 많은 규칙을 가지고 있고 이 규칙에 대해서는 다른 장에서 살펴볼 것이다.

회기 보고서

HIPAA 회기 보고서의 윤리 위임장

1. 동시에 최대한 내담자의 개인정보를 보호하라.
2. 전문적인 치료기준에 부합할 만한 치료를 문서화하라.

회기 보고서를 작성할 때, 당신은 다음과 같은 두 가지 윤리적 의무 사이에서 균형을 유지해야 한다. (1) 내담자의 사생활과 비밀 보호를 극대화시키고, 동시에 (2) 당신이 제공하는 유능한 치료를 기록하기. 이 두 가지를 균형 있게 하는 것은 처음에는 조금 힘들지만 연습하다보면 자전거를 타는 것처럼 균형을 잡는 것이 점점 편해진다.

내담자의 개인 정보 보호에 관해서, 나는 당신의 회기 보고서가 <뉴욕 타임스> 제1면에 장식될 것처럼 기록해야 한다고 말한다. 이것이 의미하는 것은 무엇인가? 내담자를 포함한 잠재적이고 의도하지 않은 모든 주주들이 <타임스>를 읽고, "네, 이것은 일어났던 일입니다. 사실이 아니라고 주장할 이유가 없습니다."라고 말할 것이다. 따라서 회기 보고서는 특정 회기와 관련된 기본적인 사실과 의료 정보를 문서화한다. 상담자는 (1) 정신 질환 증상과 관련한 진전과 차질, (2) 이러한 증상을 치료하기 위해 사용했던 개입 방법, (3) 치료에 대한 내담자의 방법을 기록한다. 이를 중점으로 상담자는 세심하게 치료를 기록하는 동시에 내담자의 사생활 보호를 극대화시키는데, 그렇게 함으로써 두 가지 윤리적 의무를 충족시킨다.

회기 보고서를 작성할 때, 상담자는 매우 주관적인 관찰(예: '내담자는 어머니와 함께 있을 때 얼마나 화가 난 상태인지 인식하지 못한다')과 모든 사건, 제3자의 이름, 구체적인 장소, 다른 사람에 대한 부정적인 진술(예: '그녀는 자신을 Betty Jones와 비교하는데, 그녀는 다른 남자 때문에 자신의 남편을 떠난 여자이다')과 같은 자세한 세부 사항은 피해야 한다. 음모와 정서적 혼란으로 가득한 극적인 **할리퀸 로맨스** 대신에 상담 회기 보고서는 있는 그대로, 의료 기록은 무미건조하게, 생동감이나 '흥미진진한' 것 없이 적는 것이 좋다. 이러한 보고서는 불륜, 가족들의 상호작용에 대한 세부 정보, 대학 동창과 친구의 이름과 같은 잠재적으로 손상을 줄 수 있는 정보를 포함하지 않음으로써 내담자의 개인 정보 보호를 강화한다. 따라서 타임스 제1면을 장식하더라도, 상담자가 '한 주간 부여한 작은 과제를 확인하는 척도 질문'을 사용하면서 치료한 '5일간 적정 수준의 우울 증상'의 회기 보고서 세부사항은 놀랍지 않을 것이다. 그리고 어떠한 경우에도 출간되기 전 편집자가 편집할 것이다.

위기 상황은 최소한의 개인 정보의 일반적인 원칙에 가장 주목할 만한 예외 사항이다. 자살, 자해, 학대, 살인과 같은 위기 상황이 고정될 때, 상담자는 안전성에 대한 평가, 안전 계획(계획에 포함한 사람들의 이름, 역할을 포함하여), 안전을 확보하고 법적 요구를 따르기 위해 취할 구체적인 행동에 관한 정보를 자세하게 기록해야 한다. 위기 상황이 안정화될 때 자세한 회기 보고서는 신중하게 기록하면서 상담자에게 추가적인 '보험'을 제공한다. 또한 고위험 수준의 법적 상황에서의 전문적인 돌봄은 내담자에게 필요한 정보와 함께 치료를 해줄 다른 건강 전문가를 제공한다.

회기 보고서 요소

HIPAA 가이드라인과 제3자 지불인은 회기 보고서에 무엇을 포함해야 하는지에 대한 지침을 제공하면서, 이 분야에서 회기 보고서의 획일화를 증가시켰다. 일반적으로 포함되는 요소는 다음과 같다.

- **내담자 정보**: 내담자 사례 번호(일반적으로 내담자 정보 보호를 위해 주간 보고서에는 이름이 없음)

- **시간**: 날짜, 시간, 그리고 회기의 길이. 필요시 장소도 포함함
- **대상**: 회기에 참여한 사람
- **경과와 증상**: 도움을 받기 위해 정신질환의 증상/상태의 빈도, 심각성, 지속 기간뿐만 아니라 증상의 개선/퇴행을 포함하는 내담자 경과
- **평가와 위기**: 위기 요소를 위한 평가와 어떻게 그것을 관리할지에 대한 기술
- **개입**: 사용된 개입과 개입에 대한 내담자의 반응
- **계획**: 앞으로의 회기를 위한 계획. 치료 계획의 수정
- **서명**: 전문가 자격·학위와 함께 상담자의 본인의 서명(이니셜이 아님)

■ 다양한 주제: 회기 보고서의 유형

회기 보고서에 필요한 필수적인 요소에 대해서는 일반적으로 일치한다. 그러나 단지 필요한 재료의 목록처럼, 다양한 요리를 제공하기 위해 결합하는 방법은 많다. 회기 보고서가 세계적으로 번역되면서 회기 보고서를 작성하는 방법이 더 많이 있음을 의미한다. 많은 상담자들은 회기 보고서의 pre−HIPAA, SOAP, DAP와 새로운 기준에 적응하면서 HIPAA를 따르는 것을 선택한다. 기관에서 그들이 개발한 형식을 사용하는 이들도 있다. 비록 HIPAA 규제가 회기 보고서의 형식을 통일하여 논리적으로 보이지만, 도시 주변의 기관 방문은 베스킨라빈스에서 판매하는 아이스크림 맛보다 회기 보고서의 유형이 더 많다는 것을 보여주었다. 대부분 일반적으로 SOAP, DAP, BIRP 보고서를 사용한다.

SOAP 기록

회기 보고서의 원래 형식인 SOAP 기록은 의료 상황에서 널리 사용된다. SOAP는 주관적, 객관적, 평가, 계획을 포함하고 있다(Wiger, 2005). 일반적인 실습 의사, 물리치료사, 직업 상담자를 포함한 많은 의료 전문가들은 SOAP 기록을 사용하는데, 신체적 조건의 치료를 기록하도록 설계되어 있기 때문이다. 그리고 SOAP 기록에서 특히 HIPAA 규제는 정신건강에 적용하기에 다소 어색할 수 있다. 따라서 각 부분의 해석은 실무자와 기관에 따라 상당히 다를 수 있다.

- 주관적 관찰: 내담자의 이야기 및 보고된 증상 설명
- 객관적 관찰: 상담 교사의 관찰, 검사 결과, 신체검사와 활력 징후를 통한 결과. 상담자의 관찰은 순수하게 행동, 차림새를 설명하는 것과 방 안에서 관찰되는 행동적인 용어로 언급될 필요가 있다.
- 평가: 증상, 평가, 진단의 개요. 감별 진단을 고려한다.
- 계획: 내담자에게 주어진 지침 및 약물 치료를 포함하여 나열된 증상을 치료할 계획

SOAP에서 명확하게 확인되지 않은 핵심 요소 중 하나는 회기에서 언제 개입을 하는가

이다. 대부분의 사례에서 개입은 평가된 문제에 대해 상담자가 무엇을 계획하는지를 광범위하게 나타내는 '계획'을 따라간다. 이 '계획'은 상담자가 회기, 과제, 다음 회기에서 무엇을 했는지 나타낸다.

DAP 기록

일찍이 관리된 돌봄 요구에 반응해서 발달된 DAP(자료, 평가, 계획) 기록은 경과 기록에 대한 일반적인 형식 중 하나이다(Wiger, 2005).

- 자료: 회기, 개입, 임상 관찰, 검사 결과, 증상, 스트레스원 등 회기 안에서 무엇이 발생했거나 무엇이 말해졌는지에 대한 내용
- 평가: 증상에 대한 평가, 최근 회기에서 결과, 전반적인 상담 과정, 성취되는 치료 계획 목표, 작업이 필요한 부분, 진전의 부분 등
- 계획: 숙제, 다음 회기를 위한 개입, 다음 회기를 할 적절한 시기, 치료 계획의 변화. 몇몇 상담자들은 현재 지닌 문제와 증상과 관련되어 내담자가 만든 진전을 'P'로 나타내고, 개선 사항을 설명한다.

비록 일반적인 개요가 있지만, DAP 기록은 다양한 방식으로 해석될 수 있고, 따라서 실무자 개인이나 기관은 각각의 부분에서 다른 정보들을 강조하면서 종종 독특한 스타일을 개발한다.

BIRP 기록

BIRP(행동, 개입, 반응, 계획)는 점점 더 유명해지는 새로운 형태다. 이러한 형태는 문맥에서 사용되는 것과 가장 가깝다.

- 행동: 일반적으로 기간, 심각도, 빈도를 포함한 증상의 행동적인 면에 대한 설명
- 개입: 회기에서 사용되는 개입에 대한 설명
- 반응: 개입에 대한 내담자 반응에 대한 설명
- 계획: 다음 회기에 대한 설명이거나 치료 계획에 대한 변화

■ 다목적의 HIPAA 회기 보고서

DAP나 SOAP는 정신의료계 전문가들을 위해 알맞은 것은 아니다. 이것은 HIPPAA 이전 시대를 봐도 알 수 있다. 그러므로 실습 과정을 가능하게 하고 제3자 지불인에 의한 감사 파일을 간소화하기 위해서 나는 HIPAA와 개인 보험회사와 공공 기관과 같은 제3자 지불인의 일반적인 요구사항을 나타내는 회기 보고서를 개발하였다. 이 보고서는 이전보다 따라 하기 쉽다.

내담자 #______에 관한 회기 보고서

날짜: __________ **시간:** ____:____ ☐ 오전 / ☐ 오후 **회기 길이:** ☐ 45분 ☐ 60분 ☐ 기타: ____분

소개: ☐ 성인 남성 ☐ 성인 여성 ☐ 남자아이 ☐ 여자아이 ☐ 기타:

청구 코드: ☐ 90791(평가) ☐ 90834(45분 치료) ☐ 90837(60분 치료) ☐ 90847(가족)

☐ 기타: __________

증상	마지막 방문 이후의 주기와 빈도	진행 경과
1: __________	__________	☐ 향상 ☐ 진전을 보임 ☐ 유지 ☐ 퇴행 ☐ 없음 ☐ 변동적임 ☐ 다루지 않음
2: __________	__________	☐ 향상 ☐ 진전을 보임 ☐ 유지 ☐ 퇴행 ☐ 없음 ☐ 변동적임 ☐ 다루지 않음
3: __________	__________	☐ 향상 ☐ 진전을 보임 ☐ 유지 ☐ 퇴행 ☐ 없음 ☐ 변동적임 ☐ 다루지 않음

증상에 대한 해석: ______________________________

회기 내의 개입과 부여된 과제

____

내담자 반응/피드백

____

계획

☐ 치료 계획 지속하기: 다음 회기를 위한 계획: ______________________________

☐ 계획 수정하기: ______________________________

다음 회기: 날짜: __________ 시간: ______:______ ☐ 오전 / ☐ 오후

위기 요소: ☐ 위기의 조짐이 없음/내담자 부정 ☐평가된/언급된 위기: 아래에 기술하라.

____

______________________________, ______________________________ ______________________________

임상가 서명 자격/인턴 날짜

사례 자문/슈퍼비전 ☐ 해당 없음

기록 사항: ______________________________

____

(계속)

기타 연락망 ☐ 해당 없음

성명: ______________ 연락한 날짜: ______년 ___월 ___일 시간: ______:______ ☐ 오전 / ☐ 오후

☐ 파일에 작성된 내용 서면상 양도: ☐ 발송 / ☐ 수신 ☐ 법정 문서 ☐ 기타: ______________________

기록 사항: ____

____

______________________________, ______________________ ______________________

임상가 서명 자격/인턴 날짜

______________________________, ______________________ ______________________

슈퍼바이저 서명 자격 날짜

작성된 회기 보고서의 예는 책의 Ⅱ부 각 장의 끝부분에 제시되어 있다.

회기 보고서 작성 방법

여기에 회기 보고서를 작성하는 방법에 대한 간단한 지침이 있다.

내담자

내담자 비밀 보장을 위해, 내담자 이름은 파일 라벨지나 회기 보고서에 절대로 적어서는 안 된다. 만약 스타벅스에서 실수로 회기 보고서가 파일 밖으로 빠져나갔다고 상상해보면, 내담자를 확인할 수 있게 하는 것은 절대 안 된다. 이러한 일이 발생할 수 있기 때문에 보고서를 당신의 사무실 건물 밖으로 절대 가지고 나가서는 안 되며, 당신이 내담자를 만난 후 회기 보고서 작성을 완료하기 전까지 당신이 자리를 비우고 건물 밖으로 나가서는 안 된다.

날짜/시간/회기 길이

기록은 회기의 날짜, 회기를 시작한 시간, 회기의 길이와 함께 시작한다. 일반적으로, 개인, 부부, 가족 상담의 회기는 25분 또는 5분으로 제한 시간을 가진다. 집단 회기 같은 경우에는 아마도 1시간에서 1시간 반 정도의 시간제한을 갖는다.

사람들 호칭

대부분의 임상가는 중요한 타인이나 내담자를 나타내기 위해 내담자의 이름이나 '내담자'라는 단어 대신에 약어의 형식을 사용한다. 일부는 간단하게 내담자를 'cl'이라고 축약한다. 그러나 가족이나 부부와 작업할 때는 충분하지 않다. 비슷하게, 대부분의 개인 내담자는 그들에게 중요한 타인을 빈번하게 인용한다. 따라서 그들의 약어를 사용하는 것은 그들을 위해서도 도움이 된다. 이와 같이 내가 쓴 것과 다른 이들이 쓴 것을 본 몇 년 후에, 개인, 부부, 가족에 더하여 내담자들을 한 번도 본 적 없는 슈퍼바이저들이 그들을 이해하는 것을 돕는 다음의 표기 체계를 추천한다.

AF: 성인 여성: 만약 두 명 이상이라면 나이를 추가(AF34, AF62) 또는 간단하게 AF1과 AF2로 표기

AM: 성인 남성: 만약 두 명 이상이라면 나이를 추가(AF24, AF58) 또는 간단하게 AM1과 AM2로 표기

CF# : 여아의 연령(예: CF8=8세의 여자아이)

CM# : 남아의 연령(예: CM8=8세의 남자아이)

CPT 청구 코드

회사는 제공받은 서비스가 어떤 종류인지 파악할 수 있도록 AMA(American Medical Association)가 만들고 갱신된 CPT 코드를 사용한다. 2013년 1월 1일에, 정신건강 실무자를 위한 새로운 CPT 코드가 발행되었다.

심리치료 CPT 청구 코드

- 90791: 정신 진단적 평가(일반적으로 첫 회기에서 사용)
- 90832: 환자 및 가족들과 30분간 심리치료
- 90834: 환자 및 가족들과 45분간 심리치료(회기당 45~50분 기준)
- 90837: 환자 및 가족들과 60분간 심리치료
- 90845: 정신분석
- 90846: 45~50분간 가족 심리치료
- 90847: 45~50분간 내담자의 심리치료와 함께 가족 심리치료
- 90849: 다양한 가족 집단 심리치료
- 90853: 집단 치료(다양한 가족 집단 이외)
- 90839: 60분간 위기 심리치료, 90840에서 30분 추가적으로 실시
- 90785: 평가와 심리치료 코드를 사용한 상호 복합 코드: 90791, 90832, 90834, 90837, 90839

대부분 지역 정신건강 센터는 그들만의 고유한 청구 코드를 갖는다. 종종 같은 주에서도 표준화되지 않은 경우도 있다. 그러나 그들은 일반적으로 CPT와 유사한 항목의 청구서를 사용한다.

증상 경과

회기 보고서의 요소 가운데, 상담자는 회기에서 회기로부터 증상의 지속 시간, 빈도, 심각도의 변화를 기록해야 한다. 이러한 증상은 진단 또는 임상적 주의에 초점을 맞춘 다른 문서들과 분명히 일치해야 한다. 추가적으로, 증상 경과는 측정과 정신과, 행동 상태를 포함해야 한다.

- 행동: 가능한 때 행동에서 증상을 기술한다.
  - 갈등(일반적 주장의 기술보다는 갈등의 횟수)
  - 패닉 공격(공격 횟수)
  - 도망(횟수)
- 정신과: 가능한 한 정신과 용어를 사용한다.
  - 우울한 기분(슬픔 대신)
  - 예민함(변덕 대신)
  - 과민 반응(두려움 대신)
  - 불안(스트레스 대신)
- 측정 가능함: 측정 심각도, 빈도, 지속 시간을 측정하는 것을 포함한다.
  - 지속 시간: 얼마나 오래 증상이 지속되는가? 분, 시간 또는 일 단위로 측정 가능하다.
  - 빈도: 정해진 기간 동안 몇 번이나 발생했는가? 이상적인 것은 숫자로 보고하는 것이지만 '많이' 또는 '거의 없음'으로 표기할 수 있다.
  - 심각도: 증상이 얼마나 심각한가? 일반적으로 가볍다거나 심각하다는 중증의 관점에서 말한다.

증상 경과 기술이 명확한 예는 다음과 같다.

- 내담자는 가벼운[심각도] 우울한 기분이[증상] 7일 중 5일간[빈도] 있었다고 보고하였다.
- 내담자는 하나의 공황 발작이[증상] 지난주[빈도] 중간 정도[심각도]였다고 보고하였다.
- 내담자는 파트너와 갈등이 줄어들었고[증상], 지난주[빈도] 2회의 작은 갈등이[심각도] 있을 뿐이라고 보고하였다.

증상을 막연하게 기록한 예는 다음과 같다.

- 너무 막연하다: 내담자는 한 주간 '더 나아졌다'고 보고했다.
- 너무 막연하다: 전반적으로 증상이 개선되었다.

개입

증상이 확인되면, 회기 보고서에 상담자가 내담자의 문제를 드러낼 수 있도록 도와주기 위해 사용되는 개입을 명확하게 기입해야 한다. 개입은 이론과 내담자/구체적인 증상에 의한 것이어야 한다. 각 장(8~14장)의 '개입' 부분에는 이 작업을 쉽게 하기 위해 다양한 옵션을 제공한다.

- 다음 주에 우울 감소를 위한 단계로 해결 중심 척도를 사용했다.
- 배우자와의 감정 공유를 위해서 빈 의자 기법을 사용했다.
- 관계 방식에 대한 통찰을 제공하기 위해 애착 가설을 세웠다.

다음과 같이 전문적인 치료 개입을 분명하게 전달하지 않는 일반적이고 모호한 말을 피하라.

- '스트레스 완화 작업에 대해 논의했다': 반드시 보험 상환을 보장하는 상담 개입이 아닐 수도 있다.
- '두려움에 대해 이야기했다': 헤어스타일리스트 또는 바텐더와 당신을 어떻게 구분할 것인가?

내담자 반응

점진적으로, 상담자는 다음과 같은 내담자가 치료에 어떻게 반응했는지 기록한다. 개입 방법에 대해 내담자가 잘 반응했는지, 무엇을 했는지, 무엇이 잘 되지 않았는지. 수년간, 나는 어떤 종류의 개입이 특정한 내담자에게 도움이 되었는지를 반영하면서, 이 부분이 나를 촉진시키는 데 특별히 도움이 된다는 것을 발견했다. 그래서 정말 솔직히, 이것이 임상가로서 나의 작업을 발달시키는 데 가장 도움이 된 부분이라고 말할 수 있다.

- 작업하는 문제와 관련된 재구조화를 받아들이는 내담자, 관계와 관련된 재구조화를 덜 받아들이는 내담자
- 적극적으로 빈 의자 기법에 참여하는 내담자, 집에서도 적용할 수 있는 것에 대해 낙관적인 내담자
- 마음챙김 훈련에 관해 열정을 보이는 내담자

계획

치료 계획을 수정하거나 다음 회기를 위한 계획을 기술하라.

- 다음 회기에 배우자를 부를 것이다.
- 일기 쓰기 과제의 후속 조치, 미래의 자기에게 편지 쓰기

- 자살 사고에 대한 평가를 계속한다.

위기 요소

상담자는 이전 회기에서 이어지는 다른 위기 요소 또는 현재 회기에서 나타나는 모든 위기 요소를 기록해야 한다. 만약 자살 사고 또는 자해와 같은 위기 요소를 가지고 있다면, 회기 동안에 상담자가 점검했던 것을 글로 남기는 것이 좋다. 만약 위기 요소를 찾았다면, 상담자는 반드시 명확하게 (1) 결과를 지지하는 과정과 단서, (2) 일반적인 또는 안전을 위한 특정한 행동을 구체화해야 한다. 위기 상황 문서화는 일반적인 개입과 경과보다 좀 더 구체적이고 특별한 정보를 요구한다.

- 내담자는 가족 내 아동 학대를 이야기했다. 때때로 벨트로 아동을 때린다고 이야기했다. 오후 7시 15분에 CPS를 불렀다고 이야기했다. Christine K.에게 당했다. 파일 안에 모든 내용이 기록되었다.
- 내담자는 "나는 죽었으면 좋겠다."라는 수동적인 자살 사고를 보고했다. 계획이나 의도는 부인하였다. "나는 나의 아이들 때문에 절대 그러지 않을 것이다.", 연락할 수 있는 3명의 이름을 가지고 안전 계획을 만들었다. 상담자에게 긴급 연락을 하겠다고 보고했다.
- 내담자는 한 주간 두 번의 자해를 보고했다. 7단계에서 대안 행동을 개발하기 위해 안전 척도를 이용하는 것에 대해 내담자의 동의하에 만들었다. 내담자는 계획에 동의할 준비가 되었다고 보고했다.
- 내담자는 한 주간 자해를 부정했다. 손목에 새로운 상처가 증거로 있다.

자문과 슈퍼비전

슈퍼비전, 동료 자문, 변호사로부터 법적 자문을 받을 때, 상담자는 특히 법적·윤리적 문제에 대한 권고 사항이나 정보를 기록해야 한다.

기타 연락망

당신이 내담자와 관련하여 교사, 내과 의사, 정신과 의사, 사회복지사, 부모, 타인과 같은 다른 전문가 또는 가족 구성원에게 연락할 때마다, 이러한 연락이 문서화되고 공개되었음을 파일에 기록할 필요가 있다.

- 정신과 의사와 의논, 셀렉사[2]를 60mg 증가시켰으며, 내담자 우울에 영향을 미치는 것이 양육 의무와 결혼 문제라고 믿는다. 기분, 부부 갈등, 양육에 초점을 맞춘 목표와 더불어

2 셀렉사(Celexa)는 SSRI 계열의 항우울제이다. _옮긴이 주.

해결 중심 치료 계획을 공유했다.

- 수학·과학 선생님인 Mr. Thomas는 CM12가 친구들과 충돌하고 수업을 방해하고 학업을 완수하지 않아서 C 학점을 주었고 이를 학교 상담자가 보고하였다. 체육 선생님도 유사한 문제가 있음을 보고했고 그 수업에서도 C를 받았다. 영어와 사회 선생님은 문제가 없다고 알려주었다. 각 반에서 B와 C를 받았다.

서명

마지막으로, 상담자는 반드시 (1) 손으로 서명(이니셜이 아님)을 해야 하고 (2) 자격 상태를 기록해야 한다. 만약 자격이 없다면, 슈퍼바이저가 회기 보고서에 반드시 서명해야 한다.

회기 보고서를 위한 시간과 공간

회기 보고서를 작성하는 적절한 타이밍은 간단하다. 회기를 마치자마자 45–50분 정도의 회기를 회기 보고서에 기록하는 데 10~15분 정도의 시간이 걸린다. 만약 회기 사이에 시간이 없다면 상담자는 반드시 하루가 끝나기 전에 회기 보고서를 작성해야 한다. 당신의 기억력이 얼마나 좋은지와는 별개로, 하루나 이틀, 특히 일주일 이상이 지난 기억은 구체적이지 않기 때문에, 윤리적 객관성을 가져야 한다. 내가 한두 번 시도해보았지만 역부족이었기 때문에, 내 말을 믿어도 좋다. 그래서 나는 매 시간, 제시간에 행하고, 영원한 지옥살이 혹은 그보다 더 심한 공포에 의해 동기 부여되는 당신의 '종교 활동' 범주에 매일의 회기 보고서를 넣기를 추천한다.

또한 당신이 직접 관리하고, 오직 한 장소에 파일 보관함을 잠가서 보관해야 한다. 모든 의학 전문가와 상담자는 즉시 사용하지 않을 때 보안을 위해 회기 보고서와 내담자 파일을 보관하는 곳을 잠가야 한다. 컴퓨터, 이메일, 내담자의 정보로 이루어진 디지털 파일은 HIPAA에서 제시된 규정에 따라 비밀번호, 스파이웨어, 바이러스 방어 프로그램, 안전한 파일 전송, 스팸 방어 프로그램, 보안소켓계층(SSL) 프로토콜, 암호화, 개인 방화벽 등 높은 수준의 보안이 요구된다. 추가적으로 핸드폰 메시지와 일정표처럼 내담자의 정보가 드러난 문서는 사용하지 않을 때는 반드시 암호를 설정해두어야 한다. 대부분의 주에서, 상담자는 성년이 된 시점부터 이후 7년 동안 기록을 유지하고, 그 이후에는 폐기 및 파쇄할 수 있다. 이것은 당신의 책상을 깨끗하게 유지해주고, 파쇄하는 의례적인 행위는 쌓인 스트레스와 좌절을 풀어주는 이점이 있다.

보고서에서의 마지막 기록

회기 보고서는 가장 명확한 기록을 제공하기 때문에 임상 자료의 중심이자 가장 중요한 문서이다. 회기 보고서는 적절하고 필요한 의료 서비스를 제공함으로써 우리가 전문가로서 수행하는 것을 기록할 수 있는 유일한 곳이면서, 문서가 공개되거나 소환될 때 외부인이 볼 가능성이 가장 큰 문서이다. 그러므로 우리는 내담자의 사생활을 보호하기 위해 주의를 기울여야 한다. 회기 보고서를 작성하는 감각은 가장 중요한 임상 능력 중 하나이다. 감사하게도 현장에는 이러한 감각을 키울 수 있는 많은 기회들이 있다!

개인적 숙고 및 수업 중 토론을 위한 질문

1. 회기 보고서의 표준화가 도움이 된다고 생각하는가? 도움이 되지 않는다고 생각하는가?
2. 회기 보고서의 일반적인 요소에서 당신이 가장 놀랐던 것은 무엇인가? 무엇인가 누락된 것이 있다고 생각하는가?
3. 매주 정신건강 증상을 기록하는 것이 상담 과정에 어떤 도움을 제공하는가? 상담 과정이 제한될 수도 있는가?
4. 디지털 시대에 내담자의 자료를 관리하는 것과 관련한 어려움을 경험한 적이 있는가?

온라인 자료

2013 정신과 CPT 코드를 위한 미국 정신의학회(APA)
www.psych.org/cptcodingchanges

AMA의 CPT 코드 www.ama-assn.org

HIPAA 가이드라인 www.hhs.gov/ocr/hipaa

참고문헌

Halloway, J. D. (2003). More protections for patients and psychologists under HIPAA. *Monitor on Psychology, 34*(2), 22.

United States Department of Health and Human Services (USDHHS) (2003). *Summary of HIPAA privacy rule.* Washington, DC: Author. Retrieved December 2, 2007 from www.hhs.gov/ocr/hipaa.

Wiger, D. E. (2005). *The psychotherapy documentation primer* (2nd ed.). New York: Wiley.

CHAPTER 7

상담 성과 평가하기

5단계: 성과 평가하기

새로운 곳을 향해 운전하는 것이 집으로 가는 것보다 종종 더 많은 시간이 소요되는 것 같은 사실에 대해 알고 있는가? 이것은 새로운 곳을 여행할 때 요구되는 부가적인 기대와 관심에서 기인하는 일반적인 지각 또는 오해이다. 그 다음에는 무엇이 있을까? 어느 곳으로 돌아가야 하는가? 그리고 주유할 수 있는 곳은 어디인가? 이와 유사하게, 당신이 있는 곳(당신의 위치)과 '상담 여정'을 어디까지 계속할 것인지에 대해 결정하기 위해 지각에 의지하는 것은 잘못된 길로 이끌 수 있다. 이는 장거리 자동차 여행과도 같이, 당신이 얼마만큼 왔으며 또 앞으로 가야 할 길을 알려주는 이정표를 갖도록 하는 데 도움을 준다. 그러나 개통된 고속도로에서의 이정표와는 달리 상담 분야에서의 성과 측정은 명확하지 않다.

보험 회사, 주 의원들, 제3자 지불인은 점점 더 성과를 측정하고 평가하기 위해 상담자에게 의뢰한다(Lambert & Hawkins, 2004). 특히 다른 의료 분야와 비교하여 볼 때, 이것은 힘든 작업이다. 만약 수술이 성공적이고, 물리치료나 약물 치료가 효과가 있다면 이것을 결정하는 것은 비교적 쉬울 것이다. 이러한 것들은 모두 정확한 신뢰도로 측정할 수 있는 실제적인 것들이다. 그러나 우울증이 갈수록 나아지는지, 불안은 줄어드는지 또는 걱정을 덜 하게 되었는지에 대한 평가를 상담자에게 요구하게 되면 평가하는 것은 까다로울 수 있다. 만약 우리가 엑스레이(X-ray)로 사람의 마음이나 정신을 검사하고 기분의 단계를 객관적으로 측정할 수 있다면, 아마 도움이 될 것이다. 만약 우리가 사람의 기분과 행동에 영향을 미치는 모든 요인(관계의 좋음과 나쁨, 업무 스트레스, 뉴스 헤드라인, 신체 질병, 날씨를 포함하여)을 통제할 수 있다면, 우리가 도움을 주고 있는지에 대한 명백한 인식이 가능할 것이다. 우리의 성격, 이력, 기분에 대한 편견을 제외할 수 있다면, 이것 또한 우리에게 명확한 그림을 그릴 수 있게 한다. 하지만 그렇지 못하는 대신, 성과를 평가할 때, 상담자는 좀 더 독창적이어야 하며 심사숙고해야 할 필요가 있다. 내담자가 개선되고 있는지 짐작하기 위한 한 가지 접근은 다양한 정보의 자원을 모으는 것인데, 이는 종종 삼각화(triangulation)라고 불린다(Lambert & Hawkins, 2004). 이러한 취지에서, 상담자는 성과를 측정하기 위한 두 가지 일반적인 옵션이 있다. 이것은 유능한 상담에서의 네 번째 단계이다.

- **비구조화**: 성과에 대한 내담자와 상담자의 주관적인 보고
- **구조화**: 구체적인 심리 변인을 측정하기 위하여 구조화된 측정

성과에 관한 비구조화된 평가

성과에 관한 비구조화된 평가는 내담자나 상담자 중 하나의 보고를 포함하는데, 이는 구두 또는 서면으로 수집된다. 어떠한 경우에나, 평가는 내담자에 대한 서면 문서(예: 내담자의 '파일')를 포함하는 것이 필요하다. 점점 더, 제3자 지불인들은 상담자의 보고뿐만 아니라 내담자에게 성과에 대한 평가를 요구한다. 많은 보험회사들은 만약 상담이 적절하며 효과적이라고 하더라도, 기존에 치료 계획과 평가를 상담자가 작성하도록 하는 것에서 내담자가 평가를 위한 성과 체크리스트를 작성하도록 하였다. 내담자 자신의 기능 수준을 평가하는 것이 유용하다는 생각을 지지하는 몇몇 연구가 있지만, 그럼에도 불구하고 '자기 보고'는 일반적으로 구조화된 평가와 제3자 지불인의 평가보다 신뢰도가 떨어지는 것으로 간주된다(예: 참여자로서 중립일 수 없는 상담자).

비구조화된 평가의 장점

기본적으로, 내담자 성과에 대한 비구조화된 평가를 사용하지 않을 이유는 없다. 하지만 좀 더 도전적인 질문으로 성과를 위한 구조화된 측정을 더할 것인지에 관한 부분이 있다.

장점은 다음과 같다.

- 재정적 비용이 최소화된다.
- 매 회기 진행될 수 있다.
- 내담자와 상담자의 관점을 포함함으로써 더 좋은 타당성을 확보한다.
- 다양한 내담자에게 좀 더 쉽게 적용할 수 있다.
- 매주 사용할 때마다 무엇이 문제인지 피드백을 제공하여 상담자가 치료 계획을 수정할 수 있도록 돕는다.

비구조화된 평가의 단점

- 구조화된 도구보다 신뢰할 수 있거나 타당하지 않다.
- 만약 부모가 정보를 제공하는 데 협조하지 않는다면 아이들에게 실행하기 어렵다(구조화된 도구에서의 더 큰 문제라고 할 수 있지만).
- 심각한 병리 또는 회기 중간에 사건을 정확하게 회상할 수 없는 사람에게 더욱더 실행하기 어렵다.
- 특정 부부나 가족의 경우, 다른 구성원의 비난에 영향을 받지 않는 평가를 위해 데이터 정보는 서류상으로 수집되어야 한다.

전략

이 정보를 얻기 위한 가장 쉬운 방법은 질문하는 것이다.

- 마지막 만남 이후로 내담자에게 성과에 대해 평가하게 한다.
- 구체적인 증상에 변화가 있었는지, 목표에 대한 성과가 있었는지 질문한다.
- '얼마나 자주 당신은 우울하거나/공황 장애를 경험합니까?' 등
- 변화를 평가하기 위해 해결 중심 척도 질문을 사용하여 내담자에게 질문한다(13장; Berg & Shazer, 1993).

상담자는 내담자와 상담자 자신의 성과에 대한 평가를 (1) 이야기(구나 문장으로 사용하여) 또는 (2) 척도를 사용하여 기록할 수 있다.

성과에 대한 이야기 기록 예시

- 내담자는 지난주 동안 우울 삽화가 증가되었다고 보고함(5/7일)
- 내담자는 지난주 동안 갈등이 줄었다고 보고함. 단 하나의 언쟁.
- 내담자는 지난주에 수면 장애에 변화가 없다고 보고함(잠드는 데 1~2시간 소요)

척도를 사용한 기록 예시

내담자 보고: __________________ 개선, ____________________ 변화 없음, 악화되고 있는 증상: ___________

상담자 관찰: __________________ 개선, ____________________ 변화 없음, 악화되고 있는 증상: ___________

척도: 최악의 상태 1 ___________ 5 ___________ 10 목표 달성

성과에 대한 구조화된 평가

3장 임상적 평가 부분에서 소개했듯이, 성과를 평가하기 위한 구조화된 도구는 일반적으로 더 정확하고 믿을 만하다고 간주된다. 이 평가는 내담자나 다른 사람이 작성하는 수기식(pen–and–paper) 방법이나 전자 설문지법(electronic questionnaire)을 포함한다. 이 도구는 신뢰도와 타당도를 테스트해왔으며 상담자가 변화를 좀 더 신중하게 추적할 수 있도록 돕고, 규준 집단과 내담자를 비교할 수 있도록 한다. 여기서 내담자가 비교 집단과 비슷할 때 가장 의미가 있다(예: 기능 수준, 문화, 연령 등).

이러한 평가의 공통된 비판은 평가 도구를 작성하는 사람들이 점수를 의미 있게 해석하는 것을 어렵게 만드는 독특한 준거틀과 상황을 갖는다는 것이다. 일반적으로 당신의 내담자들이 좀 더 다양할수록 점수를 정확하게 해석하는 것은 더 어렵다. 예를 들어, 나에게는 중국인 이민자(중국어로 회기 진행)와 작업하는 학생이 있었고, 이 학생은 초기 증상과 3개월 후 학기가 끝날 무렵의 증상을 수집하기 위해 내담자에게 구조화된 도구를 사용하였다. 내담자가 상당한 진전을 보이는 것 같았지만 도구는 상황이 더 나빠졌음을 나타냈다. 학생이 내담자에게 상황이 더 나빠졌는지를 물었을 때, 내담자는 초반에 특정 문제에 대해 인정하는 것이 불편했고 상담자를 믿기 못했기 때문에 초반에 증상을 축소시켜 보고했다고 말했다. 나중에 내담자가 상담자와 라포르를 형성한 후에는 자신의 체면을 중시하는 문화적 가치와 일치하는 질문에 대해 정확하게 답변하는 것에 부담 갖지 않게 되었다. 이 이야기의 교훈은, 만약 내담자가 '원칙대로 행하는 사람이고' 질문자가 의도한 방식대로 답변하기만 한다면, 구조화된 형식은 효과적이라는 것이다. 명확하게 구조화된 형식을 해석하려고 시도할 때 상담자는 조심스럽게 진행할 필요가 있으며, 예상하지 못한 결과가 나왔을 때 상담자는 내담자와 이야기해보는 것이 중요하다.

장점

- 보다 신뢰할 수 있으며 타당하다고 간주된다.
- 더욱 효과적으로 내담자를 교차 비교할 수 있다.
- 시간의 경과에 따라서 더 효과적으로 비교할 수 있다.

단점

- 거의 모든 구조화된 형식을 구매해야 한다. 일부 도구는 각 관리에 대한 수수료를 요구하며, 이는 빠른 시간 내에 비싸질 수 있다.
- 상담자의 시간, 장비, 자원(예: 컴퓨터, 복사본)이 더 요구될 수 있다.

- 내담자의 시간이 더 많이 요구되며, 많은 내담자들은 바쁘기 때문에 시간을 투자하는 것을 꺼리고, 반드시 그들을 납득시켜야 한다.
- 모든 도구가 다양한 사람들에게 표준화되지 않았으며, 내담자의 기본 언어로 제공되지 않는다.

상담 관계에 미치는 영향

설문지를 사용하는 것은 항상 상담 관계에 영향을 준다. 상담자는 형식적인 평가에 대해 어떻게 전달했는지 생각해볼 필요가 있으며, 특히 상담자가 평등한 위치에서 상담 관계에 접근하는 것이라면, 내담자가 상담 관계를 이해할 수 있도록 도와야 한다(예: 포스트모더니즘, 여성주의, 인본주의 접근).

다양한 사회 안에서의 평가

상담자는 임상적 평가를 하고 접근하기 위한 시도로 다양한 형태의 평가를 사용하는 것을 요하기 때문에 다양한 내담자에게 있어 의미 있고 정확한 평가는 특히 더 어렵다(Hui & Triandis, 1985). 다양한 배경의 사람을 평가할 때 많은 문제들이 고려되어야 할 필요가 있다.

■ 표준과 규준

표준화된 평가 도구는 규준 집단에서 검사를 시행한 결과와 개인적으로 검사를 시행한 결과를 비교하기 위해 설계되었다. 이러한 비교가 의미 있기 위해서 규준 집단은 반드시 특히 검사를 수행한 사람과 비슷한 문화를 가지고 있어야 한다. 검사의 대부분은 백인 중산층을 대상으로 표준화되어 있기에(때때로 남성으로 제한되어 있다.) 반드시 규준 집단에 적용되어야 한다(Brems, 1998). 점점 더 많은 검사 개발자들은 특정 인구를 대상으로 규준을 제공하지만, 이것은 문화적 적응, 언어, 이민 상태, 사회적 지위의 차이를 기반으로 한 인구의 다양성 때문에 한계가 있다. 규준 집단 내에 다양성이 큰데도 불구하고, 다양성의 스펙트럼은 더 광범위하며 문화적 하위 집단을 포괄하기에는 더욱이 문제가 있다. 예를 들어, 사회경제적 지위가 어떠한 문화 집단에서도 중요한 다양성을 만들어낸다 하더라도, 미국에서 자라온 대부분의 사람들은 지위에 상관없이 의학적 또는 전문적 질문에 익숙하다. 반대로 이주민의 하위 집단의 사례가 아닐 수도 있고, 억압적인 정부로부터 그러한 과정에서 대해 공포, 불신, 합리적인 편집증일 수도 있다. 궁극적으로 상담자들은 배정된 내담자에게 표준화된 검사의 적절성을 결정하기 위해 임상적 평가를 사용할 필요가 있다.

■ 문화적 적응과 검사 수행

내담자의 문화적 적응 수준은 그들이 평가 상황, 특히 공식적인 구술 평가 또는 서면 평가에서 경험하고 반응하는 방식에 중요한 영향을 미친다(Hui & Triandis, 1985). 무엇보다도 특히 이민자들은 선다형 문제 또는 공식적인 구두 설문지와 같은 공식적인 평가 과정이 처음부터 표준화된 시험이 있는 국가에서 자란 사람들과 비교할 때 진정한 외국인 경험이 될 수 있다(Cofresi & Gorman, 2004). 예를 들어, 표준화된 검사에 익숙지 않은 시골 이민자는 전문적인 질문에 대한 답을 채워 넣는 것에 당황할지도 모른다. 표준화된 검사에 익숙지 않은 사람들에게 이러한 상황에서 검사를 진행하는 것은 불안과 혼란을 준다는 것은 거의 불가피하고, 이전의 언어는 문제를 발생시킨다. 이와 유사하게 학습 장애가 있거나 어린아이처럼 검사 수행과 관련하여 어려움을 겪거나 작은 정신적 충격을 겪는 사람은 편안함을 느끼거나 검사 수행 상황에 자신 있는 사람보다 더 많은 불안감을 느낄 수 있다.

■ 대인 상호작용에 대한 기대

게다가, 여성과 라틴계 남성 문화처럼, 다양한 문화 배경에서 지역사회와의 강력한 정서적 관계를 가치 있게 여기는 사람들은(Cofresi & Gorman, 2004) 구조화된 검사의 적절한 관리가 특징인 무심하고 비인격적인 대인 상호작용에 대해 해석하는 데 어려움을 겪을 수도 있다. 상담자는 문화적으로 적절한 방식으로 상호작용하는 동안에도 객관성을 필요로 하는 평가 프로토콜의 균형을 맞추기 위한 상황에서 어려움을 겪는다. 유럽 남부 이민자들의 딸처럼, 검사 감독관이 '업무상'의 일로 친근한 인사에 미소를 짓거나 반응하는 것을 거부할 때, 나는 이러한 구조화된 평가 상황 때마다 항상 불안과 불편함을 느꼈다. 이제 나는 그들의 행동이 상황상 적절하다는 것을 알지만, 내 관점으로 유난히 특이한 방식으로 반응하는 것처럼 보이는 사람에게 '나 자신'이 되는 것은 사실상 불가능하다. 검사 감독관이 매우 이상하게 행동하는 이유를 인식하지 못하는 누군가를 상상하기 시작할 때, 이러한 검사 수행 상황은 이상 행동을 끌어낼 수 있으며 따라서 잘못된 결과를 만들어낸다.

■ 언어와 이중 언어 상용

상담자는 내담자가 선호하는 언어에 맞춰 평가를 능숙하게 시행하기 위한 노력을 기울여야 한다. 그러나 언어 문제는 예상보다 더 복잡하다. 평가받는 사람이 검사에 사용되는 언어에 능숙하지 않으면 언어적으로든 문화적으로든 평가 과정은 의미가 없다. 그러므로 이중 언어를 사용하는 내담자에게 영어로 평가하고 싶더라도, 이는 내담자가 언어와 문화 체계 모두 유창할 경우에만 가능하다. 더 복잡한 문제로는 이중 언어와 이중 문화를 경험한 사람들은 자신을 한 언어에서 다르게 표현할 것이고(Cofresi & Gorman, 2004), 언어는 자신의 다른 측면을 나타내며 다른 기억과 일치한다. 예를 들어, 많은 사람들은 제2외국어보다 모국어를 사용할 때 더 정서적이라는 것을 발견할 수 있다. 또는, 다른 보고에는 언어가 그들 성격의 다른 부분을 이끌어낸다고 한다. 즉, 스페인어와 이탈리아어와 같은 라틴계 언어는 더 정서적인 표현을, 독일어와 영어처럼 기술적인 언어는 그들 자신의 더 논리적인 면을 전달한다.

구조화된 검사가 내담자의 언어를 통해 전문적으로 번역될 때, 상담자는 어떤 언어들은 다양해서 평가 질문지가 정확하게 이해되지 못할 수 있음을 인식해야 한다. 예를 들어, 스페인어와 중국어는 독특하고 자연스러운 표현과 지역, 사회경제 지위, 정치적 연합에 의해 다르게 사용되는 단어로 다양한 하위 모집단에 의해 사용된다. 동일한 상황에서, 같은 문제는 대부분의 문화 내 하위 모집단에서 발생할 수 있다. 캘리포니아 남부에서 자라온 어린 소녀였던 나는 잘못된 방향으로 가는 눈덩이들의 그림자를 보며 '이 그림에서 무엇이 잘못되었는가?'라는 질문을 포함한 지능 검사를 수행했다. 그때 당시 나는 눈을 만화에서만 보았었고, 만화가 아닌 실제로 존재하는 것의 사진이며, 물리 법칙이 적용되어야 한다는 것을 깨닫기 전까지 당황했던 당시의 나 자신이 기억난다. 그들이 야자나무를 사용했다면, 나는 그림에서 현실의 장면으로 곧바로 해석할 수 있었다. 지금까지도 나는 눈을 볼 때, 항상 그림자가 같은 방향으로 가고 있는지를 확인한다. 따라서 같은 문화 집단이라도 검사 질문은 쉽게 오해될 수 있다.

성과의 구조화된 평가를 위한 현실적 선택 사항

학자, 이론가, 연구자, 상담자에 의해서 지지되는 이상 세계(또는 당신의 관점에 의존하는 강박적인 집착 환상)는 일련의 가장 신뢰할 수 있고 타당한 검사 도구를 통해 상담 회기에 대한 내담자의 성과를 측정한다. 이 이론은 훌륭하다. 즉, 신뢰도와 타당도가 일반적으로 검사 도구 사용 시간과 관련이 있다는 사실을 고려하기 전까지는 말이다(Lambert & Hawkins, 2004; Miller, Duncan, Brown, Sparks, & Claud, 2003). 지역사회 기관과 개인적인 실무와 같은 일반적인 임상 현장에서 일하는 사람들의 현실은 내담자나 임상가가 초기 진단(3장 참고)을 위해 사용되든지 여부에 상관없이 장황한 질문지를 완성하는 데 열정을 보여주지는 않는다. 대부분의 내담자와 상담자에게 짧고 감미로운 것이 현실적으로 선호된다. 감사하게도 상담자가 이러한 요구에 맞게 선택할 폭은 점점 넓어지고 있다.

■ 일반적인 지침

- **첫 회기**: 상담 초기에 많은 변화가 발생한다는 근거가 있기 때문에, 증상과 기능의 초기 측정은 첫 회기에서 이루어진다(Lambert & Hawkins, 2004).
- **5분 또는 5분 이내**: Lambert & Hawkins(2004)는 완료하는 데 5분 이내의 도구들을 추천한다.
- **규칙적인(주간/월간) 간격**: 사전 사후 검사는 종종 연구를 위해 사용되지만, 실제 실무 현장에서 '사후'는 더 어렵다. 그 이유는 내담자들이 치료 종결의 목적에 대해 알려주기보다는 중도 탈락할 수 있기 때문에 상담자는 내담자의 성과를 평가하기 위해 주기적으로 평가할 수 있는 도구를 개발해야 한다. 도구와 회기 설정에 따라, 주간, 월간, 분기에 측정하는 것이 적절하다.
- **회기 전**: 내담자들이 종종 빨리 끝내려고 할 때, 내담자에게 회기 시작 전에 질문지를 작성하도록 요청하는 것은 많은 시간이 필요하지 않다. 그리고 이것은 나중에 하는 것보다 회기 전에 진행하는 것이 효과적이다. 전에 사용했다면 질문지는 회기를 계획하는 데 도움이 된다.
- **측정 계획하기**: 상담자가 치료를 위해 측정하는 것이 도움이 된다고 한다면, 대부분의 내담자들은 치료 효과를 향상시키기 위해 5분 정도의 시간을 기꺼이 투자할 것이다. Lambert & Hawkins(2004)는 방문 시 매번 초기에 의사가 혈압이나 '활력 징후(vital signs)'를 관찰하는 것과 같이 은유적인 표현을 사용하는 것을 권장한다. 이러한 정보는 의사 또는 상담자가 내담자에게 더 도움이 될 수 있도록 한다.

매우 간략한 측정

상담자는 내담자의 증상과 일반적인 기능 두 가지를 측정하기 위한 몇 가지 선택 사항을 가지고 있다. 이러한 것에는 검사를 완료하는 데 1분도 채 걸리지 않는 매우 간략한 도구 또는 10분 이내로 검사를 완료할 수 있는 간략한 평가가 있다.

■ 효과 평가 척도(ORS)

Miller와 동료들(2003)은 45개의 문항 수가 너무 많다는 내담자와 상담자의 의견에 따라 효과 질문지의 매우 간략한 버전으로 효과 평가 척도(Outcome Rating Scale: ORS)를 개발하였다. 이것은 임상가를 위해 그들이 직접 개발하였으며, 임상가들이 효과 측정을 하기에 매우 편리하다. ORS는 겨우 네 개의 시각적 아날로그 척도로 이루어졌고, 작성하는 데 1분도 채 걸리지 않는다. ORS는 인터넷을 통해 무료로 사용 가능하다. 척도는 네 가지의 영역의 기능을 측정한다.

- 전반적인 기능(전반적으로 건강하고 행복하다는 느낌)
- 개인적인 기능(개인적인 행복)
- 대인관계 기능(가족과 친밀한 관계)
- 사회적 기능(직장, 학교, 교우 관계)

아이들을 위한 두 가지 버전 또한 사용할 수 있다. 성인 버전의 비슷한 척도를 포함하고 있는 어린이 효과 평가 척도와, 아이들이 어떻게 느끼는지를 측정하기 위해 행복한, 감정을 자제하는, 슬픈 표정을 활용하는 유아 효과 평가 척도가 있다(Duncan et al., 2003). 채점은 간단하다. 자(a ruler)는 내담자의 점수가 10cm 척도에서 어느 정도 멀어졌는지를, 절단 점수(cuttoff scores)는 잠재적인 문제를 나타내는 데 사용된다.

ORS는 OQ−45.2(.59)를 지니고 있고 높은 내적 타당도(.93), 재검증 신뢰성(.84), 그리고 적절한 동시 유효성을 나타낸다(Miller et al., 2003). 초고속 포맷을 가정했을 때, OQ−45.2와 같이 다른 효과 측정치만큼 민감하지 않다. 그럼에도 불구하고, 심리치료

효과 평가 척도(ORS)

이름 ____________ 연령 ____________
ID # ____________ 성별: 남/여
회기 #______ 날짜: ____________

오늘을 포함하여 지난 한 주간 돌아보는 것은 우리가 당신이 인생에서 어떻게 느꼈는지 잘 이해할 수 있도록 도와줍니다. 왼쪽은 낮은 수준을 오른쪽은 높은 수준을 나타냅니다.

Individually:
(Personal well-being)
I--------I

Interpersonally:
(Family, close relationships)
I--------I

Socially:
(Work, School, Friendships)
I--------I

Overall:
(General sense of well-being)
I--------I

Institute for the Study of Therapeutic Change

www.talkingcure.com

사의 주된 목적인 임상 현장에서 변화를 측정할 만큼 충분히 민감하다는 것을 증명해 주었다. ORS의 가장 큰 강점은 실제 실무 현장에서 규칙적이고 일관성 있기 위한 실용성이다(Miller, Duncan, & Hubble, 2004). 결과치를 위해 ORS와 OQ−45.2 둘 다 사용하는 것을 훈련받았을 때, 45개 문항 OQ−45.2를 사용하는 상담자가 25%만 되는 반면에(Miller et al., 2003), 상담자의 86%는 1년 후에도 여전히 ORS를 사용했다.

■ 회기 평가 척도(SRS)

Duncan과 동료들(2003)이 개발한 회기 평가 척도 버전 3(Session Rating Scale, Version 3: SRS V3.0)은 전형적으로 ORS와 함께 사용된다. ORS는 회기 초반에 실시하는 반면, SRS는 상담 관계를 평가하기 위해 회기 종결쯤에 사용된다(Orlinsky, Rønnestad, & Willutzki, 2004). 구체적으로, 작업 동맹에 대한 내담자의 평가는 상담자의 평가보다 예후가 좋다(Bachelor & Horvath, 1999). Whipple과 동료들(2003)이 실시한 연구에 따르면, 작업 동맹과 효과 정보 둘 다에 접근한 상담자들은 임상적으로 중요한 변화를 성취

회기 평가 척도(RSS V.3.0)

이름 ____________ 연령 ____________
ID # ____________ 성별: 남/여
회기 #______ 날짜: ____________

오늘 회기에서 당신의 경험에 가장 부합하는 설명에 가까운 곳에 체크 표시하시오.

Relationship:

I did not feel heard, understood, and respected |--------| I felt heard, understood, and respected

Goals and Topics:

We did *not* work on or talk about what I wanted to work on and talk about |--------| We worked on and talked about what I wanted to work on and talk about

Approach or Method:

The therapist's approach is not a good fit for me. |--------| The therapist's approach is a good fit for me.

Overall:

There was something missing in the session today |--------| Overall, today's session was right for me

Institute for the Study of Therapeutic Change

www.talkingcure.com

할 가능성이 두 배 더 높다.

ORS처럼 SRS 역시 네 가지의 아날로그 척도로 이루어져있다.

- 관계: 내담자가 듣고 있으며, 이해받으며, 존중받는다고 느끼는가?
- 목표·주제: 내담자는 자신이 다루고자 하는 것에 회기의 초점이 맞추어져 있다고 느끼는가?
- 접근·방법: 상담자의 접근은 잘 맞는가?
- 종합: 회기는 내담자에게 도움이 되었는가?

ORS와 비슷하게 아이들을 위한 두 가지 버전을 사용할 수 있다. 성인 버전의 비슷한 척도를 포함하고 있는 어린이 회기 평가 척도(Child Session Rating Scale: CSRS)와, 아이들의 감정이 어떠한지를 측정하기 위해 행복함, 감정 자제, 슬픈 표정을 활용하는 유아 회기 평가 척도(Young Child Session Rating Scale: YCSRS)가 있다(Duncan et al., 2003). 채점은 간단하다. 자를 이용하여 내담자의 점수가 10cm 척도보다 얼마나 더 멀어졌는지, 절단 점수를 활용하여 잠재적인 문제에 대해 다뤄볼 수 있다.

SRS는 높은 내적 타당도(.88)와 재검증 신뢰도(.64)를 가지고 있는데, 이는 다른 관련 척도들과 유사한 수치이다(Duncan et al., 2003). 비슷한 측정과 비교해볼 때 동시 타당도는 .48이었으며, 이는 비슷한 생각이 측정되었다는 근거를 제공하고 있다. OSR과 비슷하게, SRS의 가장 큰 강점은 사용하기가 쉬우며 실행 가능성을 가지고 있다는 것이다. 심리치료사들의 29%만이 12문항의 작업 동맹 척도를 활용한다는 사실과 비교해 볼 때, SRS는 이것을 소개한 임상가들의 96%가 사용했다.

간략한 측정

간략한 측정은 완료하기까지 10분이 채 소요되지 않는 평가도구이다. 이러한 평가 도구 가운데 더욱 일반적인 두 가지로 효과 질문지(OQ)와 증상 체크리스트(SCL)가 있다.

■ 효과 질문지(OQ-45.2)

효과 질문지(Outcome Questionnaire: OQ-45)는 임상 현장에서 효과를 측정하기 위해 개발되었다(Lambert et al., 1996). 질문지는 세 가지 하위 척도를 포함한 45개의 문항으로 이루어져있고, 완료하는 데 5분 이하의 시간이 소요된다.

- 증상 불편감(임상, 정신건강 증상)

- 대인관계
- 사회적 역할 수행

청소년 효과 질문지(Youth Outcome Questionnaire: YOQ)라는 청소년용이 있으며, 이것은 부모가 대신 시행할 수도 있고, 청소년 효과 질문지 자기 보고(Youth Outcome Questionnaire Self Report: YOQ-SR)는 12~18개의 문항으로 이루어져 있다. 간략한 단일척도(single-scale)는 30개의 문항 버전으로 이루어져 있고 OQ와 YOQ로 이용 가능하며, OQ를 위한 10개의 문항 버전도 이용할 수 있다. 이 척도들은 시행하고, 채점하고, 해석하기 쉬우며, 간단한 버전은 잦은 측정에 더 실용적이다.

OQ-45.2는 검사-재검사 신뢰도(.66-.86)와 내적 일치도(.7-.9; Lambert & Hawkins, 2003)가 높다. 조금 아쉬운 점으로는 하위 척도가 다른 것들과 밀접히 관련되어 있어서 독특한 생각을 측정하지 못한다는 것이다. 타당도와 신뢰도에 관한 대부분의 연구는 간략한 점수로 수행되어왔으며, 임상가들에게는 성과의 핵심 측정으로서 이를 사용하도록 권장한다(Lambert & Hawkins, 2004).

효과 질문지의 간단한 질문

	전혀	드물게	가끔	자주	항상/거의
1. 나는 다른 사람들과 잘 어울린다.	☐	☐	☐	☐	☐
2. 나는 쉽게 피곤하다.	☐	☐	☐	☐	☐
3. 나는 아무것에도 흥미가 없다.	☐	☐	☐	☐	☐
4. 나는 직장/학교에서 스트레스 받는다.	☐	☐	☐	☐	☐
5. 나는 나 자신을 원망한다.	☐	☐	☐	☐	☐
6. 나는 짜증이 난다.	☐	☐	☐	☐	☐
18. 나는 외롭다고 느낀다.	☐	☐	☐	☐	☐
19. 나는 다른 사람들과 자주 언쟁한다.	☐	☐	☐	☐	☐
20. 나는 사랑받고 있다고 느낀다.	☐	☐	☐	☐	☐
21. 나는 여가 시간을 즐긴다.	☐	☐	☐	☐	☐
22. 나는 집중하는 데 어려움이 있다.	☐	☐	☐	☐	☐
23. 나는 미래가 절망적이라고 느낀다.	☐	☐	☐	☐	☐
24. 나는 나 자신을 사랑한다.	☐	☐	☐	☐	☐

Michael J. Lambert, Ph.D.와 Gary M. Burlingame, Ph.D.에 의해 개발되었다. 자세한 내용은 다음에 문의하라. OQ Measures LLC.

■ 증상 체크리스트(SCL-90-R)와 간단한 증상 척도(BSI)

증상 체크리스트(Symptom Checklist: SCL)는 90개의 문항으로 이루어져있으며, 정신건강 문제와 심각도(약함, 보통, 극심함)를 평가한다. 이 검사는 13세 이상의 사람들을 위해 개발되었고, 완료하는 데 12~15분 정도의 시간이 소요된다. 간단한 증상 척도(Brief Symptom Inventory: BSI)는 SCL에 기반을 두고 있다. BSI는 53개의 문항으로 이루어져 있고, 13세 이상을 위해 개발되었으며, 완료하는 데 8~10분 정도 소요된다. 두 가지 측정 모두 아홉 가지 증상 하위 척도와 세 가지 척도를 포함한다.

하위 척도:

- 신체화
- 강박
- 대인 민감성
- 우울
- 불안
- 적대감
- 공포 불안
- 편집 사고
- 정신증적 경향성

전체 지수:

- 전체 심각성 지수: 전반적인 심리적 고통
- 결정적인(positive) 증상 불편감 지수: 증상의 심각도
- 결정적인(positive) 증상 전체: 자기보고 증상 숫자

종합적인 고통 점수와 관련이 있는 매우 간단한 6~10가지 문항 버전은 개발되었고(Rosen et al., 2000), 이는 좀 더 일상 활동에서 좀 더 사용할 만한 옵션이다. SLQ-90-R은 검사 재검사 타당도가 높고, 온라인상으로는 .63에서 .86에 이르고, 지필상으로는 .68에서 .84에 이른다(Derogatis & Fitzpatrick, 2004; Vallejo, Jordán, Díaz, Comeche, & Ortega, 2007). 내적 타당도 계수는 또한 .70에서 .90으로 높다.

■ 행동 및 증상 평가 척도(BASIS)

내담자의 성과를 측정하는 24개 또는 32개의 지필 측정으로 이루어진 행동 및 증상 평가 척도(Behavior and Symptom Identification Scales: BASIS)인 BASIS-24와 BASIS-32는 내담자에게 직장, 관계, 기분을 포함한 다양한 기능의 영역에서 어려움의 수준을 0에서 4로 점수를 매기기 위하여 질문한다. 컴퓨터 채점을 요구하는 더 광범위한 BASIS-24는 상담자에게 다음과 같은 영역의 점수를 제공한다.

- 종합 점수: 일반적인 기능 측정

- 우울과 기능
- 관계
- 자해
- 정서적 불안정
- 정신병
- 약물 남용

수기로 직접 채점하는 BASIS-32는 다음의 점수를 포함한다.

- 종합 기능
- 자신과 타인의 관계
- 우울과 불안
- 일상생활과 역할 기능
- 충동적이고 중독적인 행동
- 정신병

영국에서는 표준으로 사용되는 BASIS-24는 유효한 신뢰도(.75~.91 범위의 하위 범주에 걸쳐 결합된 임상표본에 대한 알파 계수)와 유효한 타당도(BASIS-24의 변화에 대한 효과 크기는 0.56)를 입증하였고(Cameron et al., 2007), 이는 내담자의 성과를 평가하는 효과적인 것으로 간주된다.

■ 성과의 구체적인 측정

위의 측정은 내담자의 성과와 효과를 측정하는 더 일반적인 것이다. 어떤 경우에는 Beck 우울 척도 또는 Beck 불안 척도처럼 내담자에게 각각 우울증 또는 불안을 진단할 수 있는 더 구체적인 측정 도구가 사용될 수 있다. 이러한 평가 도구들은 이미 초기 평가의 일부로 사용되어 종종 비용이 저렴한 평가 도구일 때 좋은 선택 사항이다.

내담자 성과를 평가하기 위한 최종 사고

점점 더 상담자는 내담자의 성과를 전보다 더 면밀하고 정확하게 평가한다. 평가는 추가적인 문서 업무가 필요하고 시간이 소요되지만, 오늘날 실무 환경에서는 쉽게 통합할 수 있는 빠르고 효과적인 많은 선택 사항을 선택할 수 있다. 상담자 태도는 평가 체계의 성공과 유용성에 중요하다. 상담자가 이를 신뢰한다면, 그들은 이것을 내담자와 소통하고, 평가는 내담자가 목표를 성취하는 데 도움을 주는 유용한 자원이 될 것이다. 상담자가 평가를 짐으로 보거나 불필요하다고 볼 때, 평가는 누구에게도 거의 사용하지 않는 죽은 듯한 관료주의적 과제가 될 것이다.

개인적 숙고 및 수업 중 토론을 위한 질문

1. 전반적으로 당신은 공식적인 평가가 더욱 유용하다고 생각하는가, 아니면 역기능적이라고 생각하는가? 이점이 한계를 뛰어넘을 수 있는 시기는 언제인가?
2. 다양한 내담자에게 공식적인 평가를 사용할 때, 당신이 보기에 이점이나 위험 요인은 무엇인가? 다른 문제가 있을 수 있는가?
3. 병원에서 평가지를 작성할 때, 당신이 정직하게 보고하거나 기억하고 있는 증상에 대한 생각은 얼마나 정확한가? 언제 또는 무엇에 대해 당신은 가장 덜 정확한가?
4. 당신은 이러한 평가 중에서 무엇을 가장 유망하거나 유용하다고 보는가? 사용에 가장 의문이 드는 것은 무엇인가?
5. 당신은 어떠한 상황이나 유형의 내담자에게 공식적인 평가를 사용하기에 더 수월하다고 생각하는가? 적어도 가장 그럴 것 같은 유형은 어떤 유형인가?

온라인 자료

미국 심리학회(APA) 평가 자료 www.apa.org/science/programs/testing/find–tests.aspx

행동 및 증상 평가 척도(BASIS) www.basissurvey.org/

효과 평가 척도(ORS)와 회기 평가 척도(SRS) http://heartandsoulofchange.com/measures/(무료)

효과 질문지(OQ–45) www.oqmeasures.com(구입)

증상 체크리스트(SC–90) www.pearsonassessments.com/tests/scl90r.htm(구입)

기타 자료

건강 및 심리 측정 도구(HaPI) 데이터베이스 www.ovid.com/site/catalog/DataBase/866.jsp

당신의 대학은 15,000개 이상의 심리 평가 도구를 참조하는 건강 및 심리 측정 도구(HaPI) 데이터베이스에 가입할 수 있다. 데이터베이스는 도구의 전체 텍스트 버전을 제공하지 않고 대신 설문지, 인터뷰 일정, 코딩 체계 등을 포함하여 존재하는 것의 포괄적인 목록을 제공한다.

참고문헌

Bachelor, A., & Horvath, A. (1999). The therapeutic relationship. In M. A. Hubble, B. L. Duncan, & S. D. Miller (Eds.), *The heart and soul of change* (pp. 133–178). Washington, DC: APA Press.

Berg, I., & de Shazer, S. (1993). Making numbers talk: Language in therapy. In S. Friedman (Ed.), *The new language of change: Constructive collaboration in psychotherapy*. New York: Guilford.

Brems, C. (1998). Cultural issues in psychological assessment: Problems and possible solutions. *Journal of Psychological Practice*, *4*, 88–117.

Cameron, I. M., Cunningham, L., Crawford, J. R., Eagles, J. M., Eisen, S. V., Lawton, K., Naji, S. A., & Hamilton, R. J. (2007). Psychometric properties of the BASIS-24© (Behaviour and Symptom Identification Scale–Revised). *Mental Health Outcome Measure. International Journal of Psychiatry in Clinical Practice*, *11*, 36–43.

Cofresí, N., & Gorman, A. A. (2004). Testing and assessment issues with Spanish-English bilingual Latinos. *Journal of Counseling & Development*, *82*, 99–106.

Derogatis, L. R., & Fitzpatrick, M. (2004). The SCL-90-R, the Brief Symptom Inventory, and the BSI-81. In M. E. Murish (Ed.), *The use of psychological testing for treatment planning and outcome*. New York: Routledge.

Duncan, B. L., Miller, S. D., Sparks, J. A., Claud, D. A., Reynolds, L. R., Brown, J., & Johnson, L. D. (2003). The Session Rating Scale: Preliminary psychometric properties of a "working" alliance measure. *Journal of Brief Therapy*, *3*, 3–12.

Hui, C. H., & Triandis, H. C. (1985). Measurement in crosscultural psychology: A review and comparison of strategies. *Journal of Cross-Cultural Psychology*, *16*, 131–152.

Lambert, M. J., Hansen, N. B., Umphress, V. J., Lunnen, K., Okiishi, J., Burlingame, G. M., Huefner, J. C., & Reisinger, C. W. (1996). *Administration and scoring manual for the Outcome Questionnaire (OQ-45.2)*. Wilmington, DE: American Professional Credentialing Services.

Lambert, M. J., & Hawkins, E. J. (2004). Measuring outcome in professional practice: Considerations in selecting and using brief outcome instruments. *Professional Psychology: Research and Practice*, *35*, 492–499.

Miller, S. D., Duncan, B. L., & Hubble, M. A. (2004). Beyond integration: The triumph of outcome over process in clinical practice. *Psychotherapy in Australia*, *10*(2), 2–19

Miller, S. D., Duncan, B. L., Brown, J., Sparks, J. A., & Claud, D. A. (2003). The Outcome Rating Scale: A preliminary study of the reliability, validity, and feasibility of a brief visual analog measure. *Journal of Brief Therapy*, *2*, 91–100.

Orlinsky, D. E., Rønnestad, M. H., & Willutzki, U. (2003). Fifty years of process-outcome research: Continuity and change. In M. J. Lambert (Ed.), *Bergin and Garfield's handbook of psychotherapy and behavior change* (5th ed., 307–390). New York: Wiley.

Rosen, C. S., Drescher, K. D., Moos, R. H., Finney, J. W. Murphy, R. T., & Gusman, F. (2000). Six- and Ten-Item Indexes of Psychological Distress Based on the Symptom Checklist-90. *Assessment*, 7, 103–111.

Vallejo, M. A., Jordán, C. M., Díaz, M. I., Comeche, M. I., & Ortega, J. (2007). Psychological assessment via the internet: A reliability and validity study of online (vs Paperand- Pencil) versions of the General Health Questionnaire-28 (GHQ-28) and the Symptoms Check-List-90-Revised (SCL-90-R). *Journal of Medical Internet Research*, 10.

Whipple, J. L., Lambert, M. J., Vermeersch, D. A., Smart, D. W., Nielsen, S. L., & Hawkins, E. J. (2003). Improving the effects of psychotherapy: The use of early identification of treatment and problem strategies in routine practice. *Journal of Counseling Psychology*, *50*(1), 59–68.

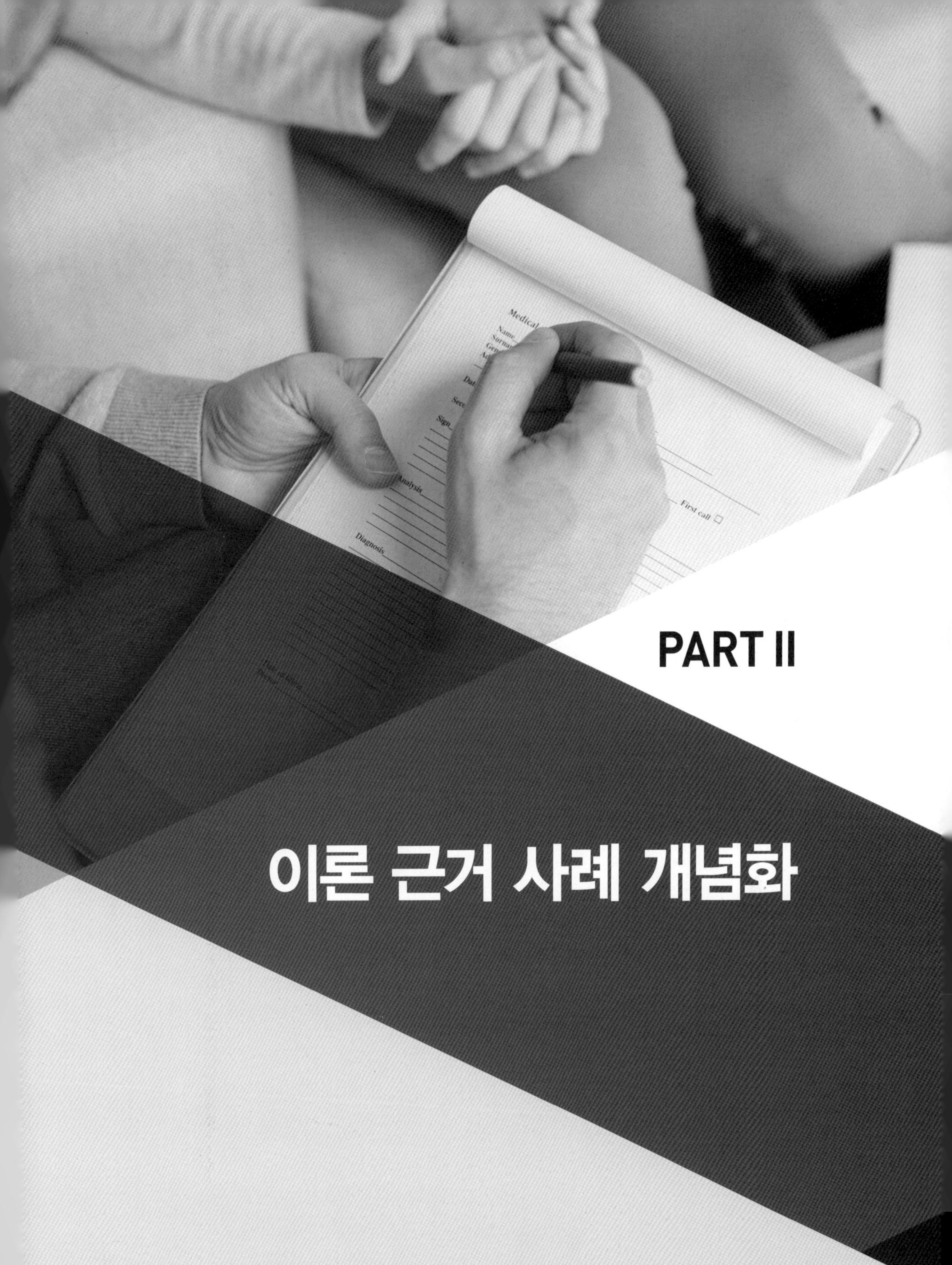

PART II

이론 근거 사례 개념화

CHAPTER 8

정신역동 이론 기반의 상담 사례 개념화

개관

1세기가 넘는 기간 동안 발전되어온 정신분석 또는 정신역동 이론은 내담자가 소파에 앉아서 자유연상을 하고 상담자의 중립적인 자세를 강조하는 '빈 서판(blank slate)'[1] 분석가들, 초기 어린 시절 관계를 다루며 공감적으로 관계를 맺는 상담자들, 내담자와 함께 공동으로 작업하는 관계 지향적인 치료자들, 약물 남용에 관해 매뉴얼화된 치료를 제공하는 단기 정신역동 치료자의 다양한 상담 기법을 포함하고 있다. 이러한 기법은 Adler의 개인 심리학(9장)과 마찬가지로 **무의식**에 관해 탐색하기 때문에 **심층심리학**으로 간주된다.

기존의 심리치료인 Freud의 **정신분석학**은 자아 심리학, 대상관계, 자기 심리학, 관계적/상호주관성 이론을 비롯한 모든 정신역동 접근의 뿌리가 된다. 용어에 대한 약간의 논쟁은 있지만, **정신분석**은 언제나 Freud의 기존 접근과 관련된다는 사실에 모두 동의할 수 있을 것이다. 또한 여러 주간 회기 동안의 장기 상담을 설명한다는 것에 대부분 동의하는데, 회기 동안 분석가는 자아 심리학, 대상관계, 자기 심리학, 또는 관계적 접근을 이용하여 개인의 성격을 분석한다. 정신분석 접근에서는 중립적인 '빈 서판' 정신분석학과 카우치를 사용할 가능성이 높으며, 일반적으로 내담자에게 따뜻하게 다가가지 않는다. 이러한 접근은 종종 Woody Allen의 영화나 다른 할리우드 영화에서 풍자되어 왔다. 좋은 현상이든 아니든, 최근에는 찾아보기 힘든 형태의 치료가 되었다.

반면, **정신역동** 치료는 더 표준적이고, 단기적(그러나 아직까지도 여전히 장기적인)

1 빈 서판은 '깨끗이 닦아낸 서판'이라는 의미의 중세 라틴어 '타불라 라사(tabula rasa)'를 의역한 말이다. John Locke의 경험주의 가치관에 따르면, 인간은 출생 시엔 아무런 기제를 가지고 태어나지 않으며, 따라서 출생 이후의 경험에 의해서 그 마음의 내용이 얼마든지 바뀌는 존재이다. '빈 서판'이라는 용어는 2002년에 출간된 Steven Pinker의 책 『빈 서판: 인간은 본성을 타고나는가(The Blank Slate: The Modern Denial of Human Nature)』에서 사용된 용어이다. _옮긴이 주.

상담이다. 정신역동 치료는 일반적으로 성격 분석을 위한 활동보다는 우울이나 불안과 같이 특정한 현재 문제를 다루는 접근으로, 매주마다 한 번씩 진행하는 외래 환자 상담을 말한다. 자아 심리학, 대상관계, 자기 심리학, 관계적 정신분석학이 정신분석 또는 정신역동 접근 방법에 사용될 수 있다. 이것만으로 충분히 복잡하지 않다면, '분석'과 '정신역동'은 때때로 초기에 자신만의 이론을 발달시키려고 Freud로부터 결별한 Carl Jung의 작업을 지칭하는 데 사용하기도 한다.

다양한 정신역동 접근의 맥락을 분류하기 위한 많은 방법들이 있지만, 다음의 분류가 가장 잘 알려져 있다.

- **정신분석학**(psychoanalysis) 혹은 **추동 이론**(drive theory): Freud의 독자적인 이론을 기반으로 한 고전정신분석은 상대적으로 드물지만 훨씬 숙련된 접근으로 내적 추동(innate drives)과 전이 문제의 분석에 초점을 둔다.
- **자아 심리학**(ego psychology): 관계형성 측면에서 Freud 이론과 유사한 자아 심리학은 자아가 내적 추동을 조절하기 위해 어떠한 방어기제를 사용하는지에 관한 분석에 초점을 둔다.
- **대상관계 이론**(object relations theories): 보다 공감적이고 따뜻한 상담 관계를 맺는 대상관계 이론은 상담 관계 중에 종종 이루어지는 교정적 경험(corrective experiences)을 통해 내담자 초기 '대상'과의 관계 패턴을 바로잡는 것에 중점을 둔다. 대상관계 이론에는 독특한 분석 체계를 사용하는 여러 학파들이 존재한다. 하지만 일반적으로 (1) 통합적 추동 이론과 (2) 순수관계 이론으로 나눌 수 있다.
- **대인관계 분석**(interpersonal analysis): 대상관계와 관련 있는 Sullivan(1953, 1954)의 대인관계 분석은 무의식적 과정보다는 대인 상호작용에 거의 대부분 중점을 두었으며, 관찰 가능한 자료에 근거한 분석 과정이라는 점에서 독특하다.
- **자기 심리학**(self psychology): Kohut의 이론에 근거한 자기 심리학은 내담자의 내면세계에 대한 공감적 침잠(empathic immersion), 자기대상의 분석, 자아존중감 형성을 수반한다.
- **관계적/상호주관성 이론**(relational and intersubjectivity theory): 최근의 접근들은 현실의 상호주관적 특성을 강조하며, 내담자와 함께 해석하는 등 더욱 협력적인 상담 관계를 이용한다.
- **단기 정신역동 이론**(brief psychodynamic theories): 시간제한적인 증거 기반 접근은 우울증과 약물남용에 효과적인 것으로 증명되었다.

■ 정신역동의 기본 가정

대부분의 정신역동 이론가들은 다음의 기본 가정을 공유한다(Greenberg & Mitchell,

1983; Mitchell & Black, 1995; St. Clair, 2000).

- 한 개인의 히스토리는 현재 행동과 관계에 영향을 미친다.
- 무의식은 현재 행동에 중대한 영향을 끼친다.
- 성격은 자아, 원초아, 초자아와 같은 다양한 하위구조로 이루어져 있다.
- 개인의 성격은 생애 초기 관계, 특히 어머니와의 관계에 의해 큰 영향을 받는다.
- 한 개인의 성격과 내부 역동에 대한 이해는 다양한 정신 병리를 해결하는 데 도움을 준다.
- 내담자는 상담자에게 어린 시절의 미해결 과제로부터의 상호관계 패턴을 투사하는데, 주로 내담자의 부모를 투사한다. 이러한 패턴에 대한 전이는 상담 관계에서 변화를 촉진하기 위해 분석되고 사용될 수 있다.

정신역동 이론

■ 개요: 당신이 최소한 알아야 할 것

가장 기본적인 수준에서, 정신역동 이론은 개인의 성격, 특유의 성향을 분석하는데, 그 이유는 이러한 역동이 현재 문제와 전반적인 삶의 질에 어떠한 영향을 미치는지 더 잘 이해하기 위해서이다. 정신분석과 정신역동 접근은 아래의 기본적인 상담 기법(practice)을 공유한다.

(1) 성격 구조와 기능을 분석하거나 개념화하기
(2) 내담자의 성격 역동에 대한 통찰력 발전시키기
(3) 행동에 관한 통찰을 이용하여 작업하기

다른 이론들은 상담 관계의 질(예: 중립적인 관계 대 공감적인 관계), 그리고 사례 개념화를 위한 선호 개념(예: 방어기제, 자아/원초아/초자아, 일반적 무의식 등)이 각기 다르다.

예를 들어, Freud의 추동 이론가들과 자아 심리학자들은 감정에 좌우되지 않는 상담 관계를 더욱 활용했는데, 이는 내담자의 변화를 촉진하기 위해서 투사의 사용을 권장하기 때문이다. 반면에 대상관계 이론, 자기 심리학, 상호주관성 이론가는 교정적 경험을 촉진시킬 수 있는 관계를 형성하기 위해 공감적이고 따뜻한 상담 관계를 활용한다. 주요 이론들 간의 개괄적인(지나치게 간략하게 설명했지만 이러한 접근들의 경험이 없는 사람들에게는 유용하다.) 차이점은 아래에 요약되어 있다.

	이론					
	추동 이론	자아 심리학	대상관계	자기 심리학	대인관계	관계적/상호주관성
이론가	S. Freud	A. Freud Erickson Horney	Kernberg Klein Fairbairn Mahler Winnicott	Kohut	Sullivan	Mitchell Greenberg Stolorow
분석의 초점	추동 이론, 원초아, 본능	자아, 방어기제	양육자의 심리내적 표상	자기와 자기대상과의 관계	관찰 가능한 상호작용, 자기 체계	대인관계적 세계, 관계 매트릭스
문제의 근본원인	원초아와 초자아 간의 갈등	유아적 추동을 관리하기 위해 사용되는 방어기제	병적인 내적 대상관계	왜곡된 자기상	무의식중에 대인관계 상호작용 요인을 유지하기	대인관계적 세상에 관한 왜곡된 기대
변화 기제	무의식의 의식화	더욱 성숙한 방어기제을 개발하기, 자아 강도를 증가시키기	좋고 나쁨을 통합시키기, 재의식으로부터 나온 나쁜 대상들을 방출하기, 타인에 대한 현실적 판단	보다 현실적인 자기상과 자기 가치감을 발달시키기	건강한 대인관계를 유지하기 위한 능력을 개발하기	관계에서 보다 현실적 기대와 해석을 발달시키기
내담자-상담자 관계	거리를 두는 상담자, 내담자를 위한 '빈 서판'	거리를 두는 상담자, 내담자를 위한 '빈 서판'	공감적; 대상관계 패턴을 반영하기 위한 관계 활용	공감적, 자기상 회복을 위한 거울 기법 사용	대인관계 역동을 파악하기 위해 관계 사용	대인관계 패턴을 파악하기 위해 관계 사용
일반적인 기법	자유연상, 꿈 분석	방어분석, 자유연상, 꿈 분석	초기관계 분석, 상담자와 다른 사람들과의 현재 관계 분석	자기대상 관계 분석, 거울 기법, 공감	대인관계에서의 행동 분석	상담자와 관계에서의 내담자 경험을 탐색하기

■ 핵심: 이 분야에서의 중요한 공헌

이 장에서 한 가지를 기억해야 한다면, 반드시 다음의 내용을 기억하라.

전이와 역전이

전이 사실상, 모든 학파에서 가장 중요하게 남아있는 고전적인 정신분석 개념인 **전이**(transference)는, 내담자가 주요 양육자와의 미해결 과제로부터 기인한 것을 상담자에게 투사할 때 나타나는 것이다. 상담자는 이와 같은 상호작용의 즉시성을 이용하여 내담자가 통찰하고 이러한 갈등을 다룰 수 있도록 한다(Kernberg, 1997; Luborsky, O'Reilly-Landry, & Arlow, 2008). 전이 과정은 내담자가 반복해서 관계의 장면으로 가져오는 무의식적 틀을 드러낸다. 예를 들어, 만약 내담자에게 비판적인 부모가 있었다면 내담자는 상담자의 침묵, 중립, 모호한 언급을 자신에 대한 비판으로 해석하기 쉽다. 극단적인 경우에는, 내담자에게 구두로 반복적이고, 열정적이며, 과장된 표현(예: "당신은 대단하고 굉장하며 제가 만나본 최고의 내담자입니다."와 같은 진술은 상담에서 적절하지 않다.)을 하지 않았다면 항상 자신 스스로를 비난하거나 우습게 볼 수 있고 필사적으로 분석가로부터 인정받고자 할 것이다.

추동 이론가와 자아 심리학자는 내담자가 상담자에게 미해결 과제를 투사할 수 있도록 엄격한 중립적인 입장을 유지하면서 전이를 격려한다. 그러면 분석가는 내담자를 위해 이를 해석할 수 있다. 예를 들어, 분석가는 "제가 이곳에 앉아 조용히 경청할 때, 당신은 제가 당신을 부적절하게 판단하고 있다고 여길 수 있습니다. 당신 아버지가 당신이 어렸을 때 그러했던 것처럼 말이죠."라며 전이에 대해 분석할 것이다. 대상관계, 자기 심리학, 관계적 정신분석에서, 상담자들은 내담자와 중립적인 관계를 형성하기보다 더욱 공감적인 관계를 형성하기 때문에 전이를 조금 다르게 사용한다. 이러한 공감적인 관계에서 전이가 발생할 때, 상담자는 전이의 패턴을 내담자와 상의하고 현재 관계에서 어떻게 전이가 나타나는지 설명해준다. "당신은 제가 조용히 듣는 것을 제가 당신을 다소 판단한다고 생각하는 것 같아요. 제가 그러지 않았다는 것을 당신이 알면 놀라시겠어요? 저는 열심히 듣고 있는 중이에요." 또한 '실제' 전이되지 않는(nontransference) 관계가 치료에서 가능한 것인지, 또는 모든 상호작용들은 본질적으로 전이의 한 형태인 것인지에 대한 정신분석학자들의 다양한 의견들이 있었다. 또한 일부 정신분석학자들은 긍정적인 치료 동맹조차도 일반적으로 유아와 어머니 사이에서 획득된 신뢰 관계에서 기인한 전이 관계를 반영한다고 주장하기도 한다(Kernberg, 1997, p. 10).

최근 학자들은 전이를 분석하는 것과 관련한 중요한 주의사항을 추가하였다. 내담자가 옳을 수도 있다! 대부분의 경우, 일반적으로 진실성은 어떠한 지각에서도 있다(Gill, 1982). 따라서 분석가들은 모든 내담자의 지각과 반응을 단순한 전이로 생각해서는 안 된다. 대부분의 경우, 내담자의 지각은 상당한 진실성을 남긴다. 게다가 관계 이론가들은 분석가의 성격이 불가피하게 내담자의 전이에 영향을 미칠 수 있다고 주장한다. 분석가는 내담자가 행동하는 방식에 영향을 미칠 수밖에 없다(Greenberg & Mitchell, 1983). 더 나아가, 분석가는 "'저항'의 개념을 잠재적으로 환자와 분석가 간의 대립적인 관계를 강화하고, 환자에 대한 분석가의 견해를 강요하는 것"(Kernberg, 1997, p. 9)이라고 인식한다. 성별, 연령, 문화, 경제, 교육, 그리고 여러 다양성 이슈를 고려할 때, 정확한 표현으로 전이를 분류하는 과정은 특히 더 혼란스러울 수 있다. 한 문화에서 상대방을 존중하는 것으로 분명하게 인식되는 행동(예: 당신이 이야기할 때 누군가 당신의 눈을 쳐다보는 것)이 또 다른 문화에서는 무례하다고 간주된다. 이러한 사소한 차이는 곧 양쪽 당사자 모두에게 오해를 가져온다. 따라서 상담자는 전이를 분석할 때, 내담자의 성별, 성적 지향, 문화·경제적 지위, 교육 수준을 신중하게 고려하여 진행해야 한다.

역전이 상담자는 역전이(countertransference)에 관한 문제 또한 고려할 필요가 있다. 역전이는 상담자가 내담자에게 다시 투사하면서 치료적 중립을 잃고, 내담자에게 강한 정서적 반응을 경험하는 것을 말한다. 역전이에 관한 이해는 수년간에 거쳐 확장되어 왔는데, 이는 분석가가 의식하지 못한 상태에서의 역기능적 투사뿐만 아니라, 전반적인 정서적 반응을 포함한다(Kernberg, 1997). 그 결과, 역전이는 두 가지 기본적인 방식으로 사용될 수 있는데, 다른 정신분석학파에서는 둘 중 어느 하나를 보다 강조한다.

- **무의식적 투사로서의 역전이**: 특별히 훈련 초기의 상담자 또는 개인적 문제를 가지고 있는 상담자의 경우, 역전이 반응은 상담자의 무의식적 투사로 나타난다. 이러한 역전이는 슈퍼비전을 통해 분석 받을 필요가 있고, 종종 내담자와 함께 다루기에 부적절하다.
- **다른 의식적 경험으로서의 역전이**: 만약 상담자가 자기 인식을 가지고 있고 역전이의 원인을 정확하게 파악할 수 있다면, 내담자가 타인에게 촉발할지도 모르는 반응, 그리고 타인이 내담자를 경험하는 방식에 대해 상담자와 내담자가 보다 잘 이해하도록 돕는 데 사용될 수 있다(Luborsky et al., 2008). 이러한 경우에 역전이는 내담자의 통찰력을 증진시키기 위해 함께 사용된다. 추동 이론을 기반한 대상관계와 자아 심리학과 같이 보다 전통적인 접근들은 분석가의 역전이보다는 내담자의 전이에 주로 초점을 맞춘다. 분명히 다른 점은, "대인관계 정신분석은 전이와 역전이에 대해 거의 동등한 주의를 기울인다." 이러한 주의를 기울이는 것은 평가와 치료의 과정에서 더욱 중심적인 역할을 한다(Kernberg, 1997, p. 7).

교정적 정서 경험 일단 전이와 역전이 패턴이 주의 깊게 고려되고 평가되고 나면, 관계에 초점을 두는 분석가는 내담자에게 **교정적 정서 경험**(corrective emotional experience)을 제공하고자 이러한 정보들을 사용한다. 말하자면 분석가는 내적 갈등의 해소를 촉진하기 위하여 내담자가 어린 시절에 경험했던 것과는 다르게 반응한다. 예를 들어, 만약 내담자가 분석가의 거침없고 공격적인 태도의 동의에 대해 분석가의 거절로 해석한다면, 분석가의 자세는 공격하는 것이 아니고, 단순히 지지와 관심의 다른 표현수단임을 내담자가 이해하도록 돕는 기회로 만들 수 있다.

전이와 역전이를 다루기 위한 자기평가 문항

- 내담자가 구체적으로 당신에 대해 인식하는 것은 무엇인가?: 태도, 감정, 행동, 생각
- 내담자는 어떠한 행동, 말, 비언어적 행동에 반응하는가?
- 내담자에게 일어나고 있는 경험 요인에 대하여 정확한 설명을 해줄 수 있는가?
- 내담자의 경험 요인이, 이전에 있었던 관계 또는 주 양육자와의 관계와 관련이 있는 것으로 보이는가?

- 연령, 성별, 문화, 성적 지향, 교육 등과 같이, 당신에 대한 내담자의 인식의 차이를 설명할 수 있는 것이 있는가?
- 내담자의 전이에 대하여 당신에게 내면의 정서적 반응이 있었는가? 화가 나거나 모욕적이거나 독선적이었는가, 아니면 침착함을 유지했는가?
- 당신이 인식한 역전이 문제가 조금이라도 있는가? 아니면 당신이 인식하지 못한 어떤 문제가 있는가?
- 내담자가 당신에게 상기시켰던 사람은 누구인가? 당신은 그 사람에게 어떻게 반응하는가? 그것은 여기서 반복되고 있는가?
- 당신과 비슷한 반응을 보이는 사람이 내담자의 삶에서 존재하는가? 그 사람은 내담자에게 어떻게 반응하는가? 더 효과적인 반응을 제공하기 위해서 당신은 어떻게 반응해야 하는가?

SELF **스스로 해보기**

내담자와의 상담 회기 또는 당신이 했던 역할연기를 기반으로 질문에 답하라.

■ 큰 그림: 상담 과정의 개관

경청, 해석, 훈습

일반적으로, 최근 정신역동 상담은 아래의 세 단계를 포함한다.

1. 방어적인 태도를 줄이고 해석에 기꺼이 귀 기울이는 자세를 증가시키기 위한 공감과 경청
2. 통찰력을 증진시키기 위한 해석
3. 새로운 반응을 증진시키기 위한 통찰력 훈습

- 공감과 경청: 정신분석 상담자의 주요한 기법은 내담자의 이야기에 조언, 안심시키는 말, 확인 또는 대립 없이 객관적으로 듣는 것이다. 공감은 무의식적 역동에 대한 상담자의 해석을 내담자가 방어적이지 않은 태도로 들을 수 있도록 돕는 데 사용된다.
- 해석과 통찰력 증진: 다음 단계에서의 초점은 개인적·대인관계적 역동에 대해 통찰할 수 있는 능력을 증진시키는 것이다. 이러한 역동은 상담자가 내담자에게 다양한 사례 개념화 접근방식을 활용한 해석을 제공함으로써 증진시킨다. 사례 개념화 방식은 다양한 학파들 간에 가장 구별되는 특징이다.
- 훈습: 마지막으로, 훈습은 무의식을 의식화하기 위하여 억압된 투쟁과 방어 반응에 반복적으로 접촉하는 과정을 나타낸다(St. Clair, 2000). 상담자는 자각되지 않은 추

동, 욕구, 패턴을 내담자가 이해하고 수용하기 위하여 이러한 요소들을 재검토하고 탐색하며 투쟁할 수 있도록 한다. 상담자는 이를 통해, 내담자가 불안과 지연을 견딜 수 있도록 돕기 위한 현실적인 자아를 제공함으로써 이러한 과정들을 촉진시킨다. 그러나 이것은 단지 탐색 과정의 첫 단계일 뿐이다. 궁극적으로 탐색 과정은 이러한 통찰력을 행동으로 바꾸는 것을 포함한다. 당신의 배우자에게 어린 시절 당신의 패턴을 투사하는 경향이 있다는 사실을 통찰하기란 비교적 수월하다. 당신의 배우자에게 매일같이 반응하는 방식을 바꾸는 것이 더욱 도전적인 일이다.

기본적인 정신역동 과정

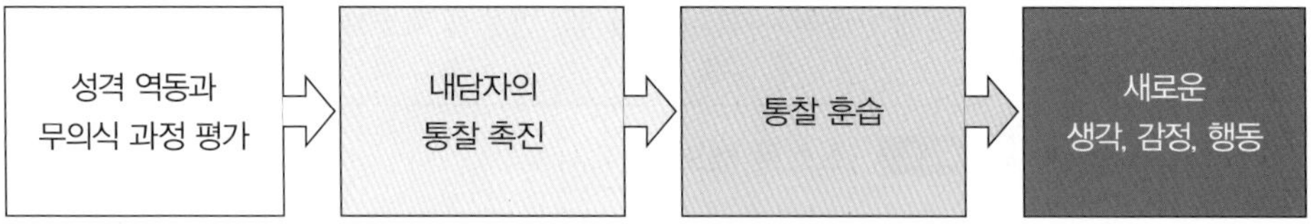

정신분석

정신분석(psychoanalysis)은 의미 있고 지속 가능한 성격 변화를 만들기 위해 계획된 집약적인 접근이다(Abend, 2001; St. Clair, 2000). 일반적으로 분석가는 내담자를 수년간 일주일에 3~5일씩 만난다. 따라서 한 사람이 정신분석에 우연히 관여하게 되는 것도, 분석가가 누군가를 장기간의 정신분석으로 은밀히 유혹하는 것도 아니다. 서로 숙지하고 합의하에 시작되는 과정이어야 한다(McWilliams, 1999). 정신분석에서 상담 과정은 위의 과정을 따르는데, 분석–통찰–훈습–행동 과정과 같은 기본적인 과정을 깊고 심오한 수준에서 반복하는 것이다.

분석이 진행됨에 따라(만약 모든 것이 수월하게 잘 되어간다면) 내담자는 분석가의 통찰력에 점점 덜 의존하게 되고, 새로운 통찰의 훈습에 보다 능숙해지며 이를 통해 실제적인 변화를 가져오는 과정이 촉진된다. 일반적으로 정신분석은 내담자에게 비용이 많이 드는 노력이다. 따라서 정신분석은 비교적 풍족하고 통찰을 가치 있게 여기는 심리학적 생각을 지닌 사람들을 끌어들이는 경향이 있다.

정신역동 상담 및 심리치료

분석과는 달리, 정신역동 상담 및 심리치료(psychodynamic counseling and psychotherapy)는 우울증 또는 이혼으로부터의 회복과 같은 특정 증상 또는 문제를 대상으로 한다. 몇 개월에서 2년 동안, 일주일에 한 번 내담자의 필요에 따라 상담을 진행한다(Altman, 2008). 최근에 12~16주간 지속되는 정신역동 상담의 짧은 형태가 개발되었다. 다시 말해서, 동일한 기본 과정이지만 종결에 대한 더 명확한 기준이 생기면서 목표가 좀 더 한정되었다. 예를 들어, 내담자의 직업 활동과 사회적 활동이 적절한 수준을 유지할 수 있을 때, 그때 상담은 종결된다. 당신이 예상할 수 있듯이 정신역동 상담은 정신분석보다 더욱 보편적이다. 이 장에서 등장하는 어느 학파라도(추동 이론, 자아 심리학, 대상관계, 자기 심리학, 관계적 접근) 정신분석이나 정신역동 상담에서 사용될 수 있다.

■ 관계 형성하기: 상담 관계

정신분석적 관계 도입: 한 사람 그리고 두 사람 관계

정신역동 상담의 각 학파들은 관계와는 거리가 먼 추동 이론 분석가의 역할인 '빈 서판'부터 관계에 매우 참여적이고 깊이 관여하는 상호주관적인 접근 방법까지 매우 다른 접근 방법을 가지고 있다. Mitchell(1988)은 이러한 두 가지 일반적인 유형에 대해 구분 짓는다. **한 사람 심리학**(one-person psychology) 대 **두 사람 심리학**(two-person psychology). **한 사람 심리학**을 강조하는 접근의 전체적인 초점과 분석 과정은 한 사람, 즉 내담자(당신이 추측한 대로)이다. 역사적으로 한 사람 심리학 관계는 정신역동 접근 방법에서 관계의 기본적인 형태였지만 점차 드물어지고 있으며, 일반적으로 추동 이론과 자아 심리를 강조하는 형식적인 분석에만 사용된다(Marmor, 1995).

두 사람 심리학은 분석을 포함한다(당신은 이것 역시 짐작할 수 있었을 것이다). 두 사람은 상담자와 내담자이다. 이러한 접근에서, 상담자가 내담자에게 미치는 영향에 대해 상담자는 매우 잘 알고 있다. 두 사람 심리학은 대상관계와 자기 심리학 전문가들에 의해서 처음으로 설명되었으며 관계 지향적 전문가들에 의해 대부분 완전히 발전하였다. 또한 두 사람 심리학은 대다수의 정신역동 상담자들이 더욱 많이 사용했다. 다시 말해서, 두 사람 심리학을 강조하는 더욱 새로운 정신역동 상담 형태부터 한 사람 심리학을 강조하는 더욱 전통 지향적이고 분석적으로 초점을 맞춘 상담자들까지 하나의 연속선상에 이러한 현상이 있는 것으로 생각하는 것이 가장 좋다.

전이와 역전이(앞에서 나온 '핵심' 부분 참고), 중립과 빈 서판(추동 이론과 자아 심리학)

프로이트학파와 자아 심리학 분석가들은 일반적으로 '빈 서판'을 제공하기 위해서 내담자와의 관계에서 **중립**을 유지한다. 내담자는 무의식적 부분을 빈 서판에 투사할 수 있으며, 분석가는 통찰을 촉진하는 데 이를 사용할 수 있다. **절제의 규칙**(the rule of abstinence)은 내담자가 상담자와 더욱 친밀해지고 싶어 하거나, 내담자의 다양한 이야기에 대해 상담자의 동의를 받고 싶은 것과 같은 내담자의 본능적인 욕구를 충족시키지 않을 것에 관해 요구한다. Kernberg는 "정신분석가는 가능한 한 중립적인 입장이어야 한다. 어떠한 자기표현이나 내담자의 호기심과 전이 욕구(transference demands)의 충족 없이, 그의 특정한 기술적 기능 외에 전문 사회적 상호작용의 일반적인 규준 내에서 행동해야 한다."(1997, p. 12)고 설명한다.

이러한 중립적인 자세는 단순히 내담자에게 좌절감을 주기 위함이 아니라, 그들을 더욱 돕기 위하여 필수적인 것으로 고려되는 것이다. 특히 외형 분석(formal analysis)에서는 분석가가 짧은 반응을 유지하고, 대화에 새로운 정보를 거의 제공하지 않으며, 개인적인 정보나 의견(언어적이든 비언어적이든)을 천천히 드러낸다. 그리고 당면한 문제와 관련 없는 주제를 논의하는 것은 피한다. 더욱 수용자가 됨으로써 분석가는 내담자의 내적이고 무의식적인 과정에 대해 연구하고, 가장 중요한 전이를 고려하기 위해 내담자를 주의 깊게 관찰할 수 있다. 예를 들어, 만약 내담자가 충분히 똑똑하지 못한 것에 대한 두려움을 숨긴다면, 그 내담자는 이러한 두려움을 분석가의 냉담한 상호작용(cool interaction)에 투사하기 쉽고, 내담자는 분석가가 자신을 바보 같거나 또는 자신의 두려움을 어리석다고 여길 것이라 가정한다. 수다스럽지 않은(less-than-chatty) 접근이 잘 끝났을 때, 공감의 위치에서(비록 드러나지는 않았을지라도) 내담자가 보다 빨리 관계 패턴에 대한 통찰력을 갖고, 이러한 통찰력을 삶의 의미 있는 변화를 만드는 것에 사용하는 것을 도울 수 있다고 한다.

안아주는 환경(대상관계)

Winnicott(1965)의 안아주는 환경은 충분히 좋은 어머니(아래 참고)와 관련이 있으며, 자녀가 통합되지 않은 상태에서 구조적이고 통합적 자기로 변화를 가능케 하는 어머니에 의해 제공되는 양육환경을 나타낸다. 성공적인 안아주는 환경은 아이가 미처 다룰 수 없는 압도적인 자극을 감소시켜 준다. 따라서 이는 어머니·주 양육자의 능숙한 공감 능력이 요구된다. 압도적인 사건에 맞서 아이를 보호함으로써, 아이는 자아분열을 피하고 자기 자신과 현실 감각에 대해서 긍정적인 감정을 키운다.

또한 안아주는 환경은 상담자와 내담자의 관계에서도 나타나는데, 상담자는 내담자가 구조적이고 통합적 자기를 형성할 수 있도록 지지적이고 양육적인 환경을 제공한다. 많은 내담자들의 경우, 이것은 그렇게 성공적이지만은 않다. 안아주는 환경을 상담 과정에 적용할 때, 이러한 환경은 체계, 일관성, 그리고 압도적인 자극을 걸러내는 작업 과정을 제공하며 정신분석을 할 수 있는 내담자의 자아 강도를 발달시킬 수 있도록 하는 것이다. 이 과정에서, 상담 과정의 구조는 내담자가 훈습하고 갈등과 발달적 위기를 해결하는 자유로운 에너지를 갖기 위해서 자아 유지 기능에 주의를 기울인다.

공감(대상관계, 자기 심리학, 관계적 이론)

공감(타인의 내부 세계를 파악하는 능력)은 모든 좋은 상담자들에게 요구된다. 그러나 상담자의 공감 사용과 실연은 상담자의 이론에 따라 극적으로 다르다. 예를 들어, 전통적인 Freud 분석가는 공감에 매우 많이 의지하지만 '나는-당신의-아픔을-느낀다.'

처럼 따뜻한 태도로 표현되기보다는 매우 논리적인 해석상의 통찰을 통해 표현하는데, 확신을 위해 공감을 필요로 한다. 정신역동학회 내에서 Kohut은 정신분석에서 공감의 지지적인 표현을 처음으로 강력하게 옹호한 사람이었고, 그는 내담자와 분석가 사이에 긴장이 있을 때 교정적 정서 경험을 고려하기 위해서 처음으로 공감을 사용했다(Kohut, 1984). 그러나 그가 공감을 처음으로 사용한 사람은 아니었다. "자기 심리학이 새로운 종류의 공감을 정신분석에게 제공했다고 주장해서는 안 되지만, 공감적 지각 분야를 보다 넓고 깊이 있게 확대한 새로운 이론을 분석에 적용했다고는 주장할 수 있다"(p. 175). Kohut은 공감의 기법을 분석가가 정확히 이해한 내담자의 느낌과 이해를 내담자에게 말로 표현하는 것이라고 묘사했다. 따라서 공감적 표현은 먼저 이해를 파악한 후에, 이러한 이해를 소리 내어 공유하는 것이다. 공감의 개념은 내담자가 자신, 투사, 자기로부터의 분열의 다른 형태 등 받아들일 수 없는 것에 대해 공감하는 것 또한 포함하여 확대되어 왔다(Kernberg, 1997).

거울 기법(자기 심리학)

자기 심리학의 용어인 '거울 기법(mirroring)'은 상담자가 내담자의 자기감을 확인하는 것을 뜻한다. Kohut은 건강한 성인은 "평생에 걸쳐 자기대상(자기 기능과 정체성의 일부로 경험하는 자기)으로 자기감을 확인하는 것을 끊임없이 필요로 한다."(St. Clair, 2000, p. 146)고 믿었다. 친해지기 위해 노력하는 사람이 어떤 사람에 의해 무관심을 겪을 때, 한 사람은 무력하고 공허한 느낌과 낮은 자존감에 사로잡혀 있게 된다. 따라서 상담자는 내담자에게 내담자의 가치를 언어적·비언어적으로 확인해줌으로써 거울 기법을 제공해야 한다. 내담자의 주관적인 현실, 특히 정서 상태를 확인시켜주고 반영해주는 것은 공감과 다르다. 이 장 마지막 부분에 나오는 사례 연구에서 상담자는 자살 사고로 힘들어하고, 자신의 가치를 직업적인 성취에 근거를 두는 켄(Ken)에게 거울 기법을 사용한다.

관계적 정신분석 및 상호주관성

사회구성주의 이론에 따르면(14장 참고), 관계적이고 상호주관적인 정신분석 접근은 분석가가 중립적일 수 없으며, 회기 내에서 발생하는 역동 상호작용에서의 적극적인 작용을 하는 사람의 역할을 한다고 주장한다. Greenberg(2001)는 관계적 정신분석가는 상담 관계의 이해에 대한 네 가지 가정을 발견했다. 이 가정들은 다른 정신역동학파들과 공유되지 않는 관점들이다.

1. 분석가는 내담자에게 많은 개인적 영향을 미치는데, 이것은 일반적으로 알려져 있는 것보다 더욱 영향력을 가지고 있다.

2. 설사 이상한 일이 일어났다 하더라도, 분석가의 행동에 대한 영향력은 행동이 진행되고 있는 동안에는 이해될 수 없다.
3. 분석가는 중립적인 혹은 공감적인 태도를 포함하여 예측 가능한 분위기와 관계를 보장하는 어떠한 태도도 취할 수 없다. 대신 내담자와 상담자 모두에게 적합하도록 하기 위해, 각각의 관계는 반드시 고유하게 조율되어야만 한다.
4. 분석가는 분석 과정에서는 주관적인 참가자이고, 객관적인 중립은 불가능하다.

관계적 정신분석에서 분석가의 역할은 유용한 아이디어를 제공하고 그들 관계의 상호작용을 분석하여 내담자가 목표하는 바에 도달할 수 있도록 도와준다. 다른 정신분석 학파와 달리, 관계적 정신분석은 내담자보다 더 정확한 진실, 이해 혹은 내담자의 삶의 해석이 있다고 추정하지 않는다. 관계적 정신분석가는 내담자와 상호주관적인 관계를 만들기 위해서 노력한다. 이러한 관계는 분석가와 내담자 각각 서로에게 영향을 미치고 자신과 다른 사람들에 대한 더 나은 이해와 해석을 함께 만들어가는 것(co-creating)을 말한다.

개인 분석

다른 접근들과 달리 정신분석가들은 초기부터 내담자에게 도움이 되고자 분석가를 통해 자기 자신부터 분석하기를 요구되어 왔다. 사실, 분석가로서 개인의 신뢰성은 분석을 모색했던 사람에 의해서 확립된다. 만약 상담자가 무의식의 패턴을 깊게 분석하지 않았다면, 무의식의 패턴은 불가피하게 내담자에게 투사되고, 내담자의 삶에서 행동으로 나타나거나 잘못 해석된다. 따라서 정신역동 상담자가 되기 위한 '훈련'을 위해서는, 첫 번째로 일반적으로 수년 동안의 자기 자신에 대한 분석이 어떠한지 살펴보아야 한다. 사실, 많은 분석가들은 개인 분석(personal analysis) 과정을 경험하지 않은 채 정신역동 상담과 분석을 진행하는 것이 비윤리적이라고 간주한다.

■ 관점: 사례 개념화

정신역동 사례 개념화의 소개

당신은 '관점' 부분이 이 장에서의 '실천' 부분보다 훨씬 더 길고 복잡하다는 것을 금세 알아차렸을 것이다. 도중에 나에게 악담을 퍼붓고 싶다면 그것은 '투사'의 한 형태라는 점을 기억하라. 나는 단지 여기 전달자일 뿐이다. 유의해야 할 중요한 점은 정신역동 상담에서 임상가의 일은 화려한 개입이 아니라 대부분 살펴보는 것, 즉 사례 개념화이다. 확실히 사례 개념화는 이것보다 더욱 복잡하지 않으며 가장 포괄적인 접근 중 하나로, 비교적 괜찮은 편이다. 사례 개념화를 할 때 정신역동 상담자는 자유롭게 한 학파 혹은 다른 학파로부터 개념을 빌려온다. 엄격하게 하나의 이론이나 또 다른 이론만 고집하기

보다는 추동 이론, 자아 심리학, 대상관계, 자기 심리학, 관계적 정신분석, 그리고 심지어 단기 접근 방법마저도 빌려올 수 있다. 이는 상담자가 각 내담자마다 그에 맞는 적합한 사례 개념화를 가능하도록 하는 것이다(McWilliams, 1999). 정신역동 사례 개념화는 성격 기능, 다음과 같이 관련된 역동들에서의 다양한 영역의 평가를 포함한다.

- 의식 수준
- 자기 구조
- 추동 이론
- 심리성적 단계
- 방어기제
- 심리사회적 발달 단계
- 대상관계 패턴
- 충분히 좋은 어머니
- 분리 단계
- 자기대상
- 관계 매트릭스
- 문화와 관련된 무의식 조직 원리

의식 수준: 의식, 전의식, 무의식(추동 이론)

Freud는 그의 업적에 있어서 가장 초기에, 그리고 가장 오래 지속된 공헌들 중 하나로, 의식(conscious), 전의식(preconscious), 무의식(unconscious)이라는 세 가지 의식 수준에 대해 설명했다.

의식은 당신이 피곤하고, 배고프고 또는 지금 오랫동안 정신분석 장을 읽고 있는 것과 같이(부디 너무 지루하지 않기를 바라지만), 인간이 의식하고 있는 감각과 경험을 포함한다(Freud는 의식 상태를 정신생활의 작은 부분으로 이루어져 있다고 믿었다). 전의식은 사람이 마음대로 쉽게 기억해낼 수 있는 기억과 경험으로, 가령 당신이 지난 저녁 식사로 무엇을 먹었는지, 당신이 가장 좋아하는 노래에서 인용하는 것은 무엇인지, 혹은 당신의 기말고사를 위한 이 장의 부분은 무엇인지 등이 있다. 무의식은 의식 수준이 받아들일 수 없는 타고난 욕구의 근원인 기억, 생각, 추동을 담당한다. Freud는 무의식이 의식의 가장 큰 수준이 될 것이라고 여겼으며, 그의 작업은 특별히 의식화하는 것에 관심을 기울였다. 따라서 대부분의 프로이트학파 기법은 꿈 분석과 자유연상처럼 무의식을 의식화하는 방법이다(Kernberg, 1997). 보다 최근의 상담자들은 '현재' 무의식을 한 사람의 유아 시절 또는 '과거' 무의식과 구분하는데, 주로 최근의 경험과 내담자가 관련짓기 더욱 쉬운 '지금 여기'의 무의식을 분석하면서 치료를 시작한다. 시험이 다가올 때 이번 장의 내용이 당신의 무의식에 깊게 숨겨져 있지 않도록 바란다.

자기 구조: 원초아, 자아, 초자아(추동 이론)

정신역동 용어에서의 자기(self)는 개인을 구성하는 모든 정신 구조의 조직과 통합을 나타낸다(St. Clair, 2000). 대상관계는 자아 혹은 원초아처럼 자기의 요소와 대상 간이 아니라 항상 전체적인 자기와 대상 간에 일어난다. Freud는 자기를 세 가지 구조로 개념화했다. 이러한 구조는 개념적으로 이해하고 정신역동을 논의하는 데 사용되지만, 이러한 구조 개념은 실제의 것으로 생각하진 않았다.

- *Das Es('the it')*: 영어권 사람들을 위해 라틴어화된 Id(라틴 표현으로는 단순하게 '더 잇'이라고 말하는 것보다 더 기술적이고 오묘한 발음이다.)로, 성격에 있어서 본능적인 욕구에 의해 자극되어 있고, 정리되지 않은 부분이다. 이것은 우리가 '쾌락 원리'에 따라 행동하게 만든다. 성격의 이러한 부분은 무의식이 독점하지 않는다. 유아들은 원초아적인 충동만 가지고 태어나며 인생의 처음 몇 개월 동안 다른 성격 구조들을 발달시킨다.
- *Das Ich('the I')*: 영어권 사람들을 위해 라틴어화된 Ego로, 자아는 '현실 원리'에 따라 작동하며, 사회적으로 적합한 방법으로 자아의 요구를 만족시키기 위해 노력한다. 사람의 의식적인 부분에 더 가까우며, 자아는 사고, 인식, 방어기제, 그리고 그 밖의 실행 기능을 포함하는 성격 부분이며, 초자아와 원초아 사이를 중재하는 역할을 한다.
- *Das Über–Ich*('the over'/'above–I'): 영어권 사람들을 위해 라틴어화된 Superego로, 초자아는 항상 '완벽함'을 이루기 위해 노력하며, 자아와 사회적 이상을 나타내며, 일반적으로 사회적으로 적절하지 않은 원초아의 추동과 환상을 막는다.

프로이트학파 분석가들은 원초아의 추동과 초자아의 금지 간에 계속되는 충돌을 자아가 어떻게 관리하는지 살펴봄으로써 내담자의 문제를 개념화한다.

추동 이론(추동 이론과 자아 심리학)

Freud는 인간의 마음을 기계의 한 종류로서 개념화하였다. "그는 인간의 상상을 기초로 그의 이론을 구축했는데, 인간의 상상은 본능적 추동(instinctual drive)의 힘에 의해 연료를 공급받는 정신기구(psychic apparatus)의 내적 작동을 강조하는 것이다" (Greenberg & Mitchell, 1983, p. Ⅷ). 이 시스템 내부에 있는 에너지가 '방출'될 수 없을 때, 에너지를 처리하거나 부정하거나 아니면 돌려쓰는 것과 같은 방법에 관심을 쏟아야 한다. Freud는 성적 에너지인 리비도(libido)를 발견했고, 제1차 세계대전 이후 유사하게 다루어야 하는 다른 에너지의 형태로서 공격적 에너지의 원천, 즉 죽음 충동(death drive)

을 추가하였다. 이러한 에너지는 인간의 내재된 부분인 **본능적 욕동**(instinctual drives)이다. 그러나 이러한 추동들이 적절하게 인정되지 않고 처리되지 않을 때 증상이 나타난다. Freud의 **심리성적 발달 단계 모델**(psychosexual developmental model)(아래 참고)은 리비도 에너지의 발달과 성숙을 설명한다. 비록 Freud가 죽음의 본능과 평행한 모델을 개발하진 못했지만, 대상관계 이론가 Melanie Klein이 Freud의 '공격적인 죽음의 본능' 개념을 기반으로 그녀의 아이디어를 개발했다(Altman, 2008; Klein, 1932/1975). 또 다른 대상관계 이론가들은 관계 욕구로 받아들이는 대체 가능한 욕구 이론을 개발했다. 그러나 이러한 관계 욕구 이론은 주로 관계를 추구하는 인간의 욕구를 설명하는 데 사용되었고, 일반적으로 Freud 추동 이론의 기계적인 요소를 포함하지 않는다.

심리성적 발달 단계와 오이디푸스 콤플렉스(추동 이론)

가장 논란이 많은 것으로 여겨지는 추동 이론을 기반으로, Freud의 심리성적 발달 단계는 생후 처음 5년 동안 성격(원초아, 자아, 초자아)이 어떻게 발달하는지 설명한다. 아이들은 일반적으로 성적 쾌락이 생식기 부분에 위치하는 청소년 시기까지 신체의 다양한 부분을 통해 성적이고 감각적인 만족감을 경험한다고 믿었다. 그는 이 이론은 "충분히 이상하게 들릴 수도 있다. [그러나] 우리는 지금까지 극도로 도외시되었던 유아기 감각에 대한 가장 의미 있는 여파로 우리의 관심을 유도하려는 동기에 의해, 우리는 더욱 풍족해질 것이다"(Freud, 1963a, p. 13).

현대 실무자들은 주로, 추동 이론과 심리성적 단계(프로이트학파 추동 이론 분석가, 자아 심리학자, 대상관계 상담자)를 사용하는 사람들과, 동기 이론 그리고 심리성적 단계가 대상관계 이론(자기 심리학자, 대인관계 이론가, 그리고 남아있는 대상관계 실무자; Greenberg & Mitchell, 1983)과 양립할 수 없다고 믿는 사람들의 두 가지 '입장'으로 나뉜다(Kernberg, 1997). 또한 유럽인보다 문자 그대로 해석하는 미국인들의 경향과 함께, 심리성적 단계를 해석함에 있어 '문자 그대로' 대 '비유적으로' 해석하는 논쟁이 있다. 남녀평등주의자/여성주의자들은 남성성에 높은 가치를 부여하고 여성들이 이해하는 기준으로 사용되는 부끄러운 줄 모르는 남성의 성향을 포함했다는 이유로, Freud의 심리성적 단계의 많은 영역을 비판해왔다(Friedan, 1963; Messer & Warren, 1995). 그럼에도 불구하고 Freud의 심리성적 단계는 성적이고 공격적인 욕구가 어떻게 성격을 형성하는지, 그리고 더 중요하게는 초자아와 도덕성의 발달을 어떻게 형성하는지에 대한 이해를 제공한다.

구강기: 의존과 신뢰(생후~18개월) 이 기간 동안 유아들은 입을 통해서 자신들의 욕구를 충족시키기 위해 어머니에게 의존한다(빨기, 물기, 뱉기). 만약 이 단계에 유아들이 너무 지나치게 어머니에게 의존한다면 성인기에 의존적이게 된다. 반면에, 자신의 욕

구를 너무 드물게 욕구를 충족시켰던 유아들은 성인으로서 불안정하게 된다. 사례 형성에서 정신역동 상담자들은 보살핌을 받아야 하는 욕구가 강한 사람들을 '구강적으로 의존하는' 성격으로 칭할 수 있다.

항문기: 통제(18개월~3세) 항문기 동안, 아이는 괄약근을 조절하는 것을 배움으로써 이완과 경직의 양극성을 관리하는 것을 배운다. 이 단계에 고착된 아이들은 충동을 통제하고 유지하고자 하는 매우 강한 욕구에 따라 **항문기 보유**(anal retentive)가 될 수 있으며, 혹은 본능적인 충동을 통제할 수 없는 **항문기 폭발**(anal explosive)이 될 수 있다.

남근기: 도덕과 초자아(3~6세) 남근기는 Freud의 이론에서 가장 논란의 소지가 있으며 열의가 부족한 모든 대화에 흥미를 더하기 위한 가장 확실한 방법에 해당한다. 남근기는 오이디푸스·엘렉트라 콤플렉스, 거세 불안, 남근 선망에 대한 개념으로 특징지어진다. 소포클레스(Sophocles)의 유명한 그리스 비극에서 이름을 따온 **오이디푸스 콤플렉스**(Oedipal complex)는 Freud가 믿었던 보편적인 패턴인 남자아이는 감각적인 충동이 자신의 어머니를 향해 있고, 아버지를 향해서는 공격적인 충동을 가지고 있는 것을 나타낸다. 이와 유사하게 **엘렉트라 콤플렉스**(Electra complex)는 자신의 아버지를 원하고 어머니를 없애고 싶어 하는 여자아이를 나타낸다. 아이들은 이러한 리비도의 본능을 **초자아**(superego)를 발달시키면서 성공적으로 해결해나간다. 초자아는 동성 부모와 동일시하고 반대의 성인 부모에 대한 성적인 사랑을 성적이지 않은 사랑으로 변화하는 것을 가능하게 한다. **거세 불안**(castration anxiety)은 자위행위, 오이디푸스 충동, 혹은 다른 리비도 에너지의 표현에 대한 처벌로 거세당할 것 같은 남자아이의 두려움을 나타낸다. 이 모든 것들은 Freud 시대에 엄격히 금지되었던 것으로, 당시 남자아이들은 자주 이러한 행동을 하면 거세당할 수 있다고 경고를 받았다. 여자아이들은 자신들이 무언가 잘못하여 잃었던 것은 아닐까 하고 궁금해 하면서 **남근 선망**(penis envy)을 발달시킨다. 이러한 이론은 Freud의 초기 여성 환자들이 나이 많은 남성들로부터 성적인 접근을 받았다는 보고들로부터 발전되었다. 처음에 Freud는 우리가 현재 부르는 성적 학대에 관한 보고라고 믿었다. 그러나 후에 그는 여성 환자들이 환상 속에 사로잡혔다고 믿었다. 당신이 상상한 대로 게이/레즈비언 옹호자뿐만 아니라 현대 남녀평등주의자/여성주의자는 이러한 이론이 동성애는 발달 단계에서의 실패자이고, 어린아이가 성적으로 부모를 원하므로 성적 학대는 부모를 '유혹한' 아이에게 책임을 돌릴 수 있다는 점을 내비치고 있기 때문에 이 이론에 반대했다.

어쩌면 비유적인 의미로 가장 이해가 잘 될 수 있는, 남근기의 중요한 결과는 초자아와 도덕성의 발달이다. "초자아는 부모의 초자아를 성공적으로 동일시하도록 구현하며 그들의 영향력을 지속적으로 나타낸다"(St. Clair, 2000, p. 26). Freud는 한 사람이 사회에 잘 참여하도록 하기 위하여, 의식 혹은 초자아가 발달함에 있어 최종 결과의 중요성을 유사하게 강조한다. "한 사람이 자신의 아버지를 죽이든지 죽이지 않든지, 그것은 결정적인 것이 아니다. 어느 경우에나 그 사람은 죄책감을 느끼기 마련이다"(Freud, 1931/1961, p. 89).

잠복기: 성 정체성 잠재(6~12세) 잠복기에서 리비도의 에너지는 학교, 우정, 취미 같은 일반적인 아동기의 활동으로 돌려진다. 리비도의 성적 충돌은 존재하지 않는다.

성기기: 성인 성 정체성(12세 이후) 이 단계에서 성적 에너지는 이성의 사람에게 집중된다. 만약 초기 단계에서 자녀들이 적절하게 해결하지 않았다면 그들은 성인기에 문제 행동이나 증상을 발현할 가능성이 있다.

심리내적 갈등으로서의 증상: 1차적 이득과 2차적 이득

공포증, 우울증, 혹은 심리적 문제로 인한 호소와 같은 현재 증상은 내적 혹은 **심리내적 갈등**(intrapsychic conflict)에 대한 표현으로 보이며, 종종 의식적으로 인식하거나 표현될 수 없는 감정에 대한 비유로도 여겨진다(Luborsky et al., 2008). 분석가는 이러한 증상을 내담자의 근본적인 내적 갈등의 단서로 생각한다. 이러한 경우에서의 치료 목표는 알아차림을 얻고 이러한 감정의 안전한 표현을 가능하게 하는 것이다. 예를 들어, 만성적인 요통을 호소하는 내담자는 관계 혹은 직장에서 부담을 느낄 수 있고, 혹은 고소공포증이 있는 내담자는 그의 완전한 잠재력을 알아차리는 것에 대해 두려워할 수도 있다.

특정 증상의 1차적 이득과 2차적 이득은 평가로 고려된다(McWilliams, 1999). 1차적 이득은 1차적 증상의 이익을 나타낸다. 예를 들어, 10대 우울증의 1차적 이득은 에너지와 흥미의 상실이 고통을 불러일으키는 활동에 대해 어떤 방식으로든 피할 수 있게 한다(예: 운동을 잘하지 못한다고 느끼고 기분이 너무 우울해서 연습하러 갈 수 없다고 여기는 것은 이것으로부터 회피하도록 만든다). 게다가 종종 직접적으로 관련되지는 않지만 당연한 결과로 이익인 2차적 이득도 있다. 예를 들어, 우울증 때문에 학교 여학생들로부터 관심을 더 받을 수도 있고, 집안일과 친척과의 방문으로부터 해방될 수 있으며, 상담자로 하여금 부모 편이 아닌 자신 편이 되게 만들 수도 있다. 따라서 전문가는 신중한 생각이 요구되고 도와준다는 명목하에 무심코 2차적 이득을 만들지 않도록 신중할 필요가 있다. 왜냐하면 한 내담자를 위한 치료법은 다른 내담자에게는 2차적 이득이 될 수 있기 때문이다.

방어기제(추동 이론, 자아 심리학, 대상관계, 자기 심리학)

방어기제(defense mechanisms)는 심리적인 위협으로 인지된 것에 대한 자동적인 반응이며 종종 무의식 수준에서 활성화된다(Luborsky et al., 2008). 자아가 원초아와 초자아 간의 긴장을 조정할 수 없을 때나 용인될 수 없는 욕구를 다룰 때, 겉보기에 양립할 수 없는 갈등을 해결하기 위해서 하나 혹은 그 이상의 방어기제를 사용한다. 주기적으로 방어기제가 사용될 때, 이는 스트레스에 대처하는 적합한 방법이 될 수 있다. 그러나 습관적으로 방어기제를 사용할 때에는 꽤 문제가 될 수 있다. Freud는 그의 작업 초기에 이러한 방어기제를 확인했고, 이후에 다른 이론가들이 계속해서 목록을 추가해 나갔다. 여기에 보다 일반적인 형태의 방어기제가 있다(2장에 나오는 방어기제의 추가적인 논의를 보라). 이 장의 마지막 부분에 있는 사례 연구에서, 감정을 억제해보고자 내담자가 여러 방어기제에 장기간 의존한 것은 결국 우울증, 자살 사고, 진통제 남용을 야기했다. 상담자는 내담자가 이러한 감정을 의식으로 가져와서 더욱 효과적으로 다룰 수 있도록 돕는다.

부인 부인(denial)은 Freud에 의해 알려진 최초의 방어기제 중 하나로, 부인은 외부의 현실이나 사실을 받아들이는 것을 거부하는 것이다. 왜냐하면 그것이 너무 위협적이며 사실을 뒤바꿀 수 있기 때문이다(Luborsky et al., 2008). 부인은 약물 남용, 알코올 남용을 하는 내담자의 가족뿐만 아니라 진로와 대인관계에서 희망이 없는 사람들에게서도 나타난다.

내사 유아에 의해 사용되는 동일시의 가장 초기 형태인 내사(introjection)는 한 사람이 또 다른 사람의 행동, 신념, 태도의 '전체를 받아들이는' 경우를 설명한다. 아동의 경우, 초기 대상관계는 주 양육자의 내사에 의해 형성된다. 내사는 긍정적 혹은 부정적 감정을 가질 수 있다. 초기에 아동은 두 가지의 기억으로 '분리'하고, 건강한 발달 속에서 이러한 기억은 통합된다(Kernberg, 1976). 내사의 방어기제를 사용하는 사람은 다른 사람의 승인을 얻거나 동일시하기 위해서 다른 사람의 성격과 스타일, 의견 '전부를 그대로' 받아들인다.

분열(대상관계와 자기 심리학) 대상관계 및 자기 심리학 학자들이 특별한 관심을 보이는 방어기제인 분열(splitting)은 개인을 긍정적이고 부정적인 특성 모두가 포함된 하나의 통합된 전체로서 바라보는 능력이 없음을 나타낸다(St. Clair, 2000). 분열은 아동에게는 일반적이지만, 아동이 성숙해가면서 더욱 잘 이해할 수 있게 된다. 자신이 배고플 때 먹을 것을 주는 어머니('좋은 어머니')가 불편한 카시트에서 안전벨트를 채워주는 어머니('나쁜 어머니')와 같다는 사실에 대해 이해하게 된다. 성인이 방어기제로 분열을 사용한다면, 사람들을 완전히 나쁜 사람(악당화) 혹은 완전히 좋은 사람(이상화)으로 간주한다. 어떤 경우에는 관계 사이에서 거대한 혼란을 만들면서 한 사람에 대한 관점이 모두 좋았다가 모두 나빠질 수 있다. 당신이 상상한 대로 이것은 인간관계를 매우 어렵게 만든다. 나의 10대 내담자는 그런 사람들을 '극적인 것의 왕(여왕)'으로 부른다. 분열은 경계선 성격장애에서 흔히 볼 수 있는 방어기제이다.

투사 투사(projection)는 한 사람의 용납할 수 없는 감정, 충동, 소망을 다른 사람에게 잘못하여 돌리는 것을 나타내는데, 일반적으로 무엇을 하는지에 대해 인식하지 못한 채 발생한다(예: 다른 사람을 탐욕스럽게 보지만 이것이 자신의 성격이라는 것을 깨닫지 못한다)(Mitchell & Black, 1995). 임상 현장에서는 외도를 저지른 사람이 바람을 피울 생각이 전혀 없는 충실한 배우자에게 이러한 의도를 투사하는 사례를 종종 볼 수 있다. 애초의 외도가 들키지 않았더라도 이러한 투사는 발생할 수 있다.

투사적 동일시 일반적인 투사와 유사하게, 투사적 동일시(projective identification)는 한 사람의 용납할 수 없는 감정을 다른 사람의 탓으로 돌리는 것을 말한다. 그러나 이 경우에는, "투사된 것이 단순한 별개의 충동이 아니라, 자기 자신의 한 부분이다. 단순히 공격적인 충동이 아니다. 예를 들어, 나쁜 자기는 지금 다른 사람에게 위치한 나쁜 자기가 있는 것이다"(Mitchell & Black, 1995, p. 101). 투사된 것은 자기의 한 부분으로, 일반적으로 통제와 강하고 생생하게 연결된 것을 설명하는 지속적인 무의식적 동일시이다. 더욱이, 많은 경우에 한 사람의 통제 행동은 다른 사람이 확실히 투사하는 방식으로 행동하는 결과를 야기하며, 이는 누가 먼저 시작했는지 명확하게 구분하는 것을 어렵게 만든다. 투사의 고전적인 예시는 질투심이다. 한 남성은 자신의 파트너와 다른 남성들과의 관계를 질투하면서 그녀의 행동 때문이라고 주장한다. 그녀는 그의 질투심으로 인한 다툼을 피하기 위해 자기 행동을 숨기게 된다. 이러한 행동이 들키게 되면, 그의 의심을 확인시켜주게 된다. 또한 투사적 동일시는 폭력(동물, 아동, 태아, 여성 등 중 하나)을 반대하는 급진적인 행동주의자의 형태를 취할 수도 있다. 이러한 사람들은 공격적인 충동을 타인에게 투사하고, 그러고는 비폭력을 촉진하고자 강박적인 노력을 들이며, 종종 공격적 비유나 수단을 사용한다. 심지어 대의를 옹호할 때조차도, 이러한 사람은 타인의 개인적 관계, 직업, 안녕이 피해를 입을 정도로 인식된 폐해를 개의치 않고 추구하는 경향이 있다.

억압 Freud 접근의 중심 개념이면서 Kernberg(1976)의 두 가지 기본 방어 중 하나인(분열과 함께) 억압(repression)은 초자아가 원초아의 내적 충동과 추동을 억누를 때 발생하는 무의식적 과정이다(St. Clair, 2000). 추동 이론에서 억압은 강박, 충동, 환각, 정신 신체적인 불평, 불안, 우울과 같은 광범위한 신경증 증후의 원인이다. 억압은 인식 외부에서 발생하기 때문에, 의식적으로 충동을 마음 밖으로 밀어내는 억제보다 더 병리적인 것으로 간주된다.

억제 억압과 달리, 억제(suppression)는 내적 사고, 감정, 욕망의 어려움에 대한 의도적인 회피이다. 비탄, 복잡한 상실 등과 같이 장기간 동안 어려운 감정을 직면할 때 이 방어기제는 유용하다.

Erickson의 심리사회적 발달 단계(자아 심리학)

가장 널리 사용되는 발달 모델 중 하나로, Erickson의 8단계 심리사회적 발달 모델(1994; Erickson & Erickson, 1998)은 인생에서 8가지의 중요한 시점에서 반드시 넘어가야 할 발달적 위기에 대해 설명한다(2장 참고). 만약 이러한 위기를 극복하지 못한다면 그 어려움은 그 이후의 단계에서 맞닥뜨리게 된다. Erickson의 단계는 초기에 Freud의 심리성적 단계와 매우 유사했지만 이후 전 생애 단계로 확장되었다.

신뢰 대 불신: 영아기 생후 1~2세에 해당하는 영아들은 이 단계에서 자신의 초기 양육자와의 경험을 토대로 신뢰와 불신의 건강한 균형을 발달시킨다. 신뢰의 건강한 균형은 주의가 필요한 때를 일제히 깨닫게 되면서, 세상에 대한 일반적인 희망감과 안전을 이해하게 되는 것이다. 어린 시절 트라우마 경험을 가지고 있거나 부모가 과잉보호했던 사람은 종종 언제, 어디서, 누구를 믿어야 하는지에 대해 혼란스러워한다. 이는 비현실적인 자기감 혹은 불필요한 두려움을 야기한다.

자율성 대 수치와 의심: 유아기 유아기 동안 아이들은 자율성과 삶에 대한 영향력을 발달시키며, 동시에 능력에 대한 한계를 배우게 된다. 만약 양육자가 방치하거나 과잉보호한다면 아이들은 과도한 수치심을 느끼게 되며, 극심한 자기 회의 혹은 심신을 약화시키는 수치심과 수줍음을 드러내는 지속되는 주제를 가지고 자랄 수도 있다. 또는 만약 부모가, 아이들이 수치스럽고 자기 회의적인 경험을 하는 것에 대해 용납하지 않는다면, 아이들은 충동적이고 타인을 배려하지 않는 경향을 갖게 된다.

주도성 대 죄책감: 학령전기·유치원에 다니는 연령 학령전기 또는 유치원에 다니는 연령의 아이들은 발달 단계에서 과도기를 겪는다. 이 시기에 아이들은 행동이 타인에게 해를 끼칠 때 느끼는 죄책감에 의해 조절된 주도감과 목적의식을 발달한다. 과잉보호하거나 방치하는 부모의 자녀는 자신의 결정에 대한 강한 죄책감과 불안감이 생길 수 있으며, 이는 위험 회피와 억제로 이어진다. 그 대신에 죄책감과 자신의 행동이 다른 사람들에게 어떻게 영향을 미치는지에 대한 인식을 충분히 발달하지 못한 아이들은 매우 공격적이게 된다.

근면성 대 열등감: 학령기 학령기 초기에 아이들은 새로운 기술을 습득하고, 유능감

을 발달시키며, 이러한 유능감으로부터 자존감을 형성하게 된다. 그러므로 이 단계에서의 과업은 능력에 대한 자신감을 형성하가 위해 부지런히 활동에 참여하는 것이다. 남들에 의해서 자주 비판받거나 다른 사람과 비교되고 부족함을 지적받은 아이들은 전반적으로 열등감에 시달리게 된다. 또한 최근 연구에서 실패와 난관의 경험으로부터 보호받으며 과도한 칭찬을 받은 아이들 역시 열등감을 발달시키는 것이 보고된다. 이러한 이유는 그들이 진정한 유능감을 발달시키는 것을 방해받았기 때문이다(Seligman, 2002). 따라서 부모의 의도와는 반대로 계속해서 게임에서 지고, 낮은 성적을 받고, 혼자 남겨지고, 열등감으로부터 보호받는 아이들은 무능해지며, 장래에는 '자기 능력 이하의 성적을 내게' 되기 쉽다. 대신, 과도하게 자신의 성실함을 입증하는 아이들은 활동에 있어 강박을 야기할 수 있다.

정체성 대 역할 혼란: 청소년기 청소년기처럼 악명 높고 연구가 많이 된 발달 단계는 없을 것이다. '나는 누구인가, 그리고 내가 어떻게 해야 하는가?'와 같은 질문에 처음으로 답변을 할 때, Erickson은 이것을 정체성 발달의 시기로 보았다. 발달적으로 이 시기는 종종 자극적인 복장, 형형색색의 머리 색깔, 반항적인 음악, 다양한 사회적 활동, 부모를 화나게 하는 등의 행동으로, 가능한 정체성과 사회적 규칙에 대해 탐색하는 시기이다. 자신의 정체성을 탐색하도록 허용되지 못하거나 특정한 삶의 방향을 추구하지 못한 것에 대해 죄책감을 느끼는 10대들은 역할 혼란을 경험할 수 있으며, 명확하고 실현 가능한 정체성을 실현하는 데에 어려움을 겪는다. 또한 역할 혼란은 사회적 역할 확립에 실패하게 만들고, '타인이 원하는 것을 하지 않는' 반항적 욕구를 기반으로 반응적 정체성을 발달시킬 수 있다. 이러한 경우에는 약물 남용, 급진적 사회 집단, 범죄 조직원, 고등학교 중퇴의 결과로 이어지기도 한다. 이러한 사례에서, 10대들은 가족 또는 사회에서 자신을 생산적인 구성원으로서 생각할 수 없다.

친밀감 대 고립감: 청년기 더욱 많은 사람들이 고등교육을 추구하고 결혼과 정착에 대해 생각이 바뀌면서 '청년기'는 이전보다 더욱 길어졌다. 이 기간 동안 인간은 가정과 사회적인 네트워크를 만들면서 개인적인, 사회적인, 직장 생활에서의 친밀한 관계를 형성한다. 이 단계에서 어려움을 겪는 사람은 성적으로 문란해지면서 과도하게 관계에 집착하거나, 관계를 맺는 것에 자신을 지나치게 동일시하거나, 점점 사회적으로 고립될 수 있다.

생산성 대 자기 침체: 장년기 성인기의 발달 과업은 자신이 사회와 다음 세대를 위해 의미 있는 기여를 한다는 느낌에 집중하며, 이는 종종 한 사람이 자신의 삶의 업적에 대해 만족하는지에 의해서 평가된다. 중년 위기란 삶이 정체되었거나 고쳐져야 한다고 느낌으로써 극단적인 방법으로 삶을 바꿔야겠다고 느끼는 것을 가리킨다. 이러한 시도는 도움이 되는 경우도 있지만 그 사람으로 하여금 탈선하게 만들 수도 있다. 전 단계에서의 해결되지 못한 발달적인 문제가 이 시기에 수면 위로 떠오르기도 하며, 이 단계에서 해결할 수 있고 보다 쉽게 다룰 수 있다. 게다가 이 단계에서 발달 문제는 한 사람의 사회적 상황 또는 직업에서 과도하게 연관되거나 확장하는 형태를 취할 수 있다. 반대로 냉소적이고 단절될 수 있다.

자아 통합감 대 절망감: 노년기 노년기의 사람들이 갈수록 상담을 더 많이 받고 있는 실정인 만큼, 상담자들이 이 마지막 단계를 이해하는 일이 더욱 중요해지고 있다. 이 단계에서 사람들은 자신의 삶을 되돌아보고 죽음의 불가피성을 직면하면서 자아 통합감과 절망감의 균형을 유지한다. 자아 통합감을 가지고 인생의 끝을 직면할 수 있는 지혜로운 사람은 의미를 부여하기 위하여 삶의 경험을 통합하고 내가 무엇을 했고 나는 누구인지 수용할 수 있다. 반대로, 다른 사람들은 보다 일반적으로 자신의 생활과 삶에 대한 화해를 하기 위해 애를 쓰고, 깊은 슬픔과 상실감을 경험한다. 혹은 오만과 독선주의로 이어지는 자만심이 발달한다.

대상관계 이론

Freud에 의해서 처음으로 만들어진 용어이자 현대인들이 듣기에 꺼려질 수 있는 용어(말장난은 아닌 말)인 정신역동 이론에서 '대상'은 개인의 욕구, 관심에 관한 '대상' 또는 '추동'('나의 애착의 대상'을 생각하라.)(St. Clair, 2000)을 나타내는 데 사용되었다. 대상은 종종 사람을 나타내는데, 대부분은 어머니이다. 고전 문법에서 주어/목적어의 차이는 다음과 같다. 문장의 주어는 목적어에게 무언가를 한다. 대상은 **내적**(개인의 내적 세계에서 작동하는) 또는 **외적**('현실' 세계에 존재하는)일 수 있다. Freud의 추동 이론은 인간이 심리성적이며 삶/죽음의 본능의 '대상'을 어떻게 나타내는지를 분석한다. 반대로, 대상관계 이론(object relations theory)은 인간이 외적이고 내적인 대상을 이해하기 위해서 어떻게 성격 역동을 나타내는지 분석한다. 대상관계 이론가들은 대상, 즉 주 양육자와의 외적인 상호작용 패턴의 **내면화**와 **내적 투사**의 결과로 성격이 발달한다고 믿는다(Fiarbairn, 1954; Kernberg, 1976; St. Clair, 2000). **양육자와의 관계는 훗날 모든 관계의 틀이 될 수 있다.** 이런 이유로 양육자와의 관계는 나중의 문제를 이해하기 위해 신중하게 평가되고 분석된다.

대상관계 이론가들은 유아가 생후 3년 동안 관계를 어떻게 내면화하고 이러한 영향이 성인의 성격 발달에 어떠한 영향을 미치는지 분석하는 데 관심이 있다. 초기에 "긍정적인 유인가(valence)와 부정적인 유인가와 함께 내적 투사(양육자의)는 완전히 따로 떼어둔다. 왜냐하면 이러한 것들은 개별적으로 발생하는데, 자아의 부족함으로 유사한 유인가에 의해 활성되지 못한 내적 투사를 통합하지 못했기 때문이다"(Kernberg, 1976,

p. 35). 생후 3년 동안 가장 중요한 과업은 '좋은' 그리고 '나쁜' 대상을 일관되고 현실적인 이해에 통합하고, 분열과 억압(위의 내용 참고)의 방어기제를 피하게 되는 것이다. 어린아이가 학대당하고, 낙담하는 상황에 어떠한 통제도 할 수 없을 때의 일반적인 대처 전략은 대상을 '좋은' 면과 '나쁜' 면으로 '분열'하는 것이다. 그리고 외적이고 통제할 수 없는 '좋은' 대상과 '나쁜' 자기를 만들면서 '나쁜' 면을 내재화한다. 따라서 정서적으로 견뎌내기 위해서 학대당한 아이들은 성인기에 계속되는 희생의 패턴을 야기하면서 자기 자신을 싫어하고 폭력적인 양육자를 사랑하게 된다. 이러한 사례에서 치료의 초점은 더욱 일관된 정체성과 다른 사람들의 현실적인 기대와 새로운 관계 패턴을 형성하기 위해서 좋고 나쁜 부분을 의식하며, 발견하고 통합하는 것이다.

충분히 좋은 양육과 참 자기(대상관계)

완벽주의자들에게 좋은 소식인 Winnicott의 발견은 일반적으로(완벽하지는 않지만) 어머니들은 그들이 '충분히 좋은' 양육이 제공되는 독립성을 지향하도록 하고, 아이가 참 자기(true self)를 발달하도록 허용하는 동시에, 아이의 의사소통과 욕구에 반응할 수 있다. 참 자기와 관련될 때, 인간은 자신과 다른 사람 간의 명확한 차이를 유지하면서 자발적으로 필요와 욕구를 표출한다. 반대로, 만약 어머니가 너무 냉담하거나 거리감이 있고 또는 너무 혼란스럽다면, 좋은 어머니는 나타나지 않고 아이는 규칙을 지키는 것에 대해 과도하게 불안해하고, '비현실감'을 느끼고, 관계에서 어려움을 겪는 거짓 자기를 개발할 것이다. Winnicott의 치료 목표는 내담자를 돕고 육아의 피해를 바로잡고 참 자기를 회복하는 것이었다. 뇌 발달에 관한 현대 연구는 Winnicott의 이론을 지지하는데, 이는 건강한 뇌 발달이 부모와 유아 간 상호작용의 질과 관련이 있음을 나타낸다(Siegel, 1999).

분리와 개별화 단계(Mahler의 대상관계)

Margaret Mahler는, 생후 3년 동안 분리-개별화(separation-individuation) 과정에서 유아는 심리내적 자기감을 형성하게 되는데, 이때 아이는 독립적인 주체가 되는 느낌을 갖게 된다고 한다. 따라서 그녀의 이론은 어떻게 인간이 '심리적으로 태어나는가?'에 대해 설명한다. 그녀는 발달 과정의 3단계에 대해 설명했다(Mahler, Pine, & Bergman, 1975; St. Clair, 2000).

1단계: 정상적 유아 자폐 단계 첫 달 동안, 신생아는 자신의 행위와 양육자를 구별하지 못한다. 주된 과제는 자궁 밖에서 항상성의 균형을 유지하는 것이다.

2단계: 정상적 공생 단계 생후 2달 동안, 이중 정체성을 형성하는 어머니와 자녀의 공생적 관계를 지지하는 심리적인 보호막이 형성되기 시작한다. 이 시점부터 아이들은 자신의 욕구를 만족시켜주는 대상(어머니)을 인식하기 시작한다. Mahler은 심각한 장애가 있는 아이들은 융합의 정신 상태에서 퇴행한다고 믿었다. 좋은 양육은 아동이 환경에 대한 감각 인식을 하도록 격려한다.

3단계: 분리 개별화 단계 5개월에서부터 3세까지 지속되는 마지막 단계에서는 아동 모두 (1) 각각의 개인내적 자율성을 형성하면서, (2) 어머니로부터 심리적으로 분화를 불러일으킨다. 3단계에는 4가지의 하위 단계가 있다.

하위 1단계—분화와 신체 이미지: 운동 기능을 익힐 때, 아이들은 어머니로부터 조금 신체적인 거리를 두려고 한다. 그리고 종종 그 자리에 여전히 어머니가 있는지 확인하기 위하여 '점검'한다.

하위 2단계—연습 단계: 영유아가 걷기 시작하면, 그들은 갈수록 정서적 유대에 주기적으로 돌아오면서 모험한다. 이 시기에 아이들은 자기 자신의 전능하고 이상적인 상태에 대해 정점을 느낀다.

하위 3단계—재접근 단계: 2세 후반 동안, 유아는 신체적인 분리를 인식하고, 전능감의 감소를 느끼고, 분리 불안을 재경험한다. 이 단계에서는 친밀함에 대한 욕구와 자율성에 대한 욕구의 충돌로 인해 내적 갈등이 나타난다.

하위 4단계—정서적 대상 항상성과 정체성: 3세 초반에 아이들은 그녀의 신체적 부재에 대해 위안을 주는 어머니의 통합된 좋고 나쁜 내적 이미지를 활용하면서 정서적 대상 항상성을 발달시키기 시작한다. 온전한 대상 표상은 아이들이 통합된 자기 이미지를 발달시킬 수 있도록 한다.

자기애와 자기대상(자기 심리학)

Kohut의 자기 심리학은 Kohut이 자기애적 성격장애로 진단받은 사람과 작업하면서 발달시킨 대상관계의 독특한 형태이다(St. Clair, 2000). Freud는 자기애적인 사람들은 다른 사람들과 관계를 형성할 수 없기 때문에 치료가 불가능하다고 말했다. 반대로 Kohut(1977)은 대상(타인)을 마치 자기의 한 부분 또는 자기의 중요한 기능을 수행하는 부분으로 바라보면서, 이러한 사람들은 자기애적 대상관계를 가지고 있다고 개념화했다. Kohut은 추동이 자기감에 앞선다는 Freud의 가정을 뒤집었다. "Kohut의 이론은 발달하는 자기이고 인간의 동기 부여의 중심이다. '추동', '사로잡힘(drivenness)', 격노 또는 도착(perversions)의 증거는 구조적인 취약성, 자기대상 실패 경험, 자기 실패의 징후이다. 이것이 Kohut이 이끄는 정신분석 연구의 방향이다"(Lachmann, 1993, p. 227).

Kohut이 개념화한 대로 자기대상은 자기의 일부로서 경험되거나 정체성을 제공하기 위한 자기의 개념으로 사용된 사람 또는 대상이다(Kohut, 1984; St. Clair, 2000). 그들은 온전한 대상이 아니지만 일련의 무의식적인 패턴과 주제이다. 어린아이들은 두 가지를 기반으로 자기대상을 형성한다. (1) **부모에 대한 이상적인 이미지**('우리 부모님은 완벽해.'), (2) **자기에 대한 과대 이미지**('나는 내가 원하는 것을 얻을 만해.')이다. 이것은 아이가 해야 하는 일(부모가 하는 것; 이상적인 자기대상)과 아이가 하고 싶은 일(과대 자기) 사이에서 긴장을 발생시킨다. 부모와 아이 사이의 공감적인 관계는 아이가 **응집적 자기**를 형성할 수 있도록 돕는다. 부모의 반응성에 대한 외상적이지 않은 실패 경험(배고픈 아이에게 따뜻한 음식을 주는 것에 대한 지연처럼 욕구에 반응하는 것에 대한 잠깐의 지연)은 사실상 핵심 자기를 형성할 수 있도록 돕는다. 반대로 어린 시절 트라우마와 박탈은 자기의 건강한 발달을 방해한다. 따라서 "과대 자기와 이상화된 대상은 계속해서 변화하지 않는 형태를 계속하고 오래된 욕구를 달성하기 위해 분투한다"(St. Clair, 2000, p. 144). 이러한 상황에서 "자기대상 경험은 인생의 모든 선행 단계에서 무의식적으로 파문을 불러일으킨다"(Kohut, 1984, p. 50). 그리고 이것은 자기 심리학 치료의 초점이 된다.

관계 매트릭스

추동 이론을 단념하게 되면 관계적 정신분석가들은 조직하고, 틀을 잡고, 임상의 정보를 해석하기 위해서 **관계 매트릭스**(relational matrix)를 사용한다. 이러한 매트릭스는 자기, 대상, 교류 패턴을 포함하고, '마음'이 어떻게 정의되어 있는지에 대해 재정립한다. "**마음은 개인의 유기체 안에서부터 교류 패턴으로 나온 미리 결정된 일련의 구조에서 재정립되었고, 상호적인 대인관계 부분에서 파생된 내적 구조이다**"(p. 17; 원본에 나오는 강조 서체 그대로). 관계 이론에 따르면 '자기'는 대인관계를 벗어나서 의미 있게 경험되거나 이해될 수 없는 것이다. 사실 관계 이론가들에게 "모든 의미는 관계에서 형성되므로 추동 모델에 있는 것과 완전히 같은 방식으로 선천적인 것은 없다"(p. 61).

관계 접근은 **관계 매트릭스** 혹은 **상호작용 영역**으로 불리는 여러 관계 가운데 있는 개인을 개념화한다. 이러한 것들은 개인이 타인과 연결되고 또 구별되는 방법들이다. 각 개개인과 달리, 분석의 기본 단위는 상호작용 영역이며, 항상 **상황 속에서의 인간**을 고려하고, 다양한 내담자에게 적용 가능하게 만든다. 심리내적·대인관계 역동은 모두 그러한 영역의 일부분이고 각각은 다른 분야에 영향을 미친다. 상호작용 영역 모델에서의 자기는 각 관계에서, 그리고 각 자기대상 관계에서 다르게 나타난다. 따라서 자기는 다른 관계에서 경험한 서로 다른 자기들과 함께 불연속적이다. 예를 들어, 당신은 친한 친구에게 당당하게 대하지만 애인과의 관계가 불안하며, 당신의 부모를 만족시키기 어려울 수 있다.

무의식적 조직화 원리와 문화

관계 이론의 특정 형태인 상호주관성 이론은 구성주의적 이론, 자기 심리학, 상관관계 분석에 의존한다(Stolorow, Brandschaft, & Atwood, 1987). 포스트모더니즘적 구성주의자들의 철학을 기반으로 한 상호주관성 이론은 "인간은 생애 초기 관계 경험을 기반으로 형성된 그들의 특정 조직적 틀(독특하고 무의식적인 원칙 또는 견본 틀)을 통해 세계를 경험한다."(Leone, 2008, p. 83)고 가정한다. 이러한 무의식적 원리는 왜곡 또는 투사가 아니라 자신의 경험을 해석하기 위해 개개인이 발달시키는 피할 수 없는 렌즈인 것이다.

이러한 무의식적 조직화 원리는 초기 어린 시절 관계뿐만 아니라 문화에 의해서 만들어지기도 한다. 문화는 그 자체로 공유된 일련의 무의식적 조직화 원리이다(Rubalcava & Waldman, 2004; Waldman & Rubalcava, 2005). 각 개인마다 부여된 문화 안에서 초기 관계와 성별, 연령, 교육 등과 같은 다양성 변수를 기반으로 자신의 무의식적 조직화 원리를 형성한다. 인간의 삶에서 매 순간, 이러한 무의식적 조직화 원리는 자신의 자기감, 감정, 행동을 알리는 데 사용된다. 예를 들어, 인간은 친구의 칭찬을 무의식적 틀에 의지하여 친절, 무례함 또는 부적절한 것으로 해석한다. 따라서 상호주관성 이론가들은 전이를 상담자의 행동을 해석하기 위해 내담자가 사용하는 무의식적 조직화 원리에 관여한 일반적인 과정이라고 분명하게 재정립했다. 내담자는 이것을 피할 수 없고, 상담자도 역전이를 피할 수 없다. 상호주관성 이론가들은 이러한 원리를 분석하기 위해서 상담 관계의 즉시성을 이용하고 이것을 현재 문제와 관계를 드러내는 데 필수적이라고 변경한다. 이 장의 마지막에 있는 사례 연구에서 상담자는 이민 가족과 일본인의 배경에 의해 만들어진 자기 안에서 성취의 중요성에 대한 켄의 무의식적 조직화 원리를 분석한다.

■ 목표 변경: 목표 설정

정신분석의 일반적인 목표

건강한 특정 이론을 가지는 데 정신분석학 접근은 비슷한 장기 목표를 공유한다. 이것은 '정신건강'으로 규정된 일반적인 목표로, 아래의 내용을 포함한다.

- 비합리적인 충동 감소(초기와 중기 단계)
- 스트레스 관리 능력 향상, 방어기제 사용 감소(초기와 중기 단계)
- 자아 강도, 자존감, 자기 통합 향상(중기와 종결 단계)
- 통찰 후 주체성 향상(중기와 종결 단계)
- 정서적 성숙과 지능 향상(중기와 종결 단계)
- 완벽주의 감소(중기와 종결 단계)
- 내적 갈등 감소와 성격 통합(종결 단계)
- 성숙한 의존과 친밀함을 경험하는 능력 향상(종결 단계)

비합리적인 충동 종종 치료에서 초기 목표는 충동적인 또는 강박적인 행동, 자해행위, 약물 남용, 우울 사고, 부적절함, 성적 충동을 야기하는 비합리적인 충동(irrational impulses)을 감소하는 것으로 설정한다(Messer & Warren, 1995). 이러한 충동적인 행동과 강박적인 사고는 전형적으로 많은 내담자들이 치료를 찾는 이유이다. 따라서 내담자들은 매우 의욕적이거나, 최소한 어느 정도 빈도의 급격한 감소를 확인하고 싶어 한다. 특히 초기의 목표는 단순한 감소(예: 폭식을 적어도 일주일에 1회 이상 감소), 또는 행동의 완전한 제거(예: 두 달 동안 지속되는 폭식 없음)이다.

스트레스 관리와 방어기제 초기 목표는 또한 내담자의 방어기제(defenses) 사용의 감소와 방어기제 없이 스트레스를 관리(stress management)하는 능력의 향상이다. 목표를 설정할 때 제거되기로 하는 특정 방어기제를 정해서 목표로 삼는 것이 중요하다. 왜냐하면 우리는 상황과 관계에 따라 선호하는 방어기제를 가지고 있으며, 각기 다른 개입(예: 부인, 투사, 내사, 수동 공격 등)을 필요로 하기 때문이다.

자아 강도, 자존감, 자기 통합 원초아의 욕구 추구 충동과 초자아의 도덕적인 명령, 현실 간의 중재자로서 자아는 건강한 균형을 유지하기 위해 강해져야 할 필요가 있다. '자아 강도를 가지는 것'은 어려운 환경을 부정하는 것이 아니라 원초아의 욕구, 초자아, 현실 세계의 욕구 갈등을 통합하여 대처하는 방법을 찾는 것을 의미한다(McWilliams, 1999). 의미상으로 인간은 원초아의 쾌락 추구나 초자아의 엄격한 규칙과 명령, 또는 현실의 제한을 맹목적으로 따르지는 않는다. 대신, 자아는 사전에 반대 세력에 의해 형성된 긴장에 관여하고, 어떠한 부정도 하지 않은 채 차이를 중재하고 다양한 요구를 충족시키기 위한 합리적인 방법을 찾는다. 예를 들어, 어려운 글을 읽을 때 인간은 자아 강도를 가지고 원초아의 욕구로 다른 일을 찾아서 하거나, 초자아의 요구로 더 열심히 읽거나 짧은 휴식을 갖거나, 도움을 요청하거나 공부할 추가 시간을 확보하는 등 쪽지 시험에 대비하여 현실의 요구를 충족시킨다(먼저 휴식을 즐겨보라. 우리는 여기서 당신을 기다릴 것이다).

통찰 후 주체성 '통찰 후 주체성(insight followed by agency)'. 만약 통찰에 이어서 주체, 행동, 변화가 이루어진다면, 이것은 의미 있는 상담일 것이다. 치료적 통찰은 급작스럽게 일어날 것이다. 그리고 통찰이 이루어진 이후에는 개인이 가지고 있던 예전의 방식으로 돌아가기가 어렵다. 만약 내담자가 빈번한 통찰을 경험하지만 변화가 일어나지 않는다면 당신은 정곡을 찌르는 메시지를 방해하고 있는 주지화의 방어기제에 대해 작업할 필요가 있다. Freud와 그의 뒤를 잇는 많은 사람들은 통찰을 '치유력'이 있다고 간주하였고, 최근 10년간 실무자들은 변화에 의해 통찰이 따라오지 않는다면 그것은 충분하지 않다는 것을 인정하였다(McWilliams, 1999). 더 나아가, 관계 중심적 그리고 더욱 현대적인 실무자들은 전통적으로 내담자에게 분석가가 통찰을 제공하는 것보다 협력할 때(내담자와 상담자가 함께 노력할 때) 가장 통찰에 도달할 수 있다고 믿는다.

정서적 성숙과 지능 정신분석적 상담 방식은 Daniel Goleman(1995)이 최근에 정서적 지능이라고 부르는 것과 밀접한 연관성이 있는 정서적 성숙의 발전을 돕는다(McWilliams, 1999). 정서적 성숙(emotional maturity) 또는 지능(intelligence)은 내가 지금 무슨 감정을 느끼고 있는지 알아차리는 것, 왜 내가 그렇게 느끼는지 알아차리는 것, 그리고 충동적으로 원초아를 따르거나 의무적으로 초자아를 따르는 것이 아니라 그 감정들을 성숙하고 지능적인 방법으로 다루는 것을 포함한다. 최근 신경학 연구에서는 감정 표현을 위해 단어를 찾는 것에 대해 지지하는데, 감정 기억은 뇌의 원시적인, 비언어적인 부분을 분석하고, 이해하고, 언어로 변형하고 잘 이해하는 전두엽 피질에서 가져오기 때문이다.

완벽주의 또 하나의 정신분석적 상담의 목표는 일반적으로 완벽주의(perfec-tionism) 형태를 취하는 초자아의 가혹한 본성을 감소시키는 것이다(Messer & Warren, 1995). 인간의 초자아가 성격을 지배할 때, 인간은 사회적으로 부과된 규칙과 인간의 개인적 필요와 추동 간의 균형이 없는 성공의 의미를 따르는 것에 강박적이게 된다. 초기에 완벽주의는 세속적인 성공에서 종종 많은 이점을 가지지만, 이 전략은 궁극적으로 섭식장애, 우울, 불안과 같은 신경증을 야기한다.

성격 변화 정신역동적 상담 접근은 성격과 성격 구조를 변화하기 위해서 고안되었다. 이것은 항상 장기적인 목표이고, 틀림없이 가장 필수적이다. 성격 변화(personality change)는 내적이고 종종 무의식적인 갈등을 해결함으로써 이루어지는데, 이는 더 나은 자기 이해의 과정을 포함한다. 초기에 Freud는 통찰이 치료적 효과가 있다고 여겼음에도 불구하고, 오늘날 대부분의 분석가들은 통찰이 충분하지 않다고 여긴다. 통찰은 행동, 사고, 감정에서 의미 있는 변화를 입증해야만 한다(Abend, 2001). 게다가 가장 주목할 만한 변화 중 하나는 대인관계에서의 해석이다. 내담자는 삶에서 중요한 사람들과 더 의미 있고 덜 충돌적인 관계를 맺어야만 한다.

성숙한 의존과 친밀감 유아기와 아동기의 의존 문제를 다룸으로써, 정신분석은 성인이 타인에 대한 성숙하고 건강한 의존과 친밀감에 대한 능력을 발달시킬 수 있도록 하였다(McWilliams, 1999; Messer & Warren, 1995). 성숙한 의존(mature dependency)은 여전히 명확한 정체성을 유지하면서, 지역사회가 인간에게 필요한 것임을 인지하고, 지지적인 배우자와 친구를 선택하고, 정서적으로 영향받기 쉬우며, 정서적·신체적 친밀함

(intimacy)을 경험하는 것을 포함한다. 다른 사람들은 완전히 보호적이거나 삶의 문제에 대한 만병통치약을 제공해줄 것이라고 기대하지 않지만, 대신에 좋고 나쁜 부분을 모두 통합한 전체로서 받아들여진다. 그뿐만 아니라 내담자는 정신분석을 통해 성인의 친밀감에 대한 능력을 발달하는데, 이는 심리적 및 성적 취약성을 포함한다.

■ 실천: 개입

저항을 해석하고 훈습하기

가장 기본적인 기술인 모든 정신분석학적 접근은 내담자의 통찰력을 돕기 위해 무의식적 자료의 해석을 사용한다. 해석에는 다음과 같은 여러 가지 가능성이 있다.

- 꿈, 환상, 백일몽
- 증상
- 전이와 역전이
- 마음에 드는 언어와 은유 선택
- '프로이트식'의 말실수(무의식적인 동기를 나타내는 우연히 잘못 말한 단어)
- 농담과 여담

분석가는 사례 개념화와 분석에서 자신의 스타일에 따라 성적으로 억압된 문제(추동 이론), 방어기제(자아 심리학), 초기 어린 시절 사건(대상관계), 자기대상 갈등(자기 심리학)을 해석한다.

삶에서의 많은 것들이 그렇듯이, 중요한 것은 타이밍(시간을 잘 맞추는 것)이다. 만약 내담자가 준비가 되지 않는다면, 저항할 대비를 하게 된다. 이러한 경우, 내담자는 무의식적 문제를 의식적인 인식으로 가져오는 것에 대해 준비가 되어있지 않다. 대부분의 사례에서, 전의식적인 부분과 더 가까운 내용일수록, 내담자는 해석하는 데 있어 더 준비가 되어있다. 예를 들어, 자신이 남편에게 몹시 화가 나있음에도 이러한 해석을 받아들일 준비가 되어있지 않은 내담자가 있다고 가정해보자. 만약 어느 날 내담자가 남편에게 소리를 지르는 꿈을 꿨으며 이 꿈 때문에 몹시 신경이 쓰인다고 보고한다면, 분석가는 그제야 해석을 제시할 기회를 엿볼 수 있는 것이다.

초기에는 해석을 인지적 통찰을 촉진시키는 데 사용했지만, 모든 정신분석학파의 분석가들은 해석의 효율성을 만들고 평가함에 있어 내담자의 정서적 경험에 주의를 기울이기 시작했다. 임상 장면에서, 정서적인 면에 주로 투자하는 편향은 분석적 개입을 위한 가장 적절한 부분으로서 거의 보편적으로 받아들여지게 되었다"(Kernberg, 1997, p. 8). '정서적 측면에의 투자'는 가장 손쉽게 뚜렷한 감정을 단순히 나타내는 것이 아니라, 전체 범위, 즉 전이, 유아적인 내용, 역전이 등을 포함하는 의식과 무의식 과정에 거쳐 정서적 에너지가 투자된 부분에 대한 전체론적인 분석이다.

효과적인 해석을 위한 단계

1. **사례 개념화로 시작하라:** 해석은 막무가내로, 즉흥적으로, 마음이 내킬 때 할 수 있는 것이 아니다. 대신, 첫 번째 단계로, 상담자는 내담자가 대부분 정서적 에너지를 어디에 투자했는지를 숙고하여 드러나는 정교화된 사례 개념화를 발전시킬 필요가 있다.
2. **'순간'을 기다리라:** 내담자의 역동과 문제를 명확하게 알 때, 당신의 통찰력 있는 진실을 보여주려고 다음 회기로 급하게 넘어가면 안 된다. 사실상 정교화된 사례 개념화를 준비하는 것은 쉽지 않기 때문에, 이를 효과적으로 하기 위해서 내담자가 들을 준비가 될 때 할 필요가 있다. 이것들은 종종 새롭고, 고통스럽거나 힘겨운 사건과 관련된 일들이 일어난 이후에 이루어진다.
   무슨 일이 발생하는지 이해하기 위해 애를 쓰는 순간, 대부분의 내담자는 대안적인 관점을 듣기 위해 더 마음을 열게 된다. 중요한 점은 내담자가 여전히 정서적 격변에 사로잡혀 있을 때, 그들은 해석에 대한 저항을 더욱 하기 쉽다는 것이다. 그렇기 때문에 알맞은 때가 있다. 감정적으로 동요된 시기와 다시 방어기제를 세워가는 시기 사이에, 내담자는 잠시 멈추어서 고민하고 반성하고 이유를 묻게 되는 시기가 존재한다. 나를 믿어보라. 시간이 지남에 따라 이 시기를 분별하는 능력이 생길 것이다. 그냥 놓칠 수는 없다.
3. **현재부터 과거까지 다루라:** 대부분의 경우에서는(한 가지의 기술이 모든 해석에 적용되지는 않지만) 현재 주제(예: 회기에서 무엇이 발생했는지, 작업에서 무엇이 발생했는지, 상담자와 내담자 간에 가장 속상했던 것)의 역동을 설명함으로써 시작하라. 그리고 과거(예: 어머니, 아버지와의 관계, 이전의 남용 등)와 연결하라(Kernberg, 1997)
4. **내담자의 반응을 평가하라:** 마침내 당신은 해석에 대한 내담자의 반응이 어떤지 평가할 필요가 있다. 저항했는가?('저는 전혀 그렇게 생각하지 않는데요.') 아니면 동의했는가?('이전에 한 번도 생각해본 적이 없지만, 당신 생각이 맞다고 생각해요.') 아니면 그 중간에 속해있는가?('저는 몰라요. 그렇지만 일부는 진실이에요.') 학파와 개인에 따라 각각의 반응에 대한 접근이 다르다. 내담자의 주관적인 세계를 '이해'할 뿐만 아니라, 그들의 일상생활에서의 행동, 감정, 사고의 변화를 다른 형태로 바꾸는 방법으로, 초심 상담자는 보다 협력적, 관계적 접근으로 내담자의 현실을 다루면서 해석을 재해석하는 것이 아마 가장 안전할 것이다.

공감: 이해–설명 순서

Kohut(1984)은 상담 관계를 확고히 하고, 의미 있는 해석을 제공하기 위한 이해–설명 순서를 제시하였다. 일반적으로 이 두 가지는 상담자의 단일 발언에서 함께 나타난다. 그러나 Kohut은 경우에 따라 극심한 트라우마를 경험한 사람들에게는 이 단계만 오래 지속될 수 있다고 강조했다.

공감 이해-설명 순서

이 과정은 이해 단계와 설명 단계를 포함한다.

1. **이해**: 이해 단계는 공감의 표현이다.
   예) "제가 지각해서 당신이 정말 화가 났다는 사실에 대해 저는 이해할 수 있습니다."
2. **설명**: 두 번째 설명 단계는 내담자의 감정을 이해하는 것을 도와주는 몇 가지 해석을 제공하는 것이다.
   예) "우리 주변의 사람들이 우리를 어떻게 생각하고, 우리를 어떻게 대하는지가 아주 중요하다는 것을 알아요. 특히 우리에게 중요한 사람들이라면 더더욱 그렇지요. 몇 년 전까지만 해도 부모님이 우리에게 중요한 사람이었지요. 당신 어머니의 비일관적인 태도와 아버지의 무관심 때문에 저의 행동이 더욱 상처가 되었을 거라고 인정해요."

Kohut은 교정적 정서 경험을 제공하고 내담자가 더욱 통합된 자기감을 발달시키는 데 도움이 되는 공감적인 표현을 하기 위해서 이 두 가지를 함께 사용했다.

SELF 스스로 해보기

파트너를 찾고, 최근 생활 사건을 공유해보고, 공감적인 이해-설명 순서의 역할연기를 해보라.

Kohut(1977)은 상담자들이 특정한 공감적 해석이 옳다는 증거를 찾는 것에 대한 주의를 주고 있다. 그는 말하기를, "이제는 임상적인 장면에서 필수적 요소가 된 태도에 대해 알아야 한다. 우리가 직감적으로 이미 정립된 사고방식에 빠져서 오류가 연속적으로 일어나는 것을 방지하는 안전장치 역할을 한다. 그것은 직관적인 지식의 '아, 그렇구나 경험'의 편안한 확실성에 휩쓸리지 않고, 가능하면 많은 대안을 수집하기 위해 마음을 열어두고 우리의 공감주의 공감을 계속 유지하는 것이다."(Kohut, 1977, p. 168). Kohut은 증상과 행동 패턴의 점진적인 변화만이 개인의 공감적인 해석이 적절하다는 증거를 제공한다고 믿었다. 이 장의 마지막 부분에 있는 사례에서, 상담자는 켄을 안정시키기 위해 자신의 자살 생각과 절망의 원인을 이해하고 도울 수 있는 방법인 이해-설명 순서를 활용한다.

자유연상

Freud에 의해서 개발된 자유연상(free association)은 내담자에게 '당신의 어머니'와 같이 주어진 주제에 대해 '마음에 그냥 떠오르는 것을 그냥 말하시오.'라고 하는 것이며, 무의식적으로 떠오르는 내용에 대해 허용한다. 내담자는 최근 사건, 기억, 감정, 환상, 신체 감각, 또는 그밖에 다른 내용에 대해 말할 것이다. 분석가는 내담자를 의자에 앉히지 않고 카우치에 뉘여 편안하게 하고, 자유로운 사고의 과정이 무의식을 통해 드러나도록 격려한다. 분석가는 흔치 않은 관계, 기이한 논리, 말실수, 수정하거나 망설이는 노력에 대해 신중하게 듣는다. 이러한 과정 후에 분석가는 내담자의 통찰력을 증진시키도록 돕는 해석을 제공한다.

꿈 분석

"……일반적으로 꿈은 해석될 수도 있고 해석 작업이 끝나면, 꿈은 마음속에서 쉽게 인지할 수 있는 위치를 발견하는 완전하고 정확하게 구성된 생각으로 대체된다"(Freud, 1963b, p. 29).

과학자들이 꿈을 '신체적 표현'으로 간주하였던 시대에, Freud의 꿈 분석(dream interpretation) 접근은 획기적이었다. 기존 의학계의 입장과 달리 그는 "나는 꿈이 의미를 가지고 있으며, 꿈 분석에 과학적인 절차가 가능하다고 주장한다."(Freud, 1900/1974, p. 83)라고 말했다. Freud에 의해 "무의식에 이르는 왕도"로 이름 붙여진 꿈 분석은 정신분석이 나타난 이후 핵심적인 작업이 되었다(Luborsky et al., 2008). Freud의 전통에서 분석가가 아닌 꿈꾸는 사람은 꿈의 의미를 상징화하기 위한 핵심이다. 미리 정해진 의미는 없다. "때때로 담배는 그냥 담배이다!" 꿈의 연상과 상징은 꿈의 근본적인 무의식적 의미의 단서를 제공한다. 꿈 분석에서 꿈은 두 가지 층을 가지고 있다. **드러난 내용(manifest content)**은 꿈 내용 그대로를 말하며, **숨겨진 내용(latent content)**은 평가하기 위해서 해석되는 근본적인 무의식적 문제이다.

상호주관적 반응

관계적 정신역동 상담자는 내담자의 통찰을 얻고, 변화를 만들어내고, **상호주관적 반응(intersubjective responding)**을 나타내는 기회를 만들기 위해서 상담 관계에 의지한다. 포스트모더니즘 접근을 사용하면서 상담자는 상담 관계의 모든 경험을 어린 시절 경험과 관련시킬 필요가 없다. 하지만 대신에 상담자는 현재 관계와 문화, 성별, 경제적 지위, 교육, 경험과 관련된 내담자의 해석에 계속 초점을 두어야 한다. 예를 들어, 만약 정말로 생각하는 것에 대해 말하고 있는 상담자처럼 느껴지지 않아서 내담자가 좌절감을 느낀다면 상담자는 방어적이지 않고 겸손한 태도로, 내담자의 어린 시절 관계를 포함하여 다양한 요인과 관련된 이전의 사건들, 기대, 인식에 대해 호기심을 가지고 탐색할 것이다.

종합: 정신역동 사례 개념화와 치료 계획 양식

■ 이론 기반의 사례 개념화: 정신역동

아래의 내용은 정신역동 이론을 활용하여 이론 기반의 사례 개념화를 발전시키는 데 사용될 수 있다. 각 이론 장의 마지막 부분에 제시되어 있는 교차 이론적 사례 개념화는 이러한 이론 기반의 개념화의 핵심 요소를 포함하는 사례 개념화를 쓰기 위한 예시를 제공한다. 이론 기반의 사례 개념화의 종합적인 예시는 『상담 및 심리치료의 이론과 치료 계획』(Gehart, 2015)에 제시되어 있다.

- 의식 수준: 핵심적인 의식의 역동 대(versus) 무의식 과정 기술하기
- 자기 구조: 내담자의 자아, 초자아, 원초아 간의 기능과 관계에 대해 기술하기
- 추동 이론: 리비도 에너지와 관련된 역동을 기술하기
- 2차적 이득: 내담자의 증상과 관련하여 발생할 수 있는 2차적 이득에 대해 기술하기
- 방어기제: 내담자가 가장 많이 사용하는 방어기제 3~4가지를 기술하기
    - 행동화
    - 부인
    - 전치
    - 도움을 거절하는 불평
    - 유머
    - 수동 공격성
    - 투사
    - 투사적 동일시
    - 합리화
    - 반동 형성
    - 억압
    - 분열
    - 승화
    - 억제
- Erickson의 심리사회적 발달 단계: 각 발달 단계에서 현재 단계까지 핵심적인 과업에 대해 기술하기
    - 신뢰 대 불신(영아기)
    - 자율성 대 수치와 의심(유아기)
    - 주도성 대 죄책감(학령전기)

  - 근면성 대 열등감(학령기)
  - 정체성 대 역할 혼란(청소년기)
  - 친밀감 대 고립감(청년기)
  - 생산성 대 침체(장년기)
  - 자아 통합감 대 절망감(노년기)
- 대상관계 이론/참 자기: 애착(안정, 불안정, 회피, 불안정-회피), 관계의 일반 특성, 트라우마를 지닌 애착
  - 초기 양육자, 과거와 현재
  - 현재 친밀한 관계(배우자, 아이, 친한 친구)
- 관계 매트릭스: 내담자의 자기와 세계의 이해를 통해 관계와 상황을 기술하기
- 무의식적 조직화 원리와 문화: 인종, 민족, 성별, 사회적 지위, 성 정체성, 능력, 다른 문화적 역동에서 파생된 것을 강조하면서, 무의식적 조직화 원리를 기술하기

■ 치료 계획 양식: 정신역동

이 치료 계획 양식을 우울하고, 불안하며, 강박적인 유형의 호소 문제를 경험하는 내담자를 위한 계획을 세우는 데 사용하라. 특정 내담자, 호소 문제, 임상적 맥락에 따라, 이 양식의 목표와 개입 방법은 약간 혹은 상당히 수정될 필요가 있다. 당신의 필요에 따라 치료 계획을 상당히 수정할 것을 권장한다. 계획을 치료에 효과적으로 적용하기 위하여, 목표와 기법은 내담자가 경험하고 있는 특정한 신념, 행동, 감정을 근거로 하여 적절히 활용되어야 한다. 치료 계획이 보다 구체적일수록 당신에게 더욱 유용하게 될 것이다.

치료 계획

초기 치료 단계

초기 단계 상담 업무

1. 상담 관계 발전시키기. **다양성에 관한 고려사항:** 문화, 성별 등을 고려한 관계 맺기와 감정 표현을 할 수 있도록 어떠한 구체적인 노력을 할 것인지를 기술하기

   관계 형성 접근 방법/개입:

   a. 내담자에게 지지적이고 안아주는 환경을 제공하기 위하여 **공감**과 **거울 기법** 사용하기

2. 개인적, 체계적, 그리고 다양한 문화적 역동 평가하기. **다양성에 관한 고려사항:** 문화적, 사회경제적 수준, 성적 지향, 성별, 그리고 그 외에 관련된 개념에 근거하여 어떻게 구체적으로 적용할 것인지 기술하기

   평가 전략:

   a. **증상의 기저에 있는 무의식적 갈등**과 그것을 관리함에 있어 **방어기제**의 역할 분석하기

   b. 현재 관계에서의 특징과 영아기 동안의 발달 배경을 포함하여 **대상관계**와 **자기대상** 패턴을 분석하기

c. **관계 매트릭스**와 내담자의 세계관을 형성하는 **문화적으로 규정된 무의식적 조직화 원리** 평가하기

3. 치료 목표에 대한 내담자의 동의를 확인하고 얻기. **다양성에 관한 고려사항:** 내담자의 문화, 종교 등 다양한 가치 체계로부터의 가치와 부합하는 목표를 조정하는 방법 기술하기

   목표 설정 개입:

   a. 중요한 목표를 내담자와 의논하기, 경미한 정신역동 증상 감소 대 내담자의 성격 개선을 목표로 하는 포괄적이고 장기적인 목표에 대한 내담자의 선호 결정하기

4. 필요한 의뢰, 위기 요소, 내담자의 다른 요구 확인하기. **다양성에 관한 고려사항:** 특정 위기 요소, 의뢰 선택과 관련된 다양성 문제 기술하기

   a. 위기 평가 개입: **방어기제, 전이, 대상관계 패턴**을 분석함으로써 위기 가능성을 평가하기

   b. 의뢰 사항: 필요에 따른 정신역동 과정 집단

초기 단계 내담자 목표

1. [특정 위기 증상]을 감소시키기 위해 **자기에 대한 인지된 위협**을 향한 정서적 반응 정도를 감소시키기

   개입:

   a. 내담자 자신을 위협하는 외적 세계에 대한 부정확한 통찰을 감소하기 위해 **이해-설명 순서**를 사용하면서 **공감**하기

   b. 부정확하게 인지된 위협에 반응하는 **방어기제**의 사용에 대한 욕구를 감소하기 위해 **분석하기**

치료의 작업 단계

작업 단계 상담 업무

1. 작업 동맹의 질 점검하기. **다양성에 관한 고려사항:** 연령, 성별, 문화, 사회경제적 수준, 성적 지향, 성별 등과 관련된 다양한 개념에 대한 요구를 어떻게 구체적으로 적용할 것인지 기술하기

   a. 평가 개입: **전이**와 **역전이**에 대해 점검하고 훈습하기

2. 내담자의 치료 과정을 점검하기. **다양성에 관한 고려사항:** 연령, 인종, 교육 수준, 언어 등에 따라 상담 과정 경과를 어떻게 구체적으로 적용할 것인지 기술하기

   a. 평가 개입: 회기 밖의 대인관계에서의 변화와 행동 변화 모니터링하기, 내담자의 변화를 특정하기 위해 결과 설문하기

작업 단계 내담자의 목표

1. 인지된 위협으로부터 자기를 보호하고 우울, 불안 등을 감소하기 위해 **방어기제**를 감소시키기

   개입:

   a. **방어기제** 역할에 대한 **해석**과 초기 어린 시절 경험에서 어떻게 발달했고 현재 어떻게 부적절하게 사용되고 있는지 파악하기

   b. 상담자와의 관계에서 방어기제가 사용되었을 때 회기에서 **전이** 분석하기

2. 우울, 불안 등을 감소시키기 위해서 **자아 강도**와 **자기 통합**을 증가시키기

개입:

a. 내담자의 자기 가치감을 확고히 하기 위해 **거울 기법 사용하기**

b. 내담자의 통합성을 높이기 위해 **이해–설명 순서**를 사용하여 **공감**하기

c. 내적 갈등을 의식으로 가져오기 위한 **꿈 분석**과 **자유연상** 사용하기

3. 우울, 불안 등을 감소시키기 위해 정서 지능을 바탕으로 개인의 주체성을 증가시키기

개입:

a. 회기 내에서 내담자의 자기 인식을 높이기 위한 **상호주관적 반응** 관계적 맥락

b. 통찰을 행동으로 옮기기 위한 **저항 훈습하기**

치료의 종결 단계

종결 단계 상담 업무

1. 추후 관리를 위한 계획을 발전시키고, 성과를 유지하기. **다양성에 관한 고려사항:** 치료가 종결된 후 그들을 지원하는 한 부분인 공동체 자원을 어떻게 이용할 것인지 기술하기

개입:

a. 임박한 종결 과제로서 **전이**와 유기 문제를 분석하기

종결 단계 내담자의 목표

1. 우울, 불안 등의 재발 가능성을 감소시키기 위해서 **인격 통합**을 증가시키고 내적 갈등은 감소하기

개입:

a. 특별히 치료 종결과 관련된, 내적 갈등을 확인하기 위해 **꿈 분석**, **자유연상**과 **전이를 분석하기**

b. 내담자가 충실한 자아 통합을 위해 내적 갈등을 확인하고, 의식적으로 담아두고, 성공적으로 관리할 수 있게 하기

2. 우울, 불안 등의 재발 가능성을 감소시키기 위해서 **성숙한 의존**과 친밀감을 경험하는 능력을 증가시키기

개입:

a. 회기 안과 밖에서 친밀감에 대한 **전이**를 분석하고 **저항**에 대해 훈습하기

b. 내담자가 다른 사람들과 관련하여 사용하는 **무의식적 조직화 원리**를 비판적으로 검토해보고 **상호주관적인 반응하기**

조직화: 다양한 사람과 작업하기

■ 문화와 민족의 다양성

전통적인 정신분석은 일반적으로 다른 문화에서(Greene, 2004; Luborsky et al., 2008), 성 소수자(Glassgold & Iasenza, 2004), 그리고 타 분야에서, 특히 유명하게는 여성차별적이라고 오랜 기간 동안 비판받아왔다. 사실상 접근에 대한 모든 연구는 백인만을 대상으로 진행되었다(Watkins, 2012). 그러나 가장 최근 발전된 관계적 접근은 정신역동 상담자들이 상담 과정 내에서 내담자의 독특한 대인관계적 맥락을 포함하는 세심한 접근의 사용을 가능하게 한다(Altman, 2008; Waldman & Rubalcava, 2005). 특히 관계적이고 상호주관적인 접근은 상담자와 내담자를 "자신의 무의식적 조직화 원리의 측면에서 다른 사람의 영향, 행동, 표현을 이해하는 것"으로 인식한다. 이러한 역동은 상호주관적인 영역을 평가할 때 고려된다(Rubalcava & Waldman, 2004, p. 138). 게다가 Fred Pine(1990)과 같은 몇몇 상담자들은 경제적으로 어렵고 교육이 제한된 내담자와 작업할 때 더 '지지해주기' 위해서 정신역동 작업을 수정해왔다. Pine은 듣기 곤란할 수 있는 해석을 제공하기 전에, 내담자에게 위험성을 알리고 감정에 이름을 붙이는 것과 같은 '자아 형성' 개입을 사용한다.

라틴계 남성/여성 Gelman(2004)은 라틴계 남성 임상가가 라틴계 여성에게 얼마나 적절하게 정신역동 치료를 적용하는지 입증하기 위해 근거 이론 연구를 구성했다. 그의 연구에서 상담자들은 정신역동 이론을 사용하여 라틴계 남성과의 효과적인 작업을 위해 뒤따라오는 요소들을 확인한다고 보고했다.

- 상담 관계와 인간지향주의: 라틴 문화에서, 온정, 존경과 진심은 타인과 관계를 맺는 것의 일부이며, 이는 인간지향주의라고 불리는 특성이다. 이러한 개인적 교류는 같은 언어를 사용하고 비슷한 문화를 공유함으로써 발전되었다. 이러한 변화를 더 유보하는 정신역동 관계 때문에 임상가들은 내담자와 과하게 동일시하는 큰 어려움을 느낀다고 말했다. 따라서 상담자의 큰 자기 인식은 전이와 역전이의 역동을 다루는 데 필요하다.
- 개별성과 개별 맞춤: 상담 과정은 라틴 문화의 이질성, 사회경제적 지위와 문화적 적응 과정에 영향을 받은 각 내담자에게 맞춘다.
- 접근의 유용성: 유사하게 임상가들은 회기 동안 전화 거는 것을 허용하는 것처럼 좀 더 융통성 있는 정신역동 접근을 사용한다고 보고했다.
- 외적 현실 다루기: 심리사회적 압박을 포함한 외적 현실을 분석과정에 포함한다. 이

미 굳어진 문제들은 작업 중 하나인 정신역동 과정에서 다루어진다.

- 자기개방: 라틴계 임상가들은 문화적으로 잘 통하기 때문에 라틴계 내담자와 더 많은 자기개방을 한다고 보고했다.
- 선물 행위: 라틴계 문화에서 선물을 주는 것은 중요한 부분이기 때문에 상담자는 라틴계 내담자와 작업할 때 문화적으로 적절한 선물을 받기 쉽다.
- 신체적 접촉: 또한 임상가들은 내담자와의 악수, 등을 토닥거려주기, 거리감을 줄이는 것과 같은 합리적이고 적절한 신체적 접촉을 보고했다. 임상가들은 이러한 내담자와의 접촉의 잠재적인 의미를 설명했다.
- 활동과 방향: 임상가들은 또한 내담자를 도와주는 자원에 접근하는 측면에서는 더 활동적이고 명령적이라고 보고했다.
- 치료 기법로서의 언어: 임상가들은 라틴계 내담자와 라틴계가 아닌 내담자에게 서로 다른 언어를 사용한다고 보고했다. 상담이 스페인어로 종결되었을 때, 정중한 표현인 '당신(usted)'을 구어체(tú)로 바꾸어 표현하여 편안함과 신뢰감을 향상시킨다. 게다가 임상가들은 모국어로 말함으로써 제2외국어로는 도달할 수 없는 마음에 접근할 수 있다고 믿는다. 따라서 모국어를 말하는 것은 직접적인 경험과 감정에 더 접근하는 것으로 본다. 제2외국어를 선호하는 것은 다음과 같은 잠재적인 여러 가지 목적과 의미를 가지고 있는 것처럼 보인다. 경험에 관여하지 않기(경험으로부터의 거리), 치료적 관계에 관여하지 않기(치료적 관계에서의 거리), 동화되는 것을 증명하기, 또는 잘 동화하는 것을 선호하는 것. 마지막으로 언어는 감정을 조절하는 데 사용된다. 모국어를 정서로 바꾸고 감정 변화를 줄이기 위해 제2외국어를 수단으로 바꾼다.

동아시아계 미국인 많은 사람들이 정신역동 치료가 아시아인 내담자들에게는 효과적이지 않다고 생각함에 따라, Yi(1995)는 주관성 이론을 사용하여 전통적인 정신역동의 몇 가지 개념을 수정하기를 제안했다(Stolorow et al., 1987).

- 자기대상 관계: 초기 모자 관계가 자기대상 관계의 기반이라고 생각됨에 따라, 이러한 패턴을 만드는 문화의 차이를 인식하는 것은 중요하다. 동양 문화에서 어머니는 서구에서 가치 있게 여겨지는 개인주의보다 다른 사람을 존중하며 상호의존에 대해 긍정적으로 반영하는 경향이 있다.
- 유교적 자기: 매우 구조적이고 위계적인 유교적인 가치 체계의 엄청난 영향성을 고려해볼 때, 동아시아인은 자기와 타인에 대한 유사한 위계적 표현을 내면화한다. 일반적인 서구의 계급 개념과 달리 유교적 계급은 일방적인 힘이 아닌 성숙한 상호간의 의무와 책임감을 의미한다.

- **역전이 고려사항:** 동양 문화에서 권위를 나타내는 것은 권위 있는 사람의 긍정적인 이상, 지혜, 그리고 자애로운 안내와 보호의 기대를 포함한다. 존경심은 종종 제안을 받아들이고 입장을 들음으로써 나타난다. 의사와 다른 전문적인 직업처럼 권위 있는 인물을 나타내는 전통적인 동양인의 접근법은 억압의 형태나 수동적인 의존성으로 해석되어서는 안 된다. 대신에 정신역동 상담자는 내담자의 사회화 수준을 신중하게 고려하고, 문화적 규범 내에서 내담자를 평가하고, 적절한 상담 관계를 함께 형성해야 한다.
- **공감-자기성찰 접근:** Yi는 동양인 내담자에게 내담자의 주관적인 세계에서 내담자를 이해하고, 개인의 주관적인 조직 원리가 상담 과정과 내담자의 해석에 어떻게 영향을 미치는지 살펴보기 위해 상담자가 만든 개인적인 성찰을 하면서 공감-자기 성찰적인 접근의 사용을 강력하게 지지한다. 상담자는 내담자의 경험 세계를 더 정확하게 이해하기 위해서(내담자에 대한) 가정과 문화적으로 묶인 신념을 계속해서 살펴보아야 한다.

■ 성 정체성의 다양성

Freud는 동성애를 반대하는 입장과 진술로 알려져 있다. 그는 동성애를 불법화하지 않고 모두 동성 간에 성적 매력을 느낄 수 있지만 대부분 동성애에 대한 사고와 감정이 억압되어 있다고 강력히 옹호했다(Rubinstein, 2003). 그러나 심리성적 발달 단계 이론은 동성애를 건강한 발달의 "자연스러운 결과", 병리적인 측면에서 "발달을 방해하는" 것으로 나타내었다(Izzard, 2000, p. 107). 수년간 그의 관점은 동성애의 관점에 큰 영향을 미쳤다. 1940년대 그의 추종자들은 Freud의 이론을 인용하면서 동성애에 대해 더 병리적인 입장을 취했다(Rubinstein, 2003). 최근에 남성 동성애를 동의하는 분석가들은 또한 동성과의 작업에 병리적이지 않은 접근을 지지하기 위해서 Freud의 이론을 인용하였다(Izzard, 2000; Rubinstein, 2003).

최근 10년간 여성주의자(남녀평등주의자)와 포스트모더니스트에 의해서 영향을 받은 대부분의 정신역동 상담자들은 동성애는 병적이지 않다는 현대적인 관점을 취하고 있다(Cornett, 1993; Izzard, 2000). 대부분의 문학은 상대적으로 재개념화 이론에 대해 작은 관심을 가지면서 임상가의 개인적인 입장과 실습에 대한 변화에 중점을 두었다. 동성애자의 정신분석 개념화에 대한 정신역동 문헌에서 가장 빈번하게 논의된 두 가지 주제는 내재화된 동성애 혐오증과 중립적 치료 입장이다.

내재화된 동성애 혐오증: 수치심과 자기혐오

정신역동 분석은 동성애자와 양성애자가 동성애 혐오증을 내면화하는 과정을 임상가들이 이해할 수 있도록 도움을 준다(Izzard, 2000). 동일시와 내사의 과정을 통해, 사실상 이성애자 사회에 살고 있는 모든 사람들은 동성애자든 이성애자든 간에 동성애 혐오증을 발전시키게 된다. 따라서 동성애자들은 자기혐오와 수치심을 느끼게 된다. 그들의 경험을 반영하지 못하면 사회적 낙인과 고립을 심화시킨다. 정신분석 과정은 내재화된 동성애 혐오증을 통한 작업에서 내담자를 돕고 자기 수용감을 발달시키는 데 사용된다. 임상가들은 수용 과정의 일부로서 동성애자 내담자들이 동성애에 대한 느낌, 소망과 그들의 성적 지향에 대한 불만족, 실망감을 포함하는 동성애의 '그늘진 면'에 대해 논의할 수 있도록 해야 한다(Izzard, 2000). 하지만 이론상으로 정신역동 상담자는 현실 세계에 내재된 동성애 혐오증에 대처하는 것보다 내재화된 교정 치료를 받는 것을 더 강조한다. 따라서 정신분석 상담자로서 동성애에 대해 얼마만큼의 옹호하는 태도를 지녀야 하는지와 관련된 논쟁이 있다(Cornett, 1993).

치료적 태도: 동성애자 친화 대 중립

정신역동 접근의 핵심은 내담자의 관계 패턴과 심리내적 요소를 명확하게 떠오르게 하고 보이는 것을 허용하는 임상가의 중립이다(Izzard, 2000). 대부분의 정신역동 상담에서는 확언과 안심시키는 말을 하지 않는다. 이 엄격한 중립적인 형태는 내재화된 동성애 혐오증을 다루는 데 도움이 될 수 있다. 그러나 동성애를 옹호하는 입장을 취하지는 못하게 한다(Cornett, 1993; Izzard, 2000). 의미상 동성애를 동의하는 입장은 중립적이지 않다. 상담 실무에서 동성애 친화적인 상담은 내담자의 성적 지향에 동의하면서 옹호적인 입장을 취하며 동성애자가 되는 것에 대한 내담자의 부정적인 느낌에 대해 탐험할 수 없게 만들 수도 있다. 동성애를 옹호하는 입장에서는 사회적 편견과 현실을 다룬다. 그러나 이러한 입장은 이성애를 병리적으로 바라보게 하는 과민 반응이며 내담자가 탐색 과정으로부터 배울 수 있는 기회를 박탈한다는 우려의 목소리가 있다(Shelley, 1998). 따라서 Frommer(1995)는 분석 과정에서 중립성을 유지하면서도 동성애 혐오와 사회적 고립의 영향에 대해서도 깨어있는 양가적 과제를 수행하는 것이 중요하다고 강조한다.

양성애에 관한 정신역동 양성애자와 작업하기 위해서는 그들의 독특한 경험에 민감해야 한다(Friedman & Downey, 2010; Rubinstein, 2003). 양성애자는 남성과 여성에게 매력을 느끼고 인생을 거치면서 동성애/양성애 균형이 각기 변화할 수 있다. 더욱이 양성애자들은 파트너의 성별에 따라 동성애자인지 이성애자인지에 관한 정체성이 바뀌게 된다. 동성애 파트너처럼 양성애는 내재화된 동성애 혐오증과 싸운다. 그러나 내재화된 자기 억압(Dworkin, 2001)과 자기와 타인의 비현실적인 기대로 '양성애 혐오'를 경험한다. 어떤 사람들은 종종 양성애의 경험을 '마음을 정하지 못함' 또는 '선택권이 있음'으로 이해하기도 한다(Friedman & Downey, 2010). 하지만 그들의 경험은 이와 다르다. 그들은 이성과 동성 모두와 사랑에 빠지는 경험을 하면서 혼란, 문제, 격변을 경험한다

(Friedman & Downey, 2010). 또한 양성애자들은 내적으로든 외적으로든 다양한 편견에 시달리는데, 그 편견에는 '양성애자는 한 사람에게 헌신할 수 없는 정착에 대한 두려움(fear commitment)을 가지고 있다' 혹은 '양성애자들은 사실은 동성애자인데 그것을 인정하지 못한 사람들이다' 혹은 '그들은 바람둥이들이다' 등이 있다(Dworkin, 2001).

정신역동 관점에서 양성애자의 무의식적인 갈등은 이성애나 동성애와는 다르다(Friedman & Downey, 2010). 개인이 일관되게 한 성별에 마음이 끌릴 때, 성적 이미지는 고정되고 안정적이다. 반대로 성적 이미지가 바뀔 수 있는 양성애는 종종 성적 취향에 대한 무의식적 갈등에서 비롯한 트라우마 사건, 불안 등을 포함한 외부 요인에 의해서 많은 영향을 받는다. 따라서 분석가는 양성애자의 이성애/동성애의 균형에 영향을 미치는 근본적인 역동을 신중하게 살펴볼 필요가 있다. 상담자의 성적 지향(만약 드러나게 된다면)과 상담자가 성적 지향에 대해 제기할 수 있는 가치관이 이러한 외적 요인으로 작용할 수 있다(Friedman & Downey, 2010). 따라서 상담자는 성적 취향을 논의할 때 양성애자들에게 미칠 영향을 고려해야 한다.

연구와 증거 기반

연구 지원이 부족했음에도 불구하고 정신역동 상담은 존경받을 만하며 근거적 기반을 성장시키고 있다(Leichsenring, 2009: Shedler, 2010). 가장 우수하고 엄격하게 연구된 정신역동 접근은 미국 국립보건원에 의해 증거 기반 접근으로 인식된 단기 정신역동 접근이다(Luborsky et al., 2008; Weissman, Markowitz, & Klerman, 2000, 2007). 일반적 정신역동 상담의 효과성에 관한 가장 강력한 지지 근거는 정신역동을 인지행동, 인본주의와 같은 다른 접근과 비교한 대규모 연구에서 나온다. 최근 영국에서 실시했던 연구에서는 이론 간 결과에 의미 있는 차이가 없다는 것을 보여주었다(Stiles, Barkham, Mellor-Clark, & Connell, 2008). 더 최근의 연구는 상담이 끝난 후에도 지속적인 효과와 심지어 증가하는 효과에 대한 경향을 보여준다(Abbass, Hancock, Henderson, & Kisely, 2006; Leichsenring, 2009). 게다가 구체적인 정신역동 개념을 지지한다. 예를 들어, 핵심 갈등 관계 주제를 이용하여, Luborsky와 동료들(Luborsky et al., 2008; Luborsky & Crits-Christoph, 1998; Luborsky & Luborsky, 2006)은 연구를 통해 정신분석의 전이의 개념이 지지하는 증거를 찾았다. 정신역동의 다양한 모델과 여러 학파를 비교하여 일반적으로 또는 특정 주제에 대해서 각각 효과성이 다른지 확인하는 추후 연구가 필요하다(Leichsenring, 2009). 마지막으로 최신 정신역동 상담 연구에서는 정신역동 상담 과정과 연관성이 있는 신경적·신체적 반응에 초점을 두고 있으며 또한 무의식적 과정과 애착을 개념화할 수 있는 새로운 방법들에 대해 밝히고 있다(Marci & Riess, 2009; Roffman & Gerber, 2009).

증거 기반 치료: 단기 정신역동 상담

■ 개요: 당신이 최소한 알아야 할 것

몇 가지 '단기 정신역동' 접근은 연구를 통해 발전해왔고 입증되어왔다(Book, 1998; Messer & Warren, 1995). 이러한 접근은 전통적인 정신역동 접근으로 똑같은 사례 개념화 기법을 사용한다. 그러나 상담 관계의 질, 구체적인 목표와 개입 지시에서 차이가 있다. 이러한 '단기' 접근은 12~50회기를 요구하지만 일반적으로는 20회기로 종결된다. 다른 정신역동 접근과 유사하게, 그들의 초기 어린 시절 관계는 이후의 문제에 많은 영향을 끼치기 때문에 방어기제를 치료 목표로 삼아야 한다고 믿는다. 따라서 대부분 단기 정신역동 접근의 목표는 충동을 조절하고 내적 갈등을 해결하기 위해 자아를 강하게 하는 것이다. 상담자는 이러한 접근에서 보다 적극적이며, 개입의 목표가 되는 핵심 역동을 빠르게 확인한다. 상담자-내담자 관계는 상담자의 반응이 오래된 트라우마를 바로잡는 데 도움이 되는 **교정적 정서 경험**을 위한 배움의 광장 같다.

■ 큰 그림: 상담 과정의 개관

Sifneos(1979)는 단기 정신역동 상담 및 심리치료의 다섯 단계에 대해 설명했다.

1. 내담자-상담 만남: 내담자와 상담자는 라포르를 형성하고 치료의 초점에 대해 동의한다. 이 시간 동안, 상담자는 호소 문제에 초점을 맞추면서 내담자의 역동을 사례 개념화한다.
2. 초기 치료: 상담자는 현실적이고 긍정적인 전이에 맞서고, 내담자가 상담자와 상담 과정의 현실적인 기대와 소망을 구별하도록 돕는다.
3. 작업 단계: 이 작업 단계 동안 회기에서 드러난 현재 문제와 전이 주제를 잘 이해하기 위해서 과거를 분석한다. 내담자는 회기 안팎에서 새롭게 자신을 주변과 연결시키는 방법을 연습하고 배운다.
4. 변화의 증거: 내담자는 일상생활에서 상담 회기 때 배운 것을 적용한다.
5. 종결: 목표를 달성하게 되면, 상담자는 새로운 목표를 찾기보다는 내담자가 종결하도록 도와야 한다. 치료가 끝날 무렵, 상담자는 상실과 분리의 주제에 관해 세심하게 신경을 쓴다.

■ 관계 맺기: 상담 관계

교정적 정서 경험

단기 정신역동 상담자는 초기 어린 시절 관계에 대해 통찰하기 위해 전이와 역전이를 사용하기보다는, **교정적 정서 경험**을 증진시키기 위해서 회기 내에서 사용할 수 있는 즉각적인 개입을 사용한다. 교정적 정서 경험은 상담자와의 관계를 통해 오래된 어린 시절 트라우마와 대인관계 패턴을 다루는 것을 말한다(Mallinckrodt, 2010). 예를 들어, 만약 내담자가 상담자의 전문적인 태도를 상담자가 자신에 대해 못마땅해 하는 것으로 여긴다면, 상담자는 이 기회를 통해 자신의 태도가 어릴 적 내담자의 부모가 그러했듯이 내담자를 판단하기 위함이 아니라 말 그대로 전문성을 위한 경계임을 설명할 수 있을 것이다. 이러한 점들이 진심으로 전달될 때에 내담자에게서는 치유 경험이 될 수 있다.

■ 특별한 단기 정신역동 접근

대인관계 치료

처음에는 우울을 치유할 목적으로 개발된 **대인관계 치료**는 부부, 성인, 양극성 성격장애, 섭식장애, 불안장애, 경계선 성격장애에 사용되어왔다(Weissman et al., 2000, 2007). 미국에서 가장 많이 조사된 정신건강 연구 가운데 하나인 대인관계 심리치료는 인지치료, 항우울제와 비교했을 때 비슷한 효과를 갖는 것으로 입증되었다(Krupnick et al., 1994). 따라서 대인관계 심리치료는 높이 평가되는 증거 기반을 가지고 있다. 성인기에 스트레스가 많은 대인관계는 어린 시절 애착 문제를 촉발시키고 우울 또는 비슷한 장애를 야기한 것을 기반으로 한다. 이 접근은 재발 가능성을 줄이기 위해 건강한 대인관계를 맺는 것을 중점으로 한다.

치료는 시간이 제한되어 있으며 다음 4가지 영역에 초점을 맞춘다.

1. 대인관계와 관련된 결핍(기술 또는 지식 부족)
2. 역할 기대와 갈등(현실적인 기대 만들기)
3. 역할 전이(발달과 상황적 맥락을 기반으로 관계 재정의)
4. 애도 문제(과거와 현재 관계의 상실을 다루기)

대인관계 심리치료에는 3가지 하위단계가 있다.

하위 1단계—초기 회기: 위와 같이 4가지 목록에서 1–2가지 문제를 확인하는 데 중점을 둔다. 상담 과정과 진단은 내담자가 과정을 이해하고 그 과정이 어떻게 유용할 것인지 이해할 수 있도록 설명된다.

하위 2단계—중간 단계: 이 작업 단계 동안, 상담자는 적극적으로 심리교육, 패턴 분석,

조언하기, 통찰력 자극 질문, 행동 변화 기법을 포함한 광범위의 개입을 사용하여 내담자가 설정한 문제를 다룰 수 있도록 돕는다.
하위 3단계—종결: 종결은 2~4회기가 요구되는데, 종결 회기 동안에는 내담자가 종결 이후 발생할 수 있는 문제에 대해 그들이 학습해온 기술을 이용하여 잘 다룰 수 있다는 자신감을 발달하도록 돕는다.

핵심 갈등관계 주제 방법

Luborsky와 동료들(Luborsky & Crits−Christoph, 1998; Luborsky & Luborsky, 2006; Luborsky et al., 2008)은 단기 정신역동 방법 내에서 전이를 조작할 수 있도록 하기 위해서 핵심 갈등관계 주제 방법을 개발했다. 이 방법은 갈등과 문제를 만드는 핵심 관계 주제를 확인하기 위해 타인과의 상호작용을 분석하는 것을 포함한다. 상담자는 내담자에 의해 보고된 각각의 만남에서 3가지 요소를 분석함으로써 이 방법을 사용한다.

- W: 내담자의 소망(wish: W), 언급되거나 암시된 것(예: 사랑받고 싶고, 인정받고 싶음 등)
- RO: 타인 반응(response of others: RO), 실제거나 상상된 것(예: 거부, 반감, 비판, 무시 등)
- RS: 자기 반응(response of self: RS)(예: 분노, 슬픔, 철수, 타인 공격, 자기 비난, 사방이 막힌 느낌)

상담자는 내담자가 말한 각 문제 상황에서 3가지 요소를 찾아내고, 내담자가 이러한 패턴에서 통찰력을 얻고 그들의 반응을 바꿀 수 있도록 도와준다. 연구에 따르면 내담자의 소망은 여전히 그대로인 반면, 그들의 반응과 타인의 반응은 변화하는 것으로 나타났다.

단기 역동적 심리치료

성격 장애로 진단받은 사람을 치료할 목적으로 개발된 단기 역동적 심리치료는 교정적 정서 경험을 촉진하기 위해 상담 관계를 활용한다(Levenson, 2003). 내담자는 자신의 삶 속에서 타인과 관계를 맺는 방식으로 상담자와 상호작용한다. 단기 역동적 접근을 사용하는 상담자는 내담자들이 상담 회기 밖에서 타인과 상호작용 방식을 바꿀 수 있도록 하는 새로운 경험을 제공하기 위해 상담 관계 내에서 그들의 반응을 사용한다. 상담자는 긍정적이고 지지적인 접근을 사용하여 내담자로 하여금 안전하게, 오래된 관계 패턴을 탐색할 수 있도록 돕는다. 초기에, 상담자는 현재 내담자의 관계 패턴을 확인하는 것으로 시작하지만, 이후에는 이러한 관계 패턴이 발생하게 된 초기 원인에 대해 탐색한다. 상담자들은 내담자로 하여금 이러한 패턴이 어릴 적에는 유용했을지 몰라도 현재에는 같은 기능을 해주지 못하고 있음을 각인시켜준다.

개인적 숙고 및 수업 중 토론을 위한 질문

1. 이 장에서 개인적으로 적절하다고 생각한 개념은 어떠한 것이었나? 그 이유는 무엇인가?
2. 이 장에서 어떠한 개념이 내담자와의 작업에서 가장 도움이 된다고 생각하는가?
3. 어떠한 형태의 역전이가 당신에게 문제될 수 있다고 생각하는가?
4. 꿈 분석에 대한 당신의 생각은 어떠한가? 그 이유는 무엇인가?
5. 다양한 내담자에게 이러한 접근을 활용할 때의 가능성과 제한점은 무엇인가? 이러한 제한점을 당신은 어떻게 다룰 수 있는가?
6. 내담자 또는 문제 가운데 어떠한 사례가 이 접근과 가장 적절하다고 생각하는가? 적절하지 않는 것은 무엇인가?
7. 어떤 사례 개념화 개념이 내담자의 문제를 이해하는 데 가장 유용한 것 같은가?
8. 어떠한 개입이 가장 유용하다고 생각하는가?
9. 이 접근이 상담자로서 또는 치료자로서 당신에게 적합하다고 생각하는가? 그렇다면 왜 그런가? 그렇지 않다면 그 이유는 무엇인가?
10. 이 접근을 잘 활용하기 위해서 당신이 성장해야 하거나 배워야 할 부분은 어떠한 것들인가?

온라인 자료

협회

미국 정신분석학회 www.aipnyc.org

미국 심리학회 www.apa.org

미국 정신분석협회 www.apsa.org

시카고 정신분석학회 www.chicagoanalysis.org/

국제 관계적 정신분석 및 심리치료 협회 www.iarpp.org

국제 정신분석협회 www.ipa.org.uk

로스앤젤레스 정신분석 연구학회 www.laisps.org/

뉴욕 정신분석학회 www.psychoanalysis.org/

저널

현대 정신분석 www.wawhite.org/

미국 정신분석협회 저널 www.apsa.org

정신분석대화 www.theanalyticpress.com

참고문헌

별표(*)는 권장되는 입문서를 나타낸다.

Abbass, A. A., Hancock, J. T., Henderson, J., & Kisely, S.(2006). Short-term psychodynamic psychotherapies for common mental disorders. *Cochrane Database of Systematic Reviews*, Issue 4, Article No. CD004687. doi:10.1002/ 14651858.CD004687.pub3

Abend, S. M. (2001). Expanding psychological possibilities. *The Psychoanalytic Quarterly*, 70, 3–14.

Altman, N. (2008). Origins and evolution of psychoanalytic theory. In J. Frew & M. D. Spiegler (Eds.), *Contemporary psychotherapies for a diverse world* (pp. 41–92). Boston, MA: Houghton Mifflin.

Book, H. E. (1998). *How to practice brief psychodynamic psychotherapy: The core conflictual relationship theme method*. Washington, DC: American Psychological Association.

Brown, L. J. (1981). The therapeutic milieu in the treatment of patients with borderline personality disorder. *Bulletin of the Menninger Clinic*, 45, 377–394.

Cornett, C. (1993). Dynamic psychotherapy of gay men: A view from self psychology. In C. Cornett (Ed.), *Affirmative dynamic psychotherapy with gay men* (pp. 45–76). Lanham, MD: Jason Aronson.

Dworkin, S. H. (2001). Treating the bisexual client. *Journal of Clinical Psychology*, 57(5), 671–680. doi:10.1002/ jclp.1036.

Erickson, E. (1994). *Identity and the life cycle*. New York: Norton.

Erickson, E., & Erickson, J. (1998). *The life cycle completed: Extended version*. New York: Norton.

Friedan, B. (1963). *The feminine mystique*. New York: W. W. Norton.

Freud, S. (1900/1974). *The interpretation of dreams*. In J. Strachey (Ed.), *Standard edition of the complete psychological works of Sigmund Freud*, Vol. 4. London: Hogarth Press.

Freud, S. (1931/1961). *Civilization and its discontents* (*standard edition*), (J. Strachey, trans.). New York: Norton.

Freud, S. (1963a). *Sexuality and the psychology of love*. (P. Rieff, Ed.). New York: Collier.

Freud, S. (1963b). *Dora: An analysis of a case of hysteria*. (P. Rieff, Ed.). New York: Collier.

Friedman, R. C., & Downey, J. I. (2010). Psychotherapy of bisexual men. *Journal of the American Academy of Psychoanalysis & Dynamic Psychiatry*, 38(1), 181–197. doi: 10.1521/jaap.2010.38.1.181

Frommer, M. S. (1995). Countertransference obscurity in the psychoanalytic treatment of homosexual patients. In T. Domenici&R. Lesser (Eds.), *Disorienting sexuality: Psychoanalytic reappraisals of sexual identities* (pp. 65–82). London: Routledge.

Gehart, D. (2016). *Theory and treatment planning in counseling and psychotherapy* (2nd ed.). Pacific Grove, CA: Brooks Cole.

Gelman, C. (2004). Toward a better understanding of the use of psychodynamically informed treatment with Latinos: Findings from clinician experience. *Clinical Social Work Journal*, 32(1), 61–77.

Gill, M. (1982). *The analysis of transference, Vol 1*. New York: International Universities Press.

Glassgold, J. M., & Iasenza, S. (Eds.) (2004). *Lesbians, feminism, and psychoanalysis: The second wave*. Binghamton, NY: Harrington Park Press.

Goleman, D. (1995). *Emotional intelligence*. New York: Bantam.

Greenberg, J. R. (2001). The analyst's participation: A new look. *Journal of the American Psychoanalytic Association*, 49, 417–426.

*Greenberg, J. R., & Mitchell, S. A. (1983). *Object relations in psychoanalytic theory*. Cambridge: Harvard University Press.

Greene, B. (2004). African American lesbians and other culturally diverse people in psychodynamic psychotherapies: Useful paradigms or oxymoron? In J. M. Glassgold & S. Iasenza (Eds.), *Lesbians, feminism, and psychoanalysis: The second wave* (pp. 57–77). Binghamton, NY: Harrington Park Press.

Horney, K. (1939). *New ways in psychoanalysis*. New York: Norton.

Izzard, S. (2000). Psychoanalytic psychotherapy. In D. Davies& C. Neal (Eds.), *Therapeutic perspectives on working with lesbian, gay and bisexual clients* (pp. 106–121). Maidenhead BRK, England: Open University Press.

Kernberg, O. (1976). *Object relations theory and clinical psychoanalysis*. New York: Jason Aronson.

*Kernberg, O. (1997). Convergences and divergences in contemporary psychoanalytic technique and psychoanalytic psychotherapy. In J. K. Zeig (Ed.), *The evolution of psychotherapy: Third conference* (pp. 3–18). New York: Brunner/Mazel.

Klein, M. (1932/1975). *The psychoanalysis of children* (A.

Strachey, trans.; Revised by H. A. Thorner). New York: Delacorte Press.

Kohut, H. (1977). *The restoration of the self.* New York: International Universities Press.

Kohut, H. (1984). *How does analysis cure?* Chicago, IL: University of Chicago Press.

Krupnick, J., Elkin, I., Collins, J., Simmens, S., Sotsky, S., Pilkonis, P., et al. (1994). Therapeutic alliance and clinical outcome in the NIMH Treatment of Depression Collaborative Research Program: Preliminary findings. *Psychotherapy: Theory, Research, Practice, Training*, 31(1), 28–35. doi:10.1037/0033-3204.31.1.28.

Lachmann, F. (1993). Self psychology: Origins and overview. *British Journal of Psychotherapy*, 10(2), 226–231. doi: 10.1111/j.1752-0118.1993.tb00651.x.

Leichsenring, F. (2009). Psychodynamic psychotherapy: A review of efficacy and effectiveness studies. In R. A. Levy & J. S. Ablon (Eds.), *Handbook of evidence-based psychodynamic psychotherapy: Bringing the gap between science and practice* (pp. 3–28). New York: Humana Press.

Leone, C. (2008). Couple therapy from the perspective of self psychology and intersubjectivity theory. *Psychoanalytic Psychology*, 25, 79–98. 10.1037/ 0736-9735.25.1.79.

Levenson, H. (2003). Time-limited dynamic psychotherapy: An integrationist perspective. *Journal of Psychotherapy Integration*, 13(3–4), 300–333. doi: 10. 037/1053-0479. 13.3-4.300.

Luborsky, E. B., O'Reilly-Landry, M., & Arlow, J. A. (2008). Psychoanalysis. In R. J. Corsini & D. Wedding (Eds.), *Current psychotherapies* (8th ed.). Pacific Grove, CA: Thompson.

Luborsky, L., & Crits-Christoph, P. (1998). *Understanding transference: The core conflictual relationship theme method* (2nd ed.). Washington, DC: American Psychological Association.

Luborsky, L., & Luborsky, E. (2006). *Research and psychotherapy: The vital link.* Lanham, MD: Jason Aronson.

Mahler, M. Pine, F., & Bergman, A. (1975). *The psychological birth of the human infant.* New York: Basic Books.

Mallinckrodt, B. (2010). The psychotherapy relationship as attachment: Evidence and implications. *Journal of Social and Personal Relationships*, 27(2), 262–270. doi:10.1177/ 0265407509360905.

Marci, C. D., & Riess, H. (2009). Physiologic monitoring in psychodynamic psychotherapy research. In R. A. Levy & J. S. Ablon (Eds.), *Handbook of evidence-based psychodynamic psychotherapy* (pp. 339–358). New York: Humana Press.

Marmor, J. (1995). The evolution of an analytic psychotherapist: A sixty-year search for conceptual clarity in the Tower of Babel. In J. K. Zeig (Ed.), *The evolution of psychotherapy: Third conference* (pp. 23–33). New York: Brunner/ Mazel.

*McWilliams, N. (1999). *Psychoanalytic case formulation.* New York: Guilford.

Messer, S. B., & Warren, C. S. (1995). *Models of brief psychodynamic therapy: A comparative approach.* New York: Guilford.

*Mitchell, R. R., & Friedman, H. S. (1994). *Sandplay: Past, present, and future.* New York: Routledge.

*Mitchell, S. A. (1988). *Relational concepts in psychoanalysis: An integration.* Cambridge, MA: Harvard University Press.

*Mitchell, S. A., & Black, M. J. (1995). *Freud and beyond: A history of modern psychoanalytic thought.* NewYork: Basic.

Myers, I. B. (1998). *Introduction to type: A guide to understanding your results on the Myers-Briggs Type Indicator* (6th ed). Gainesville, FL: Center for Applications of Psychological Types.

Pine, F. (1990). *Drive, ego, object, and self.* New York: Basic Books.

Roffman, J. L., & Gerber, A. J. (2009). In R. A. Levy & J. S. Ablon (Eds.), *Handbook of evidence-based psychodynamic psychotherapy* (pp. 305–338). New York: Humana Press.

Rubalcava, L. A., & Waldman, K. M. (2004). Working with intercultural couples: An intersubjective-constructivist perspective. In W. J. Corbin (Ed.), *Transformations in self psychology: Progress in self psychology, Vol. 20* (pp. 127–149). Hillsdale, NJ: Analytic Press.

Rubinstein, G. (2003). Does psychoanalysis really mean oppression? Harnessing psychodynamic approaches to affirmative therapy with gay men. *American Journal of Psychotherapy, 57(2)*, 206–218.

Seligman, M. E. P. (2002). *Authentic happiness: Using the new positive psychology to realize your potential for lasting fulfillment.* New York: Free Press.

*Shedler, J. (2010). The efficacy of psychodynamic psychotherapy. *American Psychologist, 65(2)*, 98–109. doi:10.1037/ a0018378.

Shelley, C. (Ed.). (1998). *Contemporary perspectives on psychotherapy and homosexualities.* London: Free Association Press.

Siegel, D. (1999). *The developing mind: How relationships and the brain interact to shape who we are.* New York: Guilford.

Sifneos, P. E. (1979). *Short-term dynamic psychotherapy: Evaluation and technique.* New York: Plenum.

St. Clair, M. (2000). *Object relations and self psychology: An introduction.* Belmont, CA: Brooks/Cole.

*Stiles, W., Barkham, M., Mellor-Clark, J., & Connell, J. (2008). Effectiveness of cognitive-behavioural, personcentred, and psychodynamic therapies in UK primary-care routine practice: Replication in a larger sample. *Psychological Medicine: A Journal of Research in Psychiatry and the Allied Sciences, 38(5)*, 677–688. doi:10.1017/ S0033291707001511.

Stolorow, R. D., Brandschaft, B., & Atwood, G. E. (Eds.). (1987). *Psychoanalytic treatment: An intersubjective approach*. Hillsdale, NJ: Analytic Press.

Sullivan, H. S. (1953). *The interpersonal theory of psychiatry.* New York: Norton.

Sullivan, H. S. (1954). *The psychiatric interview.* New York: Norton.

Waldman, K., & Rubalcava, L. A. (2005). Psychotherapy with intercultural couples: A contemporary psychodynamic approach. *American Journal of Psychotherapy, 59*, 227–245.

Watkins, C. R. (2012). Race/ethnicity in short-term and longterm psychodynamic psychotherapy treatment research: How "White" are the data? *Psychoanalytic Psychology*, 29(3), 292–307. doi:10.1037/a0027449.

Weissman, M., Markowitz, J., & Klerman, G. (2000). *Comprehensive guide to interpersonal psychotherapy.* New York: Basic Books.

Weissman, M., Markowitz, J., & Klerman, G. (2007). *Clinician's quick guide to interpersonal psychotherapy.* New York: Oxford University Press.

Winnicott, D. W. (1965). *The maturational processes and the facilitating environment: Studies in the theory of emotional development.* New York: International University Press.

Yi, K. (1995). Psychoanalytic psychotherapy with Asian clients: Transference and therapeutic considerations. *Psychotherapy: Theory, Research, Practice, Training, 32(2)*, 308–316. doi:10.1037/0033-3204.32.2.308.

정신역동 사례 연구: 중년기의 자살 충동

46세 일본계 미국인 남성 켄(Ken)은 직장에서 또 다시 승진의 기회를 놓친 이후에 절망감과 자살 충동을 느끼는 것으로 인해 의뢰되었다. 청소년기에 그의 부모는 공부 스케줄을 엄격하게 단속했고 친구들과 노는 시간(많은 시간을 보내는 것), 비디오 게임 하는 것, 텔레비전 시청하는 시간을 최소화할 것에 대해 강요하였다. 그는 고등학교와 대학교를 수석으로 졸업했고 컴퓨터 공학과 관련된 일을 계속 해왔다. 그는 일을 능숙하게 해왔음에도 불구하고 고위 경영진 위치로 승진하지 못했고, 앞으로도 할 수 없을 것 같아 두려워하고 있다. 그는 일에서 경력을 쌓느라 관계를 위한 시간을 내지 않았기 때문에 주로 싱글이었다. 어머니가 계속해서 결혼하라고 잔소리하지만 그는 그와 어머니가 적절한 배우자에 동의할 것이라고는 생각하지 않는다고 시인했다. 그는 부모의 거주지와 아주 가까이에 거주하고 있고, 어머니는 아직도 그의 아파트를 관리해주고, 요리, 청소에 매우 관여하고 있다. 그는 극심한 허리 통증을 완화시키기 위해서 수년간 진통제를 복용하고 있다.

사례 개념화

날짜: 2013년 8월 1일 **상담자:** Kim **내담자/사례 #:** 80007

I. 내담자 소개

내담자의 기본 정보와 중요한 타인 파악하기

내담자

성인 남성 연령: 46세 아시아계 미국인 미혼 이성애자 직업/직위: 상임 컴퓨터 공학자

기타: 일본인(이민 1세대), 근처에 부모 거주

중요한 타인

내담자 어머니 연령: 60세 아시아계 미국인 기혼의 이성애자 직업/직위: 주부

기타: 일본인(이민자)

내담자 아버지 연령: 62세 아시아계 미국인 기혼의 이성애자 직업/직위: 기계공학자

기타: 일본인(이민자)

연령 선택: ______ 인종 선택 관계상태 선택 직업/직위: ______ 기타: ______

연령 선택: ______ 인종 선택 관계상태 선택 직업/직위: ______ 기타: ______

기타: ______

II. 호소 문제

문제에 대한 내담자의 보고:

내담자는 자신이 인생에서 실패했다고 느낀다. 그는 많은 돈을 벌고 있지만, 경영진으로의 승진 기회를 세 차례나 놓치고 말았다. 그는 일에서의 성공을 위해 가정을 꾸리는 것을 희생했지만, 현재는 직업도, 가정도 가진 것이 아무것도 없다고 생각한다. 그는 미래에도 기대할 것이 별로 없다고 느낀다.

문제에 대한 중요한 타인 및 가족의 보고:

AM의 부모는 그가 결혼하고 가정을 꾸리는 것에 집중해야 한다고 생각한다. 부모는 그가 스스로 세운 직업적 목표를 처음으로 성취하지 못한 것에 대해 의외로 여김과 동시에 조금은 부끄럽게 여겼음을 인정하지만, 그의 수입 능력에 대해서는 자랑스럽게 여긴다.

문제에 대한 다양한 체계(참고인, 교사, 친척, 법적 체계 등)로부터의 보고:

직장 상사: 가장 재능 있는 시스템 공학 전문가 중 한 명이지만, 경영을 위해서 필요한 대인관계 기술을 가지고 있지 않다고 보고하였다.

______: ______

(계속)

Ⅲ. 배경 정보

트라우마·학대 이력(현재 및 과거): AM은 어떠한 신체적·성적 학대에 대해 보고하지 않았지만, '대부분의 아시아인 친구들의 부모가 그러하듯' 그의 부모 역시 성적과 학교에 대해서 매우 엄격했다고 보고하였다.

약물 사용·남용(현재와 과거, 자신, 원가족, 중요한 타인): AM은 자신의 요통을 완화시키기 위해 매일 진통제를 복용하고 있다고 보고했다. 통증을 완화시키기 위해 점점 더 강한 약이 필요하다는 사실을 인정한다.

촉발 사건(최근 삶의 변화, 최초의 증상, 스트레스 요인 등): AM은 세 번의 승진 기회를 놓쳤다. 마지막 승진 기회는 10세 어린 직장 동료에게 돌아갔고, 이것은 회사에서도 처음이었다. 최근 승진에서 '제외되었다'는 것에 관한 수치심은 자살 사고와 절망감을 야기했다. 그는 처음으로 우울했던 고등학교 시절 이후부터, 때때로 우울 증상이 있었으며 자살에 대한 생각을 하고 있었다고 보고했다. 그러나 가장 최근의 일이 그가 경험한 것 중에 가장 최악이라고 보고했다.

관련된 역사적 배경(가족력, 관련 문제, 이전 상담 경험 등): AM의 부모는 아이들이 더 나은 기회를 제공받을 수 있는 나라에서 살기 위해 1960년대에 일본에서 이민을 왔다. 그들은 두 명의 자녀가 있었고, 그중 AM은 막내였다. 첫째 딸은 의사가 되었고 지금은 가정을 꾸렸다. 아버지는 장시간 일을 했고 아이들과는 더욱 형식적인 관계를 맺고 있었다. 어머니는 아이들의 숙제를 검사하고, 음악 수업에 데려다 주고, 올바른 예의를 가르치는 등 아이들에게 크게 관여하였다. 전형적인 일본인 가정에게 있는 일이지만, 감정을 통제하는 것, 어른을 공경하는 것, 의무를 다 하는 것을 강조했다. AM은 장남이라는 특별한 위치에 있었지만, 아버지의 기대에 완전히 부응했다고 느껴본 적이 결코 없었다. 반면에 어머니는 그를 보호하고 할 수 있는 어떤 방법으로든 그를 위로하면서 매우 아꼈다. 그와 큰누나는 정반대였는데, 그녀는 더 외향적이고 학교생활을 즐거워했지만, 그는 부끄러움을 많이 타는 편이라서 열정적으로 학과 공부를 하는 것을 망설였다.

Ⅳ. 내담자의 강점과 다양성

내담자의 강점

개인적 측면: AM은 부지런하고 성실하며, 타인을 존중한다. 그는 스스로를 잘 지지할 수 있고 직장에서 일을 매우 잘한다.

관계적·사회적 측면: AM은 부모, 누나, 그리고 같은 주에 거주하는 친척들과 가까이 지낸다. 그는 대학교 때부터 가깝게 지내는 친한 두 명의 친구가 있고, 함께 즐겁게 일하는 몇몇 직장 동료가 있다.

영적 측면: AM은 신성한 공간 만들기, 분재 정원 가꾸기 및 마음챙김 연습과 같은 일반 신도 및 선불교의 관습에서 위안을 얻는다.

다양성: 자원과 한계

내담자의 연령, 성별, 성적 성향, 문화적 배경, 사회경제적 지위, 종교, 지역사회 공동체, 언어, 가족 배경, 가족 구성, 역량 등에 기초하여 내담자의 잠재적인 자원과 한계가 무엇인지 확인하라.

(계속)

독특한 자원: AM은 일본계 미국인 지역사회와 관계를 맺고 있다. 또한 신도와 선불교에 관심을 가지고 있다. 그는 그의 직업적 성공을 주로 일본 문화적 가치의 결과로 본다.

잠재적 한계: 어떤 면에서, 경력을 추구하기 위한 자극제의 원천이지만 AM은 그의 경력에서 뛰어난 이민자 부모의 가치를 압박과 무거운 부담의 형태로 경험한다. 그가 부모의 기준과 기대에 부응하지 못할 때 실패자처럼 느끼는데, 부모가 아이들에게 많은 혜택이 있는 이곳으로 이민 오기 위해서 많은 것을 포기했다는 것을 알기 때문이다.

사례 개념화를 위하여 다음의 모든 부분을 완성하거나 이론 기반의 사례 개념화를 위한 특정 부분을 완성하라.

V. 정신역동 개념화

정신역동 방어기제

가장 많이 사용하는 방어기제 2~4개를 체크하라.

☐ 행동화: 기술하기:

☒ 부인: 기술하기: AM은 내적 갈등과 약물 사용에 대한 반응으로 부인을 많이 사용한다.

☐ 전치: 기술하기:

☒ 도움을 거절하는 불평: 기술하기: AM은 종종 독신이 된 것에 대해(주로 혼자서) 불평을 한다. 그러나 이러한 상황을 바꾸는 데 별 도움이 되지 않았다.

☐ 유머: 기술하기:

☐ 수동 공격성: 기술하기:

☐ 투사: 기술하기:

☐ 투사적 동일시: 기술하기:

☐ 합리화: 기술하기:

☐ 반동 형성: 기술하기:

☒ 억압: 기술하기: AM은 더 큰 자유와 자기표현에 대한 충동을 다루기 위해 억압을 사용한다.

☐ 분열: 기술하기:

☐ 승화: 기술하기:

☒ 억제: 기술하기: 격렬한 감정이 올라올 때, AM은 감정의 부적절한 표현을 피하기 위해 그것들을 억제한다. 이는 일반적인 문화적 관습이다.

☐ 기타:

대상관계 패턴

과거 어린 시절 초기 양육자와의 관계에 대해 기술하라. AM의 어머니는 그의 어린 시절부터 그의 삶에 많이 관여했으며 과잉보호했다. 그의 아버지는 주로 일을 하고, 그들은 사랑이나 감정 표현을 매우 적게 하면서 형식적인 관계를 가졌다.

(계속)

주로 어머니(또는 그와 비슷한 사람)와의 애착은 어떠했는가?

☐ 대개 안정적 ☒ 불안과 집착 ☐ 회피와 정서적 거리감 ☐ 기타: ______

주로 아버지(또는 그와 비슷한 사람)와의 애착은 어떠했는가?

☐ 대개 안정적 ☐ 불안과 집착 ☒ 회피와 정서적 거리감 ☐ 기타: ______

초기 양육자와의 현재 관계에 대해 기술하라. AM의 어머니는 계속해서 그녀의 '아기'로 과잉보호하고 있으며, 그는 어머니에게 가사를 도와달라고 하면서 지나치게 의존한다.

파트너와의 관계 및 현재 다른 사람과의 관계에 대해 기술하라. AM은 큰누나가 자신보다 더 성공했고 이 점이 그에게는 부끄러움의 요인이라고 느끼기 때문에 때로는 큰누나를 피한다.

Erickson의 심리사회적 발달 단계

각 단계에서 현재 단계까지의 발달을 기술하라.

신뢰 대 불신(영아기): AM은 헌신적인 어머니와 전반적으로 신뢰성 있는 환경 속에서 평범한 영아기를 보냈다고 보고하였다.

자율성 대 수치와 의심(유아기): AM은 죄책감보다 수치심이 더욱 자신과 누나의 동기를 강화하곤 했다고 말한다. 특히, 그 시기에 어머니는 자율성을 강력하게 격려하지 않았다.

주도성 대 죄책감(학령전기): 자율성을 자극하기 위해 죄책감보다 수치심이 사용되었다.

근면성 대 열등감(학령기): AM은 자신이 '수치심'을 피하기 위해 부지런해졌으며, 열등함이 궁극적인 실패라고 바라보게 됐다고 설명한다.

정체성 대 역할 혼란(청소년기): 청소년기에 AM의 정체성은 갈수록 학교 성적에 달려있었다. 그리고 가족 역할에 충실했다.

친밀감 대 고립감(청년기): 성인 초기에 AM은 개인적인 생활보다는 업무에서 뛰어나기 위해 친밀하고 깊은 관계를 발전시키지 않았다.

생산성 대 (자기) 침체(장년기): AM의 현재 위기는 그가 직업적으로 부진하기 시작했으며, 이미 가족을 꾸리는 데에 실패했다고 느끼는 것이다.

자아 통합감 대 절망감(노년기): ______

아들러학파의 생활양식 주제

☐ 통제: ______

☒ 우월성: AM의 인생은 삶에서 개인적인 측면과 관계적인 측면을 무시하면서, 학업과 직업적인 맥락에서만 타인보다 우수해지는 것을 중심으로 구성된다.

☐ 기쁘게 하기: ______

☐ 편안함: ______

기본적 오류에 대한 잘못된 지각: AM은 자신의 중요성과 가치가 직업적인 성과에 근거를 둔다고 믿는다.

(계속)

Ⅵ. 인본주의·실존주의 개념화

진정한 자아 표현

문제: 문제가 내재적 또는 외재적으로(타인, 환경 등에 의해) 유발되는가?

☐ 두드러지게 내재적이다.

☒ 혼합되어 있다.

☐ 두드러지게 외재적이다.

주체성과 책임감: 자신이나 타인이 이야기의 주체로서 논의되고 있는가? 내담자는 상황에 대한 분명한 책임감을 가지고 있는가?

☐ 강한 주체성과 책임감

☒ 부분적인 주체성

☐ 매우 낮은 주체성, 타인과 상황에 대한 잦은 책임전가

☐ 종종 희생양이 되었다고 느낀다.

감정의 인식과 표현: 감정을 자신의 것으로 인식하고 경험하는 데 어려움이 없는가?

☐ 쉽게 감정을 표현한다.

☐ 동요된 감정을 인식한다.

☒ 감정을 인식하는 것이 어렵다.

'지금 여기' 경험: 내담자가 현재의 순간에 일어나는 상황에 대한 감정을 폭넓게 경험할 수 있는가?

☐ 현재의 순간에 감정을 쉽게 경험한다.

☐ 도움을 받아 현재 감정을 어느 정도 경험한다.

☒ 현재의 순간을 경험하는 것이 어렵다.

개인적 구성 개념과 허울(facades): 내담자는 자신의 역할을 인식하고 그것을 넘어설 수 있는가? 정체성은 경직되어 있는가, 아니면 자신을 시험적으로 내려놓을 수 있는가?

☐ 시험적으로 자신을 내려놓을 수 있다. 비판하고 의문을 제기할 수 있다.

☐ 정체성의 구성 개념과 허울에 대해 약간 인식하고 있다.

☒ 정체성을 엄격하게 정의한다. '사실'로 인지한다.

복잡성과 모순: 내적인 모순을 가지고 있으며 그것을 탐색하는가? 내담자는 정체성과 삶의 복잡성을 충분히 이해하는가?

☐ 모순을 자각하고 해결한다.

☒ 모순을 일부 인식한다.

☐ 내적인 모순을 자각하지 못한다.

당위: 내담자는 사회적으로 부과된 당위와 의무에 대해 의문을 품을 수 있는가? 내담자는 타인을 기쁘게 해주는 것과 자신의 소망을 충족하고자 하는 것 간의 균형을 맞출 수 있는가?

☐ 사회적 의무와 자율성 간의 균형을 맞출 수 있다.

☐ 사회적 기대와 개인적 소망 사이의 긴장을 인식한다.

☒ 주로 사회에서 원하는 것에 초점을 맞춘다.

(계속)

해야 하는 의무 목록: 내담자는 직장에서 더 성공해야만 한다고 느끼고 인생의 지금 이 시점에서는 결혼을 하고 아이가 있어야만 한다고 느낀다.

타인 수용: 내담자는 타인의 의견을 수용할 수 있고 타인에 대한 기대에 현실적으로 부응할 수 있는가?

☐ 타인의 의견을 쉽게 수용한다.

☒ 타인의 기대가 비현실적이지만, 여전히 충족하지 못한 기대에 강한 정서적 반응을 나타내는 것을 인식한다.

☐ 타인을 받아들이는 것이 어렵다. 항상 자신의 기대에 부응하기 위해 타인이 변하기를 바란다.

자기 신뢰: 내담자는 자신이 고정된 대상이 아니라 과정으로서의 자신을 신뢰할 수 있는가?

☐ 진정한 자기를 신뢰하고 표현할 수 있다.

☐ 특정한 상황에서 자신을 신뢰한다.

☒ 대부분의 상황에서 자신을 신뢰하는 것이 어렵다.

실존 분석

삶을 의미 있게 하는 자원(내담자에 의해 기술되고 설명된 것): 내담자는 삶의 가장 주된 목적이 자신의 직업에서의 성공과 가족을 부양하는 능력이라고 이야기했다.

삶의 의미에 관한 일반적 주제:

☒ 개인적 성취·업적

☐ 중요한 타인

☐ 자녀

☒ 원가족

☐ 사회적 대의, 타인에 대한 공헌

☐ 종교·영성

☐ 기타: ____________________

삶의 방향성에 대한 만족과 명확성:

☐ 힘든 시기에 회복탄력성을 만들어내는 명확한 삶의 의미를 가지고 있다.

☐ 현재의 문제는 삶의 방향과 관련된 선택을 요구한다.

☐ 현재 삶의 방향성에 대해 최소한으로만 만족한다. 삶에 더 큰 욕구를 가지고 있다.

☒ 현재까지 삶의 방향성에 관하여 거의 생각한 적이 없다. 대부분 타인 혹은 다른 어떤 것에 의해 정의된 삶의 계획에 따라 살아왔다.

☐ 기타: ____________________

게슈탈트 접촉 경계 혼란

☒ **둔감화:** 문제를 인식하지 못한다.

☐ **내사:** 타인의 관점을 검열하지 않고 그대로 받아들인다.

☐ **투사:** 타인에게 자신의 바람직하지 않는 부분을 투사한다.

☐ **반전:** 타인이 아닌 자기 자신에게 직접적인 행동을 취한다.

☐ **편향:** 타인 혹은 자신과의 직접적인 접촉을 피한다.

(계속)

☐ **자의식**: 외부 환경이 자기 자신에게 영향을 미치지 못하도록 한다.

☐ **융합**: 타인과의 경계가 모호해지는 범위까지 동조한다.

기술하기: AM은 그의 허리통증과 진통제 복용량의 증가가 그의 삶에 영향을 미칠 수 있다는 사실을 인정하지 않는다. 게다가 그는 자신의 사회적 기술 문제가 최근 승진이 거절된 이유에 영향을 미쳤다는 것을 모른다.

Ⅶ. 인지행동 개념화

증상 행동의 기준

증상 #1 (행동적 기술): 자살 사고. 대부분 소극적이지만 점점 더 자주 자살을 계획한다.

빈도: 일주일에 1~3회

지속 기간: 삽화마다 1~4시간

상황: 집에 혼자 있다. 조용하다. 할 일이 없고 방문할 사람도 없다.

사건 전: 직장에서 긴 하루, '성공한' 누나가 방문했다. 그의 상황을 개선해야 한다고 부모가 무언가를 넌지시 제안하거나 이야기한다.

사건 후: 음주, 수면을 돕기 위한 진통제 복용, TV 시청 혹은 인터넷 뉴스 읽기

증상 #2 (행동적 기술): 즐거운 활동에 대한 계획이나 관심 부족

빈도: 거의 매일

지속 기간: 3~4시간

상황: 직장에서 집으로 돌아온 후, 주말

사건 전: 일반적인 작업에 대해서는 열정을 많이 보이지 않지만, 업무에서 중요한 작업과 프로젝트에는 집중할 수 있다. 집에 돌아오자마자 공허함을 느끼고 어떤 것에도 관심이 없다.

사건 후: TV 시청, 인터넷 서핑. 어머니는 그를 위해 미리 조리된 식사를 준비한다.

비합리적 신념에 대한 A-B-C 분석

선행 사건(문제): 세 번이나 잃게 된 승진의 기회

결과(기분, 행동 등): 우울, 자살 사고, 진통제 남용

매개 신념(결과 C를 야기한 사건에 관한 해로운 신념):

1. 나는 실패자다.
2. 나는 회사 안에서 현재 위치를 넘어서지 못할 것이다.
3. 나는 가정을 꾸릴 기회를 놓쳤고 아무것도 기대하지 않는다.

Beck의 인지 도식 분석

자주 사용하는 인지 도식을 확인하라.

☐ **임의적 추론**:

☒ **선택적 추상**: 그는 그가 성취한 것보다는 성취하지 못한 것에 중점을 두고 성공의 다른 지표에 중점을 둔다.

(계속)

☐ 과잉일반화: ______

☐ 의미 확대/의미 축소: ______

☒ 개인화: 다른 사람들의 중립적인 의견에 대해 자신이 실패자임을 암시하는 것이라고 개인화한다.

☒ 절대론자/이분법적 사고: 나는 실패자 혹은 성공한 사람이다. 나는 좋은 직업이나 가정을 가질 수 있다.

☐ 잘못된 명명: ______

☒ 독심술: 그는 타인의 침묵이 자신을 판단하고 있음을 나타낸다고 추정한다.

Ⅷ. 가족체계 개념화

가족생활 주기 단계

☒ 미혼 성인

☐ 기혼

☐ 어린 자녀가 있는 가족

☐ 청소년기 자녀가 있는 가족

☐ 자녀 독립

☐ 노년기

이 단계에서 발달 과업을 완성하는 데 어려움이 무엇인지 기술하라. AM은 결혼을 하고 가정을 꾸리고 싶어 하지만, 결혼과 전문적인 성공을 하는 것 사이에서 선택이 필요하다고 생각한다. 그리고 지금 그는 결혼하기에 너무 늦었고 여생을 혼자 지내야 한다고 생각한다.

타인과의 경계

부모	☒ 밀착	☐ 명확	☐ 유리	☐ 해당 사항 없음: **기술하기:** 어머니는 과잉보호한다.
중요한 타인	☐ 밀착	☐ 명확	☐ 유리	☒ 해당 사항 없음: **기술하기:** ______
자녀	☐ 밀착	☐ 명확	☐ 유리	☒ 해당 사항 없음: **기술하기:** ______
확대가족	☐ 밀착	☐ 명확	☒ 유리	☐ 해당 사항 없음: **기술하기:** AM은 더욱 사교적이고 외향적인 누나와 거리감을 느껴왔다.
기타: 성명	☐ 밀착	☐ 명확	☐ 유리	☐ 해당 사항 없음: **기술하기:** ______

타인과의 친밀도와 거리를 조절하는 일반적인 유형: ______

삼각관계/연합

☒ 원가족과의 연합: **기술하기:** 어머니는 그의 아버지의 비판과 기대로부터 항상 그를 보호해왔다.

☐ 중요한 타인과 관련된 연합: **기술하기:** ______

☐ 그 외의 연합: ______

자신과 부모-자녀 사이의 위계 ☐ 해당 사항 없음

자녀와의 위계 ☐ 효과적 ☐ 경직 ☐ 허용적

(계속)

부모와의 관계(어린아이/청소년에게 있어) ☒ 효과적 ☐ 경직 ☐ 허용적

누나와의 상호보완적 패턴

☐ 방임형/관계 중심

☐ 높은 기능 수준/낮은 기능 수준

☐ 감정적/이성적

☐ 좋은 부모/나쁜 부모

☒ 기타: **기술하기**: 성공적임 대 성공적이지 못함

상호보완적인 패턴의 예시: AM은 누나가 가정이 있기 때문에 성공의 측면에서 누나에게 졌다고 느낀다.

세대 간 패턴

약물·알코올 남용: ☐ 해당 없음 ☒ 있음: AM의 진통제 남용. 가족 내에서 다른 약물 남용은 없다.

성적·신체적·정서적 학대: ☒ 해당 없음 ☐ 있음:

부모-자녀 관계: ☐ 해당 없음 ☒ 있음: 위계적이고 조직적인 가정. 장남은 어머니와 친하다.

신체적·정신적 장애: ☐ 해당 없음 ☒ 있음: 가족력

가족이 지닌 강점: **기술하기**: 가족은 서로 지지한다. 자주 모인다. AM이 행복하기를 원한다.

Ⅸ. 해결 중심·문화적 담론(포스트모더니즘) 개념화

해결책과 독특한 결과

효과적으로 작용하지 않은 기존의 해결책:

1. 더욱 더 열심히 일하기
2. 직업에 모든 노력을 쏟고 다른 것들은 무시하기

예외적 상황과 독특한 결과: 시간, 장소, 관계, 상황 등 덜 문제시될 때, 사건의 경과가 좋아지도록 하는 행동:

1. AM은 친구들을 초대하기를 원할 때 요리를 할 수 있다.
2. AM은 더 높은 위치로 승진했다.
3. AM은 대학 시절부터 친하게 지내는 두 명의 친구가 있다.

기적 질문에 대한 대답: 만약 문제가 하룻밤 사이에 해결이 된다면, 내담자는 다음 날 어떻게 행동할 것인가? (Y를 하지 않는 대신에 X를 한다는 식으로 기술하라.)

1. AF는 AM이 직장에서 열심히 일하고, 좋은 성과로 인해 상사에게 인정받기를 원한다고 말했다.
2. AF는 전문적인 그의 능력에 대해 더 자신감을 느낀다.
3. AF는 가능성 있는 로맨틱한 배우자를 만날 수 있는 곳에서 활동하고 있다.

문제 정의에 영향을 주는 **지배 담론:**

(계속)

- **인종, 계층, 종교 담론: 핵심적인 문화적 담론이 어떻게 문제와 가능한 해결책이 무엇인지 알려주는가?** AM은 학문적이고 전문적인 문화적 가치를 채택했다. 그는 또한 자기 자신과 가족이 욕보이는 것을 피한다. 그의 자살 사고는 수치심과 실패에 대한 반응으로서, 자살하는 것을 체면을 지키는 것이라 여기는 문화 전통에 들어맞는다. AM은 친밀한 관계를 추구하지도 않았고, 성공적인 경력을 쌓는 것과 가족 그리고 관계에서 필요한 욕구를 균형화하는 데 어려움을 겪어 가정을 꾸리지도 않았다.
- **성(gender)과 성적 담론: 성과 성적 담론이 어떻게 문제와 가능한 해결책이 무엇인지 알려주는가?** AM은 직업에 중점을 둠으로써, 감정을 억제하는 일본계 1세대 미국인 남성의 전형적인 유형이다. 그는 직업적인 의무와 원가족에 대한 의무를 내면화해왔지만, 실패와 부적응의 또 다른 원인으로 경험되는 남편과 아버지가 되는 역할을 맡을 준비가 되어있다고 생각하지 않는다.
- **지역사회, 학교, 확대가족 담론: 다른 중요한 지역사회 담론이 어떻게 문제로 인지되었으며, 가능한 해결책이 무엇인지 알려주는가?** 컴퓨터 공학자로서 AM은 논리적인 아이디어와 사람보다는 사물에 더욱 관심이 많으므로, 이러한 점이 아마도 타인과 친밀한 관계에 대한 어려움을 보완해줄 수 있다.

정체성 내러티브: 문제는 어떻게 내담자의 정체성을 형성하는 데 영향을 미쳤는가? AM은 삶의 대부분의 영역에서 성공한 사람이라고 느껴왔지만, 최근 실패자로 삶을 끝낼 것만 같은 느낌으로 바뀌었다. 게다가 가족은 처음으로 AM과 관련하여 엄청난 수치심을 느끼고 있는데, 이는 AM의 실패감을 악화시켰다.

내담자에게 국지적 담론 또는 선호하는 담론: 내담자가 선호하는 정체성 관련 내러티브 혹은 문제에 관한 내러티브는 무엇인가? 문제에 대하여 선호하는 국지적(대안적) 담론이 있는가? AM은 자신이 똑똑하고 자신이 하는 일에 능숙하다고 믿는다; 그는 자신의 사회적 기술의 결여가 관리직의 승진에 영향을 미쳤다고 생각하지 않는다. 그는 가정을 꾸려 아내를 맞이하고 가족을 이루려는 꿈을 이루지 못했지만 매우 바라고 있다.

임상적 평가

임상가:	내담자 ID #:	기본 구성:	모국어:
Kim	80007	☒ 개인 ☐ 부부 ☐ 가족	☒ 영어 ☐ 스페인어 ☒ 기타: 일본어

내담자와 중요한 타인에 대한 기록

성인

성인 남성 연령: 46세 아시아계 미국인 미혼 이성애자 직업/직위: 상임 컴퓨터 공학자

기타: 일본인, 1세대

성별 연령 선택: ______ 인종 선택 관계 상태 선택: ______ 직업/직위: ______

기타: ______

아동

성별 연령 선택: ______ 인종 선택: ______ 학교/학년 선택: ______

기타: ______

성별 연령 선택: ______ 인종 선택: ______ 학교/학년 선택: ______

기타: ______

기타 확인 사항: ______

호소 문제

		아동을 위한 점검 문제:
☒ 우울/무력감	☐ 부부 문제	☐ 학업 실패/수행 저하
☐ 불안/걱정	☐ 부모-자녀 갈등	☐ 무단결석/가출
☐ 분노 문제	☐ 배우자 폭력 및 학대	☐ 또래와의 다툼
☐ 상실/슬픔	☐ 이혼 후 적응	☐ 과잉 행동
☒ 자살 사고 및 시도	☐ 재혼 후 적응	☐ 의복 청결 상태 불량
☐ 성적 학대/강간	☐ 성/친밀감 문제	☐ 아동 학대/방임
☐ 알코올/약물 사용	☒ 주요한 생활 변화	☐ 고립/철수
☐ 섭식 문제/섭식 장애	☐ 법적 문제/보호 관찰	☐ 기타: ______
☒ 직업 문제/실직	☐ 기타: ______	

내담자를 위한 정신 상태 검사

대인관계	☐ 해당 없음	☐ 갈등 ☐ 밀착 ☐ 고립·회피 ☐ 괴롭힘 ☒ 기타: 타인과 관계에서의 어려움
기분	☐ 해당 없음	☒ 우울·슬픔 ☐ 불안 ☐ 불쾌 ☐ 분노 ☐ 성마름 ☐ 조증 ☐ 기타: ______
정서	☐ 해당 없음	☒ 위축 ☐ 둔감 ☐ 생기 없음 ☐ 불안정 ☐ 일관성 없음/부적절 ☐ 기타: ______

(계속)

수면	☐ 해당 없음	☒ 수면과다 ☐ 불면증 ☐ 수면 방해 ☐ 악몽 ☐ 기타: ______
섭식	☐ 해당 없음	☐ 증가 ☒ 감소 ☐ 식욕 부진 ☐ 폭식 ☐ 구토 ☐ 기타: ______
불안	☐ 해당 없음	☒ 만성적 근심 ☐ 공황 ☐ 공포증 ☐ 강박사고 ☐ 강박행동 ☐ 기타: ______
트라우마 증상	☐ 해당 없음	☐ 과각성 ☐ 플래시백/침습 기억 ☐ 해리 ☒ 감각 상실 ☐ 회피 노력 ☐ 기타: ______
정신병적 증상	☒ 해당 없음	☐ 환각 ☐ 망상 ☐ 편집증 ☐ 연상 이완 ☐ 기타: ______
운동 활동성 및 언어 능력	☐ 해당 없음	☒ 낮은 에너지 ☐ 과잉 행동 ☐ 불안 ☐ 주의 산만 ☐ 충동적 ☐ 빠른 어조 ☐ 느린 어조 ☐ 기타: ______
사고	☐ 해당 없음	☒ 집중력 부족 ☐ 부인 ☒ 자기 비난 ☐ 타인 비난 ☒ 반추 ☐ 단절 ☐ 완고함 ☐ 통찰력 부족 ☐ 그릇된 의사결정 ☐ 혼란스러움 ☐ 기타: ______
사회·법률	☒ 해당 없음	☐ 규범 경시 ☐ 반항 ☐ 절도 ☐ 거짓말 ☐ 격분 ☐ 체포 및 투옥 ☐ 싸움 걸기 ☐ 기타: ______
기타 증상	☒ 해당 없음	______

내담자를 위한 진단

진단에서 고려되는 **상황적 요인**: ☒ 연령 ☒ 성별 ☒ 가족 역동 ☒ 문화 ☐ 언어
☐ 종교 ☐ 경제력 ☒ 이민 ☐ 성적/성별 지향 ☐ 트라우마 ☐ 이중 진단/동반 질환
☒ 중독 ☐ 인지적 능력 ☐ 기타: ______
진단과 평가 과정에서 확인된 요인의 영향을 기술하라. ______

DSM-5 코드	심리사회적 스트레스 요인 및 문제점에 관한 V/Z/T 코드를 포함한 **진단과 진단 상세 기준**
1. F33.2	1. 주요 우울 장애, 재발, 심각하다
2. r/o F11.20	2. 배제: 아편 사용 장애, 가볍다
3. Z56.9	3. 직장과 관련된 여러 문제
4. ______	4. ______
5. ______	5. ______

의료적 고려사항

내담자는 정신의학적 평가를 위해 의뢰된 적 있는가? ☒ 예 ☐ 아니요
내담자는 의뢰에 동의했는가? ☒ 예 ☐ 아니요 ☐ 해당 없음

(계속)

평가에 사용되는 심리측정 도구: ☐ 없음 ☒ 교차편집 증상 척도

☒ 기타: 퍼코세트(percocet) 약물의 잠재적인 남용을 배제하기 위해서 MD와 상담할 것이다.

진단에 대한 내담자의 반응: ☐ 동의 ☒ 다소 동의 ☐ 동의하지 않음 ☐ 다음과 같은 이유로 알 수 없음: _____

현재 약물 치료(정신의학적·의학적) ☐ 해당 없음

1. Percocet ; 복용량 10/650 mg; 시작 날짜: 2010년 8월
2. Lexapro ; 복용량 10 mg; 시작 날짜: 2013년 6월
3. ________ ; 복용량 ________ mg; 시작 날짜: ________
4. ________ ; 복용량 ________ mg; 시작 날짜: ________

의료적 필요성: 해당되는 것에 모두 체크하라.

☒ 상당 부분 손상 ☐ 손상 가능성 큼 ☐ 예상되는 발달적 지체

손상 영역: ☒ 일상생활 ☒ 사회적 관계 ☒ 건강 ☒ 직장/학교생활 ☐ 거주 형태

☐ 기타: ________

내담자의 위험 요소와 안전성 평가

자살 경향성	**타살 경향성**	**알코올 남용**
☐ 징후 없음 및 부인	☒ 징후 없음 및 부인	☒ 징후 없음 및 부인
☒ 적극적 사고	☐ 능동적 사고	☐ 과거의 남용
☒ 소극적 사고	☐ 수동적 사고	☐ 현재 횟수/양: 1~2잔; 1주일에 3~4회
☒ 계획 없는 의도	☐ 계획 없는 의도	**약물 사용 및 남용**
☐ 목적을 위한 의도	☐ 수단을 동반한 의도	☐ 징후 없음 및 부인
☐ 지난해 동안의 사고	☐ 지난해 동안의 사고	☐ 과거의 남용
☐ 지난해 동안의 시도	☐ 지난해 동안의 폭행	☐ 현재 복용 약물: Percocet
		빈도/양: 10/650mg 이상
☐ 가족 혹은 동료의 자살 이력	☐ 타인을 폭행한 과거 이력	☐ 가족 또는 중요한 타인의 약물 사용
	☐ 동물 학대	

성적·신체적 학대 및 그 밖의 위험 요인

☐ 아동기 학대 이력: ☐ 성적 학대 ☐ 신체적 학대 ☐ 정서적 학대 ☐ 방임

☐ 성인기의 학대/폭행: ☐ 성적 학대 ☐ 신체적 학대 ☐ 현재 지속 여부

☐ 학대 가해 이력: ☐ 성적 학대 ☐ 신체적 학대 ☐ 정서적 학대

☐ 노인 또는 부양해야 할 성인 학대 및 방치

☐ 섭식 제한, 폭식 또는 구토 이력(현재 또는 과거)

☐ 자살 시도 및 다른 자해 행위: ☐ 현재 ☐ 과거: 수단: ________

☐ 범죄 및 법적 문제 이력: ________

☐ 기타 정신적 외상 이력: ________

☒ 보고된 바 없음

(계속)

안전 지표

☐ 해당 없음
☐ 최소한 한 명의 외부 지지자
☐ 살고자 하는 혹은 해를 끼치지 않으려는 구체적인 이유를 언급할 수 있는 능력
☐ 희망
☒ 위협적인 물건을 제거하려는 의지
☒ 미래의 목표 세우기
☐ 상황을 악화시키는 사람과의 접촉을 줄이려는 의지
☒ 기꺼이 안전 계획, 안전 개입을 수행하고자 하는 의지
☒ 자신 및 타인을 해치는 행동에 대한 대안 발전시키기
☐ 안전이 지속되는 기간: ______
☐ 기타: ______

안전 계획의 요소

☐ 해당 없음
☒ 위해를 가하지 않는다는 내용을 구두로 서약하기
☐ 위해를 가하지 않는다는 내용의 서약서 작성하기
☒ 긴급 연락망 카드
☒ 위급 상황을 위한 심리치료사 및 기관 연락망
☒ 약물 치료 관리
☐ 위기 상황에서 친구 및 지지자와 연락할 수 있는 계획 세우기
☐ 위기 상황에서 어떤 장소로 가야 할지 세부적인 계획 세우기
☒ 위기 수준에 도달하기 전에 위험을 감소시키기 위한 구체적인 자기 진정 작업(예: 일기 쓰기, 운동하기 등)
☒ 스트레스 요인을 감소시키기 위한 구체적인 매일/매주의 활동
☐ 기타: ______

법적·윤리적 조치 적용: ☒ 해당 없음 ☐ 조치: ______

사례 관리

기타 연락망

- **담당 의사 혹은 다른 전문가**와 연락한 적이 있는가? ☐ 해당 없음 ☒ 있음 ☐ 진행 중
  성명/기록 사항: Dr. Rosetti; 2013년 8월 15일. 약물 사용과 잠재적인 남용에 대해 MD와 상담했다. MD는 약물을 바꾸기 전에 퍼코세트의 처방을 줄이기 원한다.
- 만약 내담자가 **다른 곳에서 정신 건강 치료**를 받고 있다면, 그곳과 연락했는가? ☐ 해당 없음 ☒ 있음 ☒ 진행 중
  성명/기록 사항: 통증클리닉
- **사회복지사**와 연락한 적이 있는가? ☒ 해당 없음 ☐ 있음 ☐ 진행 중 성명/기록 사항: ______

의뢰

- 내담자는 **의학적인 평가**에 의뢰된 적 있는가? ☒ 있음 ☐ 필요성에 대한 근거 없음
- 내담자는 **사회적 서비스**에 의뢰된 적이 있는가? ☒ 해당 없음 ☐ 직업/훈련 ☐ 복지/식품/주거 보조
  ☐ 피해자 서비스 ☐ 법적 도움 ☐ 의료 서비스 ☐ 기타: ______
- 내담자는 **집단**이나 다른 지원 서비스로 의뢰된 적이 있는가? ☐ 예: ______ ☐ 진행 중 ☒ 권장되지 않음
- 치료와 관련된 **범죄 수사적/법적 절차**가 예상되는가? ☒ 아니요 ☐ 예: 기술하기: ______

(계속)

지원 네트워크

- 내담자 사회적 지지망은 다음을 포함한다. ☒ 지지적인 가족 ☐ 지지적인 배우자 ☐ 친구
  ☐ 종교적·영적 단체 ☐ 지지적인 직업적·사회적 집단 ☐ 기타: ____________
- 지지적인 체계(자녀, 파트너 등)에서 다른 사람들에게 영향을 미칠 것으로 예상되는 치료의 영향을 기술하라. 어머니에 대한 상실감과 무의미함을 형성할지도 모른다.
- 내담자가 성취할 필요가 있는 것이 존재하는가? ____________

기대되는 치료 성과와 예후

☒ 정상적인 기능 수준으로의 복귀 ☐ 정상적인 기능 수준 미만 예상 ☐ 악화 예방

내담자의 소망: 3

성과 평가 및 내담자 관점

내담자의 연령, 문화, 그 밖의 다양한 문제를 포함한 평가 방법이 내담자의 필요에 충족하는가?
자살 위험과 정서 표현의 수준을 평가할 때 성별, 연령, 민족적 배경을 고려하였다.

위와 같은 평가와 연관된 내담자–임상가 동의/비동의에 대한 실제적 혹은 잠재적 영역을 기술하라.
환자는 퍼코세트 약물 사용에 대해 신경을 쓰지 않는다. 약물 남용을 다루기 위한 잠재적인 필요에 대해서 MD와 상담할 것이다.

____________________, ____________ ____________

임상가 서명 자격/인턴 직위 날짜

____________________, ____________ ____________

슈퍼바이저 서명 자격 날짜

치료 계획

날짜: 2013년 5월 14일　　　　사례/내담자 #: 13009

임상가 성명: Kim　　　　이론: 정신역동

계획된 치료 양상: ☒ 성인　☐ 아동　☐ 부부　☐ 가족　☐ 집단:

추천 회기 빈도: ☒ 매주　☐ 격주　☐ 기타:

예상 치료 기간: 12개월

초기 치료 단계

초기 단계 상담 업무

1. 상담 관계 발전시키기. **다양성에 관한 고려사항:** 내담자의 문화적·성별 기준에 따라 정서 표현 조절과 충분한 공감 반응; 내담자 자신 또는 그의 가족에 대한 잠재적인 수치심을 줄이기 위해서 해석을 관찰하기

   관계 형성 접근 방법/개입:

   a. 내담자를 위해 안전하고 안아주는 환경 조성을 위한 공감과 거울 기법. 내담자와 과도하게 신경 쓰는 어머니 그리고 무심한 아버지 간에 반복되지 않은 패턴을 만든다.

2. 개인적, 체계적, 그리고 다양한 문화적 역동 평가하기. **다양성에 관한 고려사항:** 내담자 가족의 이민 이력 평가 포함하기

   평가 전략:

   a. 현재 관계와 어린 시절 원가족을 포함하여 대상관계와 자기대상 패턴을 분석한다.

   b. 무의식적 갈등인 근본적인 우울과 그것을 조절하는 방어기제의 역할을 분석한다.

3. 치료 목표에 대한 내담자의 동의를 확인하고 얻기. **다양성에 관한 고려사항:** 내담자로 하여금 목표 달성 과정에 적극적으로 참여하게 하여 권위에 대한 잠재적인 반항심 피하기

   목표 설정 개입:

   a. AM과 중요한 목표와 간단한 정신역동에 대한 내담자의 선호에 대해 논의하고, 증상 약화와 광범위한 성격에 대한 장기적 목표를 결정한다.

4. 필요한 의뢰, 위기 요소, 추가적인 접촉, 내담자의 다른 요구 확인하기. **다양성에 관한 고려사항:** 내담자가 안전한 문제를 다루기 위해서 내담자가 선호하고 문화적으로 적절한 역할 논의하기

   a. **위기 평가 개입:** 잠재적인 심각한 자살 사고와 약물 남용에 관한 방어기제, 관계지지 체계, 그리고 격렬한 정서를 다루기 위해 AM의 능력을 분석함으로써 평가한다.

   b. **의뢰 사항:** 치료 후에 다른 사람들과 의미 있는 관계를 형성하기 위한 능력을 개발하기 위해서 정신역동 집단에 의뢰한다.

(계속)

초기 단계 내담자 목표

1. 자살 사고와 약물 남용을 감소시키기 위해 자신에게 인지된 위협에 대한 정서 반응을 감소시키기

개입:

a. AM이 자기 자신을 향한 위협과 실패감을 줄이기 위해서 이해-설명 순서를 사용하여 공감해준다.

b. 자기를 가치 있게 여기고 자존감을 높이기 위해 거울 기법을 사용한다.

치료의 작업 단계

작업 단계 상담 업무

1. 작업 동맹의 질 점검하기. **다양성에 관한 고려사항:** 내담자 또는 가족에게 수치심으로 경험될 수 있는 해석 또는 다른 언급을 피하면서 문화와 성별 기준 안에서 전이를 조정하고 해석하기

a. **평가 개입:** 안전하고 부끄럽지 않은 접근을 사용하면서 전이와 역전이를 평가한다.

2. 내담자의 치료 과정 점검하기. **다양성에 관한 고려사항:** 상담자를 만족시키려고 하거나 그 외에 '성공하기만을 위한' 시도를 막기 위해, 상담자는 맥락에서의 성공에 대한 정직함의 중요성을 강조하며 말과 글로 피드백 받기

a. **평가 개입:** 회기 안과 밖에서의 관계 변화에 대한 구체적인 예시를 물어보기. 특히 회기 내에서의 발전에 대해서 묻기. 내담자의 경과를 측정하기 위한 결과지를 사용한다.

작업 단계 내담자 목표

1. 우울, 약물 남용, 자살 사고를 감소시키기 위해 감정의 부정, 억압, 억제와 상처입기 쉬운 자신의 부분을 감소시키기

개입:

a. 감정을 다루는 방어기제의 해석과 역할에 대해 초기 어린 시절의 경험이 어떻게 발달했으며 현재 어떻게 부적절하게 사용되고 있는가? 문화와 이민의 영향을 논의한다.

b. 관계 매트릭스 내에서 문화, 성별, 직업적인 영향을 포함하는 AM의 정서 조절 습관을 분석한다.

2. 우울과 자살 행동을 감소시키기 위해 자아 강도와 자기 일치성을 증가시키기

개입:

a. 격렬한 감정과 스트레스에도 불구하고 자아 강도를 유지하기 위한 AM의 능력 강화를 위한 거울 기법과 공감을 사용한다.

b. 내적 갈등의 근원을 의식적 인식으로 가져오기 위한 꿈 해석과 자유연상을 활용한다.

3. 즐거운 사회적 활동의 회피를 감소시키기 위해 정서 지능에 의해 형성된 개인 주체성을 증가시키기

개입:

a. 이번 회기에서 내담자의 자기 인식을 증가시키기 위해서 상호주관적 반응과 전이/역전이의 분석 vs. 다양한

(계속)

정서와 관련 있는 맥락

b. 탐색 과정에서 통찰력을 행동으로 나타내려는 것에 대한 저항과 개인적인 관계에서 위험을 감수하는 것에 대한 두려움을 다룬다.

치료의 종결 단계

종결 단계 상담 업무

1. 추후 관리를 위한 계획을 발전시키고 성과를 유지하기. **다양성에 관한 고려사항:** 종결과 관련해서 문화와 성별 문제를 고려하기. 일본계 미국인 지역사회의 잠재적인 자원을 고려하기

개입:

a. 종결이 임박함에 따라 전이와 관계 문제를 분석한다.

종결 단계 내담자 목표

1. 잠재적인 우울과 약물 남용 재발을 감소시키기 위해 자아 통합감이 증가하는 반면, 사회적으로 부과된 의무와 개인적인 욕구 간의 내적 갈등을 감소시키기

개입:

a. 일반적인 내적 갈등을 확인하고 치료 종결과 관련시키기 위한 꿈 분석, 자유연상, 전이를 분석한다.

b. 내담자가 내적 갈등을 의식적으로 억누르고, 완전한 자아 통합감을 허용하여 성공과 실패에 관해 잘 조절하는 것이 가능한지 확인한다.

2. 사회적 고립을 감소시키기 위해 성숙한 의존과 친밀감을 경험하는 능력을 증가시키기

개입:

a. 전이를 분석하고 회기 내와 밖에서의 친밀한 관계에서 저항을 작업한다.

b. 내담자가 다른 사람들에게 나타내는 무의식적 조직화 원리를 비판적으로 살펴보기 위한 상호주관적 반응

내담자 #13009에 관한 회기 보고서

날짜: 2013년 8월 24일 **시간:** 6:00 ☐ 오전 / ☒ 오후 **회기 길이:** ☒ 45분 ☐ 60분 ☐ 기타: ___분

소개: ☒ 성인 남성 ☐ 성인 여성 ☐ 남자아이 ☐ 여자아이 ☐ 기타:

청구 코드: ☐ 90791(평가) ☒ 90834(45분 치료) ☐ 90837(60분 치료) ☐ 90847(가족)

☐ 기타: ________

증상	마지막 방문 이후의 주기와 빈도	진행 경과
1: 자살 사고	이번 주는 부정함	진행 중
2: 우울한 기분	완화됨; 거의 매일	진행 중
3: 퍼코세트(percocet)	6~7일; 복용량 감소	진행 중

증상에 대한 해석: AM은 자살 사고를 부정하고 기분이 조금 나아지고 있다고 보고한다. 밤에 더 활동적인 활동을 한다. 현재의 힘든 일을 공유하기 위해 친구와 연락했다. AM은 어머니에게 이번 주에는 세탁과 청소를 하지 말고 자기만의 공간을 지켜달라고 부탁했다. AM은 처방된 한계 내에서 퍼코세트를 복용하고 있으며, 가능하다면 복용량을 줄이려고 노력하고 있다.

회기 내의 개입과 부여된 과제

억압된 감정과 자기를 탐색하였으며, 직업뿐만 아니라 개인적인 삶에서도 성공할 수 있도록 돕기 위한 양가적인 노력이 있었다. AM은 친밀한 파트너와 가족을 향한 자신의 욕구를 말로 표현할 수 있게 되었다. 하지만 절망감에 "난 너무 늦었어요."라고 말한다. 그를 현재의 모습까지 올 수 있게 도와준 문화, 성별, 연령 문제와 무의식적 조직화 원리를 탐구한다.

내담자 반응/피드백

AM은 종종 초기에 새로운 통찰과 함께 낙담했지만, 근본적인 역동을 이해하고 관여하는 것에 대해 궁금해 한다.

계획

☒ 치료 계획 지속하기: 다음 회기를 위한 계획: 방어기제와 대상관계 패턴을 계속해서 분석한다.

☐ 계획 수정하기: ________

다음 회기: 날짜: 2013년 8월 31일 시간: 6:00 ☐ 오전 / ☒ 오후

위기 요소: ☒ 위기의 조짐 없음/내담자 부정 ☒ 평가된/언급된 위기: 아래에 기술하라.

위험 감소 계획을 지키는 것과 약물 복용 관리 계획

________, ________ ________

임상가 서명 자격/인턴 날짜

(계속)

사례 자문/슈퍼비전 ☐ 해당 없음

기록 사항: 슈퍼바이저는 안전 계획과 약물 남용 계획을 검토했다. MD와 다시 편성할 것을 권유했다. 대상관계 패턴에 대한 통찰을 제공하였다.

기타 연락망 ☐ 해당 없음

성명: Dr. Rosetti 연락한 날짜: 2013년 8월 15일 시간: 9:00 ☒ 오전 / ☐ 오후

☒ 파일에 작성된 내용 서면상 양도: ☒ 발송 / ☐ 수신 ☐ 법정 문서 ☐ 기타: ____________

기록 사항: 약물 사용과 남용 가능성에 대해서 MD와 상담하였다. MD는 약물을 변경하기 전에 계속해서 퍼코세트의 RX 복용을 줄이기를 원한다. 통증 관리를 위해 물리 치료사에게 의뢰했다.

____________, ____________ ____________

임상가 서명 자격/인턴 날짜

____________, ____________ ____________

슈퍼바이저 서명 자격 날짜

CHAPTER 9

개인 심리학과 아들러학파 이론 기반의 상담 사례 개념화

개관

논란의 여지는 있지만, 상담 분야의 창시자 중 가장 덜 알려진 Alfred Adler는 대부분의 현대 상담의 형태에 있어 토대를 제공하였다. 직접적으로 언급되지는 않았지만, 그의 관점은 대상관계, 자기 심리학, 인본주의, 인지, 행동주의, 가족체계, 여성주의, 다문화, 포스트모더니즘 접근에서 확인할 수 있다. 그의 접근은 분석적·인지적·행동적 접근으로서 특징지어지며, 체계적 요인 또한 이에 포함된다(Mosak & Maniacci, 1999). Freud, Jung과 동시대 사람으로 비엔나 대학에서 연구했던 Adler는 Freud의 정신분석과는 구별되는 독특한 상담기법을 만들었다. 비록 전문가들이 그의 개인 심리학을 현대에 맞게 맞추었지만(Carlson, Watts, & Maniacci, 2006; Sweeney, 2009), 대부분의 경우 실무 현장에서 Adler의 개인 심리학은 1910년대에 Adler가 설명한 주요한 원리와 실제를 이용하였다. Adler의 개인 심리학은 집단 상담과 교육에도 적용되어왔다(Adler, 1978; Carlson et al., 2006; Sweeney, 2009).

■ 개요: 당신이 최소한 알아야 할 것

아들러학파 상담자는 사람들이 우월성과 자기 성장을 추구하면서 생활양식을 형성한다고 주장한다. 생활양식은 삶을 이해하는 데 도움이 되는 태도와 가정을 말한다(Adler, 1978). 이러한 생활양식은 생애 초기 6년 동안 뚜렷하게 나타나지만 향후 자기 발달과 개개인에게 일어날 사건 역시 생활양식의 형성에 영향을 준다. 개인의 생활양식은 삶에서 겪는 사건을 해석하는 과정을 통해 나타난다. 잘못된 해석과 개념은 문제와 어려움을 불러일으킨다. 상담 과정은 내담자가 가진 기본적 오류와 잘못된 개념을 바로잡는 데 목표를 두는데, 이는 내담자가 새로운 생활양식을 의식적으로 선택할 수 있게 한다(당신은 이제 어떤 이유로 Adler와 Freud가 란트만(Landtmann) 카페[1]에서 에스프레소와 슈트루델[2]을 사이에 두고 격렬한 논쟁을 벌였는지 이해할 수 있을 것이다).

상담 과정 자체는 짧고(일반적으로 20회기 이하; Bitter & Nicolls, 2000), 현재와 미래지향적이며(과거에 대한 평가 일부와 함께), 지시적이다(Carlson et al., 2006). 상담자의 주된 역할은 내담자를 교육하는 것이다. 상담자는 내담자로 하여금 잘못된 신념을 깨닫게 함으로써 자신의 생활양식이 무엇인지를 알려주고 내담자의 사회적 관계를 증진할 수 있도록 도와준다. 또한 의미 있는 목표를 향해 노력할 수 있도록 도와주고, 자기 이해를 온전히 할 수 있도록 도와준다. 상담자는 내담자가 목표를 성취해나가도록 격려한다. 내담자는 초기 기억, 가족 구도, 형제자매 순위, 생활양식을 이해하는 과정을 통해 통찰과 자기 이해를 얻게 된다. 통찰을 가지게 되면, 상담자는 내담자가 삶과 인간관계에 있어서 새로운 행동을 취할 수 있고 새로운 결정을 내릴 수 있는 용기를 발달시키도록 돕는다.

■ 핵심: 이 분야에서 중요한 공헌

이 장에서 한 가지를 기억해야 한다면, 반드시 다음의 내용을 기억하라.

사회적 관심과 공동체 의식

아들러학파는 인간은 본래 사회적 동물이라고 주장한다(현대의 번역에서는 '유전적으로 연결되다.'라고 한다)(Adler, 1924, 1959; Dreikurs, 1950/1989). 인간은 생존하기 위해 서로가 필요하다. 사회적 관심 혹은 공동체 의식(독일어 번역은 Gemeinschaftsgefühl)은 개인이 주관적으로 경험하는 것으로, 이는 타인과 공통점을 지니고 있다고 느끼는 감정이며, 공동체의 일부로서 공동체 내에서 타인과 협력함으로써 발전한다는 느낌을 의미한다(Mosak & Maniacci, 1999). 더 나아가, Dreikurs(1958)는 사회적 관심 또는 공동체 의식이 단순히 소속감이 아니라 더 큰 무언가라고 강조했다. "사회적 관심의 이상적인 표현은 협력의 요구에 따라 삶이라는 게임을 잘 해나가고 집단이 사회적으로 완벽한 삶에 가깝게 진화할 수 있도록 돕는 능력이다. 이는 불필요한 적개심이 없는 과정을 의미한다"(p. 8).

사회적 관심은 되돌려 받으려고 하는 것보다 공동체에 기꺼이 기여하려는 마음, 즉 관대한 마음을 갖는 것으로 표현되기도 한다(Dreikurs, 1950/1989). 더 중요한 것은, 유대감을 형성하는 것은 잘 적응하는 사람들의 삶에서 중심이 되는 조직화된 가치라는 것이

1 Freud가 비엔나에 살 때 자주 갔던 카페로 140년 넘은 유서 깊은 카페. _옮긴이 주.

2 오스트리아에서 유래한 파이의 일종으로 페이스트리에 과일을 말아 구운 파이. _옮긴이 주.

다. 반면에, "행복과 만족을 타인으로부터 받는 것으로 여기는 사람들은 불행과 고통으로 돌려받는다"(p. 6). 사회적 정의와 다문화적 지식의 토대를 마련한 Dreikurs(Adler의 말을 번역했다.)는 다음과 같이 말했다 "때때로 다양한 집단의 이해들이 충돌한다. 이런 복잡한 상황에서 사회적 관심은 객관적인 욕구를 바탕으로 상위 집단의 이익이 무엇인지 알 수 있도록 하며, 가장 먼저 우리의 관심을 끌도록 한다. 우리는 모든 인류를 아우를 수 있는 바람직한 사회를 형성하는 방향으로 사람들을 도우려고 한다"(p. 8).

사회적 관심 평가하기

사회적 관심을 평가할 때, 아들러학파 상담자는 내담자가 삶과 문제에 대해 어떻게 설명하는지를 주의 깊게 듣는다. 사회적 관심에 관한 일반적인 세 가지 종류는 다음과 같다(Sweeney, 2009).

	질문의 구성	대화의 내용
높은 사회적 관심	나는 **무엇을** 하고 있는가?	공유하기, 즐기기, 창의성
낮은 사회적 관심: '성공한 사람'	내가 **어떻게** 하고 있는가?	힘, 지위, 재산
낮은 사회적 관심: '실패'	내가 **어떻게** 하고 있는가?	불평하기, 비난하기, 두려움, 변명

큰 그림: 상담 과정의 개관

아들러학파 상담은 4단계로 구성된다(Sweeney, 2009).

- 1단계: 평등한 관계 형성하기
- 2단계: 생활양식과 사적 논리 평가하기
- 3단계: 내담자의 통찰과 자기 이해 격려하기
- 4단계: 교육하기, 재정향하기

1단계: 평등한 관계 형성하기

아래의 '관계 형성하기' 절에서 자세히 설명될 첫 번째 단계는 내담자와 긍정적이고 따뜻한 관계를 형성하는 것인데, 이때 상담자는 내담자의 강점과 능력에 초점을 둔다. 아들러학파 상담자는 모든 사람이 역경을 헤쳐 나가는 데 좀 더 나은 방법을 찾을 수 있고, 소속감을 향상시킬 수 있으며, 공동체에 의미 있는 공헌을 할 수 있다고 생각한다.

2단계: 생활양식과 개인이 지닌 사적 논리 평가하기

두 번째 단계에서, 상담자는 내담자의 생활양식과 사적 논리를 평가하는데, 이는 아래의 '관점: 사례 개념화' 단계에서 자세히 설명되어 있다. 전형적으로, 이러한 평가 단계는 다음의 항목을 재검토하는 과정을 포함한다.

- 사회적 관심 정도
- 생활양식과 사적 논리
- 가족 구도와 출생 순위
- 초기 기억
- DSM 진단

3단계: 내담자의 통찰과 자기 이해 격려하기

3단계에서, 상담자는 정신분석적 접근에서의 전형적인 통찰의 형태와는 다른 형태의 통찰을 촉진시키고 더 나은 자기 이해를 하도록 내담자를 돕는다. 아들러학파의 작업에서 상담자는 통찰 그 자체를 목적으로 삼기보다는, 하나의 자극으로 활용하고, 변화를 이루는 긍정적인 동기의 원천으로 생각한다. 이 단계에서, 상담자는 애정관계에서 정착하는 것을 회피하려는 행동을 유발하는 열등감과 같이, 문제에 대한 근본적인 동기를 확인함으로써, 행동에 대한 가능성 있는 해석을 제공한다. 프로이트학파의 해석과는 달리, 아들러학파 상담자는 정확한 해석을 위해 상담자의 객관적인 관점에 의존하기보다는 내담자의 동기에 대한 유용하고 의미 있는 해석을 위하여 내담자와 협력적으로 작업한다.

4단계: 교육하기와 재정향

마지막 단계의 목표는 새로운 행동을 취하는 것이다. 상담자는 내담자가 얻은 통찰을 바탕으로 삶의 변화를 이루도록 용기를 북돋는다. 이러한 행동의 변화는 재정향(reorient)이라 칭하고, 이는 개인이 지닌 생활양식 중에서 기본적 오류를 바로 잡으면서 삶에 대해 '재정향'해야 함을 의미한다. 이 단계는 주로 삶에 대한 정확하고 효과적인 접근에 대한 교육을 바탕으로 내담자가 행동을 취하도록 동기를 부여하는 것을 다룬다.

■ 관계 형성하기: 상담 관계

평등주의

정신분석이 유행했을 시절에는 급진적인 입장이었지만, Adler는 내담자와의 평등한 관계를 통해 내담자 스스로 감정을 느끼고 선택하는 것을 인정했다(Sweeney, 2009). 상담자가 내담자를 도와주는 입장에 있을지라도, 상담자 스스로가 내담자보다 우월하다고 여겨서는 안 된다. 대신에, 해석과 교육을 하는 아들러학파 상담자는 내담자에게 유용한 어떤 것을 제공하고자 하는 겸손한 자세로 상담에 임하며, 이러한 상담자의 도움이 내담자의 주관적인 세계에 유용할 수도, 그렇지 않을 수도 있다는 것을 이해해야 한다.

격려하기

아들러학파에 있어 가장 두드러진 요소 중 하나는 "의도적으로 내담자를 격려하는 것이다"(Dreikurs, 1950/1989, p. 88). 하지만 아들러학파의 격려하기는 소설 <폴리애나(Pollyanna)>에서 치어리더들이 '그냥 해'라는 식의 격려와는 다르다. 아들러학파의 격려하기는 삶의 문제가 개인의 실패와 인간 본래의 타고난 성격적 결함의 결과가 아니라(개인적인 열등감을 경험하고 있는 사람들은 그렇게 생각할지 몰라도), 삶에 대한 잘못된 신념의 결과라는 철학적 전제에서 비롯되었다(이는 인지 치료의 가정과 동일하다). 따라서 아들러학파의 상담자는 내담자의 문제를 해결할 수 있도록 자신이 도울 수 있음에 대해 낙관하며 내담자가 스스로의 삶을 나아지게 할 수 있음을 믿기 때문에 그렇게 하도록 격려한다.

"친절하고, 유쾌하고, 타인에 대해 관심이 있고, 상식이 있는 이상적인 '아저씨'"(Manaster & Corsini, 1982, p. 168)로 묘사된 Adler의 격려 스타일은 따뜻하고, 정직하고, 실용적인 면이 모두 섞여있다. 효과적으로 격려하기 위해서, 상담자는 언어뿐만 아니라 미소 짓기, 경청하기, 인내하기와 같은 비언어 수단을 함께 사용해야 하고, 필요하다면 행동을 취해야 한다(Sweeney, 2009). 이 장의 끝부분에 나오는 사례 연구에서, 어렸을 때 성적 학대를 당하고, 현재는 공황과 광장공포증을 경험하는 Helga를 돕기 위해 상담 과정의 많은 부분에서 격려하기를 사용하는데, 이는 위험을 감수해야 할 수도 있다. 그러나 이를 통해 더 끈끈한 사회적 관계를 발전시키고자 한다.

공감과 사회적 관심

상담자는 내담자의 사회적 관심(이 용어에 대한 자세한 설명은 아래의 세부적인 정의를 참고하라.)을 증진시키는 데 있어 역할 모델이 되어야 하는데, 이에 대해 Adler는 본질적으로 사람들은 공감을 원한다고 보았다. Adler는 그 당시의 사회적 관심과 사회적 감정을 가장 잘 정의내린 신원 미상의 '영국 저자'의 글을 인용했다. "타인의 눈으로 보기, 타인의 귀로 듣기, 타인의 마음으로 느끼기"(Ansbacher & Ansbacher, 1956, p. 135). Carlson과 동료들(2006)은 상담자가 지닌 사회적 관심의 정도를 Carl Rogers의 공감에 비유했다(10장 참고). 이와 유사하게, Carlson과 동료들(2006)은 Adler의 격려를 Rogers의 무조건적 긍정적 존중과 연결했는데, 두 접근 모두 기본적으로 동일한 가정, 즉 내담자는 사람이기 때문에 가치 있다는 가정을 한다.

지시

상담 관계의 마지막 단계인 지시는 앞에서 제시된 세 단계와는 잘 맞지 않는 것처럼 보인다. 아들러학파 상담자는 지시적이다(Carlson et al., 2006). 어떻게 상담자가 평등하면서 동시에 지시적일 수 있다는 말인가? 상담자의 지도는 **교육**의 형태로 나타난다. 실용적이고 도움이 되는 정보를 제공하는 것이다. 여기에서 지시의 핵심은 '격려하기'와 위계적이지 않은 방식의 교육 형태다. 근본적인 메시지는 다음과 같다. '나는 당신에게 유용하다고 판단되는 정보를 제공합니다. 당신은 이를 받아들이거나 받아들이지 않아도 됩니다.' 따라서 상담자는 물건을 사도록 강요하는 판매자와는 다르다. 상담자는 열정과 희망을 가지고 내담자를 교육하고, 내담자가 배움의 의지를 가지고 있다고 여긴다.

관점: 사례 개념화

사회적 관심('핵심' 참고)과 개인적 열등감

Adler는 개인적 열등감이 개인의 사회적 관심을 악화시킨다고 말했다. **개인적 열등감**은 Adler에 의해 정립된 세 가지 열등감의 형태 중 하나이다(Dreikurs, 1950/1989).

1. **생물학적 열등감**: 물리적 생존을 위해 집단을 형성하고자 하는 욕구를 바탕으로 한다. 이러한 형태의 열등감은 사회적 관심을 증진시킨다.
2. **실존적 열등감**: 피할 수 없는 죽음과 인간 존재의 한계를 인지하는 것이다. 이러한 형태의 열등감 또한 사회적 관심을 증진시킨다.
3. **개인적 열등감**: 타인에 비해 힘이 없고, 원하는 바를 성취할 수 없으며 스스로 무가치하다고 느끼는 감정이다. 이러한 형태의 열등감은 개인이 공동체에 소속되어 있다고 느끼지 못하기 때문에 사회적 관심의 형성을 방해한다.

개인적 열등감은 내담자가 현재 나타내는 문제의 원천이 된다. "열등감을 가지고 생활하는 사람은 항상 다른 사람들이 지닌다고 생각하는 추정된 우월성을 상쇄하기 위해서 권력을 가지려고 노력한다. 열등감은 인생에서의 성공을 강요한다"(p. 22). 이 현상이 되풀이되면, 이제는 대중적인 용어가 된 **열등감 콤플렉스**가 형성된다(Mosak & Maniacci, 1999).

사람들은 다음과 같은 두 가지 주요한 방식으로 열등감에 반응한다. (1) 첫 번째 방식은 성취를 통해 중요한 것을 얻는 것이다. (2) 두 번째 방식은 자신의 의무나 위험을 동반한 결정, 그리고 다른 사람과의 교류를 회피하는 것이다. 엄청난 성취를 추구하는 것은 두려움을 통해 이루어진 것이지만 이를 통해 사회에 공헌할 수 있다. 그러나 무자비하고 비윤리적인 방법으로 자신이 원하는 것을 이루려고 하는 사람들에 대해서 Adler는 "삶에 있어서 쓸모없는 부분"(p. 24)에 삶을 낭비하고 있다고 했다. 상담자의 역할은 사람들이 열등감을 더욱 효과적으로 촉진시키는 방향으로 변화시키고 결국 열등감을 감소시키도록 격려하는 것이다.

생활양식 평가

생활양식 평가는 아들러학파의 평가와 사례 개념화에 있어서 핵심이라고 할 수 있다. Mosak & Maniacci(1999)는 생활양식을 "개인이 삶에 대한 생각, 관찰, 그리고 삶에 대해 느끼는 독특한 방식이며 다른 몇몇 학자들이 말하는 '성격'과 동의어다."(p. 31)라고 말했다. Adler는 생활양식을 자기, 성격, 성격의 통합, 개성, 문제에 직면하는 방식, 자기에 대한 의견, 삶의 문제에 대한 관점, 삶에 대한 일반적인 태도라고 하며 자유롭고 다양한 방식으로 정의했다(Ansbacher & Ansbacher, 1956). 대부분의 현대 아들러학파 상담에서, 개인의 생활양식은 삶에서 가치 있는 것이 무엇인지, 당신의 이상은 무엇인지, 무엇을 피하고 싶은지에 대한 기본적인 믿음을 의미한다. Adler는 개인의 생활양식이 즉시 명백한 형태로 나타나지 않는다고 경고한다. "사람들이 즐거운 상황에 놓였을 때, 우리는 그의 생활양식을 명백하게 알 수 없다. 그러나 어려움에 직면했을 때, 그의 생활양식을 명백하고 뚜렷하게 알 수 있다"(Ansbacher & Ansbacher, 1956, p. 173). Adler는 개인의 생활양식이 5세에 확립된다고 믿었고, 성격 발달에 관한 많은 연구들도 이를 뒷받침한다(Manaster & Corsini, 1982).

Sweeney(2009)와 Carlson과 동료들(2006)은 모두 생활양식 평가에 관한 현대적 접근을 개발해왔다. 일반적으로, 평가 영역은 다음과 같다.

- 부모의 양육 방식
- 가족 구도와 출생 순위
- 초기 기억
- 기본적 오류
- 기관 열등감 또는 신체적 약점
- '그 질문': 증상의 기능
- 꿈

양육 방식

Adler는 특히 두 가지 양육 방식에 관심이 있었다. 하나는 과잉보호이고 다른 하나는 양육 방임인데, 아이에게는 과잉보호가 양육 방임보다 더 해로운 영향을 미친다(Mosak & Maniacci, 1999). 부모의 과잉보호 아래 자란 아이들은 '얻는 것'에 대해 익숙하고, 원하는 것이 무엇이든 요구한다. 이들은 낮은 사회적 관심을 가지게 되고 어른으로서 성공하지 못한다. 반면에 방치된 아이는 고통을 겪지만 사회적 관심을 갖게 되고 자기 성장을 추구한다. Adler는 아이들이 수동적으로 영향을 받는 존재가 아니고 부모와 상호적으로 교류하며 행동을 형성해나간다고 보았다. Adler는 부모의 양육 방식에 대한 아이들의 주관적인 인식이 생활양식 형성에 궁극적인 영향을 미칠 것이라고 보았다.

가족 구도와 출생 순위

134년에 걸친 논쟁에도 불구하고 출생 순위가 성격 형성에 어느 정도 영향력을 미치는지에 대한 합의점은 거의 찾지 못했다(Hartshorne, Salem–Hartshorne, & Hartshorne, 2009). 출생 순위와 관련된 약 200개의 실증 연구는 중요한 결과를 나타냈다. 그러나 연령, 형제자매 간의 나이 차, 가족의 사회적 지위, 민족적 배경과 같은 변수를 통제하기는 매우 어렵다(Mills & Mooney, 2013). 외동, 쌍둥이, 이혼, 혼합 가족은 연구에서 거의 다루어지지 않았다(Mills & Mooney, 2013).

Adler는 출생 순위를 중요하게 고려했다. 그러나 성격 형성에 결정적이라고 보진 않았다. 인간의 행동을 이해하기 위해서 많은 변수가 존재하기 때문이다(Sweeney, 2009). 수년에 걸친 연구는 출생 순위가 개인의 발달에 어떻게 영향을 미치는지에 대해서 명확한 답변을 주지 못했는데, 이는 선행 연구들이 대가족 체제와 관련된 사회경제적 지위와 민족적 배경에 관해서는 통제할 수 없었기 때문이다(Hartshorne et al., 2009; Sweeney, 2009). 그러나 출생 순위 변수를 잘 통제한 연구들이 진행되고 있다. 예를 들어 최근 한 연구에서, 출생 순위가 같은 사람들끼리 더욱 친밀하고 애정적인 관계를 맺을 가능성이 높다는 결과가 나왔다(Hartshorne et al., 2009).

- **첫째 아이**: 첫째 아이는 일반적으로 태어날 때부터 관심의 중심에 있다. 부모가 일반적으로 첫째 아이에게 가족 구조에서 '새로 들어온 사람(newcomer)'이라는 사실을 인식시켜준다면 첫째 아이는 이를 당연하게 받아들일 수 있다(Sweeney, 2009). 첫째 아이는 어른들과 잘 어울리는 경향이 있고, 높은 사회적 책임을 가지게 되며 사회적으로 적절한 형태의 대처 방법을 발전시킨다. 그들의 생활양식은 종종 우월성을 추구하는 경향을 보이는데, 시간이 흐른 뒤에도 우월성이 잘 조절되지 않으면 문제가 될 수 있다.
- **둘째 아이**: 둘째 아이는 일반적으로 첫째 아이와는 정반대라고 볼 수 있다. 첫째와는 다르게 모든 것을 쉽게 얻을 수 있기 때문이다. 평균적으로, 둘째 아이는 책임감이 덜하고, 더 독립적이거나 나이 많은 형제·자매에 비해 자신이 원하는 바를 쉽게 요구한다. 때때로, 둘째가 첫째를 능가하고자 하며 형제간 경쟁을 부추길 수 있는데, 이는 부모가 이러한 경쟁과 비교를 지양하지 않으면 더욱 그러할 수 있다. 몇몇은 성취를 통해 스스로의 가치를 평가받는다는 잘못된 믿음에 의해 동기부여가 될지라도 사회적으로 생산적인 역할을 한다.

- 중간 아이: 가족 중 아이가 셋이거나 그 이상일 때, 중간 아이가 있는데, 이들은 형제들 사이에 끼어있다는 기분을 받을 수 있다. 첫째도 막내도 아닌 많은 이들은 가족 내 역할이 모호하다고 느낀다. 둘째 아이와 유사하게 자신보다 나이 많은 형제, 자매와 자기 자신을 구별시킨다. 중간 아이는 더 독립적이고, 민감하고, 심지어 반항적이다. 몇몇은 직접적으로 부모의 사랑을 요구한다. 중간 아이는 가족 내 위치로 인해 유능한 중재자가 될 수 있고, 스트레스에 잘 대처하며, 타인의 실수(말하자면, 나이 많은 형제자매)로부터 교훈을 얻을 수 있는데, 이는 종종 고소해하거나 흉보는 것으로 얻어진다.
- 막내 아이: 이들을 보살피는 가족 구성원이 많다는 점에서, 대부분의 막내 아이는 '가족의 아기'로 여겨진다. 관심의 대상이 되기를 바라며 멋대로 하는 경향이 있다. 막내 아이는 인기가 많고, 사람들을 잘 대하고, 삶의 즐거움을 추구한다. 부모가 성취에 대해 강조하는 경향이 크다면, 막내 아이는 가족 안에서의 자신의 위치와 궁극적인 가치를 증명하기 위해 부모의 기대에 부응하고자 열심히 노력할 것이다.
- 외동아이: 결코 첫째의 자리를 빼앗길 리 없고, 경쟁자가 없다는 점을 제외하고는 더 나이가 많은 아이들과 굉장히 흡사하다. 외동아이는 책임감이 강하고 협력적이고 또래에 비해 성숙하며 일찍 성인의 세계를 접하는 경향이 있다. 그러나 또래와의 관계 형성에 어려움을 겪을 수 있으며 특히 다른 사람들과 공유하는 것에 있어서 어려움을 겪는다.

SELF 스스로 해보기

파트너와 함께 당신과 당신의 형제자매가 위에서 언급한 내용과 맞는지 논의해보라.

초기 기억

Adler는 아동기의 초기 기억을 통해 개인의 생활양식을 이해할 수 있다고 보았다(Ansbacher & Ansbacher, 1956). 초기 기억은 어린 시절의 사건이나 상황의 뚜렷한 기억을 말한다. 때때로 초기 기억은 개인의 가치와 타인에 대한 가치, 또는 일반적으로 삶의 가치에 대한 근본적인 믿음이라고 할 수 있다. 초기 기억은 삶에 있어서 미신적인 역할을 하는 명확한 순간이 되는 경향이 있다(예: 운동장에서 홀로 남겨졌을 때의 감정, 엄마와 함께 사과 고르기, 아빠와 함께 차 타기). 일반적으로, 최소한 세 가지의 내용이 초기 기억의 패턴을 확인하기 위해서 필요하다. 그러나 주제가 얼마나 복잡한지에 따라, 다양한 생활양식의 요소들이 어떻게 발달되었는지 더 분명하게 이해하기 위해 조금 더 명확한 이해를 얻는 것이 필요할 수 있다.

기본적 오류

기본적 오류는 어린 시절에 겪는 외로움, 부모의 분노, 실망감, 트라우마, 상실과 같은 경험을 통해 형성되는 잘못된 가정을 의미한다. 모든 사람들은 어느 정도 잘못된 개념을 가지고 성인이 된다. 그러나 기본적 오류로 인해 사람들은 열등감과 낮은 사회적 관심을 가지게 되고 상담자를 찾게 된다.

Mosak & Maniacci(1999)는 기본적 오류에 대해 다섯 가지로 나누어 설명했다.

1. 과잉 일반화: 과잉 일반화를 하는 사람들은 맥락적인 사실을 전체의 이분법적인 사실로 과장하는 경향이 있다. (예: '남자 친구가 바람을 폈다.'라는 사실을 통해 '남자는 믿어서는 안 된다.'라고 믿는다.)
2. 안전에 대한 거짓되거나 불가능한 목표: 몇몇 사람들은 삶의 모든 위험을 제거하는 방법을 찾는데, 이는 종종 타인에게 비현실적인 요구를 하게 만든다. (예: '나를 사랑한다면 절대 나를 아프게 해서는 안 돼.' 이는 무심코 머릿속에 떠올리면 로맨틱하지만 현실적으로 실현하기 어려우며, 오직 가상의 세계에서만 가능하다.)
3. 삶과 삶의 요구에 대한 잘못된 지각: 몇몇 기본적 오해는 삶에서 피할 수 없는 법칙을 이해할 수 없게 한다. 인간은 죽는다, 생존하기 위해서는 많은 노력이 필요하다, 생존하기 위해서 타인과의 협력이 필요하다, 친절은 중요하다, 자연의 법칙은 누구에게나 고르게 나타난다, 타인을 해치는 것은 결국 당신을 해치게 한다, 삶에서 확실히 보장되는 것은 없다 등.(예: '제가 아는 사람 중에서 저에게 상처주지 않을 사람과 사랑하고 싶어요.'라고 하는 사람에게는 래브라도레트리버[3]가 가장 적절하다.)
4. 개인의 가치 축소와 부정: 자신에 대해 열등감을 가지고, 본래 지닌 가치를 부정한다. (예: '누가 나를 사랑하겠어', '나는 결함을 가지고 태어났어.')
5. 잘못된 가치: 몇몇 사람들은 자신이 지닌 잘못된 가치를 확인함으로써 삶의 역경을 대처해 나간다. 사회적인 관심과 관련은 없지만 자기 향상과 관련이 있다. (예: '내가 충분히 성취하고 성공해야만, 사람들은 나를 사랑하게 될 것이다.')

간단한 질문을 통해서는 기본적 오류의 요소를 알 수 없기 때문에 개인의 기본적 오류를 평가하기 어렵다. 상담자는 가족 구도와 초기 기억, 그리고 현재 지닌 문제가 무엇인지 묻는 과정을 통해 내담자가 지닌 기본적 오류를 알아내야만 한다.

기관 열등감 또는 신체적 약점

현대인들이 듣기에는 이상한 표현이겠지만, 기관 열등감은 Adler에 의해서 처음 사용된

3 개의 한 품종으로 영리하며 성실하고 다정한 성격의 반려견. _편집자 주.

용어인데, 이는 신체적인 결함을 의미한다. 이는 기본적 오류의 신체적 버전이다. "신체적 결함은 몸을 다루고 기본적 오류는 마음을 다룬다"(Carlson et al., 2006, p. 90). 실제로 사람들이 지닌 신체적 결함과 자신이 신체적으로 열등하다는 믿음은 개인의 생활양식에 상당한 영향을 미친다. Adler가 기관 열등감이라는 용어를 사용할 때, 그는 대체로 눈이 멀고, 신체적인 결함이 있거나 20세기 초에 만연했던 만성적인 질병을 가진 아이들을 언급했다. 현대의 맥락에서는, 또래 아이들과 몸무게, 외모, 그리고 신체적인 능력을 비교하는 것을 통해 신체적 문제가 나타난다. 많은 젊은 미국 여성들은 포토샵으로 수정된 슈퍼모델의 이미지와 자신을 비교하기도 한다.

꿈 분석

Adler의 꿈 분석이 내담자의 심리내적인 문제에 통찰을 제공했다는 점에서 Freud와 유사하다. 그러나 꿈이 유아기 시절의 성적 소망과 관계가 없다는 점에서 차이가 있다(Ansbacher & Ansbacher, 1956). 대신에 그는 꿈의 주제를 통해 내담자의 생활양식을 분석하고, 내담자가 가진 문제에 대한 잠재적인 해결책을 찾는 실마리로 사용했다. 더 나아가, 꿈의 의미는 꿈을 꾸는 사람에게서만 명확하기 때문에 상담자는 내담자의 꿈을 해석하는 데 있어 마지막 결정자의 역할을 취하지 않는다고 보았다. 예를 들어, 꿈에서 도착지에 도착하지 못하거나, 중요한 사람을 만나지 못하게 되면, 그는 자신이 선택하거나 스스로 행동한 것이 아니라 세계가 자신이 목표를 달성하지 못하도록 한다고 느낄 것이다.

'그' 질문: 증상의 목적

마지막을 위한 최고의 '그 질문'은 근본적인 목적과 증상의 필요성을 평가하는 데 사용된다(Ansbacher & Ansbacher, 1964; Carlson et al., 2006). 그 질문은 다음과 같다.

'그' 질문

만약 당신이 이 문제점을 가지지 않았다면, 당신의 삶에서 무엇이 달라졌을까요?(Carlson et al., 2006, p. 110)

SELF 스스로 해보기

현재 당신이 지닌 문제와 관련해서 이 질문에 답해보라. 파트너와 이야기해보거나 글을 써보라.

질문에 대한 내담자의 답변은 그들이 피하고자 하는 것이 무엇인지에 대해 실마리를 제공한다. 예를 들어, 어떤 우울한 사람은 그가 업무에서 더욱 잘 해낼 것이라고 말할 수 있는 반면, 또 다른 사람은 그녀가 다시 친구들과 시간을 보내던 '과거의 자신'이 될 것이라고 말할 것이다. 첫 번째 반응은 직장에서 성공할 수 있을까 하는 그의 능력에 대한 불안감을 보여주며, 두 번째 반응은 가족과 떨어져서 혼자 즐거운 시간을 보내는 것이 엄마로서, 부인으로서의 역할을 제대로 수행하지 못하는 것이라고 느껴 두려워할 수 있다는 것을 알 수 있다. 최근 들어, 문제해결에 기반을 둔 상담자들은 **기적 질문**을 사용하는데, 이는 Adler의 본래 질문에서 변화된 것이다(13장 참고). 이 장의 마지막 부분에 있는 사례 연구에서, 상담자는 Helga의 불안과 광장공포증을 평가하기 위해 '그 질문'을 사용한다.

정신역동적 구성

생활양식을 평가할 때, 아들러학파 또한 증상의 기능에 대해 기본적인 정신역동적 구성을 사용한다(Carlson et al., 2006). 그들은 정신역동적 구성에 있어서, 내담자를 일반적으로 세 가지 범주로 나눈다. 신경증(신체적·정신적 장애를 통해 표출된 정서적 장애. 행동은 일반적으로 사회적 기준 내에서 일어난다), 정신증(현실과의 접촉을 상실한 상태), 성격 장애(타인과의 관계 형성을 방해하는 만성적인 행동 양상). 아들러학파는 내담자의 생활양식을 이해하기 위해 기본적인 지침을 활용한다.

사람 유형	문제에 대한 반응
격려받은 사람	**'할 수 있다'는 태도**: 타인이 어떻게 생각할지에 대한 걱정 없이, 필요한 행동을 적절히 취할 수 있다.
신경증적 증상을 지닌 사람	**'그렇다, 하지만' 태도**: '이 문제가 없었다면 할 수 있었을 것이다.' 그들은 자신들이 지닌 증상을 이용해서 그들이 원하는 것을 못하게 한다(사회적 관심을 회피하며). 반면에 여전히 사회적인 승인을 얻는다('내 증상이 문제다').
정신증적 증상을 가진 사람	**현실도피적인 태도**: 그들은 삶의 요구를 피하기 위해 현실 속에서 살기보다는 공상 속에서 산다. 그들은 사회적 요구에 대해 '아니요'라고 답한다.
성격 장애를 가진 사람	**'내 방식이 옳다'라는 태도**: 그들은 타인이 무엇을 원하는지, 왜 자신에게 반대하는지에 대해 신경 쓰지 않고 자신의 방식이 옳다고 타인을 설득한다. '내 규칙을 따르면 협력할게.'라고 말한다.

인생 과업

아들러학파의 평가는 여섯 가지 인생 과업에 대한 사회적 관심의 정도를 확인하는 것도 포함한다(Ansbacher & Ansbacher, 1956; Carlson et al., 2006; Dreikurs & Mosak, 1967; Mosak & Dreikurs, 1967; Sweeney, 2009).

- **일**: 이윤을 추구하는 일에만 국한되지 않는 것으로서, '일'은 개인이 사회에 공헌하는 구성원이 되는 주요한 수단을 의미한다. 일은 교육, 집안일, 아이들 보살피기, 가사, 자원봉사 활동을 포함할 수 있다.
- **공동체 생활과 우정**: 타인과 사회적으로 연결되고, 이에 즐거움을 느끼는 것은 중요한 인생 과업이다. 이를 통해 개인의 사회적 관심을 측정할 수 있다.
- **사랑하는 관계**: 인생 과업 중 가장 힘들다고 볼 수 있다. 이를 지속하기 위해서 용기와 높은 사회적 관심이 필요하다.
- **자기 수용**: Adler의 연구를 기반으로 현대에 들어와서 사용된 용어이다. 자기 이해뿐만 아니라 자기 수용을 발달시키는 것은 타인과의 성공적인 인간관계의 토대가 된다.
- **영성**: 최근 들어 아들러학파는 중요한 인생 과업으로서 개인보다 더욱 큰 어떤 존재와의 관계를 발달시키는 것을 추가하였다.
- **양육**: 모든 사람에게 다 적용할 수 없지만, 부모가 제 역할을 하기 위해서 특별한 사회적인 기술이 필요하다. 이는 다른 요소들과 구별되어 평가되어야 한다.

균형 잡힌 삶은 이러한 삶의 모든 영역에서 적극적이고 성공적인 개입을 포함한다. 따라서 평가에 있어서, 상담자는 내담자가 잘 기능하는 부분이 어디인지, 또 가장 많은 문제가 일어나는 부분이 어딘지를 알아야 한다. 치료 계획에서 특정한 목표가 각각의 영역에 알맞게 적용 되어야 한다. Manaster & Corsini(1982)는 치료 과정을 평가하기 위해서 상담 전과 후의 내담자의 행복 수치를 평가한다.

변화를 목표하기: 목표 설정

장기 목표: 사회적 관심을 발달시키기 위한 용기

Adler는 적응을 "삶의 문제와 어려움에 직면할 수 있는 충분한 힘과 용기"(Ansbacher & Ansbacher, 1956, p. 154)라고 정의했다. 삶의 어려움은 일, 사랑, 우정, 영성, 자기 수용, 양육이라는 여섯 가지 인생 과업 안에서 나타날 수 있다. 높은 사회적 관심은 각각의 인생 과업이 지닌 기능을 향상시킨다(Dreikurs, 1950/1989). 아들러학파 상담은 내담자가 느끼는 불안 정서에 직면하는 데 있어 필요한 용기를 발달시키도록 요구하고, 그 지점에서 그들이 가장 두려움을 느끼는 것을 실행하도록 한다. 상담자의 역할은 인생 과업을 수행하는 데 필요한 사회적 관심을 발달시키도록 격려하는 것이다.

안녕감, 긍정 심리학, 사회적 관심

현대 아들러학파는 사회적 관심과 긍정심리학, 안녕감의 연관성에 대해 알아보았다(Carlson et al., 2006; Leak & Leak, 2006; Myers, 2009). 아들러학파 이론과 긍정 심리학은 단점을 고치려고 하기보다는 내담자가 가진 강점이 무엇인지 알고 발전시키는 것이 중요하다고 말한다. 덧붙여, 두 접근 모두 건강과는 다른 안녕감에 대한 장기 목표를 세운다. 안녕감은 신체적, 감정적, 사회적 안녕감을 나타내는데, 이는 의식적인 노력을 통해 달성된다. 건강은 아픔 없는 중립적인 상태로, 그 어떤 노력도 필요하지 않는다(Myers, 2009). 사회적 관심을 발달시키는 것에 대한 아들러학파 상담자의 주요한 목표는 긍정심리학자의 연구 성과와 높은 관련성이 있는데, 연구 성과의 내용은 사회적 유대, 이타주의, 공감, 사회적 의식이 행복과 높은 상관관계가 있다는 것이다(Leak & Leak, 2006). 유사하게도, 여섯 가지의 삶의 과제에서 사회적 관심을 발달시키는 것에 대한 아들러학파 이론의 강조는 의미 있는 관계, 만족스러운 일, 자기 수용, 영성이 삶의 만족과 강력한 연관성이 있다는 것을 강조하는 긍정심리학의 연구를 지지한다(Myers, 2009). 따라서 목표를 정할 때, 아들러학파 상담자는 지속 가능한 안녕감을 이끄는 개인의 선택과 긍정적인 행동을 강조하는 안녕감의 관점에서 목표를 설정한다. 단순히 증상의 빈도를 줄이는 것은 장기적인 목표를 달성하는 데 있어서 첫 번째 단계이다. 더 나아가 아들러학파 상담이라 볼 수 있는 안녕감에 관한 상담은 긍정 심리학과 행복과의 연관성 내에 심리교육학적 내용을 포함한다.

아들러학파 상담의 목표 기술 발전시키기

일반적 원리 아들러학파 이론은 초기 단계, 작업 단계, 종결 단계의 목표를 개발하는 방법에 대한 명확한 지침을 제공한다.

- 초기 단계 목표: 초기의 위기 증상을 검토하기
- 작업 단계 목표: 문제를 유발하는 증상 줄이기, 문제와 가장 밀접하게 관련된 사회적 관심 과 인생 과업의 기능을 증진시키기
- 종결 단계 목표: 사회적 관심과 다른 중요한 부분의 기능을 향상시키기

초기 단계와 중기 단계 목표의 예 초기 단계와 중기 단계의 목표는 불안감과 문제를 유발하는 기본적 오류를 줄이는 데 중점을 둔다.

- '우울한 생각을 하게 만드는 불안감을 감소시키기'
- '타인과의 관계에서 질투심을 유발하는 불안감을 감소시키기'
- '일을 효율적이지 못하게 하는 불안감을 감소시키기'
- '일을 수행할 때 좀 더 현실적인 기대 증진시키기'
- '배우자와 말다툼을 하게 만드는 지나친 일반화의 경향 감소시키기'
- '타인과의 관계에서 어려움을 견딜 수 있는 능력을 기르고 친밀함 증진시키기'
- '일의 수행 정도를 기반으로 하여 자신의 가치를 평가하려는 경향 감소시키기'

후기 단계 목표의 예 후기 단계 목표는 내담자의 기본적인 건강 상태(증상 없음)에서 더 나아가 여섯 가지 인생 과업(일, 우정, 사랑, 자기 수용, 영성, 양육)에서 안녕감과 사회적 관심을 증진시키는 생활 습관의 형성을 목표로 한다.

- '원가족과의 친밀감과 연결성 증진시키기'
- '친구와 지역사회의 관계를 증진시키기'
- '영적 실제와의 재결합을 통해 신과의 관계 증진시키기'
- '성적 지향과 관련해서 자기 수용을 증진시키기'
- '성인인 자식과 더욱 정서적으로 결합하고, 그들과의 관계를 재정의하기'
- '개인적으로 만족하는 일(또는 봉사)을 추구하기 위해 노력하기'

■ 실천: 개입

심리교육과 과제 설정

대부분의 아들러학파 상담자가 사용하는 개입의 종류는 심리교육으로 모든 상담의 단계에서 사용된다(Carlson et al., 2006). 심리교육은 내담자가 생각, 감정, 행동을 변화시키는 데 사용할 수 있는 심리적 정보를 포함한다. 심리교육이 실제로 유용하기 위해서, 상담자는 새로운 정보에 입각해서 내담자에게 구체적인 과제를 부여해야 한다(Sweeney, 2009). 이 장의 마지막에 있는 사례 연구에서, 상담자는 Helga가 광장공포증과 관련해서 자신의 공포에 대해 이해하도록 돕고, 성적 학대를 당한 후 상실한 안전감을 발달시키고, 효과적인 사회적 관계와 친밀한 관계를 발전시키기 위해 심리학적 학습을 활용한다.

1단계 심리교육을 위한 주제: 평등한 관계 형성하기

- 상담 과정에서 언제 목표를 설정하고, 무엇에 대해 논의할 것인지를 포함하여, 상담 과정에서의 내담자의 역할과 권리에 대해 설명하기
- 아들러학파 상담에서 현재 나타나는 문제를 어떻게 다룰 수 있으며 어떻게 작업하는지를 설명하기
- 사회적 관심이 내담자의 문제에서 수행하는 역할을 정의하기

2단계 심리교육을 위한 주제: 생활양식과 사적 논리 평가

- 평가 단계를 위해 이론적 근거 제시하기
- 생활양식이 무엇인지 제시하고, 사적 논리가 어떻게 발달하고, 이것이 문제를 유발하는 것과 어떤 관련이 있는지 설명하기

3단계 심리교육을 위한 주제: 통찰과 자기 이해를 하도록 격려하기

- 문제를 유발하는 부정확하고 비현실적인 사적 논리를 논박하는 정보와 연구 결과

제공하기

- 아들러학파의 이론에 근거해서 심리학적 단계에 나타나는 생활양식 설명하기

4단계 심리교육을 위한 주제: 교육과 재정향

- 특정한 문제와 관련된 새로운 행동을 취하도록 내담자를 동기부여하기 위하여, 이론적으로 기반을 둔 정보와 설득력 있는 연구결과 제공하기
- 행동과 사고의 습관을 변화하는 데 가장 좋은 접근방식이 무엇인지에 대해서 구체적으로 제시하기

증상에 대한 해석

아들러학파의 상담 단계 중 세 번째는 '해석'이다. 상담자는 내담자가 호소하는 증상을 통해 상황에 대해 통찰을 제공하기 위해 증상의 목적을 '해석한다'. 정신분석과는 달리 아들러학파의 해석은 내담자의 생활양식 내 증상의 목적과 역할을 알아내는 데 있다(Ansbacher & Ansbacher, 1956; Sweeney, 2009). 예를 들어, 생활양식의 평가에 입각해서, 내담자가 일을 마지막까지 미루는 습관이 실패할지 모른다는 위험을 피하려는 것이라고 해석할 수 있다. 아들러학파의 해석에는 다음과 같은 일반적인 지침을 포함한다.

- 목적에 중점 두기: 해석은 행동의 목표와 목적에 초점을 두어야 하고, 일반적으로 사람 을 판단하는 데 사용되는 말을 쓰지 말아야 한다. (예: 게으르다. 두려움이 많다. 충동적이지 않다.)
- 잠정적으로 해석 제공하기: 해석은 부정할 수 없는 진실로 전달되기보다는 잠정적으로 해야 한다. (예: '실패의 위험을 감수하는 것을 피하려고 하는 것일 수 있습니까?')
- 검토의 가능성을 열어놓기: 상담자는 내담자가 재진술하거나 상담자의 말에 반박하는 것을 격려하고 허락해야 한다. (예: '단지 실패의 두려움 때문에 위험을 피하는 것은 아닙니다.' 또는, '아니요, 상담자님이 말하는 내용은 저와는 관련 없어요. 제 생각에 저는 원하지 않는 일이지만 거절하지 못하는 성격인 것 같아요.')
- 내담자가 지닌 강점 강조하기: 전반적으로 해석의 경향은 내담자를 격려하고, 잠재적인 강점, 희망, 회복탄력성을 강조하는 것이다. (예: '그래서 어떤 점에서는 내담자가 꾸물거리는 것은 안정감을 늘리기 위한 것이었군요. 그러나 과거보다는 꾸물거림이 줄어들었네요.')

자기 개념 진술 작성

아들러학파는 상담자는 자기 개념 진술을 중요시하는데, 이는 내담자가 스스로를 어떻게 생각하는지에 대한 진술이다. Carlson과 동료들(2006)은 상담 과정에서 상담자가 개

입해야 하는 내담자의 세 가지 자기 진술 유형에 대해 언급했다.

1. 열등감에 기반을 둔 자기 진술: '내담자의 자기 개념'이 '이상적 자기'의 기대에 미치지 못하는 것(예: '나는 바보 같고, 가치가 없다.' 등)
2. 약점에 기반을 둔 자기 진술: 내담자의 자기 개념이 내담자가 지닌 '세계관' 또는 문화적 가치에 미치지 못하는 것(예: '나는 무능하고, 바보 같고, 패배자다.' 등)
3. 죄책감에 기반을 둔 자기 진술: 내담자가 진술하는 자기 개념은 윤리적이거나 도덕적인 신념에 미치지 못하는 것(예: '나는 나쁘고, 악마이고, 용서할 수 없는 존재이다.' 등)

상담자가 내담자의 이러한 진술에 대해 들었을 때, 내담자 스스로가 더욱 유용하고, 공정하고 정확한 비교를 할 수 있도록 돕는다. 몇몇 경우에 내담자는 죄책감 때문에 어리석은 결정을 내리기도 한다. 상담자는 내담자의 이러한 증상이 어떻게 생겨났고, 어떻게 치료할 수 있는지 알려줌으로써 도움이 될 수 있다. 또 다른 경우, 내담자는 우월성을 지키기 위해 비현실적인 기준을 엄격하게 적용한다. 내담자에게 이러한 증상이 어떻게 발생했는지 그리고 내담자가 더욱 현실적이고 공정한 자기 평가를 할 수 있도록 어떻게 대체시킬 것인지에 대한 탐색을 돕는다. 이 장의 마지막 부분에 나온 사례 연구에서, 상담자는 Helga가 어린 시절, 성적 학대를 당하고 난 뒤 급격히 낮아진 자신감과 자존감을 되찾아 주기 위해 자기 진술을 사용한다.

기본적 오류와 사적 논리에 대한 도전과 재구성

내담자 스스로 충분히 통찰을 하고 나면, 상담자는 도움을 주기 위해 직접적으로 내담자의 사적 논리에 도전하거나, 그들이 지닌 믿음을 재구성하도록 한다. 기본적 오류에 도전하는 한 예로, 자신보다 뛰어난 사람은 없어야 한다고 믿는 내담자에게 "모든 사람이 당신과 같은 믿음을 가지고 있다면 어떻게 되겠습니까?"(Carlson et al., 2006, p. 140)라고 물을 수 있다. 모든 사람들이 자신이 가장 뛰어나다고 믿는 것이 불가능하고, 만약 이런 믿음을 갖고 살아간다면 세상은 흉측해질 거라고 말해줄 수 있다. 이와 유사하게 대부분의 경우에, 부정적인 상황은 좀 더 긍정적인 방식으로 재구성될 수 있다. 예를 들어, '걱정의 긍정적인 면은 세심한 것을 더욱 잘하는 경향이 있다.'는 것이다. 상담자는 내담자를 격려하고 기본적 오류를 없애는 긍정적인 재구성하기를 사용할 수 있다.

자연적 결과와 논리적 결과

Dreikurs에 의해 소개된, 아들러학파 상담에서 취하는 두 가지 형태의 결과가 있는데, 자연적 결과와 논리적 결과가 바로 그것이다. 이는 주로 아동 치료에 사용된다(Mosak

& Maniacci, 1999; Sweeney, 2009). 자연적 결과는 의식적인 개입이 필요하지 않다. 이것은 물리적이고 사회적인 환경의 한 부분으로 발생한다. 아이가 숙제를 하지 않으면, 좋은 점수를 받지 못할 것이고 공부를 통해 무언가 배울 수 없으며, 성적은 떨어진다. 만약, 친구에게 안 좋은 말을 한다면, 우정을 잃을 수 있다. 아들러학파 상담자는 가능하면 부모가 자연적 결과를 사용하도록 격려한다. 자연적 결과가 충분하지 않다면, 더 나은 선택을 할 수 있도록 논리적 결과를 사용하여 자녀를 격려할 수 있다. 예를 들어, 만약 장난감을 잘 관리할 수 없다면, 이는 수용 가능한 수보다 많은 장난감을 가졌다는 것을 의미하기 때문에 효과적으로 장난감을 관리할 수 있을 때까지 장난감 수를 줄일 수 있다. 이러한 결과와 격려는 처벌과 보상이 사용되는 행동적 체계에서 많이 쓰인다.

반암시

전통적 아들러학파의 역설적 기법 중 하나인 반암시(antisuggestion)는 변화를 방해하고, 증상이 더 나타나도록 한다. 특히 내담자가 증상에 대해 '통제 불가능'하다고 호소할 때(예: 걱정이 많거나 불안해할 때) 이 기법을 사용한다(Ansbacher & Ansbacher, 1956; Carlson et al., 2006; Sweeney, 2009). 반암시는 상담 과정에서 또는 상담 과정을 벗어나서도 사용될 수 있다. 예를 들어, 상황이 적절하고 안전하다고 판단될 때, 상담자는 내담자에게 증상을 과장시키도록 제안해볼 수 있다. 매일 아침 걱정하는 시간을 가지도록 하여, 증상을 과장하도록 만든다.

> "다음 주 내내, 집을 나서기 전 10분 동안 알람을 맞춰서 걱정하는 시간을 보내세요. 10분 뒤에 걱정거리가 사라진다면, 다른 걱정거리를 찾아보세요. 저녁으로 걱정하는 시간을 늦춰도 됩니다. 하지만 매일 10분씩 걱정하는 시간을 정해놓고, 그것이 좋든 싫든 걱정하면서 시간을 보내십시오."

걱정하는 시간을 매일 정해놓고 보내는 내담자는 스스로 얼마나 걱정하고 불안감을 느끼는지에 대해 알게 된다. 신호에 맞추어 걱정하라고 요구받으면 실제로 그렇게 하기 어렵다. 불안장애를 가진 사람에게조차도 이는 어려운 요구이다. 이렇듯 증상을 계속해서 강요하는 과정 속에서, 내담자는 이에 대한 통제력을 얻게 된다. 결국 이것이 자연스럽게 발생했을 때 내담자는 걱정하는 것을 의식적으로 멈출 수 있다.

수프에 침 뱉기

보기보다 위생적이고, 사람들의 이목을 끄는 이름을 가진 상담 기법 중 하나인 수프에 침 뱉기는 증상의 숨겨진 힘과 장점을 드러내는 것을 말한다. 증상의 숨겨진 이점이 표면적으로 나타나면, 증상은 '씁쓸한 뒷맛'을 남기게 된다. 이에 대한 예시는 다음과 같다.

- '당신의 우울이 가져오는 이득 중 하나는 가족 모두 당신에게 더 주의를 기울인다는 것이다.'
- '지하철 안에 있는 모든 사람들이 당신을 주목함으로써 당신은 슈퍼스타가 될 것이다.'
- '공황의 긍정적인 부분은 당신의 부인이 일찍 쇼핑을 끝내게 하는 것이다. 이는 돈도 절약하게 만든다.'
- '학교의 다른 엄마들보다 자신의 자식에 대해 더 걱정하는 것은 가치 있는 일이다.'
- '분노 발작의 좋은 점은 분노 발작이 당신의 장난감 상자를 빨리 채워준다는 것이다.'

'마치 ~처럼' 반영하기

'마치 ~처럼' 반영하기는 Adler의 기존 상담 작업에 기반을 둔 현대적 개입으로 내담자의 잘못된 신념을 재구성하고 바꾸는 데 사용된다(Watts, 2013). 총 3단계로 이루어져 있고, 그중 첫 번째 단계에서 내담자 자신이 원하는 사람처럼 행동하려고 할 때 어떤 면에서 행동의 차이가 나타날 것인지를 알기 위해 반영 질문을 사용한다.

'마치 ~처럼' 반영하기 기법 질문: 1단계

- 당신이 되고자 하는 사람처럼 행동한다면, 무엇이 달라지겠는가? 우리가 그 모습을 비디오를 통해 보고 있다고 가정하고 어떤 행동을 할지 설명해보라.
- 당신이 올바른 길로 가고 있다고 알려주는 지표는 무엇인가?
- 지금으로부터 몇 달 후 당신이 지금보다 더 당신이 되고자 하는 사람처럼 되었을 때 어떤 사람이 당신을 만난다고 하면, 그때가 언제였으면 좋겠고, 그 사람이 당신에 대해 어떻게 느낄 것 같은가?

상담자는 이러한 질문에 대한 내담자의 반응을 비판 없이 받아들여야 한다. 몇몇의 경우 내담자가 '더 행복할 것이다'와 같이 단순하게 대답한다면 상담자는 더 구체적인 답변을 촉구해야 할 수도 있다. 심리치료사는 '행복할 때와 그렇지 않을 때 어떤 차이점이 있습니까?'라고 물어볼 수 있다.

두 번째 단계에서 내담자가 목표와 관련된 '마치~처럼' 행동 리스트를 작성한다. 그 후 리스트를 가장 쉬운 것부터 가장 어려운 단계로 나눈다. 세 번째는 내담자가 가장 쉬운 행동을 수행하는 단계인데, 이때 상담자의 격려는 내담자가 원하는 목표와 관련된 행동을 잘 수행하도록 돕기 때문에 매우 중요하다.

종합: 아들러학파 사례 개념화와 치료 계획 양식

■ 이론 기반의 사례 개념화: 아들러학파

아래의 내용은 아들러학파의 이론을 활용하여 이론 기반의 사례 개념화를 발전시키는 데 사용될 수 있다. 각 이론 장의 마지막 부분에 제시되어 있는 교차 이론적 사례 개념화는 이러한 이론 기반의 개념화의 핵심 요소를 포함하는 사례 개념화를 쓰기 위한 예시를 제공한다. 이론 기반의 사례 개념화의 종합적인 예시는 『상담 및 심리치료의 이론과 치료 계획』(Gehart, 2016)에 제시되어 있다.

생활양식을 평가하는 요소는 다음과 같다.

- 사회적 관심과 열등감
  - 높은 사회적 관심: 일반적으로 증상이 거의 없거나 가지고 있는 문제가 심각하지 않다.
  - 낮은 사회적 관심과 성공적인 사람: 힘 있고, 지위가 있으며, 재산이 많다.
  - 낮은 사회적 관심과 실패: 불평하고, 비난하고, 두려워하고, 변명한다.
- 양육 방식: 기술하기
  - 성격, 트라우마 내력, 가치, 인종/종교적 배경 등을 포함한 각 부모(주 양육자)의 일반적인 특징
  - 내담자와 부모(주 양육자)의 관계의 질과 그들의 양육 방식에 대해 알아본다.
  - 육체적, 심리적, 정서적 욕구가 잘 충족됐는지 알아본다.
  - 부모로부터 원하는 것을 어떻게 얻었는지 알아본다.
- 가족 구도와 출생 순위: 다음을 포함하여 가족 구도에 대해 기술하기
  - 내담자의 출생 순위: 가장 나이가 많거나, 둘째, 중간, 막내이거나 외동아이로 구분된다.
  - 내담자와 가족의 삶에서 형제자매의 역할
- 초기 기억: 다음을 포함하여 2~5개의 초기 기억에 대해 기술하기
  - 기억 이야기
  - 기억하는 내용 중 가장 생생한 부분
  - 기억과 관련된 지배적인 감정
- 기관 열등감 또는 신체적인 약점: 신체적인 약점과 한계점에 대해 기술하기
- 증상의 역할: 다음 질문에 대한 내담자의 답변을 기술하기: 그 문제를 가지고 있지 않았다면, 당신의 삶은 어떻게 달라졌을까?
- 기본적 오류: 다음의 내용과 관련된 것을 포함하여 내담자의 기본적 오류에 대해 기술하기

  - 과잉 일반화
  - 안전에 대한 그릇되거나 불가능한 목표
  - 삶과 삶의 요구에 대한 잘못된 지각
  - 개인의 기본적인 가치의 최소화와 부정
  - 잘못된 가치
- 생활양식 주제: 내담자의 생활양식 안에 있는 주제로 어떤 것이 있는지 기술하기
  - 통제
  - 우월성
  - 기쁘게 하기
  - 편안함
- 인생 과업: 인생 과업에 포함된 사회적 관심의 수준과 일반적인 기능
  - 직업
  - 공동체 생활과 우정
  - 사랑
  - 자기 수용
  - 영성
  - 양육

■ 치료 계획 양식: 아들러학파

이 치료 계획 양식을 우울하고, 불안하며, 강박적인 유형의 호소 문제를 경험하는 내담자를 위한 계획을 세우는 데 사용하라. 특정 내담자, 호소 문제, 임상적 맥락에 따라, 이 양식의 목표와 개입 방법은 약간 혹은 상당히 수정될 필요가 있다. 당신의 필요에 따라 치료 계획을 상당히 수정할 것을 권장한다. 계획을 치료에 효과적으로 적용하기 위하여, 목표와 기법은 내담자가 경험하고 있는 특정한 신념, 행동, 감정을 근거로 하여 적절히 활용되어야 한다. 치료 계획이 보다 구체적일수록 당신에게 더욱 유용하게 될 것이다.

치료 계획

초기 치료 단계

초기 단계 상담 업무

1. 상담 관계 발전시키기. 다양성에 관한 고려사항: 문화, 성별 등을 고려한 관계 맺기와 감정 표현을 할 수 있도록 어떠한 구체적인 노력을 할 것인지를 기술하기

   관계 형성 접근 방법/개입:

   a. 내담자가 자유 의지를 가지는 평등한 관계를 형성하기 위해서 격려와 공감, 교육을 활용한다.

2. 개인적, 체계적, 그리고 다양한 문화적 역동 평가하기. **다양성에 관한 고려사항:** 문화, 사회경제적 수준, 성적 지향, 성별 등과 관련된 개념에 근거하여 평가에 어떻게 구체적으로 적용할 것인지 기술하기

   평가 전략:

   a. 생활양식, 기본적 오류, 양육 방식, 가족 구도, 초기 기억, 기관 열등감, 꿈을 평가한다.

   b. 증상의 의미와 치료의 목표를 알기 위해서 '그 질문'을 활용한다.

3. 치료 목표에 대한 내담자의 동의를 확인하고 얻기. **다양성에 관한 고려사항:** 내담자의 문화적, 종교적, 그리고 그 외의 가치 체계와 부합하도록 목표를 어떻게 수정할 것인지 기술하기

   목표 설정 개입:

   a. 위기와 증상의 완화 그리고 장기적인 안녕감을 포함해서 어떻게 사회적 관심과 전반적인 안녕감을 최대한 증진시킬 수 있는지에 관한 전략을 알아본다.

4. 필요한 의뢰, 위기 요소, 추가적인 접촉, 내담자의 다른 요구 확인하기. **다양성에 관한 고려사항:** 특정 위기 요소, 의뢰 선택과 관련된 다양성 문제 기술하기

   a. **위기 평가 개입:** 위기 사건을 알기 위해 '그 질문'을 하고, 위기를 관리하기 위해서 심리교육을 활용한다.

   b. **의뢰 사항:** 필요하다면 심리교육과 협력 단체에 의뢰한다.

초기 단계 내담자 목표

1. [특정 위기 증상]을 감소시키기 위해 위기적 사고와 행동을 일으키는 불안정과 기본적 오류 가정을 감소시키기

   개입:

   a. 위기 행동을 어떻게 관리하는지에 대한 심리교육을 한다. 위기라고 알려주는 감정에 대해서 적절한 반응을 하도록 격려한다.

   b. 사고와 행동에 관련된 기본적 오류와 가정에 도전한다.

치료의 작업 단계

작업 단계 상담 업무

1. 작업 동맹의 질 점검하기. **다양성에 관한 고려사항:** 연령, 성별, 문화, 성적 성지향, 성별 등과 관련된 다양한 개념에 대한 요구를 어떻게 구체적으로 적용할 것인지 기술하기

   a. **평가 개입:** 내담자가 관계에서 평등과 소유의 감각을 가지고 있다는 신호를 살펴본다.

2. 내담자의 치료 과정을 점검하기. **다양성에 관한 고려사항:** 연령, 인종, 교육 수준, 언어 등에 따라 상담 과정 경과를 어떻게 구체적으로 적용할 것인지 기술하기

   a. **평가 개입:** 내담자에게 무엇이 향상되었는지 묻는다. 사회적 관심이 향상되었는지 관찰한다. 내담자의 성장을 평가하기 위해 질문지를 사용한다.

작업 단계 내담자의 목표

1. 우울, 불안 등의 증상을 감소시키기 위해 특정한 문제를 일으키는 불안감을 감소시키기

개입:

a. 기본적 오류에 관한 신념을 수정하기 위한 심리교육: [구체화하기]

b. 기본적 오류에 관한 신념을 수정하기 위한 심리교육: [구체화하기]

2. 우울과 불안 등과 같은 특정한 증상을 감소시키기 위해 외부에서의 성취와 타인으로부터 인정에 기초해서 자신의 가치를 판단하는 경향을 감소시키기

개입:

a. 자신의 가치가 일의 수행과 타인으로부터의 인정에 달렸다는 기본적 오류에 관한 신념에 도전한다.

b. '어떻게 해야 하는가'보다는 '무엇을 하고 있는가'와 같이 좀 더 현실적으로 자신의 가치에 중점을 두는 방향으로 자기 개념을 진술한다.

3. 우울과 불안 등의 증상을 감소시키기 위해서 인생 과업과 일, 관계, 공동체와 관련된 사회적 관계에서 회피를 감소시키기

개입:

a. 내담자가 어떻게 아동기 시절의 두려움, 사회적 만남, 중요한 인생 과업을 피하는지에 대해 해석한다.

b. 어떻게 증상이 내담자가 인생 과업을 피하도록 하는지 알아내기 위해서 수프에 침 뱉기와 반암시를 사용한다.

치료의 종결 단계

종결 단계 상담 업무

1. 추후 관리를 위한 계획을 발전시키고, 성과를 유지하기. **다양성에 관한 고려사항:** 종결 단계의 치료와 치료 후에도 계속 발전할 수 있도록 구체적으로 다양성을 고려하고 개인이 가진 독특한 자원이 무엇인지 알아보기

개입:

a. 행복과 건강을 지속하는 데 있어 중요한 요소가 무엇인지 알아보기 위하여 안녕감과 긍정 심리학에 대한 심리교육을 한다.

종결 단계 내담자 목표

1. 증상의 재발에 대한 잠재적인 요소를 감소시키기 위해서 자기 수용과 전반적인 안녕감을 증진시키기

개입:

a. 강한 사회적 연결망, 만족을 주는 활동, 낙관적인 기본적 가정과 같은 안녕감의 습관을 증진시키기 위한 사회적 관심 및 긍정심리학에 대한 심리교육을 한다.

b. 사회적 관심과 기본적 오류에 대한 가정으로부터 자연적인 행동의 결과를 조사한다.

2. 잠재적 증상의 재발을 감소시키기 위해서 친밀한 관계, 업무환경(또는 양육 방식, 영적 맥락)에서의 사회적 관계를 증진시키기

개입:

a. 균형을 맞추기 위한 목적으로, 인생 과업을 수행하는 것의 중요성에 관해 심리교육을 한다.

b. 삶을 살아가는 데 사회적 관심을 가지기 위해 과제와 생활 습관을 개발한다.

조직화: 다양한 사람과 작업하기

■ 민족과 인종의 다양성

아들러학파 이론은 가장 오래된 접근 중 하나임에도 현대의 여성주의와 다양한 문화적 가치에 기반을 두고 있다(Mansager, 2008; Newlon & Arciniega, 1983). Alfred Adler는 정신건강이 높은 사회적 관심, 공동체 의식, 그리고 타인에 대한 공감과 관련되어 있다고 했다(Ansbacher & Ansbacher, 1956). Adler는 자주 여성의 예속과 불공평한 대우를 받는 것에 대해 언급했고, 이에 대한 평가와 진단에 대해 고려했다. 이는 오늘날과 비슷한 관행으로 볼 수 있지만, 1910년대 당시에는 사회 정의를 위한 급진적인 태도였다. 최근 들어서 아들러학파는 게이와 레즈비언, 양성애자와 성전환자에 대해서도 옹호한다(Mansager, 2008; 아래에 나오는 '성 정체성의 다양성'을 참고하라).

이 이론에 관한 몇몇 주요한 개념은 아들러학파의 개인 심리학이 특히 다양한 내담자와의 작업에 매우 적합하다.

- 사회적 관심: 사회적 관심의 강조는 개성과 독립보다도 특히 가족과 공동체에 가치를 두는 전통적이고 공동체 삶을 중요시하는 문화에 적절하다. 이 접근의 주요한 목표는 높은 '공동체 의식'을 가지는 것과 폭넓은 지역사회와의 결속력을 증진시키는 것이다. 이는 성적 지향과 언어 능력, 신체적 능력 또는 민족적 기원이 다르다는 이유로 배척당했을지 모르는 소외 집단에게 특별히 중요하다. 사회적 관심에 대한 설명에 따르면 소외감을 줄이는 주요한 방법은 소속감을 늘리는 것이 이 접근의 기본 목표와 같이, 특정 지역사회 혹은 지배적인 사회로부터 소외감을 느끼는 사람들에게 가장 적합하다.
- 우월성, 인종차별주의, 그리고 기타 차별: Adler는 다른 사람과 비교하여 자신을 우월한 존재로 바라보는 시도들을 부적응적인 모습으로 바라보았다. 따라서 인종차별과 성차별, 그리고 동성애에 대한 차별에 반대하였다(Mosak & Maniacci, 1999).
- 영성: 많은 이론들이 종교와 영성을 무시하고 의심하는 반면, 아들러학파 이론에서는 종교적인 측면이 중요하다고 보았다(Carlson et al., 2006; Sweeney, 2009). 영성은 전통적인 문화를 지닌 곳과 민족성이 짙은 곳에서 두드러진다.
- 정신건강에 영향을 미치는 사회적 요소: Adler는 문제의 발생에 있어서 사회적, 가족적 요소가 미치는 영향력을 세세하게 평가하고 고려했다. 개인과 그들이 지닌 증상은 환경적 맥락에서 고려되는데, 소외된 집단과 소수 집단의 내담자와 작업할 때, 이것을 실천하는 것은 중요하다.

아들러학파 상담자는 상담 관계, 평가, 치료 과정 설계, 개입을 할 때 다음 요소를 고려했다. 필요하다면, 치료 계획의 '다양성 관련 고려사항' 부분에서 이 요점을 확인할 수 있다.

다문화 내담자와 상담 관계를 발전시키고 계속해서 주의를 기울이기

격려 표현 내담자가 상담자의 '격려'를 어떻게 받아들이는지는 관계에서의 다양한 역동에 달려있다. 각자의 연령과 성별, 인종과 사회적 지위, 일반적인 기능에 대해 인지하는 것에도 차이가 있다. 예를 들어, 남성성에 대하여 더욱 전통적으로 정의하는 남성이 체면을 세우는 것을 중시하는 문화적 규범을 가진 경우, 또는 상당히 나이가 어린 상담자와 상담 관계에 있는 내담자는 상담자의 격려의 표현에 대해 좋아하지 않거나 불쾌하게 여길 수 있다. 반면에 내담자와 상담자가 누구인지에 따라서 같은 말이 다른 내담자와 상담자에게 효과적일 수 있다. 따라서 아들러학파 상담자는 격려 기법을 사용할 때 나이 차이, 문화적 규범, 성적 역동성과 같은 요인을 민감하게 다루면서 그들의 격려가 상담 관계를 망치지 않고 더 강화시킬 수 있도록 해야 한다.

치료 계획 시 사용되는 다양한 역동에 대한 메모의 예시

- 내담자가 계속해서 유능감/체면을 잃지 않도록 격려하기
- 내담자가 무기력하다고 느낄 수 있는 격려의 표현 피하기
- 격려의 표현으로서 내담자의 성장과 성숙함에 대한 존중 반영하기

다문화 내담자와 '평등한 관계' 맺기 다양한 내담자와 상담 관계를 맺을 때 아들러학파의 평등한 관계 맺기 방식은 복잡하게 적용된다. 모든 내담자가 상담자와 심리치료사와 평등한 관계를 갖는 것을 좋아하지만은 않는다는 사실은 진보주의적 또는 선구자적 견해를 가지고 있는 상담자에게는 충격일 것이다. 전통적인 문화에서는 의사와 상담자와 같은 '치료자'를 공동체 안에서 특별하고 높은 지위를 지닌 사람으로 보기 때문에, 내담자는 상담자를 전문가로 받아들이는 것을 선호한다(Qureshi, & Collazos, 2011). 게다가 상담자가 평등한 관계를 맺으려고 노력함에도 정말로 관계가 '평등'하다고 확언하기는 힘들 수 있는데, 이는 상담 관계에서 사회적 힘이 다양하게 작용하기 때문이다. 이러한 역동은 다양한 배경을 지닌 내담자와 상담자 사이에서 더욱 두드러진다(Monk, Winslade, & Sinclair, 2008).

그러므로 아들러학파의 평등주의 개념을 사용하면서 상담 관계를 발전시킬 때, 상담자는 이론에 기초를 둔 적절한 형태와 표현이 무엇인지 고려해야 한다. 가장 결정적으로, 사회적 특권을 가진 위치(예: 특정 민족/인종적 배경과 성별, 성적 지향 또는 사회적 지위)에 있는 상담자가 사회적으로 소외된 계층에 속한 내담자와 상담 관계를 맺을 때, 내담자의 독특한 욕구와 내담자의 주체성을 향상시킬 수 있는 좋은 방법에 대해 생

각해보아야 한다. 이는 평등한 관계를 형성하는 데 기본이 된다(Sweeney, 2009). 어떤 경우, 상담 관계를 촉진하고 사회적 지위 또는 나이와 같이 지각된 차이를 무효화하기 위해 종종 내담자의 전문적 지식을 대화에 끌어들임으로써 관계가 평등함을 강조할 수 있다. 또 다른 일부 내담자의 경우, 상담자는 위계질서의 일부 요소들을 사용하여 내담자와 최상의 관계를 형성함과 동시에 격려의 미묘한 표현을 사용하여 내담자에게 도움을 줄 수 있다. 즉, 상담 관계가 평등했는지를 평가하기 위해서 내담자가 상담 과정에서 주체성을 느꼈는지 그리고 자신의 삶에 이를 잘 적용할 수 있는지와 관련된다.

치료 계획 시 사용되는 다양한 역동에 대한 메모의 예시

- 연령/성별 또는 개인마다 차이점이 있기 때문에 전문가 시각에서의 답변이 아닌 내담자의 의견을 물어봄으로써 평등한 관계 형성하기
- 평등한 상담 관계를 형성하기 위해서 자기 비하 유머 사용하기
- 내담자가 주체감을 가질 수 있도록 상담에서 무엇을 다루기를 바라고, 어떤 점을 선호하는지를 물어봄으로써 내담자의 바람과 전문가가 도와줄 수 있는 부분에 대해 균형 맞추기

다문화 내담자가 가진 개인적, 체계적, 그리고 더 넓은 범위에서의 문화적 역동 평가하기

우월성, 인종차별, 그리고 다른 차별들 Adler는 타인과 비교해서 자신을 우월하게 보이려는 모든 시도를 역기능적으로 보았고 이에 따라 인종차별주의자, 성차별주의자, 동성애 차별주의자를 강력히 비판했다(Mosak & Maniacci, 1999). 이러한 우월성은 열등감과 기본적 오류 그리고 낮은 사회적 관심에 기초를 둔다. 이러한 관점을 통해 내담자를 평가할 때, 상담자는 어디서 그리고 어떻게 내담자가 이러한 관점으로 인해서 소외되는지에 주목한다.

치료 계획 시 사용되는 다양한 역동에 대한 메모의 예시

- 내담자가 개인적인 상황, 직장, 공동체 환경에서 어떻게 인종차별, 성차별, 동성애 차별을 경험하는지 평가하기
- 내담자의 성적 지향, 인종, 이민 상황, 사회적 계층이 어떠한지에 따라 그들의 고민이 무엇이고 어떤 점에서 소외감을 느끼는지 평가하기

다문화 내담자들의 생활양식 평가 어린 시절의 경험과 초기 기억에 중점을 둔 생활양식의 평가는 실용적인 접근을 선호하는 내담자에게 적합하지 않다. 또한 사건의 경험이 개인의 성격 형성에 원인이 된다고 주장하는 서구적인 관점에 찬성하지 않는 내담자

에게도 적절하지 않을 것이다. 이러한 내담자와 상담 관계에 있는 상담자는 이 상담의 이론적 근거와 한계점을 설명하는 데 시간을 갖는 것이 좋다.

게다가, 다양한 내담자의 생활양식을 적절하게 평가하기 위해서, 상담자는 문화적 가치와 이민 양상, 계층 차이, 문화적 적응 양상을 내담자 스스로 이해하도록 교육해야 한다. 예를 들어, Reddy와 Hanna는 어떻게 힌두교 문화의 여성들 가운데 상류계층에 속한 여성들이 전통적인 남성에 의존했던 문화에서 현대의 상호의존적인 양상을 띠게 되었는지 설명한다. 이와 유사하게, Duffey, Carns, Carns, & Garcia(1998)는 어떻게 멕시코계 미국인 여성이 전통적인 멕시코 문화와 현대적 문화를 조합해서, 조화로운 자기 성장을 이루었는지 설명한다. 마지막으로, Chung & Bernak(1998)은 다른 문화들 사이에서 조화를 이루어야 한다는 이주에 대한 트라우마를 지닌 이주 베트남 여성의 삶을 통해 생활양식의 통찰을 제시한다.

치료 계획 시 사용되는 다양한 역동에 대한 메모의 예시

- 내담자의 문화적·민족적 배경과 이주 경험(혹은 소외감을 느낀 경험)을 이해하면서 생활양식 평가하기
- 생활양식 평가의 일부분인 과거의 경험을 다루는 것이 내담자에게 편안한지 확인하기
- 만약 내담자가 자신의 아동기 경험을 이야기하는 것을 꺼려하거나 관심 없어 한다면, 아동기 경험을 다루는 것이 왜 중요한지 설명하기

영성 많은 이론가들이 종교와 영성에 대해서 무시하거나 그 영향력에 대해 의심을 표하는 반면에, 아들러학파 이론가들은 '자신보다 위대한 무언가'와의 관계를 발전해나가야 할 중요한 관계라고 여겼다(Carlson et al., 2006; Sweeney, 2009). 영성은 전통적인 문화와 민족적 가치와 부합하기 때문에 다양한 내담자와 상담 관계를 맺을 때 이를 특별히 고려해야 한다.

치료 계획 시 사용되는 다양한 역동에 대한 메모의 예시

- 내담자가 지닌 종교적·영적 자원을 평가한다. 여기에는 행복과 스트레스를 대처하도록 도와주는 공동체적 지지와 영적 활동이 포함된다.
- 내담자의 종교가 개인의 삶, 가족의 삶에서 어떤 역할을 하는지에 대한 평가를 포함시킨다.

다문화 내담자를 위한 적합한 목표를 정하고 상담 과정 관찰하기

사회적 관심 아들러학파의 사회적 관심을 증진시키고자 하는 목표는 개인보다 가족

과 공동체를 더 중요시하는 문화와 하위문화에서 특히 더 중요하다. 이러한 경우, 사회적 관심은 많은 전통적인 문화적 가치에 부합하기 때문에 더 환영받을 수 있으며, 특히 더 중요한 장기적인 목표가 될 수 있다. 그뿐만 아니라 강한 '공동체 의식'을 가지고 폭넓은 공동체적 관계를 발달시키려는 목표는 성적 지향과 언어 능력, 신체적인 능력, 민족적 기원으로 인해 소외된 사람들의 장기적 안녕감에 있어서 매우 중요하다.

그러나 사회적 관심의 표현의 특정한 형태는 문화, 사회적 계층, 연령, 성별, 종교, 성격에 따라 매우 다르다. 모든 내담자들이 아들러학파에서 말한 모든 분야(공동체적 삶, 일, 사랑하는 관계, 자기 수용, 영성, 양육 방식)에서의 사회적 관심을 증가하는 것과 관련된 목표에 대해 동의하진 않을 것이다(Carlson et al., 2006; Sweeney, 2009). 따라서 목표를 세우고 이를 관찰할 때, 상담자는 내담자의 가치와 신념에 부합하도록 노력해야 한다.

치료 계획 시 사용되는 다양한 역동에 대한 메모의 예시

- 인생 과업과 사회적 관심에 대한 내담자의 관점과 가치에 대해 질문하기
- 문화적·종교적 배경에 부합하는 적절한 사회적 관심의 형태가 무엇인지 알아보기
- 문화적·종교적 가치에 부합하는 목표 정하기
- 상담 과정이 내담자의 관점·목표에 부합하는지 확인하기

추후 관리 계획 발전시키기와 치료 성과 유지하기

공동체를 형성하고 사회적 관심을 증진하기 사회적 관심에 대한 강조는 상담이 끝난 후에도 내담자가 상담 과정 중 성취한 것을 지속할 수 있도록 도와준다. 긍정심리학에서 강조한 것과 같이, 끈끈한 사회적 관계를 가진 사람들은 행복하고 만족스러운 삶을 살 확률이 높다(Leak & Leak, 2006). 그러므로 상담자가 내담자 자신의 다양한 삶의 분야에서 높은 사회적 관심을 갖도록 하는 것은 내담자가 충분한 사회적 관계를 가지는 데 도움이 될 수 있다. 사회에서 소외된 많은 내담자들에게는 그들을 지지해주는 지지 집단, 사회적 공동체, 공식적인 조직을 가지는 것이 중요하다. 상담자는 지역사회 자원에 대해 잘 아는 것이 중요하고 상담 과정이 끝나기 전에 내담자와의 관계가 잘 연결되어 있는지, 그리고 적합한 관계인지에 대해 확인하는 과정을 가져야 한다.

치료 계획 시 사용되는 다양한 역동에 대한 메모의 예시

- 내담자가 종교 집단을 통해 지지 공동체 관계를 형성하도록 돕기
- 내담자가 게이·레즈비언 집단을 통해 지지 관계를 형성하도록 돕기
- 내담자가 확대가족을 통해 지지 관계를 형성하도록 돕기

■ 성 정체성의 다양성

Adler는 그의 시대에 비해 성별과 사회경제적 불평등에 대해 앞서나갔지만 성적 지향에 대해서는 진보적이지 않았다. 정신역동적 이론과 유사하게, 이론적으로 역사는 동성애를 신경증의 한 형태로 개념화했다(Chernin & Holden, 1995; Mansager, 2008). 그러나 현대 개인 심리학을 따르는 상담자는 이 역사를 고치기 위해 상당한 노력을 해왔다. 대부분 현대 아들러학파는 역사적으로 동성애에 대한 접근이 불평등하고 정확하지 않다고 평가했고, 이론적 개념화의 오류로 인해 상처받은 LGBT(성소수자)에게 사과했으며, 개인 심리학을 고치고 발전시키기 위해서 노력했다. 그리고 전문가와 대중에게 개인 심리학이 LGBT의 행복을 증진시킨다고 주장했다(Mansager, 2008).

동성애를 재개념화하는 것에 대해 Fisher(1993)는 아들러학파 이론을 사용해서 게이와 레즈비언과 작업할 때의 세 가지 문제점에 대해 발견하였다.

- **자기와 관계에 투사된 열등감을 경험**: 게이와 레즈비언은 다양한 형태의 사회적 거부를 경험하기 때문에 그들의 삶의 형태는 대개 개인적으로 인간관계 면에서 열등감에 빠지게 된다. 자기에 대한 증오는 인간관계에서 매우 해롭고, 연인관계에 갈등을 일으키는 원인이 된다.
- **긍정적인 역할 모델의 부족**: 게이와 레즈비언 커플은 상호적으로 만족할 만한 관계를 형성하는 것을 도와주는 긍정적인 역할 모델이 부족한 실정이다. 그들은 부모의 이성애 관계에 자신들을 맞추려고 하는데, 이는 효과적이지 않으며 문제가 많다.
- **동성애를 숨기려 하는 것은 사회적 관심의 결여를 낳는다**: 부모 중 한 사람이나 둘 다 자녀의 동성애를 감추려고 한다면, 행복과 관련된 사회적 관심을 늘리는 것은 굉장히 어려울 것이다. 이는 사회로부터 자신을 보호하려고 하는 것이기 때문에, 동성애를 숨기려는 사람들은 그들의 연인이나 공동체의 요구에 대해 적절하게 반응하는 것이 어려울 것이다. 자신이 성소수자임을 밝힌 사람들 또한 갈등을 경험하게 된다.

게이와 레즈비언 내담자의 생활양식을 알아볼 때, Fisher(1993)는 다음의 질문을 추가할 것을 추천했다.

- 당신은 언제 처음으로 동성애를 느꼈는가? 그 당시 경험과 그것에 대해 어떻게 느꼈는가?
- 동성애에 대해서 당신의 어머니는 어떻게 생각했는가? 당신의 아버지, 형제, 자매는 어떻게 생각했는가?
- 어떻게 당신이 게이/레즈비언/양성애자란 것을 처음 알게 되었는가? 다른 사람에게 말했는가? 만약 그랬다면, 그들은 어떤 반응을 보였는가? 처음에 스스로에 대해 어떻게 느꼈는가?

- 그 당시 당신은 일반적으로 게이/레즈비언/양성애자에 대해 어떻게 느꼈는가? 현재는 어떻게 느끼는가?
- 당신이 사랑하거나 존경하는 LGBT가 있는가?
- 누군가에게 동성애자임을 공식적으로 솔직하게 말했는가? 만약 그랬다면 왜 솔직하게 말했는가? 솔직하게 말해선 안 되겠다고 느낀 대상이 있는가? 왜 그렇게 느꼈는가?
- 상대방의 어떤 점을 중요시 여기는가? 건강한 관계를 가지기 위해서 어떤 점이 필요하다고 보는가?

연구와 증거 기반

아들러학파 상담은 사회적 관심과 같은 용어를 조작하는 데 어려움이 있어 임상 실험에서 연구될 수 없다. 그리고 이 이론이 제 역할을 잘한다는 상담자의 기존 상식 때문이다(Sweeney, 2009). 그러나 효과적인 양육 방식을 위한 체계적 훈련(Systematic Training for Effective Parenting: STEP)은 예외적이다. 아들러학파 이론에 기반을 둔 양육 방식 프로그램은 부모 교육을 위한 '효과적인' 증거 기반 치료로 꼽힌다.

아들러학파 이론에 대한 연구 자료는 부모–자식과 교사–학생 관계에 초점을 맞춰왔다. 예를 들어, McVittie & Best(2009)는 아들러학파 이론에 기반을 둔 양육 방식 프로그램의 효과성에 대해 연구했다. 그들의 대규모 자기 보고식 연구는 부모가 명백한 한계를 설정하는 것이 긍정적인 관계의 감각을 증가시키고 불쾌감을 줄이는 것으로 밝혀졌다. 이와 유사하게, Kelly & Daniels(1997)는 초등학교 4학년부터 고등학교 1학년 아이들에게 칭찬과 격려를 사용해서 교사의 효과를 연구했다. Pilkington, White, & Matheny(1997)는 학교에 다니는 아이들의 출생 순위와 위험에 대처하는 능력 간의 관계를 살펴봄으로써 첫째 아이와 중간에 놓인 아이가 어떠한 차이가 있는지를 확인했다. 이에 대한 구체적인 결과로서 첫째 아이는 가장 높은 대처 수준을 보였고, 중간아이는 가장 낮은 대처 수준을 보였다. 이처럼 초기 연구는 있지만, 아들러학파의 이론과 실무는 이 접근의 효과와 방법에 관한 사례에 대한 좀 더 구체적인 연구를 통해 효과성을 밝힐 필요가 있다.

■ 증거 기반 치료: 효과적인 양육 방식에 대한 체계적 훈련(STEP)

효과적인 양육 방식을 위한 체계적 훈련(STEP)은 아들러학파 이론에 입각한 것으로, 전도유망한 증거 기반 프로그램이다(Dinkmeyer & McKay, 2007). 이 STEP 프로그램은

40년 동안 연구되었고(Gibson, 1999), 최근에 몇몇 주와 연방정부에 의해서 '촉망되는 프로그램'으로 지정되었다. 아들러학파 이론을 사용한 STEP 프로그램은 긍정적인 양육 방식 접근으로 아이들의 행동과 부모–아이 관계를 향상시키기 위한 격려, 올바른 인식, 동기를 사용한다. 깊게 들여다보면, 이 프로그램은 부모가 사회적 관심과 협력적인 태도를 발전시킬 수 있게 도와주고 고전적인 아들러학파 개념인 '불완전할 용기'에 대해 직접적으로 다룰 수 있도록 도와준다. 이 프로그램은 6세 미만 아이들을 위한 구체적인 프로그램을 포함한다(Dinkmeyer, McKay, & McKay, 2007).

이 프로그램을 통한 교훈은 다음과 같다.

- 당신과 당신 자녀를 이해하기
- 신념과 감정을 이해하기
- 당신의 자녀와 당신을 격려하기
- 자녀의 이야기를 경청하고 함께 대화하기
- 아이들이 협력하는 방법을 알도록 돕기
- 앞뒤가 잘 맞는 적절한 훈육
- 어떤 접근을 할지 선택하기

개인적 숙고 및 수업 중 토론을 위한 질문

1. 이 장에서 어떠한 개념이 당신과 개인적으로 가장 큰 연관이 있는가? 왜 그렇게 생각하는가?
2. 이 장에서 내담자와 작업하는 데 가장 도움이 될 만한 것이 무엇인가?
3. 이 접근방식을 사용해서 다양한 내담자와 상담할 때 내담자에게 도움이 될 점은 무엇이고 한계점은 무엇인가?
4. Adler의 사회적 관심과 정서적인 안녕감에 대한 Adler의 생각에 동의하는가, 반대하는가? 그 이유는 무엇인가?
5. 열등감 콤플렉스에 대한 예가 있는가? 이 콤플렉스가 개인의 삶과 관계에 어떻게 영향을 미치는가?
6. 당신의 생활양식에서 핵심 요소는 무엇인가? 삶에 대한 관점에 있어 당신은 어떻게 구체화하는가?
7. 출생 순위가 중요하다고 생각하는가, 그렇지 않다고 보는가? 그 이유는 무엇인가?
8. 이 접근이 어느 내담자와 양육 방식을 지닌 부모에게 가장 유용하고 가장 덜 유

용하다고 보는가?

9. 어느 사례 개념화 개념이 내담자 문제를 이해하는 데 가장 유용하다고 생각하는가?
10. 어느 개입이 가장 유용하다고 생각하는가?
11. 이 접근방식이 상담자나 심리치료사로서 당신에게 적합하다고 생각하는가, 그렇지 않다고 보는가? 왜 그렇게 생각하는가?
12. 이 접근방식을 적절하게 사용하기 위해 성장하거나 배워야 할 것은 무엇인가?

온라인 자료

학회

개인 심리학 학회
www.utexas.edu/utpress/journals/jip.html

협회와 단체

개인 심리학의 국제 연맹 www.iaipwebsite.org/
Alfred Adler의 북미 지역사회 www.alfredadler.org/

실습기관

Adler 대학원(미네소타) www.alfredadler.edu/
전문적인 개인 심리학 Adler 학교(시카고)
www.adler.edu/
아들러학회 연구소 www.adleriantraining.com
뉴욕에 위치한 Alfred Adler 연구소
www.alfredadler-ny.org/
샌프란시스코와 워싱턴 북서부에 위치한 Alfred Adler 연구소 http://pws.cablespeed.com/~htstein/

그 외의 자료

Adler 대학원의 관련 자료
www.alfredadler.edu/resources/adlerianlinks.htm

참고문헌

별표(*)는 권장되는 입문서를 나타낸다.

Adler, A. (1924). *The practice and theory of individual psychology* (P. Radin, trans.). New York: Harcourt, Brace & Company.
Adler, A. (1959). *Understanding human nature* (C. Brett, trans.). New York: Hazeldon Press.
Adler, A. (1978). *The education of children*. Chicago, IL: Regnery. Original work published 1930.
American Psychiatric Association. (2000). *Diagnostic and statistical manual for mental disorders* (4th ed., Text Revision). Washington, DC: Author.
*Ansbacher, H. L., & Ansbacher, R. R. (Eds.). (1956). *The individual psychology of Alfred Adler* (5th ed.). New York: Basic Books.
*Ansbacher, H. L., & Ansbacher, R. R. (Eds.). (1964).

Superiority and social interest, a collection of later writings. Evanston, IL: Northwestern University Press.

Bitter, J. R., Christensen, O. C., Hawes, C., & Nicoll, W. G. (1998). Adlerian brief therapy with individual, couples, and families. *Directions in Clinical and Counseling Psychology*, *8*(8), 95–111.

Bitter, J., & Nicolls, W. (2000). Adlerian brief therapy with individuals: Process and practice. *Journal of Individual Psychology*, *56*(1), 31–44.

Carlson, (n.d.) Jon Carlson Homepage. Retrieved May 18, 2010, from http://www.joncarlson.org

Carlson, J., Watts, R., & Maniacci, M. (2006). *Adlerian therapy: Theory and practice*. Washington, DC: American Psychological Association. doi:10.1037/11363-000

Chernin, J., & Holden, J. (1995). Toward an understanding of homosexuality: Origins, status, and relationship to individual psychology. *Individual Psychology: Journal of Adlerian Theory, Research & Practice*, *51*(2), 90–101.

Chung, R., & Bemak, F. (1998). Lifestyle of Vietnamese refugee women. *Journal of Individual Psychology*, *54*(3), 373–384.

*Dinkmeyer, D. C., & McKay, G. D. (2007). *The parent's handbook: Systematic training for effective parenting*. Bowling Green, KY: STEP Publishers.

*Dinkmeyer, D. C., & McKay, J. L. (2008). *Parenting young children: Systematic training for effective parenting (STEP) of children under six*. Bowling Green, KY: STEP Publishers.

*Dinkmeyer, D. C., McKay, G. D., & McKay, J. L. (2007). *Parenting teenagers: Systematic training for effective parenting of teens*. Bowling Green, KY: STEP Publishers.

*Dreikurs, R. (1950/1989). *Fundamentals of Adlerian psychology*. Oxford, England: Greenberg. (Original publication in 1933; Translated by Dreikurs from Adler's German.)

Dreikurs, R. (1958). *The challenge of parenthood*. New York: Duell, Sloan and Pierce.

Dreikurs, R. (1968). *Psychology in the classroom*. New York: HarperCollins College.

Dreikurs, R., & Loren, G. (1968). A new approach to discipline: Logical consequences [you will find this very interesting. The 1999 publication changed the two phrases all the way around]. New York: Meredith Press.

Dreikurs, R., & Mosak, H. H. (1967). The tasks of life: II. The fourth task. *The Individual Psychologist*, 4, 51–55.

Duffey, T. H., Carns, M. R., Carns, A. W., & Garcia, J. L. (1998). The lifestyle of the middle-class Mexican American female. *Journal of Individual Psychology*, *54*(3), 399–406.

Gehart, D. (2016). *Theory and treatment planning in counseling and psychotherapy* (2nd ed.). Pacific Grove, CA: Brooks Cole.

Gibson, D. G. (1999). *A monograph: Summary of the research related to the use and efficacy of the systematic training for effectiveness program 1976–1999*. Circle Pines, MN: American Guidance Services, Inc.

Fisher, S. (1993). A proposed Adlerian theoretical framework and intervention techniques for gay and lesbian couples. *Individual Psychology: Journal of Adlerian Theory, Research & Practice*, *49*(3–4), 438–449.

Hartshorne, J., Salem-Hartshorne, N., & Hartshorne, T. (2009). Birth order effects in the formation of long-term relationships. *Journal of Individual Psychology*, *65*(2), 156–176.

Kelly, F., & Daniels, J. (1997). The effects of praise versus encouragement on children's perceptions of teachers. Individual Psychology: *Journal of Adlerian Theory, Research & Practice*, *53*(3), 331–341.

Kottman, T., Lingg, M., & Tisdell, T. (1995). Gay and lesbian adolescents: Implications for Adlerian therapists. *Individual Psychology: Journal of Adlerian Theory, Research & Practice*, *51*(2), 114–128.

Leak, G. K., & Leak, K. C. (2006). Adlerian social interest and positive psychology: A conceptual and empirical integration. *Journal of Individual Psychology*, *62*, 207–233.

*Manaster, G. J., & Corsini, R. J. (1982). *Individual psychology: Theory and practice*. Chicago, IL: Adler School of Professional Psychology.

Maniacci, M. (2002). The DSM and individual psychology: A general comparison. *Journal of Individual Psychology*, *58*(4), 356–362.

Mansager, E. (2008). Affirming lesbian, gay, bisexual, and transgender individuals. *Journal of Individual Psychology*, *64*(2), 124–136.

McVittie, J., & Best, A. (2009). The impact of Adlerian-based parenting classes on self-reported parental behavior. *Individual Psychology: Journal of Adlerian Theory, Research & Practice*, *65*(3), 264–285.

Mills, K. J., & Mooney, G. A. (2013). Methods of ranking birth order: The neglected issue in birth order research. *Journal of Individual Psychology*, *69*(4), 357–370.

Monk, G., Winslade, J., & Sinclair, S. (2008). *New horizons in multicultural counseling*. Thousand Oaks, CA: Sage.

Mosak, H. H., & Di Pietro, R. (2006). *Early recollections: Interpretative method and application*. New York: Routledge.

Mosak, H. H., & Dreikurs, R. (1967). The tasks of life: III. The fifth task. *The Individual Psychologist*, *5*, 16–22.

*Mosak, H. H., & Maniacci, M. P. (1999). *Primer of Adlerian psychology: The Analytic-Behavioural-Cognitive Psychology of Alfred Adler*. New York: Brunner/Routledge.

Mosak, H. H., & Sculman, B. H. (1988). *Lifestyle inventory*. Muncie, IN: Accelerated Development.

Myers, J. E. (2009). Wellness through social interest. In T. J.

Sweeney (Ed.), *Adlerian counseling and psychotherapy: A practitioner's approach* (5th ed., pp. 33–44). New York: Routledge.

Newlon, B. J., & Arciniega, M. (1983). Respecting cultural uniqueness: An Adlerian approach. *Individual Psychology: Journal of Adlerian Theory, Research & Practice, 39*(2), 133–143.

Pilkington, L., White, J., & Matheny, K. (1997). Perceived coping resources and psychological birth order in schoolaged children. *Individual Psychology: Journal of Adlerian Theory, Research & Practice, 53*(1), 42–57.

Qureshi, A., & Collazos, F. (2011). The intercultural and interracial therapeutic relationship: Challenges and recommendations. *International Review of Psychiatry, 23*(1), 10–19. doi:10.3109/09540261.2010.544643

Reddy, I., & Hanna, F. J. (1998). The lifestyle of the Hindu woman: Conceptualizing female clients of Indian origin. *Journal of Individual Psychology, 54*(3), 385–398.

*Sweeney, T. J. (2009). *Adlerian counseling and psychotherapy: A practitioner's approach* (5th ed.). New York: Routledge/Taylor & Francis Group.

Watts, R. E. (2013, April). Reflecting as if. *Counseling Today*. Retrieved from http://ct.counseling.org/2013/04/reflectingas-if/

아들러학파 사례 연구: 트라우마와 이민 문제

독일 이주민의 딸인 Helga는 현재 34세로 그녀가 7~8세쯤 베이비시터의 남편으로부터 성적 학대를 당한 기억으로 인해 여전히 고통을 겪고 있다. 최근, 그녀는 남자 친구와 헤어졌고, 이는 자신이 기존에 가지고 있던 '결점'에 대한 아동기 시절의 두려움을 촉발시켰으며, 그녀를 진심으로 걱정하는 사람들에게서 스스로를 멀어지게 만들었다. 그녀는 가게 매니저라는 좋은 직업을 가졌지만 남자 친구와 헤어진 후, 친구들을 피하기 시작했고 집에만 줄곧 있었다. 그녀는 십대 때부터 공공장소에 가면 공황을 느낀다고 보고했다. 그녀는 혼자 있는 것이 가장 안전하며 최선이라는 결론을 내리게 되었다고 보고했다.

초기 상담 이후 아들러학파 상담자는 다음과 같이 사례 개념화를 제시했다.

사례 개념화

날짜: 2013년 8월 27일 **상담자:** Charmain **내담자/사례 #:** 9005

I. 내담자 소개

내담자의 기본 정보와 중요한 타인 파악하기

내담자

성인 여성 연령: 34세 유럽계 미국인 미혼 이성애자 직업/직위: 매니저, 아동용 의류 가게

기타: 부모가 독일에서 이민 옴

(계속)

중요한 타인

내담자 어머니 연령: 65세 유럽계 미국인 기혼 이성애자 직업/직위: 식료품점 점원이었지만 현재는 그만둔 상태

기타 : 전쟁 이후 독일 이민자

내담자 아버지 연령: 72세 유럽계 미국인 기혼 이성애자 직업/직위: 회사 매니저를 그만둔 상태

기타: 전쟁 이후 독일 이민자

연령 선택: ________ 인종 선택 관계상태 선택 직업/직위: ______________ 기타: ______________

연령 선택: ________ 인종 선택 관계상태 선택 직업/직위: ______________ 기타: ______________

기타: ______________________________

Ⅱ. 호소 문제

문제에 대한 내담자의 보고:

결혼하려고 했던 남자와 헤어진 후, AF는 혼자 있을 때 가장 행복하며 최선이라고 말했다. AF는 자신의 공황발작과 공공장소에 있을 때 느끼는 두려움은 부모가 일에 매달리느라 어린 시절 그녀와 많은 시간을 보내지 못한 것과 7~8세에 성적 학대를 당한 경험 때문이라고 생각했다.

문제에 대한 중요한 타인 및 가족의 보고:

AF는 그녀의 부모에게 개인적인 삶, 공황, 친구를 피하는 행동에 관해 많은 것을 말하지 않았다. 그녀는 일이 많아 친구를 만날 시간이 없다고 말한다. 그녀의 부모는 그녀가 가진 장점에 대해 말하는 것을 부끄러워한다고 여기고 있으며, 타인이 그녀를 어떻게 보는지에 대해 지나치게 많이 걱정한다고 여긴다.

문제에 대한 다양한 체계(참고인, 교사, 친척, 법적 체계 등)로부터의 보고:

전 남자 친구: AF와 정서적인 관계를 맺는 데 어려움이 있다(AF에 의해 보고된 바에 의하면).

성명: ______________________________

Ⅲ. 배경 정보

트라우마·학대 이력(현재 및 과거): 7~8세부터 베이비시터의 남편에게 매달 수차례씩 성적 학대를 당했다. 이는 그녀의 부모가 다른 도시로 이사하고 나서야 끝이 났다. 그녀는 이 사실에 대해 부모에게 말하지 않았다.

약물 사용·남용(현재와 과거, 자신, 원가족, 중요한 타인): AF는 때때로 술을 마셔야 하는 사회적인 자리를 제외하고는 술을 마시거나 약물을 사용하지 않았다.

촉발 사건(최근 삶의 변화, 최초의 증상, 스트레스 요인 등): AF는 2년 동안 사귀었던 남자 친구와 헤어졌는데, 그 이유는 남자 친구가 더 이상 그녀와 연결되어 있다고 느끼지 않았기 때문이다. AF는 이별에 당황했고, 친구들과 만나는 것을 피하기 위해 변명을 했고 이로써 이미 한정되어 있던 사회적 관계에서 더욱 소외되었다. 이별 후 얼마 지나지 않아, 그녀는 고등학교 때 경험했던 공황발작을 다시 경험하기 시작했다. 이는 그녀가 집

(계속)

을 떠나는 것을 더 어렵게 만들었다.

관련된 역사적 배경(가족력, 관련 문제, 이전 상담 경험 등): AF는 '친구를 만나도록 하는' 부모의 강요로 인해 공황 삽화를 경험하기 시작했다. 그녀는 외동딸이었고, 그녀의 부모는 생계를 유지하기 위해 오랜 시간 일했다. 부모는 그녀가 학교에서 좋은 성적을 받기 원했고 그녀는 이에 부응했다. 그녀는 집에서 거의 말썽을 일으키지 않았고, 혼자서도 몇 시간씩 잘 놀았다. 그녀는 베이비시터의 남편으로부터 성적 학대로 고통 받았지만 아무에게도 이야기하지 않았다. 마침내 대학교에 들어가서 한 동성 친구에게 그 이야기를 했다.

Ⅳ. 내담자의 강점과 다양성

내담자의 강점

개인적 측면: AF는 열심히 일하고, 성실하며 자신이 해내야 할 것에 대해 잘 알고 있다. 또한 친절하고 인간관계에 있어서 인내심이 있다.

관계적·사회적 측면: AF의 부모는 그녀가 잘되기를 바라고 그들 나름대로 그녀를 지지했다. AF는 비밀을 털어놓을 수 있는 두 명의 동성 친구가 있다.

영적 측면: AF는 강한 영적 전통을 가지고 있지 않지만 삶을 탐구하고 이에 대한 의미를 알기 위해 시를 활용한다.

다양성: 자원과 한계

내담자의 연령, 성별, 성적 성향, 문화적 배경, 사회경제적 지위, 종교, 지역사회 공동체, 언어, 가족 배경, 가족 구성, 역량 등에 기초하여 내담자의 잠재적인 자원과 한계가 무엇인지 확인하라.

독특한 자원: AF는 부모와 같은 곳에 살고 있어서 쉽게 부모의 지원을 받을 수 있다. 독일인의 특성이라 할 수 있는 자원으로 강한 직업 윤리, 자기 규율, 독립성, 조직성을 갖고 있다. 가족은 교육과 전문적인 분야의 성공을 강조한다.

잠재적 한계: AF 가족은 결혼과 가족에 대해 높은 가치를 두고 있고, 그녀에게 '너무 늦기 전에 결혼하기에 좋은 남자를 고르라.'고 압박을 주었다. 게다가, 그들의 이민 경험은 살아남을 수 없거나, 충분한 자원을 가질 수 없는 것과 관련된 두려움을 양산했다. 이는 강한 직업윤리를 가져왔다.

사례 개념화를 위하여 다음의 모든 부분을 완성하거나 이론 기반의 사례 개념화를 위한 특정 부분을 완성하라.

Ⅴ. 정신역동 개념화

정신역동 방어기제

가장 많이 사용하는 방어기제 2~4개를 체크하라.

☐ 행동화: 기술하기: ______

☐ 부인: 기술하기: ______

☐ 전치: 기술하기: ______

(계속)

☐ 도움을 거절하는 불평: 기술하기:

☐ 유머: 기술하기:

☐ 수동 공격성: 기술하기:

☐ 투사: 기술하기:

☐ 투사적 동일시: 기술하기:

☒ 합리화: 기술하기: AF는 왜 그녀가 미래 관계를 원하지 않는지, 그리고 집에 머무는 것이 일상적이고 사회적인 관계를 피하는지에 대해 합리화한다.

☐ 반동 형성: 기술하기:

☒ 억압: 기술하기: AF는 그녀를 압도하는 대부분의 강하고 부정적인 감정, 두려움을 억압한다. 특히 이는 학대와 관련되어 있다.

☐ 분열: 기술하기:

☐ 승화: 기술하기:

☐ 억제: 기술하기:

☒ 기타: 자기 비난: AF는 그녀의 삶 속에 일어나는 사건에 대해 스스로를 자주 비난하고 자신에게 잘못이 있다고 느낀다.

대상관계 패턴

과거 어린 시절 초기 양육자와의 관계에 대해 기술하라. AF의 부모는 그녀가 어렸을 적에 장시간 동안 일을 했고, 그동안 베이비시터가 그녀를 맡았다.

주로 어머니(또는 그와 비슷한 사람)와의 애착은 어떠했는가?

☐ 대개 안정적 ☐ 불안과 집착 ☒ 회피와 정서적 거리감 ☐ 기타:

주로 아버지(또는 그와 비슷한 사람)와의 애착은 어떠했는가?

☐ 대개 안정적 ☐ 불안과 집착 ☒ 회피와 정서적 거리감 ☐ 기타:

초기 양육자와의 현재 관계에 대해 기술하라. AF는 부모와 거리를 두고 있고, 일이 너무 바쁘다는 이유로 관계를 회피하고 있다. 그녀의 부모는 최대한 지원을 하려고 하지만, AF는 부모가 결혼에 압박을 주고 있고, 좀 더 사회성이 있기를 강요한다고 느낀다.

파트너 관계 및 현재 다른 사람과의 관계에 대해 기술하라. AF는 최근에 남자 친구와 헤어진 상태이고, 남자 친구가 더 이상 그녀와 연결되어 있지 않다고 느꼈기 때문이라고 말했다.

Erickson의 심리사회적 발달 단계

각 단계에서 현재 단계까지의 발달을 기술하라.

신뢰 대 불신(영아기): AF는 자신과 타인에 대해 기본적인 이해가 부족한 것처럼 보이며, 이는 그녀가 유아기 시절에도 일해야 했던 엄마의 부재에서 기인했을 수 있다.

자율성 대 수치와 의심(유아기): AF는 어린 시절에 부모로부터 종종 비난받았던 기억이 있으며 여전히 강한 수치심과 회의감을 지니고 있다.

(계속)

주도성 대 죄책감(학령전기): AF는 학령전기 동안 종종 비난을 받았던 것을 기억했고, 부모에게 주로 죄의식이 들었다고 했다.

근면성 대 열등감(학령기): AF는 근면 성실한 것에 대하여 보상을 받았다. 인정에 대한 욕구는 이 시기 동안 성적 학대와 복합적으로 작용했으며, 가치 있는 사람이 되기 위해 강한 성취 욕구를 갖게 되었다.

정체성 대 역할 혼란(청소년기): 10대 시절, AF는 학업 성취에 매진하였고 이는 공황 증상의 발달을 야기하였다.

친밀감 대 고립감(청년기): AF는 친밀한 관계를 발전시키는 것에 어려움이 있었고, 특히 남성과의 관계에서 어려움이 있었다. 이는 그녀로 하여금 혼자 있는 것이 최선이라는 해결책을 갖도록 하였다.

생산성 대 (자기) 침체(장년기): .

자아 통합감 대 절망감(노년기):

아들러학파의 생활양식 주제

☒ 통제: AF는 행동을 통제하고 위험한 상황을 피함으로써 삶을 통제했다.

☐ 우월성:

☐ 기쁘게 하기:

☐ 편안함:

기본적 오류에 대한 잘못된 지각: AF는 삶과 인간관계란 위험하고도 예측할 수 없는 것이라고 인식하며, 상처받는 것을 피하고자 하며 '안전한 것이 더 낫다'고 여긴다.

Ⅵ. 인본주의·실존주의 개념화

진정한 자아 표현

문제: 문제가 내재적 또는 외재적으로(타인, 환경 등에 의해) 유발되는가?

☐ 두드러지게 내재적이다.

☒ 혼합되어 있다.

☐ 두드러지게 외재적이다.

주체성과 책임감: 자신이나 타인이 이야기의 주체로서 논의되고 있는가? 내담자는 상황에 대한 분명한 책임감을 가지고 있는가?

☐ 강한 주체성과 책임감

☒ 부분적인 주체성

☐ 매우 낮은 주체성, 타인과 상황에 대한 잦은 책임전가

☐ 종종 희생양이 되었다고 느낀다.

감정의 인식과 표현: 감정을 자신의 것으로 인식하고 경험하는 데 어려움이 없는가?

☐ 쉽게 감정을 표현한다.

☐ 동요된 감정을 인식한다.

☒ 감정을 인식하는 것이 어렵다.

'지금 여기' 경험: 내담자가 현재의 순간에 일어나는 상황에 대한 감정을 폭넓게 경험할 수 있는가?

(계속)

☐ 현재의 순간에 감정을 쉽게 경험한다.

☐ 도움을 받아 현재 감정을 어느 정도 경험한다.

☒ 현재의 순간을 경험하는 것이 어렵다.

개인적 구성 개념과 허울(facades): 내담자는 자신의 역할을 인식하고 그것을 넘어설 수 있는가? 정체성은 경직되어 있는가, 아니면 자신을 시험적으로 내려놓을 수 있는가?

☐ 시험적으로 자신을 내려놓을 수 있다. 비판하고 의문을 제기할 수 있다.

☒ 정체성의 구성 개념과 허울에 대해 약간 인식하고 있다.

☐ 정체성을 엄격하게 정의한다. '사실'로 인지한다.

복잡성과 모순: 내적인 모순을 가지고 있으며 그것을 탐색하는가? 내담자는 정체성과 삶의 복잡성을 충분히 이해하는가?

☐ 모순을 자각하고 해결한다.

☒ 모순을 일부 인식한다.

☐ 내적인 모순을 자각하지 못한다.

당위: 내담자는 사회적으로 부과된 당위와 의무에 대해 의문을 품을 수 있는가? 내담자는 타인을 기쁘게 해주는 것과 자신의 소망을 충족하고자 하는 것 간의 균형을 맞출 수 있는가?

☐ 사회적 의무와 자율성 간의 균형을 맞출 수 있다.

☒ 사회적 기대와 개인적 소망 사이의 긴장을 인식한다.

☐ 주로 사회에서 원하는 것에 초점을 맞춘다.

해야 하는 의무 목록: ______________________________

타인 수용: 내담자는 타인의 의견을 수용할 수 있고 타인에 대한 기대에 현실적으로 부응할 수 있는가?

☐ 타인을 쉽게 수용한다.

☒ 타인의 기대가 비현실적이지만, 여전히 충족하지 못한 기대에 강한 정서적 반응을 나타내는 것을 인식한다.

☐ 타인을 받아들이는 것이 어렵다. 항상 자신의 기대에 부응하기 위해 타인이 변하기를 바란다.

자기 신뢰: 내담자는 자신이 고정된 대상이 아니라 과정으로서의 자신을 신뢰할 수 있는가?

☐ 진정한 자기를 신뢰하고 표현할 수 있다.

☒ 특정한 상황에서 자신을 신뢰한다.

☐ 대부분의 상황에서 자신을 신뢰하는 것이 어렵다.

실존 분석

삶을 의미 있게 하는 자원(내담자에 의해 기술되고 설명된 것): AF는 직장에서 삶의 의미를 찾았다. 8년간 아동복 매장에서 일했고, 이를 자랑스럽게 생각한다.

삶의 의미에 관한 일반적 주제:

☒ 개인적 성취·업적

☐ 중요한 타인

☐ 자녀

☐ 원가족

(계속)

☐ 사회적 대의, 타인에 대한 공헌
☐ 종교·영성
☐ 기타: ______

삶의 방향에 대한 만족과 명확성:
☐ 힘든 시기에 자아탄력성을 만들어내는 명확한 삶의 의미를 가지고 있다.
☐ 현재의 문제는 삶의 방향과 관련된 선택을 요구한다.
☒ 현재 삶의 방향성에 대해 최소한으로만 만족한다. 삶에 더 큰 욕구를 가지고 있다.
☐ 현재까지 삶의 방향성에 관하여 거의 생각한 적이 없다. 대부분 타인 혹은 다른 어떤 것에 의해 정의된 삶의 계획에 따라 살아왔다.
☐ 기타: ______

게슈탈트 접촉 경계 혼란
☐ **둔감화**: 문제를 인식하지 못한다.
☐ **내사**: 타인의 관점을 검열하지 않고 그대로 받아들인다.
☐ **투사**: 타인에게 자신의 원하지 않는 부분을 전가시킨다.
☐ **반전**: 타인이 아닌 자기 자신에게 직접적인 행동을 취한다.
☒ **편향**: 타인 혹은 자신과의 직접적인 접촉을 피한다.
☐ **자의식**: 외부 환경이 자기 자신에게 영향을 미치지 못하도록 한다.
☐ **융합**: 타인과의 경계가 모호해지는 범위까지 동조한다.
기술하기: AF는 타인에 의해 상처받는 것을 피하기 위해 사회적 관계를 회피한다.

Ⅶ. 인지행동 사례 개념화

증상 행동의 기준
증상 #1 (행동적 기술): 공황 발작
빈도: 일주일에 1~2회
지속 기간: 15분
상황: 갑자기
사건 전: 확인하기 어려움. 종종 친구들과 만난 후 24시간 이내에 발생한다.
사건 후: 집에 가기, 마음을 정리하기 위해 책을 읽거나 텔레비전 보기
증상 #2 (행동적 기술): 사회적 활동 피하기
빈도: 일주일의 대부분
지속 기간: 주말 내내
상황: 해당 없음
사건 전: 친구로부터 전화와 메일을 받는다. 답장하지 않거나 변명한다.
사건 후: 집에 머문다. 책을 읽거나 텔레비전을 본다.

(계속)

비합리적 신념에 대한 A-B-C 분석

선행 사건(문제): 친구로부터 저녁식사 초대를 받았다.

결과(기분, 행동 등): 무기력하다. 집에 있기 위해 변명을 한다.

신념의 중재(결과 C를 야기한 사건에 관한 해로운 신념):

1. 그녀가 당황할 것에 대한 걱정
2. 사람들이 남자 친구와 헤어진 것에 대해 실패자라고 여길 것이라는 점에 대한 걱정
3. 실제로 아무도 그녀를 좋아하지 않는다는 것에 대한 걱정

Beck의 인지 도식 분석

자주 사용하는 인지 도식을 확인하라.

☐ **임의적 추론:** ______

☐ **선택적 추상:** ______

☐ **과잉일반화:** ______

☒ **의미 확대/의미 축소:** 자신의 불완전함에 대해 확대 해석한다. 타인이 그녀를 거부할 것이라고 믿는다.

☐ **개인화:** ______

☒ **절대론자/이분법적 사고:** 자신을 완전히 가치 있거나 전혀 가치 없다고 생각한다. 삶은 완전히 좋거나 완전히 나쁘다고 생각한다.

☐ **잘못된 명명:** ______

☐ **독심술:** 그는 타인의 침묵이 자신을 판단하고 있음을 나타낸다고 추정한다.

Ⅷ. 가족체계 개념화

가족생활 주기 단계

☒ 미혼 성인

☐ 기혼

☐ 어린 자녀가 있는 가족

☐ 청소년기 자녀가 있는 가족

☐ 자녀 독립

☐ 노년기

이 단계에서 발달 과업을 완성하는 데 어려움이 무엇인지 기술하라. AF는 가까운 장래에 그녀가 달성하기를 원하는 것과 결혼을 방해하는 등 친밀한 관계를 유지하는 것에 어려움을 겪는다.

타인과의 경계

부모 ☐ 밀착 ☒ 명확 ☐ 유리 ☐ 해당 사항 없음: **기술하기:** 부모가 보살피긴 하지만 거리를 유지한다.

(계속)

중요한 타인 ☐ 밀착 ☐ 명확 ☒ 유리 ☐ 해당 사항 없음: **기술하기:** AM은 AF와 정서적으로 깊이 연결되었다고 느끼지 않는다고 말했다. 하지만 그녀는 그들이 연결되어 있다고 느꼈다.

자녀 ☐ 밀착 ☐ 명확 ☐ 유리 ☒ 해당 사항 없음: **기술하기:** ______

확대가족 ☐ 밀착 ☐ 명확 ☐ 유리 ☒ 해당 사항 없음: **기술하기:** ______

기타: 성명 ☐ 밀착 ☐ 명확 ☐ 유리 ☐ 해당 사항 없음: **기술하기:** ______

타인과의 친밀도와 거리를 조절하는 일반적인 유형: 그녀의 가족은 '직업'에 관한 이야기를 공유함으로써 연결된다. 개인적인 공헌보다는 직업에 대한 공헌을 통해 서로의 가치를 판단한다. 직접적인 감정의 공유를 피한다.

삼각관계/연합

☐ 원가족과의 연합: 기술하기: ______

☐ 중요한 타인과 관련된 연합: 기술하기: ______

☐ 그 외의 연합: ______

자신과 부모-자녀 사이의 위계 ☐ 해당 사항 없음

자녀와의 위계 ☐ 효과적 ☐ 경직 ☐ 허용적

부모와의 관계(어린아이/청소년에게 있어) ☐ 효과적 ☒ 경직 ☐ 허용적

AM**과의 상호보완적 패턴**

☐ 방임형/관계 중심

☐ 높은 기능 수준/낮은 기능 수준

☒ 감정적/이성적

☐ 좋은 부모/나쁜 부모

☐ 기타: 기술하기: 성공적임 대 성공적이지 못함

상호보완적인 패턴의 예시: AM은 감정을 잘 표현하고 전달한다. AF는 인간관계에 있어 '이성적인' 사람이었다.

세대 간 패턴

약물·알코올 남용: ☒ 해당 없음 ☐ 있음: ______

성적·신체적·정서적 학대: ☐ 해당 없음 ☒ 있음: 7~8세에 베이비시터의 남편으로부터 성적 학대를 당했다.

부모-자녀 관계: ☐ 해당 없음 ☒ 있음: 아이가 학교와 직장에서 성공하는 것에 많은 초점을 둔다.

신체적·정신적 장애: ☐ 해당 없음 ☒ 있음: 부모의 가족에 우울증에 걸린 사람이 있다.

가족이 지닌 강점: 기술하기: 엄격한 직업 윤리. 가족 구성원은 서로를 보살핀다. 삶의 모든 분야에서 서로가 성공하도록 돕는다.

(계속)

IX. 해결 중심·문화적 담론(포스트모더니즘) 개념화

해결책과 독특한 결과

효과적으로 작용하지 않은 기존의 해결책:

1. 친구와 가족을 이해하기를 스스로에게 '강요한다'.
2. 텔레비전 드라마와 경찰 리얼리티 쇼를 시청한다.
3. AM이 그녀를 떠난 이유에 대해 반추한다.

예외적 상황과 독특한 결과: 시간, 장소, 관계, 상황 등 덜 문제시될 때, 사건의 경과가 좋아지도록 하는 행동:

1. 전화상으로 가장 친한 여자 친구 두 명과 엄마와 이야기할 때 정서적으로 안정이 된다.
2. 시를 쓰는 것은 그녀의 삶을 더 풍요롭게 한다.
3. 익숙한 장소에서는 공황 증상을 가장 적게 경험한다. 식료품점에 가거나 은행 가기와 같이 공공장소에서 이루어지는 일상적인 일에는 공황 상태에 빠지지 않는다.

기적 질문에 대한 대답: 만약 문제가 하룻밤 사이에 해결이 된다면, 내담자는 다음 날 어떻게 행동할 것인가? (Y를 하지 않는 대신에 X를 한다는 식으로 기술하라.)

1. 그녀는 친구와 가족들과 좋은 시간을 보낼 것이다.
2. 그녀는 사회적 상황에 좀 더 외향적이게 될 것이다.
3. 그녀는 로맨틱한 사랑을 할 것이다.

문제 정의에 영향을 주는 **지배 담론:**

- **인종, 계층, 종교 담론: 핵심적인 문화적 담론이 어떻게 문제와 가능한 해결책이 무엇인지 알려주는가?** AF는 이주민이고, 노동자이며, 루터교를 믿는 독일 가정의 외동딸이다. 그녀는 부모가 가르친 직업 중심 가치를 중요시 여겼고, 이는 이주민이라는 상황과 새로운 나라에서 생존하기 위해 열심히 일해야만 했던 필요에 의해 심화되었다. 그녀의 가족은 서로에 대한 애정과 감정 표현에 가치를 두지 않았다. 하지만 결혼에 대해서는 큰 가치를 부여했다. 내담자는 자신의 삶을 체계화하는데, 이러한 접근을 계속해서 유지했다.
- **성(gender)과 성적 담론: 성과 성적 담론이 어떻게 문제와 가능한 해결책이 무엇인지 알려주는가?** 대부분의 경우 어렸을 때 겪은 성적 학대로 인해, AF는 여성으로서 굉장히 취약하다고 느꼈다. 특히 모르는 사람과 같이 있을 때와 모르는 장소 안에 있을 때 취약함을 느낀다. 그녀는 대부분 자신의 안전에 대해 신체적이고 정서적으로 항상 걱정한다. 타인을 행복하게 하고 그녀가 상처받지 않게 하기 위해서 내면적으로 스스로를 통제하는 정형화된 여성의 대처 전략을 사용해왔다.
- **지역사회, 학교, 확대가족 담론: 다른 중요한 지역사회 담론이 어떻게 문제로 인지되었으며, 가능한 해결책이 무엇인지 알려주는가?** AF는 직장에서 자신감을 가졌고 존경받았으며 이로 인해 직장을 안전한 곳이라 여기게 되었다.

정체성 내러티브: 문제는 어떻게 내담자의 정체성을 형성하는 데 영향을 미쳤는가? 결별과 공황 증상의 재경험은 일에 대해 집중하지 못하도록 했으며 친밀한 관계와 가족을 가지고 싶었던 그녀의 꿈을 포기하도록 했다. 그녀는

(계속)

'일에서 성공하는 것이 다른 것보다 더 가치 있다.'고 스스로를 위로했다. 그러나 공황 증세는 그녀가 일을 계속하지 못하도록 했고, 이러한 이유로 그녀는 상담자에게 도움을 청했다.

내담자에게 국지적 담론 또는 선호하는 담론: 내담자가 선호하는 정체성 관련 내러티브 혹은 문제에 관한 내러티브는 무엇인가? 문제에 대하여 선호하는 국지적(대안적) 담론이 있는가? AF는 그녀의 상황에 대해 비난하고 이 상황을 피할 수 없다고 봤기 때문에, 문제 중심 내러티브를 대신할 내러티브를 형성하는 것을 어려워한다. 그러나 가끔은 부끄러움을 덜 타는 방법을 배워서 스스로를 도울 수 있다고는 생각한다.

임상적 평가

임상가:	내담자 ID #:	기본 구성:	모국어:
Charmain	9005	☒ 개인 ☐ 부부 ☐ 가족	☒ 영어 ☐ 스페인어 ☐ 기타: 독일어

내담자와 중요한 타인에 대한 기록

성인

성인 남성 연령: 34세 아시아계 미국인 미혼 이성애자 직업: 가게 매니저: 아동용 옷가게

기타: ____

성별 연령 선택: ____ 인종 선택 관계 상태 선택: ____ 직업/직위: ____

기타: ____

아동

성별 연령 선택: ____ 인종 선택: ____ 학교/학년 선택: ____

기타: ____

성별 연령 선택: ____ 인종 선택: ____ 학교/학년 선택: ____

기타: ____

기타 확인 사항: ____

호소 문제

		아동을 위한 점검 문제:
☒ 우울/무력감	☐ 부부 문제	☐ 학업 실패/수행 저하
☒ 불안/걱정	☐ 부모-자녀 갈등	☐ 무단결석/가출
☐ 분노 문제	☐ 배우자 폭력/학대	☐ 또래와의 다툼
☒ 상실/슬픔	☐ 이혼 후 적응	☐ 과잉 행동
☐ 자살 사고 및 시도	☐ 재혼 후 적응	☐ 의복 청결 상태 불량
☒ 성적 학대/강간	☐ 성/친밀감 문제	☐ 아동 학대/방임
☐ 알코올/약물 사용	☐ 주요한 생활 변화	☐ 고립/철수
☐ 섭식 문제/섭식 장애	☐ 법적 문제/보호 관찰	☐ 기타: ____
☐ 직업 문제/실직	☒ 기타: 공황 증상	

내담자를 위한 정신 상태 평가

대인관계	☐ 해당 없음	☐ 갈등 ☐ 밀착 ☐ 고립·회피 ☐ 괴롭힘 ☒ 기타: 지나치게 수줍음
기분	☐ 해당 없음	☒ 우울·슬픔 ☒ 불안 ☐ 불쾌 ☐ 분노 ☐ 성마름 ☐ 조증 ☐ 기타: ____
정서	☐ 해당 없음	☒ 위축 ☐ 둔감 ☐ 생기 없음 ☐ 불안정 ☐ 일관성 없음/부적절 ☐ 기타: ____

(계속)

수면	☐ 해당 없음	☐ 수면과다 ☐ 불면증 ☐ 수면 방해 ☒ 악몽 ☐ 기타:
섭식	☒ 해당 없음	☐ 증가 ☐ 감소 ☐ 식욕 부진 ☐ 폭식 ☐ 구토 ☐ 기타:
불안	☐ 해당 없음	☐ 만성적 근심 ☒ 공황 ☐ 공포증 ☐ 강박사고 ☐ 강박행동 ☐ 기타:
트라우마 증상	☐ 해당 없음	☐ 과각성 ☐ 플래시백/침습 기억 ☐ 해리 ☒ 감각 상실 ☒ 회피 노력 ☒ 기타: 꿈/악몽
정신병적 증상	☒ 해당 없음	☐ 환각 ☐ 망상 ☐ 편집증 ☐ 연상 이완 ☐ 기타:
운동 활동성 및 언어 능력	☒ 해당 없음	☒ 낮은 에너지 ☐ 과잉 행동 ☐ 불안 ☐ 주의 산만 ☐ 충동적 ☐ 빠른 어조 ☐ 느린 어조 ☐ 기타:
사고	☐ 해당 없음	☒ 집중력 부족 ☐ 부인 ☒ 자기 비난 ☐ 타인 비난 ☒ 반추 ☐ 단절 ☐ 완고함 ☐ 통찰력 부족 ☐ 그릇된 의사결정 ☐ 혼란스러움 ☐ 기타:
사회·법률	☒ 해당 없음	☐ 규범 경시 ☐ 반항 ☐ 절도 ☐ 거짓말 ☐ 격분 ☐ 체포 및 투옥 ☐ 싸움 걸기 ☐ 기타:
기타 증상	☒ 해당 없음	

내담자를 위한 진단

진단에서 고려되는 **상황적 요인**: ☒ 연령 ☒ 성별 ☒ 가족 역동 ☒ 문화 ☐ 언어
☐ 종교 ☐ 경제력 ☐ 이민 ☐ 성적/성별 지향 ☒ 트라우마 ☐ 이중 진단/동반 질환
☐ 중독 ☐ 인지적 능력 ☐ 기타:

진단과 평가 과정에서 확인된 요인의 영향을 기술하라. 정서적 표현과 개인적 자율성에 관한 문화적 기준뿐만 아니라 학대 및 이민과 관련된 트라우마도 고려해야 한다.

DSM-5 코드	심리사회적 스트레스 요인 및 문제점에 관한 V/Z/T 코드를 포함한 **진단과 진단 상세 기준**
1. F43.10	1. 공황발작을 동반한 외상 후 스트레스 장애
2. F40.00	2. 광장공포증
3. Z62.810	3. 어린 시절 성적 학대의 이력
4.	4.
5.	5.

의료적 고려사항

내담자는 정신의학적 평가를 위해 의뢰된 적 있는가? ☒ 예 ☐ 아니요

(계속)

내담자는 의뢰에 동의했는가? ☐ 예 ☒ 아니요 ☐ 해당 없음

평가에 사용되는 심리측정 도구: ☐ 없음 ☒ 교차편집 증상 척도

☐ 기타: ______

진단에 대한 내담자의 반응: ☒ 동의 ☐ 다소 동의 ☐ 동의하지 않음 ☐ 다음과 같은 이유로 알 수 없음: ______

현재 약물 치료(정신의학적·의학적) ☐ 해당 없음

1. 자낙스 ; 복용량 4 mg; 시작 날짜: 2013년 8월 1일
2. ______ ; 복용량 ______ mg; 시작 날짜: ______
3. ______ ; 복용량 ______ mg; 시작 날짜: ______
4. ______ ; 복용량 ______ mg; 시작 날짜: ______

의료적 필요성: 해당되는 것에 모두 체크하라.

☒ 상당 부분 손상 ☐ 손상 가능성 큼 ☐ 예상되는 발달적 지체

손상 영역: ☒ 일상생활 ☒ 사회적 관계 ☐ 건강 ☐ 직장/학교생활 ☐ 거주 형태

☐ 기타: ______

내담자의 위험 요소와 안전성 평가

자살 경향성	**타살 경향성**	**알코올 남용**
☒ 징후 및 부인 없음	☒ 징후 및 부인 없음	☒ 징후 및 부인 없음
☐ 적극적 사고	☐ 능동적 사고	☐ 과거의 남용
☐ 소극적 사고	☐ 수동적 사고	☐ 현재 횟수/양: ______
☐ 계획 없는 의도	☐ 계획 없는 의도	**약물 사용 및 남용**
☐ 목적을 위한 의도	☐ 수단을 동반한 의도	☒ 징후 및 부인 없음
☐ 지난해 동안의 사고	☐ 지난해 동안의 사고	☐ 과거의 남용
☐ 지난해 동안의 시도	☐ 지난해 동안의 폭행	☐ 현재 복용 약물: ______
		빈도/양: ______
☐ 가족 혹은 동료의 자살 이력	☐ 타인을 폭행한 과거 이력	☐ 가족 또는 중요한 타인의 약물 사용
	☐ 동물 학대	

성적·신체적 학대 및 그 밖의 위험 요인

☒ 아동기 학대 이력: ☒ 성적 학대 ☐ 신체적 학대 ☐ 정서적 학대 ☐ 방임

☐ 성인기의 학대/폭행: ☐ 성적 학대 ☐ 신체적 학대 ☐ 현재 지속 여부

☐ 학대 가해 이력: ☐ 성적 학대 ☐ 신체적 학대 ☐ 정서적 학대

☐ 노인 또는 부양해야 할 성인 학대 및 방치

☐ 섭식 제한, 폭식 또는 구토 이력(현재 또는 과거)

☐ 자살 시도 및 다른 자해 행위: ☐ 현재 ☐ 과거: 수단: ______

☐ 범죄 및 법적 문제 이력: ______

(계속)

☐ 기타 정신적 외상 이력: ________

☐ 보고된 바 없음

안전 지표

☐ 해당 없음

☒ 최소한 한 명의 외부 지지자

☐ 살고자 하는 혹은 해를 끼치지 않으려는 구체적인 이유를 언급할 수 있는 능력

☐ 희망

☒ 위협적인 물건을 제거하려는 의지

☒ 미래의 목표 세우기

☐ 상황을 악화시키는 사람과의 접촉을 줄이려는 의지

☒ 기꺼이 안전 계획, 안전 개입을 수행하고자 하는 의지

☐ 자신 및 타인을 해치는 행동에 대한 대안 발전시키기

☒ 안전이 지속되는 기간: 시도 경험 없음

☐ 기타: ________

안전 계획의 요소

☐ 해당 없음

☐ 위해를 가하지 않는다는 내용을 구두로 서약하기

☐ 위해를 가하지 않는다는 내용의 서약서 작성하기

☒ 긴급 연락망 카드

☒ 위급 상황을 위한 치료자 및 기관 연락처

☒ 약물 치료 관리

☐ 위기 상황에서 친구 및 지지자와 연락할 수 있는 계획 세우기

☐ 위기 상황에서 어떤 장소로 가야 할지 세부적인 계획 세우기

☒ 위기 수준에 도달하기 전에 위험을 감소시키기 위한 구체적인 자기 진정 작업(예: 일기 쓰기, 운동하기 등)

☐ 스트레스 요인을 감소시키기 위한 구체적인 매일/매주의 활동

☐ 기타: ________

법적·윤리적 조치 적용: ☒ 해당 없음 ☐ 조치: ________

사례 관리

기타 연락망

- **담당 의사 혹은 다른 전문가**와 연락한 적이 있는가? ☐ 해당 없음 ☒ 있음 ☐ 진행 중
  성명/기록 사항: Dr. Grossman/ 약물 사용을 허가하고 치료 과정을 알리는 정신과 의사
- 만약 내담자가 **다른 곳에서 정신 건강 치료**를 받고 있다면, 그곳과 연락했는가? ☒ 해당 없음 ☐ 있음 ☐ 진행 중
  성명/기록 사항: ________
- **사회복지사**와 연락한 적이 있는가? ☒ 해당 없음 ☐ 있음 ☐ 진행 중 성명/기록 사항: ________

의뢰

- 내담자는 **의학적인 평가**에 의뢰된 적 있는가? ☒ 있음 ☐ 필요성에 대한 근거 없음
- 내담자는 **사회적 서비스**에 의뢰된 적이 있는가? ☒ 해당 없음 ☐ 직업/훈련 ☐ 복지/식품/주거 보조
  ☐ 피해자 서비스 ☐ 법적 도움 ☐ 의료 서비스 ☐ 기타: ________
- 내담자는 **집단**이나 다른 지원 서비스로 의뢰된 적이 있는가? ☐ 예: ____ ☐ 진행 중 ☒ 권장되지 않음
- 치료와 관련된 **범죄 수사적/법적 절차**가 예상되는가? ☒ 아니요 ☐ 예: 기술하기: ________

(계속)

지원 네트워크

- 내담자 사회적 지지망은 다음을 포함한다. ☒ 지지적인 가족 ☐ 지지적인 배우자 ☒ 친구
  ☐ 종교적·영적 단체 ☒ 지지적인 직업적·사회적 집단 ☐ 기타: ____
- 지지적인 체계(자녀, 파트너 등)에서 다른 사람들에게 영향을 미칠 것으로 예상되는 치료의 영향을 기술하라. AF가 직접적인 정서적 연결을 원하기 시작하거나 사람들과 사회적 교류를 하기 시작한다면 부모는 놀랄 것이다.
- 내담자가 성취할 필요가 있는 것이 존재하는가? 친구와의 교류

기대되는 치료 성과와 예후

☒ 정상적인 기능 수준으로의 복귀 ☐ 정상적인 기능 수준 미만 예상 ☐ 악화 예방

내담자의 소망: 4

성과 평가 및 내담자 관점

내담자의 연령, 문화, 그 밖의 다양한 문제를 포함한 평가 방법이 내담자의 필요에 충족하는가?
가족 체계와 문화적 문제는 정서적, 관계적 기능에 대한 평가에서 고려되었다.
위와 같은 평가와 연관된 내담자-임상가 동의/비동의에 대한 실제적 혹은 잠재적 영역을 기술하라.
내담자는 심리치료사와의 관계에 동의하며, 치료 이전에 공황 장애를 진단받았다.

________________________, ____________ ____________
임상가 서명 자격/인턴 직위 날짜

________________________, ____________ ____________
슈퍼바이저 서명 자격 날짜

치료 계획

날짜: 2013년 7월 2일　　　　사례/내담자 #: 9005

임상가 성명: Charmain　　　　이론: 아들러학파

계획된 치료 양상: ☒ 성인　☐ 아동　☐ 부부　☐ 가족　☐ 집단:

추천 회기 빈도: ☒ 매주　☐ 격주　☐ 기타:

예상 치료 기간: 6개월

초기 치료 단계

초기 단계 상담 업무

1. 상담 관계 발전시키기. **다양성에 관한 고려사항:** 어린 시절의 학대 경험과 독일인 이주민이라는 주목할 만한 배경을 염두에 두기

관계 형성 접근 방법/개입:

a. 내담자가 안정감을 가지고 심리치료사와 평등한 관계에서 말할 수 있는 있도록 하기 위해 따뜻한 말과 격려, 공감 활용한다.

2. 개인적, 체계적, 그리고 다양한 문화적 역동 평가하기. **다양성에 관한 고려사항:** 내담자의 트라우마를 형성하는 데 잠재적인 영향을 미친 부모의 이민에 관하여 알아보기. 미국에서 확대가족 또는 '입양된 가족'이 어떠한 대우를 받는지 질문하기

평가 전략:

a. 생활양식, 기본적 오류, 양육 방식, 가족 구도, 초기 기억, 기관 열등감, 꿈, 어떻게 학대받았는지, 외동아이로서의 위치, 그리고 생활양식 형성에 독일인 민족성과 이민 역동성이 끼치는 영향

b. 신체적이고 정서적인 안정감을 유지하는 데 공황 상태와 광장공포의 역할이 무엇인지 알아내기 위해 '그 질문' 하기

3. 치료 목표에 대한 내담자의 동의를 확인하고 얻기. **다양성에 관한 고려사항:** 내담자가 목표를 알아볼 때, 반드시 주체감을 느끼도록 하기

목표 설정 개입:

a. 심리교육을 통해 내담자가 가진 공황과 광장공포증을 줄이는 것뿐만 아니라 사회적 관심과 교류를 증진시키기 위한 목표를 설정한다.

4. 필요한 의뢰, 위기 요소, 추가적인 접촉, 내담자의 다른 요구 확인하기. **다양성에 관한 고려사항:** 독일인/루터파 지역 공동체의 잠재적인 연결을 고려하기. 미국 내에서 확대가족 또는 '입양된 가족'의 사회적 위치에 대해 평가하기

a. **위기 평가 개입:** 공황과 광장공포증에 대해서 정신과 의사와 상담하고 의뢰한다.

(계속)

b. **의뢰 사항:** 심리교육에 대한 정보를 AF에게 준다. 대부분 인터넷이나 글로 된 서면 자료 사용한다.

초기 단계 내담자 목표

1. 공황과 광장공포증을 감소시키기 위해 AF가 사회적 교류에서 두려움을 느끼는 불안전한 감정을 감소시키기

개입:

a. 스트레스 반응, 공황, 광장공포증에 대한 심리교육을 하고 이러한 문제점을 해결하는 데 가장 좋은 방법을 논의한다.

b. 안전에 대해 조절할 수 있어야 한다는 것과 타인으로부터 괜찮다는 허락이 필요하다는 기본적 오류에 도전한다.

치료의 작업 단계

작업 단계 상담 업무

1. 작업 동맹의 질 점검하기. **다양성에 관한 고려사항:** 개인적 영역과 사생활을 존중하기

a. **평가 개입:** AF가 상담 과정에서 참여가 증가하는지 관찰한다. 상담 과정에서 평등한 관계에 있다는 감정을 가지는지 관찰한다.

2. 내담자의 치료 과정 점검하기. **다양성에 관한 고려사항:** 성적 학대와 가족의 기원/문화적 관계 양상을 설명하기 위해서 사회적 관심이라는 목표를 적용하기

a. **평가 개입:** 사회적 관심의 발달을 관찰하고, 내담자가 성과로 여기는 것이 무엇인지 질문한다. 전반적인 고통감에 대해 사전·사후 모두 측정하기 위한 결과 설문지

작업 단계 내담자 목표

1. 사회적 교류의 회피를 감소시키기 위해 세상에 대한 물리적이고 정서적인 안정에 있어서 불안감을 감소시키기

개입:

a. 그녀가 언제 그리고 어떻게 안전에 신경 쓰는지, 언제 안전에 대해 믿고 안심할 수 있는지에 관한 현실적이고 균형 잡힌 시야를 가지도록 하기 위해 기본적 오류가 무엇인지 알아보고 도전한다. 특히 성적 학대와 관련한 기본적인 신념에 관해 주의 깊게 살펴본다.

b. AF가 자신과 타인에 대해 바람직한 연령과 성적 기대를 확립하도록 돕기 위해서 신체적이고 정서적인 안전에 대한 심리 교육을 하도록 격려한다.

2. 사회적 고립을 감소시키기 위해 인생 과업과 지나친 업무의 강조를 감소시키기

개입:

a. '혼자가 더 낫다'라는 믿음에 도전하고 AF가 사회적 교류를 지속할 수 있도록 격려한다.

b. 안전에 대한 환상이 어떤 역할을 하는지 알기 위해 사회적 회피 행동을 해석한다.

3. 사회적 회피를 감소시키기 위해 일과 성공을 통해 자신의 가치를 인정받으려고 하는 것을 감소시키기

(계속)

개입:

a. 가족과 문화적 신념을 존중하면서 직업적 성취에 의해 가치가 결정된다는 신념의 기원을 확인하고 이에 도전한다.

b. '어떻게' 하는지보다는 '무엇을' 하는지에 초점을 맞추어서 자기 가치를 증진하는 방향으로 자기 진술을 변화시킨다.

치료의 종결 단계

종결 단계 상담 업무

1. 추후 관리를 위한 계획을 발전시키고 성과를 유지하기. **다양성에 관한 고려사항:** 독일인과 루터파 공동체가 지닌 잠재적인 자원이 무엇인지 고려하기

개입:

a. 가족과 문화적 가치를 존중하고 통합하는 동안, 강한 사회적 연결망, 만족을 주는 활동, 낙관적인 기본적 가정과 같은 안녕감의 습관을 증진시키기 위한 사회적 관심 및 긍정심리학에 대한 심리교육 격려한다.

종결 단계 내담자 목표

1. 공황과 사회적 회피의 재발을 감소시키기 위해 자기 수용과 전반적 안녕을 증가시키기

개입:

a. 안녕감을 위한 사회적 관계의 중요성, 안녕감의 습관, 행복을 지원하는 활동에 대한 심리교육을 격려한다.

b. AF가 친구와 가족의 사회적 연결망을 증진할 수 있도록 격려하고 그들과 깊은 관계를 맺도록 도와준다.

2. AF의 소외감을 감소시키기 위해 친밀한 연인과의 정서적인 교류와 믿음을 갖도록 하는 능력을 증가시키기

개입:

a. AF가 안전한 관계에서 더욱 깊은 교류를 할 수 있으며, 현실적인 믿음을 가지고 관계를 맺을 수 있도록 격려한다.

b. 갈등을 중재하는 관계를 어떻게 확립하고 유지할 수 있을지에 대한 심리교육 제공한다.

내담자 #9005에 관한 회기 보고서

날짜: 2013년 9월 5일 **시간:** 9:00 ⊠ 오전 / □ 오후 **회기 길이:** □ 45분 ⊠ 60분 □ 기타: ___분

소개: □ 성인 남성 ⊠ 성인 여성 □ 남자아이 □ 여자아이 □ 기타:

청구 코드: □ 90791(평가) □ 90834(45분 치료) ⊠ 90837(60분 치료) □ 90847(가족)

□ 기타: ________

증상	마지막 방문 이후의 주기와 빈도	진행 경과
1: 공황	한 가지의 가벼운 삽화, 5분	진행 중
2: 광장공포증	두 가지의 가벼운 삽화, 4~6시간	진행 중
3: 사회적 고립	보통, 대부분 날들	진행 중

증상에 대한 해석: AF는 '안전한' 친구들과의 교류를 통해 적은 수준의 사회적 활동을 하는 과제를 끝마쳤다. 약물 치료와 깊은 숨을 들이마시면서 공황을 대처해나갈 수 있다고 안심시키라. 특히 주말 동안 고립감을 느끼더라도, 밖에 나가도록 격려하라. 회기 때 '과제'를 부여하는 것은 도움이 된다.

회기 내의 개입과 부여된 과제

지난주의 과제 관리하기. AF는 주말 이틀 동안 부담스럽지 않은 이벤트에 참여하기 위해 친구들에게 전화도 걸고 초대에도 응했다. 회기 동안에는 계속해서 엄격한 자기통제, 타인에게 감정을 숨겨서 항상 안전하도록 유지하기 등과 같은 기본적 오류에 도전하였다. 이러한 신념에 도전하기 위해 친구들과 있었던 최근의 사건을 사용했다. 위험한 상황에 처했을 때 관계의 안전을 평가하는 것과 또 도전해야 할 때는 분별하는 것에 대한 심리교육을 지속했다. '안전한 친구'와 함께 금요일, 토요일에 무언가를 하는 과제를 계속해서 유지하라.

내담자 반응/피드백

변화를 촉진시키는 과제에 대한 도전을 얻게 되었다. AF는 일과 사회생활에 평행을 이루는 심리교육과 논쟁에 대해 관심을 보였다.

계획

⊠ 치료 계획 지속하기: 다음 회기를 위한 계획: 매주 주어진 과제 후의 후속조치

□ 계획 수정하기: ________

다음 회기: 날짜: 2013년 9월 12일 시간: 9:00 ⊠ 오전 / □ 오후

위기 요소: ⊠ 위기의 조짐이 없음/내담자 부정 □ 평가된/언급된 위기: 아래에 기술하라.

공황은 약물과 함께 조절될 수 있음을 알리라.

________, ________ ________

임상가 서명 자격/인턴 날짜

(계속)

사례 자문/슈퍼비전 ☐ 해당 없음

기록 사항: 슈퍼바이저가 가족 상담을 하도록 권유했다.

기타 연락망 ☐ 해당 없음

성명: Dr. Grossman 연락한 날짜: 2013년 9월 4일 시간: 1:15 ☐ 오전 / ☒ 오후

☒ 파일에 작성된 내용 서면상 양도: ☒ 발송 / ☐ 수신 ☐ 법정 문서 ☐ 기타: ______

기록 사항: 약물 사용의 허가를 위해 정신과 의사에게 진찰받았다. 상담 과정 중에 있다.

______, ______ ______

임상가 서명 자격/인턴 날짜

______, ______ ______

슈퍼바이저 서명 자격 날짜

CHAPTER 10

인본주의·실존주의 이론 기반의 상담 사례 개념화

개관

현상학적 철학에 근거하여, 인본주의·실존주의 상담 접근은 가장 널리 쓰이고 영향력 있는 상담 접근의 일부이다. 독특한 상담 치료법으로서 초기에 인본주의·실존주의 접근이 발전했지만, 현대 실무자들은 적어도 세 가지의 인본주의·실존주의 접근을 막힘없이 이끌어냈다.

- **인간 중심 상담**: 인간 중심 상담은 내담자 중심 혹은 Rogers식 상담으로도 알려져 있다. Carl Rogers(1942, 1951)에 의해 발전된 이 접근은 정확한 공감, 상담자의 진실성, 무조건적 존중이라는 세 가지 핵심 조건이 내담자의 변화를 촉진시키기에 충분하다는 주장에 근거하고 있다. 초점은 원하는 결과를 성취하기 위한 특정 기법의 사용보다는 변화를 촉진하는 정서적이고 관계적인 과정에 해당한다. 이러한 접근은 사람들이 **본능적으로** 긍정적인 성장을 지향하는 경향이 있다는 것을 가정한다.
- **게슈탈트 상담**: 인간 중심과 유사하게, 게슈탈트 상담은 사람들이 자아실현을 하고 더 충분히 그들 자신이 되도록 돕는 것에 초점을 맞추는 인본주의적인 접근이다. 그러나 기법은 인간 중심 상담보다 더욱 정서적으로 자극적이고 직면적이다.
- **실존주의 상담**: 실존주의 상담은 실존주의 철학에 기반을 두고 있으며, 인간 중심 상담의 낙관적인 인본주의적 기반에 비해 인간의 조건에 관한 더 중립적인 태도를 지닌다. 실존주의 상담은 내담자가 증상과 고통을 경험한다고 주장하는데, 그것은 타인으로부터 모든 인간의 궁극적인 분리, 죽음, 상실, 실존적인 불안과 같은, 더 큰 실존적인 문제를 회피하는 중이거나 더욱 효과적으로 그것을 다루어야 할 필요가 있기 때문이다. 이러한 접근은 내담자의 현재 문제를 유발하는 근본적인 불안을 더욱 효과적으로 해결하기 위하여 실존적 문제에 대한 통찰과 반영을 강조한다.

이 장에서는 인간 중심 상담과 게슈탈트 상담을 다룬다.

인간 중심 상담

■ 개요: 당신이 최소한 알아야 할 것

상담과 심리치료 분야에서 틀림없이 가장 영향력 있는 이론들 가운데 하나인 인간 중심 상담은 사람들이 더 충분히 그들 자신이 되도록 돕기 위한 과정 중심 접근이다 (Kirschenbaum & Jourdan, 2005). Carl Rogers에 의해 개발되었기 때문에(1942, 1951, 1961, 1981), 그러므로 이는 Rogers식 상담 혹은 내담자 중심 상담이라는 초기 용어로 불린다. 인간 중심 상담은 치료적 변화의 필요충분조건에 해당하는 급진적이고 아주 놀라운 명제에 기반을 두고 있는데, 이는 다음의 내용을 포함한다. (1) 상담자의 일치(congruence) 혹은 진실성(genuineness), (2) 내담자에 대한 정확한 공감(accurate empathy), (3) 무조건적 긍정적 존중(unconditional positive regard). Rogers는 만약 이 세 가지 명제들이 모두 성립된다면, 시간이 흘러 내담자는 더욱 충분히 그들 자신이 될 것이며, 결국 그들을 상담으로 이끈 문제는 해결될 것이라고 주장하였다. 인간 중심 상담은 우울, 배우자와의 갈등, 혹은 진로 결정에 관한 망설임과 같이, 내담자들이 보고하는 현재의 문제를 직접적으로 다루기 위한 치료 계획을 발전시키지 않는다. 대신에, 상담은 내담자가 그들 생활 저변에 있는 허울과 생활을 조직하고 있을 수 있는 사회적으로 부과된 의무를 드러내기 위해 순간의 내적 경험을 경험하도록 돕는 것에 초점을 둔다. 내담자가 상담자와의 관계를 맺는 동안에 내담자 스스로를 더욱 정확하고 깊게 경험할 수 있으며, 그들이 해야 할 필요가 있는 결정을 내리는 데 더욱 유능해지고, 자신을 더 충분하고 정확하게 경험하며, 이 모든 것은 처음 내담자를 상담으로 이끈 문제를 내담자가 해결하도록 돕기 위하여 협력하게 된다. 그러므로 상담자가 한 사람의 내적 세계에 대해 더욱 충분하고 정확하게 인식하는 기본적인 과정을 촉진시키기 위해 기법을 사용하는 것은 지양된다.

■ 핵심: 이 분야에서의 중요한 공헌

이 장에서 한 가지만 기억해야 한다면, 반드시 다음의 내용을 기억하라.

핵심 조건

Carl Rogers(1957/2007)에 의해 명확히 알려진 성격 변화에 대한 필요충분조건은 틀림없이 상담과 심리치료 분야에서 주장된 가장 영향력 있는 견해의 일부이다

(Kirschenbaum, 2004; Kirschenbaum & Jourdan, 2005). 그의 논문(1957/2007)에서는, Rogers가 어느 정도의 기간 동안 건설적인 성격 변화를 위한 여섯 가지 조건에 대해 규명한다.

1. 두 사람은 심리적 접촉 상태에 있다.
2. 우리가 내담자로 명명할 첫 번째 사람은 불일치(incongruence)의 상태이며, 상처받기 쉬우며 불안한 상태에 있다.
3. 우리가 심리치료사로 명명할 두 번째 사람은 관계에서 **일치되거나 통합된** 상태이다.
4. 심리치료사는 내담자에게 **무조건적인 긍정적 존중**을 갖는다.
5. 심리치료사는 내담자의 내적 참조 체제에 대해 **공감적으로** 이해하고, 내담자와 이 경험으로 소통하도록 노력한다.
6. 심리치료사의 공감적 이해와 무조건적 긍정적 존중의 내담자를 위한 소통은 최소한의 정도는 성취된다. (Rogers, 1957/2007, p. 24; 고딕체 강조 부분 참조).

추후의 기록에서 이러한 여섯 가지 조건은 심리치료사가 상담 관계에서 반드시 형성해야 하는 세 가지 조건으로 축약된다.

1. 상담자의 일치 혹은 진실성
2. 무조건적인 긍정적 존중
3. 정확한 공감

이러한 세 가지 조건은 인간 중심 상담의 핵심이다. Rogers(1957/2007)는 상담자가 선호하는 이론이나 내담자에게 현재 나타나는 문제와 상관없이, 이 세 가지 조건이 성격 변화를 위하여 필요충분하다고 여겼다. 그는 경험적으로 달리 증명될 때까지 이는 가설일 뿐임을 명백히 밝힌다. Rogers는 1957년 논문에 이 가설을 제안한 이후 30년 동안 계속 연구했으며, 그 이후 많은 사람들이 그의 가설을 검증하거나 개선해왔다(Kirschenbaum & Jourdan, 2005). 그럼에도 불구하고 그의 가설이 옳고 그른지에 관한 논쟁은 격화되고 있다(Brown, 2007; Hill, 2007; Kirschenbaum & Jourdan, 2005; Mahrer, 2007; Wachtel, 2007). 현재 1957년 Rogers에 의해 정립된 조건이 **필요하지도 충분하지도 않지만**, 그것들이 명백히 **촉진적**이며 '중대하다'는 것을 나타내는 상당한 양의 증거가 존재한다는 것에 대해 대부분의 사람들이 동의할 것이며, 이는 이러한 조건들이 변화를 촉진하는 데 **매우 도움이 될 수 있음**을 의미한다(Kirschenbaum & Jourdan, 2005). 또한 더욱 간단히 말하자면, 비록 예외는 있겠지만, 대부분의 사례에서 Rogers에 의해 발견된 이 조건은 긍정적인 상담 성과와 매우 관련이 높다. **이러한 조건을 사용하는 것이 부적절한 특정 집단이나 문제를 밝힌 연구는 없다.** 공통요인 변동(the common factors movement)은 Rogers에 의해 지지된 특성이 상담자의 선호 이론보다 긍정적인 치료적 성과와 매우 관련이 높다는 것을 나타내는 연구의 결과물이다. 나아가 요약하자면, 비록 이 특성은 모든 사례에서, 모든 내담자에게 필요충분하지 않을 수 있지만, 당신이 상담하기 위해 선택하는 상담 이론과 관계없이 긍정적인 성과를 위하여 매우 중요하다. 그러므로 다음의 부분을 자세하게 읽어보라. 이는 상담자가 되는 것에 관한 이 책에서의 가장 중요한 부분이다.

진실성 혹은 일치 첫 번째 조건은 상담자의 **진실성**이다(Rogers, 1957/2007). 나중에는 일치라 불렸으며, 이는 상담자의 내적 경험과 '일치하는' 외적인 표현을 말한다(Rogers, 1961). 21세기의 언어로, 우리는 이를 '진실함'이라고 부른다. 그러나 Rogers는 그 의미를 대중문화가 의미하는 바가 아닌 진실하고, 전체적이며, 통합된 의미의 인본주의적, 철학적 정의로 일컬었다. Rogers의 정의는 자유롭고 깊이 한 사람의 자아가 되는 것과 동시에, 경험되는 것을 **정확하게** '받아들일 수 있는' 것과 이러한 경험의 내적 과정을 자발적으로 인식하는 것을 강조하였다. Rogers는 일치를 "심리치료사가 경험하고 있는 감정이 그들에게도 접근 가능하며, 그들의 인식을 가능하게 하고, 이 감정을 느끼는 것은 물론, 그들 스스로가 될 수 있도록 하며, 적절한 때 그들과 소통할 수 있도록 하는 것을 의미한다. 누구도 완전히 조건을 성취해낼 수는 없으나, 심리치료사가 자신의 내부에서 어떤 일이 일어나고 있는지를 흔쾌히 받아들이며 귀 기울일수록, 자신의 감정의 복잡성에 두려움 없이 존재할 수 있으며, 더 높은 일치를 경험한다."(Rogers, 1961, p. 61)고 설명한다. 그러므로 일치·진실성은 상담자가 지속적으로 더 충분히 성취해내기 위한 이상적인 목표이다. 이는 양자택일의 상태가 결코 아닌, 지속적으로 발전하고, 또한 깊이를 더하는 과정이다.

Rogers의 진실성에 대한 개념을 이해하는 또 다른 방법은 반대의 입장에서 접근하는 것이며, 역할을 맡거나 허울(facade)을 쓰는 것이다(Rogers, 1957/2007). 이는 '전문가로서의' 역할도 포함한다. 일치한다는 것은 그 사람이 '전문적으로 행동'하거나 '도움을 주려고' 하지 않고, 어떠한 역할을 맡거나 가면을 쓰지 않는 것을 말한다. 이는 한 끗 차이일지도 모른다. 왜냐하면, 어떤 면에서는 유지되어야 할 필요가 있는 전문적인 경계가 존재하기 때문이다. 이는 친구 관계가 아니라, 법적·윤리적 제한이 있는 조력관계인 것이다. 또 한편으로는, Rogers가 자신의 이론을 발전시킨 시대에 성행했던 정서적으로 분리된 전문가의 태도 또한 적절하지 않다. Goldilocks와 유사하게도, 적당한 중간 지점이 있다. 바람직한 이 중간 지점은 개인에 따라 그 양상이 다르다.

마지막으로 나는 처음부터 이러한 방식으로 진실해지는 것이 매우 어렵다는 것을 이야기하겠다. 왜냐하면 단지, 초심 상담자는 사전 동의 얻기, 정신 상태 면접 실시하기, 위험 평가하기, 진단하기, 새로운 개입 활용하기 등과 같이 고려해야 하는 다른 일이 지나치게 많기 때문이다. 상담자가 마음속에 이러한 것들을 기억하려고 하면 할수록, 상담자는 덜 진실해질 수밖에 없다. 왜냐하면 초점이 지나치게 다른 곳으로 분산되기 때문이다. 시간이 흐름에 따라 이러한 다른 과제들은 이차적인 성격을 갖게 되고 진실해지기가 더욱 쉬워진다. 아마도 상담자가 진실해지는 것에 대하여 가장 잘 나타내는 지표는 내담자가 무엇을 말하고 행동하는 것과 상관없이, 내적 안정과 중심성에 대한 풍부한 감각을 지니는 것이다.

무조건적인 긍정적 존중 무조건적인 긍정적 존중은 다음과 같이 들린다. 내담자가 어떠한 말이나 행동을 하든지 가치 있게 여기는 것이며(Rogers, 1957/2007), 따뜻한 수용, 비소유적 온화함, 소중하게 여김, 긍정, 존중, 지지, 돌봄이다(Hill, 2007). 지나친 낙천주의자처럼 들릴 수 있지만, Rogers가 진정으로 의미한 것이 무엇인지 분석해보도록 하자. 여기서 근본적인 태도는 '모든 사람은 선하다', 좋은 상담자는 '모든 사람을 사랑한다'와 같은 일차원적인 신념이 아니다. 결국, 상담자는 이 사회에서 가장 까다롭고, 화가 나 있으며, 심술궂은 사람들과 작업한다. 어린이 성추행자, 범죄자, 배우자와 이혼한 사람, 갱 집단의 일원, 방임적인 부모, 물질 남용 등과 같은 사람들이다. 만약 모든 사람은 선하다는 낙천주의적인 개념에 기반을 두고 무조건적인 긍정적 존중을 발전시킨다면, 이 내담자와의 작업은 실패하게 될 것이다. 그 대신에, 무조건적인 긍정적 존중은 더욱 치밀하고 반영적인 철학적 전제에서 수립될 필요가 있다.

무조건적인 긍정적 존중은 우리는 모두 인간이고, 모두 고통 받으며, 그러므로 선하고 악한(혹은 파괴적인 행동) 면을 함께 갖고 있다는 생각에 기초한다. 만약 당신이 소아성애, 복수심이 불타는 이혼, 혹은 비행 청소년 집단보다 스스로를 단연 우월하다고 여긴다면, 당신은 아마도 우리 각자의 내면에 있는 더욱 어두운 잠재성을 자각하지 못하고 있는 것이다. 그러므로 무조건적 긍정적 존중은 얼마나 인간답게 되는 것이 어려운지, 얼마나 탈선을 하고 나쁜 결정을 내리기 쉬운지에 대한 깊은 연민의 감정에 의해 가장 동기부여된다. 당신이 이러한 관점으로 내담자를 살핀다면, 그들에게 여전히 과거와 현재의 결정에 대해 책임을 물을 수 있으나, 그들의 현재 상황과 미래에 대한 연민과 기대를 지닐 수도 있게 된다.

정확한 공감 Rogers는 공감을 '마치 ~처럼'의 조건을 잃지 않은 채, 내담자의 사적 세계를 마치 자신의 것처럼 느낄 수 있는 것으로 정의한다(Rogers, 1957/2007, p. 243). 상담 실무에서, 공감은 정확하게 내담자의 내적 세계를 지각하는 능력뿐만 아니라, 이러한 이해를 의미 있게 내담자와 공유하는 능력도 포함한다. Rogers는 다음과 같이 설명한다. "자신의 분노, 두려움, 혹은 혼란에 밀접해지지 않은 채, 마치 당신의 것인 것처럼 내담자의 분노, 두려움, 혹은 혼란을 느끼는 것이 우리가 설명하려고 노력하고 있는 조건이다. 내담자의 세계가 심리치료사에게 명확해질 때, 그는 이 속에서 자유롭게 움직이게 되고, 내담자에게 명확하게 알려진 것에 대한 이해를 전할 수 있게 되는 것은 물론, 내담자가 거의 의식하지 않는 내담자의 경험에서의 의미에 대해 목소리를 낼 수 있게 된다"(Rogers, 1957/2007, p. 243). 이를 수행하는 것은 상담자가 예민하게 자신의 내적 세계에 조화되어 있을 것을 요구하는 한편, 어떻게 타인의 내적 세계와 일치되는지를 인식하기에 충분히 분명한 경계를 가질 것을 요구한다.

내담자가 느낄 수도 있는 것에 대하여 상담자가 일단 지각하게 되면, 내담자에게 반영하여 되돌려주어야 한다. 이는 (1) 상담자가 이해하였다는 것을 알려주기 위함이며, (2) 상담자가 정확하게 이해하였는지를 확실하게 알아보며, (3) 내담자에게 그들의 내적 경험을 타인의 언어와 같은 외적 맥락에서 바라보게 하기 위함이다. 한 사람과 친밀해지면서, 누군가에 의해 묘사된 사적 세계는 종종 한 사람의 경험과 지각, 그리고 그 사람만의 경험에 대한 이해를 변화시키는 크게 감동적인 경험이 된다. 그것이 바로 상담이 이루어지는 지점이다. 이러한 이유로, '그것은 당신으로 하여금 어떤 기분을 느끼게 합니까?'라는 질문은 일반적으로 정확한 공감을 전달할 수 있는 것만큼 도움이 되지는 않는다.

공감은 조심스럽게 전달되어야 하며, 상담자는 내담자가 "아니요, 그것은 제가 느낀 감정이 아닙니다."라고 말할 수 있으며 내담자가 어떻게 느끼는지에 관하여 누가 옳은지 겨루지 않기 위해 관계 내에서 충분한 분위기를 조성해야 한다. 틀림없이, 상담자의 반영이 정확하더라도, 내담자가 그것을 거부할 때가 있다. 만약 이러한 경우에, 상담자가 덜 극적인 방법으로 그것을 재진술하기를 원할 수 있고(예: "당신은 당신의 어머니에게 화가 났군요."보다 "당신은 어머니가 어제 한 말을 마음에 들어 하지 않았군요."라고 말하기), 그 다음에는 내담자가 나아가 그들만의 속도로 그것을 탐색하게 할 수 있다. 공감에서의 다행스러운 점은 당신이 언제나 올바르게 이해시키지 않아도 된다는 것이다. 만약 강력한 관계를 만들고 빈번하게 이해하는 것처럼 보인다면, 그때는 당신이 내담자가 당신에게 맞추기 위해 충분히 안전하다고 느끼지 못하도록 만드는 것이다. 사실, 사람들이 즐거워하는 것을 선호하는 내담자들과 작업할 때, 나는 내담자가 스스로 잘못되었음을 내게 말하기에 충분히 안전하다고 느낄 때까지 라포르가 수립되어왔다는 것을 믿지 않는다. 오직 내가 아는 것은 그들이 사람들을 즐겁게 만드는 허울에 빠졌던 것이며, 나에게는 진짜 모습을 보이기에 충분히 안전하다고 느낀다는 것이다. 진정 이 모든 것에 의한다면, 일단 강한 라포르가 형성되면, '당신은 어떻게 느낍니까?'라는 자주 무시되는 질문을 효과적으로 물어볼 순간이 존재한다.

문화와 성별 고려 비록 이론적으로는 매우 간단하지만, 적절한 공감에 대해 설명하는 것은 보기보다 꽤 어려운 작업이다. 왜냐하면 문화와 성별은 한 사람이 공감을 표현하는 방식과 무엇을 공감적으로 경험하게 되는지에 큰 영향을 미치기 때문이다. 예를 들면, 다음과 같은 말에 어떤 사람들은 진심어린, 따뜻한 공감을 기대한다. '당신은 당신 딸의 선택 때문에 깊은 배신감을 느끼고 있군요.' 반면에, 또 어떤 사람들은 이러한 공감적 진술을 수치스럽고 생각이 없다고 느끼는데, 체면을 잃거나 자신이 하지도 않은 말을 한다고 생각하기 때문이다. 그들은 이해의 눈빛을 동반한 조용한 끄덕임과 같은 미묘하거나 비언어적인 공감의 표현을 더욱 진실하고 의미 있는 것으로 경험할 것이다. 그러므로 상담자는 공감을 전달하는 저마다 다른 방법에 숙련될 필요가 있다. 이 장의 마지막 사례 연구에서는, 상담자가 불안과 완벽주의로 힘겨워하고 있는 아프리카계 미국인 여성 Shandra와 작업하기 위하여, 따뜻함에 대한 문화적으로 세심한 표현을 사용하고, 그녀가 직업 세계에서 전문성을 지닌 아프리카계 미국인 여성으로서 겪는 사회적 소외를 반영해줌으로써 핵심 조건을 적용한다.

■ 큰 그림: 상담 과정의 개관

인간 중심 상담은 **과정** 지향적 접근이며, 상담자가 **무엇**이 일어나고 있는지(내용)보다는, 일이 **어떻게** 발생하고 있는지(과정)에 주의를 기울이고 있다는 것을 의미한다. 이름이 암시하는 것처럼, 초점은 문제보다 **사람**, 특히 대부분 그들의 내적 과정에 맞춰져 있다(Rogers, 1961). 인본주의적 접근에 따라, 상담자의 주요한 목표는 내담자가 더 충분히 그들 자신이 되며, 더욱 진실해지고, 사회적 역할과 기대에 덜 부속되는 것이다. 인간 중심 상담자는 내담자가 더욱 자아실현을 함에 따라 증상이 저절로 해결될 것이라는 강력한 믿음을 지니고 있는데, 그들이 문제를 다르게 보고 감정과 삶의 상황에 더욱 책임감을 갖게 될 것이기 때문이다.

자아실현의 과정은 말처럼 그리 쉽거나 순조롭지만은 않다. 상담 회기 내에서 상담자는 불안을 덜 유발하는 내담자의 삶에 관한 내용에 주의를 덜 기울인다. 대신에 내담자가 자기 자신, 타인, 삶에서 겪는 어려움과 상호작용하는 **방법**에 초점을 맞춘다. 내담자는 타인을 비난하는 경향이 있는가? 혹은 내담자는 자신의 삶에 책임감을 지니고 있는가? 내담자는 외부 사건에 관한 상세한 내용에 집중하고 있는가? 혹은 내담자는 그들 안에서 무슨 일이 일어나고 있는지 확인할 수 있는가? 내담자는 자신과 타인에 대해 현실적인 기대를 갖고 있는가? 상담자가 부드럽게 내담자가 더욱 자아실현을 할 수 있도록 하는 것을 막는 태도, 신념, 그리고 모순을 '직면'하는 것처럼, 과정은 언제나 쉽지 않다. 상담 과정을 통틀어, 상담자는 내담자가 더욱 명확하게 사고, 감정, 소망, 특히 부끄러움, 분노, 수치심, 분노 등과 같이 자기 혹은 타인에게 인정하기 어려운 것을 분명히 표현하도록 부드럽고 일관적으로 다시 이끈다. 상담 과정을 통하여, 내담자는 자기의 모순과 덜 완벽한 일부분을 통합시키기 시작하고, 방어를 감소시키며, 경험에 대한 개방성을 증가시킨다. 상담자의 주요한 목표는 내담자가 자신만의 자아실현을 위하여 그동안 확립해온 대부분의 장애물을 제거하도록 돕는 것이다.

Rogers(1961)는 인간이 일반적으로 경험하는 변화 과정의 일곱 단계에 관해 기술하였다. 이는 상담에 참여하게 되는 시간부터 적어도 어느 정도의 자아실현을 성취하게 되기까지를 포함한다.

변화 과정의 일곱 단계

1단계: 이 단계에서는, 개인의 성격은 고착되어 있는 것처럼 보이며, 개인적인 문제는 인식되지 않고, 경험하는 것과 동떨어져 있고, 변화에 대한 소망이 별로 없다. 이 경우, 상담에 자발적으로 참여할 가능성은 적다.

2단계: 만약 내담자가 첫 단계에서 상담자에 의해 '수용되는' 기분을 느낄 수 있다면, 그들은 긴장을 풀기 시작하고 문제를 보는 데 더욱 개방적이게 된다. 이는 개인적인 책임감에 대한 감각이 거의 없이 문제가 자기 외부에 있는 것으로 여겨지는 것이다('나쁜 일이 내게 일어난다').

3단계: 만약 내담자가 상담자에 의해 수용되고 이해받았다는 느낌을 지속적으로 갖게 된다면, 이전의 감정과 개인적인 의미를 더 잘 표현할 수 있게 된다.

4단계: 만약 내담자가 상담자와 함께 있는 것에 대해 계속해서 안전하다고 느끼게 되면, 자기와 타인에 관한 구성 개념을 재고하는 데 더욱 개방적이게 되고 깊은 감정을 점점 언어화할 수 있게 된다.

5단계: 내담자가 상담 관계의 안전성 안에서 그들 자신을 지속적으로 탐색함에 따라 점점 순간에서의 감정과 경험, '진정한 나'가 되고자 하는 욕구를 증가시키는 것에 대해 언어화할 수 있게 된다.

6단계: Rogers는 6단계에서 뚜렷한 변화를 설명하는데, 인간은 현재의 순간에서 곤란한 감정이 떠오를 때, 두려움, 부인, 분투[1]보다는 수용과 더불어 그것을 경험할 수 있게 된다. 일단 변화가 일어나면 이전 상태로 되돌릴 수 없는 경향이 있는데, 이는 내담자가 가장 곤란하게 여기는 감정마저도 무시하기보다는 계속해서 수용할 것임을 의미한다.

7단계: 이 단계에서 내담자는 자아실현을 위하여, 상담자에 의해 받아들여지는 것이 설령 여전히 도움이될 지라도 더 이상 필요하지 않다. 왜냐하면 내담자는 외부의 도움 없이도 자아실현을 유지하는 방법을 학습해왔기 때문이다. 이 단계는 일반적으로 상담 관계 밖에서 발생한다.

1 마음챙김 명상의 목적은 현재의 경험을 수용하는 것이다. 11장에 다룬 인지행동 중심 치료를 중심으로 마음챙김 이론이 발전하였다. 인간중심 상담에서도 마음챙김을 통해서 Rogers가 말한 생생한 경험을 하도록 한다.

■ 관계 형성하기: 상담 관계

변화 촉진자로서의 관계

대부분의 심리치료와는 다르게, 인간 중심 상담자는 상담 관계를 상담자의 개입이 아닌, 변화를 위한 주요한 수단으로 여긴다. 인간 중심 상담자는 내담자가 위에서 설명했던 '변화의 일곱 단계'를 통해 발전할 수 있고, 더욱 진실하게 그들 자신이 될 수 있는 것이 상담자와 내담자 간의 진실한 인간관계를 통하여 이루어진다고 믿는다(Rogers, 1961). 내담자가 치료적 관계 안에서 문제를 '훈습하고', 상담자가 '바로잡고', '수정하는' 치료적 역할로 상호작용하는 정신역동적 접근과는 다르다. 확실히, 인간 중심 상담자는 상담 관계를 관계에서의 진실한 두 사람으로 여긴다. 내담자가 관계에서 충분히 그들 자신이 되는 것이 가능해진다면, 긍정적인 성장을 갈망하는 타고난 경향성은 활성화된다.

치료적 현존과 핵심 조건

앞에서도 다루었지만, 우리는 여기서도 핵심 조건을 계속 반복할 것이다. Carl Rogers(1961, 1981)는 내담자에게서 변화를 촉진하기 위해 사용되는 세 가지 상담자의 자질에 대한 인간 중심 접근에 기반을 둔다. 핵심 조건은 다음과 같다. (1) 상담자의 일치 혹은 진실성, (2) 정확한 공감, (3) 무조건적인 긍정적 존중. 이 세 가지 조건은 상담 관계에서의 핵심이지만, 그 자체가 목적은 아니다. 그것들은 화학 반응 내에서 핵심적인 구성 요소로서 최선으로 여겨지며, 함께 혼합되었을 때, 하나의 비활성적인 구성 요소보다 더욱 대단하고 강력한 무엇을 만들어낸다. 이 경우에서 화학적 실험의 결과는 치료적 현존(therapeutic presence)이라고 일컬어진다(Gehart & McCollum, 2008; Geller & Greenberg, 2002; McDonough–Means, Kreitzer, & Bell, 2004). 치료적 현존이란 개인내적, 대인관계적, 초개인적 요소들로 이루어진 하나의 특성이다. 거기에는 공감, 연민, 카리스마, 영성, 초개인적 의사소통, 내담자의 반응성, 낙관주의, 기대가 포함되어 있다. 치료적 현존은 알기 어렵고 조작정 정의를 하기 어려운 개념이다. 그렇지만 연구에 따르면, 내담자가 그것을 느꼈을 때 그것이 무엇인지 안다는 것을 나타내고 있다.

내담자들은 상담자의 존재의 특성을 파악한 후 그들과 어떠한 정보를 얼마나 공개할 것인지를 정확하게 판단하는 경향이 있다(Geller & Greenberg, 2002; McDonough–Means et al., 2004). 만약 어떤 사람이 성적 학대나 충격적인 경험의 일화에 대해 다시 들려주는 동안 상담자가 매우 미세할지라도 불안을 보이거나, 관계나 음주 문제에 관하여 공유하는 동안 판단의 낌새를 풍기게 된다면, 내담자는 자신의 경험을 전달하는 것을 수정하거나, 바꾸거나, 갑자기 짧게 끝낼 수 있다. 만약 상담자가 현재의 순간(예: 즉시성. 아래 참고)에서 발생하고 있는 감정을 공유하는 데 불편함을 느낀다면, 내담자 또한 그럴 것이다. 상담자가 회기 내에서 개인적인 반영과 자기 돌봄을 적용하는 동안 더욱 경험함에 따라, 그들의 치료적 현존의 특성은 더욱 분명하고 촉진적으로 될 수 있다.

■ 관점: 사례 개념화

Carl Rogers가 사람들과 대화할 때, 그는 단순히 무조건적인 긍정적 존중과 공감만을 경험하지만은 않았다. 그는 또한 스스로의 진실한 자아들과 관계를 어느 정도로 맺고 있는지를 평가하기 위하여, 그들이 무엇을 말했는지, 어떻게 말했는지를 세심하게 관찰하였다. 그는 일곱 단계를 개발하였다(Rogers, 1961). 일곱 단계는 사람들이 자아의 엄격

표 10.1 Rogers의 변화 과정에 관한 7단계

	1단계	2단계	3단계	4단계	5단계	6단계	7단계
자아의 경험과 의사소통	외부 세계에 관한 의사소통	비자아 주제를 논할 수 있음	대상으로서의 자아의 표현. 대상으로서 자기 경험.	자아에 대한 인식 증가	'진정한 나'가 되기 위한 욕구	대상으로서의 자아는 사라지려는 경향이 있음	과정으로서의 자아
감정의 인식	인식되지 않거나 소유되지 않은 감정	원하지 않거나 과거 대상으로 묘사되는 것	감정의 적은 수용	현재 대상으로서 묘사된 감정	감정을 소유하기 시작함	쉽게 수용되는 감정	수용되고 소유된 감정
감정의 표현	거의 없음	나타날 수 있으나 소유되지 않음	감정의 묘사	과거의 감정에 대한 더욱 강력한 묘사	현재에 자유롭게 표출됨	충분함. 신체적으로 느슨해짐.	완전하고 막힘 없는 느낌
현재의 순간 경험하기	거의 없음	일부의 구조에 의해 결속됨	과거와 주로 결속됨	과거와 덜 결속되며, 덜 동떨어짐	더욱 즉시적이지만, 아직은 여전히 다소 놀라움	즉각적이고 풍부함. 질이 발전함. 생리적으로 느슨해짐.	상담 회기 내외에서 즉시적이고 풍부함
개인적 구성	극도로 경직됨. 흑백 논리.	'사실'이 고려됨	경직된 상태이나, 구성 개념으로 인식됨	구성 개념의 발견	구성 개념에 대한 비판적인 고찰	순간을 경험하는 것으로 차츰 사라짐.	잠정적으로 유지
복잡성과 모순	인식되지 않음	표현되지만 인식되지는 않음	모순의 인식	불일치에 대한 염려	놀라움과 지나가는 약간의 두려움. 더욱 수용함	생생하게 경험됨, 일치감을 해소	변화하는 감정에 대한 수용과 주인의식
문제의 지각, 상황에 대한 책임감	인식되지 않음	자아의 외부에 있음. 개인적 책임감에 대한 의식 없음.	비효과적인 것으로 나타나는 개인적 선택	문제와 관련된 자기 책임감	증가된 책임감	더 이상 외부와 내부로 나타나지 않음. 문제는 대상으로서 지각되지 않음.	자기와 감정에 대한 충분한 책임감. 과정으로서의 자아에 관한 자신감.

한 정의로부터 자아에 대한 더욱 풍부하고도 계속 변화하는 경험으로까지의 연속선을 따라 움직이는 것을 그가 어떻게 지켜보았는지를 기술하였다. 단순히 자아의 의미를 고정적인 정체성으로부터 다른 것으로 변화시키기보다, Rogers(1961)는 자아실현이 자아의 고정된 의미에서 벗어나는 것과 단일한 정체성 대신에 자아의 유동적인 경험을 점차적으로 수용하게 되는 과정을 포함한다고 여기게 되었다.

초기 단계에서, 사람들은 그들의 감정을 인식하지 못하고, 자신보다는 타인에 대해서 더 많이 말하며, 종종 그들 삶의 이야기에서 주인공이기보다 피해자와 같은 느낌을 가진다. 사람들이 상담에서 핵심 조건의 영향을 경험함에 따라 그것들은 변화한다. 사람들은 순간에서 발생하는 감정을 경험하기 시작한다. 그들은 쉽게 자신이 느끼고 있는 것을 확인할 수 있다. 그들은 삶에서 어떤 일이 벌어지고 있는지, 그것에 어떻게 대처하는지에 관하여 더 많은 책임감을 갖게 된다. 이 단계들은 내담자가 자아실현 선상에서 존재하고 있는 위치를 개념화하는 데 사용된다. Rogers는 특별한 때와 특정한 맥락에서 사소한 예외가 보고될 수 있음에도 불구하고, 사람들이 일반적으로 기능의 모든 영역에서 단일 단계의 주위를 맴돌았다는 것을 주장하였다. 표 10.1은 사람들이 단계를 진행해나가는 과정의 변화를 보여준다.

자아의 경험과 의사소통

사람들이 더욱 자아실현을 하게 됨에 따라, 그들이 스스로를 경험하는 방식도 변화한다. 자아의식은 고정된 실체로부터 지속적으로 밝혀나가고 변화하고 있는 보다 많은 과정에서 자아가 존재하는 곳까지 진화한다. 역설적으로, 지속적인 자아를 '발견해나가는' 것이기보다, 인간은 자아가 지속적으로 흐름 속에서 존재하며 밝혀지고 있다는 것을 발견한다.

감정의 인식

Rogers는 인간이 자아실현을 할수록 스스로의 감정을 더 잘 파악하고 수용할 수 있게 된다는 이론을 제시하였다. 내담자를 평가함에 있어, 상담자는 내담자가 상담에 가져온 문제를 다룰 때, 내담자가 다양한 감정을 파악할 수 있는지 확인한다. 그들이 분노, 아픔, 기쁨, 두려움의 감정을 확인할 수 있는가? 상담을 찾을 만한 문제를 겪고 있는 대부분의 경우, 내담자는 다양한 감정을 경험하고 있을 것이다. 일부 사례에서는, 내담자가 어떠한 감정을 파악하는 것에 대해 크나큰 어려움을 지니고 있다. 다른 사람들에게서는 분노 혹은 마음에 상처를 입은 것과 같이 우선적으로 느껴지고 특별히 선호하는 감정이 있다. 더욱 자아실현을 하는 인간일수록 더 큰 감정의 범위를 얻게 되고, 수치심, 두려움 혹은 어색함 없이 느낄 수 있는 것으로서 감정을 '소유하는' 더 나은 능력을 누리게 된다.

감정의 표현

자아실현의 과정에서 사람들은 폭넓은 감정을 표현하는 것을 더욱 편하게 느끼고 더욱 잘할 수 있게 된다. 과정의 초기에서 사람들은 어떠한 감정도 표현하지 않을 수 있다. 그들은 거의 감정이 없는 것 같아 보이며, 그러므로 그때 그들은 스스로와 다른 사람들에게 '모든 것을 통제'하고 있는 것으로 비친다. 그러나 이러한 통제감은 극도로 취약하다. 상담 과정을 통하여, 사람들은 감정에 대해 더욱 자각하게 되며, 처음에 그 감정이 다른 제3자에게 발생하는 것처럼 묘사한다. 계속하게 되면, 과거와 현재의 감정 모두를 충분히, 풍부하고도 자연스러운 방법으로 묘사할 수 있게 된다.

성별과 인종적 배경은 종종 어떠한 감정이 표출되는지 그리고 그 감정이 어떻게 표출되는지에 중요하게 영향을 미친다. 예를 들어, 대부분의 문화권에서 여성은 남성보다 더 자유롭게 감정을 표현하도록 허용된다. 모든 문화는 언제, 어떻게, 누구의 감정이 가장 잘 표현되는지, 그리고 또한 어떤 감정이 어떠한 상황에서 사회적으로 수용 가능한지를 정의하는 정서적 표현과 관련된 가치를 지니고 있다. 예를 들어, 일본의 문화는 대부분의 공적인 상황에서 정서적 억제를 가치 있게 여기는 반면, 그리스나 이탈리아와 같은 지중해 문화권에서는 동일한 상황에서 비교적 과감한 정서 표현을 지향한다. 그러므로 상담자는 인간의 정서적 표현을 타당하게 해석하기 위하여, 성별과 문화를 연령과 사회 경제적 지위만큼이나 세심하게 고려해야 할 필요가 있다.

현재의 순간 경험하기

현재 순간 경험하기는 현재의 순간에 집중하여 감정을 경험하는 능력을 말한다. '지금 여기'에서 감정을 경험할 때, 인간은 (1) 실제로 감정을 느낄 수 있고, (2) 반영적으로 감정을 분명히 표현할 수 있다(예: 다른 사람을 비난하는 장황한 비판을 늘어놓고 시작하기보다 '나는 분노를 느끼고 있습니다.'라고 표현할 수 있다). 인간이 여전히 강렬하고, 어려운 감정에 관하여 생산적으로 이야기를 나눌 수 있는 동안, 그 감정을 경험할 수 있게 될수록, 자아실현의 수준은 더욱 높아지게 된다. 처음에, 대부분의 내담자는 아주 조금만 현재의 순간을 경험한다. 그들이 하는 경험의 대부분은 과거 혹은 미래에 관한 생각과 염려와 관련이 있다. 상담 과정을 통해, 내담자는 현재의 순간에서 그 감정을 점점 느낄 수 있게 되고 그 경험을 자각하게 되면서 동시에 경험을 체험하고 목격하게 된다.

개인적 구성 개념과 허울

Rogers(1961)는 종종 진실하지 않은 생활을, '가면' 혹은 '허울(facade)' 뒤의 생활로 묘사한다. 이러한 허울은 우리가 누구인지, 어떻게 행동을 해야 하는지, 어떤 것을 가치 있게 여기는지를 알려주기 위해 우리가 사용하는 개인적 구성 개념(personal constructs)이다. 반면에, 진실한 생활이란 인간다운 삶을 사는 과정을 말하며, 단일한 구성 개념이나 우리가 누구인지에 관한 정의에 의해 포착되지 않는, 경험의 다채로운 흐름을 받아들이는 것이다. 예를 들어, 한 사람이 그녀는 '좋은' 사람이라는 구성 개념을 고수한다면, 그녀는 분노, 실망, 지루함, 반감과 같은, 매우 진실하고 평범한 인간적인 반응을 억압하고, 무시하며, 혹은 그렇지 않으면 묵살해버려야만 할 것이다. 그녀는 허울을 고수하기 위하여, 그녀 자신의 어떤 필수적인 일부를 무시해야만 할 것이다. 처음에, 인간의 구성 개념은 융통성이 없고 흑백 논리적이다. 나는 X이지, Y가 아니다. 사람들이 더욱 자아실현을 하고, 고정된 실체이기보다는 진행되는 과정으로서 스스로를 더욱 경험함에 따라, 이러한 구성 개념은 점점 덜 중요해지고, 대신에 사람들은 단순히 인생 경험을 펼쳐나가는 연속을 경험하는 복잡한 존재로서의 자신을 경험하게 되며, 이러한 과정은 자아의 유동적이고도 적응적인 감각을 포함한다. 이 장의 마지막의 사례 연구에서, 상담자는 Shandra로 하여금 지속적으로 진화하는 과정으로서 그녀 자신을 점점 더 경험하도록 허용하면서 전문적인 허울을 덜 의식하게 되도록 돕는다.

복잡성과 모순

인본주의 상담자는 한 사람의 내적인 삶과 생활을 더욱 일반적으로 특징짓는 복잡성과 모순에 관여하는 능력을 또한 평가한다. 우리는 종종 인간들이 타당하며, 합리적인 감정과 독특한 견해를 지닌 '논리적인' 존재라고 믿는다. 이러한 근거 없는 믿음은 만약 당신이 60초 동안이라도 마음챙김(mindfulness) 명상을 연습하기로 결정한다면 빠르게 들키고 만다. 불교 신자들은 마음을 나무에서 나무로, 위에서 아래로, 불규칙하게 여기에서 저기로 예측할 수 없는 패턴으로 옮겨 다니는 원숭이에 빗댄다. 마음도 반드시 일관적이거나 논리 정연할 것 없이, 주제에서 주제로, 과거에서 미래로, 사고에서 감정으로 유사하게 바뀐다. 사실, 주제가 복잡할수록, 인간은 모순적인 생각과 감정을 더욱 경험하기 쉽다. 예를 들면, 중요한 타인을 사랑하기도 하지만 그에 대해 미워하기도 한다. 직장 생활을 좋아하지만 싫어하기도 한다.

상담 과정의 초기에, 대부분의 사람은 모순적인 생각과 감정에 대해 자각하지 못한다. 사람들이 자각하게 되면서 점점 일치성의 부족에 관하여 염려하게 된다. '한쪽을 택하거나', 모순을 종결시키기보다는 자아실현의 과정이 어떤 복잡함과 인간됨의 혼란으로서의 이 모순을 더욱 수용하는 쪽으로 향하게 된다. 스스로와 타인, 그리고 인생에서 본래의 모순을 수용하는 능력이 더 나아질수록 생활 스트레스 요인에 대하여 더욱 기지를 발휘하게 된다.

문제와 책임감에 대한 지각

초기 단계에서, 문제는 타인, 상황 등과 같은 외부 세계에 의해 주로 야기된 것으로 지각된다. 사람들이 단계를 거쳐나가면서, 모든 상황에서 한 사람의 책임감과 주체감의 자각이 증진되면, 문제는 점점 그 사람이 상황에 어떻게 기여하는지 혹은 어떻게 상황을 지속시키는지에 대한 강조와 더불어 설명된다. 예를 들면, '제 아내는 언제나 제게 잔소리를 합니다.' 혹은 '제 남편은 집안일을 절대로 도와주지 않습니다.'와 같이 불평하기보다, 내담자는 점점 문제를 '저는 제 스스로에게 그것을 하도록 동기를 부여하는 데 어려움을 겪고 있습니다.' 혹은 '제 자신과 타인에 대한 기대가 지나치게 높습니다.'라고 말한다.

살면서 자주, 인생사는 '우리에게' 일어나는 것처럼 느껴진다. 사람들은 우리가 분노하도록 만드는 일을 하고, 상처를 입히며, 혹은 우리가 원하는 것을 얻지 못하도록 막는다. 이는 생각 없이 말을 내뱉는 연인일 수도 있고, 우리를 승진에서 제외시키는 상사일 수도 있으며, 우리를 위해 시간을 할애하지 않는 부모일 수도 있다. 자아실현을 한 사람일수록, 인생은 두 갈래 길로 이루어져있다는 것을 더욱 자각하게 된다. 대부분의 사례에서, 어떻게 우리가 다른 사람과 상호작용하는지는 그들이 우리에게 어떻게 반응하는지에 기여한다. 모든 사례에서, 우리는 행동, 언어, 감정에 있어서 어떻게 반응하는지를 결정하는 것에 대해 통제감을 갖는다. 내담자가 인생의 주체가 되는 것에 관하여 문제를 기술할 때, 내용이 무엇이든, 문제를 만들어내는 것에 대해 책임감을 느끼고 문제를 해결하기 위하여 충분한 책임감을 빠르게 취하게 된다. 반면에, 낮은 수준의 주체감을 갖고 있는 내담자는 피해를 입은 것처럼 느끼는 경향이 있으며, 종종 문제해결에 착수하는 방법에 관하여 혼란을 경험한다.

절정 경험과 몰입

Rogers는 자아실현된 자아를 '유동적'이며 '몰입하는' 것으로 묘사한다. 최근의 긍정 심리학 연구자들 또한 절정 경험을 '몰입' 상태로 묘사하는데, 이는 인간이 조화 속에서 충분히 현재를 느끼고 충분한 기술을 지닌 도전적인 행동에서 몰두되는 느낌을 체험하는 경험의 독특한 특성이다. 일반적으로 몰입 경험 동안, 시간은 천천히 흐르는 것처럼 보이며, 활동은 노력이나 생각 없이 일어나는 것처럼 보인다. 대표적인 예시로 다른 선수에게 겉보기에 불가능한 패스를 하는 미식축구의 쿼터백이 있다. 종종 나중에 인터뷰를 할 때, 운동선수는 마치 자기 자신과 공, 그리고 받는 사람이 하나가 된 것처럼 사건을 설명할 것이다. 또 다른 일반적인 몰입 경험은 음악을 연주하기, 요리하기, 글쓰기, 달리기, 춤추기 등 이와 유사한 활동들을 포함한다. 몰입 경험은 전형적으로 노력과 연습을 요하는 활동과 연관된다. 어느 정도의 숙달 수준에 이르면 활동은 노력을 필요로 하지 않게 되고, 자동적이며, 시간이 지나도 양질이 완전히 존속한다. 이것은 자아실현에 대한 인본주의적 관점과 관련된 절정 경험의 한 종류다. 상담자는 내담자의 기능 수준을 평가하기 위해 절정 경험의 성질과 빈도를 질문할 수 있다. 예를 들어, 우울은 일반적으로 몰입이 거의 존재하지 않는 경험이다. 사람들이 회복하기 시작함에 따라 종종 몰입 경험으로 되돌아오는 것을 발견한다.

■ 변화를 목표하기: 목표 설정

자아실현: '참된 자신의 모습이 되기'

인간 중심 치료 계획에서 최종 목표를 정하는 것은 간단한 일이다. 왜냐하면 인간 중심 상담에서 대단히 중요한 목표는 대부분 다른 인본주의적 접근과 일관되기 때문이다. 이것은 바로 자아실현을 촉진하는 것이다. 자아실현은 인간의 잠재력을 발현하고 진실하며 의미 있는 삶을 사는 것을 말한다. Rogers는 자아실현을 "참된 자신의 모습이 되는 것이다."(1961, p. 163)라고 설명한다. 자아실현은 Rogers(1961)의 7단계의 발달 수준과 연관 있다. 실존주의자와는 달리 Rogers는 인간이 본능적으로 긍정적·친사회적 성장으로 향하는 경향이 있다고 확고히 믿었다. 상담자의 주요한 작업은 이 성장(핵심 조건)을 도모하는 올바른 환경을 제공하는 것이다. Maslow(1954) 또한 인간의 욕구 위계에서 가장 높은 단계로서 자아실현을 명시하였는데, 이는 더욱 기본적인 생리적, 안전, 사회적, 그리고 자존감(self-esteem) 욕구 이후에만 마주할 수 있는 것이다.

자아실현(Rogers, 1961)은 다음과 같은 특성을 지닌다.

- 감정을 경험하는 현재의 순간에 대한 개방성
- 자아에 대한 신뢰
- 평가와 통제에 대한 내적 소재
- 역할, 허울, 의무, 혹은 사회적 기대 없이 살아가기
- 복잡하고 역동적이며, 서서히 진행되는 과정 되기(고정된 실체이기보다)
- 경험에 대한 개방성
- 타인에 대한 수용

자아실현은 언제나 장기적인 후기 단계 목표이다. 이는 상담을 위한 폭넓고도 대단히 중요한 방향이다. 안타깝게도 만약 방해물을 다루는 더 작은 목표가 상담 중기에 사용되지 않는다면 이는 모호한 목표이다.

과정 목표

자아실현이 원대한 목표라는 것은 잘 알려진 사실이다. 그러나 상담에서 대부분의 작업은 과정 문제를 다루는 방식을 따라 더 작은 목표 내에서 이루어진다. 이는 인간의 내면적 과정이다. 사례 개념화가 이루어지는 다음의 예시가 있다. 당신은 성장의 영역을 확인할 수 있으며 이를 중기 단계 목표로 삼을 수 있다. 예를 들어, 만약 한 여성이 '좋은 아내'가 되기 위해 해야만 하는 모든 것들에 의해 그녀의 인생을 불공평하게 통제받는다

는 것을 호소한다면, 상담자는 '해야 하는 일들 목록에 의한 삶을 살기보다 의식적 선택에 의한 삶을 사는 것'을 목표로 설정한다. 이와 유사하게, 만약 한 사람이 다른 사람들을 지속적으로 기쁘게 해주고자 원한다면, 그가 겪는 좋지 않은 영향을 고려하여, 과정 목표는 '개인적 욕구에 해로운 영향을 주는 방식으로 타인을 기쁘게 하려는 시도를 감소시키는' 것이 될 수 있다.

기능의 특정한 영역과 관련된 목표의 예시

정서적 표현과 '지금 여기' 경험하기
- '현재의 순간에서 감정을 확인하는 능력을 증진시키기'

피해와 문제에 대한 경험
- '자신의 문제와 이에 대한 해결 방법에 책임감을 갖는 것을 증진시키기'

주체성
- '직장 생활에서 주체성과 주도적 행동 증진시키기'

허울과 가면
- '친밀감의 경험을 증진시키기 위하여 개인적인 관계에서 허울의 사용을 감소시키기'

절정 경험과 몰입
- '직장 생활에서의 절정 경험과 몰입의 빈도 증가시키기'

완벽주의와 비현실적인 기대
- '수용을 증가시키기 위하여 자기와 타인에 대한 현실적인 기대를 설정하는 능력 증진시키기'

진정한 자아
- '자아의 진화하고 변화하는 본능을 신뢰하는 능력 증진시키기'

■ 실천: 개입

상담자의 자아와 핵심 조건

인간 중심 상담에 있어서 개입의 기본적인 '도구'는 상담자가 세상에 존재하는 방식인 그의 '자아'다. 이는 매우 모호해서, 당신은 변화의 기본적인 단 하나의 도구, 즉 상담자를 구축하려는 모든 시도인 또 다른 '기법'의 목록을 이 절의 나머지 부분에서 찾을 수 있을 것이다. 매우 관계적인 형태의 상담으로서, 인간 중심 상담은 내담자가 변화하고 진실한 자아를 경험하는 데 더욱 편안해지도록 돕는 현존의 특성을 가져오기 위하여 개인적 특질(personhood)에 의지한다. 더 간략하게 요약하자면, 상담자의 자아는 핵심 조건이 형성되는 수단이다. 그러므로 여러모로 인간 중심 상담에서 변화의 가장 중요한 핵심은 상담자와 내담자 간의 관계의 질이다.

실질적인 면에 있어서는 상담자의 자아를 활용하는 것은 아주 다양한 활동을 포함할 수 있으며, 공감을 표현하고, 유머를 활용하고, 자기개방을 하는 것을 포함한다. 상담자에게 요구되는 것은 내담자, 문제, 대화의 주제, 상담의 목표에 근거하여 변화한다. 궁극적으로, 이는 내담자가 진실한 자아를 확인하고, 탐색하며, 자유롭게 표현하는 단계를 정립하는 상담자의 진실성과 명백히 상통한다. 한 사람의 개인적 특질을 활용하여 다른 사람 안의 진실성을 촉진시키는 방법을 아는 것은 상담자의 일부에 대한 중요한 성숙과 자기 인식, 반영을 요구한다. 당신은 이 책으로부터 혹은 공감의 더욱 깊은 수준을 실습함으로써 이것을 배울 수는 없다. 이는 탁월한 슈퍼바이저도 구축하는 데 시간이 걸리는 현존 방식이다.

집중 경청 혹은 주의 기울이기

"심리치료사로서 일하던 아주 초기에 나는 내담자를 그저 매우 주의 깊게 경청하는 것이 도움이 되는 중요한 방식임을 발견하였다. 그래서 어떤 적극적인 방식으로 내가 무엇을 해야만 하는지 의구심이 들 때면 나는 경청하였다"(Rogers, 1981, p. 137). 이는 상담의 맥락뿐만 아니라 거의 대부분의 삶의 영역에서 매우 유용한 훌륭한 조언의 일부이다. 의구심이 들 때는 경청하라. 여전히 확신이 없는가? 더욱 많이 경청하라.

초심 상담자가 배우는 첫 번째 기법 가운데 하나는 경청하는 것이다. 인간 중심 상담에서의 경청은 현상학의 철학적 기본 토대에 근거한 매우 명확한 형태이다. 기억할지 모르지만 이 장 첫 부분(307쪽)에서 언급된 현상학은 내적, 주관적 세계에 관한 연구를 포함한다. 그러므로 내담자가 자신의 이야기를 공유하는 것에 인간 중심 상담자가 경청할 때, 그들은 인간의 내적 세계에 대한 묘사를 경청하고 주의를 기울이고 있는 것이며, 내적 세계는 대부분 뚜렷하게 정서적인 내면적 세계와 연결되어 있는 그들의 감정과 논리이다. 예를 들어, 만약 한 여성이 더 이상 남편에게 사랑받고 있지 않다고 느끼고 있는 것에 대해 설명하기 시작하면, 상담자는 남편이 하고 있는 것과 그녀가 행동적으로 다르게 행동할 수 있는 것, 혹은 그녀가 어떻게 무슨 일이 일어나고 있는지에 관하여 재구성할 수 있는지에 초점을 맞추지 않는다. 대신에, 상담자는 그녀의 내면적인 삶의 방식에 관하여 호기심을 갖는다. 그녀가 배신당하거나 거부당한 것처럼 느끼거나, 험악함, 분노, 슬픔을 느끼는가? 상담자는 풍부하고도 미묘한 그녀의 내면적 정서 경험에 대한 설명을 경청하고, 이에 대한 반응을 하거나 질문을 하기 위하여 이러한 설명을 선택한다.

요약하기

인생이 고단하고 녹록치 않다는 것을 예상하며, 효과적인 상담이 무척이나 어려울 것이라는 것을 가정하는 우리에게 있어서, 상담 개입으로서의 '요약하기'란 이해하기 어려운 것일 수 있다. 단순히 사람이 방금 한 말을 재진술하는 것이 어떻게 그 사람에게 도움이 되고 대가를 지불할 만한 가치가 있다고 할 수 있는가? 기본적으로, 대부분 우리는 말할 때 세심하게 경청하지 않는다. 비록 우리가 그렇다고 할지라도, 어떤 사람이 이를 말했을 때 매우 다르게 들리며, 특히 어려운 주제에 관한 것일 때 더욱 그러하다. 내담자가 말했던 것을 상담자가 다시 진술할 때, 이는 내담자가 말했던 것을 다른 방식으로 듣도록 돕는다. 대부분의 사례에서, 이는 그들 자신에게 말할 때보다 더욱 강력하게 와닿는다. 다른 사람이 정서적으로 어려운 요소를 능숙하게 요약할 때, 내담자는 종종 새로운 방식으로 그것을 경청하고 느낀다. 상황에 대한 현실은 종종 큰 깨달음으로 나타난다.

효과적인 요약을 위하여, 요약은 (1) 시의 적절하고, (2) 생겨나는 통찰에 관한 것이며(단순히 내담자가 말한 모든 것뿐만이 아니라), (3) 내담자의 언어로, (4) 상담자의 가치, 추정, 혹은 소망에 편향되지 않아야 할 필요가 있다. 예를 들어, 만약 한 여성이 모든 면에서 그녀와 결혼을 계획하고 있었던 남자 친구와 함께 하는 것이 행복하지 않고 이 관계가 생명력을 잃었다고 진술한다면, 그녀는 상담자가 한 다음과 같은 요약이 그녀의 통찰을 확고하게 만드는 점에서 도움이 된다는 것을 발견할 수 있다. '비록 당신이 처음에는 그가 당신과 결혼할 것이라 생각했을지라도, 당신은 이 관계가 장기적으로 당신에게 아무 소용없다는 사실을 지난 몇 달간의 사건을 통해 깨닫기 시작했을 것입니다.' 만약 내담자가 이 현실에 맞서 분투하고 있다면, 질문의 형태로 다르게 요약을 제시하는 것이 도움을 줄 수 있다. '과거 몇 달의 사건에 근거하여 당신에게 앞으로도 이 관계가 기능할 것인지에 의문을 갖기 시작한 것처럼 들리는군요?'

SELF 스스로 해보기

파트너를 찾아 최근의 사건을 공유하고 요약하기를 실습해보라. 당신이 다른 사람의 언어로 요약된 당신의 경험에 어떻게 반응하는지를 주목하라.

명료화하기

요약하기와 유사하게, 진술이나 질문을 명료화하는 것은 그리 호락호락하지 않다. 그것들은 매우 단순해 보이며, 당신은 때때로 이것이 질문할 만한 가치가 있는지 의구심을 가진다. 그럼에도 불구하고, 명료화 질문은 매우 중요한 일부분이다. 왜냐하면 종종 간단하고 명백해 보이는 것이 사실상 그렇지 않기 때문이다. 이름에서도 알 수 있듯이, 명료화 질문은 내담자에게 말하고 있는 것에 관한 세부 사항이나 설명을 제공할 것을 촉구하는 것을 포함한다. 명료화 질문은 두 가지 유형으로 범주화될 수 있으며, 이는 각각 중요한 역할을 한다. 명료화 질문의 첫 번째 유형은 사실에 기반을 둔 문제를 다룬다. '누가, 어떤 것을, 어디서, 어떻게'와 같은 것이다. 명료화 질문은 인간 중심 상담에서 그 자체로 치료적인 것으로 여겨지지는 않고, 과하게 사용될 경우에는 상담 과정을 실제로 방해한다. 그러나 특히 다양한 배경을 지닌 내담자와 작업할 때는 중요한 질문이 존재할 수 있다. 상담자들은 그들이 내담자의 경험을 구성하는 기본 정보를 이해하는 것을 확신하기 위하여 사실 중심 명료화 질문을 활용한다. 이 질문은 상담자가 내담자에게 그들의 가정을 투사하지 않는다는 것을 확신하게 함으로써 편향을 피하도록 돕는다. 다음 질문은 내담자가 자신의 이야기를 공유하도록 돕는다. 누가 거기 있었는가? 일이 언제 발생했는가? 다음에는 무슨 일이 일어났는가?

명료화 질문의 다른 유형은 내담자의 정서적 과정에 초점을 둔다. 이러한 질문은 내담자가 내면적 과정을 더욱 분명히 표현하고 개념화할 수 있도록 도우며, 자아실현을 촉진하는 데 필요하다. 이러한 명료화 질문은 내담자가 더욱 깊게 내적인 정서적 삶을 살피고 탐색하도록 돕는 데 사용된다. 예를 들어, '당신은 당신이 기분이 좋지 않다고 말하시네요. 이것이 무엇을 의미하는지 더욱 자세히 얘기해줄 수 있겠습니까?' 혹은 '이러한 상황에서 크게 슬퍼했군요. 무엇이 당신을 가장 슬프게 했는지 말씀해주실 수 있습니까?' 이러한 질문은 내담자가 감정을 확인하고, 규명하며, 공유할 수 있는 능력을 더욱 분명히 하도록 돕고, 그렇게 함으로써 내적 삶을 더욱 잘 이해하고 수용한다.

감정 반영하기

인간 중심 상담자가 실행하는 것으로, 가장 손쉽게 확인할 수 있는 것들 중 하나인 **감정 반영하기**는 내담자가 그저 묘사했던, 혹은 내담자가 한 말의 원인이 되는 것처럼 보이는 감정을 확인하는 것을 일컫는다. 예를 들어, 내담자가 누가 누구에게 어떻게 하는지에 초점을 맞추기보다 업무에서의 사건에 관하여 불평을 한다면, 상담자는 내담자의 정서적 경험을 경청하게 되는데, 이 경험은 배신당한 느낌, 이용당한 느낌, 손해를 겪은 느낌, 혹은 세 가지 모두에 해당할 수 있다. 이러한 기법은 내담자의 정서, 반응, 감정에 대한 자각을 강조하고 증폭시켜서, 그들이 의식적으로 이러한 것을 더 잘 경험할 수 있다. 이 기법은 정서를 확인하고 평가하며 경험하기 더 어려울 때, 자아실현의 더 이른 단계에서 특별히 유용하다. 그들의 감정을 확인하는 데 숙련된 내담자와 작업하더라도, 다른 사람이 정서적 상태를 묘사해주는 것은 새로운 경험과 한 사람의 주관적 경험에 대한 통찰을 제공하는 강력한 경험이 될 수 있다.

과정 질문

과정 질문은 내용 자체보다 그들의 내적 과정에 내담자의 초점을 두는 질문이나 언급을 의미한다. 일상의 대화에서, 사람들은 무엇이 발생했는지의 내용에 관한 추후 질문을 묻는 경향이 있다. 이는 누가 무엇을, 누구에게 언제 말했는지이다. 대화는 무슨 일이 일어났는지에 대한 보다 사실적인 수준의 기술에서 머무른다. 이러한 일이 왜 일어났는지에 대한 추측은 내담자의 내적 과정을 저해한다. 반면에, 상담자는 내담자가 내적 경험, 감정, 주관적 현실, 넓게는 말하는 것에 도움을 주기 위하여, 또한 그들을 머리와 마음, 그리고 몸으로부터 꺼내는 것을 돕기 위하여 과정 질문을 사용한다. 그러므로 초점은 무슨 일이 일어났는지에 대한 사실적인 기술이나 합리적인 분석보다는 내적인 정서적 과정에 놓여있다. 과정 질문은 다음을 포함할 수 있다.

- 그 소식을 들었을 때 당신의 내면에서 무슨 일이 벌어졌는지 설명해줄 수 있는가?
- 문이 닫히는 것을 들었을 때, 당신의 내면에서는 어떤 일이 벌어졌는가?
- 당신이 이야기하니 어떤 종류의 감정이 떠오르고 있는가? 일이 발생했을 때 경험했던 것과 동일한가, 혹은 다른가?

Carkhuff의 핵심 조건

Robert Carkhuff(1969, 2000; Truax & Carkhuff, 1976)는 상담에서의 변화를 촉진하였던 관찰 가능하고 측정 가능한 행동을 연구함으로써 Rogers의 연구를 확장시켰다. 갖가지 촉진적인 조건을 연구함으로써, Carkhuff는 초심 상담자가 기본적인 상담 기술을 발전시키도록 돕는 데 종종 사용되는 몇 가지 핵심 조건을 확인하였다. 그 핵심 조건은 다음과 같다.

- 공감(Rogers의 '정확한 공감'과 유사)
- 진실성과 진정성(Rogers의 '진실성'과 유사)
- 존중(Rogers의 '무조건적 긍정적 존중'과 유사)
- 구체성과 특이성
- 자기개방
- 직면
- 즉시성

처음 세 가지 조건은 위에서 상세히 다루었으므로, 이곳에서는 나머지 네 가지에 주목하겠다.

구체성과 특이성

Carkhuff는 상담 과정을 촉진하는 상담자의 행동으로서 구체성(concreteness)과 특이성(specificity)을 확인하였다. 상담자는 모호하게 표현되는 것을 내담자가 명확히 하도록 돕는 질문과 진술을 사용하여 구체성과 특이성을 나타낸다. 예를 들어, '기분이 언짢은' 것이라고 자칭하는 것은 별로 놀랄 만한 일이 아니다. 몇몇에게 이는 분노를 느낀다는 것을 의미하지만, 다른 사람들은 슬퍼하며, 또 다른 사람들은 불안해한다. 유사하게도, '나의 어머니의 죽음은 나를 슬프게 만들었다.'고 말하는 것은 더 많은 이야기가 뒤따르지 않을 때 꽤 모호한 것이다. 이와 같이 중대한 상실은 저마다 다른 방식으로 애도된다. 상담자는 내담자가 그들이 주관적 경험을 더욱더 명확하고 구체적일 수 있도록 돕는 질문을 함으로써, 내적 자각을 증진시키도록 도울 수 있다.

자기개방

자기개방은 사프란(saffron)과 조금 비슷하다. 사프란은 가장 귀중한 가치를 지니는 향신료 가운데 하나로, 많은 양을 첨가하거나 잘못된 요리에 첨가한다면 돌이킬 수 없는 참사가 발생한다. 따라서 상담에서의 자기개방 역시 마찬가지다. 나는 상담에서 초심 상담자들이 수련의 첫해 이후까지 자기개방을 하지 않도록 주의를 주는 것이 올바른지에 대해 매우 곤란함을 겪는다. 이는 언제나 가능한 것은 아니며, 결혼반지를 끼고, 당신의 스타일에 맞춰 옷을 입는 것, 그리고 휴대전화의 선택 모두 어느 수준에서는 자기개방의 형태라는 점을 감안한다면, 어떤 의미에서는 불가능하기도 하다. 그러나 인간 중심 상담자가 더욱 일반적으로 자기개방이라고 일컫는 것은 내담자의 목표를 성취하는 것을 도우려는 유일한 목적을 위해, 내담자와 함께 관련된 개인적인 경험(내담자가 다루고 있는 것과 유사한 대개 개인적인 분투)을 공유하는 것을 포함한다. 자기개방은 몇 가지의 임상적 목적을 제공한다. 롤모델을 제공하고, 희망을 제공하거나 내담자의 경험을 정상화시키는 것이다. 이 모든 것은 자기개방의 유효한 사용이며, 적절한 때에 적절한 사람에게 쓰였을 때는 매우 효과적이다. 그러나 매우 큰 반전으로, 부적절한 내담자에게 부적절한 때에 쓰였을 때, 치료적 관계에서 입은 손상은 종종 회복할 수 없다. 왜냐하면 일단 당신이 개인적인 정보를 드러냈기 때문에, 되돌리거나 일어나지 않은 것으로 치부할 수 없다. 만약 의사소통의 오류가 존재한다면, 이는 해결할 수 있다. 하지만 만약 내담자가 당신의 신뢰성에 의구심을 갖기 시작하고, 어떤 방식으로 공격받거나 무한한 해석만을 갖게 된다면, 상담 관계를 바로잡는 것은 어렵거나 불가능할 수 있으며, 긍정적인 성과의 기회를 대단히 감소시키게 된다. 그러므로 내담자에게 가장 도움이 되는 것이 무엇인지에 관한 탁월한 판단이 필요한 것이 자기개방이다.

직면

오해를 많이 받는 기법 중 하나로서, 특히 인간 중심 상담에서 사용되는 정서적인 직면은 혹독하고 비판적인 직면이 아니라, 언어화, 지각, 혹은 몸짓언어에서의 불일치를 다루는 상담자의 노력이다. 첫 번째 사례에서, 상담자는 방금 내담자가 말했던 것이 그 전에 말했던, 혹은 이 대화와 다른 대화에서 말했던 것과 걸맞지 않다는 것을 지적한다. '당신은 지금 신경 쓰지 않는다고 말하고 있지만, 이전에는 매우 화가 났었다고 했습니다.' 상담자는 어떻게 '다 그 사람 탓'인지, 그리고 각각의 부분들이 역할하고 있는 상황에서 결백한 피해자인 내담자의 측면에서의 불일치를 또한 지적할 수 있다. '당신은 남편이 당신에게 말하는 방식이 마음에 들지 않는다고 말합니다. 당신은 그에게 어떻게 말했는지 또한 묘사해줄 수 있습니까?' 또는, 상담자는 내담자의 몸짓언어(예: 금방이라도 눈물을 흘릴 것 같다.)가 내담자가 말하고 있는 것('저는 괜찮아요.')과 일치하지 않는다는 것에 대해 언급할 수 있다. 이러한 직면의 정신은 게슈탈트와는 달리, 일반적으로 호기심의 한 형태이며, 도전이기보다는 지지이다.

즉시성

즉시성은 상담자와 내담자가 함께 내담자의 즉각적인 정서 상태에 대해 다룰 수 있을 때를 일컫는데, (1) 외부의 주제, (2) 상담 회기 내에서의 행동, (3) 상담자-내담자 관계와 관련될 수 있다. 순간의 감정에 대해 느끼고 즉시 숙고하며 다룰 수 있는 능력은 정서 표현의 높은 단계 수준이며 자아실현 수준을 증진시키는 표시이자 상담의 궁극적인 목표로 여겨진다. 상담자는 몇 가지 방식으로 즉시성을 촉진시킬 수 있다. 한 가지는 다음과 같이 상담자가 명백히 관찰할 수 있는 감정에 관하여 언급하는 것이다. '이는 마치 제가 방금 했던 말에 의해 당신이 공격받고 있는 것처럼 보이네요.' 또는, 상담자는 다음과 같이 내담자가 그 순간에서 느끼는 것을 확인하려는 시도를 하도록 유도할 수도 있다. '당신이 약속이 있어 가던 중에 목격한 차 사고에 관해 제게 말할 때, 혹은 우리가 당신이 이혼에 대해서 고민하는 것에 대해 이야기할 때 당신은 어떠한 감정을 느끼고 있습니까?' 즉시성은 강력하고도 은밀하므로 주의를 기울여 사용되어야 한다. 내담자는 상담에서의 동맹이 충분히 끈끈하지 않을 때, 곤혹스러운 기분이 들고, 공격받거나 하찮게 여겨진 것으로 느낄 수 있다. 즉시성은 상담 회기에서 어떤 내담자에게는 지나치게 과할 수 있기 때문에, 대부분의 사례에서 빈번하게 사용하는 기법이 아니다. 또한, 즉시성은 내담자가 취약하고 노출되는 감정에 개방적으로 되는 순간에서만, 적절한 시기에 맞춰 적용되어야만 한다.

SELF **스스로 해보기**

파트너를 찾아 당신의 현재 정서 상태를 공유하기 위하여 즉시성을 사용하라. 만약 가능하면, 당신의 파트너에게 당신의 현재 순간 경험을 공유하라.

게슈탈트 상담

개요: 당신이 최소한 알아야 할 것

종종 대담하고도 논란을 불러일으키는 방식으로 알려져 있는 역동적 상담자인 Fritz Perls에 의해 개척되었고 나아가 다른 많은 사람들(Woldt & Toman, 2005; Yontef, 1993)에 의해 발전된 게슈탈트 상담은 반드시 전체론적·맥락적으로 이해되어야만 함을 강조하는 현상학적 접근이다. Perls의 모국어인 독일어로는 'Gestalt(형태)'라고도 일컫는다. 인간 중심 상담자와 같이, 게슈탈트 상담자는 사람들이 스스로 자기 자신이 아닌 것이 되도록 시도하는 것을 멈추도록 도와 진정으로 그들 자신이 되도록 돕는다. 게슈탈트 상담자는 내담자가 내적 세계(단절된 자기 자신의 일부를 포함하는)와 환경(중요한 타인, 사회 등)과의 직접적인 접촉과 현재의 순간 알아차림(awareness)을 발달시킬 수 있도록 함으로써 종결을 이끌어낸다. 게슈탈트 상담자들은 신경증 등의 문제는 사람이 환경이나 자기 자신의 일부와의 직접적인 접촉을 피할 때 발생한다고 믿는다. 상담 회기 내에서, 상담자에 의해 촉진된 현재의 순간에 대한 경험은 사람들이 점점 더 나은 온전성(wholeness)을 만들어내기 위하여 자기 자신의 단절된 일부분을 재통합시킬 수 있도록 한다.

게슈탈트 상담 기법은 역동적이고, 자극적이며, 경험적이다. 이 접근의 상담자는 전체적 개인으로서 상호작용하며, 과정의 일부로서 내담자에게 정서적인 반응을 사용한다. 어떤 게슈탈트의 상담자는 더욱 이론적이고, 카타르시스적인 방식을 사용하는 반면에, 다른 상담자는 더욱 대면적인(person-to-person) 방식을 사용한다(Yontef, 1993). 자기 자신의 단절된 일부를 재통합하고 환경과의 진실한 접촉을 만들어내는 게슈탈트 과정을 통하여, 인간은 감정, 신체, 관계에서 나타나는 것에 대해 충분히 자각하고, 반응적인 사람으로서 더욱 활기차고 자아실현적인 존재가 되며, 존재의 자연스러운 흐름(natural flow of being)을 낳는다. 게슈탈트 실무자들은 1960년대에 더욱 극단적인 '무엇이든 괜찮은' 반증적인 시기를 거쳤고, 1970년대에는 '정신을 차려' 내담자와의 더욱 지지적인 대화적 참여에 보다 집중했다.

핵심: 이 분야에서의 중요한 공헌

이 장에서 한 가지만 기억해야 한다면, 반드시 다음의 내용을 기억하라.

신체 알아차림

게슈탈트 상담자는 모든 감정이 생리적인 요소를 지닌다고 믿는다(Perls, 1973; Polster & Polster, 1973). 한 사람이 감정의 알아차림 혹은 자기 자신의 일부와 단절되었을 때,

이는 신체 내에서 표출되는데, 대개 어떤 곳의 긴장이나 역기능이다. 게슈탈트 상담자는 사람의 신체 자세, 안절부절못함, 목소리의 어조, 움직임에서 정보를 얻는 전문가다. "사람이 어떻게 앉아있는지는……그가 만들고자 하는 교제에 대해 많은 것을 말해준다"(Polster & Polster, 1973, p. 161). 예를 들어, 굳게 다문 턱은 그 사람이 말하고자 하는 것에 대한 억제를 나타내며, 손을 부들부들 떠는 것은 하고자 하는 것에 대한 억압을 나타낼 수 있다. 유사하게도, 복부를 가리는 행위는 취약성에 대한 표시인 반면에, 경직된 움직임은 자기 자신을 붙들어놓기 위한 시도 중 하나일 수 있다. 억압되고 억눌린 감정이 신체로 표출된다는 게슈탈트 관점은 Freud의 관점과 유사하다. 그러나 Perls는 억압의 과정에 대한 알아차림이 통합의 핵심이라고 여긴 반면, 정신분석가는 억압의 내용에 대한 해석을 주요한 목표로 여겼다.

게슈탈트 상담자는 내담자가 신체와 신체를 통하여 억압된 정서에 대한 알아차림을 증진시키는 것을 돕는다. 억압된 정서를 나타내는 신체 움직임에 대한 인간의 주의를 불러일으키는 것은 위험한 작업이다. 마음은 알아차리지 못한 채로 남아있는 감정에 많은 에너지를 쏟게 되므로, 이러한 작업은 반드시 조심스럽게 주의를 기울이며 진행되어야 한다. 아니면 일련의 저항에 맞닥뜨릴 수 있다. 전형적으로, 게슈탈트 상담자는 안전한 위급 상황(safe emergency)을 만들어냄으로써 신체 알아차림에 접근한다. 이는 내담자의 정서적인 강도를 증진시키는 것을 포함하는 한편, 여전히 긍정(affirmation)과 더불어 내담자를 지지한다(Yontef & Jacobs, 2000). 이 장의 뒷부분의 사례 연구에서는 상담자가 Shandra를, 그녀가 새로운 직업과 관련하여 경험하고 있는 불안과 완벽주의를 더욱 효과적으로 관리하도록 돕기 위하여 신체 알아차림을 사용한다.

구체적인 기법의 내용은 다음을 포함한다.

- **신체의 어느 곳에 불안을 느끼는가?** 한 사람이 곤란한 감정이나 상황에 관해 이야기할 때, 상담자는 다음과 같이 질문할 수 있다. '신체의 어느 부분에서 슬픔, 분노, 상처, 실망 등을 느낍니까?'
- **만약 신체의 일부나 움직임이 음성을 지니고 있다면 어떻게 말할 것인가?** 상담자가 억압된 감정이 남아있는 것으로 보이는 특정한 움직임이나 신체 일부를 의식해왔다면, 상담자는 다음과 같이 질문할 수 있다. '만약 이 꽉 쥔 주먹이 말을 할 수 있다면, 어떤 말을 할까요?'
- **움직임 과장하기:** 만약 내담자가 특정한 신체 움직임이나 표현을 이해하는 데 곤란을 겪는다면, 상담자는 그들에게 자각을 증진시키기 위하여 움직임을 과장하도록 지시할 수 있다. '스스로를 할 수 있는 한 경직되도록 만들어볼 수 있겠습니까? 경직을 과장시켜보세요. 이것을 함으로써 나오는 감정과 기억 혹은 사고가 무엇인지 알아채고 느껴보세요.'

■ 큰 그림: 상담 과정의 개관

신경증의 단계

게슈탈트 상담 과정은 사람들이 온전성, 알아차림, 생생함에 대한 더 나은 감각을 얻도록 돕는 데 목적이 있다. Perls(1973)는 양파 껍질을 벗기는 것에 비유한 5개의 부분 과정으로 더욱 정확해진 과정을 기술하였다.

1. **허위층**: 이 단계에서, 인간은 해야만 하는 것과 습관에 따라 살며, 진실하지 않은 생활을 한다. (예: 완벽한 결혼식, 완벽한 드레스, 완벽한 배우자를 갖는 데 집착하는 약혼한 여성)
2. **공포층**: 공포층 혹은 공포 단계에서, 인간은 어떤 것이 잘못된 것에 대한 염려와 공포를 나타내기 시작한다. 그들은 무력감을 느낄 수 있으나 감정을 숨긴 채로 열심히 살아간다. (예: 곧 신부가 될 여성이 부수적인 상념과 걱정을 갖기 시작하는 것)
3. **난국층**: 난국의 단계에서 인간은 어느 곳으로 향해야 할지 모른 채, 꼼짝하지 못하는 기분을 느끼기 시작하며, 그러므로 가급적 '옳은' 정답을 말해줄 누군가로부터, 도움을 찾는 데 더욱 개방적으로 바뀐다. (예: 곧 신부가 될 여성이 가족, 친구, 종교적 지지자, 상담자로부터 충고를 요청하기 시작하는 것)
4. **내적 파열층**: 다음 단계에서는, 허위층이 붕괴되기 시작하고 인간은 내적으로 텅 빈 느낌과 상실감을 경험하며, 이는 그들을 현재의 순간 알아차림과 경험에 더욱 개방적으로 바뀌도록 만든다. (예: 곧 신부가 될 여성이 왜 결혼하기를 원하는지, 애초에 결혼하고 싶어 했는지, 그리고 자신과 약혼자에게 어렵고 통찰력 있는 질문을 던지기 시작하는 것)
5. **폭발층**: 마지막 단계에서, 사람은 오래된 허위를 놓아버리고 진실한 행동을 위한 새로운 힘의 폭발을 방출해낸다. (예: 어린 여성은 명료함의 새로운 감각과 함께 무의미한 전통이나 최신 유행에 의존하지 않고 결혼하기를 원하며, 그녀와 배우자가 누구인지를 독특하게 표현하는 결혼식을 꾸미기를 원한다는 결론을 내린다.)

통합 순서

Posters는 유사한 변화 과정에 대해 설명하였는데, 그들은 이를 '통합 순서(integration sequence)'라 부른다(Roberts, 1999).

1. 발견: 발견 단계에서 내담자는 배경으로부터 출현한 새로운 '전경'인 자기 자신에 대한 새로운 깨달음을 얻는다. 종종 상담자는 개입과 실험을 통해 내담자가 발견을 얻도록 돕는 데 중요하다.
2. 조절: 다음 단계에서 내담자는 새로운 지각을 수용하고 발견에 기반을 둔 세계 내에서 행동하기 시작한다. 내담자는 상호작용에서 곤란함과 서투름을 느낄 수 있다.
3. 동화: 세 번째 단계에서, 고귀한 자아(the novel self)는 내담자가 누구인지('나다운 느

낌')에 대한 전형이 된다.

4. 통합: 마지막 단계에서, 새로운 행동은 자기 자신에 대한 감각에 원활하게 걸맞게 되고 힘들어 보이지 않는 것처럼 나타난다.

■ 관계 형성하기: 상담 관계

상담자의 상: 충분히 존재하는 인간

상담자의 상(person of counselor)은 게슈탈트 상담에서의 변화를 위한 주요한 수단이다(Perls, Hefferline, & Goodman, 1951; Yontef, 1993). 상담자는 내담자와 진실하고 진정한 접촉을 위해 전체적인 개성(personhood)을 사용한다. 대부분의 상담 형식보다 더욱이, 게슈탈트 상담자는 전문적인 허례허식 없이 내담자와 관계를 맺는다. 그러므로 상담자는 상담 회기 내에서 발생하는 생각, 지각, 감정을 자유로이 공유하는데, 이는 내담자의 진정한 자아를 뒤흔들고 일깨우기 위함이다. 요약하면, 상담자는 다양한 감정을 표현하고, 실수와 실패를 개방적으로 인정하는 충분히 존재하는 인간이다.

지금 여기, 현존, 즉흥성

게슈탈트 상담자가 내담자에게 제공하는 주요한 경험 중 하나는 '지금 여기' 경험에서 현존(presence)이다(Polster & Polster, 1973). 상담자는 내담자와 함께 현재의 순간에서, 현재를 살며, 과거와 미래가 사라진 곳에서 충분히 현존한다. "신경증적인 생활양식은 기본적으로 시대착오적인 양식이기 때문에, 현재의 경험으로의 회귀는 그것 자체로 신경증에 대한 해독제의 일부이다"(p. 11). Polster와 Polster는 나아가 상담 과정을 "현재 통제되는 생활에서의 훈련"이라고 정의하였고, 그래서 상담자의 주요한 역할은 내담자가 회기에서 순간순간마다 떠오르는 그들 자신, 스스로에 대한 모든 양상을 더욱 충분하게 경험하도록 돕는 것이다. 그러므로 상담자는 내담자가 경직된 호흡과 마음속에 있는 것을 공유하며 떠오르는 즉흥적인 감정, 그리고 상담 시간 동안 끓어오르는 것처럼 보이는 모든 것을 탐색하도록 격려한다. 상담자는 '모든 것에 대한 이해'를 시도하지 않으며, 모순되는 추후의 것들에 대하여 매 회기마다 때 이른 언급을 하지도 않는다. 대신에, 초점을 의식의 흐름을 내담자가 자각하고 충분히 경험하며 표현하는 것에 두고 있다.

불완전한 역할 모델

많은 사람들은(상담자를 포함하여) 상담자가 거의 완벽에 가까우며, 화를 내는 일이 좀처럼 드물며, 계속해서 행복한 관계를 갖고 영원히 좋은 날을 맞이할 것이라 기대한다. 우리 중 상당수는 이 분야에 아마도, 단지 아마도, 타인의 문제를 통해 그들을 어떻게 도울 수 있는지에 대해 책을 읽고 배움으로써, 스스로는 어떠한 문제도 겪지 않게 되리라는 은밀한 희망을 품고 입문한다. 이러한 축복을 기대하게 하는 유혹이 있을 것이다. 거의 틀림없이, 유명한 책과 미디어를 통하여, 이 분야는 만약 긍정적인 자기 대화, 창조적인 구상화, 그리고 감정을 느끼는 것을 충분히 한다면 이러한 행복과 축복이 가능함을 빈번하게 암시한다. 그러나 게슈탈트 상담자는 이렇게 문제없는 생활양식은 위험한 통념이라고 주장할 것이다. 사실 상담자는 그들 자신이 불완전함의 역할 모델, 양극성을 통합하는 과정의 역할 모델을 자처한다. 그래서 전문적인 허식 뒤에 숨지 않는다. 대신에, 그들은 대담하게 많은 상담자가 가지 않을 곳을 향한다. 예를 들어, 그들은 인간의 체중이나 차림새가 어떻게 데이트를 하는 것을 어렵게 하는 이유의 일부일 수 있는지에 대하여 자유로이 언급할 것이다. 혹은 아동기에 피해를 입었고, 모든 것과 모든 사람으로부터 상처받은 감정을 경험함으로써 대처하는 사람에게 직면을 할 것이다. 비슷하게도, 그들은 내담자에게 더욱 현실적인 기대를 제공하기 위하여 그들만의 좌절, 투쟁, 혹은 실패를 공유할 수 있다.

대화 참여

Buber(1958)의 작업에 의하면, 더 최신의 게슈탈트 적용은 대화 참여(dialogic engagement)를 포함하는데, 그것은 "현실에 대한 대화적 관점은 모든 현실이 관계를 맺는다는 것이다"(Yontef, 1993, p. 33). 그러므로 성장은 '사람 사이'에서 일어나며, 개인적인 알아차림보다 관계를 통하여 가장 촉진된다. 상담자의 역할은 내담자와 충분히, 진실하게, 개방적으로 연관되며, 기꺼이 절망과 사랑, 분노, 즐거움, 유머, 관능성을 탐색하는 것이다. 대화적 개방성은 개인적인 감정과 정보를 적절하게 공유하기 위하여 상담자의 식별력을 요구한다.

대화적 접근에서, 상담자는 접촉을 만들기 위한 주요한 맥락으로서 관계를 사용한다(Hycner, 1995). 상담자와 내담자 간의 접촉에서 내담자는 자아에 대한 자각을 발전시키고 비자아(nonself)로부터 자아를 분리시킬 수 있다. 상담자는 진실한 자아를 내담자가 더욱 명확하고 안전하게 자아와 비자아가 무엇인지를 경험하도록 돕는 데 사용하여 내담자는 더욱 자유롭게 '지금 여기' 경험을 경험할 수 있게 한다.

확인과 포함

게슈탈트 상담자는 "사람들이 다른 사람들의 확인으로부터 독특한 자기 자신이 된다."(Yontef, 1993, p. 36)고 여긴다. 한 사람이 자아의 명확한 감각을 여전히 유지하는 반면, 타인의 세계관을 '받아들일 때', 포함은 확인의 가장 높은 형태로 여겨진다. 포함을 사용하는 상담자는 세계, 인생, 그리고 내담자의 상황을 가능한 한 내담자의 눈을 통하여 본다(Hycner, 1995). 당신이 의문을 가질 것을 알기 때문에, Yontef(1993)는 또 다른 세계를 진정으로 '경험하는' 극단으로 포함이 치달을 수 있는 반면, 동시에 자아에 대한 더 큰 알아차림을 요구한다는 것을 강조함으로써 공감으로부터의 포함을 일반적으로 공감의 역할과 구별하였다. 대부분의 게슈탈트 상담자는 공감에 대해 비판한다. 왜냐하면 공감은 종종 타인과 자신 간의 경계를 모호하게 만들거나 융합으로 이끌기 때문이다.

■ 관점: 사례 개념화

장 평가하기

현대의 게슈탈트 상담자들은 Kurt Lewin의 장이론(field theory)을 내담자와 그들의 생활양식을 살피는 데 주요한 수단으로 사용하였다(Parlett & Lee, 2005; Yontef, 1993). 게슈탈트 심리학과 유사하게, 장이론은 전경(figure)이 배경과 긴밀하게 연결되어 있다는 관점을 공유한다. 장이론은 나아가 전통적인 전경과 배경 간의 역동적인 상호관계에 게슈탈트 심리학보다 더욱 큰 초점을 맞춘다. 장이론에서는 전경/배경은 통합된 전체를 형성하는 관계의 체계 망으로 여겨진다. "모든 것은 장(field)에서의 모든 것에 영향을 미친다"(Yontef, 1993, p. 297). 장이론은 여러 가지 상담 현상에 적용될 수 있다. 전인(全人)으로서 내담자, 상담 관계, 그리고 어떻게 내담자가 그들의 상황을 지각하는지를 의미한다. 모든 사례에서 상담자는 장의 일부이며 관찰되는 것에 영향을 준다. 단지 내담자에게 상황에 대해 묻는 것은 그들의 상황에 영향을 미친다(Parlett & Lee, 2005). 그러므로 상담자는 질문과 존재가 내담자의 생활 경험을 어떻게 형성하고 그것에 영향을 미치는지 인식한다.

장을 평가하는 것은 장의, 항상 변동을 거듭하는 역동에 대한 조사를 요구하고, 이분법적인 사고를 경계하며, 어떻게 각 부분이 타인에게 영향을 미치는지를 조사해야 한다(Lobb & Lichtenberg, 2005). 예를 들어, 만약 내담자의 배우자가 감정을 상하게 만든 것에 대해 불평하는 내담자가 있다면, 상담자는 내담자가 어떻게 감정이 상했는지를 탐색할 뿐만 아니라, 어떻게 내담자의 배우자가 감정을 상하게 만들도록 내담자가 일조했는지, 내담자가 어떻게 배우자를 불쾌하게 만들었을 수 있는지를 탐색한다.

장을 평가할 때 고려해야 할 질문

- 당신은 무엇을 경험했습니까?
- 당신은 그 경험을 하는 데 어떻게 기여했습니까?
- 타인은 무엇을 경험했습니까? 당신은 그 경험에 어떻게 기여했습니까?
- 당신의 경험에 기여했을 수 있는 타인의 요소는 무엇입니까? 당신은 이러한 요소에 어떠한 영향을 미쳤을 수 있습니까?
- 상황에 대한 당신의 경험에 영향을 미치는 상담 접촉에서 상황의 공유는 어떠합니까?

SELF 스스로 해보기

파트너와 함께 현장을 평가하는 질문을 사용하여 최근의 생활 사건에 대해 논의해보라.

접촉 경계와 참만남

게슈탈트 상담자는 삶을 경험하는 매 순간을 일차적으로 자기 자신(유기체)과 외부 세계(타인과 환경) 간 **접촉**의 한 형태의 측면으로 바라본다(Perls, Hefferline, & Goodman, 1951; Yontef, 1993). 만약 한 사람이 외부 세계와 직접적으로 접촉할 수 있고 진정으로 마주할 수 있다면, 그 사람은 충분히 진정한 삶을 살고 있다. 하지만 초기 삶의 교훈, 두려움, 사회적 요구 등과 같은 여러 가지 이유로, 사람들은 스스로 자신을 보호하기 위해서 진정한 접촉을 회피한다. 이러한 **접촉 경계 혼란**(contact boundary disturbances)은 자기 자신 혹은 타인에 대한 인식의 왜곡을 말한다.

접촉은 일차적인 인식으로 시작하여 직접적인 접촉으로 이어지며, 철수로 끝나는 하나의 연속된 7단계를 포함한다. 인간의 경험은 사람·사물·생각과 접촉을 만들어내는 변동을 되풀이한다. 다른 사람들로부터 접촉을 만들고 철수하는 것이다. 이는 연결과 단절의 끝없는 연속선상에 놓여있다. 인간은 특정한 저항 과정을 사용하여, 7단계 중 어느 단계에서든 접촉을 피할 수 있다(Woldt & Toman, 2005).

연속 단계	저항 과정	저항의 예
1. **감각·지각**: 유기체는 환경으로부터 정보를 인지한다.	**둔감화**: 문제를 인지하지 못한다.	연인과 다툴 때 연인의 폭력이 심해져도 무시한다.
2. **알아차림**: 한 사람의 생의 경험이 환경적 감각에 초점을 맞추게 된다.	**내사**: 타인의 관점을 무비판적으로 그대로 받아들인다.	부모가 되기 원하는 대로 된다.
3. **흥분·에너지 동원**: 유기체는 만남을 위한 준비를 위해 움직인다.	**투사**: 타인에게 자신의 원하지 않는 모습을 전가시킨다.	자신의 성적 측면은 거부하고, 상대를 '성욕이 지나친' 사람으로 인지한다.
4. **참만남·행동**: 유기체는 다른 사람과 관계를 맺기 위해 행동을 취한다.	**반전**: 타인이 아닌 자기 자신에게 직접적인 행동을 취한다.	다른 사람과 갈등을 만들기보다는 자기 자신에 대한 비판에 집중한다.
5. **상호작용·완전한 접촉**: 일을 주고받으며 교환한다. 자기 자신이 '우리'의 부분이 된다.	**편향**: 타인이나 자기 자신과의 직접적인 접촉을 피한다.	배우자를 피하기 위해서 오랜 시간 동안 일하거나 자신의 감정을 회피한다.
6. **동화·통합**: 유기체는 새로운 정보, 행동 등을 받아들이고 통합한다.	**자의식**: 환경이 자기 자신에게 영향을 미치는 것을 허용하지 않는다.	'사랑에 빠져있다'라고 주장하지만, 관계의 필요를 충족시키기 위해 자신을 변화시키는 것에 마음을 열지 않는다.
7. **분화·철수**: 유기체는 접촉에서 물러서서 개인 상태로 돌아온다.	**융합**: 경계가 모호한 정도까지 다른 사람에게 동조한다.	자기 자신이 다른 의견을 갖지 못할 정도로 배우자에게 동조한다.

내담자를 평가할 때, 게슈탈트 상담자는 접촉하는 주기 중 어느 부분에 내담자가 '갇혀있는지'를 살펴보고, 내담자가 관계를 맺을 수 있고 접촉 주기를 완성할 수 있도록 직접 개입한다.

양극성과 단절된 부분

게슈탈트 상담자들은 인간을 성인 대 아동, 강함 대 약함, 애정 대 혐오 등과 같은, 양극성이나 상호보완적인 부분의 끝없는 연속으로 여긴다(Polster & Polster, 1973). 인간이 엄격하게 양극화되었을 때(항상 성인과 같이 행동하며, 언제나 강하며, 언제나 애정 어린 것과 같이), 그들은 일반적으로 반대의 특성과 단절한다. 예를 들면, 어린애 같음, 약함 혹은 미움과 같은 것이다. 외견상으로 봐서는, 큰 문제가 없는 것처럼 보일 수 있다. 문제는 우리가 어쨌든 인간인 인류에 대하여 말하고 있다는 것이다. 인간이 됨으로써, 각각의 사람은 어떤 수준에서, 폭넓은 인간의 감정을 경험한다. 그러므로 비록 인간이 그들의 본업에서 매우 책임감이 있을지 모르더라도, 아이와 같이 쾌활할 수 있는 능력은 중요한 균형을 잡아주는 것이다.

인간은 정서적으로 강인함을 느끼도록 아주 많은 개인적 성장을 이루는지도 모른다. 그러나 여전히 어려운 순간, 상실, 비극, 트라우마를 마주하게 될 것이며, 이러한 시간 동안에 그들은 스스로가 나약함을 느끼는 것을 용납하는 것이 필요하다. 비슷하게, 인간은 더욱 다정하게 되기 위한 엄격하고 영성적인 실제와 연관될 수 있으나, 또한 상실, 피해, 혹은 적대감이나 미움의 감정을 이끌어내는 트라우마를 경험할 수도 있다. 이는 인간 경험의 일부이다. 인간은 이러한 미움에 따라 행동할 필요는 없으나, 이러한 감정을 경험하는 것에 대하여 수용하는 것은 중요하다. 이러한 감정이 단절될 때, 인간은 반드시 정교한 회피 전략을 만들어낼 것이며, 이는 완전히 그들 자신이 되는 인간의 능력을 저해한다. 그러므로 게슈탈트 상담자는 인간 내에서 현재 나타나는 문제에 기여했을 수 있는 양극성을 찾으려는 시도를 한다. 대개의 역기능적인 양극성은 다음을 포함한다.

- 사회적 자아 대 타고난 자아
- 성인 대 아동
- 완벽함 대 실패
- 감정 대 이성
- 피상적임 대 심오함
- 책임감 있음 대 자유분방함

이 장의 마지막에 있는 사례 연구에서, 상담자는 네 명의 형제들을 돌보고 있는 모범적인 여성인 Shandra가 아이가 되고 자유분방해지는 것과 관련된 부분을 포함하는 단절된 양극성을 통합하는 것을 돕는다.

'당위'

게슈탈트 상담자는 자신의 행동과 선택을 정당화하고 설명하기 위해 '해야만 한다'는 말을 사용하는 내담자를 세심하게 경청한다(Yontef, 1993). 그들은 하고자 하는 것, 가치 있게 생각하는 것 등보다 '해야만 하는' 것을 함으로써 생활을 일상적으로 관리하는 사람들은 진실하게 살아가는 것이 아니며, 사실은 그들의 인생을 위한 실존적인 책임감을 갖는 것을 회피하고 있는 것이라고 여긴다(예: '나는 스스로가 옳다고 생각하거나 하고자 하는 것을 결정하기보다는 다른 사람들이 내게 말한 것을 실행하고 있다.' 등). 상담자는 '당위'를 신경증적인 자기 조절의 형태로 여기며, 이는 인간이 건강하지 않은 방식으로 감정을 조절하고 있다는 것을 의미한다. 게슈탈트 상담자는 '당위'에 따라 생활하는 것을 인간에게 직면시키며, 두려움을 기반으로 하거나 사회적 압박에서 비롯되지 않은 더욱 진실한 선택을 하도록 격려한다.

미해결된 과제

들리는 것처럼, 미해결된 과제는 불완전하게 표현된 감정으로 일컬어지며, 이는 대개 원한의 형태를 지닌다(Yontef, 1993). 게슈탈트 상담자는 내담자가 다음과 같은 게임을 함으로써 미해결된 과제를 인식할 수 있도록 돕는다.

미해결된 과제 평가 게임

앞으로 2분(시간을 선택하라.) 동안, 당신이 분노를 느끼고 있는 것에 관하여 할 수 있는 한 최대로 목록을 작성해보길 바랍니다. 당신은 '나는 분개합니다……'로 진술을 시작함으로써 이를 해낼 수 있습니다. 그 진술이 우스꽝스러워 보이는지와 상관없이, 그저 지속하면서 할 수 있는 한 최대로 찾아보세요. 이 작업을 즐겨보세요. 그리고 당신이 작업을 마치고 나면, 우리는 이것에 대해 이야기를 나눠볼 것입니다. 질문이 있습니까? 준비하고, 시작합니다.

SELF 스스로 해보기

집에서 혹은 교실 활동을 할 때, 시간을 재고 어떠한 형태의 미해결된 과제가 당신에게 떠오르는지 지켜보라.

■ 변화를 목표하기: 목표 설정

알아차림

"게슈탈트에서 오직 하나의 목표는 알아차림이다"(Yontef, 1993, p. 150). 상담자의 주된 목표는 내담자가 경험에 대한 알아차림을 증진시켜서 저항 없이 환경과의 직접적인 접촉을 만들어낼 수 있도록 돕는 것이다. 알아차리고 접촉하는 능력은 (1) 유기체의 자기 조절, (2) 그것을 수용하는 것, (3) 양극성의 통합을 요한다.

유기체적 자기조절

Perls(1973)는 상담의 장기 목표가 내담자가 '해야만 하는 것'의 목록과 인지에 의해 지배를 당하는 것을 의미하는 '의무적인' 것이기보다는, 유기체적으로 자기조절을 하도록 돕는 것으로 묘사한다. Yontef(1993)는 유기체적 자기조절(그렇다, 유기체 'organismic'을 실수로 'orgasmic'이라고 부르기가 쉽다.)을 "마음과 몸, 사고와 감정, 자발성과 계획성의 자연스러운 통합과 더불어, 선택과 학습이 전체론적으로 발생한다."(p. 143)고 정의한다. 활기차고 생기가 넘치는 인간은 환경과의 역동적이고, 즉각적인 관계 속에서 살며, 삶에서 되풀이되는 변동을 포용하고, 더욱 어려운 순간을 경험하는 한편, 진실하게 반응한다. 유기체적으로 자기조절적인 인간은 자기를 보호하려는 저항 과정에 의존하는 것 없이, 사람들과 상황에 접촉하려는 용기를 지니므로 자기와 인생 그 자체를 신뢰한다. 이러한 유형의 인간은 타인과 세계와의 관계에 책임감을 갖고 상황에 창조적으로 적응할 수 있다(Yontef, 1993). 더군다나, 유기체적으로 자기조절적인 인간은 자기 지지적(self-supporting)이며, 이는 인간이 자기를 위한 기본적인 지지를 제공하고, 타인을 개인적인 욕구에 부합하도록 조종하는 것이 필요하지 않음을 의미한다.

'무엇' 수용하기: 변화의 역설적 이론

Beisser(1970)는 현대의 게슈탈트 상담자에 의해 채택된 변화의 역설적 이론을 받아들였다. 한 사람이 더욱 변화하려고 하면 할수록(그리고 변화하려고 하는 사람은 많지 않다), 더욱 동일한 상태로 머무르게 된다. 그러므로 역설적으로, 게슈탈트의 장기 목표는 개인적 결함을 바로잡는 것에 관해서는 덜 집중하고, 이미 한 사람이 누구인지를 경험하기 위하여 장벽을 없애는 것에 관해 집중한다. 그 대신에 주장하는 것은, 목표란 그것이 '무엇'을 받아들이는 것과, 누구인지 그리고 그것이 무엇과 평화를 도모하는 것이다. 사람은 '무엇'과 접촉할 수 있을 때 변화는 자발적으로 일어난다(Yontef, 1993). 예를 들어, 많은 내담자들은 신체의 '무엇'과 접촉을 맺기를 거부한다. 그들은 스스로를 충분히 아름답거나 날씬하지 않다고 믿을 수 있고, 그들의 성적 취향 혹은 충동을 두려워할 수 있으며, 고통 혹은 쇠약하게 하는 조건에 의해 좌절할 수 있다. 만약 상담자가 저항 장벽을 제거함으로써 내담자가 '무엇'과 접촉할 수 있도록 도울 수 있다면, 내담자의 고유 신체와의 관계는 자동적으로 더욱 수용적이고, 덜 끔찍하며, 덜 비판적이게 될 것이다. 이 역설적인 이론은 도교와 불교의 '무위(아무것도 하지 않음)'와 마음챙김 연습과 비교되어왔다(Smith, 1976).

양극성의 통합

게슈탈트 상담에서의 또 다른 장기 목표는 양극성을 통합하는 것이며, 이는 자기와 환경 간의 차이점을 수용하는 것을 포함한다. 사실상, 통합은 덜 독단적이고, 덜 엄격하며, 꽤 간단하고, 인간 존재와 같이 더욱 복잡하게 되는 형태를 취한다. 왜냐하면, 인간은 자기의 양상을 수용하고 더욱 통합시켜왔기 때문이다. 예를 들어, 한 사람이 진로 성취에 따라 그의 가치를 정의하며 상담에 참여한다면, 통합의 과정은 '편안하고', '이상보다 덜하며', 자신의 덜 지배적인 부분을 수용하는 것을 포함할 것이다. 이 과정을 통하여, 그는 작업에 지속적으로 박차를 가할 수도 있으나, 또한 현재의 아름다운 관계, 취미, 그리고 잡담과 함께 '시간을 보내기'를 위하여 시간을 만들 수도 있다.

초기와 중기 단계 목표

게슈탈트 상담의 초기와 중기 단계 목표는 자기의 통합된 감각을 경험하는 것에 대한 방해물을 다루며 일반적으로 현재의 증상을 더 직접적으로 기술한다.

예시

- 우울을 심화시키는 억압된 분노에 대하여 알아차림 증진하기
- 곤란한 대인관계적 교류의 회피를 감소시키고 내담자가 타인으로부터의 부정적인 거절을 두려워하는 상황에서 감정의 표현 증진하기
- 배우자와 자녀에게 분노의 폭발과 상처를 주는 언사를 감소시키고 더욱 취약한 감정을 표현하는 능력 증진하기
- 타인의 감정과 자신만의 감정을 구별하고 분리하는 능력과 이 감정에 따라 행동하는 능력 증진하기

종결 단계 목표

종결 단계 목표는 (1) 유기체적 자기조절, (2) 무엇과 접촉하기, (3) 양극성을 통합하는 것이다.

예시

- 결혼 생활에서 정서적 친밀함을 증가시키기 위하여 유기체적 자기조절 증진하기
- 일과 가정생활의 균형을 만들기 위해 '의욕적임' 대 '여유로움'의 양극성 수용을 증진하기
- 원가족과 직접적인 접촉을 하는 능력 증진하기
- 어머니의 죽음과 관련된 '무엇'을 수용하는 능력 증진하기

■ 실천: 개입

신체의 알아차림('핵심' 참고)

게슈탈트 실험과 빈 의자 기법

할리우드 산업이 상담자를 풍자할 때 자주 등장시키는 기법으로, 게슈탈트 빈 의자 기법은 내담자가 빈 의자에 자신의 마음을 쏟아부은 다음 호전되고, 빈 의자에 반응하면

서 그들 자신과 대화하는 것이다. 비록 외부에서는 이 기법이 이상하고 우스워 보일 수 있겠지만, 막상 당신이 말하는 사람이 될 때, 이는 결코 농담이 되지 않는다. 이것은 도전적이고 강력하다. 이 기법은 내담자가 사람들과 결코 소유할 수 없었던 그들 자신의 일부와 대화하는 것을 가능하게 한다.

게슈탈트 상담자는 빈 의자 기법과 유사한 게슈탈트 실험을 사용했는데, 그들은 말을 넘어 행동으로 실천하는 것을 원했기 때문이다. 그러므로 상담자의 특유의 기법은 **게슈탈트 실험**인데, 이는 내담자가 '안전한 위급 상황'을 만들어냄으로써 상담실 안에서 행동을 취하도록 이끄는 것을 포함한다(Polyster & Polster, 1973). 실험은 빈 의자에 앉아있는 상상으로 만들어진 사람에게 소리 내어 말함으로써 '빈 의자' 대화를 하는 것을 포함하고, 내담자가 그 사람에게 직접적으로 말하는 것을 지나치게 어려워하고 있는 것을 다루어본다. 예를 들어, 만약 상사에게 화가 나 있으나 직접 말하는 것을 두려워한다면, 상담자는 그에게 지금까지 상사에게 말하기 두려워해왔던 것을 소리 내어 말하도록 요청할 수 있다. 이러한 빈 의자 기법의 목적은 실제적인 직면을 연습하거나 감정을 '분출하기' 위한 것이기보다는 "그때 그 순간의 욕구를 표출함으로써 외부 현실을 이해하고", "그가 자각에서 실험적 행위까지 흐르기 위하여 현실에서 어떠한지"(p. 235)를 경험하기 위함이다. 내담자의 직접적인 생활 경험으로부터 행동하고 말하는 것을 경험하는 이러한 안전한 기회는 내담자가 회기 밖에서도 마찬가지로 그렇게 하게 될 것을 좀 더 가능성 있고 쉽게 만든다. 대부분의 경우, 회기 밖에서의 내담자의 행동은 상담에서 일어나는 것처럼 똑같지 않다(대부분 우리는 실제 세계에서는 누그러진다). 게슈탈트 실험은 감정을 '행동화하기'보다는 오히려 진실한 표현을 경험하기 위한 안전한 환경이다.

게슈탈트 실험은 많은 형태를 지닐 수 있다(Polster & Polster, 1973).

- 아주 오래된 과거로부터의 미해결된 과제 상황의 실연
- 현재의 미해결된 과제 상황의 실연
- 특징의 실연
- 양극성의 실연

Yontef(1993)는 실험의 목적을 다음과 같이 열거한다.

- 내담자의 회기 밖에서 행동 레퍼토리를 확장시키고 실험적인 학습을 자극시키기 위함이다.
- 내담자가 인생을 자신의 고유 창작물로서 볼 수 있도록 하는 조건을 만들고 또한 상담 과정에서 소속감을 갖게 하기 위함이다.
- 미해결된 과제를 완성하고, 알아차림에서의 방해물을 극복하며, 양극성을 통합한다.
- 힘의 감각, 주요 역량, 자기 지지, 책임감을 자극시키기 위함이다.

성공적으로 실험을 진행하는 것은 다음과 같은 몇 가지의 단계를 포함한다.

1. 대화를 통해 상담자와 내담자는 미해결된 과제, 양극성, 저항 등의 영역을 확인한다. (예: 어머니에게 표출되지 않은 분노)
2. 상담자는 내담자가 빈 의자를 향해 말하고, 소리 내어 무엇을 말하거나 어떠한 형태의 신체적인 행동을 취하는 것으로 실험에 명확하게 직결되게 함으로써 내담자를 실험으로 이끈다. (예: '당신의 어머니가 당신 옆에 있는 의자에 앉아있는 순간을 상상해보세요. 어머니에게 말을 건네어보고, 당신이 마지막으로 어머니를 보았던 때 말하고 싶었던 것을 말해보세요.')
3. 이 실험 동안, 상담자는 내담자가 특정한 영역을 기술하거나 어떤 행동을 하도록 격려할 수 있다. (예: '이혼 기간 동안 어떤 일이 벌어졌는지 말해보지 않겠어요?')
4. 실험이 끝난 후, 상담자는 내담자가 실험의 '지금 여기' 경험 확인을 돕는 데 집중한다. (예: '당신이 어머니께 말했을 때 마음속에서 어떤 감정이 들었습니까? 신체의 특정한 부위가 반응했습니까? 당신이 그것을 소리 내어 말한 것에 대해 지금은 어떤 감정이 듭니까?')

SELF 스스로 해보기

파트너를 찾아 전문적인 상담자와 심리치료사가 되는 것의 경험과 관련된, 완벽함/실패, 부모/아이, 사회적 자아/타고난 자아 등과 같은 양극성을 위하여 빈 의자 기법을 연습해보라.

의미론과 언어 수정

게슈탈트 상담자는 내담자의 자율성, 선택, 책임감을 강조하기 위해 그들의 언어를 수정하도록 이끈다. 보통의 예시는 다음과 같다.

- 진술에 대한 질문: 게슈탈트 상담자는 내담자가 진술에 대한 질문을 바꾸도록 요청하는데, 이러한 질문은 자주 위장된 진술 혹은 타인으로부터의 지지를 향한 욕구이기 때문이다(Yontef, 1993).
- 나 대 너 혹은 그것 진술: 환경에서('너는 내가 X를 행하도록 만든다.') 혹은 수동태로('그것은 단지 내가 X를 느끼게 만든다.') 누군가를 묘사하기보다는, 게슈탈트 상담자는 내담자가 '나(I)'로 시작하는 진술로 바꾸어 말하도록 한다. '나는 X를 하기로 결정했다.' 혹은 '나는 X를 느끼기로 했다.'
- 선택 대 할 수 없음: 내담자가 '하지 못한다(can't)'고 말하지만, 선택의 요소가 존재할 때, 상담자는 내담자가 그들의 선택을 인식하는 상태를 재진술하도록 한다. '나는 제시간에 집에 가기보다 마감 기한을 맞추기 위한 업무에 시간을 보내겠다.'
- 원하는 것 대 해야만 하는 것: 비슷하게도, 게슈탈트 상담자는 내담자가 명확하게 '해야 하는 것'(이는 궁극적으로 매우 어렵다.)과 '하기를 원하는 것'을 구별하도록 한다.

'나는 세금을 내야 한다'보다는 '국세청에 의해 추적되는 것을 피하기 위해 세금을 내고 싶다'. 대부분의 모든 생활환경에서 우리는 모두 자유로운 선택권을 지니고 있다는 것을 끊임없이 강조함으로써, 비록 삶의 선택은 변함이 없을지라도 자유, 의지, 책임감에 대한 내담자의 감각을 증진시키는 것을 택한다('나는 계속 세금을 납부하는 것을 택할 것이다').

- '그러나': 게슈탈트 상담자가 주의하는 또 다른 단어는 '그러나'이다. 이는 일반적으로 변명과 양극성, 혹은 이중 메시지가 따르기 마련이다. 대신에, 내담자는 '그러나'를 '그리고'로 대체함으로써 통합을 진전시키도록 격려된다.

감정에 머무르기

알아차림을 증진시키기 위하여, 게슈탈트 상담자는 종종 내담자가 곤란한 감정에 '머무르도록' 격려하며, 감각, 알아차림, 흥분, 접촉, 통합, 동화, 철수(333쪽의 '접촉 경계와 참 만남' 참고)와 같은 접촉의 연속체를 통하여 안내한다. 상담자는 내담자가 각각의 단계에서 직접적인 경험을 위해 저항으로 나아가도록 격려한다. 실험과 같이, 내담자로 하여금 감정에 머무르도록 격려하는 것은 그들이 회기 밖에서 이를 해내는 기술과 용기를 발전시키는 데 도움을 준다.

꿈 작업

게슈탈트 상담자는 꿈에 대하여 독특한 접근을 사용한다. 그들은 꿈을 자기의 일부를 통합하려는 시도 혹은 실존적인 메시지로 여기며, 상담자는 내담자보다 진정한 해석을 잘 알지 못하는 것으로 간주된다(Yontef, 1993). 게슈탈트 상담자는 꿈에서 각각의 인물을 자기의 일부로 여긴다. 예를 들어, 만약 내담자가 꿈에서 쫓기고 있다면, 추적자와 도망치는 사람 모두 자기의 다른 양상으로 여겨진다. 상담자와 내담자는 이러한 부분이 어떻게 상호작용하는지 탐색하고, 각각 나타내는 것이 무엇인지, 그리고 그것들이 내담자의 삶에서 어떻게 무시되어왔거나 강조되어왔는지를 탐색해볼 수 있다.

종합: 인본주의적 사례 개념화와 치료 계획 양식

■ 이론 기반의 사례 개념화: 인본주의

아래의 내용은 인본주의 이론을 활용하여 이론 기반의 사례 개념화를 발전시키는 데 사용될 수 있다. 각 이론 장의 마지막 부분에 제시되어 있는 교차 이론적 사례 개념화는 이러한 이론 기반의 개념화의 핵심 요소를 포함하는 사례 개념화를 쓰기 위한 예시를 제공한다. 이론 기반의 사례 개념화의 종합적인 예시는『상담 및 심리치료의 이론과 치료 계획』(Gehart, 2015)에 제시되어 있다.

- 변화 과정에 대한 Rogers의 단계에 근거하여 내담자의 기능 영역을 기술하기
  - 변화 과정의 단계: 변화 과정에서 내담자의 대략적인 단계를 기술한다(1~7단계).
  - 주체성과 책임감: 자신이나 타인이 이야기의 주체로서 논의되고 있는가? 내담자는 상황에 대한 분명한 책임감을 가지고 있는가? 내담자는 타인 혹은 인생의 희생자로서 자기를 묘사하는가?
  - 감정의 인식과 표현: 감정은 쉽게 인식되고, 소유되며, 경험되는가?
  - '지금 여기' 경험: 내담자가 현재의 순간에 일어나는 상황에 대한 감정을 폭넓게 경험할 수 있는가?
  - 개인적 구성 개념과 허울: 내담자는 자신이 역할을 인식하고 그것을 넘어설 수 있는가? 정체성은 경직되어 있는가, 아니면 자신을 시험적으로 내려놓을 수 있는가?
  - 복잡성과 모순: 내적인 모순을 가지고 있으며 그것을 탐색하는가? 내담자는 정체성과 삶의 복잡성에 충분히 이해하는가?
  - '당위': 내담자는 사회적으로 부과된 당위와 의무에 대해 의문을 품을 수 있는가? 내담자는 타인을 기쁘게 해주는 것과 자신의 소망을 충족하고자 하는 것 간의 균형을 맞출 수 있는가?
  - 타인 수용: 내담자는 타인의 의견을 수용할 수 있고 타인에 대한 기대에 현실적으로 부응할 수 있는가?
  - 자기 신뢰: 내담자는 자신이 고정된 대상이 아니라 과정으로서의 자신을 신뢰할 수 있는가?
- 의미와 무의미, 그리고 삶의 목적: 내담자의 의미의 원천을 기술하기. 이는 다음과 같은 주제를 포함할 수 있다.
  - 개인적 성취·업적
  - 중요한 타인
  - 자녀
  - 원가족
  - 사회적 대의, 타인에 대한 공헌
  - 종교·영성
- 접촉 경계와 참만남: 전형적인 접촉 경계 혼란 기술하기
  - 둔감화: 문제를 인식하지 못한다.
  - 내사: 타인의 관점을 검열하지 않고 그대로 받아들인다.
  - 투사: 타인에게 자신의 원하지 않는 부분을 전가시킨다.

    - 반전: 타인이 아닌 자기 자신을 향해 하고 싶은 행동을 한다.
    - 편향: 타인 혹은 자신과의 직접적인 접촉을 피한다.
    - 자의식: 외부 환경이 자기 자신에게 영향을 미치지 못하도록 한다.
    - 융합: 타인과의 경계가 모호해지는 범위까지 동조한다.
- 양극성과 단절된 부분: 양극성과 단절된 부분을 기술하는 것은 다음을 포함한다.
    - 사회적 자아 대 타고난 자아
    - 부모 대 자녀
    - 완벽함 대 실패
    - 감정 대 이성
    - 피상적임 대 심오함
    - 책임감 있음 대 자유분방함
- 당위: 현재의 문제와 특별히 관련이 있는 문제 있는 의무와 내담자의 생활을 더욱 일반적으로 관리하는 것을 기술하기
- 미해결된 과제: 분개와 죄책감과 같이, 아직 내담자가 다루어야만 하는 미해결된 과제를 파악하기

■ 이론 기반의 치료 계획 양식: 인본주의

이 치료 계획 양식을 우울하고, 불안하며, 강박적인 유형의 호소 문제를 경험하는 내담자를 위한 계획을 세우는 데 사용하라. 특정 내담자, 호소 문제, 임상적 맥락에 따라, 이 양식의 목표와 개입 방법은 약간 혹은 상당히 수정될 필요가 있다. 당신의 필요에 따라 치료 계획을 상당히 수정할 것을 권장한다. 계획을 치료에 효과적으로 적용하기 위하여, 목표와 기법은 내담자가 경험하고 있는 특정한 신념, 행동, 감정을 근거로 하여 적절히 활용되어야 한다. 치료 계획이 보다 구체적일수록 당신에게 더욱 유용하게 될 것이다.

치료 계획

초기 치료 단계

초기 단계 상담 업무

1. 상담 관계 발전시키기. **다양성에 관한 고려사항:** 문화, 성별 등을 고려한 관계 맺기와 감정 표현을 할 수 있도록 어떠한 구체적인 노력을 할 것인지를 기술하기

   관계 형성 접근 방법/개입:

   a. 상담자가 진실한 자아를 표현하는 동안 내담자의 **독특한 자아**를 확인한다.

2. 개인적, 체계적, 그리고 다양한 문화적 역동 평가하기. **다양성에 관한 고려사항:** 문화, 사회경제적 수준, 성적 지향, 성별 등과 관련된 개념에 근거하여 평가에 어떻게 구체적으로 적용할 것인지 기술하기

평가 전략:

a. 타인과 환경과 **진실한 접촉**을 맺을 수 있는 내담자의 능력을 평가한다.

b. **양극성, 단절된 부분, 당위, 미해결된 과제**를 파악한다.

3. 치료 목표에 대한 내담자의 동의를 확인하고 얻기. 다양성에 관한 고려사항: 문화적으로, 성적으로 적절하면서, **독립성**과 **정서적 표현**에 대한 기대와 관련 있는 목표 적용하기

목표 설정 개입:

a. 더 나은 **자기조절**과 **온전성**을 위하여 목표를 확인하는 과정에 내담자를 포함시킨다.

4. 필요한 의뢰, 위기 요소, 추가적인 접촉, 내담자의 다른 요구 확인하기. 다양성에 관한 고려사항: 특정 위기 요소, 의뢰 선택과 관련된 다양성 문제 기술하기

a. 위기 평가 개입: 내담자가 위기를 촉발하는 감정을 확인하도록 돕기 위한 **신체 알아차림**

b. 의뢰 사항: 진실한 관계 맺기를 위한 능력을 증진시키기 위하여 필요에 따라 집단으로 진행한다.

초기 단계 내담자 목표

1. [특정 위기 증상]을 감소시키기 위해 곤란한 감정과 위기를 촉발시키는 **자아의 원하지 않는 부분**에 대한 인내를 증가시키기

개입:

a. 내담자가 위기 감정을 확인하고 더 효과적으로 관리하도록 돕기 위해 **신체 알아차림**을 연습한다.

b. 내담자가 위기를 촉발시키는 **곤란한 감정에 '머무르도록'** 격려하고, 이러한 감정을 느낌으로써 위기를 완화시킬 수 있도록 지도한다.

치료의 작업 단계

작업 단계 상담 업무

1. 작업 동맹의 질 점검하기. 다양성에 관한 고려사항: **정서적 표현과 접촉 기준**에 대한 성적, 문화적 형태에 대응하도록 관계 조정하기

a. 평가 개입: **'지금 여기' 경험하기**, 자기와 타인 사이의 차이점을 기꺼이 감안하는 것, **자아의 진실한 표현**의 빈도 점검하기. 상담 회기 평가 척도를 사용한다.

2. 목표를 향한 치료 과정 점검하기. 다양성에 관한 고려사항: 연령, 인종, 교육 수준, 언어 등에 따라 상담 과정 점검을 어떻게 구체적으로 적용할 것인지 기술하기

a. 평가 개입: 자아의 모든 양상을 점점 더 경험하고 표현하는 능력 점검하기. 내담자의 진전을 평가하기 위하여 상담 성과 척도를 사용한다.

작업 단계 내담자 목표

1. [우울, 불안 등과 같은 특정 증상]을 감소시키기 위해 X와 Y 사이의 **양극성 통합**을 증가시키기

개입:

a. 알아차림과 양극성을 통합하는 것을 촉진하기 위한 **게슈탈트 실험과 빈 의자 기법**

b. 양극성의 수용을 가능하게 하기 위해 **언어 수정하기**

2. [우울, 불안 등과 같은 특정 증상]을 감소시키기 위해 특정한 환경, 관계, 문제 등에서 **자기조절** 능력을 증가시키기

개입:

a. 내담자가 자기조절 능력을 증진시키도록 **곤란한 감정에 머무르도록** 코칭하기

b. 자기조절 기술을 증진시키기 위하여 대안적인 행동을 동반한 **게슈탈트 실험**

3. [우울, 불안 등과 같은 특정 증상]을 감소시키기 위해 변화할 수 없는 상황과 관련 있는 **'무엇'을 수용하는** 능력을 증가시키기

개입:

a. '무엇'에 대한 저항과 거부를 더욱 잘 이해하기 위한 **꿈 분석**

b. 그 '무엇'과 관련이 있는 '당위'를 감소시키기 위한 **언어 수정**

치료의 종결 단계

종결 단계 상담 업무

1. 추후 관리를 위한 계획을 발전시키고 성과를 유지하기. **다양성에 관한 고려사항:** 치료를 종결하고 치료 이후에도 치료 성과를 유지시키기 위하여 세부적인 다양성 고려와 독특한 자원을 기술하기

개입:

a. 잠재적 미래의 스트레스 요인과 관련하여 **유기체적 자기조절** 능력을 증진시킨다.

종결 단계 내담자 목표

1. [우울, 불안 등과 같은 특정 증상]에서 재발의 잠재성을 감소시키기 위해 일상생활의 모든 맥락에서 주요한 형태가 되는 **'지금 여기' 경험**을 확대시키고 **자기조절 능력**을 증가시키기

개입:

a. 일상생활의 모든 양상에 자발성을 통합시키기 위한 **게슈탈트 실험**에 점점 더 도전한다.

b. 일상생활에서 충분한 진실성을 저해시키는 미묘한 저항과 양극성을 더욱 잘 확인하기 위한 **꿈 분석**을 한다.

2. [우울, 불안 등과 같은 특정 증상]에서 재발의 잠재성을 감소시키기 위해 다른 사람의 진실성을 자발적으로 허용하는 한편, 친밀한 관계에서 자기조절과 자기의 진실한 표현을 증가시키기

개입:

a. 진실한 관계 맺기를 위한 자각과 기술을 발전시키기 위한 **빈 의자 기법**

b. 진실한 친밀감의 여유를 만드는 데 도움을 주는 중요한 관계에서의 **게슈탈트 실험**

조직화: 다양한 사람과 작업하기

■ 문화·윤리·성의 다양성

다양한 내담자에게 적용하는 경험주의적 접근은 명확하고, 적절한 정서적 표현과 기꺼이 취약해지는 것(the willingness to be vulnerable)을 가치 있게 여긴다. 그러므로 정서적 표현에 대해 다양한 입장을 가지고 있고 이러한 취약성이 안전하지 않다고 느끼는 치료 맥락에 있는 사람들과 작업할 때 상담자는 신중하게 진행할 필요가 있다. 예를 들어, 경험주의적 접근에서 촉진되는 정서적 표현은 어떤 사람들 혹은 동아시아계 미국인들(Wang, 1994), 덜 극적이고 더욱 간접적인 감정 표현을 일반적으로 지향하는 사람들에게 불편할 수 있다. 그러므로 이는 주의하여 사용되어야 한다. 그렇지만 최근의 한 연구에서는 자기표현적 글쓰기가 아시아 혈통의 사람들에게 특별히 더욱 효과적이라고 보고하고 있다(Lu & Stanton, 2010). 이와 유사하게, 또 다른 연구에서는 아시아계 여자 대학생들은 인지행동 접근이나 정신역동 접근보다 경험적 치료 접근을 더욱 긍정적으로 평가하는 것으로 나타났다(Yu, 1998).

문화적으로 민감한 인간 중심 상담

다양한 내담자와 작업하는 인간 중심 치료에서의 세심한 문헌 고찰에 근거하여, Quinn(2013)은 문화적으로 민감한 인간 중심 상담을 제공하기 위하여 두 가지 특정한 적응이 필요하다고 가정한다.

- 내담자의 질병 신화(예: 문제에 관한 신념 혹은 이론)에 대한 상담자의 일치
- 상담자를 향한 내담자의 태도와 지각에 대한 상담자의 공감적 이해

우선, 지배적인 서구 담론에서의 정신건강 장애에 관한 내담자의 질병 신화를 이해하는 것은 (1) 내담자의 배경으로부터의 흔한 문화적 신념에 대해 자각하고 친숙함을 갖는 것(내담자-특수적이지 않은)과 (2) 문제 상황에 대한 내담자의 개인적인 해석을 세심히 경청하는 것(내담자-특수적인)을 모두 포함한다. 이는 내담자에 대한 상담자의 이해의 정확성을 빈번하게 확인하는 순환적 과정이다. 상담자가 내담자를 위하여 비판단적 입장과 무조건적 긍정적 존중을 고수할 때, 이러한 탐색은 내담자의 질병 신화에 대한 상담자의 일치를 가능하도록 한다.

두 번째 적응은 더욱 도전적이다. 다문화적 내담자, 특히 문화 적응을 덜 경험한 내담자는 상담자로부터의 '진정한 돌봄'의 표현을 신뢰하는 데 더욱 더딜 수 있다. 인간 중심 상담자의 과업은 더욱 직접적인 방식으로 바꾸는 것보다는 비교문화적으로 신뢰를 쌓는 것에 대한 모호함을 감내하는 것이며, 이는 두 대상 모두에게 불안을 덜 유발시킬

것이다. 그러므로 상담자가 내담자의 일부에서 침묵이나 주저함을 지각했을 때, 상담자는 공감적이고 비판단적으로 다음과 같이 반응한다.

> "저는 당신에 관해 듣고 싶지만, 어떤 것들에 관해서는 저를 신뢰하는 것이 어려울 수 있겠다는 의구심이 들어요. 당신은 제가 이해하지 못할 것이라고 생각할 수 있어요. 이는 경험할 수 있는 공정하고 합리적인 걱정이지요. 사실은, 제가 정말로 그럴지도 모릅니다. 그러나 저는 당신을 이해하고 싶을 뿐만 아니라 도움이 되고 싶다는 것을 장담할 수 있습니다. 저는 기꺼이 당신이 편안하다고 느끼는 속도로 갈 것입니다."

촉진적인 조건을 사용함으로써, 인간 중심 상담자는 신뢰가 문화적 차이를 가로질러 성립되도록 만드는데, 이는 내담자에게 옳은 형태와 속도로 안전하게 출현시키기 위함이다.

아시아계 미국인과 게슈탈트 빈 의자 기법

Cheung과 Nguyen(2012)은 게슈탈트 빈 의자 기법을 아시아계 미국인에게 적용할 수 있는 가능성을 탐색하였다. 아시아인과 작업하기 위한 개입을 적용시키는 것에서, 그들은 그들의 접근을 표현하곤 하는 연구에서 관찰된 사람들의 네 가지 특성을 확인하였다.

1. 치료적 개입에서 수치심의 의미를 연결 짓기
2. 친구와 친척을 대면하는 것에서 '체면이 깎이는 것'을 피하기
3. 전통적인 치료와 직접적인 직면을 대체하기 위한 대안적이고 상호보완적인 수단 사용하기
4. 대인관계의 죄책감과 갈등을 해결하는 것에서 내적 통제와 영성 사용하기(Cheung & Nguyen, 2012, p. 54).

빈 의자 기법은 일부의 아시아계 내담자가 더 쉽게 감정을 표현할 수 있도록 하는데, 이 기법에서는 직접적인 눈맞춤(상담자 혹은 가족 구성원과의)을 하지 않아도 되고 체면을 이 깎이는 것에 대해 혹은 예의가 없다는 것에 대해 두려움을 느낄 필요가 없기 때문이다.

Cheung과 Ngyuen(2012)은 아시아계 미국인에게 게슈탈트 빈 의자 기법을 사용하기 위한 세 단계를 기술하였다.

1단계: 빈 의자 기법의 기능 소개하기 특정한 사람과의 갈등을 풀어내는 데 도움을 주는 것과 같은 구체적인 기능이나 목표에 대한 '연습'으로서 의자를 소개한다. 내담자는 의자를 사용하도록 강요받아서는 안 되지만, 대신에 어떠한 걱정이나 저항이 목소리를 낼 때 그것을 탐색하도록 격려되어야 한다. 종종, 갈등은 권위적인 대상과 함께하며, 아시아계 내담자는 이를 무례한 것으로 느낀다고 말할 것이다. 이러한 사례에서, 상담자

는 어떻게 의자 기법이 그들로 하여금 무례하게 되는 것 없이, 혹은 체면을 잃지 않고 갈등을 안전하게 탐색하도록 만들 것인지를 기술할 수 있다.

2단계: 치료적 과정에 내담자 관여시키기 일단 내담자가 동의하면, 상담자가 할 일은 내담자가 편안하게 느끼는 형태로 변화 과정을 촉진시키는 것이다. 더욱 전통적인 빈 의자 기법과 더불어서, 아시아계 미국인 내담자에게 효과가 있을 수 있게 적용된 기법의 내용은 다음을 포함한다.

1. 의자 상상하기: 빈 의자 없이 시작하기, 간단하게 그 사람이 방 안에 있다고 상상해본다.
2. 심상 사용하기: 그들이 갈등을 겪었던 과거의 특정한 시간을 상상하도록 한다.
3. 직접적인 대화 사용하기: 일단 내담자가 그 사람에게 말하기 시작하면, 내담자를 의자에 직접적으로 말하도록 한다.
4. 역할 연기: 만약 내담자가 의자를 바라보지 않는 것을 원한다면, 내담자는 상담자에게 대신 말할 수 있다.
5. 의자 바꾸기: 상담자는 대화에서 내담자가 된 것처럼 꾸며낼 수 있고, 내담자가 내담자가 빈 의자에 앉을 수도 있다. 그 다음 상담자와 내담자는 의자를 다시 바꿀 수 있으며, 내담자로 하여금 다음 기회에 자신만의 위치에서 이야기할 수 있도록 한다.
6. 한 가지를 말하기: 내담자가 다른 사람이 말했을지도 모르는 것(내담자가 타인이 말할 것으로 소망하는, 도움이 될지도 모르는 어떤 것)을 알아차리도록 하고 나서 내담자가 '한 가지'에 반응하도록 이끈다.
7. 이야기를 말하기: 내담자와 상상된 타인(상담자에 의해 역할 연기가 되고 있는)이 이야기를 함께 말해보도록 한다.
8. 모국어: 만약 내담자가 모국어를 갖고 있다면, 그 모국어로 상상된 타인에게 말해보고 반응하도록 한다.

3단계: 경험 보고 위와 같은 실습을 마친 후, 상담자는 전이 진술(transition statement)을 사용하여 어떤 일이 일어났는지를 반영하는 시간을 가져야만 한다. "오직 당신과 나만 있는 이 방으로 돌아와 봅시다. 당신에게 이 경험은 어땠습니까?"(Cheung & Nguyen, 2012, p. 58). 아시아계 미국인 내담자와 함께, 이는 또한 구체적인 후속 질문을 포함하는 데 도움이 될 수 있다. 예를 들면 다음과 같다. '이 실습으로부터 어떠한 것을 배웠습니까? 미래의 상황에 이 지식을 적용하는 방법을 볼 수 있습니까?'

성별

비교문화 차이뿐만 아니라, 감정적인 표현은 또한 내담자와 심리치료사의 성별과 관련된 중요한 문제이다. 특히, 상담자는 내담자의 성별에 기반을 둔 감정적 표현에 대한 그들의 기대를 비판적으로 점검할 필요가 있다. 한 연구에서는, 남성 상담자와 여성 상담자 모두를 경험한 적 있는 비전통적인 여성 내담자들이 두 성별의 상담자 모두가 여성 상담자가 특정한 성별 특유의 방식으로 감정을 표출하기를 기대한다고 믿었다는 것을 보고하였다. 이 내담자들은 여성 상담자에 의해 평가되고 오해받았다고 느끼는데, 그들이 성별 특유의 감정 표현의 상투적인 방식에 동의하지 않았기 때문이다(Gehart & Lyle, 2001). 동일한 연구에서 남성 내담자들은 여성 상담자에게 취약한 감정을 공유하는 데서 더욱 안정감을 느낀다고 보고하였다. 남성과 여성 상담자 모두 남성 상담자는 정서보다는 해결책과 실용적인 문제에 더욱 관심을 갖는다고 느낀다는 것을 보고하였다. 그러므로 동일한 성별의 특성을 반영한 내담자와 반대 성별의 특성을 반영한 내담자와 더불어, 상담자는 어떻게 정서적 표현을 위한 문화적 규준이 잠재적으로 인본주의·실존적 상담 과정을 형성하거나 방해하는지를 자각할 필요가 있다. 그러므로 성별과 더불어 민감하게 작업하는 것의 일환으로, 상담자는 (1) 저마다 다른 문화적 그리고 성별 규준과 정서적 표현을 고려한 가치 때문에 정확하지 않은 평가를 피하고, (2) 내담자의 편안함의 수준에 걸맞은 치료적 동맹에서 친밀함의 수준을 조절하며, (3) 편안한 수준에서 내담자가 활발하게 관여하는 개입을 선택하는 데 주의를 기울일 필요가 있다.

■ 성 정체성의 다양성

진실한 자기표현의 가치에 입각하여, 인본주의·실존주의 상담자는 규준과 수행에 기반을 둔 성의 개념화를 피한다(Kleinplatz, 1996). 그러므로 인본주의·실존주의 접근은 레즈비언, 게이, 양성애자, 성전환자, 성 정체성이 아직 확립되지 않은 내담자(Lesbian, Gay, Bisexual, Transgendered, Questioning: LGBTQ)에게 널리 사용되어왔다(Davies, 2000). 주관적인 생활 경험을 기술하는 것과 병리화되는 것을 피하는 것에 대한 현상학적 강조는 인본주의·실존주의 상담 접근을 LGBTQ에 실현 가능한 선택 사항으로 만든다(Milton, 2000). 더 구체적으로, 커밍아웃의 과정은 자아를 실현하는 과정과 Rogers와 인본주의자에 의해 기술된 일치를 향한 욕구의 중요한 일부로서 여겨질 수 있다(Bean, 1981; Davies, 2000).

인본주의 상담학파 내에서도, '동성애 긍정적 심리치료'가 되는 것에 대한 의미가 무엇인지에 관하여 논쟁이 존재해왔다(Langdridge, 2007; Milton, 2000). 동성애 긍정적 심리치료의 '약화된' 형태인 윤리적 긍정은 기본적인 현상학적, 인본주의적 접근을 사용하여 LGBTQ가 경험한 현실을 존중한다(Milton, 2000). 반면에, 간단히 동성애 긍정(gay affirmative)이라 불리는 더욱 강경한 형태는 상담자의 일부에 확실한 소정의 견해와 실습을 포함하며, 사회에서 동성애에 대한 차별의 효과를 직접적으로 개선하기 위한 옹호와 긍정적인 지지를 포함한다. 비록 이러한 옹호 입장은 잘 의도되었음에도 불구하고, 이는 궁극적으로 전문가 입장이며, 내담자의 주관적인 생활 경험에 특혜를 주지 않지만, 정치적이고 사회적인 현실을 중시한다. 그러므로 동성애에 대해 긍정적 인본주의를 가진 상담자는 이 모델의 가정(더욱 정치적인 운동가 입장) 내에서 작업하는 한편, 동성애에 대한 차별의 강력한 내면화된 메시지를 다루고 잠재적으로 대응하는 것과 더불어, 반드시 내담자의 주관적인 세계관 내에서 작업하며 세심하게 균형을 맞추어야만 한다(더욱 '이론적인' 인본주의적 접근).

LGBTQ 내담자의 경험을 고려할 때, 인본주의적 상담자는 내담자의 진정한 자아의 사회적 거부에 대한 부담에 초점을 맞추는 것을 선택하고, 내담자가 진정한 자아를 표현할 수 있도록 안전한 방식과 맥락을 찾는 것을 향하여 나아가도록 도울 수 있다(Pachankis & Bernstein, 2012). 인본주의적 상담자는 어떻게 내담자의 사회적 맥락이 그들의 의사소통 방식을 심각하게 제한할 수 있는지를 고려해야만 하는데, 이는 동료나 낯선 사람들만큼 지지적 혹은 비지지적인 가족 구성원과 더불어, 그들의 친밀한 관계 내에서 이루어져야 한다. Satir의 부분들의 잔치(Parts Party)와 가족 재구조화와 같은 실존적 실무는 동성애자 집단 프로그램에서 그들이 새롭고 더욱 힘을 실어주는 방식으로 지지와 원가족 관계를 재경험할 수 있도록 하는 것에 사용되어왔다(Picucci, 1992).

연구와 증거 기반

Carl Rogers(1961, 1981)는 상담 및 심리치료 연구에서 초기에 선도자였다. 그는 광범위하고 계속 진행 중인 연구에 기반을 두어 인간 중심 상담을 개발하였다. 그러나 1970년대 중반, 인간 중심 상담에 대한 연구는 Rogers와 Truax의 죽음 이후에는 근본적으로 막을 내렸다(Quinn, 2013). 게슈탈트와 실존주의 접근은 인간 중심 접근보다 덜 체계적인 연구를 가졌다(McLeod, 2002). 정서적으로 집중된 부부 치료의 주목할 만한 예외와 더불어(Johnson, 2004), 심리적으로 고통스러워하는 부부를 위한 경험적으로 지지된 치료와 같이(2장 참고), 현대의 인본주의 접근은 증거 기반 치료 운동의 선두에 있지 않았다. 그러나 상담과 심리치료 연구 분야에서의 가장 중요하고도 강력한 발견 가운데 한 가지는 상담 관계의 중요성이다. 근거는 상담 관계에서 도움이 되는 것에 관한 많은 Rogers의 개념에 강력하고 일관적인 지지를 제공한다.

Rogers의 1957년 논문인 『치료적 변화의 필수적이고 충분한 조건(The necessary and sufficient conditions of therapeutic change)』에서 Carl Rogers는 다음 세대를 위한 심리치료의 방향을 재정립할 연구 가설을 발표하였고 이는 그의 커리어에 큰 영향을 미쳤다. 이러한 발표 이후 수십 년 동안, 그는 꼼꼼한 연구 의제를 추구하였는데, 이는 그의 핵심 조건이 (1) 필수적인지 (2) 충분한지를 결정하기 위한 시도였다. 답을 찾는 과정에서, Carl Rogers는 상담 과정을 기록한 최초의 연구자가 되었고(Brazier, 1996), 과정 연구를 위한 기술적이고 윤리적인 토대를 마련하였다. 그것은 변화를 촉진하거나 방해하는 회기 내의 상담 과정에 대한 연구였다. 일관적으로, 지난 40년 동안의 연구 중 압도적인 대다수는 핵심 조건에 대한 내담자의 지각이 상담자 혹은 중립적인 제3자의 지각보다 훨씬 더 긍정적인 성과와 관련이 있다는 것을 발견하였다(Kirschenbaum & Jourdan, 2005). 그러나 비록 공감, 긍정적 존중, 일치의 중요성에 대한 강력한 지지가 존재할지라도, 대부분은 핵심 조건이 필수적이지도 않고 충분하지도 않을 수 있다는 것을 인정한다(Kirschenbaum & Jourdan, 2005). 그럼에도 불구하고, 이 조건은 사실상 모든 내담자에게 '매우 도움이 되는 것'으로 여겨진다.

공통 요인 연구는 Rogers의 핵심 조건의 중요성을 재도입하고 재맥락화해왔다(Miller, Duncan, & Hubble, 1997). 변화를 설명하는 특별한 모델보다는, 공통 요인 이동은 성과 변수의 30%를 차지하는 상담 관계와 더불어, 모델들이 성공적인 상담 성과와 더욱 밀접하게 연관이 있다는 것을 가로지르는 차이점보다는 유사점을 사실로 받아들인다(Miller et al., 1997). 이러한 발견은 인간 중심 상담과 인지행동, 정신역동 상담을 비교하는 대규모 연구에서 계속 되풀이된다(Stiles, Barkham, Mellor-Clark, & Connell, 2008). 그러므로 비록 Rogers의 연구의 부흥이 있었음에도 불구하고, 인간 중심 모델은 다른 인본주의적, 경험적, 실존주의적 접근과의 결합 내에서 적용될 것으로 보인다(Kirschenbaum & Jourdan, 2005).

더군다나, 정서적 표현이 안녕감(well-being)을 촉진한다는 경험적 상담자를 지지하는 중요한 연구의 흐름이 존재한다(Stanton & Low, 2012). 특히, 감정을 표현하는 글쓰기는 사건과 관련된 의미를 변화시키고 긍정적 정서를 증가시키는 것으로 나타났다(Langens, & Schüler, 2007). 특히 흥미로운 것은, 감정의 구성적 표현이 더욱 만족스러운 친밀한 관계를 특징짓는다는 것이다(Yoshida, 2011). 추가적으로, 감정적 표현을 향한 긍정적 태도를 지닌 가정은 또한 사회적 지지에 대한 더 나은 감각을 보고하였으며, 이러한 태도는 다각적인 수준에서의 관계를 강화시킬 수 있음을 의미한다(Castle, Slade, Barranco-Wadlow, & Rogers, 2008). 요약하면, 비록 특정한 개입과 전반적인 성과가 유의한 연구적 지지를 받지 못했지만, 상담 관계와 정서적 표현을 촉진시키기 위한 인본주의적 접근 배후의 원리와 실무는 강력하고 일관적인 근거를 지니고 있다.

개인적 숙고 및 수업 중 토론을 위한 질문

1. 이 장에서 어떠한 개념이 당신과 개인적으로 가장 큰 연관이 있는가? 왜 그렇게 생

각하는가?

2. 이 장에서 내담자와 작업하는 데 가장 도움이 될 개념은 무엇인가?
3. 모든 사람들이 긍정적인 성장을 선호하는 것으로 자연스레 향한다는 인본주의자의 입장에 동의하는가? 왜 그러한가?
4. 내담자를 위하여 '불완전한 역할 모델'이 되는 것에 관한 당신의 생각은 어떤가? 어떠한 방식으로 이것이 유용하거나 잠재적으로 해로울 수 있는가?
5. 다양한 내담자와 함께 이 접근을 사용할 때 가능성과 한계는 무엇인가? 이 한계를 어떻게 다룰 수 있는가?
6. 다른 성별과 인종의 내담자와 함께 작업할 때 정서적 표현에 관한 문제 가운데 생겨나는 어떠한 특정한 문제가 있는가? 어떻게 이 문제를 다룰 수 있는가?
7. 누군가와 함께 임박한 상황을 묘사하라. 현재의 순간에서 감정을 논하는 것을 어떻게 느꼈는가? 당신을 이렇게 하도록 도운 것은 무엇인가?
8. 이 접근이 가장 적절했을 것이라고 생각하는 내담자 혹은 호소 문제는 무엇인가? 혹은 가장 적절하지 않았던 것은 무엇인가?
9. 어느 사례 개념화 개념이 내담자의 문제를 이해하는 데 가장 유용하다고 생각하는가?
10. 어느 개입이 가장 유용할 것 같은가?
11. 이 접근방식이 상담자 혹은 심리치료사로서 당신에게 적합하다고 생각하는가? 왜 그렇게 생각하는가?
12. 이 접근방식을 적절하게 사용하기 위해 성장해야 할 혹은 배워야 할 방식은 무엇인가?

온라인 자료

협회와 실습기관

인간 중심 접근 발전협회 www.adpca.org

인본주의 심리학협회 www.ahpweb.org/

미국심리학회, 32분과: 인본주의 심리학 www.apa.org/divisions/div32/

Carl Rogers 웹사이트 www.carlrogers.info

Erikson 연구소: Erick Erickson의 작업에 대한 자료 www.erikson.edu

Esalen Institute, Big Sur California www.esalen.org

Natalie Rogers: 표현적 예술 치료 www.nrogers.com

뉴욕 게슈탈트 연구소 www.newyorkgestalt.org/

클리블랜드 게슈탈트 연구소 www.gestaltcleveland.org/

샌프란시스코 게슈탈트 연구소 http://gestaltinstitute.com/enter/

록키 게슈탈트 연구소 www.gestaltoftherockies.com/

필라델피아 게슈탈트 치료 연구소 www.gestaltphila.org/

실존주의 치료와 상담을 위한 국제 사회

www.existentialpsychotherapy.net
퍼시픽 게슈탈트 연구소 www.gestalttherapy.org/
인간 중심과 실존적 심리치료와 상담을 위한 국제협회 www.pce–world.org

학회지

영국 게슈탈트 학회지 www.britishgestaltjournal.com
게슈탈트 리뷰 www.gestaltreview.com
국제 게슈탈트 학회지 www.gestalt.org/igipromo
실존 심리학과 심리치료의 국제 학회지 www.meaning.ca/ijepp.htm
인본주의 심리학 학회지 www.ahpweb.org/pub/journal/menu.html
인간 중심과 실존적 심리치료와 상담을 위한 국제협회 학회지 www.pce–world.org/pcep–journal.html
인간 중심 학회지 www.adpca.org/Journal/journalindex.htm

참고문헌

별표(*)는 권장되는 입문서를 나타낸다.

Beane, J. (1981). "I'd rather be dead than gay": Counseling gay men who are coming out. *Personnel & Guidance Journal*, *60*(4), 222-226. doi:10.1002/j.2164-4918.1981.tb00286.x.

Beisser, A. (1970). The paradoxical theory of change. In J. Fagan & I. Shepherd (Eds.), *Gestalt therapy now* (pp. 77-80). New York: Harper.

Brazier, D. D. (1996). The post-Rogerian therapy of Robert Carkhuff. *Amida Trust*. Retrieved from http://www.amidatrust.com/article_carkhuff.html

Brown, L. S. (2007). Empathy, genuineness.and the dynamics of power: A feminist responds to Rogers. *Psychotherapy: Theory, Research, Practice, Training*, *44*(3), 257-259. doi: 10.1037/0033-3204.44.3.257.

Buber, M. (1958). *I and Thou* (R. G. Smith, Trans.). New York: Collier Books. (Original work published in 1923).

Carkhuff, R. (1969). *Helping and human relations: A primer for lay and professional helpers*. New York: Holt, Rinehart and Winston.

Carkhuff, R. (2000). *The art of helping* (8th ed.). Amherst, MA: Human Resource Development Press.

Castle, H., Slade, P., Barranco-Wadlow, M., & Rogers, M. (2008). Attitudes to emotional expression, social support and postnatal adjustment in new parents. *Journal of Reproductive and Infant Psychology*, *26*(3), 180-194. doi:10.1080/02646830701691319.

Cheung, M., & Nguyen, P. V. (2012). Connecting the strengths of Gestalt chairs to Asian clients. *Smith College Studies in Social Work*, 82(1), 51-62. doi:10.1080/00377317.2012.638895.

Davies D. (2009). Person-centered therapy. Therapeutic perspectives on working with lesbian, gay and bisexual clients [e-book]. Maidenhead, BRK, England: Open University Press; pp. 91-105. Available from: PsycINFO, Ipswich, MA. Accessed January 12, 2015.

Gehart, D. (2015). *Theory and treatment planning in counseling and psychotherapy* (2nd ed.). Pacific Grove, CA: Brooks Cole.

Gehart, D. R., & Lyle, R. R. (2001). Client experience of gender in therapeutic relationships: An interpretive ethnography. *Family Process*, *40*, 443-458.

Gehart, D., & McCollum, E. (2008). Teaching therapeutic presence: A mindfulness-based approach. In S. Hick & T. Bien (Eds.), *Mindfulness and the therapeutic relationship* (pp. 176-194). New York: Guilford.

Geller, S. M., & Greenberg, L. S. (2002). Therapeutic presence: Therapists' experience of presence in the psychotherapy encounter. *Person-Centered and Experiential Psychotherapies*, 1, 71-86.

Hill, C. (2007). My personal reactions to Rogers (1957): The facilitative but neither necessary nor sufficient conditions of therapeutic personality change. *Psychotherapy: Theory, Research, Practice, Training*, *44*, 260-264. doi: 10.1037/ 0033-3204.44.3.260.

Hycner, R. (1995). The dialogic ground. In R. Hycner & L. Jacobs (Eds.), *The healing relationship in Gestalt therapy* (pp. 3-30). Highland, NY: Gestalt Journal Press.

Johnson, S. M. (2004). *The practice of emotionally focused marital therapy: Creating connection* (2nd ed.). New York: Brunner/Routledge.

Kirschenbaum, H. (2004). Carl Rogers's life and work: An assessment on the 100th anniversary of his birth. *Journal of Counseling and Development, 82*, 116-124.

Kirschenbaum, H., & Jourdan, A. (2005). The current status of Carl Rogers and the Person-Centered Approach. *Psychotherapy: Theory, Research, Practice, Training, 42*, 37-51.

Kleinplatz, P. J. (1996). Transforming sex therapy: Integrating erotic potential. *The Humanistic Psychologist, 24*(2), 190-202. doi:10.1080/08873267.1996.9986850.

Langdridge, D. (2007). Gay affirmative therapy: A theoretical framework and defence. *Journal of Gay & Lesbian Psychotherapy, 11*(1.2), 27.43. doi:10.1300/J236v11n01_03.

Langens, T. A., & Schuler, J. (2007). Effects of written emotional expression: The role of positive expectancies. *Health Psychology, 26*(2), 174-182. doi:10.1037/0278-6133.26.2.174.

Lobb, M. S., & Lichtenberg, P. (2005). Classic Gestalt therapy theory: Field theory. In A. L. Woldt & S. M. Toman (Eds.), *Gestalt therapy: History, theory, and practice* (pp. 21-39). Thousand Oaks, CA: Sage.

Lu, Q., & Stanton, A. L. (2010). How benefits of expressive writing vary as a function of writing instructions, ethnicity and ambivalence over emotional expression. *Psychology & Health, 25*(6), 669-684.

Mahrer, A. (2007). To a large extent, the field got it wrong: New learnings from a new look at an old classic. *Psychotherapy: Theory, Research, Practice, Training, 44*, 274-278. doi: 0.1037/0033-3204.44.3.274.

Maslow, A. (1954). *Motivation and personality*. New York: Harper.

McDonough-Means, S. I., Kreitzer, M. J., & Bell, I. R. (2004). Fostering a healing presence and investigating its mediators. *Journal of Alternative and Complementary Medicine, 10*, S25-S41.

McLeod, J. (2002). Research policy and practice in personcentered and experiential therapy: Restoring coherence. *Person-Centered and Experiential Psychotherapies, 1*(1-2), 87-101.

Miller, S. D., Duncan, B. L., & Hubble, M. (1997). *Escape from Babel: Toward a unifying language for psychotherapy practice*. New York: Norton.

Milton, M. (2000). Existential-phenomenological therapy. In D. Davies & C. Neal (Eds.), *Therapeutic perspectives on working with lesbian, gay and bisexual clients* (pp. 39-53). Maidenhead, BRK, England: Open University Press.

Pachankis, J. E., & Bernstein, L. B. (2012). An etiological model of anxiety in young gay men: From early stress to public self-consciousness. *Psychology of Men & Masculinity, 13*(2), 107-122. doi:10.1037/a0024594.

Parlett, M., & Lee, R. G. (2005). Contemporary Gestalt therapy: Field theory. In A. L. Woldt & S. M. Toman (Eds.), *Gestalt therapy: History, theory, and practice* (pp. 41-63). Thousand Oaks, CA: Sage.

Perls, F. (1973). *The Gestalt approach and eyewitness to therapy*. Palo Alto, CA: Science and Behavior Books.

Perls, F., Hefferline, R. F., & Goodman, P. (1951). *Gestalt therapy: Excitement and growth in the human personality*. New York: Julian Press.

Picucci, M. (1992). Planning an experiential weekend workshop for lesbians and gay males in recovery. *Journal of Chemical Dependency Treatment, 5*(1), 119-139. doi:10.1300/ J034v05n01_10.

Polster, E., & Polster, M. (1973). *Gestalt therapy integrated*. New York: Brunner/Mazel.

Quinn, A. (2013). A person-centered approach to multicultural counseling competence. *Journal of Humanistic Psychology, 53*(2), 202-251. doi:10.1177/0022167812458452.

Roberts, A. (1999). F*rom the radical center: The heart of Gestalt therapy: Selected writings of Erving and Miriam Polster*. Cleveland, OH: Gestalt Institute of Cleveland Press.

Rogers, C. (1942). *Counseling and psychotherapy: Newer concepts in practice*. New York: Houghton Mifflin.

Rogers, C. (1951). *Client-centered counseling*. Cambridge, MA: Riverside Press.

*Rogers, C. (1957/2007). The necessary and sufficient conditions of personality change. *Psychotherapy: Theory, Research, Practice, Training, 44*, 240-248. doi: 10.1037/ References 265 0033-3204.44.3.240. (Originally published in 1957 in the *Journal of Consulting Psychology*, 21(2), 95.103).

*Rogers, C. (1961). *On becoming a person: A counselor's view of psychocounseling*. London: Constable.

Rogers, C. (1981). *Way of Being. Boston*, MA: Houghton Mifflin.

Smith, E. W. L. (1976). The roots of Gestalt therapy. In E. W. L. Smith (Ed.), *The growing edge of Gestalt therapy* (pp. 3-36). Highland, NY: Gestalt Journal Press.

Stanton, A. L., & Low, C. A. (2012). Expressing emotions in stressful contexts: Benefits, moderators, and mechanisms. *Current Directions in Psychological Science, 21*(2), 124-128. doi:10.1177/0963721411434978.

Stiles, W., Barkham, M., Mellor-Clark, J., & Connell, J. (2008). Effectiveness of cognitive-behavioural, personcentred, and psychodynamic therapies in UK primary-care routine practice: Replication in a larger sample. *Psychological Medicine: A Journal of Research in Psychiatry and the Allied Sciences, 38*(5), 677-688. doi:10.1017/S0033291707001511.

Truax, C. B., & Carkhuff, R. R. (1976). *Towards effective counseling and psychotherapy*. Chicago, IL: Aldine.

Wachtel, P. L. (2007). Carl Rogers and the larger context of therapeutic thought. *Theory, Research, Practice, Training, 44*(3), 279.284. doi: 10.1037/0033-3204.44.3.279.

Wang, L. (1994). Marriage and family therapy with people from China. *Contemporary Family Therapy: An International Journal, 16*(1), 25-37. doi:10.1007/BF02197600.

Woldt, A. L., & Toman, S. M. (Eds.) (2005). *Gestalt therapy: History, theory, and practice*. Thousand Oaks, CA: Sage.

Yontef, G. (1993). *Awareness dialogue and process: Essays on Gestalt therapy*. Highland, NY: Gestalt Journal Press.

Yontef, G.,&Jacobs, L. (2000). Gestalt therapy. In R. J. Corsini & D. Wedding (Eds.), *Current psychotherapies* (6th ed., pp. 303-339). Itasca, IL: Peacock Publishers.

Yoshida, T. (2011). Effects of attitudes toward emotional expression on anger regulation tactics and intimacy in close and equal relationships. *The Japanese Journal of Social Psychology*, 26(3), 211-218.

Yu, J. (1998, November). Asian students' preferences for psychotherapeutic approaches: Cognitive-behavioral, processexperiential and short-term dynamic therapies. *Dissertation Abstracts International*, 59, 2444.

인본주의적 사례 연구: 완벽주의와 불안

30세의 아프리카계 미혼 미국인 여성인 Shandra는 새로운 마케팅 업무를 시작한 이래로 극심한 불안을 경험해오고 있다. 그녀는 언제나 업무에 있어서 성공적이었지만, 최근의 직무는 실패에 관해 그녀를 매우 불안해하도록 만들었다. 그녀는 앞서나가기 위하여 밤에도 매우 오랜 시간 동안 일하고, 약속을 잊어버리는 것을 피하기 위하여 지속적으로 자신의 스케줄을 살피며, 스마트폰을 절대로 꺼두지 않는다. 그녀는 가족과 친구에게 매우 바쁘고 피곤하다고 말했으며 일요일에 교회를 나가는 것을 최근 그만두게 되었다. 그때 그들은 그녀가 도움을 필요로 한다고 말했다. Shandra는 5명의 아이들 중 가장 맏이였고, 동생들을 돌보며 아동기를 보낸 덕분에 그녀의 부모는 일을 할 수 있었다. 그녀는 학교에서 뛰어났으며, 문제를 일으키지 않았고, 부모들이 다투거나 때때로 몸싸움을 할 때도 집안의 평안을 유지하려고 노력했다. 그녀는 언제나 완벽주의와 염려하는 경향이 있었지만, 지난 몇 달 동안은 감당할 수 없을 만큼 심해졌다.

접수 면접 이후, 인본주의적 상담자는 다음과 같은 사례 개념화를 발전시킨다.

사례 개념화

날짜: 2013년 10월 23일 **상담자:** Shizue **내담자/사례 #:** 10008

Ⅰ. 내담자 소개

내담자의 기본 정보와 중요한 타인 파악하기

내담자

성인 여성 연령: 30세 아프리카계 미국인 미혼 이성애자 직업/직위: 마케팅, 제약판매

기타: 근처에 부모, 형제들 거주

중요한 타인

내담자 어머니 연령: 48세 아프리카계 미국인 기혼 이성애자 직업/직위: 웨이트리스

기타 :

내담자 아버지 연령: 52세 아프리카계 미국인 기혼 이성애자 직업/직위: 건설업자

기타:

연령 선택: ______ 인종 선택 관계상태 선택 직업/직위: ______ 기타: ______

연령 선택: ______ 인종 선택 관계상태 선택 직업/직위: ______ 기타: ______

기타:

Ⅱ. 호소 문제

문제에 대한 내담자의 보고:

그녀는 지나치게 염려를 많이 하고 무리하게 일에 매달리고 있다고 말한다. 그러나 그녀는 성공하기를 원하고, 언젠가 자신을 위한 멋진 배우자가 나타나리라는 것을 기대할 수 없다고 말한다.

문제에 대한 중요한 타인 및 가족의 보고:

AF의 부모는 그녀가 업무를 지나치게 중시하고 개인적인 생활에 많은 에너지를 쏟지 못하는 것에 대해 점점 더 염려하고 있다. 그녀는 그동안 단 2명의 남자 친구가 있었으며, 가장 길게는 관계가 단 1년밖에 지속되지 않았다. 그녀의 부모는 때때로 그녀의 성장기에 아마도 어른처럼 굴어야 한다는 압박을 지나치게 많이 주었다고 생각하고, 그녀가 인생을 살아가고 즐기는 법을 배우지 못했던 것에 대해 죄책감을 느낀다. 그럼에도 불구하고, 그녀의 부모는 그녀가 좋은 대학을 졸업했고 형제들의 역할 모델이 되는 것에 대해 매우 자랑스럽게 여긴다.

문제에 대한 다양한 체계(참고인, 교사, 친척, 법적 체계 등)로부터의 보고:

친구: AF의 친구들이 전하는 바에 따르면, 그녀는 지나치게 일을 많이 하고 있으며 즐기는 법을 알지 못한다고 말한다고 한다. 그들은 그녀가 사회적 관계를 만드는 것을 배울 필요가 있고 우선적으로 남자 친구를 찾아야 한다고 생각한다.

(계속)

________: ________

Ⅲ. 배경 정보

트라우마·학대 이력(현재 및 과거): AF는 어렸을 때 어머니, 아버지가 말다툼하는 것을 목격했다. 그때 부모는 서로에게 물건을 던졌고 서로를 때리기도 했다. 부모가 다투는 동안, AF는 부모의 다툼으로부터 형제들을 보호하는 데 집중하였다. AF는 그녀 자신에 대한 직접적인 학대를 부인하였다. AF는 학창시절 대부분 동안 약간의 인종 차별 경험을 보고한다.

약물 사용·남용(현재와 과거, 자신, 원가족, 중요한 타인): AF는 오직 주기적인 사교상의 음주만을 보고하였으며, 어떠한 비합법적인 약물이나 눈에 띄는 약물 남용 문제도 보고하지 않았다.

촉발 사건(최근 삶의 변화, 최초의 증상, 스트레스 요인 등): 대학에서의 마케팅 전공을 한 AF는 최근 제약 판매에서의 직책에 높은 압박을 받았다. 그녀는 성공을 확신하기 위하여 점점 더 긴 시간 동안 일을 해왔으며, 정보를 검토하고, 약속을 재차 확인하였으며, 하루 24시간을 스마트폰에 접속하였다. 그녀는 친구들과 교회 공동체와 점점 더 적은 시간을 보내게 되었다. 그녀가 염려하는 것의 대부분은 현재 업무에 관한 것이지만, 그녀는 언제나 '작은 일을 큰일처럼 벌리며' 항상 완벽주의자였다.

관련된 역사적 배경(가족력, 관련 문제, 이전 상담 경험 등): AF가 어렸을 때, 부모는 다섯 자녀를 키우기 위해 열심히 일했다. 내담자는 부모를 도와 형제들을 돌보았다. 그녀는 책임감 있고, 학교에서도 말썽을 부리지 않고 항상 나이에 비해 성숙한 고민을 하는 아이였다.

Ⅳ. 내담자의 강점과 다양성

내담자의 강점

개인적 측면: AF는 지적이고, 근면하며, 가족과 친구에게 충실하다.

관계적·사회적 측면: AF는 강력한 유대감을 지닌 가족과 확대가족, 친구의 지지 안에 속해있다.

영적 측면: AF는 언제나 교회에서 활동적이며, 교회는 그녀가 큰 위안을 얻고 염려로부터 피신할 수 있는 곳이다.

다양성: 자원과 한계

내담자의 연령, 성별, 성적 성향, 문화적 배경, 사회경제적 지위, 종교, 지역사회 공동체, 언어, 가족 배경, 가족 구성, 역량 등에 기초하여 내담자의 잠재적인 자원과 한계가 무엇인지 확인하라.

독특한 자원: AF는 가족, 친구, 교회를 통하여 큰 지지 체계를 지니고 있다. 종교적 믿음은 그녀의 생활에 평안함과 목적을 제공한다.

잠재적 한계: 아프리카계 미국인 여성으로서 AF는 다른 사람들보다 더 열심히 일해야만 한다는 것을, 특히 그녀가 일하는 제약 회사를 운영하는 백인 남성에게 그러한 것을 느낀다고 보고하였다. AF는 그녀가 스스로를 성공적인 아프리카계 미국인 비즈니스 여성으로서 증명해야만 할 필요가 있다고 느낀다.

(계속)

사례 개념화를 위하여 다음의 모든 부분을 완성하거나 이론 기반의 사례 개념화를 위한 특정 부분을 완성하라.

V. 정신역동 개념화

정신역동 방어기제

가장 많이 사용하는 방어기제 2–4개를 체크하라.

☐ 행동화: 기술하기: ______

☐ 부인: 기술하기: ______

☐ 전치: 기술하기: ______

☐ 도움을 거절하는 불평: 기술하기: ______

☐ 유머: 기술하기: ______

☐ 수동 공격성: 기술하기: ______

☐ 투사: 기술하기: ______

☐ 투사적 동일시: 기술하기: ______

☐ 합리화: 기술하기: ______

☐ 반동 형성: 기술하기: ______

☒ 억압: 기술하기: AF는 종종 그녀의 더욱 취약한 감정과 욕구를 억압한다.

☐ 분열: 기술하기: ______

☒ 승화: 기술하기: AF는 개인적 생활에서의 좌절과 성취의 부족을 그녀의 업무로 돌린다.

☒ 억제: 기술하기: AF는 마음에서 남편, 여행, '좋은 삶'에 대한 '이기적'이고 '비현실적인' 욕구를 밀어내려고 애쓴다.

☐ 기타: ______

대상관계 패턴

과거 어린 시절 초기 양육자와의 관계에 대해 기술하라. AF의 부모는 그녀와 형제들을 부양하기 위하여 긴 시간 동안 일했다. 그녀는 어린 시절에 어머니와 아버지와 상호작용하는 데 거의 시간을 보내지 못했다. 매우 어렸을 때부터 그녀는 부모화되었고, 어린 형제들을 키우는 것을 돕도록 기대되었다.

주로 어머니(또는 그와 비슷한 사람)와의 애착은 어떠했는가?

☐ 대개 안정적 ☐ 불안과 집착 ☒ 회피와 정서적 거리감 ☐ 기타: ______

주로 아버지(또는 그와 비슷한 사람)와의 애착은 어떠했는가?

☐ 대개 안정적 ☐ 불안과 집착 ☒ 회피와 정서적 거리감 ☐ 기타: ______

초기 양육자와의 현재 관계에 대해 기술하라. AF는 부모와 가까우며 어머니, 아버지와의 관계가 지지적, 긍정적이라고 보고한다.

파트너 관계 및 현재 다른 사람과의 관계에 대해 기술하라. 해당 없음(N/A)

(계속)

Erickson의 심리사회적 발달 단계

각 단계에서 현재 단계까지의 발달을 기술하라.

신뢰 대 불신(영아기): AF의 할머니는 생애 초기 2년 동안 그녀를 돌보았다. AF가 22세 때 할머니가 돌아가셨을 때까지 그들은 서로 매우 가까웠다.

자율성 대 수치와 의심(유아기): AF는 3세 때부터 형제들을 돌보기 시작했다. 그녀는 이 시기에 의심과 두려움에 의해 촉발된 것으로 보이는 의무와 책임감을 발전시켰다.

주도성 대 죄책감(학령전기): AF는 그녀가 발달적으로 준비되기 전에 자주성과 책임감을 갖도록 강요되었고, 잘못을 하는 것에 대한 죄책감과 두려움이 만연한 것처럼 보인다.

근면성 대 열등감(학령기): 학령기 동안, AF는 가정과 학교에서 모두 매우 근면하지만 재미와 놀이에 대한 건강한 감각과 균형을 맞추는 것을 배우지는 않았다.

정체성 대 역할 혼란(청소년기): AF의 정체성은 형제를 돌보는 것에 언제나 엄중하게 얽매여 있었고, 그녀는 결코 자신의 이익, 꿈, 욕구를 따라 스스로를 규정하지 않았다.

친밀감 대 고립감(청년기): AF는 어린 시절의 친구와 가족의 외부에서 성인으로서 친밀한 관계를 발전시키는 데 고군분투하고 있다.

생산성 대 (자기) 침체(장년기): ______

자아 통합감 대 절망감(노년기): ______

아들러학파의 생활양식 주제

☒ 통제: AF의 생활은 다른 사람들을 돌볼 수 있도록 그녀 자신을 통제하고 거부하는 것으로 만들어져왔다.

☐ 우월성: ______

☐ 기쁘게 하기: ______

☐ 편안함: ______

기본적 오류에 대한 잘못된 지각: 생애 초기에 AF는 타인을 위한 더 나은 삶을 위하여 스스로를 희생시켜야만 한다는 것을 배웠다. 그녀는 또한 스스로의 가치가 그녀 자신 내에 있는 것이 아니라, 무엇을 했는지에 달려있다는 것을 배웠다.

Ⅵ. 인본주의·실존주의 개념화

진정한 자아 표현

문제: 문제가 내재적 또는 외재적으로(타인, 환경 등에 의해) 유발되는가?

☐ 두드러지게 내재적이다.

☒ 혼합되어 있다.

☐ 두드러지게 외재적이다.

주체성과 책임감: 자신이나 타인이 이야기의 주체로서 논의되고 있는가? 내담자는 상황에 대한 분명한 책임감을 가지고 있는가?

☒ 강한 주체성과 책임감

(계속)

☐ 부분적인 주체성

☐ 매우 낮은 주체성, 타인과 상황에 대한 잦은 책임전가

☐ 종종 희생양이 되었다고 느낀다.

감정의 인식과 표현: 감정을 자신의 것으로 인식하고 경험하는 데 어려움이 없는가?

☐ 쉽게 감정을 표현한다.

☐ 동요된 감정을 인식한다.

☒ 감정을 인식하는 것이 어렵다.

'지금 여기' 경험: 내담자가 현재의 순간에 일어나는 상황에 대한 감정을 폭넓게 경험할 수 있는가?

☐ 현재의 순간에 감정을 쉽게 경험한다.

☒ 도움을 받아 현재 감정을 어느 정도 경험한다.

☐ 현재의 순간을 경험하는 것이 어렵다.

개인적 구성 개념과 허울(facades): 내담자는 자신의 역할을 인식하고 그것을 넘어설 수 있는가? 정체성은 경직되어 있는가, 아니면 자신을 시험적으로 내려놓을 수 있는가?

☐ 시험적으로 자신을 내려놓을 수 있다. 비판하고 의문을 제기할 수 있다.

☒ 정체성의 구성 개념과 허울에 대해 약간 인식하고 있다.

☐ 정체성을 엄격하게 정의한다. '사실'로 인지한다.

복잡성과 모순: 내적인 모순을 가지고 있으며 그것을 탐색하는가? 내담자는 정체성과 삶의 복잡성을 충분히 이해하는가?

☐ 모순을 자각하고 해결한다.

☒ 모순을 일부 인식한다.

☐ 내적인 모순을 자각하지 못한다.

당위: 내담자는 사회적으로 부과된 당위와 의무에 대해 의문을 품을 수 있는가? 내담자는 타인을 기쁘게 해주는 것과 자신의 소망을 충족하고자 하는 것 간의 균형을 맞출 수 있는가?

☐ 사회적 의무와 자율성 간의 균형을 맞출 수 있다.

☐ 사회적 기대와 개인적 소망 사이의 긴장을 인식한다.

☒ 주로 사회에서 원하는 것에 초점을 맞춘다.

해야 하는 의무 목록: ______________________________

타인 수용: 내담자는 타인의 의견을 수용할 수 있고 타인에 대한 기대에 현실적으로 부응할 수 있는가?

☐ 타인을 쉽게 수용한다.

☒ 타인의 기대가 비현실적이지만, 여전히 충족하지 못한 기대에 강한 정서적 반응을 나타내는 것을 인식한다.

☐ 타인을 받아들이는 것이 어렵다. 항상 자신의 기대에 부응하기 위해 타인이 변하기를 바란다.

자기 신뢰: 내담자는 자신이 고정된 대상이 아니라 과정으로서의 자신을 신뢰할 수 있는가?

☐ 진정한 자기를 신뢰하고 표현할 수 있다.

☒ 특정한 상황에서 자신을 신뢰한다.

☐ 대부분의 상황에서 자신을 신뢰하는 것이 어렵다.

(계속)

실존 분석

삶을 의미 있게 하는 자원(내담자에 의해 기술되고 설명된 것): AF의 종교적인 믿음은 그녀에게 목적의식을 주고 정체성의 중요한 부분을 나타낸다. 그녀는 또한 업무에 많은 가치를 부여하며, 한 사람의 업무와 개인적인 성취가 성공을 나타내는 것이라고 믿는다.

삶의 의미에 관한 일반적 주제:

☒ 개인적 성취·업적

☐ 중요한 타인

☐ 자녀

☐ 원가족

☐ 사회적 대의, 타인에 대한 공헌

☒ 종교·영성

☐ 기타: ________

삶의 방향에 대한 만족과 명확성:

☐ 힘든 시기에 회복탄력성을 만들어내는 명확한 삶의 의미를 가지고 있다.

☐ 현재의 문제는 삶의 방향과 관련된 선택을 요구한다.

☒ 현재 삶의 방향성에 대해 최소한으로만 만족한다. 삶에 더 큰 욕구를 가지고 있다.

☐ 현재까지 삶의 방향성에 관하여 거의 생각한 적이 없다. 대부분 타인 혹은 다른 어떤 것에 의해 정의된 삶의 계획에 따라 살아왔다.

☐ 기타: ________

게슈탈트 접촉 경계 혼란

☐ **둔감화**: 문제를 인식하지 못한다.

☐ **내사**: 타인의 관점을 검열하지 않고 그대로 받아들인다.

☐ **투사**: 타인에게 자신의 원하지 않는 부분을 전가시킨다.

☐ **반전**: 타인이 아닌 자기 자신에게 직접적인 행동을 취한다.

☐ **편향**: 타인 혹은 자신과의 직접적인 접촉을 피한다.

☐ **자의식**: 외부 환경이 자기 자신에게 영향을 미치지 못하도록 한다.

☐ **융합**: 타인과의 경계가 모호해지는 범위까지 동조한다.

기술하기: AF는 가족 구성원들을 갈구하는 자신의 어느 부분과 관계를 회피하기 위하여 업무를 활용한다.

Ⅶ. 인지행동 사례 개념화

증상 행동의 기준

증상 #1 (행동적 기술): 생활의 다양한 세부사항에 관하여 염려하는 것

빈도: 매일

지속 기간: 하루에 몇 시간씩

(계속)

상황: 밤에 집에 머무를 때는 염려한다. 업무중에는 나아진다.

사건 전: 집까지 운전하면서 생각할 시간을 더 확보한다.

사건 후: 이메일 확인하기, 목록 만들기, 서류 업무, 업무를 일반적으로 잘 수행한다.

증상 #2 (행동적 기술): 사회적 관계 회피하기

빈도: 한 달에 걸쳐 회피하는 경우가 더 많다. 8회 중 6회는 모임 초대를 거절한다.

지속 기간: 한 번마다 1~2주

상황: 가족, 대가족, 친구, 교회

사건 전: 업무에서의 분주함, 피곤함, 압도됨, 최악을 염려한다.

사건 후: 업무를 진척시키고 따라잡는 데 시간을 소요한다.

비합리적 신념에 대한 A-B-C 분석

선행 사건(문제): 그녀의 분야에서 인정받는 사람과 그녀의 판매 기록을 비교한다.

결과(기분, 행동 등): 당혹스러운 느낌, 더 열심히 일한다.

신념의 중재(결과 C를 야기한 사건에 관한 해로운 신념):

1. 나는 충분히 좋은 사람이 되기 위해 최고가 되어야만 한다.
2. 나는 어떤 것에서도 실패를 할 수 없다.
3.

Beck의 인지 도식 분석

자주 사용하는 인지 도식을 확인하라.

☐ **임의적 추론:**

☒ **선택적 추상:** 매우 인정받고 있는 판매원과 자신을 비교하여, 그녀가 그 작업을 배우고 속도를 높여야 할 필요를 걸러낸다.

☐ **과잉일반화:**

☒ **의미 확대/의미 축소:** 삶의 목표에 주로 기여하지 않는 작은 업무들의 중요성을 확대한다.

☒ **개인화:** 다른 사람들이 말하는 것에 대해 개인화를 하며, 자신의 가치가 업무 수행으로 측정된다고 한다.

☒ **절대론자/이분법적 사고:** 성공과 실패의 틈에서 어떤 것도 보지 못한다.

☐ **잘못된 명명:**

☐ **독심술:**

Ⅷ. 가족체계 개념화

가족생활 주기 단계

☒ 미혼 성인

☐ 기혼

☐ 어린 자녀가 있는 가족

(계속)

☐ 청소년기 자녀가 있는 가족

☐ 자녀 독립

☐ 노년기

이 단계에서 발달 과업을 완성하는 데 어려움이 무엇인지 기술하라. AF는 업무와 그녀만의 가족을 꾸리기 위한 시간을 만드는 것 사이의 균형을 찾는 데 분투한다. 그녀는 결혼을 하고 가족을 꾸리고자 한다. 그러나 업무와 독립적인 성공을 더 중요하고 실용적인 것으로 여긴다.

타인과의 경계

부모	☒ 밀착	☐ 명확	☐ 유리	☐ 해당 사항 없음: 기술하기: AF는 연령에 맞는 사회적 관계와 활동을 경험하지 못한 점에서 부모화되었다
중요한 타인	☐ 밀착	☐ 명확	☐ 유리	☐ 해당 사항 없음: 기술하기:
자녀	☐ 밀착	☐ 명확	☐ 유리	☐ 해당 사항 없음: 기술하기:
확대가족	☒ 밀착	☐ 명확	☐ 유리	☐ 해당 사항 없음: 기술하기: 형제이기보다 엄마와 같은 존재
기타: 성명	☐ 밀착	☐ 명확	☐ 유리	☐ 해당 사항 없음: 기술하기:

타인과의 친밀도와 거리를 조절하는 일반적인 유형:

삼각관계/연합

☒ 원가족과의 연합: 기술하기: AF는 특히, 더 어렸을 때 부모의 갈등을 안정화시키기 위하여 부모의 결혼 생활 속에서 삼각관계를 이루었다.

☐ 중요한 타인과 관련된 연합: 기술하기:

☐ 그 외의 연합:

자신과 부모–자녀 사이의 위계 ☐ 해당 사항 없음

자녀와의 위계	☐ 효과적	☐ 경직	☐ 허용적
부모와의 관계(어린아이/청소년에게 있어)	☒ 효과적	☐ 경직	☐ 허용적

형제자매**와의 상호보완적 패턴**

☐ 방임형/관계 중심

☒ 높은 기능 수준/낮은 기능 수준

☐ 감정적/이성적

☐ 좋은 부모/나쁜 부모

☐ 기타: 기술하기:

상호보완적인 패턴의 예시: AF는 그녀의 형제들에게 책임감을 갖고, 그들이 그녀에게 지나치게 의존하는 것을 가능하게 만든다.

(계속)

세대 간 패턴

약물·알코올 남용: ☒ 해당 없음 ☐ 있음:

성적·신체적·정서적 학대: ☐ 해당 없음 ☒ 있음: 부모들의 서로에 대한 정서적·육체적 학대를 목격했다.

부모–자녀 관계: ☐ 해당 없음 ☒ 있음: 부모화된 자녀. 자녀로서 부모화된 어머니

신체적·정신적 장애: ☒ 해당 없음 ☐ 있음:

가족이 지닌 강점: 기술하기: 확대가족이 강한 유대감을 가지고 있다. 부모는 함께 지내며 지금은 함께 더 잘 지내고 있음. 가족은 교회와 매우 연관되어 있다.

Ⅸ. 해결 중심·문화적 담론(포스트모더니즘) 개념화

해결책과 독특한 결과

효과적으로 작용하지 않은 기존의 해결책:

1. 두려움을 완화하기 위해 더욱 노력했던 것은 오직 문제만을 영속시켰다.
2. 교회를 회피하는 것은 스트레스를 감소시키지 않았다.
3.

예외적 상황과 독특한 결과: 시간, 장소, 관계, 상황 등 덜 문제시될 때, 사건의 경과가 좋아지도록 하는 행동:

1. AF는 적어도 한 달에 한 번 교회를 나가는데, 그 이후에 보통 기분이 나아진다.
2. AF는 생일과 주요한 휴일 이벤트에 간다.
3. AF는 요가를 하러 가고, 운동하거나 고등학교 친구들과 어울릴 때 긴장을 늦출 수 있다.

기적 질문에 대한 대답: 만약 문제가 하룻밤 사이에 해결이 된다면, 내담자는 다음 날 어떻게 행동할 것인가? (Y를 하지 않는 대신에 X를 한다는 식으로 기술하라.)

1. 그녀는 가족, 친구들과 상호작용하기 위해 더 많은 시간을 할애할 것이다.
2. 이성/남편을 찾는 것에 관하여 더욱 심각하게 생각하기 시작하고 데이트를 시작할 것이다.
3. 그녀는 업무에서 '성공적인' 기분을 느끼고 합리적인 시간 동안 일을 할 것이다.

문제 정의에 영향을 주는 지배 담론:

- **인종, 계층, 종교 담론: 핵심적인 문화적 담론이 어떻게 문제와 가능한 해결책이 무엇인지 알려주는가?** AF는 아프리카계 미국인 사회, 특히 교회 공동체와 연결되었다고 느끼며 매우 자랑스럽게 여긴다. 그녀는 소외되는 것에 대한 압박감을 느끼고 성공을 확신하기 위해 다른 사람들보다 더 열심히 일함으로써 반응한다. 그녀는 맏딸로서 형제들을 돌보고, 가족을 부양하는 것에 있어 노동계급인 부모를 지원하기 위해 개인적인 행복을 희생시켜왔다. 그녀는 적대적인 환경에서 살아남고자 투쟁하는 부담감을 안고 있다.
- **성(gender)과 성적 담론: 성과 성적 담론이 어떻게 문제와 가능한 해결책이 무엇인지 알려주는가?** AF는 스스로가 인생을 즐기도록 허용하지 못할 정도로 가족 안에서 자애롭게 보살핌을 주는 역할을 맡아왔다. 많은 아프리카계 미국인 여성들처럼, 그녀는 반드시 자급자족해야 하고, 스스로를 돌보기 위해 남성이나 다른 누군가에

(계속)

게 의존해서는 안 된다는 가정으로 인생을 이끌어왔다.

- **지역사회, 학교, 확대가족 담론: 다른 중요한 지역사회 담론이 어떻게 문제로 인지되었으며, 가능한 해결책이 무엇인지 알려주는가?** AF는 그녀의 '가치'가 그녀의 생산성에 의해 측정되는 판매직에 종사한다. 그녀는 극도의 불안과 어려움을 만들어낼 정도까지 일을 해왔다.

정체성 내러티브: 문제는 어떻게 내담자의 정체성을 형성하는 데 영향을 미쳤는가? 염려와 완벽주의는 AF의 정체성과 생존에서 가장 중요했으며, 그녀는 현재의 상황을 가족과 친구만큼 문제적으로 보지 않는다. 비록 그녀는 부분적으로는 실망했지만 대부분 그녀는 업무가 매우 중요하기 때문에 개인적인 생활을 위한 시간을 가질 수 없다고 믿는다.

내담자에게 국지적 담론 또는 선호하는 담론: 내담자가 선호하는 정체성 관련 내러티브 혹은 문제에 관한 내러티브는 무엇인가? 문제에 대하여 선호하는 국지적(대안적) 담론이 있는가? AF는 남편, 그녀만의 가족, 그리고 그녀가 진정으로 휴식을 취할 수 있는 집을 원한다는 것을 인정한다. 그녀는 이와 같은 것들을 언제든 빨리 찾아야 한다는 것에 대해 절망감을 느낀다.

임상적 평가

임상가:	내담자 ID #:	기본 구성:	모국어:
Shizue	10008	☒ 개인 ☐ 부부 ☐ 가족	☒ 영어 ☐ 스페인어 ☐ 기타: ______

내담자와 중요한 타인에 대한 기록

성인

성인 남성 연령: ______ 아프리카계 미국인 미혼 이성애자 직업: 가게 매니저: 마케팅, 제약 판매

기타: ______

성별 연령 선택: ______ 인종 선택 관계 상태 선택: ______ 직업/직위: ______

기타: ______

아동

성별 연령 선택: ______ 인종 선택: ______ 학교/학년 선택: ______

기타: ______

성별 연령 선택: ______ 인종 선택: ______ 학교/학년 선택: ______

기타: ______

기타 확인 사항: ______

호소 문제

		아동을 위한 점검 문제:
☒ 우울/무력감	☐ 부부 문제	☐ 학업 실패/수행 저하
☒ 불안/걱정	☐ 부모-자녀 갈등	☐ 무단결석/가출
☐ 분노 문제	☐ 배우자 폭력/학대	☐ 또래와의 다툼
☐ 상실/슬픔	☐ 이혼 후 적응	☐ 과잉 행동
☐ 자살 사고 및 시도	☐ 재혼 후 적응	☐ 의복 청결 상태 불량
☐ 성적 학대/강간	☐ 성/친밀감 문제	☐ 아동 학대/방임
☐ 알코올/약물 사용	☒ 주요한 생활 변화	☐ 고립/철수
☐ 섭식 문제/섭식 장애	☐ 법적 문제/보호 관찰	☐ 기타: ______
☒ 직업 문제/실직	☐ 기타: ______	

내담자를 위한 정신 상태 평가

대인관계	☐ 해당 없음	☐ 갈등 ☐ 밀착 ☒ 고립·회피 ☐ 괴롭힘 ☐ 기타: ______
기분	☐ 해당 없음	☐ 우울·슬픔 ☒ 불안 ☐ 불쾌 ☐ 분노 ☐ 성마름 ☐ 조증 ☐ 기타: ______
정서	☐ 해당 없음	☒ 위축 ☐ 둔감 ☐ 생기 없음 ☐ 불안정 ☐ 일관성 없음/부적절 ☐ 기타: ______

(계속)

수면	☐ 해당 없음	☐ 수면과다 ☒ 불면증 ☐ 수면 방해 ☐ 악몽 ☐ 기타: ______
섭식	☒ 해당 없음	☐ 증가 ☐ 감소 ☐ 식욕 부진 ☐ 폭식 ☐ 구토 ☐ 기타: ______
불안	☐ 해당 없음	☒ 만성적 근심 ☐ 공황 ☐ 공포증 ☐ 강박사고 ☐ 강박행동 ☐ 기타: ______
트라우마 증상	☒ 해당 없음	☐ 과각성 ☐ 플래시백/침습 기억 ☐ 해리 ☐ 감각 상실 ☐ 회피 노력 ☐ 기타: ______
정신병적 증상	☒ 해당 없음	☐ 환각 ☐ 망상 ☐ 편집증 ☐ 연상 이완 ☐ 기타: ______
운동 활동성 및 언어 능력	☐ 해당 없음	☐ 낮은 에너지 ☒ 과잉 행동 ☐ 불안 ☐ 주의 산만 ☐ 충동적 ☐ 빠른 어조 ☐ 느린 어조 ☐ 기타: ______
사고	☐ 해당 없음	☐ 집중력 부족 ☐ 부인 ☐ 자기 비난 ☐ 타인 비난 ☒ 반추 ☐ 단절 ☐ 완고함 ☐ 통찰력 부족 ☐ 그릇된 의사결정 ☐ 혼란스러움 ☐ 기타: ______
사회·법률	☒ 해당 없음	☐ 규범 경시 ☐ 반항 ☐ 절도 ☐ 거짓말 ☐ 격분 ☐ 체포 및 투옥 ☐ 싸움 걸기 ☐ 기타: ______
기타 증상	☒ 해당 없음	______

내담자를 위한 진단

진단에서 고려되는 **상황적 요인**: ☐ 연령 ☒ 성별 ☐ 가족 역동 ☒ 문화 ☐ 언어
☒ 종교 ☒ 경제력 ☐ 이민 ☐ 성적/성별 지향 ☒ 트라우마 ☐ 이중 진단/동반 질환
☐ 중독 ☐ 인지적 능력 ☐ 기타: ______

진단과 평가 과정에서 확인된 요인의 영향을 기술하라. 소외 경험을 포함한 지역 내 아프리카계 미국인을 향한 전형적인 환경적·사회적 스트레스 요인 고려

DSM-5 코드	심리사회적 스트레스 요인 및 문제점에 관한 V/Z/T 코드를 포함한 **진단과 진단 상세 기준**
1. F41.1	1. 범불안 장애
2. ______	2. ______
3. ______	3. ______
4. ______	4. ______
5. ______	5. ______

의료적 고려사항

내담자는 정신의학적 평가를 위해 의뢰된 적 있는가? ☒ 예 ☐ 아니요

(계속)

내담자는 의뢰에 동의했는가? ☐ 예 ☒ 아니요 ☐ 해당 없음

평가에 사용되는 심리측정 도구: ☒ 없음 ☐ 교차편집 증상 척도

☐ 기타: AF는 약물 치료 이전에 상담을 시도하는 것을 원한다.

진단에 대한 내담자의 반응: ☒ 동의 ☐ 다소 동의 ☐ 동의하지 않음 ☐ 다음과 같은 이유로 알 수 없음: ______

현재 약물 치료(정신의학적·의학적) ☐ 해당 없음

1. __________ ; 복용량 __________ mg; 시작 날짜: __________
2. __________ ; 복용량 __________ mg; 시작 날짜: __________
3. __________ ; 복용량 __________ mg; 시작 날짜: __________
4. __________ ; 복용량 __________ mg; 시작 날짜: __________

의료적 필요성: 해당되는 것에 모두 체크하라.

☒ 상당 부분 손상 ☐ 손상 가능성 큼 ☐ 예상되는 발달적 지체

손상 영역: ☒ 일상생활 ☒ 사회적 관계 ☒ 건강 ☒ 직장/학교생활 ☐ 거주 형태

☐ 기타: ______________________________

내담자의 위험 요소와 안전성 평가

자살 경향성	타살 경향성	알코올 남용
☒ 징후 및 부인 없음	☒ 징후 및 부인 없음	☒ 징후 및 부인 없음
☐ 적극적 사고	☐ 능동적 사고	☐ 과거의 남용
☐ 소극적 사고	☐ 수동적 사고	☐ 현재 횟수/양: ______________
☐ 계획 없는 의도	☐ 계획 없는 의도	**약물 사용 및 남용**
☐ 목적을 위한 의도	☐ 수단을 동반한 의도	☒ 징후 및 부인 없음
☐ 지난해 동안의 사고	☐ 지난해 동안의 사고	☐ 과거의 남용
☐ 지난해 동안의 시도	☐ 지난해 동안의 폭행	☐ 현재 복용 약물: ______________
		빈도/양: ______________
☐ 가족 혹은 동료의 자살 이력	☐ 타인을 폭행한 과거 이력	☐ 가족 또는 중요한 타인의 약물 사용
	☐ 동물 학대	

성적·신체적 학대 및 그 밖의 위험 요인

☒ 아동기 학대 이력: ☐ 성적 학대 ☐ 신체적 학대 ☐ 정서적 학대 ☐ 방임

☐ 성인기의 학대/폭행: ☐ 성적 학대 ☐ 신체적 학대 ☐ 현재 지속 여부

☐ 학대 가해 이력: ☐ 성적 학대 ☐ 신체적 학대 ☐ 정서적 학대

☐ 노인 또는 부양해야 할 성인 학대 및 방치

☐ 섭식 제한, 폭식 또는 구토 이력(현재 또는 과거)

☐ 자살 시도 및 다른 자해 행위: ☐ 현재 ☐ 과거: 수단: ______________

☐ 범죄 및 법적 문제 이력: ______________________________

(계속)

☐ 기타 정신적 외상 이력: ______

☐ 보고된 바 없음

안전 지표

☐ 해당 없음

☒ 최소한 한 명의 외부 지지자

☒ 살고자 하는 혹은 해를 끼치지 않으려는 구체적인 이유를 언급할 수 있는 능력

☐ 희망

☐ 위협적인 물건을 제거하려는 의지

☒ 미래의 목표 세우기

☐ 상황을 악화시키는 사람과의 접촉을 줄이려는 의지

☐ 기꺼이 안전 계획, 안전 개입을 수행하고자 하는 의지

☐ 자신 및 타인을 해치는 행동에 대한 대안 발전시키기

☒ 안전이 지속되는 기간: 자해의 전력 없음

☐ 기타: ______

안전 계획의 요소

☐ 해당 없음

☐ 위해를 가하지 않는다는 내용을 구두로 서약하기

☐ 위해를 가하지 않는다는 내용의 서약서 작성하기

☒ 긴급 연락망 카드

☒ 위급 상황을 위한 치료자 및 기관 연락처

☐ 약물 치료 관리

☐ 위기 상황에서 친구 및 지지자와 연락할 수 있는 계획 세우기

☐ 위기 상황에서 어떤 장소로 가야 할지 세부적인 계획 세우기

☒ 위기 수준에 도달하기 전에 위험을 감소시키기 위한 구체적인 자기 진정 작업(예: 일기 쓰기, 운동하기 등)

☒ 스트레스 요인을 감소시키기 위한 구체적인 매일/매주의 활동

☐ 기타: ______

법적·윤리적 조치 적용: ☒ 해당 없음 ☐ 조치: ______

사례 관리

기타 연락망

- **담당 의사 혹은 다른 전문가**와 연락한 적이 있는가? ☒ 해당 없음 ☐ 있음 ☐ 진행 중
  성명/기록 사항: ______
- 만약 내담자가 **다른 곳에서 정신 건강 치료**를 받고 있다면, 그곳과 연락했는가? ☒ 해당 없음 ☐ 있음 ☐ 진행 중
  성명/기록 사항: ______
- **사회복지사**와 연락한 적이 있는가? ☒ 해당 없음 ☐ 있음 ☐ 진행 중 성명/기록 사항: ______

의뢰

- 내담자는 **의학적인 평가**에 의뢰된 적 있는가? ☐ 있음 ☒ 필요성에 대한 근거 없음
- 내담자는 **사회적 서비스**에 의뢰된 적이 있는가? ☒ 해당 없음 ☐ 직업/훈련 ☐ 복지/식품/주거 보조
  ☐ 피해자 서비스 ☐ 법적 도움 ☐ 의료 서비스 ☐ 기타: ______
- 내담자는 **집단**이나 다른 지원 서비스로 의뢰된 적이 있는가? ☒ 예: ______ ☐ 진행 중 ☐ 권장되지 않음
- 치료와 관련된 **범죄 수사적/법적 절차**가 예상되는가? ☒ 아니요 ☐ 예: 기술하기: ______

(계속)

지원 네트워크

- 내담자 사회적 지지망은 다음을 포함한다. ☒ 지지적인 가족 ☐ 지지적인 배우자 ☒ 친구
  ☒ 종교적·영적 단체 ☐ 지지적인 직업적·사회적 집단 ☐ 기타: ______
- 지지적인 체계(자녀, 파트너 등)에서 다른 사람들에게 영향을 미칠 것으로 예상되는 치료의 영향을 기술하라. 개인적인 욕구에 더 초점을 맞춘다면, AF는 가족을 버리는 것처럼 보일 수 있다.
- 내담자가 성취할 필요가 있는 것이 존재하는가? 해당 없음

기대되는 치료 성과와 예후

☒ 정상적인 기능 수준으로의 복귀 ☐ 정상적인 기능 수준 미만 예상 ☐ 악화 예방

내담자의 소망: 6

성과 평가 및 내담자 관점

내담자의 연령, 문화, 그 밖의 다양한 문제를 포함한 평가 방법이 내담자의 필요에 충족하는가?
임상적 수준에서 '보통'의 염려와 스트레스를 파악할 때 정서적 표현의 문화적 규준, 억압의 영향, 소외 경험, 전형적인 가족 역할, 아프리카계 미국인 가족 내에서의 여성의 역할, 남녀 비율이 고려된다.

위와 같은 평가와 연관된 내담자–임상가 동의/비동의에 대한 실제적 혹은 잠재적 영역을 기술하라.
AF는 염려를 관리하기 위하여 약물 치료를 사용하기 이전에 상담을 시도해보는 것을 원한다.

______, ______ ______

임상가 서명 자격/인턴 직위 날짜

______, ______ ______

슈퍼바이저 서명 자격 날짜

치료 계획

날짜: 2013년 4월 13일　　사례/내담자 #: 10008

임상가 성명: Shizue　　이론: 인본주의적(인간 중심, 실존주의, 게슈탈트 상담의 통합)

계획된 치료 양상: ☒ 성인　☐ 아동　☐ 부부　☐ 가족　☐ 집단: ______

추천 회기 빈도: ☒ 매주　☐ 격주　☐ 기타: ______

예상 치료 기간: 12개월

초기 치료 단계

초기 단계 상담 업무

1. 상담 관계 발전시키기. **다양성에 관한 고려사항:** 상담자의 감정 표현과 공감이 지지적이고 문화적으로 관련 있는 것으로서 받아들여지도록 하기

   관계 형성 접근 방법/개입:

   a. 온정, 무조건적 긍정적 존중, 진실성, 문화적으로 세심한 공감. 교차 문화적 의사소통 문제를 처리한다.

2. 개인적, 체계적, 그리고 다양한 문화적 역동 평가하기. **다양성에 관한 고려사항:** 문화적, 사회적 계층, 성별을 다루는 데 규준 적용하기

   평가 전략:

   a. 현재의 순간에서 감정을 확인하고, 표현하며, 경험하는 능력을 평가한다.

   b. 양극성, 단절된 부분, 의무, 삶의 목적과 의미를 확인한다.

3. 치료 목표에 대한 내담자의 동의를 확인하고 얻기. **다양성에 관한 고려사항:** 문화적 요소, 지역사회의 자원과 가치를 고려하기. 자아실현과 연관된 상담 목표가 내담자의 가치 체계와 부합하도록 한다.

   목표 설정 개입:

   a. 그녀가 더욱 진정한 자아가 될 수 있는 삶의 영역을 내담자와 함께 협력적으로 확인한다.

4. 필요한 의뢰, 위기 요소, 추가적인 접촉, 내담자의 다른 요구 확인하기. **다양성에 관한 고려사항:** 내담자를 지지하는 교회 자원과 같은 지역사회 자원 확인하기

   a. **위기 평가 개입:** 내담자가 염려와 압도감을 느끼게 하는 감정의 원천을 확인하도록 돕기 위하여 감정을 요약하고, 명확히하며, 반영한다.

   b. **의뢰 사항:** 내담자가 교회 지역사회 혹은 과정 집단에서의 지지 집단에 접근하도록 격려한다.

초기 단계 내담자 목표

1. 만성적인 염려를 감소시키기 위해 과잉 동일시와 업무 수행으로 스스로를 정의하는 것을 감소시키기

   개입:

(계속)

a. 염려를 촉발시키는 내담자의 부적절함과 두려움을 확인하고 수용한다.

b. 매일의 상황에서 AF가 염려를 관리하도록 돕기 위한 신체 알아차림을 연습한다.

치료의 작업 단계

작업 단계 상담 업무

1. 작업 동맹의 질 점검하기. **다양성에 관한 고려사항:** 상담자와 내담자 간의 문화적, 계층적 차이를 논하고 직접적으로 기술하기

   a. **평가 개입:** 회기에 대한 만족감을 직접적으로 묻고 관계의 질을 점검하기 위하여 비언어적인 의사소통과 '나-너 만남'을 지켜본다.

2. 내담자의 치료 과정 점검하기. **다양성에 관한 고려사항:** 내담자가 또한 완벽주의에 대한 경향을 진술하는 동안 그녀의 가치를 사용하여 진전을 평가하도록 이끌기

   a. **평가 개입:** 상담 진전을 평가하는 것에서 친구와 가족 구성원의 관점을 포함한다. 내담자가 정기적으로 그녀의 진전을 평가하도록 이끈다.

작업 단계 내담자 목표

1. 사회적 철수를 감소시키기 위해 특히 개인적인 삶과 관련된 목표와 삶의 의미에 대한 중요한 원천을 파악하는 능력을 감소시키기

   개입:

   a. 내담자가 개인적 생활을 위한 희망과 꿈을 확인하고 표현하도록 돕고, 내담자가 그 목표를 성취하기 위한 책임감을 갖도록 격려한다.

   b. 내담자가 어떻게 형제들을 돌보는 사람으로서의 아동기 역할이 책임감에 대한 지나친 중시와 개인적인 욕구와 꿈에 주의를 기울이는 것에 대한 경시에 기여해왔는지 탐색하도록 돕는다.

2. 염려를 감소시키기 위해 '전문가'와 '제공자'의 허울 없이 진정한 자아를 인식할 수 있는 능력을 감소시키기

   개입:

   a. 맏이가 되는 것과 전문적인 아프리카계 미국 여성이 되는 것에 대한 압박감을 포함하여, 내담자가 내적인 경험을 명확히할 수 있도록 질문을 진행시킨다.

   b. 상담자와의 관계에서 내담자가 자기를 경험할 수 있도록 돕기 위한 즉시성

3. 불안정에서 비롯된 염려를 감소시키기 위해 현재의 순간에서 떠오르는 감정을 경험하고 표현하는 능력을 감소시키기

   개입:

   a. 자기의 각 부분의 욕구를 확인하고 어떻게 그 각각이 생활 경험의 중요한 일부를 구성하고 있는지를 보기 시작하는 게슈탈트 실험

   b. 자기의 유능한 부분과 자신감이 없는 부분 모두를 수용 가능하도록 언어 수정하기

(계속)

치료의 종결 단계

종결 단계 상담 업무

1. 추후 관리를 위한 계획을 발전시키고 성과를 유지하기. **다양성에 관한 고려사항**: 교회, 지역사회, 가족을 포함하여, 존재하는 지지 체계와의 연결을 강화시키기

   개입:

   a. 내담자가 잠재적인 미래의 도전을 관리하기 위한 최선이 무엇인지 파악하도록 돕는 질문 발전시킨다. 내담자가 도움 없이 자기를 반영하는 능력을 발전시킨 이후에 종결한다.

종결 단계 내담자 목표

1. 염려와 불안의 재발에 대한 잠재성을 감소시키기 위해 전개되고 발전하는 과정으로서 자기의 수용과 경험을 증가시키기

   개입:

   a. 내담자가 자기의 모든 요소들을 수용할 수 있도록 하기 위한 무조건적 긍정적 존중

   b. 다양한 맥락과 관계에서 진정한 자아를 경험하기 위한 게슈탈트 실험

2. 사회적 철수를 감소시키기 위해 자발적으로 또 다른 사람들의 진실성을 고려하는 동시에 친밀한 관계에서의 진정한 자기표현과 자기조절을 증가시키기

   개입:

   a. 진실성과 진정성을 사용하여 내담자와 관계를 맺어서 그녀도 그리할 수 있도록 돕는다. AF가 이러한 기술들을 외부의 관계로 확장할 수 있도록 격려한다.

   b. 주어진 사회정치적인 현실에서 남성을 찾지 못하는 것에 대한 두려움을 공유할 수 있도록 기회를 마련하여, AF가 남편과 가족을 갖는 목표를 추구할 수 있도록 격려한다.

내담자 #13099에 관한 회기 보고서

날짜: 2013년 4월 11일 **시간:** 3:30 ☐ 오전 / ☒ 오후 **회기 길이:** ☒ 45분 ☐ 60분 ☐ 기타: ____분

소개: ☐ 성인 남성 ☒ 성인 여성 ☐ 남자아이 ☐ 여자아이 ☐ 기타:

청구 코드: ☐ 90791(평가) ☒ 90834(45분 치료) ☐ 90837(60분 치료) ☐ 90847(가족)

☐ 기타: __________

증상	마지막 방문 이후의 주기와 빈도	진행 경과
1: 불안/염려	4일, 1~2시간, 약해짐	유지 중
2: 사회적 철수	조금, 교회에 참석함, 다른 활동은 없음	유지 중
3: 과기능	계속된 일 이후에 자신이 일하는 것은 1시간으로 제한, 4일	진행 중

증상에 대한 해석: ____________________

회기 내의 개입과 부여된 과제

AF의 업무적 성공을 위한 동기를 자극시키는 두려움과 압력과 더불어 그녀가 다른 이들에게 숨기는 그녀 자신의 부분을 계속해서 탐색한다. 아동기의 책임과 사회적 소외 경험을 현재 일에 대한 광적이고 두려움에 기반한 접근과 계속 연결함. 신체 알아차림을 사용하여 AF가 두려움과 불안을 현재 순간에서 경험하고 그들을 인내하고 받아들이는 것을 배우도록 한다.

내담자 반응/피드백

AF는 불안의 근원을 탐색하는 것을 어느 정도 저항적으로 회기를 시작했지만 빠르게 과정에 안정되었고 두려움을 말로 간단히 표현하는 것에 안도를 나타냈다. 현재 순간의 감정을 경험하는 능력 증진을 계속한다. 자아의 소유되지 못한 부분과 연결한다.

계획

☒ 치료 계획 지속하기: 다음 회기를 위한 계획: 현재 순간에서 감정을 경험할 수 있는 능력을 향상시키도록 지속해야 한다. 그래서 소유하지 못한 자신(자아)의 일부분들과 연결시키도록 해야 한다.

☐ 계획 수정하기: ____________________

다음 회기: 날짜: 2013년 11월 11일 시간: 3:30 ☐ 오전 / ☒ 오후

위기 요소: ☒ 위기의 조짐이 없음/내담자 부정 ☐ 평가된/언급된 위기: 아래에 기술하라.

____

____________________, ____________________ ____________________

임상가 서명 자격/인턴 날짜

(계속)

사례 자문/슈퍼비전 ☐ 해당 없음

기록 사항: 슈퍼바이저는 상담자–내담자 상담 훈련을 통해 불안과, 소유하지 못한 자신(자아)의 일부분을 경험할 수 있도록 격려한다.

기타 연락망 ☐ 해당 없음

성명: jahanna White 연락한 날짜: 2013년 11월 4일 시간: 1:0 ☐ 오전 / ☒ 오후

☒ 파일에 작성된 내용 서면상 양도: ☒ 발송 / ☐ 수신 ☐ 법정 문서 ☐ 기타: ____________

기록 사항: 교회에서 여성 집단을 이끄는 White 씨에 연락하여 치료 목표를 검토하여 집단 진행 과정과 조정한다.

____________,	____________	____________
임상가 서명	자격/인턴	날짜
____________,	____________	____________
슈퍼바이저 서명	자격	날짜

CHAPTER 11

인지행동 이론 기반의 상담 사례 개념화

개관

행동적, 인지적, 인지행동적 접근은 행동, 인지, 정서에서의 변화를 이끌어내기 위한 적극적인 기법과 심리교육을 활용하는 것을 강조하는 상담 기법과 관련이 있다. 이 접근은 간단하기 때문에, 보험회사와 같은 제3의 지불인에게 선호된다. 또한 강력한 연구 전통에 기반을 두고 있으며, 광범위한 성격 문제보다 임상 증상에 초점을 맞추고 있다. 이러한 접근은 세 가지 흐름으로 분류된다.

- **행동적 접근**: 고전적 조건화, 조작적 조건화, 사회학습 이론을 활용하여 관찰 및 측정이 가능한 행동을 분석하고 개입하는 데 초점을 둔다. 이 접근은 표준 행동 원칙에 따라 수행되는 내현 행동으로 사고를 개념화한다(Skinner, 1974). 행동주의 접근은 세 가지 흐름을 통해 발전했다(Hayes, 2004).
  1. **행동주의에 관한 첫 번째 흐름**: 고전적 조건화, 조작적 조건화, 그리고 사회 학습 이론에 기반을 둔 최초의 '순수' 행동적 접근(뒤에 나오는 '사례 개념화' 참고)
  2. **행동주의에 관한 두 번째 흐름**: 1980년대 이전에는 연구와 실무에 있어 일반적으로 분리된 흐름으로 간주되었던 인지적 접근과 행동적 접근의 통합
  3. **행동주의에 관한 세 번째 흐름**: 21세기에 마음챙김 접근은 역설적으로 변화를 촉진하기 위해 생각과 감정의 자비로운 수용을 사용하는 변형된 행동 기법
- **인지적 접근**: Aaron Beck에 의해 행동적 접근으로부터 독자적으로 개발된, 인지적 접근은 다음의 전제에 근거를 두고 있다. (1) 심리적 장애는 역기능적 신념에 기반을 둔 역기능적 사고로 특징지어지고 (2) 역기능적 사고와 신념을 수정함으로써 개선된다(Beck, 1991, 1997). 인지 이론은 (1) 행동주의와는 별도로 (2) 통합된 인지행동적 기법의 일부로 (3) 일반 통합 접근을 위한 메타 이론으로 사용될 수 있다(Alford & Beck, 1997).

- **인지행동적 접근**: 대부분의 현대 실무자들이 주력하고 있는 인지행동적 접근은 생각, 행동, 감정에 관한 문제를 변화시키기 위하여 행동적 기법과 인지적 기법을 모두 통합한다. 이 장에서는 일반적으로 활용되는 통합적 접근에 초점을 맞춘다.

수년간 매우 다양한 형태의 인지행동적 접근이 개발되어왔고, 그중 더 잘 알려져 있는 몇 가지 접근은 다음과 같다.

- **합리적 정서행동 치료**: Albert Ellis에 의해 개발된 REBT 상담자들은 'A' 선행 사건에 반응하여 증상을 보이는 'C' 결과를 가져오는 'B' 신념이 무엇인지를 내담자가 확인하도록 돕기 위해 'A–B–C' 분석을 사용한다. 이러한 접근방식은 비합리적 신념에 반박하는 직면적 방식을 사용한다.
- **중다양식 치료**: 절충적인 개입을 사용하는 접근인 Arnold Lazarus의 중다양식 치료는 BASIC–ID(행동, 정서, 감각, 심상, 인지, 대인관계, 약물/생물학)의 평가에 기반을 둔 치료이다.
- **현실 치료**: 다른 인지행동적 접근에 비해 좀 더 철학적인(그리고 CBT 접근으로 항상 간주되는 것도 아닌) William Glasser(1975, 1997)의 현실 이론은 사람들이 5가지 기본 욕구인 생존, 사랑, 권력, 자유, 즐거움에 의해 움직인다는 전제에 근거를 두고 있고 사람들이 자신이 행하는 모든 것을, 심지어 비참함을 느끼는 것까지도 스스로 어떻게 선택하는지를 강조한다.
- **마음챙김 기반 치료**: 마음챙김 명상 기법을 채택한 마음챙김 기반 치료법은 Kabt–Zinn(1990)의 마음챙김 기반 스트레스 감소 프로그램에 기반을 둔 집단 교육적 접근이다. 육체적 건강, 불안, 우울, 중독 행동, 섭식 장애, 부모, 그리고 일반 부부(non–distressed couples)를 위한 특별 프로그램이 개발되어 있다.
- **마음챙김 정보에 근거한 치료**(DBT & ACT): 가장 최근에 개발된 마음챙김 정보에 근거한 치료 중에서 특히 **변증법적 행동 치료**(DBT)와 **수용과 전념 치료**(ACT)는 마음챙김 기법 중 문제시되는 생각과 감정의 강렬함을 감소시키기 위해 이를 수용하고 관찰한다는 가장 중요한 원칙을 사용한다.

인지행동 접근

■ 개요: 당신이 최소한 알아야 할 것

인지행동 상담자는 논리와 교육을 기반으로 내담자를 돕는 간단명료하고, 실질적인 접근방식을 가지고 있다. 따라서 Judith Beck(2005)은 인지 접근을 다음과 같이 요약했다.

"간단히 말해서, 인지적 모델은 환자의 기분과 행동에 영향을 주는 왜곡되었거나 역기능적인 사고가 모든 심리적 혼란에 공통적으로 나타난다고 제안한다. 사고 과정에 대한 현실적 평가 및 수정은 기분과 행동의 개선을 가져온다"(p. 1; 원본에 강조 서체 그대로 표시). 더욱 간명히 말하자면, 인지 심리치료사는 쓸데없는 생각이 정서 및 행동 문제의 원천이라고 믿는다. 행동주의자는 부적응적인 행동의 강화 또한 문제 증상을 초래할 수 있다고 덧붙였다.

인지행동 상담자는 직접적으로 증상을 치료하기 위해 새로운 행동 연합을 만들거나 내담자가 다른 방식으로 생각하고 느끼도록 도움으로써 행동 및 인지적 기법을 사용한다. 그래서 다른 접근보다 인지행동 상담자는 내담자가 자신의 사고와 행동 습관을 바꾸도록 심리교육에 크게 의존한다. 내담자가 자신의 생각, 기분, 감정을 더 효과적으로 관리하는 방법을 배우도록 돕는 데 상담자의 전문 지식을 사용하게 되므로 상담자의 역할은 교육적이다. 내담자는 적극적으로 각 회기마다 주어진 과제를 수행해야 한다. 정신역동 및 인본주의 접근과는 달리, 인지행동적 상담자의 목표는 성격 변화가 아니다. 이들의 목표는 내담자가 문제가 있는 증상을 어떻게 잘 관리할 수 있는지를 돕는 것이다. 인지행동주의자들은 과학적인 방법을 통해 발전하였고 강력한 연구 전통을 가지고 있다. 그리고 다양한 임상적 효과성에 견고한 증거 기반을 형성하고 있다.

■ 핵심: 이 분야에서의 중요한 공헌

이 장에서 한 가지만 기억해야 한다면, 반드시 다음의 내용을 기억하라.

A–B–C 이론

Albert Ellis가 개발하고(1962, 1996) Beck이 사용한(cognitive theory, 1976), A–B–C 이론은 합리적 정서행동 치료의 핵심이다.

이 모델은 모든 인지적 접근의 본질을 강조한다. 상황 그 자체가 아니라 **상황**에 대한 우리의 생각이 정서 및 행동 문제의 원천이 된다. 당신이 진정으로 깊이 이 말 속에 깃든 지혜를 이해한다면, 당신의 인생은 그 전과 결코 같지 않을 것이다. 당신은 다른 사람을 도울 수 있는 더 나은 위치에 있을 것이다. 당신의 마음에 이를 새기기 위해, 나는 아래의 회색 상자 안에 다음과 같이 새길 것이다.

> 그 상황 자체가 아니라 **상황에 관한 우리의 생각**이 정서적, 행동적 문제의 근원이다.

만약 이에 대한 확신이 더 필요하다면, 전쟁 중에 포로들이 고문에 어떻게 반응했는지를 곰곰이 생각해보라. 그들은 21세기를 살고 있는 대부분의 상담자나 내담자보다 훨씬 더 큰 형태의 고통을 경험했다. 이는 비판을 일삼는 부모를 가진 것 또는 남자 친구와 헤어지는 것과 같이 일반적인 호소 문제를 문제로서 이름 붙이기 어렵게 한다. 예를 들어, 1960년대와 1970년대에 중국에 의해 잔인하게 고문받은 수많은 티베트 승려와 비구니가 극적으로 석방되었을 때, 그들은 트라우마 증상을 보고하지 않았다(Hayward & Varela, 1992). 사실 일부는 고문을 받으면서 자신을 고문하는 사람에 대한 연민을 가졌다고 설명했다. 이러한 반응은, 매개 신념(B)을 고려하기 전까지의 트라우마에 관한 서양 심리 이론으로는 설명하기가 불가능하다. 이들 불교 전문가는 '인권'에 대한 다른 신념을 가지고 있으며 적에 대한 연민과 어려움의 수용을 강조하는 종교적 신념을 유지한다. 그들의 신념은 반응을 형성한다. 비슷하게, 우리가 10장에서 배운 Viktor Frankl은 나치 강제 수용소에 있던 죄수들의 태도가 정신적 및 신체적 생존에 극적인 영향을 주었으며, 의미를 만들 줄 아는 사람들이 끔찍한 상황에서 더 잘 생존할 수 있었다고 말했다. 이것은 인간의 생각이 어떻게 특정 사건에 대한 정서적 그리고 행동적 반응을 형성하는지에 대한 극단적인 예시이다. 사건 그 자체는 원인이 아닌 것이다.

그러나 우리 대부분의 경우, 유해한 사건이 부정적인 생각과 기분을 가져온다고 생각한다. 왜냐하면 신념은 조용히 기저에서 반응을 매개하기 때문이다. 궁극적으로, 인지행동 치료자는 개인이 건강한 행동과 긍정적인 정서를 낳는 사고와 신념을 선택할 책임이 있다고 주장한다. 우리 자신을 속이지 말자. 그것은 매우 도전적인 것이다.

자, 스펙트럼의 다른 쪽 끝을 찾아 일상적이면서도 비임상적인 예시를 살펴보자. "당신이 "티베트와 나치에 대한 당신의 마지막 예제는 바보 같다."라고 말하면서 나를 모욕하면 나는 상처받는다. 상식적으로 모욕당한 후에 상처받은 느낌은 '정상'이다(서양 문화에서, 결국 상식은 항상 문화적으로 정의된다). 그러나 이것은 인지행동적 접근이 아니다. 대신에, 이런 질문을 해볼 수 있겠다. 내가 지니고 있던 어떤 신념이 상처받는 느낌을 야기하는가? 이 경우에, 나는 나의 문화, 계급, 연령, 교육을 기반으로 대답해야 할 것이고 나는 의견 불일치가 있더라도 서로를 가혹하게 비난하지 않아야 한다고 믿는다. 사람들은 더 정중하게 말할 수 있는 방법을 찾아야 하고(예: '당신의 예는 나를 설득하지 못했다'), 아무렇게나 말하면 안 되고, 나의 주장을 반박하기 위한 학술적 자료들을 찾아야 한다. 그러나 인지행동 치료자는 나의 상처받은 느낌이 당신의 비판이 아닌, 내 신념의 결과임을 재빨리 짚어낼 것이다. 더 복잡한 문제로 들어가 보면, 약간 다르지만 비슷한 신념을 가진 다른 사람은 분노, 수치심, 당혹감을 느낄 수 있다. 누군가가 어떻게 느끼는지는 비판이 아닌 자기 신념의 결과이다. 비판은 그저 촉발 요인일 뿐이다.

문화적 고려 사항 이 시점에서 지적이 '모욕', '무례' 또는 '적절'로 명명되었을 때가 의문이 될 수 있다. 대체적으로, 관련되어 있는 사람들의 친밀도 수준뿐만 아니라 그들의 연령, 사회적 지위, 성별, 교육 수준, 인종, 능력, 성적 지향의 복합 매트릭스에 달려 있다고 말할 수 있다. 인지행동 치료자는 자신에게 맞지 않는 신념을 맹목적으로 따르지는 않도록 해야 한다고 덧붙였다(Ellis, 1994). 따라서 그 사람의 문화적 맥락에서는 모욕이 무례한 것이고 분노나 상처받는 것의 원인으로 간주된다 하더라도, 그 사람은 부정적인 감정을 야기하지 않는 새로운 신념을 도입하는 것을 고려해야 한다. 이러한 관점에서, 문화는 우리의 모든 생각, 행동, 느낌에 영향을 주지만, 사람들은 어떻게 할지에 대해 스스로 선택할 수 있다. 지나치게 개인주의적인 신념은 모든 문화에서 공유되지 않는다는 점을 염두에 두어야 하고, 상담자는 다양한 내담자와 작업할 때 이를 고려해야 한다(뒤에 나오는 '조직화: 다양한 사람과 작업하기' 참고). 아마도 이제 당신이 문화 간 소통이 매우 까다로워지는 이유를 이해하게 되었을 것이다.

임상적 적용 마지막으로, 당신이 상담 회기에서 작업할 가능성이 높은 신념 유형을 다루어볼 것이다. 이러한 신념은 우울, 불안, 약물 남용, 섭식 장애 등을 촉진시키는 것이다. 기본 원칙이 적용되는데, 신념은 상황과 결과적로 초래된 감정과 행동 사이의 빠진 연결 부분이다. 예를 들면, 많은 사람들이 슬픈 느낌, 즐거운 활동을 피하는 행동, 아침에 침대에서 일어나기 힘든 것과 같은 우울증의 특징적인 행동과 감정을 경험한다. '나는 쓸모없는 사람이다', '아무도 나에 대해 관심이 없다.' 또는 '나는 내 꿈을 결코 달성하지 못할 것이다.' 등과 같은 많은 신념이 이러한 감정을 일으킬 수 있다(참고: 당신은 곧 '사례 개념화'에서 우울증에 대한 Beck과 Ellis의 특정 인지 이론에 대해 읽게 될 것이다). 상담자의 역할은 증상의 원인이 직장이나 여자 친구를 잃는 등의 특정 사건이 아니라 이 사건에 대해 지니고 있는 신념이라는 것을 내담자가 깨닫도록 돕는 것이다(예: '직업 또는 여자 친구가 없으면 나는 쓸모없다.').

Ellis는 인간이 어떻게 그들이 갖고 있는 신념으로 자신의 어려움을 생성하는지 설명하기 위해 A–B–C 모델을 개발했다. 이 모델에서, A는 '선행 사건(Activating Event)' 문제를 가진 사람, 상황 등이다. B는 선행 사건의 의미에 대한 '신념(Belief)'이다(이는 일반적으로 상담자가 짚어내기 전에는 인식하지 못한다). C는 신념을 기저로 한 정서적 또는 행동적 '결과(Consequence)', 즉 증상이다.

A–B–C 모델

A = 선행 사건 ➞ B = A에 관한 신념 ➞ C = 정서적·행동적 결과

(촉발 사건이나 사람) (증상)

대부분의 내담자는 A와 C의 관계에 대해서만 파악하며, 따라서 A가 C의 원인이라고 보고한다. '저는 남자 친구와 헤어졌기 때문에 우울해요.' 또는 '저는 제 상사가 제 동료를 더 좋아하기 때문에 화가 납니다.' 상담자의 역할은 '남자 친구가 나와 함께하지 않기로 결정한다면 나는 가치가 없다.' 또는 '나는 사무실에서 최고가 되어야 한다.'와 같은 내담자가 방정식에 투입하지 않은 'B'(신념)를 확인할 수 있도록 돕는 것이다. 이 비합리적 신념은 평가에서 확인되고 개입 단계에서 변화의 목표가 되어 이 신념을 논박하고 더 현실적인 신념을 채택하게 된다. 만약 당신이 궁금하다면, 역기능적 신념을 파악하는 것은 그 신념을 변화시키는 것에 비해 쉽지 않지만 꼭 필요한 첫 단계이다.

SELF 스스로 해보기

최근 스트레스 상황을 확인하라. 선행 사건, 결과, 매개 신념을 확인하라. 당신이 신념으로 어려움을 겪고 있는 경우, 친구나 파트너에게 조언을 구하라.

■ 큰 그림: 상담 과정의 개관

인지행동적 접근은 4개의 기본적인 단계를 포함한다.

- 1단계: 평가: 상담은 기본 기능의 자세한 행동적·인지적 평가를 받는 것으로부터 시작하며, 문제 행동과 사고의 맥락과 지속 기간, 빈도를 포함한다.
- 2단계: 변화를 위한 목표 행동/생각 정하기: 인지행동적 상담자는 개입을 위한 구체적인 행동과 생각을 파악한다. (예: 상담자는 '기분의 향상' 같은 일반적인 목표보다는 '사회적 접촉하기', '즐거운 활동 참여 늘리기' 등을 목표로 한다.)
- 3단계: 교육: 상담자는 내담자의 변화하려는 동기를 유발하기 위하여 그들의 역기능적 패턴과 비합리적 사고에 대해 가르쳐준다.
- 4단계: 대체와 재교육: 마지막으로, 역기능적 행동과 생각을 더 생산적으로 바꿀 수 있도록 하는 개입이 설계되었다. 보이는 증상이 소멸되면 치료는 끝난다.

■ 관계 형성하기: 상담 관계

교육자 및 전문가

"REBT는 항상 매우 강력하고, 직면적이며, 지나치게 감성적인 치료 방법에 반대하는 입장이었다. 이것은 특히 내담자가 이 지점에 도착하는 시간이 오래 걸리고 내담자가 회피하고 방어하는 것보다 어떻게 그들이 스스로를 이길 수 있는지 내담자에게 빠르게 보여주는 것에 대한 위험을 감수하는 치료를 권장한다"(Ellis, 2003, p. 232).

인지행동 상담자의 관계의 정서적 질은 냉담하며 거리감을 두는 것에서 따뜻하고 친근한 것까지, 그리고 단호하고 직면적인 것(하지만 절대 지나치게 감성적이지 않은)까지 매우 다양하게 나타난다. 하지만 상담자의 주요 역할, 즉 어떻게 하면 문제를 더 잘 관리할 수 있는지에 대해 내담자와 가족에게 지시하고 교육하는 전문가로서의 역할은 동일하다(Ellis, 2003). 특히 상담의 작업 단계에서 상담자의 주요 역할은 내담자가 더 나은 방식으로 생각하고 행동하도록 교육하는 것이다. Ellis와 Glasser와 같은 일부 인지행동 상담자들은 자신의 역할을 주로 교육자로 생각하며 매우 지시적인 접근 방법을 사용하고 있다. Aaron Beck(1976), Judith Beck(2005), Arnold Lazarus(1981)와 같은 다른 상담자들은 내담자에게 비판적이고 논리적으로 상황을 분석하도록 요구하는 소크라테스식 질문을 사용하여 '교육하는' 더욱 더 따뜻한 방식을 지지하며, 지침에 대한 더 부드러운 방법을 제공한다.

인지행동 상담에서의 공감

연구의 기초에 충실한 인지행동 상담자는 공감, 따뜻함, 비판단적 태도가 긍정적인 결과를 예측한다는 연구결과를 바탕으로 상담 동맹을 구축하기 위해 이러한 상담자의 자질을 사용한다(Meichenbaum, 1997). 그러나 인지행동 상담자가 공감을 사용하는 이유는 인본주의 상담자가 공감을 사용하는 이유와는 매우 다르다. 이는 종종 오해되고 있어서 나는 당신이 헤매는 부분에 대해 다시 이야기하고자 한다. 인지행동 상담자는 인본주의 상담자와는 완전히 다른 이유로 공감을 사용한다. 인지행동 상담자는 상담자가 내담자의 행동, 사고와 감정을 바꿀 수 있는 '진짜' 개입을 가능하게 해주는 라포르를 형성하기 위해 공감을 사용한다. 반대로, 경험적 상담자에게는 공감이 곧 개입이다. 그들은 공감이 그 자체로 치료 과정이라고 주장한다(Rogers, 1961). 공감을 활용하는 인지행동 상담자는 '조작적'으로 보여서는 안 되는데, 대부분의 경우 이러한 생각이 상담 과정에서 내담자를 속이는 것이 아니라 좀 더 편안하게 느끼도록 해주기 때문이다. 그들은 또한 경험적인 개념을 '통합'하려는 것처럼 보여서도 안 되는데, 왜냐하면 그들은 경험적 상담자가 사용하는 방식대로 개념을 사용하지 않기 때문이다. 대신, 그들은 상담과 변화 과정에 대한 자신의 철학적 가정 내에서 작업에 그것을 적용시킨다.

현대 인지행동 동맹

Judith Beck(2005)은 보다 현대적인 감각을 반영하는 상담 동맹을 형성하기 위한 다섯 가지 활용법을 설명한다.

1. 적극적으로 환자와 협력하기: 상담에 대한 결정은 내담자와 공동으로 이루어져야 한다.

2. **공감, 배려, 이해 보여주기:** 공감을 표현하는 것은 내담자가 상담자를 신뢰하는 데 도움이 된다.
3. **상담 방식 조정하기:** 개입, 자기개방, 지시적인 방법은 성격, 호소 문제 등을 기초로 각 내담자에 맞게 조정해야 한다.
4. **고통 완화하기:** 내담자가 문제를 해결하거나 기분을 개선하여 임상 효과를 입증하는 것은 상담 관계를 강화한다.
5. **회기 끝에 피드백 유도하기:** 각 회기가 끝날 때 내담자에게 '어땠어요?'라고 물어봄으로써, 상담자는 작업 동맹 위기의 경우 초기 개입을 할 수 있게 된다.

협력적이고 참여적인 동맹을 구축함으로써 상담자는 더 효과적일 수 있으며, 상담 과정에 방해가 되는 상담 또는 상담자에 대한 내담자의 가능한 역기능적 신념('내 상담자는 나를 이해하지 않아.' 또는 '이것은 절대 다룰 수 없을 거야.')에 대해 작업할 수도 있다.

서면 계약

인지행동 상담자들은 최소한 종이에 무언가 작성하는 측면에서는 상담 관계에서 가장 사무적인 사람들일 것이다(Holtzworth-Munroe & Jacobson, 1991). 그들은 상담 관계를 구조화하고 내담자의 동기와 헌신을 높이기 위해 목표와 기대를 명확하게 기재한 **서면 계약**을 자주 사용한다. 서면 계약서에 내담자의 목표와 합의를 기재하고 내담자의 동의 서명을 받는 것은 내담자에게 동기를 부여하도록 할 수 있고 이는 상담 과정에 대한 책임감을 심어준다.

■ 관점: 사례 개념화

기저선 기능

치료의 시작 부분에서, 때로는 첫 번째 회기 전에, 상담자는 행동 변화를 측정하기 위한 시작점을 제공하는 기능의 기저선 평가를 실시한다. 그들은 우울, 불안, 공포, 분노, 사회적 철수 또는 갈등과 같은 특정 행동 증상의 (1) 빈도, (2) 지속 기간, (3) 심각한 정도를 일지에 적어줄 것을 내담자에게 요청한다. 상담자는 또한 증상을 유발했을 가능성이 있는 **선행 사건**을 확인하도록 일지에 포함할 수 있다. 내담자의 언어적 회상에만 의존하는 것으로 충분하다고 생각할 수 있지만, 대체로 기저선 평가는 회상만 하는 것보다 더 자세하고 정확한 정보를 제공한다. 이 장의 끝 부분에 있는 사례 연구에서, 기저선 기능의 평가는 Roberta의 양극성 삽화를 평가하는 데 사용된다.

기저선 일지는 다음과 같이 작성할 수 있다.

문제 행동	시기	지속 기간	심각한 정도	사건 전	사건 후
폭식 및 구토	스트레스 받은 날 이후, 월요일 저녁, 7 pm	1시간	7 (1~10으로 척도)	아침 안 먹음, 전날 밤에 잠을 잘 못 잠, 상사와 긴장감	주의를 전환하려고 인터넷 서핑
폭식 및 구토	데이트 후, 금요일 밤, 1 am	2시간	9+	데이트하면서 남자 친구와 싸움, 클럽에서 다른 여성을 보면서 자신이 뚱뚱하다고 느낌	다음날에 잠듦, 화해하기 위해 남자 친구에게 전화를 함

인지행동 기능 분석

추후에는 인지에도 적용되었지만 본래 순수한 행동적 평가 기법인 기능 분석은 자연적으로 발생하는 계기와 보상, 처벌이 무엇인지 알기 위해, 인과관계 패턴을 정확히 알기 위해, 문제시되는 사고 및 행동과 관련된 선행 사건과 결과에 대해 주의 깊게 분석한다(Meichenbaum, 1977). 상담자는 증상 삽화가 발생하는 동안과 그 전후에 그 사람이 무슨 일을 하고 어떤 생각을 했으며 주변 환경에서 어떤 일이 일어났는지를 검토하기 위해 기능 분석을 사용한다. 예를 들어, 한 사람이 스트레스를 관리하기 위해 자해를 한다고 말한다면, 상담자는 내담자가 사건이 일어나기 전에 무엇을 생각하고 무슨 행동을 했는지, 또한 그 시기에 무슨 일이 벌어졌는지도 물어볼 것이다. 내담자의 삶에서 누구와, 무엇을, 어디서, 언제 했는지와 같은 유사한 질문을 통해 자해하는 동안과 자해한 후의 감정과 생각에 대해, 그리고 무슨 일이 있었는지를 평가할 수 있다. 상담자는 자해를 촉발시키고 이를 강화하는 패턴에 대해 파악하기 위해 치료 초기에 몇 가지 삽화에 관해 평가한다. 기능 분석은 문제 행동과 사고를 빠르게 수정하게 해줄 성공적인 개입을 설계하기 수월하게 해준다.

인지행동 기능 분석을 위한 질문

- 당신은 그 사건 전(겪는 동안 또는 그 후)에 무엇을 하고 있었습니까? 어디에 있었습니까? 주변에 누가 있었습니까? 시간은 언제였습니까?
- 당신은 사건 전(겪는 동안 또는 그 후)에 무슨 생각을 하고 있었습니까? 당신의 생각으로 당신의 내면의 대화와 사고를 설명해보십시오.
- 그때(겪는 동안 또는 그 후)에 당신의 인생에는 어떤 일이 있었습니까? 정상적인 활동은 무엇입니까? 이례적인 스트레스 요인은 무엇입니까?
- 질문이 끝나면 사건을 '겪는 동안'과 '그 후'에 대해서 위의 순서를 반복한다.

SELF 스스로 해보기

최근 스트레스 상황을 파악하고 그것을 검토하기 위해 기능 분석을 사용하라.

도식과 핵심 신념

Aaron Beck(1976, 1997)의 인지적 접근방식은 완벽해야 한다거나 인생은 공평해야 한다고 하는 신념과 같이 내담자의 삶에서 문제를 야기하는 **핵심 신념**과 **도식**의 파악과 변화에 초점을 맞춘다. **역기능적 사고**의 토대로서, 역기능적 도식은 정신병리학의 근본 원천이다. 상담의 효과를 장기화하기 위해 상담 과정은 특정한 주제에 관한 특정 사고뿐만 아니라 핵심 도식을 수정해야만 한다(Beck, 1997).

Beck의 인지 개념화에서 도식은 4단계의 단계를 가지고 있다.

1. **자동적 사고**: 자동적 사고는 고통스러운 상황에 대해 그 사람의 마음에서 일어나거나 일반적으로 파악할 수 있는 '반사적인' 반응이다. (예: '내 친구가 24시간 내에 나에게 다시 전화하지 않는다면, 내 친구는 정말로 나를 좋아하지 않는 거야.')
2. **중재적 신념**: 더 일반적이며 자동적 사고를 형성하는 극단적인 또는 절대적인 규칙. (예: '좋은 친구란 항상 최대한 빨리 다시 연락을 주는 친구야.')
3. **핵심 신념**: '나는 쓸모없는 사람이야.'와 같이 자신에 대한 핵심 신념은 포괄적이며 절대적이다. Beck은 대부분의 핵심 신념에 깔려 있는 두 가지 일반적인 공통 원칙 혹은 주제를 찾아낸다. (1) 자율성(무기력과 반대되는 효율성과 생산성에 대한 신념)과 (2) 사회지향성(사랑스러운 존재 혹은 사랑스럽지 않은 존재에 관한 신념).
4. **도식**: 인지 구조의 가장 깊은 수준인 도식은 마음속에서 생각, 기분, 행동을 형성하고 조직하는 인지적 틀이다. 도식은 어린 시절에 만들어지며 가족, 문화, 성별, 종교, 직업 등 다양한 요인에 의해 영향을 받는다. (예: '나의 가장 친한 친구조차도 나에게 전화를 걸 시간이 없다면 나는 완전히 쓸모없는 사람이야', '정말 아무도 나에게 관심이 전혀 없어', '친구들이 오직 편리할 때만 연락한다면 친구를 사귀려고 그렇게까지 애쓸 이유가 뭐가 있어.')
   이러한 도식은 특정 사건에 의해 촉발되기 전까지는 휴면상태에 있을 수 있다. 일단 촉발되면, 정보는 도식 전제를 지지하는 쪽으로 걸러지는 경향이 있고 반대편의 타당한 증거는 무시된다. 즉, 친구가 아팠기 때문에 빨리 전화하지 못했다고 사과하더라도, 이것은 단지 변명이며 자신이 사랑스럽지 않은 존재라는 것을 추가 확인하는 것이다.

도식을 정확하게 식별하고 평가하는 것은 자동적 사고와 중재적 신념을 평가하는 것보다 더 많은 시간이 걸리고 더 깊은 상담 과정이 더해진다. 이 장의 끝부분에 있는 사례에서, 상담자는 Roberta가 어린 시절 성적 학대에 대한 반응에서 만들어지고 양극성 삽화를 촉진시키는 핵심 신념과 도식을 파악하게 될 것이다.

왜곡된 인지

도식을 바꾸는 것은 Beck(1997)의 인지적 접근에서 궁극적인 목표이다. 이 목표를 달성하기 위해서, 상담자는 흔히 사고 기록지(thought records)를 사용하여 바뀔 수 있는 중재적 신념과 자동적 사고에 있는 공통된 왜곡을 파악하여 기록하기 시작한다(뒤에 나오는 '실천' 참고). 이들은 다음과 같은 내용을 포함한다.

1. **임의적 추론**: 작은 단서에 근거를 두는 신념. (예: 그녀가 전화에 즉각적으로 응답하지 않기 때문에 그녀는 바람을 피우고 있다고 가정한다.)
2. **선택적 추상**: 문맥과 다른 명백한 세부 사항을 무시하고 하나의 세부 사항에 초점을 맞추는 것. (예: 당신의 상사가 당신의 강점뿐 아니라 개선할 점에 대해서도 파악했기 때문에 당신을 무능하다고 생각할 것이라는 믿음)
3. **과잉일반화**: 이것은 알다시피, 하나 또는 두 개의 사건을 광범위하고 포괄적인 판단으로 일반화하는 것. [예: 당신의 아들이 애시드 록(acid rock)을 듣기 때문에 그가 대학에 가면 약물을 할 것이라고 믿는 것]
4. **의미 확대/의미 축소**: 사실에 근거해 의미를 지나치게 확대하거나 축소하는 것 (예: 자녀의 부진한 두 학기 성적에 대해 무시하는 것은 의미 축소에 해당하며, 낮은 점수 때문에 가정교사를 채용하는 것은 의미 확대에 해당한다.)
5. **개인화**: 외부 사건을 자기 자신에게 귀인시키는 것으로 특히 친밀한 관계에서 흔한 임의적 영향의 특별한 형태. (예: 배우자가 오늘 밤 성관계를 하고 싶지 않다고 했기 때문에 배우자가 자신에 대한 관심을 잃었다고 생각한다.)
6. **이분법적 사고**: 양자택일 사고로, '항상/절대, 성공/실패, 좋다/나쁘다'와 같은 것이다. (예: 만약 남편이 나에게 '미친 듯이 사랑해'라고 하지 않는다면, 그는 전혀 나를 사랑하지 않는 것이다.)
7. **잘못된 명명**: 예외를 자주 무시하고, 소수의 사건을 기반으로 사람들에게 성격 특성을 할당하는 것. (예: 자신의 남편이 말을 듣고 즉시 도와주지 않았기 때문에 그는 게으르다고 말한다.)
8. **독심술**: 가족과 부부 사이에서 많이 볼 수 있는 독심술은 별다른 지지 증거도 없이 다른 사람의 생각이나 할 일에 대해 당신이 알고 있다고 믿는 것이고 특히 집안일, 돈, 종교, 성별에 관한 민감한 주제와 불화에 관련되었을 때 다른 이들과 의사소통에 큰 장벽이 된다. (예: 당신의 배우자가 말도 꺼내기 전에, 당신은 자신을 방어하고 있다.)

또한, Beck(1997)은 특정 성격 장애와 일반적으로 연관되는 역기능적 도식을 확인하였다.

- **의존성**: '나는 무력하다.'

- 회피성: '나는 다칠지도 모른다.'
- 수동적·공격적: '내가 짓밟힐 수도 있을 것이다.'
- 편집형: '사람들은 나를 쫓아내려고 한다.'
- 자기애성: '나는 특별하다.'
- 연극성: '나는 다른 사람에게 감명을 줄 필요가 있다.'
- 강박성: '실수는 나쁜 것이다.'
- 반사회성: '사람들은 이용하라고 있는 것이다.'
- 정신분열형: '나는 충분한 공간이 필요하다.'

비합리적 신념: 세 가지 기본 당위성

Beck의 인지적 접근에서 도식을 평가하는 것과 유사하게 Ellis(1994, 2003)는 전형적으로 '절대로 하지 않으면 안 된다', '당연히 해야 한다', '해야 한다'와 같은 단어로 표현되는 **비합리적 신념**에 대해 평가한다. 이는 절대론자에게 지나치게 선호되는 것이고, 우울, 불안 및 그 밖의 불쾌한 경험을 초래하는 극단적 사고와 비현실적 신념이다. 수년에 걸쳐, Ellis(2003)는 본래 11개로 나눠진 비합리적 신념을 세 가지 기본 범주로 축소하여 제시하였다.

1. **완벽에 기반을 둔 가치**: "'나는 항상 성취하고, 사랑스럽고, 적응적이고, 완벽해야 한다. 그렇지 않으면 나는 쓸모없는 사람이다.' 이 신념은 보통 불안, 공포, 우울, 절망, 무가치와 같은 감정을 초래한다"(p. 236).
2. **자신을 위한 공정성**: "'내 인생에서 중요한 사람들은, 항상 친절하고 나를 공정하게 대우해야 한다. 그렇지 않으면 나는 참을 수 없으며 그들은 나쁘고, 쓰레기 같고, 악한 사람들이니까 그들을 비난하고, 저주하고, 그들의 끔찍한 대우에 대해 처벌해야 한다.' 이러한 신념은 흔히 분노, 증오, 불화, 복수심 같은 감정을 초래하고 궁극적으로 싸움, 전쟁, 대량학살과 같은 행동에 이르게 한다"(pp. 236~237).
3. **노력 없는 완벽함**: "'상황과 조건은 항상 내가 원하는 방식대로 나타나야 한다. 해결하기 어렵거나 좌절감을 느끼도록 만들어서는 안 된다. 그렇지 않으면, 인생은 끔찍하고, 무섭고, 치명적이어서 견디기 힘들 것이다.' 이러한 신념은 흔히 좌절 내성 저조, 자기 연민, 분노, 우울과 같은 감정을 초래하고 꾸물거리는, 회피하는, 활동하지 않는 행동으로 이어진다"(p. 237).

부정적 인지 삼제

Beck(1972, 1976)의 우울증 이론에서는 우울한 생각의 특징적인 **부정적 인지 삼제**에 대해 설명한다. 이 삼제는 우울한 사람의 생각에서 특징적인 부정적 사고의 세 가지 세트이다.

1. 자신에 관한 부정적 사고(예: '나는 쓸모없는 사람이야.')

2. 세상과 환경에 관한 부정적 사고(예: '인생은 불공평해.')
3. 미래에 관한 부정적 사고(예: '미래에 더 나아지지 않을 거야.')

전형적으로, 임상적으로 우울하다고 보고한 사람들은 이 셋 중 하나나 둘보다는 오히려 세 개의 모든 영역에서 부정적인 사고를 가지고 있었다. 예를 들면, 염세주의는 미래에 관한 부정적인 생각으로 정의되지만 개인이 자신과 세상에 대해 부정적인 사고를 가지고 있지 않는 이상 저절로 우울증에 이르지는 않는다.

BASIC–ID

간단하고, 해결지향적이면서, 통합적인 접근방식으로 설계된, Lazarus(1981)의 **중다양식 치료**(multimodal therapy)는 "가장 잘 설명된 **체계적 절충주의**"(p. 4)이고 BASIC–ID의 일곱 가지(행동, 정서, 감각, 심상, 인지, 대인관계, 약물/생물학)의 평가를 중심으로 구성되어 있다. BASIC–ID 질문은 일반적인 종합 평가나 특정 문제 및 증상을 중심으로 사용될 수 있다(p. 17).

일반적 정신건강에 대한 BASIC–ID 평가

- **행동**: 당신을 행복하게 하는 것은 어떤 행동입니까? 어떤 행동을 중지하거나 일을 시작하거나 더 많이 하고 싶습니까?
- **정서**: 무엇이 당신을 울고 웃게 만듭니까? 무엇이 당신을 미치게, 슬프게, 무섭게, 기쁘게 만듭니까? 당신은 어떤 특별한 감정에 문제가 있습니까?
- **감각**: 당신이 특별히 좋아하거나 싫어하는 시각적인 것, 듣는 것, 맛, 감촉 또는 냄새가 있습니까? 당신은 자주 불쾌한 감각을 경험합니까?(통증, 현기증, 떨림 등) 자신만의 관능적이고 성적으로 흥미를 일으키거나 잃게 하는 것이 있습니까?
- **심상**: 당신은 가까운 미래에 자기 자신의 모습이 어떨 것 같습니까? 당신이 몸에 대한 이미지와 자신에 대한 이미지가 어떤지 설명해주실 수 있습니까? 당신이 싫어하거나 좋아하는 어떤 이미지가 있습니까? 다른 이들이 당신의 인생에 어떻게 영향을 줄 수 있습니까?
- **인지**: 당신의 가장 소중한 신념과 가치에는 어떤 것들이 있습니까? 당신이 가지고 있는 절대로 하지 않으면 안 되는 것, 당연히 해야 하는 것, 해야만 하는 것은 무엇입니까? 당신의 지적인 관심과 추구는 무엇입니까? 어떻게 당신의 정서는 당신의 사고에 영향을 미칩니까?
- **대인관계**: 당신의 인생에서 가장 중요한 사람은 누구입니까? 그들은 당신에게 무엇을 기대합니까? 그들은 당신에게 그리고 당신은 그들에게 어떻게 영향을 미칩니까?
- **약물/생물학**: 당신은 어떤 의학적인 문제가 있습니까? 당신의 식이요법과 운동습관은 무엇입니까? 당신은 어떤 종류의 약물을 사용합니까? 당신은 담배나 술, 또는 환각제를 사용하십니까? 얼마나 많이, 자주 사용합니까?

특정 영역 또는 문제에 대한 BASIC-ID 평가

- **행동**: 문제와 관련된 어떤 행동을 합니까? (예: 잦은 울음, 불면증, 자주 씻지 않기)
- **정서**: 당신에게 문제가 되는 감정 상태는 무엇입니까? (예: 우울한 기분, 좋아하는 활동에 관한 흥미의 상실, 걱정)
- **감각**: 문제와 관련하여 경험하는 생리적인 감각은 무엇입니까? (예: 허리와 턱이 조여옴, 복통, 피로, 가슴이 답답함)
- **심상**: 문제와 연관된 어떤 심상이나 은유가 있습니까? (예: 쫓기는 악몽, 직장을 그만두는 상상)
- **인지**: 문제와 연관된 어떤 사고나 신념이 있습니까? (예: 비극적 사고, 자기 비난, 완벽주의 사고)
- **대인관계**: 문제로 인해 영향을 받거나 충격이 있는 관계가 있습니까? (예: 가족을 피하기, 친구들로부터 떨어져 나오기, 남자 친구를 거절하기)
- **약물/생물학**: 문제로 인해 영향을 받거나 충격이 있는 생물학적 영향이나 약물이 있습니까? (예: 두 달 동안 항우울제 복용, 체중 증가, 최소한의 진행)

내담자 중심 접근에서, 중다양식 평가는 내담자에게 치료 과정에 적응하라고 요구하기보다는 치료를 내담자에게 맞추기 위해 사용된다(Lazarus, 1981). Lazarus는 내담자가 **요구하거나** 선호하는 양식을 **추적하고** 그에 따른 일련의 기법에 맞춰 치료를 조정한다. 예를 들면, 내담자가 행동 영역에서 문제를 주로 이야기한다면, 행동 개입이 가장 첫 번째 개입이 될 것이다. 다음에 두 번째로 두드러지는 것이 심상이라면, 그것이 다음 목표가 되는 식이다. 치료를 간단명료하게 하려고 Lazarus(1997)는 "감정은 직접적으로 수정할 수 없기 때문에 다른 여섯 가지 양식 중 하나 이상을 통해 접근해야 한다."(p. 88)라고 주장하며 여섯 양식(B, S, I, C, I, D, 기본적으로, **감정을 제외한** 모든 양식) 중 한 가지를 사용하는 것을 추천한다. Lazarus는 양식들이 서로 연관되어 있기 때문에 한 부분의 변화는 모든 부분의 변화를 일으킨다고 말했다.

선택 이론

사람을 내부 통제 시스템에 의해 움직인다고 개념화한 그의 초기 **통제 이론**에서 개발된, Glasser(1975, 1998, 2000)의 **선택 이론**은, 사람들의 선택이 자기 삶의 질을 결정한다고 가정한다. Glasser는 사람들의 선택을 동기화하는 다섯 가지 욕구가 있다고 믿었다. (1) 소속감/관계, (2) 힘/성취, (3) 즐거움, (4) 자유/독립, (5) 생존. 사람들의 선택은 행동에 영향을 주는데, 이를 Glasser는 활동, 생각, 느낌, 생리학을 포함하는 **전 행동**이라고 개념화하였다. 자동차의 네 바퀴 비유를 사용하면, 어떤 하나의 행동은 다른 모든 요소와 본질적으로 연결되어 있다. 예를 들면, 사람은 생각, 느낌, 생리학에 영향을 주는 선택 없이는 술에 취하기(또는 취하지 않기)로 결정할 수 없다. 행동 치료자 및 해결 중심 상담자와 유사하게(13장 참고), Glasser는 사람이 변화하는 것을 원할 때가 활동이 시작하기에 가장 쉽고 효과적인 지점이라고 믿었다. 따라서 내담자를 평가할 때, 상담자는 내담자가 선택한 부정적 사고, 감정, 신체 증상(예: 파트너의 잔소리, 사무실에서 최선을 다하지 않는 것)을 만들어내는 활동을 파악하는 데 선택 이론을 사용하고 이후의 개입에서 이 활동을 목표로 삼는다. 이 장의 마지막 부분에 있는 사례에서, 상담자는 조증인 상태에서 무모하게 돈을 사용하는 Roberta가 돈에 대해 더 나은 선택을 하도록 돕기 위해 선택 이론을 사용한다.

DSM 진단

모든 정신건강 치료 접근 중에서, 인지행동 상담은 의료 모델과 가장 밀접하게 관련이 있다. 따라서 상담자는 DSM−5를 사용하여 치료를 조직화한다(3장 참고). Beck(1997)은 우울, 불안, 섭식 장애, 약물 남용 등과 같은 다양한 진단에 적용하기 위해 각 진단과 관련된 공통적인 역기능적 인지 패턴을 파악하는 특정 인지 접근을 개발했다. 이와 유사하게, 다양한 불안 문제, 우울증, 공황, 공포증에 대한 특정 행동 접근도 개발되어왔다. Glasser(2003)는 매우 이례적으로, 정신적 증상은 질환 그 자체가 아니고 내담자가 새로운 선택을 하도록 지지받는다면 증상이 변화될 수 있다고 주장하였다.

■ 변화를 목표하기: 목표 설정

"사람들이 자신의 정서적·행동적 운명을 통제할 수 있다는 사실과, 바람직하지 않은 일이 일어나거나 일어나게 했을 때 현실적이고 합리적인 태도를 취함으로써 그들 스스로 불안하지 않거나 덜 불안할 수 있다는 것을 깨닫는다면 그들은 자신의 신념 체계를 변화시키고, 더 기능적으로 작동하게 하고, 스스로 훨씬 불안을 덜 느끼도록 도울 수 있는 능력과 힘을 갖게 된다" (Ellis, 2003, p. 220).

증상과 문제해결

심층 심리학 및 인본주의 접근과는 달리, 인지행동 상담자의 주요 목표는 제시된 증상과 문제를 줄이는 것이다. 증상 해결은 그 자체로 충분한 목표이고 폭넓은 성장 지향적인 목표는 필요하다고 생각하지 않는다. 또한, 인지행동 상담자는 내담자가 건강해 보인다고 판단될 수 있는 '정상적인' 행동과 사고의 예는 없다고 본다. 대신에, 그들은 성격이나 건강 이론에 기반을 둔 다른 장기적 목표를 추가하지 않고, 어떤 신념과 활동이 문제를 야기했는지를 확인하고 그것을 변화시키는 단지 그 작업만 한다.

독립적 문제해결자

인지행동 접근에서 장기적 목표는 불필요한 정서적 고통을 생성하는 것을 막기에 충분할 만큼 재빨리 자신의 역기능적 사고와 행동을 인식함으로써 내담자가 자신의 문제를 독립적으로 해결하도록 돕는 것이다(Beck, 1997; Ellis, 2003). 이 목표는 성격 변화를 목표로 하는 인본주의와 정신역동의 목표와는 개념적으로 매우 다르다. 현실적이고자 하는 인지행동 상담자는 정신의 구조에 극적인 변화를 약속하지 않으며, 그보다는 내담자가 삶의 스트레스를 다루는 능력이 완벽하지는 않더라도 조금 나아지는 것으로 성공을 측정한다. 또한 그들은 삶에서 미래의 도전이 없을 거라고 예상하지 않으며, 이러한 도전에 내담자가 더 잘 대처할 수 있도록 준비하는 것을 목표로 본다.

행동적이고 측정 가능한 목표

구체적인 치료 목표는 위의 평가 절차를 통하여 파악된다. 목표는 행동적이고 측정 가능한 것으로 명시되어야 하는데, 예를 들면 '언쟁을 월 1회 미만으로 줄이겠습니다.'와 같은 것이다. 명확한 목표가 설정되면, 상담자는 내담자에게 목표를 이루기 위해 지시에 따를 것과 각 회기마다 주어지는 과제를 완수하겠다는 약속을 받아낸다. 이 계약은 종종 서면 계약의 형태로 기록된다. 목표를 설정하고 나서 바로 과제를 달성하겠다는 내담자의 동의를 얻는 것은 내담자가 문제를 해결할 가능성을 높여준다.

인지행동 목표의 중간 단계의 예는 다음과 같다.

- 자살 또는 자해 삽화 줄이기
- 업무 수행에 대한 완벽주의 신념 변화시키기
- 파트너에 대한 독심술과 일반화 줄이기

인지행동 목표의 후기 단계의 예는 다음과 같다.

- 즐거운 활동, 취미 및 관계에 참여도 높이기
- 힘겨운 감정을 조절할 목적으로 약물을 사용하지 않기, 건강한 대처 기술을 사용하여 감정 관리하기
- 친밀감에 대한 능력을 증가시키기 위해 '나는 사랑받으려면 완벽해져야 한다.'는 도식을 재정의하기

■ 실천: 개입

심리교육

인지행동 상담의 특징인 심리교육은 내담자에게 심리적 원리를 가르치고 문제를 다루기 위해 그것들을 적용하는 것이다(Ellis & Dryden, 1997; Lazarus, 1981). 심리교육은 개

인 또는 집단 회기에서 수행할 수 있다. 다음과 같은 네 가지 유형에 의해 일반적으로 분류된다.

- 문제지향: ADHD, 조현병, 알코올 의존증, 우울증 등과 같은 환자의 상황이나 진단에 관한 정보. 상담자는 내담자가 새로운 행동을 취하도록 동기 부여하는 데 이러한 유형의 교육을 활용한다.
- 변화지향: 의사소통을 개선하거나, 분노를 줄이거나, 우울을 감소시키는 것처럼 문제 증상을 어떻게 감소시키는지에 대한 정보. 상담자는 내담자가 적극적으로 자신의 문제를 해결하도록 돕는 데 이 유형의 교육을 활용한다. 이 교육이 성공적이기 위해서는, 내담자의 동기가 높아야 하고, 상담자는 일상 용어를 사용하여 새로운 행동을 활용 단계로 조금씩 나뉘어서 소개할 필요가 있다.
- 독서 치료: 독서 치료는 현재 문제를 다루기 위하여 내담자에게 (1) 교육적이고 (2) 동기부여가 될 읽을거리를 내준다는 의미의 복잡한 용어이다. 일반적으로, 상담자는 회기에서 학습한 것을 강화하는『좋은 기분을 느끼는 것(Feeling Good)』(Burns, 1988),『걱정 활용법(The Worry Cure)』(Leahy, 2005)과 같은 인지행동적 자가 치료 서적을 내담자에게 주지만, 소설이나 전문서적도 사용할 수 있다.
- 영화 치료: 독서 치료와 마찬가지로, 영화 치료는 문제적 요소를 다루는 영화를 내담자가 보게 하는 것이다(Berg-Cross, Jennings, & Baruch, 1990).

효과적으로 심리교육을 제공하고 과제를 설정하는 팁

(이것은 9장에 있는 아들러학파가 사용한 것과 유사하다.)

- 연습하라! 이는 매우 중요하다. 초심 상담자가 가족과 친구에게 연습하는 데 추천할 만한 기법은 많지 않지만 심리교육은 예외다. 이러한 책을 읽지 않은 사람들에게 개념과 연구결과를 설명해보라. 당신이 개념을 설명한 후 그들이 질문하는 유형에 주목하라. 즉, 이는 당신이 놓쳤을 수도 있는 것들이 무엇인지, 정의가 필요한 전문 용어는 어떤 것이 있는지, 사람들에게 실제로 유용한 것이 무엇인지를 배우는 데 도움을 줄 것이다.
- 먼저 물어보라. 아마도 심리교육 작업을 위한 중요한 비결은 타이밍인데, 그것은 내담자가 수용적인 상태일 때 정보를 제공하는 것이다. 그들이 준비되었는지 어떻게 알 수 있는가? 그들에게 물어보라. '당신은 X에 대해 좀 더 배워볼 마음이 있으세요?' 만약 당신이 질문하는 것을 실패한다면, 당신은 수용적인 청중을 찾을 수 없을 것이다. 다른 방법으로, 직면의 REBT 방식을 익히고 타이밍에 관해서는 잊어버리라.
- 아주 간결하게 하라. 50분 회기 동안, 총 심리교육 시간은 최대 1~2분으로 하라. 이것은 과장이 아니다. 대부분의 내담자가 의미 있게 통합하는 것은 한 번에 하나의 원칙 그 이상을 할 수 없기 때문에 당신이 나누어야 할 다른 훌륭한 정보는 다음 주를 위해 아껴두자.

(계속)

- **중요한 점을 한 가지만 정하라.** 한 회기에는 단 하나의 개념, 요점, 또는 기술을 가르쳐야 한다. 실질적으로 유용하기 위해서, 그 이상은 버거울 수 있다(다음 페이지에 나오는 '사고 기록지'에서 Judith Beck의 권고 사항 참고).
- **이해와 수용을 확인하라.** 간략하게 정보를 제공한 후에, 내담자의 삶에 그것이 현실적이고 유용하다고 믿는지, 이해를 하는지를 바로 물어보라.
- **즉각적으로 적용하라.** 정보를 제공한 후, 바로 이 정보가 실질적으로 내담자의 삶에서 지난주 또는 다음 주에 발생할 문제를 다루기 위해 어떻게 적용할 수 있는지 파악한다.
- **단계별 작업:** 심리교육을 2분 제공한 후, 다음 48분 동안은 현재 직면한 문제를 해결하기 위한 정보를 적용하는 방법에 대해 단계별 지침을 알려준다. 이는 구체적으로 해야 한다. 누가 무엇을, 언제, 어디서, 그리고 얼마나 자주 하는지, 그리고 어떤 저항과 잠재적인 방해물이 있는지를 확인한다.
- **후속 작업:** 다음 시간에 만나서, 내담자가 그 정보를 어느 정도 사용했는지 보라. 만약 하지 않았다면 왜 안 했는지, 했다면 무슨 일이 일어났는지를 확인한다.

소크라테스식 대화법과 안내된 발견

내담자가 지닌 신념에 의문을 제기하도록 돕기 위해 상담자는 안내된 발견 또는 귀납적 추론이라 불리는 **소크라테스식 대화법**을 사용한다. 이를 통해 인지 상담자는 내담자의 신념이 비논리적(명백한 증거가 없는)이거나 역기능적(내담자에게 도움이 되지 않는)인 것임을 '발견하도록' 돕기 위해 개방형 질문을 사용한다. 이는 다른 기법보다 덜 직면적인 방법으로 신념의 타당성에 대해 질문할 때, 상담자는 비교적 중립적인 입장을 취하면서 내담자만의 확신에 대한 논리, 증거, 이유를 허용한다. '변화'라는 용어는 무슨 일이 일어난 것을 묘사할 때 사용하지만, 실제로 꽉 움켜쥔 신념은 내담자가 다른 상황에서도 그 신념이 타당한지를 묻고 요구함으로써 시간이 지남에 따라 천천히 약화된다.

신념의 타당성 평가를 위한 질문

- 당신의 신념을 지지하는 증거는 무엇입니까? 반대로 지지하지 않는 증거는 무엇입니까? 그렇다면, 현실적인 중간 지점은 어디입니까?
- 당신의 상황에 관하여 존경하는 사람인 X(Y 또는 Z)는 뭐라고 하겠습니까? 어떻게 그들이 모두 틀릴 수 있습니까?
- 당신의 아이(또는 다른 중요한 사람)가 같은 말을 한다면, 당신은 어떻게 반응할 것입니까?

(계속)

- 일이 실제로 심각하게 될 것이라는 현실적인 가능성은 어떻습니까? 보다 현실적인 결과는 무엇입니까?
- 당신은 X에 대한 한 가지 가능성 있는 이유만을 꺼내고 있습니다. 다른 이유는 고려해보았습니까?
- X라는 사람의 행동이 100% 당신을 향한 것이라는 가능성이 얼마나 됩니까? 어떠한 다른 것이 그의 행동에 영향을 끼쳤습니까?

SELF 스스로 해보기

이 장의 초기 연습 과정에서는 문제시되는 신념을 사용하여, 이 질문을 통해서 신념이 얼마나 타당한지 평가해보라.

사고 기록지

인지 상담자는 자동적 사고(가장 손쉽게 접근할 수 있는 역기능적 사고)에 더 나은 방식으로 반응하는 방법을 내담자가 배우도록 돕기 위해 사고 기록지(Beck, 1995)를 활용한다. 앞에서 나온 '도식과 핵심 신념'을 참고하라. 사고 기록지를 작성함으로써, 내담자는 그들 자신의 부정적인 생각에 대응하고 더 적응적인 반응을 개발하도록 돕는 소크라테스식 질문을 사용할 수 있다. 사고 기록은 다음을 포함한다.

- 촉발 상황: 부정적인 감정과 신체 반응을 유발하는 사건
- 자동적 사고와 신념의 강도 비율
- 부정적 정서 결과와 심각성의 비율
- 대안적인 적응적 반응: 사건의 대안적인 해석
- 대안적인 결과: 내담자가 얼마나 대안적 해석을 믿고 있으며, 그것은 어떻게 신념의 비율, 감정의 강도, 그리고 새로운 행동을 변화시키는가?

대안적인 적응적 반응을 만들어내기 위해, Beck(1995)은 내담자에게 아래의 질문 전체를 스스로에게 물어볼 것을 추천한다.

- 자동적 사고가 사실이라는 증거는 무엇인가? 사실이 아니라면?
- 상황에 관한 대체 설명이 있는가?
- 일어날 수 있는 최악의 일은 무엇인가? 나는 그것을 겪으면서 살아갈 수 있을까? 일어날 수 있는 최선의 일은 무엇인가? 가장 현실적인 결과는 무언인가?
- 내가 자동적 사고를 믿는 것은 무슨 효과가 있는가? 나의 생각이 변하면 무슨 효과가 있는가?

- 나는 자동적 사고에 대해 무엇을 해야 하는가?
- 만약 ________가 그 상황에 있고 이 사고를 가졌다면, 나는 그에게 뭐라고 말하겠는가?(또는 그는 뭐라고 말하겠는가?; p. 126)

성공적인 기법을 위한 비결 중 하나는 백분율을 사용하여 사람들이 얼마나 자동적 사고를 믿고 있는지, 그리고 그 감정은 얼마나 강한지를 이용하여 측정하는 것이다. 감정과 믿음의 백분율을 사용하여, 내담자는 어떻게 역기능적 신념이 오르락내리락하는지, 그리고 모든 부정적 감정이 타인에게 큰 충격을 주는 것은 아니라는 것을 보기 시작할 수 있다. 증상 심각성의 가변성에 그저 주목하는 것으로도 희망, 더 큰 통제감, 변화에 대한 동기를 만들 수 있다. 마음챙김을 사용하는 '제3의 물결' 행동주의자와 해결 중심 상담자는 또한 변화를 가져오기 위한 통제, 변화, 개선에 대한 작은 지표를 사용하는 데 초점을 맞춘다.

사고 기록지의 예시

촉발 상황: 부서 회의에서, 상사는 Greg를 끊임없이 칭찬했다.

자동적 사고와 사고의 강도를 백분율로 표시

- 사고 1: 내 상사는 나보다 나은 Greg를 좋아한다: 90%
- 사고 2: 나는 이 회사 어디에도 쓸모없다: 80%
- 사고 3: 나는 쓰레기다: 70%

감정과 감정의 강도를 백분율로 표시

- 화가 난다(상사에게): 75%
- 무기력하다: 100%
- 희망이 없다: 80%

적응적인 반응

- Greg는 열심히 일하고 관계를 잘 맺는다. 나는 똑같이 할 수도 있었다. 나는 단지 내가 최선을 하지 못했다는 것에 패배자이다: 80%

결과

- 사고 1, 2, 3에 대한 신념의 변화: 20%, 30%, 20%
- 정서에 대한 변화:
    - 화가 난다(자신에게): 50%
    - 무기력하다: 20%
    - 희망이 없다: 10%

  - ○ 동기 부여가 되었다: 50%
- 행동에 대한 변화: 더 일찍 출근하는 것, 덜 빈둥대기, 상사와 대화

상담자의 가장 중요한 역할은 내담자가 이전의 오래된 패턴으로 퇴행하지 않고 이것을 회기 밖에서도 사용할 수 있도록 동기화하는 것이다. Judith Beck(1995, p. 127)은 집에서 해야 할 이 과제의 성공을 보장하기 위해 다음 사항을 권고한다.

- 상담자는 내담자에게 무엇을 하도록 요청하기 전에 개인적으로 사고 기록지를 활용하는 능력을 개발해야 한다.
- 사고 기록지를 설명하기 전에, 상담자는 내담자가 인지 모델의 기본원리에 대해 잘 반응하고 이해하는지 보고 결정해야 한다.
- 사고 기록지를 설명하기 전에, (1) 내담자는 자동적 사고를 용이하게 파악할 수 있는 능력이 있는지 입증해야 하고 (2) 소크라테스식 질문이나 이 개입의 언어적 변형을 사용하여 부정적인 감정을 성공적으로 줄이는 긍정적인 경험을 가져보아야 한다.
- 상담자는 두 단계로 사고 기록을 소개한다. 첫 번째 회기에서 자동적 사고를 어떻게 파악하는지, 그리고 두 번째 회기에서 어떻게 적응적인 반응을 만들어내는지를 설명한다.
- 내담자는 적응적인 반응을 파악하기 이전에 몇몇 상황에서 자동적 사고를 성공적으로 파악해야 한다.
- 만약 제대로 소개했는데도 내담자가 사고 기록지를 완성하지 못한다면, 상담자는 '나는 바쁜 일정 때문에 시간이 없어.' 또는 '이런 건 별 소용없을 거야.'와 같이 믿는 과제에 대한 자동적 사고를 탐색해야 한다.

신념 논박하기와 REBT 자조 양식

Ellis의 A–B–C 이론에는 두 번째 부분이 있다. 당신이 짐작하겠지만 D–E–F인데, 이는 비합리적 신념에 대한 논박(Disputing), 새로운 효과(Effect), 느낌(Feelings)에 대한 개입을 나타낸다(A–B–C는 앞에서 나온 '핵심'을 참조하라; Ellis, 1994, 2004). D–E–F 개입은 회기의 안과 밖에서 내담자가 골치 아픈 신념을 논박하고 새로운 것으로 대체하도록 돕는 데 사용된다. 모든 신념을 공격하지 못하기에, 인지행동 상담자는 몇몇 문제를 야기하는 경향을 가진 '따뜻한' 또는 '차가운' 신념보다는 특히 가장 감정적으로 끓어오르는 '뜨거운' 신념을 목표로 한다(Ellis, 2003).

A–B–C 모델

문제가 A–B–C를 만들어내는 방법

A = 선행 사건 → **B = A에 관한 신념** → **C=정서적·행동적 결과**

(촉발 사건 혹은 사람) ↑ (증상)

문제가 D–E–F로 해결되는 방법 ↑

↑ ↑

D = 신념 논박 → **E = 효과** → **F = 새로운 느낌**

(합리적 주장)

상담자는 내담자에게 인지와 행동을 분석하고 더 적응적인 반응을 개발할 수 있는 방법을 제공하기 위해 ABCDEF 모델을 사용한다. 이것을 과제로 주기 이전에, 상담자는 보통 과정을 설명하기 위해 회기 중에 화이트보드 위에 연습한다. 내담자는 일주일 동안 고통스러운 사건이 발생했을 때 그 연습을 하도록 요청된다. 수년에 걸쳐, 사용 가능한 REBT 자조 양식이 생겼다, 그중 가장 최근에 생긴 것은 합리적 정서 치료 네트워크 웹사이트에서 제공하는 쌍방향 온라인 버전이다(Ross, 2006). REBT 자조 양식은 내담자에게 A–E 과정을 안내한다. 이 장의 마지막 부분에 있는 사례에서, 상담자는 양극성 장애의 경험과 성적 학대로부터 만들어진 Roberta의 비합리적 신념을 논박하는 것을 돕기 위해서 REBT 자조 양식을 사용한다.

1단계: 'A', 활성화하는 또는 촉발 사건 파악하기

어떤 상황이 당신을 화나게 하는가?

예: 나의 여자 친구가 나를 속였다.

2단계: 'C', 건강하지 않은 부정적인 정서와 행동과 결과

이 사건에 반응하여 어떤 부정적인 느낌과 행동을 경험했는가?

건강하지 않은 정서	건강하지 않은 행동
예: 나는 분명 슬픔과 질투심, 우울, 복수심, 분노, 아픔을 느낀다.	예: 나는 그녀에게 소리 질렀다, 그녀와 헤어졌다, 잘 수도 먹을 수도 없다, 아무도 보고 싶지 않다.

(계속)

3단계: 'B', 비합리적 신념 파악하기

그 사건에 대해 그런 방식으로 느끼고 행동하도록 해석하는 데 영향을 주는 신념은 무엇인가? (1) 자기 가치를 느끼도록 인정하는 것, (2) 공정하게 대우받는 것, (3) 노력하지 않는 삶 등에 대한 요구 외에도 과잉일반화(하나 이상)된 신념, 좌절에 대한 낮은 인내심, 사람들의 평가, 두려움 그리고 비현실적인 요구와 같은 신념을 포함하라.

예: 요구: 나는 Yvonne과 함께해야만 한다. 그녀는 이런 짓을 하지 말았어야 한다. 나는 그녀 없이 살 수 없다.

두려움: 이 일이 지금까지 나에게 일어난 세계에서 최악의 일이다. 내 인생은 끝났다.
좌절에 대한 낮은 인내심: 이 같은 치료를 받는 것이 참을 수 없다.
사람들의 평가: 그녀의 행동은 내가 쓸모없다는 생각을 증명한다. 그녀는 끔찍한 사람이다.
과잉일반화: 나는 이제 다시 그녀와 같은 사람을 만날 수 없을 것이다.

4단계: 논박하기 'D', 논박 질문을 사용하는 비합리적 신념

예: 요구: 왜 나는 그녀와 함께해야만 하는 건가? 그녀는 나에게 지구상에서 유일한 여자인가?

두려움: 이것이 정말 발생 가능한 최악의 사건인가?
좌절에 대한 낮은 인내심: 나는 결코 속으면 안 된다는 것은 어디에 기록되어 있는가?
사람들의 평가: 그녀가 한 행동이 어떻게 내 자신의 가치를 반영할 수 있는가? 그녀는 나쁜 결정을 내렸다. 하지만 그것이 그녀를 나쁜 사람으로 만드는가?
과잉일반화: 그녀가 나를 속였다면 나는 왜 그녀와 같은 사람을 찾기 원할까?

5단계: 'E', 효과적인 합리적 신념 파악하기

예: 요구: 나는 그녀와 함께하고 싶다. 적어도 그녀와 함께 하기를 원했다. 그녀가 충실할 수 있다면 내 인생에서 그녀를 얻기 원했을 것이다.

두려움: 상처는 있지만, 나에게 일어날 수 있는 더 힘든 일도 많이 있다. 이것은 그저 세계 최악의 일인 것처럼 느껴질 뿐이다. 이런 유형의 일들을 수세기 동안 수백만 명에게 일어났다. 그들은 살아남았고 나도 그럴 것이다.
좌절에 대한 낮은 인내심: 나는 이것을 다루고 싶지 않지만, 내가 할 수 있다는 것을 안다.
사람들의 평가: 그녀의 행동은 내 가치를 반영하지 않는다. 오직 나의 행동만이 그럴 수 있다. 나는 그녀의 품성을 존경하지만, 충실함에 있어서는 결점이 있다.
과잉일반화: 내가 준비가 되면, 내가 많이 사랑하고 나에게 충실할 수 있는 사람을 찾을 것이다.

(계속)

6단계: 새로운 'F', '건강한 부정적 정서' 및 자조 행동 등의 느낌과 행동 파악하기

건강한 부정적 정서	건강한 자조 행동
예: 나는 매우 아프고 실망했다. 하지만 나는 괜찮아질 것이다. 시간이 조금 걸릴 수 있지만, 나는 다른 사람을 찾게 될 것이다.	예: 나는 나를 응원하는 가장 친한 친구와 많은 시간을 보내기 시작할 것이다. 나는 이것에 관해 내가 신뢰하는 사람과 함께 이야기할 것이다. 나는 잘 챙겨먹을 것이다.

인지에 대해 명명하기

소크라테스식 질문과 직접적인 직면 외에도, 몇몇 내담자들은 왜곡된 사고를 확인하고 명명하는 것이 자신들에게 영향을 미치는 것을 줄이는 데 유용하다는 것을 발견하게 된다. 상담 회기에서 상담자는 내담자가 왜곡된 사고를 명명하도록 돕고, 이를 통해 내담자는 일상적인 삶으로 이 기법을 옮겨갈 수 있다. 상담자는 382쪽의 '사례 개념화'에서 설명된 Beck(1976)의 왜곡된 사고 목록을 가장 자주 사용한다.

- 임의적 추론: '결론으로 뛰어넘기'
- 선택적 추상: '긍정적인 것을 걸러내기'
- 과잉일반화: '증거도 없이 전면적인 결론을 내리는 것'
- 의미 확대 혹은 의미 축소: '부정적인 것을 강조하는 것과 긍정적인 것을 무시는 것'
- 개인화: '자신의 책임을 과장하는 것' 및 '중립적인 견해를 잘못 해석하는 것'
- 이분법적 사고: '흑백논리'
- 잘못된 명명: '사람이나 상황에 극단적으로 또는 과잉일반화하여 명명하는 것'
- 독심술: '타인이 부정적인 생각과 의도를 가지고 있다고 가정하는 것'
- 파국화: '최악의 문제가 일어날 것이라고 가정하는 것'

문제해결과 대처 기술 훈련

Meichenbaum(1977)은 때로는 역기능적 신념이 문제지만 다른 때에는 그저 내담자의 문제해결 능력과 대처 기술이 결여되었을 뿐이라는 것에 주목했다. 따라서 그는 잘못된 신념의 존재에 귀 기울이는 것뿐 아니라 "명확하고 적응적인 인지 기술과 반응의 부재"(p. 194)에도 귀를 기울였다. 문제해결의 경우, 상담자는 내담자에게 어떻게 (1) 문제를 파악하고, (2) 잠재적인 해결책을 파악하고, (3) 해결책을 선택하고 이를 행동으로 옮기고, (4) 해결책의 효과를 평가하는 것에 대해 직접 가르친다. 비슷하게, 만성질환이나 사랑하는 사람을 잃는 것과 같은 쉽게 해결되지 않는 상황에서, 상담자는 내담자가 유사한 방식 사용하여 대처 기술을 학습하도록 돕는다. (1) 내담자가 더 잘 대처할 수 있는 특별한 요소를 파악하고, (2) 잠재적인 대처 전략을 파악하고, (3) 이 전략을 선택하고 적용하며, (4) 그것들의 효과를 평가한다.

자기 대화 변화시키기: 스트레스 예방 훈련

비합리적 신념에 직면하는 것 이외에 다른 방법으로, 내담자는 그들의 부정적인 자기 대화와 도움이 되지 않는 내적 대화를 변화시키고 대처 기술을 증가시키도록 돕는 스트레스 예방 훈련을 사용할 수 있다(Meichenbaum, 1977, 1985). 스트레스 예방은 3개의 단계를 포함한다.

1. 교육: 부정적인 자기 대화와 이것이 어떻게 스트레스를 만드는지 정보 제공하기
2. 훈련: 내담자의 상황에 적용하여 기술을 연습하고 리허설 해보기
3. 연습: 실제 상황에 기술을 적용하기

스트레스 예방 훈련의 과정은 내담자가 스트레스를 경험하는 모든 단계에 대한 자기 대화를 변화시키도록 돕는다. (1) 스트레스 요인에 관한 준비, (2) 스트레스 요인을 직면하고 다루기, (3) 압도되는 느낌에 대처하고, (4) 스트레스 이후 자기 진술을 강화하기. 이 장의 마지막 부분에 있는 사례에서, 상담자는 Roberta의 어렸을 적 경험했던 성적 학대에 대한 대응으로 발달된 부정적인 자기 대화로부터 회복하는 것과 우울과 조증 삽화를 예방하는 것을 돕기 위해 스트레스 예방 교육을 사용한다.

스트레스 접종훈련에서 긍정적인 자기 대화
(Meichenbaum에 의해 개작, 1977, p. 155)

스트레스 요인에 대처하는 각 단계에서 내담자가 스스로에게 말할 수 있는 것

스트레스 요인에 대해 대비하기
'나는 스트레스에 대처하는 계획을 세울 수 있다.'
'시켜서 하기보다는 내가 무엇을 해야 할지에 대해 생각한다.'
'걱정하지 말라. 걱정은 아무런 도움이 되지 않는다.'

스트레스 요인을 직면하고 다루기
'한 번에 한 단계씩. 나는 이 문제를 처리할 수 있다.'
'두려움에 대해 생각하지 말기. 단지 내가 해야 할 일에 대해 생각하기. 적절하게 머물기. 그냥 하기.'
'불안은 내가 느낄 수 있는 것이라고 했어. 이것은 내 대처 기술을 사용할 수 있도록 촉진시켜 주는 계기가 되어줄 거야.'

(계속)

압도되는 느낌에 대처하기
'현재에 초점을 맞추기. 내가 해야 하는 것이 무엇인가?'
'불안을 제거하기 위해 애쓰지 말아야 한다. 그저 불안을 다룰 수 있는 상태로 계속 두자.'
'두려움이 찾아올 때면 심호흡을 하라.'

자기 진술 강화하기
'너는 그것을 해냈어!'
'생각했던 것보다 나쁘지 않았어.'
'나는 잘 진행하고 있어.'

비용과 편익 분석

또 다른 일반적인 인지행동 기법인, **비용과 편익 분석**은 내담자가 역기능적인 신념에 직면하도록 돕고 문제 행동에 대한 '비용'과 '편익'을 파악함으로써 역기능적 신념의 직면하고 동기를 만드는 것을 돕는다(Ellis, 1991, 1994). 외로운 느낌을 피하기 위해 음주하는 것처럼, 대부분의 문제 행동은 다른 문제를 회피하기 위해 만들어진다. 상담자는 일반적으로 내담자와 함께 비용과 편익 또는 찬성과 반대의 목록을 작성하는 작업을 한다. 상담자는 내담자가 목록을 작성하도록 하고 이 두 가지 관점에서 만들어진 목록을 바탕으로 합리적으로 생각하도록 한다.

선택과 책임감

현실 치료에서, 상담자는 내담자가 자신의 상황을 개선시키기 위한 선택을 하고 자기 삶의 질에 책임지는 데 동기를 갖도록 돕기 위해 WDEP(Wants–Doing–Evaluation–Planning) 시스템을 사용하여 행동을 분석한다(Glasser, 2000; Wubbolding, 2008).

W=바람(Wants), 욕구, 동기 탐색하기

상담자는 내담자 삶의 모든 영역에서 가족, 친구들, 직업, 자기, 건강 등 그들이 진정 원하고 필요로 하는 것이 무엇인지 평가하는 질문을 사용하여 내담자의 바람을 탐색해야 한다(Wubbolding, 2008, p. 379).

- 당신이 지닌 것 중에 당신이 원하는 것은 무엇입니까? 당신이 지니지 못한 것 중에 원하는 것은 무엇입니까? 당신은 원치 않지만 지니고 있는 것은 무엇입니까?
- 당신이 기꺼이 만족하는 것에는 어떤 것이 있습니까?
- 당신은 당신이 원하는 것을 얻고자 얼마나 애를 쓰고 있습니까? 당신은 얼마나 최선을 다하고 있습니까?

- 당신이 원하는 것을 위해 무엇을 포기해야 합니까? 그것을 기꺼이 할 수 있습니까?

D=내담자가 '실행(Doing)'에 옮긴 것과 그에 대한 결과 '논의(Direction)'

사고, 감정, 생리적인 것에 비해, Glasser는 사람들이 통제하기에 가장 쉬운 것이 행동이라고 믿었다. 따라서 그는 내담자 자신의 행동을 조사하도록 내담자에게 요구하였고 그것이 욕구와 소망을 얻는 데 도움이 되는지에 대해 물어보았다.

- 현재 당신의 소망을 충족하는 것을 도와주는 행동에는 어떤 것을 하고 있습니까?
- 당신의 소망으로부터 멀어지게 하는 행동에는 어떤 것을 하고 있습니까?
- 당신이 좋지 않은 감정을 느낄 때 어떤 행동을 합니까? 이 행동을 하는 당신의 선택에 영향을 미치는 생각은 무엇입니까?

E=선택과 행동의 효과성 평가하기(Evaluation)

다음으로, 상담자는 내담자가 자신의 선택과 행동의 효과성에 관한 자기평가를 하도록 격려한다. 상담자가 이를 격려하는 몇 가지 방법은 평가적 질문을 하는 것이다.

- 이러한 행동은 장·단기적으로 당신에게 도움이나 상처가 됩니까?
- 이러한 행동은 관계를 개선시킵니까, 아니면 망칩니까?
- 이러한 행동은 당신의 최선의 노력입니까, 아니면 최소한의 노력입니까?

P=행동의 과정을 계획하기(Planning)

내담자의 행동 평가를 기반으로, 상담자는 그들이 원하는 것을 더 얻기 위해 실현 가능하고 현실적인 계획을 세우도록 돕는다. 상담자는 내담자가 통제할 수 있는 측정 가능한 목표를 가지고, 단순하고 달성 가능한 계획을 세우도록 애쓴다.

고전적 조건형성: Pavlov의 개와 이완

불안 장애를 치료하는 데 자주 사용되는, 고전적 조건 형성은 유명한 침 흘리는 개 실험을 수행한 Ivan Pavlov(1932a, 1932b)에 의해 개발되었다. 이 실험에서, Pavlov는 종소리와 함께 먹이를 제공함에 따라 침을 흘리는 개의 자연적인 반응을 짝지어서 종소리에 침을 흘리도록 개를 훈련시키는 것을 가능케 했다. 먹이가 제공될 때마다 종소리를 울려, 개는 종소리가 먹이가 오는 신호라는 것을 배웠고 침을 흘리기 시작했다. 충분히 반복한 후에, 개는 종의 소리만으로 침을 흘리기 시작했다. 이 절차를 기술적으로 조건적인·무조건적인 자극과 반응의 관점에서 설명했다.

처음에는 이러한 반응이 순수한 행동과 거의 무의식적인 것으로 생각되었지만 이후에 행동주의자는 조건의 가장 기본적인 형식에서조차 생각과 의식적 학습이 요구된다는 것을 발견했다. "일반적인 믿음과는 달리, 인간의 전설적인 반사 조건형성은 널리 퍼져있는 신화이다. 조건형성은 어떻게 변하는지에 대한 설명이 아닌 단순히 짝지어진 경험을 통해 학습된 것을 설명하기 위한 용어이다. 원래 조건형성은 자동적으로 발생한다고 가정하였다. 자세히 살펴보니 그것은 인지적으로 매개되는 것으로 나타났다(Bandura, 1974, p. 859). 또한 자세히 보면, "인간은 단순히 자극에 반응하지 않고, 그들은 그것을 해석한다"(Bandura, 1977, p. 59). 고전적 조건형성은 불안과 아동 행동, 공포증을 다루는 임상적 작업 환경에서 사용된다.

어떻게 고전적 조건형성을 작업하는가?

1. 사건의 중성 상태

무조건 자극(UCS) → 무조건 반응(UCR)

- Pavlov의 최초 연구: 음식 → 타액 분비
- 거미 공포증 치료: 심호흡 → 이완 반응(심박수 느려짐, 각성 감소)

2. 조건자극과 반응의 연합 과정

UCS + 조건 자극(CS) → 조건 반응(CR)

- 개 먹이+ 종소리 → 타액 분비
- 심호흡 + 거미 → 이완

3. 연합 결과

조건 자극(CS) → 조건 반응(CR)

- 종소리 → 타액 분비
- 거미 → 이완

조작적 조건형성과 강화 기법: Skinner의 고양이

조작적 조건형성을 기반으로 하는 개입은 자기 자신 또는 다른 사람의 행동을 수정하는 데 B. F. Skinner(1953, 1971)에 의해 확인된 원리를 활용한다. 핵심적인 원리는 조금씩, 점진적인 단계를 사용하여 원하는 **방향으로** 행동하면 보상을 주는 것이다. 이 과정을 **행동 조성**이라고 한다. "어떤 행동을 한 후에 어떤 분명한 결과가 뒤따르면, 이 행동은 다시 발생하기 쉽고, 이런 효과를 갖는 결과를 강화물이라고 부른다"(Skinner, 1971, p. 27). 특정한 일련의 기술이 습득되면 원하는 행동에 더 가까운 접근을 사용해 '막대가 들어 올려지기' 위한 행동은 강화될 것이다. 따라서 부모가 아이에게 독립적으로 숙제하는 것에 대해 가르치고자 할 때, 아이가 언제, 어디에서 어떻게 숙제를 완료하는지 지켜봄으로써 성공과 실패를 강화할 수 있다. 아이가 규칙적으로 전체를 관리하는 데 성공하면, 아이에게 관리할 책임이 주어지고(아마도 숙제를 다 했을 때), 이러한 부분에 대한 성공을 강화받게 된다. 그 다음에, 아이가 감독 없이 숙제의 목록을 관리하는 것에 대해 보상받을 수 있다. 이 과정은 아동이 숙제를 독립적으로 완수해내어 부모가 무척 기뻐할 때까지 계속된다. 각 내담자들은 새로운 운동요법 개발, 체중 감량, 불안 감소, 사회적 활동 늘이기 같은 습관의 변화나 여러 가지 행동 변화를 하고자 할 때 스스로 조작적 조건형성을 적용할 수 있다.

강화와 처벌의 형태 조작적 조건형성에서, 행동은 원하는 행동에 따라 정적 또는 부적으로 강화되거나 처벌될 수 있다. 아래 네 가지 선택은 단독으로 혹은 다른 것과 함께 원하는 행동이 조성된다.

강화와 처벌의 유형

- **정적 강화 또는 보상:** 원하는 무언가를 제공함으로써 원하는 행동을 보상하기(예: 치료)
- **부적 강화:** 원하지 않는 행동을 제거함으로써 원하는 행동을 보상(예: 통금 시간 해제, 일상 업무 하루 쉬기)
- **정적 처벌:** 원하지 않는 어떤 것을 추가함으로써 원치 않는 행동을 감소(예: 남은 일 시키기, 당신 스스로가 싫어하는 업무를 하도록 하기)
- **부적 처벌:** 원하는 무엇인가를 제거함으로써 원하지 않는 행동을 감소(예: 출입금지, 즐기는 것을 스스로 자제하기)

다시 요약하면 다음과 같다.

	원하는 행동 증가	**원치 않는 행동 감소**
무언가를 제공함	정적 강화, 보상	정적 처벌
무언가를 제거함	부적 강화	부적 처벌

강화와 처벌의 빈도 강화나 처벌의 빈도는 행동을 증가시키거나 감소시키는 것의 핵심이다.

- 즉시성: 특히 어린 자녀일수록 더 즉각적으로 강화·처벌을 학습한다.
- 일관성: 강화·처벌이 일관될수록 빠르게 학습한다. 일관성은 행동이 나타날 때마다 매번, 혹은 일관된 일정대로(예: 2시간마다 매번) 보상이나 처벌을 하여 예측 가능하게 하는 것과 관련된다.
- 간헐적 강화: 임의적이고 예측 불가능한 강화는 좋게든 나쁘게든 행동을 증가시킨다. 따라서 부모가 일관성 없이 통금을 실시하는 경우(어떤 때는 실시하고 어떤 때는 하지 않는 경우), 아이는 그것을 깰 가능성이 높아진다. 같은 원리로, 잘 확립된 원하는 행동의 임의적인 정적 강화는 그것을 유지하도록 돕는다. (예: 좋은 성적에 대해 임

의로 추가적인 특혜나 특별 선물을 하여 강화하기)

포인트 차트와 토큰 경제 일반적으로 어린아이에게 사용되지만 성인에게도 적용할 수 있는 포인트 차트(Patterson & Forgatch, 1995) 또는 토큰 경제(Falloon, 1991)는 특혜, 물건 또는 간식에 사용될 수 있는 '포인트'를 만들어서 정적인 행동을 보상하거나 조성하기 위해 사용한다. 보상은 특정 사람과 관련된 것으로 동기부여가 되어야 한다. 따라서 한 사람에게는 적용될 수 있는 것이 다른 사람에게는 적용되지 않을 수도 있다(Bandura, 1974, 1986). 게다가 보상은 원하는 행동이 나타난 직후에 바로 뒤따라야 하고 그 사람이 더 하고자 하는 동기를 느낄 수 있도록 자주 충분히 해야 한다. 이러한 원리는 행동 변화를 얻기 위해 어린이 또는 성인에 사용될 수 있다. 예를 들면, 부모가 자녀의 숙제에 대한 독립성을 기르고 싶다면, 부모는 차트에 있는 스티커로 자녀에게 보상할 수 있다. 자녀가 목표량(아마도 5개)을 채웠을 때, 부모는 동기를 부여할 수 있는 어떤 종류의 보상을 제공한다(예: 좋아하는 시리즈의 책). 마찬가지로, 수줍음을 많이 타는 성인이 사회적 접촉을 늘리고 싶다면 일주일에 3명의 친구들에게 연락할 때마다 좋아하는 CD나 책을 삼으로써 스스로에게 보상을 줄 수도 있다.

체계적 둔감화

고전적인 행동 기법인, **체계적 둔감화**는 불안과 공포증에 주로 사용되며 이 기법에서 내담자는 낮은 강도의 이미지로 시작하여 점차 강도를 증가시키면서 스트레스 자극에 직접적으로 대면하는 작업을 한다(Wolpe, 1997). 고전적 조건형성을 사용하여, '둔감화'는 이완과 스트레스 자극을 연결하며, 처음엔 적은 양으로 그리고 천천히 노출을 증가시키는데, 이 과정을 **상호 억제**라고 한다. 기본적인 가정은 사람은 불안과 스트레스를 동시에 받을 수 없다는 것이다.

이 과정은 (1) 이완 기술을 가르치고, (2) 불안이 촉발되는 단계를 형성하고, (3) 불안이 더 이상 촉발되지 않을 때까지 단계에 따라 작업해 나간다. 실용적인 이유(사무실에 거미와 뱀을 둬야 하는 것)에서 심상은 대부분의 둔감화 과정에 사용된다. 이 고전적인 행동 기법에 인지적 구성 요소를 더하면서, Meichenbaum(1997)은 불안을 일으키는 상황을 참기보다는 스스로 대처하는 상상을 하는 **대처 이미지**를 추가하는 것이 더 지속 가능하고 더 나은 결과를 가져온다고 여겼다. 예를 들면, 대중 연설을 두려워하는 사람의 경우, 상담자는 첫 번째로 호흡 및 시각화 기술을 사용하여 그를 편안한 상태에 들어가는 방법을 가르칠 것이다. 또한 내담자와 함께 불안을 자극하는 말하기 사건의 절차를 만드는 작업을 할 것이다. 그 다음 상담자는 그에게 편안한 상태로 들어가서 업무 회의 동안 자신의 생각을 밝힐 때 스스로 잘 대처하는 것을 **상상하도록** 한다. 내담자는 불안을 느끼지 않고 상상할 수 있을 때까지 이 연습을 계속한다. 다음 단계는 그에게 조금 더 불안한 상황(회의에서 발표하기 등)을 파악하여 이 절차를 반복한다. 내담자가 자신감을 갖게 되어 대중 연설에 잘 대처할 수 있을 때까지 이 학습을 실제 상황에 적용한다.

실제적 노출법과 홍수법

체계적 둔감화의 변형인 **실제적 노출법**과 **홍수법**은 공포를 치료하기 위해 사용된다. 실제적 노출법은 공포에 직면할 수 있도록 내담자를 지지하면서 내담자를 실생활, 불안이 일어나는 상황 속으로 들어가게 하는 것을 의미한다(Spiegler & Guevremont, 2003). 내담자에게 거미나 대중 연설 같은 공포를 유발하는 상황이나 대상에 조금씩 노출시키기 위해 종종 체계적 둔감화에서 사용되는 것과 유사한 단계가 사용된다. 대조적으로, 홍수법은 불안을 유발하는 자극을 상상이나 실제 상황으로 강렬하게 장시간 노출시키는 것을 의미한다. 홍수법에서는 내담자는 불안 감소 행동을 하도록 허락되지 않으며, 공포는 대개 자체적으로 신속하게 사라진다. 물론, 노출 치료는 제한된 문제에만 적절하고 모든 내담자에게 적합한 것은 아니지만 내담자에게 잘 맞는다면 불안과 공포를 줄이는 것에 매우 효과적일 수 있다.

안구 운동 민감소실 및 재처리 요법(EMDR)

추가적인 교육을 필요로 하는 고도의 전문 기술인 안구 운동 민감소실 및 재처리 요법(EMDR)은 트라우마와 스트레스에 사용하는 노출 치료의 한 형태이다. 절차는 뇌의 양자 자극을 만들어내는 빠른 안구 운동을 하면서 외상적이거나 불안을 야기하는 사건에 대해 떠올리게 하는 것이다(Shapiro, 2001). 이 과정 동안에, 상담자는 떠오른 기억과 연관된 질문을 한다. 안구 운동은 기억 네트워크를 더 적응적인 의미 기억 네트워크와 다시 연결되도록 돕는 데 사용된다. EMDR 전문가는 적절한 치료 방법을 적용하기 위해 부정적이고 긍정적인 인지 방식이 무엇인지 확인한다. 여기서 부정적인 인지 및 관련 신체적 감각을 약화시키도록 돕는 데 안구 운동을 사용한다. 부정적인 인지가 줄어들면 내담자는 다시 기억 네트워크에 영향을 주는 안구 운동을 사용하여 새로운 긍정적 인지를 '설치'하도록 요구된다. 일부에서는 그 효과에 대해 여전히 의문을 제기하지만, EMDR은 일반적으로 트라우마에 대한 증거 기반 치료로 인정되고 있다.

종합: 인지행동 사례 개념화와 치료 계획 양식

■ 이론 기반의 사례 개념화: 인지행동

아래의 내용은 정신역동 이론을 활용하여 이론 기반의 사례 개념화를 발전시키는 데 사용될 수 있다. 각 이론 장의 마지막 부분에 제시되어 있는 교차 이론적 사례 개념화는 이러한 이론 기반의 개념화의 핵심 요소를 포함하는 사례 개념화를 쓰기 위한 예시를 제공한다. 이론 기반의 사례 개념화의 종합적인 예시는 『상담 및 심리치료의 이론과 치료 계획』(Gehart, 2015)에 제시되어 있다.

증상 행동의 기저선 평가: 증상 행동의 기저선 평가를 제공할 것

- 증상: 행동적으로 정의할 것. 또한 다음을 포함할 것
  - 빈도
  - 지속 기간
  - 상황
  - 사건 전
  - 사건 후

비합리적 신념에 대한 A-B-C 분석: 문제(또는 특정 사건)와 관련된 선행 사건, 결과, 매개 신념을 설명할 것

- 선행 사건('문제'):
- 결과(기분, 행동 등):
- 매개 신념(결과 C를 야기한 사건에 관한 해로운 신념):

도식과 핵심 신념: 현재 문제에 관련된 문제되는 도식과 핵심 신념을 3~5개 정도 설명할 것

- 임의적 추론
- 선택적 추상화
- 과잉일반화
- 의미 확대/의미 축소
- 개인화
- 절대적인/이분법적 사고
- 잘못된 명명하기
- 독심술

BASIC-ID: 모든 영역에서 내담자를 평가할 것

- 행동
- 정서
- 감각
- 심상
- 인지

- 대인관계
- 약물/생물학

■ 치료 계획 양식: CBT

이 치료 계획 양식을 우울하고, 불안하며, 강박적인 유형의 호소 문제를 경험하는 내담자를 위한 계획을 세우는 데 사용하라. 특정 내담자, 호소 문제, 임상적 맥락에 따라, 이 양식의 목표와 개입 방법은 약간 혹은 상당히 수정될 필요가 있다. 당신의 필요에 따라 치료 계획을 상당히 수정할 것을 권장한다. 계획을 치료에 효과적으로 적용하기 위하여, 목표와 기법은 내담자가 경험하고 있는 특정한 신념, 행동, 감정을 근거로 하여 적절히 활용되어야 한다. 치료 계획이 보다 구체적일수록 당신에게 더욱 유용하게 될 것이다.

치료 계획

초기 치료 단계

초기 단계 상담 업무

1. 상담 관계 발전시키기. 다양성에 관한 고려사항: 민족성, 성별, 연령 등에 기초하여 합리적 초점을 활용할지, 따뜻하고 '전문적이고' 정서적인 초점을 활용할지 조정하기

   관계 형성 접근 방법/개입:

   a. 관계를 구축하는 데 온정과 **공감** 사용하기, **신뢰감** 형성하기

2. 개인적, 체계적, 그리고 다양한 문화적 역동 평가하기. 다양성에 관한 고려사항: 전통적인 개인주의적 목표가 내담자의 개인적이고 문화적인 배경에 적합한지를 결정하기

   평가 전략:

   a. 문제 행동의 **기저선**을 확보할 것, 문제 행동과 사고의 **기능적 분석**, DSM 4 진단

   b. 호소 문제와 관련된 특정 **도식**과 **비합리적 신념** 파악하기

3. 치료 목표에 대한 내담자의 동의를 확인하고 얻기. 다양성에 관한 고려사항:

   목표 설정 개입:

   a. 특정 목표와 개입에 대한 **서면 계약서 작성하기**

4. 필요한 의뢰, 위기 요소, 추가적인 접촉, 내담자의 다른 요구 확인하기. 다양성에 관한 고려사항:

   a. 위기 평가 개입: 위험 행동과 물질 남용 장애를 평가하기 위해 **기능적 분석**을 사용한다.

   b. 의뢰 사항: 현재 문제와 관련된 **인지행동 집단**에 참여

초기 단계 내담자 목표

1. [특정 위기 증상]을 감소시키기 위해 [특정 위기 관련 행동을 명명할 것]을 감소시키기

   개입:

   a. 증상의 심각도를 감소시키기 위해 내담자가 기꺼이 할 수 있는 행동을 파악하는 데 **기능적 분석**을 사용하기

b. 내담자가 소망하는 삶의 목표를 향해 나아가는 기능적 행동을 선택하도록 동기부여하기 위해 **통제 이론** 활용하기

치료의 작업 단계

작업 단계 상담 업무

1. 작업 동맹의 질 점검하기. **다양성에 관한 고려사항:** 다양한 내담자를 위해 가장 적합한 목표와 전제 수용하기
   a. **평가 개입:** 상담 회기 평가 척도 사용하기, 상담자로부터 이해받는 느낌을 받는지 그리고 회기가 효과적인지 구두로 질문하기
2. 목표를 향한 치료 과정 점검하기. **다양성에 관한 고려사항:** 내담자가 변화를 향해 동기부여할 수 있도록 **인지 재조정**과 **선택 이론** 사용하기
   a. **평가 개입:** 내담자 진행 상황을 측정하기 위한 효과 평가 척도 사용하기

치료의 종결 단계

종결 단계 상담 업무

1. 추후 관리를 위한 계획을 발전시키고 성과를 유지하기. **다양성에 관한 고려사항:** 지지적인 공동체, 가족, 개인의 자원을 포함하기
   개입:
   a. 잠재적인 미래 문제에 대해 **REBT 자조 양식**과 **사고 기록지**를 사용하기

종결 단계 내담자 목표

1. [불안, 공포, 무망감 등의 느낌을 감소시키기 위해 삶에서의 기대와 자기 가치에 관한 긍정적인 자기 대화를 증가시키기
   개입:
   a. 내담자가 자기와 삶에 대한 긍정적인 관점을 개발하도록 돕기 위해 **소크라테스식 대화법**을 활용하기
   b. 자기와 가치에 관한 현실적인 내적 대화를 개발하기 위해 **사고 기록지**를 활용하기
2. 우울, 불안, 강박 증상을 감소시키기 위해 삶 그리고 타인에 관한 핵심 신념과 역기능적 도식을 감소시키기
   개입:
   a. **세 가지 기본 당위성, 부정적 인지삼제**, 그리고 관련 도식 **논박하기**
   b. 관계와 사람에 대한 가치에 관한 현실적이고 대안적인 핵심 신념과 도식 개발을 위한 **사고 기록지**

마음챙김 기반 접근

■ 개요: 당신이 최소한 알아야 할 것

행동 치료의 제3의 물결(제1물결인 '순수' 행동 치료와 제2의 물결인 인지행동 치료와 함께)로 설명되는 마음챙김 기반 접근은 인지행동 접근에 힘겨운 생각과 정서를 바꾸기 위해 그것을 수용하는 역설적인 비틀기를 추가한다(Hayes, 2004). 마음챙김 기반 접근을 사용하는 상담자는 그들을 변경하려는 의도 없이 호기심과 동정심으로 어려운 사고나 감정을 관찰하도록 격려한다. 내담자가 자신의 문제에 관여하는 방식을 회피보다는 호기심과 수용으로 변화시킴으로써 문제에 대해 새로운 사고, 감정, 행동을 경험하고, 따라서 그 주제에 대처하고 해결하는 새로운 선택지를 갖게 된다. 이 활용법은 내담자를 가르치려고 하기 전에 상담자 자신의 마음챙김 연습과 훈련을 할 것을 요구한다.

■ 정신건강에서 마음챙김의 간략한 역사

마음챙김은 인지행동적 기법으로서는 독특한 역사를 가지고 있다. 그것은 연구자의 실험실이나 서양 철학의 전통에서 개발되지 않았다. 그 대신에 마음챙김은 종교 및 영적 전통에서 유래되었고, 전통적으로 서양과학의 전통에 자신을 거의 독점적으로 결집시키던 인지행동적 상담자가 놀랍도록 선호하게 만들었다. 가장 일반적으로 불교의 명상 형태와 관련되어 있는 마음챙김은 사실상 거의 모든 문화와 기독교 명상 기도, 유대 신비주의, 이슬람 기반 수피 전통을 포함한 종교적 전통에서 발견된다(Keating, 2006). 비록 종교적인 뿌리를 가지고 있지만, 마음챙김은 비종교적 '스트레스 감소' 기법으로서 정신건강에 들어가고 의도적으로 종교와 영적인 요소를 분리하며 행동적 건강 장면에 사용하기 위해 조정되었다(Kabat-Zinn, 1990).

30년 전, Jon Kabat-Zinn(1990)은 매사추세츠 대학에서 마음챙김 기반 스트레스 감소(Mindfulness-Based Stress Reduction: MBSR) 프로그램을 연구하기 시작했고, 이는 마음챙김을 행동의학 내의 주류 활동으로 만드는 데 큰 영향을 주고 있다. MBSR 프로그램은 참가자에게 마음챙김 호흡, 마음챙김 요가 자세, 마음챙김 일상 활동을 어떻게 하는지를 가르치는 8주의 집단 커리큘럼으로 이루어져 있다. 참가자에게 매일 하루에 20~45분씩 집에서 연습하도록 권장한다. MBSR은 만성 통증, 조직 근육통, 건선, 우울증, 불안, ADHD, 섭식 장애, 약물 남용, 강박 행동 및 성격 장애를 포함한 광범위한 신체 및 정신건강 장애에 대한 효과적인 치료로서의 훌륭한 가능성을 보여준다(Baer, 2003). 밀접하게 이 치료와 관련된, Teasdale, Segal, & Williams(1995)는 마음챙김 기반 인지 치료에서 우울증 재발에 대해 MBSR 커리큘럼을 적용했다. 1년 내 우울증이 재발하지 않은 '성공적으로' 치료된 사례는 50%로, MBCT 상담자는 두드러지는 연구결과를 가지고 높은 재발률을 감소시키기 위해 마음챙김을 사용하고 있다.

마음챙김 기반 스트레스 감소 프로그램(Kabat-Zinn, 1990)과 마음챙김 기반 인지 치료(Teasdale et al., 1995)뿐만 아니라, 마음챙김은 광범위한 임상 조건에 대한 치료에서 훌륭한 가능성을 보여주고 있는 접근인 변증법적 행동 치료(Linehan, 1993)와 수용 전념 치료(Hayes, Strosahl, & Wilson, 1999)의 상담 접근으로 통합되었다.

■ 마음챙김의 기초

마음챙김의 가장 일반적인 형태는 내부의 잡음과 생각을 멈추고 호흡을 관찰하는 것(혹은 만트라라는 반복되는 단어에 집중하는 것)이다(Kabat-Zinn, 1990; Stahl & Goldstein, 2010). 경험을 좋거나 나쁘거나, 좋아하거나 좋아하지 않는 것으로 판단하지 않고 현재 순간에 자신을 내려놓으면서 호흡에 초점을 유지한다. 일반적으로 몇 초 이내에, 마음은 초점을 잃고 운동, 아침에 싸운 것, 할 일 목록, 과거의 기억, 미래 계획, 감정이나 가려움을 느끼는 것 또는 방에서 소음을 듣는 것에 관해 생각하며 방황한다. 어떤 지점에서, 참여하는 사람들은 마음이 떨어져 방황하는 것을 알아차리고 초점을 맞추는 데 '실패한' 자신을 질책하는 대신 초점을 놓치는 것이 과정의 부분이라는 것을 연민을 가지고 이해하면서 다시 초점의 대상으로 되돌아온다(자신에 대한 질타를 삼가는 것이 대체로 가장 어려운 부분이다). 초점을 잃었다가 되찾았다가 다시 잃었다가 되찾는 과정은 주로 10~20분 정도로 정해진 시간 동안 계속된다.

■ 특정한 마음챙김 접근

마음챙김 기반 스트레스 감소와 마음챙김 기반 인지 치료

이 마음챙김 기반 집단 치료법은 주로 좋은 명상가가 되는 것에 대해 다루는 것이 아니고, 내담자가 자신의 생각과 내적 대화를 이해하는 방식을 바꾸도록 돕기 위해 고안되었다. 고도로 구조화된 집단 과정을 사용하여, 내담자에게 마음챙김 요가 자세, 마음챙김 일상 활동(마음챙김으로 설거지하기, 마음챙김으로 걷기 등; Kabat-Zinn, 1990)과 마음챙김 호흡(위에서 설명한 것과 같은)을 소개한다. 집단의 초점에 따라, 내담자는 우울한 생각, 힘겨운 감정, 건강 상태에 마음챙김을 적용할 수 있도록 배울 수도 있다. 집단 형태는 집에서 정기적으로 연습하고 진행 상황에 대해 집단에 다시 보고하도록 내담자를 동기 부여하기에 이상적이다.

MBSR의 8개 집단은 다음을 포함한다.

1회기: 마음챙김 소개: 마음챙김 및 신체 탐색 명상의 기초
2회기: 인내심: '방황하는 마음'을 지각하는 것과 다루는 작업
3회기: 애쓰지 않기: 호흡 명상에 대한 소개, 누워서 하는 마음챙김 요가, 주의의 질

4회기: 판단하지 말기: 반응 대 응답, 호흡 명상에서 인식, 서서 하는 요가, 스트레스 찾기
5회기: 인정: 과정에 대한 집단 체크인, 앉아서 명상하기
6회기: 내려놓기: 숙련된 의사소통 부드러운 명상, 즐기기, 걷는 명상, 하루 종일 집에 있기
7회기: 매일 마음챙김: 마음챙김 운동과 매일의 활용점, 생활 속에서 연습하기
8회기: 끝없는 연습: 일상생활과의 통합

MBCT의 8개 집단은 다음을 포함한다(Segal, William, & Teasdale, 2002).

1회기: 자동 조정: 마음챙김 소개, 마음챙김 운동 배우기, 마음챙김 신체 탐색
2회기: 장벽 다루기: 신체 탐색을 사용하여 정신 대화를 탐색하기
3회기: 마음챙김 호흡: 운동 사이에 3분간 호흡하는 것과 마음챙김 호흡에 집중하는 것 소개하기
4회기: 현재에 머물기: 자동적 사고와 우울증에 마음챙김을 연결하기
5회기: 허용하기와 가만히 두기: 그저 있는 그대로 '허용하기'와 수용을 소개하기
6회기: 사고는 사실이 아니다: 사실이 아닌 '그냥 사고'로 사고를 재구성하기
7회기: 자기 자신을 가장 잘 돌보는 방법은? 우울한 사고에 대한 구체적인 기법 소개
8회기: 미래의 기분을 다루기 위해 배운 것을 사용: 연습을 계속하도록 동기부여하기

이러한 마음챙김 연습을 통해, 내담자가 학습하는 것은 다음과 같다.

- 의도적으로 주의를 끌고 이를 통해 사고를 더 잘 제어할 수 있도록 돕기
- 심지어 불쾌한 사고나 감정까지 호기심을 가지고 개방적으로 대하며 수용하기
- 있는 그대로의 자기, 타인, 상황에 대한 더 큰 수용성 개발하기
- 현재의 순간에서 자기 자신을 경험하고 살아가기

변증법적 행동 치료 변증법적 행동 치료(Dialectical Behavior Therapy: DBT)는 경계선 성격장애를 위한 증거 기반 치료로 널리 사용된다(Linehan, 1993). DBT의 주된 증거 기반은 주로 경계선 성격 장애에 관하여 근거가 제시되지만, 지난 몇 년 동안 다른 성격 장애, 분노/공격적 행동, 청소년 자해, 물질 사용 관련 장애, 양극성 장애, 우울 장애, 섭식 장애와 같은 치료가 어려운 집단에 대한 사용도 점점 증가해왔다(Chesin, & Stanley, 2013; Dimeff & Koerner, 2007; Frazier & Vela, 2014; Miller, Rathus, & Linehan, 2007; Safer, Telch, & Chen, 2009; Van Dijk, Jeffrey, & Katz, 2013). 내담자에 대해 배려의 자세를 가지는 DBT의 중요한 목표는 감정과 행동 조절을 향상시키기 위해 변증법적 행동 패턴을 증가시키는 것이다.

변증법적 행동 치료(DBT)는 실무자를 위한 사례 자문과 회기 사이의 전화 지원을 포함하는 개인 및 집단 치료 방법의 포괄적인 프로그램을 제공한다. 대부분의 응용 프로그램에서, 내담자는 매주 개별 회기와 집단 회기에 참석해야 한다(Linehan, 1993). 개별 회기에서, 상담자는 분명한 한계를 유지하고 행동적 변화를 요구하면서 지속적으로 타당성 입증과 보살핌 간의 균형을 이루는 관계를 내담자와 맺는다. 집단 회기에서 내담자는 심리사회적 기술의 표준 커리큘럼을 배울 수 있다. 마음챙김의 핵심 기술은 다음과 같은 특정 상황에 대한 기술의 3가지 구조에 기반을 두고 있다. (1) 대인관계 효과, (2) 정서 조절, (3) 스트레스 내성. 내담자는 이러한 기술을 집에서 워크시트를 가지고 연습하고 상담자와 함께 일대일로 만나서 강화된다. 이 방법은 특히 경계선 성격장애 진단을 받은 사람에게 흔한 자해와 트라우마, 자살 행동을 대상으로 설계되었다.

DBT 상담자는 누군가를 사랑하면서 동시에 미워하는 것과 같은 두 가지 극단 사이의 긴장인 변증법적 긴장감을 관리하도록 내담자를 격려하는 것으로 어려운 감정과 '함께 있도록' 내담자를 돕는다. 둘 중 하나의 극으로 치닫는 것보다는, 상담자는 내담자가 주어진 상황에서 현실과 진실의 여러 수준을 인정함으로써 어떻게 좋아하는 것과 싫어하는 것을 동시에 느낄 수 있는지를 경험하도록 도와주어야 한다. 이 모순된 감정과 생각은 먼저 견뎌내야 하고, 그 다음에는 탐색하고, 결국에는 통합하는 모든 과정을 경험함에 따라 비로소 양극단의 현실이 인정될 수 있다. 비판적인 부모를 본질적으로는 사랑하지만 이와 동시에 부모가 자신에게 말하는 방식은 싫어한다는 것을 점차 인정하게 될 수도 있다. 내담자가 부모를 향한 사랑과 증오의 감정을 동시에 느끼는 것을 받아들임에 따라, 상황에 관하여 덜 정서적이고 반응적인 자신을 발견할 수 있을 것이다. DBT의 과정은 내담자가 삶에서 고유한 변증법적 긴장을 잘 다루면서 삶에서 균형을 증가시키도록 돕는다.

- 자신을 개선하는 방법과 자신을 수용하는 방법을 동시에 찾는 것을 가능하게 하는 것
- 문제를 해결하는 법을 찾는 동시에 있는 그대로의 삶을 수용하는 것을 가능하게 하는 것
- 타인의 욕구와 함께 자신의 욕구를 돌볼 수 있는 것
  독립성과 상호의존성의 균형을 잡는 것

수용전념 치료 여성주의, 이야기, 포스트모더니즘 접근(14장 참고)의 철학적 가정을 공유하는 행동적 접근인 수용전념 치료(Acceptance and Commitment Therapy: ACT. ACT를 A-C-T가 아닌 'act', '액트'로 발음한다.)는 우리가 행동과 느낌, 사고를 형성하는 언어를 통해 우리의 현실을 구성한다는 포스트모더니즘의 전제를 기반으로 한다(Hayes et al., 1999; Hayes & Smith, 2005). 수용전념 치료(ACT) 전문가는 인간의 고통이 상당 부분 언어를 통해 생성되고 유지된다고 믿는다. "사람들이 잘못된 것에 대해 생

각하고 있는 것은 아니다. 문제는 사고 그 자체이며 또한 동일 언어를 사용하는 사회가 그것을 행동 조절의 한 유형으로 지나치게 사용하도록 어떻게 영향을 미치고 있는가 하는 것이다"(Hayes et al., 1999, p. 49). 전통적 인지행동 접근과 달리 수용전념 전문가는, 직접적인 경험을 회피하고 사고 및 감정을 통제하려는 시도가 해결책이 아니라 문제라고 주장한다. 대신, 그들은 인간 정서의 전체 영역에 대한 수용을 촉진하기 위해 마음챙김 기반의 경험을 지지한다. "수용전념 치료의 접근 방법은, 건강한 삶의 목표는 좋은 것을 많이 느끼는 것이 아니라 좋게 느끼는 것이다. 좋은 감정뿐만 아니라 나쁜 감정을 느끼는 것은 심리적으로 건강하다"(p. 77).

같은 약어인 ACT는 상담의 과정을 간략하게 설명하는 데 사용된다.

A = 힘겨운 감정과 사고를 수용하고 받아들이기
C = 내담자가 진정 누구인지 반영하는 삶의 방향을 선택하고 전념하기
T = 이 삶의 방향을 향한 단계를 실행하기

수용전념 치료의 첫 번째 단계는 내담자가 자신의 증상을 통해 회피하려고 애써온 많은 사고와 감정을 수용하고 받아들이는 것이다. 상실을 수용하는 것, 공포를 느끼는 것, 분노를 인정하는 것이 그것이다. 상담자는 내담자에게 자신의 사고를 믿지 않도록 하는 것에 주의를 주고, 행동의 원인과 그 사이의 연결고리를 살펴보도록 도전시킨다. 동시에, 상담자는 내담자가 자신의 관찰하는 자기로 어려운 감정과 사고를 경험할 수 있는 의지를 개발하도록 도와야 한다. 이러한 관찰 과정을 통해 내담자는 자신의 진정한 자아와 가치를 더 잘 확인할 수 있는데, 이는 내담자가 쉽게 삶의 방향을 확인하도록 할 뿐만 아니라 이를 추구하는 데 전념할 수 있도록 돕는다.

당신이 상상할 수 있듯이 이것은 그리 간단한 일은 아니다. 행동 단계에서 대부분의 내담자는 처음에 그들을 상담 받게 만들었던 부정적인 사고와 경험에 대한 저항을 재경험한다. 그러나 내담자가 이러한 생각을 수용하는 능력이 늘어나고, 의미 있는 삶의 방향을 추구하는 것에 거듭 전념하면서, 상담자는 새로운 행동을 추구하면서 장애물이 나타날 때 내담자와 함께 작업할 수 있다.

조직화: 다양한 사람과 작업하기

■ 민족·인종·문화의 다양성

인지행동 치료(CBT)는 행동 규범을 정의하기 때문에(예: 각각의 문화는 '합리'를 다르

게 정의한다), 심리치료사들은 관계 유형과 가치에서 충돌을 방지하기 위해서 다양한 집단에 신중하게 이 접근을 적용해야 한다. CBT가 내담자와 관련하여 전문가적 태도를 강조하는 것은 다양한 집단과 작업할 때 강점과 약점을 지닌다. 라틴 아메리카인, 아시아인 및 아메리카 인디언과 같은 특정 문화 집단과 남성들은 종종 활동적이고 지시적인 치료를 선호한다(Gehart & Lyle, 2001; Pedersen, Draguns, Lonner, & Trimble, 2002). 그러나 위계의 차이는 어떤 내담자들(예: 높은 학력을 가진 성인이나 10대)에게 반항적인 반응을 야기할 수도 있고, 또 다른 내담자들(예: 다른 사람을 기쁘게 하는 습관을 가진 여성)에게는 과도하게 순응적이고 매달리는 반응을 일으킬 수 있다(Gehart & Lyle, 2001).

인지행동 접근은 문화적, 환경적으로 결정되는 '비합리적 신념'과 '문제 행동'을 파악하는 것을 포함하기 때문에, 상담자는 다양한 내담자와 지배적인 문화적 규범을 무심코 지속시키는 것에 특히 경계해야 한다. 상담자는 개입하기 전에 내담자의 종교, 문화, 인종, 사회경제적 등의 가치와 현실적인 요소와 충돌하지 않기 위해서 치료 목표에 대해 주의 깊게 평가해야 하고, 내담자가 속한 다양한 문화가 어떻게 모순되는 가치관을 지닐 수도 있을지를 고려해야 한다. 그들의 방법의 문화적 적합성을 보장하기 위해, 연구자들은 민족성이 가장 큰 역할을 하는 상황을 확인하면서 CBT 활용에 있어 민족성의 구체적인 효과를 연구해왔다. 예를 들면, 초기 연구에서는 우울을 겪는 유럽계 미국인, 라틴계 미국인, 아시아계 미국인이 CBT를 사용한 결과 유의미한 차이가 없었고 Marchand, Ng, Rohde, & Stice, 2010), 또 다른 연구는 가정 폭력의 가해자와의 치료 과정에서 치료적 관계의 강도에 민족성이 중요한 역할을 한다는 것이 밝혀졌다(Walling, Suvak, Howard, Taft, & Murphy, 2012). 따라서 진행중인 연구에서는 다양한 집단에 CBT를 어떻게 가장 잘 사용할지에 대해 더 잘 이해할 수 있게 될 것이다. 이 새로운 연구 및 임상 전문 지식을 바탕으로, CBT 치료자들은 특정 인종 집단에 대한 권장 사항을 개발하였다.

히스패닉계와 라틴계 내담자 CBT는 일반적으로 히스패닉계와 라틴계 내담자와 작업하는 것에 대한 적합하고 문화적으로 일치한다고 간주되었다(Organista & Muñoz, 1996). 심리치료사들은 CBT를 사용하여 히스패닉계와 라틴계 내담자와 성공적으로 작업하기 위해 몇 가지 제안 사항을 만들었다.

- 언어적 욕구 다루기: 언어적 쟁점은 종종 자신의 모국어로 개인적이고 정서적인 문제를 논의하는 것을 선호하는 이민자 출신 라틴계 가족과 작업할 때 중요하다(대부분의 사람들은 모국어로 정서적 주제에 대해 논의하기를 선호하고, 스페인어 사용자들은 특히 이에 관해 열정적이다). 게다가, 스페인어를 사용하는 심리치료사들은 단

순히 단어가 아니라 개념을 문화에 따라 어떻게 번역할지 고려해야 하는데, 예를 들면 라틴계를 위한 한 CBT 프로그램에서 비합리적 신념을 논박하기 위한 A-B-C 방법은 Si, Pero(그래요, 하지만……)로 간소화되어 번역되었다(Piedra & Byoun, 2012).

- **경험적 요소 증가시키기:** 표준적인 CBT 교육 과정을 수정할 때, 심리치료사들은 종종 경험적이고 적용적 요소를 늘린다. 그것에 대해 말로 하기보다는 실제로 행하기(Piedra & Byoun, 2012).
- **가족주의의 문화적 가치 존중하기:** 가족의 필요에 의해 개인의 관심은 종종 2위가 되고 가족이 높은 가치를 가지게 된다. 따라서 개인의 욕구 위에 가족을 두는 라틴계 사람들의 선택을 '비합리적'이라고 여기지 않도록 주의할 필요가 있다(Duarté-Vélez et al., 2010; González-Prendes, Hindo, & Pardo, 2011).
- **인격주의의 문화적 가치 존중하기:** 라틴계 문화는 따뜻하고 진실한 인격적 관계에 가치를 두며, 심리치료사는 이를 치료적 관계에 통합할 필요가 있다(González-Prendes et al., 2011). 인격주의의 맥락을 만들려면, 심리치료사는 자신의 배경을 공유하고 내담자의 배경에 대해서도 배우기 위한 '작은 대화'로 초기 회기를 시작할 수 있다(Organista & Muñoz, 1996).
- **존경의 문화적 가치 존중하기:** 라틴계 가족들은 전형적으로 위계적이어서 부모와 연장자에 대한 존경의 예를 갖출 것을 요구한다. 게다가, 내담자는 공식적인 호칭인 'Señor' 또는 'Señora'로 불리기를 선호할 수 있다(González-Prendes et al., 2011; Organista & Muñoz, 1996).
- **남성우월주의의 문화적 가치 존중하기:** 종종 부정적인 극단주의로 오해받는 남성우월주의는 현지 문화에서 가정을 돌보고 가족에게 남자의 리더십, 충성심, 책임감을 보여주는 것을 나타낸다(Duarté-Vélez et al., 2010; González-Prendes et al., 2011).
- **영성에 대한 작업하기:** 대부분 로마 가톨릭 신자인 많은 히스패닉계·라틴계 내담자들은 강한 영성을 가지고 있다(Duarté-Vélez et al., 2010). 기도, 교회, 교회 공동체는 심리치료사가 활용할 수 있는 자원이다. 그러나 심리치료사는 기도가 내담자의 책임감 또는 효능감을 줄이지 않고 적극적인 문제해결을 용이하게 해주는지를 확인하기 위해 기도의 사용에 대해 논의해야 한다(Organista & Muñoz, 1996).
- **게이·레즈비언 관계에 대한 태도:** 종종 강한 종교적 신념으로 인해, 히스패닉계 가족들은 자녀의 커밍아웃에 대해 매우 부정적인 반응을 보일 수 있으며, 일반적으로 동성애를 '죄'로 보면서, 동성애 라틴계 청소년에 대해 상당한 문화적 충돌과 배척을 낳는다(Duarté-Vélez et al., 2010).

- 이민, 이주, 문화 적응 다루기: 많은 히스패닉계 내담자는 복잡한 이민과 이주 패턴을 가지고 있어서, 종종 여러 문화 사이를 수차례 이동하며 가족 구성원이 동시에 서로 다른 문화에서 거주하기도 한다. 게다가, 종종 부모와 자녀 간에 문화적 적응 문제가 있어서 CBT 치료자는 이를 다루도록 도울 필요가 있다(Piedra & Byoun, 2012).

아프리카계 미국인 많은 상담자는 아프리카계 미국인과 작업할 때에도 CBT를 적절한 선택이라고 생각하는데, 왜냐하면 이 치료가 문제되는 사회적 신념을 직접적으로 논박하도록 돕고, 현재 행동에 초점을 맞추고 있기 때문이다(Kelly, 2006; McNair, 1996). 아래의 적용 사항을 추천한다.

- 작업 동맹 형성하기: 내담자는 치료 시간을 구조화하는 것, 목표를 설정하는 것에서 심리치료사와 함께 작업하도록 초대되어야 한다. 이 관계는 내담자에게 더 큰 자기효능감을 심어주는 데 사용되어야 한다(Kelly, 2006; McNair, 1996).
- 행동과 기술에 초점 두기: 심리치료사는 내담자의 과거를 분석하는 것보다는 오히려, 내담자에게 즉각적으로 중요하고 관련된 문제와 현재 경험하고 있는 문제에 초점을 맞춰야 한다(McNair, 1996).
- 역량 강화: CBT 치료자는 내담자의 지지망을 확장하고 대처 및 의사소통 기술을 개발하도록 도움으로써 내담자의 역량 강화를 도울 수 있다(Kelly, 2006). 더 나아가, 내담자가 심리치료사 없이 자신의 문제를 해결하기 위한 다른 전략과 사고 기록을 어떻게 이용할 수 있을지 가르칠 수 있다.
- 고정관념과 기대에 대해 논박하기: CBT 치료사는 아프리카계 미국인이 다양한 문화로부터 내재화한 수많은 편견과 기대(충분히 잘하려면 두 배는 더 잘해야 한다와 같은)가 무엇인지 확인하고 논리적으로 논박하기 위해서(그리고 목적과 기회에 대한 감각을 늘리기 위해) 이 접근을 사용할 수 있다(MaNair, 1996).
- 차별 다루기: 심리치료사는 특별히 아프리카계 미국인이 세상에 대해 지각하고 이해하는 바를 어떻게 언급하는지와 차별에 어떻게 대처하는지를 확인함으로써 차별의 효과를 완화하도록 도울 수 있다(MaNair, 1996).
- 기능 분석: 행동적인 측면에서 증상을 분석하는 기능 분석은 잠재적인 심리치료사 편향과 편견을 피하도록 도울 수 있고 내담자 또한 그럴 수 있도록 돕는다(Kelly, 2006).

중국계 미국인 심리치료사는 중국계 미국인에 대한 인지행동 접근을 어떻게 최적화할지도 고려해야 한다(Hwang, Wood, Lin, & Cheung, 2006). Hwang과 그의 동료들(2006)

은 다음과 같이 권고한다.

1. 내담자의 이해와 수용을 증가시키기 위한 치료의 목표와 과정에 관하여 내담자에게 명시적으로 교육한다.
2. 심리치료사는 내담자의 문화적 배경과 내담자에게 있어 그것의 중요성에 대해 더 자세히 학습한다.
3. 과정에 대한 혼란을 줄이기 위해 조기에 치료의 목표 및 개선 대책을 명확하게 한다.
4. 내담자 역량을 강화시키고 부정적 인식을 줄이는 것을 배우기 위해 노력을 강화시키며 심리교육적 관점으로 초점을 맞춘다.
5. 우울증을 논의할 때 내담자의 문화적 신념 및 관행과 서양 심리학 개념을 연결하는 문화적 가교를 사용한다. [예: Qi(삶 에너지)에 대해 논의하기]
6. 심리치료사를 전문가로 묘사하는 것은 종종 중국계 미국인 내담자에게 도움이 된다.
7. 역할을 분명히 하고 현실적인 기대를 세우기 위해 심리치료사–내담자 관계를 명백하게 논의한다.
8. 권위에 대한 존중과 소통에 대한 문화적 차이에 동의한다.
9. 가족 배경과 이민 역사에 관해 학습하고 내담자와 여분의 시간을 보낸다.
10. 중국 문화의 가족 지향성을 존중하고 가능할 때마다 가족을 참여시킨다.
11. 중국 지역사회에서 정신질환과 관련된 사회적 편견과 진단을 비공개하고자 하는 소망에 민감해진다.
12. 중국인은 감정을 공유하는 것을 편하게 생각하지 않기 때문에 인내심을 가진다.
13. 치료의 문화와 내담자의 기존의 문화 사이에 밀고 당기기를 자각한다.
14. 치료 계획에 기공 또는 침술 같은 중국 문화의 치료적 전통을 통합한다.
15. 중국의 자기 개념은 서양 문화에 비해 마음과 마음 간의 밀접한 관계를 포함하며, 더불어 고통을 표현하는 민족의 차이를 인식한다.

■ 성 정체성의 다양성

몇몇 저자는 레즈비언, 게이, 양성애자, 트랜스젠더, 성 정체성이 불확실한(Lesbian, Gay, Bisexual, Transgendered, Questioning: LGBTQ) 내담자와 함께 작업하기 위해 CBT를 적용하는 방법을 고려해왔다(Safren & Rogers, 2001). Safren & Rogers(2001)는 심리치료사가 내담자가 호소한 문제에 성적 지향과 차이가 미치는 영향을 과대평가 또는 과소평가하고 있다고 언급하면서, 성적 지향성과 정체성에 관한 심리치료사 자신의 신념과 도식을 조사하는 것부터 시작하라고 추천한다. 더 나아가, Safren & Rogers(2001)는 CBT 치료자들에게 내담자의 도식과 신념의 발달에서 낙인과 사회적 규범의 역할을 조사하도록 권한다.

LGBTQ 청소년 및 성인과 작업할 때 심리치료사는 스트레스와 기능의 추가적인 영역을 평가해야 한다.

- 공공연한 괴롭힘, 학대, 폭력(Safren, Hollander, Hart, & Heimberg, 2001)
- 동성애 공포증의 내면화(Safren et al., 2001)
- 사회적 지지망의 존재(Safren & Rogers, 2001)
- 성 소수자로서 정체성의 발달(Safren et al., 2001)
- 가족, 친구 등에게 성적 지향 공개하기(Safren et al., 2001)
- 다른 게이, 레즈비언, 양성애자, 트랜스젠더와 정신적이고 낭만적인 관계 발달시키기(Safren et al., 2001)
- 사회적 낙인으로 인한 스트레스(Glassgold, 2009)
- 낙인과 고통의 은폐로 인한 스트레스(Glassgold, 2009)

Mylott(1994)은 게이, 레즈비언, 양성애자 성인들이 자주 겪는 공통적인 비합리적 신념을 확인했다. 이 신념은 사회 규범에서 크게 영향을 받으며 아래의 내용을 포함한다.

- 나는 사랑받아야 해.
- 나는 거절을 견딜 수 없어.
- 사람들은 나의 신체적 매력, 연령, 사회경제적 지위, 남성성 또는 여성성에 의해 나를 수용하거나 거부할 것이기 때문에 이러한 같은 기준을 사용해서 나 스스로를 수용하거나 거절해야 해.
- 내가 사랑하는 이도 없이 나이가 든다면 끔찍할 거야.
- 나는 혼자인 것을 참을 수 없고, 혼자를 참을 수 없기 때문에 혼자인 것보다는 차라리 정서적으로, 심지어 육체적으로 위험한 관계라도 갖는 게 나아.
- 게이들이 동성애 공포증의 희생자가 될 때, 나는 그것에 대해 무척 화내고 속상해야 해. 게다가 나는 동성애 공포가 있는 개인, 집단, 기관에 대해 격분해야 해.
- 나는 동성애가 유전적으로 결정되었거나 '신이 나를 게이로 창조했다.'는 확신이 들어야 나의 동성애를 받아들일 수 있어. 그렇지 않으면 나는 나 자신을 받아들일 수 없어.
- 사람들(가족, 친구, 교회 등)이 나의 동성애를 수용하지 않는다면 그건 정말 끔찍해.

CBT 상담자는 내담자가 사고 기록지나 소크라테스식 대화법과 같은 기술을 사용하여 삶, 성 등에 대한 보다 현실적인 신념을 적응시키는 방법을 배우도록 돕는다.

연구와 증거 기반

실험심리학을 그 개념적 발상지로 두고 있기 때문에, 연구는 인지행동적 상담 문화의 일부분이며(Beck, 1976), 따라서 그들은 현장에서 가장 연구가 활발하게 이루어져 있는 접근 중 하나다. 그래서 인지행동 상담자는 다른 접근보다 더욱 특정 집단에 대한 개입에 대해 신중하게 연구하면서 이를 이론의 발달과 개입의 개념화로 통합한다(Beck, 1997).

인상적인 활용 범위에 있어서, 인지행동 치료는 정신건강 국립연구소에 있는 증거 기반 치료(경험적으로 지지된 치료)의 목록에서 압도적으로 우세하다(Chambless et al., 1996). 목록에는 다음과 같은 것들이 포함되지만 이에 국한되는 것은 아니다.

- 공황 장애에 대한 인지행동 치료
- 범불안 장애에 대한 인지행동 치료
- 광장 공포증에 대한 노출 치료
- 특정 공포증에 대한 노출/심상 교육
- 강박 장애에 대한 노출과 반응 방지
- 스트레스 대처를 위한 스트레스 예방
- 우울증에 대한 행동 치료
- 우울증 인지 치료
- 폭식증에 대한 인지행동 치료
- 야뇨증에 대한 행동 수정
- 공황 장애와 범불안 장애에 대한 이완 적용하기
- 사회 공포증에 대한 인지행동 치료
- 강박 장애에 대한 인지 치료
- 외상 후 스트레스 장애에 대한 노출 치료
- 외상 후 스트레스 장애에 대한 스트레스 예방 교육
- 강박 장애에 대한 재발 방지 프로그램
- 코카인 의존에 대한 행동 치료
- 아편 의존에 대한 인지 치료
- 공황 장애 환자에서 벤조디아제핀(benzodiazepine) 금단 인지행동 치료
- 트라우마에 초점을 맞춘 인지행동 치료

(이 치료들과 그 외 증거 기반 프로그램에 대한 세부 설명은 National Registry of

Evidence-Based Practices and Programs 웹사이트에서 찾을 수 있다. http://nrepp.samhsa.gov)

수년에 걸쳐 CBT 이론가들은 더 정서적이고 관계적인 구성 요소를 통합하기 위해 연구 결과(때로는 극적으로)에 기초해서 접근을 수정해왔다. 행동적 부부 치료는 이러한 경향성의 가장 적절한 예시이다. 장기 치료보다 단기 치료의 성과가 더 좋았기 때문에, Neil Jacobson은 정서적 관점을 조금 더 추가하여 자신의 부부 치료를 재정립하였다. 그의 새로운 접근은 **통합 행동 부부 치료**라고 부른다(Jacobson & Christensen, 1996). 비슷하게, 연구가 비판단적인 치료 동맹이 중요하다는 것을 나타내고 있기 때문에, CBT 치료자들은 이러한 측면에 점점 더 관심을 기울이고 있다(Beck, 2005).

인지행동 치료자들의 세심하면서도 광범위한 연구에 대한 노력은 상담자가 사용하는 방법이 언제 어떻게 효과를 보이는지에 대해 더 잘 알게 해준다. 인지행동 접근으로 잘 조작된 연구의 최신 메타분석(여러 연구 결과의 분석)에서, Lynch, Laws, & McKenna(2010)는 인지행동 치료가 조현병 재발을 방지하는 효과가 없음을 발견하였다. 또한 인지행동 치료가, 효과는 미미하지만 우울증의 치료 및 재발 방지에는 효과적이라는 것을, 양극성 장애의 재발을 방지하는 효과는 없다는 것을 발견하였다. 훈련받지 않은 사람의 눈에는 이러한 연구 결과가 굉장히 미미하게 보일 수 있지만, 우수한 결과 또는 유사한 정보를 제공할 수 있는 특이성은 다른 접근과는 비교가 안 된다.

CBT는 광범위한 연구의 역사를 가지고 있으며 다른 접근보다 강력한 증거 기반을 가지고 있긴 하지만, 그렇다고 해서 심리치료사는 모든 경우에 또는 일반적으로 이것이 다른 접근보다 우수하다고 가정해서는 안 된다. 예를 들면, 공통 요인 옹호론자들은 연구자의 충성심 같은 혼입 요인을 통제할 때 다른 치료법보다 일관되게 더 우수한 것으로 나타난 치료는 없다고 지적한다(Sprenkle & Blow, 2004). 또한, 사춘기 행동 문제와 같은 특정 관심사에 대해, 체계적인 접근은 CBT의 개별적인 형태보다 우수한 것으로 밝혀졌다. 마지막으로, 많은 심리치료사들이 CBT 지지자의 주장이 실질적 이점보다 CBT 지지자의 연구량과 관련이 있다는 이유로 CBT를 비판했다(Loewenthal & House, 2010).

같은 맥락에서, Miller(2012)는 스웨덴의 모든 정신건강을 CBT로 바꾸려는 엄청난 노력이 우울증과 불안으로 진단된 사람들의 전반적인 결과에 아무런 영향을 미치지 않으며 25% 이상이 치료를 중단했다고 보고한다. 그뿐만 아니라, 치료 전에는 문제되지 않았던 사람들도 상당수가 장애를 진단받았고, 정부에 더 많은 비용을 청구하였다. 스웨덴 정부는 곧 새로운 접근을 장려하고, 체계적으로 CBT를 도입하려던 시도를 중단하였다. 그러므로 CBT는 현장에서 가장 광범위한 증거 자료를 가지고 있지만, 이것은 치료에서 가장 적합한지에 대한 의문에 간단히 답을 제공하는 것도 아니고 만병통치약도 아니다.

개인적 숙고 및 수업 중 토론을 위한 질문

1. 이 장에서 어떤 개념이 당신과 개인적으로 가장 큰 연관이 있는 것 같은가? 왜 그렇게 생각하는가?
2. 이 장에서 내담자와 작업하는 데 가장 도움이 될 것이라고 생각하는 개념은 무엇인가?
3. 다양한 내담자와 이 방법을 사용할 때 가능성과 한계는 무엇인가? 당신은 그 한계를 어떻게 다룰 수 있는가?
4. 생각, 느낌, 행동이 서로에게 영향을 주고 서로 관련되어 있다는 것에 대해 당신은 어떻게 생각하는가?
5. 당신이 행동을 바꿨던 때를 설명해보라. 당신은 어떻게 그것을 해냈는가? 이 과정과 관련된 사고와 감정이 어땠는지 설명해보라.
6. 내담자에게 숙제를 주는 것에 관한 당신의 생각은 어떠한가? 당신이 내담자라면 그러한 숙제를 잘 완수할 수 있는가? 내담자를 위해 이것이 좋은 선택지가 될 수 있는가? 이것이 더 큰 도전이 될 수 있는가?
7. 상담에서 내담자와 함께 서면 계약을 만드는 것에 관한 당신의 생각은 어떠한가?
8. 이 접근방식이 가장 적절했을 것이라고 생각하는 내담자 혹은 호소 문제는 무엇인가? 가장 적절하지 않았던 것은 무엇인가?
9. 어떤 사례 개념화 개념이 내담자의 문제를 이해하는 데에 가장 유용할 것 같은가?
10. 어떤 개입이 가장 유용할 것이라고 생각하는가?
11. 이 접근방식이 상담자 또는 심리치료사에게 적합하다고 생각하는가? 왜 그렇게 생각하는가?
12. 이 접근방식을 적절하게 사용하기 위해 성장하거나 배워야 할 것은 무엇인가?

온라인 자료

학회와 실습기관

인지 치료 아카데미(Academy of Cognitive Therapy) www.academyofct.org

미국 인지 치료 연구소(American Institute for Cognitive Therapy) www.cognitivetherapynyc.com

행동 및 인지 치료 협회(Association for the Behavioral and Cognitive Therapies) www.abct.org

Beck 연구소(Beck Institute) www.beckinstitute.org

마음챙김 주의집중 연구 센터(Mindfulness Awareness Research Center): UCLA http://marc.ucla.edu

마음챙김 기반 스트레스 감소 클리닉(Mindfulness-Based Stress Reduction Clinic): Jon Kabit-Zinn www.umassmed.edu/cfm/mbsr/

국제 인지행동 심리치료사 협회(National Association of Cognitive-Behavioral Therapists) www.nacbt.org

합리적 정서행동 치료 네트워크(Rational Emotive Behavioral Therapy Network) www.rebtnetwork.org

REBT 자조 양식(사고 기록지 연습) ww.rebtnetwork.org/library/shf.html

William Glasser 연구소(Institute) www.wglasser.com

학회지

행동 치료 www.elsevier.com/wps/find/journaldescription.cws_home/707105/description#description

인지 치료 및 연구(Cognitive Therapy and Research) www.springer.com/medicine/journal/10608

국제 인지과학 학회지(International Journal of Cognitive Therapy) www.guilford.com

국제 현실 치료 학회지(International Journal of Reality Therapy) www.journalofrealitytherapy.com

행동 치료 및 실험 정신의학 학회지(Journal of Behavior Therapy and Experimental Psychiatry) www.sciencedirect.com/science/journal/00057916

인지 심리치료 학회지(Journal of Cognitive Psychotherapy) www.springerpub.com/product/08898391

합리적 정서행동 치료 학회지(Journal of Rational Emotive Behavioral Therapy) www.springerlink.com/content/104937/

참고문헌

별표(*)는 권장되는 입문서를 나타낸다.

Alford, B. A., & Beck, A. T. (1997). *The integrative power of cognitive therapy*. New York: Guilford.

*Baer, R. A. (2003). Mindfulness training as a clinical intervention: A conceptual and empirical review. *Clinical Psychology: Science and Practice*, *10*(2), 125–143. doi: 10.1093/clipsy.bpg015

Bandura, A. (1974). Behavior theories and the models of man. *American Psychologist*, *29*, 859–869. doi 10.1037/h0037514

*Bandura, A. (1977). *Social learning theory*. Englewood Cliffs, NJ: Prentice-Hall.

Bandura, A. (1986). *Social foundations of thought and action: A social cognitive theory*. Englewood Cliffs, NJ: Prentice-Hall.

Beck, A. T. (1972). *Depression: Causes and treatment*. Philadelphia: University of Pennsylvania Press.

*Beck, A. T. (1976). *Cognitive therapy and the emotional disorders*. New York: International Universities Press.

Beck, A. T. (1991). Cognitive therapy: Reflections. In J. K. Zeig (Ed.), *The evolution of psychotherapy: Third conference* (pp. 55–64). New York: Brunner/Mazel.

Beck, A. T. (1997). The past and future of cognitive therapy. *Journal of Psychotherapy Practice and Research*, 6(4), 276–284.

*Beck, J. (1995). *Cognitive therapy: Basics and beyond*. New York: Guilford.

*Beck, J. (2005). *Cognitive therapy for challenging problems: What to do when the basics don't work*. New York: Guilford.

Berg-Cross L., Jennings, P., & Baruch, R. (1990). Cinematherapy: Theory and application. *Psychotherapy in Private Practice*, *8*, 135–157.

Burns, D. (1988). *Feeling good: The new mood therapy*. New York: Signet.

Chambless, D. L., Sanderson, W. C., Shoham, V., Johnson, S. B., Pope, K. S., Crits-Christoph, P., Baker, M., Johnson, B., Woody, S. R., Sue, S., Beutler, L., Williams, D. A., & McCurry, S. (1996). An update on empirically validated treatments. *The Clinical Psychologist*, *49*(2), 5–18. Available www.apa.org/divisions/div12/journals.html

Chesin, M. S.,&Stanley, B. H. (2013). Dialectical behavior therapy for mood disorders. In J. Mann, P. J. McGrath, &

S. P. Roose (Eds.), *Clinical handbook for the management of mood disorders* (pp. 280–288). New York: Cambridge University Press. doi:10.1017/CBO9781139175869.021

Dimeff, L. A., & Koerner, K. (2007). *Dialectical behavior therapy in clinical practice: Applications across disorders and settings*. New York: Guilford.

Duarté-Vélez, Y., Bernal, G., & Bonilla, K. (2010). Culturally adapted cognitive-behavioral therapy: Integrating sexual, spiritual, and family identities in an evidence-based treatment of a depressed Latino adolescent. *Journal of Clinical Psychology*, *66*(8), 895–906. doi:10.1002/jclp.20710

Ellis, A. (1962). *Reason and emotion in psychotherapy*. New York: Lyle Stuart.

Ellis, A. (1991). Using RET effectively: Reflections and interview. In M. E. Bernard (Ed.), *Using rational emotive therapy effectively* (pp. 1–33). New York: Plenum.

Ellis, A. (1994). *Reason and emotion in psychotherapy* (rev. 2nd ed.). New York: Kensington.

*Ellis, A. (1996). *Better, deeper, and more enduring brief therapy: The rational emotive behavior therapy approach.* New York: Brunner/Mazel.

Ellis, A. (2003). Early theories and practices of rational emotive behavior therapy and how they have been augmented and revised during the last three decades. *Journal of Rational-Emotive & Cognitive Behavior Therapy*, *21*(3–4), 219–243. doi:10.1023/A:1025890112319

Ellis, A. (2004). *The road to tolerance: The philosophy of rational emotive behavior therapy. Amherst*, NY: Prometheus Books.

Ellis, A., & Dryden, W. (1997). *The practice of rational emotive behavior therapy* (2nd ed.). New York: Springer.

Frazier, S. N., & Vela, J. (2014). Dialectical behavior therapy for the treatment of anger and aggressive behavior: A review. *Aggression and Violent Behavior*, 19(2), 156–163. doi:10.1016/j.avb.2014.02.001

Gehart, D. (2015). *Theory and treatment planning in counseling and psychotherapy* (2nd ed.). Pacific Grove, CA: Brooks Cole.

Gehart, D. R., & Lyle, R. R. (2001). Client experience of gender in therapeutic relationships: An interpretive ethnography. *Family Process*, *40*, 443–458. doi:10.1111/j.1545-5300.2001.4040100443.x

Glasser, W. (1975). *Reality therapy*. New York: Harper & Row.

Glasser, W. (1997). Teaching and learning reality therapy. In J. K. Zeig (Ed.), *The evolution of psychotherapy: Third conference* (pp. 123–130). New York: Brunner/Mazel.

Glasser, W. (1998). *Choice theory: A new psychology of personal freedom*. New York: HarperColins.

Glasser, W. (2000). *Counseling with choice theory: The new reality therapy*. New York: HarperCollins.

Glasser, W. (2003). *Warning: Psychiatry can be hazardous to your mental health*. New York: HarperCollins.

Glassgold, J. M. (2009). The case of Felix: An example of gayaffirmative, cognitive-behavioral therapy. *Pragmatic Case Studies in Psychotherapy*, *5*(4), 1–21.

González-Prendes, A., Hindo, C., & Pardo, Y. (2011). Cultural values integration in cognitive-behavioral therapy for a Latino with depression. *Clinical Case Studies*, *10*(5), 376–394. doi:10.1177/1534650111427075

Hayes, S. C. (2004). Acceptance and commitment therapy, relational frame theory, and the third wave of behavior therapy. *Behavior Therapeutic*, *35*, 639–666.

*Hayes, S. C., & Smith, S. (2005). *Get out of your mind and into your life*. Oakland, CA: New Harbinger.

*Hayes, S. C., Strosahl, K. D., & Wilson, K. G. (1999). *Acceptance and commitment therapy: An experiential approach to behavior change*. New York: Guilford.

Hayward, J. W., & Varela, F. J. (1992). *Gentle bridges: Conversations with the Dali Lama on the Sciences of the mind.* Boston, MA: Shambhala.

Holtzworth-Munroe, A., & Jacobson, N. S. (1991). Behavioral marital therapy. In A. S. Gunman & D. P Kniskern (Eds.), *Handbook of family therapy* (Vol. II, pp. 96–132). New York: Brunner/Mazel.

Hwang, W., Wood, J. J., Lin, K., & Cheung, F. (2006). Cognitive-behavioral therapy with Chinese Americans: Research, theory, and clinical practice. *Cognitive and Behavioral Practice*, *13*, 293–303.

*Jacobson, N. S., & Christensen, A. (1996). *Integrative couple therapy*. New York: Norton.

Kabat-Zinn, J. (1990). *Full catastrophe living: Using the wisdom of your body and mind to face stress, pain, and illness*. New York: Delta.

Keating, T. (2006). *Open mind, open heart: The contemplative dimension of the gospel*. New York: Continuum International.

Kelly, S. (2006). Cognitive-behavioral therapy with African Americans. In P. A. Hays & G. Y. Iwamasa (Eds.), *Culturally responsive cognitive-behavioral therapy: Assessment, practice, and supervision* (pp. 97–116). Washington, DC: American Psychological Association. doi:10.1037/ 11433-004

Lazarus, A. A. (1981). *The practice of multimodal therapy: systematic, comprehensive and effective psychotherapy.* New York: McGraw-Hill.

Lazarus, A. A. (1997). Can psychotherapy be brief, focused, solution-oriented, and yet comprehensive? A personal evolutionary perspective. In J. K. Zeig (Ed.), *The evolution of psychotherapy: Third conference* (pp. 83–89). New York: Brunner/Mazel.

Leahy, R. L. (2005). *The worry cure: Seven steps to stop*

worry from stopping you. New York: Marmony Books.

*Linehan, M. M. (1993). *Cognitive-behavioral treatment of borderline personality disorder*. New York: Guilford.

Loewenthal, D., & House, R. (2010). *Critically engaging CBT*. Berkshire, UK: Open University Press.

Lynch, D., Laws, K., & McKenna, P. (2010). Cognitive behavioural therapy for major psychiatric disorder: Does it eally work? A meta-analytical review of well-controlled trials. *Psychological Medicine: A Journal of Research in Psychiatry and the Allied Sciences*, *40*(1), 9–24. doi: 10.1017/S003329170900590X

Marchand, E., Ng, J., Rohde, P., & Stice, E. (2010). Effects of an indicated cognitive-behavioral depression prevention program are similar for Asian American, Latino, and European American adolescents. *Behaviour Research and Therapy*, *48*(8), 821–825. doi:10.1016/j.brat.2010. 05.005

McNair, L. D. (1996). African American women and behavior therapy: Integrating theory, culture, and clinical practice. *Cognitive and Behavioral Practice*, *3*(2), 337–349. doi: 10.1016/S1077-7229(96)80022-8

Meichenbaum, D. (1977). *Cognitive behavioral modification: An integrative approach*. New York: Plenum.

Meichenbaum, D. (1985). *Stress inoculation training*. New York: Pergamon Press.

Meichenbaum, D. (1997). The evolution of a cognitivebehavior therapist. In J. K. Zeig (Ed.), *The evolution of psychotherapy: Third conference* (pp. 95–106). New York: Brunner/Mazel.

Miller, A. L., Rathus, J. H., & Linehan, M. M. (2007). *Dialectical behavior therapy with suicidal adolescents*. New York: Guilford.

Miller, S. (2012). *Revolution in Swedish mental health practice: The cognitive behavioral therapy monopoly gives way*. Retrieved from www.scottmiller.com/?q=node%F160.

Mylott, K. (1994). Twelve irrational ideas that drive gay men and women crazy. *Journal of Rational-Emotive & Cognitive Behavior Therapy*, *12*(1), 61–71. doi:10.1007/BF02354490

Nowill, J. (2010). A critical review of the controversy surrounding eye movement desensitisation and reprocessing. *Counselling Psychology Review*, *25*(1), 63–70.

Organista, K. C., & Muñoz, R. F. (1996). Cognitive behavioral therapy with Latinos. *Cognitive and Behavioral Practice*, *3*(2), 255–270. doi:10.1016/S1077-7229(96)80017-4

Patterson, G. R., & Forgatch, M. S. (1995). Predicting future clinical adjustment from treatment outcome and process variables. *Psychological Assessment*, *7*(3), 275–285.

Pavlov, I. P. (1932a). Neuroses in man and animals. *Journal of the American Medical Association*, *99*, 1012–1013.

Pavlov, I. P. (1932b). The reply of a psychologist to psychologists. *Psychological Review*, *39*, 91–127.

Pedersen, P. B., Draguns, J. G., Lonner, W. J., & Trimble, J. E. (Eds.). (2002). *Counseling across cultures* (5th ed.). Thousand Oaks, CA: Sage.

Piedra, L. M., & Byoun, S. (2012). Vida Alegre: Preliminary findings of a depression intervention for immigrant Latino mothers. *Research on Social Work Practice*, *22*(2), 138–150. doi:10.1177/1049731511424168

Rogers, C. (1961). *On becoming a person: A therapist's view of psychotherapy*. Boston, MA: Houghton Mifflin.

Ross, W. (2006). REBT self-help form. http://www.rebtnetwork.org/library/shf.html

Safer, D. L., Telch, C. F., & Chen, E. Y. (2009). *Dialectical behavior therapy for binge eating and bulimia*. New York: Guilford.

Safren, S. A., Hollander, G., Hart, T. A., & Heimberg, R. G. (2001). Cognitive-behavioral therapy with lesbian, gay, and bisexual youth. *Cognitive and Behavioral Practice*, *8*(3), 215–223. doi:10.1016/S1077-7229(01)80056-0

Safren, S. A., & Rogers, T. (2001). Cognitive-behavioral therapy with gay, lesbian, and bisexual clients. *Journal of Clinical Psychology*, *57*(5), 629–643. doi:10.1002/jclp.1033

Segal, Z. V., William, J. M. G., & Teasdale, J. D. (2002). *Mindfulness-based cognitive therapy for depression: A new approach to preventing relapse*. New York: Guilford.

Shapiro, F. (2001). *EMDR as an integrative psychotherapy approach: Experts of diverse orientations explore the paradigm prism*. Washington, DC: American Psychological Association.

Skinner, B. F. (1953). *Science and human behavior*. New York: Macmillan.

Skinner, B. F. (1971). *Beyond freedom and dignity*. New York: Knopf.

Skinner, B. F. (1974). *About behaviorism*. New York: Alfred Knopf.

Spiegler, M. D., & Guevremont, D. C. (2003). *Contemporary behavior therapy* (4th ed.). Pacific Grove, CA: Wadsworth.

Sprenkle, D. H., & Blow, A. J. (2004). Common factors and our sacred models. *Journal of Marital and Family Therapy*, 30, 113–129.

Stahl, B., & Goldstein, E. (2010). *The mindfulness-based stress reduction workbook*. Oakland, CA: New Harbinger.

Teasdale, J. D., Segal, Z. V., & Williams, J. M. C. (1995). How does cognitive therapy prevent depressive relapse and why should attentional control (mindfulness) help? *Behaviour Research and Therapy*, *33*, 25–39.

Van Dijk, S., Jeffrey, J., & Katz, M. R. (2013). A randomized, controlled, pilot study of dialectical behavior therapy skills References 321 in a psychoeducational group for individuals with bipolar disorder. *Journal of Affective Disorders*, *145*(3), 386–393. doi:10.1016/j.jad.2012.05.054

Walling, S., Suvak, M. K., Howard, J. M., Taft, C. T., &

Murphy, C. M. (2012). Race/ethnicity as a predictor of change in working alliance during cognitive behavioral therapy for intimate partner violence perpetrators. *Psychotherapy*, *49*(2), 180–189. doi:10.1037/a0025751
Wolpe, J. W. (1997). From psychoanalytic to behavioral methods in anxiety disorders: A continuing evolution. In J. K. Zeig (Ed.), *The evolution of psychotherapy: Third conference* (pp. 107–119). New York: Brunner/Mazel.
Wubbolding, R. (2008). *Reality therapy theory*. Reality therapy. In J. Frew & M. D. Spiegler (Eds.), *Contemporary psychotherapies for a diverse world* (pp. 360–396). Boston, MA: Lakhasa.

인지행동 사례 연구: 아동 학대 이력과 양극성 장애

34세의 예술가인 Roberta는 자신이 조만간 변하지 않는다면 파트너가 자신을 떠나겠다고 한 이야기를 하면서 상담 회기가 시작되었다. Roberta의 파트너의 요구는 Roberta가 주말 동안 쇼핑에 2만 달러 이상을 지불하여 싸움과 언쟁으로 몇 주를 보내다가 일어났다. Roberta가 말하길 "좋은 주" 이전에 그녀는 아무것도 즐겁지 않았고 침대를 떠나기 싫고 우울했다고 했다. 그녀는 성인 초기에 양극성 장애를 진단받았지만, 약물이 창의력을 감소시키기 때문에 두어 달 복용 후에는 그만두었다고 말하였다. 그녀는 또한 어린 시절 오빠에게 추행당했지만, 부모는 그녀를 보호하기 위한 조치를 더 취하지 않았고, 지금은 그때 더 조치를 취하지 못한 것에 대해 미안해하고 있다고 말했다. 그녀는 현재 어머니와 친밀한 관계를 맺고 있지만, 아버지와 오빠와는 그렇지 않다고 했다.

사례 개념화

날짜: 2013년 3월 11일 **상담자:** Mary Ellen **내담자/사례 #:** 10482

Ⅰ. 내담자 소개

내담자의 기본 정보와 중요한 타인 파악하기

내담자

성인 여성 연령: 34세 백인 배우자 게이/레즈비언/양성애자 직업/직위: 자영업 예술가(그림, 다양한 미디어)

기타: 근처에 부모와 형제들 거주

중요한 타인

내담자 어머니 연령: 36세 백인 배우자 게이/레즈비언/양성애자 직업/직위: 출입국 관리소 변호사

기타 :

연령 선택: 인종 선택 관계상태 선택 직업/직위: 기타:

연령 선택: 인종 선택 관계상태 선택 직업/직위: 기타:

연령 선택: 인종 선택 관계상태 선택 직업/직위: 기타:

기타:

Ⅱ. 호소 문제

문제에 대한 내담자의 보고:

AF34는 여자 친구가 자신을 밀어내는 것에 대해 지쳐서 상담에 오게 되었다고 말했다. 그녀는 성인 초기에 양극성 장애로 진단받았고, 그녀의 창의력을 감소시키기 때문에 처방받은 지 두 달 만에 기분 안정제를 중지했다고 보고했다. 그녀는 자신이 우울증을 겪는다는 것을 인정하지만, 그녀는 그것을 자신의 예술에 영감을 불어넣기 위해 사용하고 있다고 말했다. 그녀는 '기분이 좋은 상태'를 즐긴다고 보고하지만, 좌절감을 느끼기도 한다. 가장 최근에는 1주일 동안 쇼핑하느라 신용카드로 2만 달러를 썼다.

문제에 대한 중요한 타인 및 가족의 보고:

AF34의 파트너는 AF34의 인생이 극적인 기복의 연속이기 때문에 기분 안정제 치료를 받아야 한다고 생각한다. 그녀는 AF34의 창의성 상실에 대한 공포에 대해서는 공감하지만, 더 이상 손쓸 수가 없기 때문에 뭔가 대책이 필요하다고 생각한다. AF36은 AF34가 스스로를 더 사랑하는 법을 배울 수 있다면 그 모든 극적인 상황이 필요 없어질 거라고 생각한다.

문제에 대한 다양한 체계(참고인, 교사, 친척, 법적 체계 등)로부터의 보고:

친구: AF34의 친구들은 안정을 위해 무엇인가 필요하다는 AF36의 말에 동의한다. 지나치게 체계적인 법률 대리인인 AF36이 AF34를 위해 과도하게 기능하면서 그녀를 무책임해지게 만들었을 수도 있다고 믿는다.

(계속)

_______: _______

Ⅲ. 배경 정보

트라우마·학대 이력(현재 및 과거): AF34는 부모가 집을 비워 오랜 기간 떠났을 때(연간 3~4회) 오빠에 의해 8~11세 시기에 성추행당했다고 보고했다. 그녀는 바로 부모에게 말했지만 그녀를 완전히 믿거나 지지하지 않았다. 그녀의 부모는 그것을 단지 정상적인 탐구 놀이일 거라 말하면서도, 오빠와 AF34 둘을 남겨두고 떠나지 않도록 조치를 취했다. 몇 년 후, 몇몇 대형 매체로부터 사례들을 접하고 난 후, 그녀의 어머니는 그 일을 좀 더 심각하게 받아들이지 않았던 것에 대해 사과했다. 그녀의 오빠 또한 성인이 되면서 사과했다. 그녀의 아버지는 이제 그녀의 성적 취향이 이것 때문이라고 믿는다.

약물 사용·남용(현재와 과거, 자신, 원가족, 중요한 타인): AF34는 자신을 사교적인 음주가라고 하며 주로 조증 상태인 동안 주기적으로 친구들과 함께 '파티'를 즐긴다고 하였다. 그녀는 10대 때 마리화나를 시험 삼아 해봤지만 성인이 되어서는 거의 끊었다고 보고했다. 그녀는 자신의 원가족이나 파트너에 의한 음주 문제는 보고하지 않았다.

촉발 사건(최근 삶의 변화, 최초의 증상, 스트레스 요인 등): 3개월 전 그녀의 마지막 예술 작품을 완성한 후, AF34는 그림 또는 예술 활동에 대해 아무것도 하고 싶지 않았고, 우울에 빠지기 시작했다. 이 기간 동안, 그녀의 파트너는 법률 사무소에서 오랜 시간 근무하였고 그녀는 집에서 쉬고 자며 세탁과 기본적인 집안일을 하였다. 2주 전, 옛 친구가 방문하여 그녀의 신용 카드에 2만 달러가 넘게 부과될 때까지 함께 흥청망청 쇼핑했다. 그 후, 그녀와 그녀의 파트너는 여러 번 다툼이 있었는데, 싸움 끝에 AF36은 AF34가 상담에 함께 가지 않는다면 헤어질 것이라고 말했고 그 말을 일관되게 행동으로 옮겼다.

관련된 역사적 배경(가족력, 관련 문제, 이전 상담 경험 등): AF34는 22세에 처음으로 대학에서 양극성 장애 진단을 받았다. 정신과 의사는 기분 안정제를 처방했지만, AF34는 두 달 후에 '창의성을 잃었다'라는 이유로 기분 안정제 복용을 거부했다. 그때부터, 그녀는 1년에 한두 번씩 삽화의 순환이 있고 그 사이에 몇 개월의 안정기가 있었다. 그녀는 불규칙하게 상담자를 만났지만, 그녀를 진정으로 도와주는 사람은 아무도 없다고 보고했다. 그녀는 어머니가 그녀의 할머니도 비슷한 문제가 있었다고 믿고 있다고 보고하였다.

Ⅳ. 내담자의 강점과 다양성

내담자의 강점

개인적 측면: AF34는 최근 그녀의 작품을 보여주기 시작한 창의적인 예술가이다. 그녀는 좋은 유머 감각을 가졌으며, 강하고 독립적인 면이 있다.

관계적·사회적 측면: AF34는 헌신적이고 유능한 파트너가 있고, 많은 친구들, 지지적인 어머니가 있다.

영적 측면: AF는 자신의 예술이 영적 활동이므로 자신이 살아있다고 느끼게 해주며 무언가 그녀 자신보다 위대한 것과 연결된 느낌을 받는다고 하였다.

(계속)

다양성: 자원과 한계

내담자의 연령, 성별, 성적 성향, 문화적 배경, 사회경제적 지위, 종교, 지역사회 공동체, 언어, 가족 배경, 가족 구성, 역량 등에 기초하여 내담자의 잠재적인 자원과 한계가 무엇인지 확인하라.

독특한 자원: LGBT 공동체뿐만 아니라 예술 사회·문화에서의 강한 지지 체계. 유대감과 수용성을 위한 복합적 방안

잠재적 한계: 아버지와 오빠는 그녀가 커밍아웃한 이후로 내성적이게 되었다고 보고한다.

사례 개념화를 위하여 다음의 모든 부분을 완성하거나 이론 기반의 사례 개념화를 위한 특정 부분을 완성하라.

V. 정신역동 개념화

정신역동 방어기제

가장 많이 사용하는 방어기제 2–4개를 체크하라.

☐ 행동화: 기술하기:

☒ 부인: 기술하기: AF는 그녀는 문제의 심각성을 부인하고 다른 사람에 미치는 영향을 인식하지 못한다.

☐ 전치: 기술하기:

☒ 도움을 거절하는 불평: 기술하기: 우울할 때, AF는 그녀의 인생이 어떻게 나쁘게 되었는지 빈번하게 불평하지만, 상황을 변화시키기 위해 뭐라도 하거나 도움을 받는 것을 거부한다.

☒ 유머: 기술하기: AF는 조증 행동에 대한 비판을 모면하려고 유머를 사용한다.

☐ 수동 공격성: 기술하기:

☐ 투사: 기술하기:

☒ 투사적 동일시: 기술하기: 삽화 후, AF는 다른 사람들을 무책임하다고 여기며, 자신의 문제에 대한 원인으로 보았다.

☐ 합리화: 기술하기:

☐ 반동 형성: 기술하기:

☐ 억압: 기술하기:

☒ 분열: 기술하기: AF는 종종 파트너를 악역으로 만들면서 자신의 행동을 정당화한다. 그리고 어떤 때에는 파트너를 구세주처럼 설명한다.

☒ 승화: 기술하기: AF는 다양한 감정을 드러내고 표현하기 위해 예술을 사용한다.

☐ 억제: 기술하기:

☐ 기타:

대상관계 패턴

과거 어린 시절 초기 양육자와의 관계에 대해 기술하라. AF의 부모는 집에 있을 때는 친절하고 사랑이 넘쳤다. 그러나 아버지는 일 때문에 출장을 자주 다녔고, 아이들이 나이가 조금 들었을 때는 어머니와 함께 여행을 다니기 시작했다. 그들은 멀리 떠날 때 친척에게 아이들을 맡기고 떠났다. 커가면서, AF는 아버지가 오빠를 더 좋아한

(계속)

다고 느꼈다. 이런 느낌은 오빠의 학대를 이야기했을 때 부모가 비지지적인 태도를 보인 이후로 강화되었다.

주로 어머니(또는 그와 비슷한 사람)와의 애착은 어떠했는가?

☒ 대개 안정적 ☐ 불안과 집착 ☐ 회피와 정서적 거리감 ☐ 기타: ______

주로 아버지(또는 그와 비슷한 사람)와의 애착은 어떠했는가?

☐ 대개 안정적 ☐ 불안과 집착 ☒ 회피와 정서적 거리감 ☐ 기타: ______

초기 양육자와의 현재 관계에 대해 기술하라. 그녀가 학대받은 것을 처음 말했을 때 그녀를 지지해주지 못한 것에 대해 그녀의 어머니가 사과한 이후에 부모와 AF의 관계는 개선되었다. 그녀의 아버지는 오빠와 매우 친밀한 관계이고 그녀의 성적 취향을 완전히 인정하지 않기 때문에 그녀와 아버지의 관계는 여전히 껄끄럽다.

파트너 관계 및 현재 다른 사람과의 관계에 대해 기술하라. AF는 정서적 지지를 위해 여자 친구에게 의존한다. 그러나 여자 친구가 자신의 창의력을 지지해주지 않거나 삶에 더 느긋한 태도를 보이지 못한다고 느낄 때에는 재빨리 그녀로부터 거리를 둔다.

Erickson의 심리사회적 발달 단계

각 단계에서 현재 단계까지의 발달을 기술하라.

신뢰 대 불신(영아기): AF는 '정상' 유아기라고 보고했다.

자율성 대 수치와 의심(유아기): AF는 어머니가 오빠와 자신을 돌보았고, 아버지는 일을 했고 거리감이 있었다고 보고했다.

주도성 대 죄책감(학령전기): 수줍어했지만, AF는 일반적으로 사회적으로도 잘 지내고 초기에 학업도 괜찮은 편이었다.

근면성 대 열등감(학령기): AF는 이 시기에 오빠로부터 성적 학대를 당했고, 이로 인해 학교에서 완벽하기 위해서 과도하게 노력했다.

정체성 대 역할 혼란(청소년기): 성 정체성으로 고군분투하느라 고통스러운 청소년기였음을 보고했다.

친밀감 대 고립감(청년기): 이 기간 동안 '커밍아웃'하고 대학에서 처음으로 친밀한 관계를 만들기 시작했다.

생산성 대 (자기) 침체(장년기): AF는 현재 침체기와 큰 생산성의 기간을 번갈아 가지고 있다.

자아 통합감 대 절망감(노년기): ______

아들러학파의 생활양식 주제

☐ 통제: ______

☐ 우월성: ______

☐ 기쁘게 하기: ______

☒ 편안함: AF는 종종 안정성, 관계, 안전을 희생하며 흥분, 즐거움, 편안함을 추구한다.

기본적 오류에 대한 잘못된 지각: AF는 현실에 비해 삶에서 노력이 덜 들어야 한다고 믿는다. 그녀는 또한 기본적인 가치를 최소화한다.

(계속)

Ⅵ. 인본주의·실존주의 개념화

진정한 자아 표현

문제: 문제가 내재적 또는 외재적으로(타인, 환경 등에 의해) 유발되는가?

☐ 두드러지게 내재적이다.

☐ 혼합되어 있다.

☒ 두드러지게 외재적이다.

주체성과 책임감: 자신이나 타인이 이야기의 주체로서 논의되고 있는가? 내담자는 상황에 대한 분명한 책임감을 가지고 있는가?

☐ 강한 주체성과 책임감

☐ 부분적인 주체성

☒ 매우 낮은 주체성, 타인과 상황에 대한 잦은 책임전가

☒ 종종 희생양이 되었다고 느낀다.

감정의 인식과 표현: 감정을 자신의 것으로 인식하고 경험하는 데 어려움이 없는가?

☒ 쉽게 감정을 표현한다.

☐ 동요된 감정을 인식한다.

☐ 감정을 인식하는 것이 어렵다.

'지금 여기' 경험: 내담자가 현재의 순간에 일어나는 상황에 대한 감정을 폭넓게 경험할 수 있는가?

☐ 현재의 순간에 감정을 쉽게 경험한다.

☒ 도움을 받아 현재 감정을 어느 정도 경험한다.

☐ 현재의 순간을 경험하는 것이 어렵다.

개인적 구성 개념과 허울(facades): 내담자는 자신의 역할을 인식하고 그것을 넘어설 수 있는가? 정체성은 경직되어 있는가, 아니면 자신을 시험적으로 내려놓을 수 있는가?

☐ 시험적으로 자신을 내려놓을 수 있다. 비판하고 의문을 제기할 수 있다.

☐ 정체성의 구성 개념과 허울에 대해 약간 인식하고 있다.

☒ 정체성을 엄격하게 정의한다. '사실'로 인지한다.

복잡성과 모순: 내적인 모순을 가지고 있으며 그것을 탐색하는가? 내담자는 정체성과 삶의 복잡성을 충분히 이해하는가?

☐ 모순을 자각하고 해결한다.

☒ 모순을 일부 인식한다.

☐ 내적인 모순을 자각하지 못한다.

당위: 내담자는 사회적으로 부과된 당위와 의무에 대해 의문을 품을 수 있는가? 내담자는 타인을 기쁘게 해주는 것과 자신의 소망을 충족하고자 하는 것 간의 균형을 맞출 수 있는가?

☐ 사회적 의무와 자율성 간의 균형을 맞출 수 있다.

☒ 사회적 기대와 개인적 소망 사이의 긴장을 인식한다.

☐ 주로 사회에서 원하는 것에 초점을 맞춘다.

(계속)

해야 하는 의무 목록: ______________________________

타인 수용: 내담자는 타인의 의견을 수용할 수 있고 타인에 대한 기대에 현실적으로 부응할 수 있는가?

☐ 타인을 쉽게 수용한다.

☒ 타인의 기대가 비현실적이지만, 여전히 충족하지 못한 기대에 강한 정서적 반응을 나타내는 것을 인식한다.

☐ 타인을 받아들이는 것이 어렵다. 항상 자신의 기대에 부응하기 위해 타인이 변하기를 바란다.

자기 신뢰: 내담자는 자신이 고정된 대상이 아니라 과정으로서의 자신을 신뢰할 수 있는가?

☐ 진정한 자기를 신뢰하고 표현할 수 있다.

☐ 특정한 상황에서 자신을 신뢰한다.

☒ 대부분의 상황에서 자신을 신뢰하는 것이 어렵다.

실존 분석

삶을 의미 있게 하는 자원(내담자에 의해 기술되고 설명된 것): ______________________________

삶의 의미에 관한 일반적 주제:

☒ 개인적 성취·업적

☒ 중요한 타인

☐ 자녀

☐ 원가족

☒ 사회적 대의, 타인에 대한 공헌

☐ 종교·영성

☐ 기타: ______________________________

삶의 방향에 대한 만족과 명확성:

☐ 힘든 시기에 회복탄력성을 만들어내는 명확한 삶의 의미를 가지고 있다.

☒ 현재의 문제는 삶의 방향과 관련된 선택을 요구한다.

☐ 현재 삶의 방향성에 대해 최소한으로만 만족한다. 삶에 더 큰 욕구를 가지고 있다.

☐ 현재까지 삶의 방향성에 관하여 거의 생각한 적이 없다. 대부분 타인 혹은 다른 어떤 것에 의해 정의된 삶의 계획에 따라 살아왔다.

☐ 기타: ______________________________

게슈탈트 접촉 경계 혼란

☐ **둔감화**: 문제를 인식하지 못한다.

☒ **내사**: 타인의 관점을 검열하지 않고 그대로 받아들인다.

☐ **투사**: 타인에게 자신의 원하지 않는 부분을 전가시킨다.

☐ **반전**: 타인이 아닌 자기 자신에게 직접적인 행동을 취한다.

☐ **편향**: 타인 혹은 자신과의 직접적인 접촉을 피한다.

☐ **자의식**: 외부 환경이 자기 자신에게 영향을 미치지 못하도록 한다.

☐ **융합**: 타인과의 경계가 모호해지는 범위까지 동조한다.

(계속)

기술하기: F34는 특히 중요한 타인으로부터의 비판에 극도로 민감하다.

Ⅶ. 인지행동 사례 개념화

증상 행동의 기준

증상 #1 (행동적 기술): 하루에 10시간 이상을 자는 우울 삽화, 식사량 증가, 정상적인 활동에 대한 관심 상실, 친구들과 관계에서 부분적인 철수, 창의력 상실, 인생이 무의미하게 느껴짐

빈도: 1년에 2~3회

지속 기간: 각각 1~3개월

상황: 업무 장면에서 가장 두드러짐(생산성 결여)

사건 전: 종종 중요 삶의 목표 달성한 이후

사건 후: 나중에 조증 삽화가 있을 수 있음

증상 #2 (행동적 기술): 무책임하게 흥청망청 쇼핑하기, 과도한 사회적 활동, 지나친 수다, 수면 욕구 감소(5시간 이하), 파트너와 잦은 논쟁을 포함하는 조증 삽화, 더 창의적이고 생산적인 예술 활동

빈도: 1년에 1~2회

지속 기간: 3~4일

상황: 기능의 모든 영역에 영향. 관계, 일, 친구 등

사건 전: 종종 '불쾌한' 기분 또는 우울증 기간이 선행

사건 후: 파트너와 다툼, 예술적 창조와 생산 기간(삽화 중에 생성된 아이디어로 작업)

비합리적 신념에 대한 A-B-C 분석

선행 사건(문제): 변덕스러운 행동으로 파트너와 논쟁

결과(기분, 행동 등): 관계에서 멀어짐, 방어적, 분노

신념의 중재(결과 C를 야기한 사건에 관한 해로운 신념):

1. 나를 비판하는 그 누구도 나에 관한 특별함과 독특함을 이해하거나 인정하지 않는다.
2. 내가 갈 수 없거나 나 자신이 즐기지 않는다면 인생은 즐겁지 않다.
3. 사람들은 모두 항상 나를 판단한다.

Beck의 인지 도식 분석

자주 사용하는 인지 도식을 확인하라.

☐ **임의적 추론:**

☒ **선택적 추상:** 중립적인 의견에서 부정적인 요소를 찾는다.

☐ **과잉일반화:**

☒ **의미 확대/의미 축소:** 비판받는 것에 과잉 반응을 보인다. 자신의 문제의 심각성은 축소시킨다.

☐ **개인화:**

☒ **절대론자/이분법적 사고:** 흑백논리로 상황을 본다(예: 예술은 대단하거나 끔찍한 것이다).

(계속)

☐ 잘못된 명명:

☐ 독심술:

Ⅷ. 가족체계 개념화

가족생활 주기 단계

☒ 미혼 성인

☐ 기혼

☐ 어린 자녀가 있는 가족

☐ 청소년기 자녀가 있는 가족

☐ 자녀 독립

☐ 노년기

이 단계에서 발달 과업을 완성하는 데 어려움이 무엇인지 기술하라. 항상 AF34의 양극성 장애는 그녀의 파트너와의 관계뿐 아니라 예술가로서 일에서의 성공도 방해한다.

타인과의 경계

부모	☒ 밀착	☐ 명확	☐ 유리	☐ 해당 사항 없음: **기술하기:** 일반적으로 가깝지만 어머니나 아버지가 비판적인 이야기를 하면 여전히 매우 반응을 보일 수 있다.
중요한 타인	☒ 밀착	☐ 명확	☐ 유리	☐ 해당 사항 없음: **기술하기:** AF는 AF36과 매우 밀착되어 있어서, 관계에 대해서 자기 자신이 친밀하다고 하고, 자신에 대한 AF36의 의견에 매우 반응적이다.
자녀	☐ 밀착	☐ 명확	☒ 유리	☐ 해당 사항 없음: **기술하기:**
확대가족	☐ 밀착	☐ 명확	☒ 유리	☐ 해당 사항 없음: **기술하기:** 그녀의 오빠가 학대한 후, AF는 그를 주로 피해왔다. 그들은 휴일 동안에 최소한의 대화만 하였다.
기타: 성명	☐ 밀착	☐ 명확	☐ 유리	☐ 해당 사항 없음: **기술하기:**

타인과의 친밀도와 거리를 조절하는 일반적인 유형: 빠르고 쉽게 친구를 만든다. 하지만 그녀는 그들이 자신의 생각대로 행동하지 않을 때, 그녀의 우정은 '식어버린다'. 이 패턴은 구성원들이 매우 친밀하다가 갈등이 생기면 서로 쉽게 회피해버리는 원가족에서부터 생겨난다.

삼각관계/연합

☒ 원가족과의 연합: **기술하기:** 어린 시절, AF는 부모가 오빠 편이라고 느꼈다. 지금 그녀는 부모와 친밀하다고 믿는데, 특히 어머니와 더 친밀하다고 느낀다.

☐ 중요한 타인과 관련된 연합: **기술하기:**

☐ 그 외의 연합:

(계속)

자신과 부모-자녀 사이의 위계 ☒ 해당 사항 없음

자녀와의 위계 ☐ 효과적 ☐ 경직 ☐ 허용적

부모와의 관계(어린아이/청소년에게 있어) ☒ 효과적 ☐ 경직 ☐ 허용적

AF36**과의 상호보완적 패턴**

☐ 방임형/관계 중심

☒ 높은 기능 수준/낮은 기능 수준

☐ 감정적/이성적

☐ 좋은 부모/나쁜 부모

☐ 기타: **기술하기:**

상호보완적인 패턴의 예시: AF36이 관계 속에서 대부분의 소비에 대한 지불을 하고 책임지는 사람이 됨으로써 AF34와 AF36은 과장된 과잉/과소 기능자 패턴을 지니고 있다. 또한 AF36은 논리적인 사람으로, AF34는 예술적이고 정서적인 사람으로 꼬리표가 붙어 있다.

세대 간 패턴

약물·알코올 남용: ☒ 해당 없음 ☐ 있음:

성적·신체적·정서적 학대: ☐ 해당 없음 ☒ 있음: AF34는 8~11세 동안 오빠에게 성적 학대를 당했다.

부모-자녀 관계: ☐ 해당 없음 ☒ 있음: AF는 8~11세 때 부모가 학대를 '성적 탐색'이라고 생각했을 때, 부모로부터 멀어졌다는 느낌을 받았다.

신체적·정신적 장애: ☒ 해당 없음 ☐ 있음: AF의 할머니도 양극성 장애를 가지고 있었을 가능성이 있다.

가족이 지닌 강점: **기술하기:** AF의 가족은 그녀의 교육과 예술적 재능을 지원해준다. 그들은 일반적으로 그녀의 성적 지향을 수용하고 있다. 학대 문제에 대해 사과했다.

Ⅸ. 해결 중심·문화적 담론(포스트모더니즘) 개념화

해결책과 독특한 결과

효과적으로 작용하지 않은 기존의 해결책:

1. AF36과의 언쟁
2. AF36은 그녀에 대한 지원 중단 또는 헤어지는 것으로 협박한다.
3. 파티 친구들과 어울리면서 AF36을 회피한다.

예외적 상황과 독특한 결과: 시간, 장소, 관계, 상황 등 덜 문제시될 때, 사건의 경과가 좋아지도록 하는 행동:

1. AF의 기분은 그녀의 예술 생활이 잘 진행될 때, 항상 더 좋다.
2. 그녀의 파트너가 그녀의 정서적 지지를 필요로 할 때나 일을 할 때 그녀는 '침착해지고' 책임감을 가질 수 있다.
3. 규칙적인 수면과 운동은 기분 증상을 줄일 것으로 보인다.

(계속)

기적 질문에 대한 대답: 만약 문제가 하룻밤 사이에 해결이 된다면, 내담자는 다음 날 어떻게 행동할 것인가? (Y를 하지 않는 대신에 X를 한다는 식으로 기술하라.)

1. 그녀는 그녀의 파트너와 사이가 나쁠 때보다는 사이좋게 지낼 때가 더 많을 것이다.
2. 그녀는 예술을 창조하는 것에 좀 더 영감을 얻을 것이다.
3. 그녀는 자신의 기분과 행동에 대한 통제감을 더 느낄 것이다.

문제 정의에 영향을 주는 **지배 담론:**

- **인종, 계층, 종교 담론: 핵심적인 문화적 담론이 어떻게 문제와 가능한 해결책이 무엇인지 알려주는가?** 아일랜드계 미국인이고 중산층인 AF의 가족은 감정이나 문제에 관하여 이야기하는 것보다는 회피하는 전통이 있다. 그녀의 가족은 일반적으로 그녀의 양극성 장애와 성적 지향을 인정하거나 논의하는 것을 회피한다.
- **성(gender)과 성적 담론: 성과 성적 담론이 어떻게 문제와 가능한 해결책이 무엇인지 알려주는가?** AF는 10대 때 그녀의 성적 지향과의 사투를 벌였고 20대 초반에 커밍아웃했다. 그녀는 그녀의 문제를 '그저 감정적이 된 것'이며 하찮은 존재가 된 것 같은 고통의 일부로만 바라봐주는 경향이 있는 전문직을 가진 레즈비언 여성 집단에 강한 소속감을 느꼈다.
- **지역사회, 학교, 확대가족 담론: 다른 중요한 지역사회 담론이 어떻게 문제로 인지되었으며, 가능한 해결책이 무엇인지 알려주는가?** AF는 주목받는 예술가이며 지역 미술계의 동향, 정치, 드라마에 크게 영향을 받는다. 그녀는 비평가들과 주요 활동가들에게 깊은 인상을 주려고 애를 쓰며, 그것을 위해 종종 자신의 일부를 숨긴다.

정체성 내러티브: 문제는 어떻게 내담자의 정체성을 형성하는 데 영향을 미쳤는가? AF는 자신이 삽화를 경험하는 동안 잘못된 선택을 하는 경향이 있기 때문에 점점 아이 같고 무능하다고 느껴진다. 그녀 자신과 파트너를 비교하는 것은 그녀 자신에 대해 더 안 좋게 느끼도록 만든다. 그러나 기복은 생기 넘치는 느낌 및 깊고 충만한 삶을 느끼는 아티스트로 살아가는 것과 밀접하게 연결되어 있다.

내담자에게 국지적 담론 또는 선호하는 담론: 내담자가 선호하는 정체성 관련 내러티브 혹은 문제에 관한 내러티브는 무엇인가? 문제에 대하여 선호하는 국지적(대안적) 담론이 있는가? AF는 그녀의 인생이 롤러코스터 같다는 것에 관해 복잡한 감정을 느낀다. 현재 그녀는 본인이 파트너와 비교해서 어린아이같이 느끼지 않기 위해서 더 책임감 있는 의사 결정을 내리는 데 공을 들이고 싶어 한다. 또한 그녀는 자신의 인생에서 극적인 부분은 줄이고 아티스트로서 영감을 받을 수 있는 방법을 찾기 원한다. 그녀는 약물 치료를 강력히 거부한다.

임상적 평가

임상가:	내담자 ID #:	기본 구성:	모국어:
Mary Ellen	10482	☒ 개인 ☐ 부부 ☐ 가족	☒ 영어 ☐ 스페인어 ☐ 기타: ______

내담자와 중요한 타인에 대한 기록

성인

환자로 지목된 사람: 성인 남성 연령: 34세 백인 파트너 게이/레즈비언/양성애자 직업: 자영업, 예술가

기타: ______

성인 여성 연령: 36세 백인 파트너 게이/레즈비언/양성애자 직업/직위: 출입국 관리소 변호사

기타: ______

아동

성별 연령 선택: ______ 인종 선택: ______ 학교/학년 선택: ______

기타: ______

성별 연령 선택: ______ 인종 선택: ______ 학교/학년 선택: ______

기타: ______

기타 확인 사항: ______

호소 문제

		아동을 위한 점검 문제:
☒ 우울/무력감	☒ 부부 문제	☐ 학업 실패/수행 저하
☐ 불안/걱정	☐ 부모-자녀 갈등	☐ 무단결석/가출
☐ 분노 문제	☐ 배우자 폭력/학대	☐ 또래와의 다툼
☐ 상실/슬픔	☐ 이혼 후 적응	☐ 과잉 행동
☐ 자살 사고 및 시도	☐ 재혼 후 적응	☐ 의복 청결 상태 불량
☒ 성적 학대/강간	☐ 성/친밀감 문제	☐ 아동 학대/방임
☐ 알코올/약물 사용	☐ 주요한 생활 변화	☐ 고립/철수
☐ 섭식 문제/섭식 장애	☐ 법적 문제/보호 관찰	☐ 기타: ______
☒ 직업 문제/실직	☐ 기타: ______	

내담자를 위한 정신 상태 평가

대인관계	☐ 해당 없음	☒ 갈등 ☒ 밀착 ☐ 고립·회피 ☐ 괴롭힘 ☐ 기타: ______
기분	☐ 해당 없음	☒ 우울·슬픔 ☐ 불안 ☐ 불쾌 ☐ 분노 ☐ 성마름 ☐ 조증 ☐ 기타: ______
정서	☐ 해당 없음	☐ 위축 ☐ 둔감 ☒ 생기 없음 ☐ 불안정 ☐ 일관성 없음/부적절 ☒ 기타: 극적이다.

(계속)

수면	□ 해당 없음	⊠ 수면과다 □ 불면증 □ 수면 방해 □ 악몽 □ 기타:
섭식	□ 해당 없음	⊠ 증가 □ 감소 □ 식욕 부진 □ 폭식 □ 구토 □ 기타:
불안	⊠ 해당 없음	□ 만성적 근심 □ 공황 □ 공포증 □ 강박사고 □ 강박행동 □ 기타:
트라우마 증상	□ 해당 없음	□ 과각성 □ 플래시백/침습 기억 □ 해리 □ 감각 상실 □ 회피 노력 □ 기타: 꿈, 정서적 둔감성
정신병적 증상	⊠ 해당 없음	□ 환각 □ 망상 □ 편집증 □ 연상 이완 □ 기타:
운동 활동성 및 언어 능력	□ 해당 없음	□ 낮은 에너지 ⊠ 과잉 행동 □ 불안 □ 주의 산만 □ 충동적 □ 빠른 어조 □ 느린 어조 □ 기타:
사고	□ 해당 없음	□ 집중력 부족 ⊠ 부인 □ 자기 비난 ⊠ 타인 비난 □ 반추 ⊠ 단절 □ 완고함 □ 통찰력 부족 ⊠ 그릇된 의사결정 □ 혼란스러움 □ 기타:
사회·법률	⊠ 해당 없음	□ 규범 경시 □ 반항 □ 절도 □ 거짓말 □ 격분 □ 체포 및 투옥 □ 싸움 걸기 □ 기타:
기타 증상	⊠ 해당 없음	

내담자를 위한 진단

진단에서 고려되는 **상황적 요인**: ⊠ 연령 ⊠ 성별 ⊠ 가족 역동 □ 문화 □ 언어
□ 종교 □ 경제력 □ 이민 ⊠ 성적/성별 지향 □ 트라우마 □ 이중 진단/동반 질환
□ 중독 □ 인지적 능력 ⊠ 기타: 아티스트 공동체/문화

진단과 평가 과정에서 확인된 요인의 영향을 기술하라. 고정관념적인 성/레즈비언/아티스트 패턴뿐만 아니라 정서적 패턴과 아일랜드 미국인 가족 역동을 고려함. 진단 주요 기준으로 내담자와 파트너가 보고한 '임상적 장애' 사용함.

DSM-5 코드	심리사회적 스트레스 요인 및 문제점에 관한 V/Z/T 코드를 포함한 **진단과 진단 상세 기준**
1. F31.81	1. 양극성 2 장애
2. Z62.810	2. 어린 시절 성적 학대의 개인적 이력(과거 역사)
3.	3.
4.	4.
5.	5.

(계속)

의료적 고려사항

내담자는 정신의학적 평가를 위해 의뢰된 적 있는가? ☒ 예 ☐ 아니요

내담자는 의뢰에 동의했는가? ☐ 예 ☒ 아니요 ☐ 해당 없음

평가에 사용되는 심리측정 도구: ☒ 없음 ☒ 교차편집 증상 척도

☐ 기타: ______

진단에 대한 내담자의 반응: ☒ 동의 ☐ 다소 동의 ☐ 동의하지 않음 ☐ 다음과 같은 이유로 알 수 없음: ______

현재 약물 치료(정신의학적·의학적) ☒ 해당 없음

1. ______ ; 복용량 ______ mg; 시작 날짜: ______
2. ______ ; 복용량 ______ mg; 시작 날짜: ______
3. ______ ; 복용량 ______ mg; 시작 날짜: ______
4. ______ ; 복용량 ______ mg; 시작 날짜: ______

의료적 필요성: 해당되는 것에 모두 체크하라.

☒ 상당 부분 손상 ☐ 손상 가능성 큼 ☐ 예상되는 발달적 지체

손상 영역: ☒ 일상생활 ☒ 사회적 관계 ☐ 건강 ☒ 직장/학교생활 ☐ 거주 형태

☐ 기타: ______

내담자의 위험 요소와 안전성 평가

자살 경향성	**타살 경향성**	**알코올 남용**
☐ 징후 및 부인 없음	☒ 징후 및 부인 없음	☐ 징후 및 부인 없음
☐ 적극적 사고	☐ 능동적 사고	☐ 과거의 남용
☒ 소극적 사고	☐ 수동적 사고	☒ 현재 횟수/양: 친구들과 밖에서 4~5잔, 연간 2~3회
		약물 사용 및 남용
☐ 계획 없는 의도	☐ 계획 없는 의도	☐ 징후 및 부인 없음
☐ 목적을 위한 의도	☐ 수단을 동반한 의도	☒ 과거의 남용
☒ 지난해 동안의 사고	☐ 지난해 동안의 사고	☒ 현재 복용 약물: 마리화나
☐ 지난해 동안의 시도	☐ 지난해 동안의 폭행	빈도/양: 연간 2~3회
☐ 가족 혹은 동료의 자살 이력	☐ 타인을 폭행한 과거 이력 ☐ 동물 학대	☐ 가족 또는 중요한 타인의 약물 사용

성적·신체적 학대 및 그 밖의 위험 요인

☒ 아동기 학대 이력: ☒ 성적 학대 ☐ 신체적 학대 ☐ 정서적 학대 ☐ 방임

☐ 성인기의 학대/폭행: ☐ 성적 학대 ☐ 신체적 학대 ☐ 현재 지속 여부

☐ 학대 가해 이력: ☐ 성적 학대 ☐ 신체적 학대 ☐ 정서적 학대

☐ 노인 또는 부양해야 할 성인 학대 및 방치

☐ 섭식 제한, 폭식 또는 구토 이력(현재 또는 과거)

(계속)

☐ 자살 시도 및 다른 자해 행위: ☐ 현재 ☐ 과거: 수단: ______

☐ 범죄 및 법적 문제 이력: ______

☐ 기타 정신적 외상 이력: ______

☐ 보고된 바 없음

안전 지표

☐ 해당 없음

☒ 최소한 한 명의 외부 지지자

☒ 살고자 하는 혹은 해를 끼치지 않으려는 구체적인 이유를 언급할 수 있는 능력

☐ 희망

☒ 위협적인 물건을 제거하려는 의지

☒ 미래의 목표 세우기

☐ 상황을 악화시키는 사람과의 접촉을 줄이려는 의지

☐ 기꺼이 안전 계획, 안전 개입을 수행하고자 하는 의지

☒ 자신 및 타인을 해치는 행동에 대한 대안 발전시키기

☒ 안전이 지속되는 기간: 2개월

☐ 기타: ______

안전 계획의 요소

☐ 해당 없음

☒ 위해를 가하지 않는다는 내용을 구두로 서약하기

☐ 위해를 가하지 않는다는 내용의 서약서 작성하기

☒ 긴급 연락망 카드

☒ 위급 상황을 위한 치료자 및 기관 연락처

☐ 약물 치료 관리

☐ 위기 상황에서 친구 및 지지자와 연락할 수 있는 계획 세우기

☐ 위기 상황에서 어떤 장소로 가야 할지 세부적인 계획 세우기

☒ 위기 수준에 도달하기 전에 위험을 감소시키기 위한 구체적인 자기 진정 작업(예: 일기 쓰기, 운동하기 등)

☐ 스트레스 요인을 감소시키기 위한 구체적인 매일/매주의 활동

☐ 기타: ______

법적·윤리적 조치 적용: ☐ 해당 없음 ☐ 조치: ______

사례 관리

기타 연락망

- **담당 의사 혹은 다른 전문가**와 연락한 적이 있는가? ☒ 해당 없음 ☐ 있음 ☐ 진행 중
  성명/기록 사항: ______
- 만약 내담자가 **다른 곳에서 정신 건강 치료**를 받고 있다면, 그곳과 연락했는가? ☒ 해당 없음 ☐ 있음 ☐ 진행 중
  성명/기록 사항: ______
- **사회복지사**와 연락한 적이 있는가? ☒ 해당 없음 ☐ 있음 ☐ 진행 중 성명/기록 사항: ______

의뢰

- 내담자는 **의학적인 평가**에 의뢰된 적 있는가? ☒ 있음 ☐ 필요성에 대한 근거 없음
- 내담자는 **사회적 서비스**에 의뢰된 적이 있는가? ☒ 해당 없음 ☐ 직업/훈련 ☐ 복지/식품/주거 보조
  ☐ 피해자 서비스 ☐ 법적 도움 ☐ 의료 서비스 ☐ 기타: ______
- 내담자는 **집단**이나 다른 지원 서비스로 의뢰된 적이 있는가? ☒ 예: ______ ☐ 진행 중 ☐ 권장되지 않음
- 치료와 관련된 **범죄 수사적/법적 절차**가 예상되는가? ☒ 아니요 ☐ 예: 기술하기: ______

(계속)

지원 네트워크

- 내담자 사회적 지지망은 다음을 포함한다. ☒ 지지적인 가족 ☒ 지지적인 배우자 ☒ 친구
  ☐ 종교적·영적 단체 ☒ 지지적인 직업적·사회적 집단 ☐ 기타: ______
- 지지적인 체계(자녀, 파트너 등)에서 다른 사람들에게 영향을 미칠 것으로 예상되는 치료의 영향을 기술하라. AF는 더 많이 기능적으로 될수록, 연인에 대한 과기능/저기능 패턴이 바뀔 것이며 힘의 균형이 이동할 것이다.
- 내담자가 성취할 필요가 있는 것이 존재하는가? 내담자는 약물 사용을 거부하기 때문에 다른 건강 옵션을 시도할 수 있다.

기대되는 치료 성과와 예후

☒ 정상적인 기능 수준으로의 복귀 ☐ 정상적인 기능 수준 미만 예상 ☐ 악화 예방

내담자의 소망: 5 적당한 소망

성과 평가 및 내담자 관점

내담자의 연령, 문화, 그 밖의 다양한 문제를 포함한 평가 방법이 내담자의 필요에 충족하는가?
내담자에 영향을 줄 수 있는 만성적인 학대 문제를 다루기 위해 Z62.810을 포함했다. 양극성 문제가 안정될 때까지 기존 진단을 유지했다. 진단하기 이전에 다양한 문제 특히 감정 표현 편향을 신중하게 고려했다.
위와 같은 평가와 연관된 내담자–임상가 동의/비동의에 대한 실제적 혹은 잠재적 영역을 기술하라.
AF는 동의할 것이다. 약물을 복용하지 않겠다는 점을 강조하였다.

______, ______ ______

임상가 서명 자격/인턴 직위 날짜

______, ______ ______

슈퍼바이저 서명 자격 날짜

치료 계획

날짜: 2013년 10월 3일 사례/내담자 #: 10482

임상가 성명: Mary Ellen 이론: 인지행동

계획된 치료 양상: ☒ 성인 ☐ 아동 ☐ 부부 ☐ 가족 ☐ 집단: ______

추천 회기 빈도: ☒ 매주 ☐ 격주 ☐ 기타: ______

예상 치료 기간: 12개월

초기 치료 단계

초기 단계 상담 업무

1. 상담 관계 발전시키기. **다양성에 관한 고려사항:** 부부로서 그리고 개인으로서 수용받고 이해받고 있다는 느낌을 받을 수 있도록 하기

관계 형성 접근 방법/개입:

a. 관계를 형성하는 데 따뜻함과 공감을 사용한다. 신뢰를 쌓아간다.

2. 개인적, 체계적, 그리고 다양한 문화적 역동 평가하기. **다양성에 관한 고려사항:** 예술·법률 공동체와 레즈비언 친구들의 관계 망 내에서의 역동을 평가하는 것을 포함하기

평가 전략:

a. 우울증-조증 주기의 기저선 확보, 문제 행동과 사고의 기능적 분석, DSM 진단. 예전 정신과 의사나 상담자에게 진단에 관한 자문을 구한다.

b. 인생에서 '흥미'와 자기 가치에 관련된 핵심 신념과 도식을 파악하고, 문제에 대해 논의를 회피하는 것을 선호하는 아일랜드 미국계 문화와 성적 소외, 어린 시절 학대의 효과를 주의한다.

3. 치료 목표에 대한 내담자의 동의를 확인하고 얻기. **다양성에 관한 고려사항:** 약물 치료를 원하지 않는 내담자와 관련된 윤리적 문제

목표 설정 개입:

a. 약물 치료의 지원 없이 목표를 달성하는 데 필요한 세부 목표와 투자에 관한 서면 계약서로 만든다.

4. 필요한 의뢰, 위기 요소, 추가적인 접촉, 내담자의 다른 요구 확인하기. **다양성에 관한 고려사항:** 약물 치료를 원하지 않는 내담자와 관련된 윤리 및 안전 문제

a. **위기 평가 개입:** 자해 및 정기적인 파티의 내력에 관련된 안전 문제와 계획을 논의한다. 약물 치료를 하지 않는 것에 대한 윤리적·의학적 의미를 논의하고 문제 재검토를 위한 잠재적 대안 및 일정을 확인한다.

b. **의뢰 사항:** 모순된 감정의 내성을 기르기 위한 DBT 집단을 추천한다.

(계속)

초기 단계 내담자 목표

1. 조증 행동과 비합리적인 행동을 감소시키기 위해 돈에 대한 충동적 의사결정을 감소시키기

개입:

a. 미래에 충동을 어떻게 통제할 것인지에 대해 계획 및 계약을 만든다.

b. 재정적 결정에 대한 책임감을 갖도록 내담자를 동기부여하기 위한 선택 이론을 활용한다.

치료의 작업 단계

작업 단계 상담 업무

1. 작업 동맹의 질 점검하기. **다양성에 관한 고려사항:** AF가 이해받는다고 느끼는지 확인하기 위해 회기에서 AF의 반응을 관찰하고, 민감하고 적절한 언어를 사용하기

a. **평가 개입:** 상담 회기 평가 척도, 저항을 다루고 동맹에 대해 구두로 질문한다.

2. 내담자의 치료 과정 점검하기. **다양성에 관한 고려사항:** 치료 과정을 평가할 때 소외와 관련된 스트레스 요인을 고려하기

a. **평가 개입:** 상담 성과 척도, 증상 체크리스트

작업 단계 내담자 목표

1. 조증 증상과 우울을 감소시키기 위해 타인은 반드시 해야 한다는 것에 대한 '당위'와 '의무'에 의문을 품는 능력을 증가시키기

개입:

a. 사고 기록과 REBT 자조 양식을 사용하여 항상 타인의 마음에 들어야 한다는 비합리적 신념을 논박한다. 학대에서 나오는 부정적인 신념을 다룬다.

b. 좋은 예술가가 되기 위해서는 '흥분되고' '극적인' 삶이 필요하다는 신념을 바꾼다.

2. 안정적인 삶과 가정을 유지할 수 있는 파트너에 관한 의존도(증상)를 감소시키기 위해 관계에서 책임감과 기능을 증가시키기

개입:

a. 어린 시절의 학대에 관련된 것을 포함하여, 자기와 능력에 관한 인지적 도식을 찾는다.

b. 의사 결정 기술 향상과 동기강화를 위한 비용·편익을 분석한다.

3. 우울 삽화를 감소시키기 위해 예술을 위해서 영감을 가지는 것과 흥분적인 삶을 위해 극적인 요소를 필요로 하는 것에 관련된 현실적인 신념을 증가시키기

개입:

a. 가치 있고 살아있는 느낌을 받기 위해 극적인 요소를 필요로 하는 것과 관련된 핵심 신념과 도식에 관한 소크라테스식 대화

b. 극적인 요소에 관한 대안적인 신념 강화를 위한 사고 기록지

(계속)

치료의 종결 단계

종결 단계 상담 업무

1. 추후 관리를 위한 계획을 발전시키고 성과를 유지하기. **다양성에 관한 고려사항:** 약물 치료 없는 진행 과정에 대해 평가하고 가능한 일에 대해 다시 논의하기

   개입:

   a. 건강한 행동과 사고를 발달시키고 경조증형 행동 또는 우울증의 징후를 식별하기 위한 시스템을 발달시킨다.

종결 단계 내담자 목표

1. 우울한 기분을 감소시키기 위해 관계 상황 또는 예술 창작에 덜 의존하는 가치에 관한 긍정적인 자기 대화를 증가시키기

   개입:

   a. 파트너와의 비교와 예술 비평과 관련된 긍정적인 자기 대화를 증가시키기 위한 스트레스 예방 훈련

   b. 타인으로부터의 피드백과 성과에 관계없이 자기에 관한 긍정적인 사고를 강화하기 위한 사고 기록지. 성적 지향에 관련된 소외 및 학대로부터 남아있는 부정적인 사고를 다룬다.

2. 기분 주기를 감소시키기 위해 완화할 행동과 기분에서의 약간의 차이를 인식하는 능력을 증가시키기

   개입:

   a. 초기 우울증과 경조증 증상에 빠르게 반응하는 것을 포함하는 능동적인 사후관리 및 유지 계획을 만든다. 약물 치료를 하지 않는 것과 관련하여 동기부여를 한다.

   b. 우울증 재발의 가능성을 줄이기 위해 정서와 사고를 더 관찰하는 마음챙김 연습(MBCT 수업)을 훈련한다.

내담자 #10482에 관한 회기 보고서

날짜: 2014년 3월 30일 **시간:** 4:00 ☐ 오전 / ☒ 오후 **회기 길이:** ☒ 45분 ☐ 60분 ☐ 기타: ____분

소개: ☐ 성인 남성 ☒ 성인 여성 ☐ 남자아이 ☐ 여자아이 ☐ 기타:

청구 코드: ☐ 90791(평가) ☒ 90834(45분 치료) ☐ 90837(60분 치료) ☐ 90847(가족)

☐ 기타: ________

증상	마지막 방문 이후의 주기와 빈도	진행 경과
1: 흥미 상실/낮은 에너지	이틀, 경미한 삽화, 자기 대화로 관리하기	진행 중
2: 극대화	그 주 대부분의 날들, 경미한 삽화, 강도를 줄이기 위해 자기 대화 사용 가능	진행 중
3: 무책임한 선택	이 주엔 중요한 삽화 없음	진행 중

증상에 대한 해석: AF는 사고 기록지와 자기 대화로 생각을 관찰함으로써 기분 및 행동 증상을 관리하는 데 회기에서 배운 기술을 사용하는 것에 매우 의욕적이었다.

회기 내의 개입과 부여된 과제

지난주의 사고 기록지에 대해 다루고 '적응적 반응'의 두 번째 요소를 추가하기. AF가 비교적 쉽게 대안적 관점을 만들어낼 수 있게 하기. 다른 관점에서 인생을 보는 데 예술가적 기술을 연결하기. 기분 관리를 위한 계획과 이 계획에 대한 AF의 성공과 분투에 대해 검토하기. 큰 사회 집단에 있을 때 기분 관리를 위한 문제해결. 적응적 반응 부분이 담긴 이번 주의 전체 사고 기록지 과제 내기.

내담자 반응/피드백

내담자는 인지적 전략으로 기분을 다루는 시도에 매우 의욕적이다. 특히, '적응적인 반응'을 일상적인 세상에 대한 예술적인 연출로 보는 것에 열광했다.

계획

☒ 치료 계획 지속하기: 다음 회기를 위한 계획: 사고 기록지에 대해 다루기

☐ 계획 수정하기: ________

다음 회기: 날짜: 2013년 4월 7일 시간: 4:00 ☐ 오전 / ☒ 오후

위기 요소: ☒ 위기의 조짐이 없음/내담자 부정 ☐ 평가된/언급된 위기: 아래에 기술하라.

____

________, ________ ________

임상가 서명 자격/인턴 날짜

(계속)

사례 자문/슈퍼비전 ☐ 해당 없음

기록 사항: 슈퍼바이저는 진행에 만족함. 좌절을 다루기 위한 자기 대화 메시지를 사용하여 잠재적 좌절에 내담자가 대비하도록 할 것을 추천함.

기타 연락망 ☐ 해당 없음

성명: Dr. Dana Rodriguez 연락한 날짜: 2012년 3월 30일 시간: 2:00 ☐ 오전 / ☒ 오후

☒ 파일에 작성된 내용 서면상 양도: ☒ 발송 / ☐ 수신 ☐ 법정 문서 ☐ 기타: ____________

기록 사항: 치료 계획을 검토하기 위해 MD와 간단히 이야기를 나눔. AF가 약물 치료를 하지 않겠다고 결정한 것에 대해 논의함. 안정성 조치에 대해 논의함. 지난해에 자해와 자살 사고가 있었지만 현재는 위험 징후 없음을 알림. 내담자가 좌절을 경험한다면 MD에게 연락할 것임.

____________________, ____________________ ____________________

임상가 서명 자격/인턴 날짜

____________________, ____________________ ____________________

슈퍼바이저 서명 자격 날짜

CHAPTER 12

가족체계 이론 기반의 상담 사례 개념화

개관

체계론적 상담 접근은 본래 부부 또는 가족 중심 상담 접근방식으로 개발되었다. 이 방식은 어떤 면에서 가족 역동성의 균형을 유지하도록 돕고 가족과 관계적 역동성 내에서 발생하는 개인의 증상을 개념화하는 독특한 일련의 이론을 대표한다. 이러한 이유로, 어떤 사람이 우울이나 불안과 같은 '개인적인 문제'를 호소할 때에도 체계론적 상담자는 배우자나 가족과 같이 그 사람의 삶에서 중요한 이들과 함께 작업한다. 1960년대에 개발된 체계론적 접근은, 이 독특한 접근방식을 지지하기 위해 별도의 훈련과 자격증을 만드는 등 급진적이고 새로운 방식의 작업이 이루어졌다. 사실상, 결혼과 가족 치료 전문가(Marriage and Family Therapists: MFT or LMFT)가 되기 위해 공부하는 사람들이 관심을 갖는 가족 치료 분야에는 이미 이 책을 가득 채울 만큼의 충분한 이론들이 있으며, 여러분이 알고 있는 이 주제에 대한 여러 권의 책도 있다(Gehart, 2014; Goldenberg & Goldenberg, 2012; Nichols, 2012).

그러므로 나는 다른 책에 제시되어 있는 내용을 되풀이하며 어설프게 다루지 않기 위해 노력할 것이다. 만약 그렇게 한다면, 그것은 분명 나의 실패라고 볼 수 있는데, 오히려 똑똑한 독자들이 처음보다 더욱 혼란스러워질 수 있기 때문이다. 나는 연구실 옆방에서 학생들이 체계 이론에 관한 글을 읽으면서 오히려 혼란스럽다고 말하는 것을 들었다. 그래서 나의 가장 소박한 목표는 독자들이 좌절하지 않도록 하는 것이다. 대신, 이 장에서는 상담자, 심리학자, 사회복지사, 가족 상담자가 개인, 부부, 가족과 작업할 때 주요한 이론적 접근으로 활용할 수 있도록 **일반적이고 통합적인 체계론적 상담 접근**을 알려줄 것이다. 적어도, 체계론적 사고는 초기에 사례 개념화하는 과정에서 개인이나 부부, 가족과 함께 작업할 때 영향을 주게 되는 체계론적 역동을 찾는 모든 이론적 상담자에게 유용하다(2장 참고). 요약하면, 나는 이 책에 15개 이상의 가족 치료 방식을 각각 소개하는 대신에 의미 있고, 일관적이며, 통합적인 체계론적 상담 방법을 제공하고자 한다.

이 장에서 나는 **체계론적 가족 상담**을 아들러학파, 해결 중심 또는 정신역동 가족 상담을 포함한 다양한 상담 모델을 나타내는 일반적인 명칭의 '가족 상담'과 구별하고자 한다. 나는 **체계적**이라는 용어를 일반적인 상담, 심리학, 사회복지 분야에서 쓰는 용어와는 아주 다르게, 특별히 가족 치료 분야에서 쓰이는 용어로서 사용할 것이다. 사실, 모든 이론은 체계적이기 때문에 체계적이라는 용어에 대해 더욱 세심한 구분이 필요하다. 가족 치료 분야에서 좀 더 주요하게 쓰이는 언어로 구성된 이 장에서는 구체적으로 구조적·전략적 가족 치료 접근과 최근에 가장 일반적으로 사용되는 증거 기반 접근을 다루게 될 것이다. 또 다른 주요한 가족 치료학파인 Bowen의 세대 간 모델, Satir의 인간 성장 모델에 대해서는 특정한 부분에서 간략히 설명할 것이며, 궁금해하는 독자를 위해 이 모델은 치료 모델 계획과 함께 세부적으로 설명될 것이다(Gehart, 2014).

■ 개요: 당신이 최소한 알아야 할 것

체계론적 상담자는 항상 개인을 **원가족**(어머니, 아버지, 형제자매, 대가족), **핵가족**(배우자, 파트너, 아이, 입양자녀 등), 사회 공동체(교회, 이웃, 온라인 단체), 광범위한 사회 집단(게이/레즈비언 공동체, 민족 공동체, 지역, 나라, 국가 등)을 포함하는 본질적으로 더 넓은 **관계 체계**의 한 부분이라고 본다. 체계론적 상담자는 한 사람의 문제나 증상이 본질적으로 이러한 체계의 역동과 관련되어 있다고 말한다. 그러므로 한 개인의 우울증과 같은 증상은 이 시스템에서 '정상성(normalcy)'을 유지하려는 역할을 한다. **동시**에 체계론적 상담자뿐만 아니라 이러한 접근의 성공을 비난하는 사람들 또한 **병리학적이지 않다**는 입장을 고수하며, 그 체계 속의 사람 또는 그 체계 자체가 증상을 초래한다고 탓하지 않는다(Jackson, 1967). 대신에, 증상은 더욱 **중립적이고** 호기심에 찬 열정으로 마치 인류학자가 오래전 잃어버린 문화에 대해 이해하려고 노력하는 것처럼 시스템이 균형감 또는 **항상성**을 유지하는 것을 돕는 일련의 행동, 감정, 신념으로 간주된다. 간단히 말하자면 체계론적 상담자는 가족 구성원이 균형 있고 서로 연결되어 있다고 느낄 수 있도록 혹은 체계를 위한 증상이 요구되지 않는 새로운 관계 패턴을 찾도록 개인과 가족을 돕는 것이 자신의 역할이라고 보았다.

체계론적 상담자는 상담 분야에 있어서 선 수행자(Zen master)라고 할 수 있다. 그들의 개입은 겉으로 보기에는 논리적이지 않은 것처럼 여겨지지만 선문답 방식을 활용해서 사람들이 생각하게 한다. 많은 무술인들처럼, 그들은 증상에 대해 다룰 때 문제가 되는 행동, 생각이나 감정을 강제적으로 멈추려하기보다 그 에너지를 더욱 효율적인 방식으로 방향을 바꾸어 작업한다. 따라서 그들은 아들러학파나 인지 상담자가 그러하듯, 개인과 가족에게 관계를 잘 맺을 수 있는 방법에 관하여 재교육을 **하지 않는다**. 대신에 체계적 상담자는 다양한 방식으로 문제가 되는 행동 사건을 중단시키고 다시 지도하며, 종종 가족이 그들만의 새로운 방식의 반응을 발전시킬 수 있도록 한다. 그들은 두 가지의 기본적인 패러다임을 사용하여 가족을 개념화한다. (1) 가족 구조: 경계선, 위계, 하위 체계 (2) 체계론적 상호작용 패턴: 문제와 관련된 반복적 상호작용의 순환. 체계론적 상담자는 **강점 기반** 접근이며, 개인 또는 가족을 절대 역기능적으로 여기지 않고 오히려 갈등이 있는 개인이나 가족을 끊임없이 변화하는 상황적 요구에 적응하기 위한 상호작용 방식을 확장하는 데 도움이 필요한 사람들로 간주한다.

■ 핵심: 이 분야에서의 중요한 공헌

이 장에서 한 가지만 기억해야 한다면, 반드시 다음의 내용을 기억하라.

실연

아마도 상담자들은 가장 실용적이고 많은 연구가 되어있는 체계론적 개입으로 실연(enactments)을 이용해 증상으로 인해 어려움을 겪고 있는 상호작용을 더 효과적이고 만족스러운 상호작용 패턴으로 방향을 바꿀 것이다(Colapinto, 1991; Minuchin, 1974; Minuchin & Fishman, 1981). 당신이 어떠한 상담 모델을 선택하는지 상관없이 결국 당신은 실연을 익혀야 한다. 그 이유는 많은 부부와 가족이 상담자가 묻기도 전에 상담실에서 다툴 것이며 심지어 개별 내담자가 어떻게 올바르게 대화하는지에 대한 가르침을 받아야 할 필요가 생길 수 있기 때문이다. 그래서 상담자는 준비가 필요하다. 실연은 회기가 진행되는 동안 또는 대기실에서 발생하는 위험하고 어려운 상황을 다룰 수 있는 가장 좋은 방법 중 하나이다.

체계론적 상담자는 상호작용에 대한 이야기를 나누기 위해 실연을 선호한다. 왜냐하면 사람들은 가끔 자신들이 묘사하는 것과는 매우 다르게 행동하기 때문이다. 이것은 분명히 당신이나 나에게 해당되는 것이 아니라, 물론 단순히 가정하여 이야기하는 것이다. 이러한 모순은 사람들이 악의가 있거나 위선적이어서가 아니라 흔히 우리 행동이 외부에서는 어떻게 보여지는지 알 수 없기 때문에 나타나는 것이다(Minuchin & Fishman, 1981). 실연은 상담자가 가족 구조나 개인의 상호작용 패턴을 **발견하고, 찾아내고, 수정할** 수 있도록 하면서, 문제가 되는 상호작용의 연쇄 과정을 평가하고 대체하는 데 모두 사용될 수 있다.

경험이 많은 상담자일수록 단 몇 분 동안 개인이 문제를 이야기하거나 가족들이 상호작용하는 것만 보고도 금방 어떻게 경계선을 긋고, 다른 관계적인 구조와 실연해야 하는지 알 수 있다. 실연은 공감을 표현하거나 눈을 맞추게 하여 관여하는 것을 늘리거나 또는 부모가 회기 동안 자녀를 성공적으로 다룰 수 있게 도와줌으로써 부모 효과를 개선시키는 방법과 같이 복잡한 관계에서 더 뚜렷한 경계선을 생성하는 방식(예: 서로를 대변하여 끼어들거나 말하는 것을 못하게 하는 것)을 사용한다.

실연은 3단계에 거쳐 발생한다(Minuchin & Fishman, 1981).

1단계: 추적하기와 지도 그리기: 자발적인 상호작용의 관찰: 개인이나 가족과 함께 이야기를 할 때, 상담자는 강점과 능력뿐만 아니라 고양된 친밀감, 독립, 또는 통제에 대한 욕구와 같은 상호작용을 조정하는 것이 무엇인지에 대해 귀 기울이면서 내용과 비언어적인 행동을 지켜본다(Watzlawick, Bavelas, & Jackson, 1967). 내담자와 대화를 할 때 상담자는 언어적인 부분보다 실제적인 교류, 즉 회기 동안 한 것에 대해 더 자세히 추적한다(Colapinto, 1991). 관찰한 것, 대화의 내용, 비언어적인 행동에 대한 정보를 모아서 상담자는 가족의 경계와 위계에 대한 가설을 세운다(Minuchin & Fishman, 1981). 상담자가 가족 체계 내에서 변화가 필요한 영역을 확인하면 가족 구성원으로서의 개인, 또는 가족을 실연 활성화 단계에 초청하기 위해 준비된 것이다

2단계: 상호작용 이끌어내기: 초대: 상담자들은 두 가지 방법 중 하나로 실연을 하도록 초대를 한다. 상담자가 직접적으로 개인이나 가족에게 실제로 일어난 일을 실연하도록 요청하거나, 내담자가 자발적으로 다툼이나 정적을 유지하는 식으로 문제 있는 행동을 한다(Colapinto, 1991). 상담자는 내담자가 자발적으로 시작할 때에는 더 이상의 것을 할 필요가 없고, 그렇지 않은 경우에 문제를 '보여줄' 수 있도록 내담자를 초청하여 명백하게 문제를 설명해야 한다.

상호작용 이끌어내기

- 어제 무슨 일이 있었는지 재연해줄 수 있습니까?
- 그가 집에서 '반항'을 할 때, 무슨 일이 일어나는지 보여줄 수 있습니까? 실제 문제가 무엇인지 제가 알 수 있게 지난주에 발생했던 반항적인 상황을 여기서 실연해줄 수 있습니까?

실연은 개인이 마주한 일에 대해서 절반 정도만 실연할 수 있고, 다른 사람이 이야기한 것을 요약할 수 있다(인형을 사용하기도 한다). 실연을 활용하는 것은 매우 중요한데, 상담자가 각각의 가족 구성원과 작업할 때 다른 구성원을 비난하는 것에 동조하기 쉽기 때문이다. 아무것도 해결하지 않거나 더 상황을 나쁘게 만들지 않아도, 자기 자신의 역동에 책임지려 하지 않고 남을 탓하는 것은 많은 사람들이 가장 자주 쓰는 방식이다. 상담자는 내담자와 작업할 때 실연을 사용함으로써 내담자에게 영향을 미치는 체계 내에서의 유일한 요소에 초점을 맞춤으로써 조력자로서 상담자가 가족을 다룸에 있어 빠질 수 있는 공통적인 함정을 피할 수 있다.

3단계: 대안적인 소통방식으로 바꾸기: 여기까지의 실연 과정은 거의 같은 문제 패턴으로 상담자가 실제로 내담자에게 뭔가 다른 것을 할 수 있도록 도와주는 전 단계이며, 이는 개입했다고 하기는 힘들다. 따라서 이 단계에서 상담자는 경계선, 위계, 하위

체계, 그리고 다른 구조적 부분을 분명히 하여 상호작용 패턴을 바꾼다. 어떻게 상담자들이 확실히 상호작용을 바꾸는지는 1단계에서 평가된 특정한 역동에 의해 결정된다. 체계론적 상담자가 상호작용을 변화시키기 위해 가장 자주 사용하는 방법은 다음과 같다.

- 부모의 위계를 높이기: 상담자가 아닌 부모가 회기 동안 아이에게 한계를 설정하도록 지시하는 것
- 밀착 감소시키기: 각 구성원이 말하기를 마칠 수 있도록 허용하고 방해를 중단하는 것
- 유리 감소시키기: 부부가 다루기 어려운 주제에 대한 생각과 감정을 나눌 수 있도록 격려하는 것
- 삼각관계 줄이기: 두 명이 서로 직접 이야기하게 하고, 일반적으로 방해하는 삼자는 조용히 있게 하는 것
- 경계를 분명하게 하기: 삼각관계를 직접 재배열하면서 감정적인 친밀감을 높이거나 낮추는 것
- 개인이 가진 패턴 바꾸기: 다른 사람이 있다는 가정하에 요구나 반응의 패턴을 바꾸어 다시 전달하는 것

Minuchin & Fishman(1981)은 실연이 가진 몇 가지 장점에 대해 실생활에서의 새로운 행동들을 실천할 수 있도록 해주고 문제가 다른 사람들 때문이라는 오해를 없애며 문제 상황을 더 잘 해결할 수 있는 능숙함과 자신감을 높여주는 것을 포함한다고 하였다.

■ 큰 그림: 상담 과정의 개관

체계론적 상담은 정상성에 대한 이론을 바탕으로 다른 목표나 안건을 부과하지 않으면서 특정한 목표나 안건을 갖지 않고 상담자와 함께 호소 문제를 해결하는 것에 초점을 둔다. 체계론적 상담자는 개인 내담자와 함께 작업할 때 나타나는 문제가 개인의 문제이기보다는 관계적인 측면, 특히 상호작용적인 부분에서 나오는 것이라고 본다(Cecchin, 1987; Haley, 1963, 1973, 1987). 체계론적 상담자는 두 가지 측면을 통해 상호작용을 개념화한다. (1) 문제가 되는 상호작용의 연쇄 과정을 찾는다. (2) 경계, 위계, 연합을 포함한 가족 구조를 그려간다. 이 접근에서는 개인이나 관계 둘 다 '역기능'이라고 여기지 않는다. 대신에 문제를 누구도 탓할 수 없는 상호작용 연쇄 과정에서의 반복되는 교류를 통해 발생하는 행동의 일부분이라고 본다. 상담자가 체계 이론을 이해하지 못했다는 확실한 증거는 그들이 '역기능'이라는 단어를 썼을 때, 혹은 X라는 사람만 변화하면 이 체계에 있는 모든 나머지 사람들은 '괜찮다'라는 말을 했을 때이다.

초기 단계에 상담자는 문제를 둘러싼 행동 순서의 구체적인 이야기를 듣고 내담자가 어떻게 상호작용하는지를 관찰하면서 문제가 되는 행동을 발견한다. 가끔 상담자는 문제가 되는 상황을 실연하게 해서 이것을 해결한다(앞에서 나온 '요약' 참고). 상담자가 그 문제와 관련된 상호작용 패턴과 의미를 찾아낼 때 상담자는 많은 가능성 있는 개입 행동 중에서 하나를 선택하여 중단하고 변화시킨다. 반드시 고치려는 것은 아니다. 문제를 일으키고 있는 반복적이고 경직된 상호작용 패턴(변화에 저항하거나 반복적인 것이 아니라면 그것은 문제라고 볼 수 없다.)을 단순히 방해하는 것만으로도 본질적으로 자기 교정적이며 균형을 이루는 체계는 새로운 정보와 함께 어울려 손쉽게 변화할 것이다. 예를 들어, 어떤 남자가 배우자와의 잦은 언쟁에 대해 불평하는 경우, 상담자는 더 좋은 대화 기술을 교육하려 하지 않는다. 대신에 상담자는 그에게 간단하고 작은, 또는 개인적으로 상징적이거나 쉽게 해낼 수 있는 행동 변화와 같은 행동 하나를 하도록 함으로써 그 연속된 것을 중단하게 할 것이다. 예를 들어, 논쟁을 계획하여 주중에 아무 때나 한다든가, 상징적인 물건을 논쟁 도중에 건네주거나, 그렇지 않으면 상담자는 그들이 어떻게 비춰주는지 근본적으로 바꿀 수 있는 논쟁에 새로운 의미를 부여하기 위해서 실연하는 것을 제안할 수도 있다. 예를 들어 다투는 것이 다른 측면의 의미에서는 유대감을 세운다거나 사랑을 표현하는 특별한 방법인 것으로 해석할 수도 있다. 또 다른 선택으로는 내담자가 더욱 효과적으로 소통할 수 있는 새로운 방법을 찾도록 도와주기 위한 재구성이다. 위의 모든 변화와 전략은 문제가 발생하는 연속적인 것에 개입하며, 자기 교정을 허락함으로써 새로운 행동과 생각 및 행동을 유도한다.

상담자는 내담자에게 종종 어떠한 형식의 과제를 주기도 하는데, 이것은 때때로 문제의 체계론적 성격을 강조하는 인지적 재구성이나 특정한 행동 과제이다. 상담자는 매주 전 회기에 제시했던 과제를 점검하며 내담자의 반응에 따라 재구성하거나 다른 과제를 설계한다. 이 과정은 현재의 문제를 해결하기 위해 필요할 때까지 계속하며 이후 상담은 종료된다. 체계론적 또는 전략적 치료의 일반적인 흐름은 다음과 같다.

체계론적 상담의 과정

1단계: 상호작용의 연쇄 과정, 가족 구조, 관련된 의미를 평가하기: 체계 안에 있는 모든 사람의 행동과 반응 그리고 그와 관련된 뜻을 포함한 문제를 만드는 상호작용의 행동의 연쇄 과정을 확인하기. 경계, 위계, 하위 체계, 연합을 평가하기(뒤에 나오는 '사례 개념화' 참고).

2단계: 상호작용의 연쇄 과정을 중단시키고 재지향을 통한 개입: 재구성 기법 혹은 과제를 사용하여 상담자는 연쇄 과정을 방해하면 이를 통해 가족들은 개입에 대한 반응을 스스로 재조직할 수 있게 된다. 정신건강연구소(MRI)학파, 전략적 가족 치료, 밀란(Milan)학파, 구조적 가족 치료의 특정 학파 간 차이점은 주로 상호작용 연쇄 과정 개입을 선호하는 방식에

(계속)

있다. 일반적으로 현대의 임상가는 이 모든 체계론적 접근을 자유롭게 활용한다. 따라서 이 번 장에서 함께 소개될 것이다.

3단계: 결과와 내담자 반응을 평가하기: 개입 이후에 상담자는 내담자의 반응을 평가하고 이 정보를 다음 개입 회기를 설계하는 데 이용한다.

4단계: 새로운 패턴 중단: 이 단계에서 상담자는 새로운 패턴을 다른 개입을 통해 중단시킨다. 이것은 문제가 해결될 때까지 반복된다. 이는 행동 연쇄 과정에 끼어들고 가족이 재조직하고 반응할 수 있도록 하면서 문제가 해결될 때까지 계속된다.

관련 인물

가능하다면, 체계론적 상담자는 내담자의 관계 체계(relational system)를 평가하기 위하여, 내담자에게 가장 중요한 사람들(대부분 가족이나 배우자)을 상담에 참여시킴으로써 상담을 시작하는 것을 선호한다(Colapinto, 1991). 관계 체계가 평가된 후에 상담자는 특별한 목표를 이루기 위해 특정한 하위 체계와 개인을 만날 수도 있다. 예를 들어, 보통 부부 각자를 위한 회기는 부부와 부모의 하위 체계 사이의 경계를 강화하고 아이들이나 친척 관계 간의 세대 간 동맹을 단절하기 위해 필요하다. 개별적으로 볼 때 그래도 상담자는 가능한 한 **전체적인 관계 형성 체계**를 평가하며, 흔히 어떻게 이 체계에 속한 개개인이 문제를 포함한 다른 상황에서 반응 하는지를 찾아 낼 수 있는 **순환적인 질문**을 사용한다(뒤에 나오는 '개입' 참고).

■ 관계 형성하기: 상담 관계

합류

체계론적 상담자는 공감, 전이, 라포르 형성의 측면에서 상담 관계를 개념화하기보다, 의사소통이나 존중, 의미 만들기와 같은 명백한 규칙을 갖고 있는 체계에 합류하는 것을 인식함으로써 내담자와의 관계를 정립한다(Minuchin, 1974; Minuchin & Fishman, 1981; Minuchin &. Nichols, 1993). 체계론적 상담자는 언어적으로 공감을 표현하는 방식을 통해 내담자를 이해하기보다는 말하는 방식, 정서 표현 방식, 속도 등의 방식을 수용함으로써 체계에 '합류'한다. 정신건강의 역사적 맥락에서 상담 관계는 내담자의 의견을 반대하기보다는 다양한 문화적 집단에 적응 할 수 있도록 만들기 위해 수용하는 것이 근본적인 개념이다.

인류학자가 새로운 문화를 관찰하고 공부하는 것과 굉장히 유사하게, 체계론적 상담자들은 어떻게 그들이 의미를 만들고, 그들의 관계를 체계화하며, 권력에 대처하며, 문제를 해결하고, 사랑을 표현하고, 완강히 버티며, 즐기거나 아니면 인생을 헤쳐 나가는 방식에 대한 많은 궁금증을 가지고 내담자를 만난다(Minuchin, 1974). 합류하는 과정은 또한 새로운 춤을 배우는 것과 비슷할 수 있다. 그들이 빨리 말하는가, 천천히 말하는가? 그들은 다른 사람이 말할 때 끼어드는가, 아니면 잠시 기다렸다 말이 멈췄을 때 말하는가? 그들은 놀리거나 유머를 사용하는가, 아니면 사용하는 단어가 예의바르고 온화한가? 성공적인 체계론적 상담자는 특히 다양한 사람과 함께 일할 때 성공적으로 가족들과 합류할 수 있는 다양한 사회적 기술 목록을 가지고 있어야 한다. 이 장의 마지막 부분에 있는 사례 연구에서 상담자는 젊은 청년인 Billy와 합류한다. Billy의 어머니는 수족(Sioux)이다. 상담자는 직접적인 눈 맞춤을 하지 않으려는 Billy의 의견을 존중하면서, Billy의 종교적인 믿음을 포함해서 치료 계획을 실행한다.

체계에 관한 존중과 믿음

체계론적 상담자는 내담자가 체계를 이루는 한 부분이며, 세상을 이해하거나 아는 방식에 있어서 독특한 인식론을 가지고 있는 실체로 간주한다. 체계적 상담자는 내담자의 체계를 직접적으로 통제할 수 없다는 것을 충분하고 겸손하게 받아들이며, 변화를 강요하지 않으면서 그 체계를 스스로 새롭고 더 나은 방식으로 재조직할 수 있을 것이라는 신뢰를 가지고 있다. 대신에, 상담자는 체계가 그 자체로 재조직화될 수 있는 기회를 제공하며, 때때로 이러한 기회는 자주 존재할 수 있다. 상담자는 내담자를 '해결' 방법으로 이끌기보다는 체계가 변화하고 그 자체로 해결책을 자연스럽게 재조직할 수 있는 다양한 개입을 활용한다. 증상을 개인의 병리적 징후로 간주하지 않고, 목적이 있는 관계에서의 상호작용 결과로 간주한다. 당신이 집중을 하고 있었다면, 내가 이 부분을 반복하고 있다는 것을 눈치챌 것이다. 왜냐하면 이 제안을 완전히 이해하기까지는 오랜 시간이 걸리기 때문이다.

중립성

상상할 수 있겠지만, 당신이 방에서 어떤 사람과 작업하기 시작하면 내담자는 상담자에게 자신의 편을 들어줄 수 있도록 언어적 또는 비언어적인 방식으로 수없이 이야기할 것이다. '상담자님[윙크, 윙크] 어떤 사람이 ……을 하거나 느끼는 것을 건강하고 자연스럽고 정상이라고 생각하십니까?' 숨을 죽이고, 방에 있는 모든 사람이 당신이 어느 쪽에 가담할지를 보기 위해 당신의 반응을 기다린다. 고통스럽고 미끄러운 비탈길 같은 이런 상황이나 결백하게 대답해야 할 질문에 답하는 것은 좋은 상담 관계로 이끈다. 모든 초보 상담자는 몇 번씩 좌절할 것이라는 경고를 받지만 그래도 좋은 상담자가 되기까지 몇 번씩이나 더 좌절하게 된다.

이것을 알면, 상담자는 내담자와 함께 작업할 때 중립적 입장을 지지하게 된다(Selvini Palazzoli et al., 1978, 1980). 중립은 두 가지 방법으로 실행된다. 특정한 주제에 대해 어떤 한쪽의 편을 들지 않고 어떤 부분에도 속하지 않는 것과, 모든 관점을 존중하려는 의지를 가지고 다양한 관점을 수용하는 것이다.

기동성

기동성(maneuverability)은 상담자와의 동맹관계를 형성하는 데 있어, 가장 유연하며 적합하게 활용될 수 있으나, 체계론적 상담자는 이러한 접근을 활용하지 않는다. 체계론적 상담자들은 상담 관계를 정의하는 것에 대하여 개인적인 판단을 활용함으로써 신속하게 효과를 얻을 수 있는 자유를 의미하는 **기동성**을 높게 평가한다(Fisch, Weakland, & Segal, 1982; Nardone & Watzlawick, 1993; Segal, 1991;. Watzlawick, Weakland, & Fisch, 1974). 상담 관계를 정의 상황에 따라 (1) 특정 체계의 관계적 규칙, (2) 제시된 문제에 따라 상담자는 전문가의 역할을 할 수도 있고 또는 약자의 입장 역할을 할 수도 있다. 둘 중에 어떤 역할을 선택하는지는 내담자의 요구가 아닌 필요에 따라 다르다(아래 참고). 또한, 상담자는 체계를 바꾸는 데 필요하다면 내담자에 따라 다양한 역할을 맡을 수도 있다. 즉, 작업 단계에서 상담자는 다른 내담자에 따라 변화를 만들기 위해 다양한 관계적인 역할을 맡을 수 있다.

사회적 정중함

Haley(1987)는 상담의 초기 단계를 **사회적 단계**라고 표현한다. 초기 단계는 상담자가 일상적인 대화에 참여할 때, 날씨 또는 교통 상황과 같은 주제를 꺼내어 내담자를 더 편안하게 하려고 대화를 나눈다. "이 단계는 집에 손님이 왔을 때, 손님 대우를 하는 것과 비슷하다"(p. 15). 문제점을 이야기하기 전에 상담자는 모든 구성원들이이 제대로 인사를 나눴는지 확인해야 한다. 사회적 단계에서는 내담자들 사이의 상호작용과 분위기를 파악하여 문제점에 어떻게 접근할지를 평가한다(Haley & Richeport−Haley, 2007). 심지어 잠시 '일상적인' 평상시의 대화는 내담자로 하여금 그들이 권한을 가지고 있으며, 연결되어 있고, 관여하고 있는 느낌을 받도록 도와준다. 왜냐하면 상담 관계는 친숙함과 연관이 있기 때문이다.

자발성

자발성은 자연스럽게, 그리고 가식 없이 다양한 상황에서 흘러가게 하는 능력을 말한다. 하지만 자기 멋대로, 대담하게 아무것이나 말하는 것을 뜻하지는 않는다. 대신, 체계론적 자발성은 관계적으로, 그리고 관계적 규칙에 따른 내용적으로 적응하는 자기표현이다(Minuchin & Fishman, 1981, p. 3). 자동차를 운전하는 것이 점점 자연스러워지듯, 체계론적 자발성은 훈련 과정을 통해 체계를 잡아간다. 다른 말로 하자면, 상담자가 자연스럽게 다양한 치료적인 상황에 대응할 수 있는 능력을 증가시킨다.

관찰 팀

체계론적 접근의 가장 핵심에 해당하는 것으로, 상담자는 체계론적 패턴을 관찰하기 위하여 **관찰 팀**과 함께 작업한다. 훈련은 Bateson(1972, 1979) 팀의 초기 연구에서 발전했다. 이 팀은 초기에 반투명 거울을 이용해서 상담 회기를 주도하는 상담자를 관찰했고, 체계적 상호작용을 더 완성도 있게 관찰할 수 있었다. 왜냐하면 방에 있는 사람은 가족 체계와 더 밀착되어 상호작용을 전체적으로 보기 곤란해하기 때문이다. 누구든지 알 수 있는 것처럼, 거울 앞에 서 있는 사람보다는 그 뒤에 서있는 사람이 더 '객관적으로 잘 판단할 수' 있다. 거울 뒤에서는 거리가 있고 상호작용에 참여를 할 수 없기 때문에 보는 사람들로 하여금 단계를 더 분명하고 신속하게 볼 수 있게 해준다. 이 때문에 가족 상담자는 거울을 이용하여 훈련하는 이유가 체계론적 역동성을 보기 위한 능력을 더 발전시키기 위해서라고 말한다. 상담자가 밀착되어 있다고 해서 체계론적 역동성을 볼 수 없다는 것은 아니며 더 어렵고 많은 연습이 필요하다는 것이다.

■ 관점: 사례 개념화와 평가

체계론적 상담자는 다음과 같은 개념을 활용하여 개인, 부부, 가족과의 작업을 개념화한다.

1. 능력과 발달
   - 강점
   - 가족생활 주기 발달 단계
2. 체계론적 역동성
   - 상호작용적 패턴과 행동의 연쇄 과정
   - 관계 체계에서의 증상의 역할
3. 관계 체계의 구조
   - 하위 체계
   - 삼각관계 및 세대 간 연합
   - 경계
   - 위계
   - 상호보완적 패턴

강점

체계론적 상담자는 기본적으로 **강점** 기반의 관점을 가지고 있다. 그들은 내담자가 가진 강점에 초점을 맞추며, 개인이나 가족에 관해 '역기능적'이라고 명명하는 것에 강력하게 반대한다. 특히, 체계적 상담자는 종교적 신앙이나 평범하지 않은 취미와 같은 특별한 문화적 그리고 특유의 강점에 초점을 맞추어 개입을 설계한다(Minuchin & Fishman, 1981; Minuchin & Nichols, 1993; Watzlawick et al., 1974). Minuchin & Fishman(1981)은 심리학 분야의 연구에서 흔히 볼 수 있는 것처럼 각각의 가족 구성원이 가족을 적으로 여기는 것에 강력하게 반대한다. 대신에 상담자는 가족이 어떻게 서로 지지하고 보호하며 각 구성원을 위한 기반을 마련하는지 인식하도록 격려한다. 가족 강점은 개입을 설계하며, 증상 감소뿐만 아니라 개인의 목표와 가족의 성장을 촉진시키는 데 쓰인다(강점 평가의 자세한 내용은 2장 참고).

가족생활 주기 발달 단계

가족은 정적 체계가 아니라 발달의 예측 가능한 단계와 죽음, 이주, 이혼과 같은 예상치 못한 생활 사건에 대응하기 위해 지속적으로 성장하고 변화한다. 각 단계를 성공적으로 탐색하기 위해서는 각각의 가족 구성원이 변화할 수 있도록 발달적인 요구에 부합하기 위해 어떻게 상호의존성과 독립성 간의 균형을 맞출 수 있을지에 대한 변화가 필요하다. 가족 또는 개인과 작업을 할 때 체계적 상담자는 내담자의 발달적 욕구와 어려움을 더 잘 이해하기 위해 그들의 생활 주기 단계를 확인한다. 각 단계는 특정한 발달 과제와 관련되어 있다.

1. 출가: 독신 성인: 자기 자신을 위해 감정적·재정적 책임감을 받아들이는 것
2. 결혼: 새로운 체계에 전념, 가족과 친구와의 경계를 재편성
3. 어린 자녀가 있는 가족: 아이들에게 공간을 주기 위해 결혼생활을 조정하는 것, 육아 과제에 참여하는 것, 부모·조부모와의 경계를 재편성
4. 청소년 자녀가 있는 가족: 청소년의 자유와 책임감을 증가시키기 위해 부모 위계를 조정하는 것, 결혼 생활과 직업 생활에 다시 초점을 맞추는 것
5. 자녀를 내보냄: 부부 하위 체계를 재조정, 성인 대 성인 관계를 아이들과 함께 발전시키는 것, 늙어가는 부모와 함께하는 것
6. 노년기 가족: 세대 간 역할의 변화를 받아들이는 것, 능력의 상실을 받아들이는 것, 중요 역할을 하는 중간 세대, 노인의 지혜를 위한 공간을 만들어 주는 것

가족 구성원은 각 단계마다 각각의 가족 구성원이 지닌 성장 욕구를 지지하는 친밀감과 독립성의 수준을 정의하기 위하여 경계를 재조정해야 한다. 가족이 발달함에 따라 위계와 경계가 재조정되는 것이 실패할 때 다음 단계로 이동하지 못한다. 예를 들어, 아이가 태어난 후, 부부들은 신생아의 많은 요구를 그들의 난제에 추가함으로써 그들이 독립성과 상호의존성을 관리하는 방법을 근본적으로 재정립할 필요가 있다. 스펙트럼의 다른 종류로 이 장의 마지막에 있는 사례 연구에서는, Billy의 가족이 그가 고등학

교를 졸업한 이후에도 집에서 엄마와 살고 있는 것을 바꾸려 한다. 그의 가족은 재정적인 이유로 '독립'에 대한 정의와 실천을 제대로 하지 못하고 있다. 그리고 그 가족은 가족 생활 주기의 새로운 단계 적응에 어려움을 겪고 있다.

상호작용 패턴과 행동 연쇄 과정

개인 또는 관계 체계 내에서 작업할 때, 체계론적 상담자는 신중하게 증상을 둘러싼 행동의 연쇄 과정과 상호작용 패턴을 평가한다(Watzlawick, 1978; Watzlawick & Weakland, 1977). 상호작용 패턴의 평가는 증상에 내포되어 있는 가족 항상성의 규칙 내 행동 연쇄 과정을 추적하는 것을 포함한다. 상호작용 패턴의 순서는 4개의 일반적인 단계를 통해 추적된다. (1) 정상인 것(항상성), (2) 긴장 상승(초기 긍정적 피드백), (3) 증상을 보이는 감정과 행동(긍정적 피드백). 그리고 마침내 (4) 궁극적으로 정상으로 돌아오는 자기 조절(항상성). 증상에 따라서 이 순서는 몇 분이 걸릴 수도 있고 몇 달이 걸릴 수도 있다. 내담자는 보통 증상만을 묘사한다. 그러나 내담자는 증상만을 설명하지만, 초기 단계에서의 항상성에서부터 결국 다시 가족 항상성을 유지하는 것으로 귀결되는 증상을 추적함으로써 체계론적 상담자는 어떻게 개입하는 것이 효과적인지를 알게 된다.

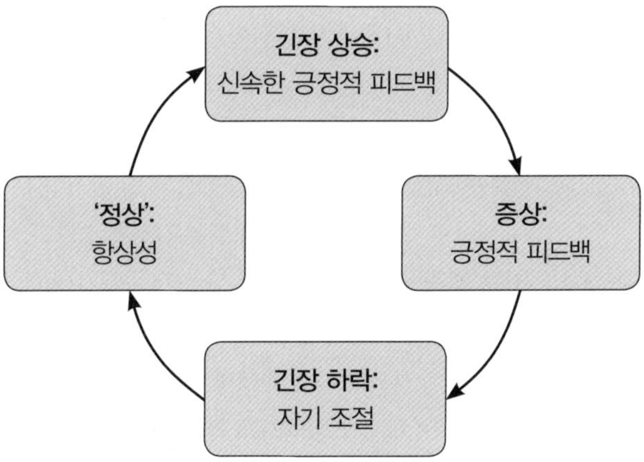

예를 들어, 내담자가 공적인 상황에서 불안함을 호소한다면 체계론적 상담자는 내담자가 '괜찮거나' 정상일 때의 행동과 상호작용을 관찰한 후, 불안감이 상승하는 행동, 전후 사정, 관계적 상호작용과 그녀가 불안함을 느낄 때 어떻게 행동을 하며, 다른 사람들이 어떻게 반응하는지 확인하고, '괜찮아지거나' 다시 정상으로 돌아올 수 있을 때까지 하는 행동과 상호작용을 추적한다. 이와 비슷하게 말다툼하는 부부와 작업할 때 상담자는 처음에 무엇을 할 때 사이가 좋은지, 긴장이 상승할수록 각각 무엇을 하는지, 언쟁 중에 서로에게 어떠한 말을 하는지, 그리고 어떻게 다시 '정상'으로 돌아오는지를 묻는다.

체계론적 상담자들은 실제 상호작용을 관찰하는 것 외에도 몇 차례의 질문을 하여 상호작용 패턴 연쇄 과정을 평가한다. 예를 들어, 반항적인 아이의 부모와는 관찰하는 것을 넘어서 상담자는 다음과 같은 질문을 할 것이다. '문제가 되는 사건이 일어나기 전에 무슨 일이 일어났습니까? 개개인이 어떤 말을 하고 행동을 했습니까? 아이가 어떻게 반응을 했습니까? 부모를 포함한 주변인들이 반항하는 아이에게 어떻게 반응했습니까? 아이는 이것에 어떻게 반응합니까?'

상호작용 연쇄 과정을 평가하기 위한 질문

- 상담자는 '정상적인 삶'에 대해 현재 문제와 관련하여 질문한다.
  예: '당신이 정상(괜찮거나 좋거나 등)이라고 느낄 때는 어떻습니까?'
- 상담자는 내담자에게 이러한 점이 명백하지 않을 경우, 어떻게 문제가 시작되는지 물어보고, 전후 사정과 그 증상을 일으키게 하는 계기를 알아본다.
  예: '불안함을 느끼기 전에 일반적으로 어떠한 일이 일어나는지 말해보세요. 그리고 불안이 궁극적으로 어떻게 시작됩니까? 특정한 상황이나 특정한 사람과 있을 때 일어납니까?'
- 상담자는 증상을 포함하는 행동 연쇄 과정을 물어본다.
  예: '그래서 당신은 불안이 극심해질 때 어떠한 행동을 합니까? 어떤 종류의 대화가 머릿속에서 떠오릅니까? 어떻게 다른 사람들이 당신에게 반응합니까? 당신은 어떻게 그들에게 반응합니까? 그 다음엔 무슨 일이 일어납니까?'
- 상담자는 '정상'이나 항상성으로 되돌아가기 전까지 왔다 갔다 하는 상호작용 패턴을 추적한다.
  예: '어떻게 모든 것이 정상으로 돌아갑니까? 당신이 무언가를 해야 합니까? 어떤 사람이나 무엇이 도움을 줍니까? 이것이 대부분 같은 방식으로 항상 일어납니까?'
- 상담자는 체계 내에 중요한 다른 요소가 문제 상황에 어떻게 반응하는지 확인한다.
  예: '이 불안증에 다른 사람들이 영향을 받습니까? 그들은 그 당시 혹은 그 이후에 어떻게 반응합니까? 당신은 그들에게 어떻게 반응합니까?'
- 상담자는 모든 체계가 명백하게 '정상'으로 돌아오기 전까지의 상호작용 패턴 평가하는 것을 계속한다.

SELF 스스로 해보기

짝을 찾거나 종이에 펜을 놓고 당신의 현재 당신의 삶 속에서 상호작용 문제에서의 상호작용 연쇄 과정을 묘사해보라. 상호작용이 '정상'으로부터 긴장 상태와 갈등·증상까지의 상호작용과 다시 '정상'으로 돌아오기까지를 추적해보라.

증상의 역할

체계론적 상담자는 증상이 관계의 항상성과 정상적인 상태를 유지하도록 돕는다고 여긴다(Colapinto, 1991). 증상은 정상적인 상태를 유지하기 위해 몇 가지 방법으로 도움을 준다. 몇 가지만 언급하자면, 정서적 친밀감을 제한하는 것, 신체적인 거리를 만드는 것, 유대감을 강요하는 것, 주의 분산을 만드는 것, 또는 발달에 따른 변화를 지연시키는 것이 있다. 심지어 증상은 원하지 않는 상황에서도 더 괴로운 상황을 예방하고 최소화한다. 예를 들어, 공공장소에 가는 것을 두려워하는 것(광장공포증)은 다른 여러 책임을 회피하고 타인과 크게 거리를 두면서, 선택을 거의 하지 않는 것과 강제적으로 연관지어진다. 체계론적 상담자는 증상을 유지시키는 사람 또는 환자로 지목된 사람(IP)만이 개입의 유일한 자원으로 여기지 않으며, 그 대신에 가족 상호작용 패턴을 개입의 대상으로 삼는다. 이 장의 마지막에 있는 사례 연구에서 Billy의 음주와 우울은 그의 의존적인 상태와 어머니가 돌보는 역할을 유지하도록 돕는 가족 항상성의 일부로 여겨진다.

하위 체계

Minuchin(1974)의 구조적 가족 치료 이론을 활용하여, 체계론적 상담자는 가족을 다수의 하위 체계로 이루어진 하나의 체계로서 개념화한다. 특정 하위 체계는 모든 가족에게 존재한다. 부부, 부모, 형제자매, 그리고 각 개인으로 구분되는 하위 체계이다. 게다가 어떤 가족은 영향력 있는 하위 체계가 성별, 취미, 흥미(예: 스포츠, 음악 등), 심지어 성격(예: 진지함 또는 재미 추구)에 따라 발달한다. 내담자의 가족을 평가할 때(2장 참고), 가장 중요한 하위 체계의 주제는 아래와 같다.

- 부모와 부부 하위 체계에 분명한 차이가 있는가?
- 부모와 자녀의 하위 체계에 분명한 경계가 있는가? 그 대신에 효과적인 부모의 위계가 있는가?
- 하위 체계를 따라 가족이 구분되는가?

많은 부부는 부모의 하위 체계로서 자녀를 돌보는 것에 많은 에너지를 쏟고 남은 것이 없기 때문에 부부가 구별 짓는 것에 대해 도움을 필요로 한다. 부모는 흔히 위계를 설정하여 부모와 자녀의 하위 체계를 구별할 때 도움을 필요로 한다(아래 참조). 또한, 많은 하위 체계는 세대 간의 연합과 같이 조정이 필요한 도움이 되지 않는 역동을 일으킨다.

삼각관계와 세대 간 연합

하위 체계 중 하나인 삼각관계(Bowen, 1985)는 특히 세대 간 연합의 형태에 손상을 준다(Minuchin & Fishman, 1991; Minuchin & Nichols, 1993). 삼각관계는 제3자가 양자관계에 긴장을 감소시키기 위해 개입된 어떠한 관계에서든 형성된다. 흔히 양자관계에서 한 사람의 편을 들며 '신뢰'의 방식으로 다른 사람에게 맞서는 친구나 가족 관계로 나타날 수 있다. 세대 간 연합은 다른 부모나 다른 주요하게 돌보는 사람을 맞서는 부모와 자녀 사이에서의 삼각관계를 말한다. 이것은 매우 흔한 가족 역동으로 한 부모가 다른 부모에게 맞서기 위해 한 명 또는 여러 명의 자녀를 자기편에 서게 하며, 자녀 편에 서서 논쟁을 하고, 은밀하게 자녀를 이용하거나 단순히 부모 자녀 관계로 더욱 속해지기도 한다. 이혼에서 이러한 패턴은 매우 보편적인데, 이는 부모가 상대 배우자를 반대하는 연합을 만들기 위하여 다투는 것이다. 삼각관계는 명시적이거나 순조롭게 확인할 수도 있지만 은밀하며 직접적으로 가족 내에서 이야기하거나 말하지 않는다. 그러나 삼각관계는 부모와 자녀 사이의 비밀('엄마/아빠에게 말하지 마라.') 혹은 자녀를 칭찬하고 다른 배우자를 폄하하는 말에 의해 분명하게 드러난다.

경계

경계는 관계 패턴과 체계 안에서 관계를 맺는 규칙을 뜻한다. 각 개인의 가족은 그들의 가족과 밀접하게 연관된 특별한 방식의 경계가 있다. 그것은 문화적, 사회경제적, 성별, 교육적, 그리고 그 외의 배경적인 변수들이다. 처음에 경계를 평가할 때 그들은 '아주 강하거나 아주 약한 것'과 같이 이차원적으로 본다. 그러나 그들과 작업을 하면 할수록 당신은 처음에 봤던 것보다 그들이 훨씬 더 복잡하다는 것을 알게 된다. 하지만 간단한 이차원적 의미로 시작해보자.

경계는 친밀감, 거리, 위계, 그리고 가족 역할의 규칙을 정의하고, 가족 구성원 사이의 육체적, 정신적 거리를 조정하기 위한 규칙이다(Minuchin & Fishman, 1981). 고정된 것으로 느낄 수도 있지만 이것은 유기적인 생활과정이다. 체계론적 상담자는 세 가지 기본적인 유형의 경계를 확인한다.

- **명확한 경계:** 명확한 경계는 '정상적인' 경계의 범위를 뜻한다. 이것은 각 개인이 분명한 정체성 의식을 유지하는 동시에 다른 사람들과의 가까운 감정적 접촉을 가능하게 한다(Colapinto, 1991). 각 문화는 적절한 표현과 독립성, 상호의존성의 수준을 규정하는 '정상적인' 경계의 범위를 뜻한다. 예를 들어, 어떠한 문화에서는 다른 문화보다 더 많은 신체적 공간이 분명한 경계를 대표한다. 그리고 이 문화를 가진 가족 내에서는 정상적으로 여겨지는 넓은 방식의 표현방식을 가지고 있을 수 있다. 이런 똑같은 규칙이 다른 문화에 적용된다면(예: 미국 어디든지) 정상적인 경계가 새로운 맥락에서는 '정상'이 아닐 수 있다. 따라서 이민자와 다인종 가족은 그들이 살고 있는 다수의 세계에서 방향을 찾기 위해 더욱 복잡한 경계 역동을 가지고 있다.
- **밀착되고 혼돈된 경계:** 경계가 흐리거나 혼돈되고 약하다면 관계적 밀착을 발생시킨다. 이것은 구성원 간 분명하게 구별되는 것이 부족한 것과 개인의 자율성이 희생되면서 강한 상호 관계와 유대감에 의해 밀착된다(Colapinto, 1991). 밀착된 가족과 대화를 할 때, 상담자는 특히 가족 구성원들을 잘 살펴본다.

- ○ 서로를 방해하거나 대신 말하는 것
- ○ 독심술과 추정하는 것
- ○ 높은 수준의 보호와 지나치게 걱정하는 것을 고집하는 것
- ○ 개인의 욕구를 위한 충성을 요구하는 것
- ○ 의견 충돌이나 차이점이 있을 때 위협적으로 느끼는 것

당신은 어떻게 가족과 문화적 차이를 분류하고 특정한 관계가 명확하거나 밀착된 경계를 가지고 있는지 알 수 있을까? 답은 간단하다. 가족과의 상호관계에 있어서 한 명 또는 더 많은 구성원에 대해 불평하는 증상과 문제가 있다면 현재의 발달 단계와 맥락에서 경계선이 너무 밀착됐다는 것이다. 그러므로 한 문화적 맥락에서 문제가 되는 경계를 가진 행동은 다른 문화적 맥락에서도 분명히 나타날 수 있다. 이것은 가족들과 상담자가 이민자와 이중문화 가족의 관계적 규칙을 분류하는 것을 어렵게 만든다. 왜냐하면 실제로 하나보다 더 많은 문화적 맥락이 존재하기 때문이다(Minuchin & Fishman, 1981). 내담자에게 고의적으로 지배적인 문화에 관한 규준과 심리 이론을 적용시키는 것을 방지하기 위해 상담자는 어디서 어떻게 경계에 문제가 있는지 확실히 평가하는 것을 주의 깊게 천천히 진행해야 한다. 일반적으로 어떠한 경계 패턴은 드러나는 불평을 해결하기 위해서 재교섭되어야 하기 때문에 초기 단계의 상담에서는 뚜렷한 경계가 흔하지 않다.

- **유리되고 경직된 경계**: 경계가 매우 경직될 때 이것은 관계적 유리라는 결과를 가져온다. 경직된 경계를 가진 가족들은 자율성, 감정적 연결보다 독립을 중요하게 여기며 신체적이기보다는 정서적인 고립을 불러일으킬 수 있다(Colapinto,1991). 이러한 가족들은 과도한 유리 성향을 가지고 있고, 서로에 대한 지원과 보호를 하지 못하게 된다. 유리된 가족과 작업하는 상담자는 다음과 같은 점을 발견한다.
  - ○ 문제에 대한 영향과 반응의 부족
  - ○ 거의 모든 구성원들이 자신들이 원하는 대로 할 수 있는 중요한 자유
  - ○ 약간의 충성, 애정, 또는 몰입에 대한 태도를 요구
  - ○ 지속적으로 상호작용과 참여를 대체하는 병렬적 상호작용 (예: 한 방에서 서로 다른 활동을 하는 것)

  밀착된 경계와 같이, 경직된 경계 또한 문화적, 발달적 요소를 고려하지 않고서는 정확하게 평가될 수 없다. 높은 수준의 독립성은 한 명 이상의 사람들이 증상을 경험하지 않는 이상 문제로 여겨지지 않는다.

위계

나에게 고통스럽고 충격적인 사실은 초기 상담자로서 거의 모든 어린이들의 행동 문제가 비효과적인 **부모 위계**나 적어도 위계 문제가 다뤄질 때 굉장히 호전된다는 것을

믿기까지 오래 걸렸다는 것이다. 부모 위계는 부모와 어린 자녀 간의 힘의 차이와 어린 자녀의 행동을 다룰 수 있는 능력이다(Colapinto, 1991; Minuchin, 1974; Minuchin & Fishman, 1981). 부모 위계에는 세 가지 기본적인 유형이 있다.

- 효과적 위계: 효과적인 부모 위계는 두 가지로 나타날 수 있다. (1) 부모가 효과적으로 경계와 한계를 설정할 수 있는 것, (2) 자녀와의 정서적 유대감을 유지하는 것. 좋든 나쁘든 자녀는 계속 변한다. 그렇기 때문에 어떤 부분에서의 효과적인 부모 위계 행동이 다른 부분에서는 불가능할 수도 있다. 그래서 자녀가 자랄수록 부모는 지속적으로 변화해야 하며 균형을 잡아야 하는데, 이 두 가지 역할을 하는 것이 쉽지 않다.
- 불충분한 위계: 흔하게 행해지는 양육 패턴인, 불충분한 부모 위계는 부모가 아이의 행동을 효과적으로 관리하지 못함을 의미한다. 이것은 허용적 양육 방식이라고도 할 수 있다. 이러한 가족은 부모가 그들의 자녀가 폭발하거나 문제를 일으키는 행동을 하지 못하도록 하는 데 충분히 영향을 주지 못한다. 보통 이러한 부모는 상담자가 자녀에게 규칙을 따르며 공손해지고, 책임감을 가지도록 '교육'하기를 원한다. 하지만 이것은 헛된 바람이다. 어른은 효과적인 위계를 자녀와 함께 만들어야 한다. 이것은 부모, 교사, 의붓 부모를 포함하며, 상담자도 마찬가지이다. 사실, 한 명의 부모가 효과적인 위계를 가지고 있고 다른 한 명은 그렇지 않은 것이 가장 흔한 경우이다. 그래서 효과적인 위계를 만드는 것은 자녀보다 어른에게 더 책임이 있다는 것을 입증한다. 경계와 비슷하게 효과적으로 노출되는 표현과 불충분한 위계는 문화적 맥락, 가족 발달 생활 주기, 증상적인 행동으로 알아낼 수 있다.
- 과잉적 위계: 불충분함과 대조를 이루는 다른 한편의 극단에 있는 양육은 부모가 지나치게 발달적으로 엄격하거나 비현실적인 규칙을 유지함으로써 효과적이지 못한 과도한 위계이다. 이 경우는 결과적으로 결코 효과적일 수 없다. 자녀는 그들이 저항하려고 결심하기 전까지 정서적 친밀감을 포기하면서까지 좋은 행동을 하려고 한다. 이러한 부모는 나이에 적합한 규칙을 만들어내고 자녀와 더 강력한 정서적인 결속력을 발전시키는 것에 대한 도움이 필요하다.

상호보완적 패턴

체계론적 상담자가 가장 명확하고 절묘하다고 평가하는 분야 중 하나인 상호보완적 패턴은 관계 체계에서 확실하게 반대의 역할을 하도록 하는 것과 연관이 있다(Colapinto, 1991). 조각 그림 맞추기와 같이 개인은 그들의 부부, 가족, 그리고 조직적 관계에서 상보적 역할을 발전시킨다. 과하게 기능하는 사람/부족하게 기능하는 사람, 착한 자녀/나쁜 자녀, 허용적인 부모/엄격한 부모, 논리적/정서적, 역할 모델/반항 등이 있다. 체계론적으로 형성된 역할은 다른 맥락에서 역동이 표출되지 않더라도, 특정한 관계 내에서 변하지 않는 유전적인 성격 특성으로 보인다. 이러한 역할이 더 과장되거나 경직될수록 더 많은 문제가 발생한다. 관계를 맺기 이전에 그들이 변화할 수 있다는 사실에 대한 근거를 가지고 있음에도 불구하고 몇 년이 지나도 연관된 개인들은 그들이 다르게 행동할 수 있다는 것을 믿지 않는다. 체계론적 상담자의 가장 두드러진 특징 중 하나는 그들이 엄격한 상호보완적 패턴의 특성을 개인의 성격에 집중하기보다는 체계론적 역동의 한 부분으로서 알아채고 내담자를 그 이상으로 도울 수 있다는 것이다.

■ 변화를 목표하기: 목표 설정

체계론적 목표를 설정하는 4단계

단기 정신건강연구소(MRI) 접근에서, 상담자는 '문제는 시도된 해결책이다.'라는 격언에 기반을 두고 목표를 설정하는 4단계의 과정을 사용한다. 이것은 내담자가 잘못된 종류나 유형의 해결책을 사용하고 있었다는 것이 문제라는 것을 의미한다(Watzlawick et al., 1974). 상담자의 업무는 작동하지 않는 해결방법의 종류를 찾아내고 어떠한 것이 선택 가능한 논리나 전제를 통한 해결방법을 보여주는지 알아내는 것이다. 예를 들어, 한 사람이 통제하고 관리하려는 노력을 통해 걱정을 줄이려고 하는데, 이러한 시도가 실패한다면 상담자는 특정한 시기에 걱정을 하게 걱정 자체를 충족시키게 하는 것과 같이 통제하기 위한 대안적인 논리와 해결방법을 찾아낸다(뒤에 나오는 '역설적 개입' 참고).

체계론적 목표를 설정하는 것은 분명한 4단계를 포함한다.

1단계: 확실하게 문제 정의하기: 모든 행동과 반응을 포함하고 있는 문제에 대하여 구체적이고 행동적인 형태로 정의하기. 체계론적 상담자가 '저는 걱정을 너무 많이 해요.'라는 말을 들으면 상담자는 정말 의미 있는 문제에 대한 진술을 듣지 못한 것이다. 이 상황에서의 상담자의 역할은 내담자가 행동적이고 명확하게 문제 진술을 하게 하는 것이다. '회사에서 중요한 프로젝트를 맡으면 저는 자기 전, 통근할 때, 그리고 다른 프로젝트를 할 때도 생각을 하게 됩니다. 제가 천 가지 질문을 상사에게 하면 그녀는 저를 귀찮아해요. 저는 배우자와 저녁을 먹으며 이야기할 때 제 자신을 추측하고 그녀는 제가 잘하고 있다고 안심시키려 하지만 저는 그녀를 믿지 않습니다. 왜냐하면 그녀는 그냥 제 기분을 좋게 해주려고 하는 말이기 때문입니다.' 이렇게 얘기한다면 이것은 확실한 문제이다.

2단계: 이전에 시도한 해결방법 확인하기: 지금까지 시도했던 해결방법들을 확인하기. 상담자가 '이 문제에 대응하기 위해 어떤 시도를 했습니까?'라고 질문하고, 다양하게 시도된 해결책의 패턴을 들어보기(예: '저는 제 자신에게 그만 걱정하라고 하지만 멈출 수가 없습니다. 다른 사람이 안심시켜줘도 그들도 믿지 못하겠습니다'). 겉으로는 명백한 것처럼 보이지만 시도됐던 실패한 해결책은 성공적이지 않아 보통 기억되거나 중요하게 여겨지지 않기 때문에 대체적으로 자발적으로 언급되지 않는다.

3단계: 얻고자 하는 변화를 명확하게 기술하기: 변화되어야 할 영역을 행동적 용어로 기술하기. 체계적 상담자는 목표를 적는 것을 매우 중요하게 여긴다. 어떤 말들로 목표를 표현하느냐는 개입의 중요한 부분이다. 체계적 목표가 행동적 변화에 대해 확실하고 주의 깊게 기술되지 않으면 실패할 가능성이 높다. Watzlawick과 동료들(1974)은 도움이 되는 목표에 대한 세 개의 특징은 현실적, 구체적, 시간제한적이라는 것을 발견하였다.

- 현실적: 체계론적 상담자는 내담자가 전문적인 도움을 통해 이룰 수 있다고 생각하는 그림의 떡, 이상적인 목표를 잡는 것을 방지한다. 예를 들면, 항상 행복하기, 배우자와 절대 싸우지 않기, 또는 자녀가 항상 말을 잘 듣는 것들이다. 사람과 연관되면 항상 그리고 절대적이라는 것은 현실적 목표가 될 수 없다. 대신, 상담자는 내담자가 바랐던 행동의 '빈도를 높이는 것'과 바라지 않았던 것들의 빈도를 줄이는 것과 같은 방식으로 내담자의 목표를 개발시키는 것으로 돕는다. 많은 내담자에게 현실적인 목표를 받아들이는 것은 변화에 있어서 중요한 과정이다. 보통 현실적인 목표를 잡는 것만으로도 개선되기도 한다.
- 구체적: 목표는 '대화를 더 잘하기', '더 행복하기', 또는 '느긋해지기'와 같이 불분명한 의도가 아닌 확실한 행동과 상호작용에 초점을 맞추어야 한다. 불분명한 목표는 잘못된 희망을 만들고 상담자의 효과를 감소시킬 수 있다. 대신, 목표는 그것을 이루었을 때 알기 쉽도록 글로 쓰여야 한다. (예: '회사에서 자신의 요구를 주장하는 것을 늘리기' 또는 '친구들과 보내는 시간을 늘리기')
- 시간제한적: 체계론적 상담자는 분명한 시간제한(예: 4주나 4개월 안에 목표를 달성하기)을 두어 내담자와 상담자가 더 집중하고 동기부여하는 것을 돕는다. 시간제한을 사용하는 것은 현실적인 기대를 하도록 돕는다. 시간제한에 맞추지 못하면 체계적 상담자는 이것을 평가되지 않은 역동, 알맞지 않은 상담 체계, 잘못된 개입, 또는 비현실적인 초기 목표와 같이 어떤 것이 잘못됐으며 그것에 대한 요구를 드러내는 평가로 본다.

4단계: 체계론적 치료 계획 개발하기: 변화를 달성하기 위한 '체계론적 원리'를 기반으로 계획을 개발하기. 계획을 발전시킬 때, 체계론적 상담자는 다음 두 가지 기본적인 원칙을 사용한다.

- 변화의 목표는 시도한 해결책이다. 이것은 새로운 논리적 전제가 사용되었다는 뜻이다.
- 억지로 행동을 통제하려고 하는 것보다 어떠한 방식으로든 새로운 논리를 허용한다.

- 변화의 전략은 내담자 자신의 언어를 사용하는 것으로 내담자의 현실적 관점에서 직접적으로 말하는 것이다.
- 내담자가 운동 분야에 관심이 있다면 스포츠와 관련된 은유법이 쓰일 수 있다.

치료 계획을 설계할 때, 체계론적 상담자는 문제를 해결하는 데 있어서 상식적인 논리나 기본적인 심리교육을 절대 사용하지 않는다. 이것은 인지행동 이론이나 아들러학파 상담에서 사용되는 접근의 한 종류이다. 대신, 체계론적 상담자는 내재된 자기 조정 능력을 사용하여 스스로 체계를 재구조할 것이라고 믿으며, 상호작용 패턴을 변화시킨다. 상담자의 역할은 부드럽게 체계에 맞는 방향을 알려주는 것이다. 이것은 전에 시도된 해결책과는 반대되는 특성이다.

체계론적, 구조적 목표

체계론적 상담자는 내담자를 위한 기본적인 목표를 대상으로 하며, 이러한 목표는 일반적으로 (1) 체계론적 역동, (2) 가족 구조를 위한 목표로 분류된다(Colapinto, 1991; Madanes, 1981, 1991; Minuchin, 1974; Watzlawick et al., 1974).

체계론적 역동을 위한 일반적인 목표

- 나타나는 증상들 없이 유연한 상호작용과 행동 패턴을 유지하는 관계 패턴을 개발하기
  예: 뒤쫓거나, 거리를 두는 사람의 패턴을 줄이고 높은 수준의 친밀감을 견디는 능력을 상승시키기

관계적 구조를 위한 일반적인 목표

- 내담자의 문화적 맥락 내에서 적절한 친밀감과 개별화를 가능하게 하는 모든 하위 체계의 분명한 경계 설정하기
  예: 내담자와 어머니 사이의 친밀함을 줄이고, 내담자가 독립적으로 결정할 수 있는 능력을 증가시키게 하기
- 부부·커플의 하위 체계와 부모 하위 체계 간의 분명한 차이(자녀가 포함되어 있는 경우)
  예: 부모와 부부 하위 체계의 구분을 증가시켜 정서적 친밀감과 동반자 관계의 결속력 상승시키기
- 효과적인 부모 위계와 세대 간 연합을 끊기(자녀가 포함되어 있는 경우)
  예: 부모 위계와 일관성 있는 양육의 효과성을 증진시키고 한계를 강화하기
- 개인과 관계의 성장과 발달을 증진시키는 관계적 구조
  예: 아버지와 정서적 접촉 증가하기

■ 실천: 개입

실연과 수정된 상호작용(앞에서 나온 '핵심' 참고)

체계적 재구성

가장 자주 사용되는 개입 중 하나로, 체계론적 상담자는 문제를 바라보는 새로운 틀을 권장하며, 개인의 상호작용과 문제에 관련된 행동적 패턴을 변화시키고 **체계적 재구성**을 사용한다(Colapinto, 1991; Minuchin, 1974; Minuchin & Fishman, 1981; Watzlawick et al., 1974). 체계론적 상담자는 다른 형식의 상담과 그들의 일을 구분하는 매우 특별한 방식으로 문제를 재구성한다. 특히, **체계적 재구성은 어떻게 내담자의 증상이 더 큰 상호작용 패턴의 일부인지 밝혀준다.** 예를 들어, 한 사람의 염려가 유대감을 만들어내며 다른 사람들의 동정을 유발한다면, 체계적 재구성은 재구성 안의 이러한 역동을 강조할 것이다.

체계적 재구성은 호혜성 상호작용에 집중하고, 이것은 A의 영향이 B의 반응에 영향을 준다는 의미로 A의 반응은 또 다른 사람에게 영향을 주며 **무한적으로** 연결된다. 이 과정은 (1) 내담자와 문제가 되는 상호작용 연쇄 과정과 관련된 다른 사람들과의 상호작용 패턴을 조립하고, (2) 재구성하여 더 넓은 체계론적 역동이 드러나도록 한다.

체계적 재구성을 발생시키는 방법

1. **더 넓은 상호작용 패턴 평가하기:** 상호보완적인 관계, 위계, 경계 등
   예: 상담자는 영웅·도움이 필요한 여성 패턴을 평가한다. 한 여성의 남편은 자신의 조증 삽화 때 두려움을 느낀 아내를 위해 집안일과 다른 부수적인 일을 감당한다. 그가 이렇게 하면 할수록 그녀는 할 수 있는 것이 더 적어진다.
2. **문제를 체계적 틀 내에서 다시 기술하기:** 상호작용 패턴을 이용하여 더 큰 맥락에서 문제를 기술한다.
   예: 상담자는 상황을 재구성할 수 있다. '조증이 재발할 것에 대한 당신의 두려움과 남편의 두려움이 당신이 싫어하는 가사의 많은 부분, 즉 요리나 청소, 아이들 숙제 봐주는 것, 청구서 내는 것 등을 남편이 하게 하는 결과를 가져왔어요. 이런 과제를 피하기 위해 조증 삽화가 재발하는 것에 대해 걱정하는 것에 머물러 있다면, 당신이 나아지기 위해서는 다루어야 되는 새로운 문제가 생기는 겁니다.'

SELF 스스로 해보기

체계적 재구성을 사용하여 당신의 생활 속에서 서로 다른 상황이나 문제를 다루어보라. 그 '문제'를 경험함으로써 받는 영향에 주목해보라.

순환 질문

두 명 이상의 내담자와 작업할 때 순환 질문은 주된 개입으로서 사용되어야 한다. 이것은 개인들과 다른 사람들에 대해서 이야기하면서 작업할 때(특히 불평을 이야기할 때) 유용하다(사실상 모든 내담자가 이에 포함한다고 추측된다). 밀란학파에 의해 개발된 순환 질문은 품격 있고 효과가 높은 기술이며, 이것은 동시에 상호작용 패턴을 평가하면서 재구성한다. 따라서 이것은 두 마리 토끼를 잡는 평가와 개입의 조합이다. 순환 질문은 체계론적 역동과 그 체계의 상호작용 패턴에 공공연하게 개입한다. 그리고 이렇게 함으로써, 상담자가 직접적으로 재구성을 제안할 필요 없이 모든 참여자가 본질적으로 문제를 **재구성**하게 한다(Boscolo, Cecchin, Hoffman, & Penn, 1987; Selvini Palazzoli et al., 1978; Selvini Palazzoli, Boscolo, Cecchin, & Prata, 1980). 그것은 아마 직접적으로 직면하지 않고 인정하고 싶지 않은 패턴을 가진 내담자에게 '직면'은 상담자가 쓸 수 있는 아마 가장 효과적인 방법일 것이다. 대신, 내담자는 그 질문에 답하면서 자신의 패턴을 드러내게 된다. 다른 사람을 믿지 않는 것보다 자기 자신을 믿지 않는 것이 항상 더 어렵다.

순환 질문(Cecchin, 1987)은 다음과 같은 구체적 유형을 포함한다.

- **행동적 연쇄 과정 질문**: 이 질문은 문제를 만드는 행동의 전체적인 과정을 추적한다. 예를 들면, '당신이 우울해지기 시작할 때 첫 번째로 나타나는 증상은 무엇입니까? 그 다음에 당신은 무엇을 합니까? 다른 이들은 무엇을 보고 어떻게 반응합니까? 그들에게 어떻게 반응합니까? 다음에는 어떤 일이 일어납니까?' 상담자는 항상성이 회복될 때까지 상호작용의 연쇄 과정을 따른다.
- **행동적 차이 질문**: 행동적 차이 질문은 측정된 행동이 그 사람의 고유의 성격이라는 환상을 산산조각 낸다. 예를 들어, 내담자가 '저는 걱정을 많이 하는 사람입니다.'라고 하면, 상담자는 '당신은 무엇 때문에 걱정하는 사람이라고 하는 거죠?'라고 물을 것이다. '잠재적인 문제를 다루는 방법에 관한 계획'과 같이 문제 행동에 대한 **행동적 정의**는 다른 것들과 함께 사용된다. '잠재적인 문제에 대해서 당신의 배우자는 어떤 계획을 세웁니까? 당신의 부모님은 잠재적인 문제에 대해서 어떤 계획을 세우셨습니까? 당신이 아는 다른 사람들은? 이런 접근들의 다른 점과 공통점은 무엇입니까?
- **비교와 서열형 질문**: 비교와 서열형 질문은 자기 자신과 다른 사람들에게 선입견을 갖거나 다른 경직된 표현을 줄인다. 이러한 질문은 문제가 되는 상호작용 패턴을 밝히는 데 도움을 준다. '당신이 아는 사람 중에 누가 가장 불안해합니까?(또는 당신의 가족, 회사 등에서) 가장 적게 불안해 사람은 누구입니까? 각 개인은 불안함에 어떻게 대응합니까? 누가 가장 당신의 불안 때문에 속상해합니까? 가장 덜 속상해 하는 사람은 누구입니까?

- **사전, 사후 질문:** 특별히 주목할 만하게 긍정적이거나 부정적인 사건이 일어났을 때, 상담자는 사전 또는 사후 질문을 통해 관계 역동의 분위기를 평가한다. '당신의 우울한 사건 전에, 당신은 당신의 배우자와 더 싸웠습니까? 덜 싸웠습니까? 누가 그때 더 좋아했습니까? 그때 누가 더 부수적인 일을 많이 하였습니까?"
- **잠재적인 순환 질문:** 잠재적인 질문은 어떻게 사람이 스트레스에 반응하며, 미묘한 관계적 역동을 더 잘 이해하는지를 평가하는 데 있어서 도움이 될 수 있다. 예를 들어, '당신이 갑자기 직업을 잃는다면 어떻게 할까요? 누구에게 가장 먼저 갈까요? 누가 가장 먼저 도움을 줄까요? 알리기 싫은 사람은 누구입니까?'

이 장의 마지막에 있는 사례 연구에서, 상담자는 순환 질문을 이용하여 Billy가 어떻게 그의 우울과 음주가 밀접한 연관을 갖는지, 이것이 어떻게 영향을 받는지, 그의 가족에게 어떻게 영향을 미치는지, 그리고 그것이 어떻게 확대가족이나 종족과 밀접한 관계가 있는지 알게 한다.

> **SELF 스스로 해보기**
>
> 파트너를 찾아, 당신의 문제를 확인하게 해보라. 그리고 그것에 대해 적어도 세 가지 유형의 순환 질문을 사용해보라. 적으면서 해도 된다.

지시

상식적인 논리를 따르지 않기 때문에 때로는 제대로 이해받지 못하는 지시는 고유한 체계론적 기법이다(Madanes, 1991). 이름에서 암시하는 대로, 지시(directive)는 대개 상담 회기 사이에 이루어지지만, 가끔은 회기 내에 내담자가 특정한 과업을 완성할 수 있도록 돕기 위한 기법이다. 핵심 요소는 과제가 때론 어떤 문제에서 '논리적'이거나 직선적 해결책이라는 것이다. 대신에 과제는 새로운 상호작용을 만드는 작지만 의미 있는 방법으로 체계의 상호작용 패턴을 중단시킨다(Haley, 1973, 1987). 더 간단하게 말하자면, 이 과제는 문제를 '중단시키기' 위해 계획된 것이고, 내담자가 다시 균형을 잡을 수 있도록 패턴을 약간 기울인 것이다. 체계론적 상담자들은 **가능한 가장 작은 변화**를 위한 문제를 다루려고 한다. 예를 들어, 내담자의 '우울증 습관'(또는 패턴) 중 한 부분이 그가 가장 좋아하는 아이스크림을 조금 먹는 것이라면, 지시는 내담자가 아마도 할 수 있는 아주 작지만 의미 있는 변화를 흔들어서 이 패턴을 중단시킬 것이다. 이러한 지시는 딸기처럼 덜 선호하는 맛을 조금 먹는 것일 수도 있다. 처음에는 꽤 이상하게 들릴 수 있지만, 이와 연관된 사람의 어떤 하나의 문제를 바꾸는 것이 아닌 패턴을 보고 더욱 분명하게 '깨달음'이라는 결과를 얻게 되고, 무언가 다른 것을 할 수 있도록 동기부여를 받게 된다. 이것들은 행동을 기반으로 하고 있고, 지시는 변화를 필요로 하는 행동의 중심에 있기 때문에 직감적인 형태의 통찰을 불러일으킨다. 이는 전통적인 정신역동 이론의 인지적 통찰과는 완전히 다르다.

지시 설계

1단계: 행동의 문제 연쇄 과정 평가하기: 현재의 문제에 대한 행동의 연쇄 과정 찾기: 예를 들어, 내담자에게 회사에서 하는 프로젝트에 대한 문제가 생기면, 내담자는 프로젝트에 더 집중하게 되고 동료들을 날카롭게 대하고 그의 가족들을 무시한다. 업무적인 문제가 해결이 되었을 때에는 내담자는 행복감을 경험할지라도 그의 삶에서 사람들과 멀어진다.

2단계: 행동의 연쇄 과정에 관한 작은 변화에 초점두기: 내담자가 합리적으로 문제의 연쇄 과정을 바꿀 수 있는 단 하나의 작은 행동적 변화 확인하기: 옷을 입거나 표시를 해두거나 다른 이들에게 문제가 해결되기 전까지 그가 정상적인 관계적 상호작용을 할 수 없다는 신호를 보낸다.

3단계: 내담자가 따라올 수 있도록 동기부여를 하기: Haley(1987)는 과제를 제시하기 전에 내담자에게 동기부여를 하는 것을 강조하였다. 이것은 대부분 궁극적인 목표를 붙잡을 때 일어나게 된다. 특히, 내담자와 중요한 다른 사람들이 그 문제가 되는 행동이 멈추길 바랄 때 발생한다.

4단계: 정확하고, 실행 가능한 지시 설명을 해주기: 지시의 핵심은 매우 분명하게, 언제, 어디서, 어떻게, 누가, 주중에 어떤 날에 하라고 해야 한다. 상담자가 방학, 질병, 주말, 등과 같은 스케줄의 변수도 염두에 두어야 한다. 또한, 지시는 제안되는 것이 아니라 제공되는 것이어야 한다. 이것은 당신이 다음 프로젝트에 참여할 때는 뭔가 다른 것을 하고 싶다는 것처럼 들린다. 예를 들어, '다음에 당신이 다음 프로젝트에 참여할 때는 무언가 다른 것을 시도해보고 싶어 하는 것처럼 들립니다. 그래서 나는 당신이 다음과 같은 일을 실행해보기를 바랍니다. 다음에 당신이 끌림을 경험하게 될 때, 동료와 가족에게 문제가 해결될 때까지 잠시 떠나있겠다는 것을 메일로 보내놓는 것입니다.' 아마도 일시적으로 떠나있을 것이라는 은유적인 죽음으로 장난스럽게 언급할 수도 있을 것이다. 상담자는 '왜' 그리고 '무엇을 위해서'에 대한 이론적이거나 논리적인 설명을 피하고, 내담자가 물어보았을 때 간단하게 '나는 이것이 도움이 될 것이라고 생각합니다.'라고 대답한다.

5단계: 고통스러운 세부 사항으로 과제 검토하기: 내담자가 그가 무엇을 해야 하고 어떻게 할 것인지에 대해 정확하게 묘사했는가? 예를 들어, '단지 우리가 검토하고 확실히 하기 위해서, 당신이 이번 주에 과제를 하고 싶은 욕구가 느껴졌을 때 무엇을 할 것인지 얘기해줄 수 있습니까?'와 같은 것들을 말한다.

6단계: 과제 보고서 요청하기: 다음 주에 상담자는 내담자에게 '어떻게 됐습니까?'라고 물어본다. 내담자가 대부분 (1) 했다, (2) 하지 않았다, (3) 부분적으로 했다라는 세 가지 중 한 가지로 나타난다(Haley, 1987). 아마도 내담자가 자신의 과제를 완료했다면 그것에 대해 축하받을 것이고 상담자는 어떻게 되었는지에 관해 논의할 것이다. 그들이 부분적으로 과제를 완료했다면, 상담자는 빠르게 이해해주지 않는다. 왜냐하면 그것은 상담자의 권위를 약화시키는 것처럼 보이기 때문이다. 그들이 혹시 과제에 대한 시도를 실패한다면, Haley는 두 가지 반응을 사용한다. 한 가지는 친절하게 대하는 것이고, 다른 한 가지는 아주 친절하게 대하지 않는 것이다. 친절한 방식으로는, 상담자는 "당신은 자신과 현재의 상황에 대해 잘 알아듣지 못해서 그것을 못 했나 보네요. 그렇지 않았다면 당신은 했을 텐데 말입니다"(Haley, 1987, p. 71). 친절하지 않은 접근으로는, 상담자는 내담자가 기회를 놓쳐서 실망했다는 것을 강조한다. 상담자는 그들이 원한다면 다시 그 과제를 하게 하지는 않는다. 대신, 상담자는 이 경험을 통하여 다음 과제에 대한 동기부여를 상승시킨다.

역설적 개입과 증상 처방

체계론적 개입의 가장 큰 오해는 아마도 **역설적 개입과 증상 처방**이 내담자가 어떤 면에서 문제적 행동에 가담하도록 지시하는 것처럼 보이는 것이다. 예를 들면, 내담자가 매일 아침 8시부터 8시 15분까지 걱정하도록 과제를 주는 것이다(Watzlawick & Weakland, 1977). 역설적 개입과 증상 처방은 '역설적'이다. 왜냐하면 적어도 처음 볼 때 그들은 그 문제를 완화시키기보다 더 악화시킬 것이라고 보기 때문이다. 만약 역설적 개입이 잘못된 시점에, 잘못된 문제에 적용되면 더 악화시킬 수 있다는 것을 언급하고 넘어가고자 한다. 따라서 이러한 개입은 당신이 어떻게 실행되는지 이해할 때까지 주의 깊은 지도 아래 실시되어야 한다.

당신은 이러한 개입 중 하나를 사용해야 할 때라는 것을 알 수 있을 것이다. 왜냐하면 역설을 적절하게 써야 할 때, 당신은 이러한 개입 중에서 하나를 사용할 시기를 알 수 있을 것이다. 역설을 적절히 사용해야 할 때에, 적어도 상담자는 이것을 역설적으로 여기지 않을 것이기 때문이다. 이것은 논리적이고 당연한 행동일 것이다. 일반적으로, 이것이 좋은 생각이라고 보며 실행하기까지 오랜 기간의 연습과 좋은 지도가 필요하다. 역설적 개입이 모든 문제에 적용되는 보편적인 다양한 기법은 아니지만 다음 두 가지 종류의 문제에서는 적절히 쓰인다. (1) 어떤 다른 변화를 만드는 것이 현재 내담자의 안정을 방해할 때, (2) 문제가 내담자의 입장에서 '통제할 수 없는 것'으로 보일 때. '저는 제 자신에 대해 걱정하고 투덜대고 있으며, 먹고, 싸우고 또는 그 비슷한 무엇이든지 어떤 것을 하는 것에서 아무것도 할 수 없어요.'

변화에 저항하는 내담자의 역설 몇몇의 내담자들은 그들이 정말로 변하고 싶다고 말하지만 변화를 위한 모든 시도에 저항을 보인다('정말로, 정말로'라는 말은 계획한 대로 일들이 풀리지 않을 것이라는 첫 번째 단서이다). 아이디어가 얼마나 좋은지 또는 내담자가 얼마나 동의하는지와 상관없이 변화를 촉진시킬 만한 것에 절대 따르지 않을 것처럼 보이는 것이다. 상담자를 힘들게 할 수 있지만, 이러한 내담자가 정말 나쁘거나 위선적이거나 저항하는 것은 아니다. 그들은 단지 이 증상이 그들에게 항상성을 유지하기 위해 매우 중요하다는 사실을 존중하는 개입이 필요하다. 그러므로 그들은 보통 현실적으로 포기하는 것이 그들이 현재 겪는 것보다 더 불안함과 혼돈을 만들 수 있다는 것을 두려워한다. 이러한 상황에서는 역설이 유용할 수 있다(Haley, 1987). 이럴 때, 예를 들어 상담자는 '부부가 강한 열정을 유지하기 위해서는 다퉈야 한다. 그것을 멈추면 상황은 악화된다.'라면서 특정한 변화에 반대하여 제지하거나 경고할 수 있다. 역설적 과제는 효과적으로 전달하기가 힘들다. 왜냐하면 상담자는 다음과 같은 몇 가지 메시지를 한 번의 의사소통으로 전달해야 하기 때문이다.

- 난 당신이 문제를 해결하는 데 도움을 주고 싶다.
- 나는 진심으로 당신을 걱정한다.
- 나는 당신이 정상이 될 수 있다고 생각한다. 하지만 그렇지 않을 수도 있다.

역설이 성공적이라면 변화는 대부분 자발적이다. 체계론적 상담자는 보통 역설적으로 격려함으로써 악화를 방지하기 위해 역설적 개입을 상담의 추후 단계에서 사용한다(Haley, 1976). "나는 당신이 더 이상 걱정하지 않는다고 말하는 것을 알지만, 지금 나는 그것에 대해 조금 걱정이 된다. 당신은 하루에 5분에서 10분 정도 또는 한 주에 몇 번 정도 하고 싶을 것이다. 만약 당신이 정말 문제를 해결했다는 것을 알 경우에도 말이다."

'통제 불가능한' 증상의 역설 내담자가 자신들이 증상에 대한 통제가 안 된다고 보고하면, 체계론적 상담자는 개입으로 **증상 처방**을 사용한다. 증상 처방은 내담자가 증상을 그만하게 요구하지 않고 문제 행동의 **맥락**(어디서, 언제, 누가, 무엇을)을 변화시킨다. 맥락이 바뀌면, 행동의 의미 또한 변화해야 한다. 의미가 바뀌면, 생각, 감정, 그리고 차후의 행동이 자동적으로 변화한다. 역설을 사용하는 흔한 예로는 걱정이다. 이것은 특히 개입하기가 어렵다. 왜냐하면 이것은 흔히 제한적인 행동이 생각과 감정으로 이루어진 과정이기 때문이다. 내담자가 알람을 설정하여 하루에 10분 동안 특정한 시간에 걱정하도록 지시를 받으면, 이것은 근본적으로 걱정을 불확실한 것으로부터 여유로운 경험에서 의식적으로 선택한 활동이라고 바뀌게 하여 그들은 자발적으로 시작하고, 가장 자주, 빨리 인식하게 되며 마음대로 중단할 수 있게 된다. 맥락을 바꿈으로써, 걱정하는 경험의 의미가 바뀌고, 내담자가 절대 통제할 수 없어 보였던 증상에 대한 중요한 변화를 만든다.

인식론 전환: 내담자의 세계관 확장과 도전

체계론적 상담자는 규칙, 논리를 주의 깊게 조사하고, 내담자가 세계관을 구성할 때 무엇이 '필요한지', 어떤 것이 금지되었는지, 한 사람이 어떻게 사랑을 보여주는지, 어떤 사람이 다른 사람에게 어떤 신세를 지고 있는지 등에 전제를 둔다고 본다. 대부분의 사람들은 이렇게 모든 행동, 상호작용, 생각, 우선순위, 감정을 알아내는 인식론적 가정의 많은 것들을 열거할 수 있다. 그것을 확인하고 언급함으로써 체계적 상담자는 문제를 일으키는 그 작동 전제에 영향을 준다(Colapinto, 1991; Minuchin, 1974; Minuchin & Fishman, 1981).

당신이 이 장까지 오면서 예상했을 수도 있겠지만, 체계론적 상담자는 대개 이러한 전제에 직접적으로 직면하지 않는다. 대신 존재하는 믿음을 더 도움이 되는 방향으로 사용하고 확장시키며 재해석한다. 다시 말해서, 이러한 개입은 증상을 사용하는 것, 즉 내담자에게 포기하라고 하지 않는 것과 같이 새로운 맥락을 설정하는 것, 확장시키는 것, 또는 해결하기 위한 재정렬을 포함한다. 예를 들어, 내담자가 삶을 즐기기 위한 휴식이 없는 완벽주의 기질이 있다면, 당신은 그들이 쉬는 것에 완벽해지도록 도울 것이다. 만약 부모가 어린 자녀들에게 한계를 설정해주는 것, 구조화하는 것을 잘하지만 10대 청소년과 대립하기 시작한다면 10대 청소년들에게 스스로를 어떻게 구성하고 행동적 기준을 어떻게 설정하는지를 알려주는 것을 배우는 것이 부모에게는 어려울 것이다. 무술인처럼, 체계론적 상담자는 문제를 지지해온 기본적인 전제를 취하고 이 논리를 대안적 행동과 상호작용을 지지하는 논리로 바꾼다. 그리고 이것은 내담자가 그들의 핵심적인 믿음을 유지하면서도 새로운 방법을 사용하는 것을 가능하게 한다.

강점을 칭찬하고 유능함을 형성하기

강점을 칭찬하고 유능함을 형성하는 것은 논쟁에서 사용되며 내담자의 자연스러운 긍정적 상호작용 패턴과 강점을 강화시킨다. 체계론적 상담자가 내담자의 강점을 찾으면, 그들은 빨리 칭찬하고 격려한다. 비슷한 과정으로는, 목표를 향해가는 중에 유능함을 형성하는 것을 알아차리고 사소한 성공도 칭찬하는 것을 포함한다. 예를 들면, 내담자가 공황 발작을 일주일 동안 한번 중단할 수 있고 통제가 된 상태를 유지했다면 체계적 상담자는 내담자의 이러한 사소한 성공도 칭찬하고 격려해준다.

유능함을 형성하는 것은 내담자를 위한 지나친 기능을 요구하지 않는 것이다. 이것은 내담자가 할 수 있는 것들을 하게 하거나 또는 어떤 주제를 해결하기 위한 학습이 필요하다. 자녀와 정하는 것, 회기 중에 생각을 적어두는 것, 전화 통화를 계속 이어가는 것, 어떻게 진행 할지에 대해 결정하는 것을 포함할 수 있다. 내담자가 나타내는 문제에 따라, 상담 회기 내에서 흔히 발생하는 모든 일들은 상담자가 내담자를 위해 실행하거나 내담자가 유능함을 형성할 수 있는 기회이다. 이 장의 마지막에 나오는 사례 연구에서,

상담자는 술을 마시고 운전하지 않는 걸 선택하는 것과 같이 행동과 책임감을 가지고 문제를 예방하는 것을 포함한 결정에 대한 칭찬을 하면서 Billy의 유능함을 형성한다.

■ 특정한 문제를 위한 개입

연합을 단절시키기 위한 불변의 처방

명칭에서 알 수 있듯이, 불변의 처방은 가족들마다 다른 지시를 하는 것이다. 왜냐하면 한 가지 과제는 부적절한 부모-자녀 연합을 빨리 단절시키기 때문이다(Selvini Palazzoli, 1988). 처방은 기본적으로 다음과 같다. 부모는 데이트나 여행을 계획하도록 상담자로부터 지시받는다. 그리고 자녀들에게 장소나 이유에 대해 말하지 않는다. 기대하는 효과는 부모 자녀 사이에 비밀을 만드는 것이다, 이것은 부모가 통합된 팀으로서 증상이 있는 자녀와 중간에 확실한 경계를 만들며 부적절한 경계 연합을 끝내는 것이다. 자녀는 그 부모가 특별한 친구라는 사실을 잃게 되는데, 이것은 자녀가 갖는 정서적 부담을 줄여 문제가 되는 증상이 줄어드는 결과를 가져온다. 소아 거식증이나 정신병과 같은 심각한 병리학에 쓰이도록 만들어졌지만, 이러한 개입은 투명하고 터놓는 대화를 강조하며 한 명의 부모가 자기 자녀들과 연합을 하여 효과적이지 못한 부모 위계를 만드는 부모에게도 효과적이다.

강박 행동을 위한 고된 시련

Milton Erickson(13장 참고)의 작업에 영향을 받았으며, 시련은 보통 내담자가 과식, 흡연, 손톱 물어뜯기, 음주 등과 같은 증상을 제어하는 데 무력감을 느끼는 상황에서 쓰이며 그들은 간단한 전제에 기반을 두고 있다. "어떤 사람이 포기하는 것보다 가지고 있는 것을 더 힘들도록 만들면, 그 사람은 그 증상을 그만둘 것이다"(Haley, 1984, p. 5). 인지행동 방법인 직접적으로 부딪히도록 시도하는 것보다 체계론적 상담자는 비틀어서 증상을 허용한다(이제 당신은 이 주제를 알아차려야 한다). 즉, 내담자는 '시련'을 처음 또는 나중에 또 다른 과제로 완료해야만 한다.

시련의 필요성은 원하지 않는 활동을 하는 것과 직접적으로 관련은 없지만, 보통 은유적인 관계가 있다. 예를 들어, 한 사람이 그들의 '정서적 폭식'으로 복잡한 감정을 누그러뜨리려 한다면 시련은 그 행동과 내적 긴장을 논리적으로(예: 일기를 10분 동안 쓰는 것, 10분 동안 조깅하기, 폭식 전에 칼로리 일지를 쓰기), 은유적으로(예: 냉장고, 조리실 등을 청소하기, 잔치 때 정성스러운 밥상 차리기), 또는 보기에는 관련 없는 일(예: 모르는 사람이나 사랑하는 사람에게 불규칙하게 친절을 베푸는 것, 3개의 이메일에 답장하는 것 등)을 함으로써 내적 긴장을 줄이려고 할 것이다. 대부분의 시련은 끔찍한 것을 만들어내는 것보다 원하지 않는 행동을 멈추기 위한 유쾌하지 않은 시련이며, 체계론적 패턴을 흔들고 동요시켜 새로운 행동 패턴이 발달할 수 있게 하는 것이다. 시련은 행동적 제지나 처벌이 아니다. 왜냐하면 이것은 내담자가 그들의 패턴을 중단시키도록 만드는 새롭거나 보통은 중립적인 행동을 추가시키는 것이기 때문이다. 개인이나 가족이 이러한 작고 악의 없는 변화에 적응하게 되면 그들은 새로운 단계를 만들기 위해 변화해야 하고 그만하라고 했을 때보다 두려움이나 저항이 덜한 상태로 그들은 해낼 수 있다.

참여를 증가 또는 감소시키기 위한 경계 만들기

경계를 만드는 것은 과소 또는 과잉 참여를 목적으로 하여 가족들의 딱딱한 경계를 부드럽게 만들거나 애매한 경계를 분명하게 하는 작업을 돕는 특별한 실행 방식이다(Colapinto, 1991; Minuchin, 1974). 체계론적 상담자는 누가 참여하고 어떻게 참여하는지 안내해주기 위해 이 기술을 사용한다. 활발하게 경계를 설정함으로써, 상담자는 참여자의 습관적인 상호작용 패턴에 개입한다. 그리고 이것은 충분히 활용하지 않았던 기술과 능력을 경험할 수 있게 해준다. 경계를 만드는 것은 아래와 같은 지시를 포함한다.

- 가족 구성원들이 앉는 자리를 바꾸게 하는 것
- 가족 구성원들이 더 멀리 앉거나, 더 가까이 앉게 하거나, 서로 마주보고 앉게 자리를 바꾸는 것
- 하위 체계 경계를 강화시키기 위해 개인이나 하위 체계와 별도의 회기를 가지는 것
- 상호작용하는 동안 한 명 또는 다른 구성원들이 조용히 있도록 하는 것
- 문제가 되는 경계 부분을 강조하는 질문을 하는 것(예: 당신은 아들이 질문했을 때 항상 대답을 합니까?)
- 개입을 차단하거나 쉬는 시간을 통해 열등한 위치에 있는 사람에게 말할 시간을 주는 것

종합: 체계론적 치료 계획 사례 개념화와 치료 계획 양식

■ 이론 기반의 사례 개념화: 체계론

아래의 내용은 체계론적 이론을 활용하여 이론 기반의 사례 개념화를 발전시키는 데 사용될 수 있다. 각 이론 장의 마지막 부분에 제시되어 있는 교차 이론적 사례 개념화는 이러한 이론 기반의 개념화의 핵심 요소를 포함하는 사례 개념화를 쓰기 위한 예시를 제공한다. 이론 기반의 사례 개념화의 종합적인 예시는 『상담 및 심리치료의 이론과 치료 계획』(Gehart, 2015)에 제시되어 있다.

- **강점**: 개인과 가족의 강점을 기술하기
- **가족생활 주기 단계**: 가족생활 주기, 독립성과 의존성의 균형과 관련된 중요한 갈등에 대해 기술하기
  - 미혼 성인 남녀
  - 기혼
  - 어린 자녀가 있는 가족
  - 청소년기 자녀가 있는 가족
  - 자녀 독립
  - 노년기
- **경계**: 내담자의 인생에서 중요한 사람들과의 경계(밀착, 유리, 명확)에 대해 기술하기. 여기에는 다음과 같은 영역들이 포함된다.
  - 부모
  - 형제자매
  - 중요한 타인
  - 자녀
  - 확대가족
  - 친구
- **삼각관계/연합**: 중요한 삼각관계와 연합에 대하여 기술하기
- **위계**: 부모와 자녀 간에 위계(효과적, 허용적, 경직, 일관성 없음)에 대해 기술하기
- **상호보완적 패턴**: 다음과 같은 관계에서의 상호보완적 패턴에 대해 기술하기
  - 방임형/관계 중심
  - 높은 기능 수준/낮은 기능 수준
  - 감정적/이성적
  - 좋은 부모/나쁜 부모
- **세대 간 패턴**: 중요한 세대 간 패턴을 기술하기
  - 가족 강점
  - 약물·알코올 남용
  - 성적·신체적·정서적 학대
  - 부모–자녀 관계
  - 신체적·정신적 장애
  - 호소 문제에 관한 가족력

■ 치료 계획 양식: 체계론

이 치료 계획 양식을 우울하고, 불안하며, 강박적인 유형의 호소 문제를 경험하는 내담자를 위

한 계획을 세우는 데 사용하라. 특정 내담자, 호소 문제, 임상적 맥락에 따라, 이 양식의 목표와 개입 방법은 약간 혹은 상당히 수정될 필요가 있다. 당신의 필요에 따라 치료 계획을 상당히 수정할 것을 권장한다. 계획을 치료에 효과적으로 적용하기 위하여, 목표와 기법은 내담자가 경험하고 있는 특정한 신념, 행동, 감정을 근거로 하여 적절히 활용되어야 한다. 치료 계획이 보다 구체적일수록 당신에게 더욱 유용하게 될 것이다.

치료 계획

초기 치료 단계

초기 단계 상담 업무

1. 상담 관계 발전시키기. 다양성에 관한 고려사항: 민족성, 성별, 가족 역동 등에 맞춰 적용하기

   관계 형성 접근 방법/개입:

   a. **사회적 정중함**을 활용하고 더 큰 체계적 문화를 존중하면서 내담자와 다른 사람들 사이에서 중립적인 자세를 유지하며 내담자와 **함께한다.**

2. 개인적, 체계적, 그리고 다양한 문화적 역동 평가하기. 다양성에 관한 고려사항: 더 다양한 문화적 체계 역동을 포함하기

   평가 전략:

   a. **문제 행동 연쇄 과정**에 관해 자세하게 기술한다.

   b. 문제의 원인이 되는 **경계, 하위 체계, 삼각관계, 위계, 상호보완적 패턴**을 찾는다.

3. 치료 목표에 대한 내담자의 동의를 확인하고 얻기. 다양성에 관한 고려사항: 개인적, 관계적 체계를 위해 적합한 목표인지를 확인하기

   목표 설정 개입:

   a. **분명하고 실행 가능한 행동적** 용어로 **체계적 역동**에 맞는 목표를 개발한다.

4. 필요한 의뢰, 위기 요소, 추가적인 접촉, 내담자의 다른 요구 확인하기. 다양성에 관한 고려사항: 다양한 체계론적 문제를 주의 깊게 평가하기

   a. 위기 평가 개입: **체계적인 균형**을 유지하는 **위기 증상의 역할을 밝히고** 이러한 역동을 설명하는 위기 개입 계획을 발달시킨다.

   b. 의뢰 사항: 필요에 따라 지역사회 자원에 의뢰한다.

초기 단계 내담자 목표

1. [위기 증상]을 감소시키기 위해 [특정한 위기 행동의 이름]을 감소시키기

   개입:

   a. **위기 증상의 악화**를 막고 위기를 관리하는 대체 가능한 방법을 지시한다.

   b. 긴급함과 위기감을 줄이기 위해 위기상황을 **재구성**한다.

치료의 작업 단계

작업 단계 상담 업무

1. 작업 동맹의 질 점검하기. **다양성에 관한 고려사항:** 내담자와 내담자에게 중요한 타인들이 회기 이외에 긍정적인 동맹을 맺고 있는지 확인하기
   a. **평가 개입:** 상담 회기 평가 척도를 사용한다. 내담자에게 동맹관계에 대해 구두로 묻는다.
2. 목표를 향한 치료 과정 점검하기. **다양성에 관한 고려사항:** 체계적 역동에 참여하여 과정을 알아내고 한 분야에서의 과정이 어떠하게 다른 분야에서 새로운 문제를 만드는지 알아내기
   a. **평가 개입:** 내담자의 과정을 평가하기 위해 결과 평가 척도를 사용한다. 매주마다 회기 밖에서 진행되는 과제의 상황에 대해 질문한다.

작업 단계 내담자 목표

1. 우울한 기분, 불안 등을 감소시키기 위해 **문제가 되는 상호작용 주기를 중단시키기**
   개입:
   a. 문제가 되는 상호작용 패턴을 중단시키기 위해, 하나의 작은 것에서 차이를 두고 행동하도록 **지시한다.**
   b. 문제 패턴을 다르게 반응할 수 있도록 **체계적 재구성**
   c. 다음 맥락에서 증상적인 행동에 관여하기 위한 **역설적 명령**
2. 우울한 기분, 불안을 감소시키기 위해 **분명한 경계, 관계적 구조, 소통**을 증가시키기
   개입:
   a. 경계, 삼각관계, 위계를 분명하게 하기 위한 **실연**
   b. 문제가 되는 역동을 공공연하게 하기 위한 **순환 질문**
3. 무기력함, 두려움, 불안등의 기분을 감소시키기 위해 **세계관과 역할과 관련된** 발달적, 관계적 그리고 문화적 적합성을 증가시키기
   개입:
   a. 관계적 가설에 대한 인식을 증가시키기 위한 **순환 질문**
   b. 문제를 지지하며 유지시키는 **세계관과 관계적 규칙에 도전하는 것**

치료의 종결 단계

종결 단계 상담 업무

1. 추후 관리를 위한 계획을 발전시키고 성과를 유지하기. **다양성에 관한 고려사항:** 상담을 종결하기 전에 문제가 다른 체계 측면으로 변화하지 않은 것을 확실히 하기 위해 모든 분야에서의 기능을 재평가하기
   개입:
   a. 새로운 **인식론과 관계적 규칙**을 강화, 추후 문제에 새로운 기술을 적용시킬 수 있는 **순환 질문**

종결 단계 내담자 목표

1. 절망, 긴장, 두려움 등을 감소시키기 위해 친밀하고, 사회적이며, 직장 내에서의 관계(작업 단계에서 이미 다룬 것을 제외한)에 **만족스러운 상호작용**을 증가시키기

   개입:

   a. 한 영역에서 다른 영역으로까지 강점을 이동시키기 위해 **유능감 형성**

   b. 강점을 활용하고 새로운 분야로 확장시키기 위한 **순환 질문**

2. 새로운 문제가 발생할 가능성을 감소시키기 위해 **세계관과 관계적 상호작용의 유연성**을 증가시키기

   개입:

   a. **관계하는 것과 반응하는 것을 위한 경직된 규칙에 도전**

   b. 내담자가 세계관의 제한을 알게 해주도록 하는 **순환 질문**

Bowen의 세대 간 가족 접근

■ 개요: 당신이 최소한 알아야 할 것

Murray Brown(1976,1985)의 세대 간 가족 접근은 정신분석에 기반을 둔 다세대적 접근과 체계 이론을 결합하여, 결과적으로 세대 간의 관계적 패턴을 추적하는 뚜렷하고 흥미로운 접근이었다. Bowen의 이론은 건강한 성인의 기능이 분화(differentiation)에 의해 생각과 감정, 그리고 자기 자신을 타인과 분리하는 능력을 특징으로 한다. 분화는 생존과 관련 있는 내재된 만성적인 불안 때문에 인간을 정서적으로 상호의존적으로 만드는 점진적인 과정이기 때문에 중요하다. 각각의 가족 체계는 친밀감, 거리 그리고 긴장을 조절하는 패턴을 발달시킨다. 이 패턴은 한 세대에서 다음 세대로 전승된다. 가족이 구성원 간의 분화를 더 허용할수록 구성원들은 병리를 덜 경험한다. 세대 간 상담자는 정서적 단절인지 건강한 분화인지 쉽게 구별할 수 있다. 정서적 단절은 높은 단계의 긴장과 융합으로 인해서 가족 구성원과의 관계를 중단하도록 한 사람에게 요구하는 낮은 단계의 분화 신호이다. 그에 반해서 건강한 분화는 자율성과 균형을 맞추며 높은 수준의 정서적 친밀감을 갖는 것을 의미한다. 만성적인 불안과 삼각관계(앞에서 나온 '삼각관계' 참고)를 조정하는 또 다른 문제의 방식은 두 사람 사이에 제3자를 끌어들임으로써 긴장감을 낮추려는 것이다. 예를 들면, 엄마가 결혼생활에서 경험하지 못한 친밀감을 자녀와의 친밀감을 통해 채우려는 것을 말한다.

세대 간 상담자의 기본적 목표는 (1) 분화를 증가시키고, (2) 정서적 반응성과 만성 불안을 감소시키는 것이다. 세대 간 상담자는 계보와 비슷한 셋 이상 세대의 그래픽 도

면인 가계도를 사용하여 정서적 단절과 삼각관계와 같은 세대 간 패턴을 확인한다. 게다가 가계도는 성별, 죽음, 성격, 질병, 정신건강, 물질 남용, 성적 학대, 직업 등의 다른 가족 패턴을 확인하는 데 사용될 수 있다. 회기 내에서, 세대 간 상담자는 분화된 **불안하지 않은 존재**(nonanxious presence)를 사용하여 내담자와 관계를 맺는다. 이것은 분화를 역할 모델로 삼고, 삼각관계를 감소시키며, 내담자의 분화를 격려한다. 세대 간 상담의 기술은, 내담자가 세대 간 패턴에 대해 더 알아차리도록 돕는 과정 질문을 통하여, 내담자의 분화를 부추기는 것에 초점을 맞춘다.

Satir의 인간 성장 모델

■ 개요: 당신이 최소한 알아야 할 것

정신건강 분야에서 가장 영향력 있었던 여성들 중 한 명인 Virginia Satir(1967, 1972, 1983, 1988)는 인본주의와 체계 이론을 통합시킨 종합적 가족 상담 모델을 발달시켰다. 그녀의 이론은 4개의 주요한 가정에 기반을 두고 있다.

1. 사람은 본래 긍정적인 성장을 하는 경향이 있다(인본주의적 원칙).
2. 모든 사람은 긍정적인 성장을 위한 자원을 가지고 있다(인본주의적 원칙).
3. 개개인, 모든 일 또는 모든 상황은 모든 이와 다른 모든 것에 영향을 주고받는다(체계적 원칙).
4. 치료는 과정이다. 이 과정은 상담자와 내담자의 상호작용을 포함한다. 그리고 이러한 관계에서 개개인은 자신에 대한 책임이 있다(체계적 원칙, 인본주의적 원칙). (Satir, Banmen, Gerber, & Gomori, 1991, pp. 14–15).

다른 경험적 상담자들과 비슷하게(10장 참고), Satir는 따뜻하고, 공감적이며, 격려하는 관계를 내담자와 발달시키기 위해 한 인간으로서의 상담자 존재 자체를 활용한다. 이 장의 도입 부분에 설명되어 있는 체계적 평가의 사고를 사용하는 것에 덧붙여, Satir는 가족 상호작용을 **소통** 또는 **생존 유형** 면에서 개념화시켰다. 생존 유형은 사람이 아이로서 어려운 가족 상호작용에 대처할 때 쓰는 소통 패턴을 말한다. Satir는 네 가지의 다른 소통 태도와 한 가지의 건강한 관점을 찾아내었다.

- 회유형: 사람이 대인관계와 관련된 스트레스를 다룰 때 자신을 제외한 다른 사람의 욕구와 맥락을 알아채는 방식을 사용한다.

- 비난형: 회유형과 반대로 대인관계에 관련된 스트레스를 다룰 때, 다른 사람이 아닌 자기 자신의 욕구와 **맥락**만 알아채는 방식을 사용한다.
- 초이성형: 대인관계와 관련된 스트레스를 다루는 데에 있어서 자신이나 다른 사람의 주관적인 욕구보다는 **맥락과 관련된 규칙**을 알아챈다.
- 산만형: 이 사람은 대인관계와 관련된 스트레스를 **맥락과 관련된 요구, 개인적인 욕구,** 또는 **다른 사람의 욕구**를 인지하지 않는다.
- 일치형: 일치하는 태도를 사용하는 사람은 자신의 욕구도 충족하고 다른 사람의 욕구도 존중해주며, 동시에 그 맥락과 상황에 적합하게 반응할 수 있다.

Satir의 접근방식의 목표는 다음과 같은 두 가지로 구분된다. (1) 모든 관계에서 적절하게 소통하기 위해서, (2) 자아실현을 위해서(다른 인본주의적 접근과 비슷하다). Satir는 가족조각(family sculpting)이라 불리는 기법을 활용하여 가족이 시각적으로 어떻게 서로가 가족역동에 대해 묘사하게 하는지 보는 것과 같은 적극적인 방식을 사용한다. Satir는 또한 내담자가 의사소통하는 법을 돕기 위해 의사소통 코칭 기법을 사용했다. 또 다른 일반적인 개입은 내담자가 다음과 같은 것을 분리하도록 돕는 **상호작용의 구성요소**를 확인하도록 하는 것이다. (1) 어떤 것을 들었고 말했는지, (2) 어떠한 의미가 생겼는지, (3) 이 의미에 대해 어떻게 느꼈는지, (4) 이 느낌에 대한 감정, (5) 이 감정을 다루기 위해 사용된 방어 방식, (6) 감정에 대한 소통의 규칙, (7) 그 상황에 대한 외적인 반응.

조직화: 다양한 사람과 작업하기

■ 민족·인종·문화의 다양성

체계론적이고 전략적인 가족 치료가 건강과 정상성을 기반으로 한 이론에 의존하지 않기 때문에, 그들은 비교적 쉽게 다른 문화적 집단이나 소집단에 적응된다. "체계론적 가족 치료에서 특정한 문제를 가진 내담자를 위한 치료 계획이 각각의 문제를 위해 만들어졌지만, 환자를 선택하고 적합함에 있어서는 모순이 없다"(Madanes, 1991, p. 396). 그뿐만 아니라, 이러한 이론들은 체계론적이고 구성주의적 토대 위에 내담자의 세계관 내에서 작업하는 것에 목적을 둔다. 이것이 성공적으로 이루어졌을 때, 상담자는 내담자의 가치와 신념에 기초한 언어와 개입을 적용한다.

히스패닉과 라틴계 내담자 특정한 흥미를 가지고 있는, 두 집단의 체계론적 상담자는 라틴계/히스패닉 내담자에게 체계적으로 조절하여 활용된 접근을 사용한다. 라틴계 단기 치료 센터는 매우 다양한 라틴계 공동체에 대한 문화적 고정관념에 기대는 것보다는 비표준 그리고 병리학적이지 않은 원칙 모델을 그들의 작업에 사용한다. 이것은 각 내담자에게 특별한 의미와 개입을 만든다(Anger−Díaz, Schlanger, Rincon, & Mendoza, 2004). 비슷하게 체계적이고 구조적인 가족 치료 요인을 사용하는 증거 기반 접근인 단기 전략적 가족 치료(Brief Strategic Family Therapy)는 특히 위험성이 높은 행동과 물질남용 문제가 있는 히스패닉 아이들을 치료하기 위해 개발되었다. 이 방법은 아프리카계 미국인 아이들과 작업할 때도 효과적인 것으로 밝혀졌다(Robbins, Horigian, Szapocznik, & Ucha, 2010; Santisteban, Coatsworth, Perez−Vidal, Mitrani, Jean−Gilles, & Szapocznik, 1997).

이러한 특정한 치료 방법에 더하여, McGoldrick, Giordano, & Garcia−Preto(2005)는 자신과 다른 문화 집단과 작업할 때 46개의 다른 민족에서 온 가족들의 욕구를 충족시켜주기 위해 어떻게 체계론적 사고와 접근을 수정할지 그 방법에 대한 기술을 제공한다. 그리고 아마 여기에는 당신의 문화도 포함될 것이다. 읽고 확인하라. 이러한 기술이 매우 일반적일 것임에 틀림없더라도, 그러므로 아마도 주어진 순간에 당신 앞에 있을 특정한 내담자에 대한 특별한 생생한 경험을 포착하지 못하더라도, 그 기술은 상담자에게 내담자를 이해하고 함께할 수 있는 최선의 방법에 대한 단서를 제공할 것이다. 그리고 대부분의 내담자는 그들의 배경에 대한 최소한의 단서를 당신이 가지고 있는 것에 감사하고, 그들만의 특별한 경험과 신념을 공유할 공간을 제공하는 것에 대해 고마워한다.

인도계 아시아인 이민자 Rastogi(2007)는 어떻게 체계론적 가족 상담이 과거 50년 동안 인도계 아시아인 이민자 가족들과 미국으로 온 대부분의 이민자에게 쓰일 수 있는지 기술하였다. 그녀는 체계론적 관점에서 작업할 때 고려해야 하는 몇몇의 특정한 문화적 주제를 찾았다.

- 세대 간 가족 구조: 인도계 아시아인 가족은 다세대 가족이다. 한 세대가 이민했음에도 불구하고, 그들은 정서적이든, 신체적이든 거의 서로 가깝게 지내며, 많은 가족이 3세대 가정을 선택한다. 인도계 아시아인 미국인은 종종 이민 때문에 악화된 세대 간 갈등으로 상담을 한다. 인도계 아시아인 가족과 작업할 때, Rastogi(2007)는 상담자가 그들의 문화적 기준에서의 가족 경계와 역할 기대치를 유심히 생각해보게 한다. 그뿐만 아니라, 심리학적 가계도를 써서 세대 간 패턴을 확인하는 것은 인도계 아시아인 가족이 서로의 입장을 이해하고, 이렇게 문화적인 이유로 계속 일어날 가능성이 있는 문제를 해결하는 것을 돕는다.
- 집단주의 가치 체계: 인도계 아시아인은 가족을 매우 중시하며 보다 넓은 공동체에

기여하도록 하는 것에 사회화된다. 그리고 이것은 사회적 지지와 정체성에 있어 매우 중요하다. 따라서 종종 개인의 욕구보다 지역사회에 대한 의무가 먼저이며 이러한 가치를 위한 세대 간 갈등이 이들에게는 평범한 일임을 수용하면서, 이러한 내담자에게 '개별적 분화'와 같은 체계론적 개념을 쓰는 것에는 조심스럽게 접근해야 한다.

- **존경을 기반으로 한 위계**: 많은 인도계 아시아인 가족은 가족 내에서 연령과 성별에 따른 전통적인 세대 간 위계와 연결되어 있다. 나이 든 세대는 존경을 받으며, 그들의 충고는 아래 세대들이 중요한 인생 결정을 내릴 때 필요로 한다. 상담자는 이러한 위계를 존중하며, 이것을 통해 열정적이고 지혜로운 지도자로 기대되는 윗세대로부터 가능한 한 가장 좋은 점을 본받아야 한다. 그리고 아래 세대들이 이 전통을 이어갈 수 있는 의미 있는 방법을 찾는 데 도움을 주어야 한다.
- **근대화가 인도계 아시아인 가족에게 미치는 영향**: 많은 인도계 아시아인 가족들에게, 지리적 유동성과 평등적 신념과 같은 근대화의 효과는 세대 간의 위기 관계를 초래한다. 많은 윗세대는 자신이 소외되어 있으며 가족과 그들에게 요구되는 역할을 하지 않는다고 한다. 이것은 개인주의적인 미국 가치관을 받아들이고 자란 아래 세대들과 종종 갈등을 일으키게 된다. 상담자는 이러한 내담자가 그들의 전통적인 문화를 존중함과 동시에 현실과 현대 사회의 요구를 받아들일 수 있는 공간을 만드는 것을 돕는다.
- **불언실행(不言實行)**: Rastogi(2007)는 또한 많은 인도계 아시아인이 애정을 표현하고 갈등하는 것을 말보다는 행동으로 한다고 보고했다. 예를 들어, 싸운 후 '미안, 앞으로 안 그럴게.'라고 하는 것보다 상대가 원하는 행동으로 화해를 하는 것이 일반적이다. 그런 것처럼 상담자는 내담자가 말로 화해하도록 용기를 북돋아주는 것(전문 상담자와 현대 미국 문화에서는 '자연스럽게' 선호하는 방식이다.)보다 내담자가 보내려는 메시지를 전달할 적절한 행동으로 원하는 적절한 행동과 메시지를 보낼 수 있다.

■ 성 정체성의 다양성

비병리적, 비표준화된 가정과 더 큰 범주의 체계론적 역동에 주목하는 점 때문에, 체계론적 치료는 레즈비언, 게이, 양성애자, 트랜스젠더, 성 정체성이 불확실한 자(LGBTQ)와 같은 정체성을 가진 내담자들에게 넓게 활용되어왔다. Butler(2009)는 이 내담자들을 위한 체계론적 치료 접근에 적용하는 다섯 가지 원칙을 확인한다.

1. **동성애자에 대한 편견 이해하기**: 상담자는 성소수자들이 매일 자신을 하찮은 존재로 느끼고, 타인에게 그렇게 판단되며 무시당하는 것, 그리고 광고, 영화와 같은 다른 사

회적 매체가 그들의 현실을 반영하지 못한다는 것에 대해 인식할 필요가 있다.

2. **상담자의 자기 반영성:** 이성애자 상담자는 사회에서 일반적으로 받아들여지는 성 정체감을 가진 것으로 특권이 있는 것과 같은 개별적 경험을 반추해볼 필요가 있다.
3. **상담 관계에서의 입장, 투명성, 자기개방 설정하기:** 여성주의 상담자의 작업에 근거하여, Butler는 LGBTQ 내담자와 작업할 때 개인의 성별과 성 정체성을 개방하는 것을 추천한다. 이와 같은 개방은 힘과 위계에 관한 문제를 해결하면서, 공통점과 차이점의 영역에 대한 솔직한 토론이 이루어지도록 하기 때문이다.
4. **전문가로서의 내담자와 호기심 많은 상담자:** 협력적 치료 원칙에 따라(14장 참고) 상담자는 내담자의 삶에 호기심이 많은 태도를 취해야만 한다.
5. **더 다양한 체계와의 연결:** 마지막으로, 상담자는 LGBTQ 내담자를 체계의 한 부분으로 보며, 내담자가 긍정적이고 지지적인 공동체를 추구하도록 격려하는 더 큰 사회적 체계를 고려해야만 한다.

Butler(2009)는 또한 LGBTQ 부부와 함께 작업할 때, 상담자가 접근을 어떻게 적용할 필요가 있는지에 대해 논의한다. 첫째, 상담자는 성(sex), 성 역할(gender roles), 일부일처제, 원가족, 가족의 선택, 이전 배우자가 일반적으로 이 부부와 작업할 때에는 매우 다른 의미를 가진다는 점을 인식해야만 한다. 상담자는 부부의 성 역할 기대를 해체하고 동반자 관계를 강하게 하도록 도울 수 있다. 이런 관계에서 성 정체성보다 더 많은 영향을 주는 것으로 여겨진다. 마지막으로, 상담자는 대부분의 LGBTQ 개인, 부부, 가족에게서 가족생활 주기가 다르게 보일 수 있다는 사실을 명심해야 한다(Goldenberg, 2009).

가족에게 커밍아웃하는 청소년

청소년들이 가족에게 커밍아웃하는 것도 중요하게 다루어지는 쟁점 중 하나다(Butler, 2009). 가장 먼저, 상담자는 나이 어린 게이, 레즈비언, 양성애자, 트랜스젠더가 자살 경향, 약물남용, 자해, 우울증, 학교 문제 등에 노출된 확률이 높다는 것을 알아야 한다. 그래서 그들을 관리하는 것이 중요하다. 대부분의 청소년은 커밍아웃 과정 이전에, 부모와 그동안 성에 대해 이야기했던 것을 기반으로 부모의 반응을 예측할 수 있다. 상담자는 가족이 이 변화를 중재하는 데 도움을 주기 위한 가족의 커밍아웃 과정에 대한 DeVine's(1984)의 단계 이론을 사용할 수 있다.

- **잠정적인 인식:** 자녀의 성 정체성은 데이트나 동성 간의 우정에 대한 질문에 의해 의심받고 자극된다.
- **충격:** 자녀는 자신의 성 정체성과 거기서 확인된 미심쩍은 부분을 알린다.
- **적응:** 자녀가 성 정체성을 부정하거나 숨기기를 기대하는 동안 가족은 오랜 시간 구

축된 안정성을 유지하기 위해 씨름한다.

- 해결: 가족들이 자녀의 성 정체성을 수용한다.
- 통합: 가족들이 성에 대한 가치를 변화시킨다.

자녀가 커밍아웃한 많은 부모들이 자녀의 결혼이나 손자를 상실했다고 생각한다. 그리고 부모의 최초 반응이 자녀에게 많은 영향을 미친다. 상담자는 부모들이 자녀가 진짜 원하는 것에 대해 집중하고 그들의 미래 가족 목록의 더 나은 미래를 만들어가도록 도울 수 있다.

트랜스젠더 청소년

상담자가 트랜스젠더(특히, 청소년)와 작업할 때를 위한 연구와 서적이 있다. 게이, 레즈비언, 양성애자와 달리 트랜스젠더는 자신의 다른 성향을 종종 숨기지 못한다. 또한 이 문제는 자녀들이 공공연하게 밝히든 밝히지 않든 간에 가족 논쟁의 부분이 되기도 한다(Coolhart, Baker, Farmer, Malaney, & Shipman, 2012). 트랜스젠더 청소년의 대부분(59%)은 성 정체성에 부정적인 부모의 반응이 영향을 미쳤다고 보고했는데, 적어도 최초의 반응이 성에 동조하지 못할수록 부모와의 갈등은 더 심화되는 것을 보고하였다(Grossman, D'Augelli, Howell, & Hubbard, 2005). 하지만 부모의 수용은 자녀가 성인이 됐을 때의 만족감과 자부심에 큰 역할을 한다(Erich, Tittsworth, Dykes, & Cabuses, 2008).

Coolhart와 그의 동료들(2012)은 상담자가 청소년 트랜스젠더 혹은 그의 부모와 작업하는(체계론적 역동에 따라) 상담자를 위한 평가 지침의 개요를 작성하였다. 그리고 그들은 가능할 때마다 청소년 트랜스젠더의 가족과 작업하기를 추천한다. 평가 지침은 9개의 영역을 포함한 질문으로 구성된다.

- 초기 인식과 가족 상황: 이 질문은 부모와 성인의 초기 성적 경험뿐만 아니라 일반적인 가족 구조와 역사를 다룬다.
  예: "어떻게 당신의 가족 상황이 인종적, 윤리적, 국가적 공동체 관점에서 성별(gender)과 성(sexuality)에 대한 다양한 표현에 대한 신념에 영향을 받았는지 추가적인 정보를 알려 주세요"(Coolhart et al., 2012, p. 16).
- 청소년의 확인된 성별과 부모의 조율: 이 질문은 어떻게 부모와 가족이 트랜스젠더라는 정체성에 반응해야 할지에 대해 다룬다.
  예: "당신의 아이가 그들의 트랜스젠더 정체성을 개방할 때(또는 밝혀졌을 때), 당신에게 이는 개인적으로, 부부로서, 가족으로서, 전체로서 어떤 경험입니까?" (Coolhart, 2012, p. 17)
- 현재 성적 표현: 이러한 질문은 성을 표현하는 데 있어서 청소년의 현재 선호도를 다

룬다.

예: "자기가 확인한 성별에 전형화된 옷을 은밀히 입어본 적이 있습니까? 사적인 공간에서 옷을 처음으로 입기 시작한 것은 언제였습니까? 그때 기분은 어떠했습니까? 이에 대해 아는 다른 사람이 있습니까? 만약 그렇다면 그들의 반응은 어떠했습니까?"(Coolhart, 2012, p. 17)

- **학교 상황**: 이 질문은 성 정체성과 관련해서 청소년의 경험과, 학교에서 발생할 수 있는 괴롭힘에 대해 알 수 있게 한다.

  예: "최근에 학교에서 현재 성별을 어떻게 표현하고 있습니까? 친구들에게 소외당하고 있습니까?(Coolhart, 2012, p. 18)
- **성적 관계/발달**: 이러한 주제는 보통 청소년에게 사적으로 질문하고 대답을 받는다. 성적 성향, 학대, 성적 활동이 질문의 대부분을 이룬다.

  예: "성적 성향은 어떻다고 생각합니까? 성적·신체적 학대를 경험이나 목격하신 적이 있습니까?"(Coolhart, 2012, p. 19).
- **현재의 친밀한 관계**: 청소년이 현재 속한 관계성이 있다면 상담자는 관계성과 성전환에 대한 관심, 청소년의 파트너 성에 대해서 파악해야 한다.
- **신체와 정신건강**: 이 질문은 해결이 필요할 수 있는 신체건강과 정신건강에 대한 문제다. 자해의 가능성과 약물 남용을 배제할 수 없다.
- **지지**: 이 질문은 가족, 친구, 교회, 이웃, 협력 단체, 인터넷상의 관계 등을 포함하여 가족과 청소년을 위한 지지 자원을 확인하는 것을 목적으로 한다.
- **차후 계획/기대**: 이 마지막 질문은 해당 청소년이 미래에 성 전환, 호르몬 치료, 수술 또는 출산에 대한 계획이 있는지를 파악한다.

연구와 증거 기반

체계론적 치료는 연구 프로젝트로 시작되었다. Bateson 팀은 조현병을 앓고 있는 환자의 가족을 대상으로 가족 내 의사소통에 대한 연구를 시작했다. 관찰 연구의 전통은 필수적인 체계론적, 전략적인 모델로 통합되었고 관찰 팀(observation teams)의 형식으로 구성되었다. 전략적 모델, 밀란학파 또는 정신건강연구소(MRI)와 같은 특정 체계론적 모델의 결과물에 대한 체계적 연구는 줄었지만 특정 상황에 대한 증거 기반 체계적 연구는 계속되고 있다. 예를 들어, 청소년 약물 남용, 청소년 행동 문제, 관계 문제로 인한 우울증, 심각한 정신병, 커플의 고충 등이 있다(Sprenkle, 2012). 이러한 증거 기반 치료는 체계론적인 가족 치료에서 사용하는 핵심적인 이론 개념과 기술로 특정 집단에 쓰인다.

체계론적 치료는 증거 기반 치료 분야에서 선두적인 치료로 빠르게 퍼져 나가고 있다. 여러 경험적으로 지지된 치료는 체계론적 치료와 전략적 치료의 여러 중요한 요소가 포함되어 있다.

- **단기 전략적 가족 치료**(생태계 구조 치료, 구조적 환경경제 개발 예방 중재)
- **생태적 구조 치료**(Lindblad–Goldberg, Dore, & Stern, 1998)
- **정서 중심적 부부 치료**(Johnson, 2004)
- **기능적 가족 치료**(Alexander, Waldron, Robbins, & Neeb, 2013; Sexton, 2010)
- **다차원적 가족 치료**(Liddle, Dakof, & Diamond, 1991)
- **다체계적 가족 치료**(Henggeler, Schoenwald, Borduin, Rowland, & Cunningham, 1998)

각각의 접근 방법은 다르지만, 모든 치료에서 문제가 상호작용하는 연쇄 과정을 확인하도록 통합하고, 한 가지 이상의 체계적 또는 구조적 기술을 사용함으로써 행동 연쇄 과정에 간섭하거나 대체하는 방식으로 특정한 내담자의 필요에 적용하고 있다.

개인적 숙고 및 수업 중 토론을 위한 질문

1. 이 장에서 어떠한 개념이 당신과 개인적으로 가장 관련이 있다고 생각하는가? 왜 그렇게 생각하는가?
2. 이 장에서 내담자와 작업하는 데 가장 도움이 될 만한 사고는 무엇인가?
3. 이 접근방식을 사용하여 다양한 내담자와 상담할 때, 나타나는 가능성과 제한점에는 무엇이 있는가? 그렇다면 제한점에 대해서는 어떠한 방식으로 다룰 수 있는가?
4. 체계적 역동성이 행동에 어느 정도까지 영향을 미치는가?
5. 관계에서 좋은 아이/나쁜 아이 또는 부모, 방임형/관계중심형과 같은 한 사람의 서로 반대되는 역할을 당신과 타인이 맡아서 해보는 상보적 역동성을 경험해본 적이 있는가? 이러한 역동이 어떻게 출현하는가? 각각의 사람에게 이것이 어떤 영향을 주는가?
6. 당신이 맺고 있는 관계 가운데 한 가지 상호작용 패턴을 기술할 수 있는가? 이러한 갈등은 어떻게 시작되는가? 그 문제나 갈등을 어떻게 보이는가? 정상적인 관계로 되돌리려면 어떻게 해야 하는가?

7. 자기 교정 체계에 대한 존중과 신뢰에 대해 어떻게 생각하는가? 상담자가 어떻게 체계에 반응하는지 '통제'하지 않는다는 관점에 대해 염려되는 부분이 있는가?
8. 이 접근이 어떤 내담자, 호소 문제에 대해 가장 적합하다고 생각하는가? 무엇이 가장 부적합한 접근이라고 생각하는가?
9. 어떤 사례 개념화 개념이 내담자의 문제를 이해하는 데에 있어서 가장 유용한가?
10. 어떤 개입이 가장 유용하다고 생각하는가?
11. 이 접근방식이 상담자 또는 심리치료사로서 당신에게 적합하다고 생각하는가? 왜 그렇게 생각하는가?
12. 이 접근방식을 적절하게 사용하기 위해 성장하거나 배워야 할 것은 무엇인가?

온라인 자료

협회와 실습기관

미국 단기 및 전략적 심리치료 협회(American Association of Brief and Strategic Therapists) www.aabst.org/

미국 결혼 및 가족 심리치료 협회(American Association for Marriage and Family Therapy) www.aamft.org

단기전략적 및 체계적 국제 네트워크(Brief Strategic and Systemic World Network) www.bsst.org

단기 전략 가족 심리치료 실습(Brief Strategic Family Therapy Training) www.brief-strategic-family-therapy.com

BSFT 실습 매뉴얼(BSFT Training Manual) www.nida.nih.gov/TXManuals/bsft

정서 집중 치료: Sue Johnson, 캐나다(Emotionally Focused Therapy: Sue Johnson, Canada) www.eft.ca

국제 결혼 및 가족 상담자 협회(International Association of Marriage and Family Counselors) www.iamfconline.com/

기능적 가족 치료(Functional Family Therapy) www.fftinc.com/

정신연구소(Mental Research Institute) www.mri.org

다체계적 치료(Multisystemic Therapy) www.mstservices.com

필라델피아 아동 및 가족 치료 연수센터(Philadelphia Child and Family Therapy Training Center) www.philafamily.com

학회지

가족 과정(Family Process) www.familyprocess.org/

결혼 및 가족 치료 저널(Journal of Marital and Family Therapy) www.jmft.net/

체계적 치료 저널(Journal of Systemic Therapies) www.guilford.com/

참고문헌

별표(*)는 권장되는 입문서를 나타낸다.

Alexander, J. F., Waldron, H. B., Robbins, M. S., & Neeb, A. A. (2013). *Functional family therapy for adolescent behavior problems*. Washington, DC: American Psychological Association.

Anger-Díaz, B., Schlanger, K., Rincon, C., & Mendoza, A. (2004). Problem-solving across cultures: Our Latino experience. *Journal of Systemic Therapies*, *23*(4), 11–27. doi: 10.1521/jsyt.23.4.11.57837

Aponte, H. J. (1994). *Bread and spirit: Therapy with the new poor: Diversity of race, culture, and values*. New York: Norton.

Aponte, H. J. (1996). Political bias, moral values, and spirituality in the training of psychotherapists. *Bulletin of the Menninger Clinic*, *60*(4), 488–502.

*Bateson, G. (1972). *Steps to an ecology of mind; collected essays in anthropology, psychiatry, evolution, and epistemology*. San Francisco, CA: Chandler.

Bateson, G. (1979). *Mind and nature: A necessary unity*. New York: Dutton.

*Boscolo, L., Cecchin, G., Hoffman, L., & Penn, P. (1987). *Milan systemic family therapy: Conversations in theory and practice*. New York: Basic Books.

Bowen, M. (1976). Theory in practice of psychotherapy. In P. J. Guerin (Ed.), *Family therapy: Theory and practice*. New York: Gardner.

*Bowen, M. (1985). *Family therapy in clinical practice*. New York: Jason Aronson.

Butler, C. (2009). Sexual and gender minority therapy and systemic practice. *Journal of Family Therapy*, *31*(4), 338–358. doi:10.1111/j.1467-6427.2009.00472.x

Carter, B., & McGoldrick, M. (Eds.). (2005). *The expanded family life cycle: Individuals, families, and social perspectives* (3rd ed.). New York: Allyn and Bacon.

*Cecchin, G. (1987). Hypothesizing, circularity, and neutrality revisited: An invitation to curiosity. *Family Process*, *26*(4), 405–413.

*Colapinto, J. (1991). Structural family therapy. In A. S. Gurman & D. P. Kniskern (Eds.), *Handbook of family therapy*, (Vol. II, pp. 417–443). New York: Brunner Mazel.

Coolhart, D., Baker, A., Farmer, S., Malaney, M., & Shipman, D. (2012). Therapy with transsexual youth and their families: A clinical tool for assessing youth's readiness for gender transition. *Journal of Marital and Family Therapy* [Early View Version]. doi: 10.1111/j.1752-0606.2011.00283.x

DeVine, J. L. (1984). A systemic inspection of affectional preference orientation and the family of origin. *Journal of Social Work and Human Sexuality*, 2, 9–17.

Erich, S., Tittsworth, J., Dykes, J., & Cabuses, C. (2008). Family relationships and their correlations with transsexual well-being. *Journal of GLBT Family Studies*, *4*(4), 419–432.

*Fisch, R., Weakland, J., & Segal, L. (1982). *The tactics of change: Doing therapy briefly*. New York: Jossey-Bass.

Gehart, D. (2015). *Theory and treatment planning in counseling and psychotherapy* (2nd ed.). Pacific Grove, CA: Brooks Cole.

Gehart, D. (2014). *Mastering competencies in family therapy. A practical approach to theories and clinical case documentation* (2nd ed.). Belmont, CA: Brooks/Cole.

Goldberg, A. E. (2009). Lesbian, gay, and bisexual family psychology: A systemic, life-cycle perspective. In J. H. Bray & M. Stanton (Eds.), *The Wiley-Blackwell handbook of family psychology* (pp. 576–587). Wiley-Blackwell. doi: 10.1002/9781444310238.ch40

Goldenberg, H., & Goldenberg, I. (2012). *Family therapy: An overview* (8th ed.). New York: Cengage.

Grossman, A. H.,D'Augelli, A. R., Howell, T. J.,& Hubbard, S. (2005). Parents' reactions to transgender youths' gender nonconforming expression and identity. *Journal of Gay and Lesbian Social Services*, *18*(1), 3–16.

Haley, J. (1963). *Strategies of psychotherapy*. New York: Grune & Stratton.

Haley, J. (1973). *Uncommon therapy: The psychiatric techniques of Milton H. Erickson, M.D.* New York: Norton.

Haley, J. (1976). *Problem-solving therapy: New strategies for effective family therapy*. San Francisco, CA: Jossey-Bass.

Haley, J. (1984). *Ordeal therapy*. San Francisco, CA: Jossey-Bass.

*Haley, J. (1987). *Problem-solving therapy* (2nd ed.). San Francisco, CA: Jossey-Bass.

Haley, J., & Richeport-Haley, M. (2007). *Directive family therapy*. New York: Hawthorne.

Henggeler, S. W., Schoenwald, S. K., Borduin, C. M., Rowland, M. D., & Cunningham, P. B. (1998). *Multisystemic treatment of antisocial behavior in children and adolescents*. New York: Guilford.

Jackson, D. D. (1967). The myth of normality. *Medical Opinion and Review*, *3*, 28–33.

Johnson, S. M. (2004). *The practice of emotionally focused marital therapy: Creating connection* (2nd ed.). New York: Brunner/Routledge.

Liddle, H. A., Dakof, G. A., & Diamond, G. (1991). Adolescent substance abuse: Multidimensional family therapy in action. In E. Daufman & P. Kaufman (Eds.), *Family therapy of drug and alcohol abuse* (pp. 120–171). Boston, MA: Allyn & Bacon.

Lindblad-Goldberg, M., Dore, M., & Stern, L. (1998). *Creating competence from chaos*. New York: Norton.

Madanes, C. (1981). *Strategic family therapy*. San Francisco, CA: Jossey-Bass.

Madanes, C. (1991). Strategic family therapy. In A. S. Gurman & D. P. Knishern (Eds.), *Handbook of family therapy* (pp. 396–416). New York: Brunner/Mazel.

McFarlane, W. R. (2004). *Multifamily groups in the treatment of severe psychiatric illness*. New York: Guilford.

McGoldrick, M., Giordano, J., & Garcia-Preto, N. (Eds.). (2005). *Ethnicity and family therapy* (3rd ed.). New York: Guilford.

Mental Research Institute. (2002). *On the shoulder of giants*. Palo Alto, CA: Author.

Minuchin, S. (1974). *Families and family therapy*. Cambridge, MA: Harvard University Press.

*Minuchin, S., & Fishman, H. C. (1981). *Family therapy techniques*. Cambridge, MA: Harvard University Press.

Minuchin, S., Montalvo, B., Buerney, B. G., Rosman, B., & Schumer, F. (1967). *Families of the slums: An exploration of their structure and treatment*. New York: Basic Books.

Minuchin, S., & Nichols, M. P. (1993). *Family healing: Tales of hope and renewal fromfamily therapy*. New York: Free Press.

Minuchin, S. Nichols, M. P., Lee, W. Y. (2007). *Assessing families and couples: From symptom to system*. Bacon.

Multisystemic Therapy Services. (1998). *Multisytemic therapy*. Downloaded May 2, 2008, http://www.mstservices.com/ text/treatment.html

*Nardone, G., & Watzlawick, P. (1993). *The art of change: Strategic therapy and hypnotherapy without trance*. San Francisco, CA: Jossey-Bass.

Nichols, M. P. (2012). *Family therapy: Concepts and methods* (10th ed.). Pacific Grove, CA: Pearson.

Rastogi, M. (2007). Coping with transitions in Asian Indian families: Systemic clinical interventions with immigrants. *Journal of Systemic Therapies*, 26(2), 55–67. doi:10.1521/ jsyt.2007.26.2.55

Robbins, M. S., Horigian, V., Szapocznik, J., & Ucha, J.(2010). Treating Hispanic youths using brief strategic family therapy. In J. R. Weisz & A. E. Kazdin (Eds.), *Evidencebased psychotherapies for children and adolescents* (2nd ed., pp. 375–390). New York: Guilford.

Santisteban, D. A., Coatsworth, J., Perez-Vidal, A., Mitrani, V., Jean-Gilles, M., & Szapocznik, J. (1997). Brief structural/ strategic family therapy with African American and Hispanic high-risk youth. *Journal of Community Psychology*, 25(5), 453–471. doi:10.1002/(SICI)1520-6629(199709)25: 5<453::AID-JCOP6>3.0.CO;2-T

Satir, V. (1967/1983). *Conjoint family therapy* (3rd/Revised ed.). Palo Alto, CA: Science and Behavior Books.

Satir, V. (1972). *Peoplemaking*. Palo Alto, CA: Science and Behavior Books.

Satir, V. (1988). *The new peoplemaking*. Palo Alto, CA: Science and Behavior Books.

Satir, V., Banmen, J., Gerber, J., & Gomori, M. (1991). *The Satir model: Family therapy and beyond*. Palo Alto, CA: Science and Behavior Books.

Segal, L. (1991). Brief Therapy: The MRI approach. In A. A. Gurman & D. P. Knishern (Eds.), *Handbook of family therapy* (pp. 171–199). New York: Brunner/Mazel.

Selvini Palazzoli, M. (Ed.). (1988). *The work of Mara Selvini Palazzoli*. New York: Jason Aronson.

*Selvini Palazzoli, M., Boscolo, L., Cecchin, G., & Prata, G. (1980). Hypothesizing-circularity-neutrality: Three guidelines for the conductor of the session. *Family Process*, *19*(1), 3–12.

Selvini Palazzoli, M., Cecchin, G., Prata, G., & Boscolo, L. (1978). *Paradox and counterparadox: A new model in the therapy of the family in schizophrenic transaction*. New York: Jason Aronson.

Sexton, T. L. (2010). *Functional family therapy in clinical practice: An evidence-based treatment model for working with troubled adolescents*. New York: Routledge.

Sprenkle, D. H. (Ed.) (2002). *Effectiveness research in marriage and family therapy*. Alexandria, VA: American Association for Marriage and Family Therapy.

Sprenkle, D. H. (Ed.) (2011). *Effectiveness research in marriage and family therapy* (2nd ed.). Alexandria, VA: American Association for Marriage and Family Therapy.

Sprenkle, D. (Ed.). (2012). Intervention research in couple and family therapy [Special edition]. *Journal of Marital and Family Therapy*, *38*(1).

Szapocznik, J., & Williams, R. A. (2000). Brief Strategic Family Therapy: Twenty-five years of interplay among theory, research and practice in adolescent behavior problems and drug abuse. *Clinical Child and Family Psychology Review*, *3*(2), 117–134.

Walsh, F. (Ed.). (2009). *Spiritual resources in family therapy* (2nd ed.). New York: Guilford.

Watzlawick, P. (1978/1993). *The language of change: Elements of therapeutic conversation*. New York: Norton.

Watzlawick, P., Bavelas, J. B., & Jackson, D. D. (1967). *Pragmatics of human communication: A study of interactional patterns, pathologies, and paradoxes*. New York: Norton.

Watzlawick, P., & Weakland, J. H. (1977). *The interactional*

view: Studies at the Mental Research Institute, Palo Alto, 1965–1974. New York: W. W. Norton & Company.
*Watzlawick, P., Weakland, J., & Fisch, R. (1974). *Change: Principles of problem formation and problem resolution*. New York: Norton.

체계론적 사례 연구: 약물 사용과 실직 문제

수족(Sioux)의 어머니를 둔 Billy는 23세 남성으로, 친누나의 설득 끝에 상담을 받기 시작했다. 그는 3개월 전 접시닦이로 일하던 식당에서 해고당한 뒤 지나친 음주를 하기 시작했다. 그는 어머니, 친누나와 함께 작은 아파트에 살고 있었다. 그는 경제적 빈곤으로 절망감을 느꼈고, "어차피 이 도시엔 좋은 일자리도 없다."라는 말을 했다. 일자리를 잃은 뒤, 자신의 할머니를 자주 찾아가기 시작했고, 거기서 동네 약사인 여성과 만나기도 하였다. 그가 마을에 있을 때, 몇몇 고등학교 동창과 시간을 보내곤 했지만, 대부분 함께 술을 마셨다. Billy는 더 이상 잠을 자거나 먹을 필요를 느끼지 못하고, 더 이상 그 어떤 것에도 정말로 즐거움을 느끼지 않는다고 말했다. 또한 그는 때때로 마을에 있을 때조차 보이지도 않는 독수리의 울음소리를 들었다고 하였다.

초기 상담 후, 체계론적 상담자는 다음과 같은 사례 개념화를 만들었다.

사례 개념화

날짜: 2013년 11월 4일 **상담자:** Richard **내담자/사례 #:** 12001

Ⅰ. 내담자 소개

내담자의 기본 정보와 중요한 타인 파악하기

내담자

성인 남성 연령: 23세 북미 원주민 미혼 이성애자 직업/직위: 고등학교 졸업, 실직한 접시닦이

기타: 어머니, 누나와 함께 거주

중요한 타인

내담자 어머니 연령: 53세 북미 원주민 미혼 이성애자 직업/직위: 소매업

기타 :

그외 연령: 27세 북미 원주민 미혼 이성애자 직업/직위: 초등학교 교사

기타: 내담자의 누나

연령 선택: 인종 선택 관계상태 선택 직업/직위: 기타:

연령 선택: 인종 선택 관계상태 선택 직업/직위: 기타:

기타:

Ⅱ. 호소 문제

문제에 대한 내담자의 보고:

AM(Adult Male)은 친누나의 설득으로 초기 면담을 가지게 되었다. 그는 3개월 전 '접시닦이' 일자리를 잃었지만, 다른 직업을 찾아보지 않을 뿐 아니라 경제가 안 좋다는 것을 핑계로 술에 빠져 살고 있는 중이다. 그는 해고된 뒤로 전보다 술을 더 먹는다는 것을 인정하지만 마을에서 술을 마시는 것 외에는 할 수 있는 게 없다고 말한다.

문제에 대한 중요한 타인 및 가족의 보고:

누나: 동생이 해고된 이후 우울해하며 아버지가 겪었던 것처럼 잘못된 길을 걷고 있다고 여긴다. 그녀는 동생이 새로운 일을 구하거나 직업학교에 입학하기를 원한다.

어머니: 술보다도 아들이 여느 때와 같지 않다는 것(슬픔, 절망감, 부정적인 모습)에 더 걱정이 된다. 그녀는 아들이 할머니와 시간을 함께 보내는 것에 대해서는 기뻐하고 있다. 할머니가 아들에게 좋은 영향을 미친다고 믿고 있기 때문이다. 그녀는 독수리의 울음소리가 좋은 징조라고 믿는다. 그 기운이 청년으로서의 삶의 목적을 찾도록 아들을 이끌어줄 것이라고 믿는다.

문제에 대한 다양한 체계(참고인, 교사, 친척, 법적 체계 등)로부터의 보고:

(계속)

AM의 친구: 내담자의 고등학교 친구 중 한 명은 그의 아버지처럼 알코올의존자가 되어가고 있는 것 같다고 말했다.

할머니: 손자가 성인이 되는 것에 대한 도전을 받아들이고 세상에서 손자의 길을 찾아줄 태곳적 방법이 필요하다고 본다. 할머니는 그가 들은 독수리의 울음소리가 제자리를 찾도록 하는 특별한 영적 메시지를 가지고 있다고 믿는다.

Ⅲ. 배경 정보

트라우마·학대 이력(현재 및 과거): AM은 어떤 아동기 트라우마나 학대에 대해서 부인하지만, 자신의 어린 시절 대부분 가난한 생활을 해왔다고 한다.

약물 사용·남용(현재와 과거, 자신, 원가족, 중요한 타인): AM은 현재 심하게 350mL짜리 맥주 6~12잔을 일주일에 4~5일 밤낮으로 마신다. 또는 만약 그가 조금도 제한받지 않을 입장이 된다면(예: 다른 사람이 지불을 하는 경우) 그보다 더 마신다. AM의 아버지는 AM이 어릴 적에 가족을 떠났지만, 외할아버지가 그랬던 것처럼 아버지 역시 심각한 알코올 문제를 가지고 있었다고 들었다.

촉발 사건(최근 삶의 변화, 최초의 증상, 스트레스 요인 등): AM은 3개월 전에 고등학교 졸업한 이후부터 계속해서 하던 '접시닦이' 일자리를 잃고 말았다. 정확한 이유는 알 수 없었다.

관련된 역사적 배경(가족력, 관련 문제, 이전 상담 경험 등): 내담자의 어머니는 그가 어린 시절 동안 몇 차례 실직을 했고, 그로 인해 내담자와 그의 누나는 항상 어려운 시간을 보냈다고 한다. AM은 학교에서 과도하게 노는 학생은 아니었으나 그렇다고 학업 성취도가 그렇게 뛰어나지도 않았는데, 이는 대부분 노력이 부족했기 때문이다. 그는 숙제보다 비디오게임과 스케이트 타는 것을 즐겼지만 그렇다고 큰 야망을 가지고 있었던 것은 아니다.

Ⅳ. 내담자의 강점과 다양성

내담자의 강점

개인적 측면: AM이 직장에 다녔을 때 성실한 일꾼이었다. 그는 매력적이고 유머가 있었다. 그가 스스로 필요로 할 때 기지가 많았다.

관계적·사회적 측면: AM은 어머니, 할머니, 누나를 깊이 존경하고 있다. 그는 자신이 수족(Sioux)이라는 사실에 대한 자부심을 가지고 있다. 그는 고등학교 친구들이나 수족 보호 구역에서 관계를 잘 유지하고 있다.

영적 측면: 내담자 생활 대부분에서 영성이 삶의 큰 영향을 미치지는 못했지만, 최근에 할머니와 시간을 보내면서 AM은 타고난 영성에 더욱 관심을 갖게 되었다. 그의 할머니, 어머니와 마찬가지로, 내담자 역시 '독수리 울음소리'가 영적 가치가 크다고 여기고 있다.

다양성: 자원과 한계

내담자의 연령, 성별, 성적 성향, 문화적 배경, 사회경제적 지위, 종교, 지역사회 공동체, 언어, 가족 배경, 가족 구성,

(계속)

역량 등에 기초하여 내담자의 잠재적인 자원과 한계가 무엇인지 확인하라.

독특한 자원: 내담자는 계속 소속되어 생활하고 있는 그의 종족, 할머니, 그리고 다른 어른들과 함께하면서 강한 사회적 지지 체계를 가지고 있다.

잠재적 한계: 긍정적인 남성 역할 모델의 부족과 고학력 또는 유망한 직업을 향한 뒤섞인 문화적 메시지

사례 개념화를 위하여 다음의 모든 부분을 완성하거나 이론 기반의 사례 개념화를 위한 특정 부분을 완성하라.

V. 정신역동 개념화

정신역동 방어기제

가장 많이 사용하는 방어기제 2-4개를 체크하라.

☐ 행동화: 기술하기:

☒ 부인: 기술하기: 자신의 음주 행태와 자멸적인 행동의 심각성에 대하여 인정하지 않는다.

☐ 전치: 기술하기:

☒ 도움을 거절하는 불평: 기술하기: 그는 자기 상황에 대해 불평을 털어놓지만 어떤 것을 할 의지가 없으며 도움을 바라고 있다.

☐ 유머: 기술하기:

☐ 수동 공격성: 기술하기:

☐ 투사: 기술하기:

☐ 투사적 동일시: 기술하기:

☐ 합리화: 기술하기:

☐ 반동 형성: 기술하기:

☐ 억압: 기술하기:

☐ 분열: 기술하기:

☐ 승화: 기술하기:

☐ 억제: 기술하기:

☒ 기타: AM은 자신이 바라는 세상 속으로 들어가 그 안에서 문제들이 해결되기를 바란다.

대상관계 패턴

과거 어린 시절 초기 양육자와의 관계에 대해 기술하라. 어머니와 할머니가 내담자를 길렀다. 두 분 다 '간섭하지 않는' 방식으로 양육하였기에 내담자는 자신이 하고 싶은 대로 자유롭게 커왔다. 많지는 않지만 약간의 규칙과 기대치는 있었다.

주로 어머니(또는 그와 비슷한 사람)와의 애착은 어떠했는가?

☒ 대개 안정적 ☐ 불안과 집착 ☐ 회피와 정서적 거리감 ☐ 기타: 내담자의 어머니는 지나치게 허용적이었지만 그는 어머니를 항상 믿고 따른다

(계속)

주로 아버지(또는 그와 비슷한 사람)와의 애착은 어떠했는가?

☐ 대개 안정적 ☐ 불안과 집착 ☒ 회피와 정서적 거리감 ☐ 기타: 아버지는 알코올의존자였고, 내담자가 4세 때 가족을 떠났다. 그 뒤로 거의 연락을 하지 않았다.

초기 양육자와의 현재 관계에 대해 기술하라. 내담자는 현재 무직인 상태로 어머니에 의지하여 살고 있다. 어머니의 이러한 지원은 그가 일을 찾지 않고 음주 생활을 계속 유지하도록 한다.

파트너 관계 및 현재 다른 사람과의 관계에 대해 기술하라. 해당 없음(N/A)

Erickson의 심리사회적 발달 단계

각 단계에서 현재 단계까지의 발달을 기술하라.

신뢰 대 불신(영아기): 할머니와 어머니가 내담자를 길렀다.

자율성 대 수치와 의심(유아기): 내담자의 아버지의 음주 행태가 이 시절에 악화되고 있었다.

주도성 대 죄책감(학령전기): 내담자의 아버지가 4세 때 가족을 떠났다.

근면성 대 열등감(학령기): 내담자는 학교에서 격려를 받지 못하였고, 그는 평균 이하의 학생이었다.

정체성 대 역할 혼란(청소년기): 이 당시에 간간히 아버지를 만났으며 할머니와의 만남은 제한적이었다. 그가 속해 있는 문화나 또래 관계 속에서 명확한 정체성을 발달시키지 못했다.

친밀감 대 고립감(청년기): AM은 진지하게 여자 친구를 사귀어본 적이 없으며, 단기간 동안 데이트를 한 정도였다.

생산성 대 (자기) 침체(장년기): ________

자아 통합감 대 절망감(노년기): ________

아들러학파의 생활양식 주제

☐ 통제: ________

☐ 우월성: ________

☐ 기쁘게 하기: ________

☒ 편안함: 무엇보다 내담자는 편안함을 추구해왔고 공부나 일 등을 열심히 하려 하지 않았다. 그는 실패할 것이라는 생각을 많이 해서 시도조차 하지 않았다.

기본적 오류에 대한 잘못된 지각: 나 같은 사람이 성공하기에는 삶이 너무 어렵다.

VI. 인본주의·실존주의 개념화

진정한 자아 표현

문제: 문제가 내재적 또는 외재적으로(타인, 환경 등에 의해) 유발되는가?

☐ 두드러지게 내재적이다.

☐ 혼합되어 있다.

☒ 두드러지게 외재적이다.

주체성과 책임감: 자신이나 타인이 이야기의 주체로서 논의되고 있는가? 내담자는 상황에 대한 분명한 책임감을 가지고 있는가?

(계속)

☐ 강한 주체성과 책임감

☐ 부분적인 주체성

☒ 매우 낮은 주체성, 타인과 상황에 대한 잦은 책임전가

☐ 종종 희생양이 되었다고 느낀다.

감정의 인식과 표현: 감정을 자신의 것으로 인식하고 경험하는 데 어려움이 없는가?

☐ 쉽게 감정을 표현한다.

☐ 동요된 감정을 인식한다.

☒ 감정을 인식하는 것이 어렵다.

'지금 여기' 경험: 내담자가 현재의 순간에 일어나는 상황에 대한 감정을 폭넓게 경험할 수 있는가?

☐ 현재의 순간에 감정을 쉽게 경험한다.

☐ 도움을 받아 현재 감정을 어느 정도 경험한다.

☒ 현재의 순간을 경험하는 것이 어렵다.

개인적 구성 개념과 허울(facades): 내담자는 자신의 역할을 인식하고 그것을 넘어설 수 있는가? 정체성은 경직되어 있는가, 아니면 자신을 시험적으로 내려놓을 수 있는가?

☐ 시험적으로 자신을 내려놓을 수 있다. 비판하고 의문을 제기할 수 있다.

☒ 정체성의 구성 개념과 허울에 대해 약간 인식하고 있다.

☐ 정체성을 엄격하게 정의한다. '사실'로 인지한다.

복잡성과 모순: 내적인 모순을 가지고 있으며 그것을 탐색하는가? 내담자는 정체성과 삶의 복잡성을 충분히 이해하는가?

☐ 모순을 자각하고 해결한다.

☐ 모순을 일부 인식한다.

☒ 내적인 모순을 자각하지 못한다.

당위: 내담자는 사회적으로 부과된 당위와 의무에 대해 의문을 품을 수 있는가? 내담자는 타인을 기쁘게 해주는 것과 자신의 소망을 충족하고자 하는 것 간의 균형을 맞출 수 있는가?

☐ 사회적 의무와 자율성 간의 균형을 맞출 수 있다.

☒ 사회적 기대와 개인적 소망 사이의 긴장을 인식한다.

☐ 주로 사회에서 원하는 것에 초점을 맞춘다.

해야 하는 의무 목록: 삶은 쉬워야만 한다. AM은 마지막 직업을 잃은 이후로 직업을 찾을 수 없어야만 한다.

타인 수용: 내담자는 타인의 의견을 수용할 수 있고 타인에 대한 기대에 현실적으로 부응할 수 있는가?

☐ 타인을 쉽게 수용한다.

☐ 타인의 기대가 비현실적이지만, 여전히 충족하지 못한 기대에 강한 정서적 반응을 나타내는 것을 인식한다.

☒ 타인을 받아들이는 것이 어렵다. 항상 자신의 기대에 부응하기 위해 타인이 변하기를 바란다.

자기 신뢰: 내담자는 자신이 고정된 대상이 아니라 과정으로서의 자신을 신뢰할 수 있는가?

☐ 진정한 자기를 신뢰하고 표현할 수 있다.

☐ 특정한 상황에서 자신을 신뢰한다.

(계속)

☒ 대부분의 상황에서 자신을 신뢰하는 것이 어렵다.

실존 분석

삶을 의미 있게 하는 자원(내담자에 의해 기술되고 설명된 것): 내담자는 삶의 의미에 대해 거의 돌아본 적이 없다. 그는 가족에게 가치를 두고 있으며 인디언 원주민 문화적 유산에서 의미를 찾기 시작했다.

삶의 의미에 관한 일반적 주제:

☒ 개인적 성취·업적

☐ 중요한 타인

☐ 자녀

☒ 원가족

☐ 사회적 대의, 타인에 대한 공헌

☒ 종교·영성

☐ 기타: ______

삶의 방향에 대한 만족과 명확성:

☐ 힘든 시기에 회복탄력성을 만들어내는 명확한 삶의 의미를 가지고 있다.

☐ 현재의 문제는 삶의 방향과 관련된 선택을 요구한다.

☐ 현재 삶의 방향성에 대해 최소한으로만 만족한다. 삶에 더 큰 욕구를 가지고 있다.

☒ 현재까지 삶의 방향성에 관하여 거의 생각한 적이 없다. 대부분 타인 혹은 다른 어떤 것에 의해 정의된 삶의 계획에 따라 살아왔다.

☐ 기타: ______

게슈탈트 접촉 경계 혼란

☒ **둔감화:** 문제를 인식하지 못한다.

☐ **내사:** 타인의 관점을 검열하지 않고 그대로 받아들인다.

☐ **투사:** 타인에게 자신의 원하지 않는 부분을 전가시킨다.

☐ **반전:** 타인이 아닌 자기 자신에게 직접적인 행동을 취한다.

☐ **편향:** 타인 혹은 자신과의 직접적인 접촉을 피한다.

☐ **자의식:** 외부 환경이 자기 자신에게 영향을 미치지 못하도록 한다.

☐ **융합:** 타인과의 경계가 모호해지는 범위까지 동조한다.

기술하기: ______

Ⅶ. 인지행동 사례 개념화

증상 행동의 기준

증상 #1 (행동적 기술): 일상 활동을 즐기지 못함, 학업이나 일을 지속하지 못함

빈도: 거의 매일

지속 기간: 3개월, 직업을 잃은 후부터 시작

(계속)

상황: 집에서 가장 심함. 친구와 함께할 때나 보호구역에 있는 할머니를 방문할 때 그나마 나음

사건 전: 일어나서 아침을 먹음. 그런 다음 어디에도 갈 곳이 없다고 느끼거나 어떤 것도 할 일이 없다고 느낌

사건 후: '어떤 것도 마음에 남지 않는다.' 싶은 시점까지 계속 술을 마심

증상 #2 (행동적 기술): 음주

빈도: 1주일에 4~7일

지속 기간: 3개월

상황: 고등학교 친구나 보호구역 내의 친구들과 함께함

사건 전: 우울감을 느낌, 절망감, 지루함

사건 후: 잠을 잠

비합리적 신념에 대한 A-B-C 분석

선행 사건(문제): 실직을 당함

결과(기분, 행동 등): 우울증, 절망감, 음주 빈도수 증가, 할 일 없음

신념의 중재(결과 C를 야기한 사건에 관한 해로운 신념):

1. 내가 접시닦이라는 직업을 계속해서 유지할 수 없으면 난 진정한 실패자다.
2. 내가 이 직업을 계속할 수 없다면, 다른 무엇도 난 할 수 없다.
3.

Beck의 인지 도식 분석

자주 사용하는 인지 도식을 확인하라.

☐ **임의적 추론:**

☒ **선택적 추상:** 가능성보다는 어려운 점/문제점에 집중한다.

☐ **과잉일반화:**

☒ **의미 확대/의미 축소:** 한 번의 좌절로 어디에서나 성공할 수 없을 것이라고 생각하게 이끈다.

☒ **개인화:** 식당에 손님이 많이 없다는 것으로 자신을 실패자라고 믿는다.

☐ **절대론자/이분법적 사고:**

☐ **잘못된 명명:**

☐ **독심술:**

Ⅷ. 가족체계 개념화

가족생활 주기 단계

☒ 미혼 성인

☐ 기혼

☐ 어린 자녀가 있는 가족

☐ 청소년기 자녀가 있는 가족

(계속)

☐ 자녀 독립

☐ 노년기

이 단계에서 발달 과업을 완성하는 데 어려움이 무엇인지 기술하라. 내담자는 성인의 세계에서 자신의 자리를 찾으려고 고군분투하고 있으며 자신을 '실패자'라고 생각한다. 왜냐하면 직업도 여자 친구도 없기 때문이다.

타인과의 경계

부모	☒ 밀착	☐ 명확	☐ 유리	☐ 해당 사항 없음: 기술하기: 어머니는 매우 허용적이고 그를 위한 집안일이나 음주에 대한 아무런 제한도 설정하지 않는다.
중요한 타인	☐ 밀착	☐ 명확	☐ 유리	☐ 해당 사항 없음: 기술하기:
자녀	☐ 밀착	☐ 명확	☐ 유리	☐ 해당 사항 없음: 기술하기:
확대가족	☐ 밀착	☐ 명확	☐ 유리	☐ 해당 사항 없음: 기술하기:
기타: 누나	☐ 밀착	☒ 명확	☐ 유리	☐ 해당 사항 없음: 기술하기: 내담자는 그녀와 문제에 대해 어느 누구보다 더 잘 이야기할 수 있다.

타인과의 친밀도와 거리를 조절하는 일반적인 유형: AM은 어머니, 할머니, 누나와 가까운 사이라고 생각한다. 그러나 문제에 대해 이야기하지는 않는다. 그들의 돌봄은 침묵하는 존재로서 가끔 표현된다. 그의 어머니는 그가 가족 내의 유일한 남자이기에 많은 독립성을 허용한다.

삼각관계/연합

☒ 원가족과의 연합: 기술하기: 그의 아버지가 그들을 떠난 후, 어머니와 아이들은 아버지를 반대하여 편을 갈랐다. 그의 아버지와는 연락을 거의 하지 않는다.

☐ 중요한 타인과 관련된 연합: 기술하기:

☐ 그 외의 연합:

자신과 부모-자녀 사이의 위계	☐ 해당 사항 없음		
자녀와의 위계	☐ 효과적	☐ 경직	☐ 허용적
부모와의 관계(어린아이/청소년에게 있어)	☐ 효과적	☐ 경직	☒ 허용적

형제**와의 상호보완적 패턴**

☐ 방임형/관계 중심

☒ 높은 기능 수준/낮은 기능 수준

☐ 감정적/이성적

☐ 좋은 부모/나쁜 부모

☐ 기타: 기술하기: 성공적임 대 성공적이지 못함

상호보완적인 패턴의 예시:

(계속)

세대 간 패턴

약물·알코올 남용: ☐ 해당 없음 ☒ 있음: 내담자는 과음을 많이 한다. 그의 아버지는 계속 음주를 하였고, 외할아버지도 마찬가지였다.

성적·신체적·정서적 학대: ☒ 해당 없음 ☐ 있음:

부모-자녀 관계: ☐ 해당 없음 ☒ 있음: 그의 아버지는 조부가 그랬던 것처럼 가족을 버렸다.

신체적·정신적 장애: ☒ 해당 없음 ☐ 있음:

가족이 지닌 강점: **기술하기**: 강한 충성심, 서로에게 침묵의 지지자, 전통적 문화와의 유대감

IX. 해결 중심·문화적 담론(포스트모더니즘) 개념화

해결책과 독특한 결과

효과적으로 작용하지 않은 기존의 해결책:

1. 누나가 내담자에게 술을 그만 마시라고 말한다.
2. 새로운 직업과 학교를 알아보는 것을 회피한다.
3. 문제가 없는 것처럼 행동한다.

예외적 상황과 독특한 결과: 시간, 장소, 관계, 상황 등 덜 문제시될 때, 사건의 경과가 좋아지도록 하는 행동:

1. 그는 그의 귀에 들리는 독수리의 울음소리에 따라 어떻든 간에 예지력을 탐구하는 데 흥미를 지니고 있다.
2. 그는 집에서 어머니를 돕기 위해 쓰레기를 버리는 것을 계속하고 있다.
3.

기적 질문에 대한 대답: 만약 문제가 하룻밤 사이에 해결이 된다면, 내담자는 다음 날 어떻게 행동할 것인가? (Y를 하지 않는 대신에 X를 한다는 식으로 기술하라.)

1. 그는 독수리의 울음소리를 따라서 운명을 향한 탐구를 시작할 것이다.
2. 그는 그가 즐기는 직업을 가지고 스스로를 편하게 지지할 수 있다.
3. 그는 여성과 진지한 관계를 맺을 것이다.

문제 정의에 영향을 주는 **지배 담론**:

- **인종, 계층, 종교 담론: 핵심적인 문화적 담론이 어떻게 문제와 가능한 해결책이 무엇인지 알려주는가?** AM의 절망스러움, 우울함, 음주 경험은 북미 원주민에 대한 부정적인 고정관념과 일치한다. AM은 그렇지 않다고 주장하겠지만 절망스러운 그림을 가져왔다. 그에게서 백인으로서의 부분적인 모습은 길을 의심하게 할지라도 영적인 것에 대한 관심은 AM을 위한 희망적인 길을 제시한다. 그는 '남자가 설 곳이 없는' 역할을 취하고 어떤 방향을 취하는 것을 피함으로써 문화적 긴장감을 해결하는 것으로 보인다.
- **성(gender)과 성적 담론: 성과 성적 담론이 어떻게 문제와 가능한 해결책이 무엇인지 알려주는가?** 내담자는 대단히 기능적이고 회복력 있는 여성들(어머니, 할머니, 누나)에 의해 둘러싸여 있다. 그리고 그는 경제적인 것이나 정서적인 어떤 것도 제공하지 않고 떠나버린 아버지의 유산을 지니고 있다. 그는 아버지의 흔적을 따라가고 있

(계속)

는 것처럼 보이며, 현명하고 성실한 남성 멘토로부터 혜택을 얻을 수 있을지도 모른다.

- **지역사회, 학교, 확대가족 담론: 다른 중요한 지역사회 담론이 어떻게 문제로 인지되었으며, 가능한 해결책이 무엇인지 알려주는가?** AM은 시들어가는 시골 마을에서의 가난과 이를 둘러싼 더 다양한 사회문화적 개방 속에서 생계를 위해 열심히 일해 봤자 소용없을 것이라는 결론을 내렸다.

정체성 내러티브: 문제는 어떻게 내담자의 정체성을 형성하는 데 영향을 미쳤는가? 내담자는 그가 처음이자 유일한 직업을 실직한 이후로, 마을에서 어떤 급진적인 변화가 발생할 때까지 미래에 어떤 기회도 갖지 못할 것이라 마음에서 결론 지어왔던 것 같다. 그는 유일한 선택지로서 그를 지원하는 어머니와 누나에게 의존해오고 있음을 확인한다. 그는 '실패자'라고 느끼지만 다른 어떤 선택도 할 수 없을 것이라고 느낀다.

내담자에게 국지적 담론 또는 선호하는 담론: 내담자가 선호하는 정체성 관련 내러티브 혹은 문제에 관한 내러티브는 무엇인가? 문제에 대하여 선호하는 국지적(대안적) 담론이 있는가? 내담자는 어떤 부분에서 청년이 되기 위한 통과의례를 시작하고 있다는 할머니의 믿음에 대해 매우 흥미로워하고 있다. 독수리의 울음소리는 끝내 성장을 부르는 어떤 것이다. 그는 주술사와 더 이야기하는 것을 생각 중이다.

임상적 평가

임상가:	내담자 ID #:	기본 구성:	모국어:
Richard	12001	☒ 개인 ☐ 부부 ☐ 가족	☒ 영어 ☐ 스페인어 ☐ 기타: Lakhota 지역의 사투리

내담자와 중요한 타인에 대한 기록

성인

성인 남성 연령: 23세 북미 원주민 미혼 이성애자 직업: 실직한 접시닦이, 고등학교 졸업

기타: 어머니, 누나와 함께 살고 있음

성별 연령 선택: ______ 인종 선택 관계 상태 선택: ______ 직업/직위: ______

기타: ______

아동

성별 연령 선택: ______ 인종 선택: ______ 학교/학년 선택: ______

기타: ______

성별 연령 선택: ______ 인종 선택: ______ 학교/학년 선택: ______

기타: ______

기타 확인 사항: ______

호소 문제

		아동을 위한 점검 문제:
☒ 우울/무력감	☐ 부부 문제	☐ 학업 실패/수행 저하
☐ 불안/걱정	☐ 부모–자녀 갈등	☐ 무단결석/가출
☐ 분노 문제	☐ 배우자 폭력/학대	☐ 또래와의 다툼
☐ 상실/슬픔	☐ 이혼 후 적응	☐ 과잉 행동
☐ 자살 사고 및 시도	☐ 재혼 후 적응	☐ 의복 청결 상태 불량
☐ 성적 학대/강간	☐ 성/친밀감 문제	☐ 아동 학대/방임
☒ 알코올/약물 사용	☒ 주요한 생활 변화	☐ 고립/철수
☐ 섭식 문제/섭식 장애	☐ 법적 문제/보호 관찰	☐ 기타: ______
☒ 직업 문제/실직	☐ 기타: ______	

내담자를 위한 정신 상태 평가

대인관계	☐ 해당 없음	☐ 갈등 ☐ 밀착 ☒ 고립·회피 ☐ 괴롭힘 ☐ 기타: ______
기분	☐ 해당 없음	☒ 우울·슬픔 ☐ 불안 ☐ 불쾌 ☐ 분노 ☐ 성마름 ☒ 조증 ☐ 기타: ______
정서	☐ 해당 없음	☒ 위축 ☐ 둔감 ☒ 생기 없음 ☐ 불안정 ☐ 일관성 없음/부적절 ☐ 기타: ______

(계속)

수면	☐ 해당 없음	☐ 수면과다 ☒ 불면증 ☐ 수면 방해 ☐ 악몽 ☐ 기타: ______
섭식	☐ 해당 없음	☐ 증가 ☒ 감소 ☐ 식욕 부진 ☐ 폭식 ☐ 구토 ☐ 기타: ______
불안	☒ 해당 없음	☐ 만성적 근심 ☐ 공황 ☐ 공포증 ☐ 강박사고 ☐ 강박행동 ☐ 기타: ______
트라우마 증상	☒ 해당 없음	☐ 과각성 ☐ 플래시백/침습 기억 ☐ 해리 ☐ 감각 상실 ☐ 회피 노력 ☐ 기타: ______
정신병적 증상	☐ 해당 없음	☐ 환각 ☐ 망상 ☐ 편집증 ☐ 연상 이완 ☒ 기타: ______
운동 활동성 및 언어 능력	☐ 해당 없음	☒ 낮은 에너지 ☐ 과잉 행동 ☐ 불안 ☐ 주의 산만 ☒ 충동적 ☐ 빠른 어조 ☐ 느린 어조 ☐ 기타: ______
사고	☐ 해당 없음	☒ 집중력 부족 ☒ 부인 ☐ 자기 비난 ☒ 타인 비난 ☐ 반추 ☐ 단절 ☐ 완고함 ☒ 통찰력 부족 ☒ 그릇된 의사결정 ☐ 혼란스러움 ☐ 기타: ______
사회·법률	☒ 해당 없음	☐ 규범 경시 ☐ 반항 ☐ 절도 ☐ 거짓말 ☐ 격분 ☐ 체포 및 투옥 ☐ 싸움 걸기 ☐ 기타: ______
기타 증상	☒ 해당 없음	______

내담자를 위한 진단

진단에서 고려되는 **상황적 요인**: ☒ 연령 ☒ 성별 ☒ 가족 역동 ☒ 문화 ☒ 언어
☒ 종교 ☒ 경제력 ☐ 이민 ☐ 성적/성별 지향 ☒ 트라우마 ☐ 이중 진단/동반 질환
☒ 중독 ☐ 인지적 능력 ☐ 기타: ______

진단과 평가 과정에서 확인된 요인의 영향을 기술하라. 환각은 문화적·종교적 관습 내에서 고려된다. 이러한 맥락에서 특정한 환각(독수리 울음소리가 들리는 것)은 이상하지 않다. 어떤 다른 정신증적 증상이 없으므로 이러한 문제를 진단하기 전에 정신증적 증상에 대한 추가적인 징후에 대해서만 검토할 것이다. 중독에 대한 가족 패턴은 알코올 남용 문제를 진단하기 위한 맥락으로 제시되곤 한다.

DSM-5 코드	심리사회적 스트레스 요인 및 문제점에 관한 V/Z/T 코드를 포함한 **진단과 진단 상세 기준**
1. F32.1	1. 주요 우울 장애, 단일 삽화, 보통
2. F10.20	2. 알코올 사용 장애, 보통
3.	3.
4.	4.
5.	5.

(계속)

의료적 고려사항

내담자는 정신의학적 평가를 위해 의뢰된 적 있는가? ☒ 예 ☐ 아니요

내담자는 의뢰에 동의했는가? ☐ 예 ☒ 아니요 ☐ 해당 없음

평가에 사용되는 심리측정 도구: ☐ 없음 ☒ 교차편집 증상 척도 ☐ 기타: ______

진단에 대한 내담자의 반응: ☐ 동의 ☒ 다소 동의 ☐ 동의하지 않음 ☐ 다음과 같은 이유로 알 수 없음: 우울증 측정 동의, 알코올 의존증 진단 동의하지 않음

현재 약물 치료(정신의학적·의학적) ☒ 해당 없음

1. ______ ; 복용량 ______ mg; 시작 날짜: ______
2. ______ ; 복용량 ______ mg; 시작 날짜: ______
3. ______ ; 복용량 ______ mg; 시작 날짜: ______
4. ______ ; 복용량 ______ mg; 시작 날짜: ______

의료적 필요성: 해당되는 것에 모두 체크하라.

☒ 상당 부분 손상 ☐ 손상 가능성 큼 ☐ 예상되는 발달적 지체

손상 영역: ☒ 일상생활 ☒ 사회적 관계 ☐ 건강 ☒ 직장/학교생활 ☐ 거주 형태

☐ 기타: ______

내담자의 위험 요소와 안전성 평가

자살 경향성	타살 경향성	알코올 남용
☒ 징후 및 부인 없음	☒ 징후 및 부인 없음	☐ 징후 및 부인 없음
☐ 적극적 사고	☐ 능동적 사고	☐ 과거의 남용
☐ 소극적 사고	☐ 수동적 사고	☒ 현재 횟수/양: 하루에 6~12잔
☐ 계획 없는 의도	☐ 계획 없는 의도	**약물 사용 및 남용**
☐ 목적을 위한 의도	☐ 수단을 동반한 의도	☒ 징후 및 부인 없음
☐ 지난해 동안의 사고	☐ 지난해 동안의 사고	☐ 과거의 남용
☐ 지난해 동안의 시도	☐ 지난해 동안의 폭행	☐ 현재 복용 약물: ______
☐ 가족 혹은 동료의 자살 이력	☐ 타인을 폭행한 과거 이력	빈도/양: ______
	☐ 동물 학대	☐ 가족 또는 중요한 타인의 약물 사용

성적·신체적 학대 및 그 밖의 위험 요인

☐ 아동기 학대 이력: ☐ 성적 학대 ☐ 신체적 학대 ☐ 정서적 학대 ☐ 방임

☐ 성인기의 학대/폭행: ☐ 성적 학대 ☐ 신체적 학대 ☐ 현재 지속 여부

☐ 학대 가해 이력: ☐ 성적 학대 ☐ 신체적 학대 ☐ 정서적 학대

☐ 노인 또는 부양해야 할 성인 학대 및 방치

☐ 섭식 제한, 폭식 또는 구토 이력(현재 또는 과거)

☐ 자살 시도 및 다른 자해 행위: ☐ 현재 ☐ 과거: 수단: ______

(계속)

☐ 범죄 및 법적 문제 이력: ____________________

☐ 기타 정신적 외상 이력: ____________________

☒ 보고된 바 없음

안전 지표

☐ 해당 없음

☒ 최소한 한 명의 외부 지지자

☒ 살고자 하는 혹은 해를 끼치지 않으려는 구체적인 이유를 언급할 수 있는 능력

☐ 희망

☐ 위협적인 물건을 제거하려는 의지

☐ 미래의 목표 세우기

☐ 상황을 악화시키는 사람과의 접촉을 줄이려는 의지

☐ 기꺼이 안전 계획, 안전 개입을 수행하고자 하는 의지

☐ 자신 및 타인을 해치는 행동에 대한 대안 발전시키기

☐ 안전이 지속되는 기간: ____________________

☒ 기타: 음주 운전을 하지 않는 것을 포함한 해로운 것을 감소시키는 목표에 동의함

안전 계획의 요소

☐ 해당 없음

☐ 위해를 가하지 않는다는 내용을 구두로 서약하기

☐ 위해를 가하지 않는다는 내용의 서약서 작성하기

☒ 긴급 연락망 카드

☒ 위급 상황을 위한 치료자 및 기관 연락처

☐ 약물 치료 관리

☐ 위기 상황에서 친구 및 지지자와 연락할 수 있는 계획 세우기

☒ 위기 상황에서 어떤 장소로 가야 할지 세부적인 계획 세우기

☒ 위기 수준에 도달하기 전에 위험을 감소시키기 위한 구체적인 자기 진정 작업(예: 일기 쓰기, 운동하기 등)

☐ 스트레스 요인을 감소시키기 위한 구체적인 매일/매주의 활동

☐ 기타: ____________________

법적·윤리적 조치 적용: ☒ 해당 없음 ☐ 조치: ____________________

사례 관리

기타 연락망

- **담당 의사 혹은 다른 전문가**와 연락한 적이 있는가? ☐ 해당 없음 ☒ 있음 ☐ 진행 중

  성명/기록 사항: 음주와 관련하여 의사와 상담

- 만약 내담자가 **다른 곳에서 정신 건강 치료**를 받고 있다면, 그곳과 연락했는가? ☐ 해당 없음 ☐ 있음 ☒ 진행 중

  성명/기록 사항: 내담자는 음주에 대한 프로그램에 참석하는 것을 거부함

- **사회복지사**와 연락한 적이 있는가? ☒ 해당 없음 ☐ 있음 ☐ 진행 중 성명/기록 사항: ____________________

의뢰

- 내담자는 **의학적인 평가**에 의뢰된 적 있는가? ☒ 있음 ☐ 필요성에 대한 근거 없음
- 내담자는 **사회적 서비스**에 의뢰된 적이 있는가? ☐ 해당 없음 ☒ 직업/훈련 ☒ 복지/식품/주거 보조 ☐ 피해자 서비스 ☐ 법적 도움 ☐ 의료 서비스 ☐ 기타: ____________________
- 내담자는 **집단**이나 다른 지원 서비스로 의뢰된 적이 있는가? ☒ 예: AA 프로그램과 기타 알코올 프로그램; 내담자가 참석에 동의하지 않음 ☐ 진행 중 ☐ 권장되지 않음
- 치료와 관련된 **범죄 수사적/법적 절차**가 예상되는가? ☒ 아니요 ☐ 예: 기술하기: ____________________

(계속)

지원 네트워크

- 내담자 사회적 지지망은 다음을 포함한다. ⊠ 지지적인 가족　☐ 지지적인 배우자　⊠ 친구
  ⊠ 종교적·영적 단체　☐ 지지적인 직업적·사회적 집단　☐ 기타: ______
- 지지적인 체계(자녀, 파트너 등)에서 다른 사람들에게 영향을 미칠 것으로 예상되는 치료의 영향을 기술하라. 그가 삶에 대한 더 많은 책임감을 가질수록, 그의 어머니는 '품안에 자식'을 잃는다고 느낄 수 있다.
- 내담자가 성취할 필요가 있는 것이 존재하는가? 같은 부족과의 관련성, 지원

기대되는 치료 성과와 예후

⊠ 정상적인 기능 수준으로의 복귀　☐ 정상적인 기능 수준 미만 예상　☐ 악화 예방

내담자의 소망: 2

성과 평가 및 내담자 관점

내담자의 연령, 문화, 그 밖의 다양한 문제를 포함한 평가 방법이 내담자의 필요에 충족하는가?
환각에 대한 치료가 문화적·종교적 전통을 기반으로 만들어졌다.

위와 같은 평가와 연관된 내담자-임상가 동의/비동의에 대한 실제적 혹은 잠재적 영역을 기술하라.
AM은 알코올 의존증에 동의하지 않지만 해로운 것을 줄이는 계획에 동의하였다.

______, ______ ______
임상가 서명　자격/인턴 직위　날짜

______, ______ ______
슈퍼바이저 서명　자격　날짜

치료 계획

날짜: 2013년 11월 7일 사례/내담자 #: 12001

임상가 성명: Richard 이론: 체계론적 상담

계획된 치료 양상: ☒ 성인 ☐ 아동 ☐ 부부 ☐ 가족 ☐ 집단:

추천 회기 빈도: ☒ 매주 ☐ 격주 ☐ 기타:

예상 치료 기간: 6개월

초기 치료 단계

초기 단계 상담 업무

1. 상담 관계 발전시키기. **다양성에 관한 고려사항:** 문화적·영적 전통을 고려하여 천천히 진행하기, 집중적이고 직접적인 눈 맞춤을 피하기, 원주민 영성 전통에 대해 스스로 공부해서 적합할 때에 이야기 활용하기

 관계 형성 접근 방법/개입:

 a. 내담자의 느린 속도, 조용한 방식 등에 맞추면서 내담자와 관계를 형성한다.

2. 개인적, 체계적, 그리고 다양한 문화적 역동 평가하기. **다양성에 관한 고려사항:** 평가 회기에 내담자의 어머니, 누나, 할머니, 부족의 연장자 초대하기

 평가 전략:

 a. 우울, 음주와 관련된 내담자의 행동과 상호작용의 연쇄 과정을 평가한다.

 b. 내담자의 가족, 사회적 지지 체계, 종족 내에서 세계관, 관계의 규칙, 경계, 위계, 상호보완적 패턴을 평가한다.

3. 치료 목표에 대한 내담자의 동의를 확인하고 얻기. **다양성에 관한 고려사항:** 내담자가 이 시점에서 목표를 절제하는 것에 동의하지 않는다면 해로움을 줄이는 것으로 사용하기

 목표 설정 개입:

 a. 우울과 음주를 위해 체계적인 구성으로 할 수 있는 것과 행동적으로 정의된 목표를 설계한다.

4. 필요한 의뢰, 위기 요소, 추가적인 접촉, 내담자의 다른 요구 확인하기. **다양성에 관한 고려사항:** 음주 안전 계획에 대해 의사와 연락하기

 a. **위기 평가 개입:** 음주 운전을 멈추고 음주의 해로움을 최소화하는 감소 모델을 사용한다. 자살 사고가 없는지 확인한다.

 b. **의뢰 사항:** 내담자를 취업 프로그램, 2년제 대학에 내담자를 의뢰한다. 만약 그가 갈 거라면 금주에 대한 집단 모임을 지원한다. 내담자가 접촉해왔던 주술사와 만날 수 있도록 있도록 격려한다.

초기 단계 내담자 목표

1. 음주 운전을 감소시키기 위해 음주를 감소시키기

(계속)

개입:

a. 어머니, 누나, 할머니와 함께 하는 가족 회기. 부드럽게 그들의 걱정을 재구성하고 음주에 책임감을 가질 수 있도록 순환적 질문을 사용한다.

b. 과거 결정에 책임감을 강조하면서 유능감을 형성하고 그것을 음주와 관련된 강박적 행동을 줄이기 위한 시련 치료에 적용한다.

치료의 작업 단계

작업 단계 상담 업무

1. 작업 동맹의 질 점검하기. **다양성에 관한 고려사항:** 회기 중에 보이는 비언어적인 단서를 검토할 뿐만 아니라 회기 내 내담자에게 편안한 수준에 대해 주기적으로 물어보기(예: 상담에 나오지 않음 등)

   a. **평가 개입:** 상담 회기 평가 척도를 사용한다. 내담자에게 동맹관계에 대해 구두로 묻는다.

2. 내담자의 치료 과정 점검하기. **다양성에 관한 고려사항:** 과정 내 가족·부족의 평가 포함시키기

   a. **평가 개입:** 매주 숙제를 내주고, 지시사항을 확인한다. 가족 회기에서 과정 평가를 요청한다.

작업 단계 내담자 목표

1. 우울한 기분, 절망감을 감소시키기 위해 자기에 대한 책임감을 증가시킬 수 있도록 엄마와의 밀착을 증가시키기

   개입:

   a. 그가 성인이 되기보다 아이로 남도록 선택하게 된 것을 강조하기 위한 순환 질문

   b. 더 큰 개인적 책임감을 가지고 실험하기 위한 기회를 제공하는 데 따른 지시사항

2. 음주를 감소시키기 위해 음주 주기에 개입을 증가시키기

   개입:

   a. 아버지의 전철을 밟지 않기 위해 AM을 동기화시킬 수 있는 재구성과 순환 질문을 갖는 가족 회기

   b. 내담자의 음주 패턴/의식 절차를 중단시키는 지시

3. 우울 증상을 감소시키기 위해 자신의 운명에 책임감을 가지고 자신이 누구인지 탐구하는 성인으로서의 정체성을 증가시키기

   개입:

   a. 영적 여정과 성인기로의 전환에 대한 문화적 이야기와 자원의 강화. 이 여정을 용이하게 해주는 할머니와 주술사와 함께 작업하도록 한다.

   b. 매일 매일, 그에게 실패자가 되라고 격려하는 역설적 지시를 한다.

치료의 종결 단계

종결 단계 상담 업무

1. 추후 관리를 위한 계획을 발전시키고 성과를 유지하기. **다양성에 관한 고려사항:** 어머니, 할머니, 누나, 부족 연장자 및 구성원을 포함시키기

(계속)

개입:

a. 새로운 세계관과 자신에 대한 관점을 강화시키기 위한 순환 질문

종결 단계 내담자 목표

1. 우울을 감소시키기 위해 의미 있는 일/교육을 통해 자신을 지지할 수 있는 능력을 증가시키기

개입:

a. 내담자가 목표와 추구하는 방식을 확인하도록 동기화시키는 순환 질문

b. 내담자가 자기 방어적 패턴을 변화시킬 수 있도록 하는 지시

2. 우울과 음주를 감소시키기 위해 더 큰 가족/부족 체계의 한 부분이면서 또한 개인적인 주체감과 책임감을 증가시키기

개입:

a. 가족, 부족, 더 큰 사회 속에서의 그의 역할과 관련된 체계적 재구성과 순환 질문

b. 자신을 반만 미국 원주민으로 규정하는 경직된 규칙에 도전한다.

내담자 #12001에 관한 회기 보고서

날짜: 2013년 11월 14일 **시간:** 1:00 ☐ 오전 / ☒ 오후 **회기 길이:** ☒ 45분 ☐ 60분 ☐ 기타: ___분

소개: ☒ 성인 남성 ☐ 성인 여성 ☐ 남자아이 ☐ 여자아이 ☐ 기타:

청구 코드: ☐ 90791(평가) ☒ 90834(45분 치료) ☐ 90837(60분 치료) ☐ 90847(가족)

☐ 기타: __________

증상	마지막 방문 이후의 주기와 빈도	진행 경과
1: 음주	5일/매일 500mL 기준 6~12잔(보고됨)	진행 중
2: 우울한 기분	중간, 대부분의 날	진행 중
3: 흥미 상실	부모와 함께 오는 빈도가 상당히 줄어듦. 긴장 유지.	진전 없음

증상에 대한 해석: 내담자는 지난주 동안 취한 상태로 운전하지 않았다고 보고했다. 그를 친구들이 집으로 운전해서 데려다주거나 밤새 머물렀다. 대부분의 날들 동안 지속적인 우울을 보고했다. 그는 주술사와의 대화와 관련된 지시를 따랐고, 그것은 약간은 도움을 주었다고 말한다.

회기 내의 개입과 부여된 과제

이전 회기의 과제를 계속하였다. 내담자를 돕기 위한 순환 질문은 지시적 과제와 어머니, 누나, 할머니, 아버지, 그리고 부족에 관한 인식을 기반으로 하여 그의 상황을 이해하기 위해 새로운 프레임을 구성하였다. 인지적 재구성은 내담자가 어머니와 관련하여 좀 더 성인으로서 자리 잡는 데 동기화시킨다. AM이 실패자로 인식된 날들을 성공하는 성인으로서의 날들로 대체될 수 있도록 새로운 지시를 제공한다.

내담자 반응/피드백

내담자는 지시에 대한 도전을 즐기는 것처럼 보인다. 순환 질문과 어떤 면에서는 경쟁하지만, 끝 무렵에는 요점을 이해하는 것 같다.

계획

☒ 치료 계획 지속하기: 다음 회기를 위한 계획: 지시적인 개입에 대한 후속 조치

☐ 계획 수정하기: __________

다음 회기: 날짜: 2015년 11월 21일 시간: 1:00 ☐ 오전 / ☒ 오후

위기 요소: ☒ 위기의 조짐이 없음/내담자 부정 ☒ 평가된/언급된 위기: 아래에 기술하라.

____

__________, __________ __________

임상가 서명 자격/인턴 날짜

(계속)

사례 자문/슈퍼비전 ☐ 해당 없음

기록 사항: 술에 취하지 않은 상태와 위해를 감소시키는 것에 대한 목표를 지지하기 위하여 영적 믿음을 활용한다.

기타 연락망 ☐ 해당 없음

성명: Amy Biehl 연락한 날짜: 2013년 11월 14일 시간: 10 : 15 ⊠ 오전 / ☐ 오후

⊠ 파일에 작성된 내용 서면상 양도: ⊠ 발송 / ☐ 수신 ☐ 법정 문서 ☐ 기타: ______

기록 사항: AM이 프로그램 자격이 되는지 보기 위해 지역 취업 프로그램에 접촉해보았지만 불행하게도 어머니가 지원했기 때문에 그렇게 하지 않는다.

______, ______ ______

임상가 서명 자격/인턴 날짜

______, ______ ______

슈퍼바이저 서명 자격 날짜

CHAPTER 13

해결 중심 이론 기반의 상담 사례 개념화

"해결 중심 단기 치료(SFBT)의 가장 중요한 측면 중 하나는 심리치료사가 취하는 일반적인 취지와 자세다. 전반적인 태도는 긍정적이고 존중적이며 희망적이다. 또한 사람들은 강한 회복력을 가지고 있어 변화하는 데 이를 활용할 수 있다고 일반적으로 가정한다. 또한 대부분의 사람들은 강점, 지혜, 변화를 이끌어내기 위한 경험을 가지고 있다는 핵심 신념이 있다."

—de Shazer와 동료들(2007, p. 4)

개관

해결 기반 상담은 전형적인 강점 기반 접근으로, 문제를 해결하기 위해 내담자가 조금씩 지속적인 단계를 취할 수 있도록 돕는 긍정적이고 미래 지향적이며 적극적인 접근이다. 대체로 해결 기반 상담에는 차이점보다는 유사점에 관해 더욱 공유하는 두 가지 관례의 흐름이 있다.

- 밀워키 단기 가족 치료센터의 Steve de Shazer(1985, 1988, 1994)와 Insoo Berg에 의해 개발된 해결 중심 단기 치료(Solution-Focused Brief Therapy: SFBT)는 미래에 초점을 두는 것을 강조하며, 호소 문제 또는 과거에 대해서는 최소한으로 논의한다. 개입은 해결의 방향으로 조금씩 단계적으로 진행된다.
- Bill O'Hanlon과 그의 동료에 의해 개발된 해결 지향 치료(O'Hanlon & Weiner-Davis, 1989)와 관련된 접근인 가능성 치료(O'Hanlon & Beadle, 1999)는 해결 중심 단기 치료와 많은 작업을 공유하며, 이것은 더 많은 언어 기반 기법뿐만 아니라, 잠재적 해결책을 확인하기 위해 과거와 현재에서 도출한 많은 개입을 사용한다.

많은 공통점으로 인해, 이 장에서는 단기 해결 중심 접근과 해결 지향 접근을 함께 제시하고자 한다.

해결 기반 상담

■ 개요: 당신이 최소한 알아야 할 것

해결 기반 상담은 Milton Erickson의 단기 치료법과 최면 작업(de Shazer, 1985, 1988, 1994; O'Hanlon & Weiner-Davis, 1989)뿐만 아니라 체계적 가족 상담과 정신건강연구소(MRI)의 작업에서부터 발달했다(12장 참고). MRI 기관에서의 문제 중심 접근과 달리 de Shazer & Berg는 해결이 반드시 문제와 관련된 것은 아니라고 대담하게 선언하면서 해결책을 그들의 작업의 기반으로 두었다(de Shazer, 1988). 그들은 만일 밤사이에 문제가 기적적으로 해결되었다면 내담자가 달라졌다고 생각하는(무언가가 일어나지 않을 것이라는 방식이 아닌) 것들에 대해 기술하도록 하는 기적 질문을 중심으로 그들의 모델을 개발하였다. 이 해결책의 구체적이고 행동적인 묘사는 내담자가 목표를 향해 작지만 지속적인 단계를 취하는 데 도움이 되는 개입을 개발하는 것에 사용된다. 기적 질문 외에도, 해결 기반 상담자는 문제가 존재하지 않는 시간을 확인하기 위해 예외 질문을 사용하며, 해결책을 작고 쉽게 성취할 수 있는 단계로 나누기 위해 척도 질문을 사용한다. 해결 기반 상담자는 '해결책을 주는 사람'이라기보다는 내담자의 경험과 가치에 기초하여 잠재적인 해결책을 그려내기 위해 내담자와 협력한다. 만일 과정이 진행되지 않는 것처럼 보이면 상담자는 내담자의 노력 부족을 비난하는 대신에 내담자와 함께 변화하기 위한 더욱 적절하고 실행 가능한 방법을 확인한다. 이 접근은 목표 중심적이고 측정할 수 있는 변화를 강조하기 때문에 간단하게 이루어지는 경향이 있으며 환경, 학교, 그리고 그 외 시간제한적 상황에서 가장 선호된다.

■ 핵심: 이 분야에서의 중요한 공헌

이 장에서 한 가지만 기억해야 한다면, 반드시 다음의 내용을 기억하라.

척도 질문과 기적 척도

만일 당신이 내담자와 작업하기 위해서 처음부터 끝까지 오직 한 가지 기법만을 사용해야 된다면 척도 질문은 가능한 방법 중 으뜸일 것이다. 왜냐하면 척도 질문은 단언컨대 가장 다양하고 포괄적인 개입 방법 중 하나이기 때문이다. 상담자는 (1) 강점과 해결 방안을 평가하기 위해, (2) 목표를 설정하기 위해, (3) 과제를 고안하기 위해, (4) 진행 경과를 측정하기 위해, (5) 안전한 계획을 가지고 위기를 관리하기 위해 척도 질문을 사용할 수 있다. 척도 질문은 첫 회기 때 사용될 수 있으며 마지막까지 매주 사용될 수도 있다. 현대 사회의 기적으로 만들어진 샴푸-컨디셔너, 수분크림-선크림-파운데이션같이 하나로 통합된 상품처럼, 이 기법은 앞으로 몇 년 동안 당신이 찾는 기법 중 하나가 될 것이다.

이름에서 알 수 있듯이, 척도 질문은 내담자가 자신의 목표를 정하고 척도 질문을 사용하여 진행 경과를 평가하도록 하는 것이다. 대부분 10점 척도지만 때때로, 더 낮은 점수 또는 백분율로 사용되며 종종 어린이들에게는 숫자가 없는 버전이 사용된다(Bertolino, 2010; de Shazer, 1994; O'Hanlon & Weiner–Davis, 1989; Selekman, 1997). de Shazer, Dolan, Korman, Trepper, McCollum, & Berg(2007)는 0점을 '가장 나빴을 때'보다는 '당신이 도움을 요청하고자 할 때'로 표현할 것을 권고하였다. 척도 점수 0점이 '가장 나빴을 때'의 의미로 사용될 때 내담자는 몇십 년 전을 언급하거나 각각의 사람들에게 다른 의미가 될 수 있다. 대신, '당신이 도움을 요청하고자 할 때'를 사용하면 상담의 시작부터 끝까지의 진행 경과를 측정하는 데 더 분명한 체계를 갖게 한다. 상담자는 이를 '기적 척도'라고 칭하며 기적 질문을 한 후에 이 척도를 사용한다(뒤에 나오는 '사례 개념화' 참고). 다른 척도에서는 0 또는 1점은 가장 나빴던 순간을 뜻한다(Bertolino, 2010).

척도에 대한 두 가지 접근

기적 척도: 상담이 시작된 이후부터 진행 경과를 측정한다.

도움을 요청하고자 할 때 ⠀⠀⠀ 기적 상황

0---------1---------2---------3---------4---------5---------6---------7---------8---------9---------10

가장 좋지 않은 해결 척도: 전반적인 진행 경과를 측정한다.

가장 좋지 않음 ⠀⠀⠀ 해결

0---------1---------2---------3---------4---------5---------6---------7---------8---------9---------10

척도 질문은 의미 있는 장기간의 목표를 확인하는 데 도움을 주기 위해 상담 초기 과정에 사용될 수 있다. 기적 질문은 주로 아래와 같은 방식으로 사용된다.

장기적인 목표 설정을 위한 척도 질문
(해결책과 목표 설정에 대한 평가)

만약 당신의 상황을 1~10까지의 점수로 매겼을 때, 0은 당신이 도움을 필요로 하는 때(또는 가장 최악의 상황), 그리고 10이 당신이 바라는 상황이라고 본다면, 당신이 10점의 상황일 때 무엇을 하고 있을지(무엇을 안 하고 있을지가 아닌) 제게 묘사해줄 수 있습니까? 당신은 오늘 몇 점에 위치해 있습니까? 0점일 때에는 무슨 일들이 일어났고, 무엇을 하고 있었습니까?

내담자가 대답할 때, 상담자는 내담자가 10점에 위치할 때 삶이 어떠할지에 대한 분명하고 구체적인 묘사를 들으며 내담자가 명확하고 행동에 관한 그림(내담자가 무엇을

하고 있는지, 다른 사람들은 무엇을 하고 있는지, 그날은 어땠는지)을 그리도록 돕는다. 일단 10점 상황에 대한 분명히 묘사되면 상담자는 오늘은 어디에 있는지에 대해 물을 수 있으며 현재 상황에 대한 행동적 설명을 얻을 수 있다. 내담자가 도움을 요청하기로 결정할 때 혹은 가장 나빴을 때(0 또는 1점)에 대한 구체적인 기술 또한 유용한 사정 정보가 될 수 있다. 일단 큰 그림이 그려지면, 같은 척도를 사용하여 어떠한 부분들이 잘 진행되고 있는지 확인할 수 있다.

효과적인 것을 평가하기 위한 척도 질문

만일 당신이 도움을 필요로 하는 때가 0점이라면, 그리고 당신이 여기 올 때 있었던 문제가 해결된 때가 10점이라면 당신은 오늘 몇 점에 있습니까? [0점 이상이라면] 당신이 무엇을 하고 있었고, 어떤 일이 일어났기에 0점이 아닌 3점이라고 했습니까? 어떻게 0점에서 여기까지 올 수 있었습니까?

질문 설정의 다음 단계는 어떤 것들이 효과적이었는지, 예외 사항, 잠재적인 해결책을 확인하도록 돕는 것이다. 더욱 세밀한 개입이 발달되기 전에 만일 내담자가 이 질문에 대해 대답을 못한다면 중요한 타인이 척도를 평가하도록 요청하는 것이 도움이 될 수 있다. 이번 주에 내담자가 몇 점에 위치했었고, 상담 도움을 청하기로 결정한 것이 몇 점에 위치해 있을 때며, 자신을 몇 점에 두기를 원하는지를 탐색하고 나면 다음 단계를 확인하기 위한 척도를 사용할 시간이다.

매주 개입과 과제를 고안하기 위한 척도 질문

10점이 당신이 바라는 목표라고 할 때, 0~10점 척도에서 당신은 이번 주에 어디에 있습니까?
[내담자가 반응하고 평가한다. 예: 3점]
만일 당신이 이번 주에 3점에 있다면 다가올 당신의 인생이 달라지기 위해 필요한 것은 무엇입니까? 그리고 당신이 한 단계 높은(혹은 내담자가 비관적인 경향이 있거나 더 작은 목표를 유지하는 경향이 있다면 반 단계 높은) 4에 있었다고 말하려면, 당신의 인생에서 무엇이 달라져야 합니까?

SELF **스스로 해보기**

파트너를 찾아, 문제를 확인한 다음, 척도 질문을 사용하여 당신의 파트너가 척도 상에서 1점을 올리기 위해 다음주에 취할 의사가 있는 작은 행동 단계를 정하도록 하라.

이는 대답하기 쉬운 질문이 아니다. 종종 내담자가 다음 단계가 4일 때 무턱대고 8점, 9점 또는 10점을 기술한다면 그런 경우에는 상담자가 내담자가 좀 더 현실적인 기대를 확인하도록 도울 필요가 있다. 다른 경우 내담자가 '난 몰라요.'와 같은 태도를 보이면 상담자는 내담자가 과정의 중요한 부분인 목표를 향한 작은 단계를 확인하도록 돕기 위해서 인내와 침묵과 격려를 실천하는 것이 필요하다. 어떤 중요한 방식으로 질문에 대답할 수 있는 유일한 사람은 상담자가 아닌 내담자다. 상담자는 해결책을 제시하는 사람이 아니라는 것을 기억하라.

일단 다음 단계에 대한 명확한 설명이 제공되었다면, 이 정보는 내담자가 다음 주 동안 척도에서 한 단계 높은 단계로 이동하기 위해 실행할 수 있는 구체적이고 작은 과제를 확인하는 데 사용된다. (1) 현실적이고 의미 있는, (2) 내담자가 시도하도록 동기를 유발시키는 구체적인 단계에 완전하게 살을 붙이기 위해서는 일반적으로 전체 회기 동안의 시간이 걸린다. 상담자와 내담자는 내담자의 동기, 의지, 계획, 계획 내의 변수, 다른 사람들의 반응 등을 고려한 세부 단계들을 발전시킬 필요가 있다. 상담자는 잠재적인 장애물과 위험을 확인하기 위한 질문을 한다. 도움이 되는 자원뿐만 아니라 이러한 부분을 내담자와 협상하는 방법을 찾는다. 내담자와 상담자는 내담자 자신이 그들의 목표를 향해 가도록 돕는 특정 과제를 개발하기 위해 함께 작업한다.

예를 들어, 만일 내담자의 초기 응답이 '4점에서 나는 불안을 덜 느껴요.'라면 상담자는 '당신이 덜 걱정한다는 것을 어떻게 알 수 있었습니까?', '당신이 다르게 한 것은 무엇입니까?', '당신의 날들은 어떻게 달라졌습니까?', '다른 사람들은 당신에게 어떤 변화가 온지 알아차립니까?'와 같이 그 다음 질문을 할 필요가 있다. 이 질문은 예를 들어 '한 친구를 계속 초대한다', '혼자 쇼핑센터에 간다', '재미있는 영화를 본다.'와 같이 내담자가 지난주에 취했던 한두 가지의 구체적이고 작은 단계를 확인하는 데 도움을 준다. 그 단계는 특히 과정 초기에는 내담자가 생각하기에 쉽게 이룰 수 있다고 생각할 수 있을 만큼 작은 단계여야 한다.

진행 경과를 측정하기 위한 척도 질문

저번 주에 당신이 3단계에 있다고 말했는데 이번 주에 당신은 어느 단계에 있으며 그 이유는 무엇입니까? [만약 더 좋아졌다면] 당신이 그 단계로 올라가는 데 도움이 된 것은 무엇입니까? [만약 같은 단계거나 더 나빠졌다면] 그 단계에 유지하게 한(혹은 더 나쁜 단계로 가게 한) 어떤 일이 있었습니까?

상담자는 그 과제가 내담자가 목표에 도달하는 데 더 가까워지도록 했는지를 보기 위해 그 다음 주에도 계속 진행한다. 만일 그렇다면 어떤 것이 도움이 됐고 그것을 얼마나 더 해야 하는지를 탐색한다. 만일 내담자가 진행 경과를 보고하지 않거나 더 나빠졌다고 보고한다면(과제를 하거나 하지 않거나) 상담자는 절망하지 않고 다시 돌아가서 (1) 해결책이 의미 있게 평가되었고 구체적으로 확인되었는지, (2) 과제가 충분히 적은 양이고 구체적이며 동기유발을 하는지 더 주의 깊게 평가한다. 이 척도는 상담 과정의 처음부터 끝까지에 해당하는 진행 경과를 측정하는 데 사용될 수 있다. 이 장 뒷부분에 있는 사례 연구에서 누군가와 결혼하는 그녀의 선택을 반대하는 부모에 대한 반응을 최선으로 다루도록 돕기 위해 척도 질문을 치료 내내 사용된다. 초기 단계에서 척도 질문은 그녀의 음주를 관리하는 데 사용되며 후반에는 딜레마를 해결하기 위해 그녀가 결정하고 행동을 취하는 데 도움을 주고자 한다.

■ 큰 그림: 상담 과정의 개관

해결책 구축하기

해결 기반 상담의 과정은 그 문제가 반드시 해결과 관계되지만은 않는다는 것을 강조하면서 문제를 해결하기보다는 **해결책을 구축하는** 것으로 기술된다(De Jong & Berg, 2002). 계획에 따른, 해결책 구축 과정은 간단하며 미래지향적이다. '간단함'은 문제의 강도, 내담자의 자원, 수많은 다른 요인에 따라 1년 동안의 1~10회기, 또는 그 이상을 의미할 수 있다(O'Hanlon & Weiner-Davis, 1989). 그 과정은 문제를 분석하고 문제화하는 데 노력하기보다는 내담자가 어디로 가고 싶은지(해결책)를 확인하는 데 초점을 둔다. 예를 들어, 우울의 원인을 확인하는 데 초점을 두기보다는 우울이 없는 삶이 어떤 모습으로 보일 것인지를 확인하고 그 방향으로 나아가기 위한 단계를 밟기 시작한다.

비교적 간단한 평가 단계 후에, 해결 기반 상담자는 신속하게 내담자가 회기 사이에 그들의 확인된 해결책에 가까워질 수 있는 **작은 행동을 취할 수 있도록** 한다. 이 단계는 친구에게 함께 점심을 먹자고 전화하기, 일주일에 3일 운동하기, 애인과 밤에 데이트하러 가기와 같이 실천적이고 성취할 수 있을 만큼 작은 일들이다. 따라서 대부분의 경우에 상담자 역할의 중요한 부분은 내담자가 행동을 취하도록 동기를 부여하는 것이다. 따라서 대부분의 주에 내담자는 확인된 해결책을 향해 취할 행동이 포함된 과제를 받게 된다. 상담자 역할의 중요한 부분은 내담자가 이러한 행동을 취하도록 동기부여를 돕는 것인데, 이를 위해서는 내담자가 의미 있는 목표와 과제를 개발하도록 내담자와 함께 세심한 작업을 해야 한다. 그들이 문제에 초점을 두는 관점에서 자원, 강점, 능력, 가능성, 미래를 강조하는 관점으로 바뀌도록 하기 위해서 상담자가 회기에서 과정의 덜 분명한 부분은 질문하고 내담자가 그들의 상황에 대한 관점이 변하였는지를 관찰한다. 일반적으로 상담자는 회기 동안에 긍정적이고 희망적인 태도를 유지한다. 상담의 종결 단계에서 상담자는 새롭게 획득한 자원과 전략을 사용하면서 내담자와 미래의 문제를 다루는 전략에 대해 확인하는 작업을 한다.

■ 관계 형성하기: 상담 관계

낙관주의와 희망

해결 기반 상담에서 낙관주의와 희망은 즉각적이고 명백히 뚜렷하다는 특성이 있다(Miller, Duncan, & Hubble, 1996, 1997). 해결 기반 상담자는 변화는 피할 수 없으며 그 개선은 어떠한 형태로든 항상 가능하다고 가정한다. 그리고 그들은 이 변화를 언어적이거나 비언어적으로 내담자에게 분명하게 전달한다(O'Hanlon & Weiner-Davis, 1989). 그들의 낙관주의와 희망은 순수에서 유래한 것은 아니며 대신 존재론과 인식론에 다소 근거를 둔다. 그들의 이론은 인간이 되는 것이 무엇을 의미하는지, 그리고 사람들이 어떻게 학습하는지에 대한 것이다. 왜냐하면 변화는 항상 발생하기(기분, 관계, 감정, 행동은 끊임없이 변화한다.) 때문에 변화는 불가피하다(Walter & Peller, 1992). 그들은 변화는 긍정적일 것이라는 희망을 가진다. 왜냐하면 내담자가 개선되기 위한 치료 과정 속에 있고 내담자의 90퍼센트 이상이 심리치료에서 긍정적인 결과를 보고했기 때문이다(Miller et al., 1997). 희망은 동기부여와 탄력을 계기를 형성하기 위해 치료 초반에 활용된다(Bertolino & O'Hanlon, 2002).

Carl Rogers 이론의 혼합: 언어 바꾸기

O'Hanlon & Beadle(1999)은 Carl Rogers와 유사하지만 그의 이론을 혼합하여, 감정을 반영함으로써 그들이 상담 관계를 형성하는 방식에 대해 설명했다. 해결 지향적 혼합은 시간, 상황, 관계적 한계에 대해 반영함으로써 어려운 감정, 행동, 생각에 한계를 정한다. 그러한 반영은 일반적으로 문제의 한계를 정하기 위해 세 가지 전략 중 한 가지 이상의 전략을 사용한다.

1. **과거형**: 한 사람의 기분을 만성적인 상태 또는 성격으로 기술하기보다는 내담자의 과거형으로 돌아가 상태를 반영한다. (예: '당신은 어제 기분이 가라앉았다.')
2. **부분적**: 사람, 상황 또는 문제에 대한 포괄적인 기술을 하기보다는 이것을 부분적이거나 주기적인 것으로 기술한다. (예: '당신이 생각하는 것의 일부는 절대 나아지지 않을 것이다.')
3. **지각**: 내담자가 도움이 되지 않는 포괄적인 신념을 진술할 때(예: '삶은 절대 나아지지 않을 거야'), 지각을 통하여 진술을 다시 반영한다. (예: '지금 당장은 더 좋아질 것이 없는 것처럼 보인다.')

예를 들어, '이유 없이' 남자 친구가 자기에게 어떻게 화냈는지를 말하는 내담자에게 내담자 중심적 반영은 '당신은 이해받지 못한다고 느끼는군요.'라고 말할 것이다(내담자의 표현되지 않은 감정에 대한 현재 중심적 진술). 반면에 해결 중심 혼합은 '당신은 지난 토요일에 당신의 남자 친구에게 이해받지 못했다고 느꼈군요.'라고 한계를 짓는다. 그

해결 중심 혼합은 (1) 해결할 수 있는 방법 속에서 문제를 정의하기 위해, (2) 희망을 갖도록 하기 위해 한정된 시간과 상황을 강조한다. O'Hanlon & Beadle(1999)은 이 과정을 '언어를 바꾸기'라고 부른다. 내담자의 이야기를 듣는 동안 내담자의 언어를 바꿈으로써 내담자와 상담자 모두 바람직한 결과를 확인하기 위해 더욱 쉽게 변화된다. 언어를 바꾸는 것은 확실히 발달시키기가 매우 어려운 기술이다. 왜냐하면 언어는, 상담자가 어떻게 문제와 강점에 대해 듣는지에 따른 패러다임을 요구하기 때문이다. 하지만 연습으로 그것은 습관이 된다. 이 장의 뒷부분 '사례 연구'에 나오는 Sarah의 예에서도 이를 살펴볼 수 있다. 부모가 남자 친구와의 결혼을 반대하기 때문에 Sarah에게 생긴 무력감과 '인생이 끝났다.'는 감정을 줄이기 위해 상담자는 언어 바꾸기를 사용한다.

초심자의 마음

O'Hanlon & Weiner–Davis(1989)는 선불교의, "초심자의 마음에는 많은 가능성이 있다. 전문가의 마음에는 가능성이 거의 없다."(p. 8)라는 대표적인 말을 언급하며 관계를 형성할 때 초심자의 마음을 사용해야 한다고 한다. 초심자의 마음의 위치를 가정하는 것은 개인적인 또는 전문적인 지식으로 이야기의 빈칸에 채우지 않고 마치 처음 듣는 것처럼 내담자의 이야기를 듣는 것을 말한다. 대부분의 상담자는 이것이 얼마나 어려운지에 대해 저평가한다. 내담자가 '우울함을 느낀다.'고 이야기하기 시작할 때, 대부분의 임상가는 의심 없이 내담자가 진단적인 매뉴얼을 읽고 그 용어를 전문가처럼 사용한다고 가정하면서, 그들이 유용한 진단적 정보를 얻었다고 믿는다. 그러나 대조적으로, 해결 지향적 상담은 초심자의 마음을 대화에 가져오며 내담자가 자신의 고유한 우울을 어떻게 경험하고 있는지 궁금해한다. 만일 당신이 질문하는 것이 습관이 된다면 당신은 모든 우울함이 놀랍게도 '독특한 것'이라는 것을 발견할 것이다. 따라서 해결 중심 상담자는 내담자의 독특한 경험과 이해에 대해 더 듣기 위해 질문하며, 아무런 가정을 하지 않고 듣는다.

내담자의 주요 용어를 반복하기

해결 중심 상담자는 가능한 주의 깊게 내담자가 단어를 선택하는 것에 집중하고 그들의 주요 용어를 반복하여 사용한다(De Jong & Berg, 2002). 예를 들어, 내담자가 자신의 경험에 대해 설명하기 위해 우울이나 환각 같은 정신의학 용어를 사용하도록 가르치기보다는 상담자는 '기분이 울적하다.' 또는 '조현병' 같은 내담자 자신만의 언어를 사용하는 것을 더욱 선호한다. 내담자 언어를 사용하는 것은 종종 문제를 더욱 '해결 가능한' 것으로 만들고 더 큰 희망을 불러일으킨다. 많은 사람들에게 '불필요한 것을 끝내기' 또는 '오래된 자아로 돌아가기'는 '296.22 주요 우울 장애, 단일 삽화, 중등도'라는 정신의학적으로 정의된 문제를 치료하는 것보다 더 달성 가능한 목표다.

■ 관점: 사례 개념화

해결 기반 사례 개념화에 대한 소개

대부분의 상담 형태와 달리, 해결 기반 상담은 주로 내담자가 어디에 있었는지보다(문제)는 여기서 어디로 가는지(해결)에 대한 개념화를 포함한다. 해결 기반 상담은 **해결이 반드시 문제와 관련되지 않으며** 따라서 어디로 가는지에 대한 해결책을 평가의 중심으로 본다(de Shazer et al., 2007). 이는 과거를 무시한다는 것을 의미하지 않는다. 대신에 오직 잠재적인 해결책을 더욱 잘 이해하기 위해 필요한 만큼만 활용된다. 몇 가지 예외들을 제외하고(아래 참고), 과거는 평가와 사례 개념화 과정의 중심이 아니다.

기적 질문과 다른 해결을 불러일으키는 질문

본래 해결을 불러일으키는 질문인 **기적 질문**은 (1) 개념화하고 평가하도록, (2) 해결 기반 상담에서 목표를 설정하도록 돕는다. 전설적이라고 할 만한(그리고 좋은 권위를 가진) 인물인 Insoo Kim Berg에게 '아마 기적만이 도움을 줄 수 있을 거예요.'라며 절망하고 몹시 화를 내는 내담자의 요구를 기반으로 하여 Insoo Kim Berg는 기적 질문을 개발하였다. 그래서 내담자의 언어와 세계적 관점을 사용하여 Insoo는 내담자에게 만일 기적이 있다면 삶이 어떻게 될지에 대해 기술하도록 하였다(de Shazer, 1988; de Shazer et al., 2007). 개입은 매우 성공적이어서 치료의 초점을 확인할 때, 치료 초기에 빈번하게 사용되는 대표적 개입으로 만들어졌다. 이후 수정 구슬 기법(de Shazer, 1985), 마법 지팡이 질문(Selekman, 1997), 타임머신(Bertolino & O'Hanlon, 2002)을 포함한 여러 다양한 기법이 개발되었다. 이 질문이 성공적으로 전달될 때, 내담자가 문제없는 미래를 그리는 데 도움이 되며 그에 따라 희망, 동기, 목표를 만들어내도록 돕는다.

- **기적 질문**: 당신이 오늘밤 집에 가서 밤사이에 기적이 일어난다고 상상해보라. 당신이 이곳에서 해결하고 싶었던 문제가 기적적으로 해결되었다. 하지만 당신이 일어났을 때 당신은 기적이 발생했는지 전혀 모른다. 당신이 처음으로 달라졌다고 알아차릴 만한 것은 무엇인가? 당신이 여기에 가져왔던 문제가 해결되었다는 것을 어떻게 알 것인가?
- **수정 구슬 질문**: 내가 당신이 여기 가져온 문제가 이미 해결된 때의 미래를 들여다보도록 하는 수정 구슬을 가졌다고 상상해보라. 당신이 볼 수 있도록 해줄 테니, 안을 들여다보라. 당신은 무엇이 보이는가?
- **마법 지팡이 질문**: 우리가 마법 지팡이를 가졌다고(혹은 이 마술 지팡이가 실제로 여기서 작동한다고) 상상해보라. 그리고 당신이 지팡이를 사용할 수 있어서 당신이 여기에 가져온 모든 문제가 기적적으로 해결되었다. 무엇이 달라졌는가?

(계속)

- **타임머신:** 당신이 나에게 가져온 문제가 완전히 해결된 미래로 당신을 데려갈 수 있는 타임머신을 가졌다고 상상해보라. 당신이 그 미래에 발을 들였다고 상상해보라. 당신은 결국 어디에 있는가? 누가 당신 곁에 있는가? 무슨 일이 일어나고 있는가? 당신의 인생이 어떻게 달라지는가? 어떻게 당신의 문제가 사라졌는가?

이 해결 질문 중 하나를 성공적으로 전달하는 것은 보기보다 매우 어려운 일이다. 당신이 상상하는 것처럼 형편없이 행해지면 이는 완전히 실패하는 것이다. 이러한 굴욕을 피하기 위해서 해결 중심 전문가는 성공적으로 기적 질문을 전달하기 위한 여러 가지의 제안을 한다(Bertolino, 2010; Bertolino & O'Hanlon, 2002: De Jong & Berg, 2002; de Shazer, 1988; de Shazer et al., 2007). 또한, 나는 당신이 아래의 세 가지의 구체적인 단계로 기적 질문하는 것을 제안한다.

- 1단계: 기적 상황 설정하기
- 2단계: 기적 질문하기
- 3단계: 답의 촉진

1단계: 기적 상황 설정하기: 세 번의 끄덕임을 통한 세 단계

- **1단계-첫 번째: 내담자의 동의를 얻고 첫 번째 끄덕임을 기다리기:** 처음의, 그리고 가장 중요한 단계는 내담자가 기꺼이 이례적인 대화에 참여할 수 있도록 마음 상태를 바꿈으로써 내담자를 준비시키는 것이다. '제가 이상한 질문 하나 해도 될까요?' 혹은 '당신은 제가 무언가 이상한 질문을 묻는다면 기꺼이 함께해줄 수 있습니까?'와 같이 물어봄으로써 상담자는 내담자가 더욱 독창적인 대화에 참여할 수 있도록 그들의 마음의 틀을 바꿀 수 있는 신호를 준다. 상담자는 내담자가 '좋아요'라고 말하거나 동의하는 끄덕임을 기다린다.
- **1단계-두 번째: 처음에 설정한 것을 개인의 요청에 따라 변경하고 두 번째 끄덕임을 기다리기:** 내담자가 이상한 질문에 동의한 후에 질문을 전달하는 것을 시작하고 내담자가 완전히 이야기에 몰입하고 기적을 더 잘 그려볼 수 있도록 내담자의 매일의 일상에서 수많은 세부사항을 포함시키면서 내담자의 상황에 맞춘다. 예를 들어, 당신은 이렇게 말할 것이다. '우리가 여기에서 대화를 마친 후, 당신이 차를 타고 집으로 가는 것을 상상해봅시다. 당신이 늘 해온 것처럼 가족을 위해 저녁상을 차립니다. 당신이 늘 해온 것처럼 아이의 숙제 확인합니다.' 내담자가 끄덕이기 시작할 때까지 일상적인 낮과 밤을 기술하는 것을 계속한다.
- **1단계-세 번째: 기적을 설정하고 세 번째 끄덕임을 기다리기:** 일단 내담자가 끄덕이면 계속 진행하라. '아이들을 침대로 데려가고 나면 당신은 작은 일을 하거나 텔레비전

을 봅니다. 그러면 마침내 당신은 침대로 가서 잠에 듭니다.' 이 지점까지 당신은 오직 내담자가 일상적인 날을 상상하도록 요청했다. 하지만 이것은 매우 중요하다. 목표는 내담자가 심리적으로 회기를 떠나서 기적이 발생할 수 있는 집에 있는 것을 생생하게 그리도록 하는 것이다. 기적으로 이동하기 전에 멈추고 끄덕임을 기다리라. 동의 없이 기적으로 이동하지 말라.

2단계: 기적 질문하기: 세 번의 멈춤과 네 단계

- 2단계–첫 번째: 첫 번째 멈춤과 함께 기적 질문을 소개하기: "그러면, 밤 동안, 당신이 자는 동안 …… 기적이 일어납니다"(de Shazer et al., 2007, p. 42). 웃음을 짓고 머리를 기울이고 눈썹을 올리고 혹은 웃긴 모습을 하면서 잠시 멈추고 그들이 놀랍다는 신호를 보내거나 생각하고 있다는 반응을 기다린다. 전하는 바에 따르면, Insoo는 강렬하게 내담자를 보고 웃었다. Steve는 만일 당신이 오랫동안 멈추면 내담자는 "나는 기적을 믿지 않아요."라고 반응할 것이라고 경고했다. 그러므로 계속 진행하라.
- 2단계–두 번째: 선택적 스냅(snap)과 함께 기적의 용어를 구체적으로 정의하기: "그리고 이것은 단순한 기적이 아닙니다. 기적은 당신이 여기에 가져왔던 문제가 갑자기 사라지도록 만들어버립니다. …… 그래, 그렇게 말입니다"(de Shazer et al., 2007, p. 43; 강조 부분 원서 그대로). 이때, 당신의 손으로 딱 소리를 내는 것(snap)은 선택적이다(이 부분은 연습이 필요할 수도 있다). 만일 당신이 '당신이 여기 가져왔던 문제'에 대한 질문을 포함시키는 것은 잊었다면 당신은 램프에 있는 지니에게 적합한 위시리스트를 가질 것이고, 그것은 우리가 원한 이 질문에 대한 답은 아니다. 이 기적에 대한 한계가 없다면, 상담자는 유용한 답을 얻기 위한 추후 질문들로 더 많은 시간을 소모할 것이다.
- 2단계–세 번째: 2번째 멈춤과 함께 수수께끼 내기: "하지만 당신은 자고 있었기 때문에 기적이 일어나는지 몰랐습니(De Jong & Berg, 2002, p. 85)." 만일 잘 전달되었다면 이 지점에서 대부분의 내담자는 머리를 상하로 움직이거나 빈 곳을 응시하고 그렇지 않으면 마치 그들이 제안에 대해 생각하고 있는 것처럼 행동하기 시작한다.
- 2단계–네 번째: 3번째 멈춤과 함께 차이점에 대해 묻기: "밤 동안 기적이 일어났고, 당신은 아침을 맞았습니다. 당신에게 있던 모든 문제는 해결되었습니다. 당신이 일어난 후에 가장 먼저 알아차릴 수 있는 것은 무엇인가요? 문제가 해결되었음을 알아채기 시작한 작은 변화는 무엇인가요?"(de Shazer et al., 2007, p. 43) 이 지점에서 많은 내담자는 종종 조용해지고 여전히 깊은 생각에 빠지면서 대답에 대해 생각할 시간을 필요로 한다. 이는 일반적으로 내담자가 새로운 생각을 만들어내고 있다는 신호이다. 그래서 상담자는 인내심을 가지고 그 반응을 기다리는 것이 중요하다. 이 지점

에서 서두르는 것은 내담자가 같은 생각만을 계속 만들어내도록 할 뿐이다.

3단계: 기적의 기술 촉진하기: 한 가지 목록과 두 단계

- 3단계–첫 번째: 긍정적인 언어로 행동적 변화에 대한 초점 두기: 이 작업을 처음 하는 상담자는 질문만 하고 나면 자신이 할 일을 다 했다고 생각한다. 사례 개념화에서 기적 질문이 유용하기 위해서는 상담자가 기적에 대한 묘사를 능숙하게 촉진시킬 수 있어야 한다. 아무 기적이 할 수 있는 것이 아닌 일단 내담자가 차이점에 대해 보고하기 시작하면 내담자 그리고 다른 사람의 관찰 가능한 행동적인 변화에 대해 물음으로써 대답에 초점을 두도록 한다. 전형적인 해결 중심 방식에서 상담자는 내담자가 하고 있지 않는 것 대신에 내담자가 하고 있는 것에 관심을 가진다. 예를 들어, 만일 내담자가 '저는 더 이상 우울해지지 않을 거예요.'라고 말한다면 상담자는 '대신에 당신은 무엇을 할 것인가요?'라고 반응한다.
- 3단계–두 번째: 당신이 충분히 분명한 목표를 확인할 때까지 계속하기: 일단 내담자가 새로운 행동 한 가지를 확인한다면 상담자는 그에 대한 더 많은 것을 묻는다. '또 차이점은 무엇인가요?' 상담자는 변화에 대한 목표와 분명한 방향을 잡는 데 유용한 기적 행동이 여러 가지(세 가지 이상) 확인될 때까지 계속한다. 이 장의 마지막 부분에 있는 '사례 연구'에서 상담자는 그녀의 부모와 남자 친구와의 관계에 관하여 그녀의 목표, 가치, 우선권을 더 잘 이해시키기 위해서 기적 질문을 사용한다.

예외, 이전의 해결책, 그리고 '효과를 본 것'

성공적인 해결 기반 상담은 문제에 있어 매우 사소한 예외 사항을 찾기 위해 신기한 탐정 같은 능력을 발달시키는 것을 요구한다(이는 일반적으로 사람 관계에서 사람의 마음을 끄는 특성이다. 그래서 그 능력을 키울 가치가 있다). 해결 기반 상담자는 (1) 기적 질문 다음으로 오는 부분으로, (2) 자발적인 예외의 묘사를 듣는 것, (3) 직접적으로 예외에 대해 묻는 것(de Shazer, 1985, 1988; de Shazer et al., 2007; O'Hanlon & Weiner-Davis, 1989)이라는 세 가지 다른 방법으로 **예외, 이전의 도움이 된 해결책, 그리고 '효과를 본 것'**의 예를 평가한다. 첫째, 만약 기적 질문 또는 다른 해결을 불러일으키는 질문을 사용해왔다면 '다만 조금이라도 기적의 어떤 부분이 현재 일어나고 있는가?'라는 질문을 통해 예외를 확인할 수 있다. 내담자와 상담자 모두에게 용기를 주는 내용에 대한 기적의 요소는 즉각적인 결과를 가져오게 된다. 문제의 절반(또는 4분의 1)은 벌써 해결되었다는 생각에 기뻐할 것이다. 그 대신에, 섬세하게 조율된 해결 중심에서 집중해서 듣는 부분은 내담자가 자발적으로 제공했던 예외의 기법과 효과를 본 것에 대한 예시이다. '제가 배 위에 있을 때를 제외하고는 항상 우울해져요.' 혹은 '제가 걱정이 없는 유일한 시간은 아이들과 놀 때예요.' 혹은 'Suzy는 나를 신경 쓰는 유일한 사람이에요.' 이렇게 겉보기에는 사소한 예외들이 내담자에게 효과가 있는 것과 그래서 내담자가 더욱 자주 할 필요가 있는 것에 대한 단서를 제공한다. 부가적으로, 해결기반 상담자들은 작업할 것에 대한 정보를 얻기 위해 예외들을 직접적으로 묻는다.

예외 질문의 예시

- 문제가 덜 발생했거나, 덜 심각할 때가 있었습니까?
- 당신이 문제가 발생할 것으로 예상했지만, 그러지 않았던 때를 생각해볼 수 있습니까?
- 문제를 더 쉽게 만드는 사람이 있습니까?
- 그 문제가 평소보다 나쁘지 않았던 장소나 때가 있었습니까?

SELF 스스로 해보기

파트너를 찾아서, 문제를 확인하고, 예외 질문을 사용하여 해결책에 대한 잠재성을 평가해 보라.

대다수의 많은 내담자는 이러한 질문으로 예외사항을 발견할 수 있을 것이다. 근본적으로 이러한 문제에는 다양한 강도가 있다는 점을 기억하라. 문제가 덜 심각할 때 예외 종류가 고려되고, 보통 효과가 있는 것에 대한 단서를 준다(de Shazer, 1985; O'Hanlon & Weiner-Davis, 1989). 특히 대부분 시간 속에서 경험되는 우울과 같은 진단에 대해서 그런데, 상담자는 예외를 확인하기 위해 증상, 어떤 것의 부재보다는 다양한 강도에 초점을 두는 것이 필요하다.

면담 전 변화

해결 기반 상담자는 약속을 잡기 위해 처음에 전화를 건 후부터 첫 회기 전까지의 발생한 면담 전 변화(de Shazer et al., 2007)에 주의 깊은 관심을 기울인다. 상담자는 '우리가 전화로 얘기했을 때(혹은 당신이 약속을 잡았을 때), 이미 발생했거나 발생하기 시작했다고 당신이 알아차릴 수 있던 변화는 무엇입니까?'라고 물어봄으로써 이를 평가할 수 있다. Weiner-Davis, de Shazer, & Gingerich(1987)는 많은 내담자가 변화에 대한 기대를 가정하도록 하고 변화를 위한 노력(예: 전문가와 약속)을 하면서 약간의 긍정적인 변화를 보고했다고 기록하였다. 그리고 변화에 대한 기대를 간단하게 가정하고 변화를 위해 노력하도록 이끄는 것은 내담자의 자원을 동원하고 변화 과정을 시작하게 한다는 가설로 그들을 이끈다. 이 질문은 매우 초반인 첫 회기에 사용되는 데 효과를 본 것, 강점, 자원을 평가하기 위해 사용된다.

내담자 강점 평가하기

내담자 강점을 평가하는 것은 해결 기반 상담에서의 중요한 평가 영역 중 하나이다 (Bertolino & O'Hanlon, 2002; De Jong & Berg, 2002; O'Hanlon & Weiner-Davis, 1989). 강점은 개인적으로, 관계적으로, 경제적으로, 사회적으로, 영적으로 개인의 삶에 있는 자원과 가족의 지지, 긍정적인 관계, 종교적인 믿음을 포함한다. 많은 상담자는 강점을 확인하는 것이 어려워서 이를 낮게 평가한다. 사실, 내담자의 강점을 확인하는 것은 병리를 진단하는 것보다 더 어렵다. 왜냐하면 내담자는 고쳐지길 원하고 따라서 병리를 다룰 준비가 되어있는 많은 문제의 목록을 가지고 나타나기 때문이다. 놀랍게도 많은 내담자, 특히 우울하거나 불안한 경향을 가진 사람들은(다수의 외래 환자의 경우) 삶에서 문제가 없는 부분을 확인하는 것에 더 크게 어려움을 겪는다. 이와 유사하게 긴 시간 동안 상처받고 논쟁해왔던 많은 부부들이 파트너의 긍정적인 성격, 결혼의 행복한 시간, 그리고 가장 절망적인 경우에는 처음 장소에 함께 있었던 이유를 확인하는 데 어려움을 느낀다. 그러므로 상담자는 강점을 잘 평가하기 위해서 더욱이 섬세한 질문과 애매한 단서에 대해 알아보는 데 힘써야 한다.

해결 기반 상담자는 두 가지 방식으로 강점을 평가한다. (1) 강점, 취미, 그리고 삶에서 잘 진행되는 분야에 대해 묻는 것과, (2) 문제에 대한 예외적인 부분과 아직 발견하지 못한 분야의 강점에 대해 세심히 듣는 것이다(Bertolino & O'Hanlon, 2002; De Jong & Berg, 2002). 더욱이, 나는 어떤 상황에서의 강점이 다른 상황에서의 잠재력이 되기도 하며, 그 반대도 마찬가지이다. 한 분야에서의 약점이 다른 분야에서는 강점이 될 수 있다(2장의 '강점과 다양성에 대한 평가' 절 참고). 따라서 내담자가 강점을 확인하는 데에는 어려움을 겪고, 약점과 문제에 대해서 더 논의한다면, 알맞게 조절된 해결 중심에서는 그것을 듣고 '약점'이 강점이 될 수 있는 잠재적인 분야를 확인할 수 있어야 한다. 예를 들어, 비판적이고, 불안하고, 관계적인 맥락에서 부정적인 사람은 특징적으로 자세하고 복잡한 과제와 일에 뛰어나다. 이러한 생각은 내담자가 자신의 목표를 향해가는 방법을 확인하는 데에 있어서 유용하다.

해결 기반 상담자들은 더 나은 임상적 결과를 촉진하기 위해 내담자의 장점을 파악하고 활용할 것을 강조하는 정신건강 내 움직임의 선구자였다(Bertolino & O'Hanlon, 2002). 점차적으로, 지역 정신건강 센터와 보험회사는 강점에 대한 평가를 초기 평가의 한 부분으로 요구한다. 성공적인 강점 평가에서의 중점은 모든 그 상황이 얼마나 심각하고 힘든지를 떠나서 모든 내담자가 확실하고 의미 있는 강점을 가지고 있다는 흔들리지 않는 신념이다. 상담자가 그들이 보는 사람들이 특히 제일 심각하고 안 좋은 시기에 있다는 것을 기억하는 것은 도움이 된다. 따라서 그때 당시에는 우리가 강점을 찾을 수 없더라도, 있을 것이라는 것을 의심치 않는다. 해결 기반 상담자는 모든 사람이 강점과 자원을 가지고 있으며, 내담자의 목표를 성취하기 위해 확인하고 활용하는 것을 돕는 것은 그들이 해야 할 것들이다.

내담자 동기: 방문형, 불평형, 고객형

Steve de Shazer(1988)는 세 가지 범주를 사용하여 내담자 변화를 위한 동기를 평가했다. 이러한 범주는 내담자를 분류하기보다는 상담자가 내담자와 형성한 관계의 유형을 이해하기 위해 사용된다(De Jong & Berg, 2002).

- 방문형 관계: 관계에서 내담자는 불평을 갖지 않는다. 하지만 일반적으로 다른 사람들은 내담자에게 불만을 가진다. 이 내담자는 보통 보호감찰관, 부모, 배우자 같은 외부자가 치료에 데려온다. 그들은 보통 제3자가 그만두게 하는 것으로 동기화된다. 따라서 상담자는 이를 존중하고 빨리 끝이 나는 특정한 목표를 확인해야 한다.
- 불평형 관계: 이 유형의 관계에서 내담자는 문제를 확인하지만 상담자 또는 다른 어떤 사람들이 주요한 변화 자원이라고 기대한다. 해결 기반 상담자는 이러한 내담자가 관점을 변화하도록 납득시키는 노력을 하기보다는 내담자와 함께 그들이 상황에 긍정적으로 영향을 끼칠 수 있는 작은 방법을 확인하는 작업을 한다.
- 고객형 관계: 이 유형의 관계에서 내담자와 상담자는 문제와 해결 그림을 정의하고 내담자가 해결에 대한 행동을 취하도록 동기를 촉진시킨다.

	방문형	불평형	고객형
동기	낮음	중간~높음	높음
문제 또는 해결 자원	외부자(배우자, 부모, 보호감찰관)는 내담자에게 문제가 있다고 생각한다.	문제는 일반적으로 외부의 원인 또는 사람과 관련된다. 상담자 또는 다른 사람이 해결 자원이 되기를 기대한다.	스스로가 문제의 한 부분이고 해결에서 적극적인 주체이다.
변화를 필요로 하는 사람의 관점	다른 외부자들이 문제가 없다고 보아야 한다.	다른 외부자들이 변화하거나 바로잡아야 할 필요가 있다고 본다.	스스로 문제를 바로잡을 행동을 취할 필요가 있다고 본다.
치료적 동맹 형성	변화를 만들기 위한 작업을 기꺼이 하려고 내담자가 문제라고 보는 부분을 확인한다.	내담자가 변화를 줄 수 있는 구체적인 경우를 확인시키는 동시에 상황에 대한 내담자의 관점을 존중한다.	변화를 위한 준비가 되어있는 상태를 칭찬함으로써 내담자와 손을 잡는다.
개입의 초점	동맹을 형성한다. 내담자의 입장을 이해한다. 변화를 위한 외부의 요청을 문제로 구성한다.	관찰 지향적 과제(예: 매주 예외 사항을 확인하는 것; Selekman, 1997, 2010).	재구성. 다루지 않았던 것을 확인한다. 행동 지향적 과제
행동을 위한 준비	내담자가 문제가 있다고 믿고 변화를 위한 동기화가 될 때까지 적극적인 변화를 할 준비를 하지 않는다.	내담자의 행동이 차이를 만들 수 있다는 생각이 열릴 때까지 행동할 준비를 하지 않는다.	변화를 위한 행동을 취할 준비를 한다.

내담자의 동기를 평가하는 것은 어떻게 진행해야 할지에 대한 것뿐만 아니라 내담자와 어떻게 관계를 형성할지를 아는 데 도움이 된다. 많은 새로운 상담자들은 내담자가 치료 회기에 나타나기 때문에 모든 내담자가 상황을 개선시키기 위한 행동을 취할 준비가 된, 변화에 대한 소비자라고 가정한다. 하지만 이는 흔한 경우가 아니다. 사람들은 복합적인 감정과 다양한 동기 수준을 가지고 치료에 온다. 일반적으로 위임받고 있는 대부분의 내담자들은 '방문형'이다. 그리고 상담자는 집단의 목표를 확인하는 작업을 하면서 그들의 주제와 연결할 방법을 찾을 필요가 있다. 이와 같은 역동은 종종 아이, 10대, 커플 가운데 절반이 이런 경우이다. 불평하는 관계에서, 상담자는 내담자가 변화를 일으키는 데 기여할 수 있는 방법을 발견할 뿐만 아니라 행동을 취할 내담자의 의지를 높이기 위해 문제에 대한 관점을 변화시키도록 한다. 이 장의 뒷부분에 있는 '사례연구'에서 Sarah는 남자 친구와의 결혼에 대한 부모의 반대 때문에 무력감을 느끼는 불평자다. 상담자는 그녀가 문제를 재정의(이란 문화유산과 부모의 희망을 존중하는 동시에 미국 가치와 개인적 욕구를 통합하는 방법을 발견하는 것)하고 그를 통해 그녀의 에너지가 생산적인 방향으로 향할 수 있도록 돕는다.

최대한 자세한 정보를 제공하기

평가와 사례 개념화 과정 동안, 해결 중심 상담자는 지속적으로 **세부사항**, 즉 누구, 무엇, 어디, 왜, 언제에 대해 묻는다. 효과적인 "해결책 구축하기는 더욱 세세한 정보를 제공하도록 요구한다"(De Jong & Berg, 2002, p. 24). 언제 증상이 더 좋아지고 나빠지는지, 증상이 좋아지거나 나빠질 때 누가 주변에 있는지, 증상이 좀 더 좋아질 때 단계적으로 어떤 일이 발생하는지에 대해 더욱이 알게 됨으로써 상담자는 해결책을 구축하기 위해 더 잘 노력할 수 있다. 예를 들어, 내담자가 우울한 감정이 일할 때나 바쁠 때(매우 흔히) 감소한다고 보고했을 때 상담자는 이 상황에서 어떤 일이 발생했는지에 대한 세부사항을 묻는다. 이때 세부사항은 해결의 잠재적인 요소를 확인하기 위해 이 상황 속에서 무슨 일이 발생했는지, 사람들이 주위에 있거나 사람들과 떨어져 있는지, 목적이 있는지, 외부에 있는지, 또 다른 문제에 대해 생각하는 것을 피하는지 여부 등을 말한다.

■ 변화를 목표하기: 목표 설정

목표 언어: 긍정적이고 구체적이다

해결 기반 상담자는 긍정적이고 관찰 가능한 용어로 그들의 목표를 명시한다(De Jong & Berg, 2002). 긍정적인 목표 묘사는 병리에 초점을 맞춘 전형적인 상담 접근인 증상을 줄이는 것에 초점을 두기보다는 내담자가 무엇을 할 것인지를 강조하는 것이다. 관찰 가능한 묘사는 원하는 변화의 분명하면서 특정한 행동적인 지시를 포함한다.

긍정적이고 관찰할 수 있는 목표의 예시	부정적이고(증상을 감소시키는) 관찰할 수 없는 목표의 예시
취미와 즐거운 활동에 참여하는 시간을 증가시킨다.	우울을 감소시킨다.
자신감을 증가시키고 사회적 상황에서 평온하도록 한다.	공황 발작을 줄인다.
건강한 음식과 건강한 양을 선택하는 빈도를 증가시킨다.	폭식과 구토하는 행위를 줄인다.

당신은 간단하게 오른쪽 칸보다 왼쪽 칸을 읽는 것이 더 많은 희망을 발생시키고 더 큰 임상적 개입을 위한 방향성을 제공한다는 것을 알아차릴 수 있을 것이다. 긍정적이고 관찰할 수 있는 목표는 상담자와 내담자에게 목표를 지속적으로 상기시키는 조언을 제공하며 또한 해결 중심과 해결 기반 관점을 강화한다. 척도 질문(아래 내용 참고) 같은 많은 해결 기반 기술은 내담자가 매주 목표 과정을 측정하도록 요청한다. 따라서 조심스럽게 공들여 만들어진 목표 언어는 특히 해결 기반 상담의 성공에서 중요하다.

부가적인 해결 기반 목표의 특징은 다음의 내용을 포함한다(Bertolino & O'Hanlon, 2002; De Jong & Berg, 2002).

- 내담자에게 의미 있음: 목표는 단순히 '좋은 생각'이 아닌 내담자 개인에게 중요해야 한다.
- 상호작용: 목표는 일반적인 감정을 반영하기(예: '더 나은 느낌')보다는 어떻게 다른 사람들과의 상호작용이 변화할 것인지를 묘사해야 한다.
- 상황에 적합함: 목표는 포괄적인 용어보다는 상황에 따른 용어로 진술된다. (예: 직장에서 개선된 기분)
- 작은 단계: 목표는 간단한 용어와 확인할 수 있는 작은 단계들로 이루어져야 한다.
- 내담자를 위한 분명한 역할: 목표는 다른 사람을 위해서가 아니라 내담자를 위한 분명한 역할을 찾아야 한다.
- 현실적: 목표는 현재 내담자에게 현실적이어야 한다.
- 합법적·윤리적: 목표는 합법적이어야 하며 내담자, 상담자, 전문적 윤리를 고수해야 한다.

다른 한 가지

처음에 목표를 잡을 때에는 폭넓고 아주 높게 잡는 것보다는 작은 한 가지를 다르게 하는 것(예: 매일 누군가를 방문하기보다는 이번 주에 친구에게 전화하기)에 초점을 두어야 한다(de Shazer, 1985, 1988; O'Hanlon, 2000; O'Hanlon & Weiner–Davis, 1989). 마찬가지로 '이번 주 매일'보다는 '이번 주에 하루는 일어나서 운동하기'와 같은 목표가 더욱이 변화와 더 많은 행동을 위한 동기를 발생시킬 것 같다. 대부분의 경우에, 이 한 가지

작은 변화를 만드는 것은 상담자의 처방 혹은 상담자와 함께 만들어내는 해결책이라기보다는 내담자 자신의 동기에서 자극을 받은 일련의 변화에서 시작한다. 치료에서 나오는 생각은 '최고의' '유일한' 또는 '옳은' 해결책으로 여겨지기보다는 내담자가 어떠한 것이 적합한지를 확인하는 활동이다.

■ 실천: 개입

개입을 위한 해결 중심 세입자

de Shazer와 동료들(2007, p. 2)은 상담자가 그들의 작업을 안내하기 위해 사용될 수 있는 해결 중심 개입의 기본적인 세입자를 확인한다.

1. 고장 나지 않았으면 고치지 않는다: 개입의 범위를 결정하는 치료 이론을 사용하지 않기
2. 만일 효과가 있었다면, 계속 더 한다: 현재 작업하고 있는 것을 기반으로 하고 그것을 확대하기
3. 만일 효과적이지 않았다면 다른 무언가를 한다: 좋은 생각일지라도 효과가 없다면 다른 해결책을 찾기
4. 작은 단계는 큰 변화를 일으킬 수 있다: 작고 실행할 수 있는 변화를 가지고 시작하기(이는 일반적으로 일어나며 더 많은 변화를 빨리 일으킬 수 있다.)
5. 해결이 반드시 문제와 관련된 것은 아니다: 왜 문제가 생겼는지를 이해하려 하기보다는 앞으로 나아가는 것에 초점을 둔다.
6. 해결을 위한 언어는 문제를 묘사하기 위해 필요로 하는 언어와는 다르다: 문제 대화는 부정적이고 과거 지향적이다. 해결 대화는 희망적이고 긍정적이며 미래 지향적이다.
7. 항상 일어나는 문제는 없다: 활용될 수 있는 예외가 항상 있다. 심지어 매우 사소한 예외일지라도 잠재적인 해결을 확인하는 데 유용하다.
8. 미래는 창조되고 극복될 수 있다: 내담자는 그들의 미래를 그리는 데 중요한 역할을 한다.

척도 질문과 기적 질문

앞에서 설명되었던 '요약' 부분에, 척도 질문과 기적 질문은 주간 개입을 위한 가장 기본적인 기법이다. 척도 질문과 기적 질문은 (1) 마지막 주의 과제가 도움이 되었는지 되지 않았는지에 대해 평가하기 위해, (2) 잠재적 변화 범위를 확인하기 위해, (3) 그 다음 주를 위한 특정 과제를 개발하기 위해 사용될 수 있다.

공식화된 첫 회기 과제

이름에서 나타내듯이, 공식화된 첫 회기 과제(de Shazer, 1985)는 일반적으로 모든 내담자

에게 문제와 관계없이 치료 과정에서 내담자 희망과 변화에 대한 동기를 증가시키기 위해 사용된다.

공식화된 첫 회기 과제: "지금부터 우리가 만나는 다음 시간까지 당신의 일 중 한 가지(가족, 생활, 결혼, 관계 등)가 계속되었으면 하는 일을 관찰하여 저에게 말할 수 있도록 해오세요" (de Shazer, 1985, p. 137).

공식화된 첫 회기 과제(소개의 다른 표현): "우리가 심리치료를 시작하면서 많은 것들이 변화되고 있어요. 하지만 저는 당신의 삶과 관계에서 많은 것은 당신이 변화되지 **않기**를 원한다고 생각해요. 다음 주까지 당신의 삶과 관계에서 치료를 통해 변화되지 않기를 바라는 목록을 만들어오길 원해요. 지금 당장 작업하고 있는 큰 것뿐만 아니라 작은 것에도 주목하세요."

SELF 스스로 해보기

잠시 시간을 내어 당신의 삶 혹은 관계에서 지금 바꾸고 싶지 않은 것들의 목록을 만들어 보라. 나중에 그것을 어떻게 느끼는지 주의하라.

이 지시는 내담자가 무엇을 하고 있는지 알아차릴 수 있도록 자극하며 그들의 강점과 자원을 알아보고 희망과 힘을 발생시키는 데 도움을 준다.

전제적 질문과 미래의 해결책을 가정하기

미래 변화를 가정하는 전제적 질문과 대화는 희망과 동기를 발생시키면서 내담자가 문제 없는 미래를 상상하도록 돕는다(O'Hanlon & Beadle, 1999; O'Hanlon & Weiner-Davis, 1989). 해결 중심 상담자는 관찰에 기반을 둔 변화를 가정하며 모든 것은 변한다는 관찰을 기반으로 변화를 가정한다. 변화는 불가피하며 대부분의 내담자가 심리치료를 통해 효과를 얻는 것을 알게 되면서 그들이 아래와 같은 전제적 질문을 할 때 상담자는 확신할 수 있게 된다.

- 일단 우리가 이러한 문제를 해결한다면 당신은 무엇을 다르게 할 것인가?
- 당신은 우리가 이 문제가 해결하고 나서 다루어보고 싶은 다른 고민이 있는가?
- 문제가 해결되고 나면, 그것을 축하하기 위해 당신이 제일 먼저 할 행동은 무엇인가?

이와 같은 질문은 내담자가 무력감을 느끼고 문제없는 미래를 상상하기 어렵다고 느끼는 경우에 매우 도움이 될 수 있다.

비디오 토크

비디오 토크(videotalk)는 두 가지 기본적인 경험의 수준인 (1) 사실, (2) 이야기 및 경험을 구별하는 기법이다(Hudson & O'Hanlon, 1991). 그 사실은 무엇을 말하고 행동을 했는지, 비디오테이프('비디오 토크'의 이름은 여기서 유래했다.)에 기록된 것에 대한 행동적 묘사이다. 그 이야기는 한 사람이 행동과 말을 연관시키는 해석과 의미인 반면에 경험은 한 사람의 내적 생각과 감정이다. 비디오 토크의 무엇보다 중요한 목표는 해석(일어난 것에 대한 반응에서 이야기와 주관적인 경험)에서 사실(어떤 행동이 일어났는지)을 분리시키는 것이다. 내담자가 어떻게 사건을 해석하는지를 분리함으로써 새로운 의미와 반응을 받아들여 어떤 의미와 반응이 형성되는지 상담자와 내담자는 긴밀히 검토할 수 있다.

비디오 토크의 구조: 사실 대 해석

- **사실**: 비디오카메라에 포착되는 것(무엇을 말하고 행동했는지에 대한 **행동적 묘사**)

  예: '만일 내가 비디오카메라를 가지고 있다면, 당신이 우울하다고 느낄 때 당신이 어떤 말과 행동을 하겠는가?'
  '만일 내가 비디오카메라를 가지고 있다면, 당신의 기적이 일어난 날에 당신이 어떤 말과 행동을 하겠는가?'

- **해석**: **이야기**의 묘사(해석)와 주관적인 **경험**(생각과 느낌)

  예: '당신이 침대에 누워서 일어나고 싶지 않을 때, 어떤 생각과 감정이 듭니까? 그리고 당신은 이것으로 인하여 이 상황과 자기 자신에 대해 어떤 의미를 만듭니까?'
  '알람이 울리기 전에 일어나서 조깅하러 갈 때, 어떤 생각과 감정이 들었습니까? 당신 자신에 대해 만든 의미가 무엇입니까? 그리고 알람을 끄기 전에 일어나서 나간 당신의 선택에 대한 의미가 무엇입니까? 자신에 대해 어떻게 느낍니까?'

내담자가 모호한 감정이나 목표에 대해 보고할 때 상담자는 문제의 묘사와 해결 비디오 토크를 사용함으로써 그 감정이나 목표가 더 분명할 수 있도록 도울 수 있다. 이 묘사는 매주 작은 행동적 과제를 사용함으로써 문제를 행동적으로 정의하고 잠재적인 해결책을 확인하기 위해 사용된다. 게다가 해결 지향적 상담자는 '우울하다' 또는 '기분이 나아진 것 같다'와 같은 모호한 해석이나 경험적 명명보다는 문제와 해결책을 기술하기 위해 서술적인 언어를 사용하는 것을 선호한다(예: '잠자기를 원한다' 또는 '당신이 아침에 다시 달리고 있을 때'). 상담자가 **행동**과 **행동의 해석**을 구분하기 위해 계속 비디오 토크를 사용할 때, 내담자는 어디서 어떻게 변화가 만들어지는지를 더 잘 확인할 수 있다. 예를 들어, 이 장 뒷부분에 있는 '사례 연구'에서 상담자는 Sarah가 이란과 미국의 문화와 가치를 잘 통합할 수 있는 방법을 결정하는 것 중 하나로 그녀의 문제를 재정의하고 이 가치들이 그녀가 미래에 되고자 하는 사람과 자신감에 영향을 미치는 방법을 깨닫도록 돕기 위해 비디오 토크를 사용한다.

활용

Milton Erickson의 최면 작업에 기초하여 de Shazer(1988)는 내담자가 해결책을 발견하고 행동하는 것을 돕기 위해 활용 기법을 사용한다. 활용은 사용법을 발견하는 것을 말한다. 그리고 내담자가 가지고 있는 강점, 흥미, 취미와 같이 의미 있는 모든 행동과 계획을 발달시킬 수 있는 해결의 방향에서 이끌 수 있다. 예를 들어, 만일 내담자가 친구를 만들고 가까운 관계를 만드는 것에 어려움을 느끼지만 수많은 애완동물을 키우고 있다면 상담자는 아마도 공공장소에서 개를 산책시키고, 개 민첩성 훈련에 가입하고, 동물 보호소에 자원봉사를 함으로써 내담자의 동물에 대한 흥미를 활용하여 인간관계를 발전시킬 것이다.

대처 질문

대처 질문은 특히 내담자가 압도된 느낌을 받을 때, 희망, 주체감, 동기를 불러일으킬 수 있다(De Jong & Berg, 2002; de Shazer & Dolan, 2007). 대처 질문은 내담자가 진행 경과에 대해 보고하지 않거나 극심한 위기를 묘사할 때, 그렇지 않으면 내담자가 무력감을 느낄 때 사용된다. 대처 질문은 내담자가 현재나 과거의 어려운 상황 동안 어떻게 대처해왔는지를 확인하도록 지시한다.

- "굉장히 어려웠을 것 같은데, 당신이 가지고 있는 것을 가지고 어떻게 대처할 수 있었습니까?"(de Shazer & Dolan, 2007, p. 10)
- "당신은 더 나빠지는 상황을 막기 위해 어떻게 대처해왔습니까?"(p. 10)

칭찬과 격려

해결 기반 상담자는 내담자를 동기화시키고 강점을 부각하기 위해서 칭찬과 격려를 사용한다(De Jong & Berg, 2002). 칭찬의 비결은 오직 그들이 설정한 목표를 향해 앞으로 나아가고 있을 때 칭찬하거나, 문제와 관련된 특정한 강점을 칭찬하는 것이다. 이는 너무 중요해서 이 부분에 대해 다시 언급할 것이며 상자에 넣어서 당신이 잊지 않도록 할 것이다.

칭찬은 오직 '그들이' 설정한 목표를 향해 앞으로 나아가고 있을 때나 문제와 관련된 특정한 강점을 칭찬한다. 그들의 개인적 특성이 아닌 '진행 경과'에 대해 칭찬한다.

기본적인 치료적 칭찬:

- '당신은 정말 이번 주에 당신의 목표에 진전을 보이고 있네요.'

더 나은 치료적 칭찬:

- '저는 당신의 아들과의 관계를 개선시키기 위해 당신이 우리가 지난주에 만들었던 차트에 있는 방법을 따를 뿐만 아니라 추가적인 방법(주말에 친구와 놀러 나가는 것을 정함)을 떠올렸다는 점에서 감명 받았어요.'(목표를 향한 특정한 행동을 칭찬한다.)

별로 좋지 않은 치료적 칭찬:

- '저는 진심으로 당신의 인생에서 당신이 해왔던 것에 찬사를 보내고 싶어요.'(너무 개인적이며 문제와 명확하게 관련되지 않는다. 마치 당신이 내담자에게 아부하는 것처럼 들린다.)
- '당신은 정말 좋은 엄마예요.'(구체적이지 않으며 일반적인 엄마의 능력을 평가한다. 내담자가 그녀 자신의 행동을 반성하고 평가하도록 두지 않는다.)

당신이 그 밖의 다른 어떤 것을 칭찬할 때, 비록 긍정적인 것일지라도 내담자와 그들의 삶에 대해서 판단을 내리는 상황을 만들고 있다. 칭찬은 내담자에게 "멋지다"와 같은 말을 사용해서는 안 된다(De Jong & Berg, 2002). 대신에 칭찬은 내담자가 스스로 설정한 목표를 향한 진행경과를 강화시키기 위해서 사용되어야 하며 외부의 권위적 인물의 칭찬에 의존하는 대신에 내담자 스스로 인정하는 칭찬을 격려하는 방식으로 전달되어야 한다. 내담자가 목표를 설정할 수 있고 목표를 향해 진행할 때 그들은 자존감보다 더 큰 행동의 예측변수인 **자기 효능감**을 발달시킬 수 있다(Seligman, 2004).

숙제와 실험

분명하지 않은 경우에 한해서 거의 매주 해결 기반 상담자는 내담자가 작고 구체적인 단계를 취하도록 요구하는 숙제 또는 과제를 부과한다. 이 과제는 회기 동안 위에 기재된 기법들을 사용하면서 협력하여 확인된다. 상담자의 역할은 (1) 무엇을 할지 정확히 알고, (2) 그것을 하기 위해 동기화되고, (3) 성공할 수 있도록 구체적으로 과제를 정의하도록 돕는 것이다. 상담자는 또한 주말, 휴일, 방문객, 계획 변동, 내담자가 목표에 달성하는 것을 막는 어떤 것이든 포함하는 잠재적인 장애물을 확인해야 한다.

■ 특정 문제를 위한 개입

성적 학대

Yvonne Dolan(1991), Bill O'Hanlon & Bob Bertolino(2002)는 어린 시절 성적 학대를 겪었던 아동과 성인에게 해결 기반 상담을 사용한다. 해결 기반 접근은 피해자의 탄력성을 강조하는 낙관적이고 희망적인 자세를 가진다는 점에서 성적 학대 치료의 전통적인 접근에서 두드러진다. 성적 학대 피해자가 그런 어려운 트라우마를 겪었다는 것을 고려하여 해결 중심 상담자는 그들이 현재 문제를 해결할 수 있도록 새로운 방식으로 이 강점을 활용한다. 성적 학대를 치료하는 해결 지향 접근의 구별되는 특징 중 일부는 아래의 내용을 포함한다.

피해자의 주체성을 존중하기 해결 기반 상담자는 전통적인 접근보다 더 많이 피해자의 주체성을 존중한다. 그들이 학대에 대한 이야기를 할지에 대해, 그리고 치료의 속도를 그들 스스로 결정하도록 한다(Dolan, 1991; O'Hanlon & Bertolino, 2002). 비록 많은 상담자들이 피해자가 학대에 대한 세부사항의 공유 없이는 치료할 수 없다고 주장하지만 해결 기반 상담자들은 쉽게 동의하지 않는다. 대신에, 해결 기반 상담자는 내담자와 언제, 어떻게, 누구와 그들의 이야기를 가장 잘 할 수 있는지를 확인하는 작업을 한다. 완전하게 내담자의 주체성을 존중함으로써, 상담자는 내담자가 내담자 삶의 사적인 측면을 넘어서 학대를 통해 잃었던 완전한 권한을 되찾는 관계를 형성한다. 피해자와 작업할 때 더욱 지시적인 역할을 하는 상담자는 내담자가 준비되기 전에 내담자가 성적 생활의 부분을 드러내도록 강요함으로써 '치료'라는 이름으로 의도치 않게 학대 패턴을 되풀이할지도 모른다. 이는 내담자가 침해받고 트라우마를 재경험하는 느낌을 남긴다.

회복 척도: 강점과 능력에 초점을 맞춤 Dolan(1991, p. 32)은 내담자의 삶이 학대로 인해 영향을 받지 않았던 범위가 어디인지 확인하기 위해 해결 중심 회복 척도를 사용한다. 내담자의 전체 삶과 자기가 영향을 받아왔던 느낌을 줄이면서 성공 전략은 학대에 의해 영향을 받는 부분을 다루기 위해 사용된다. 이 척도로부터 질문이 '전혀', '아주 조금', '거의', '매우'로 평가되는데, 그 질문은 아래의 내용을 포함한다.

- 트라우마에 대해 생각하고 말할 수 있음
- 가족의 일부로 느낌
- 동식물을 돌봄
- 사랑하는 사람과 손을 잡음
- 약이나 알코올 없이 안정을 취할 수 있음
- 칭찬을 잘 받아들임

- 건강한 식욕을 보임

3-D 모델: 분리, 단절, 평가절하 O'Hanlon & Bertolino(2002)는 3-D 모델을 활용하여 학대와 트라우마의 후유증을 개념화하였다. 이것은 학대가 사람들로 하여금 자아와 분리, 단절, 평가절하하도록 상정한다. 상담의 목표는 억제된 경험(예: 성적 반응의 결여, 기억의 결여, 분노의 결여) 또는 침투적 경험(예: 플래시백, 성적 충동, 분노) 같은 분리된 부분을 사람들과 재연결시키는 것이다. O'Hanlon & Bertolino(2002)는 성적 학대와 관련된 많은 증상이 통제할 수 없고 자신의 일부만을 포함하는 것처럼 느끼는 일종의 부정적인 감정으로 경험된다는 점에 주목한다. 해결 중심 상담자는 내담자가 학대를 통해 끊긴 폄하된 자기 관점을 재평가하고 포함시키도록 북돋우기 위해서 허용(내담자가 바람직하지 않은 감정을 느끼고 표현하도록 하는 것), 타당화(내담자가 어렵거나 원하지 않는 감정을 받아들이도록 돕는 것), 포괄적인 언어(모순되는 부분이나 동시에 인식되고 있는 감정에 대한 공간을 만드는 것)를 사용한다.

건설적인 질문 Dolan(1991)은 내담자의 독특한 해결책을 확인함으로써 해결책을 구성하기 위한 건설적 질문을 활용한다.

- 점차 나아지고 있다는 것을 알 수 있는 첫 번째(사소한) 징후는 무엇이 될 수 있습니까? 그리고 성적 학대는 현재 당신의 삶에 영향을 덜 미치고 있습니까?
- 당신의 삶에서 성적 학대 트라우마가 덜 문젯거리가 될 때, 무엇을 다르게 할 생각입니까?
- 당신의 시간을 쓰는 데에 있어서 어떻게 다르게 행동할 것입니까?
- 당신은 과거에 대해 생각하는 대신, 무엇을 하는 것에 대해 생각할 것입니까?
- 위의 것들이 이미 어느 정도(작게라도) 일어난 적이 있었습니까? 그런 시간들엔 무엇이 다릅니까? 이런 차이점이 어떠한 도움이 되었습니까?
- 위의 치유되는 변화가 당신의 현재 삶에서 미래(며칠, 몇 주, 몇 달, 몇 년 후)에 어떠한 변화를 만들겠습니까?
- 당신이 나아진 것을 나타내는 첫 번째 징후를 당신에게 중요한 사람에게 말한다면 어떻게 생각할 것 같습니까? 당신에게 중요한 사람이 가장 먼저 알아차릴 것은 무엇이라고 생각합니까?
- 당신이 더 많이 치유될 때 당신의 친구, 직장상사, 중요한 사람 등이 어떻게 알아차릴 것이라고 당신은 생각합니까?
- 이러한 치유가 미래에 당신의 후손에게 어떠한 변화를 만듭니까?(pp. 37~38)

학대와 트라우마 피해자들과의 비디오 토크(행동 용어)

학대와 트라우마를 특징짓는 강력한 감정 때문에, 피해자들은 종종 현재 삶에 학대가 현재 미치는 영향을 확인하는 데 어려움을 느낀다. O'Hanlon & Bertolino(2002)는 슈퍼바이저와 함께 사건의 연쇄 과정, 선행 사건, 결과, 변하지 않는 작용, 반복적인 행동, 몸의 반응을 포함한 트라우마 경험을 재창조하는 구체적인 행동과 행동적 패턴을 확인하기 위해 비디오 토크를 사용한다. 일단 이러한 반복적인 패턴이 확인되면 상담자는 내담자가 상담자는 주기를 중단하는 맥락의 한 부분을 변화시키고 새로운 반응의 공간을 만들도록 돕거나 만일 내담자가 어느 정도 통제를 넘어선 증상을 느낀다면 새로운 대안적인 해결을 만드는 조치를 확인할 수 있도록 돕는다. 예를 들면, 만일 내담자가 성적 장면을 영화에서 볼 때 플래시백을 경험한다면 상담자는 이 사건에 대한 생각, 감정, 해석뿐만 아니라 플래시백 이전과 이후의 행동을 확인하도록 돕는다. 영화에서 긴장감을 형성될 때 내담자의 불안이 발생한다는 것과 같은 정보를 사용함으로써 상담자는 내담자가 음소거 버튼을 누르거나, 불을 켜거나, 화장실에 휴식을 취하러 감으로써 그 반복을 중단시키는 방법을 확인하도록 도울 수 있다.

종합: 해결 기반 치료 사례 개념화와 치료 계획 양식

■ 이론 기반의 사례 개념화: 해결 기반

아래의 내용은 해결 기반 이론을 활용하여 이론 기반의 사례 개념화를 발전시키는 데 사용될 수 있다. 각 이론 장의 마지막 부분에 제시되어 있는 교차 이론적 사례 개념화는 이러한 이론 기반의 개념화의 핵심 요소를 포함하는 사례 개념화를 쓰기 위한 예시를 제공한다. 이론 기반의 사례 개념화의 종합적인 예시는『상담 및 심리치료의 이론과 치료 계획』(Gehart, 2015)에 제시되어 있다.

- 강점: 아래의 항목을 포함하여 내담자의 독특한 강점을 기술한다.
  - 개인적인 강점과 능력
  - 관계적·사회적 강점과 자원
  - 영적 자원
- 예외, 이전의 해결책, 효과를 본 것: 시간, 장소, 관계, 상황 등이 덜 문제시될 때 또는 조금이나마 더 나아졌을 때를 기술한다.
- 기적 질문의 대답: 내담자가 문제가 해결될 때 무엇이 달라지는지를 확인한다.
- 내담자 동기부여: 내담자의 동기부여 수준을 기술한다(변화에 대한 방문형, 불평형,

고객형).

- 해결 중심 문제의 기술 및 해결책: 병리적인 언어와 부정적인 이름을 부여하는 것을 피하는 대신에 변화될 필요가 있고 새로운 것을 취하는 구체적인 행동을 강조하는 해결 중심 언어를 사용하여 문제를 기술한다. 해결 중심 언어는 세세해야 하며 희망과 긍정적인 변화의 상상을 불러일으켜야 한다.

■ 치료 계획 양식: 해결 기반

이 치료 계획 양식을 우울하고, 불안하며, 강박적인 유형의 호소 문제를 경험하는 내담자를 위한 계획을 세우는 데 사용하라. 특정 내담자, 호소 문제, 임상적 맥락에 따라, 이 양식의 목표와 개입 방법은 약간 혹은 상당히 수정될 필요가 있다. 당신의 필요에 따라 치료 계획을 상당히 수정할 것을 권장한다. 계획을 치료에 효과적으로 적용하기 위하여, 목표와 기법은 내담자가 경험하고 있는 특정한 신념, 행동, 감정을 근거로 하여 적절히 활용되어야 한다. 치료 계획이 보다 구체적일수록 당신에게 더욱 유용하게 될 것이다.

치료 계획

초기 치료 단계

초기 단계 상담 업무

1. 상담 관계 발전시키기. 다양성에 관한 고려사항: 관련된 다양성 문제 다루기

   관계 형성 접근 방법/개입:

   a. **강점, 자원, 문제를 한정짓는 언어 바꾸기**를 확인함으로써 라포르를 형성하고, **기능**하는 범위를 확인하며 **희망**을 만들어낸다.

2. 개인적, 체계적, 그리고 다양한 문화적 역동 평가하기. 다양성에 관한 고려사항: 다양성과 관련된 자원 확인하기

   평가 전략:

   a. 해결책에 대한 행동적 묘사를 얻고 내담자를 동기화시키기 위한 **기적 질문**을 사용한다.

   b. **예외, 이전의 해결책, '효과를 본 것', 이전 회기 변화, 강점을 확인한다.**

3. 치료 목표에 대한 내담자의 동의를 확인하고 얻기. 다양성에 관한 고려사항:

   목표 설정 개입:

   a. **기적 질문**에 기반을 두고 **긍정적인 용어**로 진술된 **구체적이고 달성할 수 있으며 단계적인 목표**를 개발한다.

4. 필요한 의뢰, 위기 요소, 추가적인 접촉, 내담자의 다른 요구 확인하기. 다양성에 관한 고려사항: 다양한 체계론적 문제를 주의 깊게 평가하기

   a. 위기 평가 개입: 위기 요소를 다루기 위한 **안전에 대한 척도**를 사용한다.

(계속)

b. 의뢰 사항: 해결 기반 집단을 추천한다. 기적 질문에서 확인된 요소와 관련된 활동, 취미, 계층을 포함하는 지역사회 자원을 연결한다.

초기 단계 내담자 목표

1. [위기 관련 행동]을 감소시키기 위해 위기 상황을 방지하는 안전과 **자원을 사용**하는 능력을 증가시키기

개입:

a. 내담자가 **단계적인 안전 계획**을 만들 수 있는 안전 척도를 사용하도록 동기 유발한다.

b. 직접적인 지지를 제공하기 위해 내담자에 대한 개인, 관계, 지역사회 **자원**을 확인한다.

c. IS가 잘 진행하고 있으며 희망을 발생시키고 있는지를 확인하기 위한 **공식적인 첫 회기 과제**

치료의 작업 단계

작업 단계 상담 업무

1. 작업 동맹의 질 점검하기. **다양성에 관한 고려사항:** 다양성 문제 다루기

a. **평가 개입:** 상담 회기 평가 척도(SRS)를 사용한다. 내담자의 **동기** 수준에 기초하여 동맹관계를 조정한다. 만일 개입이 잘 되지 않는다면 **다른 무언가를 한다.**

2. 내담자의 치료 과정 점검하기. **다양성에 관한 고려사항:** 다양성을 고려하는 측정 방식 선택하기

a. **평가 개입:** 결과 평가 척도, 매주 과정을 검토하기 위한 **척도 질문**

작업 단계 내담자 목표

1. 우울한 기분, 불안, 문제 행동 등을 감소시키기 위해 **'예외'**, **'효과를 본 것'**, **'이전의 해결책'**으로부터 온 행동을 증가시키기*(개인/관계적 역동)

개입:

a. 개선을 증진시키기 위해 매주 특정 행동 과제를 확인하는 **척도 질문**

b. 강점과 자원 활용의 범위를 늘리기 위한 **대처 질문**

2. 우울한 기분, 불안, 문제 행동 등을 감소시키기 위해 **기적 질문**(개인/관계적 역동)에서 확인된 일련의 행동을 증가시키기

개입:

a. 개선을 증진시키기 위해 매주 특정 행동 과제를 확인하는 **척도 질문**

b. 특정 행동과 어떻게 그것들이 내담자의 개인적이고 관계적인 정체성을 특징 짓는지를 확인하기 위한 **비디오 토크**

3. 우울한 기분, 불안, 문제 행동 등을 감소시키기 위해 **기적 질문**에서 확인된 또 다른 종류의 행동을 증가시키기

개입:

a. 개선을 증진시키기 위해 매주 특정 행동 과제를 확인하는 **척도 질문**

b. 내담자가 해결책을 계획하고 희망이 생기도록 돕는 **예상 추정 질문**

(계속)

* 주의 사항: 해결 기반 치료 계획은 긍정적으로 진술되는 목표를 사용하기 때문에 오직 '증가시키다'로 끝나는 목표를 가진다.

치료의 종결 단계

종결 단계 상담 업무

1. 추후 관리를 위한 계획을 발전시키고 성과를 유지하기. **다양성에 관한 고려사항:** 내담자를 지지하는 개인, 가족, 지역사회 자원 포함시키기

개입:

a. 내담자가 미래의 문제를 그려보고 그들이 상담 내에서 배웠던 자원을 사용하는 방법을 위한 **기적 질문**을 채택한다.

종결 단계 내담자 목표

1. [우울한 기분, 불안, 문제 행동 등]을 감소시키기 위해 일상적인 해결책(개인/관계적 역동)과 관련된 **새로운 정체성**을 확고히 하고 자신감을 증가시키기

개입:

a. 해결 행동, 선택 등에 기초하여 새로운 정체성을 형성하기 위한 **칭찬과 격려**

b. 과정과 어떤 작업을 했는지를 반영하기 위한 **척도 질문**. 어떻게 유지했는지 검토한다.

2. 우울한 기분, 불안, 문제 행동 등을 감소시키기 위해 개인적, 가족, 개인 간의, 직업적인 문맥에서 **해결책을 형성**하는 새로운 기술의 사용을 증가시키기(개인/관계적 역동)

개입:

a. 새로운 기술과 새로운 상황에 기술을 적용한 능력에 대한 칭찬과 격려

b. 기복이 있을 것을 예상하고 어떻게 그것을 다룰지에 대한 **미래 척도**

조직화: 다양한 사람과 작업하기

■ 민족·인종·문화의 다양성

내담자의 목표를 미리 결정하는 건강론(theory of health)을 활용하지 않기 때문에(O'Hanlon & Weiner-Davis, 1989), 해결 중심 치료는 다양한 사람과 가치 체계에 적용될 수 있다. 이 치료법은 북미, 남미, 유럽, 중동, 아시아, 호주 내 다양한 사람들에게 널리 활용되었다(Gingerich & Patterson, 2007). 해결 중심 치료는 이민자, 아프리카계 미국인, 히스패닉계인, 사우디아라비아인, 중국인, 한국인을 포함한 다양한 내담자와, 학

교, 교도소, 병원, 기업, 대학 같은 다양한 맥락에서 연구가 진행되어왔다(Gingerich & Patterson, 2007). 다양한 내담자와 작업할 때, 해결 중심 심리치료사는 종종 다양성의 문제와 관련된 독특한 정서, 인지, 사회적 자원을 평가한다.

Corcoran(2000)은 해결 중심 치료가 일반적으로 다양한 사람들에게 적합한 몇 가지 이유에 대해 밝힌다.

- **맥락에서 고려된 행동:** 맥락 내 행동과 관련하여 해결 기반 관점은 소외된 사람의 문제 행동에 대한 더욱 타당한 이해를 고려한다.
- **내담자에 의해 만들어진 행동적 목표:** 해결 기반 치료의 목표 설정 과정은 많은 인종 집단에게 적합하다. 왜냐하면 내담자의 언어로 목표를 설정하기 때문에 구체적이고 행동적이며 일반적으로 단기적이기 때문이다.
- **정서보다는 행동에 초점 두기:** 정서보다 행동에 초점을 두는 것은 많은 소수 민족 집단에게 더욱 안정감을 주고 가치가 일관적이다.
- **미래 지향:** 과거를 이해하기보다 앞으로의 문제를 해결하는 것에 초점을 두는 것은 많은 소수 민족에게 의미가 있다.

아시아계 미국인 여러 심리치료사들은 아시아인과 아시아계 미국인을 대상으로 해결 기반 치료를 활용하는 것에 대해 살펴보았다. Hsu & Wang(2011)은 해결 중심 상담이 긍정적인 재구성(내담자가 체면이 깎이는 것을 피함), 관계 기반 관점, 실용적인 해결책에 초점을 두기 때문에 아시아의 내담자에게 매우 적합하다고 설명하였다. 아시아인 내담자와 작업하는 데 고려해야 할 사항은 다음과 같다.

- **효도:** 여러 심리치료사들은 내담자가 윗사람에게 복종하고 존경하는 일반적인 아시아적 가치인 효도의 문제를 다룰 수 있도록 돕기 위해 해결 중심 치료를 사용해 왔다(Hsu & Wang, 2011; Lee & Mjelde-Mossey, 2004). 해결 중심 접근은 각 세대의 관점을 긍정적인 용어로 재구성하도록 하여 각각 좋은 의도가 더 잘 이해되도록 한다.
- **형식과 내용:** 많은 아시아 문화는 **내용**(무엇이 행해졌는지)만큼이나 **형식**(어떻게 행해졌는지)에 가치를 둔다(Berg & Jaya, 1993). 이는 그들이 해결하기 위해 무엇이 행해졌는지에 대한 것보다 가족 구성원들이 어떻게 문제에 접근했는지 대해 관심을 갖는 것으로 바꿀 수 있다.
- **실제적인 해결책:** 아시아 문화는 일반적으로 감정의 극적인 노출을 원치 않아 이는 종종 감정과 원인을 탐색하기보다는 실용적인 해결책에 초점을 두는 치료적 접근에 대한 선호로 종종 바꾼다(Berg & Jaya, 1993).
- **체면 세우기:** 해결 중심 치료는 '여기에서부터 하는 것'에 대해 초점이 맞춰져있다는

독특성이 있다. 원인의 뿌리를 확인하기보다는 아시아의 내담자가 체면을 세울 수 있도록 한다. 아시아 문화는 죄의식과 상관없는 수줍음을 바탕으로 한다. 그래서 긍정적 재편성과 칭찬은 이 인구 집단과 특별히 잘 작동한다(Berg & Jaya, 1993).

- 간결한 치료: 사생활을 침해받지 않고 싶어 하는 아시아 가족에게 치료는 마지막 수단이기 때문에 해결 중심 치료의 간결한 접근은 매우 적절하다(Berg & Jaya, 1993).

중동인, 남아시아인, 무슬림계 미국인 Chaudhry & Li(2011)는 해결 중심 상담이 문화적으로 민감할 수 있고, 중동과 무슬림의 남아시아계 미국인과 작업하는 데 적절할 수 있는 이론적 접근이라고 확인하였다. 그들은 미래에 초점, 구체적인 목표, 제한된 자기 개방을 하는 일반적인 접근이 문화적으로 적합할 것이라고 믿는다. 또한 무슬림 미국인은 강한 가족 및 지역사회 유대를 가지고 있고 해결 중심 상담자가 빠르게 알고 활용할 수 있는 자원을 가지고 있다. 더 나아가, 중동과 무슬림의 남아시아 미국인은 전형적으로 일차적으로 가족, 지역사회, 종교 성직자를 통해 지지 자원을 찾는 경향이 있기 때문에 그들은 전문적인 상담을 오직 특정한 문제에 대해서만 전문적인 상담을 찾는 경향이 있다. 따라서 '고장 나지 않았으면 고치지 말라.'라는 해결 중심 상담의 철학은 이 문화적 경계를 존중한다.

특히, Chaudhry & Li(2011)는 해결 중심 상담에서 다음의 요소가 특히 중동과 남아시아 무슬림 미국인과의 작업에 적용된다고 설명하고 있다.

- 자유로운 문제 대화: 자유로운 문제 대화는 더 많은 사생활을 허용하고 수치감을 줄인다. 이는 지난 수십 년 동안 미국에서 차별의 상당한 증가를 맞닥뜨렸던 무슬림 미국인에게 중요하다.
- 이전 회기 변화: 이전 회기에서의 변화를 확인하는 것은 곤란한 상황을 줄이고 내담자가 현재 가족과 지역사회 내에 있는 자원을 존중하고 인정할 수 있다.
- 목표 설정: 해결 중심 상담에서 상담자가 정의한 목표보다는 내담자 목표에 초점을 두는 목표 설정에 대한 긍정적인 틀은 무슬림의 미국인 내담자가 상담 과정에 참여하고 신뢰하는 데 도움이 될 수 있다.
- 유능성 찾기: 유능성을 확인하는 시간을 보냄으로써, 상담자는 내담자의 문화에 대한 진실한 존중감과 이해를 전달하면서 수많은 문화에 기반을 둔 강점과 자원을 인정하는 기회를 가진다.
- 기적 질문: 과정 초기에 기적 질문은 사용하는 것은 분명한 비전과 상담 과정에 대한 목적을 만들어내고 그들의 안전감을 향상시키면서 희망차고 행복감을 주는 감정이 일어나기 때문에 무슬림 미국인의 참여를 향상시킬 수 있다.

■ 성 정체성의 다양성

해결 기반 치료는 미리 결정된 건강한 것이 무엇인지에 대한 편견을 가지지 않으며 내담자가 정한 목표에 초점을 두기 때문에 게이, 레즈비언, 양성애자, 트랜스젠더 같은 내담자와 작업하기에 적합할 수 있다. 하지만 이 문제에 민감해지기 위해 심리치료사는 가정하기보다는 현재의 문제에서 내담자의 가능한 역할에 대해 '초심자의 마음'을 가지고 물어보아야 한다. 왜냐하면 언급할 것도 없이 그것은 문제나 해결할 부분이 아니기 때문이다. 특별히 해결 기반 치료와 이 집단에 대해 기록된 것이 거의 없다. 그러나 이 접근은 배우자의 커밍아웃에 적응하는 것을 촉진하기 위해 사용되어왔다. Treyger, Ehlers, Zajicek, & Trepper(2008)는 해결 기반 치료가 한 여성의 배우자가 자신이 게이라고 밝혔던 사례에 적절하다는 것을 발견했다. 그 접근은 지지적이고 비질병중심주의(non-pathologizing) 맥락에서 내담자가 상황에 대한 그녀 자신만의 해결책을 확인하는 것을 돕는 데 사용되었다. 그들은 배우자가 동성애자 또는 양성애자라는 소식에 적응하기 위해 Buxton(2004)의 7단계 모델(그 단계는 혼미·불신, 현실 직면·인정, 수용, 내려놓음, 치유, 재구성과 재초점화, 변화를 포함한다.)을 사용했다. Treyger와 동료들(2008)은, 내담자가 이 접근을 통해 가장 도움이 되었던 것은 판단하지 않는 대화, 조언(가족과 친구들이 많이 주었던)을 받지 않은 것, 긍정적인 피드백과 칭찬, 그리고 구체적으로 과정을 측정하기 위한 척도 질문이라고 보고하였다.

연구와 증거 기반

해결 기반 치료는 꾸준히 성장하는 경험에 의거한 지지 기반을 가지고 있다. 두 가지의 최신 메타분석인 잘 통제된 임상 시험 연구들은(Stams, Dekovic, Buist, & De Vries, 2006; Kim, 2008) 해결 중심 단기 치료가 보통의 효과 크기와 보통 다른 접근들과 동등한 결과를 가지지만 시간이 덜 들고 그로 인해 비용이 덜 든다는 것을 발견했다(Gingerich, Kim, Stams, & MacDonald, 2012). 성장하는 증거 기반의 추가적인 증거로 소년 재판소와 비행 예방은 증거 기반을 유망한 접근법으로 인정해왔다(Kim, Smock, Trepper, McCollum, & Franklin, 2010).

1986년, 문헌에 처음 기술되었던 해결 중심 단기 치료에 대한 많은 연구가 수행되어 왔다. 해결 중심 단기 치료는 1993년에 최초의 통제 연구, 총 47건의 출판된 연구와 두 가지 메타분석적 검토가 있었다(Gingerich et al., 2012). 무선 표집, 치료 정확도 측정, 표준화된 결과 측정을 포함하면서 연구의 질은 꾸준히 개선되고 있다. 연구자들은 가정폭력 가해자, 부부, 조현병 환자, 아동 학대, 비행 청소년, 학교 환경, 육아, 알코올, 위탁 양육을 포함한 넓은 범위의 임상적 인구와 문제를 가지고 해결 중심 단기 치료의 효과를 연구해왔다(Franklin, Trepper, Gingerich, & McCollum, 2012). 해결 중심 단기 치료 과정에 대한 연구는 예상되는 질문, 기적 질문, 첫 회기 과제, 척도 질문, 해결-대화가 확장된 치료 효과를 얻는다고 밝혀졌으며, 그것은 일반적으로 내담자의 희망과 낙관주의를 낳게 한다는 것을 알게 되었다(McKeel, 2012).

현재 해결 중심 단기 치료에 대한 양적 연구는 표준화된 치료 매뉴얼의 확대 및 개선된 지속적이고 정확한 검사 개발(Lehman & Patton, 2012)을 통해서 임상적 실험 연구를 수정하고 개선하는 데 초점을 두고 있다(Trepper et al, 2012). 나아가, 회기 내 작업 동맹과 내담자의 상담 과정이 상담의 결과를 측정하는 협력적 개입이라는 연구가 진행되고 있다 (Duncan, Miller, & Sparks, 2004; Gillaspy & Murphy, 2012). 마지막으로 심리치료 연구의 큰 흐름은 변화의 매커니즘을 검증하는 것이다. 이는 해결 중심 치료처럼 증거 기반 임상적 접근이 기초가 된다. 실험 연구는 해결 중심 단기 치료의 주요한 내재된 이론적 가정의 일부에 대한 증거를 제공해왔다. 예를 들면 실험에서 협력과 함께 구성하는 것은 유의미하게 더 좋은 결과를 가져왔다(Bavelas, 2012).

또한 미시 분석 연구는 그들의 공식과 질문이 주로 부정적인 내담자 중심 그리고 인지행동 심리치료사와 비교했을 때 해결 기반 심리치료사가 굉장히 그들의 공식과 질문에서 긍정적이라는 것이 나타났다(Korman et al., 2012; Smock et al., 2012; Tomori & Bavelas,2007). 이는 또한 '긍정적인 대화'는 더욱 긍정적인 대화를 이끌고 부정적인 대화는 더욱 부정적인 대화를 이끄는 것으로 나타났다(Smock, et al, 2012). 따라서 "…… 심리치료사가 긍정적인 내용을 사용하면 전반적인 회기에 긍정적으로 기여하는 것처럼 보이는 반면에, 부정적인 내용은 그와 반대이다"(Bavelas, 2012; p. 159). 이 연구 분야는 언젠가 해결 중심 단기 치료에서 변화에 대한 정확한 메커니즘과 어떻게 이 접근이 다른 임상적 모델과 다른지에 대한 우리의 이해를 재정의할지도 모른다.

개인적 숙고 및 수업 중 토론을 위한 질문

1. 이 장에서 어떤 개념이 당신과 개인적으로 가장 큰 연관이 있는 것 같은가? 왜 그렇게 생각하는가?
2. 이 장에서 내담자와 작업하는 데 가장 도움이 될 만한 개념은 무엇인가?
3. 이 접근방식을 사용하여 다양한 내담자와 상담할 때, 내담자에게 도움이 될 점은 무엇이고 한계점은 무엇인가? 그렇다면 한계점에 대해서는 어떠한 방식으로 다룰 수 있는가?

4. 당신은 모든 내담자가 변화할 수 있으며 강점을 가질 수 있다는 점에 동의하는가? 그렇게 생각한다면, 혹은 그렇게 생각하지 않는다면 그 이유는 무엇인가?
5. 당신은 해결 중심 개입이 너무 긍정적이거나 단순한 작업방식이라고 생각하는가? 그렇게 생각한다면, 혹은 그렇게 생각하지 않는다면 그 이유는 무엇인가?
6. 당신은 내담자와 해결책, 예외적인 부분, 그리고 가능성에 집중하여 작업하는 것이 힘들 것이라고 생각하는가? 그렇게 생각한다면, 혹은 그렇게 생각하지 않는다면 그 이유는 무엇인가?
7. 문제 또는 해결책에 초점을 두는 것에 대한 당신은 생각은 어떠한가? 문제가 존재하는 이유를 이해하는 것이 문제를 해결하는 데에 있어서 중요하다고 생각하는가? 어떠한 경우에 더 그렇다고 생각하는가?
8. 이러한 접근 방식이 어떤 내담자와 호소 문제를 다룰 때 가장 적절하다고 생각하는가? 또한 무엇이 가장 적절하지 않을 것이라고 생각하는가?
9. 내담자의 문제를 이해하기에 어떤 사례 개념화 개념이 가장 유용한 것 같은가?
10. 어떤 개입이 가장 유용하다고 생각하는가?
11. 이 접근방식이 상담자 또는 심리치료사로서 당신에게 적합하다고 생각하는가? 그렇게 생각한다면 혹은 그렇게 생각하지 않는다면 그 이유는 무엇인가?
12. 이 접근방식을 잘 활용하기 위하여, 당신의 어떤 부분을 더 발전시켜야 된다고 생각하는가, 또는 어떤 것을 배워야 한다고 생각하는가?

온라인 자료

Milton H. Erickson 재단 www.erickson-foundation.org

해결 중심 단기 치료 학회(Solution-Focused Brief Therapy Association) www.sfbta.org

해결 지향, 가능성 이론(Solution-Oriented, Possibility Therapy) www.billohanlon.com

이혼 실패(Divorce Busting) www.divorcebusting.com

유럽 단기 심리치료 학회(European Brief Therapy Association) www.ebta.nu

해결 중심 치료 연구의 검토(Review of Solution-Focused Therapy Research) http://gingerich.net/SFBT/2007_review.htm

참고문헌

별표(*)는 권장되는 입문서를 나타낸다.

Bavelas, J. B. (2012). Connecting the lab to the therapy room: Microanalysis, co-construction, and solution-focused brief therapy. In C. Franklin, T. S. Trepper, W. J. Gingerich, & E. E. McCollum (Eds.), *Solution-focused brief therapy: A handbook of evidence-based practice* (pp. 144–164). London: Oxford University Press.

Berg, I. K., & Jaya, A. (1993). Different and same: Family therapy with Asian-American families. *Journal of Marital and Family Therapy*, *19*, 31–38.

Bertolino, B. (2010). *Strength-based engagement and practice: Creating effective helping relationships*. New York: Allyn and Bacon.

Bertolino, B., & O'Hanlon, B. (1998). *Therapy with troubled teenagers: Rewriting young lives in progress*. New York: Wiley.

*Bertolino, B., & O'Hanlon, B. (2002). *Collaborative, competency-based counseling and therapy*. New York: Allyn & Bacon.

Buxton, A. P. (2004). Paths and pitfalls: How heterosexual spouses cope when their husbands or wives come out. *Journal of Couple and Relationship Therapy*, 3(2–3), 95–109.

Chaudhry, S., & Li, C. (2011). Is solution-focused brief therapy culturally appropriate for Muslim American counselees? *Journal of Contemporary Psychotherapy*, *41*(2), 109–113. doi:10.1007/s10879-010-9153-1

Corcoran, J. (2000). Solution-focused family therapy with ethnic minority clients. *Crisis Intervention & Time-Limited Treatment*, *6*(1), 5–12.

*De Jong, P., & Berg, I. K. (2002). *Interviewing for solutions* (2nd ed.). New York: Brooks/Cole.

*de Shazer, S. (1985). *Keys to solution in brief therapy*. New York: Norton.

*de Shazer, S. (1988). *Clues: Investigating solutions in brief therapy*. New York: Norton.

de Shazer, S. (1994). *Words were originally magic*. New York: Norton.

*de Shazer, S., Dolan, Y., Korman, H., Trepper, T., McCollum, E., & Berg, I. K. (2007). *More than miracles: The state of the art of solution-focused brief therapy*. New York: Haworth.

*Dolan, Y. (1991). *Resolving sexual abuse: Solution-focused therapy and Ericksonian hypnosis for survivors*. New York: Norton.

Duncan, B., Miller, S. D., & Sparks, J. A. (2004). *The heroic client: A revolutionary way to improve effectiveness through client-directed, outcome-informed therapy*. New York: Jossey-Bass.

Franklin, C., Trepper, T. S., Gingerich, W. J., & McCollum, E. E. (Eds.). (2012). *Solution-focused brief therapy: A handbook of evidence-based practice*. New York: Oxford University Press.

Gehart, D. (2015). *Theory and treatment planning in counseling and psychotherapy* (2nd ed.). Pacific Grove, CA: Brooks Cole.

Gillaspy, A., & Murphy, J. J. (2012). Incorporating outcome and session rating scales in solution-focused brief therapy. In C. Franklin, T. S. Trepper, W. J. Gingerich, & E. E. McCollum (Eds.), *Solution-focused brief therapy: A handbook of evidence-based practice* (pp. 73–94). New York: Oxford University Press.

Gingerich, W. J., & Eisengart, S. (2000). Solution-focused brief therapy: A review of the outcome studies. *Family Process*, 39, 477–498.

Gingerich, W. J., Kim, J. S., Stams, G. J. J. M., & MacDonald, A. J. (2012). Solution-focused brief therapy outcome research. In C. Franklin, T. S. Trepper, W. J. Gingerich, & E. E. McCollum (Eds.), *Solution-focused brief therapy: A handbook of evidence-based practice* (pp. 95–111). New York: Oxford University Press.

Gingerich, W. J., & Patterson, L. (2007). The 2007 SFBT effectiveness project. Retrieved March 20, 2008 from http:// gingerich.net/SFBT/2007_review.htm

Hsu, W., & Wang, C. C. (2011). Integrating Asian clients' filial piety beliefs into solution-focused brief therapy. *International Journal for the Advancement of Counselling*, *33*(4), 322–334. doi:10.1007/s10447-011-9133-5

Hudson, P. O., & O'Hanlon, W. H. (1991). *Rewriting love stories: Brief marital therapy*. New York: Norton.

Kim, J. S. (2008). Examining the effectiveness of solutionfocused brief therapy: A meta-analysis. *Research on Social Work Practice*, *18*(2), 107–116. doi:10.1177/1049731507307807

Kim, J. S., Smock, S., Trepper, T. S., McCollum, E. E., & Franklin, C. (2010). Is solution-focused brief therapy evidence based? *Families in Society*, 91, 300–306. doi: 10.1606/1044-3894.4009

Korman, H., Bavelas, J. B., & De Jong, P. (2012). Microanalysis of formulations, Part II: Comparing Solution-Focused Brief Therapy, Cognitive-Behavioral Therapy, and Motivational Interviewing. (In Press)

Lee, M., & Mjelde-Mossey, L. (2004). Cultural dissonance

among generations: A solution-focused approach with East Asian elders and their families. *Journal of Marital and Family Therapy, 30*(4), 497–513.

Lehmann, P., & Patton, J. D. (2012). The development of a solution-focused fidelity instrument: A pilot study. In C. Franklin, T. S. Trepper, W. J. Gingerich, & E. E. McCollum (Eds.), *Solution-focused brief therapy: A handbook of evidence-based practice* (pp. 39–54). New York: Oxford University Press.

McCollum, E. (2007). Introduction to special issue. *Journal of Family Psychotherapy, 18*(3), 1–9.

McKeel, J. (2012). What works in solution-focused brief therapy: A review of change process research 2012. In C. Franklin, T. S. Trepper, W. J. Gingerich, & E. E. McCollum (Eds.), *Solution-focused brief therapy: A handbook of evidence-based practice* (pp. 130–143). New York: Oxford University Press.

Miller, S. D., Duncan, B. L.,&Hubble, M. (Eds.). (1996). *Handbook of solution-focused brief therapy*. San Francisco, CA: Jossey-Bass.

Miller, S. D., Duncan, B. L., & Hubble, M. A. (1997). *Escape from Babel: Towards a unifying language for psychotherapy practice*. New York: Norton.

O'Hanlon, B. (2000). *Do one thing different: Ten simple ways to change your life*. New York: Harper.

*O'Hanlon, B., & Beadle, S. (1999). *A guide to possibilityland: Possibility therapy methods*. Omaha, NE: Possibility Press.

O'Hanlon, B., & Bertolino, B. (2002). *Even from a brokenweb: Brief and respectful solution-oriented therapy for resolving sexual abuse*. New York: Norton.

*O'Hanlon, W. H., & Weiner-Davis, M. (1989). *In search of solutions: A new direction in psychotherapy*. New York: Norton.

Parsons, R. (2009). *Thinking and acting like a solution-focused school counselor*. Thousand Oaks, CA: Corwin Press.

Selekman, M. D. (1997). *Solution-focused therapy with children: Harnessing family strengths for systemic change*. New York: Guilford.

*Selekman, M. D. (2010). *Collaborative brief therapy with children*. New York: Guilford.

Seligman, M. (2004). *Authentic happiness*. New York: Free Press.

Smock, S., Froerer, A., & Bavelas, J. B. (2012). Microanalysis of positive and negative content in Solution-Focused Brief Therapy and Cognitive-Behavioral Therapy Expert Sessions. Manuscript submitted for publication.

Stams, G., Deković, M., Buist, K., & de Vries, L. (2006). Effectiviteit van oplossingsgerichte korte therapie: Ein metaanalyse. *Gedragstherapie*, 39(2), 81–94.

Tomori, C., & Bavelas, J. B. (2007). Using microanalysis of communication of communication to compare solutionfocused and client-centered therapies. *Journal of Family Psychotherapy*, 18, 25–43.

Trepper, T. S., McCollum, E. E., de Jong, P., Korman, H., Gingerich, W. J., & Franklin, C. (2012). Solution-focused brief therapy treatment manual. In C. Franklin, T. S. Trepper, W. J. Gingerich, & E. E. McCollum (Eds.), *Solution-focused brief therapy: A handbook of evidencebased practice* (pp. 20–38). New York: Oxford University Press.

Treyger, S., Ehlers, N., Zajicek, L., & Trepper, T. (2008). Helping spouses cope with partners coming out: A solution-focused approach. *American Journal of Family Therapy, 36*(1), 30–47. doi:10.1080/01926180601057549

Walter, J. L., & Peller, J. E. (1992). *Becoming solution-focused in brief therapy*. New York: Brunner/Mazel.

Weiner-Davis, M., de Shazer, S., & Gingerich, W. J. (1987), Building on pretreatment change to construct the therapeutic solution: An exploratory study. *Journal of Marital and Family Therapy*, 13, 359–363. doi:10.1111/j.1752-0606. 1987.tb00717.x.

해결 기반 상담 사례 연구: 두 인종 관계로 인한 가족 갈등

이란 이주민의 딸인 Sarah는 현재 24세의 공인 간호사이다. 그녀는 학교에서 늘 잘해왔고 결코 말썽을 일으킨 적이 없다. 최근, 그녀가 소매상에서 일하고 있는 아프리카계 미국인 남자 친구 Alan과의 결혼 계획을 알렸을 때, 그녀의 부모는 많은 이유를 들면서 결혼을 승낙할 수 없다고 말했다. 그녀의 부모는 직장 경력을 가지고 있으며, 같은 문화와 언어를 사용하는 사람과 결혼해야 한다고 고집하였다. 그녀는 가족과 긴장 상태에 있었던 적이 없었고 배신감, 상처, 분노를 느끼고 있었지만 문제(그녀가 사랑하는 사람과 가족 사이에 낀)를 어떻게 해결해야 할지에 대한 확신이 없었다. 그녀의 남자 친구는 Sarah의 가족들이 그녀에게 이런 식으로 영향을 미칠 수 있도록 허용하고 있으며 또한 자신으로부터 거리감을 느끼도록 내버려 둔다는 사실에 대하여 놀랐다. 이러한 긴장감은 Sarah가 상담에 오기 한 달 전부터 시작되었으며, 그 기간 동안 그녀는 스트레스를 풀기 위해 더 빈번히 술을 마시기 시작하였다. 그녀는 "제가 그 사람과 결혼을 하면 가족들이 저와 인연을 끊을 것이라는 말을 들은 이후로 저는 이렇게 지내왔어요. 언젠가 해결이 된다면, 저는 그렇게 할 필요가 없겠죠. 저는 단지 무엇을 해야 할지 생각해내야겠죠."라고 말했다. 초기 상담 후, 해결 기반 상담자는 다음과 같은 사례 개념화를 발달시켰다.

사례 개념화

날짜: 2013년 4월 23일 **상담자:** Demetria **내담자/사례 #:** 13009

I. 내담자 소개

내담자의 기본 정보와 중요한 타인 파악하기

내담자

성인 여성 연령: 24세 중동계 미국인 이성애자 직업/직위: 공인 간호사

기타: 부모, 형제자매과 함께 거주, 26세의 아프리카계 미국인과 교제 중

중요한 타인

내담자의 남자 친구 연령: 26세 아프리카계 미국인 미혼 이성애자 직업/직위: 부점장

기타 :

내담자의 어머니 연령: 54세 중동계 미국인 기혼의 이성애자 직업/직위: 주부, 지역 여성 모임의 대표

기타:

내담자의 아버지 연령: 65세 중동계 미국인 기혼의 이성애자 직업/직위: 엔지니어

기타:

기타: AF는 여동생(19세)과 오빠(26세)가 있다. 둘 다 현재 대학 재학. 오빠는 아버지처럼 엔지니어가 되기 위해 공부하고 있으며, 여동생은 의사가 되기 위해 공부하고 있다.

II. 호소 문제

문제에 대한 내담자의 보고:

내담자는 부모가 자신이 선택한 남자와의 결혼을 허락하지 않는 것을 근본적인 문제로 본다. 그녀는 가족과 사랑하는 사람 중 하나를 택해야 한다는 것 사이에서 갇혀있는 듯한 느낌이 든다고 보고한다. 그녀는 자신이 항상 가족들에게 충실해왔는데 현재 그들에게 배신감을 느낀다고 한다. 그녀는 최근 음주량의 증가가 장기간 동안 다루어야 할 문제라 생각하지 않는다. "제가 그 사람과 결혼을 하면 가족들이 저와 연을 끊을 것이라는 말을 들은 이후로 저는 이렇게 지내왔어요. 언젠가 해결이 된다면 음주할 필요가 없겠죠. 저는 단지 무엇을 해야 할지 생각해내야겠죠."

문제에 대한 중요한 타인 및 가족의 보고:

내담자의 어머니와 아버지(AF54, AM65)는 딸이 미래에 대해 생각하지 않고 있으며, 자신들의 도움 없이 좋은 결정을 하기에 너무 어리다고 생각한다. 그들은 애정 많은 부모로서 결국 딸이 정상적인 결혼 생활을 하고 잘 보살핌 받을 수 있도록 하려는 책임감 때문에 허락하지 않은 것이라 여긴다. 그들은 딸의 최근 음주에 대해 눈치채지 못하고 있다. 하지만 그녀의 부모는 그녀가 가족 식사를 피하거나 인사 외에 다른 말은 하지 않으며 자신과 가족을 멀리하는 것에 대해 매우 염려하고 있다. 그녀가 아직 남자 친구를 만나서 대화를 하는 것을 허용하므로 자신들이

(계속)

합당하다고 느끼고 있다.

문제에 대한 다양한 체계(참고인, 교사, 친척, 법적 체계 등)로부터의 보고:

남자 친구: 자신과 그녀 삶의 중대사를 부모가 통제하도록 두어선 안 된다고 여긴다. 그는 그녀의 부모가 그녀를 조종하고 있다고 본다. 그는 그녀의 음주가 문제가 되고 있다고 생각한다.

형제자매: 19세인 그녀의 여동생은 모두가 지나치게 호들갑을 떤다고 생각한다. 확실히 언니 편을 드는 것은 아니지만 현재 이 시점에서 내담자와 가장 가까이 있다. 26세인 그녀의 오빠는 분명하게 부모의 편이다.

Ⅲ. 배경 정보

트라우마·학대 이력(현재 및 과거): 내담자의 부모는 폭력을 직접 경험했던 1984년에 끝이 난 혁명 이후 이란을 떠났다. 내담자는 부모가 전쟁에 대해 말하는 것을 피하려고 하며 특히 어머니가 그것에 대해 두려워하는 것으로 보인다고 한다.

약물 사용·남용(현재와 과거, 자신, 원가족, 중요한 타인): 내담자는 지난 한 달 동안 매일 밤 술 2~4잔을 마셔왔다. 이전에는 주기적으로 친구들과 파티를 열었다고 보고했다(그 달 외에는 이틀에 2~4잔 마심). 하지만 그 사이에는 전혀 마시지 않았다. 그녀는 다른 기분 전환용 약물과 처방된 약물의 사용을 부인했다. 가족의 알코올 의존 이력을 보고하지 않았지만 가족 중 많은 수가 이란을 떠나지 않았기에 알 수 없다.

촉발 사건(최근 삶의 변화, 최초의 증상, 스트레스 요인 등): 내담자는 2년 전 남자 친구와 교제하기 시작했으며 그들은 최근 결혼에 대한 이야기를 하기 시작했다. 그녀가 결혼에 대해 부모에게 언급했을 때 반대를 예상했으나 연을 끊자는 위협까지는 예상하지 못했다. 내담자의 부모는 그녀가 더 비슷한 인종 집단 출신인 사람, 전문적인 직업을 가진 사람과 결혼하기를 원한다. 그들은 진심으로 그녀가 장기적이고 최선의 이익을 얻기를 바란다고 한다. 내담자의 의사는 그녀의 가족 스트레스와 음주에 대해 알고서는 내담자를 상담에 보낸다.

관련된 역사적 배경(가족력, 관련 문제, 이전 상담 경험 등): 내담자의 부모는 이란에서 상위 중산층 출신이었으며 부모는 혁명이 일어나자마자 바로 떠났다. 그녀의 아버지는 엔지니어였고 미국에 오자마자 쉽게 직장을 얻게 되었다. 그들은 이란에 지금까지 부양하고 있는 아버지의 부모와 그의 형제들이 있다. 그 가족은 무슬림교도지만 보통 미국적 가치와 관습을 통합하여 종교를 엄격하게 준수하는 것은 아님. 그들은 내담자와 내담자의 오빠와 동생을 양육했다. 그녀의 오빠는 아버지처럼 엔지니어가 되기 위해 공부하고 있으며 동생은 대학에서 의학을 공부하고 있다.

Ⅳ. 내담자의 강점과 다양성

내담자의 강점

개인적 측면: 내담자는 똑똑하고 자기 수양이 잘 되어있으며 사회적으로 숙련되어있다. 그녀는 간호사로서 세심함을 발달시켰고 다른 사람들을 돕는 것을 좋아한다. 그녀는 전형적인 10대 시절과 학교 문제를 일으키지 않았

(계속)

으며, 일반적으로 가족들과 잘 어울려왔다.

관계적·사회적 측면: 내담자의 가족은 여전히 모두 함께 집에 살면서 일반적으로 가깝게 지낸다. 그녀의 가족은 교육과 지위에 가치를 두며 부모님은 이란의 전통과 현대 미국 생활 방식의 균형을 맞추고자 노력해왔다.

영적 측면: 내담자는 무슬림 가정에서 자랐지만, 청소년기 동안 종교로부터 큰 위안을 찾지 못했다. 미국의 무슬림 정책이 아마도 무슬림과 덜 연결시키는 데 한 요인이 되는 것 같다고 개인적 견해를 보고한다. 그녀는 정말 신이 있는지 확신이 들지 않는다고 한다.

다양성: 자원과 한계

내담자의 연령, 성별, 성적 성향, 문화적 배경, 사회경제적 지위, 종교, 지역사회 공동체, 언어, 가족 배경, 가족 구성, 역량 등에 기초하여 내담자의 잠재적인 자원과 한계가 무엇인지 확인하라.

독특한 자원: 내담자에게는 다른 관점을 제공하는 다른 문화의 친구들이 있고 강력한 한 사회적 지지 체계가 있음. 그녀의 동생은 종종 학교 일로 바쁘지만 다른 문화권에 있는 남성들과 만나왔으며 내담자에게 강력한 지지 자원임. 또한 동생은 내담자가 겪는 것을 이해할 수 있다.

잠재적 한계: 현지 미국의 이란인 지역사회뿐만 아니라 내담자의 전통적인 이란의 배경은 내담자의 남자 친구와 결혼하고자 하는 바람에 대립하는 특정한 기준과 요구가 있다.

사례 개념화를 위하여 다음의 모든 부분을 완성하거나 이론 기반의 사례 개념화를 위한 특정 부분을 완성하라.

V. 정신역동 개념화

정신역동 방어기제

가장 많이 사용하는 방어기제 2–4개를 체크하라.

☐ 행동화: 기술하기: ______

☐ 부인: 기술하기: ______

☐ 전치: 기술하기: ______

☐ 도움을 거절하는 불평: 기술하기: ______

☐ 유머: 기술하기: ______

☒ 수동 공격성: 기술하기: 그녀의 부모와 남자 친구를 대할 때 내담자는 원하는 것을 얻기 위해 수동 공격성 수단을 사용한다고 보고했다.

☐ 투사: 기술하기: ______

☐ 투사적 동일시: 기술하기: ______

☒ 합리화: 기술하기: 그녀의 부모와 남자 친구를 대할 때 내담자는 그녀가 원하는 것을 얻기 위해 수동 공격성 수단을 사용한다고 보고했다.

☐ 반동 형성: 기술하기: ______

☐ 억압: 기술하기: ______

☐ 분열: 기술하기: ______

(계속)

☐ 승화: 기술하기: ______________________

☐ 억제: 기술하기: ______________________

☐ 기타: ______________________

대상관계 패턴

과거 어린 시절 초기 양육자와의 관계에 대해 기술하라. 내담자의 어머니는 전업주부였으며 가족을 위한 일차 양육자였다. 그녀의 아버지는 그의 대가족뿐만 아니라 자신의 가족을 부양하기 위해 장시간 일했다. 그녀의 어머니, 아버지 모두 교육에 높은 가치를 두고 아이들의 학업에 매달렸다. 유아기와 십대 때 내담자는 항상 부모가 바라는 것에 전적으로 따랐으며 자신의 대부분 결정을 부모님에게 의존하였다.

주로 어머니(또는 그와 비슷한 사람)와의 애착은 어떠했는가?

☐ 대개 안정적 ☒ 불안과 집착 ☐ 회피와 정서적 거리감 ☐ 기타: ______________________

주로 아버지(또는 그와 비슷한 사람)와의 애착은 어떠했는가?

☐ 대개 안정적 ☐ 불안과 집착 ☒ 회피와 정서적 거리감 ☐ 기타: ______________________

초기 양육자와의 현재 관계에 대해 기술하라. 내담자의 부모님은 내담자가 삶을 어떻게 살아가는지에 대한 방식에 확고한 의견을 가지고 있다. 그들은 자주 그녀의 결정에 관여하고 특히 사랑하는 사람을 선택하는 부분에서 마치 그녀가 스스로 결정을 내릴 만큼 성숙하지 않다고 느끼고 있다. 이는 내담자가 이 관계의 방식이 그녀를 위해 맞추는 것이 아님을 깨달으면서 가족과의 현재 관계에서 긴장의 원인이 되었다.

파트너 관계 및 현재 다른 사람과의 관계에 대해 기술하라. 내담자와 그녀의 남자 친구와의 관계는 그녀의 가족이 남자 친구가 내담자의 인생 동반자로 적합하지 않다며 받아들이지 않으면서 긴장감이 흐르기 시작했다. 남자 친구는 내담자에게 참을성 있게 대해왔으며 진심으로 그녀가 스트레스를 조금이나마 덜고 부모를 설득하는 데 도움이 될 수 있도록 뭐든지 하고 있다.

Erickson의 심리사회적 발달 단계

각 단계에서 현재 단계까지의 발달을 기술하라.

신뢰 대 불신(영아기): 내담자는 집안에서 아이들을 키우던 어머니와 함께 보통의 영아기를 보냈다고 기술했다.

자율성 대 수치와 의심(유아기): 내담자는 부모님이 그녀와 그녀의 자매가 예의 바르게 행동하도록 하기 위해 수치감을 주었다고 보고했다.

주도성 대 죄책감(학령전기): 가정 내에서 종종 아이들의 행동을 관리하기 위해 수치감과 죄책감을 주었다.

근면성 대 열등감(학령기): 내담자는 학교에서 특출날 것을 강하게 압박받은 기억난다고 한다.

정체성 대 역할 혼란(청소년기): 10대 때 이란의 전통적 유산과 미국의 가치를 통합하려는 노력을 해왔다. 내담자는 집 밖에서는 '미국인', 가족 내에서는 '이란인'이라고 느낀다.

친밀감 대 고립감(청년기): 내담자는 현재 남자 친구와 가족 사이에서 결정해야만 한다(또는 적어도 그녀에게 그렇게 보인다). 이 노력은 그녀의 문화 정체감과 그녀가 갖게 될 관계·가족 유형을 분명히 밝히는 데 중요한 역할을 하게 될 것이다.

생산성 대 (자기) 침체(장년기): ______________________

(계속)

자아 통합감 대 절망감(노년기): ______

아들러학파의 생활양식 주제

☒ 통제: 내담자는 외적으로는 다른 사람을 기쁘게 하는 데 많은 에너지를 쏟고 있는 것처럼 보이지만, 내적으로는 자기 삶을 누가 담당하고 담당하지 않는지에 대해 매우 고민이 많다. 현재 부모님과의 갈등이 고조되어 그녀가 통제할 수 없는 상태가 될까봐 그녀로선 두렵다.

☐ 우월성: ______

☐ 기쁘게 하기: ______

☐ 편안함: ______

기본적 오류에 대한 잘못된 지각: 나는 인생을 안전하게 통제해야만 한다.

Ⅵ. 인본주의·실존주의 개념화

진정한 자아 표현

문제: 문제가 내재적 또는 외재적으로(타인, 환경 등에 의해) 유발되는가?

☐ 두드러지게 내재적이다.

☐ 혼합되어 있다.

☒ 두드러지게 외재적이다.

주체성과 책임감: 자신이나 타인이 이야기의 주체로서 논의되고 있는가? 내담자는 상황에 대한 분명한 책임감을 가지고 있는가?

☐ 강한 주체성과 책임감

☒ 부분적인 주체성

☐ 매우 낮은 주체성, 타인과 상황에 대한 잦은 책임전가

☒ 종종 희생양이 되었다고 느낀다.

감정의 인식과 표현: 감정을 자신의 것으로 인식하고 경험하는 데 어려움이 없는가?

☐ 쉽게 감정을 표현한다.

☐ 동요된 감정을 인식한다.

☒ 감정을 인식하는 것이 어렵다.

'지금 여기' 경험: 내담자가 현재의 순간에 일어나는 상황에 대한 감정을 폭넓게 경험할 수 있는가?

☐ 현재의 순간에 감정을 쉽게 경험한다.

☐ 도움을 받아 현재 감정을 어느 정도 경험한다.

☒ 현재의 순간을 경험하는 것이 어렵다.

개인적 구성 개념과 허울(facades): 내담자는 자신의 역할을 인식하고 그것을 넘어설 수 있는가? 정체성은 경직되어 있는가, 아니면 자신을 시험적으로 내려놓을 수 있는가?

☐ 시험적으로 자신을 내려놓을 수 있다. 비판하고 의문을 제기할 수 있다.

☒ 정체성의 구성 개념과 허울에 대해 약간 인식하고 있다.

(계속)

☐ 정체성을 엄격하게 정의한다. '사실'로 인지한다.

복잡성과 모순: 내적인 모순을 가지고 있으며 그것을 탐색하는가? 내담자는 정체성과 삶의 복잡성을 충분히 이해하는가?

☐ 모순을 자각하고 해결한다.

☒ 모순을 일부 인식한다.

☐ 내적인 모순을 자각하지 못한다.

당위: 내담자는 사회적으로 부과된 당위와 의무에 대해 의문을 품을 수 있는가? 내담자는 타인을 기쁘게 해주는 것과 자신의 소망을 충족하고자 하는 것 간의 균형을 맞출 수 있는가?

☐ 사회적 의무와 자율성 간의 균형을 맞출 수 있다.

☒ 사회적 기대와 개인적 소망 사이의 긴장을 인식한다.

☐ 주로 사회에서 원하는 것에 초점을 맞춘다.

해야 하는 의무 목록: ______

타인 수용: 내담자는 타인의 의견을 수용할 수 있고 타인에 대한 기대에 현실적으로 부응할 수 있는가?

☐ 타인을 쉽게 수용한다.

☒ 타인의 기대가 비현실적이지만, 여전히 충족하지 못한 기대에 강한 정서적 반응을 나타내는 것을 인식한다.

☐ 타인을 받아들이는 것이 어렵다. 항상 자신의 기대에 부응하기 위해 타인이 변하기를 바란다.

자기 신뢰: 내담자는 자신이 고정된 대상이 아니라 과정으로서의 자신을 신뢰할 수 있는가?

☐ 진정한 자기를 신뢰하고 표현할 수 있다.

☒ 특정한 상황에서 자신을 신뢰한다.

☐ 대부분의 상황에서 자신을 신뢰하는 것이 어렵다.

실존 분석

삶을 의미 있게 하는 자원(내담자에 의해 기술되고 설명된 것): 내담자는 간호사라는 자신의 직업에 큰 자부심을 가지고 있으며 삶의 목적이 타인을 돕는 것이라고 믿고 있다. 그녀는 또한 가족에 큰 가치를 두며 진정으로 사랑하는 남자와 가정을 시작하는 것을 매우 중요하게 여긴다.

삶의 의미에 관한 일반적 주제:

☒ 개인적 성취·업적

☐ 중요한 타인

☐ 자녀

☒ 원가족

☐ 사회적 대의, 타인에 대한 공헌

☐ 종교·영성

☐ 기타: ______

삶의 방향에 대한 만족과 명확성:

☐ 힘든 시기에 회복탄력성을 만들어내는 명확한 삶의 의미를 가지고 있다.

☐ 현재의 문제는 삶의 방향과 관련된 선택을 요구한다.

(계속)

☒ 현재 삶의 방향성에 대해 최소한으로만 만족한다. 삶에 더 큰 욕구를 가지고 있다.

☐ 현재까지 삶의 방향성에 관하여 거의 생각한 적이 없다. 대부분 타인 혹은 다른 어떤 것에 의해 정의된 삶의 계획에 따라 살아왔다.

☐ 기타: ______

게슈탈트 접촉 경계 혼란

☐ **둔감화**: 문제를 인식하지 못한다.

☒ **내사**: 타인의 관점을 검열하지 않고 그대로 받아들인다.

☐ **투사**: 타인에게 자신의 원하지 않는 부분을 전가시킨다.

☐ **반전**: 타인이 아닌 자기 자신에게 직접적인 행동을 취한다.

☐ **편향**: 타인 혹은 자신과의 직접적인 접촉을 피한다.

☐ **자의식**: 외부 환경이 자기 자신에게 영향을 미치지 못하도록 한다.

☐ **융합**: 타인과의 경계가 모호해지는 범위까지 동조한다.

기술하기: 내담자는 사랑하는 사람과 가족 사이에서 선택해야 한다고 믿고 있다. 그녀는 다른 가능한 해결책을 볼 수 없다.

Ⅶ. 인지행동 사례 개념화

증상 행동의 기준

증상 #1 (행동적 기술): 남자 친구와의 결혼을 허락하지 않는다고 한 부모의 반응에 분노와 무력감을 보고함

빈도: 분노감과 무력감의 감정을 매일 느낀다고 보고함

지속 기간: 1개월

상황: 그녀가 일하지 않을 때마다

사건 전: 가족을 볼 때, 가족 근처에 있을 때

사건 후: 집을 떠나려고 노력함

증상 #2 (행동적 기술): 음주

빈도: 매주 6~7일

지속 기간: 4주

상황: 남자 친구 혹은 친구들과 함께 있을 때, 방에서

사건 전: 남자 친구 때문에 부모와 다툼

사건 후: 자러 감

비합리적 신념에 대한 A–B–C 분석

선행 사건(문제): 부모님이 그녀에게 남자 친구와의 결혼을 허락할 수 없다고 함

결과(기분, 행동 등): 분노, 배신감, 혼란스러움, 갇혀있는 기분을 느끼며 모순된 감정을 감당하기 위해 술을 마심

신념의 중재(결과 C를 야기한 사건에 관한 해로운 신념):

(계속)

1. 나는 가족과의 인연은 포기할 수 없지만 남자 친구 없이 살 수 없다.
2. 나의 부모님은 나를 위한 결정을 할 수 없다.
3.

Beck의 인지 도식 분석

자주 사용하는 인지 도식을 확인하라.

☐ **임의적 추론:**

☐ **선택적 추상:**

☐ **과잉일반화:**

☒ **의미 확대/의미 축소:** 남자 친구와 함께할 수 없다면 나의 인생은 끝난다. 그와 지금 결혼하지 않는다면 나는 절대 다시는 행복하지 않을 것이다.

☒ **개인화:** 나의 부모님은 내가 여자이기 때문에 이렇게 하는 것이다.

☒ **절대론자/이분법적 사고:** 나는 부모님과 남자 친구 사이에서 선택할 것을 강요받고 있다.

☐ **잘못된 명명:**

☒ **독심술:**

Ⅷ. 가족체계 개념화

가족생활 주기 단계

☒ 미혼 성인

☐ 기혼

☐ 어린 자녀가 있는 가족

☐ 청소년기 자녀가 있는 가족

☐ 자녀 독립

☐ 노년기

이 단계에서 발달 과업을 완성하는 데 어려움이 무엇인지 기술하라. 내담자는 그녀의 원가족과의 경계를 형성하려고 노력하고 있으며 성인으로서 자율성을 기르기 위해 노력하고 있다. 그녀는 사랑하는 남자와 가정을 꾸리고 싶지만 가족의 거절이 두려우며 하나 또는 그 다른 것을 선택하는 것이 두렵다.

타인과의 경계

부모 ☒ 밀착 ☐ 명확 ☐ 유리 ☐ 해당 사항 없음: **기술하기:** 비록 그녀의 아버지와 대립에 대해 직접적으로 소통할 수 없지만 내담자의 정체성은 아버지의 허가와 지지에 밀접하게 연관되어 있다. 그녀는 생각과 감정이 그들과 다를 때 받아들이기 어렵다.

중요한 타인 ☒ 밀착 ☐ 명확 ☐ 유리 ☐ 해당 사항 없음: **기술하기:** 내담자는 아버지와 직접적인 소통을 가지지 못해왔기에 남자 친구와의 관계에서 자립하는 데 어려움이 있다.

자녀 ☐ 밀착 ☐ 명확 ☐ 유리 ☐ 해당 사항 없음: **기술하기:**

(계속)

확대가족 ☒ 밀착 ☐ 명확 ☒ 유리 ☐ 해당 사항 없음: **기술하기:** 확대가족은 가족의 일에 확고한 의견을 제시하면서 많은 관여를 하고 있다.

기타: 형제자매 ☐ 밀착 ☒ 명확 ☐ 유리 ☐ 해당 사항 없음: **기술하기:** 내담자는 오빠와 거리감이 있지만 존경하는 관계이다. 내담자와 동생은 사이가 가깝지만 서로 의존하지는 않는다.

타인과의 친밀도와 거리를 조절하는 일반적인 유형: 아버지는 가족의 가장으로 인식되며 어느 누구도 그에게 도전장을 내밀지 않는다. 어머니는 항상 조용히 다른 사람이 없는 데서 개개인과 이야기를 하면서 아이들과 아버지 사이의 대립을 중재해왔다. 그녀의 오빠는 가족 내에서 부모에게 부가적인 관심과 칭찬을 받는 특별한 지위에 있다. 자매는 가깝지만 각자 학교와 일로 바쁨. 가족들은 전문성의 추구와 문화유산 내에서 서로 격려할 때 친밀함을 찾는다.

삼각관계/연합

☒ 원가족과의 연합: **기술하기:** 내담자의 어머니는 일반적으로 아버지의 전통적인 규율에 대항하여 자녀들과 삼각관계를 형성한다. 현재의 대립은 이례적이어서 내담자는 어머니에게 배신감을 느끼고 있다.

☐ 중요한 타인과 관련된 연합: **기술하기:** ______

☐ 그 외의 연합: ______

자신과 부모-자녀 사이의 위계 ☐ 해당 사항 없음

자녀와의 위계 ☐ 효과적 ☒ 경직 ☐ 허용적

부모와의 관계(어린아이/청소년에게 있어) ☐ 효과적 ☐ 경직 ☐ 허용적

형제자매**와의 상호보완적 패턴**

☐ 방임형/관계 중심

☐ 높은 기능 수준/낮은 기능 수준

☐ 감정적/이성적

☐ 좋은 부모/나쁜 부모

☒ 기타: **좋은 자녀/나쁜 자녀**

상호보완적인 패턴의 예시: 내담자의 동생은 보통 반항했으며, 내담자는 '착한 아이'였다. 그 역할은 내담자가 남자 친구와 결혼한다는 결정과 함께 바뀌고 있다.

세대 간 패턴

약물·알코올 남용: ☒ 해당 없음 ☐ 있음: 내담자는 현재 보고하나, 그 외의 가족의 내력은 보고하지 않는다.

성적·신체적·정서적 학대: ☒ 해당 없음 ☐ 있음: 내담자는 최소한의 체벌을 하는 엄격한 아버지를 보고한다.

부모-자녀 관계: ☐ 해당 없음 ☒ 있음: 전형적인 이란 문화에서처럼, 부모와 자녀, 특히 어머니와 자녀는 매우 가깝다. 아들은 부모와 가장 가깝다.

신체적·정신적 장애: ☐ 해당 없음 ☒ 있음: 가족들은 혁명을 겪는 동안 형제들과 젊은 사람들을 잃는 강렬한

(계속)

트라우마를 경험하였다.

가족이 지닌 강점: **기술하기**: 교육에 가치를 둠. 강한 전통 유산. 이민자로서 잘 적응해왔다.

Ⅸ. 해결 중심·문화적 담론(포스트모더니즘) 개념화

해결책과 독특한 결과

효과적으로 작용하지 않은 기존의 해결책:

1. 부모와 논쟁(대부분 어머니와)
2. 확대가족과 형제들이 부모에 반대하여 내담자의 편에 서도록 노력하는 것
3.

예외적 상황과 독특한 결과: 시간, 장소, 관계, 상황 등 덜 문제시될 때, 사건의 경과가 좋아지도록 하는 행동:

1. 집에서 떨어져있을 때
2. 동생과 친구들과 이야기할 때
3. 일하러 가거나 다른 것에 집중할 때

기적 질문에 대한 대답: 만약 문제가 하룻밤 사이에 해결이 된다면, 내담자는 다음 날 어떻게 행동할 것인가? (Y를 하지 않는 대신에 X를 한다는 식으로 기술하라.)

1. 내담자는 가족에게 남자 친구와 결혼하고자 하는 것에 대한 필요와 감정을 표현하는 데 더욱 적극적일 것이다.
2. 내담자는 매주 음주가 줄어든다.
3. 가족은 그녀의 남자 친구를 받아들인다.

문제 정의에 영향을 주는 **지배 담론:**

- **인종, 계층, 종교 담론: 핵심적인 문화적 담론이 어떻게 문제와 가능한 해결책이 무엇인지 알려주는가?** 내담자의 이란 전통은 낭만적 사랑보다 안정적이고 행복한 결혼 생활을 하는 결혼 선택을 권한다. 그녀의 부모는 남자 친구와의 결혼 생활의 질에 대해 매우 염려한다. 이는 낭만적 사랑을 매우 가치 있게 여기며 이를 결혼하는 주요한 이유로 보는 미국의 문화에서는 다소 이상하게 보인다.
- **성(gender)과 성적 담론: 성과 성적 담론이 어떻게 문제와 가능한 해결책이 무엇인지 알려주는가?** 내담자는 이란의 젊은 여성으로서 가족 내에서 영향력이 거의 없다. 그리고 가족에 순응하고 가족을 도와줄 것이라는 기대를 받는다. 내담자는 항상 군말 없이 해왔다. 그녀의 현재 상황은 가족 내에서 그녀의 역할에 대한 의문을 가지고 있다.
- **지역사회, 학교, 확대가족 담론: 다른 중요한 지역사회 담론이 어떻게 문제로 인지되었으며, 가능한 해결책이 무엇인지 알려주는가?** 내담자의 가족은 교육과 지위에 가치를 두며 내담자는 일반적으로 이 가치에 잘 적응해왔다. 그녀는 현재의 남자 친구가 이 방식에서 자신과 다른 것을 인정하지만 그녀는 어쨌든 그를 사랑한다고 했다.

정체성 내러티브: 문제는 어떻게 내담자의 정체성을 형성하는 데 영향을 미쳤는가? 내담자는 자신이 전보다 더 많은 외로움을 느낀다고 하며 가족을 잃을까봐 두려워하고 있다. 이때까지 그녀는 이란의 문화와 미국 가치를 균형

(계속)

을 잘 맞추어왔다고 느낀다. 현재의 딜레마는 그녀가 갇혀있다고 느끼며 그녀를 지지하곤 했던 어머니 혹은 확대 가족의 지지가 없다고 느낀다. 그녀는 또한 남자 친구에게 느끼는 것처럼 사랑을 느끼지 못해왔으며 그녀는 그것을 잃기가 두렵다. 이 딜레마는 그녀가 감정이 굳어지고 뭘 해야 할지 확신이 없다는 것이다. 그녀가 가면 뒤에서 일상적으로 일하려고 노력해왔지만 실패해왔다.

내담자에게 국지적 담론 또는 선호하는 담론: 내담자가 선호하는 정체성 관련 내러티브 혹은 문제에 관한 내러티브는 무엇인가? 문제에 대하여 선호하는 국지적(대안적) 담론이 있는가? 내담자는 그녀가 선택한 사람과 결혼할 수 있기를 원하며 부모의 승인을 계속 받길 한다. 그녀는 항상 미국 문화의 자유로움에 끌렸지만 이란 문화에서 안정감을 느낀다.

임상적 평가

임상가:	내담자 ID #:	기본 구성:	모국어:
Demetria	13009	☒ 개인 ☐ 부부 ☐ 가족	☒ 영어 ☐ 스페인어 ☐ 기타:

내담자와 중요한 타인에 대한 기록

성인

성인 여성 연령: 24세 중동계 미국인 미혼 이성애자 직업: 간호사/루즈벨트 병원

기타: ______

성인 남성 연령: 26세 선택: ______ 아프리카계 미국인 미혼 이성애자 직업/직위: 부지점장

기타: ______

아동

성별 연령 선택: ______ 인종 선택: ______ 학교/학년 선택: ______

기타: ______

성별 연령 선택: ______ 인종 선택: ______ 학교/학년 선택: ______

기타: ______

기타 확인 사항: ______

호소 문제

		아동을 위한 점검 문제:
☒ 우울/무력감	☐ 부부 문제	☐ 학업 실패/수행 저하
☒ 불안/걱정	☒ 부모–자녀 갈등	☐ 무단결석/가출
☐ 분노 문제	☐ 배우자 폭력/학대	☐ 또래와의 다툼
☐ 상실/슬픔	☐ 이혼 후 적응	☐ 과잉 행동
☐ 자살 사고 및 시도	☐ 재혼 후 적응	☐ 의복 청결 상태 불량
☐ 성적 학대/강간	☐ 성/친밀감 문제	☐ 아동 학대/방임
☒ 알코올/약물 사용	☐ 주요한 생활 변화	☐ 고립/철수
☐ 섭식 문제/섭식 장애	☐ 법적 문제/보호 관찰	☐ 기타: ______
☐ 직업 문제/실직	☐ 기타: ______	

내담자를 위한 정신 상태 평가

대인관계	☐ 해당 없음	☒ 갈등 ☒ 밀착 ☒ 고립·회피 ☐ 괴롭힘 ☐ 기타: 타인과 관계에서의 어려움
기분	☐ 해당 없음	☐ 우울·슬픔 ☒ 불안 ☒ 불쾌 ☐ 분노 ☐ 성마름 ☒ 조증 ☐ 기타: ______
정서	☐ 해당 없음	☒ 위축 ☐ 둔감 ☐ 생기 없음 ☐ 불안정 ☐ 일관성 없음/부적절 ☐ 기타: ______

(계속)

수면	☐ 해당 없음	☐ 수면과다 ☐ 불면증 ☒ 수면 방해 ☐ 악몽 ☐ 기타: ______
섭식	☐ 해당 없음	☐ 증가 ☒ 감소 ☐ 식욕 부진 ☐ 폭식 ☐ 구토 ☐ 기타: ______
불안	☒ 해당 없음	☐ 만성적 근심 ☐ 공황 ☐ 공포증 ☐ 강박사고 ☐ 강박행동 ☐ 기타: ______
트라우마 증상	☒ 해당 없음	☐ 과각성 ☐ 플래시백/침습 기억 ☐ 해리 ☐ 감각 상실 ☐ 회피 노력 ☐ 기타: ______
정신병적 증상	☒ 해당 없음	☐ 환각 ☐ 망상 ☐ 편집증 ☐ 연상 이완 ☐ 기타: ______
운동 활동성 및 언어 능력	☐ 해당 없음	☐ 낮은 에너지 ☒ 과잉 행동 ☐ 불안 ☐ 주의 산만 ☒ 충동적 ☐ 빠른 어조 ☐ 느린 어조 ☐ 기타: ______
사고	☐ 해당 없음	☒ 집중력 부족 ☒ 부인 ☐ 자기 비난 ☒ 타인 비난 ☐ 반추 ☐ 단절 ☐ 완고함 ☐ 통찰력 부족 ☒ 그릇된 의사결정 ☐ 혼란스러움 ☐ 기타: ______
사회·법률	☒ 해당 없음	☐ 규범 경시 ☐ 반항 ☐ 절도 ☐ 거짓말 ☐ 격분 ☐ 체포 및 투옥 ☐ 싸움 걸기 ☐ 기타: ______
기타 증상	☐ 해당 없음	______

내담자를 위한 진단

진단에서 고려되는 **상황적 요인**: ☒ 연령 ☒ 성별 ☒ 가족 역동 ☒ 문화 ☒ 언어
☒ 종교 ☒ 경제력 ☒ 이민 ☐ 성적/성별 지향 ☐ 트라우마 ☐ 이중 진단/동반 질환
☒ 중독 ☐ 인지적 능력 ☐ 기타: ______

진단과 평가 과정에서 확인된 요인의 영향을 기술하라. 이민자·문화·계층 문제가 부모님과의 대립에 대한 반응의 심각성을 평가할 때 고려됨. 이란의 문화 내에서 결혼하지 않은 여성을 대상으로 성 규범과 관련해서 고려되는 대처 전략, 영어 유창성(통역을 원하지 않았음).

DSM-5 코드	심리사회적 스트레스 요인 및 문제점에 관한 V/Z/T 코드를 포함한 **진단과 진단 상세 기준**
1. F43.23	1. 적응 장애, 복합적인 불안과 우울
2. F10.10	2. 알코올 사용 장애 배제시킴, 가벼움
3. V61.20	3. 부모-자녀 관계 문제
4. ______	4. ______
5. ______	5. ______

(계속)

의료적 고려사항

내담자는 정신의학적 평가를 위해 의뢰된 적 있는가? ☒ 예 ☐ 아니요

내담자는 의뢰에 동의했는가? ☐ 예 ☒ 아니요 ☐ 해당 없음

평가에 사용되는 심리측정 도구: ☐ 없음 ☒ 교차편집 증상 척도

☐ 기타: ______

진단에 대한 내담자의 반응: ☐ 동의 ☒ 다소 동의 ☐ 동의하지 않음 ☐ 다음과 같은 이유로 알 수 없음: ______

현재 약물 치료(정신의학적·의학적) ☒ 해당 없음

1. ______; 복용량 ______ mg; 시작 날짜: ______
2. ______; 복용량 ______ mg; 시작 날짜: ______
3. ______; 복용량 ______ mg; 시작 날짜: ______
4. ______; 복용량 ______ mg; 시작 날짜: ______

의료적 필요성: 해당되는 것에 모두 체크하라.

☒ 상당 부분 손상 ☒ 손상 가능성 큼 ☐ 예상되는 발달적 지체

손상 영역: ☒ 일상생활 ☒ 사회적 관계 ☒ 건강 ☒ 직장/학교생활 ☒ 거주 형태

☐ 기타: ______

내담자의 위험 요소와 안전성 평가

자살 경향성	**타살 경향성**	**알코올 남용**
☒ 징후 및 부인 없음	☒ 징후 및 부인 없음	☒ 징후 및 부인 없음
☐ 적극적 사고	☐ 능동적 사고	☐ 과거의 남용
☐ 소극적 사고	☐ 수동적 사고	☒ 현재 횟수/양: 하루에 2~4잔
☐ 계획 없는 의도	☐ 계획 없는 의도	**약물 사용 및 남용**
☐ 목적을 위한 의도	☐ 수단을 동반한 의도	☒ 징후 및 부인 없음
☒ 지난해 동안의 사고	☐ 지난해 동안의 사고	☐ 과거의 남용
☐ 지난해 동안의 시도	☐ 지난해 동안의 폭행	☐ 현재 복용 약물: ______
☐ 가족 혹은 동료의	☐ 타인을 폭행한 과거 이력	빈도/양: ______
자살 이력	☐ 동물 학대	☐ 가족 또는 중요한 타인의 약물 사용

성적·신체적 학대 및 그 밖의 위험 요인

☐ 아동기 학대 이력: ☐ 성적 학대 ☐ 신체적 학대 ☐ 정서적 학대 ☐ 방임

☐ 성인기의 학대/폭행: ☐ 성적 학대 ☐ 신체적 학대 ☐ 현재 지속 여부

☐ 학대 가해 이력: ☐ 성적 학대 ☐ 신체적 학대 ☐ 정서적 학대

☐ 노인 또는 부양해야 할 성인 학대 및 방치

☐ 섭식 제한, 폭식 또는 구토 이력(현재 또는 과거)

☐ 자살 시도 및 다른 자해 행위: ☐ 현재 ☐ 과거: 수단: ______

(계속)

☐ 범죄 및 법적 문제 이력: ______

☒ 기타 정신적 외상 이력: 전쟁과 관련된 트라우마 및 손실의 유의미한 가족 이력

☐ 보고된 바 없음

안전 지표

☐ 해당 없음

☐ 최소한 한 명의 외부 지지자

☐ 살고자 하는 혹은 해를 끼치지 않으려는 구체적인 이유를 언급할 수 있는 능력

☐ 희망

☐ 위협적인 물건을 제거하려는 의지

☐ 미래의 목표 세우기

☐ 상황을 악화시키는 사람과의 접촉을 줄이려는 의지

☒ 기꺼이 안전 계획, 안전 개입을 수행하고자 하는 의지

☒ 자신 및 타인을 해치는 행동에 대한 대안 발전시키기

☐ 안전이 지속되는 기간: ______

☒ 기타: 음주 감소시키는 계획에 동의함

안전 계획의 요소

☐ 해당 없음

☐ 위해를 가하지 않는다는 내용을 구두로 서약하기

☐ 위해를 가하지 않는다는 내용의 서약서 작성하기

☒ 긴급 연락망 카드

☒ 위급 상황을 위한 치료자 및 기관 연락처

☐ 약물 치료 관리

☐ 위기 상황에서 친구 및 지지자와 연락할 수 있는 계획 세우기

☐ 위기 상황에서 어떤 장소로 가야 할지 세부적인 계획 세우기

☒ 위기 수준에 도달하기 전에 위험을 감소시키기 위한 구체적인 자기 진정 작업(예: 일기 쓰기, 운동하기 등)

☐ 스트레스 요인을 감소시키기 위한 구체적인 매일/매주의 활동

☐ 기타: ______

법적·윤리적 조치 적용: ☒ 해당 없음 ☐ 조치: ______

사례 관리

기타 연락망

- **담당 의사 혹은 다른 전문가**와 연락한 적이 있는가? ☒ 해당 없음 ☐ 있음 ☐ 진행 중
  성명/기록 사항: ______
- 만약 내담자가 **다른 곳에서 정신 건강 치료**를 받고 있다면, 그곳과 연락했는가? ☒ 해당 없음 ☐ 있음 ☒ 진행 중
  성명/기록 사항: ______
- **사회복지사**와 연락한 적이 있는가? ☒ 해당 없음 ☐ 있음 ☐ 진행 중 성명/기록 사항: ______

의뢰

- 내담자는 **의학적인 평가**에 의뢰된 적 있는가? ☒ 있음 ☐ 필요성에 대한 근거 없음
- 내담자는 **사회적 서비스**에 의뢰된 적이 있는가? ☒ 해당 없음 ☐ 직업/훈련 ☐ 복지/식품/주거 보조
  ☐ 피해자 서비스 ☐ 법적 도움 ☐ 의료 서비스 ☐ 기타: ______
- 내담자는 **집단**이나 다른 지원 서비스로 의뢰된 적이 있는가? ☐ 예: ______ ☐ 진행 중 ☒ 권장되지 않음
- 치료와 관련된 **범죄 수사적/법적 절차**가 예상되는가? ☒ 아니요 ☐ 예: 기술하기: ______

(계속)

지원 네트워크

- 내담자 사회적 지지망은 다음을 포함한다. ☐ 지지적인 가족 ☒ 지지적인 배우자 ☒ 친구
  ☐ 종교적·영적 단체 ☒ 지지적인 직업적·사회적 집단 ☐ 기타: ______
- 지지적인 체계(자녀, 파트너 등)에서 다른 사람들에게 영향을 미칠 것으로 예상되는 치료의 영향을 기술하라. 치료, 특히 상담자가 특별히 남자 친구에 대한 문화 기반 갈등에 어떻게 접근하는지가 원가족과 남자 친구에 중요한 영향을 줄 것이다.
- 내담자가 성취할 필요가 있는 것이 존재하는가? 이러한 요소를 어떻게 해결하는지가 미래의 가족, 종교, 문화적인 관계와의 관계에 영향을 줄 것이라는 사려 깊은 의식

기대되는 치료 성과와 예후

☒ 정상적인 기능 수준으로의 복귀 ☐ 정상적인 기능 수준 미만 예상 ☐ 악화 예방

내담자의 소망: 2

성과 평가 및 내담자 관점

내담자의 연령, 문화, 그 밖의 다양한 문제를 포함한 평가 방법이 내담자의 필요에 충족하는가?

'과한 반응'에서 내담자의 문화적·가족적 맥락에서 고려되는 적응 장애로 가는 스트레스 요인에 대한 평가. 2개 국어가 가능한 서비스의 제공과 거절. 커플과 가족 회기를 제안하지만, AF는 부모가 참여할 것이라고 믿지 않는다. 상담자는 내담자가 결혼에 대한 결정에 관련하여 그녀 자신의 문화적 규범과 지배적인 미국 문화 규범 중 어떤 것을 따를지에 대한 결정을 할 수 있는 그녀의 가치를 분명히 하고 사용할 수 있도록 특히 조심해야 한다.

위와 같은 평가와 연관된 내담자–임상가 동의/비동의에 대한 실제적 혹은 잠재적 영역을 기술하라.

AF는 그녀의 음주 상황이 장기적인 문제로 발전되지 않을 것이라고 믿는다. 상담자는 음주 시 안전을 위한 계획을 세우고, 전체적인 음주를 감소시키기 위한 폐해 감소 모델을 사용한다.

______, ______ ______

임상가 서명 자격/인턴 직위 날짜

______, ______ ______

슈퍼바이저 서명 자격 날짜

치료 계획

날짜: 2013년 5월 13일 사례/내담자 #: 13009

임상가 성명: Demetria 이론: 해결 중심

계획된 치료 양상: ☒ 성인 ☐ 아동 ☐ 부부 ☐ 가족 ☐ 집단: ________

추천 회기 빈도: ☒ 매주 ☐ 격주 ☐ 기타: ________

예상 치료 기간: 4개월

초기 치료 단계

초기 단계 상담 업무

1. 상담 관계 발전시키기. **다양성에 관한 고려사항:** 해결책이 아니라 요청이 있을 때 정보를 제공함으로써 여전히 협력적 거리를 유지하면서 '전문가'로서 문화적 기대에 대응하는 관계를 조정하기

관계 형성 접근 방법/개입:

a. 특히 그들이 문화적·종교적 배경과 관련될 때 내담자의 강점, 자원을 확인한다. 상대적으로 문제의 짧은 기간에 초점을 맞추기 위해 언어를 바꾼다.

2. 개인적, 체계적, 그리고 다양한 문화적 역동 평가하기. **다양성에 관한 고려사항:** 이민 기록을 얻기. 특히 현재 문제와 관련되어 있을 때 가족 각 구성원의 문화 적응에 대한 접근 방식을 주의 깊게 평가하기.

평가 전략:

a. 기적 질문 채택: '당신이 일어났을 때 부모와 남자 친구 사이의 문제를 해결하기 위해 해야 할 일이 있다는 것을 알 것이다.'

b. 자원과 의사소통의 가능성을 확인하기 위해 '작업한 것', 예외, 확장가족/문화적 체계의 역동을 확인한다.

3. 치료 목표에 대한 내담자의 동의를 확인하고 얻기. **다양성에 관한 고려사항:** 문화적 가치 등을 부주의하게 지지하지 않도록 매우 조심하기. 대신에 내담자가(가족과의 대화에서) 그녀의 인생에서 가치 있는 것을 선택하는 문화적 규범과 그렇게 하는 방법을 결정하도록 하기. 또한, 대신에 그녀의 삶에서 각 세트와 잠재적 함의를 사려 깊게 시험하도록 돕기. 음주에 대한 안전 계획으로 해로움을 감소시키기.

목표 설정 개입:

a. 채택된 기적 질문을 기반으로 하여 그녀가 이 문제를 해결하기 위한 만족스러운 과정을 정의할 수 있도록 목표를 만든다.

4. 필요한 의뢰, 위기 요소, 추가적인 접촉, 내담자의 다른 요구 확인하기. **다양성에 관한 고려사항:** 전문의의 추천으로 상담

a. **위기 평가 개입:** 해로움 감소와, 음주의 증가를 다루기 위한 안전 척도

b. **의뢰 사항:** 스트레스를 다루기 위해 알코올 대신에 정신질환 약물 치료에 대해 논의한다. 내담자는 거절했지만 상황이 악화될 경우 고려해야 한다. 음주와 관련된 위험 감소에 동의했다.

(계속)

초기 단계 내담자 목표

1. 음주, 고립감, 무력감을 감소시키기 위해 친구, 가족과 '중립적인' 연결을 증가시키기

개입:

a. 내담자가 음주의 해로운 영향을 감소시킬 방법을 확인하기 위해 해로움 감소 모델을 사용한다.

b. 고립감과 무력감을 줄이기 위해 중립적인 친구와 가족을 연결함으로써 내담자가 작은 단계와 더욱 효과적인 전략을 확인하는 것을 돕는 예외와 척도를 사용한다.

치료의 작업 단계

작업 단계 상담 업무

1. 작업 동맹의 질 점검하기. **다양성에 관한 고려사항:** 문화적으로 민감한 방식으로 해석되도록 확실하게 논의를 통해 결과 평가 척도(ORS)를 후속 조치하기

a. **평가 개입:** 결과 평가 척도

2. 내담자의 치료 과정 점검하기. **다양성에 관한 고려사항:** 문화, 성별을 정확히 이해하도록 논의와 함께 후속 조치하기

a. **평가 개입:** 회기 평가 척도. 언어적으로 확인하기. 비언어적 단서 관찰하기.

작업 단계 내담자 목표

1. 무력감을 감소시키기 위해 두 문화 속에서 자란 정체성을 분명히 하고 결정함으로써 주체성을 증가시키기

개입:

a. 해결 중심 용어로 문제를 정의한다. 문제는 특히, 미래의 관계와 가정생활과 관련하여 당신이 이란 유산과 미국 문화를 어떻게 통합시켜야 할지를 선택하고 규정해야 하는 위치에 있다는 것이다.

b. 그녀에게 가장 문제가 되는 것을 확인하도록 하기 위해 공식적인 첫 회기 과제, 핵심어 반복, 그리고 내담자가 가치, 희망, 꿈을 분명히 표현할 수 있도록 돕는 초심자의 마음을 사용한다.

2. 고립감을 감소시키기 위해 가족, 문화적 전통과 진실된 연결을 증가시키기

개입:

a. 단지 의무감을 기반으로 한 연결이 아닌 가족, 지역사회와 진정으로 의미 있게 연결되었다는 느낌의 작은 단계들을 확인하기 위한 척도 질문

b. 다양한 가족과 지역사회 관계에 대한 자아 개념의 긍정적이고 부정적인 영향을 확인하기 위한 비디오 토크

3. 고립감과 수동적 공격성 소통 패턴을 감소시키기 위해 남자 친구와의 직접적이고 열려있는 소통을 증가시키기

개입:

a. 더욱 개방적이고 순행 상호작용을 향한 작은 단계들을 확인하기 위한 척도 질문

b. 어떻게 다양한 의사소통 노력(긍정적, 부정적)이 그녀의 정체성과 친밀성에 영향을 미치는지를 확인하기 위한 비디오 토크

(계속)

치료의 종결 단계

종결 단계 상담 업무

1. 추후 관리를 위한 계획을 발전시키고 성과를 유지하기. **다양성에 관한 고려사항:** 내담자의 바람대로 이란 사람들과 무슬림 지역사회의 연결을 포함하기

개입:

a. 어떻게 그녀가 미래의 문제, 가족과 지역사회 역동 및 자원을 다루는지를 확인하도록 돕기 위해 기적 질문을 한다. 음주가 위기 이전 수준으로 돌아가는지 확인하기 위해 기적 질문을 채택한다.

종결 단계 내담자 목표

1. 두 문화 사이에서 힘든 감정을 감소시키기 위해 통합된 두 문화의 정체감을 증가시키기

개입:

a. 어떻게 내담자가 스스로 이란계 미국 여성으로 정의하기 원하는지를 특징짓는 행동과 활동을 확인하기 위한 기적 질문

b. 남자 친구와 가족과 관련된 현재의 딜레마를 해결하기 위한 구체적인 행동적 과제에 대한 척도 질문

2. 고립감과 무력감을 감소시키기 위해 다른 사람들의 욕구를 존중하면서 내담자가 적절하게 욕구를 주장할 수 있는 관계를 증가시키기

개입:

a. 어디서, 어떻게 그녀가 적절하게 가족과 애인 관계 둘 다, 그리고 우정에서 욕구를 충족할 수 있는지를 확인하기 위한 척도 질문

b. 그녀를 지원하는 관계를 유지할 때 내담자를 지지하기 위한 칭찬과 격려

내담자 #13009에 관한 회기 보고서

날짜: 2013년 5월 4일 **시간**: 1:00 ☐ 오전 / ☒ 오후 **회기 길이**: ☒ 45분 ☐ 60분 ☐ 기타: ____분

소개: ☐ 성인 남성 ☒ 성인 여성 ☐ 남자아이 ☐ 여자아이 ☐ 기타:

청구 코드: ☐ 90791(평가) ☒ 90834(45분 치료) ☐ 90837(60분 치료) ☐ 90847(가족)

☐ 기타: ________

증상	마지막 방문 이후의 주기와 빈도	진행 경과
1: 음주	4일/매일 500mL 기준 2~3잔	진행 중
2: 무력감	가벼움, 5~6일	진행 중
3: 대립	유의미하게 가족과의 긴장은 줄었으나 여전히 남아있음	유지 중

증상에 대한 해석: 내담자는 해로운 음주의 감소를 준수하기로 함. 음주 운전은 부인함. 일반적으로 더 희망감 있고 덜 우울하다고 보고함. 부모와 논쟁하지 않음. 다시 가족과 저녁식사를 할 수 있음. 긴장을 줄이기 위해 남자 친구에 대한 많은 정보를 숨긴다고 보고함.

회기 내의 개입과 부여된 과제

이전 주의 과제 다음으로 내담자는 결혼과 직업에 대한 그의 비전에 대해 남자 친구와 어떻게 대화를 나눴는지를 보고함. 다음 주의 과제를 확인하기 위해 척도 질문을 사용함. 동생과 함께 이모와 대화를 나눔. 음주 패턴을 조사했으며 내담자는 현재의 음주량이 마음에 든다고 주장하였음.

내담자 반응/피드백

내담자는 무엇을 할지에 대한 '큰' 질문을 통해 생각할 때 도움이 되는 작은 과제들을 찾음. 가족들을 더욱 이해하기 위해 지속적으로 접촉하기를 원함.

계획

☒ 치료 계획 지속하기: 다음 회기를 위한 계획: ________

☐ 계획 수정하기: ________

다음 회기: 날짜: 2015년 5월 11일 시간: 2:00 ☐ 오전 / ☒ 오후

위기 요소: ☒ 위기의 조짐이 없음/내담자 부정 ☒ 평가된/언급된 위기: 아래에 기술하라.

음주와 음주 운전 하지 않기, 위험 줄이는 계획 고수하는 보고서

________, ________ ________

임상가 서명 자격/인턴 날짜

(계속)

사례 자문/슈퍼비전 ☐ 해당 없음

기록 사항: 슈퍼바이저는 약물 사용을 검토하고 과정에 대한 제3자 기록을 얻으라고 독려함. 내담자에게 문제를 탐색할 시간을 줄 것을 제안함.

기타 연락망 ☐ 해당 없음

성명: Dr. Ahmid 연락한 날짜: 2013년 5월 4일 시간: 1 : 15 ☐ 오전 / ☒ 오후

☒ 파일에 작성된 내용 서면상 양도: ☒ 발송 / ☐ 수신 ☐ 법정 문서 ☐ 기타: ______

기록 사항: MD는 계획에 동의함. 만약 내담자가 원한다면 항우울제를 기꺼이 처방함.

______, ______ ______

임상가 서명 자격/인턴 날짜

______, ______ ______

슈퍼바이저 서명 자격 날짜

CHAPTER 14

포스트모더니즘·여성주의 이론 기반의 상담 사례 개념화

개관

이 분야에 새롭게 등장한, 포스트모더니즘과 여성주의 상담 접근은 사회구성주의 이론에 기초한다. 사회구성주의 이론은 성별, 문화, 인종, 종교, 경제적 지위에 관한 사회적 담론(예: '장 안의 화제', 매체 이미지, 영화의 줄거리 등)이 개인의 자아 정체감과 문제의 발달에 미치는 영향에 관하여 탐색한다. 다른 많은 체계론적 접근처럼, 이러한 이론은 사람들이 자신의 경험과 타인에 대한 이해를 형성하는 방식과 대인관계에 역점을 둔다. 사실상, 그들은 본래 개인의 자기감(sense of self)이 스스로 독립적으로 생각해낸 것이기보다 관계를 통하여 형성된 것이라고 가정한다. 이러한 접근은 세 가지 실제의 흐름으로 분류된다.

- **이야기 상담**: 호주와 뉴질랜드의 Michael White & David Epston(1990)의 연구를 기반으로 하여, 이야기 치료 상담자들은 사회문화적 영향과 문제가 되고 있는 언어 습관을 탐색함으로써 사람들을 그들의 문제로부터 분리시키도록 돕는다.
- **여성주의와 다문화적 접근**: Carol Gilligan(1982/1993), Jean Baker Miller(1976/1986), Judith Jordan(2010; Jordan, Kaplan, Miller, Stiver & Surrey, 1991)을 포함한 많은 여성주의 사상가들과 전문가들의 연구를 통해 발전한 여성주의 접근은 여러 가지 다양한 형식의 연구를 포함하며 수년간 확장되어왔다.
- **협력적 접근**: 노르웨이의 Tom Anderson(1991)과 텍사스의 Harlene Anderson & Harry Goolishian(1988,1992)에 의해 발전한 협력적 접근은 대화를 통해 문제를 '해결하는' 대화적 대화(dialogical conversation)와 문제에 관한 새로운 의미를 함께 만들어가는 관계를 촉진하는 데 중점을 두었다.

해결 기반 상담(13장)과 유사하게, 포스트모더니즘 상담 역시 낙관적으로 내담자의 강점과 능력에 중점을 둔다. 많은 철학적 유사점들(Gergen, 1999)에도 불구하고, 이러한 접근은 중요한 방식, 특히 철학적 토대, 상담자의 자세, 개입의 역할, 정치적 사안에 대한 강조점에서 차이가 있다.

	여성주의	이야기 치료	협력적 접근
주요 철학적 토대	여성주의, 다문화, 성적 지향 이론, 사회구성주의	푸코의 철학적 글쓰기, 비판 이론, 사회구성주의	포스트모더니즘, 사회구성주의, 해석학(해석에 대한 연구)
상담 관계	상호관계, 평등주의자, 성장 촉진적 관계	'공동 저자' 또는 '공동 편집자'로서의 적극적인 역할	촉진적 역할, 민주적, '내담자가 전문가이다'
상담 과정	사회 억압 탐색에 초점	구조화된 개입을 활용, 다양한 형태의 억압에 초점	형식적인 개입 피하기, 상담자는 촉진적 대화 과정에 초점
정치적·사회적 정의	사회 정의 문제가 상담 대화와 기법에 자주 포함됨	사회 정의 문제가 상담 대화에 자주 포함됨	내담자를 배려하기 위하여 정치적 사안이 잠정적으로 제기됨

이야기 접근

■ 개요: 당신이 최소한 알아야 할 것

호주와 뉴질랜드에서 Michael White와 David Epston에 의해 발전된 이야기 상담은 다음의 전제에 근거한다. 우리가 지배 담론(dominant discourses)을 활용하여 다양한 사회적 이야기, 사회문화적 관습, 가정, 그리고 우리가 어떻게 살아야 하는지에 관한 기대와 같은 '이야기'와 생활 사건의 의미를 만든다는 것이다. 사람들은 그들 개인의 인생이 지배적인 사회 담론들과 기대에 맞지 않을 때 '문제'를 경험한다. 이야기 상담의 과정은 사람들이 자기 자신과 인생을 평가하는 방식에 영향을 미치는 가정들을 비판적으로 탐색함으로써 그들의 문제로부터 분리되는 과정인 것이다. 이러한 과정을 통해, 내담자는 일상생활에서 보고 행동하고 교류하는 것에 대한 대안적인 방법을 발견하게 된다. 이야기 치료 상담자는 모든 사람들이 지략이 풍부하고 강점을 가지고 있다는 사실을 가정한다. 그리고 그들은 '사람'을 문제를 가진 존재로 보는 것이 아니라, 해롭거나 유용하지 않은 사회적 문화 관습에 의해 이용된다는 관점을 갖고 있다.

■ 핵심: 이 분야에서의 중요한 공헌

이 장에서 한 가지만 기억해야 한다면, 반드시 다음의 내용을 기억하라.

억압을 이해하기: 지배 담론 대 국지적 담론

여성주의 접근처럼, 이야기 상담은 문제가 어떻게 형성되고 해결되는지에 대한 핵심 개념화로 사회적·문화적 문제를 통합시킨 몇 개 되지 않는 이론들 중 하나이다. 이야기 치료 상담자는 문제가 사회문화적 상황에서 분리되어 있지 않다고 여기는데, 이는 철학자 Michel Foucault가 **지배 담론**(Foucault, 1972, 1979, 1980; White & Epston, 1990)으로 언급한 것으로 광범위하게 구성되어 있다. **지배 담론**이란 이야기가 문화적으로 형성되는 것으로, 결혼한 사람들이 어떻게 행동해야 하는지, 무엇이 행복으로 여겨지는지, 어떻게 해야 성공할 수 있는지와 같이 사회적 행동을 구현하는 데 활용되는 인생의 지침에 관한 이야기이다. 이러한 지배 담론은, 즉 거대한 문화 집단에서부터 개인적인 부부에 이르기까지, 그리고 삶을 어떻게 나아가야 하는지에 관한 가족 이야기까지 이르는 모든 수준에서 사회 집단을 구성한다. 이러한 담론은 우리의 행동방식과 삶을 평가하는 방법에 기초하기 때문에 **지배적인** 것으로 보인다. 그러나 우리가 그것의 영향이나 원인에 대해 의식하는 경우는 드물다.

Foucault는 **지배 담론**을 **국지적 담론**(local discourses)과 대조시키는데, 이것은 우리의 머릿속에서, 가까운 관계에서, 그리고 소외된 공동체(주류가 아닌)에서 발생한다. 국지적 담론은 '좋은 것'과 '해야 하는 것'에서 지배 담론과 차이가 있다. 일반적인 업무 환경에서 여성은 관계를 중시하는 반면에 남성은 성과를 중시하는 것을 전형적인 예로 들 수 있다(뒤에 나오는 '여성주의와 문화 이론' 참고). 두 가지 담론들 모두 그들이 일하는 것에 대한 가치를 지니고 있지만, 남성의 가치가 일반적으로 여성의 가치보다 특권을 갖는다. 그래서 이것을 지배 담론으로 여길 수 있으며, 여성이 가지는 가치는 국지적 담론에 해당한다. 이야기 치료 상담자는 국지적 담론과 지배 담론의 유동적인 상호작용과 그 담론이 우리의 사회 관계망 내에서 문제와 어려움을 만들어내는 가치 있는 갈등과 '좋은 것'에 관한 이야기를 어떻게 달리하는지를 밀접하게 다룬다. 사회적 상호작용의 수준을 다룸으로써, 이야기 치료 상담자는 이러한 다른 담론이 내담자의 생활에 영향을 미치는 방식에 대해 인식할 수 있도록 돕는다. 이러한 인식은 갈등에 있어 내담자의 주체감을 높이고, 더 효과적으로 문제를 해결할 수 있는 방법을 찾도록 도와준다.

■ 큰 그림: 상담 과정의 개관

이야기 상담의 과정은 내담자가 자신의 삶에서 문제에 대한 역할을 재정립하는 것을 통해 내담자가 보고, 교류하고, 문제에 대해 반응하는 새로운 방법을 찾도록 돕는 것을 포함한다(White, 2007). 이야기의 관점에서는, '사람이 문제가 아니라, 문제가 문제다.'라고 본다. 전문가마다 다양한 의견이 있지만, 이야기 상담은 대략 다음의 단계를 따른다(Freedman & Combs, 1996; White & Epson, 1990).

- 사람과의 만남: 취미, 가치, 그들의 삶의 모든 측면에 대해 배움으로써 문제로부터 사람을 분리시키는 것을 알도록 한다.
- 경청: 지배 담론의 영향에 대해 듣고, 문제가 없었던 때를 파악한다.
- 문제로부터 사람을 분리시키기: 새로운 정체성을 위한 공간과 삶의 이야기를 만들기 위해 문제로부터 사람을 분리시키고 외재화한다.
- 선호하는 이야기 정하기: 문제와 관련한 새로운 방식을 알아보는 것인데, 그들의 삶에서 모든 것이 관련된 삶에 대한 부정적인 영향을 줄이고, 그들이 정체성과 문제 이야기를 '심화시키는' 문제를 줄일 수 있는 것과 관련이 있는 새로운 방법을 확인한다.
- 굳히기: 개인의 삶에서 중요한 사람들에 의해 목격됨으로써 가지게 된 정체성과 선호하는 이야기를 강화시킨다.

깊이 있는 설명

이야기 치료 과정은 '이야기 절제술'보다 더, 개인의 정체성과 삶의 이야기에 관한 질을 풍요롭게 하며 깊이 있게 하는 과정으로서 문제 이야기를 자유로운 문제로 바꾸는 것이다. 하지만 그 대신에, 이야기 치료 상담자는 내담자가 상담에 참여하는 것에 대한 문제 중심적인 설명에 정체성의 새로운 국면을 더한다. 하루에는 우리가 누구인지에 관한 것과 하루 동안의 일이 이야기가 될 수 있는 수많은 사건이 발생한다. 사람들이 문제를 경험하기 시작할 때, 그들은 문제 이야기와 맞는 사건에만 겨우 주목하는 경향이 있다. 예를 들어, 어떤 사람이 절망하고 있다면 하루 동안 일이 잘 풀리지 않았기 때문임을 알 수 있을 것이다. 그리고 그들은 일어났던 좋은 일들에 많은 관심을 두지 않는다. 비슷한 예로 커플이 싸우기 시작할 때, 그들은 상대방이 자신의 위치를 확인하기 시작하고, 다른 사건이나 일은 무시하거나 잊어버리는 행동을 한다는 것을 알기 시작한다. 이야기 상담에서, 상담자는 내담자가 그들 자신과 타인에 대하여 더욱 정확하고 풍부한 설명을 만들어낼 수 있도록 내담자의 생활 사건에 대하여 더욱 균형 잡힌 설명을 만들어내는 것을 돕는다. 이는 내담자가 성공적이고 즐거운 생활을 영위하도록 도움을 준다.

■ 관계 형성하기: 상담 관계

문제로부터 분리하여 사람 만나기

이야기 치료 상담자는 문제로부터 분리하여 사람과 만나는 방법을 활용하면서 내담자와의 첫 회기를 시작한다. 즉, 문제에 대해 알기 전에 일반적인 사람으로서 내담자를 만나는 것이다(Freedman & Combs, 1996). 문제로부터 분리하여 내담자를 만날 때, 이야기 치료 상담자는 내담자의 일상에 익숙해지기 위해 다음과 같은 질문을 한다.

문제로부터 분리하여 사람을 만나기 위한 질문

- 즐거워지기 위해 무엇을 합니까? 취미를 가지고 있습니까?
- 무엇을 좋아합니까? 무엇을 싫어합니까?
- 당신의 친구나 가족에 대해 이야기해주세요.
- 인생에서 중요한 것이 무엇입니까?
- 주로 평일 날 하는 것은 무엇입니까? 주말에 하는 것은 무엇입니까?

이러한 질문에 대한 답은 내담자가 일상적인 사람으로서 자신을 보는 것과 같은 방식으로 이야기 치료 상담자가 내담자를 바라보고 이해할 수 있도록 한다. 겉으로 보기에 일반적이고 간단하게 보이는 이러한 개입은 효과적인 상담 관계를 발달시키고 의미 있는 개입에 관해 알려주는 등의 엄청난 효과를 낼 수 있다. 이 장 뒷부분에 나오는 '연구 사례'에서, 상담자는 내담자 Jose가 ADHD와 약물 복용에 대한 자신의 문제로부터 분리시키도록 하기 위해 혼신의 노력을 한다. 하지만 두 가지 모두 부정적이고 강한 사회 고정 관념을 가지고 있기 때문에 상담자는 그들의 관계를 시작하는 것으로부터 Jose가 사람으로서 가치 있고 수용 받는 감정을 느낄 수 있도록 돕는다.

문제로부터 사람을 분리하기: 문제가 문제다

이야기 치료에서, 좌우명은 "문제가 문제다. 사람은 문제가 아니다"(Winslade & Monk, 1999, p. 2)이다. 일단 상담자가 문제로부터 분리하여 내담자를 알게 되고 내담자를 사람으로 대하는 것을 분명하게 한다면, 그들은 자신의 정체감을 독립적으로 유지하면서, 많은 부분에서 똑같은 방법을 통해 문제를 '경험하기' 시작한다. 우울, 불안, 부부 갈등, ADHD, 저항, 외로움, 이별, 불화와 같은 문제는 내담자 개인에게 고유한 것이 아닌, 분리된 독립체 또는 상황으로서 바라본다. 이러한 태도는 개인이 다시금 정중하고, 사회적으로 '상대방을 알아가는' 느낌이다.

'만남'이라는 문제에 대한 질문

- 언제 그 문제가 처음 발생했습니까?
- 그때 무슨 일이 있었습니까?
- 문제에 대한 첫 느낌은 어땠습니까? 어떻게 그것들이 변했습니까?
- 시간이 흐르면서 문제와의 관계는 어떻게 변했습니까?
- 다른 누가 문제에 영향을 받아왔습니까?

이야기 치료 상담자는 문제에 대해 적대적인 입장(속이고, 앞서는 것 또는 문제를 쫓아내기를 원하는 것; White, 2007)을 가질 수 있거나 더욱 연민하는 입장(그것의 메시지와 관심사를 이해하려고 하는 것; Gehart & McCollum, 2007)을 가질 수 있다.

낙관주의와 희망

이야기 치료 상담자는 문제로서 문제를 보고, 사람으로서 사람을 보기 때문에 내담자를 위한 희망과, 깊고 지속적인 낙관주의를 가진다(Monk et al., 1997; Winslade & Monk, 1999). 그들의 희망과 낙관주의는 꾸며진 것이 아니라 순수한 희망이다. 하지만 이것은 언어, 관계, 사회적 담론과 같은 문제들이 어떻게 형성되는지에 관한 이해로부터 비롯되는 것이다. 또한 이것은 그들의 접근이 차이를 만든다는 확신을 갖고 있다. 그뿐만 아니라, 심리치료사들은 사람들을 그들의 문제로부터 분리시킴으로써 내담자가 지니고 있는 '최적의 것'과 빠르게 연관시키며, 이는 희망과 낙관주의를 강화시킨다.

공동 저자 또는 공동 편집자

상담자의 역할은 주로 **공동 저자** 또는 **공동 편집자**로 설명되며, 상담자와 내담자가 함께 의미 구성의 과정에 참여하는 것을 강조한다(Freedman & Combs, 1996; Monk et al., 1997; White & Epston, 1990). 이야기 치료 상담자는 '더 나은 이야기'를 제공하려고 시도하기보다는 내담자와 더 유용한 이야기를 만들기 위해 함께 작업한다. 상담자가 투입하는 정도와 질은 이야기 치료자들마다 매우 다양하다. 그리고 내담자 삶의 사회정치적인 측면에 초점을 두는 경향이 있다. 사실, 모든 이야기 치료 상담자(Monk & Gehart, 2003)에 의해 공유된 사항은 아니지만, 몇몇 이야기 치료 상담자는 상담자가 모든 내담자와의 불의에 대한 더 넓은 사회문화적 쟁점에 대해 입장을 취해야 한다고 생각한다(Zimmerman & Dickerson, 1996).

■ 관점: 사례 개념화

문제 중심적 이야기

문제 중심적 이야기에 대해 내담자는 말하고, 이야기 치료 상담자는 들음에 따라(Freedman & Combs, 1996; White & Epston, 1990), '문제'인 그 이야기가 주역을 맡고 내담자는 부차적인 역할을 맡게 되는데, 일반적으로 이것은 내담자가 희생자가 된 셈이다. 심리치료사는 문제가 내담자에게 영향을 주는 방식을 개인적인 차원에서 다룬다. 그리고 이것이 중요한 다른 사람들에게 **개인적인 차원**(건강, 감정, 생각, 신념, 정체성, 신과의 관계)에서 어떻게 영향을 주는지뿐만 아니라, **관계적인 차원**(중요한 이들, 부모, 친구, 동료, 교사 등)에서 그들에게 어떻게 영향을 주는지에 대해 다룬다. 내담자의 문제 중심적 이야기에 귀를 기울이는 동안에, 심리치료사는 선택 가능한 결말과 문제보다도 덜한 문제인 부차적 줄거리에 대해 면밀하게 듣게 된다. 그리고 사람은 이야기에서 효과적인 요인이 된다. 이것은 독특한 결과로 불리게 된다.

독특한 결과와 번뜩이는 사건

독특한 결과(White & Epston, 1990) 또는 번뜩이는 사건(sparkling event)(Freedman & Combs, 1996)은 일반적인 방식으로 발생하지 않는 문제 중심적 이야기인 부차적 줄거리와 요인을 나타낸다. 아이들은 부모의 요구에 기꺼이 따른다, 커플은 가벼운 갈등에서 시작된 잠재적 언쟁을 멈출 수 있다, 십대는 자신이 직접 중단하기보다는 친구에게 요청하여 결정한다는 이야기는 별로 주목받지 못한다. 왜냐하면 극적인 결말 또는 특별히 주목할 만한 결과가 없기 때문이다. 그러므로 이것은 내담자 또는 다른 사람들의 마음에서 '잘 알려진 것'이 아니다. 이러한 독특한 결과는 내담자가 선호하는 일상을 만들고 그들과 다른 이들의 정체성을 정확히 고려하여 발달시키는 것을 돕는다.

지배적인 문화와 성 담론(앞에 나온 '핵심' 참고)

이야기 치료 상담자는 문제의 지각과 발달에 영향을 미쳐온 지배적인 문화와 성에 대한 주제에 관해 귀 기울여 듣는다(Monk et al., 1997; White & Epston, 1990). 모든 담론의 목적은 특정한 문화에서 사회적 상호작용을 조직하는 '좋은 것'과 '가치 있는 것'에 대해 알아보는 것이다. 모든 문화들은 근본적으로 집단의 사람들이 의미 있는 상호작용을 가능하게 하는 사회적 규칙과 가치를 가진 지배 담론이다.

지배 담론은 인생이 어떻게 '흘러가야 하는지'에 대한 사회적 이야기들이다. 예를 들어, '행복한' 또는 '좋은' 사람이 되려면, 당신은 결혼을 해야 하고 안정되고 높은 봉급의 직업을 얻어야 하며, 아이들을 낳고, 좋은 차를 얻고, 집을 사고, 당신의 아이들 학교에서 봉사활동을 해야 하며 하얀색 담장을 만들어야 한다. 당신이 행복의 환상에 순응하든지 그것에 저항하거나 단순히 그러한 환상을 막는 사회적·물리적 한계 때문에 이러한 상황에 속하지 않든 문제는 이와 관련하여 발생할 수 있다. 내담자와 함께 하는 동안, 이야기 치료 상담자는 문제의 지각에 관해 대부분 직접적으로 알려주는 지배 담론에 대해서 면밀하게 듣는다. 이에 대응하여, 그들은 국지적 또는 대안적 담론에 대해 알아본다.

국지적 담론과 대안적 담론: 내담자의 언어와 의미에 따라

국지적 담론과 대안적 담론은 지배 담론을 따르지 않는다(White & Epston, 1990). 국지적·대안적 담론에는 자녀를 갖는 것을 선택하지 않은 부부, 동성 결혼, 자신의 뿌리를 보존하려는 이민자 가족, 두 번째 언어로 영어를 사용, 어떤 사회에서의 십대 하위문화 등이 있다.

국지적 담론은 지배 담론에서 묘사되는 것과는 달리, '좋은', '해야 하는', 인류적 '가치'

를 제공한다. 만약 우리가 같은 문화에서의 십대와 성인의 사례를 든다면, 십대는 '좋은', 아름다운 기준, 성 규범, 어휘, 친선 규칙 등과 같은 하위문화를 만들어왔다. 십대의 문화는 상담자가 십대의 세계관과 가치관을 이해하기 위해 활용할 수 있는 대안적 담론을 대표한다. 그리고 이러한 대안적 담론이 지배 담론과 함께 성공적으로 공존할 수 있는 방법을 십대와 함께 탐색한다. 그래서 이 국지적 담론은 문제 주변에 있는 다른 사람들과 함께 교류하고 이야기하고, 자신을 보는 새로운 방식을 만들 수 있는 자원을 제공한다.

■ 변화를 목표하기: 목표 설정

선호하는 현실과 정체성

포스트모더니즘의 접근으로, 이야기 상담은 모든 내담자와 함께 사용될 수 있는, 사전에 정의한 것을 목표로 삼지 않는다. 대신에, 이야기 상담에서의 목표 설정은 각각 내담자 고유의 것으로 한다. 넓은 의미에서 이야기 상담의 목표는 내담자가 그들이 **선호하는 현실과 정체성**을 설정하도록 돕는 것이다(Freedman & Combs, 1996). 대부분의 경우, 선호하는 이야기를 설정하는 것은 내담자가 행위자로서의 **주체감**을 증가시키는 것을 포함한다. 이러한 주체감은 자신이 자기 삶의 방향에 대해 영향을 끼치는 것을 말한다. 선호하는 현실을 인식할 때 심리치료사는 단순히 지배적인 문화의 가치를 채택하기보다는, 국지적 지식을 고려하는 반영된 목표를 사려 깊게 발달시키기 위해 내담자와 함께 작업한다. 상담의 과정 동안, 내담자는 국지적 지식을 통합시키기 위해 선호하는 지식을 종종 재정립한다. 그래서 지배 담론의 영향은 줄어들게 된다. 예를 들어, 많은 게이 남성들은 그들이 선호하는 게이라는 하위문화가 또 다른 도시에 있음을 발견한다. 여기서 강조할 점은 지역적인 문화에서도 한 사람이 소통하고자 선택할 수 있는 국지적 지식의 다양한 변수가 존재할 수 있다는 것이다. 그래서 핵심은 지배 담론과 국지적 담론의 영향을 고려한 이후에, 신중하고 의도를 가지고 '선호하는' 현실과 정체성, 목적을 정의하는 것이다. 이러한 과정은 '문제가 없어지도록 하는 것'에서부터 '아름답고 의미 있으며 멋진 나의 인생을 만들기를 원하는 것'까지의 점진적인 변화 과정이다.

중간 단계의 예시: 즉각적인 증상을 대상으로 삼고 문제를 제시한다.

- 즐거운 활동을 피하게 하는 우울의 허용 빈도를 줄이라.
- '자신감 있는, 사회적인' 모습을 보이는 친구와 교류하는 기회를 증가시키라.
- 먹지 말라는 거식증의 지시에 저항하는 경우를 증가시키라.

후기 단계의 예시: 개인적 정체성, 관계적 정체성, 확장된 지역사회를 대상으로 삼는다.

- 개인적 정체성: 신체의 크기보다도 다른 가치들, 관계, 의미 있는 활동으로부터 자기 가치를 얻게 되는 개인적 정체감을 확고히 하라.

- **관계적 정체성**: 가족에 대한 충성심과 친밀감을 유지하면서, 차이에 관한 대부분의 표현을 용인하는 가족 정체성 이야기를 만들라.
- **확장된 지역사회**: 사회적 관계와 사회적인 맥락에 대해 선호하는 '외향적인' 정체성을 사회적 관계와 맥락으로 확장하라.

■ 실천: 개입

외재화하기: 사람으로부터 문제를 분리시키기

이야기 치료의 특징적인 기법은 개인을 문제로부터 개념적으로, 언어적으로 **외재화시키는** 것에 관여하는 것이다(Freedman & Combs, 1996; White & Epston, 1990). 외재화가 성공하기 위해서는 문제로부터 사람을 분리시켜야 한다는 진정한 확신을 필요로 한다. 그래서 외재화가 효과적으로 일어나려면 이것에 대한 **태도**가 매우 중요하다(Freedman & Combs, 1996). 단일 회기 개입보다 더, 외재화는 자기 자신을 **가지고** 있는 것에서부터 외부에서 자신을 바라볼 때까지의 유기적이고 진화하는 과정이다. 즉, 문제와의 관계에 대한 내담자의 인식이 변화하는 과정이다. 이야기 치료 상담자는 외부의 다른 것으로 문제에 명명하는 것, 서술 형용사를 명사로 바꾸는 과정을 통해 문제를 외재화할 수 있다. 예를 들어, 우울증을 가지고 있는 내담자가 우울증과의 관계를 가지는 것이다. 어느 때에는, 관계나 자신의 '측면'에 대해 말하는 것에 대하여 내담자가 좋은 반응을 보이기도 한다. 예를 들면, '두려워하는 내 안의 작은 소녀' 또는 '우리 관계의 경쟁 측면' 같은 것이다.

외재화하기 위한 작업에서는, 내담자에게 강요할 수 있는 것이 아니라 대화를 통해 나타나게 하거나 상황에 대해 생각하는 방법의 가능성으로서 소개되도록 하는 것이 필요하다. 대부분의 사례에서, **문제와 사람들의 영향력 지도 그리기**와 같은 기술(아래 참고)은 문제를 외재화하는 자연스럽고 편안한 과정이 될 수 있다. 드물게, 내담자는 이미 문제의 이름을 갖고 있으며, 문제를 일종의 외부에 있는 실체 또는 자신과는 분리되어 있는 것으로 개념화하고 있다. 그리고 이러한 경우 상담자는 내담자가 시작한 외재화 과정 위에 구축하기만 하면 된다.

상대적 영향력 질문하기: 문제와 사람들의 영향력 지도 그리기

상대적 영향력 질문하기는 외재화를 위한 첫 번째 세부 방법이다(White & Epston, 1990). 치료 초기에 사용한, 상대적 영향력 질문하기는 평가와 개입을 동시에 제공한다. 그리고 이는 (1) 문제의 영향력 지도 그리기와 (2) 사람들의 영향력 지도 그리기의 두 가지 영역으로 구성되어 있다.

문제의 영향력 지도 그리기 문제가 끼친 영향을 짚어볼 때, 이야기 치료 상담자는 문제가 내담자의 생활에 영향을 주고, 내담자의 삶에서 중요한 다른 사람들에게 영향을 주는 방식에 대해서 알아본다. 주로, 내담자가 문제를 어떻게 생각하는지에 관한 것 이상으로 문제의 범위를 확장하는 방법이다. 그러므로 내담자가 이후에 좋지 않은 기분을 느끼지 않음을 확신하기 위하여 영향을 주는 사람을 짚어보는 질문을 덧붙이는 것은 중요하다. 문제의 영향력 지도 그리기는 문제가 어떻게 영향을 미쳤는지에 대한 질문을 포함한다.

문제의 영향력 지도 그리기를 위한 질문

문제는 어떻게 영향을 끼쳤습니까?

- 내담자의 신체적, 정서적, 심리적 수준은 어떻습니까?
- 내담자의 정체성 이야기와 그들의 가치에 관하여 그들 자신에게 이야기하는 것은 무엇인입니까? 그리고 그들은 누구입니까?
- 내담자의 친밀한 관계: 애인, 아이들, 부모?
- 내담자의 삶에서 그 외의 다른 관계: 우정, 사회적 단체, 일/학교 동료, 다른 사람들?
- 내담자의 삶에서 중요한 사람들과의 또 다른 관계와 건강, 정체성, 감정(예: 부모는 아이들의 문제에 대해 당황해서 친구들로부터 떠나는 부모의 방법)이 있습니까?

사람들의 영향력 지도 그리기 사람들의 영향력 지도 그리기는 더욱 명확하게 외재화 과정을 시작한다. 이러한 질문의 단계는 문제의 영향력 지도 그리기 이후에 즉각적으로 이루어져야 한다. 그리고 사람들이 그 문제의 일상에 어떻게 영향을 미쳤는지를 알아보고, 문제의 첫 번째 논리를 뒤집는 것을 포함한다.

사람들의 영향력 지도 그리기를 위한 질문

- 관련된 사람들이 문제가 그들의 기분에 영향을 끼치는 것을 막을 때는 언제입니까? 또는 그들은 어떻게 자신 스스로를 사람으로서 가치를 둡니까?
- 관련된 사람들이 문제가 그들의 삶의 특별하고 일상적인 관계를 즐기는 것을 막을 때는 언제입니까?
- 관련된 사람들이 문제가 그들의 직장이나 학교생활을 방해하지 않도록 한 때는 언제입니까?
- 관련된 사람들이 문제가 시작되었을 때 압도되지 않도록 할 수 있도록 한 때는 언제입니까?

SELF **스스로 해보기**

파트너를 찾아 당신의 파트너가 문제를 발견할 수 있도록 질문하고, 개인의 삶에서 문제의 영향력 지도 그리기를 하라. 그 이후에 사람들의 영향력 지도 그리기를 하라. 당신과 파트너 모두 그 이후의 느낌을 알아차려 보라.

대화를 외재화하기: 입장 진술 지도

White(2007)는 대화를 외재화하는 것을 더욱 용이하게 하기 위한 과정을 최근에 개발했는데, 이것이 입장 진술 지도(the statement of position map)이다. 이러한 분석은 질문의 네 가지 유형을 포함하는데, 이것은 문제에 대한 내담자의 관계를 변화시키고 행동에 대한 새로운 가능성을 열기 위해 한 회기와 여러 회기에 걸쳐 여러 번 사용된다.

질문 유형 1: 개별적이고, 경험에 기초한 문제의 정의 협의하기 White(2007)는 전문적이거나 포괄적인 용어들(예: 진단)보다는 내담자의 경험에 기초한 언어를 사용하여 문제를 정의하기 시작한다. 그래서 '우울한 기분'은 '우울'보다 선호된다.

질문 유형 2: 문제의 영향력 지도 그리기 초기 작업과 비슷하게(White & Epston, 1990) 문제의 영향력 지도 그리기는 문제가 내담자 삶의 다양한 영역에 어떠한 영향을 끼쳤는지 알아보는 것을 포함한다. 여기에는 집, 직장, 학교, 사회적 환경, 가족과 친구와 자기 자신과의 관계, 자신의 정체성과 미래 가능성이 포함된다.

질문 유형 3: 문제 행동에 대한 영향력 평가하기 문제의 영향을 알아본 후에, 상담자는 이러한 영향을 평가하기 위해 내담자에게 질문한다(White, 2007, p. 44).

- 이러한 행동이 당신에게 괜찮은가?
- 이러한 사건에 대한 당신의 기분은 어떤가?
- 이러한 결과는 어디에 기초하는가?
- 사건은 긍정적인가, 부정적인가? 둘 다 좋다. 어느 것도 아니다. 둘 중 하나?

질문 유형 4: 평가의 정당성 입증 마지막 단계로, 심리치료사는 어떻게, 그리고 왜 내담자가 그들이 했던 방식으로 상황을 평가했는지에 대해 질문한다(White, 2007, p. 48).

- 당신은 왜 괜찮은가? 왜 괜찮지 않은가?
- 이러한 사건에 대해 왜 이런 방식으로 느끼는가?
- 이러한 사건에서 왜 그러한 입장·태도를 취했는가?

'왜'라는 질문은 도덕적 판단에 의해 만들어지기보다는, 내담자가 그들에게 무엇이 중요한지에 대해서 목소리를 낼 수 있도록 허용하는 자세로 내담자에게 제공되어야만 한다. 이러한 질문은 내담자에게 중요한 것, 동기부여하는 것, 그들이 원하는 정체성과 미래를 형성하는 방법에 대한 대화를 터놓을 수 있도록 한다.

비유 위의 네 가지 유형을 사용하여 외재화할 때, White(2007, p. 32)는 문제와 관련된 것에 대한 다양한 비유적 표현을 사용한다.

- 문제에서 떠나다
- 문제에 맞서서 거부하다
- 문제의 요건을 거역하다
- 문제로부터의 영향력을 빼앗다
- 문제를 가르치다
- 문제에서 벗어나다
- 문제로부터 영역을 회복하거나 또는 되찾다
- 문제로부터의 유혹을 거부하다
- 문제의 주장이 틀렸음을 입증하다
- 문제의 도움으로부터 물러나다
- 문제로부터 그들의 삶을 빼앗다
- 문제를 다스리다
- 문제를 이용하다
- 문제를 약화시키다

전체화와 이원적 사고 피하기 White(2007)는 '문제는 모두 나쁜 것이다.'와 같이 문제에 대한 기술을 전체화하는 것을 피한다. 그러한 설명이 양자택일적 사고인 이분법적 사고를 촉진시키기 때문에 내담자와 잘 알려지지 않은 문제의 광범위한 맥락 모두를 위해 이것은 무효화될 수 있다. 이 장 뒷부분에 소개된 '사례 연구'의 경우, 심리치료사는 직접적으로 이러한 문제에 대하여 그와 직면하기보다는 Joes가 약물과 알코올에 대해 바라는 관계와 건강을 분명하게 정의할 수 있도록 입장 진술 지도를 사용한다.

질문 외재화하기

이야기 치료자는 내담자가 자신의 문제들과의 새로운 관계를 형성할 수 있도록 돕기 위해 **질문 외재화하기**를 사용한다(Freedman & Combs, 1996). 대부분의 경우, 질문 외재화는 **형용사**(예: 우울하다, 불안하다, 화나다 등)에서 **명사**(예: 우울, 불안, 화 등. 영어로는 두문자를 대문자로 쓰는데 이는 문제를 분리된 독립체로서 본다는 점을 강조하기 위해 사용된다.)로의 변화를 말한다. 질문 외재화하기는 개인이 문제로부터 분리되어 있다고 간주한다. 그리고 개인은 문제에 대한 두 가지 관계(문제가 개인에게 영향을 미치는 것, 개인이 문제에 영향을 미치는 것)를 가지고 있다고 본다.

외재화의 자유로운 효과를 경험하기 위해서, Freedman & Combs(1996, pp. 49–50)는 두 가지의 질문을 개발했다. 하나는 기존의 상담 질문에 해당하고, 다른 하나는 외재화에 해당한다. 이러한 활동을 위해, 당신 또는 다른 사람들은 대개 문제가 있다고 여겨지는 특성이나 질적인 특성을 선택해야 한다. 이것은 대개 형용사이다. 아래의 질문에서 X에 그 형용사를 대입해보라. 그러고 나서 그러한 특성의 명사형을 찾아서 하단의 질문의 Y에 대입해보라.

예: X=우울하다/Y=우울, X=비난하다/Y=비난; X=화나다/Y=화

기존의 질문 (X를 사용해 형용사로 문제 설명을 넣기)	외재화 질문 (Y를 사용해 명사로 문제 설명을 넣기)
언제 처음 X한 상태가 되었는가?	당신의 삶을 지배하기 위해서 무엇이 당신을 Y에 취약하게 만드는 것인가?
무엇이 가장 X한가?	Y가 대부분 차지하고 있는 맥락은 무엇인가?
X한 상태로 일반적으로 이끄는 것은 무엇인가?	일반적으로 Y를 차지하도록 이끄는 것은 무엇인가?
언제 당신은 X한가요? 당신이 X한 상태가 아니라면, 당신은 그런 행동을 하지 않을 텐데, 그때 당신은 무엇을 할 것인가?	더 나은 결정에 반대하여 Y가 당신에게 하도록 했던 것은 무엇인가?
X한 상태에서 당신의 삶과 관계의 결과는 무엇일까?	당신의 삶과 관계들에서 Y가 가지고 있는 영향은 무엇인가?
당신의 자아상은 X한 상태일 때와 어떻게 다른가?	당신이 현재 경험하고 있는 어려움으로 Y가 어떻게 이끄는가?
만약 당신이 일어났을 때 기적이 일어나, 더 이상 X한 상태가 아니라면, 어떻게 구체적으로 당신의 인생은 달라지겠는가?	당신의 자원을 당신이 알아차릴 수 없도록 Y가 가리고 있는가? 또는 Y를 통해 그것들을 볼 수 있는가?
	당신은 Y의 최선의 형태를 가능하게 했던 적이 있습니까? Y로 압도될 수 있었지만 그것과 거리를 둘 수 있었던 적은 언제인가?

SELF 스스로 해보기

먼저 기존의 질문에 대답하고 나서 외재화 질문에 답하라. 각 질문에 대한 문답 후에 어떤 느낌이 드는지 주목하라.

문제 해체: 해체적 경청과 질문

Jacques Derrida의 철학적 이론에 기초하여, 이야기 치료 상담자는 내담자가 지배 담론의 영향을 찾아내도록 돕고 그들의 삶에 영향을 주고 있는 담론에 대해 좀 더 의식적으로 선택할 수 있도록 해체적인 경청과 질문을 사용한다. 해체적 경청은 내담자의 이야기에서 애매함을 설명하거나 또는 세부사항을 작성하기 위한 질문이며, 내담자의 이해의 차이에 대해 경청하는 것을 말한다. 예를 들어, 만약 친구들이 내담자를 부르겠다고 했지만 부르지 않아서 내담자가 거부당한 것 같은 기분을 느꼈다고 말한다면, 심리치료사는 '거절되다'라는 감정을 이끈 의미에 대해 경청할 것이다.

해체적 질문은 어떻게 그들이 구성되어왔는지를 보기 위해 그들의 이야기를 더욱 '분석'하도록 내담자를 도우며, 지배 담론과 국지적 담론의 영향을 확인하도록 해준다.

일반적으로 사용되는 외재화 질문은 내담자가 직접 확인할 수 있게 하기 위해서 내담자의 잘못된 신념, 관행, 감정, 태도 등에 대해 물어보게 된다.

- 문제가 있는 신념, 관행, 감정 또는 태도와의 **관계에 대한 내력**('언제, 어디에서 처음 그 문제를 접하게 되었는가?')
- 문제가 있는 신념, 관행, 감정 또는 태도에 **영향을 주는 상황**('그것은 언제 가장 나타날 가능성이 큰가?')
- 문제가 있는 신념, 관행, 감정 또는 태도의 **결과 또는 영향**('당신과 당신의 관계에 어떤 영향을 끼쳐왔는가?')
- 다른 신념, 관행, 감정 또는 태도와의 **상호연관성**('이러한 문제를 악화시키는 또 다른 문제들이 있는가?')
- 문제 신념, 관행, 감정 또는 태도에서 사용된 **전략과 책략**('당신에게 영향을 주는 것에 대해 어떻게 했는가?')

행동과 정체성/의식의 측면에서 지도 그리기

Jerome Bruner(1986)의 이야기 치료 이론에 기초하여, **의식**(Freedman & Combs, 1996) 또는 **행동과 정체성**(White, 2007)의 **측면에서** 문제의 **지도 그리기**는 원하는 변화를 촉진시키기 위해 독특한 결과를 활용하는 특정한 기법을 나타낸다. 행동과 정체성의 측면에서 지도 그리기는 일반적으로 다음의 단계를 포함한다.

1. **독특한 결과 알아보기**: 실제로는 아니지만, 문제가 될 뻔했던 때에 관해 경청하고 질문하기
2. **선호되는 독특한 결과 확인하기**: 추정하기보다는, 독특한 결과가 선호되는 결과인지, 아닌지에 대해 내담자에게 질문한다.
   예: 이것은 당신이 원하는 행동인가? 또는 자주 일어났던 일인가?
3. **행동의 측면에서 지도 그리기**: 먼저, 이야기 치료 상담자는 행동의 측면에서 독특한 결과를 지도로 그림으로써 시작한다. 그리고 명령자에 의해 받아들여지는 행동에 대해 확인한다. 상담자의 구체적인 질문을 통해 이루어지게 된다.
   예: 당신은 가장 먼저 무엇을 했는가? 다른 사람들은 어떻게 반응했는가? 그 다음으로 무슨 행동을 했는가?
   심리치료사는 다른 사람들과 내담자 행동의 단계적인 모습이 있을 때까지 조심스럽게 사건을 구성하고 세부사항에 관한 정보를 모은다.
   - 중요한 사건
   - 사건을 둘러싸고 있는 상황
   - 사건의 순서

- 사건의 시기
- 전반적인 줄거리

4. 정체성/의식의 측면에서 지도 그리기: 독특한 결과가 일어나는 동안 어떠한 일이 발생했는지에 대한 분명한 그림을 획득한 이후에, 이야기 치료 상담자는 정체성의 측면에서 지도 그리기의 과정을 시작한다. 이러한 지도 그리기의 과정은 성공적인 결과와 관련된 줄거리를 강력하게 하며, 그러므로 내담자의 개인적 정체성과 관련된 선호되는 결과와의 연결성을 직접적으로 강화한다. 정체성의 측면에서 지도 그리기는 독특한 결과의 심리적이고 관계적인 영향에 초점을 둔 것이다. 이러한 영향의 영역은 다음을 포함한다.
   - 사람으로서 당신에 대해 이것이 말하고 있는 것이 무엇이라고 생각하는가? 당신의 관계에 대해서는 어떠한가?
   - 이러한 행동 이면에 있는 당신의 의도는 무엇인가?
   - 지금 당신의 행동에 대하여 무엇이 가장 가치 있다고 생각하는가?
   - 만약 있다면, 이것으로부터 당신이 배우거나 깨닫게 된 것은 무엇인가?
   - 당신이 인생/신/당신의 목적/인생 목표를 보는 방법을 이것이 변화시키겠는가?
   - 당신이 문제를 보는 방법에 이것이 영향을 미치겠는가?

비계 설정 대화

White(2007)는 참신한 것으로 알려져 있는 내담자를 변화시키는 비계 설정 대화(scaffolding conversations)를 사용한다. 그리고 발달 심리학자 Vygotsky의 근접 발달 영역(zones of proximal development)이라는 개념을 사용한다. Vygotsky는 학습이란 본질적으로 관계를 나타내는 것임을 강조했다. 아이들은 새로운 정보를 교류할 수 있는 방법을 구성하도록 어른들에게 요구한다. 근접 발달 영역은 아이들이 독립적으로 할 수 있는 것과 다른 사람들과 협력하여 할 수 있는 것 사이의 거리이다. 비계 설정 대화는 내담자의 학습 영역에 따라 다섯 단계의 성장과 발달의 움직임을 설명하기 위해 White가 만든 용어이다.

- 낮은 수준으로 차이가 있는 작업: 독특한 결과를 특징화하기: 낮은 수준으로 차이가 있으며, 내담자에게 친숙하고 가까운 작업으로서, 알아차리지 못해왔던 작업에 대해 의미를 부여할 수 있는 작업
- 중간 수준으로 차이가 있는 작업: 독특한 결과들을 일련의 연관성 있는 관계로 만들기: 조금 더 새롭게 소개되는 작업으로서, 차이점과 공통점의 더 많은 범주화와 비교할 수 있는 작업
- 중상 수준으로 차이가 있는 작업: 일련의 연관성을 반영하기: 내담자가 차이점과 공통

점으로부터 배우고, 평가하고 반영하도록 하는 작업

- **높은 수준으로 차이가 있는 작업: 추상적인 배움과 현실화:** 내담자가 그들의 즉각적인 경험으로부터 높은 수준의 거리를 유지하도록 요구하여, 삶과 정체성에 대한 증가되는 추상적 개념화의 증진을 촉진하도록 하는 작업
- **매우 높은 수준으로 차이가 있는 작업: 행동을 위한 계획:** 내담자가 자신의 삶과 정체성에 대하여 새롭게 발달된 개념을 형성하기 위한 방법을 확인할 수 있도록 하기 위하여 즉각적인 경험으로부터 높은 수준의 거리를 유지하도록 하는 작업

대화를 하는 동안, 심리치료사는 작업의 각 수준 사이를 다양하게 넘나들며, 점차 행동 계획의 높은 수준으로 나아간다. 이 연구의 마지막 장에서, 비계 설정 대화는 약물 사용을 피하는 한 가지 예외를 의식하는 것에서부터 약물 남용을 관리하기 위한 구체적이고 동기를 부여하는 행동 계획을 발달시키는 것까지, 서서히 Jose를 변화시키는 데 사용된다.

허락 질문

이야기 치료 상담자는 상담 관계의 평등한 성격을 강조하기 위해, 그리고 상담자와 이야기할 때 내담자가 강력하고 분명한 감각을 유지하도록 격려하기 위해 허락 질문을 사용한다. 아주 간단하게 말해, 허락 질문은 심리치료사가 질문을 위한 허락을 구하려고 물어보기 위해 사용하는 질문이다. 이는 상담자가 내담자에게 도움이 된다고 알려진 정보를 얻기 위해 어떠한 질문을 해도 된다는 가정과는 반대되는 것이다. 사회적으로, 상담자는 의례적인 대화 주제에 널리 퍼져있는 사회적 규범으로부터 면제된다. 그리고 성, 과거의 학대, 관계 문제, 죽음, 두려움, 약함과 같은 금기시되는 주제를 자유롭게 불러올 수 있다. 많은 내담자는 불편함에도 불구하고, 이러한 질문에 대답해야 될 것 같은 기분을 느낀다. 이야기 치료 상담자는 금기시되고 어려운 주제와 관련한 권력 역동에 예민하다. 그래서 일반적으로 금기시되거나 내담자가 불편함을 느낄 것으로 예상되는 질문을 하기 전에 '당신의 성생활과 관련된 몇 가지 질문을 해도 괜찮을까요?'와 같이 허락을 구한다.

덧붙여, 허락 질문은 내담자에게 대화가 의미 있고 편안하다는 것을 확신하는 방법, 그리고 논의가 되는 내용과 관련한 면담을 하는 내내 사용된다. 예를 들어, 상담자가 시간을 사용하는 방법에 대해 간결하게 설명하는 회기에서, 내담자에게 특정한 주제나 질문의 방향을 계속하는 것에 대한 허락과 의견을 묻는다. 비슷하게, 심리치료사는 다른 사람들보다 한 사람에게 많은 질문을 하면서 자신을 찾게 하는 가족 치료와 같은 상황에서, 심리치료사는 잠시 멈춰서 일어나고 있는 일에 대하여 모두가 괜찮다고 확인하는 요청 질문을 계속할 것이다.

입장 차이를 고려한 견해

허락 질문과 비슷하게, 입장 차이를 고려한 견해(situating comments)는 더욱 평등한 상담 관계를 유지하기 위해 사용된다. 그리고 상담자의 견해는 내담자가 지닌 것보다 더 '중요한' 혹은 '더욱 타당한' 진실로서 받아들여지지 않는다는 것을 보장함으로써 내담자의 주체감을 강화시키기 위해 활용된다(Zimmerman & Dickerson, 1996). 지배 담론과 국지적 담론 사이에 있는 차이점을 이용하여, 이야기 치료자는 상담자의 견해가 종종 내담자가 말하는 어떤 것보다도 더욱 '타당한' 것으로 여겨지는 것을 명확히 인식하고 있다. 그래서 상담자는 그들이 제공하는 관점의 출처를 보여줌으로써 자신의 견해를 제시한다. 그리고 상담자가 제시한 관점은 다른 많은 관점 중 하나임을 강조한다. 상담자 견해에 대한 참고자료와 맥락을 제시함으로써, 내담자가 심리치료사의 견해를 지나친 특권으로 볼 가능성을 줄인다.

입장 차이를 고려하지 않은 상담자 견해	입장 차이를 고려한 상담자 견해
당신이 ……한 경향이 있다는 것을 알아챘어요.	농촌에서 자라왔기 때문에, 나의 관심이 ……에 가네요.
연구는 ……라는 사실을 나타내요.	……이라고 제안하는 이론을 만들고 연구하고 있는 상담자가 있습니다. 이러한 이야기가 당신에게 진실처럼 들립니까?
당신이 ……하다는 것을 제안해요.	당신이 나에게 제안한 이후부터, 나는 당신에게 말보다는 행동이 더욱 생산적이라는 것만을 이야기할 수 있을 것 같네요.

동맹

새로운 이야기와 정체성을 확고히 하려는 수단으로서, 이야기 치료 상담자는 동맹(클럽, 협회, 팀 등)과 특정한 영역에서의 성취를 의미하는 참여를 할 수 있도록 해왔다. 몇몇은 직접 만나거나 인터넷(거식증 반대/폭식증 반대 연맹; www.narrativetherapy.com 참고)을 통해 교류하기도 하지만, 대부분의 경우 동맹은 가상 공동체에서의 관심(예: 아이에게 Temper Tamer's Club의 참여 증명서를 주는 것)이다.

편지와 증명서

이야기 편지는 선호하는 이야기와 정체성을 발달시키고 확고히 하기 위해 사용된다(White & Epston, 1990). 상담자는 사례 기록을 하는 것 대신에(특정한 형식을 요구하는 환경에서 작업하는 것이 아니라면), 내담자의 새로운 이야기를 자세히 설명한 회기 이후에 편지를 쓸 수 있다. 이야기 편지는 회기 동안 등장한 이야기를 강화하기 위해 사용되는 것과 같은 기법을 사용하며 다음과 같은 특징이 있다.

- **내담자 주체 강조하기**: 점차 주도적으로 나아가는 작은 시도를 포함하여 삶에서 내담자 주체를 강조하기
- **관찰자 위치 맡기**: 심리치료사는 내담자가 만들고, 명확하게 인용하며, 가능할 때마다 구체적인 예시를 드는 변화를 관찰하는 역할을 분명하게 맡는다.
- **일시성 강조하기**: 시간 차원(time dimension)은 최근에 생겨난 이야기(내담자가 시작하는 곳, 그들이 현재 있는 곳, 그들이 가는 경향이 있는 곳)를 구성하기 위해 사용된다.
- **다양성 격려하기**: 하나의 해석을 제안하기보다는 다양한 의미를 환영하고 격려한다.

편지는 내담자가 참여하는 상담 초기에 이용될 수 있는데, 이것은 상담 회기 중에 등장한 이야기를 강화하고 새롭게 선호하는 행동을 강화하기 위한 것이거나, 상담 회기 말에 변화 과정을 이야기함으로써 얻어진 것을 강화하기 위해 사용된다.

편지 양식 White & Epston(1990)은 다음과 같은 편지 양식을 제안했다.

> Rick과 Harriet에게,
> 좋은 생각은 일이 일어난 후에 떠오른다는 사실을 당신은 잘 알고 있을 것이라고 생각해요. 그래서 내가 종종 면담이 끝난 후에 대부분의 중요한 질문을 떠올린다는 사실이 당신에게 놀라운 일이 아닐 거예요. 어쨌든, 우리의 마지막 만남에서 당신이 떠난 후에 떠오른 두 가지 중요한 질문을 나누려고 해요. Rick, Helen의 요청에 어떤 이유를 대고 거절했습니까? 그리고 이것이 그녀가 스스로를 설득하도록 하는 데 있어 효과가 있었다고 생각합니까? 이것이 그녀가 더욱 책임감 있게 되도록 돕는다고 생각합니까? Harriet, Helen이 자신을 신뢰할 수 있도록 하기 위해 그녀의 요청을 어떻게 거절했습니까? 그리고 이것이 그녀 스스로를 의존하는 것보다 더 그녀에게 관심을 끌 만큼 영향을 줄 수 있는 것이라고 생각합니까? 당신은 그녀의 삶을 잘 돌볼 수 있는 데 도움이 될 수 있다고 생각합니까? Helen의 요청에 대한 당신의 예민함이 어떻게 당신이라는 사람을 설명합니까? 그나저나, 우리의 마지막 만남 후에 당신에게 떠오른 생각은 무엇인가요? M.W. (pp. 109–110).

증명서

증명서는 내담자가 만든 변화를 인식시키기 위해, 그리고 '분노 조절자', '협력적인 아이' 등과 같은 새로운 '평판'을 강화하기 위해 종종 아이들에게 사용된다.

분노 조절자 증명서

이 증명서는
__________ 가 숙련된 분노 조절자이며
다음과 같은 조절 기술을 발전시켜
두 달간 집이나 학교에서 분노로 인한 문제를 일으키지 않았음을 증명합니다.

1. 혼란스러울 때 도움을 요청하기
2. 화가 나는 것을 알아차릴 때, 세 번 깊게 호흡하기
3. 분노와 불만을 이야기하기 위해서 부드러운 단어를 사용하기

발급일: __________

증인: ____________________(심리치료사)
____________________(부모)
____________________(교사)

종합: 이야기 치료 사례 개념화와 치료 계획 양식

■ 이론 기반의 사례 개념화: 이야기 치료

아래의 내용은 이야기 치료를 활용하여 이론 기반의 사례 개념화를 발전시키는 데 사용될 수 있다. 각 이론 장의 마지막 부분에 제시되어 있는 교차 이론적 사례 개념화는 이러한 이론 기반의 개념화의 핵심 요소를 포함하는 사례 개념화를 쓰기 위한 예시를 제공한다. 이론 기반의 사례 개념화의 종합적인 예시는 『상담 및 심리치료의 이론과 치료계획』(Gehart, 2015)에 제시되어 있다.

- **문제로부터 분리하여 사람과 만나기**: 문제로부터 분리시켜 개인·사람을 서술하기: 취미, 흥미, 직업 등
- **문제 중심적 이야기**: 문제가 모든 차원에서 개인에게 어떠한 영향을 주는지 기술하라.
  - 개인적인 차원: 감정, 행동, 정체성 이야기 등

- ○ 관계적인 차원: 중요한 관계에서의 갈등 또는 거리
- ○ 폭넓은 생활환경: 직장, 학교, 취미 등

- **독특한 결과/번뜩이는 사건**: 기술하기:
  - ○ 문제가 문젯거리가 덜 되거나 문제가 아니게 되는 상황, 맥락, 관계 등
  - ○ 타인이 문제에 주는 영향: 문제가 문젯거리가 되지 않도록 하는 타인의 행동은 무엇이 있는가?
- **지배 담론**
  - ○ **문화, 인류, 사회경제적 지위(SES), 종교 등**: 무엇이 문제가 되는가, 혹은 가능한 해결책은 무엇인가에 대해 지배 담론이 어떠한 영향을 주고 있는가?
  - ○ **성별, 성적 지향 등**: 무엇이 문제가 되는가, 혹은 가능한 해결책은 무엇인가에 대해 성별/성적 담론은 어떠한 영향을 주고 있는가?
  - ○ **맥락상, 가족과 관련된, 지역사회, 학교, 그리고 또 다른 사회적 담론**: 무엇이 문제가 되는가, 혹은 가능한 해결책은 무엇인가에 대해 여타의 사회적 담론은 어떠한 영향을 주고 있나?
- **국지적 담론과 대안적 담론**
  - ○ 정체성/자기 이야기: 문제는 각각의 가족 구성원의 정체성을 어떻게 형성하는가?
- **국지적 담론 혹은 선호된 담론**: 내담자가 선호하는 정체성 이야기와 문제에 대한 이야기는 무엇인가? 선호되는 문제에 대한 국지적 담론이 있는가?

■ 치료 계획 양식: 이야기 치료

이 치료 계획 양식을 우울하고, 불안하며, 강박적인 유형의 호소 문제를 경험하는 내담자를 위한 계획을 세우는 데 사용하라. 특정 내담자, 호소 문제, 임상적 맥락에 따라, 이 양식의 목표와 개입 방법은 약간 혹은 상당히 수정될 필요가 있다. 당신의 필요에 따라 치료 계획을 상당히 수정할 것을 권장한다. 계획을 치료에 효과적으로 적용하기 위하여, 목표와 기법은 내담자가 경험하고 있는 특정한 신념, 행동, 감정을 근거로 하여 적절히 활용되어야 한다. 치료 계획이 보다 구체적일수록 당신에게 더욱 유용하게 될 것이다.

치료 계획

초기 치료 단계

초기 단계 상담 업무

1. 상담 관계 발전시키기. 다양성에 관한 고려사항: 상담 관계 발전시키기. 다양성에 관한 고려사항: <u>관계 형성, 정서적 표현의 다른 방식, 그리고 문화적·성별을 고려하기 위해 당신이 구체적으로 어떻게 적용할 것인지 기술하기</u>

(계속)

관계 형성 접근 방법/개입:

a. 희망을 갖도록 하기 위해, **사람을 문제로부터 분리**하여 만난다.

2. 개인적, 체계적, 그리고 다양한 문화적 역동 평가하기. **다양성에 관한 고려사항:** 문화, 사회경제적 수준, 성적 지향, 성별 등과 관련된 개념에 근거하여 평가에 어떻게 구체적으로 적용할 것인지 기술하기. 평가 회기에 중요한 친구와 가족을 참여시키는 것을 고려하기.

평가 전략:

a. 타인과 문제의 영향에 대해 탐색하기 위하여, **상대적 영향력 질문하기**와 **해체 질문**을 활용하여 핵심 **지배 담론**과 **국지적 담론**에 주목한다.

b. 문제 중심적 이야기에 맞추지 않고 **독특한 결과**와 **번뜩이는 순간**을 알아본다.

3. 치료 목표에 대한 내담자의 동의를 확인하고 얻기. **다양성에 관한 고려사항:** 내담자의 문화와 종교적 가치 체계와 협력하는 상담 목표 형성하기

목표 설정 개입:

a. **독특한 결과**를 이용하여 **선호하는 현실**을 알아본다. 이러한 요소를 **의식과 행동의 측면**에서 살펴봄으로써 목표를 구체화한다.

4. 필요한 의뢰, 위기 요소, 추가적인 접촉, 내담자의 다른 요구 확인하기. **다양성에 관한 고려사항:** 구체적인 위기 요소와 의뢰 선택 사항과 관련된 다양한 문제에 대해 기술하기

a. 위기 평가 개입: **상대적 영향력 질문하기**를 활용하여 문제가 위기 상황을 만드는 전략과 개인이 그 위기 상황이 유지되도록 만드는 전략을 알아본다.

b. 의뢰 사항: 면대면의 '**이야기 동맹**', 온라인 커뮤니티로서 내담자로 하여금 문제에 대해 새로운 시각을 갖게끔 도와주는 지지 요소

초기 단계 내담자 목표

1. 내담자가 위기 행동을 **하도록 권유하는 것을 거절**할 수 있는 능력을 증가시키기

개입:

a. 내담자가 이러한 요청을 거절할 때와 마찬가지로 위기 행동에 참여하는 것에 '유도되는' 방법을 알아내기 위해 **상대적 영향력을 질문**한다.

b. 위기 행동에 관하여 내담자가 희망하는 '입장'을 알아보기 위한 **입장 진술 지도**를 분석한다. 전략, 개인, 그리고 희망하는 입장을 뒷받침하는 상황을 알아본다.

치료의 작업 단계

작업 단계 상담 업무

1. 작업 동맹의 질 점검하기. **다양성에 관한 고려사항:** 연령, 성별, 문화, 성적 지향, 사회경제적 수준 등 관련된 다양한 개념에 대한 요구를 어떻게 구체적으로 적용할 것인지 기술하기

a. 평가 개입: 상담자는 **공동 편집자/연구적 보고자**로서의 입지에 서기 위해 **허락 질문**과 **입장 차이를 고려한 견해**를 사용한다. 정기적으로 동맹에 대하여 내담자를 확인한다. 상담 회기 평가 척도를 활용한다.

(계속)

2. 내담자의 치료 과정 점검하기. **다양성에 관한 고려사항:** 연령, 인종, 교육 수준, 언어 등에 따라 상담 과정 경과를 어떻게 구체적으로 적용할 것인지 기술하기. 진행 경과를 측정하기 위한 좋은 방법을 결정하는 데 있어서 내담자를 포함시키기.
   a. **평가 개입:** 주기적으로 나타나는 **선호되는 현실** 요소의 빈도에 대해 묻는다. 내담자 진행 경과를 측정하기 위한 상담 성과 척도를 사용한다.

작업 단계 내담자 목표

1. [우울, 불안 등과 같은 특정 증상]을 감소시키기 위해 **문제에 관한 주체성**과 **내담자의 독립심**을 증가시키기
   개입:
   a. 강렬한 문제 중심 이야기로부터 내담자의 정체성을 분리시키기 위한 **외재화 질문**을 활용한다.
   b. 문제를 외재화하기 위하여 **상대적 영향력 질문하기**와 **입장 진술 지도**를 분석한다.
2. [우울, 불안 등과 같은 특정 증상]을 감소시키기 위해 내담자가 선호하는 현실을 뒷받침하는 [특정한 행동]의 빈도를 증가시키기
   개입:
   a. 변화를 가져오는 특정 행동을 알아보기 위해 **행동과 의식의 측면에서 지도 그리기**를 한다.
   b. 내담자가 문제와의 새로운 관계를 가지도록 돕기 위한 **비계 설정 질문**을 한다.
3. [우울, 불안 등과 같은 특정 증상]을 감소시키기 위해 내담자가 **원하는 삶**을 영위하기 위한 행동을 증가시키기
   개입:
   a. 변화를 만드는 **행동과 의식을 설립한다.**
   b. 문제를 다르게 바라보기 위해 **올바른 질문을 한다.**

치료의 종결 단계

종결 단계 상담 업무

1. 추후 관리를 위한 계획을 발전시키고 성과를 유지하기. **다양성에 관한 고려사항:** 치료 후 상담 성과를 유지하기 위하여 독특한 자원과 다양성에 관한 구체적인 고려사항을 기술하기
   개입:
   a. 호소 문제와 미래에 비슷한 문제로부터 요청을 거절할 수 있는 방법을 내담자가 찾도록 돕기 위해서, **행동과 의식의 측면에서 지도 그리기**를 활용한다.

종결 단계 내담자 목표

1. (우울, 불안 등과 같은 특정 증상)을 감소시키기 위해 문제와 관련한 내담자의 **새로운 정체감**과 **주체성**을 중심으로 **구성을 강화하고** 증가시키기

(계속)

개입:

a. 새로운 정체성을 유지하고 강화하는 행동계획을 개발하기 위한 **비계 설정 질문**

b. 내담자의 선호된 현실의 내적 경험과 외적 경험을 포착하여 새로운 이야기를 강화하기 위한 **행동과 의식 질문의 맥락**

2. (우울, 불안 등과 같은 특정 증상)을 감소시키기 위해 문제에 대한 새로운 관계와 **새로운 정체성 이야기를 목격**하고 지지해줄 수 있도록 내담자의 인생에서 **중요한 사람들의 관여**를 증가시키기

개입:

a. 내담자를 지지하기 위한 방법을 알아보고 변화를 관찰하기 위해 **중요한 사람들, 동맹, 또는 반영 팀을 회기에 초대한다.**

b. 선호되는 이야기와 새로운 정체성을 확고히 하기 위한 **증명서, 편지, 기타 기록된 문서**

여성주의와 문화 이론

■ 개요: 당신이 최소한 알아야 할 것

여성주의 상담 이론은 성별, 문화, 이성애 중심주의 등의 고정관념들의 결과가 어떻게 개인의 정체성과 관계에 영향을 주는지, 그리고 개인이 상담을 원하도록 하는 문제가 어떻게 발생했는지에 대해 중점을 두고 있다. 문화 이론에 의하면, 여성주의 접근은 생애 주기에 걸쳐(Jordan, 1997, 2010; Jordan et al., 1991) 사람들이 다른 사람들과의 연합을 찾고, 이를 통해 성장하고 연합을 향해 움직인다는 전제를 기반으로 하고 있다. 유대감과 공동체감은 개인의 행복감에 필수적인 것이다. 그리고 단절은 정서적 고통의 대부분의 근본 원인이고, 이는 치료의 초점이 된다. 상담 과정은 평등주의, 공감, 도덕성에 의해 특징지어진다. 관계는 진실하며 내담자와 상담자 모두 인간적인 만남을 가진다. 이러한 관계를 통해, 내담자는 성장하는 관계에 참여하는 것을 배우며, 이러한 관계는 내담자와 상담자 모두의 행복감을 증진시킨다. 또한 상담 과정은 호소 문제에 대한 영향과 사회적 힘과 억압이 내담자에게 미치는 영향을 분석하는 것을 포함한다. 상담의 과정은 개인의 삶에서 내담자의 사회정치적 인식을 증가시키고 그들의 삶, 관계, 그리고 더 큰 지역사회에서의 의미 있는 변화를 만들도록 하는 것이다.

■ 핵심: 이 분야에서의 중요한 공헌

이 장에서 한 가지만 기억해야 한다면, 반드시 다음의 내용을 기억하라.

성장을 촉진하는 관계, 그리고 다섯 개의 주요 특징

여성주의 상담에서는 인간이 기본적으로 관계적이고, 사람들이 다른 사람들과의 연합을 찾고, 이를 통해 성장하고 연합을 향해 움직인다고 생각한다(Jordan, 2010; Jordan et al., 1991). 전통적인 인간 발달 모델이 개인화를 강조하는 것과는 달리 다른 사람과의 연합을 인간의 기본적인 원동력으로 설명한다. 여성주의자들은 분리된 자아의 개념을 거짓으로 보는데, 이것은 분리의 공간적 은유에 기초한 것이다. 정신역동 이론은 일반적으로 자아를 분리시킬수록 더 잘 기능한다는 사실을 받아들인다(Jordan, 2010; Jordan et al., 1991). 이와 대조적으로, 여성주의자들은 인간발달 모델을 사용하는데, 이것은 육체적이고 정신적인 생존을 위한 인간의 고유한 상호의존이라는 사실을 인정한다(Comstock, 2005). 인간의 발달을 단계로 설명하는 모델 대신에, 여성주의자들은 복잡성으로 발달을 설명한다. 그리고 관계 안에서 분화되기 위해 그들의 능력을 증가시키는 다면적인 과정은 상호관계를 위한 수용력을 증가시킨다.

그러나 모든 관계들은 평등하게 만들어지지 않는다. 우리가 찾는 관계의 유형은 우리에게 좋은 것이고, 다른 사람들과 다르게 성장할 수 있도록 우리를 돕는다. 왜냐하면 자아의식을 안전하게 탐색하고 풍부한 경험을 할 수 있도록 돕기 때문이다. 상관관계에 있는 문화적 상담자는 이를 성장 촉진 관계로 말하는데, 이것은 다섯 개의 주요 특징에 의해 특징지어진다(Jordan, 2010; Miller & Stiver, 1997).

- 열정과 힘을 키운다.
- 자아 존중감을 키운다.
- 자신의 경험과 다른 사람, 그리고 관계에 대한 명확성과 지식을 키운다.
- 창의성과 생산성을 키운다.
- 무기력감 없이 타인과의 관계를 추구한다.

여성주의 상담자는 회기 밖의 관계에서 진정한 내담자의 능력을 증가시키고 개인적인 성장을 촉진시키기 위하여 내담자와의 관계를 촉진시킨다. 내담자를 평가할 때 여성주의 상담자는 내담자의 삶에서의 성장 촉진 관계에 대해서 주의 깊게 듣는다. 이것은 다섯 개의 주요 특징으로 살펴볼 수 있다. 상담자는 내담자가 이미 가지고 있는 성장 촉진 관계를 돕는다. 그리고 성장 촉진 관계로 바뀌어야 할 다른 관계를 바꾸거나 새로운 관계를 발달시킨다.

■ 큰 그림: 상담 과정의 개관

여성주의 상담 과정은 다음과 같은 약 두 가지의 주요한 주제를 발달시킨다. (1) 평등주의 상담 관계, (2) 상담 회기 밖에서도 진정한 관계를 형성할 수 있는 내담자의 능력을 증가시킨다.

1. **평등한 관계로 발전시키기**: 상담 과정의 초기 목표는 관계를 발전시키는 것이다. 이 관계는 내담자가 (1) 안정감을 느끼고 이해받고 있다고 느끼는 관계이며, (2) 관계 형성에 참여한다고 느끼게 되는 관계이다.
2. **사회적 소외와 단절의 근원을 탐색하기**: 다음으로 상담자는 호소 문제와 관련된 사회적 소외와 단절의 원인을 알아보기 위해 내담자와 함께 탐색한다.
3. **진실성을 촉진시키기와 역량 강화**: 상담 관계를 진실성과 공감을 경험하기 위한 공간으로 사용하면서 상담자는 내담자의 삶에서의 관심 영역이 상담 회기 내에 다루어지고, 일상에서도 확장되어 학습될 수 있는 역량을 강화시킨다.
4. **더 나은 관계와 공동체 만들기**: 상담 과정의 마지막 단계에서, 내담자는 관계와 공동체를 촉진시키는 것의 일부가 되기 위해서, 자신과 다른 이들의 억압의 형태를 줄이기 위해 사회적인 변화를 촉진시키도록 격려 받는다.

■ 관계 형성하기: 상담 관계

평등주의

여성주의 상담에서 중요하게 살펴볼 부분은, 내담자는 관계에서 내재된 권력의 불균형을 면밀히 다루는 것을 통해 **평등한** 상담 관계를 만들기 위해 노력한다(Brown, 1996, 2010; Enns, 2004). 이러한 역설적 과업을 정확히 어떻게 해낼까? 여성주의 상담자는 진단 과정, 다른 전문가들과의 대화, 그리고 선택된 이론 상담과 같은 힘의 역동과 상담의 정치성에 관한 열린 논의를 한다. 이러한 대화들에서, 상담자는 상담 과정을 **충분히 설명**하고 그들의 의견들을 상담자와 공유하기를 요구하며, 질문하고, 그들 스스로 조사도 함으로써 모든 것이 상담자의 생각 및 이론과 함께 평등하게 고려된다(Worell & Remer, 1992). 협력적 치료에서처럼, 여성주의 상담 과정은 내담자의 문제를 해결하는 가장 좋은 방법은 **상호간의 탐색**이다. 이러한 탐색에서 상담자는 내담자가 그들 자신의 삶에 관해서는 전문가라는 사실을 인정해야 한다.

덧붙여, 여성주의 상담자는 관계에서의 평등한 감정을 증가시키기 위한 **자기개방**을 사용한다. 그리고 내담자의 삶에서 희망과 용기를 발달시키기 위해 돕는다. 상담자의 평등한 관계에 기반한 자기개방은 관계에서의 혼란을 내담자의 잘못으로 추측하는 것이 아니라, 그들이 잘못했을 때는 인정하고, 바로잡는 것에 대해 열려있으며, 개인적 방어들을 인식하고 있는 것을 포함한다. 상담 관계는 상담자가 오해와 갈등에 대해 동등하게 책임을 지고 좋을 때도 있고 나쁠 때도 있는 양방향적인 관계이다.

상호간의 공감과 성장

특수한 여성주의 개념인 상호간의 공감은 **쌍방의 공감**을 일컫는다. 이것은 상담자와 내담자 각자가 다른 사람의 내적 경험과 다른 사람들로부터의 경험 **반응**을 보고, 인식하고, 느낄 수 있는 것이다. 상호간 공감은 서로가 서로에게 영향을 주고, 돌보고, 반응하는 것 모두와 관련이 있다. 이러한 상호관계의 경험은 발달에 중요한 초기 관계에서의 공감적 실패를 바로잡는다. 덧붙여, 개인이 경험하는 공감 사이에서 활발한 뇌 공명이 있으며, 이것이 긍정적인 방식으로 뇌의 기능을 변화시킨다는 최근의 연구가 있다(Schore, 1994). 상담자는 내담자로 하여금 그들의 말이 상담자에게 개인적으로, 인간적으로 영향을 준다는 것을 깨닫도록 한다. 이러한 변화는 내담자가 더욱 연결되어 있다고 느끼도록 하며, 다른 사람들로부터 고립감을 줄이고, 성장을 촉진하는 관계에 대한 능력을 증진시킬 수 있도록 돕는다('핵심'에서 앞서 언급했던 성장 촉진 관계에 관한 내용 참고). 덧붙여, 상담자 또한 진정으로 그리고 개인적으로 영향을 받으며 상담자 또한 성장하게 된다.

상담 관계는 상호관계를 기반으로 형성하는데, 이것은 나약함, 갈등과 다툼, 또는 대립이 없는 지나치게 달콤한 관계가 아니다. 실제로, 이러한 관계들은 높은 수준의 솔직함과 진실성을 요구하는데, 이것은 본질적으로 갈등과 차이점을 표면으로 들추어낸다. 그러나 관계적 맥락으로 인해 이러한 차이점들은 '좋은 갈등'을 가져오게 되는데, 이것은 개인의 특수한 경험, 신념, 감정이 존중되고 반응되며, 각 구성원들이 배우고 성장하도록 한다(Jordan, 2010). 좋은 갈등에서, 차이점이 있다고는 하지만, 각 개인은 근본적으로 관계가 위협적이지 않다는 믿음과 안정감을 느낀다. 그래서 상담자는 권력자의 위치로 후퇴할 수 없으며, 평등함과 인간적 존재로 유지되며 내담자와의 차이점을 고려하여 조심스럽게 작업을 하게 된다. 사실은, 갈등과 단절의 순간은 성장을 위한 좋은 기회를 제공하는 것이다. 상담자가 현재를 유지하며 즉각 대응할 수 있는 이러한 순간에 정확하게 내담자가 관계와 관련된 경험을 교정할 수 있도록 돕고, 새로운 관계의 패턴을 발달시키는 것을 가능하게 한다(Jordan, 2010). 내담자는 이러한 작업을 상담자와 함께 처음으로 배워나간다. 그리고 이러한 작업을 다른 관계에도 적용시킬 수 있다.

진실성

여성주의 상담자는 내담자와의 관계에서 진실성을 함양한다. 상담 맥락에서 진실성은 상담자가 단지 모든 오래된 감정, 생각, 또는 자발적으로 일어나는 반응을 표현하는 것을 의미하는 게 아니라, 진심으로 내담자의 필요와 행복을 고려해주는 진실한 반응을 의미하는 것이다. 임상적 판단과 윤리는 항상 내담자의 진실성 있는 표현으로 안내한다(Jordan, 2010; Jordan et al., 1991). 어떤 진실한 표현이 적절한지 판단하는 과정에서 여성주의자는 다음과 같은 질문을 한다. '이러한 것(정보, 행동, 표현 등)이 내담자의 성장을 촉진시킬 것인가? 더 나아가 치유가 될 것인가? 이것은 관계를 강화시키는가?' 실수는 발생할 수 있으며 그럴 경우, 상담자는 늘 사과할 준비가 되어있어야 한다. 그리고 관련된 단절을 없애고, 내담자의 반응을 경청하는 것에 대해 열려 있어야 한다.

여성주의자 윤리 강령

여성주의자 치료 협회(Feminist Therapy Institute, 2000)에서 여성주의자는 **여성주의자 윤리 강령**을 발전시켜왔다. 이것은 상담자가 다른 전문적인 강령뿐만 아니라, 내담자에게 그들의 상담 작업과 관계에 대해 알려주기 위해 사용한다. 이러한 윤리 규범은 지배적인 문화 규범의 영향에 대해 인식시키는 데 초점을 둔다. 그리고 관계에서 힘의 격차를 인식하는 것이며, 오용을 피하기 위해 중복된 관계를 관리하고, 상담자 책임을 확고히 하는 것이며, 사회적 변화를 촉진시키는 것이다.

> ……여성주의자들은 개인적인 것이 정치적인 것이라고 생각한다. 여성주의의 기본 방침은 모든 사람이 가지는 평등한 가치에 대한 믿음을 포함한다. 그리고 각 개인의 경험과 상황이 사회의 일상화된 태도와 가치에 대한 영향을 반영한다는 인식과, 사람들 사이에 힘을 평등하게 하는 사회적 변화와 정치에 대한 몰두를 포함한다. 여성주의자들은 억압적인 사회의 태도와 사회의 만연한 억압적인 영향을 감소시키고 인식하기 위해 노력한다. (p. 1)

남성과 여성주의 상담

남성이 여성주의 상담자가 될 수 있는가? 여성주의 상담자가 남성과 함께 상담을 진행할 수 있는가? 물론이다. 주요 이론들이 여성주의 문학에서 비롯된 이론이기는 하지만, 그 이면의 가치는 보편적으로 적용할 수 있다. 관계문화적 치료와 같은 동시대의 여성주의 접근은 단순히 여성의 문제보다 관계적인 민감성과 다양성을 더욱 강조한다. 억압의 종결, 평등, 상호관계와 같은 여성주의 접근을 정의하는 가치는 남성과 여성에 대해 타당성을 지니며, 두 성별이 모두 진실성 있고 보다 나은 사회적 연결성을 가지며 살아갈 수 있도록 돕는 잠재력을 가진다.

역설적으로 미래에는 여성주의 접근이 남성에 대해 더 많은 관련성을 가지게 될 것이다. 21세기의 경제, 정치, 사회 변화는 급격하게 사회에서의 남성의 역할을 재정의한다. 그리고 남성은 집단으로서 이러한 변화에 적응하는 것에(20세기에 여성들의 사회적 역할이 재정의되면서) 여성들이 겪었던 어려움보다 많은 어려움을 겪어왔다(Rosin, 2010). 예를 들어, 2010년에 처음으로 더 많은 미국 여성들이 일을 하게 되었다. 동시에, 대학 졸업자의 60%가 여성이었다. 많은 남성들은 산업화 이후의 경제에서 그들 자신을 정의하기 위해 애썼다. 산업화 이후의 경제는 물리적인 힘과 크기보다 유연함, 관계, 협력을 더 중요하게 여긴다. 덧붙여, 남성의 사회화는 많은 남성들이 자신의 감정과 단절되도록 한다. 이러한 단절은 그들이 성인기에 관계를 맺는 방식을 탐색하도록 만든다(Shepherd, 2005). 앞으로, 여성주의 상담자는 남성의 사회적 역할이 극적이고 빠르게 재정의됨으로써 의미, 정체성, 연관성을 찾는 데 어려움을 겪는 남성을 돕는 데 대단히 좋은 능력을 지니고 있음을 발견할 수 있다.

■ 관점: 사례 개념화

개인적인 것이 정치적인 것이다, 정치적인 것이 개인적인 것이다

여성주의 상담의 기본적인 가정 중 하나는 개인적인 것이 정치적인 것이라는 것이다. 이것은 개인의 내적 현실을 의미한다. 그러므로 병리학은 본질적으로 폭넓은 사회적 맥락으로부터의 정치적 쟁점과 서로 관련이 있다(Brown, 2006; Remer, 2008). 이는 여성뿐만 아니라, 남성에게도 적용된다. 선택 가능한 성적 취향뿐만 아니라, 이성애자, 그리고 모든 문화적·인류적 배경의 개인에게도 마찬가지이다. 그 역 또한 진실이다. 정치적인 것은 또한 개인적이다(Brown, 2006). 이것은 사회적 차원에서 발생하는 일이 개인에게 영향을 준다는 것이다. 그래서 사례 개념화를 할 때, 여성주의 상담자는 내담자가 개인적 경험에 영향을 주는 사회적·사적 억압을 인식함으로써, 문제의 내적 근원과 외적 근원을 구별하도록 한다. 예를 들어, 라틴아메리카의 여성에 대한 미국인 고정관념과 사회적 기대는 전문적인 직업을 가진 라틴 아메리카계의 어머니들이 많은 것을 살피도록 조장하며, '엄마'와 '전문가'의 역할에 대한 모순된 기대를 유지시킨다. 비슷하게, 약물남용의 문제를 가진 노동자 계급의 아프리카계 미국인 아버지는 그의 문제와 관련하여 성별, 인종, 경제적 수준에 대한 사회적 역할을 조사하도록 되어있다. 이 장의 뒷부분에 제시되어 있는 '사례 연구'의 Jose의 경우, 게이, 멕시코계 미국인, 노동자 계급, ADHD 진단자, 약물 남용자로 인식되는 것의 정치적 효과를 탐색하다 보면 결과적으로 다양하게 얽혀있는 소외 계층을 고려하게 될 것이다.

DSM 진단에 대한 정치적 견해

이 장의 다른 포스트모더니즘처럼 여성주의는 억압적인 관행으로서 DSM 진단에 대해 오랫동안 이의를 제기해왔다. 비평은 그 어느 때보다도 더욱 활발하다.

> 나는 DSM에 의한 진단적 과정에 대한 여성주의자의 비판은 분명히 존재하며, 미래에는 삶의 과정 동안 낙인찍힌 사람들의 수가 증가함에 따라 이러한 비판은 더욱 필요해질 것이라고 제언한다. 최근 보도에 따르면 미국의 절반이 넘는 수가 DSM에 의해 병리자로 진단된다는 것은 무엇을 의미하는가? 여성주의 상담자들의 비판은 복잡한 분석을 요구한다. 그리고 고통의 다양한 형태에 대한 최근 자료들의 통합을 요구한다. 한편으로, 기존에 있는 가정에 의문을 제기하고, 몇 가지 현상의 불변하는 성질에 대하여 의문을 제기한다. 그리고 다른 한편으로 트라우마 스트레스에 노출됨으로써 크게 변화되는 신경구조로 주의를 환기시키다. 여성주의 이론은 우리가 내담자들의 주관적인 경험을 포함한 다양한 요소를 사용하여 내담자의 고통을

개념화하기를 요구한다. (Brown, 2006, p. 19)

당신이 예측한 것처럼, 여성주의 상담자는 진단명을 찾는 데에 서두르지 않는다. 대신에, 여성주의 상담자는 사회적 규범, 문화적 차이점, 성 정치, 트라우마, 그리고 내담자의 주관적 경험에 대한 영향과 상황에 관한 이해를 포함하는 신중한 사례 개념화를 세심하게 발전시킨다(Brown, 2010). 대부분의 여성주의는 진단이 내담자에게 도움이 될 수 있고 자유롭게 해줄 수 있다는 데에 동의할 것이다. 예를 들어, 성적 학대를 당한 여성은 트라우마 증상으로 플래시백, 악몽, 과민이 정상이라는 사실에 안도감을 느낄 것이다. 모든 경우에서, 여성주의 상담자는 정치적 영향에 대해 세심하게 인식하고 있다. 이러한 영향은 관계(예: 친구, 배우자, 그리고 가족이 사람을 보는 방식), 의료(예: 보험회사의 서비스와 비용), 그리고 가장 중요한, 내담자가 그들 자신에 대해 이해하고 인식하는 방법에 대해 진단이 갖는 의미이다.

성 역할

평가의 주된 영역 중 하나로, 여성주의 상담자는 내담자의 성 역할 기대와 이 기대가 호소 문제와 내담자의 삶에 어떻게 더욱 폭넓게 연관될 수 있는지에 대해 주의 깊게 탐색한다(Miller, 1986). 여성주의자는 "성별은 문화, 민족성 또는 사회적 수준, 성별에 의한, 사회 구조로 인해 파생된 성에 의해 다른 정체성이 만들어지기 이전에 사람들이 경험하는 첫 번째 정체성이며, 종종 아이들이 태어나는 인간 세계에 대하여 사람들에게 가장 중요한 변수이다."(Brown, 2010, p. 52)라고 말한다. 상담자는 내담자가 성별에 대한 사회적 메시지를 어떻게 내면화하는지를 탐색한다. 그리고 개인의 사회적 수준, 문화적 배경, 직업, 성적 지향이 내담자가 어떻게 성 역할에 대해 이해하도록 하는지를 탐색한다. 예를 들어, 우울하다고 응답한 많은 여성들은 성별이 요구하는 기대를 강하게 유지하고 있다. 이러한 기대는 여성이 신체적, 정서적, 직업적으로 그들 자신보다는, 다른 이들의 필요를 우선시한 것을 반영한 것이다. 놀라울 것도 없이, 국립 정신건강연구소(National Institutes of Mental Health: NIMH)는 남성보다 여성이 정신건강 장애뿐만 아니라, 주요 우울 장애로 진단되는 경향이 더 많다고 보고했다(NIMH, 2010). 감정의 고조 없이 상냥하며, 다른 사람을 돌보는 여성에 대한 사회적 압력은 개인적인 희생을 가져오고, 우울증의 단계를 발생시킨다(Kaplan, 1991). 여성주의 상담자는 성 역할의 상호작용과 심리적 고통의 발달을 탐색한다.

관계 속의 자아

전통적 이론 중의 하나인, 관계 속의 자아 이론은 여성의 발달을 개념화하기 위한 대안적인 모델을 나타낸다(Surrey, 1991). 전통적인 발달 이론과는 대조적으로, "관계 속의 자아는 자아의 주된 경험이 관련 있는 여성에게 자아가 중요한 관계의 맥락에서 발달되고, 조직되었다는 사실에 대한 인식을 포함한다"(p. 52). 그래서 자율성과 자기 의존, 자아실현, 독립의 다른 형태를 강조하는 Erickson 발달 모델에 따르기보다는(8장), 여성주의자는 **관계를 통해** 자아감을 발달시키는 것으로써 여성을 설명한다. 그런 이유로 상담자는 사례 개념화를 할 때, 관계를 통한 여성의 발달을 본다. 그리고 여성의 삶에서 중요한 관계를 통해 자아의 발달과 발전을 탐색한다.

소외와 억압

현대 '여성주의' 상담자는 여성 개인의 문제보다 더 많은 문제에 관심을 가진다. 그들은 성별뿐만 아니라, 사람들이 문화, 인종, 성적 지향, 연령, 능력, 경제 수준, 종교, 그리고 많은 다른 요인들로 인해 소외될 수 있다는 점을 인식한다. 이러한 감정에 기여하는 모든 것은 지배적 집단으로부터 **단절**되어 있고 소외되어 있다. 그리고 '다름'에 대하여 거부한다. 이러한 요소는 사람들이 자신이 '다름'으로 인해 지배적 집단에서 소외되고 단절되는 느낌을 갖게 한다. 만성적으로, 자아의 일부분을 숨겨야 하는 것은 심리적 증상과 병리를 초래한다(Jordan, 2010). 그래서 여성주의 상담자는 내담자 문제의 근본이 사회적 억압과 소외라고 생각한다(Brown, 2010). 사례 개념화 과정에서 이러한 소외의 근본을 알아봄으로써, 상담자는 내담자가 충실하고 확실한 생활을 영위하기 위해 필요로 하는 관계를 만들어갈 수 있도록 언제, 어떻게 도와야 할지 파악한다.

관계적 이미지

관계문화적 상담자는 내담자의 **관계적 이미지**, 내적 구성물, 그리고 초기 생활 경험에 기초한 관계에 대한 기대를 평가한다. 그리고 이것들이 어떻게 현재의 관계에 영향을 미치는지에 대해 세심하게 알아본다(Jordan, 2010). 만성적인 단절과 트라우마를 경험한 사람은 부정적인 관계적 이미지를 발달시킨다. 이러한 이미지는 성장을 촉진시키는 관계에서 충분히 참여할 수 있는 그들의 능력을 약화시키는 것이며, 진실성을 경험할 수 있는 능력을 제한시키는 것이다. 그러한 부정적인 이미지는 다른 관계로 투사된다. 그리고 괴로운 생활 방식을 반복시킨다. 그래서 사례 개념화 과정은 이러한 방식을 알아보는 것을 포함하는데, 이러한 방식은 상담 관계에서 자주 말로 설명되기도 하고 재연되기도 한다. 특히, 상담자는 **영향력을 빼앗기고 부끄러움**을 초래하는 **지배적 이미지**를 관리하는 것에 주목한다. 이러한 이미지는 내담자의 정체성을 형성하고 바람직한 것이 무엇인지 정의한다. 이러한 지배적 이미지는 내담자 스스로 거역할 수 없는 경우가 많으며 내담자가 자신의 일부를 거부하게 하여 **내적 억압**을 초래하고 자기 자신과 타인으로부터 단절된다. 상담 관계는 내담자가 그들의 관계적 이미지를 수정하는 장으로 활용되므로 내담자는 더욱 만족스러운 관계를 경험할 수 있다. 이러한 과정을 **교정적 관계 경험**

(correctional relational experience)이라고 한다(8장 참고).

관계적 회복탄력성과 용기

치료에서 중요한 자질인 **관계적 회복탄력성**은 필요로 할 때 도움을 구하는 능력뿐만 아니라, 단절과 공감 실패 후, 관계로 되돌아가는 능력을 말한다(Jordan, 2010). 상담자는 내담자로 하여금 상담에서나 회기 밖에서 단절을 회복하도록 강요하지 않는다. 대신, 그런 시도를 할 수 있는 안전한 상황을 만들어주고 옳고 그름을 따지는 것보다 관계가 우선시된다는 것을 보여준다. 탄력성을 발달시키는 것은 용기를 필요로 한다. 그러나 이는 개인의 성취와 타인 지배를 미화하는 영웅 전설의 형태가 아니다. 대신에, **관계적 용기**는 꽤 조용하고 무서운 것이다. 이는 개인이 자신의 취약성과 다른 사람에게 기꺼이 마음을 터놓는 것을 요구한다. 상담자의 역할은 내담자가 친밀함과 관계 요구에 대한 위험을 기꺼이 받아들이도록 '격려'하는 것이다.

'관여하기'와 연관성

여성주의 상담자는 평가 시에 성장촉진 관계와 내담자가 스스로 '관여한다고' 느끼는 다른 맥락들에 특별히 주목한다. '관여한다'는 것은 타인으로부터 가치 있고 소중하게 여겨진다는 느낌이다(Jordan, 2010). 개인적 관계 또는 폭넓은 사회적 공동체에 관여한다는 것은 정신건강과 관계적인 건강 및 행복에 중요하다. 최근 연구에서는 관여하기가 특히, 심각한 정신병을 진단받은 개인에게 중요하다는 결과가 나왔다(Davidson, Tondora, Lawless, O'Connell, & Rowe, 2008). 상담자는 내담자의 (1) 관여하기가 이루어지는 관계와 (2) 이러한 유대가 발전되어야 할 관계를 파악함으로써 목표 설정을 하고 장점을 더욱 부각시키는 방향으로 나아간다.

단절 전략과 중요한 상관관계 역설

관련성의 근원을 알아보는 것과 더불어, 여성주의 상담자는 내담자가 취약함을 느낄 때 다른 사람들과 단절하는 패턴을 알아본다. 상담자는 내담자의 단절에 대한 평가를 위해 다음과 같은 몇 가지 질문을 활용한다.

단절에 대한 평가

1. 다른 사람들과 단절하기 위해 무슨 전략을 사용했습니까? 가족, 배우자, 친구, 동료, 자녀 등?
2. 이러한 방법을 처음 배우고 사용한 곳은 어디입니까?

(계속)

3. 수치심이나 권리의 손상이 단절의 필요성을 촉진했습니까?
4. 최근 관계에서 이러한 전략이 어떻게 유용했습니까?
5. 내담자는 어떻게, 언제 관계를 다시 회복할 수 있는지에 대해 알고 있습니까?

SELF 스스로 해보기

파트너를 찾아서 각각의 질문에 대답하라. 서면 형식으로 혼자서도 이 작업을 수행할 수 있다.

사람들이 계속되는 단절에 대처하는 한 가지 방법은 개인의 진실성을 잃어가면서 다른 사람들이 원하는 것에 맞추기 위해 자신을 변화시키는 것이다. 이는 **주요 관계적 역설**로 일컬어지는데, 이러한 역설은 단절에 대응하여 한 사람이 진실한 관계를 회피함으로써 어떻게 연관성을 찾는지를 설명하기 때문이다. 연관되지 않으면서 연결을 맺고자 하는 이러한 역설적인 시도는 내담자가 건강함을 향상시키는 성장 촉진적인 관계를 경험하기 위하여 반드시 변화해야 한다.

변화를 목표하기: 목표 설정

사회정치적 인식과 권한

여성주의 상담자는 개인적인 정체성이 어떻게 사회의 방대한 영역과 상호 연결되어 있는지에 대한 **사회정치적 인식**을 증진시키기 위해 애쓴다. 그리고 내담자가 스스로를 대안적인 기준에 의해 정의하려는 **힘을 실어주기** 위해 노력한다. 여성주의자는 **성별, 민족성, 사회적 계급, 성적 지향, 신체적 특성, 신체 능력**이 개인의 정체성과 자존감에 큰 영향을 미치는지를 모든 내담자가 더욱 잘 인식할 수 있도록 노력한다(Worell & Johnson, 2001). 그러므로 목표 중 하나는 내담자가 이러한 사회문화적 변수가 어떻게 그들의 정체성을 나타내는지에 관한 인식을 더 증진시키고, 비판적으로 변수의 영향력을 평가하며, 궁극적으로는 충분한 인식을 가지고 정체성에 대한 감각을 정비함으로써 자신의 정체성을 발달시키도록 돕는 것이다. 이러한 과정에서 개인적인 중요성을 갖는 개인적 가치와 지역사회로부터의 가치를 활용한다.

관계

여성주의 상담 중에서도 관계문화 상담은 관계를 형성하는 것을 목표로 하는데, 이는 특히 **성장 촉진 관계**를 말한다(Jordan, 2010). 그러한 관계를 내담자가 수립할 수 있을 때, 진정한 자기를 온전히 경험할 수 있는 맥락을 형성하게 된다. 관계는 삶에 대한 열정을 느끼고, 자아를 평가하고, 생산성을 준다. 이러한 관계는 평생 동안 최고의 자기로 발전할 수 있게 도와주는 가장 좋은 재료이다.

■ 실천: 개입

여성주의 기법에 대한 소개

여성주의 상담은 개입하는 것보다 '살펴보는 것', 사례 개념화, 그리고 상담 관계의 질이 더 중요하다. 사실, 다른 접근들로부터의 개입도 성과 문화에 민감하게 적용되면 가져올 수 있다(Enns, 1995; Worell & Remer, 1992). 다음은 여성주의 상담에서 사용되는 특수한 기법들 중 몇 가지이다.

성 역할 분석

대표적인 개입 방법인 성 역할 분석은 어떻게 남성과 여성 행동에 대한 문화적 규범이 내담자의 현재 고통에 영향을 주는지를 내담자가 알아보도록 도와주는 것이다. 그리고 내담자의 종교, 직장, 가족, 민족적 전통과 같은 내담자 삶의 각각 맥락으로부터 다양한 문화적 규범을 포함하는 것이다(Enns, 2000; Worell & Remer, 1992). 여성과 남성 모두에게 적용되는 성 역할 분석은 인식되지 않는 압력과 문제를 뒷받침하고 있는 신념을 내담자가 인식하도록 돕는다. 이 장의 뒷부분에 있는 연구 사례에서, 상담자는 어떻게 Jose의 성 역할이 게이라는 것, 직업 수준, 인종(멕시칸계 미국인), 종교(천주교 가정)의 영향을 받았으며 이러한 것들이 어떻게 약물 남용과 ADHD 진단에 영향을 주었는지 인식할 수 있도록 돕는다.

성 역할 분석을 촉진시키는 질문

- 호소 문제와 관련하여 '좋은 여성(또는 남성)'이 되는 것에 관해 당신이 가지는 신념은 무엇입니까?
- 직장에서, 집에서, 당신의 가정에서, 친구와, 아이들과, 당신의 종교적인 공동체에서, 민족 공동체에서, 또는 어딘가 다른 곳에서 당신에게 영향을 주는 성별 고정관념을 어떻게 인식합니까?
- 소녀/소년 또는 남성/여성이 되는 것의 의미에 관해 부모로부터 배운 것은 무엇인가? 오늘날 당신에게 여전히 영향을 주는 이러한 개념은 어떤 것이 있습니까?
- 당신이 생각하기에 직장에서 여성(또는 남성)의 역할이 무엇이라고 봅니까? 관계에서? 가정에서? 재정적인 것과 관련하여? 건강과 관련하여?
- 남성, 여성, 이성애자, 게이/레즈비언/양성애자/성전환자라고 밝히는 사람과의 관계는 어떻습니까?

(계속)

- (만약 이성애자 관계에 있다면) 당신의 관계에서 성 역할을 유발시키는 것을 어떻게 이해합니까? 이러한 결과가 마음에 듭니까?
- (만약 동성과의 관계에 있다면) 당신의 관계에서 성별 고정관념과 게이/레즈비언 고정관념을 유발시키는 것을 어떻게 이해합니까?
- 성별 관계와 문화적 쟁점에 대한 당신의 철학은 무엇입니까?
- 성별, 문화, 성적 지향, 수준, 능력, 그리고 다른 다양한 변수들이 당신이 당신 자신을 바라보는 방식에 어떻게 영향을 미칩니까?

SELF **스스로 해보기**

파트너를 한 명 찾고 위의 질문을 사용해서 성에 대한 경험과 어떻게 이러한 경험이 삶에 영향을 미쳤는지 알아보라.

자기주장 훈련

고전적인 인지행동주의 기법으로, 여성주의자는 내담자에게 자율권을 주도록 돕기 위해 자기주장 훈련을 적응시킨다. 특히 여성은 사회로부터 자신의 욕구보다 남의 욕구를 우선에 두도록 가르침을 받았다(Worell & Remer, 1992). 자기주장 훈련은 적극적이고, 수동적이고 공격적인 행동의 차이점을 내담자들에게 가르치는 것이다.

- 적극적 행동: 자신과 타인의 필요에 균형을 맞출 수 있다.
- 수동적 행동: 타인의 필요에만 주목한다.
- 공격적 행동: 자신의 필요에만 주목한다.

심리학적 학습 능력 평가 방법의 접근을 이용하여, 내담자는 역할 수행과 현실 경험을 통해서 자신의 욕구를 주장함과 동시에 대인관계 상황에서 타인의 욕구 또한 존중하는 방법을 배운다.

자존감 훈련

자존감이 매우 낮은 여성, 고정된 성 역할 고정관념에 의해 위축된 여성에게 자기주장 훈련에 대한 대안으로 제안된 자존감 훈련은 내담자의 자기 인식과 자신감 증가를 강조한다. 이것은 궁극적으로 대인관계에서 자신의 필요를 주장할 수 있게 하기 위함이다(Stere, 1985). 자존감 훈련은 개인적인 기술의 네 가지 영역을 발달시킨다.

1. 자신의 감정을 합리적이고 타당한 것으로 받아들이기: 죄책감과 사회문화적 불공평과 관련된 억울함을 타당화하기, 감정 반응을 신뢰하기, 감정을 표현하기

2. 자신을 만족시키는 방법 알기: 원하는 것을 알기, 자격 느끼기, 자기 자신의 이익에 대해 요구하기와 행동으로 옮기기
3. 개인적 강점을 알아보기: 여성의 우수함을 평가하기, 성공하기 위한 용기를 느끼기, 긍정적인 자기 진술을 하기
4. 개인적 '결함'을 받아들이고 관대한 자아가 되는 것: 자아에 대한 현실적인 기대를 발달시키기, 비평을 받을 때도 평온함 느끼기, 결함이 무엇인지 진술하기

교정적 정서 경험

관계문화 이론은 상담 관계의 상관이 **교정적 정서 경험**에 대해 수많은 기회를 제공하는 방법을 나타낸다. 오래된 관계적 이미지의 경험은 상담자에 의해 재작업된다. 대안적인 것을 제공하고, 내담자가 다른 관계에 대해 단절을 경험한 상황에서의 반응을 연결시킨다(Jordan, 2010). 예를 들어, 매우 비판적인 부모에게 자란 내담자는 약간의 부정적인 언급에서조차, 심각하고 고통스러운 단절을 자주 경험한다. 상담자가 비난당했다고 느끼거나 마치 어떠한 식으로 실패를 경험한 것처럼 느끼는 내담자와 교류하고 공감할 수 있을 때, 상담자는 내담자가 다른 사람들이 자신을 버리고 떠날 것을 예상하게 되는 때에 관여하는 것을 통하여 **교정적 관계 경험**을 제공한다. 관계에 서로 참여하고 공감하는 것을 지속함으로써, 상담자는 우선적으로 회기와 궁극적으로 상담 상황 밖의 관계에서 다양한 교정적 정서 표현을 통해 내담자를 돕는다.

자기 공감

관계문화적 접근은 내담자에게 **자기 공감**을 발달시키는 것의 중요성에 대해 강조한다. 이것은 공감적 인식과 자기 자신의 경험에 대해 관대함을 유지하는 것을 야기하는 능력을 말한다(Jordan, 2010). 내담자는 판단하고 거절하기보다는, 그들의 감정을 유지하는 방법과 그 감정들이 어떻게 발생했는지에 대해 공감을 경험하는 법을 배운다. 내담자는 외부로부터, 그리고 상담자로부터 처음으로 공감을 경험한다. 그 후, 그들의 내적 대화에서 이러한 같은 종류의 공감을 사용하도록 격려된다. 상담자들은 '나는 이런 식으로 절대 느낄 수 없어.' 또는 '나는 X를 했기 때문에 멍청해.'와 같은 그들의 부정적인 자기 진술에 도전함으로써 자기 공감을 향상시킨다. 오히려 자신에게 '당신은 다른 사람들에 대해 매우 수용적이네요. 하지만 당신은 자신에게 이와 같은 특징들(행동, 감정 등)을 수용하지 않아요.'와 같은 질문으로 반박하는 것이다. 만약 내담자가 특히 자기혐오적이라면, 상담자는 내담자에게 자기의 상황을 친구가 경험했다고 상상하도록 요구할 것이다. 그리고 그런 경우였다면 내담자가 상황을 어떻게 이해했을 것인지 알아보도록 할 것이다.

사회적 행동주의와 사회적 정의

여성주의 상담은 단독의 과정이 아니다. 내담자는 자신의 성별과 개인적 정체성 이야기를 외부와 단절된 상태에서 의미 있게 재정의할 수 없다. 상담 관계에서조차도 그렇다. 그 특성상, 개인의 성 역할 변화와 연결성 형성은 관계와 지역사회에서 일어난다. 내담자가 변화하기 위해, 그들의 관계와 사회적 연관성 또한 변화되어야만 한다. 흔히 성취되는 한 가지 방법은 사회적 행동주의, 다양한 형태의 사회적 정의 실현, 그리고 내담자가 치료의 종결 단계에서 종종 자발적으로 추구하는 활동을 통한 방법이다. 이는 사회적 운동에 참여하는 것처럼 전형적인 방법뿐만 아니라 직장에서 부모 집단을 형성하거나 친구들을 모아서 체형 문제에 대해 목소리를 높이는 등의 방법으로도 실현될 수 있다. 때때로, 내담자는 상담자에게, 성적 학대를 당해온 아이들이나 도움이 필요한 이민자들과 같은 특정 집단이 있는 사회에 영향을 미칠 수 있는 방법을 묻는다. 그리고 상담자는 도움을 줄 준비가 되어 있어야 하며, 내담자에게 적절한 사회 자원을 통해 도움을 줄 수 있어야만 한다. 종종, 비슷하게 고통스러운 상황을 경험한 다른 사람을 돕는 것은 변화의 경험이 될 수 있는데, 이는 내담자가 희생자처럼 느끼는 것에서 충분한 회복으로 변화하는 경험이 된다.

덧붙여, 여성주의 상담자는 사회적 정의 실현에 직접 참여한다. 그리고 사회적 변화에 영향을 주는 직업적, 개인적 장소 모두를 활용한다. 이러한 것은 법정 장면에서, 또는 내담자와 관련된 다른 상황에서 정신건강 또는 다른 도움을 얻음으로써, 내담자를 지지하는 형태를 취한다. 게다가, 여성주의 상담자는 일반적으로 폭넓은 사회적 움직임, 여성의 움직임, 내담자의 올바른 단체, 아이들의 지지, 정치적 캠페인, 그리고 사회적 변화를 향상시키기 위한 비슷한 노력에 개입된다.

종합: 여성주의 치료 사례 개념화와 치료 계획 양식

■ 이론 기반의 사례 개념화: 여성주의

아래의 내용은 여성주의 치료를 활용하여 이론 기반의 사례 개념화를 발전시키는 데 사용될 수 있다. 각 이론 장의 마지막 부분에 제시되어 있는 교차 이론적 사례 개념화는 이러한 이론 기반의 개념화의 핵심 요소를 포함하는 사례 개념화를 쓰기 위한 예시를 제공한다. 이론 기반의 사례 개념화의 종합적인 예시는 『상담 및 심리치료의 이론과 치료 계획』(Gehart, 2015)에 제시되어 있다.

- 정치적으로서의 개인, 개인적으로서의 정치: 내담자의 호소 문제를 어떻게 폭넓은 정치적, 사회적 맥락과 관련시킬 것인지, 그리고 내담자의 호소 문제가 방대한 정치적, 사

회적 맥락과 어떻게 연관되는지, 그리고 내담자의 개인적 삶에 대한 정치적 영향력은 어떠한지를 기술한다.

- 진단의 기준: 내담자의 DSM 진단과 관련된 정치적, 사회적 고려사항을 기술한다.
- 성 역할: 성 역할 기대가 호소 문제와 관련하여 어떻게 내담자에게 영향을 주는가?
- 관계 내 자아: 중요한 관계가 내담자의 자아감을 어떻게 형성하는지를 기술한다.
- 소외와 억압: 내담자가 언제 소외와 억압의 감정을 경험하는지 기술한다. 이러한 경험은 인종, 문화, 성별, 성적·성별 지향, 경제적 수준, 종교, 능력, 연령 등으로 인한 것이다. 이러한 경험은 직장, 집, 지역사회과 같은 상황마다 다양하다.
- 관계적 이미지: 생애 초기 관계에 기반을 두는 중요한 관계적 구성과 기대에 대해 기술한다. 특히 수치심 혹은 낙담을 야기하는 지배적인 이미지가 존재하는가?
- 관계적 회복탄력성과 용기: 내담자는 중요한 관계에서의 단절과 공감적 실패 후에 재연결할 수 있는가?
- '관여하기'와 연관성: 내담자는 그가 중요한 타인에게 중요한 사람이라고 느끼고 타인과 충분히 관계하고 있다고 느끼는가?
- 단절 전략과 중요한 관계적 역설: 취약한 감정 상태일 때 또는 단절과 관련된 전략을 설명한다. 단절의 패턴과 무기력감 또는 수치심이 관련이 있는가? 내담자는 안전하게 관계를 재결합시키는 방법에 대해 알고 있는가?

■ 치료 계획 양식: 여성주의

이 치료 계획 양식을 우울하고, 불안하며, 강박적인 유형의 호소 문제를 경험하는 내담자를 위한 계획을 세우는 데 사용하라. 특정 내담자, 호소 문제, 임상적 맥락에 따라, 이 양식의 목표와 개입 방법은 약간 혹은 상당히 수정될 필요가 있다. 당신의 필요에 따라 치료 계획을 상당히 수정할 것을 권장한다. 계획을 치료에 효과적으로 적용하기 위하여, 목표와 기법은 내담자가 경험하고 있는 특정한 신념, 행동, 감정을 근거로 하여 적절히 활용되어야 한다. 치료 계획이 보다 구체적일수록 당신에게 더욱 유용하게 될 것이다.

치료 계획

초기 치료 단계

초기 단계 상담 업무

1. 상담 관계 발전시키기. 다양성에 관한 고려사항: 문화, 성별 등을 고려한 관계 맺기와 감정 표현을 할 수 있도록 어떠한 구체적인 노력을 할 것인지를 기술하기

관계 형성 접근 방법/개입:

a. **상호간의 공감**과 **진실성**을 이용하여 **성장 촉진 관계** 형성하기

(계속)

2. 개인적, 체계적, 그리고 다양한 문화적 역동 평가하기. 다양성에 관한 고려사항: 문화, 사회경제적 수준, 성적 지향, 성별 등과 관련된 개념에 근거하여 평가에 어떻게 구체적으로 적용할 것인지 기술하기. 평가 회기에 중요한 친구와 가족을 참여시키는 것을 고려하기.

   평가 전략:

   a. **소외**와 **억압**의 자원을 포함하여, **성 역할 기대**와 **개인에 대한 정치적인** 효과를 알아본다.

   b. **'관여하기' 자원, 관계적 회복탄력성, 단절 전략**을 평가한다.

3. 치료 목표에 대한 내담자의 동의를 확인하고 얻기. 다양성에 관한 고려사항: 목표에 대해 내담자가 진정으로 동의하는지 확인하기

   목표 설정 개입:

   a. **함께** 목표를 결정한다. **사회정치적, 성별** 영향력과 영향에 주의를 기울인다.

4. 필요한 의뢰, 위기 요소, 추가적인 접촉, 내담자의 다른 요구 확인하기. 다양성에 관한 고려사항: 특정 위기 요소와 의뢰 선택과 관련된 다양성 문제 기술하기

   a. 위기 평가 개입: 위기감과 관련한 **관계적 단절**과 **소외**를 탐색하는 방법, 안전한 계획을 만들기 위해 **관계회복력**과 유대감을 동원한다.

   b. 의뢰 사항: 내담자에게 **자율성을 주고** 소외감을 줄이는 공동체와 접촉한다.

초기 단계 내담자 목표

1. [특정 증상]을 감소시키기 위한 **'관여하기'**의 감정과 **권한**을 증가시키기

   개입:

   a. **소외, 억압, 위기감**을 만드는 단절의 근원을 알아본다.

   b. 위기로 이끄는 감정을 관리할 필요가 있을 때, 지지와 접촉을 제공하는 **관계와 지역사회**를 확인한다.

치료의 작업 단계

작업 단계 상담 업무

1. 작업 동맹의 질 점검하기. 다양성에 관한 고려사항: 상담자에게 솔직한 피드백을 제공하기 위해 내담자의 **권한의식 부여**와 힘의 문제에 주목하기

   a. 평가 개입: 상담 관계에서 **'다섯 가지 좋은 것'**이라는 내담자의 경험에 대해 질문하고 증거를 찾는다. 상담 회기 평가 척도를 사용한다.

2. 내담자의 치료 과정 점검하기. 다양성에 관한 고려사항: 표준화된 측정 도구를 사용한다면 **힘과 정치적인 문제**에 대해 주목하기

   a. 평가 개입: 상담 관계에서 **힘**의 역동을 관찰하는 동안 진행 경과에 관한 느낌을 내담자에게 묻는다. 내담자 진행 경과를 측정하기 위한 상담성과 척도를 사용한다.

작업 단계 내담자 목표

1. [우울, 불안 등과 같은 특정 증상]을 감소시키기 위해 **개인, 성 역할, 소외**에 관한 정치적 견해 영향의 인식을 증가시키기

(계속)

개입:

a. **성 역할 분석**과 **사회정치적 영향 분석**, 그리고 그들이 문제에 영향을 미치는 방법

b. 친구, 집단, 그리고 문제와 관련하여 **권한 의식 부여**를 형성하는 원인과 연관시키기

2. [우울, 불안 등과 같은 특정 증상]을 감소시키기 위해 자신과 타인에 대한 **적극적인** 존중의 태도로부터 상황, 사람들과 관계를 맺는 능력을 증가시키기

개입:

a. 타인을 존중하면서 개인의 요구를 주장하는 것의 균형을 맞추는 방법을 배우기 위한 **자기 주장 훈련**

b. 자기 수용감을 더욱 발달시키기 위한 **자기존중감 훈련**

3. [우울, 불안 등과 같은 특정 증상]을 감소시키기 위해 **상호간의 성장 촉진 관계**의 질과 양을 증가시키기

개입:

a. 어떻게 더욱 확실하게 관계를 맺을 수 있는지를 배우기 위한 **교정적 정서 경험**

b. 단절을 회복하기 위한 방법과 **단절 전략**을 알아보기 위해 배우기

치료의 종결 단계

종결 단계 상담 업무

1. 추후 관리를 위한 계획을 발전시키고 성과를 유지하기. 다양성에 관한 고려사항: 독특한 관계와, 상담이 끝난 후에 내담자를 지원하기 위한 지역사회 자원 포함하기

개입:

a. 미래에 문제가 발생할 가능성이 있는 **관계적이고 사회정치적** 압력, 예방, 그리고 잠재적인 주장 반응을 알아본다.

종결 단계 내담자 목표

1. 불안, 두려움 등의 단절의 감정을 감소시키기 위해 **관계적 회복탄력성**에 대한 내담자의 감각과 **'관여하기'**, 그리고 **권한 의식 부여**를 증가시키기

개입:

a. 회기 밖의 관계에서 **교정적 정서 경험**을 통한 학습을 적용한다.

b. **관계적 회복탄력성**과 관계에서 **소외된 타인들**을 옹호하기 위해 내담자에게 권한의식을 부여한다.

2. 권한 박탈에 대한 감정[또는 우울, 불안, 강박적인 행동 등]을 감소시키기 위해 소외된 타인 또는 자신의 **사회적 정의**를 이루려는 노력과 **지지**를 증가시키기

개입:

a. 내담자의 자기존중감을 강화할 수 있도록 사회적 활동을 **지지하는** 관계나 맥락을 파악한다.

b. 진행 중인 내담자의 **성장과 회복탄력성**을 촉진시키는 구조와 관계를 확인한다.

조직화: 다양한 사람과 작업하기

■ 문화·인종의 다양성

당신이 알아채지 못했더라도, 포스트모더니즘과 여성주의 접근은 그들 방식의 가장 근본적인 수준에서 이 책의 다른 접근들보다 문화적 쟁점에 대한 생각을 더 많이 포함한다. 그러므로 많은 이들이 다양한 사람들에 대한 본질적인 접근을 고려했을 것이다. 사회와 사회의 규범, 그리고 언어의 사용이 어떻게 개인에게 영향을 미치는지와 다양성에 대한 폭넓은 질문은 포스트모더니즘의 철학적 문헌에서의 전제를 이끌어내고 있으며, 심도 있는 논의를 위해서는, Monk와 동료들(2008)을 참고하라. 대부분의 정신건강 치료법과는 달리, 여성주의 치료와 이야기치료 이론은 억압에 대한 사회적 문제를 치료적 개입의 핵심으로 다룬다. 그리고 많은 이야기 치료자는 사회적 정의에 관한 활동적인 주체자이다(Jordan, 1997, 2010; Zimmerman & Dickerson, 1996). 협력적 치료는 일부 담론에 더욱 주목한다. 그리고 내담자와 중요한 사람들과 함께 문제가 무엇인지(그 순간 동안, 정의를 아는 것은 계속해서 발달한다), 그리고 이것을 해결하기 위한 최선의 방법을 결정하기 위한 작업을 한다. 일부 지식에 초점을 맞추는 것은 내담자의 문화적 가치와 신념이 치료 과정의 핵심이라는 것을 보여준다. 포스트모더니즘 접근은 국제적 기원을 가지고 있으며, 수많은 나라에서 실행되고 있다.

북미 원주민, 원주민 단체, 오스트레일리아 원주민에 대한 적용

이야기 치료 접근은 캐나다, 호주, 뉴질랜드, 미국에서 고유 문화와 함께 연구되고, 광범위하게 사용되어왔다. 한 연구 결과에서, 와이오밍에 사는 북미 원주민과 함께 상담을 진행한 상담자는 이 문화에 가장 잘 맞아 보이는 이야기 치료 실제에 대한 모든 것이 기술된 의사소통과 치료 실제를 밝혔다(Lee, 1997). 이 상담자로부터의 관찰된 것은 다음과 같다.

- 섬세한 눈 맞춤: 북미 원주민은 보통 시선을 오래 마주하지 않으며, 상담자는 내담자의 시선을 따라가야 한다.
- 적극적 경청: 상담자는 내담자의 의미가 이해되고 있다는 신호로 비언어적, 언어적 피드백을 사용해야 한다.
- 섬세한 감정 표현: 북미 원주민은 강하고 개방적인 감정 표현을 하지 않는 경향이 있다. 상담자는 감정 표현을 하도록 강요하지 않으면서 존중해야만 한다.
- 영성: 영성은 북미 원주민이 매우 가치 있게 여긴다. 상담자는 이를 조심히 다루고, 치료 작업에 영성이 통합되는 방법을 알아내야 한다.
- 관계 내 자아: 북미 원주민은 관계 안에서 정체성을 형성하는 경향이 있다. 그리고 가

정, 또는 집단에 의지하여 정체성을 경험하게 된다.

- **가정 방문:** 상담자의 가정 방문은 일반적으로 북미 원주민에게 환영받는다. 편안함과 익숙함, 시간적 융통성 측면에서 유용하다.
- **부드럽고 사색적인 태도:** 상담자는 차분하고, 사색적이며, 갈등적이지 않는 태도로 설명한다.
- **미술, 스토리텔링, 비유:** 미술, 그림, 스토리텔링, 비유는 특히 유용한 개입으로 드러났다.

캐나다의 매니토바주에서 진행된 또 다른 연구에서는, 원주민 심리치료사들과 내담자가 정서와 인지, 행동을 바꾸는 데 도움이 된다고 믿는 것이 무엇인지를 밝히기 위해 그들에게 질문과 면담을 진행했다(McCabe, 2007). 이러한 연구는 앞에 있는 많은 과정들을 포함하며, 다음의 내용 또한 포함한다.

- **의식과 의식 절차:** 의식과 의식 절차는 치료 과정에서의 강력한 동맹이며, 도처에서 사용된다.
- **영성적 지도:** 전통적인 영적 믿음을 가지고 있는 북미 원주민은 일반적으로 치료 과정에서 길을 가르쳐 주는 창시자 정신을 믿는다.
- **자기 수용:** 많은 정체성의 자기 수용에 관한 주제는 특히 소외의 더 커다란 맥락에서 존재한다.
- **일상생활의 교훈:** 배움에 적용하기 위해 일상생활에서 기회를 활용한다.
- **공감:** 심리치료사가 공감을 표현하는 것은 치료 과정에 도움이 된다.
- **역할 모델링:** 심리치료사는 생활양식, 행동, 태도에 관하여 내담자를 위한 역할 모델을 제공한다.

이야기 치료자는 원시적인 내담자의 욕구를 존중하고 그것에 대응하는 치료적 맥락을 만들어내기 위하여 토착적 의식절차, 의식들, 영적 신념, 그리고 문화적인 이야기를 쉽게 활용한다. 그리고 종종 집단의 연장자, 지도자, 치료사를 폭넓은 치료적 대화 속으로 불러들인다. 특히, 문제로부터 사람을 분리시키는 것과 문제로부터 떨어져서 사람을 만나는 것은 특히 유용할 수 있다. 더욱이, 상담자는 치료 관계에서 내담자의 발언권과 자율성을 증가시키기 위해, 그리고 더욱 존중적인 치료 상황을 만들기 위해 상황에 위치시키기와 허가의 발언을 활용한다.

라틴 아메리카계의 청소년

이야기 상담은 우울, 고위험 행동, 약물 남용에 관한 문제가 있는 라틴 아메리카계 아이들과 청소년들에게 사용되어왔다(Malgady & Costantino, 2010). 라틴 아메리카계 청소년에게 적용되는 특수한 치료법은 다음과 같다.

- **옛날이야기 치료법**: 푸에르토리코의 민담, 옛날이야기(cuentos)는 행동화, 자존감, 불안과 같은 문제에 적응적으로 반응하는 모델을 보여주며 도덕과 주제를 전달했다. 그들은 백인문화적인 가치들뿐만 아니라, 전통적인 푸에르토리코 가치를 형성하기 위해 이야기를 각색했다.
- **영웅/여장부 치료법**: 한 부모 가정의 아이들이 많기 때문에, 두 문화나 세대 간의 차이를 연결하기 위해, 그리고 청소년기에 공통적으로 경험한 갈등을 확인하기 위해서 상담자는 아이들이 남성과 여성 푸에르토리코 영웅과 여장부를 알아보도록 한다.
- **주제가 있는 스토리텔링 치료법**: 상담자는 주제 통각 검사를 통해 사진을 선택한다. 이것은 전통 음식, 게임, 가족 장면, 이웃과 같은 라틴아메리카계의 문화적 요소를 대표한 것이다. 아이들 집단에게 카드를 통해 이야기를 만들도록 한다. 그리고 집단 구성원 각각에게 개인적 경험을 공유하도록 한다. 상담자는 부적응적 반응에 대한 대안을 찾도록 돕는다. 그리고 발탁된 이야기와 적응적인 이야기를 강화한다. 마지막으로 집단은 발탁된 행동과 반응을 실행하기 위한 장소에서 이야기를 각색한다.

■ 성 정체성의 다양성

포스트모더니즘 치료는 레즈비언, 게이, 양성애자, 트랜스젠더, 성별 정체성을 찾는 과정에 있는 내담자(LGBTQ)와 함께 작업하기 위해 선택된 이론이다. 왜냐하면 이러한 치료는 LGBTQ에 해당되는 내담자에게 큰 고통을 주는 동성애자에 대한 차별주의적 담론을 해체하는 데 도움이 되기 때문이다(Simon & Whitfield, 2000). 반차별 담론을 형성해가는 작업은 내담자가 드러난 성적 취향, 이러한 기법의 결과, 그리고 대안적인 이해에 대한 선택을 이해하는 방법에 대해 비판적으로 검토하도록 도움을 줄 수 있다(Simon & Whitfield, 2000). LGBTQ 내담자와 함께 작업할 때, 일부 상담자들은 무지한 태도를 취하기보다는 주제에 대한 전문지식과 함께 지지적인 태도를 취할 것을 권장한다(Aducci & Baptist, 2011; Perez, 1996). 게다가, 많은 LGBTQ 내담자는 스스로와 그들의 관계를 위하여 긍정적인 이름과 정체성 이야기를 구성하도록 돕는 치료적 대화를 형성하는 것이 유용하다(Perez, 1996). 그뿐만 아니라, 상담자가 얼마나 많은 호소 문제가 직접적으로 내담자의 성 정체성에서 기인하는지, 혹은 더 일반적인 생활이나 관계 상황에서 비롯되는지 비교하여 확인하는 것은 매우 중요하다(Aducci & Baptist, 2011).

이야기 상담자는 특정한 접근을 발달시켜왔는데, 이것은 이성애 중심주의라는 우세한 담론과 그들 개인의 인생 경험 사이에서 충돌로 고심하는 LGBTQ 내담자에게 사용될 수 있다. Yarhouse(2008)는 **게이를 지지하는 치료법**에 대한 타협점으로서 **이야기 성 정체성 치료법**을 설명하는데, 이것은 LGBTQ라고 밝히는 것이 본래 좋은 것임을 주장한다. 그리고 다른 한편으로 재교육 치료법은 논란이 많은 접근(논란이 매우 많기에 현재 캘리포니아에서 입법상의 투표가 진행되었다.)으로, 이성애자로 성적 지향을 변화시키도록 내담자를 돕기 위해 만들어졌다. 이와 대조적으로, 이야기 치료 원리에 기초한 이야기 성 정체성 치료는 개인적 신념과 행동 사이의 일치감에서(그들의 삶을 살아가는 것을 추구하도록) 돕는다. 이것은 내담자의 성 정체성을 혼란시키고 제한시키는 지배 담론을 해체하는 것에 초점을 둔 과정이다. 그들의 성 정체성으로 고심하는 내담자를 돕기 위해 계획된 이러한 접근은 강력한 동성애자 반대 메시지를 가진 문화적 배경과 종교적 배경을 가진 내담자에게 특히 관련이 있다.

일반적인 이야기 치료 실무에서 끌어낸 것으로, 상담자는 내담자가 문제 내러티브를 밝히고 그 다음에 내담자의 삶의 경험과 가치를 더욱 일치시키는 잠재적인 반대 내러티브를 밝히도록 돕는다. 이러한 접근에서 내담자는 그들의 삶을 정의하기를 원하는 가치와 목적을 결정한다. 그 접근은 여섯 가지 일반적인 단계 또는 시기를 가진다. 이것은 물론 유동적이지만, 그럼에도 불구하고 상담자가 치료를 개념화하는 데 도움이 될 수 있다.

1. 내담자가 성 정체성에 관심을 보임

   처음에, 내담자는 성 정체성에 대한 관심을 나타낸다. 이러한 관심은 외적인(예: 종교적인, 문화적인, 또는 가정의) 또는 내적인(예: 개인적 가치) 목소리와 관련이 있다. 이것은 다소 잘못된, 비도덕적인, 또는 다른 문제가 있는 그들의 성적 끌림에 관한 인생 경험을 믿는 것이다.

2. 지배적 이야기 짚어보기

   다음 단계는 지배 담론, 기원, 그리고 구체적이고 미묘한 의미의 차이를 탐색하는 것이다. 상담자는 지배적인 담론을 짚어보기 위해 다음과 같은 질문을 할 수 있다.

   - 게이라고 밝히는 것에 대해 당신이 성장하면서 받은 메시지는 무엇인가?(Yarhouse, 2008, p. 205).
   - 동성의 누군가를 향한 감정이 당신이 게이임을 의미하는 것은 당신에게 어떠한 메시지를 전달하는가?(Yarhouse, 2008, p. 205).
   - 같은 성에 끌리는 것에 대한 이러한 관점에 어떻게 응답했는가?

3. 선호하는 이야기 인식하기

   다음 단계에서, 내담자는 동성을 향한 끌림에 대한 그들 자신의 개인적 인생 경험을 되돌아본다. 대부분 비유는 이러한 '발견'을 설명하기 위해 사용된다(이전부터 존재해온 진정한 자신에 대한 발견). 다른 경우, 비유는 '통합' 그 이상이다(그들 정체성의 다른 측면을 가진 같은 성에 대한 끌림의 경험을 통합시킨다). 개인이 게이 정체성을 추측하기 위해 선택하는 것이 아니라, 특정한 요소를 통합시키기 위해 선택할 때, 통합의 비유는 훨씬 보편적이다.

4. 예외 인지하기/반대 이야기 떠올리기

   다음은 상담자가 떠오른 반대 이야기를 위한 공간을 만들기 위해 내담자가 지배 담론에 대한 예외를 밝히도록 돕는다. 상담자는 이러한 과정을 촉진시키기 위해 다음의 질문을 사용할 수 있다.

- 당신 자신을 첫 번째로 고려할 때와 다르게 당신의 성 정체성을 어떤 방식으로 이해하는가?
- 당신이 어렸을 때 배운 동성에 대한 끌림에 대한 의미에 의문을 제기하는 경험을 한 적이 있는가?
- 게이가 어떤지에 대해 당신이 들은 메시지와 대조되는 방식으로, 같은 성에 이끌린 개인적 경험을 한 적이 있는가?

5. 정체성 일치감 특징, 활동, 자원 강조하기

상반되는 이야기가 출현함에 따라, 상담자는 개인적 특징, 행동, 자원을 강조하고 경청한다. 이는 내담자가 선호하는 정체성과 일치하는 것이다.

- 당신의 성 정체성에 관해 당신이 받았던 일부 메시지에 어떤 방식으로 도전하고자 하는가? (Yarhouse, 2008, p. 207)
- 작지만 당신이 선호하는 정체성과 가치에 부합하여 어떠한 방식으로 이미 살아가고 있는가?
- 어떤 종류의 관계, 활동, 혹은 지역사회 공동체가 당신이 선호하는 정체성과 가치를 지지하는가?

6. 해결/일치

마침내, 내담자는 그들이 선호하는 성 정체성에 따라 살 수 있다. 그것은 그들 인생 경험, 신념, 문화적 가치와의 일치에 관한 것이다. 상담자는 이러한 과정을 촉진하기 위해 다음과 같은 질문을 할 수 있다.

- 향후 수개월 동안 또는 그 정도에, 당신의 성 정체성과 종교적인 또는 영적인 정체성 사이의 관계를 무엇으로 합니까? (Yarhouse, 2008, p. 208)
- 앞으로 다가올 미래에 당신의 성 정체성을 설명할 수 있는 방식을 약간 공유할 수 있을까? (Yarhouse, 2008, p. 208)

연구와 증거 기반

그들의 철학적 이해와 일치하는 것으로, 여성주의, 이야기, 그리고 협력적 상담자는 치료법에 대한 그들의 접근에 대하여 양적 연구보다 질적인 연구를 진행해왔다(Anderson, 1997; Gehart et al., 2007). 포스트모더니즘 치료법에 대한 질적 연구는 내담자의 인생 경험에 대한 치료법과 그들의 삶에 대한 치료법의 영향력에 중점을 두고 있다. 그리고 성공적인 치료법에 대하여 연구자가 정의한 측정을 넘어서, 내담자의 경험을 강조하고 있다(Andersen, 1997; Gehart & Lyle, 1999; Levitt & Rennie, 2004; London, Ruiz, & Gargollo, 1998). 주목할 만한 예외로, 핀란드 정신과 의사인 Jaakko Seikkula(2002)와 그의 동료들(Haarakangas et al., 2007)은 정신병과 다른 심각한 진단으로 20년 넘게 고통받은 환자와 함께 상담을 진행하기 위하여 그들의 열린 대화 접근을 연구하는 질적, 양적 연구법을 사용해왔다. 그리고 그들 모델의 효과성에 대한 중요한 증거를 만들어냈다(임상적 쟁점 논의 부분 참고). 그들은 만성적인 정신병의 사례를 효과적으로 근절시켜왔다고 했다. 그리고 대부분의 내담자들이 2년 안에 정상적인 기능으로 돌아왔다. 그들의 성과는 모범적인 것이며, 심각한 정신건강 문제를 치료하기 위하여 회복 지향적인 접근을 향한 증거 기반 접근이다(3장의 '정신건강 회복과 진단' 참고).

이야기 치료에 대한 연구결과는 최근에 증가해왔다. 예를 들어, 호주에서의 한 연구는 주요우울 장애 치료를 위한 이야기 치료의 효과성에 대해 조사했다. 그리고 다른 접근과 차별화된 효과가 발견되었는데, 내담자의 74%가 개선되었다는 신뢰할 만한 결과가 있다(Vromans & Schweitzer, 2011). 또 다른 호주의 연구에서, 섭식 장애와 우울 문제를 가진 여성들이 10주간의 이야기 치료 집단에 참여했다. 연구 결과, 일상 관습·활동에서의 변화와 자기비판을 감소하는 결과가 나타났다. 이야기 치료 과정 연구는 특별히 내담자가 그들의 문제를 재개념화하고 새로운 경험을 조장할 수 있도록 하는 독특한 결과가 긍정적인 상담 성과와 상관관계가 있다는 것을 나타내고 있다(Matos, Santos, Gonçalves, & Martins, 2009).

포스트모더니즘 치료법의 전제와 가정은 예상 밖의 영역에서 지지를 받고 있다. 그것은 정신의학, 더욱 구체적으로, 대인관계적 신경생물학이다(Beaudoin & Zimmerman, 2011; Gehart, 2012; Siegel, 2012). 포스트모더니즘 상담자처럼, Siegel은 스토리텔링이 인간이 생활감각을 만드는 방법이라고 주장한다.

> 우리는 사람에 대해 스토리텔링을 한다. 이야기는 서로를 맺어주는 사회적 매개체이다. 이야기의 구조와 기능을 이해하는 것은 또한 인간됨의 의미가 무엇인지를 이해하는 것이다. (pp. 31–32)

Siegel은 아동기에 어떻게 인간이 이야기 속에서 태어나고, 문화적 의미를 지니게 되는지, 청소년기와 성인기에 어떻게 이러한 의미를 다시 만들어나가는 것을 지속하는지, 그러므로 어떻게 인간 문화를 발전시켜 나가는지를 설명한다. Siegel은 그들의 이야기에 대한 해체된 설명을 의미하는 반영은 내담자들이 그들 자신이 누구인지, 그들의 삶은 무엇인지에 관한 제한적인 이야기로부터 스스로를 자유롭게 해방시킬 수 있도록 한다고 주장한다. 이와 동일한 과정은 포스트모더니즘 치료에서도 강조된다.

사람들이 어떻게 변화하는지를 설명하는 데 있어서, Siegel(2012)은 상향식 과정의 중요성을 강조했다. 이것은 **하향식 과정**과 비교된다. 상향식 과정은 무엇이 일어나고 있는지에 대한 이야기와 범주, 새로운 이해를 얻기 위해 전두엽 피질의 아랫부분 세 개의 층을 사용한 과정 경험을 말한다. 이와 대조적으로, 하향식 과정은 기존 범주에 관한 인생 경험을 범주화하기 위해 전두엽 피질의 윗부분 세 개의 층을 사용한 것이다. 과정의 두 가지 형식 모두 중요하지만, 문제와 관련하여 '막힌' 것과 같은 감정을 느끼는 사람 대부분은 하향식 과정에 갇히게 된다. 그리고 그들의 상황을 이해하는 방법과 이것을 변화하기 위한 가능성을 이해하는 방법을 변화시킬 수 없게 된다. 포스트모더니즘 상담자의 **무지**의 자세는 상향식 과정을 촉진시키기 위한 탁월한 접근이다. 사실, 전체 협력적 치료 과정은 상향식 과정을 확장시키기 위한 접근이라고 볼 수 있다(Gehart, 2012).

게다가, Siegel(2012)은 트라우마 해결책을 통합적 이야기를 만드는 것과 동일시했다. 이것은 이야기 치료에서의 구성을 강화시키는 것과 비슷하다. 외상적 경험은 비외상적 상황에서 일어나는 것처럼, 암시적인 기억과 함께 암호화되지 않은 해마와 외현 기억을 압도한다. 그러므로 외상적 기억은 내현적 기억으로서 주요하게 부호화되지 않는다. 이는 과거로부터 비롯된 감각을 포함하지 않으며, '지금 여기'에서 발생하고 있는 해체된 청각, 시각, 감각적 경험으로서 종종 경험된다(예: 플래시백). 이러한 해체된 기억은 혼란과 경직된 패턴을 만드는데, 건강에 관여하는 뇌의 기능을 손상시키고 신경 상태를 손상시킨다. Siegel은 트라우마의 치료는 내현적 기억이 일관성 있는 이야기로 한데 모이는 과정을 포함한다고 주장했다. 이것은 대부분 상담자와 함께 '대인관계 조율'에 참여하는 것을 통해 쉽게 성취되는 것이다. 그는 두 가지 정신이 동반될 때, 즉 동시에 이루어질 때, 내담자는 상담자의 신경 통합 상태를 '가져올 수 있다'고 주장한다. 이는 일관성 있는 이야기로 통합될 만큼 충분히 긴 외상적 기억에 대처하는 것을 돕기 위함이다. 트라우마에 대한 통합된 외현적 이야기를 재창조하는 과정을 통하여, 내담자는 통합된 신경 상태에 머무르면서 트라우마를 회상할 수 있다. 다시 말하면, 기억을 회상할 때 증상은 없다.

마지막으로, Beaudoin & Zimmerman(2011)은 포스트모더니즘 기법이 내담자가 생활 사건에 대해 '목소리를 낼 수 있도록' 하고, 과거에 들어본 적이 없는 단어를 더하도록 도우며, 이러한 기법은 불안에 중점을 둔 변연계에서부터 더욱 평온하고 이성을 중시하는 전두엽 피질의 범위까지 내담자를 이동시키는 작업을 돕는다고 말한다. 그들의 스트레스에 기반을 둔 경험에 대해 표현하고 이름 붙이기를 하는 것을 통해, 내담자는 변연계의 각성을 줄일 수 있고, 내담자가 더욱 의식적인 선택과 반응을 할 수 있도록 돕는다. 더욱이 선호하는 현실에 관한 치료상의 대화는 신경 연결을 강화한다. 이것은 내담자의 우선하는 정체성과 관련 행동을 지지한다. 특히 선호하는 현실에 대해 **정서가 들어간 묘사**는 새로운 정체성 이야기를 확고히 하도록 돕는다. 이것은 대부분 오른쪽 뇌 반구와 관련되어 있다. 혼란에 영향을 주는 설명은 감정뿐만 아니라, 상상, 냄새, 촉각 표현과 같은 감각적 체험도 포함된다.

개인적 숙고 및 수업 중 토론을 위한 질문

1. 이 장에서 어떤 개념이 당신과 개인적으로 가장 큰 연관이 있는가? 왜 그렇게 생각하는가?
2. 이 장에서 내담자와 작업하는 데 가장 도움이 될 것이라고 생각하는 개념은 무엇인가?
3. 이 접근을 사용해서 다양한 내담자와 상담할 때 가능성과 한계점은 무엇인가? 이러한 한계점에 대해 어떻게 설명할 수 있는가?
4. 당신의 인생에서 가장 중요한 지배 담론은 어떤 것인가?(성별, 문화, 성공, 아름다움, 부, 건강, 가족 등)
5. 당신의 인생에서 성장 촉진적인 관계에 대해 설명하라. 어떻게 그들이 가장 영향력을 미쳐왔는가?
6. 당신이 겪은 소외의 경험에 대해 설명하라. 다른 사람들에 대해 어떻게 대응했는가? 이러한 경험이 당신의 정체성과 행동을 어떻게 형성했는가? 이러한 경험을 극복하거나 대처하도록 도운 것은 무엇인가?
7. 성별(또는 다른 다양성 요인)에 대한 경험과 당신의 정체성을 형성한 방법, 인생에서 당신이 보는 가능성, 당신의 관계, 당신의 직업 생활에 대해 설명하라.
8. 이 접근이 어떤 내담자, 호소 문제에 적용하기 가장 적절하다고 생각하는가? 가장 적절하지 않은 내담자, 호소 문제는 무엇인가?
9. 어떤 사례 개념화 개념이 내담자 문제를 이해하는 데 가장 유용하다고 생각되는가?
10. 어떤 개입이 가장 유용하다고 생각되는가?
11. 이 접근이 상담자 혹은 심리치료사로서 당신에게 적합하다고 생각하는가? 왜 그렇게 생각하는가, 혹은 왜 그렇지 않다고 생각하지 않는가?
12. 이 접근을 잘 사용하기 위해서 성장하거나 배워야 할 점은 무엇인가?

온라인 자료

Harlene Anderson www.harleneanderson.org

항식욕부진/항과식증 연맹(Anti-Anorexia/Anti-Bulimia League)
www.narrativeapproaches.com/antianorexia%20folder/anti_anorexia_index.htm

덜위치센터: Michael White의 이야기 치료(Dulwich Centre: Michael White's Narrative Therapy)
www.dulwichcenter.com

Evanston 가족 치료 센터: Freedman & Combs의 이야기 치료(Family Therapy Center: Freedman and Combs'

Narrative Therapy) www.narrativetherapychicago.com
여성주의 치료협회(Feminist Therapy Institute) www.feminist-therapy-institute.org/
여성주의 치료 윤리 강령(Feminist Therapy Code of Ethics) www.feminist-therapy-institute.org/ethics.htm
Houston Galveston 협회: 협업 언어 시스템(Houston Galveston Institute: Collaborative language systems) www.talkhgi.com
이야기 접근(Narrative Approaches) www.narrativeapproaches.com
Taos 협회: 심리치료, 상담, 교육, 비즈니스에서의 협력적 실제(Taos Institute: Collaborative Practices in Therapy, Consultation, Education, Business) www.taosinstitute.net
예일타운 가족 치료: 이야기 치료, 캐나다(Yaletown Family Therapy: Narrative Therapy, Canada) www.yaletownfamilytherapy.com

참고문헌

별표(*)는 권장되는 입문서를 나타낸다.

Aducci, C. J., & Baptist, J. A. (2011). A collaborative-affirmative approach to supervisory practice. *Journal of Feminist Family Therapy: An International Forum, 23*(2), 88–102. doi:10.1080/08952833.2011.574536

*Andersen, T. (1991). *The reflecting team: Dialogues and dialogues about the dialogues*. New York: Norton.

Andersen, T. (1995). Reflecting processes; acts of informing and forming: You can borrow my eyes, but you must not take them away from me! In S. Friedman (Ed.), *The reflecting team in action: Collaborative practice in family therapy* (pp. 11–37). New York: Guilford.

*Andersen, T. (2007). Human participating: Human "being" is the step for human "becoming" in the next step. In H. Anderson & D. Gehart (Eds.), *Collaborative therapy: Relationships and conversations that make a difference* (pp. 81–97). New York: Brunner-Routledge.

Anderson, H. (1993). On a roller coaster: A collaborative language systems approach to therapy. In S. Friedman (Ed.), *The new language of change* (pp. 323–344). New York: Guilford.

Anderson, H. (1995). Collaborative language systems: Toward a postmodern therapy. In R. Mikesell, D. D. Lusterman, & S. McDaniel (Eds.), *Family psychology and systems therapy* (pp. 27–44). Washington, DC: American Psychological Association Press.

*Anderson, H. (1997). *Conversations, language, and possibilities: A postmodern approach to therapy.* New York: Basic Books.

Anderson, H. (2005). Myths about "not knowing". *Family Process*, 44, 497–504.

Anderson, H. (2007). Historical influences. In H. Anderson & D. Gehart (Eds.), *Collaborative therapy: Relationships and conversations that make a difference* (pp. 21–31). New York: Brunner-Routledge. References 471

*Anderson, H., & Gehart, D. (2007). *Collaborative therapy: Relationships and conversations that make a difference*. New York: Brunner-Routledge.

Anderson, H., & Goolishian, H. (1988). Human systems as linguistic systems: Preliminary and evolving ideas about the implications for clinical theory. *Family Process*, 27, 157–163.

*Anderson, H.,&Goolishian, H. (1992). The client is the expert: A not-knowing approach to therapy. In S. McNamee & K. J. Gergen (Eds.), *Therapy as social construction* (pp. 25–39). Newbury Park, CA: Sage.

Beaudoin, M., & Zimmerman, J. (2011). Narrative therapy and interpersonal neurobiology: Revisiting classic practices, developing new emphases. *Journal of Systemic Therapies, 30*(1), 1–13. doi:10.1521/jsyt.2011.30.1.1.

Brown, L. (1994). *Subversive dialogues: Theory in feminist therapy*. New York: Basic Books.

Brown, L. (2006). Still subversive after all these years: The relevance of feminist therapy in the age of evidence-based practice. *Psychology of Women Quarterly, 30*(1), 15–24. doi:10.1111/j.1471-6402.2006.00258.x

Brown, L. (2010). *Feminist therapy*. Washington, DC: American Psychological Association.

Bruner, J. (1986). *Actual minds, possible worlds*. Cambridge, MA: Harvard University Press.

Comstock, D. (Ed.). (2005). *Diversity and development: Critical contexts that shape our lives and relationships.*

Pacific Grove, CA: Brooks Cole. Davidson, L., Tondora, J., Lawless, M. S., O'Connell, M. J., &

Rowe, M. (2008). *A practical guide to recovery-oriented practice: Tools for transforming mental health care*. New York: Oxford University Press.

Enns, C. Z. (1995). Toward integrating feminist psychotherapy and feminist philosophy. *Professional Psychology: Research and Practice*, 24, 453–466.

Enns, C. Z. (2000). Gender issues in counseling. In S. D. Brown & R. W. Rice (Eds.), *Handbook of counseling psychology* (3rd ed., pp. 601–669). New York: Wiley.

Enns, C. Z. (2004). *Feminist theories and feminist psychotherapies: Origins, themes, and diversity* (2nd ed.). New York: Haworth Press.

Feminist Therapy Institute. (2000). *Feminist code of ethics*. Georgetown, ME: Author.

Foucault, M. (1972). *The archeology of knowledge* (A. Sheridan-Smith, trans.). New York: Harper & Row.

Foucault, M. (1979). *Discipline and punish: The birth of the prison*. Middlesex: Peregrine Books.

Foucault, M. (1980). *Power/knowledge: Selected interviews and other writings*. New York: Pantheon Books.

*Freedman, J., & Combs, G. (1996). *Narrative therapy: The social construction of preferred realities*. New York: Norton.

Gehart, D. (2012). *Mindfulness and acceptance in couple and family therapy: The art and science of learning to be present in relationships and life*. New York: Springer.

Gehart, D. (2015). *Theory and treatment planning in counseling and psychotherapy* (2nd ed.). Pacific Grove, CA: Brooks Cole.

Gehart, D., & McCollum, E. (2007). Engaging suffering: Towards a mindful re-visioning of marriage and family therapy practice. *Journal of Marital and Family Therapy*, *33*(2), 214–226.

Gehart, D. R., & Lyle, R. R. (1999). Client and therapist perspectives of change in collaborative language systems: An interpretive ethnography. *Journal of Systemic Therapy*, 18(4), 78–97.

Gehart, D., Tarragona, M., & Bava, S. (2007). A collaborative approach to inquiry. In H. Anderson & D. Gehart (Eds.), *Collaborative therapy: Relationships and conversations that make a difference* (pp. 367–390). Brunner- Routledge.

*Gergen, K. (1999). *An invitation to social construction*. Newbury Park, CA: Sage.

Gilligan, C. (1982/1993). *In a different voice: Psychological theory and women's development*. Cambridge, MA: Harvard University Press.

Haarakangas, K., Seikkula, J., Alakare, B., & Aaltonen, J. (2007). Open dialogue: An approach to psychotherapuetic treatment of psychosis in Northern Finland. In H. Anderson & D. Gehart (Eds.), *Collaborative therapy: Relationships and conversations that make a difference* (pp. 221–233). New York: Brunner-Routledge.

Jordan, J. (1997). *Women's growth in diversity*. New York: Guilford.

Jordan, J. (2010). *Relational-cultural therapy*. Washington, DC: American Psychological Association.

Jordan, J., Kaplan, A., Miller, J., Stiver, I., & Surrey, J. (1991). *Women's growth in connection: Writings from the Stone Center*. New York: Guilford.

Kaplan, A. G. (1991). The self-in-relation: A theory of women's development. In J. Jordan, A. G. Kaplan, J. B. Miller, I. P. Stiver, & J. L. Surrey (Eds.), *Women's growth in connection: Writings from the Stone Center* (pp. 206–222). New York: Guilford.

Levitt, H., & Rennie, D. L. (2004). Narrative activity: Clients' and therapists' intentions in the process of narration. In L. Angus & J. McLeod (Eds.), *The handbook of narrative and psychotherapy: Practice, theory, and research* (pp. 299–313). Thousand Oaks, CA: Sage.

London, S., Ruiz, G., & Gargollo, M. C. (1998). Client's voices: A collection of client's accounts. *Journal of Systemic Therapies*, 17(4), 61–71.

Malgady, R. G., & Costantino, G. (2010). Treating Hispanic children and adolescents using narrative therapy. In J. R. Weisz & A. E. Kazdin (Eds.), *Evidence-based psychotherapies for children and adolescents* (2nd ed., pp. 391–400). New York: Guilford.

Matos, M., Santos, A., Gonçalves, M., & Martins, C. (2009). Innovative moments and change in narrative therapy. *Psychotherapy Research*, *19*(1), 68–80. doi:10.1080/10503300802430657.

McCabe, G. H. (2007). The healing path: A culture and community-derived indigenous therapy model. *Psychotherapy: Theory, Research, Practice, Training*, *44*(2), 148–160. doi:10.1037/0033-3204.44.2.148

Miller, J. B. (1976/1986). *Toward a new psychology of women* (2nd ed.). Boston, MA: Beacon.

Miller, J. B., & Stiver, I. (1997). *The healing connection: How women form relationships in therapy and in life*. Boston, MA: Beacon.

Monk, G., & Gehart, D. R. (2003). Conversational partner or socio-political activist: Distinguishing the position of the therapist in collaborative and narrative therapies. *Family Process*, *42*, 19–30.

Monk, G., Winslade, J., Crocket, K., & Epston, D. (1997). *Narrative therapy in practice: The archaeology of hope*. San Francisco: Jossey-Bass.

Monk, G., Winslade, J., & Sinclair, S. (2008). New horizons in multicultural counseling. Thousand Oaks, CA: Sage.

National Institutes of Mental Health (NIMH). (2010). The numbers count: Mental disorders in America. Downloaded June, 30, 2010 http://www.nimh.nih.gov/health/publications/ the-numbers-count-mental-disordersin-america/index.shtml# MajorDepressive

Perez, P. J. (1996). Tailoring a collaborative, constructionist approach for the treatment of same-sex couples. *The Family Journal, 4*(1), 73–81. doi:10.1177/1066480796041016

Remer, P. (2008). *Feminist therapy*. In J. Frew & M. D. Spiegler (Eds.), *Contemporary psychotherapies for a diverse world* (pp. 397–441). Boston, MA: Lahaska.

Rosin, H. (2010). The end of men. *The Atlantic, July/August*. Downloaded June, 20, 2010. http://www.theatlantic.com/magazine/archive/2010/07/the-end-of-men/8135/

Schore, A. (1994). *Affect regulation and the origins of the self: The neurobiology of emotional development*. Hillsdale, NJ: Erlbaum.

Seikkula, J. (2002). Open dialogues with good and poor outcomes for psychotic crises: Examples from families with violence. *Journal of Marital and Family Therapy, 28*(3), 263–274.

Shepherd, D. (2005). Male development and the journey toward disconnection. In D. Comstock (Ed.), *Diversity and development: Critical contexts that shape our lives and relationships* (pp. 133–157). Pacific Grove, CA: Brooks Cole.

Siegel, D. J. (2012). *The developing mind: How relationships and the brain interact to shape who we are* (2nd ed.). New York: Guilford.

Simon, G., & Whitfield, G. (2000). Social constructionist and systemic therapy. In D. Davies & C. Neal (Eds.), *Therapeutic perspectives on working with lesbian, gay and bisexual clients* (pp. 144–162). Maidenhead, England: Open University Press.

Surrey, J. L. (1991). The self-in-relation: A theory of women's development. In J. Jordan, A. G. Kaplan, J. B. Miller, I. P. Stiver, & J. L. Surrey (Eds.), *Women's growth in connection: Writings from the Stone Center* (pp. 51–66). New York: Guilford.

Vromans, L. P., & Schweitzer, R. D. (2011). Narrative therapy for adults with major depressive disorder: Improved symptom and interpersonal outcomes. *Psychotherapy Research, 21*(1), 4–15. doi:10.1080/10503301003591792.

Winslade, J., & Monk, G. (1999) *Narrative counseling in schools: Powerful and brief* (1st ed.). Thousand Oaks, CA: Corwin Press.

*White, M. (2007). *Maps of narrative practice*. New York: Norton.

*White, M., & Epston, D. (1990). *Narrative means to therapeutic ends*. New York: Norton.

Worell, J., & Johnson, D. (2001). Therapy with women: Feminist frameworks. In R. K. Unger (Ed.), *Handbook of the psychology of women and gender* (pp. 317–329). New York: John Wiley.

Worell, J., & Remer, P. (1992). *Feminist perspectives in therapy: An empowerment model for women*. New York: Wiley.

Yarhouse, M. A. (2008). Narrative sexual identity therapy. *American Journal of Family Therapy, 36*(3), 196–210. doi:10.1080/01926180701236498.

Zimmerman, J. L., & Dickerson, V. C. (1996). *If problems talked: Narrative therapy in action*. New York: Guilford.

포스트모더니즘 사례 연구: ADHD, 약물 사용, 커밍아웃

43세의 멕시코계 미국인 남성 Jose는 배우자인 Robert의 설득에 의해 상담을 시작하게 되었다. Robert는 Jose와 10년 동안의 관계를 유지해왔다. Robert는 Jose가 파티를 여는 것에 대해 지난 3년 동안 통제할 수 없다고 믿었다. 매달 며칠 밤 내내 음주와 흡연을 할 뿐만 아니라 일주일 중 대부분 담배를 피우고 주말에는 '무슨 일이 있어도' 파티를 했다. 물론 엑스터시, 필로폰, 코카인을 포함해서 말이다. 건설 노동자인 Jose는 ADHD를 진단받았지만, 이것에 대해 어떠한 약물도 처방받지 않았다. 술에서 깼을 때, Jose는 자신에게 흥미로운 것은 없으며 주기적으로 자살에 대해 생각하고 있음을 인정했다. 가족이 도와주기 위해 노력하고 있지만, 그는 가족이 자신을 충분히 수용해주지 않는다고 느꼈다.

사례 개념화

날짜: 2013년 9월 14일 **상담자:** Michael **내담자/사례 #:** 14002

Ⅰ. 내담자 소개

내담자의 기본 정보와 중요한 타인 파악하기

내담자

성인 남성 연령: 43세 라틴 아메리카/라틴계 배우자 게이/레즈비언/양성애자 직업/직위: 건설 노동자/목수

기타: 멕시코계 미국인(2세대, 유창한 영어와 스페인어, 영어를 더 선호)

중요한 타인

내담자의 남성 배우자 연령: 44세 백인 배우자 게이/레즈비언/양성애자 직업/직위: 공인회계사

기타 :

연령 선택: ____ 인종 선택 관계상태 선택 직업/직위: ____ 기타: ____

연령 선택: ____ 인종 선택 관계상태 선택 직업/직위: ____ 기타: ____

연령 선택: ____ 인종 선택 관계상태 선택 직업/직위: ____ 기타: ____

기타:

Ⅱ. 호소 문제

문제에 대한 내담자의 보고:

내담자는 자신의 ADHD가 '자가 치료'하고 있다고 여긴다. 그리고 그는 감당할 수 없게 된 파티에 대해 인정했다. 특히 내담자는 배우자를 행복하게 하기 위해 변화에 동기부여를 한다. 자신의 가족에게 더욱 수용되는 느낌을 받는다면 그는 스트레스를 덜 받게 될 것이라고 믿는다.

문제에 대한 중요한 타인 및 가족의 보고:

배우자: 내담자가 우울해하며, 약물과 술로 자가 치료 하고 있다고 생각한다. 그는 내담자가 다시 '행복한 자기'로 돌아오기를 원한다. 그는 내담자가 파티에서 젊은 사람들과 함께 어울리고 대학시절을 이어가기 위해 노력하고 있다고 믿고 있다.

문제에 대한 다양한 체계(참고인, 교사, 친척, 법적 체계 등)로부터의 보고:

부모님: 내담자는 언제나 '문제아'와 '반항아'였다고 설명했다. 그들은 내담자가 ADHD임을 믿지 않으며 언제나 더 나은 훈육을 제공하기 위해 노력했다. 그들은 배우자에 대한 내담자의 선택을 존중하지만, 그가 아이를 가질 수 없고, 가톨릭교를 믿지 않는 것에 대해 실망하였다는 것을 인정했다.

(계속)

Ⅲ. 배경 정보

트라우마·학대 이력(현재 및 과거): 내담자는 어렸을 때, 제멋대로인 행동으로 자주 맞았다고 말했다. 그는 또한 8세 때, 16세였던 남자 사촌에게 당한 성적 학대 사건에 대해서 말했다.

약물 사용·남용(현재와 과거, 자신, 원가족, 중요한 타인): 최근 약물과 알코올 남용. 3년 전에 남용하기 시작함. 형제와 아버지 역시 지나친 음주 패턴을 가지고 있고, 형제 또한 마리화나를 피웠다.

촉발 사건(최근 삶의 변화, 최초의 증상, 스트레스 요인 등): 3년 전, 내담자가 40세가 되었을 때, 그가 점점 나이 들어가고, 가족에게는 그가 절대 아이와 가족을 가질 수 없다는 사실이 강하게 다가왔다. 그는 그와 배우자가 과거에 파티에 참여했던 것보다 더 '열심히', 파티에 참여하는 직장 내의 젊은 동료들과 어울리기 시작했다. 또한 그 시간 동안, 그의 배우자는 공인회계사 일을 오랜 시간 동안 했다.

관련된 역사적 배경(가족력, 관련 문제, 이전 상담 경험 등): 내담자의 아버지는 항상 과음을 했지만 다른 약물은 절대 복용하지 않았다. 그는 상담을 이전에 받아본 적이 없다. 내담자는 그의 가족 중에서 처음으로 게이가 되었다.

Ⅳ. 내담자의 강점과 다양성

내담자의 강점

개인적 측면: 유머가 있다. 그의 인생이 나아지기를 원한다. 의견과 도움에 수용적이다. 사회적이고 친구들을 쉽게 만난다.

관계적·사회적 측면: 내담자와 배우자는 서로의 관계에 전념한다. 가족들은 그를 할 수 있는 한 최대한 지지하고자 한다. 내담자는 몇몇 교우관계에 속해 있다.

영적 측면: 지금은 더 이상 아니지만, 가톨릭 집안에서 성장하였다. 내담자는 신을 믿고 세상 모든 일이 일어나는 데는 다 이유가 있다고 여긴다.

다양성: 자원과 한계

내담자의 연령, 성별, 성적 성향, 문화적 배경, 사회경제적 지위, 종교, 지역사회 공동체, 언어, 가족 배경, 가족 구성, 역량 등에 기초하여 내담자의 잠재적인 자원과 한계가 무엇인지 확인하라.

독특한 자원: 라틴계 게이 사회와의 강한 연계와 그 사회 내부의 지지 시스템. 다른 사람들과 쉽게 연결될 수 있다.

잠재적 한계: 내담자의 대가족 몇몇은 그의 성생활을 그다지 지지해주지 않는다. 특히 그의 외할아버지의 경우 더욱 그렇다. 그는 자신을 키워온 가톨릭교회로부터 거절당한 감정을 느낀다.

사례 개념화를 위하여 다음의 모든 부분을 완성하거나 이론 기반의 사례 개념화를 위한 특정 부분을 완성하라.

(계속)

V. 정신역동 개념화

정신역동 방어기제

가장 많이 사용하는 방어기제 2-4개를 체크하라.

☒ 행동화: 기술하기: 내담자는 역사적으로, 내적 갈등에 대한 반응으로 행동을 취하거나 반항하기도 하였다.

☒ 부인: 기술하기: 내담자는 지난 3년 동안 약물 남용문제에 대해 부인해왔다.

☐ 전치: 기술하기:

☐ 도움을 거절하는 불평: 기술하기:

☒ 유머: 기술하기: 내담자는 친밀감을 감소하기 위해 종종 유머를 사용한다.

☐ 수동 공격성: 기술하기:

☐ 투사: 기술하기:

☐ 투사적 동일시: 기술하기:

☐ 합리화: 기술하기:

☐ 반동 형성: 기술하기:

☐ 억압: 기술하기:

☐ 분열: 기술하기:

☐ 승화: 기술하기:

☐ 억제: 기술하기:

☒ 기타: 판단당할 것을 예상하고, 내담자는 선제공격하기 위해서 다른 사람을 비난하고 판단할 이유를 찾는다.

대상관계 패턴

과거 어린 시절 초기 양육자와의 관계에 대해 기술하라. 아버지가 자주 장시간 동안 일하기 시작한 이후로, 내담자가 어렸을 때, 어머니가 주요 양육자였다. 어릴 때, 일반적인 '마마보이'였지만, 그의 어머니와 아버지 모두와 가까웠다. 그의 아버지는 엄격했고, 내담자는 십대 시절 동안 아버지에 대해 반항했다.

주로 어머니(또는 그와 비슷한 사람)와의 애착은 어떠했는가?

☒ 대개 안정적 ☐ 불안과 집착 ☐ 회피와 정서적 거리감 ☐ 기타: 어머니는 내담자의 인생 대부분에 매우 관여하였다. 내담자를 아이처럼 달래주며 자신의 아들은 '나쁜 행동을 하지 않는다.'라고 믿는다. 그들은 강한 유대관계를 가지고 있고 일반적으로 안정적인 애착을 가지고 있다.

주로 아버지(또는 그와 비슷한 사람)와의 애착은 어떠했는가?

☐ 대개 안정적 ☐ 불안과 집착 ☒ 회피와 정서적 거리감 ☐ 기타: 내담자의 아버지는 가정에서 엄격한 사람이었다. 아이들에게 엄격했고, 애정을 거의 보여주지 않았다. 그러나 그는 내담자가 아들이라는 점을 자랑스럽게 여겼었다.

초기 양육자와의 현재 관계에 대해 기술하라. 내담자는 그의 부모 모두와 가까웠다. 그의 아버지는 내담자의 성적 취향에 대해 언짢아하지만, 아버지와 어머니 모두 아들의 선택을 존중한다.

파트너 관계 및 현재 다른 사람과의 관계에 대해 기술하라. 내담자는 배우자에게 매우 높은 의존을 하고 있다. 그리고 자신의 행동에 대해 배우자가 무슨 생각을 하는지를 매우 신경 쓴다. 그는 배우자를 행복하게 해주고 싶어

(계속)

하며, 배우자와 다툴 때 매우 고통을 느낀다.

Erickson의 심리사회적 발달 단계

각 단계에서 현재 단계까지의 발달을 기술하라.

신뢰 대 불신(영아기): 정상적인 초기 애착에 대해 설명

자율성 대 수치와 의심(유아기): '늘 문제를 일으킨다.'고 말함. 자주 체벌당함

주도성 대 죄책감(학령전기): '행동화'로 인해 자주 문제에 휘말림. '나쁜 아이'와 같은 느낌이 종종 든다고 말함

근면성 대 열등감(학령기): 십대 사촌에게 당한 성적 학대

정체성 대 역할 혼란(청소년기): 다른 남성에게 매력을 느끼는 것에 대항하기, 여성을 만나려고 노력함, 학교에서 계속해서 실패함, '문제아'로 평판이 남

친밀감 대 고립감(청년기): 십대 후반에 성적 취향을 받아들임, 20대 초반에 집을 나옴

생산성 대 (자기) 침체(장년기): '성인이 되는 시기를 늦추다', 나이 들고 싶지 않아함, 책임감, 시간표, '지루한 생활'을 싫어함

자아 통합감 대 절망감(노년기):

아들러학파의 생활양식 주제

☐ 통제:

☐ 우월성:

☐ 기쁘게 하기:

☒ 편안함: 내담자는 항상 다른 무엇보다도 재미와 모험, 편안함을 추구한다.

기본적 오류에 대한 잘못된 지각: 내가 일하는 것을 안 좋아하기 때문에, 나는 '나쁜' 사람이다. 왜냐하면 나는 특이하기 때문이다.

Ⅵ. 인본주의·실존주의 개념화

진정한 자아 표현

문제: 문제가 내재적 또는 외재적으로(타인, 환경 등에 의해) 유발되는가?

☐ 두드러지게 내재적이다.

☒ 혼합되어 있다.

☐ 두드러지게 외재적이다.

주체성과 책임감: 자신이나 타인이 이야기의 주체로서 논의되고 있는가? 내담자는 상황에 대한 분명한 책임감을 가지고 있는가?

☐ 강한 주체성과 책임감

☐ 부분적인 주체성

☒ 매우 낮은 주체성, 타인과 상황에 대한 잦은 책임전가

☒ 종종 희생양이 되었다고 느낀다.

(계속)

감정의 인식과 표현: 감정을 자신의 것으로 인식하고 경험하는 데 어려움이 없는가?

□ 쉽게 감정을 표현한다.

☒ 동요된 감정을 인식한다.

□ 감정을 인식하는 것이 어렵다.

'지금 여기' 경험: 내담자가 현재의 순간에 일어나는 상황에 대한 감정을 폭넓게 경험할 수 있는가?

□ 현재의 순간에 감정을 쉽게 경험한다.

□ 도움을 받아 현재 감정을 어느 정도 경험한다.

☒ 현재의 순간을 경험하는 것이 어렵다.

개인적 구성 개념과 허울(facades): 내담자는 자신의 역할을 인식하고 그것을 넘어설 수 있는가? 정체성은 경직되어 있는가, 아니면 자신을 시험적으로 내려놓을 수 있는가?

□ 시험적으로 자신을 내려놓을 수 있다. 비판하고 의문을 제기할 수 있다.

☒ 정체성의 구성 개념과 허울에 대해 약간 인식하고 있다.

□ 정체성을 엄격하게 정의한다. '사실'로 인지한다.

복잡성과 모순: 내적인 모순을 가지고 있으며 그것을 탐색하는가? 내담자는 정체성과 삶의 복잡성을 충분히 이해하는가?

□ 모순을 자각하고 해결한다.

☒ 모순을 일부 인식한다.

□ 내적인 모순을 자각하지 못한다.

당위: 내담자는 사회적으로 부과된 당위와 의무에 대해 의문을 품을 수 있는가? 내담자는 타인을 기쁘게 해주는 것과 자신의 소망을 충족하고자 하는 것 간의 균형을 맞출 수 있는가?

□ 사회적 의무와 자율성 간의 균형을 맞출 수 있다.

☒ 사회적 기대와 개인적 소망 사이의 긴장을 인식한다.

□ 주로 사회에서 원하는 것에 초점을 맞춘다.

해야 하는 의무 목록: 나는 직장과 직업에 더 투자해야만 한다. 나는 이제 가족과 아이들을 가지기 시작해야 한다.

타인 수용: 내담자는 타인의 의견을 수용할 수 있고 타인에 대한 기대에 현실적으로 부응할 수 있는가?

□ 타인을 쉽게 수용한다.

☒ 타인의 기대가 비현실적이지만, 여전히 충족하지 못한 기대에 강한 정서적 반응을 나타내는 것을 인식한다.

□ 타인을 받아들이는 것이 어렵다. 항상 자신의 기대에 부응하기 위해 타인이 변하기를 바란다.

자기 신뢰: 내담자는 자신이 고정된 대상이 아니라 과정으로서의 자신을 신뢰할 수 있는가?

□ 진정한 자기를 신뢰하고 표현할 수 있다.

□ 특정한 상황에서 자신을 신뢰한다.

☒ 대부분의 상황에서 자신을 신뢰하는 것이 어렵다.

실존 분석

삶을 의미 있게 하는 자원(내담자에 의해 기술되고 설명된 것): 내담자는 사회적 관계와 가족을 통해 의미를 발견한다. 그는 인생의 목적이 즐기고, 행복하게 되는 것이라고 믿는다. 그는 라틴계 게이 공동체에 소속되어 있다.

(계속)

그리고 그 공동체 안에서 게이 권리의 옹호자가 되었다. 그는 특히 LGBT에 대해 가톨릭교회에서 폭넓게 수용하도록 만드는 것에 대해 열정을 가진다.

삶의 의미에 관한 일반적 주제:

☐ 개인적 성취·업적

☒ 중요한 타인

☐ 자녀

☒ 원가족

☒ 사회적 대의, 타인에 대한 공헌

☐ 종교·영성

☐ 기타: ______

삶의 방향에 대한 만족과 명확성:

☐ 힘든 시기에 회복탄력성을 만들어내는 명확한 삶의 의미를 가지고 있다.

☐ 현재의 문제는 삶의 방향과 관련된 선택을 요구한다.

☒ 현재 삶의 방향성에 대해 최소한으로만 만족한다. 삶에 더 큰 욕구를 가지고 있다.

☐ 현재까지 삶의 방향성에 관하여 거의 생각한 적이 없다. 대부분 타인 혹은 다른 어떤 것에 의해 정의된 삶의 계획에 따라 살아왔다.

☐ 기타: ______

게슈탈트 접촉 경계 혼란

☐ **둔감화:** 문제를 인식하지 못한다.

☐ **내사:** 타인의 관점을 검열하지 않고 그대로 받아들인다.

☐ **투사:** 타인에게 자신의 원하지 않는 부분을 전가시킨다.

☐ **반전:** 타인이 아닌 자기 자신에게 직접적인 행동을 취한다.

☒ **편향:** 타인 혹은 자신과의 직접적인 접촉을 피한다.

☐ **자의식:** 외부 환경이 자기 자신에게 영향을 미치지 못하도록 한다.

☐ **융합:** 타인과의 경계가 모호해지는 범위까지 동조한다.

기술하기: 내담자는 술을 마시고 파티를 하는 것을 통해 자신의 많은 감정과 문제를 피한다.

Ⅶ. 인지행동 사례 개념화

증상 행동의 기준

증상 #1 (행동적 기술): 중독될 때까지 약물 복용한다.

빈도: 일주일의 대부분

지속 기간: 4~6시간

상황: 주중에는 집에서, 금요일부터 일요일까지는 친구의 집 또는 클럽에서

(계속)

사건 전: 친구들과 즐긴다. 텔레비전을 시청한다. 퇴근 후 집으로 온다.

사건 후: 잠이 든다. 기절한다.

증상 #2 (행동적 기술): 취미, 관계 등 정상적인 행동에 대한 흥미를 상실한다.

빈도: 거의 매일

지속 기간: 1~2시간

상황: 약물을 복용하지 않을 때. 약물을 복용 후에는 최악이다.

사건 전: 술을 마시거나 약물을 복용한다.

사건 후: 텔레비전을 시청한다. 잠이 든다.

비합리적 신념에 대한 A-B-C 분석

선행 사건(문제): '흥미로운' 것과 관계가 없다.

결과(기분, 행동 등): 약물을 사용한다. 인생에서 가치 있는 것은 아무것도 없는 것처럼 느껴진다. 마치 인생이 너무 가혹한 것처럼 느껴진다.

신념의 중재(결과 C를 야기한 사건에 관한 해로운 신념):

1. 흥분의 결핍은 무엇인가가 잘못되었다는 것을 의미한다.
2. 그가 행복하지 않고 재미있지 않다면, 가치 있지 않은 것이다.
3.

Beck의 인지 도식 분석

자주 사용하는 인지 도식을 확인하라.

☐ **임의적 추론:**

☒ **선택적 추상:** 부정적인 것에 초점을 둔다. '절반밖에 채워지지 않은 잔'

☐ **과잉일반화:**

☒ **의미 확대/의미 축소:** 타인으로부터의 작은 비난을 과장한다.

☐ **개인화:**

☒ **절대론자/이분법적 사고:** 인생은 멋지거나 시궁창이거나, 둘 중 하나이다.

☐ **잘못된 명명:**

☐ **독심술:**

Ⅷ. 가족체계 개념화

가족생활 주기 단계

☐ 미혼 성인

☒ 기혼

☐ 어린 자녀가 있는 가족

☐ 청소년기 자녀가 있는 가족

(계속)

☐ 자녀 독립

☐ 노년기

이 단계에서 발달 과업을 완성하는 데 어려움이 무엇인지 기술하라. 내담자는 성인이 되는 것에 따르는 책임감으로 어려움을 겪고 있으며 걱정 없는 생활과 '즐기는 것'을 선호한다. 이는 배우자와 가족을 포함한 많은 관계의 성장을 방해한다.

타인과의 경계

부모	☒ 밀착	☐ 명확	☐ 유리	☐ 해당 사항 없음: **기술하기:** 특히 어머니
중요한 타인	☒ 밀착	☐ 명확	☐ 유리	☐ 해당 사항 없음: **기술하기:** 과소한 기능/과도한 기능의 상호보완적 역할
자녀	☐ 밀착	☐ 명확	☐ 유리	☒ 해당 사항 없음: **기술하기:**
확대가족	☐ 밀착	☐ 명확	☒ 유리	☒ 해당 사항 없음: **기술하기:** 외할아버지, 외할머니는 그가 나간 후에 매우 냉담한 태도였다.
기타: 여자 형제	☒ 밀착	☒ 명확	☐ 유리	☐ 해당 사항 없음: **기술하기:**

타인과의 친밀도와 거리를 조절하는 일반적인 유형: 가족들은 종종 서로의 삶에 과도하게 개입되어 있어서, 만약 한 사람이 약간만 동의하지 않아도 거부 또는 불쾌한 감정을 느낀다.

삼각관계/연합

☒ 원가족과의 연합: **기술하기:** 어머니의 총애. 어머니는 아버지의 규칙에 반대하며 내담자를 보호한다.

☐ 중요한 타인과 관련된 연합: **기술하기:**

☐ 그 외의 연합:

자신과 부모–자녀 사이의 위계	☒ 해당 사항 없음		
자녀와의 위계	☐ 효과적	☒ 경직	☐ 허용적
부모와의 관계(어린아이/청소년에게 있어)	☐ 효과적	☐ 경직	☒ 허용적

형제자매**와의 상호보완적 패턴**

☐ 방임형/관계 중심

☒ 높은 기능 수준/낮은 기능 수준

☐ 감정적/이성적

☐ 좋은 부모/나쁜 부모

☐ 기타: **좋은 자녀/나쁜 자녀**

상호보완적인 패턴의 예시: 내담자가 '재미있는' 것이나 가치 있는 것으로 여기지 않는 책임감에 대해 내담자의 배우자는 신경을 쓴다. 이는 내담자가 파티를 하는 데 많은 시간을 보내고 성인으로서의 책임감을 회피하게 한다.

(계속)

세대 간 패턴

약물·알코올 남용: ☐ 해당 없음 ☒ 있음: 아버지는 알코올 의존자이며, 형제들 또한 마찬가지이고 약물을 복용한다.

성적·신체적·정서적 학대: ☐ 해당 없음☒ 있음: 십대 사촌에 의해 성적 학대를 당했다. 어렸을 때 자주 맞았다.

부모–자녀 관계: ☐ 해당 없음 ☒ 있음: 모든 세대는 일반적으로 어머니와 친밀한데, 특히 아이들과 관련이 있다.

신체적·정신적 장애: ☒ 해당 없음 ☐ 있음:

가족이 지닌 강점: 기술하기: 가족들이 '가장 좋아하는' 사람은 아니게 되었지만 가족들 대부분은 그의 성적 취향에 대해 지지해왔다. 가족들은 자주 만나고 서로를 지지한다.

Ⅸ. 해결 중심·문화적 담론(포스트모더니즘) 개념화

해결책과 독특한 결과

효과적으로 작용하지 않은 기존의 해결책:

1. 더 많은 약물을 사용하기
2. 배우자가 파티를 하는 것에 대해 무시하기
3. 일과 가족을 피하기

예외적 상황과 독특한 결과: 시간, 장소, 관계, 상황 등 덜 문제시될 때, 사건의 경과가 좋아지도록 하는 행동:

1. 내담자는 가족에게 남자 친구와 결혼하고자 하는 것에 대한 필요와 감정을 표현하는 데 더욱 적극적일 것이다.
2. 내담자는 가족이 그가 파티에서 친구들만큼 많이 마시도록 허락하지 않기 때문에 가족 곁에 있을 때 다소 음주를 조절하는 경향이 있다(예: 진탕 술에 취하지 않음).
3. 내담자가 배우자, 배우자의 친구들, 그리고 내담자의 오래된 친구들과 함께 시간을 보낼 때 더 나은 행동을 한다.

기적 질문에 대한 대답: 만약 문제가 하룻밤 사이에 해결이 된다면, 내담자는 다음 날 어떻게 행동할 것인가? (Y를 하지 않는 대신에 X를 한다는 식으로 기술하라.)

1. 그는 자신과 나이가 비슷한 사람들과 어울릴 것이다.
2. 그는 배우자와 가족과 함께 더 많은 시간을 보낼 것이다.
3. 그가 즐길 수 있는 의미 있는 직장에서 일할 것이다.

문제 정의에 영향을 주는 **지배 담론:**

- **인종, 계층, 종교 담론: 핵심적인 문화적 담론이 어떻게 문제와 가능한 해결책이 무엇인지 알려주는가?** 내담자는 남서부에 사는 2세대 멕시코계 미국인이고 일을 하며 돈을 벌고 있다. 그는 자신이 물려받은 것에 대해 대체적으로 자부심을 느끼고 있으며 '동성애가 아닌' 라틴계 지역공동체뿐만 아니라, 지역의 라틴계 동성애 문화와 연결되어 있다. 그는 전문직을 가진 백인 게이 남성들이 포함된 배우자의 사회적 관계 속에서 불편함을 느낀다. 그는 표면적으로는 수용 받는 느낌을 받지만 그가 수용되지 않는다는 것을 고통스럽게 상기시켜주는 가톨

(계속)

릭교회에서 가장 크게 소외된 느낌을 받는다.

- **성(gender)과 성적 담론: 성과 성적 담론이 어떻게 문제와 가능한 해결책이 무엇인지 알려주는가?** 어떤 점에서, 내담자는 전문성 있는 배우자에게 '남자다움'을 느낀다. 특히, 재정에 관해서 평등하게 기여하고 일을 할 수 없을 때 그렇다. 내담자는 대체적으로 가족에게 지지받는다고 느끼기는 하지만, 그는 게이이고 자녀가 없기 때문에 부모에게 약간의 실망을 주고 있는 느낌이 계속 남아있다고 했다. 그래서 배우자와 가족 모두에게, 충분한 남성이 되지 못했다는 생각을 가지고 있으며, 변화할 수 있는 방법이 없는 것처럼 느낀다.
- **지역사회, 학교, 확대가족 담론: 다른 중요한 지역사회 담론이 어떻게 문제로 인지되었으며, 가능한 해결책이 무엇인지 알려주는가?** 직장의 대부분에서 '나이 든' 노동자 중 하나인 내담자는 젊은 사람들과 잘 어울려야 한다는 압박감을 크게 느껴왔고, 이는 점점 더 많은 약물로 손을 뻗게 하였다. 이러한 친구들과 시간을 보내는 것은 '나의 인생이 어디로 흘러가고 있는가?' 그리고 '어쩌다 여기까지 오게 되었지?' 하는 느낌을 촉발시킨다.

정체성 내러티브: 문제는 어떻게 내담자의 정체성을 형성하는 데 영향을 미쳤는가? 내담자의 파티는 그와 배우자 사이를 틀어지게 한다. 내담자가 덜 기능적이게 될수록, 배우자는 관계와 일 모두에서 더욱 기능적이게 된다. 약물 복용의 급변하는 상황은 내담자의 인생에서 흥미로운 것이 없다는 느낌을 더욱 증가시킨다.

내담자에게 국지적 담론 또는 선호하는 담론: 내담자가 선호하는 정체성 관련 내러티브 혹은 문제에 관한 내러티브는 무엇인가? 문제에 대하여 선호하는 국지적(대안적) 담론이 있는가? 내담자는 파티를 여는 것이 '살아있음'의 느낌을 그에게 주는 데 도움을 준다고 느끼는 부분도 있지만, 다른 부분(물론 배우자도)으로는 그것이 그가 가진 삶을 피하게 하고, 43세의 남성으로서 적절하고 의미 있는 삶을 만들지 못하게 한다고 믿고 있다.

임상적 평가

임상가:	내담자 ID #:	기본 구성:	모국어:
Michael	14002	☒ 개인 ☐ 부부 ☐ 가족	☒ 영어 ☐ 스페인어 ☐ 기타:

내담자와 중요한 타인에 대한 기록

성인

성인 남성 연령: 43세 라틴아메리카계/라틴계 배우자 게이/레즈비언/양성애자 직업: 건설노동자/목수

기타: ______

성인 남성 배우자 연령: 44세 백인 배우자 게이/레즈비언/양성애자 직업/직위: 공인회계사

기타: 10년간 함께한 배우자

아동

성별 연령 선택: ______ 인종 선택: ______ 학교/학년 선택: ______

기타: ______

성별 연령 선택: ______ 인종 선택: ______ 학교/학년 선택: ______

기타: ______

기타 확인 사항: ______

호소 문제

		아동을 위한 점검 문제:
☒ 우울/무력감	☒ 부부 문제	☐ 학업 실패/수행 저하
☐ 불안/걱정	☐ 부모-자녀 갈등	☐ 무단결석/가출
☐ 분노 문제	☐ 배우자 폭력/학대	☐ 또래와의 다툼
☐ 상실/슬픔	☐ 이혼 후 적응	☐ 과잉 행동
☒ 자살 사고 및 시도	☐ 재혼 후 적응	☐ 의복 청결 상태 불량
☐ 성적 학대/강간	☐ 성/친밀감 문제	☐ 아동 학대/방임
☒ 알코올/약물 사용	☐ 주요한 생활 변화	☐ 고립/철수
☐ 섭식 문제/섭식 장애	☐ 법적 문제/보호 관찰	☐ 기타: ______
☒ 직업 문제/실직	☐ 기타: ______	

내담자를 위한 정신 상태 평가

대인관계	☐ 해당 없음	☐ 갈등 ☒ 밀착 ☐ 고립·회피 ☐ 괴롭힘 ☒ 기타: 부부 문제
기분	☐ 해당 없음	☒ 우울·슬픔 ☐ 불안 ☐ 불쾌 ☐ 분노 ☐ 성마름 ☐ 조증 ☐ 기타: ______
정서	☐ 해당 없음	☒ 위축 ☐ 둔감 ☐ 생기 없음 ☐ 불안정 ☐ 일관성 없음/부적절 ☐ 기타: ______

(계속)

수면	☐ 해당 없음	☒ 수면과다 ☐ 불면증 ☒ 수면 방해 ☐ 악몽 ☐ 기타: ________
섭식	☐ 해당 없음	☒ 증가 ☐ 감소 ☐ 식욕 부진 ☐ 폭식 ☐ 구토 ☐ 기타: ________
불안	☒ 해당 없음	☐ 만성적 근심 ☐ 공황 ☐ 공포증 ☐ 강박사고 ☐ 강박행동 ☐ 기타: ________
트라우마 증상	☒ 해당 없음	☐ 과각성 ☐ 플래시백/침습 기억 ☐ 해리 ☐ 감각 상실 ☐ 회피 노력 ☐ 기타: ________
정신병적 증상	☒ 해당 없음	☐ 환각 ☐ 망상 ☐ 편집증 ☐ 연상 이완 ☐ 기타: ________
운동 활동성 및 언어 능력	☐ 해당 없음	☐ 낮은 에너지 ☐ 과잉 행동 ☐ 불안 ☒ 주의 산만 ☒ 충동적 ☐ 빠른 어조 ☐ 느린 어조 ☐ 기타: ________
사고	☐ 해당 없음	☒ 집중력 부족 ☒ 부인 ☐ 자기 비난 ☐ 타인 비난 ☐ 반추 ☐ 단절 ☒ 완고함 ☒ 통찰력 부족 ☐ 그릇된 의사결정 ☐ 혼란스러움 ☐ 기타: ________
사회·법률	☐ 해당 없음	☒ 규범 경시 ☐ 반항 ☐ 절도 ☐ 거짓말 ☐ 격분 ☐ 체포 및 투옥 ☐ 싸움 걸기 ☐ 기타: ________
기타 증상	☒ 해당 없음	________

내담자를 위한 진단

진단에서 고려되는 **상황적 요인**: ☒ 연령 ☒ 성별 ☒ 가족 역동 ☒ 문화 ☐ 언어
☒ 종교 ☒ 경제력 ☐ 이민 ☒ 성적/성별 지향 ☒ 트라우마 ☒ 이중 진단/동반 질환
☒ 중독 ☐ 인지적 능력 ☐ 기타: ________
진단과 평가 과정에서 확인된 요인의 영향을 기술하라. ________

DSM-5 코드	심리사회적 스트레스 요인 및 문제점에 관한 V/Z/T 코드를 포함한 **진단과 진단 상세 기준**
1. F10.20	1. 알코올 사용 장애, 중간 정도
2. F90.2	2. 주의력 결핍 과잉 행동장애, 복합형
3. Z63.0	3. 배우자 또는 가까운 애인과의 관계 어려움
4. Z56.9	4. 취업과 관련된 기타 문제
5. ________	5. ________

의료적 고려사항

내담자는 정신의학적 평가를 위해 의뢰된 적 있는가? ☒ 예 ☐ 아니요

(계속)

내담자는 의뢰에 동의했는가? ☒ 예 ☐ 아니요 ☐ 해당 없음

평가에 사용되는 심리측정 도구: ☐ 없음 ☐ 교차편집 증상 척도

☒ 기타: 미시간주 알코올 의존자 선별 검사, 결과 설문지

진단에 대한 내담자의 반응: ☐ 동의 ☒ 다소 동의 ☐ 동의하지 않음 ☐ 다음과 같은 이유로 알 수 없음: _____

현재 약물 치료(정신의학적·의학적) ☒ 해당 없음

1. Adderal ; 복용량 40 mg; 시작 날짜: 2010년 9월 10일
2. ________ ; 복용량 ________ mg; 시작 날짜: ________
3. ________ ; 복용량 ________ mg; 시작 날짜: ________
4. ________ ; 복용량 ________ mg; 시작 날짜: ________

의료적 필요성: 해당되는 것에 모두 체크하라.

☒ 상당 부분 손상 ☒ 손상 가능성 큼 ☐ 예상되는 발달적 지체

손상 영역: ☒ 일상생활 ☒ 사회적 관계 ☐ 건강 ☒ 직장/학교생활 ☐ 거주 형태

☐ 기타: ________

내담자의 위험 요소와 안전성 평가

자살 경향성	타살 경향성	알코올 남용
☒ 징후 및 부인 없음	☒ 징후 및 부인 없음	☒ 징후 및 부인 없음
☐ 적극적 사고	☐ 능동적 사고	☐ 과거의 남용
☒ 소극적 사고	☐ 수동적 사고	☒ 현재 횟수/양: 거의 매일 4~12잔
☐ 계획 없는 의도	☐ 계획 없는 의도	**약물 사용 및 남용**
☐ 목적을 위한 의도	☐ 수단을 동반한 의도	☐ 징후 및 부인 없음
☐ 지난해 동안의 사고	☐ 지난해 동안의 사고	☐ 과거의 남용
☐ 지난해 동안의 시도	☐ 지난해 동안의 폭행	☒ 현재 복용 약물: 1~2 × 일주일, 다양함
☐ 가족 혹은 동료의 자살 이력	☐ 타인을 폭행한 과거 이력	빈도/양: ________
	☐ 동물 학대	☐ 가족 또는 중요한 타인의 약물 사용

성적·신체적 학대 및 그 밖의 위험 요인

☒ 아동기 학대 이력: ☒ 성적 학대 ☒ 신체적 학대 ☐ 정서적 학대 ☐ 방임

☐ 성인기의 학대/폭행: ☐ 성적 학대 ☐ 신체적 학대 ☐ 현재 지속 여부

☐ 학대 가해 이력: ☐ 성적 학대 ☐ 신체적 학대 ☐ 정서적 학대

☐ 노인 또는 부양해야 할 성인 학대 및 방치

☐ 섭식 제한, 폭식 또는 구토 이력(현재 또는 과거)

☐ 자살 시도 및 다른 자해 행위: ☐ 현재 ☐ 과거: 수단: ________

☐ 범죄 및 법적 문제 이력: ________

☐ 기타 정신적 외상 이력: ________

☐ 보고된 바 없음

(계속)

안전 지표

☐ 해당 없음
☒ 최소한 한 명의 외부 지지자
☒ 살고자 하는 혹은 해를 끼치지 않으려는 구체적인 이유를 언급할 수 있는 능력
☐ 희망
☒ 위협적인 물건을 제거하려는 의지
☐ 미래의 목표 세우기
☒ 상황을 악화시키는 사람과의 접촉을 줄이려는 의지
☒ 기꺼이 안전 계획, 안전 개입을 수행하고자 하는 의지
☒ 자신 및 타인을 해치는 행동에 대한 대안 발전시키기
☒ 안전이 지속되는 기간: 수동적인 사고로 행동한 적 없다.
☒ 기타: ______

안전 계획의 요소

☐ 해당 없음
☒ 위해를 가하지 않는다는 내용을 구두로 서약하기
☐ 위해를 가하지 않는다는 내용의 서약서 작성하기
☒ 긴급 연락망 카드
☒ 위급 상황을 위한 치료자 및 기관 연락처
☒ 약물 치료 관리
☒ 위기 상황에서 친구 및 지지자와 연락할 수 있는 계획 세우기
☐ 위기 상황에서 어떤 장소로 가야 할지 세부적인 계획 세우기
☒ 위기 수준에 도달하기 전에 위험을 감소시키기 위한 구체적인 자기 진정 작업(예: 일기 쓰기, 운동하기 등)
☐ 스트레스 요인을 감소시키기 위한 구체적인 매일/매주의 활동
☐ 기타: ______

법적·윤리적 조치 적용: ☒ 해당 없음 ☐ 조치: ______

사례 관리

기타 연락망

- **담당 의사 혹은 다른 전문가**와 연락한 적이 있는가? ☐ 해당 없음 ☒ 있음 ☐ 진행 중
  성명/기록 사항: Gonzalez 박사/해로움 감소 계획에 대해 의사와 간단히 상담함. 의사는 진전을 보이고 있다고 함.
- 만약 내담자가 **다른 곳에서 정신 건강 치료**를 받고 있다면, 그곳과 연락했는가? ☒ 해당 없음 ☐ 있음 ☐ 진행 중
  성명/기록 사항: ______
- **사회복지사**와 연락한 적이 있는가? ☒ 해당 없음 ☐ 있음 ☐ 진행 중 성명/기록 사항: ______

의뢰

- 내담자는 **의학적인 평가**에 의뢰된 적 있는가? ☒ 있음 ☐ 필요성에 대한 근거 없음
- 내담자는 **사회적 서비스**에 의뢰된 적이 있는가? ☒ 해당 없음 ☐ 직업/훈련 ☐ 복지/식품/주거 보조 ☐ 피해자 서비스 ☐ 법적 도움 ☐ 의료 서비스 ☐ 기타: ______
- 내담자는 **집단**이나 다른 지원 서비스로 의뢰된 적이 있는가? ☒ 예 ☐ 진행 중 ☒ 권장되지 않음
- 치료와 관련된 **범죄 수사적/법적 절차**가 예상되는가? ☒ 아니요 ☐ 예: 기술하기: ______

(계속)

지원 네트워크

- 내담자 사회적 지지망은 다음을 포함한다. ☒ 지지적인 가족 ☒ 지지적인 배우자 ☒ 친구
  ☐ 종교적·영적 단체 ☐ 지지적인 직업적·사회적 집단 ☐ 기타: ______
- 지지적인 체계(자녀, 파트너 등)에서 다른 사람들에게 영향을 미칠 것으로 예상되는 치료의 영향을 기술하라. 배우자 지원. 원가족은 내담자가 음주를 멈추거나 줄이도록 결정하게 하는 것에 어려움을 느낀다.
- 내담자가 성취할 필요가 있는 것이 존재하는가? 약물과 ADHD에 관한 이중 치료

기대되는 치료 성과와 예후

☒ 정상적인 기능 수준으로의 복귀 ☐ 정상적인 기능 수준 미만 예상 ☐ 악화 예방

내담자의 소망: 3

성과 평가 및 내담자 관점

내담자의 연령, 문화, 그 밖의 다양한 문제를 포함한 평가 방법이 내담자의 필요에 충족하는가?
가족과 문화적 음주 형태와 사회화 형태를 신중하게 고려하기. 라틴계 게이 사교 형태.

위와 같은 평가와 연관된 내담자-임상가 동의/비동의에 대한 실제적 혹은 잠재적 영역을 기술하라.
내담자는 알코올 의존자 또는 약물 중독자로서의 자신을 알지 못한다. ADHD를 수긍하고, 성인으로서 약물을 복용할 의향이 있다.

______, ______ ______
임상가 서명 자격/인턴 직위 날짜

______, ______ ______
슈퍼바이저 서명 자격 날짜

치료 계획

날짜: 2013년 9월 14일　　사례/내담자 #: 14002

임상가 성명: Michael　　이론: 여성주의 치료, 이야기치료, 협력적 치료의 통합

계획된 치료 양상: ⊠ 성인　☐ 아동　⊠ 부부　☐ 가족　☐ 집단: ______

추천 회기 빈도: ⊠ 매주　☐ 격주　☐ 기타: ______

예상 치료 기간: 9개월

초기 치료 단계

초기 단계 상담 업무

1. 상담 관계 발전시키기. **다양성에 관한 고려사항:** 배우자, 원가족, 친한 친구들을 포함시키기. 이성애자인 남성 심리치료사와 함께하는 작업의 역동을 고려하고, 강한 안정감과 내담자에 대한 존중을 형성하기 위하여 조심스럽게 참여하기. 전문성을 가진 남성으로서, 상담자는 상담 내 관계에서 내담자가 배우자에게 가지고 있는 전문직/생산직의 긴장이 어떻게 되풀이 되고 있는지 고려해야만 하고 그의 알아차림과 집에서의 안정감을 증대시키기 위하여 이것을 활용하는 방법 반드시 찾기.

   관계 형성 접근 방법/개입:

   a. '파티를 여는 것'/ADHD라는 문제로부터 떨어져서 내담자를 대해야 한다. 그리고 라틴계 이민자, 가톨릭 가정, 노동자 계급의 남성, 게이라는 내담자의 경험을 공유하기 위한 기회를 제공해야 한다.

2. 개인적, 체계적, 그리고 다양한 문화적 역동 평가하기. **다양성에 관한 고려사항:** 체계 전반에 거쳐 약물 복용 패턴을 다루기. 음주에 관한 문화적 형태 고려하기. 게이 공동체, 라틴계 사회, 사무직 종사자/육체 노동자라는 사회적 집단의 영향과 그곳에서의 내담자 역할 평가하기.

   평가 전략:

   a. '파티를 여는 것'/ADHD와 관련된 모든 것들과 '파티를 여는 것'/ADHD의 삶과 관련된 사람들의 영향력(강점과 자원), 그리고 개인에게 미치는 정치적인 영향력을 탐색하기 위한 비구조화된 질문과 관련 영향 질문

   b. 영향을 미치는 파티에 대한 모든 것에 대해서 들어보고, 문제에 대한 그들의 정의와 이것을 어떻게 잘 다룰 수 있는지에 대한 생각을 이해하기 위하여 '파티를 여는 것'/ADHD에 대하여 논의한다.

3. 치료 목표에 대한 내담자의 동의를 확인하고 얻기. **다양성에 관한 고려사항:** 이중 목표에 대한 내담자 동의를 보장하기

   목표 설정 개입:

   a. 상담자 목표를 공개하고, 약물 복용과 ADHD 문제를 다루기 위한 목표 달성을 위해 내담자 전문지식을 이용한다.

4. 필요한 의뢰, 위기 요소, 추가적인 접촉, 내담자의 다른 요구 확인하기. **다양성에 관한 고려사항:** 해독과 약물 관리를 위하여 가능 수요에 대해 내담자와 정신과 의사가 함께 작업하기

(계속)

a. **위기 평가 개입:** 소극적인 자살 생각과 관련해 안전 계획을 세운다.

b. **의뢰 사항:** 해독 문제를 관리하고 약물 복용을 감소하거나 없애기 위한 계획에 대해 내담자와 함께 협력한다. 내담자가 수용하고 편안하게 느끼는 모임에 연계한다.

초기 단계 내담자 목표

1. 알코올과 약물 복용을 감소시키기 위해 '책임감 있는'(우선적인) 자신에 대한 인식을 증가시키기

   개입:

   a. 약물 복용으로부터 멀어져 자신의 가치와 정체성을 표현할 뿐만 아니라, ADHD를 관리하기 위한 Adderall의 사용을 포함하여, 알코올과 마약과의 관계에 대한 분명하고 강력한 입장을 내담자가 발달시키도록 입장 진술 지도를 사용한다.

   b. 그의 약물 복용을 관리하기 위한 해결책과 전략을 발달시키도록 돕기 위한 상호간의 호기심과, 알지 못함, 모르는 자세

치료의 작업 단계

작업 단계 상담 업무

1. 작업 동맹의 질 점검하기. **다양성에 관한 고려사항:** 성적 지향, 사회경제적 지위, 또는 약물 복용과 관련해서 상담자에 의해 판단되지 않고 내담자가 수용 받는 느낌을 계속해서 관리하기

   a. **평가 개입:** 상담 동맹을 공개적으로 이야기한다. 특히, 약물 복용 문제에 관해서 상담자에 의해 강압당하는 느낌을 받을 때 그리고 내담자가 솔직하게 생각과 경험을 공유하는 것을 보호하기 위해, 행위 주체감과 변화에 대한 투자를 경험하고 유지할 때 그렇게 한다.

2. 내담자의 치료 과정 점검하기. **다양성에 관한 고려사항:** 진행 경과를 관리하기 위해서 내담자뿐만 아니라 가족과 배우자의 보고 사용하기. 특히 약물 복용의 경우 그렇게 하기

   a. **평가 개입:** 상담 진행 경과에 대해서 내담자뿐만 아니라 가족과 배우자와 함께 정기적으로 점검한다. 상담 성과 척도를 사용한다.

작업 단계 내담자 목표

1. 충동성과 무책임한 선택을 감소시키기 위해 우선된 행동과 우선된 자기에 대한 지각을 증가시키기

   개입:

   a. 다른 꼬리표의 정치적인 영향을 고려한다. 성인기 동안 아동기로부터의 꼬리표와 ADHD 행동의 영향을 알아보기 위한 입장 진술 지도와 비구조화된 질문을 한다. 게이, 남성, 라틴계, 노동자 계급, ADHD 성인 환자 등. ADHD와 관련된 상태를 발달시킨다.

   b. 흥미, 직업, 개인적 의무와의 균형을 맞출 수 있는 '성숙한 성인'이 되는 것에 관한 정체성 이야기를 강화시키는 비계 설정 대화.

2. 흥미의 상실과 관련성을 감소시키기 위해 타인에게 '관여하기'와 권한 의식 부여를 증가시키기

(계속)

개입:

a. 억압과 소외의 원인을 알아보고, 한 해 동안 자신의 ADHD 행동과 '파티를 여는 것'에 대한 선택에 어떻게 영향을 받아왔는지를 알아본다. 마약과 알코올에 대한 더 나은 선택을 하기 위해 동기부여와 관련시킨다.

b. 그가 고려해야 할 문제라고 느끼고 인생에서 좋은 결정을 하기 위한 권한이 있음을 느끼는 관계를 형성하고 공동체와 관련시킨다.

3. 약물 복용을 감소시키기 위해 성장 촉진 관계의 수를 증가시키기

개입:

a. 관계에서 평등한 기능과 친밀함을 증가시키기 위해 두 사람만 있는 회기 안에서 서로 수수께끼를 낸다.

b. 원가족과의 깊은 관계를 형성하는 방법을 조사하기 위해, 그리고 자신을 최고로 향상시키기 위해 각 친구들 무리를 이해하는 방법을 선택하기 위한 비계 설정 질문을 한다.

치료의 종결 단계

종결 단계 상담 업무

1. 추후 관리를 위한 계획을 발전시키고 성과를 유지하기. **다양성에 관한 고려사항:** 게이 라틴계 사회에서 지지적인 타인과 자원을 포함시키기

개입:

a. ADHD로 인한 습관적 행동이나 약물을 같은 양으로 섭취하려는 유혹에 대해 어떻게 대응하는지에 관하여 행동과 의식의 차원에서 그림 그리기를 한다.

종결 단계 내담자 목표

1. ADHD 증상을 대처하는 것에서 오는 실패와 약물 남용을 감소시키기 위해 '자신을 성숙하게 만들고, 결정에 책임질 수 있으며, 즐거움을 계속 유지할 수 있는 성인'으로서의 정체감을 가질 수 있도록 개인에게 투자하는 것을 감소시키기 위해 통합된 두 문화의 정체감을 증가시키기

개입:

a. ADHD와 약물에 관한 관계를 내담자가 재정립할 수 있는 상대적 영향력 질문과 입장 진술 지도 분석

b. 사회적 주장 활동에 내담자를 포함시킨다. 이것은 책임질 수 있는 결정을 하는 방법에 대한 타인들(예: 라틴계 십대들)의 역할 모델을 제공하는 활동을 말한다.

2. 재발 가능성을 감소시키기 위해 내담자의 '즐거움이 있지만 분별할 수 있는' 정체성을 지지해주는 사회적 연결를 증가시키기

개입:

a. 내담자의 새로운 선택과 행동의 경험을 공유하기 위해 친구와 가족, 배우자에게 요청한다. 행동과 의식의 측면에서 각 개인의 관점으로 지도 그리기를 활용한다.

b. 정체성과 새로운 이야기를 확고히 하기 위해 상담 과정에 대해 서면으로 된 증명 서류를 만든다. 상담자 관점에서 증명 서류 과정에 대한 마지막 편지의 끝을 맺도록 한다.

내담자 #13009에 관한 회기 보고서

날짜: 2013년 9월 21일 시간: 5:00 ☐ 오전 / ☒ 오후 회기 길이: ☒ 45분 ☐ 60분 ☐ 기타: ____분

소개: ☒ 성인 남성 ☐ 성인 여성 ☐ 남자아이 ☐ 여자아이 ☒ 기타: AM44(배우자)

청구 코드: ☐ 90791(평가) ☐ 90834(45분 치료) ☐ 90837(60분 치료) ☒ 90847(가족)

☐ 기타: ________

증상	마지막 방문 이후의 주기와 빈도	진행 경과
1: 음주	일/매일 4~6잔	진행 중
2: 충동성	가벼움(경도), 2일	진행 중
3: 책임질 수 있는 선택들	상당히 향상, 5일 동안 제시간에 출근, 직장에서 더욱 적극적인 모습	상당히 향상됨

증상에 대한 해석: 주말에 알코올 외 다른 약물 복용은 없었다고 보고했다. 내담자의 배우자는 보고를 검증했다. 내담자는 내담자의 배우자가 있으면 책임 있게 유지하는 데 도움이 된다고 보고했다. 내담자는 직장에 새롭게 전념하겠다고 했고 내담자의 배우자는 활기와 희망이 증가되었음을 느꼈다고 보고했다.

회기 내의 개입과 부여된 과제

어떻게 긍정적인 선택이 안녕감, '관여하기', 긍정적인 정체성에 영향을 미치는지에 대한 내담자와 파트너의 자각을 모두 증진시키기 위하여 행동과 인식의 상황에서 긍정적인 발달을 짚어본다. 알코올, 약물, 약물을 복용하는 사회적 네트워크와 관련된 배우자의 상태에 대해 함께 논의한다. '성숙한 즐거움'을 끌어내기 위한 최고의 상황을 알아본다. 다음 주를 위한 선택을 유지하기 위한 방법을 알아본다.

내담자 반응/피드백

의식적인 대화 상황을 통해 내담자는 활기를 얻었다. 이것은 선택이 그가 느끼는 방법에 어떻게 영향을 주는지를 '깨닫기 위한' 것이다. 내담자의 배우자는 상담 과정에 함께하기를 원한다.

계획

☒ 치료 계획 지속하기: 다음 회기를 위한 계획: 지원 네트워크에서의 사교와 관련한 과제에 대한 후속 조치 취하기

☐ 계획 수정하기: ________

다음 회기: 날짜: 2016년 9월 28일 시간: 5:00 ☐ 오전 / ☒ 오후

위기 요소: ☒ 위기의 조짐이 없음/내담자 부정 ☐ 평가된/언급된 위기: 아래에 기술하라.

피해 감소 계획을 고수하는 것을 보고한다. 음주운전을 하지 않았다. 알코올 외에 다른 약물 복용을 하지 않았다고 그와 배우자가 보고했다.

(계속)

_______________________, _______________________ _______________________

임상가 서명 자격/인턴 날짜

사례 자문/슈퍼비전 ☐ 해당 없음

기록 사항: 배우자가 약물 사용에 대해 정확한 관리를 하게 하기 하도록 배우자와 연락한 것에 대해 지속적으로 격려한 슈퍼바이저가 배우자와 함께 약물 사용과 안전 관련 문제를 검토한다.

기타 연락망 ☐ 해당 없음

성명: Dr. Gonzalez 연락한 날짜: 2013년 9월 15일 시간: 10 : 45 ☐ 오전 / ☒ 오후

☒ 파일에 작성된 내용 서면상 양도: ☒ 발송 / ☐ 수신 ☐ 법정 문서 ☐ 기타: _______________

기록 사항: 진행 경과를 위해 감소 계획에 대해 MD에게 간략히 자문을 구함. MD는 과정에 동의한다.

_______________________, _______________________ _______________________

임상가 서명 자격/인턴 날짜

_______________________, _______________________ _______________________

슈퍼바이저 서명 자격 날짜

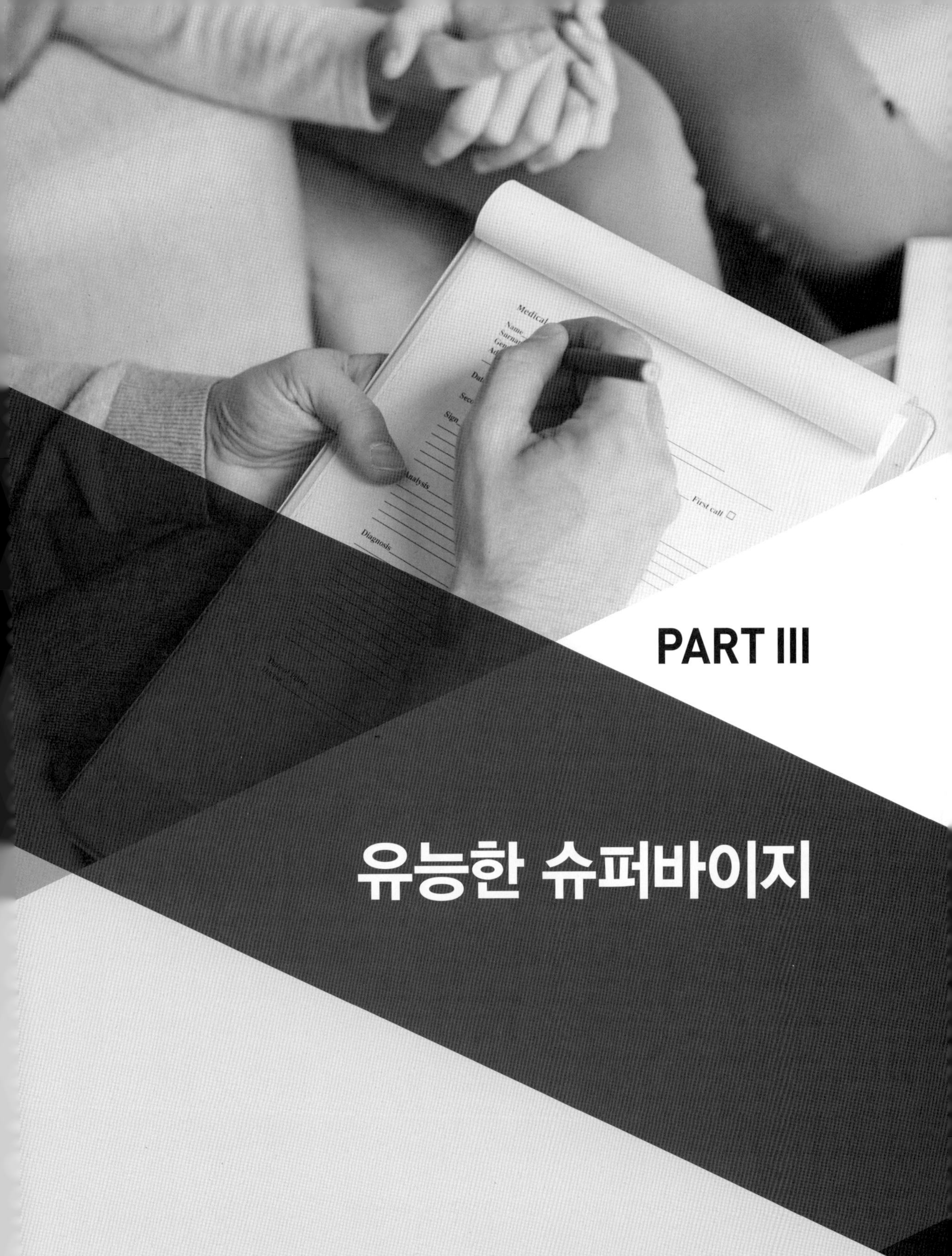

PART III

유능한 슈퍼바이지

CHAPTER 15

유능한 슈퍼바이지

첫 내담자를 만나기 전에 알면 좋았을 것

나는 23세에 남서부에 있는 가정폭력센터에서 내담자를 만나기 시작했다. 내담자를 만나는 것이 요구되는 현장 수업을 처음으로 수강하기 전이었고, 여름 학기 입문 수업 기간 동안 상담 이론과 윤리라는 두 개의 대학원 수업만 수강한 상태였다(그렇다, 학교는 그 이듬해 이러한 제도를 바꾸었다). 나는 떨리고 긴장된 상태로 대기실에 있는 나의 첫 내담자와 만났고, 나는 어색하게 그녀를 상담실로 안내했다. 나의 내담자는 나보다 나이가 약간 더 많은 작고 가냘픈 여성이었다. 그녀는 희고 매끄러운 피부와 대비되는 검은 머리를 가졌다. 나중에 나는 그녀가 쿼터 혼혈 체로키족 인디언이라는 것을 알았다. 그리고 그녀는 이런 자신의 뿌리를 자랑스러워했다.

내가 비밀보장의 문제와 필수 서류 및 기관의 정책 등에 관해 서툴게 소개를 마치자, 그녀는 말하기 시작했다. 그녀가 겪고 있는 현재의 폭력적인 관계에 대한 이야기를 들은 후, 나는 이전에 다른 폭력 사건은 없었는지 물었다. 이에 내담자는 어릴 때 미군에게 당했던 각각 세 차례의 다른 성적 학대 사건(내담자 어머니는 제복을 입고 있는 사람에게 매력을 느꼈다.)을 이야기했다. 그리고 성인이 되어서는 스토킹을 포함한 정서적 학대를 연인으로부터 경험했다고 이야기했다. 내담자의 말을 열심히 경청했지만 내 마음속에서는 불현듯 이런 생각이 떠올랐다. '이 여성은 내가 아닌 **진정한** 상담자가 필요해. 나는 그녀를 도와줄 수 없어, 그녀의 **진정한** 문제를! 난 아직 충분히 알지 못한단 말이야. 난 오랫동안 충분히 도와줄 수 없어. 자격증이나 박사학위가 없는 사람은 확실히 도와줄 수 없는 문제야. 그녀는 전문가가 필요해. **정말, 정말** 좋은 전문가. 나는 아니야.' 두말할 필요 없이, 나의 첫 번째 회기는 꽤나 정신이 없었다.

첫 회기가 끝날 무렵, 그녀는 잠시 말을 멈추고, 나를 한동안 응시했다. 내담자의 혀끝에서 말이 명확하게 나올 때까지 기다리는 동안 백만 년처럼 느껴지는 몇 초간의 침묵이 흘렀다. 나는 조용히 기다리면서 그녀가 '당신은 확실히 절 도와줄 수 없겠군요.

좀 더 유능한 상담자를 붙여주시겠어요?'라고 말할 것(거의 희망하면서)이라 예상했다. 하지만 그 말 대신에 그녀는 조용하게 확신에 찬 목소리로 말했다. "제 생각에 저는 당신과 함께할 수 있을 것 같군요. 제가 여태껏 많은 상담자를 만나봤지만 그들은 절 이해하지 못하는 것 같았어요. 그러나 제 생각엔 당신과는 함께할 수 있을 것 같군요." 그리고 우리는 함께 작업을 하였다. 우리는 2년여 동안 그녀가 과거에 겪었던 어려움을 이해하고 안전하고 즐거운 미래를 함께 만들어나가는 작업을 하였고, 그녀는 나에게 많은 것을 가르쳐주었다. 내 사무실에 걸려있는 그녀가 만들어 준 드림캐처는 상담에서의 중요한 것, 즉 다른 이의 고통을 함께 느끼고 바라보며 지금 여기에 충분히 그대로 머무르는 것을 내게 상기시켜 주는 물건이다. 존재의 방식은 바로 이러한 태도이다. 나는 고통을 겪는 다른 이를 돕기 위해 완벽할 필요가 없었다. 그냥 그 자리에 존재하면 되었다.

물론 나는 내 슈퍼바이저로부터 상당한 도움을 받았다. 내 슈퍼바이저는 접수 면접 회기 후 한 시간이 넘도록 내가 다양한 위기, 학대와 호소하는 문제를 다룰 수 있도록 돕는 데 필요한 정보를 얻고자 하였다. 만약 내가 그녀에게 무엇을 말할지 알았더라면, 이 슈퍼비전 시간을 15분 이하로 줄일 수 있었을 테지만 말이다. 첫 내담자와의 경험에서 '효과적인 슈퍼바이지'가 되는 것은 '효과적인 상담자'가 되는 것과는 다르다는 것 또한 배웠다. 이는 별도의 기술이다.

금방 말했던 것처럼 나는 상담자와 슈퍼바이지가 되기 위해 배우는 과정에서 초반에 애를 먹었다. 나는 '내가 상담실에 있는 것보다 내가 말하는 내용이 더 중요하다.'라는 잘못된 가정으로 시작했고, 또한 나는 충분히 잘 알지 못하기 때문에 나의 슈퍼바이저가 많은 것을 알고 있어야만 한다는 잘못된 신념을 갖고 있었다. 이 장은 당신이 보다 더 수월하게 전문가의 세계로 입문하는 데 도움이 될 수 있도록 구성된다.

이 장에서 나는 첫 내담자를 만나기 이전에 알게 된다면 좋을, 그리고 어떻게 유능한 슈퍼바이지가 될 수 있는지에 관한 지식을 다루겠다. 어떤 이들은 슈퍼바이지라는 뜻 그대로 슈퍼바이지는 유능할 필요가 없다고 말한다. 그러나 성공적인 슈퍼바이지가 되기 위해서는 특정한 기법, 태도와 행동이 필요하다는 것을 수년간의 경험으로 깨달았다. 전통적으로, 대부분의 상담자는 기대하는 걸 말로 배우지 않고 시행착오와 경험이 위대한 스승이라는 것을 배운다. 그러나 나는 간단한 설명을 통해서 이런 부분을 좀 더 수월하게 배울 수 있다고 생각한다. 그러므로 나는 이 장에서 그동안 거의 다루어지지 않았던 유능한 상담자이자 슈퍼바이지가 되기 위한 필수적인 기법에 대해 다룰 것이다.

- 초기 불안 관리하기
- 슈퍼바이지로서 당신의 역할
- 슈퍼바이저의 역할: 현실적인 기대

- 전문적 서류 업무 관리하기
- 슈퍼비전 최대한 활용하기
- 슈퍼비전에서의 문제를 다루기
- 실습 지원 요건

초기 불안 관리하기

몇 주 동안 내담자를 만난 후, 대학 현장 수업을 수강하고 있는 많은 학생들은 이렇게 이야기하였다. "왜 저희를 현장에 보내셨어요? 저희는 아직 준비가 안 되었다고요! 저희는 더 많은 수업, 역할연기, 비디오, 지식과 경험이 필요하다고요!" 이러한 학생의 반응에 대하여, 나는 당당하게 불편한 진실을 공유한다. 100개의 수업을 들을 수 있고, 1,000시간 동안 세계 최고의 상담자와 심리치료사의 동영상을 볼 수 있지만, 그래도 내담자를 돕기 위해 준비되었다는 느낌이 절대 들지 않을 것이라고. 만약에 그런 느낌이 든다고 하더라도, 오래 가지 않을 것이라고. 상담을 배우는 건 마치 수영을 배우는 것과 같다. 유튜브에서 동영상을 몇 시간이나 보고 수영 입문서에 기대어 봐도, 수영을 어떻게 할지 이해하려면 실제로 몸을 물에 적셔봐야 한다. 수업에서 최고의 훈련을 했더라도, 초반에는 녹록치 않을 것이다. 이는 어쩔 수 없다. 몇 번 실습을 한 후에, 아마도 수영 수업(혹은 역할연기)을 듣지도 않고 깊은 수영장 속에 푸욱 빠져 있는 느낌이 들 것이다. 그리고 그 순간에, 불안을 다룰 수 있는 당신의 능력은 당신이 물속으로 가라앉을지 또는 수영을 할지를 결정할 것이다. 그러므로 당신이 수영할 수 있다고 확신을 가져보자.

유능한 슈퍼바이지가 되는 놀라운 비밀 중 하나는, 첫해 수련에서 얼마나 많이 알고 있는지가 유능성을 결정하는 것이 아니라 단순하게 지금까지 배운 것을 얼마나 기억하는지에 관한 능력에 달려있다는 것이다. 대부분의 경우, 상담 초기 수련에서 유능성에 관한 주된 장애물은 지식의 부족이 아닌 불안이다. 대개 적절한 수준의 수행은 적당한 정도의 불안과 관련이 있다. 지나치게 많지도 적지도 않은 불안을 말한다(Eysenck, 2013). 초심자들은 일반적으로 그들이 첫 내담자를 만날 때 너무 많은 수행 불안에 압도당하는 느낌으로 인해 힘들어 한다(Lawrence, Cassell, Beattie, Woodman, Khan, Hardy, & Gottwald, 2013; Tsai, 2012). 이러한 불안은 추격하는 곰을 피해 달아나고, 송곳니가 뾰족한 호랑이와 싸울 때 도움이 되도록 고안된 신체적인 반응, 즉 스트레스 반응을 일으킨다. 그러나 이러한 과각성된 상태는 일반적으로 언어나 고도의 추론, 수업에서 배운 모든 것이 담겨 있는 전두엽을 활성화시키지 못한다(Siegel, 2010). 즉, 초심자들은 종종 처음 내담자를 만났을 당시 머릿속이 새하얗게 되었다고 얘기한다. 심지어 똑똑하고 총명한 학생들조차 상담 회기 동안 묵묵히 앉아 있는 것을 몇 년간 지켜보고서야 알았다. 나는 처음 1년의 수련 과정에서 유능한 상담을 진행하기 위한 가장 최선의 수단은 초심자가 스트레스 반응을 다루도록 돕는 것이며, 이를 통해 그들은 자신이 알고 있는 것을 떠올릴 수 있을 것이라는 사실을 깨달았다.

슈퍼바이지들은 불안을 다루는 방법을 배우기 위한 많은 선택지를 가지고 있다. 이 책에서 대다수의 이론은 주로 인지행동적 방법에 대해 설명한다. 다른 괜찮은 방법은 운동, 명상, 영성적인 수행, 호흡법, 불안 관리하기 등이 있을 것이다(Lawrence et al., 2013). 물론, 내 동료 Eric McCollum과 나는 마음챙김(그리고 더 넓게는 명상하는 수행)이 첫해 수련에서 학생들에게 놀랍도록 효과적이고 쉬운 방법이라는 것을 알았다(Gehart & McCollum, 2007, 2008; McCollum & Gehart, 2010). 그리고 현장 슈퍼비전이 첫해에 초심자들의 유능감을 키워주는 또 다른 좋은 방법이라는 것을 알았다.

마음챙김(11장 참고)은 내면의 소리를 잠재우고 그 순간에 일어나는 단일한 현상(그 순간에 호흡을 느끼는 것)을 단순한 마음으로 살피는 명상 기법이다. 마음이 움직이는 대로, 자신을 자책하거나 비난하지 않고 부드럽게 주의의 초점을 돌리는 것이다. 이런 수행은(자주 하다 보면) 스트레스 반응을 조절할 수 있는 개인의 생리학적, 심리적 능력을 키워준다(Siegel, 2010). 슈퍼바이지의 삶으로 옮겨본다면, 이것은 당신이 내담자와의 회기에서 불안해질 때 빠르게 진정될 수 있어, 읽었던 책과 수업 시간에서 배웠던 풍부한 정보에 모두 접근할 수 있음을 의미한다.

실제로 마음챙김이 수행에서의 차이를 만들 수 있는지를 조사하기 위해, 나와 동료들은 마음챙김 수행 후에 학생들이 알아챈 변화에 관해 분석하는 연구를 했다(McCollum & Gehart, 2010). 우리는 학생들에게 일주일에 5~7일, 하루에 5~10분 정도 마음챙김 수행을 하도록 요청하였고, 학생들은 회기 안팎에서 명백하게 유의미한 변화를 느꼈다고 보고했다. 구체적으로, 슈퍼바이지들은 내담자와 함께 정서적으로 더 현재에 머무를 수 있었고, 회기에서 덜 불안했으며, 어려운 순간에서도 보다 잘 반응할 수 있었다. 대부분의 학생들은 일주일에 5일 정도 2~10분을 실시했을 때, 2주 이내에 전반적인 스트레스 수준이 눈에 띄게 감소했다고 보고했다. 또한, 내담자와의 관계가 좋아졌다고 보고하였으며, 내면의 평화를 더 많이 느꼈다고도 했다. 일주일간 10~50분간 투자한 시간치고는 나쁘지 않은 결과다. 아마 이 글을 읽고 있는 당신도 시도해보고 싶을 수 있다.

직접 마음챙김 수련 시작해보기

1. **규칙적인 시간을 마련하기:** 마음챙김을 수련하는 것에서 가장 어려운 부분은 한 주에 며칠 동안 2~10분 정도를 할애할 시간을 마련하는 것이다. 동료인 Eric과 나는 우리 학생들

(계속)

에게 일주일에 5일 정도 이 수련을 하도록 했다. 아침 먹기, 운동하기, 양치질하기, 내담자 만나기, 집에 오기, 잠에 들기(너무 피곤하지만 않다면) 전후와 같이, 마음챙김 수련을 이러한 일상생활에 규칙적으로 '붙이는' 것이 가장 좋다.

2. **파트너나 집단 찾기**(선택 사항): 가능하다면, 규칙적으로 같이 연습할 파트너나 명상 집단을 찾아보라. 파트너는 이러한 수련을 계속할 수 있도록 힘을 북돋아줄 것이다.
3. **타이머를 사용하기**(강력 추천): 타이머를 사용하는 건 마음챙김 시간을 구조화할 수 있도록 도와준다. 많은 이들이 시간이 지났는지 두리번거릴 필요가 없어서 이 방법이 집중하는 데 도움이 된다고 한다. 대부분의 핸드폰에는 알람과 타이머가 있다. 아이폰이나 다른 스마트폰으로 티베트 종소리를 들려주는 명상 어플리케이션을 구매할 수도 있다. 디지털 모래시계는 재깍재깍 소리가 나지 않기에 도움이 된다. 또한, 아래 제시된 것과 같이 녹음을 해서 명상을 해볼 수도 있다.
4. **편안하게 앉기**: 준비가 되었으면, 앉을 수 있는 편안한 의자를 찾는다. 의자에 등을 기댈 필요는 없고, 앞쪽을 향해 앉아서 척추가 곧게 설 수 있도록 한다. 이 자세가 굉장히 불편하다면, 척추를 곧게 편 상태로 평상시처럼 앉되, 너무 경직되게 앉지는 않도록 한다.
5. **호흡하기**: 처음엔 2분간 시간을 맞춰 놓고 당신의 호흡을 바라보라. 마음속에 떠오르는 생각이나 다른 목소리는 잠시 멈춰둔다.

   - 당신의 호흡을 바꾸려고 하지 말라. 좋다 나쁘다 판단하지 말고, 단순하게 호흡이 잘 되고 있는지, 호흡 그 자체를 알아차리라.
   - 수차례 당신의 마음이 안팎으로 벗어날 것임을 알아차리라. 그 순간에 판단하지 말고 천천히 알아차리라. 아마 구름이 떠다니거나 비누거품이 터지는 것처럼 그것이 사라지는 상상을 하거나, '아, 그것도'라고 말해보라. 그런 다음 편안하게 호흡을 바라보며 집중하라.
   - 수련하는 매순간 당신의 마음이 어떤지를 받아들이라. 어떤 날은 다른 때보다 좀 더 집중하기 쉬울 것이다. 여기서의 핵심은 일어나지 않는 어떤 것에 좌절하는 일반적인 패턴에 빠지기보다 '(일어나는) 무엇'을 수용하도록 수련하는 것이다.
   - 이 수련의 목표는 생각하지 않는 시간을 늘리는 것이 **아니라**, 비판단적인 수용을 연습하고 어떻게 마음이 작용하는지 더 깊은 이해를 기르는 것이다.

6. **주의사항**: 벨이 울리면 당신이 어떻게 느끼는지 알아차리라. 마음챙김 수련 전과 같은지, 더 많이 이완되었는지, 더 많이 스트레스를 받고 있는지. 판단하지 않고 오로지 알아차리도록 한다. 느낌이 다를 수도 같을 수도 있다. 가장 도움이 되는 느낌은 즉시 일어나지 않고 차근차근 쌓인다. 벨이 빨리 울리지 않으면 좋았을 것 같다는 느낌이 들면, 다음 수련 때는 1~2분 정도 더 시간을 연장해본다. 천천히, 당신에게 잘 맞는 시간을 알아낼 때까지 시간을 추가한다. 시간을 더 연장하고 싶은 마음이 들지 않는다면 시간을 더하지 말라.
7. **반복하기**: 우리 학생들은 긴 시간 동안 가끔 수련한 것보다 짧은 시간 동안에 자주 수련할수록 더 좋은 성과를 냈다고 보고하였다. 즉, 일주일에 5회씩 2분 연습하는 것이 일주일에

1회 10분간 수련한 것보다 더 좋은 결과를 낳을 수 있다.

당신의 수련을 도울 자료:

- **무료 명상 팟캐스트**: 나의 웹사이트 www.dianegehart.com과 UCLA의 마음챙김 주의집중 연구센터의 웹사이트인 www.marc.ucla.edu에서 무료 명상 가이드를 다운받을 수 있다.
- **책**: 『마음챙김 기반 스트레스 감소 워크북(The Mindfulness-Based Stress Reduction Workbook)』(Stahl & Goldstein, 2010)과 『당신의 마음에서 나와서 당신의 삶으로 들어가라: 새로운 수용전념 치료(Get Out of Your Mind and into Your Life: The New Acceptance and Commitment Therapy)』(Hayes & Smith, 2005)는 실제 기법을 알려주는 아주 훌륭한 책이다.

마음챙김이 당신에게 잘 맞지 않더라도 괜찮다. 상담 회기에서의 불안을 다루어주며, 정신이 새하얘지고 압도당하는 느낌을 줄여주는 것을 돕는 수많은 수련과 도구, 자기 돌봄 기법이 있다. 나는 어떤 불안 관리 접근은 다소 시간이 걸리겠지만 가치 있을 것이며, 당신이 곧 '유능감'을 느낄 수 있을 것이라고 약속한다.

슈퍼바이지로서 당신의 역할: 주도적 학습자

초심 상담자가 난생 처음 외부에서 상담을 진행하기 전, 수련 프로그램에서는 많은 내용을 다룬다. 공감적 반응, 위기관리, 이론, 진단, 기법, 법과 윤리 등. 그러나 여기에는 무엇인가 빠져있다. 슈퍼바이지는 첫 임상 경험을 하자마자 바로 집단 슈퍼비전 상황에 놓이게 되며, 무엇을 하면 될 것인지에 관해 마법처럼 알고 있기를 '기대받기' 때문이다. 대부분의 슈퍼바이저는 자신의 슈퍼바이지가 어떻게 하면 효과적으로 슈퍼비전을 '받을지' 알 것이라고 생각한다. 그러나 이는 아마 오랜 시간이 흘러서 슈퍼바이저들이 수련 1년차에 얼마나 많은 것을 잘 몰랐는지, 헤매는 느낌을 경험했는지를 잊어버렸기 때문일 것이다. 또한 더욱 다양한 슈퍼바이지와 슈퍼바이저로 이루어져 있기 때문에, 각각의 사람들이 역할에 대한 기대를 본능적으로 알거나 빠른 시간 내에 알게 될 것이라는 가정은 문제의 소지가 있다. 효과적인 슈퍼바이지가 되는 것은 유능한 상담자가 되는 것의 일환으로 반드시 배워야 하는 특별한 기술이다.

■ 전문가의 특징

내가 대학원에 다니고 있을 때, 지도 교수님께서 담당하고 있던 큰 규모의 국가 프로젝트에서 직업 평가 및 상담을 하게 되었다. 교수님께서 나를 고용하시면서, '전문적인 행동'과 '시간 엄수'에 대해 강조하셨다. "나는 네가 죽든 말든 그건 상관 안 한다. 누군가는 내담자를 만나기 위해 상담실에 제시간에 있어야 한다." 교수님은 매우 진지하셨다. 처음에 나는 교수님의 그 발언에 깜짝 놀랐으며, 기분이 좋지 않았다. 그러나 몇 년간 교수님의 이 말씀과 그것이 지닌 함축적인 의미는 내 머릿속에서 계속 메아리치면서 머물렀다. 나의 때 이른 죽음을 대비하는 계획을 항상 세우는 것과 더불어, 교수님의 이 같은 말씀은 전문가가 되는 건 다른 직종에서는 없는 다른 의무를 수반한다는 인상을 남겼다. 전문가가 되는 것은 책으로는 배울 수 없는 굉장히 깊이 있는 헌신과 훈련 그리고 자기희생을 필요로 한다(나는 비록 이를 책으로 가르치려고 하고 있지만 말이다).

전문가가 되는 것이 무엇을 의미하는지에 대한 나의 이해는 예전에 지도했던 학생들과 슈퍼바이지의 잠재적인 고용인으로부터 받은 전화에 의해 더욱 구체화되었다. 내가 처음 이러한 전화를 받았을 때, 그 고용인은 내 학생들의 상담 기술보다는 전문가적인 태도에 더 관심이 많다는 것을 알고 놀랐다. 그들은 학생들의 성격이나 습관과 관련된 다음과 같은 질문을 했다.

- 이 지원자는 시간을 어기지 않으며 신뢰할 수 있을 만한 유형의 사람입니까?
- 이 지원자는 수월하게 슈퍼비전할 수 있습니까?
- 이 지원자는 기관의 규칙, 규율을 잘 따릅니까?
- 지원자가 도움을 요청할 때와, 혼자서 독립적으로 일을 처리해야 하는 때가 언제인지를 알고 있습니까?
- 이 지원자는 다른 사람들과 잘 어울립니까?
- 이 지원자는 문서(예: 슈퍼비전 보고서, 상담 회기 기록 등)를 잘 작성할 수 있습니까?
- 이 지원자는 문제를 혼자서 잘 처리합니까?
- 이 지원자는 서류 작업을 잘 관리하며 마감일에 맞춰서 제출합니까?
- 이 지원자는 다양한 성격과 연령대의 사람들과 일할 수 있습니까?
- 이 지원자는 다양한 상황에서 일을 잘 할 수 있습니까?

물론 장래의 고용주는 실제 상담 기법(내담자와 관계를 형성하고 개입하는 것)에 대한 사항도 물어보긴 했지만, 그들의 가장 큰 관심사는 사실상 항상 위와 같은 전문가적 기법이었다. 오랜 시간에 거쳐, 나는 그들이 이러한 것에 초점을 맞추는 이유를 알게 되었다. 이는 전문적인 습관과 개인적인 역량을 가르치는 것이 실제 상담 기술을 가르치는 것보다 더 어렵기 때문이었다. 달리 말하면 이런 것이다. 슈퍼바이저는 훈련받아왔으며, 어떻게 좋은 상담자가 되는지 가르칠 준비가 되어있다. 이는 상대적으로 쉽게 이루어질 수 있다. 그러나 전문성을 결정짓는 습관인 시간 엄수, 신뢰성, 분별력, 판단력은 초심자에게 알려주기 훨씬 어려운 것이다. 말하자면, 이것은 초심자 경력에서 키워야 할 중요한 기법이다.

■ 주도적 학습자

비록 수많은 슈퍼비전의 모델이 존재하지만(Aasheim, 2012; Bernard & Goodyear, 2009; Bradley & Ladany, 2010; Campbell, 2000; Harris & Brockbank, 2011; Stoltenberg, McNeill, & Delworth, 2010), 이러한 슈퍼비전 모델은 모두 슈퍼바이지의 자율성을 발전시키고자 하는 목적을 갖는다. 즉, 슈퍼바이저는 거의 존재하지 않지만, 주도적 학습자가 되는 것은 유능한 상담자가 되기 위한 기반이라고 말하는 것이 적절할 것이다. 일반적으로 수동적인 학습 방식이 보상받는 교실에서보다, 상담자가 되는 방법을 배우는 것은 보다 진취적이고 자기 주도적인 학습이 요구된다(Tsai, 2012; Weimer, 2002). 슈퍼바이저가 무엇을 해야 하고, 어떻게 생각하고, 말해야 하는지를 알려주기를 바라는 슈퍼바이지들은 성장할 수 없다. 심지어 슈퍼바이저가 이런 슈퍼바이지의 요구를 다 맞춰준다고 하더라도 말이다. 대신에 슈퍼바이지에게 더 권장되는 태도는 '배워야 할 필요가 있는 것'을 확인하고, 어떻게 그것을 가장 최선으로 학습할 수 있는지에 관한 결정을 주도적으로 수행하는 것이다.

심지어 이들이 같은 센터에 있다고 하더라도 슈퍼바이지마다 배정된 특정한 내담자/사례, 그리고 각 슈퍼바이지의 개인적인 강점과 더 성장해야 할 부분과 관련해서 각자의 고유한 학습 방법이 있다. 물론 모든 슈퍼바이지가 배워야 할 공통의 역량이 있기는 하지만, 모든 슈퍼바이지가 만족할 수 있는 단 하나의 방법이 있는 것은 아니다(Lee & Nelson, 2014; Rust, Raskin, & Hill, 2013). 더 솔직히 말하자면, 당신의 슈퍼바이저가 모든 사례를 주시하고 있지 않는 한, 슈퍼바이저가 당신의 학습 방법이 무엇이 될 필요가 있는지에 관하여 심리적으로나 마술처럼 알아낼 방법은 존재하지 않는다. 당신의 슈퍼바이저가 당신이 상담 회기에서 발생한 일을 기술한 상담 일지만 주로 확인해서는 당신이 정확히 무엇을 필요로 하고, 당신을 어떻게 돕는 것이 최선인지를 파악하기에 매우 어려울 것이다. 그러므로 수련 1년차에는 가능한 한 많이 '현장 슈퍼비전'을 요청하는 것이 중요하다. 추후 상담 회기에서 무엇이 일어나고, 무엇이 일어나고 있지 않은지를 면밀하게 파악하고, 무엇이 가장 도움을 필요로 하는지를 확인하는 것은 모두 당신에게 달렸다.

주도적 학습자의 역할은 많은 학생들에게 이질적으로 느껴지지는 않지만 서투른 것이다. 좀 더 부딪쳐보자. 대부분의 대학원생들은 고등교육에서 필수적인 기술을 뛰어나게 수행하고 익혔기 때문에 성공을 성취하며 지내왔다. 여기서 고등 교육에 필수적인 기술이란 그저 조용히 앉아서 듣고, 읽고, 쓰고, 지시사항을 따르며, 당신이 들은 것을 기억하는 것이다. 비록 이를 변화시키려는 시도는 있었으나 안타깝게도 진취성은 현대

교육에서 첫 번째로 중요하게 여기는 기술이 아니다(Weimer, 2002). 성공적인 상담 실습생에게 있어, 실습 과목과 현장 실습으로의 전환은 주도적 학습으로의 전환을 의미한다.

슈퍼바이지로서 주도적 학습은 다음의 내용을 포함한다.

- **자기 자신의 질문에 대답하는 것**: 기관의 규율, 주(州) 규제 위원회의 규칙, 혹은 임상적인 쟁점 등이든 간에, 매번 하나씩 사소한 질문(이런 사소한 질문은 굉장히 많을 것이다.)을 하기 위해 슈퍼바이저를 찾는 것보다. 먼저 자신의 연구와 자원을 통해서 스스로 질문의 답을 찾으려는 시도를 하는 것이 더욱 좋다. 당신의 슈퍼바이저가 이런 사소한 모든 질문을 기꺼이 대답을 해주는 사람이라고 할지라도 이에 백기를 들기 전에, 조금이라도 스스로 찾는다면 당신은 더욱 빠르게 유능해질 것이다.
- **좋은 질문을 하는 것**: 당신이 질문할 때 잘해야 한다. 어떻게 좋은 질문을 하는지는 이 장의 뒷부분에서 좀 더 자세하게 다룬다. 우리는 이 중요한 주제에 대해서 좀 더 근본적인 것부터 다룰 필요가 있다.
- **무엇이 필요한지를 확인하는 것**: (1) 스스로에게 필요한 시간을 가지려면, (2) 센터에서 내담자를 보려면, (3) 회기가 잘 진행되도록 하려면, 무엇이 필요한지에 대한 좋은 로드맵이 있어야 한다. 필요하다면, 센터의 규칙 매뉴얼을 살펴보라. 그러나 더 중요한 것은 일어날 모든 단계, 절차에 대해 매우 명료한 그림을 가지는 것이 중요하다. 그렇게 해야 비로소 당신은 무엇을 수행해야 할지를 똑똑히 확인할 수 있을 것이다.
- **어느 부분에서 도움이 필요한지 아는 것**: 매 회기 마지막에, 어떤 부분이 잘 진행되었고, 어떤 부분이 잘 진행되지 않았는지를 되돌아보는 것은 중요하다. 당신 스스로를 질책하며 진로를 변경하는 것을 고려하기보다. 당신이 무엇을 알아야 하는지 알아차리고, 스스로 이를 깨달을 수 있도록 노력해보라. 이렇게 하면 슈퍼비전 경험을 최대한 활용할 수 있을 것이다.

주도적 학습자가 되고자 할 때, 수많은 사람들이 겪는 가장 큰 장애물은 자신감이다. 즉, 자신감의 부족은 이 분야에서 계속적으로 이어져오고 있는 유산과 같다(Fernando, 2013; Tsai, 2012). 그러나 진실은 다음과 같다. 어떤 초심자도 완전히 완성되지 않았고, 유능한 상담자처럼 많고 다양한 업무를 효과적이고 쉽게 수행할 준비가 되지 않았다. 그리고 이것은 괜찮다. 정말이다. 그러나 바른 자세를 가지는 것, 다시 말해 당신이 알아야 할 필요가 있는 것을 학습하는 데 충분한 책임감을 갖는 것은 유능성의 핵심이다.

■ 피드백 받기

많은 이들에게 슈퍼바이지로서 가장 큰 어려움은 피드백을 받게 된다는 것이다(Reifer, 2001; Tsai, 2012). 특히 당신이 이미 다른 분야에서 성공을 거둔 적이 있으면, 지속적인 교정을 받는 초보자의 위치에서 배우는 것은 어려울 수 있다. 어떤 사람들은 마음속으로 전문적인 상담과 심리치료를 배우는 것이 쉬울 거라고 생각한다. 어찌됐든, '나는 예외일 거야.'라면서. 비슷하게, 비록 대부분의 주들이 독립적으로 실습하는 5년의 기간을 최소한으로 규정하고 있지만, 대부분 많은 이들은 마음속으로 학교에서 긍정적인 피드백을 받아왔던 것처럼 슈퍼바이저에게 앞으로 계속 긍정적인 피드백을 받을 것이라고 생각한다. 뭐 가령 '잘했어', 'A+', '내가 여태껏 본 것 중에 최고야', '진짜 훌륭하다.'와 같은 피드백이 이에 해당된다. 이런 경우는 5년의 수련 기간이 끝나갈 때쯤 종종 볼 수는 있지만, 모든 초심자는 처음에 계속해서 건설적인 피드백 혹은 더 무서운 말로 비판받게 될 것이다.

아마 상담의 과정이 취약한 정서를 다루고 높은 기준을 가지고 있기 때문이다. 다시 말해, 슈퍼바이지 자신들이 진심으로 자기와 함께 작업하는 내담자를 돕고 싶어 하기 때문이다. 많은 슈퍼바이지는 슈퍼바이저한테 건설적인 비판과 피드백을 듣는 것을 힘들어 할 수 있다. 심지어 피드백들을 잘 구성해서 들려줘도 말이다(Reifer, 2001; Tsai, 2012). 물론 어떤 슈퍼바이저는 다른 슈퍼바이저보다 좀 더 '혹독할' 수 있다는 것은 사실이다. 그러나 오랜 시간에 걸쳐 알게 된 것은 가장 좋은 슈퍼바이저란 (1) 놀랄 정도로 직접적이고, (2) 건설적인 비판과 성장을 위한 조언을 상당히 제공해준다는 것이었다. 우리가 긍정적이고 위협적이지 않은 태도를 즐기는 것과 마찬가지로, 사카린처럼 달콤한 치어리더 같은 슈퍼바이저와 마치 당신이 타고난(천재적인) 특출한 상담자인 것 같은 느낌을 주는 슈퍼바이저는 배울 것이 가장 적은 사람들이다. '어렵고' '무서운' 교실에서의 선생님과 같이, 당신이 어디에서 어떻게 향상할 수 있는지를 알려주는 슈퍼바이저에게 당신은 가장 많이 배울 수 있을 것이다.

일반적으로, 슈퍼비전을 받는 초기 과정에서 당신은 슈퍼바이저로부터 자신이 '잘' 하고 있는지 확인받고 싶을 것이다(Reifer, 2001; Tsai, 2012). 나는 먼저, '충분히 잘하는 것'에 대한 당신 스스로의 기준을 마련하기를 권장한다. 당신의 내담자한테 도움을 주기 위해 완벽해질 필요는 없다. 만약 초기에 당신이 충분히 잘하고 있다는 것을 확인받고 싶지만 당신의 슈퍼바이저가 이러한 확신을 쉽게 주지 않는다면, 그냥 직접적으로 슈퍼바이저에게 물어보라. 당신 자신이나 슈퍼바이저에 관한 이차적인 추정을 하고 불안하고 궁금해 하기보다, 슈퍼바이저에게 직접적으로 간단히 질문하라. 때때로 슈퍼바이저는 자극을 필요로 한다. 반면, 만약 당신의 슈퍼바이저가 신속하게 조언을 한다면, 당신의 자존심은 내려놓고 조언을 받아 적으며 배워야 할 필요가 있다. 누군가가 당신과 함께 앉아 내담자와 함께한 작업을 돌아보며 생각할 수 있도록 도움을 주는 것은 전문가로서 당신의 삶에 있어서 귀중한 경험일 것이다. 당신의 자존심을 약간 상하게 할지라도, 이러한 경험은 드물고 특별한 선물이다. 일단 이러한 경험을 놓치게 되면 기회는 다시 없을 것이다.

■ 발전하는 슈퍼바이지

슈퍼바이지로서 당신의 여정을 확인하는 다른 방법은 발달 단계의 관점에서 생각해보는 것이다. Stoltenberg와 그의 동료들(2010)은 상담자와 심리치료사의 발달 단계를 3단계로 개념화하였다.

- 1단계: 초심자: 일반적으로 초심자는 매우 의욕적이지만 또한 굉장히 불안해한다. 초심자는 무엇에 집중해야 하는지에 관해 배우는 단계이기에, 슈퍼바이저의 관찰이 단계에서는 특히 도움이 된다.
- 2단계: 중급자: 슈퍼바이지가 경험을 얻으면서 자신감을 얻는 단계이다. 그러나 이러한 자신감은 내담자와의 경험에 기반을 둔 것이기에 상당히 흔들릴 수 있다. 2단계 동안 슈퍼바이지는 전보다 새로운 접근을 더 많이 탐색해보려는 경향이 있고, 다양한 기술에 점차 익숙해진다. 이 단계에서 슈퍼바이지는 상담 회기에 영향을 미칠 수 있는 자신의 개인적인 문제에 대해 잘 인식하고 처리할 수 있다.
- 3단계: 숙련자: 슈퍼바이지들이 더 경험이 많아지며 자율적으로 스스로 처리해갈 수 있는 역량이 증가함에 따라, 자신감과 동기를 더 안정화하고 확고히 발전시켜 나가게 된다. 이 단계에서 슈퍼바이지는 (1) 공감적이고, 내담자와 정서를 조율하는 것과 (2) 내담자가 성장할 수 있도록 도전하는 것에 대한 균형을 점차 더 맞춰나간다. 또한 그들은 내담자의 변화를 촉진하기 위해 '상담자의 자아'를 더욱 잘 활용할 수 있다.

슈퍼바이저의 역할: 현실적인 기대

■ 절대적이지도 또는 전지전능하지도 않다

우리는 대개 첫 슈퍼바이저를 만날 때, 모든 슈퍼바이저들이 모든 분야의 상담 및 심리치료에 유능할 것이라고 예측한다. 슈퍼바이저들은 자격증 시험을 통과했고, 분명 30년 전에 시험을 통과했을 것이며, 그리고 그들은 진정으로 유능하다. 슈퍼바이저들은 이미 모든 석사 과정을 끝냈고(또는 심지어 박사 과정까지) 굉장히 오랜 기간 상담을 해왔기 때문에 그들은 정말이지 충분한 지식을 가졌을 것이다. 아마도. 대부분 사례에서는 그렇지만, 또 항상 그렇지만은 않다. 비록 이런 슈퍼바이지의 짐작은 그럴싸해 보이고 논리적이지만, 이런 짐작이 현실에서 있는 모든 복잡성을 포착하고 있지는 않다.

보다 현실적인 가정은 모든 슈퍼바이저가 저마다 유능함과 전문성을 보이는 특별한 분야가 있다는 것이다. 어떤 슈퍼바이저는 진단에 탁월할 수 있고, 또 어떤 슈퍼바이저는 이론에, 그리고 또 어떤 슈퍼바이저는 법, 윤리, 사례보고서 같은 기본을 정말 잘 갖추었을 수 있다. 이상적으로는, 모든 슈퍼바이저는 언급된 이 모든 분야에서 기본적으로 유능해야 한다. 그러나 현실적으로, 대부분의 슈퍼바이저는 일부 영역에서만 뛰어나다. 매우 빈번하게, 나의 학생들은 슈퍼바이저가 한 가지 이상의 분야에서 기대에 부응하지 못하는 슈퍼비전을 경험하였다고 설명한다.

슈퍼바이지가 해야 할 일은 무엇인가? 당신의 미래 혹은 현재 슈퍼바이저에 대한 현실적인 기대를 갖는 것은 당신이 겪을 수 있는 잠재적인 좌절감을 현저히 줄일 수 있다. 여기에 몇 가지 현실적인 기대가 있다.

- 슈퍼바이저는 당신의 임상 장면에서 만나는 일반적인 내담자를 보는 것에 유능하다.
- 슈퍼바이저는 그들과의 작업 상황 속에서 가장 일반적으로 활용되는 법적 및 윤리적 가이드라인을 알 것이다.
- 슈퍼바이저는 만약 당신이 일하는 곳에 소속되어 있는 슈퍼바이저라면 그곳의 규율과 절차를 전반적으로 알고 있을 것이다. 만약 소속되어 있지 않다면, 슈퍼바이저는 아마 당신이 일하는 곳의 규율과 절차를 작업 환경의 코디네이터의 도움을 받아 숙지했다고 예상할 것이다.
- 슈퍼바이저는 그 자신이 선호하는 치료 모델에 대해 알 수도 있지만, 그 모델에 대한 그 이상의 훈련이나 전문 지식을 습득하지 않았을 수 있다.
- 슈퍼바이저는 특정한 치료 모델을 가지고 있지 않을 수도 있고 또 그 자신만의 '독특한' 방법으로 작업을 하고 있을 수도 있다.
- 슈퍼바이저는 일반적인 위기 문제를 다루는 데 섬세한 능력이 있을 것이다.
- 슈퍼바이저는 아마 그가 그 상황에 있었더라면 어떻게 했을지 말해줄 수도 있다(그러나 당신의 슈퍼바이저는 이를 직접적으로 말하는 것을 피하는 슈퍼비전 모델을 가지고 있을 수도 있다).

다음은 슈퍼바이저에 대한 비현실적인 기대이다.

- 슈퍼바이저는 이 분야에서의 모든 지식에 통달하였다. (예: 이미 학위를 가졌기에, 내가 현재 석사 학위에서 배우는 모든 정보를 다 기억할 것이고, 자격증을 위한 모든 정보 또한 알고 있을 것이다.)
- 슈퍼바이저는 이 분야의 어떤 '기준이 되는' 이론으로 슈퍼비전을 할 수 있다.
- 슈퍼바이저는 당신의 성향에 맞는 이론을 찾도록 돕는 데 관심이 있을 것이다. 몇몇 슈퍼바이저는 그렇겠지만, 어떤 슈퍼바이저는 당신이 슈퍼바이저가 지닌 관점으로 작업할 것을 요구할 수 있다. 이러한 관점에서의 접근은 그들의 기술인 동시에 가르치는 데 자신 있는 부분이기 때문이다(그리고 어떤 접근이든 타당한 주장이다).

- 슈퍼바이저는 당신의 개인적인 삶의 어려움에 대해 듣고 싶어 할 것이다. 어떤 슈퍼바이저는 이를 말해야 한다고 할 것이고, 심지어 초점을 여기에 좀 더 둘 것이다. 그러나 어떤 슈퍼바이저는 당신의 개인적인 어려움을 전혀 듣고 싶지 않아 할 수도 있다. 각각의 슈퍼비전 모델은 상담자/심리치료사로서 자신의 문제에 대해 다른 접근을 취한다.
- 슈퍼바이저는 언제나 당신을 지지할 것이다.
- 슈퍼바이저는 어떤 사례, 어떤 경우에서든 항상 유용한 무언가를 갖고 있을 것이다.
- 슈퍼바이저는 슈퍼비전을 하도록 훈련되어왔을 것이고, 좋은 상담자/심리치료사는 모두 좋은 슈퍼바이저가 될 것이다. 슈퍼비전은 상담하는 것과는 다른 독특하고 구분되는 기술이다. 비록 좋은 상담자가 되는 것은 좋은 슈퍼바이저가 되기 위한 일반적인 충분조건이지만, 이 두 가지 기술이 항상 연관성이 있는 것은 아니다.
- 슈퍼바이저는 항상 같은 방식으로 슈퍼비전을 진행할 것이다. 슈퍼바이저가 매번 달라지기보다 항상 비슷하게 슈퍼비전을 할 것이라는 추측은 자연스러운 짐작처럼 보인다. 그러나 놀랍게도, 다양한 방식의 슈퍼비전이 존재한다. 매우 다양한 접근으로 슈퍼비전을 받을 준비를 하라.
- 나는 반드시 내 슈퍼바이저를 좋아해야 하고, 슈퍼바이저도 반드시 나를 좋아해야 한다. 만약 슈퍼바이지와 슈퍼바이저 간에 상호간의 애정이 없다면 이들 모두 슈퍼비전 과정이 덜 즐거울 것이지만, 공감대 형성에 있어 굉장히 좋지 않더라도 그 슈퍼바이저한테 조금이라도 배울 것은 있을 것이다. 때때로 단지 인간의 다양성의 관용과 수용에 대한 부분이라 할지라도, 이러한 슈퍼바이저는 슈퍼바이지에게 더욱 독립적인 사람이 되고, 다른 사람들과의 상호작용을 되돌아보며, 일반적으로 성장에 관한 영역을 인식하도록 요구한다.

■ 슈퍼바이저의 관점에서 바라본 세계

슈퍼바이지에게 있어, 슈퍼바이저의 관점에서 바라본 세계를 상상하기란 쉽지 않다. 전문가적 영역 중 슈퍼바이저와 상반된 극단에서, 슈퍼바이지는 완전히 다른 형태의 염려와 주제를 가진다. 먼저 대부분의 주(state)에서 슈퍼바이지는 기관의 보호와 협조 아래서 일하는 게 아니라, 자격증을 가진 슈퍼바이저 아래에서 일한다. 그래서 슈퍼바이저의 자격증은 좀 위태롭기도 하다. 다시 말해 당신의 내담자에게 오는 어떠한 위해도 그들의 책임이라는 뜻이다. 당신의 슈퍼바이저가 슈퍼비전에 대한 윤리적·법적인 함의를 다루는 훈련을 주의깊게 시행했다면, 슈퍼바이저는 슈퍼바이지가 저지른 실수로 인해 고소당할 수 있는 내용이 담긴 굉장히 길고 무서운 목록을 받았을 것이다. 따라서 모든 슈퍼바이저의 주요 관심사는 그들이 완전히 통제할 수 없는 슈퍼바이지의 행동으로 인해 발생하는 중요한 법적 책임에 관심을 가지는 것이다.

다음으로, 초심자를 수련시키기에 충분히 큰 규모의 다수 기관들은 일반적으로 굉장히 많은 서류 작업과 복잡한 위계 체계가 있다. 이런 시스템 속에서, 슈퍼바이저는 슈퍼바이지가 모든 세부적인 규율을 따르며 방대한 양의 서류작업을 완료하기를 기대할 것이다. 대부분의 경우, 이 슈퍼바이저는 각자의 사례와 더불어 수많은 내담자의 위기 사례도 다루고 있고, 지루한 행정 업무까지 맡고 있다. 대부분은 두 사람의 업무량을 맡고 있고, 추가 시간 없이 일주일에 40시간 동안 실수 없이 일을 끝내도록 요구받는다. 따라서 슈퍼바이저는 슈퍼바이지가 서류작업과 조직 시스템을 가능한 빨리 습득하는 것에 대해 매우 관심을 가지고 있다.

마지막으로, 대부분의 슈퍼바이저들은 당신이 성공하기를 바란다. 그들은 추가 업무와 책임이 초심자의 발전과 성장이라는 보람을 준다는 것을 깨달았기 때문에 슈퍼바이저가 되기를 선택한 것이다. 대부분의 경우 이런 작업은 감사한 일이다. 왜냐하면 그들은 수많은 사람을 돕고자 상담을 배우려는 사람에게 도움을 주고 있기 때문이다. 그들은 이를 도울 수 있는 자신의 능력에 감사하며 당신이, 목적을 달성하도록 돕는 것에 굉장히 즐거워한다. 그러나 이를 어떻게 돕는지는 그들의 방식의 문제이다.

■ 슈퍼비전 스타일

초심 슈퍼바이지에게 있어 또 다른 놀라운 발견은 슈퍼비전에 다양한 스타일이 있다는 것이다. 사실 이러한 슈퍼비전이 가지는 다양성에 대해 충격적일 수 있고 어떤 경우에는 너무 많아서 고통스럽기도 하다. 다양성의 일부분은 슈퍼비전이 채택하는 이론적 모델과 직접적으로 연관되며, 또 다른 부분은 관계를 맺는 방식과 연관이 있다.

슈퍼비전 스타일에서의 이론적 차이점

상담 및 심리치료학파 대부분은 철학 및 접근에 따른 슈퍼비전 접근을 갖고 있다. 대부분의 독자가 슈퍼비전 이론을 살펴보기에는 조금 이를 수 있지만, 초심자가 알면 유용할 만한 다음의 몇 가지 흥미로운 부분이 아래에 제시되어 있다.

- 정신역동 접근: 정신역동에 기초한 슈퍼비전의 궁극적인 목표는 '분석 도구'를 재정의하는 것이다. 이때 분석 도구는 상담자 혹은 심리치료사를 말한다(Watkins, 2013). 즉, 슈퍼바이저는 슈퍼바이지에 관하여 이야기하는 데 꽤 많은 시간을 할애한다. 이는 때때로 내담자에 대한 내적 반응, 혹은 역전이일 수 있다(8장 참고). 따라서 어떤 경우에 당신은 이것이 슈퍼비전 시간인지 당신의 상담 시간인지 의아할 수도 있다. 또한, 전통적인 정신역동에서는 슈퍼비전 장면에서 슈퍼바이지가 슈퍼바이저에게 (상담자–내담자 관계의 연장으로) 자세한 개인정보를 공유하는 것이 일반적이다. 이는 좀 관련이 없거나 동떨어진 것처럼 보일 수도 있지만, 슈퍼비전 과정에서 슈퍼

바이저에 의해 의도된 부분이다.

- 아들러학파 접근: 아들러학파 슈퍼바이저들은 슈퍼비전 관계를 격려하는 것 내에서 교육적 요소를 일반적으로 그리고 특징적으로 더욱 결합하는 아들러식 상담 태도를 포함하고 있다. 집단 슈퍼비전에서는 지지를 제공하며, 더불어 당신과는 상대적으로 다른 사람들이 어떻게 경험하는지에 대해 반영해줄 수 있다(McMahon & Fall, 2006). 무엇보다도 특히, 당신은 사적 논리와 그것이 당신의 임상 실무에 어떻게 영향을 미치는지에 대해 도전받게 될 것이다.
- 인본주의·실존주의 접근: 다른 정신역동 접근의 동료들과 마찬가지로, 인본주의 슈퍼바이저는 슈퍼바이지의 개인적인 경험과 알아차림에 초점을 두는 경향이 있다(Farber, 2012). 그러나 당신은 슈퍼바이저와 굉장히 깊이 있는 유대감, 관계 경험을 하게 될 가능성이 있는데, 이는 인본주의·실존주의적 슈퍼바이저는 당신이 내담자와 의미 있는 관계를 맺기 위해 진정한 자기를 사용할 수 있는 방법에 대한 모델로서 자기 자신을 사용하기 때문이다(Farber, 2012). 내담자와 상담 기술을 논의할 때, 슈퍼바이저들은 내담자와의 경험과 정서표현을 촉진하는 당신의 능력에 집중할 것이다.
- 인지행동주의 접근: 인지행동주의적 슈퍼바이저는 일반적으로 명확한 의제를 설정하며 시작하고, 명확한 후속 과제 및 숙제를 설정한 이후에 마치는 등 슈퍼비전에 대해 더 사무적으로 접근하는 경향이 있다(Reiser & Milne, 2012). 슈퍼비전 회기는 일반적으로 사례 개념화와 개입 방법에 초점을 두면서, 슈퍼바이지가 임상적인 주제를 스스로 생각하고 배우길 돕고, 직접적인 가르침과 소크라테스식 질문(11장 참고)을 사용한다. 슈퍼바이저 대부분은 슈퍼비전 계약서(다음에 나오는 '슈퍼비전 계약서' 참고)를 사용할 것이다.
- 체계론적 접근: 체계론적 접근에 기반을 둔 슈퍼바이저는 (1) 내담자의 삶에서, (2) 당신과 내담자 사이에서, 그리고 만약 내담자와의 사이가 좋다면, (3) 슈퍼바이저와 당신 사이에 있는 관계와 문화적 역동에 초점을 맞춘다(Lee & Nelson, 2014). 그들의 관심은 대부분 내담자를 어떻게 '살펴보는지'이고, 그 다음 어떻게 체계론적인 역동에서 능수능란하게 개입하는지에 있다. 그들은 또한 일방향 거울 또는 비디오를 통해 상담 장면을 관찰하는 것과 같은 '현장 슈퍼비전'에 관심 있을 가능성이 있다.
- 해결 중심 접근: 명확히 강점 지향적이고, 해결 중심적인 슈퍼바이저는 당신이 무엇을 잘하는지, 그리고 이를 어떻게 하면 더 잘할 수 있는지에 초점을 둘 것이다(Hsu, 2009). 그들은 또한 당신이 내담자의 삶의 문제에서 예외 상황을 알아차리고, 상담자로서 자기 자신의 발전을 알아차릴 수 있도록 도와줄 것이다. 일반적으로 그들은 당신이 사례 개념화를 잘하도록 돕고 구체적인 기술을 배울 수 있는 지지적인 피드백과 교육을 제공해줄 것이다(Hsu, 2009).

- **포스트모더니즘·여성주의 접근:** 포스트모더니즘과 여성주의 접근의 슈퍼바이저는 문화 그리고 슈퍼비전 관계에서의 성별에 관한 접근에 주목할 것이고, 내담자와 내담자의 문제 그리고 당신과 내담자의 관계에 대해서도 초점을 맞출 것이다(Ungar, 2006). 이들은 협력적인 관계를 선호하는 경향이 있으며, 당신이 내담자와의 상담 과정을 되돌아볼 수 있도록 돕는 미리 추측하지 않는 질문을 던질 것이다(Anderson, 1997). 때때로, 때때로, 포스트모더니즘 슈퍼바이저는 슈퍼비전 내에서, 그리고 내담자와의 현장 슈퍼비전의 일부에서 반영 팀(14장 참고)과 관련된 과정을 활용할 것이다.

관계 방식

슈퍼비전 스타일과 관련하여 고려해볼 또 다른 문제는 슈퍼바이저와 관계를 맺는 방식이다. 이는 종종 그들의 슈퍼비전 모델과 관련되기도 하고, 슈퍼바이저의 발달 정도, 임상 장면에서의 어려움 및 논의되고 있는 내담자 문제와 관련되기도 한다. 좀 더 구체적으로, 슈퍼바이저가 관계 맺는 방식은 슈퍼바이저가 천성적으로 타고난, 관계 맺는 방식이나 성격과 연관이 있기도 하고, 어느 정도까지는 슈퍼바이지와 슈퍼바이저의 상호작용에서 비롯되기도 한다. 슈퍼비전에서 관계를 맺는 방식은 다양한 형태를 띠는데, 슈퍼바이지 한 명과 작업할 때에도 슈퍼바이저는 다음과 같은 몇 가지의 역할을 포함하고 있다(Lee & Nelson, 2014; Morgan & Sprenkle, 2007).

- **코치:** 슈퍼바이저는 재구조화 또는 경계선 설정과 같은 회기 내에서의 특정 역량 및 기술을 슈퍼바이지에게 가르치는 데 초점을 맞출 때 코칭을 한다. 코칭은 세부적인 개입을 통한 역할연기 또는 말하기를 포함할 수 있다.
- **교사:** 슈퍼바이저는 또한 교사의 역할도 맡는데, 즉 다양한 치료 접근을 비롯하여 어떻게 이러한 치료 접근을 적용해야 하는지 알려준다. 교사로서 슈퍼바이지와 관계 맺는 방식은 코칭 때의 스타일과 다른데, 코칭은 좀 더 세부적인 임상적인 개입에 초점을 맞춘다면, 교사로서의 방식은 좀 더 개념적인 부분을 다루며 일반적인 문제를 포괄한다.
- **관리자:** 점점 더 많은 슈퍼바이저가 서류 작업의 완성도와 수준을 감독하고, 슈퍼바이지가 기관의 정책이나 절차를 준수하고 있는지 확인하는 등 관리자적인 역할도 맡고 있다(Tromski-Klingshirn, 2007). 관리자적 역할은 슈퍼바이지가 슈퍼비전과 내담자를 만나는 시간을 준수하도록 돕는 것 또한 포함한다.
- **멘토:** 훗날 슈퍼바이지의 자격증 취득 이전 훈련 기간에서 보다 일반적인 것으로, 슈퍼바이저의 멘토링은 슈퍼바이지가 전문적 발달에서 더 큰 그림을 생각하고 숙고할 수 있도록 돕는 것을 포함한다. 이는 자격 심사 과정 안내, 전문 영역 발달, 진로 과

정 확인 등이 있다.

- 지지자: 때때로 당신의 슈퍼바이저는 기관 내에서 당신이 수련을 위한 충분한 자원을 가졌다는 것을 확인하도록 도와주는 지지자 역할을 한다. 이럴 땐 감사의 마음을 확실히 표현하라.
- 문지기: 모든 슈퍼바이저가 어느 정도 반드시 받아들여야 할 역할은 어떤 내담자도 슈퍼바이지로 인해 피해를 보는 일이 확실히 없도록 하는 전문 과정에서의 문지기 역할이다. 즉, 슈퍼바이저는 슈퍼바이지의 작업을 평가하고 감시하고, 슈퍼바이지와 내담자 모두를 보호하기 위해 필요한 작업을 해야 한다.

모든 슈퍼바이저 스타일 및 특성과 함께 작업하는 것을 배우기

아마 당신은 모든 슈퍼바이저와 특정한 관계 스타일 또는 좋은 상호작용을 하기를 바랄 수도 있겠지만, 나는 더 이상 이것이 실질적으로 바람직하지 않다고 여긴다. 그러나 내가 수련받을 때만 해도 이렇게 되길 바랐다. 그 이유는 다양한 종류의 사람들, 특히 '다르다거나', '어렵다고' 여겨지는 사람들과 작업을 잘하는 것은 정신건강 전문가에게 필수적이기 때문이다. 나는 우리 모두가 귀중한 전문가로서의 자질이 있으며, 단지 좋아하는 사람들뿐만 아니라 우리의 삶에서 만나는 모든 부류의 사람들로부터 삶의 교훈을 얻게 된다는 것을 믿는다. 좀 더 솔직하게 말해보자면, 우리는 우리에게 상담받기를 원하는 사람을 도우려면 이런 교훈이 필요하다. 우리가 그들에게서 배우고 싶든 말든 간에 말이다. 내 수련 과정과 커리어 경험을 뒤돌아볼 때, 나는 내가 함께 작업하기 어려워했던 사람들로부터 가장 많은 것을 배웠다고 자신 있게 말할 수 있다. 일반적으로, 내담자는 자기가 힘들어 하는 관계 문제를 들고 우리에게 온다. 그리고 우리가 우리 삶에서 이런 관계에서의 문제를 성공적으로 다룬 적이 있다면 그들에게 이런 경험을 더 잘 사용할 수 있다. 그러므로 당신의 모든 슈퍼바이저로부터 배울 수 있도록 마음을 열기를 바란다. 그 스타일이나 접근 방법이 무엇이든 간에 말이다. 그러나 정말 드문 경우지만 '떠나야 할 때'에 대해서는 아래에 따로 적어놓겠다.

■ 슈퍼비전 계약서

다양한 형태의 슈퍼비전이 있다는 것을 고려해보았을 때, 일반적으로 슈퍼바이지에게 슈퍼바이저의 기대와 슈퍼비전의 작업 방식을 명시한 슈퍼비전 계약서를 제공하는 것이 가장 중요한 작업으로 여겨진다(Aasheim, 2012; Bradley & Ladany, 2010; Lee & Nelson, 2014; Thomas, 2007). 그러나 당신은 굉장히 적은 수의 슈퍼바이저만이 실제로 문서화된 계약서를 사용하며, 어떤 슈퍼바이저는 아주 간단히 구두 계약만 한다는 사실을 알아차렸을 수도 있다. 솔직히 말해서 이러한 것은 슈퍼바이저가 결정하는 부분이다. 문서화된 슈퍼비전 계약서를 주지 않는 슈퍼바이저와 일하기 시작한다면, 슈퍼바이저의 기대를 처음부터 명확히 이해하고자 당신은 아래와 같은 질문을 하길 원할 수도 있을 것이다(Lee & Nelson, 2014; Thomas, 2007).

- **슈퍼비전 접근, 스타일, 그리고 양식:** 슈퍼비전에 대한 당신의 접근을 알려줄 수 있습니까? 사용하시는 특별한 모델이나 이론이 있습니까? 당신은 (1) 이론에 대한 관점, (2) 진단 평가, (3) 사례 개념화, (4) 특정한 개입을 어느 정도 수준까지 봅니까? 제가 제 이론적인 모델과 이론적인 기원을 어느 정도까지 자유롭게 선택해도 되겠습니까? 어떤 슈퍼비전 형식을 합니까? 사례보고서인지, 현장 슈퍼비전인지, 비디오-오디오 녹화본을 가져 오면 되는지, 함께 내담자와 상담을 하는지, 집단으로 받는지, 아니면 다른 방법이 있습니까? 읽을거리나 추가적인 수련에 대해서 따로 기대하시는 바가 있습니까?
- **상담자 자신:** 당신은 상담자의 쟁점에 대해 초점을 맞춥니까? 만약 그렇다면, 어떤 방식으로 다룹니까? 얼마나 많은 정도의 자기개방과 개인적인 정보에 대해 이야기하는 것이 허용됩니까? 그런 식의 대화를 할 때 어떤 형태의 방법을 선호합니까?
- **사생활 보호와 비밀보장:** 슈퍼비전에서 저에 대해 개인적으로 말씀드리는 부분과 내담자 정보와 관련된 사적인 문제를 어떻게 다룹니까?
- **슈퍼비전과 사례 발표 준비:** 저의 사례에 대해 어떻게 말씀드려야 하며, 슈퍼비전을 위해서 준비해야 할 것은 무엇이 있습니까? 제가 사용했으면 하는 특별한 형태의 양식이나 특정하게 사례를 정리하는 방법이 있습니까?
- **위기 프로토콜:** 위기 사항을 다루는 프로토콜에는 무엇이 있습니까? 당신에게 연락이 안 된다면, 저는 누구한테 연락하면 좋습니까? 제가 평가했을 때, 어느 정도 위기 수준에서 당신에게 연락드리면 됩니까? 만약에 당신이 그 시간에 그 자리에 안 계시다면, 어떤 방식으로 당신에게 연락드리는 게 최선의 방법입니까?
- **문서화:** 당신은 저의 임상 문서를 어떻게 검토할 예정입니까? 당신은 일반적으로 자격증 취득을 위한 수련 시간과 문서를 어떻게 다루셨습니까?
- **슈퍼바이지의 입장:** 내담자와 다른 상담과 관련된 사람들에게 저를 어떻게 소개하면 됩니까?
- **질병, 휴가, 휴직:** 슈퍼바이지와 슈퍼바이지의 질병, 휴가, 휴직으로 슈퍼비전을 중단할 때 밟아야 할 규칙과 절차는 무엇입니까? 만약 선생님께서 아프거나 이 지역을 떠나면, 아직 받지 못한 슈퍼비전은 어떻게 다룹니까? 이를 보충해주실 슈퍼바이저가 있습니까? 만약 상담자가 아파서 하루를 못 나오게 된다면, 오늘 상담을 할 수 없다는 사실에 대해 누가 내담자에게 알려줍니까?
- **평가:** 저의 기법과 성과에 대해 평가하는 절차에는 무엇이 있습니까?
- **어려운 문제 다루기:** 어떤 방식으로든 제 작업 수행이 마음에 안 든다면, 당신은 일반

적으로 이런 부족한 부분에 대해 어떻게 말씀을 꺼냅니까? 어떤 이유에서든 제가 말하기 어려운 제 문제가 있다면, 당신은 이를 제가 어떻게 다루면 좋겠습니까? 이런 상황을 다루는 데 있어 정해진 규칙이나 규율 같은 게 있습니까?

- 장소특성적 우려 사항: 이 장소 혹은 여기 찾아오는 슈퍼바이지로부터 가장 흔히 발견할 수 있는 문제는 무엇입니까?
- 기간과 종결: 슈퍼비전 일정과 관련하여 선생님께서 생각하는 기간이나 종결 과정이 있습니까?

당신이 내담자를 만나기 전에 알아야 할 것과 해야 할 것

■ 수련 동의

당신은 첫 수련 장소에 들어갔다는 것을 기뻐한 후, 지나치게 서두르지는 않더라도, 차례로 서류를 빠르게 전달받아야 할 것이다. 실제로 이 문서들을 읽고, 당신이 수락한 부분에 대해 읽고 이해하는 데 시간이 걸릴 것이다. 아직 재학중이라면, 당신은 일반적으로 대학으로부터 당신, 대학, 수련 장소의 3자 간 수련 동의를 받게 된다. 당신의 수련 장소는 아마 당신의 서명이 필요한 또 다른 동의서를 가지고 있을 것이다. 이러한 계약서와 동의서는 결코 가벼운 문제가 아니다. 당신은 수련 장소와 관련하여 특정한 부분에 관심을 두지만, 수련 장소 역시 당신에 대해 특정한 부분에 대해 관심을 둘 것이다. 즉, 그 수련 장소에서는 이곳이 당신이 수련받기로 한 최종 장소인지를 확인받고 싶어할 것이고, 당신 역시 수련 장소의 거래 내용, 제안을 충분히 이해하고 당신의 마음에 드는지 확실히 확인하길 바랄 것이다.

어느 정도까지는 법률적 합의에 대한 표준 문안이 있지만, 이런 부분과 관련하여 가장 흔하게 발생하는 문제는 다음과 같다. 따라서 다음의 내용을 신중하게 생각해보기를 바란다.

- 시작일과 종료일: 동의서 상의 시작일과 종료일을 신중하게 고려해야 할 것이다. 내담자를 만날 수 있는 수업에 들어가 있는지(주 정부 자격증 법과 대학의 규율과 관련하여) 확실히 하고, 마지막 날까지 당신이 일할 수 있는지 확인하라. 대부분의 수련 기관은 일찍 기관을 떠나는 것을 요구한다면 결코 반기지 않을 것이며, 이는 아마 당신에게 굉장히 복합적인 방식으로 부정적인 영향을 줄 수 있다. 미리 떠날 수도 없지만, 당신의 수련 장소가 수련생들을 어떻게 받아들이고 내보내는지에 대한 규정에 따라, 당신은 당신의 계약 기간을 연장할 수 없을지도 모른다. 즉, 그 수련 장소에

서 당신이 필요한 시간을 안정적으로 채우면서 동시에 대학과 수련 장소 시간표 상에 있는 현실적인 기간을 당신의 슈퍼바이저와 긴밀하게 상의하기를 제안한다.

- 주중 총 업무 시간: 당신은 수련 장소에서 풀타임으로 전념하는 것에 대한 명확한 그림을 얻기 위해 충분한 질문을 던져야만 한다. 먼저, 초기 수련 기간에 대해서 질문하라. 이는 중요할 수 있다. 그리고 받을 수 있는 사례 개수를 최대한으로 받기까지 어느 정도의 시간이 걸리는지 질문하라. 또한, 당신은 일주일에 며칠 동안, 그리고 몇 시간 동안 작업하는지에 관한 구체적인 정보를 얻고자 할 것이다. 어떤 경우에는 전 직원 회의나 슈퍼비전과 같은 특정한 시간은 협상하기 어려울 수 있고, 이는 다른 학교와 의무적인 일과 충돌할 수도 있다. 마지막으로, 문서 작업을 하는 데 걸리는 시간, 사무적인 일, 위기 상담, 추가로 받는 내담자, 전화 응대, 운전 등 그 외에 다른 일에 대해 현실적으로 얼마나 많은 시간이 드는지 질문하라. 당신은 종종 이런 '추가' 시간이 생각보다 많아 놀랄 것이고, 스케줄의 균형을 맞추기 힘들 수 있다. 계약서에 사인을 하고 마침표를 찍기 전에 세부적으로 수련 기관에서 요구하는 시간을 명확하게 하는 게 최선의 방법일 것이다.
- 대학/자격 위원회에서 규정한 시간: 대부분의 수련생은 수련 시간이 얼마나 필요한지 모르지만, 대부분의 슈퍼바이저는 당신이 대학 졸업과 자격증 획득을 위해 어느 종류의 수련 시간이 얼마나 필요한지를 꼼꼼히 알기를 기대한다. 자격 요건은 자주 변하고, 규율과 규칙은 달라질 수 있다. 따라서 당신이 취득하려고 하는 자격증과 당신의 슈퍼바이저가 똑같은 자격증을 가지고 있더라도, 슈퍼바이저는 다른 조건 아래서 수련 시간을 이수했을 것이다. 그러므로 자격증을 위해 필요한 종류의 수련 시간을 명확히 아는 건 정말로 슈퍼바이지의 몫이다. 추가로, 각 대학은 대학마다 수련 시간과 종류에 관련하여 그 대학 고유의 요구 조건을 가지고 있다. 그래서 수련 장소가 이미 당신의 대학과 협정을 맺었더라도, 슈퍼바이저가 이런 요구 조건을 모두 다 기억하고 이해하고 있지 않는다. 이는 정말 슈퍼바이지의 책임 사항이다.
- 휴가: 휴가를 비롯하여 어떤 형태든 수련 기관을 떠나는 상황에 대해서 논의하고 문서로 작성하라. 대부분의 수련 장소에서는 1년 수련 과정에서 2주 이상의 휴가를 거의 허용하지 않는다. 이는 내담자와의 지속적인 관계가 내담자와 당신의 훈련 과정에서 중요하기 때문이다.
- 마일리지: 당신이 만약 내담자의 집을 방문한다거나 그 수련기관 때문에 출장을 자주 간다면, 마일리지에 관한 영수증을 내고 마일리지를 지불받는 게 관습적이다. 이에 대해 묻는 것을 잊지 말라!
- 수련 비용: 어떤 수련 장소는 어느 정도의 수련 비용을 지불해야 한다. 수련 장소는 종종 초기 수련 비용을 요구하며, 어떤 경우에는 월간 수련 비용을 지불할 것을 요

구하기도 한다. 처음에 수련 장소와 협상할 때 이런 규정이 있는지 반드시 물어봐야 한다.

■ 자격 요건

위에 언급한 것과 같이 슈퍼바이지들은 그들이 사는 주의 자격증을 취득하기 위한 자격 요건을 이해하고 있어야 한다. 이는 다음과 같은 사항을 이해하는 것을 의미한다.

- 장소: 수련 받기 적절한 장소. 대부분의 주에서는 수련생들이 일할 수 있는 업무와 기관의 종류가 정해져 있다.
- 슈퍼바이저: 각 주마다 수련생을 수련시킬 수 있는 사람에 대한 특정한 법률이 있다. 수련생은 반드시 현재도 슈퍼바이저의 자격 요건이 유효한지, 그리고 자격을 갖추었는지 확인해보아야 한다(그렇지 않다면, 어떤 수련 시간도 인정받지 못할 것이다). 이런 정보들은 각 주의 자격증 웹사이트에서 볼 수 있다. 이를 확인해보라. 당신의 자격증도 웹사이트에서 볼 수 있을 날이 곧 올 것이다. 추가로, 수련생은 슈퍼바이저가 당신이 사는 주에서 당신이 취득하려는 자격증과 관련하여 슈퍼바이저가 되기 위해 필요한 수련을 받았는지 확인할 필요가 있다. 이런 증거(예: CEU 자격증 또는 슈퍼바이저 자격 요건 확인서 등)를 요구하는 것은 무례하거나 부적절하지 않다.
- 시간: 각 주마다 수련생이 자격증을 취득하기 위해 요구되는 수련 시간이 다르다. 당신의 임상 슈퍼바이저나 대학 교수가 이런 내용을 잘 알고 있고 당신에게 알려줄 책임이 있다고 생각하기 쉽지만, 내가 아는 한 어느 주에서도 이를 요구하는 법률은 없다. 또한, 상급 슈퍼바이저가 이러한 자격 요건을 잘 알려주는 좋은 정보원이 되어 줄 것이라고 생각하기 쉽다. 그러나 항상 그렇지만은 않다. 궁극적으로 당신이 속한 주에서 현재 요구하는 자격 요건을 아는 것뿐만 아니라, 최신 자격 요건에서 변화된 부분이 있는지 신경 쓰는 것은 당신의 일이다. 당신이 자격증을 취득하기 전에 중요한 자격 요건이 최소한 한 번은 바뀔 가능성이 아주 높다. 슈퍼바이저와 대학 교수진, 상급직에 있는 이들은 때때로 자격 요건에 대해 이해하고 정확하게 알려줄 수 있지만, 그들이 알려준 정보 하나에만 의존하는 것은 좋지 않다. 유능해지기를 원한다면, 당신이 팔을 직접 걷어붙이고, 심호흡을 한 뒤, 자격증을 위한 세부적인 규율과 규정을 꼼꼼하게 읽을 필요가 있다. 다른 사람들로부터 얻은 정보에만 의존하는 사람보다 훨씬 더 빨리 자격증 취득을 위해서 경험을 쌓는 최선의 방법을 더 잘 이해하고 있고 더 자신감을 갖고 있기 때문에, 이러한 노력의 대가는 크게 돌아올 것이다.
- 문서화: 당신이 속한 주의 자격증 위원회에 대해 점점 친숙해지는 동안, 수련 시간을 기록하는 체계를 공부하고 익히는 것을 잊지 말라. 당신이 더 빨리, 더 잘 이해할수

록, 더 효과적으로 당신이 필요한 시간을 기록하고, '세지 않은' 시간들이 쌓이는 것을 피할 수 있을 것이다.

- 의무 보고 사항: 마지막으로, 당신이 속한 주에서 규정한 의무적인 보고 사항이 수련생에게도 적용되기에, 이러한 의무적인 보고 사항과 친숙해져야 한다는 건 말할 필요가 있다. 대부분의 주에서, 아동, 노인, 그리고 취약 계층의 학대를 의무적으로 보고해야 한다는 사실에는 의심할 여지가 없지만, 동시에 당신이 살고 있는 주와 당신이 일하는 특정한 수련기관 차원에서 이를 어떻게 보고해야 하는지에 대해 배울 필요가 있다. 또한, 가정 폭력, 미성년자 간의 합의된 성관계, 자살과 살해 위협, 그리고 재산에 대한 위협 등에 대한 의무적인 보고 사항에 대해서 배워야 한다.

■ 전문 기관에 가입하기

아직 전문 기관에 들어가지 않았다면, 내담자를 만나기 시작할 때 반드시 전문 기관에 들어가야 한다. 또 다른 비용이 소모되겠지만, 미국상담학회(ACA), 미국 결혼가정치료학회(AAMFT), 국립사회복지사연합(NASW), 미국심리학회(APA)와 같은 전문 기관은 새롭게 발전하는 전문가로서 당신의 정체성을 형성시킬 중요한 정보원이 될 수 있다. 이 기관들은 새로운 전문가에게 다음과 같은 혜택을 제공한다.

- 정체성: '전문 상담자', '가족 치료사', '사회 복지사', 또는 '심리학자'가 된다는 것이 무엇을 의미하는지를 이해할 수 있게 해준다. 당신의 지도교수는 당신에게 이에 대한 특정한 정의 혹은 의미를 알려주겠지만, 보다 규모가 큰 기관들은 그것이 의미하는 바에 대한 완전한 이해를 제공한다.
- 정신건강 분야에서의 정체성: 기관이 제공할 수 있는 정체성에 대한 더욱 예리한 평가는 아마도 당신의 수련이 어떻게 다른 정신건강 수련에 적절하게 들어맞고, 어떠한 관련이 있는지를 이해하는 데 도움을 제공할 수 있다. 이상적으로, 전문 기관들은 당신이 당신의 전문성의 고유한 장점을 더 잘 이해할 수 있도록 도움을 주며, 이러한 이해 과정은 어떻게 학문 간 개입 팀에서 적용될 수 있을지에 관한 이해를 도울 수 있다. 종종, 이는 자신감과 목적의 명료함, 그리고 수련에 집중할 수 있도록 도와준다.
- 최신 지식: 축복이자 저주인 지식의 홍수 시대에서 전문 기관은 유능한 전문가의 최신 지식 습득 유지를 돕는 데 여느 때보다 더 중요한 역할을 수행한다. 이를 혼자서 하는 것은 거의 불가능하다. 당신은 전문적인 것, 논문, 책, 웹사이트를 밤낮으로 봐야 할 것이다. 전문 기관에는 당신이 최신 지식을 유지하고자 반드시 알아야 하는 정보를 확인하고 선별해주는 팀이 있다.
- 최고의 학회: 일반적으로 전문 기관은 학회가 구성원들이 면대면으로 만날 수 있는,

말하자면 기관이 '활기를 띄는' 곳이기 때문에 최고의 학회를 주최한다. 대학원 첫 해에, 나의 교수님 중 한 분께서는 몇 개의 다른 학회를 다녀보신 뒤, 가장 좋았던 기관에 들어가는 방법으로 자신의 전문가로서의 성향을 결정하시게 되었음을 말씀해 주셨다. 교수님의 접근 방법이 당신에게 통할 수도 있다.

- **권리를 보장받기 위해 정치활동 하기:** 전문가의 일생에서 전문 기관이 하는 중요한 역할은 급여를 올려주는 것이다. 핵심적으로, 전 기관은 그 기관 구성원의 전문가로서의 삶을 향상시키기 위해 존재한다(물론 내담자와 대중들의 요구들 역시 생각하면서). 정신건강의 경우, 주 정부와 국가적인 차원에서 특정한 자격증(MSW, LMFT, LPC, Psych)을 확인받으려는 로비로 이를 바꿔 말할 수 있는데, 이때 이 로비는 다양한 형태의 수입과 제3자 지불인에 의해 다양한 형태의 급여로 들어오는 것을 말한다. 그들은 종종 구성원들을 대신하여 로비 활동을 강화하기 위해서, 구성원들에게 경제적 지원을 받아 정치활동 캠페인(PACs)을 할 것이다. 이 로비스트들은 바쁘다. 매년 새로 지불받을 옵션을 가지고 오거나 당신에게 수익을 가져다줄 법안을 작성하는 것처럼 보인다. 그러므로 자격증을 취득한 후에 가능한 한 많은 부분에서 급여를 얻길 바란다면, 당신의 자격증을 지지해줄 전문 기관에 속하는 것이 중요하다.
- **책임보험과 법률 조언:** 마지막으로, 내가 전문 기관에 가입하는 가장 큰 이유는 바로 나 자신을 보호하기 위해서이다. 당신의 전문 기관은 가장 좋은 비용으로 책임보험에 대한 협상을 한다. 즉, 내담자가 당신을 고소한다면 전문 기관은 당신을 보호할 수 있을 것이다. 또한, 이들은 무료 법률 상담을 제공해준다. 평균적인 변호사 선임 비용이 시간당 350달러라는 것을 생각해보면, 당신은 연회비로 가입한 전문 기관의 변호사에게 전화할 수 있기에 합리적인 소비를 한 것이다.

■ 책임보험

위에서 명시한 대로, 전문 기관에 가입하는 이점 중 하나는 강력한 책임보험을 받는다는 것이다. 전문 상담자나 심리치료사로 활동하는 한, 책임보험이 필요할 것이다. 때때로 우리를 고용하는 사람이나 기관은 아마, '당신은 책임보험을 따로 가입할 필요가 없을 것입니다. 우리는 모든 직원과 자원봉사자를 모두 보장해주는 보험을 가지고 있습니다.'라고 말할 것이다. 이는 사실일 수 있지만, 그 보험에는(특히 학생에게는) 약간의 수수료가 발생할 수 있는 잠재적인 법률상의 허술함이 있을 수 있다. 몇몇 고용인-지불 보험은 직원(혹은 자원봉사자)이 고용주의 보험 증권을 따르지 않을 시, 그 보험은 직원을 보장해주지 않는다는 조항을 가지고 있다. 비슷하게, 내담자와의 부적절한 성관계와 같이 여러 제외된 행동은 고용주 보험에 포함되지 않을 수 있다. 그러므로 당신이 예상한 대로 일이 진행되지 않는 경우를 대비하여, 당신의 개인 보험을 드는 것이 안전하고 가장 최선이다. 이러한 보험은 일반적으로 일정 부분 법정 대리인을 포함하고 있고, 당신이 상상할 수 있듯이, 당신의 고용인이 아닌 당신을 가장 우선시하는 변호사를 선임하는 당신만의 보험을 가입하는 것이 최고의 방법이다.

슈퍼비전 최대한 활용하기

■ 숙련된 질문

슈퍼바이지로서 통달하기 위한 가장 중요한 기법은 어떻게 좋은 질문을 하는가이다. 당신의 질문의 질은 곧 당신의 슈퍼비전의 질에 직접적인 영향을 미친다. '좋은 슈퍼비전'은 슈퍼바이저의 기법에 달려있다고 말하고 싶지만, 이러한 1차원적인 관점은 슈퍼비전과 모든 관계에서 내재된 체계적 및 관계적 역동을 놓치기 쉽다(Lee & Nelson, 2014; 12장 참고). 즉, 당신과 당신의 슈퍼바이저가 상호작용하는 방법이 슈퍼비전의 질을 형성하고 큰 영향을 미친다는 것을 알아차리는 것이 중요하다. 만약 당신이 숙련된 슈퍼비전에 관심을 두고 있다면, 이는 정말 좋은 소식이다.

우리 문화에서 대부분의 교사–학생 관계가 위계적이고 영향과 통제에 있어 일방향으로 개념화되었다는 것을 고려해볼 때, 대부분의 슈퍼바이지는 스스로를 슈퍼비전 과정을 구성해나가는 적극적인 참여자라고 여기기보다 과도하게 수동적이고 교사의 말을 수용하려고만 하는 것 같다(Anderson, 1997). 위에 언급한 것처럼, 대부분의 슈퍼바이지가 적극적인 학생이 되려면 관점과 패러다임의 전환이 필요하다. 적극적인 입장을 표현하는 방식은 슈퍼바이저에게 반항하거나 직설적으로 말을 하는 것이 아니라(아마 이는 성공적이지 못한 전략일 것이다.) **숙련된 질문**을 통하여 이루어져야 할 것이다.

그렇다면 숙련된 질문은 무엇인가? 이러한 숙련된 질문은 슈퍼바이저가 주요한 주제와 고려사항에 집중하도록 도움을 주며, 궁극적으로 슈퍼바이지가 많은 것을 배우도록 이끈다. 이는 똑똑하기보다는 멍청해 보이는 질문으로 이루어지기도 한다.

슈퍼비전에서 묻지 말아야 할 질문

슈퍼비전에서 피해야 할 질문은 다음과 같다.

- [내담자와의 회기를 상세하게 설명한 후에] '제가 무엇을 해야 합니까?'
- [내담자와의 회기를 상세하게 설명한 후에] '어떻게 생각하세요?'
- [내담자와의 회기를 상세하게 설명한 후에] 아무 말 없이 쳐다보거나 어깨를 으쓱하기

이러한 질문을 하는 것은 형편없는(그리고 아마 점점 악화되는) 슈퍼비전을 받을 준비를 하는 것이다. 먼저, 주어진 슈퍼비전 회기에서의 내담자가 말한 내용을 상세하게

설명하면서 시작하는 것이 슈퍼바이저에게 당신이 필요한 슈퍼비전 유형에 대한 가이드라인을 제공해주지 않는다. 대신 이러한 대화는 슈퍼바이저가 슈퍼바이지의 이야기 중 자신의 이목을 끈 어떤 부분에 집중하도록 하는데, 이는 슈퍼바이저가 당신이 도움을 받아야 하는 것이라고 여기지 않는 문제에 지나치게 자주 집중하도록 만든다. 때때로, 슈퍼바이저는 종종 이미 다루어진 위기나 다른 주제를 되돌아보고 재평가하며 회기를 마친다. 그렇지 않다면 슈퍼바이저는 당신이 부수적으로 중요하다고 여기는 문제에 주목할 것이다. 이러한 것들을 질문하는 슈퍼바이저는 아마 슈퍼바이지를 자극할 수도 있는데, 왜냐하면 (1) 당신이 진정으로 도움을 청하고 싶지만 아직 말하지 못한 질문을 할 시간이 없을 수 있고, (2) 당신의 슈퍼바이저는 이 모든 것이 끝나는 지점에서 당신의 유능성에 관한 질문을 시작할 수 있기 때문이다. 유사하게, '제가 어떻게 해야 합니까?'와 같이 굉장히 포괄적이고 열린 질문을 하는 것은 슈퍼바이저로부터 당신에게 전혀 도움이 되지 않는 대답을 얻게 될 수 있다. 당신이 이전에 시도했던 개입 방법을 제안하거나 이미 다루었던 부분을 재평가하는 것처럼 말이다. 다소 이상적이지 않은 슈퍼비전 관계를 맺는 대신, 나는 슈퍼비전을 준비하기를 추천한다. 그것은 당신이 필요한 슈퍼비전을 효과적으로 요청할 수 있고 슈퍼바이저가 당신을 도울 수 있는 최상의 방법에 대해 질문할 수 있도록 할 것이다.

■ 슈퍼비전 준비하기

매주 있는 슈퍼비전 미팅 전에, 슈퍼바이저로부터 어떤 도움을 받고 싶은지 자기 자신에게 물어보아야 한다. 한 가지 방법은 일주일 동안 떠오르는 질문과 고민거리를 적은 슈퍼비전 노트를 만드는 것이다(물론, 그 노트에 내담자의 이름과 같은 비밀 보장과 관련된 내용은 적지 말아야 한다). 이와 더불어, 당신의 내담자의 상황을 이해하고, 슈퍼비전을 받을 때 필요한 우선적인 목표를 세우기 위해 다음과 같은 지침표를 활용할 수 있다.

슈퍼비전 이전 워크시트

위기 상황: 위기 사례를 맡고 있는가? □ 그렇다 □ 아니다

다음은 반드시 슈퍼비전에서 첫 번째로 제시되어야 하는 내용에 관한 것이다.

□ 아동, 노인, 취약 계층의 학대와 관련한 잠재적인 사례가 있는가?

□ 자살, 살인, 자해, 혹은 다른 형태의 자신과 타인을 해하려는 것과 관련된 사례가 있는가?

□ 가정 폭력 혹은 다른 형태의 폭력이나 괴롭힘이 있는가?

□ 섭식 장애가 있는가?

□ 알코올 의존증이나 특정한 물질 남용 사례가 있는가?

□ 편견이나 괴롭힘 또는 다른 형태의 사회 정의와 관련한 문제가 있는가?

(계속)

만약 그렇다면, 당신은 슈퍼바이저로부터 어떤 부분을 알기를 원하는가?

□ 이번 주 회기에서 확인된 위기를 어떻게 다루어야 하는가?

□ 위기 후에 지속적인 평가를 어떻게 하고 확인해야 하는가?

□ 이번 주에 위기 사항이 어떻게 다루어졌는지 검토해보라.

막힘: 이번 주에 특정 내담자와의 관계에서 막혔다는 느낌이 들거나 길을 잃었다는 느낌이 드는가? 내가 기대하는 만큼 진전이 되지 않는 내담자가 있는가? 사례 개념화가 명확히 되지 않은 것처럼 느껴지거나 무엇에 집중해야 할지 알 수 없는 내담자가 있는가? □ 그렇다 □ 아니다

만약 그렇다면, 당신은 슈퍼바이저로부터 어떤 종류의 도움을 받길 원하는가?

□ 사례 개념화하기: 사례에서 치료에 집중하기 위해 주요한 대인관계적인 그리고 개인내적 역동을 알아야 하는가?

□ 진단 및 증상을 다룰 수 있는가?

□ 사례 개념화의 사례 역동 측면에서, 다음 회기에 명확하게 개입하고자 개입 방법을 알아야 하는가?

□ 내담자와 상담자 사이에 있는 관계 쟁점을 어떻게 설명해야 하는가? (예: 긴장감, 거리감, 너무 과도한 친밀감 등)

□ 진행이 잘 되지 않거나 막힌 느낌이 드는가?

□ 회기를 진행하는 방법(예: 끝나는 시간, 회기에서 집중해야 할 것 등)

□ 내가 선택한 이론을 어떻게 적용해야 하는가?

개인적인 문제: 내담자와 온전히 함께 존재하고, 내담자에 대한 개인적인 판단을 하지 않는 당신의 역량에 영향을 미칠 수 있는 개인적인 문제가 있는가? 이는 슈퍼비전에서 꺼내야 하는 적절한 문제인가? □ 그렇다 □ 아니다

행정상의 문제: 슈퍼비전에서 언급해야 할 행정적인 문제가 있는가?

□ 시간 기록에 대해서?

□ 서류 작업에 대해서?

□ 기관의 규율이나 절차에 대해서?

□ 다른 기관과의 관계에 대해서?

■ 슈퍼비전을 위한 숙련된 질문

일단 슈퍼비전 노트도 작성하였고 슈퍼비전을 받기 전에 위와 같은 워크시트를 완성하면, 슈퍼비전에서 무엇을 논의해야 할지에 대한 좋은 생각이 있어야 한다. 슈퍼비전을 받게 되면, 그러한 목표에 대해서 슈퍼비전 초기에 신속히 언급해야 한다. 그래야 슈퍼바이저가 슈퍼비전 시간을 어떻게 사용할 것인지를 계획할 수 있다. 그러고 난 후, 당신

과 슈퍼바이저는 시간을 어떻게 활용할지 우선순위를 신중하게 정할 수 있을 것이다. 10분이라도 지체한다면, 당신이 슈퍼비전에서 상의하고 싶은 내용을 전부 다루지 못할 가능성이 커진다.

슈퍼비전 초반에 당신의 계획과 요구 알리기

'[○○ 슈퍼바이저 선생님], 오늘 저는 __________ 라는 위기 사례와 __________ 라는 사례들(일반적으로 1시간에 1~3개를 다룬다), __________ 라는 개인적인 문제들(만약에 있다면), 그리고 __________ 라는 행정상의 문제에 대해서 다루고 싶습니다.'

당신과 슈퍼바이저가 슈퍼비전 계획에 동의했다면, 다음 할 일은 슈퍼바이저에게 질문을 하고, 슈퍼바이저가 유용한 조언을 제공하기 위해 내담자 사례에 대한 간략하지만 충분한 정보를 제공하는 것이다. 일반적인 형식은 다음과 같다.

효율적인 사례 발표 형식

구체적인 슈퍼비전 필요사항

'저는 오늘 슈퍼비전에서 [사례 이름]을 중점적으로 다루고 싶습니다.':

구체적인 하나 혹은 두 개의 항목:

☐ 위기 문제

☐ 사례 개념화 및 치료 계획

☐ 진단

☐ 다음 회기를 위한 개입

☐ 내담자에 대한 개인적인 반응

☐ 더딘 진행 경과

☐ 회기 관리

☐ 이론 선택

내담자에 관하여 간략하게 명시하기

당신이 얼마나 많은 사례를 보고 당신의 슈퍼바이저가 이를 얼마나 기억하는지에 따라서, 슈퍼바이저에게 내담자 정보를 상기시켜줄 필요가 있다. 이를 (다음과 같은 내용을 사용해서) 한 문장이나 더 적은 단어로 다음과 같은 내용을 알리라.

☐ 연령, 성별, 민족성, 성적 지향 등

☐ 개인, 부부, 가족

☐ 호소 문제나 진단명(보다 임상적인 맥락에서)

(계속)

☐ 중요한 위기 요소
☐ 중요한 강점이나 자원(특히 강점 기반 접근에서)
☐ 흥미로운 개인의 독특한 설명(예: '주말이면 다같이 앉아 팝콘을 먹는 집안')

3~5가지의 핵심 정보를 제시하기

내담자의 가장 최근의 발달을 고려하여, 당신이 맡은 사례를 돕기 위해 슈퍼바이저가 알아야 할 3~5가지의 핵심 정보들이 있다. 슈퍼바이저가 질문하지 않는 한 사례의 전체 내용을 말하지 않아야 한다. 대신에, 상황을 생각하며 어떤 것이 주요한 문제인지를 말하고 멈추라. 슈퍼바이저가 더 많은 정보를 원한다면 직접 물어볼 것이다. 가장 핵심이 되는 정보는 다음과 같다.

위기
☐ 위험 요인
☐ 안전 지표와 계획
☐ 상황과 관련된 것: 무엇, 무엇, 언제, 어디서, 어떻게
☐ 과거 이력과 사건

사례 개념화와 치료 계획
☐ 호소 문제
☐ 이론적 지향
☐ 진단

진단
☐ 증상 및 호소 문제
☐ 내담자와 가족의 정신과 기록

다음 회기를 위한 개입
☐ 다루어야 할 구체적인 문제
☐ 사용하고 싶은 구체적인 개입 방법 혹은 이론

내담자에 대한 반응
☐ 역동/역전이에 대한 개념화
☐ 회기 내 혹은 머릿속에서 나타나는 구체적인 방법
☐ 치료에 어떻게 영향을 미치고 있고, 어떤 영향을 미칠지에 대한 구체적인 생각

더딘 진행 경과
☐ 현재까지의 진행 경과가 있다면 밝히기
☐ 일반적인 치료 계획과 사용한 개입 방법, 그리고 내담자 반응에 대해서 알아보기
☐ 진행 경과가 더딘 원인에 대한 당신의 가설

(계속)

회기 관리
□ 구체적인 도움: 회기를 어떻게 시작하고 종결하는지, 갈등을 어떻게 다룰지 등

이론 선택
□ 도움 받을 특정한 한 가지 분야를 정하기: 사례 개념화, 치료 계획, 상담 관계, 개입 방법 등

■ 슈퍼비전 시간을 현명하게 활용하기

이 세상에 멍청한 질문이란 없다는 말을 들어본 적이 있겠지만, 전문적인 훈련 과정에서는 그렇지 않다. 슈퍼바이지가 조금만 생각하면 답을 얻을 수 있는 질문을 한다면, 슈퍼바이지는 슈퍼바이저에게 질문을 할 수 있는 귀중한 슈퍼비전 시간을 최대한 활용하지 않는 것이며, 또한 슈퍼바이지의 성장과 독립성이 늦춰질 것이다. 따라서 완전 이상한 질문이 아니더라도 쉽게 답을 얻을 수 있는 질문을 하는 것은 시간을 유용하게 쓰는 방법은 아닐 것이다.

슈퍼바이저와 함께하는 시간은 소중하며 반드시 현명하게 활용해야만 한다. 자신을 들여다보기 위한 질문보다 서류를 파일로 만드는 방법이나 시간을 기록하는 방법을 묻는 것이 더 쉬울지 모르지만, 이러한 질문에 대한 대답은 다른 곳에서 얻는 게 낫다. 이러한 질문을 기꺼이 대답해주는 슈퍼바이저라고 해도, 장기적으로 봤을 때 가능한 많이 임상적인 문제에 초점을 둔 질문을 하는 편이 학습에 더욱 도움이 될 것이다. 초기 훈련 기간 동안 상담자는 이론, 법과 윤리, 진단, 개입, 위기관리, 개인적인 성장과 같은 복합적이고 복잡한 형태의 지식이나 수행을 익혀야 할 것이다. 그리고 충분히 슈퍼비전을 받지 않으면 이 모든 영역을 다룰 수 없을 것이다. 그러므로 임상적 문제가 아닌 부분을 질문하면서 시간을 보내는 것은 이와 같이 중요한 영역을 다룰 시간을 감소시킨다.

슈퍼비전에서의 문제 대처하기

■ 문제라는 신호

때때로 슈퍼바이저와 슈퍼바이지 사이의 일이 원만하게 진행되지 않을 때가 있다. 슈퍼바이저나 슈퍼바이지는 상대방에 대해 만족스럽지 않다든지, 서로의 관계에 대해 염려되는 부분이 있을 수 있다. 이러한 불만족은 굉장히 사소한 것부터 아주 큰 갈등까지 있을 수 있다(Nelson & Friedlander, 2001). 대부분, 자격증을 취득하기 전에, 곤란한 관계를 한두 번 겪게 될 수 있다. 따라서 이러한 잠재적인 갈등을 어떻게 줄일 수 있을지 생각해보는 것은 현명한 일이다Nelson, Barnes, Evans, & Triggiano, 2008).

대부분의 관계에서와 마찬가지로, 자신만의 무언의 기대는 슈퍼비전 관계에서도 빈번한 문제가 된다(Falender & Shafranske, 2012). 슈퍼바이지는 아마 슈퍼바이저가 따뜻하고 친절하기를 기대하고, 슈퍼바이저는 아마 슈퍼바이지가 옷을 잘 차려입는다든지, 시간을 잘 지킨다든지 등 전문적인 행동을 어느 정도 하리라는 기대를 가질 수 있다. 그러므로 문제가 발생할 때에는 우선적으로 진행 경과에 대한 서로의 기대를 공유하는 것이 필요하다. 간단히 덧붙여 말하자면, 슈퍼바이저와 슈퍼바이지는 각각 그들의 경험과 진행에 대한 이해를 공유하는 것을 말한다(Nelson et al., 2008). 대부분의 슈퍼바이지에게 있어, 이는 아마 슈퍼바이저에게 열려있고 참여하는 방식으로 고민 사항에 대해 질문하는 것을 의미할 수 있다(Nelson & Friedlander, 2001). 또한 이는 성급한 결론에 도달하지 않을 것을 의미하기도 한다. 예를 들면, 슈퍼바이저가 칭찬을 후하게 하지 않는다고 해서 당신을 유능하지 않다고 여기는 것은 아니다.

다룰 가치가 있는 일반적인 문제

- **환영받지 못하는 '느낌'**: 그동안 굉장히 적은 이유를 가지고 슈퍼바이저가 자기를 좋아하지 않는다는 '느낌'을 받았다는 몇몇의 슈퍼바이지를 만나왔다. 때때로 이는 슈퍼바이저가 실제보다 더 칭찬을 많이 해야 하고, 따뜻해야 한다는 기대에서 비롯되었다. 사실, 많은 훌륭한 슈퍼바이저, 특히 경험이 많은 슈퍼바이저의 경우, 슈퍼비전에서 더 형식적이고 사무적인 경계를 설정한다.
- **무능한 '느낌'**: 어떤 슈퍼바이지는 슈퍼바이저가 주는 굉장히 많은 양의 정보와 제안이 자기가 무능하거나 최소한 슈퍼바이저가 그렇게 생각하고 있다는 근거로 해석한다. 이는 대부분 다른 영역에서 이미 성공적인 커리어를 쌓아왔고, 갑작스럽게 초심자의 입장에서 다시 시작하는 슈퍼바이지에게서 흔히 발견된다. 대부분의 경우, 슈퍼바이저와 이러한 부분을 대화해보는 것은 가치가 있다. 때때로 이에 대한 중요한 해결책은 정신건강 전문가가 되기 위해 요구되는 매우 가파른 학습 곡선에 편안함을 느끼게 되는 것이다.
- **오해의 요소**: 슈퍼바이저 혹은 당신이 일하는 기관의 다른 이들과 시간이나 날짜, 훈련 등과 같이 그 기관의 요구 사항에 대해 각각 다른 이야기를 한다면, 늦기 전에 빨리 명확히 하는 게 중요하다. 그리고 할 수 있는 한, 가장 협조적인 자세를 취하는 것이 중요하다. 어떤 오해가 생긴다면, 글로 써서 무엇을 기대하는지 모든 사람들에게 명확히 하는 게 가장 좋은 방법일 것이다.

■ 슈퍼바이저에게 직접적으로 말하기

당신이 걱정하는 부분이든 아니면 슈퍼바이저가 당신에 대해서 걱정하는 부분이든지 간에, 당신과 슈퍼바이저와의 관계에서 어떤 이유에서든지 염려되는 문제가 생기기 시작했다면 더 심각해지기 전에 직접적으로 이러한 염려에 대해서 슈퍼바이저에게 말하는 것이 가장 좋을 것이다(Falender & Shafranske, 2012; Nelson & Friedlander, 2001; Nelson et al., 2008). 이러한 상황에서, 종종 학생들이 "이런 걸 제 슈퍼바이저에게 직접적으로 말하는 건, 저한테 위험할 것 같아요."라고 말하는 걸 듣는다. 이러한 대화를 통해, 슈퍼바이저가 앙심을 품고 또는 편견을 가지고 슈퍼바이지를 해치는 경우는 극히 드물다. 슈퍼바이지가 권력을 쥔 사람과의 대화를 불편해하고, 그런 대화를 무서워하는 경우가 훨씬 더 많다. 그러나 상담자이자 심리치료사로서, 우리는 어려운 대화를 하는 작업을 하고, 다루기 힘든 성격의 사람들과 일하는 작업을 한다. 따라서 일반적으로 슈퍼바이저가 두렵다는 이유로 이러한 어려운 대화를 피하는 것은 좋은 이유가 되지 못한다. 그렇긴 하지만, 당신의 슈퍼바이저가 비합리적이며 함께 일하기 어려운 사람으로 잘 알려져 있다면, 그 조직에 있는 누군가에게 어떻게 하는 것이 가장 좋은 방법인지 질문하는 게 좋을 것이다. 그래도 다시 말하지만, 이러한 상황은 극히 드물다. 당신이 가진 근심을 슈퍼바이저에게 말하는 것이 긴장된다면 여기 몇 가지 제안이 있다.

- 슈퍼바이저의 현실 이해하기: 가능하다면 어느 부분이든지, 당신의 슈퍼바이저가 마주하고 있는 한계와 압박 그리고 그 밖의 현실에 대해 인정하라. 이러한 부분을 아는 건 다른 사람을 이해할 수 있도록 해주고, 방어적인 마음을 좀 누그러뜨려 줄 것이다.
- 조심스럽게 염려하는 문제에 대해 말하고 행동/단어에서 해석을 분리시키기: 당신이 염려하는 문제에 대해 말한다면, 굉장히 조심스럽게 그리고 비난하는 투가 아닌 부드러운 태도로 말하라. 예를 들어, '저는 슈퍼비전에서 선생님이 저를 공격하는 것처럼 느껴져요.'라고 말하는 건 이와 같은 주제를 예의 있게 꺼내는 방법이 아니다. 대신에 (1) 어려운 주제에 대해서 이야기해도 되는지 허락을 구한 후, (2) 이는 당신의 주관적인 해석이며, 아마 잘못 인식한 것일 수 있다는 것을 스스로 인정하면서, (3) 특정한 그리고 구체적인 행동이나 단어(애매한 표현 말고)를 언급하며, (4) 그 같은 사건에 대해 슈퍼바이저는 어떻게 해석했는지 물어보라.
  - 예: '선생님 혹시 시간이 괜찮으시다면, 선생님께 상의 드리고 싶은 문제가 있습니다. 지금 시간 괜찮으신가요?[허락 구하기] 제가 말씀드리기 전에, 이 걱정은 제 주관적인 해석에 근거했다는 것을 말씀드리고 싶고요, 그래서 선생님과 제가 같은 입장에 있는지를 대화를 통해서 알아보고 싶습니다[주관적인 입장이라는 것을 인정하기]. 제 걱정은 제가 내담자와의 상담에서 말했거나 했었던 행동을 말씀드릴 때 종종 선생님께서 제 말을 자르시고 '어, 너는 X라는 걸 하는 것 대신에 이걸 했어야지.'라고 말씀하십니다[구체적이고 행동적인 예를 들기. 굉장히 모호하게 느낀 감정에 대해서 말하지 말고]. 이럴 때면, 저는 선생님께서 제게 화가 나

신 것처럼 느껴지거나, 제가 선생님께서 기대한 수준에 못 미치는 행동을 한 것처럼 느껴집니다. 제가 오해한 건가요? 이 부분에 대해서 선생님의 생각을 말씀해주실 수 있습니까?[슈퍼바이저에게 자신의 관점을 말할 수 있도록 물어보기]'

- **학습한 것을 받아들이기:** 슈퍼바이지가 슈퍼바이저에 대해 염려하는 문제가 생길 때, 종종 그들은 슈퍼바이저도 단순히 배우는 입장에 있다는 교훈을 얻게 된다. 슈퍼바이저는 그들이 다른 사람들을 해하지 않는다는 신뢰를 얻을 수 있기 전까지(기본적으로 자격 정의) 최소 5년간 수련 수준이 요구되는 매우 복잡한 기술을 완전히 익히고자 노력한다. 그렇기 때문에 당신이 잘하도록 노력이 필요한 부분을 수정해주는 것이 슈퍼바이저의 일이라는 것을 받아들일 필요가 있다. 감사하게도 슈퍼바이지에 대한 지지와 강점을 인정해주면서 수정해주기도 하지만, 항상 그런 것은 아니다. 그렇지만 당신이 배움의 과정에 계속 열려만 있다면, 괜찮다.
- **풀리지 않은 문제 확인하기:** 매우 드물기는 하지만 간혹, 슈퍼바이저와의 문제를 도저히 해결할 수 없을 정도로 슈퍼바이저의 비현실적 신념과 편견으로 경직되어있는 경우가 있다. 이러한 경우 슈퍼바이지는 매우 곤란한 입장에 놓이게 되는데, 바로 슈퍼바이지는 이 슈퍼비전 관계에서 힘이 없는 쪽이기 때문이다. 이러한 시점에서 도움을 받을 청할 수 있는 사람이 있다면, 그 사람을 개입하도록 하는 것은 매우 중요하며, 일반적으로 이러한 도움을 청할 수 있는 대상은 대학의 슈퍼바이저이다.

■ 학교 슈퍼바이저에게 알리기

아직 대학에 재학중이라면, 당신이 현장에서 함께 일하는 슈퍼바이저와의 잠재적인 문제에 관하여 대학의 슈퍼바이저에게 알리는 것은 대단히 중요하다. 나의 경험으로 미루어보아, 굉장히 자주 슈퍼바이지는 대학에 있는 슈퍼바이저에게(이 경우에는 나를 말한다.) 실습 장소에서 발생하고 있는 문제를 말하기 전까지 너무 오래 걸린다. 일반적으로 어떤 문제가 있다는 것을 들을 때쯤이면, 그 문제는 굉장히 해결하기 힘들 정도까지 악화되어있다. 나는 보통 이러한 문제를 가지고 오는 학생에게 두 달이나 늦었다고 말한다.

이상적으로 당신의 수련 장소에서 첫 번째 문제 신호를 어떻게 다룰 것인지 당신의 대학 슈퍼바이저에게 도움을 얻고자 의지할 수 있다. 대부분의 경우, 어떻게 하는 게 실습 장소에서의 문제를 다루는 최선의 방법인지 대학 슈퍼바이저에게 묻는 게 가장 좋은 방법이다. 때로는 슈퍼바이지가 비현실적인 기대를 하고 있어서, 대학 슈퍼바이저는 심지어 외부에 있는 슈퍼바이저와 이야기를 하지 않고도 재빨리 문제를 해결할 수 있다. 또 때로는 대학 슈퍼바이저가 상황에 대해 조사하는 것을 돕거나, 아니면 슈퍼바이지를 지도하여 도울 수 있는 법적·윤리적 문제가 있을 수 있다. 일부분의 경우, 이러한 문제의 성격을 알고 중재자의 역할을 할 수 있는 대학 슈퍼바이저 개입을 통해 문제를 사전에 예방할 수 있다.

■ 법률상의 어려움

슈퍼비전에서 특히 중요한 것은 법적·윤리적 문제일 것이다. 특히 당신과 슈퍼바이저의 입장이 다르다면 이는 다루기 더 어려울 수 있다. 일반적인 안내 규칙은 다음과 같다.

- 확신이 서지 않으면, 항상 법률 자문을 구하라. 당신의 전문가 자격 협회는 당신이 변호사의 일반적 법률 자문을 받을 수 있도록 해줘야 한다.
- 확신이 서지 않으면, 더 보수적인 방식을 택하는 것이 일반적으로 가장 안전하다. 심지어 이러한 방식을 택하는 것이 당신에게 더 많은 노력이 들어도 말이다. 임상 실습에서는 일반적으로 큰 위험을 지양한다.

슈퍼바이지가 흔히 경험할 수 있는 법적·윤리적 문제는 다음과 같다.

자격증 취득을 위한 서류작업 슈퍼바이저와 슈퍼바이지 사이에서 법적·윤리적 갈등을 겪는 가장 흔한 부분 중 하나는 자격증 취득을 위한 서류작업이다(Nelson & Friedlander, 2001). 슈퍼바이지는 일반적으로 슈퍼바이저가 어떻게 하면 될지를 자신에게 알려줄 것이라고 생각한다. 정반대로, 대부분의 슈퍼바이저는 슈퍼바이지가 가장 최신의 자격 요건 사항을 알고 있기를 바란다. 어떤 경우에 슈퍼바이저는 자격증 시간 기록 규정과 관련하여 그들 자신만의 해석 방법을 가지고 있을 수 있다. 슈퍼바이지는 시간을 기록하는 슈퍼바이저의 시스템을 비판적으로 평가할 필요가 있고, 주 자격증 위원회가 허락한 범위 내에서 작성된 문서인지 명확하게 확인할 필요가 있다. 그렇지 않다면, 슈퍼바이저와 이 문제를 논의하고, 아마 자격증 위원회의 도움을 빌려 서로 이해해야 할 필요가 있다. 마지막으로, 자격증을 위한 시간을 확인하고, 시간을 이수하고 적절하게 기록해두는 것은 슈퍼바이저가 아니라 **슈퍼바이지의** 책임이다.

내담자와 관련한 법적·윤리적 문제 슈퍼바이지가 맡은 내담자 사례에서 중대한 법적·윤리적 문제가 발생하면, 슈퍼바이저와 슈퍼바이지 두 사람이 반드시 함께 협력하여 문제를 해결해야 한다. 대부분의 주의 사례들을 보면, 슈퍼바이저는 내담자의 안녕에 대한 궁극적인 책임이 있으며, 따라서 상황을 어떻게 대처할지에 대한 최종 결정권은 슈퍼바이저가 갖게 된다. 이 말은 곧, 만약 슈퍼바이지의 내담자가 어떤 주제가 있다면, 무엇을 회기 내에서 말했고 문서화했는지 슈퍼바이지가 스스로 염두하고 있는 것이 중요하다. 또한 슈퍼바이지가 내담자 사례와 관련한 모든 법적·윤리적 문제를 적절히 잘 다루고 있는지 확인할 수 있도록 추가적인 절차를 밟도록 하는 것이 중요하다. 이러한 과정은 아마 주 정부의 자격 위원회, 법률 자문회, 그 밖의 필요한 기관의 도움을 받는 것이 포함될 수 있을 것이다.

■ 수련 장소 이탈 시

굉장히 드물게 있는 일이기는 하지만, 계약 만료 이전에 수련 장소를 떠나는 것이 적절할 때가 있다. 일반적으로, 계약을 완수하기 전에 특히 개인적인 이득이나 편의에 따라 수련 장소를 떠나게 되는 것은 매우 비전문가적인 행동이며 맥락에 따라서는 유기의 행태라고 여겨진다. 이는 슈퍼바이지가 훗날 직업을 구하는 데도 영향을 미칠 수 있다. 어떤 곳에서는 윤리위원회가 슈퍼바이지를 고소하기도 한다. 그렇긴 하지만, 수련 장소를 떠나는 것이 필요한 상황일 수도 있다. 먼저, 졸업을 위해 필요한 수련 시간을 수련 장소에서 얻으려고 슈퍼바이저와 함께 힘들게 일했고, 계약서에 그 수련 기관이 필요한 시간을 준다고 했지만 몇 달간의 진심어린 노력에도 기관에서 필요한 수련 시간을 주지 못했다면, 이는 떠날 만한 사유가 된다. 이런 경우에 해당 수련기관은 비교적 당신의 선택을 지지할 것이고 이해할 것이다. 두 번째로, 굉장히 드문 경우이기는 하지만, 슈퍼바이저나 실습 장소의 관리자와 엄청나게 많은 법적·윤리적 문제가 얽혔지만 풀 수 없다고 여겨진다면 그곳을 떠나게 될 것이다. 만약 당신이 그런 상황에 놓여있다고 생각한다면, 대학 슈퍼바이저(만약 있다면) 또는 당신의 고민을 적절히 살펴줄 변호사와 처리하는 것이 가장 좋은 방법일 것이며, 내담자의 피해를 최소화하면서 가능한 부드럽고 전문적으로 그 기관을 빠져나오라.

실습 지원 요건

■ 기대하는 것

봉사활동으로 일한다고 하더라도, 첫 수련을 위해 가장 먼저 하는 것은 아마 직업을 찾는 것이다(Hodges & Connelly, 2010). 그러므로 당신은 좋은 종이에 이력서를 출력하고, 면접용 정장을 갖춰 입은 상태로, 최고의 모습을 보여줘야 한다. 또한, 당신은 신중하고 철저히 면접에 임하고, 때로는 당신이 과거에 지원했던 다른 자리보다 더 많은 시간 동안 면접을 할지도 모른다. 당신을 고용하는 기관과 슈퍼바이저 입장에서는 슈퍼바이지는 모든 사람들과 상대적으로 친밀하고 헌신적인 관계를 가져야 하기에 새로운 수련생을 선별하는 데 엄격할 수 있다. 수련생의 입장에서는 상담자 혹은 심리치료사가 되기 위해 첫 경험을 할 곳을 찾는 것이다. 이러한 경험은 그 수련생에게 많은 영향을 미친다(물론 추후에 바뀔 수 있지만 말이다). 수련 장소와 슈퍼바이저 입장에서는 생애 처음으로 상담자가 되는 이를 수련하기 위한 중요한 법적 책임을 수행하게 될 것이다. 최악의 경우, 슈퍼바이지의 무지 때문에 긴 시간이 들고 비용이 많이 소모되는 소송에 빠질 수도 있다. 그리고 흔히, 다루기 어려운 슈퍼비전 관계를 다루는 데 시간을 쏟거나, 기관에서 요구하는 일을 하지 못하는 슈퍼바이지를 데리고 있음으로써 일이 잘못 흘러갈 수 있다.

■ 슈퍼비전의 질

초심자들이 나에게 인턴십 장소를 찾을 때 고려해야 할 점을 질문할 때면, 나의 대답은 언제나 양질의 슈퍼비전이다. 특정한 이론이나, 내담자 집단 혹은 장소라고 대답해주고 싶지만, 수련에서 가장 중요한 함의는 슈퍼비전의 질에 있다고 믿는다. 굉장히 높은 수준의 슈퍼바이저에게 배우고 그 슈퍼바이저는 좋은 임상적인 습관, 예를 들어 하루가 끝나기 전에 상담 회기 보고서를 기록하기, 사례를 적절히 평가하기, 사례를 의미 있게 개념화하는 작업에 시간을 쏟기, 이론적 모델을 활용하기를 가르친다면, 어딜 가든 성공적으로 잘할 수 있는 상태에서 당신의 경력을 쌓게 될 것이다. 그러나 당신이 좋지 않은 습관을 갖거나 탄탄한 기초가 마련되지 않은 상태에서 시작한다면, 당신이 특화하고 싶은 분야의 내담자 집단과 경험을 쌓았다고 하더라도, 굉장히 유능한 상담자가 될 기회는 적을 것이다. 책, 지속적인 교육, 또는 멘토를 찾거나 미래에 더 좋은 슈퍼바이저와의 만남을 통해서, 당신이 배울 필요가 있는 많은 것을 스스로 배워야 할 것이다.

■ 시간에 관한 요구 사항

앞서 언급했듯이, 실무에서 가장 흔한 갈등과 문제는 시간과 관련하여 벌어진다. 이런 갈등을 어떤 경우에는 피하기 어렵지만 처음에 원활한 소통을 통해서 이런 갈등을 미연에 방지할 수도 있다. 때때로 슈퍼바이지는 기관에서 '우리는 당신이 일주일에 8~10명 정도의 내담자를 만나기를 원한다.'는 말을 듣는다. 초심자에게 이런 말은 일주일에 10시간보다 약간 더 많은 정도의 시간이 필요하다는 말로 들린다. 슈퍼바이지는 더 구체적으로 물어볼 생각은 하지 않고, 슈퍼바이저는 이를 말할 필요가 있는 문제라고 생각하지 않는다. 물론 여기에는 3시간의 슈퍼비전이 포함되어 있고, 2시간의 직원 미팅이 포함되어 있으며, 4시간의 서류작업이 있고, 월간 수련이 숨어있다. 기관에서 몇 년간 일해본 경험이 있다면 이러한 시간이 굉장히 명확하게 보이지만, 이제 막 시작한 이들에게는 그렇지 않다.

첫 수련 기관이나 직장에 지원할 때, 얼마만큼의 많은 시간이 필요한지 다음의 내용에 관한 구체적인 정보를 얻는 것이 도움이 될 것이다.

- 직접적으로 내담자를 만나는 시간: 당신은 얼마나 많은 시간 동안 개인, 부부, 가족 그리고 집단 내담자를 봅니까? 이를 완료하는 데 시간이 얼마나 걸립니까? 일주일에

특정한 날이나 하루 중 특정한 시간에 내담자를 만나야 하는 부분이 있습니까?

- 슈퍼비전 시간: 일주일에 얼마나 많은 슈퍼비전 시간이 제공되거나 필요합니까? 매주 똑같은 요일과 시간에 진행됩니까? 이 시간을 옮길 수 있습니까?
- 직원 미팅과 수련 시간: 매주, 매월, 매년 당신이 반드시 참여해야 하는 직원 미팅이나 수련이 있습니까? 초기 수련 과정이 있습니까? 있다면, 이는 얼마나 지속됩니까?
- 서류 작업: 일주일에 서류 작업하는 데 얼마나 많은 시간이 소요됩니까?
- 접수 면접 또는 특별한 임상 업무: 당신은 특별한 초기 접수 면접, 혹은 가족 면담이나 집단 운영 등과 같이 다른 특별한 임상적 업무에 대해 책임을 맡고 있습니까?
- 위기 상황 또는 전화 호출: 어떻게 위기 상황이나 전화가 올 경우 어떻게 대처합니까? 당신은 이러한 전화를 외부에서 받는 것이 가능하다고 예상합니까?

■ 물어보아야 할 질문

수련 장소에 인터뷰를 하러 갈 때 무엇을 물어야 하는지를 안다고 하더라도, 이제 당신이 이 장을 읽었기 때문에(혹은 최소한 나는 당신이 읽고 있길 기대한다.) 아래 목록을 포함하는 것이 유용할 것이다.

- 역사와 상황: 이 기관의 역사에 대해서 말해줄 수 있습니까? 언제부터 시작했습니까? 누가 처음 만들었고, 앞으로 어떤 계획이 있습니까?
  - 이 질문은 기관의 안정성과 문화에 대해 이해하게 해준다.
- 내담자: 저는 어떤 유형의 내담자를 보게 됩니까? 상담 비용은 어떻게 지불합니까? 어떤 종류의 문제가 이 기관에서 빈번합니까? 얼마나 다양한 내담자가 오는지 설명해주세요.
  - 누구와 작업할 것인지에 대한 이해를 제공해주는 질문이다.
- 슈퍼비전: 슈퍼비전 과정 및 슈퍼비전과 관련해서 요구되는 사항에 대해 설명해주세요. 개인 슈퍼비전입니까? 집단 슈퍼비전입니까? 현장 슈퍼비전도 합니까? 통합 치료를 한다거나 녹음 혹은 녹화가 필수적으로 요구됩니까? 슈퍼바이저의 자격 요건은 무엇입니까? 슈퍼바이저를 제가 선택할 수 있습니까?
- 이론적 지향: 이 기관은 어떤 특정한 이론에 기반을 둡니까? 어떠한 이론적인 배경을 슈퍼바이저가 사용합니까? 당신은 어느 정도까지 이론적인 기반을 사용합니까?
- 요구 사항: (1) 당신의 대학(만약 적용된다면)과, (2) 자격 위원회 모두가 요구하는 조건의 목록을 가지고 가라. 그 실습 기관이나 슈퍼바이저가 당신을 위해 이러한 요구 조건을 알 것이라는 기대는 하지 말라. 당신이 필요한 정확한 요구 조건을 해당 수련 기관에서 얻을 수 있는지 물어보라.
  - 시간: 해당 기관의 요구 사항이 무엇입니까?

- 일주일에 얼마나 많은 내담자를 봅니까?
- 일주일에 얼마나 많은 슈퍼비전을 받습니까?
- 접수 면접 보고서를 포함하여, 일주일에 보통 서류 작업을 끝내기 위해 얼마나 많은 시간이 소요됩니까?
- 매주, 매월 혹은 매해 필수적으로 참석해야 하는 직원 회의, 수련, 또는 다른 행사가 있습니까?
- 초기 수련 기간이 있습니까? 그리고 그 기간에는 무엇을 합니까?
- 제가 맡아야 하는 사례의 개수가 다 채워지는 데 얼마만큼의 시간이 걸립니까?
- 위기 사례를 다루거나 접수 면접을 할 때 전화로 할 필요가 있습니까?
- 내담자와의 상담이 없더라도 근무 시간에는 실습 장소에 있어야 합니까?

- 위기: 위기 상황을 어떻게 다룹니까? 제가 내담자를 만날 때, 제가 대화할 수 있고, 실습 장소에서 직접적으로 찾아뵐 수 있는 자격증을 가진 사람이 있습니까? 만약에 없다면, 즉각적인 위기 사례를 논의하기 위해서 저는 슈퍼바이저에게 어떻게 연락합니까?
- 휴가: 휴가가 있습니까? 저는 휴가, 혹은 유사한 상황을 위한 시간을 어떻게 협상합니까?
- 갈등: 직원 혹은 슈퍼바이저와 슈퍼바이지 사이에서 상충하는 부분이나 갈등이 문제가 된다면, 일반적으로 이런 부분은 어떻게 다루어집니까? 이런 문제를 다루는 데 있어서 슈퍼바이저나 이 기관이 선호하는 방법이 있습니까?
- 안전성: 안전상의 문제가 어떻게 다루어집니까? 내담자나 실습 기관이 안전상의 문제가 있는 편입니까? 슈퍼바이지가 안전하지 못한 장소나 주차장에 있게 됩니까? 그리고 이는 어떻게 다루어집니까? 안정상의 문제를 위한 특별한 훈련 프로그램이 있습니까?
- 비용: 저는 유급으로 일합니까? 만약 그렇다면, 급여는 얼마나 됩니까? 만약 유급이라면, 기관은 자격증 위원회가 설정한 규정 내에서 저를 고용했습니까? 수련비나 수련용품을 지급해야 합니까? 내담자를 보기 위해 먼 거리를 가야 한다면, 영수증 처리를 받을 수 있습니까?

유능한 슈퍼바이지

유능한 슈퍼바이지가 되는 것은 유능한 상담자와 심리치료사가 되는 여정에서 종종 간과되는 단계이다. 유능한 슈퍼바이지는 슈퍼바이저 및 수련 상황에서 최고의 결과를 얻는 적극적인 학습자이기 때문에, 상황적 맥락과 관계없이 어떻게 학습하는지에 대해 알고 있다. 자신의 불안을 조절하고 질문하기 전에 숙고함으로써, 유능한 슈퍼바이지는 빠르게 회복탄력적으로 변모하며, 자원과 자신감을 얻게 된다. 슈퍼바이지는 학습을 촉진시키고 대부분의 슈퍼바이저로부터 충분한 지지를 느낄 수 있는 방법으로 슈퍼비전 대화에 초점을 맞출 수 있다. 여러모로, 슈퍼비전을 받는 데 유능해지는 것은 모든 상담 기법을 학습하는 핵심이다.

개인적 숙고 및 수업 중 토론을 위한 질문

1. 이 장에서 당신에게 가장 놀라웠던 개념은 무엇인가? 왜 그렇게 생각하는가?
2. 이 장에서 어떠한 개념이 가장 개인적으로 관련되어 있었는가? 왜 그렇게 생각하는가?
3. 어떠한 방식으로 성장해야 한다고 느끼는가? 이미 능숙한 당신의 전문가적 자질은 무엇인가? 이러한 주제를 다루기 위해 당신은 무엇을 할 수 있는가?
4. 적극적인 학습자가 되는 것이 편안하게 느껴지는가? 왜 그렇게 느끼는가? 아니면 왜 그렇게 느끼지 못하는가?
5. 당신의 성별, 민족, 인종, 연령, 모국어, 사회계층 혹은 그 밖에 다양한 요인이 당신과 슈퍼바이저 관계에 영향을 미치는가? 당신은 이러한 주제를 다루기 위해 어떤 노력을 할 수 있는가?
6. 특정한 부분에서 보완이 필요하다는 직접적인 피드백에 어떻게 반응하는가? 이러한 건설적인 피드백을 어떻게 활용하는 것이 가장 좋은 방법인가?
7. 당신이 생각하기에 어떤 스타일의 슈퍼비전이나 슈퍼바이저가 가장 함께 작업하기 수월한가? 어떤 경우 함께 작업하기 가장 어려운가?
8. 연령, 성별, 민족·인종, 사회계층, 전문적 위치, 종교, 성적 지향 등 슈퍼바이저가 지닌 다양성에서 어떠한 유형이 당신에게 어렵게 느껴질 수 있는가?
9. 당신은 어려움을 느끼는 슈퍼바이저에게 주로 어떻게 반응하는가? 어떻게 그러한 상황을 가장 잘 처리할 수 있는가?
10. 내담자와 만날 때 당신의 초기 불안을 다루기 위한 방법이 있는가?

온라인 자료

무료 온라인 명상

아래의 웹사이트들로 시작해보고 유튜브에서도 시도해보라.

www.dianegehart.com

www.marc.ucla.edu

www.mindfulselfcompassion.org/meditations_downloads.php

www.tarabrach.com/audioarchives-guided-meditations.html

참고문헌

Aasheim, L. (2012). *Practical clinical supervision for counselors: An experiential guide*. New York: Springer.

Anderson, H. (1997). *Conversation, language, and possibilities: A postmodern approach to therapy*. New York: Basic Books.

Bernard, J. M., & Goodyear, R. K. (2009). *Fundamentals of clinical supervision* (4th ed.). New York: Pearson.

Bradley, L. J., & Ladany, N. (2010). *Counselor supervision: Principles, process, and practice* (3rd ed.). New York: Brunner-Routledge.

Campbell, J. M. (2000). *Becoming an effective supervisor: A workbook for counselors and psychotherapists*. Philadelphia, PA: Accelerated Development.

Eysenck, M. W. (2013). The impact of anxiety on cognitive performance. In S. Kreitler (Ed.), *Cognition and motivation: Forging an interdisciplinary perspective* (pp. 96–108). New York: Cambridge University Press.

Farber, E. W. (2012). Supervising humanistic-existential psychotherapy: Needs, possibilities. *Journal of Contemporary Psychotherapy*, 42(3), 173–182. doi:10.1007/s10879-011-9197-x

Falender, C. A., & Shafranske, E. P. (2012). *Getting the most out of clinical training and supervision: A guide for practicum students and interns*. Washington, DC: American Psychological Association.

Fernando, D. M. (2013). Supervision by doctoral students: A study of supervisee satisfaction and self-efficacy, and comparison with faculty supervision outcomes. *The Clinical Supervisor*, *32*(1), 1–14. doi:10.1080/07325223.2013. 778673

Gehart, D., & McCollum, E. (2008). Inviting therapeutic presence: A mindfulness-based approach. In S. Hicks and T. Bien (Eds.), *Mindfulness and the healing relationship* (pp. 176–194). New York: Guilford.

Gehart, D. R., & McCollum, E. E. (2007). Engaging suffering: Towards a mindful re-visioning of family therapy practice. *Journal of Marital and Family Therapy*, *33*(2), 214–226. doi:10.1111/j.1752-0606.2007.00017.x

Hayes, S. C., & Smith, S. (2005). *Get out of your mind and into your life*. Oakland, CA: New Harbinger.

Harris, M., & Brockbank, A. (2011). *An integrative approach to therapy and supervision: A practical guide for counsellors and psychotherapists*. London: Jessica Kingsley Publishers.

Hsu, W. (2009). The components of the solution-focused supervision. *Bulletin of Educational Psychology*, 41(2), 475–496.

Hodges, S., & Connelly, A. R. (2010). *A job search manual for counselors and counselor educators*. Alexandria, VA: American Counseling Association.

Lawrence, G. P., Cassell, V. E., Beattie, S., Woodman, T., Khan, M. A., Hardy, L., & Gottwald, V. M. (2013). Practice with anxiety improves performance, but only when anxious: Evidence for the specificity of practice hypothesis. *Psychological Research*. Advance online publication. doi:10.1007/s00426-013-0521-9

Lee, R. E., & Nelson, T. S. (2014). *The contemporary relational supervisor*. New York: Taylor & Francis.

McCollum, E. E., & Gehart, D. R. (2010). Using mindfulness meditation to teach beginning therapists therapeutic presence: A qualitative study. *Journal of Marital and*

Family Therapy, *36*(3), 347–360.

McMahon, H., & Fall, K. A. (2006). Adlerian group supervision: Concept, structure, and process. *The Journal of Individual Psychology*, *62*(2), 126–140.

Morgan, M., & Sprenkle, D. (2007). Towards a common-factors approach to supervision. *Journal of Marital and Family Therapy*, *33*, 1–17.

Nelson, M., & Friedlander, M. L. (2001). A close look at conflictual supervisory relationships: The trainee's perspective. *Journal of Counseling Psychology*, *48*(4), 384–395. doi:10.1037/0022-0167.48.4.384

Nelson, M., Barnes, K. L., Evans, A. L., & Triggiano, P. J. (2008). Working with conflict in clinical supervision: Wise supervisors' perspectives. *Journal of Counseling Psychology*, *55*(2), 172–184. doi:10.1037/0022-0167.55.2.172

Reifer, S. (2001). Dealing with the anxiety of beginning therapists in supervision. In S. Gill (Ed.), *The supervisory alliance: Facilitating the psychotherapist's learning experience* (pp. 67–74). Lanham, MD: Jason Aronson.

Reiser, R. P., & Milne, D. (2012). Supervising cognitive-behavioral psychotherapy: Pressing needs, impressing possibilities. *Journal of Contemporary Psychotherapy*, *42*(3), 161–171. doi:10.1007/s10879-011-9200-6

Rust, J., Raskin, J., & Hill, M. (2013). Problems of professional competence among counselor trainees: Programmatic issues and guidelines. *Counselor Education and Super vision*, 52, 30–42. doi:10.1002/j.1556-6978.2013. 00026.x

Siegel, D. J. (2010). *The mindful therapist: A clinician's guide to mindsight and neural integration*. New York: Norton.

Stahl, B., & Goldstein, B. (2010). *A mindfulness-based stress reduction workbook*. New York: New Harbinger.

Stoltenberg, C. D., McNeill, B. W., & Delworth, U. (2010). *IDM supervision: An integrative developmental model for supervising counselors and therapists* (3rd ed.). New York: Routledge/Taylor & Francis.

Thomas, J. T. (2007). Informed consent through contracting for supervision: Minimizing risks, enhancing benefits. *Professional Psychology: Research and Practice*, *38*, 221–231.

Tromski-Klingshirn, D. (2007). Should the clinical supervisor be the administrative supervisor? The ethics versus the reality. *The Clinical Supervisor*, *25*(1–2), 53–67. doi:10.1300/ J001v25n01_05

Tsai, S. (2012). The critical factors in the development of supervisory working alliance: Perspectives of supervisors and supervisees. *Bulletin of Educational Psychology*, *43*(3), 547–566.

Ungar, M. (2006). Practicing as a postmodern supervisor. *Journal of Marital and Family Therapy*, *32*(1), 59–71. doi:10.1111/j.1752-0606.2006.tb01588.x

Watkins, C. R. (2013). The contemporary practice of effective psychoanalytic supervision. *Psychoanalytic Psychology*, *30*(2), 300–328. doi:10.1037/a0030896

Weimer, M. (2002). *Learner-centered teaching*. New York: Jossey Bass.

찾아보기

【ㄱ】

가계도 63
가족 구도 258
가족 이력 117
가족체계 34, 59
간단한 증상 척도(BSI) 176, 177
감정 48
감정 반영하기 323
강점 24, 455
강점 기반 92
강화 기법 402
개인 분석 194
개인적 강점 29
개인적 구성 개념 49, 316
개인적 열등감 256
개인적 자질 30
개인화 58
개입 133
거대 담론 67
거울 기법 193
거짓 자기 205
건설적인 질문 534
게슈탈트 41, 48
격려 255, 531
경계 60, 61, 460
경청 189
고전적 조건형성 401
공감 192, 255, 592
공감과 사회적 관심 255
공통 요인 모델 46
공포층 329
과잉일반화 207
과정 질문 323
관계 103, 599
관계 매트릭스 31
관계적 정신분석 188, 193
교정적 정서 경험 103, 602
교차편집 증상 68, 168
구조화된 평가 68
구체성 324
국지적 담론 40, 92, 574
권한 부여 261
그 질문 51
근면성 대 열등감 45
긍정 심리학 260
기적 질문 528
기적 척도 512

【ㄴ】

낙관주의 517, 573
난국층 329
내담자 114, 133, 525
내담자 강점 평가하기 524
내러티브 66, 67
내사 52
내적 파열층 329
논리적 결과 267
논박하기 397

【ㄷ】

다양성 24, 66
단기 정신역동 이론 184
단순 채점 방법 105
당위 49, 334
대상관계 39, 192
대상관계 이론 39, 204
대안적 담론 574
대인관계 60, 124, 184
대처 기술 훈련 398
대처 질문 531
대화 참여 331
도식 57, 384
독심술 58
독특한 결과 64, 65, 574
동등한 정신건강 진단 93
동맹 584
동일성 68
두 사람 심리학 191
둔감화 52

【ㅁ】

마음챙김 409, 644
'마치 ~처럼' 반영하기 269
매개 신념 56
면담 전 변화 523
명명하기 398
명시된 장애 101
몰입 318
무조건적인 긍정적 존중 309
문서화 8
문제 48
문제 위주 가계도 63
문제 있는 가치 46
문제 행동 54, 55
문화적 개념화 86, 105
문화적 정체성 105

미해결된 과제 335

【ㅂ】
반암시 268
반전 52
방어기제 35
번호
변증법적 행동 치료 411
변화 과정 314
복잡성 49, 317
복합 매트릭스 379
부모 위계 461
부인 36, 200
부적 강화 403
부적 처벌 403
부적응 40
부정적 인지 삼제 386
분노 31
분리와 개별화 단계 205
분명한 경계 60
분열 30
불안 45
비계 설정 대화 582
비구조화된 평가 166
비디오 토크 530
비유 579
비합리적 신념 56

【ㅅ】
사고 127
사고 기록지 393
사고의 진행 및 내용 102
사례 개념화 양식 72
사례 관리 121
사회 정의 86
사회적 관심 252, 255, 256
사회적인 회복 91
삼각관계 62, 459
상호보완적 패턴 63
상호작용 연쇄 과정 458
상호주관적 반응 214
생활양식 43, 41, 257
선택 이론 388
선택적 추상 58
선행 사건 56
선호하는 담론 68
섭식 장애 118, 125
성 역할 596, 600
성과에 관한 비구조화된 평가 166
성과에 대한 구조화된 평가 168
성적 학대 117
세계보건기구 장애 평가 목록 105
세대 간 연합 62, 459
소크라테스식 대화법 392
수동 공격성 37
수용전념 치료 412
수프에 침 뱉기 268
순환 질문 467
숨겨진 강점 30
슈퍼바이저 23, 651, 653
슈퍼바이지 11, 642, 646
슈퍼비전 11, 654, 665, 669
신념 논박하기 395
신뢰 대 불신 40
신체 알아차림 327
신체적 학대 117
실제적 노출법과 홍수법 405
실존 분석 51
심리교육 265
심리성적 발달 단계 197

【ㅇ】
아동 학대 118
아들러학파 34
아들러학파의 생활양식 43
악몽 83
안구 운동 민감소실 및 재처리 요법 (EMDR) 405
안아주는 환경 119
안전 계획 120
안전 지표 39
안전성 측정 119
알아차림 31
애착 117
양극성 257
양육 방식 38
억압 38, 570, 597
억제 33, 277
언어 바꾸기 517
여성주의 4, 64, 594
역기능적 사고 384
역설적 개입 470
역전이 32, 186
영성 32, 41, 210
영향력 지도 577
예외 질문 523
완벽주의 44, 102
왜곡된 인지 385
운동 활동성 153
위계 461
위기 요소 116
위험성 관리 118
유능한 상담 5, 11, 89
유능한 슈퍼바이지 61, 677
의무 50, 58
의미 축소 58, 385
의미 확대 195
이론 기반의 사례 개념화 14, 34, 58
이론적 개념화 6
이분법적 사고 33
이야기 치료 170

인본주의 46, 50, 87, 262
인지행동 개념화 18, 56, 65
임상적 평가 10, 82, 109, 114
임상적 평가 작성 58

【ㅈ】
자기 개념 진술 작성 266
자기 공감 602
자기 심리학 193
자기개방 325
자기대상 206
자기애 206
자기주장 훈련 601
자녀와 부모 사이의 위계 62
자동적 사고 384, 184
자발성 454
자아 심리학 202
자아 정체감 대 역할 혼란 42
자아 통합감 대 자아 절망감 40, 43
자연적 결과 268, 267
자원 31, 122
자유연상 213
자율성 대 수치와 의심 40
자존감 훈련 601
작업 단계 137
잘못된 명명 58
잘못된 인식 45
장 평가하기 332
장이론 332
재정향 254
전경 332
전이 186
전치 36
절대론자 58
접촉 경계 333
접촉 경계 혼란 52
정서 31, 125
정서적 성숙 210
정신 상태 검사(MSE) 17, 102, 115, 124
정신건강 83, 91, 95, 131
정신건강 회복 지향적 치료 92
정신분석 183, 184
정신사회적 스트레스 요인 106
정신역동 34, 183, 190
정신역동적 구성 262
정신역동적 방어기제 35
정신증적 기술 126
정신질환 85, 91
정적 강화 403
정적 처벌 403
정체성 581
정체성 내러티브 67
정체성 대 역할 혼란 40
정확한 공감 309
제3자 지불인 9
존중 92
주 호소 문제 114
주도성 대 죄책감 40
주지주의 88
주체성 46
주체성과 책임감 48
중립성 453
중재적 신념 384
즉시성 326
즉흥성 330
증상 경과 159
증상 체크리스트 176
증상 행동의 기준 54
지금 여기 49, 468
지배 담론 66, 67
직면 325
진단 상세 기준 98
진단적 고찰 106
진실성 308, 593
진정한 자아 표현 46
질문 외재화하기 579

【ㅊ】
참 자기 205
참만남 333
책임감 46, 17, 317
척도 질문 512, 513, 528
체계론적 상담 451
체계적 가족 상담 접근 62
체계적 둔감화 404
체계적 재구성 466
초기 기억 259
초기 불안 관리하기 643
초심자의 마음 518
촉발 사건 56
추동 이론 196
출생 순위 258
치료적 현존 313
친밀감 대 고립감 40

【ㅌ】
타인 수용 50
통제 44
통찰력 102
투사 37, 201
투사적 동일시 37, 201
트라우마 27, 119, 126

【ㅍ】
평등주의 254, 592
포스트모더니즘 64, 84
폭발층 329
플래시백 83

【ㅎ】
한 사람 심리학 191

해결 중심 상담 65
해결 중심 회복 척도 533
해결책 64
해석 189, 25
해체적 경청 580
핵심 신념 384
행동 및 증상 평가 척도(BASIS) 177
행동 연쇄 457
행동적 접근 375
허락 질문 583
허위층 329
현재의 순간 경험하기 316
협력적 치료 33
환원주의 87
회기 보고서 7, 153, 189
회기 보고서 작성 방법 157
회기 평가 척도(SRS) 174
회복탄력성 598
회피 39
효과 질문지(OQ-45.2) 175
효과 평가 척도(ORS) 172

【기타】

5축 진단 형식 97
A-B-C 분석 24, 46, 56, 377
BASIC-ID 387
Beck, Aaron 57
Bowlby, John 39
DSM 84, 82, 97, 123
DSM-5 11, 90, 94, 99, 115
Ellis, Albert 56, 57, 377
Frankl, Viktor 51
Freud, Sigmund 183
HIPAA 회기 보고서 155
Rogers, Carl 48, 313, 517
Satir, Virginia 479
SOAP 기록 154
WDEP 시스템 400